English - Armenian
Armenian - English
Dictionary

ԱՆԳԼԻԵՐԵՆ - ՀԱՅԵՐԵՆ
ՀԱՅԵՐԵՆ-ԱՆԳԼԻԵՐԵՆ
ԲԱՌԱՐԱՆ

2nd Edition
Revised & Updated

Compiled by Grigo Chyukyurian

© 2007 Simon Wallenberg ISBN 1-84356-014-3
Second Edition

First Edition Published Simon Wallenberg 1982
This Edition Updated & Revised 2007

Published by The Simon Wallenberg Press
wallenberg.press@gmail.com

Printed in the United States of America

Published by The Simon Wallenberg Press & Grigo Chyukyurian

Printed in the United States of America

Warning and Disclaimer

English - Armenian
Armenian - English
Dictionary

Grigo Chyukyurian

Simon Wallenberg Press

Armenian Language

Armenian is regarded by some linguists as a close relative of Phrygian. Many scholars hold that Greek is the most closely related surviving language to Armenian.

Linguists propose that the linguistic ancestors of the Armenians and Greeks were either identical or in a close contact relation.

The Classical Armenian language often referred to as grabar, imported numerous words from Middle Iranian languages, primarily Parthian, and contains smaller inventories of borrowings from Greek, Syriac, Latin, and autochthonous languages such as Urartian.

Middle Armenian (11th–15th centuries AD) incorporated further loans from Arabic, Turkish, Persian, and Latin, and the modern dialects took in hundreds of additional words from Modern Turkish and Persian.

The large percentage of loans from Iranian languages initially led linguists to classify Armenian as an Iranian language.

The distinctness of Armenian was only recognized when Hübschmann (1875) used the comparative method to distinguish two layers of Iranian loans from the true Armenian vocabulary.

The two modern literary dialects, Western (originally associated with writers in the Ottoman Empire) and Eastern (originally associated with writers in the Russian Empire), removed almost all of their Turkish lexical influences in the 20th century, primarily following the Armenian Genocide.

History of Armenia

Armenia or the Republic of Armenia is a landlocked mountainous country in Eurasia between the Black Sea and the Caspian Sea, located in the Southern Caucasus.

It shares borders with Turkey to the west, Georgia to the north, Azerbaijan to the east, and Iran and the Nakhchivan exclave of Azerbaijan to the south. A transcontinental country located at the juncture of Eastern Europe and Western Asia, Armenia has extensive sociopolitical and cultural connections to Europe.

A former republic of the Soviet Union, Armenia is a democratic nation-state with an ancient and historic cultural heritage. Historically the first nation to adopt Christianity as its state religion, Armenia is constitutionally a secular state today; the Christian faith plays a major role in its history and in the identification of the Armenian people. The country is a democracy and because of its strategic location, it lies among both the Russian and Western spheres of influence.

The original Armenian name for the country was Hayq. The name later evolved into Hayastan a combination of Hayasa or Hayk with the Persian suffix '-stan' (land) in the Middle Ages. Hayk was one of the great Armenian leaders after whom the The Land of Hayk was named.

Pre-Christian accounts suggest that Nairi, meaning "land of rivers", used to be an ancient name for the country's mou tainous region, first used by Assyrians around 1200 BCE.

Antiquity

Armenia has been populated since prehistoric times, and has been proposed as the site of the Biblical Garden of Eden. Armenia lies in the highlands surrounding the Biblical mountains of Ararat, upon which, as Judeo-Christian theology states, Noah's Ark came to rest after the flood. Archaeologists continue to uncover evidence that Armenia and the Armenian Highlands were among the earliest sites of human civilization. From 6000 BCE to 1000 BCE, tools such as spears and axes and trinkets of copper, bronze, and iron were commonly produced in Armenia and traded in neighbouring lands.

Around 600 BCE, the Kingdom of Armenia was established under the Orontid Dynasty, which existed under several local dynasties till 428 CE, becoming one of the most powerful kingdoms of its time within the region. Armenia's strategic location between two continents has subjected it to invasions by many peoples, including the Assyrians, Greeks, Romans, Byzantines, Arabs, Mongols, Persians, Ottoman Turks and Russians.

Medieval Armenia

After the Marzpanate period (428-636), Armenia emerged as an autonomous principality within the Arabic Empire, reuniting Armenian lands previously taken by the Byzantine Empire as well. The principality was ruled by the Prince of Armenia, recognised by the Caliph and the Byzantine Emperor. The Principality of Armenia lasted till 884, when it regained its independence from the weakened Arabic Empire.

In 1071 Seljuk Turks conquered Armenia at the Battle of Manzikert, establishing the Seljuk Empire. The Seljuk Empire soon started to collapse. In the early 1100s, Armenian princes of the Zakarid noble family established a semi-independent Armenian principality in Northern and Eastern Armenia, known as Zakarid Armenia.

Foreign rule

During the 1230s, the Mongol Ilkhanate conquered the Zakaryan Principality, as well as the rest of Armenia. The Mongolian invasions were soon followed by those of other Central Asian tribes, which continued from the 1200s until the 1400s.

Under Ottoman rule, the Armenians were granted considerable autonomy within their own enclaves and lived in relative harmony with other groups in the empire (including the ruling Turks). However, as Christians under a strict Muslim social system, Armenians faced pervasive discrimination.

When they began pushing for more rights within the Ottoman Empire, Sultan 'Abdu'l-Hamid II, in response, organised a state-sponsored massacres against the Armenians between 1894 and 1896, resulting in an estimated death toll of 80,000 to 300,000 people. The Hamidian massacres, as they came to be known, gave Hamid international infamy as the "Red Sultan" or "Bloody Sultan."

World War I and the Armenian Genocide

As the Ottoman Empire began to collapse, the Young Turks overthrew the government of Sultan Hamid. Armenians living in the empire hoped that the Young Turk revolution would change their second-class status. However, with onslaught of World War I and the Ottoman Empire's assault on the Russian Empire, the new government began to look on the Armenians with distrust and suspicion. On April 24, 1915, Armenian intellectuals were arrested by Ottoman authorities, , eventually a large proportion of Armenians living in Anatolia perished in what has become known as the Armenian Genocide. There was local Armenian resistance in the region, developed against the activities of the Ottoman Empire.

Soviet Armenia

In 1920, Armenia and Turkey engaged in the Turkish-Armenian War, a violent conflict that ended with the Treaty of Alexandropol. Signed on December 2, the Alexandropol treaty forced Armenia to disarm most of its military forces, cede more than 50% of its pre-war territory, and to give up all the territories granted to it at the Sèvres treaty. The Treaty of Alexandropol was then superseded by the Treaty of Kars, between Turkey and the Soviet Union. In it, Turkey allowed the Soviet Union to assume control over Ajara with the port city of Batumi in return for sovereignty over the cities of Kars, Ardahan, and Iğdır, all of which were part of Russian Armenia.

After the death of Vladimir Lenin, Joseph Stalin took the reins of power and began an era of renewed fear and terror for Armenians. As with various other ethnic minorities who lived in the Soviet Union during Stalin's Great Purge, tens of thousands of Armenians were either executed or deported.

Fears decreased when Stalin died in 1953 and Nikita Khruschev emerged as the Soviet Union's new leader. Soon, life in Soviet Armenia began to seen rapid improvement. Armenians began to demand better environmental care for their country, opposing the pollution that Soviet-built factories brought. Tensions also developed between the Armenian and Azerbaijani republics over the region of Nagorno-Karabakh.

Independence

In 1991, the Soviet Union broke apart and Armenia re-established its independence. The initial post-Soviet years were marred by the continued confrontation with Azerbaijan over Nagorno-Karabakh. A Russian-brokered cease-fire was put in place in 1994. Since then, Armenia and her neighbor have held peace talks, mediated by the Organization for Security and Co-operation in Europe. The status over Karabakh has yet to be determined and the economies of both countries have been hurt in the absence of a complete resolution.

As it enters the twenty-first century, Armenia faces many hardships. It has made a full switch to a market economy and as of 2007, remains the 32nd most economically free nation in the world. Its relations with Europe, the Middle East, and the Commonwealth of Independent States have allowed Armenia to increase trade. Gas, oil, and other supplies come through two vital routes: Iran and Georgia. Armenia maintains cordial relations with both countries.

Politics and government

The Armenian government's stated aim is to build a Western-style parliamentary democracy as the basis of its form of government.

Armenia presently maintains good relations with almost every country in the world, with two major exceptions being its immediate neighbors, Turkey and Azerbaijan. Tensions were running high between Armenians and Azerbaijanis during the final years of the Soviet Union. The Nagorno-Karabakh War dominated the region's politics and the border between the two rival countries remains closed up to this day, a permanent solution for the conflict has not been reached despite the mediation provided by organizations such as the OSCE.

Turkey also has a long history of poor relations with Armenia over its refusal to acknowledge the Armenian Genocide of 1915. The Karabakh conflict became an excuse for Turkey to close its border with Armenia in 1993.

Armenia's friendliest relations are with Russia. Historically, Armenians viewed Russia as a protector against Turkey. Today Russia maintains a military base in the northern Armenian city of Gyumri at the request of the Armenian government

Climate

The climate in Armenia is markedly continental. Summers are dry and sunny, lasting from June to mid-September. The temperature fluctuates between 22° and 36°C. However, the low humidity level mitigates the effect of high temperatures. Evening breezes blowing down the mountains provide a welcome refreshing and cooling effect. Springs are short, while falls are long. Autumns are known for their vibrant and colorful foliage. Winters are quite cold with plenty of snow, with temperatures ranging between -5° and -10°C.

Culture

Armenian hospitality is legendary and stems from ancient tradition. Social gatherings focused around sumptuous presentations of course after course of elaborately prepared and well-seasoned food. The hosts will often put morsels on a guest's plate whenever it is empty or fill his or her glass when it gets low. After a helping or two it is acceptable to refuse politely or, more simply, just leave a little uneaten food. Alcohol such as cognac, vodka, and red wine are usually served during meals and gatherings. It is considered rare and unusual for one to go inside an Armenian household and not be offered coffee, pastry, food, or even water.

The elaborate Armenian wedding process begins when the man and woman are "promised". The man's immediate family (parents, grandparents, and often uncles and aunts) go over to the woman's house to ask for permission from the woman's father for the relationship to continue and hopefully prosper.

Once permission is granted by the father, the man gives the woman a "promise ring" to make it official. To celebrate the mutual family agreement, the woman's family opens a bottle of Armenian cognac. After being promised, most families elect to have a semi-large engagement party as well. The girl's family is the one who plans, organizes and pays for the party.

There is very little involvement by the man's family. At the party, a priest is summoned to pray for the soon-to-be husband and wife and give his blessings. Once the words of prayer have concluded, the couple slide wedding bands on each other's right hands (the ring is moved to the left hand once a formal marriage ceremony is conducted by the Armenian church). The customary time to wait for the marriage is about one year. Unlike in other cultures, the man and his family pay for the wedding. The planning and organization process is usually done by the bride and groom to be.

The Armenian Holocaust

The Armenian Genocide also known as the Armenian Holocaust or the Armenian Massacre — refers to the forcible deportation and massacring of over a million Armenians during the regime of the Young Turks from 1915 to 1917 by the Turkish government.

It is widely acknowledged to have been the first true genocide and was a systematic, organized plan to eliminate the Armenians.

Until the late 19th century, Armenians were referred to as millet-i sadıka (loyal nation) by the Ottomans. Under the millet system of Ottoman law, Armenians (as dhimmis or recognized non-Muslims, along with Greeks, Jews and other ethnic and religious groups) were subject to separate laws from those that applied to Muslims. Armenians were one of the largest minorities in the Ottoman Empire. The Ottoman Empire unlike the rest of Europe had a record of tolerance of its minorities both Jew and Christians for over hundreds of years.

Things began to change for a number of reasons. Nationalism, a new force in the world reared its head and the Ottoman Empire began to crumble. It became known as "the sick man of Europe" and the only thing holding it together really was the European powers lack of agreement on how to split it up.

As other Christian minorities gained their independence one by one, the Armenians became more isolated as the only major Christian minority. Armenians and Turks began to have conflicting dreams of the future. Some Armenians began to call for independence like the Greeks and others had already received, while some Turks began to envision a new Pan-Turkic empire spreading all the way to Turkic speaking parts of Central Asia

As European powers began to ask for assurances that Armenians receive better treatment, the government began to treat the Armenians worse and worse. In the 1890's hundreds of thousands of Armenians died in pogroms ordered by Sultan Abdul Hamid II.

A coup by 'progressive' Young Turks in 1908 replacing the Sultans government was supported by Armenians. Unfortunately, promised reforms never came instead one faction of the young Turks headed by a triumvirate of Ismail Enver, Mehmed Talat Pasha and Ahmed Djemal assumed leadership of the country.

This new Turkish Government then masterminded the plan to completely eradicate the Armenian race.

The Genocide

World War one gave the Young Turk government the cover and the excuse to carry out their plan. The plan was simple and its goal was clear. On April 24th 1915, commemorated worldwide by Armenians as Genocide Memorial Day, hundreds of Armenian leaders were murdered in Istanbul after being summoned and gathered. The now leader less Armenian people were to be killed as well.

In May 1915 the Turkish cabinet and grand vizier passed and enacted a law which would legitimize the deportations of Armenians living both near the Russian front and interior. Several months later, the Temporary Law of Expropriation and Confiscation was passed, stating that all property, including land, livestock and homes, belonging to Armenians was to be confiscated by the authorities. Only one politician in the Ottoman parliament, Senator Ahmed Riza protested and said.

"It is unlawful to designate the Armenian assets as "abandoned goods" for the Armenians, the proprietors, did not abandon their properties voluntarily; they were forcibly, compulsorily removed from their domiciles and exiled. Now the government through its efforts is selling their goods...Nobody can sell my property if I am unwilling to sell it....If we are a

constitutional regime functioning in accordance with constitutional law we can't do this. This is atrocious. Grab my arm, eject me from my village, then sell my goods and properties, such a thing can never be permissible. Neither the conscience of the Ottomans nor the law can allow it."

Across the Ottoman Empire (with the exception of Constantinople and Adana, presumably due to a large foreign presence) the same events transpired from village to village, from province to province, Armenians were killed and their property looted.

The remarkable thing about the following events is the virtually complete cooperation of the Armenians. This happened for a number of reasons they did not know what was planned for them and went along with "their" governments plan to "relocate them for their own good". First the Armenians were asked to turn in hunting weapons for the war effort. Communities were often given quotas and would have to buy additional weapons from Turks to meet their quota.

Later, the government would claim these weapons were proof that Armenians were about to rebel. The able bodied men were then "drafted" to help in the wartime effort. These men were either immediately killed or were worked to death. Now the villages and towns, with only women, children and elderly left were systematically emptied. The remaining residents would be told to gather for a temporary relocation. To only bring what they could carry. The Armenians, again obediently followed instructions and were "escorted" by Turkish Gendarmes in death marches.

The death marches would lead across Anatolia and their purpose was clear. The Armenians were raped, starved, dehydrated, murdered and kidnapped along the way. The Turkish Gendarmes either led these atrocities or turned a blind eye. Their eventual destination for resettlement was just as telling in revealing the Turkish governments goal. The Syrian desert,

Those who miraculously survived the march would arrive to this bleak desert only to be killed upon arrival or to somehow survive until a way to escape the empire was found. Usually those that survived and escaped received assistance from what have come to be known as "good Turks", from foreign missionaries who recorded much of these events and from muslim Arabs,

After The Genocide

The events of 1915 to 1917 are regarded by Armenians and the vast majority of Western historians to have been state-sponsored mass killings, or genocide. Most estimates for the number of Armenians killed range from 650,000 to 1.5 million. These events are traditionally commemorated yearly on April 24, the Armenian Martyr Day, or the Day of the Armenian Genocide.

The Turkish government has in the past few decades been denying that genocide ever occurred and spending millions of dollars to further that view. It hired a public relations firm, Doremus & Co and a lobbying organization, Gray & Co and as well as establishing an Institute of Turkish Studies in Washington, D.C for the purpose of influencing opinion makers that either the Turkish version of history would be accepted or, at least, the reality of the Genocide would be considered debatable.

This Turkish propaganda offensive met with some initial success in the United States. The media, public opinion makers, and even a number of scholars began to speak of an "alleged" genocide when referring to the Armenian Holocast.

The Turkish publisher Ayşe Nur Zarakolu was sentenced to two years of imprisonment for publishing a translation of French scholar Yves Ternon's Les Arméniens: histoire d'un génocide in December 1993 which describes the Genocide.

The Armenian Language

The Armenian language is an independent member of the Indo-European language that belongs to the western branch of the European-Aryan family and traces its roots back to the time of Armeno-Phrygians, Hayes, and Urartians.

There is also kinships with the ancient Hittites, Mitanni, Hurrian, and some Old Persian. Modern linguists claim that the Armenian language has retained its nationality from ancient times to the present, and that it possesses great vitality despite many persecutions

Since the Armenians did not have their own alphabet, a native of the Province of Taron, Mesrop Mashtots, undertook the task to remedy the situation at the beginning of the fifth century A.D. With the religious Patriarch Sahag, the scholar Mesrob Mahtots developed a new alphabet containing 36 letters, which was used to write the Armenian language.

In the language as then written were composed translations of the Bible and other pious works as well as original compositions by Bishop Eznik. This language is still preserved as the ritual language of the Armenian Church, and up to the 19th century was the language used by Armenian Scholars.

The spoken language meanwhile evolved independently and in all parts of the country differed widely from the literary language. Lay writers used the forms current in their region. Some Armenians were then Russian subjects, others under Ottoman rule, yet others under Persia.

One literary language developed in Erevan under Russian rule, and was used by the Armenian population settled in Tiflis. Another was formed in Constantinople, where from the days of the Byzantine Empire there had been an important Armenian colony. Both these languages deliberately eliminated words brought in under Islamic and Turkish domination and replaced them with true Armenian words largely taken from the old written language. As an example, in Erevan Armenia, the name Jacob is pronounced Hakob, and in Turkish Armenian is Hagop.

Thus, Armenian is a continuation of a group of Indo-European languages intermediate between Indo-Iranian (Aryan) and Greek, but distinct from both. As a result of contact with other languages, Armenian has developed in its own way and is widely removed from the early Indo-European type.

The Armenian grammatical forms are traceable to Indo-European origins, but assumed new shapes, and also possess some of the phonemic and semantic features of the European language. The consonantal system coincides largely with that of the southern group of Caucasian languages, represented by Georgian.

The so-called occlusive consonants, p, t, k and b, d, g, have undergone mutation, so that where Indo-European has a d, there is a t; thus the numeral tasn for ten corresponds to the ancient form decem as in Latin. Also, in Armenian hayr is 'father', in Gothic fadar, and in Latin pater. Loan-words were distinct in Armenian history and are derived from Greek and Iranian of various periods, but few are traceable to Aramaic and Arabic.

It is interesting to know that the language of the early writings was classical. In Armenian it is called Grabar, which means "written". What has happened is that the spoken language has changed over the centuries, and this spoken language is called Ashkharabar, and is currently the every day speech of Armenians throughout the world. However, the Armenian Church still uses Grabar, or classical in church services.

Armenian is a beautiful language, and without language it is impossible to imagine any civilization. It is said that the oldest traces of a people may be found in their language. Some scholars claim that the Armenian language is one of the world's seven great Indo-European languages!

Armenian Literature

The Armenian Church fostered literature, and the principal early works are religious or hagiographical, most of them translations. The first major Armenian literary work is a 5th cent. translation of the Bible; its language became the standard of classical Armenian.

Early Mesopotamian influence resulted in Syriac translations (Aphraates and St. Ephraem Syrus). Armenia then turned to the West for literary inspiration, producing translations of many religious works. . Among secular works are renderings of Aristotle and of the romance of Alexander.

The original writings of the golden age are confined to saints' lives and histories. A tradition of nationalistic epic poetry, influenced by Muslim form, emerged; the best-known example is David of Sassoun.

The principal figure of the 12th cent. is Catholicos Narses IV, a prelate and poet notable for his literary style.

Anticipated by the late 18th-century folk poetry of Sayat Nova (Haroutioum Sayadian), the 19th cent. saw a considerable revival of Armenian letters and the establishment of a modern literary language. After the incorporation of part of Armenia into the Soviet Union in 1921 the poet Leguiche Tcharentz and novelist Alexander Bakountz perished in Stalin's purges. Notable writers of the period were the poet Avetik Issahakian and the historical novelist Derenik Demirdjian. More recent figures include the poets Parouyr Sevak, Hovhannes Chiraz, and Hrant Matevosian.

The JUDGEMENT

By Anahid Melkonian

We need to separate the good from the evil.
In order not to be burned by the furnace of dark hells

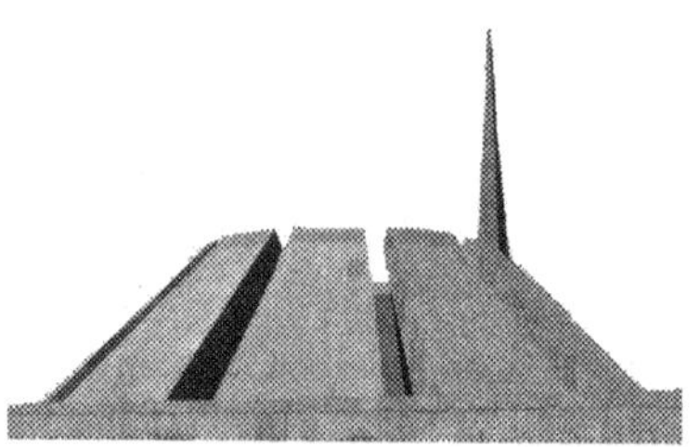

This Dictionary is dedicated to the memory of the estimated 1.5 million Armenians killed by the Turkish Government in the World's first Holocaust. The Genocide resulted in the murder of approximately 80% of the Armenian population.

English - Armenian Dictionary

ԱՆԳԼԻՐԵՐԷՆ - ՀԱՅԵՐԷՆ ԲԱՌԱՐԱՆ

Part I

A

A, AN, (էյ, էն) մը։
AARD'VARK (արտվարք) գետնախոզ։
AB'ACA (էպա'պքա) մանիլեան կանեփ։
ABACIST (էպ'էսիսթ) հաշուակալ։
ABACK (էպէք') դէպի ետ։
AB'ACUS (էպէ'քըս) աղիւսակ, թակողակ, հաշուետախտակ։
ABAFT (էպէֆթ') ետեւի կողմը։
ABALIENATE (էպէյլ'իընէյթ) օտարացնել, փոխանցել։
ABALO'NE (էպէլօ'նի) միապատեան խխունջ մը։
ABAN'DON (էպէն'տըն) լքել, ձգել, թողուլ, հրաժարիլ, անձնատուր ըլլալ, լքում։
ABANDONED (էպէն'տընտ) լքուած, ծոյլ, անառակ։
ABANDONMENT (էպէն'տընմընթ) լքում, յանձնում, աւեր, հրաժարում։
ABANDONEE' (էպէ'նտընի) օրինական, օրէնքով լքուածին տէր դարձող։
ABASE' (էպէյ'ս) նուաստացնել, իջեցնել։
ABASH' (էպէշ') ամչցնել, շփոթեցնել։
ABATE' (էպէյթ') նուազեցնել, տկարանալ, հանդարտիլ։
ABATEMENT (էպէյթ'մընթ) նուազում, ջնջում, զեղչ։
AB'ATIS (էպ'էթիս) փայտէ դէզ, պատնէշ, ջարդակոյտ։
ABATT'OIR (էպէթ'ուար) սպանդանոց, գենարան։
ABBA' (էպպէ') աբբայ, հայր։
ABB'ACY (էպ'պէսի) աբբայութիւն, աբբայարան։
ABBE' (էպէ'յ) աբբայ։
ABB'ESS (է'պէս) մայրապետ, աբբայուհի։
ABB'EY (է'պի) վանք, աբբայարան։
ABB'OT (է'պըթ) աբբահայր։
ABBRE'VIATE (էպրի'վիէյթ) կրճատել, ամփոփել։
ABBREVIATION ամփոփում, կրճատում։
ABBREVIATOR (էպրի'վիէյթըր) կրճատող, համառօտական։
A B C (էյ' պի սի) նախատառերը։
AB'DICATE (էպ'տիքէյթ) հրաժարիլ։
ABDICATION (էպտիքէյ'շըն) հրաժարիլ։
AB'DICATOR (էպ'տէքէյթըր) հրաժարող։
AB'DOMEN (էպտօ'մըն) որովայն։
ABDUCT' (էպտըքթ') առեւանգել, յափշտակել։
ABDUCTION (էպտըք'շըն) առեւանգում, կորզում։
ABDUC'TOR (էպտըք'թըր) առեւանգող։
ABEAM (էպիմ') հակողնեայ (նաւ.)։
ABELE' (էպիլ') սպիտակ կաղամախ։
AB'ERDEVINE (էպ'ըրտիվայն) սարեկ (թռ.)։
ABERRA'TION (էպըրրէյ'շըն) մոլորում, շեղում։
ABE'RRANT (էպըր'րընթ) մոլորուն, թափառական։
ABERRANCE (էպըր'րընս) շեղում, մոլորում։
ABET (էպէթ') գրգռել, քաջալերել։
ABET'MENT (էպէթ'մընթ) գրգռում, քաջալերութիւն։
ABETT'OR (էպէթ'ըր) գրգռող, դրդող, մեղսակից։
ABEY'ANCE (էպէյ'ընս) առկախ վիճակ, ակնկալութիւն։
ABHOR' (էպհոր') ատել, զզուիլ։
ABHORRENCE (էպհօ'րրընս) զզուանք, զարշանք։
ABHORRENT (էպհօ'րրընթ) զզուող, գարշելի, ատելի։
ABIDE' (էպայտ') բնակիլ, կենալ,

յարատեւել, մնալ:
ABI'DANCE (էպայտըն'ըս) բնակութիւն:
AB'IDING (էպայտ'ինկ) տեւական, մնայուն:
ABI'GAIL (էպ'իկէյլ) սպասուհի:
ABILITY (էպի'լիթի) կարողութիւն, ճարտարութիւն:
ABINITIO ի սկզբանէ:
ABIOGEN'ESIS (էպիօճէնեսիս) ինքնաբոյս ծնունդ:
AB'JECT (էպ'ճէքթ) անարգ, նուաստ:
ABJEC'TION (էպճէք'շըն) անարգութիւն, նուաստութիւն:
ABJURE' (էպճուր') երդումով հրաժարիլ, ուրանալ:
AB'LATIVE (էպ'լըթիվ) բացառական:
AB'LAUT (էպ'լաութ) ձայնափոխութիւն:
ABLAZE' (էպլէյզ') բոցավառ:
ABLE (էյ'պլ) ձեռնհաս, կարող:
ABLE-BODIED, մարմնեղ, հուժկու:
ABLEPSY (էպ'լէփսի) կուրութիւն:
ABLY (էյ'պլի) ճարտարութեամբ, ատակօրէն:
ABLU'TION (էպլու'շըն) լուացում, լուացք:
AB'NEGATE (էպ'նիկէյթ) հրաժարիլ, ուրանալ, մերժել:
ABNEGA'TION (էպնիկէյ'շըն) մերժում, ուրացում:
ABNEGATOR (էպ'նիկէյթըր) ուրացող, մերժող:
ABNORM'AL (էպնոր'մըլ) անբնական:
ABNORMALLITY, անբնականութիւն:
ABOARD (էպօ'րտ) նաւու մէջ, վրան, երկայնքով:
ABODE' բնակարան:
ABOL'ISH (էպա'լիշ) ջնջել, կործանել:
ABOLISHMENT (էպօ'լիշմէնթ) ջնջում, կործանում:
ABOLI'TION (էպօլի'շըն) ջնջում, բարձում:
ABOLI'TIONIST խափանչական, բարեկարգ:
ABOMINABLE (էպօմ'ինըպլ) ատելի, զզուելի:
ABOM'INATE (էպօմ'ինէյթ) զզուիլ, գարշիլ:
ABOMINA'TION զզուանք, գարշանք:
ABO'MINATOR գանող:
ABORI'GINAL (էպօրիճ'ինըլ) բնիկ, նախնական:
ABORI'GINES (էպօրի'ճինիզ) բնիկներ, սկզբնականք:
ABORT' (էպօրթ') վիժում, վիժիլ, ձախողիլ:
ABOR'TION (էպօր'շըն) վիժում:
ABOR'TIVE (էպօր'թիվ) վիժած, թերաճեր, վիժեցուցիչ դեղ:
ABOUND' (էպաու'նտ) յորդիլ, լիանալ:
ABOUT' (էպաու'թ) մօտ, գրեթէ, վրայ, մասին:
ABOVE' (էպըվ') վեր, աւելի, գերի վեր:
ABOVE-BOARD, ուղղամիտ, յայտնի, որոշ:
ABRACADAB'RA (էպրէքէտէպ'րէ) անիմաստ խօսք:
ABRADE' (էպրէյտ') մաշել, քերել, մաշեցնել:
ABRA'SION (էպրէյ'ժըն) յղկում, քերումն:
ABRA'SIVE (էպրէյ'սիվ) յղկիչ:
ABREAST' (էպրէսթ') քովէ քով, միասին:
ABRIDGE' (էպրիճ') կրճատել, համառօտել:
ABRIDGE'MENT, համառօտութիւն, ամփոփում:
ABROACH' (էպրօչ') ծիծը բանալ, բաց, անձանձ:
ABROAD' (էպրօտ') հեռու, արտասահման:
AB'ROGATE (էպ'րօկէյթ) ջնջել, խափանել, ջնջուած:
ABROGA'TION, խափանում, ջնջում:
ARRO'GATOR, ջնջող:
ABRUPT' (էպրըփթ') յանկարծական, զառիվայր:
AB'SCESS (էպ'սէս) պալար, թարախ, ուռեցք:
ABSCOND' (էպսքօնտ') պահուըտիլ, խուսափիլ:

AB'SENCE (էպ'սէնս) բացակայութիւն։
AB'SENT (էպ'սէնթ) բացակայ։
ABSENT-MINDED, մտացիր, մտացրուած։
ABSENT', բացակայիլ։
ABSENTEE' (էպսէնթի') բացակայ։
AB'SINTH (էպ'սինթհ) օշինդր, նըղանդաղին։
AB'SOLUTE (էպ'սօլիութ) բացարձակ, միահեծան։
ABSOLUTELY, բացարձակապէս։
ABSOLU'TION (էպ'սօլիու'շըն) թողութիւն, արձակում։
AB'SOLUTISM (էպ'սըլութիզմ) բացարձակապետութիւն։
ABSOLUTIST (էպ'սըլութիսթ) բացարձակապետական։
ABSOLVE' (էպզալվ') արձակել, ազատել։
ABSORB' (էպզօրպ') ծծել, քամել, սպառել, քաշել։
ABSORBABILITY, ծծելիութիւն։
ABSORB'ENT, ծծող, ծծիչ։
ABSORP'TION (էպզօրփ'շըն) ծծում, գրաւում։
ABSORP'TIVE, ծծողական։
ABSORP'TIVITY, ծծողութիւն։
ABSTAIN' (էպսթէյն) ետ կենալ, զգուշանալ։
ABSTAIN'ER, զգուշացող, հրաժարող։
ABSTE'MIOUS (էպսթի'միըս) ժուժկալ, չափաւոր։
ABSTEN'TION, ժուժկալութիւն, հրաժարում։
ABSTER'GENT (էպսթըր'ճընթ) մաքրիչ։
ABSTER'SION, մաքրութիւն։
AB'STINENCE (էպ'սթինէնս) պահք, ժուժկալութիւն։
AB'STINENT (էպ'սթինէնթ) ժուժկալ, պահեցող։
AB'STRACT (էպ'սթրէքթ) վերացական
ABSTRACT' (էպսթրէքթ') անջատել, համառօտել։
ABSTRACT'ED, վերացեալ, անջատուած։
ABSTRAC'TION, անջատում, վերացում։
ABSTRUSE' (էպսթրուս) գաղտնի, մթին, վերացեալ։
ABSURD' (էպսըրտ') տարօրինակ, անճոռնի, անիմաստ։
ABUN'DANCE (էպըն'տընս) առատութիւն։
ABUN'DANT, առատ, լի։
ABUSE' (էպիուզ') չարաչար գործածել, եղծել։
ABU'SIVE, եղծանական, գռեհիկ։
ABUT' (էպըթ') յանգիլ, վերջանալ։
ABUT'TER, ծայրամաս, յարակից։
ABUT'MENT, կամարակալ, ծայրը։
ABY(E) (էպայ') քաւել, տուժել։
ABYSS'. ABYSM' (էպիս', էպիզմ') անդունդ, վիհ։
ABYS'MAL, ABYSS'MAL, անյատակ, անդնդային։
ACA'CIA (էքէ'յշիա) ակասիա, կոճէժ։
ACADEM'IC (էքըտէմ'իք) ակադեմական։
ACADEMICALLY, ակադեմականօրէն։
ACADEM'ICAL ակադեմական, անգործնական։
ACADEMI'CIAN, ակադեմիայի անդամ։
ACAD'EMY (էքէ'տըմի) կաճառ, ակադեմիա։
ACAN'THUS (էքէնթ'թըս) ականթ, կնտանանձի։
ACCA'DIAN (էքէյ'տիըն) ակադեան։
ACCEDE' (էքսի'տ) համաձայնիլ, հաճիլ։
ACCEL'ERATE (էքսէլ'ըրէյթ) արագացնել, փութացնել։
ACCELERA'TION. երագում, արագութիւն։
ACCEL'ERATOR, երագիչ։
AC'CENT (էք'սընթ) շեշտ։
ACCENT' (էքսընթ') շեշտել։
ACCENT'UAL, շեշտական։
ACCENT'UATE, շեշտել։
ACCENTUA'TION, շեշտում։
ACCEPT' (էքսէփթ') ընդունիլ, հաւանիլ։
ACCEPT'ABLE, ընդունելի։
ACCEPT'ABILITY. ACCEPT'ANCE ընդունելիութիւն։
ACCEPTA'TION, ընդունելիութիւն։

ACCEPTOR, ընդունող։
ACCESS (էք'սէս) մուտք, յաւելում, վերադարձ։
ACCESSARY, **ACCESSORY** մեղսակից, յարակից, գործակից։
ACCIDENCE (էք'սիտընս) դիպուած, նախատարերք։
ACCIDENT (էք'սիտընթ) դիպուած, արկած, պատահար։
ACCIDENTAL, պատահական։
ACCLAIM' (էքլէյմ') գրուատել, ծափահարել։
ACCLAMATION, ծափահարութիւն, ծափողջոյն։
ACCLIMATIZE (էքքլայմըթայզ) օտարավարժել։
ACCLIMATE (էքքլի'մէյթ) նոր կլիմայի վարժեցնել։
ACCLIMATIZATION (էքլայ'մըթայզէյշըն) օտարավարժութիւն։
ACCLIMATION (էքքլիմէյ'շըն) օդավարժութիւն։
ACCLIVITY (էքլի'վիթի) զառիվեր։
ACCOLADE' (էքըլէյտ) ողջագուրում, դրկախառնութիւն։
ACCOMMODATE (էքամը'տէյթ) կարգադրել, դիւրութիւն տալ, պատշաճեցնել։
ACCOMMODATING, յարմարող, դիւրաբարոյ։
ACCOMMODATION, յարմարութիւն, բնակարան։
ACCOMMODATOR, դիւրընծայ։
ACCOMPANY (էքըմ'փէնի) ընկերանալ, միանալ, ձայնակցիլ։
ACCOMPANIST, նուագակից։
ACCOMPLICE (էքօմ'փլիս) մեղսակից, գործակից։
ACCOMPLISH (էքօմ'փլիշ) կատարել, գլուխ հանել։
ACCORD' (էքօրտ') համաձայնութիւն, ներդաշնակել, համաձայնեցնել։
ACCORDANCE, համաձայնութիւն։
ACCORDANT, համաձայն, ներդաշնակ։
ACCORDING, համաձայն, ըստ, համեմատ։
ACCORDINGLY, հետեւաբար, ուստի
ACCORDION (էքքօր'տիըն) դաշնակ, ձեռնադաշնակ։
ACCORDIONIST, դաշնակահար։
ACCOST' (էքքասթ) եզերել, մերձենալ։
ACCOUCHEMENT (աքքու'շըման) ծննդաբերութիւն։
ACCOUCHEUR (աքքու'շէօր) դայեակ, մանկաբարձ։
ACCOUCHEUSE, մանկաբարձուհի։
ACCOUNT' (էքքաունթ') հաշիւ, համար, շահ, հաշուեցոյց։
ACCOUNTABLE, պատասխանատու։
ACCOUNTABILITY, պատասխանատուութիւն։
ACCOUNTANT, հաշուակալ։
ACCOUTREMENTS (էքքու'թըրմընթս) հանդերձանք, հագուստ։
ACCOUTRED, հագուած։
ACCREDIT (էքքրէտ'իթ) վարկ տալ, վստահիլ, հաւատալ։
ACCREDITED, հաւատարմացած, յարգի, վարկաւոր։
ACCRETION (էքրի'շըն) աճում, ստուարացում։
ACCRUE' (էքրու') աճիլ, աւելնալ։
ACCUMULATE (էքիումիւլէյթ) բարդել, դիզել, աճել։
ACCUMULATION, կուտակում, դէզ, կոյտ։
ACCUMULATIVE, բարդողական։
ACCUMULATOR, բարդող, կուտակիչ։
ACCURATE (էք'քիւրըթ) շիտակ, անվրէպ, ճիշդ։
ACCURACY (է'քիուրըսի) ճշդութիւն, ճշգրտութիւն։
ACCURSED (էքըրստ') անիծեալ, անպիտան։
ACCUSATIVE (էքիու'զըթիվ), ամբաստանիչ։
ACCUSE' (էքիուզ) այպանել, ամբաստանել։
ACCUSSATORIAL, **ACCUSATORY** ամբաստանողական։
ACCUSTOM (էքըս'թըմ) վարժեցնել, ընտելացնել։
ACCUSTOMED, սովորական, յաճախ, վարժ։
ACE (էյս) միաւոր, չնչին մասնիկ

օդանաւորդ, դիւանագէտ եւայլն։
ACEL'DAMA (էսէլ'տըմա) Արեան դաշտ։
ACERB'ITY (էսըրպ'իթի) կծուութիւն, ժանտութիւն։
ACE'TIC (էսէ'թիք), քացախային։
ACET'IFY (էսէթ'իֆայ) թթուիլ, քացախեցնել։
ACETIFICA'TION, քացախացում։
A'CETONE (է'սիթօն) քացախոն։
A'CETOUS, քացախոտ։
ACHATES (էքէյ'թիզ) հաւատարիմ բարեկամ։
ACHE (էյք) ցաւ, ցաւիլ։
ACHIEVE' (էչիվ') գլուխ հանել, յաջողիլ։
ACHIEVEMENT (էչիվ'մէնթ) կատարում, վախճան։
ACHROMAT'IC (էքրօմէթ'իք) անգոյն, աններանգ։
ACHRO'MATISM, ACHROMATI'CITY, անգունութիւն։
ACHROMATIZE (էքրօ'մըթայզ) աներանգել։
A'CID (է'սիտ թթու, կծու։
ACID'IFY (էսի'տիֆայ) թթուեցնել։
ACIDIFICA'TION, թթուեցում
ACAD'ITY թթուութիւն։
ACIDIM'ITER (էսիտիմ'իթըր) թըթուաչափ։
ACID'ULOUS (էսիտ'իուլըս) թթուալ։
ACKNOWL'EDGE (էքնալ'էճ) գիտնալ, ճանչնալ, ընդունիլ։
ACKNOWL'EDGEMENT, ճանաչում, ընդունում, անդորրագիր, երախտագիտութիւն։
ACLIN'IC (էքլին'իք) անխոտոր։
AC'ME (էք'մի) կատար, ծայրակէտ։
ACNE (էք'նի) ծաղկեպալար։
AC'OLYTE (էք'ըլայթ) արբանեակ։
AC'ONITE (է'քընայթ) անկոնիտոն, չնթուր։
A'CORN (էյ'քօրն) բալուտ, խոզկաղին։
ACOTYLE'DON (էքօթիլի'տըն) անբըլթակ։
ACOUS'TIC (էքուս'թիք) լսողական, ձայնատու։
ACOUS'TICAL, ձայնական։
ACOUSTI'CIAN, ձայնագէտ։
ACOUS'TICS, ձայնագիտութիւն։
ACQUAINT (էքուէյնթ') ծանօթացնել։
ACQUAIN'TANCE, ծանօթութիւն։
ACQUAIN'TANCESHIP, ծանօթութիւն, մտերմութիւն։
ACQUIESCE' (էքուիէս') հաւանիլ, հաճիլ։
ACQUIES'CENCE (էքուիէս'սէնս) հաւանութիւն, հաճութիւն։
ACQUIES'CENT, հաւանող։
ACQUIRE' (էքուայր') ստանալ, ձեռք ձգել, շահիլ։
ACQUIRE'MENT, ստացում, տիրացում։
ACQUISI'TION (էաքուիզիշ'ըն) ըստացում, շահ, տիրացում։
ACQUIT' (էքուիթ') արձակել, վճարել, ստացագրել։
ACQUIT'TAL, անպարտ արձակում։
ACQUITTANCE, անպարտացում, ստացագիր։
A'CRE (էյ'քըր) արտավար, լծվար։
A'CREAGE, վարելահող։
AC'RID (էք'րիտ) կծու, բարկ, կճող։
ACRID'ITY, կծուութիւն։
AC'RIMONY (էք'րիմօնի) կծուութիւն, դառնութիւն։
ACRIMO'NIOUS, դառն, կծու։
AC'ROBAT (էք'րըպէթ) լարախաղաց
AC'ROBATISM, լարախաղացութիւն։
ACROP'OLIS (էքրափ'օլիս) ծայրաքաղաք, վերնաբերդ։
ACROSS' (էքրաս) մէջտեղէն, միւս կողմէն։
ACROS'TIC (էքրաս'թիք) ծայրաբանուտ ոտանաւոր։
ACT (էքթ) գործ, որոշուած օրէնք, արարք, գիր, վճիռ, մուրհակ, գործել, կատարել, վարուիլ, ձեւացնել։
ACT'INISM (էք'թինիզմ) շողականութիւն։
ACTIN'IUM (էք թի'նիըմ) շողոն։
AC'TION (էք'շըն) գործողութիւն, գործ, դատ, վարմունք, շարժում, բաժնեթղթութիւն, ճակատամարտ, ձեւ, պաշտամունք։
AC'TIONABLE, դատավարելի։
AC'TIVE (էք'թիվ) գործունեայ, ժիր,

աշխոյժ, գործօն, բանուկ, ներգործական՝ բայ։
ACTIV'ITY (էքթիվ'իթի) *գործունէութիւն։*
AC'TOR (էք'թըր) *դերասան։*
AC'TUAL (էք'չիուըլ) *իրական, արդի, ներկայ, գործնական։*
ACTUAL'ITY, *իրականութիւն, այժմէութիւն։*
AC'TUALIZE, *իրականացնել։*
ACTUALIZA'TION, *իրականացնելը։*
AC'TUALLY, *իրապէս։*
AC'TUARY, *ապահովագրութեան փորձագէտ, քարտուղար։*
AC'TUATE (էք'թիուէյթ) *գործի մղել, ազդել, շարժել։*
ACTUA'TION, *շարժում, մղում, գործողութիւն։*
ACU'ITY (էքիու'իթի) *սրութիւն։*
ACU'MEN (էքիու'մէն) *սրամտութիւն։*
ACUTE' (էքիութ') *սուր, նրբամիտ, սրցնել ձայնը։*
ADA'GE (էտէճ) *առած, ասացուածք։*
ADAG'IO (ատաճի'օ) *յամր, յամրընթաց։*
ADAM (էտէմ) *Ադամ.*
ADAM'S ALE, *ադամօղի (ջուր)։*
ADAM'S APPLE, *կիտրոն, բանանենի, խռչափողի ցցուածքը։*
AD'AMANT (էտ'էմէնթ) *ադամանդ, կարծր։*
AD'AMANTINE (էտ'էմէնթին) *ադամանդեայ։*
ADAPT' (էտէփթ') *յարմարցնել, պատշաճեցնել։*
ADAPTABIL'ITY, ADAPTA'TION *յարմարելիութիւն, պատշաճեցում։*
ADD, *աւելցնել, գումարել, կցել։*
ADDEN'DUM (էտէն'տըմ) *յաւելուած։*
ADD'ER, *գումարող, իժ։*
ADDER'S TONGUE, *ատենզուկ, գետնի մամուռ։*
ADDICT' (էտտիքթ) *նուիրուիլ, պարապիլ, նուէր իյնալ։*
ADDIC'TION, *նուիրում, յարում, յօժարում, մոլեռանդ։*
ADDI'TION (էտտի'շըն) *գումարում, յաւելում, գումար։*
ADDI'TIONAL, *յաւելուածական։*
AD'DLE (էտ'տլ) *փուտ, ամուլ, նեխած, հատած, ապականել։*
ADDLE-HEADED, *յիմար, ապուշ, անկարողամիտ։*
ADDRESS' (էտրէս) *ուղերձ, ազերս, հասցէ, խօսք, ուղղել, խօսիլ, պատրաստել, ղրկել, յանձնել։*
ADRESS'EE, *հասցէատէր, ստացողը։*
ADDUCE' (էտիուս') *առաջ բերել, հաստատել, վկայել։*
ADDUCT' (էտաքթ') *դէպի կեդրոն մը բերել, առբերել։*
ADDUCT'ION, *առբերում, ցուցում, վկայութիւն։*
ADENOIDS (էտ'ընօյտզ) *գեղձուռոյցք.*
ADEPT' (էտէփթ') *հմուտ, գիտակ, ճարտար։*
AD'EQUATE (էտ'իքուէյթ) *ատակ, համարժէք, կարող։*
ADEQUEACY, *յարմարութիւն, ատակութիւն։*
ADHERE' (էտհիր') *յարիլ, կցիլ։*
ADHER'ENT (էտհիր'ընթ) *կից, յարած, հետեւող, կուսակից։*
ADHESION (էտհի'ժըն) *միութիւն, յարում, հաւանութիւն։*
ADIAN'TUM (էտիէնթըմ) *շարխոտ։*
ADIEU (էտիու) *մնաք բարով, հրաժեշտ։*
AD INFINI'TUM, *անհունօրէն։*
AD IN'TERIM, *նոյն միջոցին, առժամեայ։*
AD'IPOSE (էտ'իփօս) *ճարպոտ։*
ADIPOSITY, *ճարպոտութիւն։*
AD'IT (էտ'իթ) *հանքի ճամբայ, մուտք։*
ADJA'CENT (էտճէյ'սընթ) *մօտիկ, մերձաւոր, յարակից։*
ADJA'CENCY, *մօտիկութիւն։*
ADJE'CTIVE (էտ'ճէքթիվ) *ածական։*
ADJOIN (է'տճօյն) *կցել, միացնել, մօտենալ։*
ADJOURN' (էտճըրն') *յետաձգել, յապաղել։*
ADJOURN'MENT, *տարկափում, յետաձգում։*
ADJUDGE' (էտճըճ') *վճռել, որոշել։*
ADJUDGE'MENT, *դատաստան, վճիռ, ընծեռում։*
ADJUD'ICATE (էտճիու'տիքէյթ) *վճիռ տալ, որոշման յանգիլ,*

ընծայել։

ADJUDICA'TION, ընծայում, վճիռ, դատաստան։

ADJU'DICATIVE, վճռողական։

ADJU'DICATOR, վճռող։

ADJ'UNCT (էտ'ջընքթ) հաւելուած, յաւելուած, գործակից։

ADJURE' (էտճիւր') երդմնեցնել։

ADJURA'TION, երդմնեցուցչութիւն, երդում։

ADJUST' (էտճըսթ') շտկել, կարգադրել, յարմարցնել։

ADJUST'MENT, յարդարում, կարգադրութիւն։

AD'JUTANT (էտ'ճիւթընթ) թիկնապահ, համհարզ։

AD'JUTANCY, համհարզութիւն։

ADLIB'ITUM (էտլիպ'իթըմ) ըստ կամաց։

ADMIN'ISTER (էտմին'իսթըր) վարել, տնտեսել, կարգադրել։

ADMIN'ISTRATION, վարչութիւն։

ADMIN'ISTRATIVE, վարչական։

ADMIN'ISTRATOR, վարիչ, ղեկավար։

ADMIN'ISTRATRIX, տնտեսուհի։

AD'MIRABLE (էտ'միրէպլ) հիանալի, զարմանալի։

AD'MIRAL (էտ'միրըլ) ծովակալ, թիթեռնիկ մը։

ADMIRALSHIP, **AD'MIRALTY**, ծովակալութիւն։

ADMIRE' (էտմայր') հիանալ, սքանչանալ։

ADMIRA'TION, հիացում, սքանչացում։

ADMIR'ER, հիացող։

ADMISS'IBLE, ընդունելի, թոյլելի։

ADMISSIBIL'ITY, ընդունելիութիւն։

ADMI'SSION ընդունելութիւն, մուտք։

ADMIT' (էտմիթ') ընդունիլ, թողուլ, հաւանիլ։

ADMIT'TANCE, մուտք, ընդունելութիւն։

ADMIT'TEDLY, խոստովանաբար։

ADMIX' (էտմիքս') խառնել։

ADMIX'TURE, խառնուրդ, բաղադրութիւն։

ADMONISH (էտմոն'իշ) զգուշացնել, խրատել, յանդիմանել։

ADMONI'TION, յանդիմանութիւն։

ADMONI'TORY, յանդիմանական։

AD NAUS'EAM (էտ նօ'սիըմ) ի զզուանս։

ADO (էտու'ւ) աղմուկ, բծախնդրութիւն, դժուարութիւն։

ADOBE (էտօ'պէ) աղիւս։

ADOLES'CENT (էտօլէս'ընթ) պատանի։

ADOLES'CENCE, պատանեկութիւն։

ADONIS (էտօնիս) Ադոնիս, (դից.)։

AD'ONIZE (էտօ'նայզ), գեղեցկացնել։

ADOPT' (էտափթ') որդեգրել, ընտրել։

ADOPT'ION, ընտրութիւն, որդեգրութիւն։

ADOPT'IVE, որդեգրեալ, որդեգրող։

ADOR'ABLE (էտօր'էպլ) պաշտելի։

ADORA'TION, երկրպագութիւն, պաշտում։

ADORE', պաշտել, երկրպագել։

ADORN' (էտօրն') զարդարել։

ADORNMENT, պճնում, զարդ։

ADRE'NAL (էտրի'նըլ) մակերիկամային։

ADRIFT' (էտրիֆթ') ալեծածան։

ADROIT (էտրոյթ') ճարպիկ, ուշիմ։

ADSCITI'TIOUS (էտսիթիշ'ըս) յաւելուածոյ։

AD'SUM (էտ'սըմ) ներկայ եմ։

AD'ULATE (էտ'իուլէյթ) շողոքորթել։

ADULA'TION, շողոքորթութիւն։

AD'ULATOR, շողոքորթ։

ADULT' (էտըլթ') չափահաս

ADUL'TERANT (էտըլ'թըրընթ) խարդաւանող (նիւթ)։

ADUL'TERATE (էտըլ'թըրէյթ) խարդաւանել։

ADUL'TERY (էտըլ'թըրի) շնութիւն։

ADUL'TERER, շնացող։

ADULTERESS, շնացող կին։

ADULTEROUS, խարդախ։

ADUM'BRATE (էտըմ'պրէյթ) ստուերագրել։

ADUMBRA'TION, ստուերագրութիւն։

ADUST' (էտըսթ') այրած, չորցած։

ADVALOR'EM (էտվէլօր'էմ) արժէքին վրայ։

ADVANCE' (էտվէնս') յառաջացում, զարգացնել, յառաջխաղել, բարձրա—

նալ։
ADVANCE'MENT, յառաջացում, կանխավճար։
ADVAN'TAGE (էտվէն'թըճ) առաւելութիւն, շահ, օգուտ։
ADVANTA'GEOUS, նպաստաւոր, շահաւէտ։
AD'VENT (էտ'վէնթ) գալուստ։
ADVENTI'TIOUS, դիպուածական, պատահական։
ADVEN'TURE (էտվէն'թիուր) արկած, ձեռնարկ։
ADVEN'TURER, արկածախնդիր։
ADVENT'URESS, արկածախնդիր կին։
AD'VERB (էտ'վըրպ) մակբայ։
ADVERB'UM, բառ առ բառ։
AD'VERSARY (էտ'վըրսէրի), հակառակորդ, ոսոխ։
AD'VERSE, ներհակ, հակառակ։
ADVERS'ITY (էտվըրս'իթի) հակառակութիւն, թշուառութիւն։
ADVERT' (էտվըրթ') ուշք դարձնել, ակնարկել։
AD'VERTISE (էտ'վըրթայզ) ծանուցանել։
ADVER'TISEMENT, ծանուցում։
ADVICE' (էտվայս') խորհուրդ, խրատ։
ADVI'SABLE, յարմար։
ADVISE' (էտվայզ') խելք տալ, խրատել, յորդորել։
ADVISED', զգոյշ, շրջահայեաց։
ADVI'SORY, խորհրդատուական։
AD'VOCATE (էտ'վոքէյթ) փաստաբան, ջատագով։
AD'VOCACY, պաշտպանութիւն, փաստաբանութիւն։
ADVOW'SON, նուիրատուական պաշտպանութիւն։
AD'YTUM (էտ'իթըմ) պատգամատեղի
ADZE (էտզ) ուրագ։
AE'DILE (ի'տայլ) թաղապետական պաշտօնեայ։
AE'GIS (ի'ճիս) այծենի, վահան, եգիդ։
AEGRO'TAT (իկրօ'թէթ) հիւանդութեան վկայագիր։
AE'ON (ի'օն) անհունութիւն։
A'ERATE (էյ'ըրէյթ) օդարկել, հովացնել։
AER'IAL (էյ'րիըլ) օդային։
A'ERIE (ի'րի) օդաբոյն (թռչնոց)։
AEROBAT'ICS (էյըրօպէթ'իքս) ճարտար օդաչուութիւն։
A'EROBUS (Է'յըրօպըս) օդանաւ։
A'ERODROME (Է'յըրօտրօմ) օդակայան, օդանաւակայան։
AER'OGRAM, անթել հեռագիր։
A'EROLITE (Է'յըրօլայթ) օդաքար։
A'ERONAUT (էյ'ըրօնօթ) օդաչու, օդանաւորդ։
A'EROPLANE (էյ'ըրօփլէյն) օդանաւ, թռչնաթիռ։
A'EROSTAT (էյ'ըրօսթէթ) օդապարիկ, օդանաւորդ։
AEROSTAT'ICS (էյըրօսթէթ'իքս) օդի եւ կազանման մարմիններու հաւասարակշռութեան օրէնքներու ուսմունքը։
AESTHET'IC (էսթհէթ'իք) գեղագիտական։
AESTHET'ICS, գեղագիտութիւն։
AES'THETE, գեղագէտ։
AFA'R (էֆա'ր) հեռու։
AFF'ABLE (էֆէ'պլ) հեզ, ազնիւ։
AFFAIR' (էֆֆէ'ր) գործ, զբաղում։
AFFECT' (էֆֆէքթ') ազդել, սիրել, կեղծել։
AFFECTA'TION, ցոյց, կեղծիք, բաղձանք, արուեստականութիւն։
AFFEC'TION, ազդեցութիւն, սէր, յարում, զգացում։
AFFEC'TIONATE, սիրալիր, խանդակաթ, գորովալիր։
AFFI'ANCE (էֆֆայ'ընս) նշանտուք, խօսքկապ, վստահութիւն։
AFFIDA'VIT (էֆֆիտէյ'վիտ) վկայագիր, երդմնագիր։
AFFIL'IATE (էֆֆիլ'իէյթ) որդեգրել, ընկեր ընդունիլ։
AFFIN'ITY (էֆֆին'իթի) կապակցութիւն, խնամութիւն։
AFFIRM' (էֆֆըրմ') հաստատել, պնդել։
AFFIRMA'TION, հաստատում, յայտարարութիւն։
AFFIRMA'TIVE, հաստատական։
AFFIX' (էֆֆիքս') կցել, աւելցնել, յարել, յետամասնիկ, վերջադիր։
AFFLA'TUS (էֆլէյ'թըս) ներշնչում,

փչում, ներշնչում։

AFFLICT' (էֆլիքթ') վշտացնել, նեղել, տառապեցնել։

AFFLIC'TION, դառնութիւն, տառապանք, վիշտ։

AFF'LUENCE (էֆ'ֆլիուէնս) հոսանք առատութիւն։

AFF'LUENT առատ, յորդահոս, օժանդակ գետ։

AFF'LUX (էֆ'ֆլըքս) հոսում, զեղում, յորդում։

AFFORD' (էֆֆորդ') տալ, հայթայթել, ընծայել։

AFFRAY' (էֆֆրէյ') վէճ, կռիւ, սոսկացնել։

AFFRIGHT' (էֆֆրայթ') ահաբեկել, սոսկում, սարսափ։

AFFRONT' (էֆֆրընթ') դիմադրաւել, նախատել, անարգանք։

AFFU'SION (էֆֆիու'ժըն) հեղում, սրսկում։

AFLAME' (էֆլէյմ) բոցավառ։

AFOOT', կանգուն, հետիոտն։

AFORE', առաջ, նաւու առաջակողմը։

AFORE THOUGHT, նախամտածուած

AFORTIOR'I, զօրաւորագոյն պատճառով։

AFRAID', վախցած, երկչոտ։

AFRESH', նորէն, վերստին։

AF'TER, յետագայ, ետքը, ըստ, համեմատ։

AFTERBIRTH, տղընկեր։

AF'TERCROP, երկրորդ հունձք։

AF'TERMATH, երկրորդ հունձք, արդիւնք։

AF'TERWARDS, ետքէն, յետոյ։

AGAIN', վերստին, դարձեալ։

AGAINST', հակառակ, դէմ։

AGE, տարիք, հասակ, դար, կեանք։

AGELESS, անտի։

AGED, տարեց, տարիքոտ, ծեր, հին։

AGENCY (էյ'ճընսի) գործակալութիւն, գործատեղի։

AGENDA (էճըն'տա) յուշատետր։

AGENT (էյ'ճընթ) գործակալ, ազդակ։

AGGLOM'ERATE (էկկլամ'ըրէյթ) կուտակել, համախմբում։

AGGLOMERA'TION, կուտակում, համախմբում։

AGGLUT'INATE (էկլիու'թինէյթ) փակցնել, փակած։

AGGLUTINA'TION, մածում, փակում։

AGG'RANDIZE (էկկրէնտայզ), բարձրացնել, մեծցնել։

AGG'RAVATE (էկ'կրէվէյթ) ծանրացընել, խստացնել, գրգռել։

AGGRAVA'TION, ծանրացում, սաստկութիւն, գրգռում։

AGGRE'SSION (էկկրէս'շըն) նախայարձակում։

AGHAST (էկէսթ') սոսկացնել, զարհուրած, շեղապատառ։

A'GILE (է'ճիլ) ճկուն, աշխոյժ։

A'GIO (էյ'ճիօ) դրամաշահ։

A'GITATE (է'ճիթէյթ) յուզել, խառնել, գրգռել։

AGITA'TION (էճիթէյ'շըն) յուզում, վէճ, շարժում, խռովութիւն։

AG'LET (էկ'լէթ) փայլուն կոճակ, ժանեակ։

AG'NAIL (էկնէ'յլ) մատնաշուրթն, ճզիմ։

AG'NATE (էկ'նէյթ) ազգակից։

AGNO'MEN (էկ'նօմէն) մականուն, վերադիր։

AGNOS'TIC (էկնօս'թիք) անգիտական

AGO' (էկօ') առաջ։

AGO'NIZE (էկօ'նայզ) ոգեվարել, տագնապել։

AG'ONY (էկ'օնի) հոգեվարք, օրհաս։

AGRAR'IAN (էկրէյ'րիըն) ագարակային, հողային։

AGREE' (էկրի') համաձայնիլ, հաւնիլ։

AGREE'ABLE, հաճելի յօժար, համաձայն։

AGREE'MENT, հաւանութիւն, համաձայնութիւն։

AG'RICULTURE (էկ'րիքըլչըր) հողագործութիւն։

AGROUND' (էկրաունտ) խրած։

AHEAD' (էհէտ') առաջ, ընդառաջ։

AID (էյտ) օգնել, օգնութիւն։

AIDE-DE CAMP, համհարզ, թիկնապահ։

AI'GRETTE (էյ'կրէթ) ցցունք, զարդմանեակ, սպիտակ։

AIL (էյլ) նեղել, նեղուիլ։

AIM (էյմ) ուղղել, նշան առնել, միտք։

AIMLESS, աննպատակ։
AIN'T (էյնթ) սղագրեալ ձեւ «ARE NOT» AND «AM NOT»ի։
AIR (էյր) օդ, կերպարանք, երեւոյթ, հով, եղանակ։
AIR-BATH օդի լոգանք։
AIR'CRAFT, հաւաքական անուն օդանաւերու, օդապարիկ, եւայլն։
AIR'-GUN, օդային թնդանօթ։
AIR'-LINE, օդային գիծ։
AIR'-MAIL, օդային թղթատար։
AIR'MAN, օդանաւորդ։
AIR'PLANE, օդանաւ։
AIR'PORT, օդակայան։
AIR-RAID, օդային յարձակում։
AIRSHIP, օդանաւ։
AIRWAY, օդուղի։
AIRY, օդային, թեթեւ, զուարթ։
AISLE (այլ) ենթակողմ, թեւ՝ դասու։
AKIN' (էքին') ազգական, մերձաւոր։
ALAC'RITY (էլէք'րիթի) եռանդ, աշխուժութիւն։
ALARM' (էլարմ') վախ, ահազանգ, նշան վտանգի, վրդովել, ահաբեկել։
ALARM'IST, վայնասուն հանող։
ALA'RUM, ահազանգ, զարթուցիչ ժամացոյց։
AL'BATROSS (էլ'պէթրաս) ձկնակուլ (թռ.)։
ALBI'NO (էլպայ'նօ) լուսամորթ։
AL'BUM (էլ'պըմ) պատկերատետր, նկարատետր։
ALBU'MEN (էլպիու'մըն) բնասպիտ, ճերմկուց։
AL'CHEMY (էլ'քիմի) ալքիմիա։
AL'COHOL (էլ'քոհոլ) ալքոհոլ։
AL'COHOLISM ոգեմոլութիւն։
ALCORAN (էլքորան') գուրան, ղուրան։
AL'COVE (էլ'քօվ) անկողնոց, խորշ։
AL'DERMAN (օլ'տըրմէն) պետ, թաղապետ։
ALE (էյլ) անգլիական գարեջուր մը, գինեվաճառանոց։
ALEM'BIC (էլէմ'պիք) թորանօթ։
ALERT' (էլըրթ') արթուն, աշխոյժ։
ALFRES'CO (էլֆրէս'քօ) բացօթեայ։
AL'GA (էլ'կէ) լոռ։
AL'GEBRA (էլ'ճէպրա) գրահաշիւ։
A'LIAS (էյ'լիէս) այլուր անուն, երկրորդ անուն։
AL'IBI (էլ'իպայ) այլուրեքութիւն։
A'LIEN (էյ'լիըն) օտար, օտարացեալ։
A'LIENATE (էյլ'ինընէյթ) օտարացած, օտարացնել։
ALIGN' ALINE' (էլայն') տողադրել։
ALIKE' (էլայք') նման, նմանապէս։
ALIMENT (էլ'իմէնթ) սնունդ, ջամբել։
AL'IMENTARY, սննդական։
ALIMENTA'TION, սնունդ, սննդառութիւն։
AL'IMONY (էլ'իմօնի) սննդագին։
ALIVE' (էլայվ') ողջ, կենդանի։
ALL (օլ) ամբողջ, ամբողջովին։
ALL ALONG, շարունակաբար։
ALLAY' (էլլէյ') ամոքել, մեղմել, մեղմանալ։
ALLEGE' (էլլէճ') հաստատել, պնդել։
ALLEGA'TION (էլլիկէյ'շըն) վկայութիւն։
ALLE'GIANCE (էլլի'ճընս) հաւատարմութիւն։
ALLE'GORY (էլ'լիկօրի), այլաբանութիւն։
ALLE'Y (էլ'լի) ծառուղի, նրբանցք։
ALL FOOLS' DAY, Ապրիլ մէկ։
ALL HALL'OWS, տօն ամենայն սրբոց։
ALLIANCE (էլլայ'ընս) զինակցութիւն, դաշն, ուխտ։
ALL'IGATOR (էլ'լիկէյթըր) կայման, նհանգ։
ALL'OCATE (էլ'լօքէյթ) բաշխել, սահմանել։
ALLOCU'TION, ուղերձ, բանախօսութիւն։
ALLOT' (էլլաթ') բաժնել, տալ, յատկացնել։
ALLOT'MENT, բաժին, մաս, վիճակ։
ALLOW' (էլլաու') թոյլ տալ, հաւանիլ, ընդունիլ, հաճիլ։
ALLOW'ANCE, հաւանութիւն, օրաբաժին, յատկագումար։
ALLOY' (էլլօյ') խառնուրդ, յարաղօղ։
ALLUDE' (էլլիուտ) ակնարկել։
ALLURE' (էլլիուր') ընթացք, հրապոյր, հրապուրել, խաբել։
ALLU'SION (էլլիու'ժըն) ակնարկութիւն։

ALLUV'ION (էլլիուվ'իըն) ողողատ։
ALLY' (էլլայ') դաշնակից, ամոլ, դաշնակցիլ, դաշնակցագրել։
ALMA MATER (ալ'մէ մէյ'թըր) ուսումնարան, «սնուցիչ մայր»։
AL'MANAC (օլ'մէնէք) օրացոյց, տարեցոյց։
AL'MIGHTY (օլ'մայթի) ամենակարող։
ALM'OND (ա'մընտ) նուշ։
AL'MOST (օլ'մօսթ) գրեթէ։
ALMS (ամզ) ողորմութիւն։
ALONE' (էլօն') միայնակ, առանձին։
ALONG' (էլօնկ') երկայնքը, միասին։
ALOUD' (էլաուտ') բարձրաձայն։
ALPHABET (էլ'ֆէպէթ) այբբենարան։
ALREADY' (օլրէտի') արդէն, այժմէն
AL'SO (օլ'սօ) նաեւ, նոյնպէս։
AL'TAR (օլ'թըր) սեղան, խորան։
ALTER (օլ'թըր) փոխել, այլայլել
AL'TERATIVE (օլ'թըրէյթիվ) կեփոխիչ, զօրացուցիչ դեղ։
AL'TERCATE (օլ'թըրքէյթ) վիճիլ։
ALTERNATE (օլ'թըրնէյթ) փոխակարգել, փոխաշրջել։
ALTERNATE (օլթըրն'էթ) փոփոխակի։
ALTERN'ATIVE, դարձդարձ, երկուքէն մէկը, փոխընտրութիւն։
ALTHOUGH (օլթհօ') թէեւ։
ALTIM'ETER (էլթիմ'իթըր) բարձրաչափ։
AL'TITUDE (էլ'թիթիուտ) բարձրութիւն։
AL'TO (էլ'թօ) բարձրաձայնութիւն, ալթօ։
ALTOGETH'ER, ամբողջովին։
ALUM (էլը'մ) պաղլեղ։
AL'WAYS, միշտ, շարունակ։
AM (էմ) եմ։
AMAIN' (էմէյն') ուժգին, յանկարծ։
AMAL'GAM (էմէլ'կըմ) սնդիկազօդ։
AMAL'GAMATE, սնդիկազօդել, խառնել։
AMALGAMA'TION, սնդիկազօդում։
AMASS' (էմէս') հաւաքել, ժողվել։
AM'ATEUR (էմ'էթըր) սիրող, արուեստասէր։
AMAZE' (էմէյզ') ապշեցնել, հիացնել։
AMBASS'ADOR (էմպէս'էտըր) դեսպան։
AMBASSA'DRESS, դեսպանուհի։
AM'BER (էմ'պըր) սաթ։
AMBIG'UOUS (էմպիկ'իուըս) անորոշ, երկդիմի։
AMBI'TION (էմպի'շըն) փառասիրութիւն, տենչ։
AMBI'TIOUS, փառասէր։
AM'BULANCE (էմ'պիուլընս) դարմանոց, հիւանդակառք։
AMBUSCADE' (էմպըսքէյտ') դարան, որոգայթ։
AM'BUSH (էմպըշ) դարանակալութիւն, դարանել։
AME'LIORATE (էմի'լիօրէյթ) բարւոքել։
AMELIORA'TION, բարւոքում։
AMEN' (էյմէն') ամէն։
AME'NABLE (էմի'նէպլ) ենթարկելի, պատասխանելի։
AMEND' (էմէնտ') բարեփոխել, լաւացնել։
AMENDS (էմէնտզ') հատուցում։
AMERCE' (էմըրս') տուգանել, պատժել։
AMERICAN (էմէր'իքըն) ամերիկեան, ամերիկացի։
AM'ETHYST (էմ'իթհիսթ) մեղեսիկ, գոհական։
A'MIABLE (էյ'միէպլ) սիրուն, շնորհալի։
AMICABLE (էմ'իքէպլ) բարեկամական։
AMID', AMIDST, մէջտեղ։
AMMUNI'TION (էմմիունիշը'ն) ռազմամթերք։
AM'NESTY (էմ'նէսթի) ընդհանուր ներում։
AMONG, AMONGST, ի մէջ, մէջը։
AMORPHO'US (էմօրֆը'ս) անկերպարան։
AMORT'IZE (էմօրթ'այզ) պարտքերը ջնջել։
AMORTIZA'TION, պարտքերը ջնջում։
AMOUNT' (էմաունթ) հասնիլ, ելլել, գումար, արժէք։
AMOUR (ամուր) սէր, տարփանք։
AMOUR-PROPRE, ինքնասիրութիւն։
AMPHIB'IAN (էմֆիպ'իըն) երկակենցաղ։

AM'PHITHEATRE (էմ'ֆիթիէթր) *ամֆիթէատրոն։*
AM'PLE (էմ'փլ) *լայն, առատ։*
AM'PLIFY (էմ'փլիֆայ) *մեծցնել, ընդարձակել։*
AM'PUTATE (էմ'փիութէյթ) *անդամահատել։*
AMPUTATION, *անդամահատութիւն։*
AM'ULET (էմիուլէթ) *բժժանք, հմայեակ։*
AMUSE' (էմիուզ') *զբօսցնել, զուարճացնել։*
AMUSE'MENT, *զբօսանք, զուարճութիւն։*
AN (էն) *մը, մէկ։*
ANABAP'TIST (էնէպէփ'թիսթ) *կրկնամկրտական։*
ANAC'HRONISM (էնէք'րօնիզմ) *ժամանակագրական սխալ։*
ANAL'OGOUS (էնէլ'օկըս) *նման, համանման։*
ANAL'OGY (էնէլ'օճի) *նմանութիւն։*
AN'ALYSE (էն'էլայզ) *վերլուծել։*
ANAL'YSIS, *վերլուծութիւն։*
AN'ARCHY (էն'էրքի) *անիշխանութիւն։*
ANATH'EMA (էնէթի'իմէ) *նզովք, բանադրանք։*
ANAT'OMY (էնէթ'օմի) *անդամազննութիւն։*
AN'CESTOR (էն'սէսթըր) *նախահայր։*
ANCHOR (էն'քըր) *խարիսխ, հաստատուել։*
AN'CIENT (էյն'շընթ) *հին, վաղեմի։*
AND, *եւ, ալ։*
AN'ECDOTE (էն'էքտօթ) *մանրավէպ։*
A'NGEL (էն'ճըլ) *հրեշտակ։*
ANG'ER (էնկ'ըր) *զայրոյթ։*
ANG'LE (էնկ'լ) *անկիւն։*
ANG'LICAN (էն'կլիքըն) *անկլիքան, անգլիկան։*
ANG'RY (էնկ'րի) *զայրացած։*
ANG'UISH (էնկ'ուիշ) *անձկահարութիւն, տառապանք։*
AN'IMAL (էն'իմըլ) *կենդանի։*
AN'IMATE (էն'իմէյթ) *կենդանացնել, ոգեւորել։*
ANIMOS'ITY (էնիմօս'իթի) *ատելութիւն, թշնամութիւն։*
ANK'LE (էն'քլ) *պճեղ, [illegible]։*
ANN'ALS (էնն'ըլզ) *տարեգրութիւն։*
ANN'ALIST, *տարեգիր, տարեգրող։*
ANNEAL' (էննիլ') *կակղել, բարեխառնել։*
ANNEX' (էննէքս') *կցել, միացնել, կցորդ, յաւելուած։*
ANNI'HILATE (էննայ'հիլէյթ) *բնաջնջել։*
ANNIVERS'ARY (էննիվըր'սէրի) *տարեդարձ։*
ANNO CHRISTI (էն'նօ քրիս'թի) *Յամի Քրիստոսի։*
ANN'O DOMINI (էնն'օ տօմինայ) *Յամի Տեառն։*
ANN'OTATE (էն'նօթէյթ) *ծանօթագրել։*
ANNOTA'TION, *ծանօթագրութիւն։*
ANNOUNCE' (էննաունս') *ծանուցանել, յայտնել։*
ANNOUNCE'MENT, *ազդ, զեկոյց։*
ANNOY' (էննօյ') *ձանձրացնել։*
ANN'UAL (էննիուըլ) *տարեկան։*
ANNU'ITY (էն'իուիթի) *տարեվճար։*
ANNUL' (էննըլ') *ջնջել, խափանել։*
ANNUL'MENT, *ջնջում։*
ANN'ULAR (էնն'իուլըր) *մատնիկաձեւ։*
ANNUN'CIATE (էննըն'շիէյթ) *հռչակել, աւետել։*
ANNUNCIA'TION, *ազդարարութիւն, Աւետում։*
AN'ODE (էն'օտ) *առաւելական ելեկտրաւայր։*
ANOINT' (էնօյնթ') *օծել, իւղել։*
ANOM'ALY (էնամ'էլի) *զարտուղութիւն։*
ANON' (էնան) *անմիջապէս, վերստին։*
ANON'YMOUS (էնան'իմըս) *անանուն։*
ANOTH'ER, *ուրիշ։*
ANSWER' (էնսըր) *պատասխան, պատասխանել։*
ANT (էնթ) *մրջիւն։*
ANTAG'ONISM (էնթէկ'օնիզմ) *հակառակութիւն։*
ANTAG'ONIST, *հակառակորդ, ախոյեան։*
ANTECE'DENT (էնթիսի'տընթ) *նախընթաց։*
AN'TECHAMBER (էն'թիչէմպր) *նախասենեակ։*

ANTEDATE (էն'թիտէյթ) նախաշըրջան, կանխաթուել։
AN'TELOPE (էն'թիլօփ) այծքաղ։
AN'THEM (էն'թհէմ) սաղմոսերգութիւն, ազգային քայլերգ։
AN'THRAX (էն'թհրէքս) կայծախտ, պաճարախտ։
ANTICIPATE (էնթի'սիփէյթ) ակընկալել, կանխել։
AN'TIDOTE (էն'թիտօթ) դեղթափ, թունադեղ։
AN'TIQUARY (էն'թիքուէրի) հին, հնագէտ։
ANTIQUE' (էնթիք') հին, հնաձեւ։
AN'TONYM (էն'թօնիմ) հականիշ։
AN'VIL (է'նվիլ) սալ։
ANXI'ETY (էնկզայ'իթի) անձկութիւն, հոգ, վիշտ։
ANX'IOUS (էնք'շըս) մտահոգ, հետաքրքիր։
ANY (է'նի) որեւէ, ամէն, քանի մը։
ANYBODY, որեւէ մէկը։
APACHE' (էփաշ') չարագործ, խուլիգան։
APART'MENT (էփարթ'մընթ) յարկաբաժին։
APE (էյփ) մարդակապիկ։
A'PICULTURE (է'փիքըլչըր) մեղուաբուծութիւն։
AP'OLOGUE (էփ'օլակ) բարոյական առակ։
APOLOGY (էփալ'օճի) ջատագովութիւն, մեղայանք։
APOPLEXY (էփ'օփլէքսի) կաթուած։
APOS'TLE (էփաս'ըլ) առաքեալ։
APPAL (էփփօլ') վախցնել, սարսափեցնել։
APPARA'TUS (էփփէրէյ'թըս) գործիք։
APPA'REL (էփփէ'րըլ) հագուստ, կազմած, հանդերձել։
APPA'RENT (էփփէ'րընթ) ակներեւ։
APPARI'TION (էփփէրի'շըն) երեւում, ուրուական։
APPEAL' (էփփիլ') վերաքննութեան դիմել։
APPEAR' (էփփիր) երեւնալ, թուիլ։
APPEAR'ANCE, երեւոյթ, տեսք, նմանութիւն։
APPEASE' (էփփիզ') մեղմել, հանդարտեցնել։
APPELLA'TION (էփփէլլէյ'շըն) կոչում, տիտղոս։
APPEN'DIX (էփփէն'տիքս) յաւելուած, կցագիր։
APPERTAIN' (էփփըրթէյն') պատկանիլ, վերաբերիլ։
APPE'TITE (էփ'փիթայթ) ախորժակ։
APPLAUD' (էփլօտ) ծափահարել։
APPLAUSE' (էփփլօզ') ծափահարութիւն։
APPLE (էփ'փլ) խնձոր։
APPLI'ANCE (էփփլայ'ընս) գործադրում, պատշաճեցուած գործիք։
APP'LICANT (էփ'փլիքընթ) խնդրարկու, թեկնածու։
APPLICA'TION դիմում, գործադրութիւն։
APPLY'. դիմել, դնել, յարմարցնել։
APPOINT' (էփփօյնթ') սահմանել, նշանակել, որոշել։
APPOINT'MENT, անուանում, որոշում, թուական, հրաման, ժամադրութիւն։
APPRAISE' (էփփրէյզ') գնահատել, գինը որոշել։
APPRE'CIATE (էփփրի'շիէյթ) գնահատել, զգալ։
APPREHEND' (էփփրիհէնտ') բռնել, ձերբակալել, ըմբռնել, վախնալ։
APPREHEN'SION, ըմբռնում, հասողութիւն, ձերբակալութիւն։
APPREN'TICE (էփփրէն'թիս) աշկերտ, համբակ։
APPRISE' (էփրայզ') իմացնել, տեղեկացնել։
APPRIZE' (էփփրայզ') գին դնել, գնահատել։
APPROACH' (էփրօչ') մօտենալ։
APPROBA'TION (էփփրօպէյ'շըն) հաւանութիւն, գովեստ։
APPRO'PRIATE (էփփրօփրիէյթ) յատկացնել, իւրացնել, գրաւել, յարմար, յատուկ։
APPROVE' (էփրուվ') վաւերացնել, հաւանիլ, հաստատել։
APPROX'IMATE (էփփրաքսիմէյթ) մերձաւոր, մօտիկ, մօտենալ։
A'PRICOT (էփ'րիգաթ) ծիրան, պա—

կոյկ:
A'PRIL (Էյփ'րիլ) Ապրիլ:
A PRIORI (Էյփրիօ'րի) ի յառաջագունէ:
A'PRON (Էյ'փրըն) գոգնոց, կրծկալ:
APSE (Էփս) խորան, մատուռ:
AP'TITUDE (Էփ'թիթիուտ) ընդունակութիւն, միտում:
AQUAR'IUM (Էքուէյ'րիըմ) ձկնարան, ջրարան:
A'RAB (Է'րէպ) արաբացի, արաբական:
ARA'BIAN (Էրէյ'պիըն) արաբական:
ARABESQUE (Էրէպէսք') արաբական:
A'RABIC (Է'րէպիք) արաբերէն:
ARB'ITER (արպ'իթըր) իրաւարար:
ARB'ITRARY (արպ'իթրէրի) կամայական:
ARBITRA'TION (արպիթրէյ'շըն) իրաւարարութիւն:
ARCH (արչ) աղեղ, կամար:
ARCH (արք) աղեղ, կամար:
ARCHBISH'OP (արչպիշ'ըփ) արքեպիսկոպոս:
ARCH'ER (արչ'ըր) աղեղնաձիգ:
ARC'HITECT (ար'քիթէքթ) ճարտարապետ:
ARC'HITECTURE, ճարտարապետութիւն:
ARC'HIVES (ար'քայվզ) դիւան, յիշատակարան:
ARCTIC (արքթիք) արջային:
ARD'ENT (արտ'ընթ) բուռն, եռանդուն:
ARE. ենք, էք:
AR'EA (Էյ'րիէ) մակերես, տարածութիւն:
AR'GENT (ար'ճէնթ) արծաթ, արծաթեայ:
ARG'OSY (ար'կօսի) մեծ վաճառանաւ:
ARG'UMENT (ար'կիումէնթ) փաստ, ապացոյց:
A'RID (Էրի'տ) չոր, ցամաք, անջրդի:
ARISE' (Էրայզ') ելլել, բարձրանալ:
ARISTOC'RACY (Էրիսթոք'րէյսի) ազնուականութիւն:
A'RISTOCRAT (Էրիս'թօքրէյթ) ազնուական:
ARITH'METIC (Էրիթմ'մէթիք) թուաբանութիւն:
ARK (արք) տապան:
ARM (արմ) թեւ, բազուկ, նեցուկ:
ARMA'DA (արմա'տէ) նաւատորմիղ:
ARM'AMENT (ար'մէմէնթ) ռազմուժ, սպառազինութիւն:
ARM'ATURE (ար'մէթիուր) զրահագ:
ARMEN'IAN (արմին'իըն) Հայ, Հայկական, Հայերէն, Հայեցի:
ARM'ISTICE (արմ'իսթիս) զինադադար:
ARM'ORY (արմ'ըրի) կնքագիտութիւն, զէնք, զինարան:
ARM'OUR (արմ'ըր) զրահ, պաշտպանակ:
ARM'OURER, զինապահ, զինագործ:
ARM'OURY, զինագործութիւն, զինարան:
ARM'Y (արմի) բանակ:
AROUND', շուրջը, բոլորտիքը.
AROUSE' (Էրաուզ') արթնցնել, գրգռել, ոգեւորել:
A'RRACK (Էր'րէք) բրինձօղի:
ARRAIGN (Էրրէյն') քննադատել, ամբաստանել:
ARRAIGN'MENT, ամբաստանութիւն
ARRANGE' (Էրրէյնճ') կարգի դնել, ձեւ տալ, դասաւորել:
ARRANGE'MENT, կարգադրութիւն, կարգ, -կանոն:
ARRAY' (Էրրէյ') շարք. դասաւորում, հագուստ, զարդարել:
ARREAR' (Էրրիր') ետեւը ետ:
ARREST' (Էրրէսթ') ձերբակալել, կեցնել, մնալ, դադար, ձերբակալութիւն:
ARRIE'RE-PENSE'E (Էրիէյր' փանսէ) ծածուկ միտք:
ARRIVE' (Էրրայվ') հասնիլ, ժամանել:
A'RROGANT (Էր'րօկընթ) ամբարտաւան:
A'RROGANCE, յոխորտանք:
A'RROGATE (Էր'րօկէյթ) իւրացնել յափշտակել:
ARROGA'TION, իրաւազանցութիւն:
A'RROW (Էր'րօ) նիզակ:
ARS'ENAL (արս'ինըլ) զինարան:
ARS'ON (ար'սըն) հրձիգութիւն:

ART (արթ) գեղարուեստ։
ART'ERY (ար'թըրի) երակ։
ARTICLE (ար'թիքլ) յօդուած, նիւթ, հատուած։
ART'IFICE (ար'թիֆիս) վարպետութիւն, հնարք։
ARTIFI'CIAL (արթիֆի'շըլ) արուեստական։
ARTILL'ERY (արթիլը'րի) հրետանի։
ARTISAN (արթ'իզըն) մեքենագէտ արհեստաւոր։
ART'IST (արթ'իսթ) գեղարուեստագէտ, արուեստագէտ։
ARTISTE (ար'թիսթ) արուեստաւոր, վարպետ յարգար, պարող։
ART'LESS, պարզ, անարուեստ։
AS (էզ) ինչպէս, իբրեւ, իբր թէ։
ASCEND' (էսէնտ') ելլել, բարձրանալ։
ASCEN'DANT, բարձրացող, վերիյան, գերազանց։
ASCEN'SION, վերացում, համբարձում, վերելք։
ASCERTAIN' (էսըրթէյն') ստուգել, հաստատել։
ASCETIC (էսէթի'ք) ճգնաւոր։
ASCRIBE' (էսքրայպ') վերագրել, յատկացնել։
ASH (էշ) մոխրահացի, հացենի։
ASHAME (էշէյմ') ամչցնել։
ASHES, մոխիր, աճիւն։
ASIDE' (էսայտ') մէկդի, մեկուսի
ASK (էսք, պսք) հարցնել, խնդրել։
ASLEEP', քնած, մեռած, թմրած։
AS'PECT (էս'փէքթ), երեւոյթ, կերպարանք։
ASPIRE' (էսփայր') տենչալ, բարձրանալ։
ASS (էս) աւանակ, էշ, յիմար, տխմար։
ASSAIL' (էսէյլ') յարձակիլ։
ASSASS'IN (էսէս'սին) մարդասպան, ոճրագործ, եղեռնագործ։
ASSAULT' (էսօլթ') յարձակիլ, յարձակում, գրոհ։
ASSEM'BLAGE (էսէմ'պլէյճ) հաւաքոյթ, հաւաքածոյ։
ASSEM'BLE (էսէմ'պլ) հաւաքուիլ, հաւաքել։
ASSEM'BLY (էսէմ'պլի) ժողով, հաւաքոյթ։
ASSERT' (էսըրթ') հաստատել, պնդել, յայտարարել։
ASSER'TION, պնդում, հաւաստիք։
ASSESS' (էսէս') հարկել, սակագրել, գնահատել։
ASSESS'OR, օգնական դատաւոր, աթոռակից, գնահատող։
ASSIDU'ITY (էսիտու'թի) յարատեւութիւն, ջանկութիւն։
ASSIGN' (էսայն') նշանակել, սահմանել, կարգել։
ASSIGNA'TION (էսիգնէյ'շըն) սահմանում, փոխանցում։
ASSIST (էսիսթ') օգնել, ներկայ ըլլալ։
ASSIS'TANT, օգնական։
ASSO'CIATE (էսօ'շիէթ) ընկերակցիլ, միանալ, ընկերանալ, ընկերակից։
ASSOCIA'TION զուգորդութիւն, ընկերակցութիւն, միութիւն։
ASSUAGE' (էսուէյճ') մեղմել, նուաղիլ։
ASSUME' (էսիում) ստանձնել, ենթադրել, կեղծել։
ASSUMP'TION (էսըմփ'շըն) ենթադրութիւն, ստանձնում
ASSURE' (էշուր') ապահովագրել, ապահովել, գոհացնել։
ASSUR'ANCE, ապահովագրութիւն, վստահութիւն, հաւաստիք։
AS'TERISK (էս'թիրիսք) աստղանշան։
ASTH'MA (էզ'մէ) (էսթ'մէ) թասախտ դժուարաշնչութիւն։
ASTONISH (էսթան'իշ) ապշեցնել, զարմացնել։
ASTRAY (էսթրէյ') մոլորած։
ASTROL'OGY (էսթրալ'օճի) աստղաբանութիւն, աստեղագիտութիւն։
ASTRON'OMY (էսթրան'օմի) աստղաբանութիւն։
ASY'LUM (էսայ'լըմ) անկելանոց, ծերանոց։
AT'AVISM (էթ'էվիզմ) տոհմութիւն։
ATHIRST' (էթհըրսթ') ծարաւի, տենչալից։
ATH'LETE (էթհ'լիթ) ըմբիշ, մարզասէր։

AT'LAS (էթ'լըս) *ատլաս, քարտէզագիրք։*
AT'MOSPHERE (էթ'մասֆիր) *մթնոլորտ, բարոյական միջավայր։*
AT'OM (էթ'ըմ) *հիւլէ։*
AT'OMISM (էթ'ըմիզմ) *հիւլէական վարդապետութիւն։*
ATON'IC (էթան'իք) *անհնչական։*
ATRO'CIOUS (էթրօ'շըս) *վայրագ, ահագնային։*
ATTACH' (էթթէչ') *կապցնել, կցորդել, միացնել, կցել։*
ATTACK' (էթթէք') *յարձակիլ, հարուածել։*
ATTAIN' (էթթէյն') *հասնիլ, տիրանալ։*
ATTEMPT' (էթթէմփթ') *փորձել ջանալ, փորձ, ջանք։*
ATTEND' (էթթէնտ'), *հսկել, հոգ տանիլ, ներկայ ըլլալ։*
ATTEN'DANCE, *ներկայութիւն, սպասաւորութիւն։*
ATTEN'TION, *ուշադրութիւն։*
ATTEST' (էթթէսթ) *վկայել։*
ATTIRE' (էթթայր') *հագցնել, զգենել, հագուստ։*
ATTITUDE (էթ'թիթիուտ) *դիրք, ձեւք։*
ATTORN'EY (էթթըրնի) *դատախազ, փաստաբան։*
ATTRACT' (էթթրէքթ') *հրապուրել, հմայել։*
ATTRAC'TION, *ձգողութիւն, հրապոյր, [illegible]։*
ATTRIB'UTE (էթթրիպ'իութ) *վերագրել, համարել, ստորոգելի։*
ATTRIBU'TION, *վերագրում, յատկութիւն։*
AUC'TION (օք'շըն) *աճուրդ։*
AUDA'CIOUS (օտէյ'շըս) *յանդուգն։*
AUD'IBLE (օտ'իպլ) *լսելի։*
AUD'IENCE (օտ'իէնս) *ունկնդրութիւն, ունկնդիրներ։*
AUD'IT (օ'տիթ) *հաշուեքննութիւն։*
AUDI'TION, *ունկնդրութիւն։*
AU FAIT (օֆէ) *վարժ, ճարտար։*
AU FOND, (օֆօն') *հիմը, հիմնովին։*
AUG'ER (օ'կըր) *գայլիկոն։*
AUGMENT' (օկմէնթ') *աւելցնել, աճեցնել։*
AUGMENTA'TION, *յաւելում, յաւելուած։*
AUG'UR (օ'կըր) *գուշակ, հաւահմայ, գուշակել։*
AUGUST' (օկըսթ') *Օգոստոս, վսեմ։*
AUNT (անթ) *հօրաքոյր, մօրաքոյր։*
AU REVOIR (օրըվուար') *ցտեսութիւն։*
AUR'ICLE (օ'րիքլ) *ըլթակ, արտաքին ականջ։*
AUS'PICE (օս'փիս) *հաւահմայութիւն, պաշտպանութիւն։*
AUTHEN'TIC (օթհէնթ'թիք) *վաւերական, հարազատ։*
AUTH'OR (օ'թհըր) *հեղինակ։*
AUTHO'RITY (օթհար'իթի) *հեղինակութիւն, վարիչ մարմին։*
AUTH'ORIZE, *արտօնել, վաւերացնել։*
AUT'OCRAT (օ'թօքրէթ) *ինքնակալ, միապետ։*
AUTOMOBILE', *ինքնաշարժ, կառք։*
AUTON'OMY (օթան'օմի), *ինքնավարութիւն։*
AUT'UMN (օթը'մ) *աշուն։*
AUXIL'IARY (օքզիլ'իէրի) *օժանդակ։*
AVAIL' (էվէյլ') *օգտագործել, օգտըւիլ, օգնել, օգուտ, շահ։*
AV'ARICE (էվ'էրիս) *ագահութիւն։*
AVENGE' (էվէնճ') *վրէժ լուծել։*
AV'ERAGE (էվ'ըրէյճ) *միջին, վնաս տարանքի վճարանք։*
AVERSE' (էվըրս') *անյօժար, հակառակ։*
A'VIARY (էյ'վիէրի) *թռչնանոց, թռչնարան։*
AVIATION (էվիէյ'շըն) *սաւառնում, օդագնացութիւն։*
AVOCA'TION (էվօքէյ'շըն) *կոչում, գործ, մասնագիտութիւն։*
AVOID' (էվօյտ') *զգուշանալ, խոյս տալ, քաշուիլ։*
AVOUCH' (էվաուչ') *խոստովանիլ, յայտարարել, ընդունիլ։*
AWAKE' (էուէյք') *արթնցնել, ոգեւորել, սթափիլ, արթուն։*
AWARE' (էուէր) *տեղեակ, արթուն, զգոյշ։*
AWAY' (էուէյ) *բացակայ, մէկդի։*

AWE (օ) *ահ, սոսկում, վախ։*
AWFUL (օ՛ֆուլ) *ահռելի։*
AW'KWARD (օք՛ուըրտ) *անճարակ, ապիկար, անշնորհ։*
AWL (օլ) *հերիւն։*
AWN (օ րն) *քիստ։*
AWN'ING (օն՛ինկ) *վրանակ, ծածկոց։*
AWRY (էրայ՛) *թիւր, շեղած, ծուռ։*

AXE (էքս) *կացին, տապար։*
AX'IAL (էքս՛իըլ) *առանցքի։*
AX'IOM (էքս՛իըմ) *ինքնայայտ ճըշ-մարտութիւն։*
AX'IS (էքս՛իս) *առանցք, սռնակ։*
AX'LE (էքս՛ըլ) *սռնակ, առանցք։*
A'ZURE (էժ՛ուր էյ՛ժըր) *կապուտակ, լաջուարթ։*

B

BAB'BLE. (պէպ'պլ) շաղակրատել, թոթովել:

BABE տես BABY

BA'BEL (պէյ'պէլ) խառնակութիւն, բաբելոն:

BA'BY (պէյ'պի) մանկիկ, փոքրիկ:

BACCALAUREATE (պէքքէլօ'րիըթ) ուսակաւորութիւն:

BACH'ELOR (պէչ'ըլըր) ամուրի, ուսակաւոր, ազապ:

BACK (պէք) յենակ, կռնակ, ետեւի մաս, հաստ կաշի, ջրօն, հեծնել, ետ մղել, ուժ տալ, ետ երթալ:

BACK UP. պաշտպանութիւն:

BACK'BITE. բամբասել:

BACK'BITER, բամբասող:

BACK'BONE, ողնաշար:

BACKDOOR. ետեւի դուռ դղեակի:

BACKGAMM'ON, տաւլոյի, կրկնակի յաղթել:

BACK'GROUND, հեռանկար, յատակ՝ նկարի:

BACK'STITCH, ետեւի կար, ետեւէն կարել:

BACK'WARD, վարանոտ, յետադէմ:

BAD (պէտ) գէշ, չար, անբախտ:

BADGE (պէճ) շքանշան, նշանակ:

BAD'INAGE (պէտինա'ժ) ծաղրաբանութիւն:

BAG (պէկ) տոպրակ, պայուսակ, տոպրակել, ամբարել:

BAGG'AGE (պէկ'կէյճ) սպաս, կահ կարասի, ուղեգոյք:

BAG'MAN (պէկ'մէն) շրջուն վաճառորդ:

BAIL (պէյլ) երաշխաւոր, դոյլ, շրջանակ, բանտէն արձակել:

BAILIE (պէյ'լի) թաղապետ:

BAILIFF (պէյ'լիֆ) հարկահաւաք, գիւղապետ:

BAIT (պէյթ) խայծ, կեր, հրապոյր, գրգռել, նեղել:

BAKE (պէյք) եփել, թրծել, հաց թխել:

BAKE-HOUSE, BA'KERY, փուռ, եփարան:

BAL'ANCE (պէլ'էնս) կշիռ, հաշուեկշիռ, հաւասարակշռութիւն:

BALCONY (պէլ'քօնի) պատշգամ:

BALD (պօլտ) ճաղատ, լերկ, անզարդ:

BALE (պէյլ) հակ, չարիք, թշուառութիւն, հակել, ջուրը պարպել:

BA'LEFUL, ժանտ, վշտալի, չարաբարոյ:

BALK (պօք) անհերկ մաս, գերան, արգելք, գանձը առնել, հակառակիլ, ի դերեւ հանել:

BALL (պօլ) գունդ, պարահանդէս:

BALL'AD (պէլ'լըտ) երգօն, միջերգ:

BALL'AST (պէլ'լէսթ) խիճ: խճաւազ, խճել:

BALL'ET (պէլ'էթ) թատերապար, բեմապար:

BALLOON' (պէլլու'ն) փչիկ, օդապարիկ, ապակեգունդ:

BALL'OT (պէլ'լըթ) գնդակ, գաղտնի քուէարկութիւն:

BALM (պամ) բալասան, օծանելիք:

BAL'SAM (պօլ'սըմ) բալասան, օծանել:

BAL'USTER (պէլ'ըսթըր) վանդակասիւն, վանդակամաս:

BAN (պէն) յայտարարութիւն, արգիլում, բանադրանք, նզովք, ամուսնական ծանուցում եկեղեցիի մէջ, տուգանք, մարմաշ:

BAN'AL (պէն'ըլ) հասարակ:

BAND (պէնտ) կապ, գօտի, երիզ, հրոսախումբ, ջոկատ, նուագախումբ, շերտ, դունդ, կապել միաբանիլ:

BAN'DAGE (պէն'տըճ) վիրակապ, կապ, կապանք, վիրակապել:

BANDMASTER, երաժշտապետ:

BAN'DIT (պէն'տիթ) աւազակ, թշնամի օգնական:

BANDOG (պէնտ'տօկ) գամփռ։
BANDY (պէն'տի) գնդակ արձակել, փոխանակել։
BANE (պէյն) աւերածութիւն, թոյն։
BANG (պէնկ) տփել, զարնուիլ, հար-ուած, բամբիւն։
BANG'LE (պէն'կլ) քիչ քիչ մսխել, ապարանջան։
BAN'ISH (պէն'իշ) աքսորել, վտարել։
BANK (պէնք) թումբ, կուտակ, գե-տափ, նստարան, ատեան, սեղան, եզերք, դրամատուն, հիմնադրամ, պանքօ, թումբ շինել, դրամ պա-հեստել, աւազ կուտակել։
BANK'ER, դրամատէր, սեղանաւոր, ձկնանաւ մը։
BANK'RUPT (պէնք'րըփթ) սնանկ, սնանկացած, սնանկանալ։
BANN'ER (պէն'ըր) դրօշակ։
BANQ'UET (պէնք'ուէթ) խնճոյք, խնճոյք տօնել։
BANQUETTE' (պէնքէթ') բազրո-նակ, նստարան, հողաթումբ։
BAN'TAM (պէն'թըմ) բանթամ, նը-ւաղակեան։
BANTER (պէն'թըր) կատակաբանու-թիւն, ծաղրանք, ծաղրել։
BAP'TISM (պէփ'թիզմ) մկրտութիւն։
BAP'TIST (պէփ'թիսթ) մկրտչական։
BAPTIZE (պէփթայզ') մկրտել։
BAR (պար) ձող, արգելք, ատեան, ըմպելարան, նիգ, թումբ, անջա-տագիծ։
BARB (պարպ) մօրուք, թել, քիստ, կարթ, արքայաձուկ, լանջապանել, կարթել։
BARBAR'IAN (պարպէր'իըն) բար-բարոսական, օտարական։
BARBARISM, բարբարոսութիւն։
BARBA'RITY, վայրենութիւն։
BARB'ER (պարպ'ըր) սափրիչ, վար-սավիր, վարսայարդար։
BARE (պէր) մերկ, բաց, դատարկ, կարօտ, մերկացնել, կողոպտել։
BARELY, հազիւ թէ, պարզապէս։
BARGAIN (պար'կէն) սակարկութիւն, պայման, առեւտուր, սակարկել, համաձայնիլ։
BARGE (պարճ) զբօսանաւ, մակոյկ։
BA'RITONE (պէ'րիթօն) թաւաձայն, պարիթոն։
BARK, կեղեւ, հաչիւն, կեղեւել, հաչել։
BARL'EY (պար'լի) գարի։
BARM (պարմ) փրփուր, խմոր։
BAROM'ETER (պարօմ'իթըր) ծանրաչափ, օդաչափ։
BA'RON (պա'րօն) պարոն, մեծ վա-ճառական։
BA'RONAGE, պարոնութիւն։
BA'RONET, պարոնուհի։
BARQUE (պարք) առագաստանաւ։
BARRAGE (պէրրէժ') անջրպետ, հր-րետանիի կրակ։
BARREL (պէր'րէլ) տակառ, փող, հրափող։
BA'RREN (պէր'րէն) ամուլ, անպը-տուղ։
BARRICADE' (պէրրիքէյտ') պատ-նէշ, ճամբափակ, ամրափակել։
BA'RRISTER (պէր'րիսթըր) փաստա-բան։
BA'RROW (պէր'րօ) ձեռնակառք, բլրակ, մալեալ խոզ։
BART'ER (պարթ'ըր) փոխանակու-թիւն, առեւտուր։
BART'ON (պարթ'ըն) աւատական կալուած։
BASE (պէյս) ցած, անարգ, բամբ, (ձայն), խարիսխ, հիմ, կայան, ալկալիական նիւթ։
BASE'LESS, անհիմն։
BASE'MENT (պէյս'մէնթ) ստորահարկ
BA'SIN (պէյ'սին) կոնք, ջրհոր, ա-ւազան, ծոց, հովիտ։
BA'SIS (պէյ'սիս) հիմ, խարիսխ, նախատարր։
BASK (պէսք) արեւը պառկիլ, տաք-նալ։
BAS'KET (պէս'քէթ) սակառ։
BASS (պէս) ծովագայլ, փոփաթ, թաւ ձայն, թաւ ջութակ։
BASSOON' (պէսսուն') թաւափող։
BAS'TARD (պէս'թըրտ) պոռնկորդի, անհարազատ, խառնածին։
BASTE (պէյսթ) գանակոծել, ցանել։
BASTILLE' (պէսթի'լ) ամրոց, բանտ։
BASTINADO (պէսթինէյտօ') գան, բրածեծ, գանակոծել։
BASTION (պէս'չըն, պէս'թիըն) մարտ-

կոց, պատուհաս:

BAT (պէթ) տափան, բիր, չղջիկ, տափանել:

BATCH (պէչ) (փուռ մը) հաց, խումբ, շարք:

BATE (պէյթ) ճիգ, նուազեցնել:

BATEAU' (պէթօ) նաւ:

BATH (պէթհ) բաղնիք, լոգանք:

BATHE (պէյթհ) լոգցնել, լուալ, թրջել:

BAT'MAN (պէթ'մրն) գրաստապան:

BATO'N (պէթօ'րն) գաւազան, մական:

BATTAL'ION (պէթթէլ'եըն) վաշտ:

BATT'EN (պէթ'թն) գիրցնել, կուտա-ռել, կաւառ:

BATT'ER (պէթ'թրր) խնոցուկ, շաղախ, փոր (պատի), հարուած, զարնել, հարուածել:

BATT'ERY (պէթ'թրրի) մարտկոց, հրետաշար, հրետանի:

BATTLE (պէթ'թլ) կռիւ, պատերազմ, կռուիլ, պատերազմիլ:

BATTLESHIP. ռազմանաւ:

BAT'TLEMENT. որմածակ:

BAWD (պօտ) կաւատ, բոզարան:

BAWDY. լկտի, բոզ, կեղտոտ:

BAY (պէյ) շարատ, ծոց, խորշ, որմածակ:

BAY'ONET (պէյ'օնէթ) սուին, սուինահարել:

BAZAAR' (պազաար') պազար:

BE. ըլլալ, մնալ, գոյ ըլլալ:

BEACH (պիչ) ծովեզր:

BEACON (պիք'ըն) փարոսի նշան, հրանշան, լապտեր, լուսաւորել:

BEAD (պիտ) հիլուն, ուլունք, գնդիկ, հիլունել:

BEA'DLE (պի'տլ) յուշարար, եկակոյ:

BEADS'MAN (պիտզ'մէն) աղօթարար, ողորմարար:

BEA'GLE (պի'կլ) բարակ (որսի շուն), գաղտնի ոստիկան:

BEAK (պիք) կտուց, բերան, լեզու ցամաքի, ծոցակ:

BEAK'ER. ըմպանակ, բաժակ:

BEAM (պիմ) գերան, հեծան, ճառագայթ, շողալ, ճառագայթ արձակել:

BEAN (պին) լուբիա, բակլայ:

BEAR (պէ՛ր) կրել, համբերել, ծնանիլ, տանիլ: արջ, վայրենի, ջընջան:

BEARD (պի'րտ) մօրուք, քիստ, մօրուքը քաշել:

BEAR'ER (պէր'րր) կրող, բերող:

BEAR'ING (պէր'ինկ) վարմունք, համբերութիւն, նպատակ:

BEAST (պիսթ) գազան, տմարդի:

BEAT (պիթ) զարնել, ծեծել, հարուած, զարկ:

BEATIFY (պիէթ'իֆայ) երանացնել:

BEATITUDE. երանութիւն, երջանկութիւն:

BEAU (պօ) պճնասէր, ասպետ:

BEAU IDEAL. գեղատիպար:

BEAU MONDE. բարձր ընկերութիւն:

BEAU'TIFUL. գեղեցիկ:

BEAU'TIFY. գեղեցկացնել:

BEAU'TY. շնորհք, գեղեցկութիւն:

BEAV'ER (պի'վրր) կուղբ, ջրշուն:

BECAME' անց. **BECOME**-ի:

BECAUSE'. որովհետեւ:

BECK. կտուց, առուակ, գլխով նշան ընել:

BECK'ET (պէք'էթ) օղակ:

BECOME'. ըլլալ, յարմարիլ:

BED. անկողին, յատակ, նիստ:

BEDCHAMBER, BEDROOM. ննջասենեակ, ննջարան:

BED-SPREAD. անկողնի փռոց:

BEDSTEAD. մահճակալ:

BEDSTONE. հիմնաքար:

BEDECK' (պիտէ՛ք) զարդարել:

BED'LAM (պէտ'լէմ) յիմարանոց:

BED'OUIN (պէտ'ուին) պէտէվի, գնչու:

BEE. մեղու, ժրաջան աշխատող:

BEECH. փեկոն:

BEEF. արջառ, (կովի, եզան) միս:

BEEFY. մսոտ:

BEEN. եղած:

BEER. գարեջուր:

BEER-HOUSE. գարեջրատուն:

BEES'TINGS (պիս'թինկզ) դալ, խիժ:

BEET. բանջար, ճակնդեղ:

BEE'TLE (պի'թլ) թակ, խլէզ, թակել:

BEFALL' (պիֆօլ') պատահիլ:

BEFOOL' (պիֆուլ') խաբել, յափշտակել:

BEFORE'. նախապէս, առջեւ, ներ-

կայութեան, նախգան։
BEFOREHAND, կանխաւ։
BEG, խնդրել, մուրալ։
BEGAN, սկսաւ։
BEGET'. ծնանիլ, արտադրել։
BEGG'AR (պէկ'ըր) մուրացկան, աղ-, քատացնել։
BEGGARY, չքաւորութիւն։
BEGIN' (պիկին') սկսիլ։
BIGINNER, սկսնակ։
BEGINNING, սկզբնաւորութիւն, ըս-կիզբ, աղբիւր։
BEGIRD' (պիկըրտ') գօտեւորել։
BEGONE' (պիկօն') կորսուէ՛։
BEGUILE (պիկայլ') նենգել, հրապու-րել։
BEGUN, սկսաւ։
BEHALF' (պիհափ') շահ, բաժին։
BEHAVE, լաւ ընթանալ, վարուիլ։
BEHA'VIOUR (պիհէյվ'եըր) ,վարք, ընթացք։
BEHEAD' (պիհէտ') գլխատել։
BEHELD, անց. BEHOLD-ի։
BEHIND' (պիհայնտ') ետեւը, ետեւի մաս։
BEHOLD', տես, ահաւասիկ։
BEHOOF', առաւելութիւն, շահ։
BE'ING, գոյալով, էակ, գոյութիւն։
BELA'BOUR (պիլէյ'պըր) պեղել, գործել։
BELCH (պէլչ) փսխել, զզայռում։
BELDAM (պէլ'տէմ) ջատուկ։
BEL'FRY (պէլ'փրի) զանգակատուն։
BELIEF' (պիլիփ') հաւատք, համո-զում։
BELIEVE', հաւատալ։
BELIKE', թերեւս։
BELL, զանգակ։
BELLE (պէլ) գեղուհի։
BELLES LETTRES, գեղեցիկ դըպ-րութիւնք։
BELLICOSE (պէլ'լիfօզ) ռազմասէր։
BELLI'GERENT (պէլլին'ըրընթ) պա-տերազմիկ։
BELL'OW (պէլ'լօ) բառաչել։
BELL'OWS, փքոց։
BELLPULL, զանգաձիգ։
BELLY (պէլ'լի) որովայն, փոր։
BELONG (պիլօնկ') պատկանիլ։
BELOVED (պիլավէ'տ) սիրելի։
BELOW (պիլօ) վարը, տակը։
BELT (պէլթ) գօտի, կամար։
BELVEDERE (պէլ'վէտիր) արեգակ-նակ, գեղադիտակ։
BENCH (պէնչ) նստարան, ատեան։
BEND (պէնտ) ծռել, հակել, դարձը-ւածք, կամար, կապ։
BENEATH (պինիթհ') տակ, վարը։
BENEDIC'TION (պէնէտիք'շըն) օրհ-նութիւն։
BENEFAC'TION (պէնիփէք'շըն) բա-րերարութիւն։
BEN'EFICE (պէն'իֆիս) շնորհ, շահ, օգուտ։
BENEF'ICENT (պէնիֆ'իսընթ) բա-րերար։
BENEFI'CIARY (պէնիֆի'շիըրի) օգտուող, նպաստընկալ։
BEN'EFIT (պէն'իֆիթ) բարիք, շահ, օգտուիլ։
BENEV'OLENT (պէնէվ'օլընթ) բա-րեսէր։
BENIGN' (պինայն) ազնիւ, մեղմ։
BENIG'NANT (պէնիկ'նընթ) բարե-բարոյ, ազնիւ։
BEN'ISON (պէնի'զն) օրհնութիւն։
BENT (պէնթ) ծռած, հակամէտ, հա-կում։
BENUMB' (պինըմ') թմրեցնել, ըն-դարմացնել։
BEN'ZINE (պէն'զին), բենզինօրուկ։
BEQUEATH' (պիքուիթհ') կտակել, աւանդել։
BEREAVE' (պիրիվ') զրկել, յափշը-տակել։
BEREAVE'MENT, զրկանք, կորուստ։
BERET' (պէրէ') գլխարկ, պերէ։
BERG (պըրկ) բլուր, սառնալեռ։
BERG'AMOT (պէր'կամաթ) ա,,քայա-տանձ։
BE'RIBERI (պէյրիպէյ'րի) անդամա-գօսութիւն։
BE'RRY (պէր'ի). հատապտուղ։
BERTH (պըրթհ) ննջարաննակ՝ նաւու, կառախուց։
BESEECH' (պիսիչ') աղաչել, խնդրել։
BESIDE' (պիսայտ') կողմը, քովը, մօտը։
BESIDES', աւելին, եւս, դարձեալ։
BESIEGE (պիսիճ') պաշարել։

BESOT' (պիսաթ') խենթեցնել։
BEST (պեսթ) ամենալաւ։
BESTIAL (պես'թիէլ) անասնական։
BESTOW' (պիսթօ') տալ, շնորհել, պարգեւել։
BESTOWMENT, պարգեւ, նուէր, շնորհ։
BET (պէթ) գրաւ, պէտք։
BETAKE (պիթէյք') դիմել, ձեռնարկել
BE'TEL (պի'թլ) արեկնի, փուխալ։
BETRAY' (պիթրէյ') մատնել, դաւաճանել։
BETROTH' (պիթրաթհ') նշանել։
BETT'ER (պէթթ'ըր) լաւագոյն։
BETT'ERMENT, բարւոքում։
BETWEEN' (պիթուիյն') միջեւ, մէջտեղ։
BETWIXT' (պիթուիքսթ') մէջ, մէջտեղ։
BEVE'L (պէվ'ըլ) անկիւնաչափ։
BEV'ERAGE (պէվ'ըրէճ) ըմպելիք։
BEVY (պէ'վի) խումբ, երամ։
BEWAIL (պէուէյ'լ) ողբալ, ողալ։
BEWARE' (պիուէյր') զգուշանալ։
BEWIL'DER (պիուիլ'տըր) շփոթեցնել, խառնակել։
BEWILDERMENT, շփոթութիւն։
BEWIITCH (պիուիչ') դիւթել, հմայել։
BEWRAY' (պիրէյ') ազդարարել։
BEYOND' (պիեանտ') անդին։
BIANN'UAL (պայէն'իուըլ) կիսամեայ։
BI'AS (պայ'էս) խոտորում, վնաս։
BIB (պիպ) կրծկալ։
BIBLE (պա'յպլ) Սուրբ Գիրք, Աւետարան։
BIBLIOG'RAPHY (պիպլիօկլրէֆի) մատենագրութիւն։
BIBLIOLATER (պիպլիալ'էթըր) գրքապաշտ։
BIBLIOMA'NIA (պիպլիօմէյ'նիէ) գրամոլութիւն։
BIB'LIOPHILE (պիպ'լիօֆիլ) գրասէր։
BIB'ULOUS (պիպ'իուլըս) ծծուն, խմասէր։
BICE (պայս) կապուտաներկ։
BI'CEPS (պայ'սէփս) երկծայր։
BICKER (պիք'ըր) տաղտուկ, վէճ, վիճիլ։

BI'CYCLE (պայ'սիքլ) հեծանիւ։
BID (պիտ) հրամայել, մաղթել, յաւելում։
BIDE (պայտ) սպասել, բնակիլ։
BIER (պիր) դագաղ։
BIFOLD (պայ'ֆօլտ) կրկնակ։
BIFO'LIATE (պայֆօ'լիէթ) երկտերեւ։
BI'FURCATE (պայ'ֆըրքէյթ) երկճիւղ
BIG (պիկ) մեծ, հսկայ։
BIG BUG, BIG WIG, հարուստ մարդ մը, փարթամ։
BIG'AMY (պիկ'էմի) կրկնամուսնութիւն։
BIGHT (պայթ) անկիւն, խորշ։
BIG'OT (պիկ'ըթ) մոլեռանդ, կեղծաւոր։
BIG'OTRY (պիկ'ըթրի) կեղծաւորութիւն։
BIJOU (պիժու) գոհար։
BIL'BO (պիլ'պօ) սուսեր, ոտնակապ։
BILE (պայլ) մաղձ։
BILGE (պիլճ) փոր՝ տակառի, յատակ։
BILING'UAL (պայլինկ'ուըլ) երկլեզու։
BILK (պիլք) խաբել, նենգել։
BILL (պիլ) կտուց, տապարիկ, ակեր, փետատ, աղերսագիր մուրհակ, օրինագիծ, հաշուեցոյց, տեղեկագիր, ազդագիր, ծանուցում, կոցել, գգուել, համբուրել, ծանուցանել։
BILLET (պիլ'էթ) տոմսակ։
BILLET-DOUX (պիլ'էտու) սիրատոմս
BILLI'ARDS (պիլ'եըրտզ) գնդախաղ։
BILL'INGSGATE (պի'լլինկզկէյթ) գռեհկութիւն։
BILLION (պիլ'եըն) երկբիլիոն։
BILLOW (պիլ'լօ) կոհակ։
BILLY-GOAT (պիլ'լիկօթ) նոխազ։
BIMET'ALLIST (պայմէթ'ըլլիսթ) երկմետաղեան։
BIN (պին) ամբար, սնտուկ։
BI'NARY (պայ'նէրի) կրկնակ, երկեակ։
BIND (պայնտ) կապել, կազմել, կաշկանդել, պարտաւորել, ստիպել։
BINDER, կազմարար։
BINDERY, կազմատուն։
BINN'ACLE (պին'էքլ) կողմնացոյցի արկղ։

BIOG'RAPHY (պայօկ'րէֆի) *կենսագրութիւն։*

BIOLOGY (պայալ'օճի) *կենսաբանութիւն։*

BIPART'ITE (պիփէրթ1այթ) *երկամաս։*

BI'PED (պի'փէտ) *երկոտանի։*

BIRCH (պըրչ) *ցախաւել, գաւազան։*

BIRD (պըրտ) *թռչուն։*

BIRTH (պըրթհ) *ծագում, ծնունդ։*

BIRTHDAY, *ծննդեան տարեդարձ։*

BIRTHPLACE, *ծննդավայր։*

BIRTHRIGHT, *ծննդեան իրաւունք, ժառանգութիւն։*

BIS'CUIT (պիս'քիթ) *կակուծ, պաքսիմատ, կրկնեփ։*

BISECT' (պայսէքթ') *երկհատել։*

BISH'OP (պիշ'ըփ) *եպիսկոպոս։*

BI'SON (պայսըն) *վայրի եզ։*

BISSEX'TILE (պիսսէքս'թիլ) *նահանջ տարի։*

BIT, *կտոր, սանձ, փոքր, սանձել։*

BITCH (պիչ) *քած։*

BITE (պայթ) *խածնել, խայթել, նենգել, վնասել, նենգ, խարդախ։*

BI'TING, *կծու, դառն, խածան։*

BIT'UMEN (պիթիումէ'ն) *կուպր։*

BIV'OUAC (պիվ'ուէք) *բացօթեայ, բանակատեղ։*

BIZARRE (պիզար') *արտառոց։*

BLAB (պլէպ) *շաղակրատել։*

BLACK (պլէք) *սեւ, մութ, խաւար, տխուր, խափշիկ, սուգի հանդերձ, սեւցնել, մրոտել։*

BLACK ART, *կախարդութիւն։*

BLACK COFFEE. *սուրճ առանց կաթի։*

BLACK DRAUGHT, *լուծողական դեղ մը։*

BLACK' LETTER, *գոթագիր։*

BLACK'-SHIRTS, *ֆաշիսթ·*

BLACK'AMOOR, *խափշիկ։*

BLACK'BALL, *կօշիկի ներկ։*

BLACK'BIRD, *սարեակ։*

BLACK'BOARD, *սեւ տախտակ։*

BLACK'CAP, *սեւահեր, մկնագլուխ (Թռ.)։*

BLACK'EN, *սեւցնել, սեւնալ։*

BLACK'GUARD, *պնակալէզ, թափառական։*

BLACK'LEG, *խաղամոլ։*

BLACK'MAIL, *սեւ բաժ, շանթաժ։*

BLACK'SMITH, *երկաթագործ։*

BLADD'ER (պլէտ'ըր) *միզապարկ, ուռեցնել։*

BLADE (պլէյտ) *ծիղ, շեղբ, ուսոսկր, շեղբել։*

BLAME (պլէյմ) *պարսաւել, մեղադրել*

BLANCH (պլէնչ) *ճերմկնալ, ճերմակ, անգոյն։*

BLAND (պլէնտ) *մեղմ, հեզ։*

BLANK (պլէնք) *ճերմակ, պարապ։*

BLANK'ET (պլէնք'էթ) *ծածկոյթ, վերմակ։*

BLARE (պլէ'ր) *գոչել, մռնչել, գոչիւն։*

BLARN'EY (պլարն'ի) *շողոքորթութիւն։*

BLASPHEME' (պլէսֆիմ') *հայհոյել։*

BLAST (պլէսթ) *մրրիկ, ուժգին հոսանք, պայթում, խամրեցնել, պայթեցնել, փչել։*

BLAZE' (պլէյզ) *բոց, ցոլացում, փայլիլ, հռչակել։*

BLAZER, *հռչակող, բոցավառող։*

BLEACH (պլիչ) *ճերմկցնել, գունատել։*

BLEAK (պլիք) *անգոյն, տխուր, ցընաձուկ։*

BLEAR (պլի'ր) *բծոտ, խարխափական, բծոտել։*

BLEAT (պլիթ) *մայել։*

BLEE'D (պլիտ) *արիւնիլ, արիւնել, հոսեցնել։*

BLEM'ISH (պլէմ'իշ) *այլանդակել, աւրել, արատ, բիծ։*

BLENCH (պլէնչ) *քաշուիլ, տժգունիլ, դալկանալ։*

BLEND (պլէնտ) *խառնել, միանալ։*

BLESS (պլէս) *օրհնել, փառաբանել։*

BLESS'ED, *օրհնեալ, երանելի։*

BLETH'ER (պլէտհ'ըր) *ոչնչաբանել։*

BLIGHT (պլայթ) *խամրեցնել, խաթարել, ածխահարութիւն, վհատութիւն։*

BLIND (պլայտ) *կոյր, անիմաստ, կուրացնել, մթնցնել, ակնակապ, լուսարգել։*

BLIND ALLEY, *անել փողոց։*

BLIND-FOLD, *աչքերը կապած, ող–*

գէտ։
BLIND SPOT, լուսազգայուն կէտ։
BLINDNESS, կուրութիւն։
BLINDLY, կուրօրէն։
BLIND-SIDE, անպաշտպանական։
BLINDWORM, օձանման մողէս մը։
BLINK (պլինք) աչք քթթել, թարթել, պլպլալ։
BLISS (պլիս) երջանկութիւն։
BLISTER (պլիսթըր) բշտիկ, պալար, ուռիլ։
BLITHE (պլիյթհ) զուարթ։
BLIZZ'ARD (պլիզ'զըրտ) ձիւնամըրրիկ։
BLOAT (պլօթ) ուռեցնել, փքանալ։
BLOATER, աղած տառեխ։
BLOB (պլապ) մածոյթ։
BLOCK (պլաք) կոճղ, փայտ, կաղապար, արգելք, ծառի բուն, լխեռնիկ, արգիլել, կաղապարել։
BLOCKADE' (պլաքէյտ') պաշարել, պաշարում։
BLOCK'HEAD, ապուշ։
BLOCK'HOUSE, փայտակերտ ամրոց։
BLONDE (պլանտ) խարտեաշ։
BLOOD (պլ'ըտ) արիւն, տոհմ, ազգակցութիւն, արիւնահեղութիւն, ազնիւ ցեղ ձիու, արիւն առնել, արիւնել։
BLOODED, ազնիւ ցեղէ։
BLOOD'HOUND, յուզաշուն։
BLOOD'LESS, անարիւն։
BLOODSHED, արիւնահեղութիւն։
BLOOD'SUCKER, տզրուկ, վաշխառու։
BLOODTHIRSTY', արիւնախանձ։
BLOOD'VESSEL, արեան անօթ, երակ։
BLOODY, արիւնոտ, անգութ։
BLOOM (պլում) կոկոն, ծաղիկ, փայլ, թարմութիւն, ծաղկիլ, փթթիլ։
BLOOMERY, BLOOMARY, քծուարանոց։
BLOOM'ER (պլում'ըր) բլումէր, կարճ տաբատ մը, ծաղկող։
BLOSS'OM (պլաս'սըմ) ծաղիկ, բողբոջ, ծաղկիլ։
BLOT' (պլաթ') արատաւորել, աւրել, արատ, քերթուկ։
BLOTCH (պլաչ) արատ, բշտիկ։
BLOT'TER (պլաթ'ըր) ծծուն (թուղթ) մրոտագ, ձեռնատետր։
BLOUSE (պլաուզ) ձորձկոն, բաճկոնակ։
BLOW (պլօ) հարուած, քամի, հով, կոկոն, ծաղկունք, փչել, հեւալ, շնչել, ծաղկիլ, ուռեցնել, զարնել։
BLOW-COCK, շոգեծորակ։
BLOWER, փչող, պարծենկոտ, օդատու։
BLOW'FLY, փքաճանճ։
BLUB (պլըպ) արցունք թափել։
BLUBBERING, լաց ու կոծ։
BLUDG'EON (պլըճ'ըն) բիր, բրածեծ ընել։
BLUE (պլիու) կապոյտ, մթագին, երկինք, տխրութիւն, կապուտակել։
BLUE BOTTLE, կապուտիկ, ծծմոր։
BLUE JACKET, նաւաստի։
BLUE LAWS, մաքրակրօնութիւն։
BLUE SPAR, կապուտաքար։
BLUE-EYED, կապուտաչուի։
BLUFF (պլըֆ) անտաշ, խոշոր, զառիթափ, յախուռանք, խաբել։
BLUN'DER, ծանր սխալ, սխալիլ, սայթաքիլ։
BLUNDER HEAD, բթամիտ։
BLUNT (պլընթ) գուլ, բթամիտ, հաստ ասեղ, բթացնել։
BLUNTNESS, բթութիւն, բրտութիւն։
BLUR (պլըր) նսեմացնել, արատ, աղօտութիւն։
BLURT (պլըրթ) ցափռտել, բերնէ փախցնել։
BLUSH (պլըշ) կարմրիլ, կարմրութիւն։
BLUSTER (պլըս'թըր) ուժգին փչել։
BOA (պօ'է) վիշապօձ։
BOAR (պօր) կինճ, վարազ։
BOARD (պօրտ) տախտակ, սեղան, ուտեստ, հացաթոշակ, խաւաքարտ, ժողով, յանձնախումբ, նաւ մտնել, կերակրել, տախտակել։
BOARDWAGES, ուտեստի եւ սենեակի ապրելավճար։
BOARDER, թոշակաւոր, գիշերօթիկ։
BOARDING HOUSE, թոշակատուն։
BOARDING SCHOOL, գիշերօթիկ վարժոց։

BOAST (պօսթ) պարծենալ։
BOAT (պօթ) նաւ, մակոյկ։
BOATABLE, նաւարկելի։
BOATHOUSE, նաւատուն։
BOATMAN, նաւավար։
BOATRACE, նաւարշաւ։
BOATER, նաւավար։
BOATSWAIN, նաւաստապետ։
BOB (պապ) ճօճում, ճօճանակ, խայծ, ծանրոց, ռապ, շիլին, ճօճել, շահիլ, ծաղրել, խաբել։
BOBBERY (պապ'պըրի) ժխոր։
BOBB'IN, վիլակ, կարժար։
BOBB'INET, ժանեակ։
BOB'OLINK (պապ'օլինք) սարեկ։
BODE (պօտ) գուշակել, նշանակել։
BOD'ICE (պատ'իս) սեղմիրան։
BODIED (պա'տիտ) մարմնեղ։
BODKIN (պատքին) հերիւն։
BOD'Y (պատ'ի) մարմին, անձ, իրան, մաս, զանգուած, նիւթ, ժողով, գունդ։
BOD'YGUARD, անձնապահ, թիկնապահ։
BOD'YSERVANT, ծառայ։
BOG (պակ) ճահիճ, մօր։
BOG'GLE (պակ'կլ) վարանիլ, խրտչիլ։
BOGG'Y (պակկի) ճախճային։
BO'GIE (պօ'կի) ձեռնակառք։
BO'GLE (պօ'կլ) ուրուական։
BO'GUS (պօ'կըս) չինծու, կեղծ։
BOIL (պօյլ) եռալ, կրքոտիլ։
BOILER, կերոց, կաթսայ։
BOIS'TEROUS (պօյս'թըրըս) աղմըկոտ, կատաղի։
BOLD (պօլտ) յանդուգն, լիրբ։
BOLDNESS, յանդգնութիւն։
BOLE (պօլ) բուն՝ ծառի, լուսամուտ, դարանիկ։
BO'LSTER (պօլս'թըր) բարձ, բարձիկ։
BOLT (պօլթ) սլաք, սողնակ, շանթ, նետ, մաղ, կայծակ, արձակել, բեկանել, դամել, մաղել։
BOL'TER, մաղ, անվարժ ձի։
BOMB (պօմ), (պամ) ռումբ, գնդակ, ռմբակոծել։
BOM'BER (պամ'ըր) ռմբակոծիչ։
BOMBARD' (պամպըրտ) ռմբակոծել։
BOMBARD'MENT, ռմբակոծում։
BOMBARDIER', ռմբաձիգ։
BOM'BAST (պամ'պէսթ) ճամարտակութիւն։
BON'BON (պօն'պօն) շաքարեղէն։
BOND (պանտ) կապ, շղթայ, մուրհակ, արժեթուղթ, յարում, գերի, միութիւն, մուրհակել, որմածել։
BONDHOLDER, արժէթղթատէր։
BOND-SERVANT, գերի, ճորտ։
BOND-SLAVE, ստրուկ, պարտագերի։
BOND-SERVICE, գերութիւն։
BON'DAGE, գերութիւն, ստրկութիւն։
BONE (պօն) ոսկոր։
BONEHEAD, տխմար։
BONESETTER, բեկաբոյժ։
BON'FIRE, հրախաղութիւն։
BON'HOMIE, բարեմտութիւն։
BONNE, սպասուհի։
BONN'ET, գտակ, փեղոյր։
BONN'Y (պօն'նի) գուարթ, սիրուն։
BO'NUS (պօ'նըս) յաւելուած, շահ, պարգեւ։
BON VIVANT (պօնվիվան) զուարթաբարոյ։
BONY (պօ'նի) ոսկրուտ։
BONZE (պօն'զի) քուրմ։
BOOB'Y (պու'պի) անմիտ, խօլահաւ։
BOO'DLE (պու'տլ) կաշառք, կեղծ դրամ։
BOOK (պուք) գիրք, մատեան, տոմար, գլուխ, արձանագրել։
BOOKBINDER, կազմարար։
BOOKBINDING, կազմատուն։
BOOKCASE, գրադարան։
BOOK-CONCERN, հրատարակչական տուն։
BOOK-KEEPER, տոմարակալ։
BOOK-MAKER, մատենագիր, գրաւադիր ձիարշաւի։
BOOKSELLER, գրավաճառ։
BOOK-SHOP, գրախանութ։
BOOK-STALL, գրակալ, գրավաճառանոց։
BOOK-STORE, գրավաճառատուն։
BOOK-WORM, գրամոլ, գրացեց։
BOOM (պում) թեւ՝ կայմի, անցարգել, գոռում, տնտեսական բարգաւաճում, մունչիւն, կանչ, մռնչել, գոռալ, կանչել, գերանով փչել։

BOON (պուն) բարերարութիւն, շնորհք։
BOOR (պուր) չինական, միմոս։
BOOST (պուսթ) վեր քաշել, մղում։
BOOT (պութ) կօշիկ, մոյկ, շահ, դարման, օգուտ, կօշիկ հագնիլ, օգտուիլ, շահիլ։
BOOT-LACE, կօշիկի կապիչ։
BOOT-MAKER, կօշկակար։
BOOTLEGGER, մաքսանենգ
BOOTS, կօշկաներկ (պանդոկի)։
BOOTY (պու'թի) աւար, կողոպուտ։
BOOZE (պուզ) արբենալ, գինարբուք։
BORAX (պորէքս) ոսկեբորակ։
BORDER (պորտըր) եզր, սահմանագլուխ, եզերել, մօտենալ։
BORE, բանալ, ծակել, նեղել, ձանձրացնել, ծակ, խոռոչ։
BORE'DOM (պոր'տըմ) ձանձրութիւն։
BORN (պորն) ծնած։
BOR'ON (պօ'րան) ոսկեբոր։
BOROUGH (պըր'օ) աւան, գիւղաքաղաք։
BO'RROW (պար'րօ) փոխ առնել, ընդունիլ։
BO'SOM (պու'զըմ) կուրծք, գիրկ, ծոց, մտերիմ, սիրելի, ծոցը պահել, գրկել, ծածկել։
BOSS (պաս, պօս) վարպետ, վերակացու, ուռ, կոճակ, զարդ, վարել, ուղղել, հսկել։
BOT'ANIST (պաթ'էնիսթ) բուսաբան։
BOT'ANIZE (պաթ'էնայզ) բոյսերը ուսումնասիրել։
BOT'ANY (պաթ'էնի) բուսաբանութիւն։
BOTCH (պաչ) պալար, կեղ, կարկտել, աւրել, խանգարել։
BOTH (պօթհ) երկուքն ալ։
BOTH'ER (պաթհ'ըր) նեղել, ձանձրացնել, ձանձրոյթ։
BOT'TLE (պաթ'լ) շիշ, սրուակ։
BOTT'EM (պաթ'թըմ) յատակ, հիմ, ձոր, հովիտ, դիրտ, հիմ դնել, շինել։
BOUD'OIR (պուտ'ուար) ներքնասենեակ։
BOUGH (պաու) ճիւղ, ոստ։
BOU'GIE (պուժի') վիրաբուժական մոմ։
BOUILLON (պու'եօն) արգանակ։
BOUL'DER (պօլ'տըր) ժայռ, մեծ կոպիճ։
BOULE'VARD (պու'լըվար) ծառուղի։
BOUNCE (պաունս) բաղխիլ, դուրս նետել, ոստում, յոխորտանք։
BOUND (պաունտ) սահման, ոստում, սահմանել, ցատկել։
BOUN'DARY (պաունտ'էրի) սահմանագիծ։
BOUNDLESS, անսահման։
BOUN'DER, սահմանադիր։
BOUN'TEOUS (պաունթ'իըս) առատաձեռն։
BOUN'TY (պաունթ'ի) պարգեւ, առատաձեռնութիւն։
BOUQUET' (պուքէ') ծաղկեփունջ, տրցակ։
BOU'QUETIN (պու'քիթին) վայրի քաղ։
BOURGEOIS (պուր'ժուա) քաղքենի։
BOURN (պուրն) առու, սահման, նշանակէտ։
BOURSE (պուրս) սակարան։
BOUT (պաութ) դարձուածք, վէճ, մրցում։
BOW (պաու) խոնարհում, հակում, ծռիլ, հակիլ, խոնարհիլ։
BOW (պօ) աղեղ, ճղոտ, օղակող։
BOW-BEARER, աղեղնակիր։
BOW-LEGGED, կորասրունք։
BOW-WINDOW, կամարակապ պատուհան։
BOW'EL (պաու'էլ) աղիք, փորը բանալ։
BOW'ER (պաու'ըր) տաղաւար, գեղատուն, հակող։
BOWL (պօլ) թաս, բաժակ, կոնք, գնդակ արձակել, գնդահարել։
BOWL'ER (պօլ'ըր) գնդակ խաղացող։
BOWLING ALLEY, գնդախաղի բակ։
BOX (պաքս) սնտուկ, տուփ, օթեակ, պահպանակ, ապտակ, կռուփ, արկղել, ապտակել, կռփամարտիլ։
BOX-CAR, գոց կառք։
BOX-FISH, արկղաձուկ.
BOXEN (պաքս'ն) տոսախեայ։
BOXER, բռնցքամարտիկ, կռփամարտիկ։
BOXING, կռփամարտ, նաւադարձ.

BOY (պօյ) *մանչ, տղայ, աշակերտ։*
BOY'COTT (պօյ'քաթ) *պոյքոթել։*
BOY-SCOUT (պօյ'սքաութ) *արի։*
BOY'HOOD (պօյ'հուտ) *մանկութիւն։*
BRACE (պրէյս) *կապ, նեցուկ, լար, տաղակապ, բազկազրահ, ամրացնել, զօրացնել, սեղմել։*
BRACE'LET (պրէյս'լէթ) *ապարանջան։*
BRACK'ET (պրէք'էթ) *կոճ, փականիշ, ծորակ։*
BRACK'ISH, *աղի։*
BRACT (պրէքթ) *տերեւուկ, ծաղկապատ։*
BRAD (պրէտ) *բարակ գամ.*
BRAD'AWL, *հերիւն։*
BRAG (պրէկ) *յոխորտալ, պարծենալ, յոխորտանք։*
BRAGGADO'CIO (պրէկկէտօ'շիօ) *անապարծութիւն, անապարծ։*
BRAGG'ART (պրէկ'ըրթ) *անապարծ։*
BRAID (պրէյտ) *հիւսել, խառնել, հիւսք, երիզ։*
BRAIL (պրէյլ) *խրաց, հանդերձ։*
BRAIN (պրէյն) *ուղեղ, խելք, միտք, գլուխ ճզմել։*
BRAIN-FAG, *ջղային յոգնութիւն։*
BRAIN FEVER, *ուղեղատապ։*
BRAIN-PAN, *գանկոսկր։*
BRAIN-SICK, *խելագար։*
BRAIN-WAVE, *լաւ գաղափար։*
BRAKE (պրէյք) *պտեր, պտուրակ, կոթ, արգելակ, անուակալ, բարակ լծակ։*
BRAKESMAN, *մեքենավար արգելակի։*
BRAM'BLE (պրէմ'պլ) *մորենի։*
BRAN (պրէն) *թեփ, դիշաղուռ։*
BRANCH (պրէնչ) *ճիւղ, ոստ, մասնաճիւղ, զարմ, ճիւղ արձակել, ճիւղաւորել։*
BRAND (պրէնտ) *խարան, դրոշմ, վաճառանիշ, խարանել։*
BRANDISH (պրէն'տիչ) *ճօճում, ճօճել։*
BRANDY (պրէն'տի) *օղի.*
BRANT (պրէնթ) *չիկասագ։*
BRASH (պրէշ) *փութկոտ, անզգոյշ, դիւրաբեկ։*
BRASS (պրէս) *արոյր, լրբութիւն։*
BRASSARD (պրէս'ըրտ) *բազպան։*
BRASS'Y (պրէս'ի) *արոյրանման։*
BRAT (պրէթ) *կրծկալ։*
BRAVA'DO (պրէվէյ'տօ) *յոխորտանք։*
BRAVE (պրէյվ) *քաջ, անվեհեր, խիզախել։*
BRA'VERY, *արիութիւն։*
BRA'VO (պրէյ'վօ) *կեցցե՛ս։*
BRAWL (պրօլ) *պոռալ, վիճել, վէճ, աղմուկ։*
BRAWN (պրօն) *մկներ, ջղային ոյժ, արմուկ։*
BRAY (պրէյ) *զռինչ, զռնչել։*
BRAZE (պրէյզ) *զոդել, արոյրապատել։*
BRA'ZEN (պրէյ'զըն) *արոյրեայ, անամօթ։*
BRA'ZIER (պրէյ'ժըր) *պղնձագործ, արոյրագործ։*
BREACH (պրիչ) *բեկում, դրժում, վէրք, խրամատել, խզել։*
BREAD (պրէտ) *հաց։*
BREADTH (պրէտթհ) *լայնութիւն։*
BREAK (պրէյք) *կոտրել, բանալ, կտրել, ճեղք, բեկում, անուարդել, արշալոյս։*
BREAK'DOWN, *խորտակում։*
BREAKFAST, *նախաճաշ։*
BREAK'WATER, *թումբ։*
BREAM (պրիմ) *բրամ (ձկ.)։*
BREAST (պրէսթ) *կուրծք, ծիծ, ճակատիլ, ընդդիմանալ։*
BREASTBONE, *լանջոսկր։*
BREATH (պրէթհ) *շունչ։*
BREATHE (պրիտհ) *շնչել, փչել։*
BREATH'ER, *շնչող, հեւացնող։*
BREATH'LESS, *անշունչ։*
BREECH (պրիչ) *երասատան, յատակ։*
BREECHE, *տափատ, վարտիք։*
BREED (պրիտ) *յղանալ, ծնանիլ, սերունդ, ցեղ։*
BREEDING, *դաստիարակութիւն, ծագում։*
BREEZE (պրիզ) *զեփիւռ, հով, վէճ։*
BRETH'REN (պրէտհ'րըն) *եղբայրներ։*
BREV'ET (պրիվէթ') *արտօնագիր, արտօնագրել։*
BRE'VITY (պրէ'վիթի) *համառօտութիւն։*

BREW (պրու) կասկել, գարեջուր շինել։
BREWER, կասկագործ։
BREWERY, **BREWSTER**, գարեջըրատուն։
BRIBE (պրայպ) կաշառք, կաշառել։
BRI'BERY, կաշառակերութիւն։
BRICK (պրիք) կղմինտր, աղիւս։
BRICK-FIELD, աղիւսարան։
BRICK-KILN, աղիւսի թրծոց, աղիւսարան։
BRICKLAYER, որմնադիր։
BRI'DAL (պրայ'տըլ) հարսանեկան, հարսանիք։
BRIDE (պրայտ) հարս, նշանուած։
ERIDE-GROOM, փեսայ։
BRIDES'MAID, հարսնաքոյր։
BRIDE'WELL, զգաստարան։
BRIDGE (պրիճ) կամուրջ։
BRIDGE-HEAD, կամրջագլուխ։
BRI'DLE (պրայ'տըլ) սանձ, կապ, սանձել, զսպել։
BRIEF (պրիֆ) կարճ, սեղան, երկարող, համառօտել։
BRI'ER (պրայ'ըր) չարահոտ վարդ։
BRIG (պրիկ) երկկայմ նաւ։
BRIGADE (պրիկէյտ') կիսաբաժին։
BRIGADIER, աւագ գնդապետ։
BRIG'AND (պրիկ'էնտ) աւազակ։
BRIG'ANDAGE, աւազակութիւն։
BRIGHT (պրայթ) փայլուն, պայծառ։
BRIGHT'EN, փայլեցնել, լուսաւորել, միտքը սրել։
BRILL (պրիլ) պիսակաւոր վանաձուկ։
BRILL'IANT (պրիլ'եընթ) պայծառ, շողշողուն։
BRIM (պրիմ) եզր, լուսանցք, յորդել։
BRIMMER, լեցուն բաժակ։
BRIM'STONE, ծծումբ։
BRIN'DLE, խայտաբղէտութիւն։
BRINE (պրայն) աղջուր։
BRING (պրինկ) բերել, տանիլ, առաջնորդել։
BRING ABOUT, պատճառ, յառաջ բերել։
BRINK (պրինք) եզր, ծայր։
BRIQUETTE (պրիք'էթ) աղիւսաքար։
BRISK (պրիսք) վառվռուն, ոգեւորել։
BRI'STLE (պրի'սըլ) սուե, քիստ, ցցուիլ։
BRITANN'IA (պրիթէն'եիէ) Բրիտանիա։
BRITISH (պրիթ'իշ) բրիտանական, անգլիացի։
ERIT'TLE (պրէթ'լ) դիւրաբեկ։
BROACH (պրօչ) շամփուր, շիշ, ապիզակ, շամփրել, ծակել, կոփել։
BROAD (պրօտ) լայն, անկաշկանդ, յորդաջուր, լայնք։
BROAD'CAST, սփռացան, ձայնասփիւռ, հեռասփռել։
BROAD'EN, ընդարձակել, լայննալ։
BROCADE' (պրօքէյթ') դիպակ։
BRO'CAGE (պրօքէյճ) միջնորդչէք։
BRO'CHURE (պրօշիւր) տետրակ, թռուցիկ։
BROCK (պրաք) խշղար, գորշուկ։
BROGUE (պրօկ) սանտալ, տրեխ, գաւառային արտասանութիւն։
BROIL (պրօյլ) աղմուկ, վէճ, կակարայ։
BROKE, կոտրած, բանակէն արձակուած։
BROKEN, կոտրած, տկար, անհարթ։
BROKEN-HEARTED, սրտաբեկ։
BRO'KER, միջնորդ։
BRO'KERAGE, միջնորդութիւն, միջնորդչէք։
BROKING, միջնորդական։
BRONCHI'TIS (պրանքայ'թիս) ցըեցղատապ։
BRONZE (պրօնզ) անագապղինձ, քանդակ, լրբութիւն, պղնձագոյն ներկել։
BROOCH (պրօչ) լանջանոց, ապիզակ։
BROOD (պրուտ) թուխս, ճուտ, թըխսել, խոկալ, խնամել։
BROOK (պրուք) առու, վտակ։
BROOM (պրում) ցախ, աւել։
BROTH (պրօթհ) արգանակ։
BROTHE'L (պրաթհէ'լ) հանրատուն։
BROTHE'R (պրըթհ'ըր) եղբայր, պաշտօնակից։
BROTHER-IN-LAW, քենայր, տագր, աներձագ։
BROTH'ERHOOD, եղբայրութիւն։
BROUGHT (պրօթ) բերաւ։
BROW (պրաու) յօնք, ճակատ, դէմք։
BROWN (պրաուն) թուխ։
BROWSE (պրաուզ) ծիլ, ճարակել։

BRUISE (պրուզ) *ճմլել, ճզմել, ճմլուածք:*
BRUIS'ER. *կռփամարտ, ճզմող:*
BRUIT (պրուիթ), *ժխոր, տարաձայնել:*
BRUNETTE (պրիւնէթ') *թխամորթ, թխուկ:*
BRUNT (պրընթ) *թափ, հարուած:*
BRUSH (պրըշ) *վրձին, խոզանակ:*
BRUSQUE (պրըսք) *բիրտ, արագ:*
BRUTALITY (պրիւթէլ'իթի) *վայրագութիւն:*
BRUTAL (պրիւ'թըլ) *վայրագ, անասնական:*
BRUTE (պրութ) *անզգայ, կատաղի:*
BUB'BLE (պըպ'պլ) *ցնորք, 'պղպջակ, պղպջալ:*
BUCCANEER' (պըքքէնիր') *յելուզակ, աւազակ:*
BUCK (պըք) *մոխրաջուր, այծեամ, ցուցամոլ, փինկոն, խածիչիկ, տոլոր, մոխրաջրել, լուալ, թրջել, զուգաւորել:*
BUCK-HORN. *այծեղջիւր:*
BUCK-HOUND. *հետախոյզ բարակ:*
BUCK'ER (պըք'ըր) *փըրիչ, ջուր հանել, թրջել:*
BUCK'ET (պըք'էթ) *դոյլ, կուր:*
BUCKISH (պըք'իշ) *թեթեւսոլիկ:*
BUC'KLE (պըքլ) *ճարմանդ, գանգուր, ճարմանդել, ծռիլ, մաքառիլ:*
BUCK'LER (պըք'լըր) *ասպար, վահանակ:*
BUCKSKIN. *այծենի:*
BUD (պըտ) *կոկոն, ծիլ, բողբոջիլ, ծլիլ:*
BUDDHISM (պուտտիզմ) *պուտտայականութիւն:*
BUDGE (պըճ) *շարժիլ, խլրտիլ, մուշտակ, ինքնաստակ:*
BUDG'ET (պըճէթ) *ելեւմտացոյց, գնահատել:*
BUFF (պըֆ) *գոմշենի, կաշեգործ, կաշիով փայլեցնել:*
BUFF'ALO (պըֆֆ'ելօ) *գոմէշ:*
BUFF'ER (պըֆ'ֆըր) *արգելակ, բարեմիտ մարդ:*
BUFF'ET (պըֆ'էթ) *ապտակել, հարուածել:*
BUFFET (պուֆէյ') *ճաշարան, ըմպարան:*
BUFFOON (պըֆֆուն') *միմոս, ծաղրել:*
BUG (պըկ) *մլուկ, միջատ:*
BUG'BEAR. *ոգի, ահարկու:*
BUG'HOUSE. *յիմարանոց:*
BU'GLE (պիու'կլ) *ուլունք, շեփոր:*
BUILD (պիլտ) *շինել, շինուածք:*
BUILDER. *շինող, հիմնադիր:*
BUILDING. *շէնք:*
BULB (պըլպ) *կոճղեզ, այտուցք, գունդ:*
BULBUL (պուլ'պուլ) *սոխակ, բլբուլ:*
BULGE (պըլճ) *յատակ, փոր, ուռիլ:*
BULK (պըլք) *գանգուած, բեռ:*
BULL (պուլ) *ցուլ, պապական կնիք, այլանդակ սխալ:*
JOHN BULL. *անգլիացի:*
BULL-CALF. *արու հորթ, ապուշ:*
BULL'DOG. *ցլաշուն:*
BULL'ET (պուլ'լէթ) *գնդակ, ռումբ:*
BULL'ETIN (պուլ'լէթին) *զեկոյց, տեղեկագիր:*
BULLHEAD (պուլ'հէտ) *կոտուածոլի, ըթամբիտ:*
BULLION (պուլ'եըն) *ոսկեձոյլ, ոսկեթել ոստնակ:*
BULL'Y (պուլ'լի) *ամբարտաւան, եզան միս, սպառնալ:*
BUL'WARK (պուլ'ուըրք) *պատնէշ, ամրութիւն, պաշտպանել:*
BUM (պըմ) *յետոյք, մրմնջել:*
BUM-BAILIFF. *գիւղային ոստիկան:*
BUM'-BOAT. *պտղանաւակ:*
BUMP (պըմփ) *հարուած, ուռեցք, զարնել, հնչել:*
BUMP'KIN (պըմփ'քին) *միմոս, կոպիտ:*
BUN (պըն) *բլիթ, ակիւռ:*
BUNCH (պընչ) *փունջ, տրցակ, փունջ կազմել:*
BUN'DER (պըն'տըր) *նաւակ:*
BUNDLE (պըն'տլ) *ծրար, տրցակ, ծրարել:*
BUNG (պընկ) *խցան:*
BUNG'ALOW (պընկէլ'օ) *գեղատուն:*
BUNG'LE (պընկլ) *աւրել, կարկտել, մոխացել:*
BUNIO'N (պըն'եըն) *ուռոյց, բշտիկ:*
BUNK (պընք) *անկողնոց, անխամբար,*

խարխափայնութիւն։
BUNK'ER, *ածուխի ամբար։*
BUNK'UM (պընկ'քըմ) *ոչնչաբանութիւն։*
BUNT (պընթ) *փոր առագաստի, ծանրաքաշութիւն, մղել։*
BUOY (պօյ) *ծփան, ծփանել։*
BUOY'ANT (պօյ'ընթ) *դիւրածուփ, վերմղական։*
BURB'OT (պըր'պաթ) *յուղ։*
BURDEN (պըր'տըն) *բեռ, ծանրութիւն, բեռնաւորել։*
BURDENSOME, *ծանր, դժնդակ։*
BUREAU (պիւրօ) *գրասենեակ, դիւան։*
BUREAU'CRACY (պիւրօք'րէսի) *դիւանակալութիւն։*
BUREAU'CRAT, *դիւանակալ։*
BURGEE' (պըրճի') *կայմադրօշիկ։*
BUR'GEON (պըր'ճըն) *բողբոջ, փթթիլ։*
BUR'GESS (պըր'ճէս) *քաղաքացի, ընտրիչ։*
BURG'LAR (պըր'կլըր) *աւազակ, գող։*
BURG'LARY, *գողութիւն։*
BU'RIAL (պէ'րիըլ) *թաղում։*
BURLESQUE' (պըրլէսք') *ծաղրական, հեգնել։*
BURN, *այրուած, վառակ, հեղեղատ։*
BURN, *այրել, տապկել, առյորել, տաքնալ։*
BURN'ER, *կանթի կտուց, այրող։*
BURN'ET, *ջերմատակ։*
BURNT, *այրած, խանձած։*
BU'RRO, (պուրրօ) *էշ։*
BU'RROW (պըր'րօ) *արուարձան, որջ, ծակ, կոյտ, որջ բանալ, պահուըտիլ։*
BURS'AR (պըր'սըր) *գանձապետ։*
BURST (պըրսթ) *պայթիլ, պատռիլ, ճաթիլ։*
BU'RY (պէրի) *թաղել, մոռնալ։*
BUS (պըս) *հանրակառք։*
BUSH (պըշ) *մացառ, թուփ, խցան։*
BUSH'EL (պըշ'ըլ) *գրիւ։*
BUS'INESS (պիզ'նէս) *գործ, զբաղում, առեւտուր։*
BUSK'ER (պըսք'ըր) *շրջուն գերասան։*
BUS'KIN (պըս'քին) *տրեխ, կօշիկ։*
BUST (պըսթ) *կիսանդրի։*
BUS'TARD (պըս'թըրտ) *արօս։*
BU'STLE (պը'սլ) *ճգնիլ, յուզում, եռանդ։*
BUSY (պիզ'ի) *զբաղեալ։*
BUT (պըթ) *բայց, բայցի, միայն։*
BUTCH'ER (պըչ'ըր) *մսագործ։*
BUTCHE'RY, *մսագործութիւն, ջարդ։*
BUT'LER (պըթ'լըր) *մատռուակապետ, մառանապետ։*
BUTT-(պըթ) *վախճան, ծայր, նշանակէտ, հրացանի կոթ, մխել, մերձենալ, գլխով զարնել։*
BUTTER (պըթթըր) *կարագ, կարագել։*
BUTTER-BOAT, *կարագաման։*
BUTT'ERCUP, *հրանունկ, ոսկեկոկոն*
BUTT'ERFLY, *թիթեռնիկ։*
BUTT'ERY, *կարագարան, մառան։*
BUTT'OCK (պըթթըք) *յետոյք։*
BUTT'ON (պըթ'թըն) *կոճակ, կոճակել։*
BUTT'RESS (պըթ'րէս) *որմնայեց, հաստատուն։*
BUX'OM (պըքս'ըմ) *կայտառ։*
BUY (պայ) *գնել, կաշառել։*
BUZZ (պըզ) *բզզալ, հծծել, բզզիւն։*
BUZZ'ARD (պըզ'զըրտ) *հաւկուլ, ապուշ։*
BY (պայ) *մօտ, քով, վրայ, մօտը, ըստ, առ։*
BY AND BY, *հետզհետէ, քիչ ատենէն*
BY-ELECTION, *մասնակի ընտրութիւն։*
BY-NAME, *ծաղրանուն։*
BY-ROAD, *կողմնի, մասնակի ճամբայ։*
BY-WAY, *մասնուղի։*
BY'GONE, *անցեալ։*
BY-LAW, *տեղական օրէնք։*
BYRE (պայր) *գոմ։*
BYSTANDER (պայ'սթէնտըր) *հանդիսատես։*
BY'WORD, *առած, ասացուած։*

C

CAB (քէպ) երկանուակ, ինքնաշարժ։
CABMAN (քէպ'մէն) կառապան։
CABB'AGE (քէպպէ'ճ) կաղամբ, շոր-թել։
CAB'IN (քէ'պին) տնակ, հիւղ, խուց։
CAB'INET (քէ'պինէթ) առանձնարան, խորհրդականնեակ։
CABLE (քէյ'պլ) պողպատեայ պարան, հեռագրել։
CABLEGRAM, հեռագիր։
CABOOSE' (քէպու'ս) խոհանոց, գործիքակառք։
CABRIOLET' (քէպ'րիօլէ) երկանիւ թեթեւ կառք մը։
CACHET (քէշ'է) կնքոց։
CACKLE (քէք'քլ) կառաչել, կառկաչել։
CACOPH'ONY (քէքափօ'նի) վատա-ձայնութիւն։
CAC'TUS (քէք'թըս) կանկառատունկ։
CAD (քէտ) հանրակառքի սպասաւոր, դատարկապորտ։
CAD DISH (քէտ'տիշ) գռեհկային։
CADAV'EROUS (քէտէվ'ըրըս) դիակ-նային։
CADD'Y (քէտ'տի) թէյատուփ։
CA'DENCE (քէյ'տընս) յանգ, աւարտ, [illegible] կատարում։
CADET' (քէտէթ') կրտսեր, կադէտ։
CADRE (քա'տր) շրջանակ, ցուցակ։
CADU'COUS (քէտիւ'քըս) վաղանցուկ։
CAFE' (քէֆէ', քաֆէ') սրճարան, սուրճ։
CAFETER'IA, սրճարան։
CAGE (քէյճ) վանդակ, փակարան։
CAIQUE' (քէյիք') նաւակ։
CAIRN (քէ'րն) քարակոյտ։
CAISSON' (քէյ'սըն) արկղ, ռազմա-կառք։
CAIT'IFF (քէյ'թիֆ) չարագործ, վա-տարքի։
CAJOLE (քէճօլ') փաղաքշել։
CAKE (քէյք) քաքար, բլիթ։
CALABOOSE (քէլ'էպուս) բանտ։
CALAMITY (քէլէմի'թի) աղէտ։
CALAMITOUS, աղիտալի։
CAL'CITY (քէլ'սիթայ) կրացնել։
CAL'CINE (քէլ'սայն) հրացնել, կը-րացնել։
CAL'CULATE (քէլ'քիուլէյթ) հաշ-ուել, ծրագրել։
CALCULA'TION (քէլքիուլէյ'շըն) հաշիւ, ակնկալութիւն։
CAL'ENDAR (քէլ'էնտըր) օրացոյց, տոմար։
CAL'ENDER (քէլ'էնտըր) գլանաձեւ մամուլ, [illegible], ողորկել։
CAL'ENTURE (քէլ'էնչիուր) արեւա-հարութիւն։
CALF (քաֆ) հորթ։
CALIBRE (քէլ'իպըր) չափան, տրա-մագիծ, տարողութիւն։
CALIPH (քէյ'լիֆ) խալիֆա, ամիրա-պետ։
CALK (քօք) կպրել, նաւանեփել, պայտագամ։
CALL (քօլ) կանչել, հրաւիրել, կոչել, կոչ, հրաւէր, խնդրանք, այց, ազդ, շչակ։
CALLDOWN, յանդիմանութիւն։
CALLE'R, կոչող, այցելող։
CALLIG'RAFY (քէլլիկ'րէֆի) գե-ղագրութիւն, ձեռագիր։
CALL'ING (քօլ'ինկ) կոչում, զբա-ղում, հրաւէր։
CALLOS'ITY (քէլլօս'իթի) կոճանք, տեռ։
CALLOUS (քէլ'լըս) տեռնաւոր, ան-զգայ։
CALM (քամ) հանդարտ, խաղաղ, դադար։
CALUM'NIATE (քէլըմ'նիէյթ) զըր-պարտել։
CALUMNIA'TION, զրպարտութիւն։
CAL'UMNY (քէլ'ըմնի) զրպարտանք, մուր։
CALVARY (քէլ'վէրի) Գողգոթայ,

խաչելութիւն (պատկեր)։
CALVE (քավ) ծնանիլ, յառաջ բերել։
CALX (քէլքս) հրածուխ։
CAMARILLA (քէմէրիլ'լէ) պալատանի։
CAME (քէյմ) եկած։
CAMEL (քէմ'ըլ) ուղտ։
CAM'ERA (քէմ'ըրէ) սենեակ, տուն, լուսանկարի մեքենայ։
CAMP (քէմփ) բանակատեղ, ճամբադաշտ, բանակեցնել։
CAMP-MEETING, բացօթեայ աղօթաժողով։
CAMPAGN (քէմփէյն') մարտ, պատերազմ, ռազմարշաւ, արշաւ, ընտրական պայքար, բանակի մէջ ծառայել։
CAM'PHOR (քէմ'ֆըր) քամֆուր։
CAN (քէն) փարչ, թաս, թիթեղատուփ
CAN. կարենալ, թիթեղի մէջ պահել։
CANAL (քէնըլ') ջրանցք, ցնցուղ, մըղանցք։
CANAR'Y (քէնէյ'րի) դեղձանիկ։
CAN'CEL (քէն'սըլ) ջնջել։
CANCELLA'TION, ջնջում։
CANCER (քէն'սըր) խեցգետին, խըլիրդ, քաղցկեղ, կերցաւ։
CANDID (քէն'տիտ) պարզ, անաչառ։
CAN'DIDATE (քէն'տիտէյթ) թեկնածու։
CAN'DLE (քէն'տլ) մոմ, ճրագ։
CAN'DOUR (քէն'տըր) պարզութիւն։
CANE (քէյն) եղէգ, ճամփ, շաքարեղէգ։
CA'NINE (քէ'նայն) շնական, շանատամն։
CAN'ISTER (քէն'իսթըր) կողով, թէյատուփ։
CANK'ER (քէն'քըր) չարակեղ, ապականել, փտել։
CANN'EL (քէնն'էլ) մոմածուխ։
CANNIBAL (քէն'նիպըլ) մարդակեր։
CANNIBALISM. մարդակերութիւն։
CANN'ON (քէն'նըն) թնդանօթ, ռմբակոծել։
CANNON-BALL. գնդակ։
CANNONADE'. ռմբակոծութիւն։
CANNOT (քէն'նէթ) չկրնալ։
CANN'Y (քէն'նի) զգոյշ, խորամանկ։
CANOE' (քէնու') կուր, նաւակ
CAN'ON (քէն'ըն) կանոն, օրէնք։
CANONICAL, կանոնական։
CAN'ONIZE (քէն'ընայզ) սրբացնել։
CAN'OPY (քէն'օփի) ամպհովանի։
CANT (քէնթ) հակում, մղում, ծածկալեզու, աճուրդ, ծռել, մղել, հակեցնել։
CAN'T (քէնթ) կրճատում **CANNOT**ի։
CANTA'TA (քէնթա'թէ) տաղ, հանդիսաւոր երգ։
CANTEEN' (քէնթին') ջրաման, զինուորական նպարատուն։
CAN'TER (քէն'թըր) արշաւել, մուրտգիկ, խայտացող։
CAN'TERBURY (քէն'թըրպէրի) գըրակալ։
CAN'TICLE (քէն'թիքլ) սաղմոս, օրհներգ։
CAN'TO (քէն'թօ) տաղ, գիրք, գէլ ձայն։
CAN'TON (քէն'թըն) գաւառ, բաժնել։
CANTON'MENT, զօրակայան։
CAN'VAS (քէն'վըս) կանեփակտաւ, քննել, յուզել, մրճել։
CAN'VASS (քէն'վէս) քննութիւն, քուէ, պայքար։
CANY (քէ'յնի) եղէգնուտ։
CAOUTCHOUC (քու'չուք) ձաստիկ։
CAP (քէփ) գլխարկ, գդակ, գդակել։
CAPABLE (քէյ'փէպլ) ատակ, կարող։
CA'PABILITY, կարողութիւն, ատակութիւն։
CAPA'CIOUS (քէփէյ'շըս) լայն, ընդարձակ։
CAPA'CITATE (քէփէս'իթէյթ) կարողացնել։
CAPA'CITY (քէփէս'իթի) կարողութիւն, տարողութիւն, հանգամանք, իրաւունք, ընդունակութիւն։
CAPA'RISON (քէփէ'րիսըն) ասպազէն, կազմածք ձիու։
CAPE (քէյփ) գլուխ, հրուանդան։
CA'PER (քէյփըր) ցատկռտուք, կաքաւել, պարել։
CAPITAL (քէփ'իթըլ) դրամագլուխ, սիւնագլուխ, հիմնական խոյս մայրաքաղաք, գլխագիր։
CAP'ITALISM, դրամատիրութիւն։
CAP'ITALIST, դրամատէր։
CAPITULATE (քէփիթ'իուլէյթ) գըր-

խակարգութիւն, անձնատուութեան դաշինք, պայմանագրութիւն։
CAPRICE' (քէփրիս') քմահաճոյք։
CAPRICORN (քէփ'րիքօրն) այծեղջիւր։
CAPSIZE (քէփսայզ') շրջել, դարձընել։
CAPTAIN (քէփ'թին) հրամանատար, նաւապետ, հարիւրապետ, վերակացու։
CAP'TION (քէփշըն) խորագիր, ձերբակալութիւն։
CAP'TIVATE (քէփ'թիվէյթ) գերել, նուաճել, հրապուրել։
CAPTIVA'TION, գերութիւն, յափշտակութիւն։
CAP'TIVE (քէփ'թիվ) գերի, բանտարկեալ։
CAP'TURE (քէփ'չըր) գրաւում, գրաւել, բռնել։
CAR (քար) կառք, սայլ.
CARAFE' (քէրէֆ') ջուրաման, շիշ։
CARAMEL (քէրէ'մըլ) աղիտայ, անուշաբար։
CARAVAN (քէրէվէն') կարաւան։
CARB'INE (քէր'պայն) ատրճան։
CARB'ON (քարպ'ըն) բնածուխ։
CARB'ONATE (քարպ'ընէյթ) բնածխատ։
CARB'ONIZE, ածխացնել,
CARC'ASS (քարք'էս) դիակ, հիմնակմախք։
CARD (քարտ) խաւաքարտ, տոմսակ, այցաքարտ, դգոց, խաղաթուղթ, սանտրել, գզել, թուղթ խաղալ։
CARD'INAL (քարտ'ինըլ) կարտինալ, գլխաւոր, էական։
CARE (քէէր) հոգ, խնամք, [illegible], հոգալ, խորհիլ, հոգ ընել։
CAREEN' (քէրին') նաւը կողին վրայ ծփացնել։
CAREER (քէրի'ր) ասպարէզ, ընթացք, արշաւել։
CARE'FUL, զգոյշ, [illegible], ուշադիր։
CARELESS, անհոգ։
CARESS' (քէրէ'ս) գգուանք, շոյել, գգուել։
CARE'-TAKER, հոգատար։
CARG'O (քար'կօ) նաւաբեռ։
CARICATURE' (քէրիքէթիուր) ծաղրանկար, երգիծանկարել։
CAR'MAN (քար'մէն) կառապան։
CARN'AGE (քարն'էճ) նախճիր։
CARNA'L (քար'նըլ) զգայական, հեշտասէր, մարմնական։
CARNALIST, վաւաշոտ։
CARNA'TION, վարդագոյն, շահոքրամ։
CARNIV'OROUS (քարնիվ'օրըս) մսակեր։
CARNOSITY (քարնաս'իթի) մսկուռ, մսոտութիւն։
CARP'ENTER (քարփ'էնթըր) հիւսն, ատաղձագործ։
CARPER (քարփը'ր) խծբծող։
CARPE'T (քար'փէթ) կապերտ, գորգ, գորգով ծածկել
CA'RRIAGE (քէր'րիճ) կառք, ընթացք, վարք։
CA'RRIER (քէր'րիըր) տանող, հաղորդիչ։
CA'RROT (քէր'րըթ) ստեպղին։
CA'RRY (քէ'րրի) տանիլ, կրել, վարել, ստանալ, վստահիլ։
CART (քարթ) բեռնակառք։
CARTEL (քարթ'էլ) համաձայնութիւն, կարտել։
CARTER (քարթ'ըր) կառապան։
CARTE (քարտ) ճաշացուցակ։
CARTOG'RAPHY, քարտէսագրութիւն։
CART'OMANCY, թղթահմայութիւն։
CARTILAGE (քար'թիլէճ) աճառ, կռճիկ։
CART'ON (քար'թըն) քարդոն, խաւաքարտ։
CARTOON' (քարթուն' ծաղրանկար։
CARTOUCHE' (քարթուշ') հրափուշտ, պարկուճ, գալար։
CART'RIDGE (քար'թրիճ) խծիկ, պարկուճ։
CARTWAY, կառուղի։
CARVE (քարվ) քանդակել, շերտել, յօշոտել։
CARV'ER քանդակող, շերտող, դանակ։
CARVING, քանդակում, փորագրութիւն։
CASCADE' (քէյքէյտ') սահանք, ջրվէժ։
CASCO (քաս'քօ) մակոյկ։

CASE (քէյս) տնտուկ, արկղ, պատեան, պարագայ, վիճակ, խնդիր, դատ, հոլով, տնտուկել, արկղել:
CASE'MATE (քէյս'մէյթ) ապաստան, ամրոց:
CASE'MENT, լուսամուտ:
CASERN (քէյ'զըրն) զօրանոց, ձմեռոց:
CASH (քէշ) կանխիկ, պատրաստ դրամ, ստանձել, կանխիկ վճարել:
CASH BOOK, տնտուկի տետր:
CASHIER (քէշ'իր) արկղակալ, պաշտօնանկ ընել:
CASINO (քէս'ինօ) սրճարան, պարարան, խաղարան:
CASK (քէսք) տակառ:
CAS'KET (քէս'քէթ) գոհարատուփ:
CASQUE (քէսք) սաղաւարտ:
CASSA'TION (քէսսէյ'շըն) բեկում, ջնջում:
CAST, նետուածք, հարուած, տեսք, ձոյլ, երանգ, չարք, ակնարկ, ծախուք:
CAST (քէսթ) մղել, նետել, հրել, ձուլել, թափել, ձեւ առնել, կարթը նետել, հաշուել, չեղել:
CAS'TANETS (քէս'թէնէթս) պարրնեոց, քամոհի:
CASTE (քէսթ) դասակարգ, սերունդ:
CAS'TIGATE (քէս'թիկէյթ) պատժել, խարազանել:
CASTING (քէսթ'ինկ) կարթաձգութիւն, հալել, ձուլ, ուղղահանում:
CA'STLE (քէս'լ) դղեակ, բերդ:
CASTOR (քէս'թըր) կուղբ, Գոյուն:
CA'SUAL (քէժ'իուըլ) պատահական:
CA'SUALTY, դիպուած, վնաս:
CA'SUS BELL'I, պատերազմի պատճառ:
CAT (քէթ) կատու, մկնորսակ, խարազան:
CA'TFISH, կատուաձուկ:
CA'TACLISM (քէթ'էքլիզմ) ջրհեղեղ, տեղաշարժութիւն:
CAT'ACOMB (քէթ'էքօմ) գետնադամբան:
CAT'AFALQUE (քէթ'էֆէլք) դիակառք, դագաղակալ:
CAT'ALEPSY (քէթ'էլէփսի) ուղղատարութիւն:
CAT'ALOGUE (քէթ'էլօկ) գրացուցակ, ցուցակ:
CAT'APULT (քէթ'էփըլթ) բաբան, պարսատիկ:
CAT'ARACT (քէ'թէրէքթ) ջրվէժ, բարբախում, լուսն, ակնաջուր:
CATARRH' (քըթար') հարբուխ:
CATCH (քէչ) որս, շահ, բռնել, գերել, ըմբռնել, գրաւել, բռնուիլ:
CATCHMENT (քէչ'մընթ) ջրակալ:
CAT'ECHISM (քէթ'իքիզմ) կրօնագիտութիւն:
CATEGO'RICAL (քէթ'էկարիքըլ) հաստատական, բացարձակ:
CAT'EGORY (քէթ'էկօրի) դաս, համադամանք:
CAT'ER (քէյ'թըր) մատակարար, մատակարարել:
CATERPILLAR (քէթ'ըրփիլլըր) թրթուր:
CATHE'DRAL (քէթհի'տրըլ) մայր եկեղեցի:
CATH'OLIC (քէթհ'օլիք) կաթողիկ, պապական:
CATHOLICOS (քէթհալ'իքաս) կաթողիկոս՝ ամենայն հայոց, հայրապետ:
CAT'TLE (քէթ'թլ) արջառ:
CATTLE-PLAGUE, պաճառախտ:
CAUGHT (քօթ) բռնուած:
CAUL'DRON (քօլ'տրըն) կաթսայ:
CAUSAL (քօզ'ըլ) պատճառական:
CAUSAL'ITY (քօզէլ'իթի) պատճառագիտութիւն:
CAUSE (քօզ) պատճառ, խնդիր, դատ, պատճառել:
CAUSELESS, անհիմն, ինքնածին:
CAUSERIE', խօսակցութիւն:
CAUS'TIC (քօս'թիք) այրեցական, կծու:
CAUSEWAY, խճուղի:
CAUT'ERIZE (քօթ'ըրայզ) դաղել, խարանել:
CAU'TION (քօ'շըն) զգուշութիւն, զգուշացնել:
CAU'TIONARY, զգուշական, գրաւական:
CAU'TIOUS (քօ'շըս) զգոյշ:
CAVALCADE' (քէվէլքէյտ') հեծելահանդէս:

CAVALIER' (քէվ'էլիէր) հեծեալ, ասպետ, քաջ, հպարտ։
CAV'ALRY (քէվ'ըլրի) այրուձի, հեծելազօր։
CAVE (քէյվ) նկուղ, ներքնատուն, փորել։
CAVE-MAN, քարայրաբնակ։
CAV'ERN (քէվ'ըրն) քարանձաւ, այր։
CAVIAR' (քէվիար') ձկնկիթ, թառափկիթ։
CAV'ITY (քէ'վիթի) խոռոչ, փոր։
CEASE (սիզ) դադրիլ, պակսիլ, վերջ տալ։
CEASELESS, անդադար։
CE'DAR (սի'տըր) մայրի։
CEDE (սիտ) յանձնել, տալ։
CEIL'ING (սիլ'ինկ) ձեղուն։
CEL'EBRATE (սէլ'իպրէյթ) տօնել, հռչակել։
CELEBRA'TION, հանդէս, հռչակում։
CELEB'RITY (սէլէպ'րիթի) համբաւ, համբաւաւոր անձ։
CELES'TIAL (սիլէս'չլ) երկնային, չինացի։
CEL'IBACY (սէլ'իպէսի) ամուրիութիւն։
CELL (սէլ) խուց, բջիջ, խցիկ, բանտ, բանտել։
CELL'AR (սէլ'լըր) մառան։
CELLULE (սէլ'լիուլ) խցիկ, խորշիկ։
CEMENT' (սիմէնթ') թրծաշաղախ, շլան, շլանել, կպցնել։
CEM'ETERY (սէմի'թէրի) գերեզմանատուն։
CENSE (սէնս) խնկել։
CEN'SOR (սէն'սըր) գրաքննիչ, համարակալ, գրաքննել։
CENSURE (սէն'շուր) պարսաւ, խծբծել, պարսաւել։
CEN'SUS (սէն'սըս) մարդահամար։
CENT (սէնթ) հարիւրերորդ, դրամ (ամերիկեան)։
CENTE'NARY (սէն'թընէրի) հարիւրամեայ։
CEN'TRAL (սէն'թրըլ) կեդրոնական։
CENTRAL'ITY, կեդրոնութիւն։
CEN'TRALIZE, կեդրոնացնել։
CENTRE (սէն'թր) կեդրոն, միջավայր։
CEN'TRIC, կեդրոնական։
CENTRI'CITY, կեդրոնութիւն։
CEN'TURY (սէն'չըրի) դար։
CERE (սիր) մոմ, մոմել։
CER'EAL (սիր'իըլ) արմտիք։
CE'REBRUM (սէ'րէպրըմ) մեծ ուղեղ։
CEREMO'NIAL (սէրիմօ'նիըլ) արարողական։
CE'REMONY (սէ'րիմօնի) արարողութիւն, ծէս։
CERT'AIN (սըր'թըն) ստոյգ, հաւաստի։
CERTIF'ICATE (սըրթիֆ'իքէյթ) վկայական, վկայել, հաստատել։
CERT'IFY (սըրթ'իֆայ) վկայել, հաստատել, հաւաստել։
CERT'ITUDE (սըր'թիթիուտ) ստուգութիւն, հաւաստիք։
CERUMEN (սերու'մէն) աղտ ականջի։
CE'SSION (սէս'շըն) փոխանցում։
CESS'POOL (սէս'փուլ) աղտա-քաղ աման։
CHAFE (չէյֆ) գրգռել, մաշեցնել, մաշիլ, մաշում, ցասում, յուզում։
CHAFF (չէֆ) մուր, դանձ, փոճոկ, թեփ, ծաղրել, կատակել։
CHAGRIN (շէկ'րին) վիշտ, թախիծ, վշտացնել։
CHAIN (չէյն) շղթայ, կապանք, շարք, շղթայել, գերել։
CHAINLESS, ազատ, անշղթայ։
CHAIR (չէր) աթոռ, գահ, պաշտօն, աթոռել, նախագահ ընտրել։
CHAIRMAN, ատենապետ։
CHAL'ET (շէլ'էյ) հիւղակ։
CHALICE (չէլիս) սկիհ։
CHALK (չօք) կաւիճ։
CHALL'ENGE (չէլ'լէնճ) մարտահրաւէր, կոչ, առաջարկ կարդալ, հրաւիրել, կոչել, մրցիլ։
CHA'MBER (չէյ'մպըր) ննջասենեակ, խորհրդարան, դատարան։
CHA'MBERLAIN, սենեկապետ։
CHAME'LEON (քէմի'լիըն) գետնառիւծ։
CHAM'PION (չէմփիըն) առաջամարտ մարտիկ, ախոյեան, ըմբիշ, պաշտպանել։
CHANCE (չէնս) դիպուած, բախտ,

առիթ, հաւանականութիւն, պատահիլ, բախտը փորձել, պատահաբար:

CHANCEL (չէն'սէլ) սրբարան:

CHAN'CELLOR դիւանապետ, կնքապահ:

CHANCY (չէն'սի) բարեբախտ, վտանգաւոր:

CHANDLER (չէն'տլըր) մոմավաճառ:

CHANGE (չէյնճ) փոփոխութիւն, մանրուք, դրամ, սակարան, փոխանցում, գինետուն, փոխել, մանրել, փոխուիլ, դարձնել:

CHANGE'ABLE (չէյնճը'պըլ) փոփոխելի:

CHANN'EL (չէն'լ) փոս, նեղուց, ջրանցք, մատենէք, միջոց:

CHANT (չէնթ) նուագել, երգել, մեղեդի, սաղմոսերգութիւն:

CHA'OS (քէյ'էս) քաոս, թոհուբոհ, վիհ:

CHAP (չէփ) ճեղք, պատռուածք, մանչ, ճեղքել, զարնուիլ ճաթիլ:

CHAP'EL (չէփ'էլ) մատուռ, աղօթարան:

CHAP'LAIN (չէփ'լին) տաներէց, մատուռապետ:

CHAPLET (չէփ'լէթ) պսակ, վարդարան, համրիչ:

CHAP'MAN (չէփ'մէն) փերեզակ:

CHAP'TER (չէփ'թըր) գլուխ՝ գիրքի, ժողովրդատուն, ատեն, գլուխներու բաժնել, վերնագրել:

CHAR (չար) կառք, օրական աշխատութիւն, այրել, ածխացնել, օրական աշխատիլ:

CHA'RACTER (քէ'րէքթըր) նկարագիր, տառ, նշանագիր, հանգամանք, յատկանիշ, անձնաւորութիւն, յատկանշել, նկարագրել:

CHARACTERIS'TIC, յատկանշական, յատկանիշ:

CHARC'OAL (չար'քօլ) փայտածուխ:

CHARGE (չարճ) բեռ, խնամք, գին, պարտք, յարձակում, ծախք, ամբաստանութիւն, կրակում, արժէք, նշանակ, պաշտօն, աւանդ:

CHARGE, բեռցնել, լեցնել, յանձնել, ենթարկել, ամբաստանել, վերագրել, կրել, անցընել, գնահատել:

CHARGÉ' D'AFFAIRES, գործակատար:

CHAR'GER, ամբաստանիչ, ծանրաչափ, մարտաձի:

CHA'RIOT (չէ'րիըթ) սայլ, կառք, պատերազմի կառք:

CHA'RITABLE (չէ'րիթէպլ) ողորմած, գթած, մարդասէր, բարեգործական:

CHA'RITY (չէր'իթի) գութ, սէր, կարեկցութիւն, բարեսիրութիւն:

SISTERS OF CHARITY, գթութեան քոյրեր:

CHARL'ATAN (շար'լաթըն) շաղակրատ, սուտ բժիշկ:

CHARM (չարմ) հմայք, թովչութիւն, հմայեակ, հրապոյր, դիւթել, հմայել, հրապուրել, յափշտակել:

CHARMER, հմայիչ, կախարդ:

CHART (չարթ) քարտէզ, ծովագիր, հողմացոյց, քարտէզել:

CHART'ER (չարթ'ըր) հրովարտակ, մասնաւորագիր, արտօնագիր, վարձում, հրովարտակել, վարձել:

CHARTER-PARTY, վարձագիր:

CHARTOGRAPHY (քարթօկ'րէֆի) քարտէսագրութիւն:

CHAR'Y (չէյ'րի) խնամող, զգոյշ:

CHASE (չէյս) որս, որսատեղ, հետապնդում, չոլտարակ, հալածել, հետապնդել, դուրս վանել, փորագրել:

CHAS'ER, հետամուտ, փորագրիչ, հետապնդող օդանաւ:

CHASM (քէզմ) վիհ:

CHASTE (չէյսթ) անարատ, ողջախոհ:

CHASTERESS, ողջախոհութիւն, անարատութիւն:

CHA'STEN (չէյ'սն) մաքրագործել, պատժել:

CHASTISE', (չէսթայ'զ) մաքրագործել, հնազանդեցնել:

CHASTISE'MENT, սրբապատժում, ուղղապատիժ:

CHASTITY, ողջախոհութիւն, զգաստութիւն:

CHAT (չէթ) մտերմական խօսակցութիւն, խօսակցիլ:

CHATEAU (շէթօ') դղեակ:

CHATTER (չէթ'թըր) թոթովանք, չատ խօսիլ, շաղփաղփել։
CHATT'Y (չէթթ'ի) խօսուն։
CHAU'FFUER (շօֆ'ֆըր) շարժավար, վարորդ։
CHAU'VINISM, քաղաքական մոլեռանդութիւն, ազգայնամոլութիւն։
CHAW (չօ) ծամել։
CHEAP (չիփ) աժան։
CHEAP'EN, աժանցնել։
CHEAP'NESS, աժանութիւն։
CHEAT (չիթ) խաբէութիւն, խաբել, նենգել։
CHECK (չէք) վճարագիր, չէք, ստուգանիշ, տոմսակ, փոխագիր, արգիլել, խափանել, ստուգանշել, միջամտել, արգելք հանդիսանալ։
CHECK'ERS, ճատրակախաղ, աղիւսախաղ։
CHEEK (չիք) այտ, անպատկառութիւն։
CHEEP (չիփ) ճռուողիւն, ճռուողել։
CHEER (չիր) զուարթութիւն, ծափ, ուրախացնել, ցնծալ.
CHEESE (չիզ) պանիր։
CHEESEMONGER, պանրավաճառ։
CHEF (շէֆ) պետ, խոհարարապետ։.
CHEM'ICAL (քէ'միքըլ) քիմիական։
CHEM'IST (քէմիսթ) քիմիագէտ։
CHEM'ISTRY, քիմիագիտութիւն;
CHEQUE, տես CHECK։
CHE'RISH (չէր'իշ) փայփայել, գըգուել, սնուցանել։
CHE'RRY (չէր'րի) կեռաս, կեռասենի։
CHE'RUB (չէ'րըփ) քերովբէ, հրեշտակ
CHESS (չէս) ճատրակ, շախմատ։
CHESSBOARD, ճատրակի սեղան։
CHEST (չէսթ) արկղ, տուփ, մթերել, արկղել, կուրծք։
CHEST'NUT (չէսթ'նըթ) շագանակ։
CHEVALIER (շըվէլը'ր) ձիաւոր, ասպետ։
CHEW (չու) ծամել, որոճալ։
CHIC (շիք) գեղաձեւ, շիք։
CHICANE' (շիքէյն') փաստանենգութիւն, իմաստակութիւն, իմաստակել, նենգել։
CHICA'NERY, տես CHICANE։
CHICH (չիչ) սիսեռ։
CHICK (չիք) վառեակ, բողբոջել։
CHICK'EN, ձագ, վառեակ։
CHICKEN-HEARTED, վախկոտ։
CHICKEN POX, ջրծաղիկ։
CHICK'LING (չիք'լինկ) ճուճկան, ձագուկ։
CHIDE (չայտ) սաստել, շեխել, մըրմունջ։
CHIEF (չիֆ) պետ, գլխաւոր, ցեղապետ։
CHIEF'TAIN (չիֆ'թին) պետ, առաջնորդ։
CHIL'BLAIN (չիլ'պլէյն) ցրտախած, ձմրուկ։
CHILD (չայլտ) մանուկ, զաւակ.
CHILD-BED, CHILD-BIRTH, ողղարերք, ծննդաբերութեան երկունք։
CHILDHOOD, մանկութիւն։
CHILDISH, տղայական։
CHILDLIKE, մանկանման։
CHILL (չիլ) դող, ցուրտ, պաղութիւն, պաղեցնել, մսեցնել։
CHILLY (չիլլի') սառնագին։
CHIME (չայմ) զանգակադաշնակ, դաշնահնչել, յանկարանել։
CHIMNEY (չիմ'նի) ծխան, ծխնելոյզ։
CHIMNEY PIECE, վառարանի դարակ։
CHIMNEY-POT մուխատիկ։
CHIMNEY SWEEP, ծխան մաքրող
CHIMPANZEE' (չիմփէնզի) սեւակապիկ։
CHIN (չին) ծնօտ, դունչ։
CHINA (չայ'նէ) ճենապակի։
CHINE (չայն) ձոր, ճեղք, ողնայար, ողնահատել։
CHINK (չինք) ճեղք, հնչուն դրամ, ճեղքել, հնչեցնել։
CHIP (չիփ) տաշել, մանրուք, կտրատել, տաշել, դրամ. դնել։
CHIPP'Y, տաշեղային, անհամ։
CHIROGRAPH (քայ'րօկրէֆ) յետկար, ձեռագիր մուրհակ։
CHI'ROMANCY (քայ'րօմէնսի) ձեռնահմայութիւն։
CHIROPODIST (քայ'րօփօտիսթ) ոտնաբոյժ։
CHIROPODY, ոտնաբուժութիւն։
CHIRP (չըրփ) ճռուողիւն, ճռուողել։
CHIS'EL (չիզ'էլ) դուր, դլիր, քան–

դամկել, խարել։
CHIT-CHAT (չիթչէթ) խօսուըռուք։
CHIV'ALRY (շիվ'էլրի) ձիաւորք, ասպետութիւն, հերոսութիւն։
CHIVALRIC, CHIVALROUS, ասպետական, վեհանձն։
CHLORA'L (fլօր'ըլ) քլօրալ։
CHLORO'SIS (fլօրօ'սիս) դալկախտ։
CHOCK (չաf) սեպ, խեց, խցել, լեցնել։
CHOC'OLATE (չաfօ'լէթ) կոլահատ, ատուըմ։
CHOICE (չօյս) ընտրութիւն, ընտրողութիւն, ընտրեալք։
CHOIR (fուայր) դպրաց դաս, խմբերգ։
CHOKE (չօf) խեղդում, խեղդել, գոցել։
CHOLE'R (fալ'ըր) մաղձ, ցասում։
CHOL'ERA (fալ'ըրէ) սեւցաւ, հընդկախտ։
CHOOSE (չուզ) ընտրել, զատել, նախընտրել, վճռել։
CHOP (չափ) կոտորուածք, շերտ, ճեղք, կնիք, մարքա, կոտրտել, ճեղքել, փոխանակել։
CHOPP'ER (չափ'փըր) կոտրտող, փայտագործ։
CHOR'AL (քօր'ըլ) խմբերգային։
CHOR'ALIST, օրհներգակ։
CHORD (fօրտ) լար, համալար, թել. անցընել։
CHORE (չօր) մանր, օրական գործ։
CHOR'EOGRAPH (fար'իօկրէֆ) պարադիր։
CHO'RISTER (fօ'րիսթըր) խմբերգու։
CHOR'US (fօր'ըս) նուագախումբ, խմբերգ։
CHOSE (չօզ) ընտրուած։
CHOUGH (չըֆ) չիկոան ագռաւ։
CHOW'DER (չաու'տըր) ձկնապուր։
CHRI'SM (fրիզմ) միւռոն; միւռոնալաթ։
CHRIST (fրայսթ) Քրիստոս, Օծեալ։
CHRI'STEN (fրիսն) մկրտել, քրիստոնէացնել։
CHRISTIAN (fրիս'չըն) քրիստոնեայ։
CHRISTIANITY, քրիստոնէութիւն։
CHRISTIANIZE, քրիստոնէացնել։
CHRISTMAS (fրիս'մըս) Ծնունդ Յիսուսի (տօն)։
CHRISTMAS DAY, ծննդեան օր։
CHROMAT'IC (fրօմէթ'իf) գունական, կորճային։
CHROMAT'ICS, գունագիտութիւն։
CHRON'IC (fրան'իf) յամըրընթաց, երկարատեւ։
CHRON'ICLE (fրան'իfլ) քրոնիկոն, ժամանակագրութիւն։
CHRONOL'OGY (fրօնալ'ըճի) ժամանակագրութիւն։
CHRONOM'ETER (fրօնամ'իթըր) ժամանակաչափ։
CHUB (չըպ) կապուտաձուկ։
CHUCK, գութգութում, գդուանք, պլանակ, սեղմակ, ծնօթին թեթեւ հարուած, փայփայել, գգուել, կարկաչել, ծիծաղել։
CHUC'KLE (չըf'fլ) քմծիծաղ, խընդուք, քիթին տակէն խնդալ, քրքջել։
CHUCKLE-HEADED, հաստ գլուխ։
CHUFF (չըֆ) ապուշ, միմոս։
CHUM (չըմ) սենեկակից, սենեկակցել։
CHUMP (չըմփ) կարճ ու հաստ փայտ։
CHURCH (չըրչ) եկեղեցի։
THE ARMENIAN APOSTOLIC CHURCH, Հայց. Առաքելական Եկեղեցի։
CHURCH WARD'EN, եկեղեցպան։
CHURCHYARD, գաւիթ, գերեզմանոց։
CHURL (չըրլ) գեղջուկ, կծծի, կոշտ։
CHURN (չըրն) խնոցի, ծեփոց, խնոցել, հարել։
CHUTE (շութ) սահանք, անկում։
CHYME (fայմ) մարսոց։
CIC'ATRICE (սիf'էթրիս) սպի։
CIC'ATRIZE, սպիացնել։
CI'CELY (սիս'իլի) անճիտան։
CI'DER (սայ'տըր) ցքի, խնձորօղի։
CI-DEVANT (սիտըվան) նախապէս։
CIGAR (սիկար) սիկար, ծխագլան։
CIGARETTE' (սիկէրէ'թ) ծխիկ, գլանիկ։
CINCH (սինչ) քաշիկ, թամբափոկ։
CINC'TURE (սինf'թիւր) գօտի, ուրար։

CIN'DER (ցին'տըր) անթեղ, աճիւն։
CINEMA (սին'էմէ) շարժանկար։
CINEMATICS, շարժաբանութիւն։
CI'PHER (սայ'ֆըր) զերօ, ոչինչ, անարժէք բան, ծածկագրել։
CIRCASSIAN (սիրքէ'շիըն) չէրքէզ։
CIR'CE (սիր'սի) կիրկէ, վհուկ։
CIRCLE (սըրքլ) բոլորակ, շրջանակ, ակումբ, ժողով, բոլորել, շրջապատել։
CIRC'LET (սըր'քլէթ) կլորակ։
CIRC'UIT (սըր'քըթ) շրջան, պտոյտ, ծիր, օղակ։
CIRCULAR (սըր'քիուլըր) բոլորաձեւ, շրջաբերական, տեղեկագիր։
CIRC'ULATE, շրջան ընել, ման գալ, շրջաբերել։
CIR'CULA'TION, շրջաբերութիւն։
CIRCULA'TOR, շրջող։
CIRC'UMCISE (սըրք'ըմսայզ) թլփատել։
CIRCUMCI'SION, թլփատութիւն։
CIRCUM'FERENCE, շրջապատ, շրջագիծ։
CIRC'UMFLEX, յանդապարոյկ, ոլորակ։
CIRC'UMJA'CENT, շրջակայ։
CIRCUMLOCU'TION, շրջաբանութիւն։
CIRC'UMSCRIBE, սահմանել, շրջագծել։
CIRCUMSCRIP'TION, շրջագրութիւն, սահմանափակութիւն։
CIRC'UMSPECT, շրջահայեաց։
CIRC'UMSPEC'TION, շրջահայեցութիւն։
CIRCUMSTAN'TIAL, պարագայական, մանրապատում։
CIRCUMVALLA'TION, պարսպապատում, շրջապատնէշ։
CIRCUMVENT', թակարդել, շրջապատել, խաբել։
CIRCUMVEN'TION, մանածութիւն, նենգութիւն։
CIRC'US (սըրք'ըս) կրկէս, ձիարձակարան։
CIRQUE (սըրք) կրկէս, շրջափակ։
CISALPINE (սիսէլ'փայն) այսրալպեան։
CIS'TERN (սիս'թըրն) ջրամբար։
CIS'TUS (սիս'թըս) կիստ, վիմավարդ։
CIT'ADEL (սիթ'էտէլ) միջնաբերդ, դղեակ։
CITE (սայթ) ատեան կոչել, մէջբերել, վկայել, կոչել։
CITA'TION (սայթէյ'շըն) ատեանկոչ, կոչնագիր, մէջբերում։
CITH'ERN (սիթ'հըրն) կիթառ։
CIT'IZEN (սիթ'իզն) քաղաքացի։
CITIZENSHIP, քաղաքացիութիւն։
CIT'RATE (սիթ'րէյթ) կիտրատ։
CIT'RON (սիթ'րըն) կիտրոն։
CITY' (սիթի') քաղաք։
CIV'ET (սիվ'էթ) մշկաքէշկ։
CIV'IC (սիվ'իք) քաղաքային, թաղային։
CIVI'L (սիվ'իլ) քաղաքային, քաղաքավարական։
CIVIL MARRIAGE, քաղաքային ամուսնութիւն։
CIVIL WAR, քաղաքային պատերազմ։
CIVIL'IAN (սիվիլ'եըն) քաղաքային պաշտօն, օրէնսգէտ կամ ուսանող։
CIVIL'ITY (սիվիլ'իթի) քաղաքավարութիւն։
CIVILIZA'TION (սիվիլայզէյշ'ըն) քաղաքակրթութիւն։
CIV'ILIZE (սիվ'իլայզ) քաղաքակրթել։
CLACK (քլէք) շառաչիւն, շաչեցնել, շաչել։
CLAD (քլէտ) հագուած, զգուած։
CLAIM (քլէյմ) պահանջք, խնդիր, խնդրել, պահանջել, պնդել, յաւակնիլ։
CLAIMANT, պահանջող, հետամուտ։
CLAIRVOY'ANCE (քլէրվօյ'ընս) յստակատեսութիւն, կորովամտութիւն։
CLA'MANT (քլէյ'մընթ) ձայնող, պոռացող։
CLAM'BER (քլէմ'պըր) մագլցիլ, վեր ելլել։
CLAMM'Y (քլէմ'ի) կպչուն, մածուցիկ։
CLAM'OUR (քլէմ'ըր) աղաղակ, պոռչտուք։
CLAMO'ROUS, շռնդալից, աղմկա-

լից։
CLAMP (քլէմփ) կոռուան, ճանկ, ագոյց, պահանգ, թրծոց, ագուցել, սեղմել, պահանգել։
CLAN (քլէն) տոհմ, ցեղ, խմբակ։
CLANDES'TINE, գաղտագողի։
CLANG (քլէնկ) շառաչ, շառաչիւն, հնչել, շաչել։
CLANGOUR (քլէն'կըր) շառաչիւն։
CLANK (քլէնք) չխաչիւն։
CLANSHIP, ցեղապետութիւն։
CLAP (քլէփ) հարուած, բախիւն, ծափահարութիւն, զարնել, մխել, ծափահարել, հարկանել։
CLAPTRAP, ճիգ, ծափախնդրութիւն, նենգ։
CLAPPER, ծափահարող, լեզուակ զանգակի։
CLA'RENDON (քլէ'րընտըն) նեղ եւ սեւ տառ։
CLA'RET (քլէ'րէթ) կլարէթ, արիւն։
CLA'RIFY (քլէ'րիֆայ) յստակել, պարզել։
CLA'RINET (քլէ'րինէթ) աւագասրինգ։
CLA'RION (քլէ'րիըն) սրափող։
CLARIONET' տես **CLARINET**։
CLA'RITY (քլէ'րիթի) յստակութիւն։
CLASH (քլէշ) ընդհարում, ընդհարիլ։
CLASP (քլէսփ) ճարմանդ, սեղմում, ճարմանդել, սեղմել։
CLASPER, ճարմանդ, խորձուքիլ։
CLASS (քլէս) դաս, դասակարգ, սեռ, տեսակ, դասաւորել, դասել, կարգի բաժնել։
CLASS-BOOK, դասագիրք։
CLAS'SIC, **CLASSICAL** (քլէս'սիք, քլէս'սիքլ) դասական, ընտիր։
CLAS'SICISM (քլէս'սիսիզմ) դասական ոճ։
CLAS'SIFY (քլէս'սիֆայ) դասաւորել։
CLASSIFICA'TION, դասաւորում։
CLATT'ER (քլէթ'թըր) ճարճատիւն, ճարճատել։
CLAUSE (քլօզ) պարբերութիւն, յօդուած, մաս։
CLAV'ICLE (քլէվ'իքլ) անրակ։
CLAW (քլօ) ճանկ, ճիրան, մագիլ, քերել, ճանկել։
CLAW-HAMMER, ճանկաւոր մուրճ։
CLAY (քլէյ) կաւ, հող, կաւոտել։
CLEAN (քլիյն) մաքուր, անարատ, անբիծ, մաքրել։
CLEANSE (քլէնզ) մաքրել, լուալ, սրբել։
CLEAR (քլիյր) փայլուն, յստակ, որոշ, զուտ, սրամիտ, անսխալ, պարզել, ազատել, մաքրել, անպարտ արձակել։
CLEAR OUT, մեկնիլ, նաւահանգիստը ձգել։
CLEAR'ANCE (քլիյր'ընս) մաքրում, զատում, վկայագիր։
CLEAR'ING, մաքրում, զատում, զուտ շահ, բացատատ, հաշուեյարդարում, մնացորդք։
CLEAR'-SIGHTED, պայծառատես։
CLEAT (քլիթ) կաւառ, մալխակալ։
CLEAV'AGE (քլիվէյճ) հերձում։
CLEAVE (քլի'վ) յարիլ, փակչիլ։
CLEAV'ER (քլիվ'ըր) հերձող, հերձիչ, ճեղքող։
CLEEK (քլիք) ագուցիչ, ագուցել։
CLEFT (քլեֆթ) ճեղք, հերձեալ։
CLEM'ENCY (քլէմ'ընսի) մեղմութիւն, գթութիւն։
CLEM'ENT (քլեմ'ընթ) բարեգութ, մեղմ։
CLENCH (քլէնչ) սեղմել, փակել։
CLER'GY (քլըր'ճի) կղեր, կղերականութիւն։
CLER'GYMAN, **CLERIC**, կղերական
CLERK (քլըրք) (քլարք) գրագիր, դպիր։
CLEV'ER (քլէվ'ըր) ուշիմ, վայելուչ։
CLEW (քլիու) հանգրիճ, կծիկ, կծիկը պտտել, ուղղել։
CLICHE' (քլիշէ) նմանատիպ, քլիշէ։
CLICK (քլիք) կոտ, կռինչ, կտտել, շաչել, խլել։
CLIENT (քլայ'ընթ) պաշտպանեալ, յաճախորդ։
CLI'ENTELE, յաճախորդութիւն։
CLIFF, խարակ, զառիվայր։
CLI'MATE (քլայ'մէյթ) կլիմայ։
CLI'MAX (քլայ'մէքս) վերելք, բարձրակէտ, հասնիլ։
CLIMB (քլայմ) վրան ելլել, մագլել։

CLI'MBER, մագլող, պատատողին։
CLINCH, սեղմել, պրկել, պրկում, կառչում։
CLING, փարիլ, կառչիլ, կառչում։
CLING'STONE, հնչաքար։
CLIN'IC (քլին'իք) գործնական բժշկութիւն, դարմանատուն։
CLINK (քլինք) հնչում, զօղանջում, հնչեցնել, հնչել։
CLINK'ER, խարամ, աղիւս, սեպ։
CLIP (քլիփ) խուզում, ապտակ, գըրկել, սեղմել, խուզել։
CLIPPE'R, խուզել, եզերահատ, մըկրատ։
CLIQUE (քլիք) խմբակ։
CLOAK (քլօք) պատրուակ, դիմակ, վերարկու, ծածկել, գաղտնի պահել։
CLOCK, մեծ ժամացոյց։
CLOD, բուռն հող, բթամիտ, բուռն նետել, բնծանալ։
CLOD HOPPER (քլատ'հափփըր) անկիրթ, կոշտ։
CLOG (քլակ) արգելք, անուր, սանդալ, փակել, խցել, նեղել։
CLOIS'TER (քլօյս'թըր) մենաստան, վանք, փակել, վանափակել։
CLOSE (քլօզ) գոցել, փակել, միանալ, դադրիլ, անել փողոց, բակ, գաւիթ, ծածկամիտ, զգոյշ, մտերիմ, կծծի, խիտ, ճշգրիտ, մօտ, գաղտնապէս, մօտաւորապէս։
CLOSENESS, նեղութիւն, մօտիկութիւն, գաղտնիք։
CLOSE-TONGUED, գաղտնապահու-պահ, ծածկամիտ։
CLOS'ET (քլօզ'էթ) պահարան, դարան, առանձնոց։
CLO'SURE (քլօ'ժըր) փակում, եզրակացութիւն, արգելափակ։
CLOT (քլաթ) գունդող, մակարդ, մածիլ։
CLOTH (քլօթհ) կտաւ, կերպաս, փըռոց։
CLOTH BOUND, լաթակազմ։
CLOTHE, հագուեցնել, զարդարել, հագուիլ։
CLOTHES, հագուստ, սաւան, փռոց անկողնի։
CLO'THIER (քլօթհ'իըր) կտաւագործ, լաթավաճառ, դերձակ։
CLO'THING (քլօթհինկ) հագուստեղէն, փռոց։
CLOUD (քլաուտ) ամպ, բիծ, բազմութիւն, կասկած, խաւար, մըթագնել, ամպել։
CLOUDLESS, անամպ։
CLOUGH (քլըֆ) ձոր, սահմանադուռ։
CLOUT (քլաութ) լաթ, չոր, քուրջ, կարկտան, լաթի կտոր, պատել, կարկտանել, հարուածել։
CLOVE (քլօվ) կոճակ; եղինէջ, կոճղէղ, ձոր։
CLOVEN, հերձեալ, բաժնուած։
CLOWN (քլաուն) միմոս, գեղջուկ, միմոսել։
CLOY (քլօյ) յագեցնել, թմբել, ծակել։
CLUB (քլըպ) լախտ, բիր, ակումբ, խմբակ, անդամավճար, հանգանակել, միանալ, անդամակցիլ, ծախքերը հոգալ։
CLUCK (քլըք) կռկռում, կրկանք, կրկալ, ձագերը կանչել։
CLUE (քլու) կծիկ, թել, բանալի։
CLUMP (քլըմփ) անձեւ փայտ, պուրակ, խուրձ, կոճ, հարուածել, տրցակել։
CLUM'SY (քլըմ'զի) անճարակ, բիրտ, անշնորհ։
CLUNG (քլընկ) չորցած, նուաղած։
CLUS'TER (քլըս'թըր) ողկոյզ, կարկառ, ամբոխ, ողկուզանել, հաւաքել, խռնուիլ։
CLUTCH (քլըչ) կորզում, ճանկ, կալանք, ագուցիկ, կորզել, ամուր բռնել, խլել։
CLUTT'ER (քլըթ'թըր) աղմուկ, ճըռինչ, խառնակոյտ, խառնշտկել, կռնչել, աղմուկ հանել։
COACH (քօչ) կառք, մասնաւոր ուսուցիչ, վարիչ, կառքով պտըտիլ, ճամբորդել, քննութեան պատրաստել։
COACHMAN, կառապան։
COADJUTANT (քօէճ'ութընթ) օգնական. օժանդակ.

COAG'ULATE (քօէկ'իուլէյթ) մակարդել, թանձրացնել, թանձրանալ։
COAGULA'TION, մակարդում, դոնդողում։
COAGULUM, մակարդ։
COAL (քօլ) ածուխ, քարածուխ, ածուխ տալ, ածխացնել։
COAL-CELLAR, ածուխի մառան.
COAL-FIELD ածխավայր։
COAL-GAS, ածխակազ։
COAL-MASTER, COAL-OWNER, ածխահանքի սեփականատէր։
COAL-MINE, COAL-PIT, ածխահանք։
COAL-SCUTTLE, ածխադոյլ։
COALESCE' (քօէլէս') միանալ, զանգուիլ, խառնուիլ։
COALES'CENCE, զանգում; յարում։
COALI'TION, դաշնակցութիւն, առժամեայ միութիւն։
COARSE (քօրս) անողորկ, կոշտ, հաստ։
COARSE'NESS, հաստութիւն, կոպտութիւն։
COARS'EN, կոշտացնել։
COAST (քօսթ) եզերք, ծովեզերք, մօտենալ, եզերքէն նաւարկել։
COASTGUARD, եզերապահ։
COAST VESSEL, եզերանաւ։
COAT (քօթ) վերարկու, ծածկոյթ, մորթ, խաւ, կաշի, պատել, ծածկել, ծեփել, քսել։
COAT ARMOUR, զինանշան, ասպետի զգեստ։
COAT OF ARMS, զինանշան։
COAX (քօքս) փայփայել, շողոմել, ողոքել։
COB (քապ) հաւկ, բոլոր, սարդ, կըտոր, զարնել, ծեծել։
COB'BLE, խիճ, քարածուխ, կարկտել, խճել։
COBB'LER, հնակարկատ, անճարակ գործաւոր։
COB'LE, ձկնորսանաւ։
CO'BRA (քօպրէ) կոպրա։
COBSWAN, խոշոր կարապ մը։
COB'WEB, սարդոստայն, թակարդ, ճանակեր։

COCAINE (քօ'քէին) կոկային։
COC'CYX (քաք'սիքս) կկու, ատամն։
COCK (քօք) աքաղաղ, աքլոր, ծորակ, ըլթակ, արու, ալաք, շնիկ, լեզուակ, ջոջ, հողմացոյց, շարել, տնկել, տնկել, վերցնել, լարել, վերցնել շնիկը, խորխոտանալ, գըլխարկը ծռել։
COAK-A-HOOP, ցնծագին։
COCK-EYED, շլաշեայ, շլատես։
COCKADE' (քօքէյտ') խոյրանիշ, զարդանշան։
COCK'ATRICE (քօք'էթրայս) օձարքայիկ։
COCK'BOAT, մակոյկ։
COCK-BRAINED, յեղյեղուկ, ցնորած։
COCKER, գգուել, արհեստով աքլորամարտ, սպանիական պզտիկ շուն։
COCK'ERIL (քօք'ըրիլ) աքլորիկ։
COC'KLE (քաք'քլ) խեցի, ծծմակ, նաւակ, փուռի գմբէթ, ջղայնացնել, կծկել, խորշոմիլ։
COCK'NEY (քաք'նի) շփացած, թուլաբարոյ, կնամարդի, լոնտոնցի (արհամարհանքով ըսուած)։
COCK'PIT, աքլորամարտի վայր, օդանաւի մէջ նաւապետի խցիկ։
COCKROACH, ուտիճ։
COCKS'COMB (քաքս'քամ) կատար աքլորի, անթառամ, յիմար։
COCKSWAIN (քաքս'ուէյն) մակոյկի ղեկավար։
COCK'TAIL, խառնածին ձի, համեմուած օղի մը։
COCOON (քօքուն) բոժոժ, խողակ։
COD (քատ) պատիճ, փոճոկ, փողոշ, մինտինէս (ձուկ) փորփորուկ, մորինայ։
COD'DLE (քատ'տլ) գգուել, քնքշել։
CODE (քօտ) օրինագիրք, օրինագրել։
CODEX (քօ'տէքս) ձեռագիր, օրինագիրք։
CODG'ER (քաճ'ըր) զօշաքաղ, ագահ, այլանդակ։
COD'ICIL (քատ'իսիլ) յետկտակի յաւելուած։
COD'IFY (քօտ'իֆայ) կանոնագրել։
CODIFICA'TION, կանոնագրութիւն։

COD'LINY, մանր փրփրուկ։
CO-EDUCA'TION, երկսեռ դաստիարակութիւն։
COEFFICIENT (քօէֆֆի'շընթ) համագործիչ, գործակից։
COE'QUAL, հաւասարակից։
COERCE (քօըրս') բռնադատել, սանձել, արգիլել։
COERCIVE, հարկադրիչ։
COER'CION, ստիպում, բռնադատում։
COESSEN'TIAL (քօէսսէն'շըլ) գոյակից, համագոյ, էակից։
COETERN'AL, յաւիտենակից։
COE'VAL, տարեկից, հասակակից։
COEXEC'UTOR, գործադրակից։
COEXIST', էակից ըլլալ, էակցել։
COFFEE (քաֆ'ֆի) խահուէ, սուրճ, սրճենի։
COFFEE CUP, սուրճի գաւաթ։
COFFEE-HOUSE, սրճարան։
COFFEE-MILL, սրճաղաց։
COFFEE-ROOM, սրճարան։
COFF'ER, դրամարկղ, գանձ, խրամապատնէշ, նաւուն աւազան, սնտուկը դնել, արկղել։
COFF'IN (քաֆ'ֆին) դագաղ, թղթատուփ, ձիու սմբակ, դագաղի մէջ դնել։
COG (քակ) գլխատեպ, անուատամ, ձկնորսանաւ, ռազմանաւ, փաղաքշել, հրապուրել, խաբել։
CO'GENCY (քօ'ճէնսի) ուժգնութիւն, ստիպում։
CO'GENT (քօ'ճէնթ) ուժգին, զօրաւոր, բռնադատիչ։
CO'GITABLE (քաճ'իթըպլ) ըմբռնելի։
CO'GITATE (քաճ'իթէյթ) խորհրդածել։
COGITA'TION- խորհրդածութիւն։
COGNAC (քօն'եէք) քոնեաք, բարկօղի
COG'NATE (քակ'նէյթ) ազգական, համազգի։
COGNI'TION, ճանաչում, հմտութիւն։
COG'NIZABLE, ճանաչելի։
COGN'IZANCE, հմտութիւն, ճանաչում, նշան։
COGN'IZANT, հմուտ, տեղեակ։
COGNO'MEN (քակնօ'մէն) մականուն։
COHAB'IT (քօհէպ'իթ) բնակակցել, կենակցել։
COHEIR', **COHEIR'ESS** (քօէր, քօէրէս) ժառանգակից, ժառանգակցուհի։
COHERE' (քօհիր) յարել, յարմարել։
COHER'ENCE, յարակցութիւն, կցորդութիւն։
COHE'SION, յարակցութիւն, բաղակցութիւն։
COIF (քօյֆ) գլխաշուք, գտակ։
COIFFEUR (քուաֆ'ըր) վարսավիրայ։
COIGN (քօյն) անկիւն, կէտ, որմանկիւն։
COIL (քօյլ) պատատ, փաթոյթ, կընճիռ, աղմուկ, պլլել, փաթթել, ոլորել։
COIN (քօյն) դրամ, անկիւն, երիթ, սեպ, դրամ կտրել, դարբնել, յօրինել։
COINER, դրամահատ, բառակերտ։
COIN'AGE (քօյն'էյճ) դրամահատութիւն, հնարք, յօրինում։
COINCIDE (քօ'ինսայտ) զուգադիպել, յարմարել։
COIN'CIDENCE զուգադիպութիւն, համադրութիւն։
COINER (քօյն'ըր) դրամահատ, բանակերտ, բառակերտ։
COI'TION (քօիշ'ըն) զուգաւորութիւն։
COCK (քօք) պետնածուխ, հանքածուխ։
COL'ANDER (քըլ'ընտըր) քամոց։
COLD (քօլտ) ցուրտ, հարբուխ, անտարբեր։
COLD-HEARTED, անգգայ։
COLD-WATER, վհատութիւն։
COLIC (քալ'իք) խիթ, փորի ցաւ։
COLLABORATE (քալլէ'պօրէյթ) աշխատակցել։
COLLABORATION, աշխատակցութիւն։
COLLOPSE' (քալլէփս) տկարացում փլուզում, կքիլ, իյնալ, փլիլ։
COLLAR (քալ'լըր) օձիք, մանեակ, անրակ, օձիքէն բռնել, գողնալ։
COLL'ARBONE, անրակ։
COLLATE' (քալլէյթ') համեմատել,

բաղդատել, ընձեռել։
COLLAT'ERAL, կողմնական։
COLLA'TION, դասաւորում, պաշտօնաբաշխութիւն, վարք սրբոց, համեմատութիւն, ընծայ։
COLL'EAGUE (քալ'լիկ) պաշտօնակից, անուանակից։
COLL'ECT (քալ'լէքթ) հաւաքել, քաղել, գումարուիլ, դիզուիլ։
COLLECT', մաղօթք։
COLLEC'TION, հաւաքում, հաւաքածոյ, հանգանակութիւն։
COLLEC'TIVE, հաւաքական։
COLLEC'TOR, հաւաքիչ, հանգանակիչ։
COLL'EGE (քալ'լէճ) գոլէճ, ուսումնարան, համաժողով։
COLLE'GIAN, գոլէճական ուսանող։
COLLE'GIATE, գոլէճական ուսանող։
COLLIDE' (քոլլայտ') ընդհարիլ։
COLL'IE (քոլ'լի) հովուաշուն։
COLL'IER (քոլ'եըր) ածխագործ, ածխանաւ։
COLL'IERY, ածխահանք։
COLLISION, ընդհարում, բաղխում, կռիւ, մրցում։
COLLOCA'TION (քոլլոքէյ'շըն) տեղաւորում, դիրք։
COLLOGUE' (քալլօկ') գաղտնի դաւադրել, խօսակցիլ։
COLLO'QUIAL, խօսակցական։
COLL'OQUY, խօսակցութիւն։
COLLU'SION (քոլլիու'ժըն) դաւադրութիւն, սադրանք։
COLLY'RIUM (քոլի'րիըմ) աչքադեղ, շուփայ։
COLON' (քոլան') վերջնաղի, երկկէտ, սիւնակ։
COLONEL (քըլ'նըլ) գնդապետ։
COLO'NIAL (քոլօ'նիըլ) գաղթային։
COL'ONIST (քօ'լօնիսթ) գաղթական, գաղթաբնակ։
COL'ONIZE, գաղութ հաստատել։
COL'ONY, գաղութ, գաղթականութիւն։
COLORA'TION (քալըրէյ'շըն) գունաւորութիւն։
COLORIF'IC (քըլըրիֆ'իք) գունատու։
COLOSS'AL (քոլաս'սըլ) վիթխարի, հսկայական։
COLOSS'US (քոլաս'սըս) հսկայանդրի։
COLOUR (քալ'ըր) գոյն, ներկ, պատրուակ, ներկել, գունաւորել։
COLOURABLE, գունաւորելի։
COLOUR BLINDNESS, գունակուրութիւն։
COLOURIST, գունագէտ, երանգիչ։
COLOURLESS, անգոյն։
COLPORTEUR (քալ'փօրթըր) շրջուն վաճառորդ։
COLT (քօլթ) մտրուկ, քուռակ, ապուշ։
COL'UMN (քալ'ըմ) սիւն, կոթող, շարք, սիւնակ։
CO'MA (քօ'մէ) մահաթմբիր, քնախտ։
COMB (քօմ) սանտր, բրուկ, քերիչ, մրճագլուխ, բշիշ, սանտրել, գզել, գատել։
COMBAT (քըմպէ'թ) կռիւ, ընդհարում, պատերազմ, կռուիլ, մաքառիլ։
COM'BATANT, ռազմիկ, մարտիկ։
COM'BATIVE, ռազմասէր։
COMBINA'TION, բաղադրութիւն, զուգադրութիւն, համակցութիւն։
COMBINE' (քըմպայն') միացնել, բաղադրել, միանալ։
COMBUSTIBLE, կիզելի, այրելի։
COMBUS'TION, կիզում, այրում։
COME, գալ, մօտենալ, հասնիլ։
COME-DOWN, նուաստացում, խոնարհում։
COME'DIAN (քօմի'տիըն) գուսան, կատակերգակ։
COMEDIENNE', կատակերգուհի։
COM'EDY (քամ'իտի) կատակերգութիւն։
COMES'TIBLE (քօմէս'թիպլ) ուտելի։
COM'ET (քամ'էթ) գիսաւոր, գիսաստղ։
COM'FIT (քըմ'ֆիթ) բանդակ։
COM'FORT (քըմ'ֆըրթ) հանգստութիւն, սփոփանք, հանգստացնել, սփոփել։
COM'FORTABLE, հանգստաւէտ, սփոփական։
COM'FORTER, սփոփիչ, վզի շալ,

Ս. Հոգի։

COM'FORTLESS, անհանգիստ։

COM'IC (քամի'ք) զաւեշտական

COM'ICAL, զաւեշտական։

COM'ITY (քամ'իթի) ազնուաբարոյութիւն։

COMM'A (քամ'մէ) ստորակէտ։

COMMAND (քամմէնտ') հրամանատարութիւն, իշխանութիւն, հրամայել, ունել, իշխել։

COMMANDANT, հրամանատար։

COMMANDEER', զինուորական ծառայութեան ստիպել։

COMMAN'DER, հրամանատար։

COMMAN'DING, հրամայական, իշխող։

COMMAND'MENT, հրաման, պատուիրան։

COMMEM'ORATE, յիշատակել, տօնել։

COMMEMORA'TION, յիշատակութիւն, յիշատակ։

COMMENCE' (քըմմէնս') սկսիլ, պըսակաւոր ըլլալ։

COMMENC'EMENT, սկիզբ, հանդէս շրջանաւարտութեան։

COMMEND' (քամմէնտ') յանձնել, աւանդել, բարեւել։

COMMENDATION, յանձնարարութիւն, գովասանք։

COMMEN'SURABLE, համաչափական։

COMMEN'SURATE, համաչափ։

COMM'ENT (քամ'մէնթ) գրադատութիւն, մեկնաբանութիւն, մեկնել, գրադատել։

COMM'ENTARY, մեկնութիւն, յիշատակագրութիւն։

COMM'ERCE (քամ'մըրս) առեւտուր, փոխանակութիւն, յարաբերիլ։

COMMER'CIAL, առեւտրական։

COMMINA'TION (քամմինէյ'շըն) ըսպառնացում, խարանում։

COMMIN'GLE (քամմինկ'կլ) համախառնել։

COMMIS'ERATE (քամիզըրէյթ) գըթալ, ցաւիլ։

COMMISERA'TION, կարեկցութիւն։

COMM'ISSAR (քամ'իսսէր) կոմիսար, գործակալ, գործավար։

COMM'ISSARY, պատուիրակ, յանձնակատար։

COMMI'SSION (քամի'շըն) յանձնարարութիւն, յանձնաժողով, յանձնարարագիր, պաշտօն տալ, պատուիրել, կարգել։

COMMI'SSIONER, յանձնակատար, միջնորդ։

COMMIT' (քամմիթ') վստահիլ, յանձնել, գործադրել, ենթարկել, վտանգել, ընել, դատարան յանձնել։

COMMIT'MENT, բանտարկում, յանձնում, ենթարկում; յանձնառութիւն։

COMMITT'EE (քամմիթ'թի) յանձնաժողով, խնամակալ։

COMMIX' (քամմիքս') միախառնել։

COMMIXTURE, միախառնուրդ։

COMMODE' (քամմօտ') զգեստի դարան։

COMMOD'ITY, յարմարութիւն, ապրանք։

COMM'ODORE (քամմ'օտոր) աւագ նաւապետ, ծովային հազարապետ, դրօշանաւ։

COMM'ON (քամ'մըն) հասարակ, սովորական, յաճախ, գռեհիկ։

COMMON SENSE, ողջմտութիւն։

COMM'ONER (քամ'մընըր) քաղաքացի, համայնակից, մասնակից։

COMM'ONPLACE, հասարակ տեղիք, տափակութիւն։

COMM'ONS (քամ'մընզ) համայնք, համայնքներու պալատ։

COMM'ONWEALTH (քամ'ընուէլթհ) հասարակապետութիւն։

COMMO'TION (քամօ'շըն) խռովութիւն, յուզում, ցնցում։

COMM'UNE (քամի'ուն) գաւառակ, վիճակ, թեմ։

COMMU'NICANT, հաղորդառու, յարաբերող։

COMMU'NICATE, հաղորդել, յայտնել, յարաբերիլ, հաղորդուիլ։

COMMU'NICATION, հաղորդագրութիւն, թղթակցութիւն, բանակցութիւն։

COMMU'NICATIVE, հաղորդասէր,

անդապաղանապահ։
COMMU'NION (քամմիուն՛իըն) մասնակցութիւն, միաբանութիւն, հաղորդութիւն։
COMMUNIQUE' (քամմիունիքէ՛) հաղորդագրութիւն։
COMM'UNISM (քամմիու՛նիզմ) համայնավարութիւն։
COMMU'NIST (քամ՛միունիսթ) համայնավար։
COMMU'NITY (քամմիու՛նիթի) հասարակութիւն, համայնք, միաբանութիւն, ընկերութիւն։
COMMUTE' (քամմիութ՛) փոխարկել, պատժափոխել, նուազեցնել։
COMMUTA'TION, պատժափոխութիւն, փոփոխում, ամոքում։
COM'PACT (քամ՛փէքթ) ուխտ, դաշն, պայման։
COMPACT'. խիտ, նուռ. հոծ, միաւորել, միացնել, սեղմել։
COMPAN'ION (քոմփէն՛եըն) ընկեր, ուղեւորակից, սենեկակից, ընկերանալ, հաւասարիլ։
COM'PANY, ընկերութիւն, միաբանութիւն. հիւրեր, գումարտակ, ընկերակցիլ, կենակցիլ։
COM'PARABLE (քըմ՛փըրէպլ) բաղդատելի։
COMPA'RATIVE, համեմատական, բաղդատական։
COMPARE', համեմատել, բաղդատել, նմանեցնել։
COMPA'RISON, համեմատութիւն, բաղդատութիւն։
COMPART'MENT, բաժանում, բաժնեակ։
COM'PASS (քըմ՛փէս) շրջան, սահման, գօտի, կողմնացոյց, չափ, կարկին, շրջան ընել, պատել, կատարել, շրջապատել։
COMPA'SSION (քըմփէ՛շըն) գութ, խղճահարութիւն։
COMPA'SSIONATE, գթասիրտ։
COPMAT'IBLE (քըմփէթ՛իպլ) յարմար, համաձայն։
COMPAT'RIOT (քըմփէթ՛րիաթ) հայրենակից։
COMPEER' (քամփիր՛) ընկեր, հաւասարիլ։
COMPEL (քամփէ՛լ) ստիպել, հարկադրել։
COMPAT'IBLE (ջըմփէթ՛իպլ) յարմարող, ամփոփուած։
COMPEN'DIUM, ամփոփում, համառօտութիւն։
COM'PENSATE (քըմ՛փէնսէյթ) փոխարինել։
COMPENSA'TION, հատուցում, փոխարինութիւն։
COMPETE' (քամփիթ՛) մրցիլ։
COM'PETENCE, ձեռնհասութիւն, ատակութիւն, իրաւասութիւն, կարողութիւն։
COM'PETENT, ատակ, ձեռնհաս, ճարող։
COMPETI'TION, մրցում, մրցակցութիւն։
COMPILA'TION (քըմփայլէյ՛շըն) գրածութիւն, ծաղկաքաղ։
COMPILE', հաւաքել, շարադրել, խմբագրել։
COMPLA'CENCY, գոհունակութիւն, հաճութիւն, երախտիք։
COMPLA'CENT, բարեհաճոյ, քաղաքավար, կամակատար։
COMPLAIN' (քըմփլէյն՛) գանգատիլ, տրտնջալ, ամբաստանել։
COMPLAINT', տրտունջ, գանգատ, ցաւ։
COMPLAISANCE (քամփլէզընս) հաճոյարարութիւն, փոյթ, քաղաքավարութիւն։
COMPLAIS'ANT, հաճոյակատար, բարեհամբոյր, քաղաքավար։
COM'PLEMENT (քամ՛փլիմընթ) լըրացուցիչ, լրում, մեծարել, պատիւ յայտնել։
COMPLETE (քըմփլիթ՛) կատարեալ, անթերի, լրացնել, կատարել։
COMPLE'TION, կատարելութիւն, ամբողջութիւն։
COM'PLEX (քամ՛փլէքս) բաղադրութիւն, բարդոյթ, կնճռոտ, բարդ։
COMPLE'XION, երեսի գոյն, մորթ, դէմք, երեւոյթ։
COMPLI'ANCE (քամփլայ՛ընս) դիւրահաւանութիւն։

COMPLI'ANT (քըմփլայ'ընթ) դիւրահաւան, հլու։
COM'PLICATE (քա'մփլիքէյթ) խառնել, կնճռոտել, բարդ, կնճռոտ։
COMPLICA'TION, կնճռոտութիւն, բարդութիւն։
COMPLI'CITY (քամփլի'սիթի) մեղսակցութիւն։
COM'PLIMENT (քամ'փլիմընթ) յարգանք, բարեւ, գովասանք. մեծարել, փաղաքշել, շնորհաւորել։
COM'PLIMENTARY, պատուասիրական, քաղաքավար։
COMPLY (քամփլայ') ենթարկուիլ, հաւանիլ։
COMPO'NENT (քըմփօ'նընթ) կազմիչ, բաղկացուցիչ։
COMPORT' (քըմփօրթ') համաձայնիլ, վարուիլ, յարմարիլ։
COMPOSE' (քըմփօզ') կազմել, բաղադրել. խմբագրել, յօրինել։
COMPO'SER, երգահան, նուագայարդար։
COM'POSITE (քըմփօզ'իթ) բաղադրեալ, խառն։
COMPOSI'TION, շարադրութիւն, երգադրութիւն, իրաւարարութիւն։
COMPOS'ITOR, կազմող, գրաշար։
COMPO'SURF (քըմփօ'ժիուր) հանդարտութիւն, շարադրութիւն։
COM'POTE (քամ'փօթ) մրգաթան։
COMPOUND (քըմ'փաունտ) շրջափակ, խառնուրդ. բաղադրել, միախառնել, բարդել։
COMPREHEND' (քամփրիհէնտ') պարփակել, ըմբռնել, բովանդակել։
COMPREHENSIBLE, պարփակելի, հասկնալի։
COMPREHEN'SION, ըմբռնում, խելամտութիւն, տարողութիւն, ընդարձակութիւն։
COMPREHEN'SIVE, լայնիմաստ, ընդարձակ։
COMPRESS' (քամփրէս') ճնշել, սեղմել, համառօտել։
COMPRISE' (քըմփրայզ') պարունակել, համագրկել։
COM'PROMISE, իրաւախոհութիւն, փոխհամաձայնութիւն, զիջում, համաձայնիլ, կարգադրել։
COMPUL'SION, ստիպում, բռնադատութիւն։
COMPUL'SORY, պարտաւորիչ։
COMPUNC'TION (քամփընք'շըն) խղճահարութիւն։
COMPUTE' (քամփիութ') հաշուել։
COMRADE (քամ'րէտ) ընկեր։
CONA'TION (քօնէյ'շըն) կամքի ուժ։
CONCA'VE (քօն'քէյվ) գոգաւոր։
CONCEAL' (քանսիլ') ծածկել, պահել։
CONCEAL'MENT, թաքցնում, թաքստոց։
CONCEDE' (քանսիտ') թոյլատրել, տեղի տալ։
CONCEIT' (քանսիթ) ըմբռնում, երեւակայութիւն, գաղափար, սնապարծութիւն, ունայնամտութիւն, յղանալ, երեւակայել։
CONCEIVE', յղանալ, ըմբռնել։
CON'CENTRATE, կեդրոնացնել, խտանալ։
CONCENTRA'TION, կեդրոնացում, խտացում։
CONCEN'TRIC, համակեդրոն։
CON'CEPT (քան'սէփթ) մտապատկեր։
CONCEP'TION, յղութիւն, յղացում, ըմբռնում, մտապատկեր։
CONCERN' (քանսըրն') գործ, մտահոգութիւն, կարեւորութիւն, հիմնարկ, նկատել, հետաքրքրել, պատկանիլ։
CONCERNING, նկատմամբ։
CONCERN'MENT, նկատում, կարեւորութիւն, մտահոգութիւն։
CON'CERT (քան'սըրթ) համաձայնութիւն, երգակցութիւն, նուագահանդէս։
CONCERT' (քանսըրթ') ծրագրել, համաձայն գործել, խորհրդակցիլ։
CONCE'SSION (քանսէ'շըն) մենաշնորհ, արտօնութիւն, զիջում։
CONCIL'IATE, հաշտեցնել։
CONCILIATION, հաշտութիւն։
CONCISE' (քընսայզ) հակիրճ, սեղմ։
CONC'LAVE (քան'քլէյվ) փակարան, պապընտիր ժողով։
CONCLUDE' (քանքլիուտ') հետեւցնել,

եզրակացնել, վճռել, փակել։

CONCLU'SION, եզրակացութիւն, աւարտ, արդիւնք, վախճան։

CONCLU'SIVE, վերջնական, վճռական։

CONCOCT' (քան'քաքթ) պատրաստել, նիւթել, ծրագրել։

CONCOM'ITANCE (քանքամի'թընս) համագոյութիւն, զուգընթացութիւն։

CONCOM'ITANT, համընթաց, զուգընթաց, ընկեր։

CONC'ORD (քօն'քօրտ) համաձայնութիւն, միաբանութիւն։

CONC'ORDANT, համաձայն, ներդաշնակ։

CONCORD'ANCE, համաձայնութիւն։

CONCORD'AT, դաշինք, իրաւախոհութիւն։

CONC'OURSE (քան'քօրս) համագումար, ժողով, գործակցութիւն։

CONC'RETE (քան'քրիթ) թանձրացեալ, միաձոյլ, իրաձոյլ։

CONCRETE' համաձուլել, իրաձուլել։

CONCRE'TION (քանքրի'շըն) միացանութիւն, միաձուլում։

CONC'UBINE (քան'քիուպայն) հարճ, երկրորդական կին։

CONCU'PISCENCE (քանքի'ուփիսընս) մոլաշոտութիւն։

CONCU'PISCENT (քանքիու'փիսընթ) մոլաշոտ

CONCUR' (քանքը'ր) համադիպել, համամտիլ, գործակցիլ։

CONCURRENCE, գաղափարակցութիւն, խաւակցութիւն։

CONCUR'RENT, մրցակից, գործակից, ախոյեան, համադէպ։

CONCU'SSION (քանքը'շըն) ցնցում, ընդհարում, բռնադատութիւն, անտեղի ճնշում։

CONDEMN (քընտէմ') դատապարտել, տուգանք դնել։

CONDEMNA'TION, դատապարտութիւն։

CONDEMNED, դատապարտեալ։

CONDENSE' (քանտէնս') խտացնել, խտանալ։

CONDENSA'TION, խտացում, խըտացնում։

CONDESCEND (քանտիսէնտ') խոնարհիլ, հաւանիլ։

CONDESCEN'SION, խոնարհում, բարեհաճութիւն։

CONDIGN' (քընտայն') յարմար, արժանի։

CON'DIMENT (քան'տիմընթ) համեմանք, թացան։

CONDI'TION (քանտի'շըն) պայման, վիճակ, հանգամանք, պայման դնել

CONDI'TIONAL, պայմանադրական։

CONDOLE' (քանտօլ') ցաւակցիլ, ողբալ։

CONDO'LENCE (քանտօ'լէնս) ցաւակցութիւն։

CONDOMIN'IUM (քանտոմին'իըմ) տիրակցութիւն։

CONDONE' (քանտօն') ներել։

CONDONA'TION, ներում։

CON'DOR (քան'տօր) մարագահաւ։

CONDUCE' (քանտիուս') պատճառել, նպաստել։

CON'DUCT (քան'տըքթ) վարք, ընթացք, բարք։

CONDUCT', առաջնորդել, վարել, ուղղել։

CONDUC'TION, հաղորդում, առաջնորդութիւն։

CONDUC'TOR, ուղղիչ, ուղեցոյց, վարիչ։

CON'DUIT (քան'տիթ) ադուգայ, փողրակ։

CONE (քօն) կոն, ժժմակ։

CONFAB'ULATE (քանֆէպ'իուլէյթ) խօսակցիլ ընտանեբար։

CONFEC'TION (քանֆէքշըն) բանդակ, քաղցրաւենի, ընտրուկք, բաղադրութիւն, խառնուրդ հանդերձանք։

CONFEC'TIONERY, անուշեղէն։

CONFED'ERACY (քանֆէտ'ըրէսի) դաշնակցութիւն, միութիւն, լիկա, ուխտադրութիւն։

CONFED'ERATE, դաշնակից, զինակից, դաշնակցիլ։

CONFEDERA'TION, դաշնակցութիւն, լիկա, դաշնադրութիւն։

CON'FER (քան'ֆըր) ընծայել, շնորհել, տալ, խորհրդակցիլ։

CON'FERENCE (քան'ֆըրէնս) խորհրդակցութիւն, խորհուրդ, համաժողով, խորհրդաժողով, ժողով, բանակցութիւն։

CONFESS (քանֆէ'ս) խոստովանիլ, վկայել, ընդունիլ։
CONFE'SSION (քանֆէշ'ըն) խոստովանանք, դաւանանք, կոչում, դաւանագիր։
CONFES'SOR, խոստովանահայր, խոստովանող։
CONFIDANT (քան'ֆիտէնթ) մտերիմ, գաղտնեկից։
CONFIDE (քընֆայտ') հաւատալ, վստահիլ, յանձնել։
CON'FIDENCE (քան'ֆիտընս) վստահութիւն, հաւատք, հաւատարիք։
CON'FIDENT, վստահ, մտերիմ, սրտակից, անձնավստահ։
CONFIDENTIAL (քան'ֆիտէնշըլ) խորհրդապահական, գաղտնի։
CONFIGURA'TION, կերպարանք, ձեւ։
CON'FIGURE, ձեւակերպել։
CONFINE (քըն'ֆայն), սահմանել, արգիլել։
CON'FINE, եզր, սահման, ծայր, բանտ։
CON'FINEMENT, բանտարկութիւն, ծննդաբերութիւն։
CONFIRM' (քանֆըրմ') հաստատել, վաւերացնել, զօրացնել։
CONFIRMA'TION, հաստատում, վաւերացում, կնիք, դրոշմ։
CONFIR'MATIVE, հաստատական։
CONFISCATE, գրաւել։
CONFISCA'TION, գրաւում։
CON'FLICT, վէճ, ընդհարում։
CONFORM', համաձեւ, համակերպել։
CONFORMA'TION, համակերպութիւն, յօրինուածք։
CONFORM'ITY, նմանութիւն։
CONFOUND', շփոթել, խառնակել, շուարեցնել։
CONFRATERN'ITY, եղբայրակցութիւն։
CON'FRERE, պաշտօնակից։
CONFRONT' (քանֆրընթ') ճակատիլ, հակադրել, բաղդատել։
CONFRONTA'TION, ճակատում, բաղդատութիւն։
CONFUSE' (քանֆիուզ') խառնակել, շփոթել, խռովել։
CONFU'SION, խառնակութիւն, շփոթութիւն, աղմուկ։
CONFUTE' (քանֆիութ') հերքել, ջրել։
CONFUTA'TION, հերքում, կարկեցնում։
CONGE' (քօն'ժէ) հրաժեշտ, արձակուրդ։
CONGEAL (քանճի'լ) սառիլ, սառեցնել։
CONGELA'TION, սառում, դոնդող։
CONGE'NIAL, համազգի, ընդաբոյս։
CONGENIAL'ITY, ազգակցութիւն։
CONGEN'ITAL, ծննդակից, ընդածին։
CONGEST' (քընճէսթ') դիզել, կուտակել։
CONGES'TION, կուտակում, արեան հաւաքում։
CONGLOM'ERATE (քանկլամ'ըրէյթ) խառնած, համակուտակ։
CONGLOMERA'TION, համախմբութիւն։
CONGRATU'LATE (քանկրէչ'իուլէյթ) շնորհաւորել, խնդակցիլ։
CONGRATULATION, աչքի լոյս, շնորհաւորութիւն։
CONGRATULA'TORY, շնորհաւորական։
CONG'REGATE, հաւաքուիլ, գումարել։
CONGREGA'TION, համախմբում, միութիւն, ուխտ։
CONG'RESS (քանկրէս') համաժողով, աւագաժողով։
CONG'RESSMAN, երեսփոխան, ծերակոյտի անդամ։
CONGRE'SSIONAL, վեհաժողովի։
CONG'RUENCE (քանկրու'ընս) պատշաճութիւն։
CONG'RUENT, յարմար, համազօր։
CON'IC (քան'իք) կոնաձեւ։
CONJEC'TURE, ենթադրութիւն։
CONJOIN', միանալ, լծակցիլ։
CON'JUGAL (քան'ճիուկըլ) ամուսնական։
CON'JUGATE, լծորդ, զուգակից, լծորդել։
CONJUGA'TION, լծորդութիւն։
CONJUNCT' (քանճընքթ') միացեալ, զուգակից։
CONJUNC'TION, կցորդութիւն։
CONJUNC'TIVE, միաւորիչ, ստորադասական։

CONJUNC'TURE, կապակցութիւն, տագնապ, հանդիպմանք, պատահակցութիւն,
CONJURA'TION, երդնակցութիւն, կախարդութիւն, թովչութիւն:
CONJURE', աղերսել, երդմնցնել, թովել, կախարդել:
CONJURER, կախարդ, ձեռնածու:
CONNECT' (քաննէքթ') կապել, զուգորդել, կապուիլ:
CONNECT'IVE, շարակցական:
CONNEC'TION, կապ, կապակցութիւն, յարաբերութիւն:
CONNI'VANCE (քաննայվ'էնս) աչխփուկ, տողրանք, կեղծ անտեսութիւն:
CONNIVE', չտեսնել ձեւանալ, աչք խփել:
CONNOISSEUR' (քաննիսըր') հըմուտ, գիտակ:
CONQ'UER (քան'քըր) նուաճել, տիրել, յաղթել:
CONQ'UEROR, յաղթող.
CONQ'UEST տիրապետութիւն, նըւաճում:
CONSANGUIN'ITY արիւնակցութիւն
CON'SCIENCE (քան'շընս) խղճմըտանք, գիտակցութիւն:
CONSCIEN'TIOUS խղճամիտ:
CON'SCIOUS գիտակից, իրազեկ:
CON'SCIOUSNESS իրազեկութիւն, գիտակցութիւն:
CONSCRIBE' արձանագրել, զինուորագրել:
CON'SCRIPT զինուորագրեալ, արձանագրուած, զինուորագրել:
CONSCRIP'TION զինուորագրութիւն, արձանագրութիւն:
CON'SECRATE (քան'սիքրէյթ) նըւիրական, նուիրագործել, օծել, օրհնել:
CONSECRA'TION նուիրագործում, օծում, սրբագործութիւն:
CONSEC'UTIVE յաջորդական, անընդհատ:
CONSENT' հաւանութիւն, համաձայնութիւն, հաւանիլ, ընդունիլ:
CONSENTA'NEOUS յարմար, հաճելի:
CON'SEQUENCE (քան'սիքուէնս) հետեւանք, արժէք, նշանակութիւն:
CON'SEQUENT հետեւանք, հետատարայ:
CONSEQUEN'TIAL հետեւական, մեծամիտ:
CON'SEQUENTLY հետեւաբար:
CONSERV'ANCY պահպանում:
CONSERVA'TION պահպանութիւն:
CONSERVA'TISM պահպանողականութիւն:
CON'SERVATIVE պահպանողական:
CON'SERVATOR պահպանիչ:
CONSERV'ATORY պահպանողական, պահեստուն, երաժշտանոց:
CONSERVE' բանջարք, պահպանել, բանջարկել:
CONSIDE'R (քանսիտը'ր) նկատի առնել, դիտել, զննել, կշռել, խորհիլ, համարել, յարգել, մեծարել:
CONSIDE'RABLE կարեւոր, նկատելի:
CONSIDE'RATE փափկանկատ, խոհական, զգոյշ:
CONSIDERA'TION նկատառութիւն, նկատում, յարգանք, կարեւորութիւն, անկնածութիւն:
CONSIDERING խոհական, նկատելով:
CONSIGN' (քանսայն') յանձնել, յատկացնել, աւանդ դնել, հաւանիլ, վստահիլ:
CONSIGN'EE վաճառընկալ, յանձնառու:
CONSIGNMENT աւանդում, առաքում, աւանդ, պահեստ:
CONSIGN'OR առաքող, յանձնող:
CONSIST'- (քանսիսթ) կայանալ, բաղկանալ:
CONSIST'ENCE կայունութիւն, սերտութիւն, պնդութիւն,
CONSIST'ENCY հաստատութիւն, յարմարութիւն:
CONSIST'ENT սերտ, պինդ; հաստատ:
CONSOLA'TION (քանսօլէյշ'ըն) մըխիթարութիւն, սփոփանք:
CONSOLE' մխիթարել, սփոփել:
CON'SOLE կահակալ, բարձուկ:
CONSOL'IDATE (քանսալ'իտէյթ) ամրապնդել, հաստատել, ամրանալ:
CONSOLIDA'TION հաստատարկութիւն, միաւորութիւն:

CON'SONANT (քան'սօնընթ) բաղաձայն, ներդաշնակ։
CON'SORT (քան'սօրթ) մինճակակից, ընկեր, կցորդ, նաւ, ամոլ։
CONSORT' միացնել, ներդաշնակել, ամուսնացնել։
CONSPEC'TUS (քանսփէք'թըս) ուրուագիծ, համայոյց։
CONSPIC'UOUS (քանսփիք'իուըս) ակներեւ, քաջայայտ։
CONSPI'RACY (քանսփի'րէսի) դաւադրութիւն, մեքենայութիւն։
CONSPI'RATOR դաւադիր։
CONSPIRE' դաւադրել, ծրագրել։
CON'STABLE ոստիկան։
CONSTAB'ULARY ոստիկանական։
CON'STANCY (քան'սթէնսի) հաստատութիւն, կայունութիւն։
CON'STANT հաստատուն, յարատեւ, կայուն։
CONSTELLA'TION համաստեղութիւն։
CONSTERNA'TION (քանսթըրնէյ'-շըն) սարսափ, արհաւիրք։
CON'STIPATE պնդացնել։
CONSTIPA'TION պնդութիւն, խճողում։
CONSTIT'UENCY (քանսթիթ'իուընսի) քուէատուք, ընտրողներ։
CONSTIT'UENT բաղկացուցիչ, ընտրող։
CON'STITUTE հաստատել, կազմել, սահմանել, ընտրել։
CONSTIT'UTION կազմ, խառնուածք, սահմանադրութիւն։
CONSTITU'TIONAL ըստ սահմանադրութեան, սահմանադրական։
CONSTRAIN' (քանսթրէյն') ստիպել, սեղմել, սահմանել։
CONSTRAINT' ստիպում, հարկադրութիւն։
CONSTRICT' պրկել, սեղմել, պնդել։
CONSTRIC'TION սեղմում, պրկում, կծկում։
CONSTRUC'TION շինութիւն, կազմուածք, դասաւորութիւն։
CONSTRUCTIONAL կառուցական։
CONSTRUC'TIVE շինարար, մեկնական։
CON'STRUE մեկնել, լուծել, բացատրել։
CONSUBSTAN'TIAL գոյակից, համէակից։
CON'SUL (քան'սըլ) հիւպատոս։
CON'SULAR հիւպատոսական։
CON'SULATE հիւպատոսարան։
CONSULT' (քանսըլթ') խորհրդակից։
CONSULT'ATIVE խորհրդակցական։
CONSUME' (քանսիում') սպառել։
CON'SUMMATE աւարտել, ի գլուխ հանել, կատարել։
CONSUMMA'TION կատարում, վախճան։
CONSUMP'TION սպառում, վատնում, հիւծախտ։
CONSUMP'TIVE հալող, հիւծախտաւոր։
CON'TACT (քան'թէքթ) շփում, հըպում, շփում հաստատել։
CONTA'GION (քանթէյ'ճիըն) տարափոխութիւն, վարակում։
CONTA'GIOUS վարակիչ։
CONTAIN' (քանթէյն') պարունակել, բովանդակել, զսպել։
CONTAM'INATE պղծել, ապականել, ապականնալ։
CONTAMINA'TION ապականութիւն։
CONTEMN' (քանթէմ') արհամարհել, անգոսնել։
CON'TEMPLATE նկատել, խորհիլ, խոկալ։
CONTEMPLA'TION խոկում, նկատում։
CONTEMPORA'NEOUS արդի, ժամանակակից։
CONTEM'PORARY ժամանակակից։
CONTEMPT' (քանթէմփթ') արհամարհանք, անգոսնում։
CONTEM'TIBLE արհամարհելի։
CONTEMP'TIOUS գոռոզ, արհամարհոտ։
CONTEND' կռուիլ, վիճիլ, հակառակիլ։
CONTENT' տարողութիւն, ծաւալ, պարունակութիւն, գոհ, գոհացընել, հաճեցնել։
CONTEN'TION պայքար, վէճ, ճիգ։
CONTENT'MENT գոհութիւն, հաճութիւն։
CONTEN'TIOUS վէճասէր։
CONTEST' հակառակիլ, վիճիլ։

CON'TEST վէճ, պայքար, մրցում։
CON'TEXT (քանթէքսթ) բնագիր, բնաբան։
CONTEX'TURE կազմակցութիւն, բանահիւսութիւն։
CONTIGU'ITY (քանթիկիու'իթի), մերձակցութիւն, յարակցութիւն։
CONTIG'UOUS յարակից, մերձակից։
CON'TINENT (քան'թինընթ) ցամաք, ժուժկալ։
CONTIN'GENCY յարակցութիւն, պատահար, յաւելուած, դիպուած։
CONTIN'GENT պատահական, ինքնադէպ, բաժին, զօրամաս։
CONTIN'UAL շարունակական։
CONTIN'UANCE շարունակութիւն, տեւողութիւն։
CONTINUA'TION շարունակութիւն։
CONTIN'UE մնալ, տեւել, շարունակել, պահել։
CONTINUITY, շարունակութիւն։
CONTIN'UOUS շարունակական։
CONTORT' (քանթորթ') գալարել, թիւրել։
CON'TOUR (քան'թուր) շրջագիծ, ծիր։
CON'TRABAND մաքսանենգութիւն, արգիլուած վաճառք։
CON'TRABANDIST մաքսախոյս։
CON'TRACT (քան'թրէքթ) դաշինք, համաձայնութիւն, պայմանագիր։
CONTRACT' ամփոփել, սեղմել, ձեռք բերել, համաձայնիլ, ամփոփուիլ, հաստատուիլ։
CONTRACT'ION կծկում, կարճում, կրճատում, հաւաքում։
CONTRAC'TOR յանձնառու, պայմանադիր։
CONTRADICT' հակաճառել, ժխտել, ուրանալ։
CONTRADIC'TION հակասութիւն։
CONTRADIC'TORY հակասական։
CONTRAL'TO վերաբարձր, վերբամբերգակ։
CONTRAP'TION (քանթրէփ'շըն) հնարք, ճարտարութիւն։
CONTRARI'ETY (քան'թրէրայ'իթի) հակասականութիւն։
CON'TRARY դէմ, յամառ, հակառակ։
CO'NTRAST (քան'թրէսթ) հակադրութիւն։
CONTRAST' հակադրել։
CONTRAVENE' (քանթրէվին') հակառակիլ, դիմադրել, աւրել,
CONTRAVENTION օրինազանցութիւն։
CONTRIB'UTE (քանթրիպ'իութ) նպաստել, սատարել, բաշխել։
CONTRIBU'TION նպաստ, մաս, բաժին, հարկ։
CONTRIB'UTORY սատարիչ, օգնող։
CON'TRITE (քան'թրայթ) վշտաբեկ։
CONTRI'VANCE գիւտ, հնարք։
CONTRIVE' (քանթրայվ') ծրագրել, հնարել, խորհիլ։
CONTROL' (քանթրոլ') հակակշիռ, հսկողութիւն, արգելք, ստուգել, հակակշռել։
CONTROVERSIAL (քանթրովըր'շըլ) հակադարձ, հակաճառ։
CON'TROVERSY վէճ, վիճաբանութիւն, հակառակութիւն։
CONTROVERT' (քան'թրովըրթ) հակաճառել։
CON'TUMACY (քան'թիումէսի) օրինազանցութիւն, յամառութիւն։
CON'TUMELY (քան'թիումիլի) լրբութիւն, թշնամանք։
CONTUSE' (քանթիուզ') ճմլել, փշրել։
CONTU'SION ճմլում, ճմլանք։
CONUN'DRUM (քօնըն'տրըմ) հանելուկ, առեղծուած։
CONVALESCE' (քանվէլէս') ապաքինիլ, բուժուիլ։
CONVALES'CENCE ապաքինում։
CONVENE' (քանվին') հաւաքուիլ, գումարել, դատի կանչել։
CONVE'NIENCE յարմարութիւն։
CONVE'NIENT յարմար, դիւրին։
CON'VENT (քան'վէնթ) վանք, մենաստան։
CONVEN'TION պայմանագրութիւն, համագումար, սովորոյթ, միութիւն
CONVEN'TIONAL պայմանագրական, սովորական։
CONVERGE' (քանվըրճ') հակիլ, զուգադիպիլ, միտիլ։
CONVERS'ABLE (քանվըրս'էպլ) ընկերական, բարեհամբոյր։
CON'VERSANT խօսակից, ծանօթ։

CONVERSA'TION խօսակցութիւն, մտերմութիւն, կենցաղ, վարք։
CONVERSE' ընկերանալ, յարաբերիլ, խօսակցիլ։
CON'VERSE ընտանի յարաբերութիւն, զրոյց, ծանօթութիւն։
CONVER'SION շրջում, փոխարկութիւն, վերածում։
CONVERT' (քանվըրթ') շրջել, փոխարկել, թարգմանել, դարձնել։
CON'VERT նորադարձ, կրօնափոխ։
CON'VEX (քան'վէքս) կորնթարդ։
CONVEXITY կորնթարդութիւն։
CONVEY'ANCE (քանվէյ'ընս) փոխադրութիւն, անցք, ճամբայ։
CONVICT' (քանվիքթ') դատապարտել։
CON'VICT դատապարտեալ։
CONVIC'TION համոզում, հաւաստիք, հերքում։
CONVINCE' (քանվինս') համոզել, ապացուցանել։
CONVIV'IAL (քանվիվ'իըլ) խրախճանական, զուարթ։
CONVOCA'TION (քանվօքէյ'շըն) հրաւէր, կոչում, համագումար, եկեղեցական ժողով։
CONVOKE' ժողովի հրաւիրել։
CONVOLU'TION գալարում, պատատում։
CON'VOY (քան'վօյ) ուղեկցանաւ, յուղարկ, ուղեկցիլ, պաշտպանել։
CONVULSE' (քանվըլս') պրկել, ցնցել։
CONVUL'SION ցնցում, ջղաձգտում։
CO'NY (քօ'նի) նապաստակ։
COOK (քուք) խոհարար, եփել, պատրաստել։
COOK-BOOK ճաշագիրք։
COOK-HOUSE շոգենաւի խոհանոց։
COOKMAID խոհարարուհի
COOK-ROOM եփարան, խոհանոց։
COOK'ER եփաման։
COOK'ERY խոհարարութիւն։
COOL (քուլ) զով, պաղ, պաղեցնել։
COOL'ER զովարար, պաղարան։
COON (քուն) սեւամորթ։
COOP (քուփ) վանդակ, փակել, վանդակել։
COOP'ER տակառագործ, գինեգործ։
CO-OP'ERATE (քօ-ափ'ըրէյթ) գործակցիլ։
CO-OPERA'TION գործակցութիւն։
CO-OPT' ընտրել։
CO-OPTA'TION ընտրութիւն։
CO-OR'DINATE համակարգ, հաւասար, աստիճանակից։
CO-ORDINA'TION ներդաշնակութիւն, համադասութիւն։
COOT (քութ) փարփար, ապուշ։
COPART'NER (քօփարթ'նըր) ընկեր, շահակից։
COPE (քօփ) ձեղուն, գլխարկ, փակեղ, գլխու ծածկոց։
COPE հանդիպիլ, հակառակիլ, դիմադրել, կռուիլ։
CO'PIOUS (քօ'փիըս) առատ, ճոխ։
COPP'ER (քափ'փըր) պղինձ, կաթսայ։
COPPERHEAD պղնձագլուխ (օձ մը)։
COPPERPLATE պղինձէ տախտակ։
COPPERSMITH պղնձագործ։
COPT (քափթ) ղպտի։
COP'ULA (քափ'իուլէ) շաղկապ։
COP'ULATE միացնել, զուգաւորել։
COPULA'TION զուգաւորութիւն։
COP'Y (քափ'ի) օրինակ, պատճէն, բնագիր, ընդօրինակել, գրել, տպել։
COPY-BOOK գեղագրատետր։
COP'YIST ընդօրինակիչ։
COPY'RIGHT հեղինակի իրաւունք։
CORD (քորտ) չուան, պարան։
CORD'ATE (քորտ'էյթ) սրտաձեւ (տերեւ)։
CORD'IAL (քօր'տիըլ) սրտագին։
CORDIALI'TY անկեղծութիւն։
CORD'ON (քորտ'ըն) ժապաւէն, պսակ, շղթայ։
CORD'WAINER սեկագործ, կօշկակար։
CORE (քօր) միջուկ, կեդրոն, էութիւն, սոկել, միջուկել։
CO-RELI'GIONIST կրօնակից։
CORK սունկ, կեղեւ, խեց, խցել։
CORN արմտիք, հատ, կոշտ ոտքի, աղել, ժանրել։
CORNED գինով։
CORN'ER (քօրն'ըր) անկիւն, անկիւնել, դժուար կացութեան մէջ ձգել։
CORNER-STONE անկիւնաքար։

CORN'ET (քորն'էթ) փող, պատակ, դրօշակիր։
CORN'ICE (քորն'իս) քիւ։
COROLLARY (քա'րալլէրի) հետեւութիւն։
CORONA'TION (քօրօնէյ'շըն) թագադրութիւն։
CO'RONER մահաքննիչ։
CO'RONET թագ, պսակիկ։
CORP'ORAL տասնապետ, մարմնական, նիւթեղէն։
CORP'ORATE ընկերակցեալ, միացեալ։
CORPORA'TION միութիւն, դասակցութիւն, ընկերութիւն։
CORPOR'EAL մարմնեղէն, նիւթեղէն։
CORPS (քոր) բանակային խումբ, մարմին։
CORPSE (քորփս) դիակ։
CORPU'LENCE (քոր'փիուլընս) գիրութիւն։
CORP'ULENT մարմնեղ, մսոտ։
CORP'US (քորփ'ըս) մարմին, նիւթ։
CORP'USCLE (քարփ'ըսըլ) շամանդաղ, մասնիկ։
CORRECT' (քարէքթ') շիտակ, ուղիղ, շտկել, սրբագրել։
CORREC'TION սրբագրութիւն, կշտամբանք, խրատ, պատիժ։
CORRECT'OR ճշդող, ուղղիչ, շտկիչ։
CO'RRELATE (քա'րիլէյթ) առընչութիւն ունենալ։
CORRELA'TION աղերս, առնչութիւն։
CORRESPOND' (քարրիսփանտ') համապատասխանել, թղթակցիլ, հաղորդակցիլ։
CORRESPON'DENCE թղթակցութիւն, հաղորդակցութիւն, նամականի, յարաբերութիւն։
CORRESPON'DENT թղթակից։
CO'RRIDOR (քա'րիտօր) նրբանցք։
CO'RRIGIBL (քա'րրիճիպլ) ուղղելի։
CORROB'ORATE (քարրապ'օրէյթ) զօրացնել, հաստատել։
CORRODE' (քարրօտ') ուտել. կրծել։
CORRO'SION հալում։
CO'RRUGATE (քա'րուկէյթ) խորշոմած։
CORRUGA'TION խորշոմութիւն։
CORRUPT' (քարրըփթ'). փտած, ապականած, կաշառակեր, ապականել, կաշառել։
CORRUP'TION ապականութիւն, նեխութիւն, կաշառակերութիւն։
CORS'AGE (քոր'սէյճ) սեղմիրան, լանջապան։
CORS'AIR (քորս'էր) ծովահէն։
CORS'LET (քորս'լէթ) լանջապան։
CORT'EX (քորթ'էքս) կեղեւ, պատեան։
CO'RUSCATE (քօ'րըսքէյթ) փայլփլիլ։
CORV'EE (քոր'վէ) տարապարհակ աշխատանք։
CORVETTE' (քորվէթ') միայարկ ռազմանաւ։
CO-SIG'NATORY համստորագիր։
COSMET'IC (քազմէթ'իք) զարդարեղ, շփանիւթ։
COSMOG'RAPH տիեզերագրութիւն։
COSMOLO'GY « երաբանութիւն։
COSMOPOL'ITAN աշխարհաքաղաքացի։
COST ծախք, արժէք, գինս, արժել, պատճառել։
COST'LY մեծածախս, մեծաշուք։
COSTUME' (քոսթիում') տարազ, ձեւ։
COT (քաթ) տնակ, օրրան, գոմ, հիւղ։
COTT'AGE (քաթթէ'յճ) հիւղակ, ամառանոց։
COTT'ON (քաթ'թն) բամպակ։
COUCH (քաուչ') բազմոց, որջ, անկողին, պառկեցնել, ծածկել, պառկիլ, պահուիլ, տարածուիլ։
COUGH (քաֆ) հազ, հազալ։
COULD (քուտ) կրնայի, կրնայիր, կրնար։
COULISSE' (քուլիս') քուլիս, փորոք։
COUL'OIR (քուլ'ուար) հեղեղատ, կածան, կիրճ, նրբանցք։
COUN'CIL (քաուն'սիլ) ժողով, խորհուրդ, խորհրդակցութիւն։
COUN'CILLOR խորհուրդի անդամ։
COUN'SEL (քաուն'սիլ) խորհրդակցութիւն։
COUN'SEL (քաուն'սըլ) խորհրդակցութիւն, ծրագիր, նպատակ, փաստաբան։
COUN'SELLOR օրէնսգէտ, խորհըր-

դատաւոր։

COUNT (քաունթ) համար, հաշիւ, թուել, համրել, սպասել, նկատի ունենալ, վստահիլ։

COUNT'ENANCE կերպարանք, երես, երեւոյթ, շնորհ։

COUN'TER հաշուող, հաշուատախտակ, բանա, հակառակ, ներհակ, ընդդիմանալ, հակահարուածել։

COUNTERACT' հակազդել։

COUN'TER-ATTACK հակայարձակում։

COUNTER-BALANCE հակակշռել։

COUN'TERBLAST հակահարուած։

COUN'TERCHARGE հակամբաստանութիւն, հակայարձակում։

COUN'TERFEIT շինծու, կեղծ, նմանցնել, կեղծել, դարբնել։

COUNTERFEITER կեղծարար։

COUN'TERFOIL զուգաթուղթ։

COUNTERMAND հակահրամայել։

COUN'TERSIGNAL հականշան։

COUNTERVOTE հակաքուէարկել։

COUN'TESS կոմսուհի։

COUNT'LESS անհամար։

COUN'TRY (քանթ'րի) երկիր, հայրենիք, գաւառացիք, գիւղական։

COUNTRYMAN գիւղացի, հայրենակից։

COUNTRYSEAT գիւղաբնակարան։

COUN'TY (քաունթ'ի) գաւառ։

COUNTY SCHOOL գաւառային դպրոց։

COUP (քու) հարուած, քաջագործութիւն։

COUP'LE (քըփ'լ) զոյգ, երկու, ընծակիցներ, լծել, զուգել, կապել, ամուսնացնել։

COUP'ON կտրօն։

COU'RAGE (քը'րէյճ) համարձակութիւն, քաջութիւն, արիութիւն։

COU'RIER (քու'րիըր) սուրհանդակ։

COURSE (քորս) ընթացք, գնացք, ճամբայ, կարգ, շարք, վարք, մրցարան, արշաւ, հալածել, վազել, արշաւել, ընթանալ։

COURS'ER (քորս'ըր) նժոյգ, որսորդ, արագ շուն։

COURT (քորթ) բակ, դաւիթ, պալատ, դատաստարան, ատեան, դարպասել, փաղաքշել, հրապուրել, հետամուտ ըլլալ։

COURT CARD պատկերով խաղաքարտ։

CIVIL COURT քաղաքային դատարան։

COURT MARTIAL զինուորական ատեան։

COURT YARD դաւիթ։

COURT'EOUS (քըրթ'իըս) բարեկիրթ

COURTESAN' (քըրթիզէն') հանրակին։

COURT'ESY քաղաքավարութիւն, ազնուութիւն։

COURT'IER (քորթ'իըր) պալատական, շողոքորթ։

COURT'SHIP դարպաս։

COUS'IN (քըզն) հօրեղբօր, մօրեղբօր, մօրաքրոջ զաւակ, ազգական։

COUSINHOOD եղբօրորդիք, ազգականներ։

COUSINSHIP ազգակցութիւն։

COVE (քով) ծոցիկ, խորշիկ, ապաւէն, մարդ, մանչ, կամար նետել։

CO'VENANT (քըվ'ինընթ) դաշինք, ուխտ, համաձայնիլ, դաշինք կնքել, խոստանալ։

CO'VENANTER պայմանակցող։

CO'VER (քը'վըր) ծածկոց, պատսպարան, դիմակ, կափարիչ, քող, ծածկել, պատել, պաշտպանել։

COVERLET վերմակ։

CO'VERT (քըվ'ըրթ) ծածուկ, պահուած, նենգաւոր։

CO'VERTURE ծածկարան, թաքըստոց, պաշտպանութիւն։

CO'VET (քը'վէթ) տենչալ, ցանկալ։

CO'VETOUS կծծի, անյագ։

CO'VEY (քը'վի) թուխս, երամ, խումբ։

COW (քաու) կով, անուանարգել, ահաբեկել։

COWBOY կովարած։

COW-HEARTED վախկոտ։

COWHERD կովարած։

COWHIDE կովի մորթ։

COW-SPANKER տես COWBOY.

COW'ARD (քաու'ըրտ) վատոգի վախկոտ։

COW'ARDICE երկչոտութիւն։

COW'ER վախէն դողալ։
COWL (ֆաուլ) վեղար, տաշտ։
COW'POX (ֆաու'փաքս) կովու պէտակ, ծաղկափշտիկ։
COX (ֆաքս) նաւակի թիավար, ապուշ։
COX'COMP ունայնամիտ, ցուցամոլ, յիմար, գագաթ։
COX'SWAIN նաւակի թիավար։
COY (ֆօյ) վերապահ, ամչկոտ։
CO'ZEN (ֆը'զն) նենգել, խաբել։
CRAB խեչեփառ, բեռնաբարձ մեքենայ, ծեծել, ճանկել, դառն, թթու։
CRAB-APPLE վայրի խնձոր։
CRAB-LOUSE ոջիլ։
CRABER ջրմուկ։
CRACK ճաթռտուք, ճայթիւն, կոտրել, բեկանել, ճաթիլ։
CRACK'ER բեկանող, բեկարկիթ, պայթուկ։
CRAKS'MAN աւազակ, գող։
CRA'DLE (ֆրէյ'տլ) օրօրոց, մանկութիւն, օրրել, որայել։
CRAFT (ֆրաֆթ) ճարտարութիւն, համարուեստ, խորամանկութիւն, նաւեր, օդանաւ։
CRAFTS'MAN արհեստաւոր։
CRAF'TY ճարտար, վարպետ։
CRAG սեպաժայռ։
CRAKE լորամայր։
CRAM (ֆրէմ) խճողում, յափրացում, թխմել, խճողել։
CRAMMER թխմող, սուտ։
CRAM'BO յանգախաղ, յանգ։
CRAMP (ֆրէմփ) արգելք, կծկում, ջղակծկում, սեղմակ, սեղմել, կըծկել, պրկել, ջղակծկել։
CRAM'PONS կռուան, բռնատեղ։
CRAMPY ջղակծկոտ։
CRAN չափ, տառեխ ձուկի։
CRA'NAGE բեռնակի գործածութիւն։
CRANBERRY թթուահատի։
CRANE (ֆրէյն) կռունկ, անուորդ, սիփոն, երկննալ, գլուխը երկընցնել։
CRA'NIUM (ֆրէյ'նիըմ) գանկ։
CRANIOL'OGY գանկաբանութիւն։
CRANIOL'OGIST գանկաբան։
CRANK (ֆրէնք) մանիճ, կոթ, կեռ, կայտառ, առոյգ, պատուանջել, ոլորել։
CRANK'Y կորովի, դիւրայոյզ, կամակոր։
CRANN'Y ճեղք, ծակ, հերձատել։
CRAPE (ֆրէյփ) շղարշ։
CRAP'ULENCE (ֆրէփ'իուլընս) շուայտախտ, ունակական գինովութիւն։
CRAP'ULENT շուայտոտ, գինեմոլ։
CRASH բախել, ջախջախել, խորտակիլ, խորտակում, թաւ լաթ։
CRASS կոշտ, թանձր։
CRASSITUDE կոշտութիւն։
CRATE (ֆրէյթ) սակառ, մրգասընտուկ։
CRA'TER հրաբերան, խառնարան։
CRAVAT' փողկապ։
CRAVE աղերսել, ցանկալ։
CRA'VEN վատասիրտ, անզգի։
CRAW խածի։
CRAWL (ֆրօլ) սողոսկում, սողալ, սողոսկել։
CRAWL'ER սողացող, սողուն։
CRAY'FISH անուշ ջուրի խեցեպատեան։
CRAYO'N (ֆրէյ'ըն) մատիտ, նկար. ստուերագծել։
CRAZE (ֆրէյզ) խենթութիւն, խենթեցնել, ճարճատիլ։
CRA'ZY հրանունկ, փափուկ, խելագար։
CREAK ճռնչել, ճռնչիւն։
CREAM (ֆրիմ) սեր, գեղադեղ։
CREAM'ERY կարագանոց։
CREASE (ֆրիս) փոթ, ծալք, ծալել, սահմանագծել։
CREATE' (ֆրիէյթ') ստեղծել, արտադըրել, շինել։
CREA'TION (ֆրիէյ'շըն) ստեղծագործութիւն, արարուած։
CREA'TOR արարիչ։
THE CREATOR Արարիչ։
CREA'TURE (ֆրիէ'թիուր) արարած։
CRE'CHE (ֆրէշ) մանկարան։
CRE'DENCE (ֆրի'տընս) հաւատ, վստահութիւն, սեղան, վկայագիր։
CREDEN'TIALS (ֆրիտէն'շըլզ) հաւատարմագիր, վկայագիր։
CRED'IBLE (ֆրէտ'իպլ) վստահելի,

CRED'IT (քրէտիթ') վարկ, վստահութիւն, համբաւ, հաւատալ, վստահիլ։
CRED'ITOR պահանջատէր։
CRE'DO (քրիտօ') հաւատամք։
CRED'ULOUS դիւրահաւատ։
CREDU'LITY դիւրահաւատութիւն։
CREED (քրիտ) հանգանակ, հաւատամք։
CREEK նեղ մուտք, խորշ, ծոցիկ։
CREEL ձկնորսի կողով, ձողիկ, կողովել։
CREEP սողոսկիլ, սահիլ, քծնիլ, սողոսկում։
CREEPE'R սողացող, պատատաղիճ, սանդալ։
CREMATE' (քրիմէյթ') դիակիզել։
CREMA'TION դիակիզում։
CREMA'TOR դիակէզ։
CREMATOR'IUM դիակիզարան։
CRE'OLE (քրի'օլ) գաղթածին, - ամերիկածին։
CRÊ'PE (քրէփ) շղարշ։
CREP'ITATE (քրէփի'թէյթ) ճարճատել։
CREPT սողաց։
CREPUS'CULAR (քրէփիուս'քիուլըր) այգալուսային։
CRES'CENT (քրէս'ընթ) մահիկ, իսլամութիւն, դրօշ, աճող, մահիկաձեւ։
CRESSET (քրէս'սէթ) ջահ, լապտեր։
CREST (քրէսթ) կատար, բրուկ, ցըցունազարդել։
CRE'TIN (քրի'թին) թանձրամիտ։
CRE'TINISM թանձրամտութիւն։
CREV'ICE (քրէվիս) ճեղք, ծակ։
CREW (քրու) խումբ, ամբոխ, նաւաստիք։
CREW'EL (քրու'էլ) թել։
CRIB (քրիպ) մսուր, գոմ, մահիճ, պզտիկ բանագողութիւն, հիմնափայտ, վանդակել, բանագողնալ, խառնուիլ։
CRICK (քրիք) բառնալիք, պրկոց։
CRICK'ET ծղրիդ, մարախ, աթոռակ, կրիքէթ։
CRIED (քրայտ) պոռաց։
CRI'ER (քրայ'ըր) մունետիկ, կանչող։
CRIME (քրայմ) ոճիր, եղեռն։
CRIM'INAL (քրիմ'ինըլ) ոճրային, եղեռնական, ոճրագործ։
CRIMI'NALITY ոճրականութիւն։
CRIM'INATE ոճիրով ամբաստանել։
CRIMINATION ամբաստանութիւն։
CRIMINOLOGY ոճրաբանութիւն։
CRIMP (քրիմփ) զինուորցու, դիւրաբեկ, հակառակեան, գանգրել, գարանել, փոթել, կծկել։
CRIM'SON (քրիմ'զըն) մութ կարմիր, բոսոր։
CRINGE (քրինճ) քծծինք, քծնիլ։
CRINKLE (քրինք'լ) գալար, փոթ, գալարել։
CRIP'PLE (քրիփ'փլ) հաշմանդամ, կաղ, հաշմել, ջլատել։
CRISIS (քրայ'սիս), ճգնաժամ, դարձակէտ, տագնապ։
CRISP (քրիսփ) գանգուր, գանուղ գանգրել, ոլորել, ծփալ։
CRISS-CROSS խաչախաղ, խաչանշել։
CRITER'ION (քրայթիր'իըն) ստուգանիշ, դատանիշ։
CRIT'IC (քրիթ'իք) քննադատ, գրադատ։
CRIT'ICAL քննադատական, ճգնաժամային։
CRIT'ICASTER (քրիթ'իքէսթըր) վատ քննադատ։
CRIT'ICISM (քրիթ'իսիզմ) քննադատութիւն։
CRIT'ICIZE (քրիթ'իսայզ) քննադատել, խծբծել։
CRITIQUE քննադատութիւն։
CROAK (քրօք) կռկռոց, կռկռալ։
CRO'CHET (քրօ'շէ) կեռաժանեակ։
CROCK (քրաք) մուր, աթոռակ, ծեր ձի, անօգուտ մարդ, ուժասպառ ըլլալ, խորտակուիլ։
CROCKERY կաւեղէնք, խեցեղէնք։
CROCK'ET (քրաք'էթ) տերեւազարդ։
CROC'ODILE (քրաք'օտայլ) կոկորդիլոս։
CRO'CUS (քրօ'քըս) քրքում։
CRONE պառաւ։
CRO'NY (քրօ'նի) մտերիմ։
CROOK ծռութիւն, հովուական գաւազան, կեռ, նենգաւոր, եղեռնագործ, կորել, ծռել, մոլորեցնել։
CROOKED ծուռ, թիւր, խարդախ։

CROON (քրուն) մրմնջել, մրմունջ։
CROP (քրափ) հունձք, բերք, խածք, մտրակ, կարճ կտրուած մազ, հընձել, ծայրատել, հունձք վերցնել։
CROPPER հնձող մեքենայ, անկում։
CRO'QUET (քրօ'քէ) կրոքէ, գնդախաղ, կրոքէ խաղալ։
CROQUETTE (քրօքէթ') տապկէկ, մսածաղ։
CRO'SIER, CRO'ZIER — (քրօ'ժիըր) եպիսկոպոսի գաւազան։
CROSS (քրօս) խաչ, խաչափայտ, խաչանիշ, տառապանք, ձեւոց, խառնուած, ներհակ, ցաւալի, խաչաձեւել, վրայէն գծել, ջնջել, հակառակ երթալ, իրարմէ անցնիլ։
CROSS-BEARER խաչատար, խաչակիր։
CROSS-BAR լծակ, միջնաձող։
CROSS-BEAM հեծան։
CROSS'BILL հակապահանջ, խաչկտուց (թռ.)։
CROSS'BONES խաչոսկոր։
CROSS'BOW խաչաղեղ։
CROSS'-BREED խառնածին։
CROSS-COUN'TRY դաշտի մէջէն։
CROSS-CURRENT հակահոսանք, հակամարտ ձգտում։
CROSS-EXAMINA'TION շուարեցուցիչ հարցաքննութիւն։
CROSS'ING խաչակնքում, հակառակութիւն։
CROSS'-PATCH նեղսիրտ։
CROSS'-ROAD քառուղի, կարեւոր ճամբայ։
CROSS'-STONE խաչքար։
CROSS'WISE խաչաձեւ, խոտորնակի։
CROSS'-WORD, CROSS-PUZZLE խաչբառ։
CROTCH'ET (քրաչէ'թ) նեցուկ, մոյթ, ճանկ, կարթանիշ, կեռ, ցնորական գաղափար։
CRO'TON (քրօ'թըն) կրոտոն։
CROUCH (քրաուչ) կծկուիլ, քծնիլ, ցածնալ։
CROUP (քրուփ) ձիու գաւակ, հազամզձուկ։
CROUP'IER (քրու'փիըր) խաղընկեր։
CROW (քրօ) ագռաւ, լծակ, երգել, ճռուալ։
CROW'BAR լծակ։
CROW'BERY քարաբաղ։
CROWD (քրաուտ) ամբոխ, խուժան, խռնել, խճողել, գիզուիլ։
CROWN (քրաուն) թագ, պսակ, կատար, թագաւոր, մրցանակ, գլխու թագ, թագաւորել, պճնել, պսակել։
CRU'CIAL (քրու'շըլ) խաչաձեւ, ծանր, տագնապալի։
CRU'CIBLE (քրու'սիպլ) հալոց, քուրայ։
CRU'CIFIX (քրու'սիֆիքս) խաչելութիւն (պատկեր)։
CRUCIFI'XION խաչահանութիւն, տառապանք։
CRU'CIFORM խաչաձեւ։
CRU'CIFY խաչել, չարչարել, նուաճել։
CRUDE (քրուտ) հում, անմշակ, անփորձ։
CRUD'ITY խակութիւն, տհասութիւն։
CRU'EL (քրու'էլ) անգութ, խիստ։
CRU'ELTY անգթութիւն, վայրագութիւն։
CRU'ET (քրու'էթ) իւղաման, սրուակ։
CRUET-STAND սրուակակալ։
CRUISE (քրուզ) փոքրիկ շիշ, պտոյտ, յածանաւել։
CRUIS'ER յածանաւ։
CRUMB (քրըմ) փշրանք, կտոր։
CRUM'BLE (քրըմ'պլ) փշրել, մանրել։
CRUMM'Y (քրըմմ'ի) փշրանքոտ, կակուղ։
CRUMP (քրըմփ) զօրաւոր հարուած։
CRUM'PET կակուղ, պլուլ։
CRUM'PLE (քրըմ'փլ) ծալծալ ընել, խորշոմել։
CRUNCH (քրընչ) ճարճատել, աղմուկով ծամել։
CRUPP'ER (քրըփ'փըր) ողնապար։
CRUSADE' (քրուսէյտ') խաչակրութիւն։
CRUSADER խաչակիր։
CRUSE (քրուս) սկահ, շիշ։
CRUSH (քրըշ) խորտակում, ճմլում, ճնշում, ճզմել։
CRUST (քրըսթ) կեղեւ, պատեան, քոս, քոս կապել, կեղեւ կապել։
CRUSTA'CEAN (քրըսթէյ'շըն) խեցեպատեան։

CRUS'TY պատեանաւոր։
CRUTCH (քրըչ) անթացուպ, լծակ, հաստատակէտ։
CRUX (քրըքս) խրթնութիւն։
CRY (քրայ) աղաղակ, ճիչ, աղերս, չչուկ, վաճ, ճչել, պոռալ, լալ։
CRYING բացայայտ աղաղակող, աղխ-բահաշակ։
CRYPT (քրիփթ) գետնադամբան։
CRYP'TOGRAM ծածկագիր։
CRYS'TAL (քրիս'թըլ) բիւրեղ, ժամացոյցի ապակի, բիւրեղեայ։
CRYS'TALLIZE բիւրեղացնել։
CUB (քըպ) կորիւն, արջի ձագ, կըրտսեր սկաուտ։
CUBE (քիուպ) խորանարդ։
CU'BIC խորանարդային։
CU'BICLE ննջախուց։
CU'BIT. կանգուն, արմկաչափ։
CU'CUMBER (քը'քըմպըր) վարունգ։
CUD (քըտ) որոճ, ծխածամոն։
CUD'DLE (քըտ'ըլ) փայփայել, փաթթուիլ։
CUD'GEL (քըճ'էլ) բրածեծ ընել։
CUIRASS' (քուիրէս') զրահ, կրծապանակ։
CUIRASSIER' զրահաւոր, զրահակիր։
CUISINE' (քուիզին') խոհանոց։
CUL'MINATE (քըլ'մինէյթ) գագաթնակէտը հասնիլ։
CULMINA'TION ծայրագոյն բարձրութիւն։
CUL'PABLE (քըլ'փէպլ) մեղապարտ։
CUL'PRIT (քըլ'փրիթ) յանցապարտ։
CULT (քըլթ) պաշտ, պաշտամունք։
CUL'TIVATE (քըլ'թիվէյթ) մշակել, կրթել։
CULTIVA'TION մշակութիւն, կրթութիւն։
CUL'TURE (քըլ'չըր) մշակութիւն, հող, զարգացում, մշակոյթ, մշակել, կրթել, զարգացնել։
CUL'TURAL մշակութային։
CUL'TERED մշակուած, զարգացած։
CUL'VERT (քըլ'վըրթ) հոսաքան, փոշրակ։
CUM'BER (քըմ'պըր) նեղել, ճնշել։
CU'MULATIVE (քեու'միլէթիվ) կուտակական, յարաճուն։
CU'MULUS (քիու'միուլըս) ամպակոյտ, բլրակոյտ։

CUNN'ING (քըն'ինկ) խորամանկ, ճարպիկ, հնարք, խարէութիւն։
CUP (քըփ) բաժակ, թաս, ըմպանակ։
CUP'BOARD պահարան։
CUPID'ITY ցանկութիւն, անյագութիւն։
CURA'CY (քիուրէ'սի) ծխատիրութիւն։
CUR'ATE (քիուր'էյթ) ծխատէր։
CUR'ATIVE բուժիչ, դարմանական։
CURA'TOR խնամակալ, հոգատար։
CURB (քըրպ) սանձ, կոճակակալ, կաթսայոց, սանձել, զսպել, նուաճել։
CURD (քըրտ) մակարդ, մածուն։
CUR'DLE մակարդել, թանձրացնել։
CURE (քիուր) դարման, բուժում, խնամք, դարմանել, բուժել։
CURE'LESS անբուժելի։
CURETTE' (քիուրէթ') մաքրիչ, քերոց։
CURF'EW (քըրֆ'իու) կրակամար։
CURIOS'ITY (քիուրիաս'իթի) հետաքրքրութիւն։
CUR'IOUS (քիուր'իըս) հետաքրքիր, հետաքննին։
CURL (քըրլ) խոպոպ, գանգուր, ծալք, օղակ, գալարել, խոպոպել։
CURL'ING գալարում, գանգրում։
CU'RRANT (քըր'ըընթ) հաղարջ։
CU'RRENCY (քըր'ըէնսի) շրջաբերութիւն, դրամ, վարկ, համբաւ։
CU'RRENT հոսանք, ընթացք, վազուն, ներկայ, այժմու։
CU'RRICLE (քըր'իքլ) երկանիւ կառք մը։
CURRIC'ULUM (քըրրիք'իուլըմ) ասպարէզ, ընթացք, ծրագիր։
CU'RRIER (քըր'իըր) խազախորդ։
CU'RRY (քըր'ի) քարի, հնդկահամեմ, կաշի յարդարել, քերոցել, համեմել։
CURSE (քըրս) անէծք, նզովք, նզովել, հայհոյել։
CURS'IVE սահուն։
CURS'ORY հապճեպ, հարեւանցի։
CURT (քըրթ) կարճ, կտրուկ։
CURTAIL' (քըրթէյլ') կրճատել։
CURT'AIN (քըր'թըն) վարագոյր, միջնորմ։
CURVE (քըրվ) կոր, կոր գիծ, ծռել,

թեքել։

CURVET (քըր'վէթ) կայթ, խայտանք, ոստոստել։

CU'SHION (քը'շըն) բարձ, բարձի տակ դնել։

CUSHIONET բարձիկ։

CUSP (քըսփ) գագաթնածայր, մահիկածայր։

CUSS (քըս) լաճ։

CUS'TARD (քըս'թըրտ) քաքար։

CUSTO'DIAN խնամակալ, պահակ։

CUS'TODY խնամապահութիւն; պահպանութիւն։

CUSTOM (քըս'թըմ) սովորութիւն, օրէնք, գործածութիւն։

CUSTOM-HOUSE մաքսատուն։

CUS'TOMARY սովորական։

CUS'TOMER յաճախորդ։

CUT (քըթ) կտրուածք, ճեղք, հարուած, տպաւորութիւն, քանդակ, փորագրութիւն, վէրք, կտրել, ճեղքել, տաշել, ձեւել, փորագրել, բաժնել, կտրիլ, քանդակուած, բաժնուած, կրճատուած։

CUTA'NEOUS (քիութէյ'նիըս) մորթային։

CUTE (քիութ) խորամանկ, խելացի։

CU'TICLE (քիու'թիքլ) վերնամաշկ։

CUT'LASS (քըթ'լէս) դաշնայ, կորաթուր։

CUT'LER դանակագործ։

CUT'LERY դանակագործութիւն։

CUT'LET կողիկ։

CUT'TER տաշող, կոփող, կտրող, (հատանող) նաւակ։

CUTT'ING հատում, հերձում, կտրող, սուր։

CUT'TLE դանակ։

CUTT'Y կարճ, կարճ ծխափող։

CUT'WATER ջրահերձ։

CYAN'IC (սայէն'իք) խաժական։

CY'CLE (սայ'քլ) շրջանակ, ծիր, շրջան, հեծանիւ։

CYCLOM'ETER (սայքլամ'իթըր) բոլորաչափ, անիւչափ։

CY'CLONE (սայ'քլօն) կիկլոն, թաթառ։

CYCLOPEDIA (սայքլօփի'տիէ) համայնագիտարան։

CYG'NET (սիկ'նէթ) կարապի ձագ։

CYL'INDER (սի'լինտըր) գլան։

CYM'BAL (սիմ'պըլ) ծնծղայ, բամբիռ

CYME (սայմ) հրուանդ։

CYN'IC (սին'իք) շնական, անամօթ, լկտի։

CYNICAL շնական, կինիկեան։

CYN'ICISM (սին'իսիզմ) շնականութիւն, լկտութիւն։

CYN'OSURE (սայն'օշուր) շնագի, փոքր արջ, բեւեռակէտ, նպատակակէտ։

CY'PRESS (սայ'փրէս) նոճի։

CYST (սիսթ) բուշտ, բշտիկ։

CYS'TOSCOPE (սիս'թօսքօփ) փամփշտադիտակ։

CZAR, TSAR, TZAR (զար) Ցար։

CZARIT'SA Ցարուհի։

D

DAB (տէպ) *թեթեւ հարուած, վարպետ, հպում, տապարաձուկ, թեթեւ զարնել, հարուածել։*
DAB'BLE (տէպ'պլ) *թրջել, ցօղել, ցանցել, ջուրով խաղալ։*
DAB'CHICK (տէպ'չիք) *սուզակ (թռ.)*
DABSTER (տէպ'սթըր) *վարպետ, հմուտ։*
DA CAPO (տաքա'փօ) *սկիզբէն։*
DACE (տէյս) *կիպրաձուկ։*
DACHS'HUND (տաքս'հունտ) *կարճոտն շուն։*
DACOIT (տաքօյթ') *խմբային աւազակ։*
DAD, DADDY (տէտ, տէտ'տի) *տատիկ, հայրիկ։*
DADD'Y-LONG-LEGS *երկայնասըրունք ճանճ մը։*
DAFFODIL (տէֆ'ֆօտիլ) *վայրի նարգէս։*
DAFT (տէֆթ) *ապուշ, թեթեւսօլիկ։*
DAGGER (տէկ'կըր) *դաշոյն, խաչ նիշ (+), դաշունահարել։*
DAHL'IA (տէյլ'եէ) *դալիա, գեւորգենի։*
DAILY (տէյ'լի) *ամենօրեայ, օրաթերթ։*
DAINTINESS *նրբութիւն, համեղութիւն։*
DAIN'TY (տէյն'թի) *նուրբ, համեղ, սիրունութիւն։*
DAIRY (տէյրի) *կաթնարան։*
DAIRYMAN *կաթնավաճառ։*
DAISY (տէյ'զի) *մարգարտածաղիկ։*
DALE (տէյլ) *հովիտ, ձոր։*
DALL'Y (տէլ'լի) *տնտնալ, ժամավաճառ ըլլալ, սիրուըտիլ։*
DALTONISM (տէլ'թօնիզմ) *գունակուրութիւն։*
DAM (տէմ) *ջրամբար, եզր, թումբ, մայր։*
DAM'AGE (տէմ'էճ) *վնաս, կորուստ, տուգանք, վնասել, կորուստ պատճառել։*
DAMASCENE (տամ'ըսին) *դամասկեան, սալոր մը։*
DAM'ASK (տէմ'ըսք) *դամասկեան տաութ, կտաւ, դամասկեան պողպատ, վարդագոյն, դեղազարդել։*
DAME (տէյմ) *տիկին, բամբիշ։*
DAMN (տէմ) *անիծել, հայհոյել։*
DAM'NABLE *անարգ, դատապարտելի։*
DAMNA'TION *անէծք, դատապարտութիւն։*
DAMNED *թշուառական, անիծեալ։*
DAM'NIFY *վնասել։*
DAMP (տէմփ) *խոնաւութիւն, մշուշ, թախիծ, թրջել, վհատեցնել։*
DAM'PER (տէմ'փըր) *վառարանի խըփոց, շինջոց, հեղձուկ, մոխիրի մէջ եփուած բաղարջ։*
DAM'SEL (տէմ'զլ) *օրիորդ, սպասուհի։*
DAM'SON (տէմ'սըն) *դամասկեան սալոր։*
DANCE (տէնս) *պար, պարել, պար բռնել։*
DANC'ER *պարող։*
DAN'CING-GIRL *պարուհի։*
DAN'DELION (տէն'տիլայըն) *կռապանջար։*
DAN'DER *մարտական ոգի, ցասում, թափառիլ։*
DAN'DLE (տէնտլ) *փայփայել, մանուկը օրօրել։*
DAN'DRUFF (տէն'տրէֆ) *գլխու թեփ*
DAN'DY (տէնտի) *պճնասէր, զարդասէր։*
DANDYISM *պճնասիրութիւն։*
DA'NGER (տէյն'ճըր) *վտանգ։*
DANGEROUS *վտանգաւոր։*
DANK (տէնք) *թաց, խոնաւութիւն։*
DAPH'NE (տէֆ'նի) *դափնի։*

DAPP'ER (տէփփ'ըր) արթնամիտ, վառվռուն։
DARBIES (տարպա'յզ) ձեռնակապ։
DARE (տէր) համարձակիլ, յանդգնիլ, գրգռել, ապարէզ կարդալ, յանդըգնութիւն։
DAREDEVIL յանդուգն, յախուռն։
DAR'ING յանդուգն, արկածախնդիր։
DARK (տարք) մթութիւն, խաւար, գաղտնի, մութ, չար, անզգամ, տխուր, կոյր։
DARK'EN սեւցնել, արատաւորել, մթննալ։
DARK'NESS խաւար, տգիտութիւն, գաղտնիք։
DARK'SOME նսեմ, տխուր։
DARK'Y սեւամորթ, նեկրօ։
DARL'ING (տարլ'ինկ) սիրելի, սիրական։
DARN (տարն) կարկատել, կարկտան։
DART (տարթ) տէգ, նետ, նիզակ, թռչիլ, մղել, նետ արձակել։
DARWINISM (տար'վինիզմ) տարուինականութիւն։
DASH (տէշ) ընդհարում, հարուած, նշանք, գիծ (—), ջնջել, նետել, խորտակել, վրայէն գիծ քաշել, ջնջել, ամչցնել, նետուիլ։
DASHING յանդուգն, կրակոտ։
DAS'TARD (տէս'թըրտ) վատ, երկչոտ։
DATE (տէյթ) թուական, ժամադրութիւն, արմաւ, թուագրել, սկսիլ։
DATELESS անյիշատակ, անվերջ, անթուական։
DA'TIVE (տէյ'թիվ) տուչական, տրական։
DA'TUM (տէյ'թըմ) տուեալ, հիմնակէտ, իրողութիւն, փաստակէտ։
DAUB (տօպ) անարուեստ նկար, պլշտկում, ծեփ, ծեփել, քսել, մրոտել, քծնիլ։
DAUBER, DAUBSTER կոշտ նկարող, քծնող, պլշտկող։
DAUGHT'EER (տօ'թըր) դուստր, աղջիկ։
DAUNT (տօնթ) ճնշել, վհատեցնել, վախցնել։
DAUPHIN (տօ'ֆին) գահաժառանգ Ֆրանսայի։
DAW'DLE (տօ'տլ) ծուլանալ։
DAWN (տօն) արշալոյս, ծագում, այգ, ծագիլ, երեւնալ։
DAY (տէյ) օր, ժամանա'կ։
DAY-SCHOOL ցերեկեայ դպրոց։
DAY SPRING առաւօտ, արշալոյս։
DAZE (տէյզ) շլացում, շլացնել։
DAZ'ZLE (տէզ'զլ) շողշողալ, հրապուրել։
DEA'CON (տի'քըն) սարկաւագ։
DEACONESS սարկաւագուհի։
DEAD (տէտ) մեռելութիւն, մեռեալներ, մեռած, անշարժ, անզգայ, ամուլ, անգործ, անհամ։
DEAD-ALIVE անոգի, թոյլ, ընկճըւած։
DEAD LIGHT ջրապիրկ փեղկ։
DEAD LOCK անել կացութիւն։
DEAD SHOT անվրէպ նշանառու։
DEADEN մահանալ, մահացնել, ուժատել։
DEAD'LY մահացու, ահռելի։
DEAF (տէֆ) խուլ, անզգայ։
DEAFEN խլացնել, ձայնատել։
DEAL (տիլ) մաս, քանակ, թուղթի բաշխում, առեւտրութիւն, եղեւին, բաշխել, տալ, գործել, թուղթ բաժնել։
DEA'LER առեւտրական, խանութպան, թղթաբաշխ։
DEAL'INGS վերաբերում, առեւտուր, ընթացք, գործ։
DEAN (տին) նախերէց, դահերէց, ուսուցչապետ։
DEAN'ERY երիցատուն։
DEAR (տի'ր) սուղ, սիրելի, թանկ։
DEARLY խոր սիրով, կարեւորապէս։
DEAR-LOVED ամենասիրելի։
DEARTH (տըրթհ) սով, նուազութիւն։
DEATH (տէթհ) մահ, մահուան վճիռ, կմախք։
DEATH CHAIR ելեկտրական՝ մահուան աթոռ։
DEATH - DUTIES ժառանգական տուրք։
DEATH-RATE մահաթիւ։
DEATH-WARRANT մահուան դատավճիռ։
DEATH'LESS անմահ։
DEATHLY մահացու։
DEBACLE (տէպաք'լ) ջախջախիչ պար-

տութիւն, քայքայում։

DEBAR' (տիպար') արգիլել, գոցել։

DEBASE' (տիպէյս) նուաստացնել։

DATELESS անյիշատակ, անվերջ,

DEBASE'MENT վատթարացում, նըւաստացում։

DEBATE' (տիպէյթ') վիճաբանութիւն, վիճել, կռուիլ։

DEBATING SOCIETY վիճաբանական ընկերութիւն, ժողով։

DEBAUCH' (տիպօչ') շուայտութիւն, վաւաշոտութիւն, ցոփացնել, ապականել։

DEBAUCH'ERY ցոփութիւն, ապականութիւն։

DEBIL'ITY (տէպիլ'իթի) տկարութիւն, անուժութիւն։

DEBIT (տէպ'իթ) պարտք, պարտի, պարտքին անցնել։

DEBONAIR' (տէպօնէր') վայելուչ, հեզահամբոյր։

DEBOUCH' (տիպուշ') դուրս ելլել։

DEB'RIS (տէպ'րի) բեկորներ, աւերակ

DEBT (տէթ) պարտք։

DEBT'OR (տէթ'ըր) պարտատէր, պարտական։

DEBUT (տէպու') նախափորձ։

DEC'ADE (տիք'էյտ) տասնեակ։

DEC'ADENCE (տիք'էյտընս) փլուզում, անկում։

DEC'AGON (տիք'էկան) տասնանկիւն։

DEC'ALOGUE (տէք'էլակ) տասնաբանեայ։

DECAMP' (տիքէմփ') չուել, բանակը վերցնել։

DECANT (տիքէնթ') ամանել, մեղմիւ հեղուլ։

DECAP'ITATE (տէքէփ'իթէյթ) գըլխատել։

DECAPITA'TION գլխատում։

DECAY' (տիքէյ') անկում, կործանում քայքայիլ, փտիլ, կործանել։

DECEASE' (տիսիս') մեռնիլ, մահ։

DECEIT' (տիսիթ') խաբէութիւն, նենգութիւն։

DECEIVE (տիսիվ') խաբել, յուսախաբ ընել։

DECEM'BER (տիսէմ'պըր) Դեկտեմբեր։

DE'CENCY (տի'սընսի) վայելչութիւն։

DE'CENT (տի'սընթ) վայելուչ, պատշաճ։

DECEP'TION (տիշէփ'շըն) խաբէութիւն, պատրանք։

DECIDE' (տիսայտ) որոշել, վճռել, սահմանել։

DECID'UOUS (տիսիտ'իուըս) անկայուն, դիւրաթափ։

DE'CIMAL (տէս'իմըլ) տասնորդական

DE'CIMATE (տէսիմէյթ) տասնորդել։

DECI'PHER (տիսայ'ֆըր) ծածկագիր կարդալ, լուծել։

DECI'SION (տիսի'շըն) վճիռ, որոշում, սահմանում։

DECI'SIVE (տիսայ'սիվ) վճռական, վերջնական։

DECK (տէք) ծածք, մթերք, կամըրջակ, ծածկել, զարդարել։

DECLAIM' (տիքլէյմ') ճառախօսել, ատենախօսել։

DECLARA'TION (տիքլէրէյ'շըն) յայտագիր, յայտարարութիւն։

DECLARE (տիքլէ'ր) յայտարարել, յայտնել, ծանուցանել, հռչակել։

DECLEN'SION (տիքլէն'շըն) հոլովում, անկում, մերժում։

DECLINA'TION (տիքլինէյ'շըն) անկում, մերժում, հրաժարում, շեղում, հոլովում։

DECLINE' (տիքլայն') անկում, կործանում, նուաղում, հակիլ, խոտորիլ, նուաղիլ, հրաժարիլ, մերժել, հոլովել։

DECLIV'ITY (տիքլիվ'իթի) զառիվարութիւն, անկում։

DE'COLLETE' (տէյքօլթէ') հոլամաս՝ հագուստի։

DECOMPOSE' (տիքամփօզ') տարբաղադրել։

DEC'ORATE (տէք'օրէյթ) զարդարել։

DECORA'TION զարդարում, պատուանշան։

DEC'ORATOR զարդանկարիչ։

DECOR'UM (տիքօր'ըմ) բարեվայելչութիւն։

DECOY' (տիքոյ') ծուղակ, կեր, ծուղակ լարել, հրապուրել։

DECREASE' (տիքրիս') նուազեցնել, նուազում, անկում։

DECREE' (տիքրի') վճիռ, հրովարտակ, դատական որոշում, հրաման, օրինագրել, հրամայել։

DECREP'IT (տիքրէփ'իթ) զառամած, ցնդած։

DECREP'ITUDE ծերութիւն, զառամութիւն։

DECRE'TAL (տիքրի'թըլ) պապական հրովարտակ, կանոնագիրք։

DECRY (տիքրայ') վատահամբաւել։

DED'ICATE (տէտ'իքէյթ) ձօնել, նուիրել։

DEDICA'TION նաւակատիք, ձօն, օծում, ընծայում։

DED'ICATOR, ընծայող, նուիրագործող։

DED'ICATORY ընծայական։

DEDUCE' (տիտիուս') հաւաքել, հետեւցնել։

DEDUCT' (տիտ'իքթ) նուազեցնել։

DEDUC'TION բարձում, հանում, արտածութիւն։

DEDUCT'IVE հետեւական, յառաջբերական։

DEED (տիտ) արարք, գործ, կալուածագիր, մուրհակ։

DEEM (տիմ) համարել, կարծել, դատել։

DEEP (տիփ) խորք, խորամիտ, մթագոյն, խորին, խորամանկ։

DEEP'EN (տիփ'ըն) մեծցնել, խորացնել, սաստկացնել։

DEER (տի'ր) եղջերու, վիթ։

DEFACE' (տիֆէյս') աւրել, եղծանել, ջնջել։

DEFACE'MENT աւրում, վնաս։

DE FACTO (տի'ֆէքթօ) իրողապէս։

DE'FALCATE (տի'ֆիլքէյթ) պակսեցնել, նուազեցնել։

DEFALCA'TION հաշիւի բաց, զեղծարարութիւն։

DEFAME' (տիֆէյմ') անուանարկել, վարկաբեկել։

DEFAMA'TION վատահամբաւում, անուանարկութիւն։

DEFAULT' (տիֆօլթ') թերութիւն, յանցանք, դատազանցութիւն, թերանալ, բացակայիլ։

DEFEAT' (տիֆիթ') պարտութիւն, խուճապ, յաղթել, ջնջել, ի դերեւ հանել։

DEFEAT'ISM պարտուողականութիւն։

DEF'ECATE (տիֆ'իքէյթ) զտուած, քամուած, պարզել, քամել։

DEFECT' (տիֆէքթ') թերութիւն, խեղութիւն, թերանալ, լքել։

DEFEC'TION ուծացում, թողում, ձեռնթափութիւն։

DEFEC'TIVE (պակասաւոր, թերի, խեղճ, անկատար։

DEFENCE' (տիֆէնս' պաշտպանութիւն, ջատագովութիւն, պաշտպանողական, արդարացում։

DEFENCELESS անպաշտպան, անզէն։

DEFEND' պաշտպանել, ջատագովել, արգիլել, ընդդիմանալ։

DEFEN'DANT պաշտպան, փաստաբան։

DEFEN'DER պաշտպան, ջատագով։

DEFEN'SIVE պաշտպանողական։

DEFER' (տիֆըր') յետաձգել, ենթարկել, անսալ, խոնարհիլ։

DEF'ERENCE յարգանք, հպատակութիւն, զիջողութիւն։

DEF'ERENT փոխադրիչ, ակնածու, բարձող։

DEFEREN'TIAL ակնածական։

DEFIANCE (տիֆայ'էնս) գրգիռ, կոչ, հրաւէր (կռուի), անգոսնում։

DEFI'ANT արհամարհող, լիրբ, յանդուգն։

DEFI'CIENCY (տիֆի'շընսի) պակասութիւն, թերութիւն, տկարութիւն, պակաս։

DEFI'CIENT պակաս, տկար, անզօր, անբաւական։

DE'FICIT (տէ'ֆիսիթ) պակաս, բաց՝ հաշիւի։

DEFILE' (տիֆայլ') տողանցել, շարք շարք քալել, կիրճ, անցք, կապան։

DEFILE աղտոտել, ապականել, նեխել, պղծել, աւրել։

DEFILE'MENT ապականում, աղտեղութիւն։

DEFINE' (տիֆայն') սահմանել, ճշդել, պարզել, սահմանագծել։

DEFINITE (տէֆ'ինիթ) հաստատ, որոշ, սահմանեալ, յստակ։

DEFINITION (տէֆինի'շըն) սահմանում, յստակութիւն։

DEFINITIVE (տէֆին'իթիվ) որոշ վճռական, հաստատ, մէկին։

DEFLATE' (տիֆլէյթ') պարպել, ի

ջնջնել։

DEFLECT (տիֆլէքթ՛) խոտորել, շեղել։

DEFLOW'ER (տիֆլաու'ըր) կուսազրկել, ծաղկաթափ ընել։

DEFORM' (տիֆօրմ՛) ձեւազրկել, այլանդակել, տգեղցնել, այլափոխել։

DEFORMA'TION անձեւութիւն, ձեւափոխութիւն, ձեւառում, ձեւազեղծութիւն։

DEFORM'ITY անձեւութիւն, այլանդակութիւն, խեղութիւն։

DEFRAU'D (տիֆրօտ՛) խարդաւանել, խաբել, նենգել։

DEFRAY' (տիֆրէ՛յ) ծախքը հոգալ, վճարել, քաշել։

DEFT (տէֆթ) ճարտար, վայելուչ, կոկիկ։

DEFUNCT' (տիֆընքթ՛) հանգուցեալ։

DEFY' (տիֆայ՛) ասպարէզ կարդալ, անգոսնել, դիմադրել, դրդռել։

DEGEN'ERACY (տիճէն'իրէյսի) այլասերում, անկում։

DEGENERA'TION այլասերում, անկում։

DEGLUTITION (տէկլութի'շըն) կլանում, կլլում։

DEGRADA'TION (տէկրէտէյ'շըն) ստորնացում, անկում, շնորհազրկում, այլասերում։

DEGRADE' (տիկրէյտ) շնորհազրկել, նուաստացնել, վատասերել, այլասերել։

DEGREE' (տիկրի՛) աստիճան, կարգ, դիրք, վիճակ, յատկութիւն։

DE'IFY (տի'իֆայ) աստուածացնել, պաշտել։

DEIFICA'TION աստուածացում։

DEIGN (տէյն) արժանի սեպել, շնորհել, բարեհաճիլ։

DE'ISM (տի'իզմ) աստուածադաւանութիւն։

DE'IST (տի'իսթ) աստուածեան, աստուածական։

DE'ITY (տի'իթի) աստուածութիւն, գերագոյն էակ։

DEJECT' (տիճէքթ՛) վհատեցնել, յքել, վար նետել, արհամել։

DEJEC'TION վհատութիւն, վիշտ, կծկանք։

DEJURE (տիճուրի՛) իրաւապէս։

DELA'TION (տիլէյ'շըն) ամբաստանում։

DELAY' (տիլէյ՛) ուշացնել, արգիլել, ձգձգել, յապաղում, յետաձգում։

DELECTA'TION (տիլէքթէյ'շըն) հաճելիութիւն, բերկրանք։

DEL'EGACY (տէլ'իկէյսի) պատուիրակութիւն։

DEL'EGATE (տէլ'իկէյթ) պատուիրակ, պատգամաւոր, փոխանորդ, պատուիրակել, նուիրակ կարգել, արտօնել։

DELEGA'TION պատուիրակութիւն, փոխանցում։

DELETE' (տիլիթ՛) ջնջել, սրբել։

DELETION (տիլի'շըն) ջնջում, կործանում։

DELIB'ERATE (տիլիպ'ըրէյթ) խորհիլ, քննել, խորհրդակցիլ, խոհական, զգուշաւոր։

DELIBERA'TION կշռադատութիւն, խորհրդածութիւն, կանխամտածութիւն։

DEL'ICACY (տէլ'իքէսի) նրբութիւն, փափկանկատութիւն, համեղութիւն, խնամք, ազնուութիւն։

DEL'ICATE (տէլ'իքէյթ) փափուկ, նուրբ, քնքուշ, ազնիւ, դիւրազգած, կիրթ, ճաշակաւոր, դիւրաբեկ։

DEL'ICIOUS (տիլի'շըս) հեշտալի, համեղ, ընտիր, քաղցր։

DELICIOUSNESS հեշտութիւն, հրապոյր։

DELIGT' (տիլայթ՛) ցնծութիւն, հաճոյք, հաճեցնել, զուարճանալ, բերկրիլ։

DELINQ'UENT (տիլինք'ուընթ) պարտազանց, յանցաւոր։

DELIR'IOUS (տիլիր'իըս) խելացնոր, զառանցեալ։

DELI'RIUM (տիլի'րիըմ) ցնորք, զառանցանք, խելագարութիւն։

DELIV'ER (տիլիվ'ըր) ազատել, փրկել, տալ, յանձնել, պատմել, ծնանիլ։

DELIV'ERANCE (տիլիվ'ըրանս) ազատում, փրկութիւն, արտայայազատութիւն, որդեծնութիւն:

DELIV'ERY (տիլիվ'րրի) առաքանք, յանձնում, փրկութիւն, ազատում, առաքում, ծննդաբերութիւն, բաշխում:

DEL'TA (տէլ'թա) դելտա, եռանկիւն ցամաք:

DEL'UGE (տէլ'իուճ) ջրհեղեղ, ողողել, հեղեղել:

DELU'SION (տիլիու'ժըն) ցնորք, պատրանք:

DELU'SIVE (տիլիու'սիվ) խաբէական:

DEM'AGOGUE (տէմ'ակակ) ամբոխավար:

DEMAND' (տիմէնտ') պահանջք, հարցում, խնդրանք, հայց, պահանջել, խնդրել, դատ բանալ:

DEMARCA'TION (տիմարքէյ'շըն) սահմանագծում, բաժանում:

DEMEAN' (տիմին') վերաբերում, վարմունք, միջոց, նուաստացնել, վերաբերիլ:

DEMEAN'OUR (տիմէյն'ըր) վարմունք, վարք, ընթացք, գնացք:

DEMELE (տէմ'էլէ) բաղխում:

DEMENTI (տէմանթ'ի) հերքում, հակասութիւն:

DEME'RIT (տիմէ'րիթ) յանցանք, մեղադրելի գործ:

DEM'IJOHN (տէմ'իճան) հողապակ:

DEMISE' (տիմայզ) փոխանցում, հանգիստ, մահ, կտակել:

DEMOC'RACY (տիմաք'րէսի) ռամկավարութիւն:

DEM'OCRAT (տէմ'աքրէթ) ռամկավար:

DEMOL'ISH (տիմալ'իշ) խորտակել, կործանել:

DE'MON (տի'մըն) դեւ, այս, չար ոգի, սատանայ:

DEMO'NIAC (տիմօ'նիէք) դիւային:

DEMONOL'ATRY (տիմանալ'էթրի) դիւապաշտութիւն:

DEM'ONSTRATE (տէմա'նսթրէյթ) ապացուցանել, ցուցադրել, փաստել, յայտնի ընել:

DEMOSTRA'TION ապացոյց, փաստ, ցուցադրութիւն, ընծայութիւն, զինուորական ցոյց:

DEMOR'ALIZE (տիմար'ըլայզ) անբարոյացնել:

DEMOTE' (տէմաթ') աստիճանազրկել:

DEMURE' (տիմիուր') ծանրաբարոյ, համեստ:

DEMU'RRAGE (տիմըր'րէճ) յապաղութիւն, յամեցում:

DEMURRER վարանող:

DEN (տէն) այր, քարայր, որջ:

DENA'TURE (տինէյ'թիուր) այլափոխել, այլասերել:

DENAT'URALIZE (տինէթ'իուրըլայզ) քաղաքացիական իրաւունքէ զրկել:

DENG'UE (տէնկ'ի) տենդ, տաքափոխիկ տենդ:

DENI'AL (տինայ'ըլ) ուրացում, ժխտում, հակառակութիւն:

DE'NIGRATE (տին'իկրէյթ) սեւցնել, ապարանել, զրպարտել:

DEN'IZEN (տէն'իզն) բնակիչ, քաղաքացի, քաղաքացիական իրաւունք առած:

DENOM'INATE (տինամ'ինէյթ) անուանել, կոչել, նշանակել, յորջորջել:

DENOMINA'TION (տինամինէյ'շըն) անուանում, անուն, յորջորջում, յարանուանութիւն:

DENOTA'TION (տինօթէյ'շըն) նշանակում:

DENOTE' (տինօթ) նշանակել, յայտնել:

DENOUNCE' (տինաունս') ազդարարել, յայտարարել, դատապարտել, ամբաստանել:

DENSE խիտ, խռնուած, յիմար:

DEN'SITY խտութիւն, թանձրութիւն:

DENT (տէնթ) նշան, դրոշմ, փորակ, ատամնաւորել, խորշել:

DEN'TAL (տէն'թըլ) ատամնային:

DEN'TATE (տէն'թէյթ) ատամնաւոր, ատամնաձեւ:

DEN'TIFRICE (տէն'թիֆրիս) ատամնաքսուք, ատամնափոշի:

DEN'TIST (տէն'թիսթ) ատամնաբոյժ:

DENUDE' (տէնիուտ) մերկացնել:

DENUNCIA'TION (տէնընսիէյ'շըն) դատապարտում, ամբաստանում:

DENY (տինայ) ժխտել, մերժել, ուրանալ, զլանալ, հերքել:

DEOD'ORIZE (տիօտ'ըրայզ) հոտա-նեխել:

DEPAINT (տիփէյնթ') նկարել, գունաւորել:

DEPART' (տիփարթ') մեկնիլ, երթալ, մեռնիլ, զատուիլ:

DEPARMENT ճիւղ, պաշտօնատուն, վիճակ, գաւառ:

DEPART'URE (տիփար'չըր) մեկնում, անջատում, մահ:

DEPAS'TURE (տիփէս'թիուր) ճարակել, արօտավայր ընել:

DEPEND (տիփէնտ') վստահիլ, կախում ունենալ, առկախ մնալ, կախուիլ:

DEPEN'DANT (տիփէն'տընթ) առկախ, ենթակայ:

DEPEN'DENCE ստորադասութիւն, կախում, ենթապատուաստ:

DEPEN'DENT առկախ, ենթակայ:

DEPICT' (տիփիքթ') նկարուած, նկարել, պատկերել:

DEPILA'TION (տէփիլէյ'շըն) հերախուզութիւն, հերաթափութիւն:

DEPLETE' (տիփլիթ') պարպել, նուազեցնել, պարպուիլ:

DEPLOR'ABLE (տիփլօր'էպլ) ողբալի, ողորմելի:

DEPLORE' (տիփլօր') ողբալ, արգահատել:

DEPLOY' (տիփլօյ') բանալ, սփռել, տարածուիլ:

DEPLUME' (տիփլիում) փետրատել:

DEPO'NENT (տիփօ'նընթ) դրուող, վկայող:

DEPOP'ULATE (տիփափ'իուլէյթ) ամայացնել:

DEPORT' (տիփօրթ') տարագրել, քշել, արտաքսել, վարուիլ:

DEPORTA'TION (տիփօրթէյ'շըն) տարագրութիւն, աքսոր:

DEPORT'MENT (տիփօրթ'մընթ) վարք, ընթացք, կենցաղավարութիւն:

DEPOSE' (տիփօզ') գահընկէց ընել, գրաւոր վկայել, վկայ ըլլալ:

DEPOS'IT (տիփազ'իթ) աւանդ, պահեստ, կանխավճար, մրուր, դիրտ, փոխադրութիւն, դնել, ի պահ դնել:

DEPOS'ITARY (տիփազ'իթէրի) աւանդապահ:

DEPOSI'TION գահընկէցութիւն, պաշտօնազրկութիւն, մրուր, վկայութիւն:

DEPO'SITOR դրամադիր, աւանդատու:

DEPOSITORY. մթերանոց, աւանդատուն:

DEP'OT (տիփօ) մթերանոց, զօրանոց, կայարան, կայան:

DEPRAVE' (տիփրէյվ') ապականել, վատթարացնել:

DEPRAVITY (տիփրէվ'իթի) բարոյական անկում, եղծում:

DEP'RECATE (տէփ'րիքէյթ) աղերսել. ցաւ. յայտնել:

DEPRECA'TION աղերս, պաղատանք:

DEPRE'CIATE (տէփրի'շիէյթ) ենթագնահատել, գինը պակսեցնել:

DEPRECIA'TION ենթագնահատութիւն, արժէքի նուազում, արժեզրկութիւն:

DEPREDA'TION (տէփրիտէյ'շըն) աւարառութիւն, կողոպուտ, հարստահարում:

DEPRESS' (տիփրէս') ճնշել, կոխել, ընկճել, տրտմեցնել, վհատեցնել, գինը կոտրել:

DEPRE'SSION ընկճում, նուազում, անկում, վհատութիւն, խոնարհում, ճնշում:

DEPRIVE' (տիփրայվ') պաշտօնազրկել, զրկել, արգիլել, կողոպտել:

DEPRIVA'TION զրկում, կորուստ, զրկանք, պաշտօնանկութիւն:

DEPTH (տէփթհ) խորութիւն, խորք, անդունդ, խրթնութիւն:

DEPUTA'TION (տիփիութէյ'շըն) պատգամաւորութիւն, երեսփոխանք:

DEPUTE' (տիփիութ') պատգամաւոր ընտրել:

DEP'UTIZE (տիփի'ութայզ) պատգամաւոր ընտրել:

DEP'UTY (տէփ'իութի) պատգամաւոր, երեսփոխան, տեղակալ:

DERACINATE (տիրէսի'նէյթ) արմատախիլ ընել:

DERANGE (տիրէյնճ') խառնշտկել, խանգարել:

DERANGE'MENT խանգարում:

DE'RELICT (տէ'րիլիքթ) անտէր, լքեալ:
DERIDE (տիրայտ') ծաղրել, հեգնել:
DERI'SION (տիրի'ժըն) հեգնանք, ծաղր:
DERIVATION (տէրիվէյ'շըն) ծագում, բխում:
DERIVATIVE (տէրիվ'էթիվ) ածանցական, վերածական, հետեւական:
DERIVE' (տիրայվ') ստանալ, վերածել, ծագիլ, սերիլ:
DEROGATE (տէ'րոկէյթ) արժէքը նուազեցնել, հակառակիլ, արատել, նսեմանալ:
DE'RRICK (տիր'րիք) բեռնաբարձ, նաւթահան:
DESCANT (տիս'քէնթ) ծանրանալ, ընդարձակել, մեկնել, ճառել, ընդհանուր ճառ, մեկնութիւն, կրկներգ:
DESCEND' (տիսէնտ') իջնել, սերիլ, ծագիլ, իջնալ, յարձակիլ:
DESCENDANT սերունդ:
DESCENT (տիսէնթ') էջք, արշաւանք, վայրէջք, անկում, ծագում, սերունդ:
DESCRIBE' (տիսքրայպ') նկարագրել, գծագրել:
DESCRIP'TION նկարագրութիւն, տեսակ, դիմագիծ:
DESCRIP'TIVE նկարագրական:
DESCRY' (տիսքրայ') դիտել, գտնել, քննել, յայտնել:
DES'ECRATE (տէս'իքրէյթ) սրբապղծել, ապականել:
DESERT' (տէզըրթ') ամայի, անապատ:
DESERT'ER փախստական, դասալիք:
DESER'TION լքում, դասալքութիւն:
DESERVE' (տիզըրվ') արժանանալ:
DES'ICCATE (տէս'իքէյթ) չորցնել, չորնալ:
DESICCA'TION չորացում, չորացութիւն:
DESID'ERATE (տիսիտ'ըրէյթ) փափաքիլ:
DESIGN' (տիզայն') խորհուրդ, միտք, նպատակ, պատկեր, ծրագիր, գծել, ուրուագծել, որոշել:
DESIGNATE (տէզի'կնէյթ) նշանակել, որոշել, անուանել:
DESIGNA'TION նշանակութիւն, անուն, տիտղոս, կարգում:
DESIGN'ER նշանակող, ծրագրող, հնարիչ:
DESIR'ABLE (տիզայրէպլ) ցանկալի, բաղձալի:
DESIRE' (տիզայր') փափաք, իղձ, մաղթանք, փափաքիլ, ցանկալ, մաղթել, խնդրել:
DESIST' (տիզիսթ') ետ կենալ, հրաժարիլ:
DESK (տէսք) գրասեղան, ամպիոն:
DES'OLATE (տէս'օլէյթ) անբնակ, ամայի, անմխիթար, աւերել, ամայացնել:
DESOLA'TION ամայութիւն, աւեր, վհատութիւն:
DESPAIR' (տիսփէ'ր) յուսահատիլ, յուսահատութիւն:
DESPATCH տես **DISPATCH**
DES'PERATE (տէս'փըրէյթ) անյոյս, կատաղի, բուռն:
DESPERA'TION յուսահատում, կատաղութիւն:
DES'PICABLE (տէս'փիքէպլ) անարգ, արհամարհելի:
DESPISE' (տիսփայզ') անարգել, արհամարհել:
DESPITE' (տիսփայթ') ատելութիւն, չարիք, նախատել, նեղել:
DESPOIL' (տիսփօյլ') կողոպտել, մերկացնել:
DESPOILMENT կողոպուտ:
DESPOND' (տիսփանտ) յուսահատիլ, վհատիլ:
DESPOND'ENCY յուսահատութիւն, լքում, վհատութիւն:
DES'POT (տէս'փաթ) բռնակալ, ինքնիշխան:
DES'POTISM բռնակալութիւն:
DESSERT' (տէզզըրթ') աղանդեր:
DESTINA'TION (տէսթինէյ'շըն) կարգում, վախճան, նպատակ, ճակատագիր, որոշեալ տեղ, վայր:
DES'TINE (տէս'թին) սահմանել, որոշել, վճռել:
DES'TINY (տէս'թինի) ճակատագիր, բախտ:
DES'TITUTE (տէս'թիթիութ) անտէր, լքեալ, զուրկ, խեղճ, կարօտ:
DESTROY' (տիսթրօյ') աւերել, կոր—

տապալել, քանդել:

DESTROY'ER (տիսթրօյ'ըր) խորտանաւ, քանդող:

DESTRUC'TION (տիսթրըք'շըն) կործանում, աւերում, քանդում, աւեր:

DESTRUC'TIVE կործանարար:

DETACH' (տիթէչ') անջատել, զատել:

DETACHMENT (տիթէչ'մընթ) անջատում, ջոկատ, հատուած:

DE'TAIL (տի'թէյլ) մանրամասնութիւն, հատուած, մաս, մանրամասնել·

DETAIN' (տիթէյն') վար դնել, պահել, բանտել:

DETAINMENT արգելք, արգելափակում:

DETECT (տիթէքթ') յայտնել, երեւան հանել:

DETEC'TIVE (տիթէք'թիվ) գաղտնի ոստիկան:

DETEN'TION (տիթէն'շըն) արգելում բանտարգելութիւն:

DETER' (տիթըր') վախցնել, արգիլել, ետ կեցնել:

DETER'IORATE (տիթի'րիօրէյթ) աւրել, ապականել:

DETERIORATION վատթարացում:

DETERMINANT վճռական ազդակ, որոշիչ:

DETERMINA'TION սահմանում, վճռական ընթացք, կամք, որոշում, ձգտում, վճռականութիւն:

DETERM'INE (տիթըրմ'ին) որոշել, սահմանել, ընտրել, ուղղել, ձրգել:

DETE'RRENT (տիթըր'րընթ) արգելիչ:

DETEST' (տիթէսթ') զարշիլ, սոսկալ, ատել:

DETESTA'TION զարշանք, զզուանք:

DET'ONATE (տէթ'օնէյթ) պայթեցնել, պայթիլ:

DETOUR' (տիթուր') դարձք, խոտորում, շեղում:

DETRACT' (տիթրէքթ) քաշել, ազարտել, բամբասել:

DETRAC'TION չարախօսութիւն, բամբասանք:

DET'RIMENT (տիթ'րիմէնթ) վնաս, կորուստ:

DEUTERONOMY (տիութըրան'ըմի) Գիրք Երկրորդ Օրինաց:

DE'VASTATE (տի'վէսթէյթ) աւերել, քանդել, կործանել:

DE'VASTA'TION աւերածութիւն:

DEVEL'OP (տիվէլ'ըփ) պարզել, երեւան հանել, առաջացնել, զարգացնել, ուսանել, պարզուիլ:

DEVELOPMENT պարզում, զարգացում, աճում, ծաւալում:

DE'VIATE (տի'վիէյթ) շեղիլ, խոտորիլ:

DEVICE' (տիվայս') հնարք, գիւտ, միջոց, նշան, դիտում, ծրագիր, խորհուրդ, որոշում:

DE'VIL (տէվ'լ) նեւար, չար ոգի, սատանայ, բանսարկու, Թշուառական, տպագրիչի օգնական, բզքտել, կարանել:

DEVIL-MAY-CARE անխոհեմ, յանդուգն:

DEV'ILMENT սատանայութիւն, խաբամանկութիւն:

DE'VIOUS (տի'վիըս) խոտոր, մոլոր:

DEVISE' (տիվայզ') կտակ, հրկտակ. մտածել, հնարել, ծրագրել:

DEVISEE (տիվիզի') կտակառու:

DEVOID' (տիվօյտ') պարապ, դատարկ:

DEV'OIR (տըվուար') պարտականութիւն:

DEVOLU'TION (տիվօլիու'շըն) փոխանցում, վատասերում:

DEVOLVE (տիվօլվ') Թաւալել, փոխանցել:

DEVOTE' (տիվօթ') նուիրել, ձօնել, ուխտել:

DEVOTEE (տիվօթի) ջերմեռանդ:

DEVO'TION (տիվօ'շըն) բարեպաշտութիւն, նուիրում, պաշտամունք, ուխտ, եռանդ, աղօթք:

DEVOUR (տիվաուր') դիշատել, լափել, սպառել:

DEVOUT' (տիվաութ') ջերմեռանդ, երկիւղած:

DEW (տիու) ցօղ, շաղ, Թարմութիւն, ցօղել, սրսկել:

DEWPOND ցօղալճակ:

DEW'Y ցօղային, ցօղանման:

DEXTER (տէքս'թըր) աջ, աջ ձեռքի:

DEXTE'RITY (տէքս'թըրիթի) աջլաձեռնութիւն, ճարտարութիւն։
DEX'TEROUS ճարպիկ, յաջողակ. ճարտար։
DIABE'TES (տայէպի'թիզ) շաքարախտ։
DIABE'TIC շաքարախտային, շաքարախտաւոր։
DIAB'OLISM (տայէպ'օլիզմ) վհուկութիւն, սատանայութիւն։
DIAC'ONAL (տայէքօ'նըլ) սարկաւագային։
DI'ADEM (տայ'էտէմ) թագ, °պսակ, արքայախուրակ։
DIAGNOSE' (տայէկնօզ') ախտաճանաչել։
DIAGNO'SIS (տայէկնօ'սիս) ախտաճանաչում։
DIAG'ONAL (տայէկ'օնըլ) տրամանկիւն,, տրամագիծ։
DI'AGRAM (տայէկ'րէմ) ուրուագիծ, ձեւ։
DI'AL (տայ'ըլ) ժամացուցակ։
DI'ALECT (տայ'էլէքթ) գաւառաբարբառ։
DIALEC'TIC տրամաբանական։
DIALECTI'CIAN տրամաբան, հակաճառող։
DI'ALOGUE (տայ'էլօկ) տրամախօսութիւն։
DIAM'ETER (տայէմ'իթըր) տրամագիծ, տրամաչափ։
DI'AMOND (տայ'էմընտ) ադամանդ։
DIAMOND EDITION չքնաղակազմ տպագրութիւն։
DIAPA'SON (տայէփէյ'զըն) ձայնացոյց։
DIAPHORESIS (տայէֆօրի'սիս) քրտնութիւն։
DIAPER (տայ'էփըր) անձեռոց, կրծկալ։
DI'APHRAGM (տայ'էֆրէմ) ստոծանի, միջնամաշկ։
DI'ARCHY (տայ'էրքի) երկպետութիւն։
DI'ARIST (տայ'էրիսթ) օրագիր։
DIARRHOE'A (տայէրրի'է) փորլուծք։
DIARY (տայէրի) օրագրութիւն։
DIASPORA (տայէս'փօրէ) սփիւռք, գաղթաշխարհ։
DIA'STASE (տայ'էսթէյս) ախմոր (քիմ.)։
DIASTOLE (տայէս'թօլ) ծաւալում (սրտի)։
DIATHE'SIS (տայէթհի'սիս) ախտակրութիւն։
DIATON'IC (տայէթօն'իք) յարաձայն։
DI'ATRIBE (տայ'էթրայպ) քննադատութիւն, պարսաւաճառ։
DIBS (տիպս) վէգ, վէգի խաղ։
DICE (տայս) նարդի քուէ։
DICK'ENS (տիք'ընզ) սատանայ, չուառիկ։
DICTATE' (տիքթէյթ') ըսել, տուն տալ, հրամայել, թելադրել։
DICTA'TOR (տիքթէյ'թըր) բռնակալ, մենակալ։
DIC'TION (տիք'շըն) ասացուած, ոճ, լեզու։
DIC'TIONARY (տիք'շընէրի) բառարան, բառագիրք։
DIC'TUM (տիք'թըմ) ասած, ասացուածք։
DIE (տայ) մեռնիլ, անհետանալ, մարիլ, քուէ (նարդի), կնիք, դրամի կնիք, ներկ, բախտ։
DIELEC'TIC (տայիլէք'թիք) վատ հաղորդիչ, մեկուսացած։
DI'ET (տայ'էթ) կերակուր, կերականոն, ժուժկալութիւն, աւագաժողով, սնունդը կանոնաւորել, ընտանիլ։
DI'ETARY (տայ'էթէրի) սննդական չափացոյց, պահեցողական։
DIFF'ER (տիֆ'ֆըր) տարբերիլ, տարակարծիք ըլլալ, վիճիլ։
DIFF'ERENCE տարբերութիւն, զանազանութիւն, վէճ։
DIFFERENT (տիֆ'ըրընթ) տարբեր, զանազան։
DIFFEREN'TIAL (տիֆֆըրէն'շըլ) տարբերական։
DIFFEREN'TIATE զանազանել, զատորոշել։
DIFF'ICULT (տիֆ'ֆիքըլթ) դժուար, ծանր, դժուարահաճ։
DIFF'ICULTY դժուարութիւն, արգելք, ծանրութիւն, ընդդիմութիւն, տարակուսութիւն։
DIFF'IDENCE (տիֆֆ'իտընս) անվստահութիւն, կասկածանք, երկ-

ստահութիւն։

DIFF'IDENT անվստահ, երկչոտ, կասկածոտ։

DIFFUSE' (տիֆֆիուզ') սփռել, ծաւալել, տարածել, ցրուած, ծաւալուն, ընդարձակ

DIFFUS'ION սփռում, տարածում, ծաւալում։

DIG (տիկ) մխում, հարուած, ապտակ, փորել, պեղել, քրքրել, աշխատիլ, մխել, խոթել։

DIGEST' (տայճէսթ') քաղուածք, հաւաքածոյ, մարսել, ամփոփել, իւրացնել, հասցնել, կրել, մարսուիլ, հալիլ։

DIGES'TION (տիճէս'չըն) մարսողութիւն, դասաւորում, իւրացում։

DIGG'ER (տիկկըր) փորող, պեղող։

DIGGINGS հանքային վայր, բնակավայր։

DIGHT (տայթ) զարդարուած, հագցուած։

DI'GIT (տիճ'իթ) մատ, մատնաչափ։

DIGITA'LIS (տիճիթէյ'լիս) մատնետունկ։

DIGNIFY (տիկ'նիֆայ) պատուել, բարձրացնել։

DIG'NITARY աստիճանաւոր, բարձրաստիճան։

DIG'NITY (տիկ'նիթի) արժանապատուութիւն, շուք, պատիւ, աստիճան։

DIGRESS (տայկրէս') զարտուղիլ, շեղիլ։

DIKE, DYKE (տայք) փոս, խրամ, ամբարտակ, թումբ։

DILAPIDA'TION (տիլըփիտէյ'շըն) քայքայում, վատնում։

DILATE' (տայլէյթ') ընդլայնել, ծաւալիլ։

DILATA'TION, DILA'TION ընդլայնում, ծաւալում, տարածում։

DILATORY (տիլ'էթօրի) յապաղկոտ, դանդաղ, ձգձգող։

DILEMM'A (տայլէմ'մէ) երկայրաբանութիւն։

DILETTAN'TE (տիլէթթէն'թէ) գեղարուեստասէր։

DIL'IGENCE (տիլ'իճընս) փոյթ, ժրաջանութիւն, պնդակառք։

DILUTE' (տայլութ') ջրախառնել, լուծել, նօսրանալ։

DILU'VIAL (տիլիուվ'իըլ) ջրհեղեղեան։

DIM (տիմ) աղօտ, նսեմ, մթագնել։

DIMEN'SION (տիմէն'շըն) տարածութիւն, ծաւալ, քանակութիւն։

DIMIN'ISH (տիմին'իշ) նուազեցնել, պակսեցնել, նուազիլ։

DIMINU'TION (տիմինիու'շըն) նուազում, փոքրութիւն, պակաս։

DIMIN'UTIVE նուազական։

DIM'PLE (տիմ'փըլ) այտափոսիկ, փոսիկնալ։

DIN (տին) աղմուկ, ժխոր, հնչեցնել, աղմկել։

DINE (տայն) ճաշել, սեղան տալ, կերակրել։

DI'NER ճաշող։

DINING-ROOM ճաշասենեակ։

DING (տինկ) հնչել, զօղանջել։

DING-DONG զօղանջիւն։

DING'LE (տինկլ) ծործոր։

DIN'GY (տին'ճի) աղօտ, մթագոյն, թխագոյն։

DINING (տայն'ինկ) ճաշելը, ճաշ։

DIN'KY (տին'քի) անուշիկ, փանաքի։

DINNER-PARTY ճաշկերոյթ։

DINT (տինթ) ուժ, հարուած, խոցել, նշան ընել։

DI'OCESE (տայ'օսիս) թեմ, վիճակ։

DIP (տիփ) ընկղմում, հակում, արդանակ, ծովու լոգանք, թաթխել, ընկղմել, մխել, մխրճել։

DIPHTHE'RIA (տիֆթիէ'րիէ) կեղծ մաշկ։

DIPH'THONG (տիֆ'թհօնկ) երկձայն։

DIPLO'MA (տիփլօ'մէ) վկայական, վկայագիր։

DIPLO'MACY (տիփլօ'մէսի) դիւանագիտութիւն, ճկնցողագիտութիւն։

DIPLO'MATIST դիւանագէտ, կենցաղագէտ։

DIPP'ER (տիփփ'ըր) ջրասոյզ, սաղանակ, կեռնեխ։

DIP'TYCH (տիփ'թիք) երկծալ (գիրք) ցուցակ, սրբոց։

DIRE (տայր) չարագուշակ, ահռելի, ողբալի։

DIRECT (տայրէքթ') ուղղակի, շիտակ, ուղիղ, ուղղել, առաջնորդել, տնօրինել, վարել, ուղղութիւն տալ։

DIREC'TION ուղղութիւն, կողմ, հրահանգ, հրաման, վարչութիւն, տնօրէնութիւն։

DIREC'TIVE առաջնորդող, ուղղիչ, տնօրինական։

DIRECT'LY ուղղակի, անմիջապէս։

DIREC'TOR (տայրէք'թըր) տնօրէն, վարիչ, տեսուչ, վերակացու։

DIREC'TRESS տեսչուհի։

DIREC'TORY, հասցէարան, ուղղեցոյց։

DIRE'FUL (տայր'ֆուլ) սոսկալի։

DIRGE (տըրճ) ողբանք, մահերգ։

DI'RIGIBLE (տի'րիճիպլ) ղեկավարելի, օդապարիկ։

DIRT (տըրթ) աղբ, տիղմ, ցեխ, աղտոտել։

DIRT'Y աղտոտ, ցեխոտ, անմաքուր։

DISABIL'ITY (տիսէպիլ'իթի) անկարողութիւն։

DISA'BLE (տիսէյ'պլ) անկարողացնել, անգործածելի դարձնել։

DISABUSE (տիսէպիուզ') պատրանքը փարատել, աչքը բանալ, շտկել։

DISACCORD (տիսէքքորտ') անհամաձայնիլ, անհամաձայնութիւն։

DISADVAN'TAGE վնաս, անպատեհութիւն, վնասել։

DISAGREE' (տիսէկրի') չյարմարիլ, անհամաձայնիլ։

DISALLOW (տիսէլլաու') մերժել, չհաւանիլ։

DISAPPEAR' (տիսէփփիր') անյայտանալ, աներեւութանալ։

DISAPPOINT' (տիսէփփոյնթ') յուսախաբ ընել, ի դերեւ հանել։

DISAPPROVE (տիսէփփրուվ') չհաւանիլ, մերժել, պարսաւել։

DISARM' (տիսարմ') զինաթափ ընել, անվնաս դարձնել։

DISARM'AMENT զինաթափութիւն։

DISARRANGE' (տիսէրրէյնճ') խանգարել, խառնակել։

DISAS'TER (տիզէս'թըր) աղէտ, վիշտ

DISAS'TROUS աղէտալի։

DISBAND' (տիսպէնտ') արձակել, ցրուել, ցրուիլ։

DISAVOW' (տիսէվաու') մերժել, ուրանալ, ժխտել։

DISBELIEVE' (տիսպիլիվ') չհաւատալ։

DISBELIEF' անհաւատութիւն, տարակոյս։

DISBURSE (տիսպըրս') վճարել, ծախսել։

DISK, DISC սկաւառակ։

DISCARD' (տիսքարտ') վտարել, մերժել։

DISCERN' (տիզըրն') նշմարել, վճռել, գիտնալ։

DISCHARGE' (տիսչարճ') բեռնաթափում, պաշտօնազրկում, պարպում, արձակում, ազատում, հատուցում, փրկանք, անդորրագիր, շարաւում, վճարում, արձակել, պարպել, ազատել, հանել, բեռը թափել։

DISCIPLE (տիսայ'փլ) աշակերտ, ուսանող, հետեւող։

DISCIPLINAR'IAN (տիսսիփլինէյրիէն) կարգապահական, մարզիչ, հրահանգիչ, խստապահանջ։

DIS'CIPLINARY հրահանգչական, կարգապահական, ձաղկողական։

DISCIPLINE (տիս'իփլին) մարզանք, կարգապահութիւն, հրահանգ, կրթութիւն, պատիժ, խարազան, կարգկանոն, կրթել, հրահանգել, բարեկարգել, սորվեցնել, պատժել, ձաղկել։

DISCLAIM' (տիսքլէյմ') ժխտել, չընդունիլ, մերժել։

DISCLOSE' (տիսքլոզ') յայտնել, բանալ, երեւան բերել։

DISCLOSURE յայտնում, բացում, հրապարակում։

DISCOLO'UR (տիսքըլը'ր) գունատել, տժգունել, բծաւորել։

DISCOM'FIT (տիսքամ'ֆիթ) ջախջախել, յաղթահարել, խորտակել, պարտութիւն, խորտակում։

DISCOM'FORT (տիսքամ'ֆըրթ) նեղել, վհատեցնել, վիշտ, նեղութիւն, տառապանք։

DISCONCERT' (տիսքան'սըրթ) շփոթեցնել, խռովել, խանգարել։

DISCONNECT' (տիսքաննէքթ') բաժնել, անջատել, զատել։

DISCONSOLATE (տիսքան'սոլէյթ) անմխիթար, վշտահար։

DISCONTENT (տիսքանթէնթ) դժգոհ, դժգոհութիւն, դժգոհեցնել։

DISCONTIN'UE (տիսքանթիթիու') ընդհատել, դադրեցնել, դադրիլ, բաժնուիլ։

DIS'CORD (տիս'ֆօրտ) աններդաշնակութիւն, կռուութիւն, չմիաբանիլ։

DISCORD'ANCE անհամաձայնութիւն։

DIS'COUNT (տիս'ֆաունթ) զեղչ, զեղչի գործողութիւն, զեղչել, առաջ զեղչելով վճարել։

DISCOUNTE'NANCE (տիսքաունթ-ըն'ընս) երես դարձնել, չքաջալերել, չհաւանութիւն, հակակրութիւն։

DISCOU'RAGE (տիսքը'րէյճ) վհատեցնել, սրտաբեկել, վախցնել։

DIS'COURSE (տիսքօրս') խօսակցութիւն, ճառ, ատենախօսութիւն, տրամաբանել, ճառել, քարոզել, պատմել, արտասանել։

DISCOURT'EOUS (տիսքըրթ'իըս) կոպիտ, անքաղաքավար։

DISCO'VER (տիսքը'վըր) երեւան հանել, գտնել, յայտնել, հնարել։

DESCRED'IT (տիսքրէտ'իթ) անվարկութիւն, հաւատ չընծայել, վարկաբեկել։

DISCREET' (տիսքրիթ') խոհեմ, զգոյշ, խելացի։

DIS'CRETE (տիսքրիթ) զատ, անջատ զատ։

DISCRE'TION (տիսքրէշ'ըն) խոհականութիւն, դատողութիւն, ընտրութիւն, կամք։

DISCRIM'INATE (տիսքրիմ'ինէյթ) որոշ, զատ, ուրոյն, զանազանել, խտիր դնել։

DISCRIMINA'TION զանազանում, խտրականութիւն, տարբերութիւն, ընտրութիւն։

DISCROWN' (տիս'ֆրաուն) թագազրկել։

DISCUSS' (տիսքըս') քննարկել, վիճիլ, լուծել, հակաճառել։

DISCUSSION վիճաբանութիւն, հակաճառութիւն, լուծում։

DISTAIN' արհամարհանք, անգոսնում, անգոսնել, քամահրել։

DISEASE' (տիզիզ') հիւանդութիւն, ախտ, մոլութիւն, հիւանդացնել։

DISEASED հիւանդ, ախտաւոր։

DISEMBARK' (տիսէմպարք') ցամաք հանել, նաւէն ելլել։

DISEMBARKA'TION ցամաքահանում։

DISEMBOD'IMENT անմարմնացում։

DISEMBOD'Y մարմնազատել, մարմինէն զատել, զօրքը ցրուել։

DISENGAGE' (տիսէնկէյճ') ազատել, արձակել, զատուիլ, ճողոպրիլ։

DISENGAGE'MENT արձակում, անգործութիւն։

DISENTANG'LE (տիսէնթէնկ'կլ) կնճիռը քակել, պարզել։

DISENTOMB' (տիսէնթումպ') հողէն հանել։

DISFA'VOUR (տիսֆէյ'վըր) չհաւանութիւն, թշնամութիւն, երեսէ ձգել, չհաւանութիւն ընել։

DISFRAN'CHISE (տիսֆրէն'չայզ) քուէազրկել, իրաւազրկել։

DISFRAN'CHISEMENT քուէազրկում։

DISFROCK' (տիսֆրաք') փիլոնազուրկ ընել։

DISGORGE (տիսկօրճ') փսխել, ժայթքել, հոսեցնել, ցայտել։

DISGRACE' (տիսկրէյս') շնորհազրկութիւն, նախատինք, ամօթ, անպատուութիւն, շնորհազրկել, անպատուել, երես դարձնել։

DISGUISE' (տիսկայզ') ծպտում, այլակերպում, ծպտել, այլակերպել։

DISGUST' (տիսկըսթ') զզուանք, զզուեցնել։

DISH (տիշ) պնակ, աման, կերակուր, սպասք, պնակի մէջ դնել, փոսանալ։

DISHEART'EN (տիսհարթ'ըն) վհատեցնել, յուսահատեցնել։

DISHEVEL (տիշէվ'լ) մազերը տարտղնել, հերարձակ ընել։

DISHON'EST (տիսան'էսթ) անպարկեշտ, լկտի։

DISHON'OUR (տիսան'ըր) անպատուութիւն, ամօթ, անպատուել, պղծել, (փոխգիրը) չվճարել։

DISINCLINA'TION (տիսինքլինէյ'-շըն) չակամութիւն, անյօժարութիւն։

DIS'INCLINE խորշեցնել, ատելի ընել։

DISINFECT' (տիսինֆէքթ') հականեխել, ախտահանել։
DISINFEC'TION հականեխութիւն, ախտահանում։
DISINHERIT (տիսինհէ'րիթ) ժառանգազրկել։
DISINTER' (տիսինթըր') դամբանէն հանել, երեւան հանել։
DISIN'TERESTED անշահախնդիր, անաչառ։
DISJOIN (տիսճօյն') զատել, անջատել, բաժնուիլ։
DISJOINT անկապ, անջատ, անել, կցկտուր, խախտել, բաժնել, ոսկորը տեղէն հանել։
DISLIKE' (տիսլայք') խորշում, զզուանք, ատել, չսիրել։
MISLIMB' (տիսլիմ') անդամահատել։
DIS'LOCATE (տիս'լօքէյթ) խախտել, տեղէն հանել։
DISLODGE' (տիսլաճ') տեղահան ընել, հալածել, տեղահան ըլլալ։
DISLOY'AL (տիսլօյ'ըլ) անհաւատարիմ։
DIS'MAL (տիզ'մըլ) տխրատեսիլ, չարագուշակ։
DISMANTLE (տիսմէն'թլ) մերկացընել, անգործածելի դարձնել։
DISMASK (տիսմէսք') դիմակաթափ ընել։
DISMAST (տիսմեսթ') կայմատել։
DISMAY' (տիսմէյ') սոսկում, ահաբեկութիւն։
DISMEM'BER (տիսմեմ'պըր) անդամահատել, յօշել։
DISMEM'BERMENT անդամահատութիւն։
DISMISS' (տիսմիս') արձակել, պաշտօնանկ ընել։
DISMOUNT' (տիսմաունթ) ձիէն վար իջեցնել, վար իջնել, խորտակել, քակել։
DISOBE'DIENCE (տիսօպի'տիընս) անհնազանդութիւն։
DISOBEY' անհնազանդիլ։
DISOBLIGE (տիսօպլայճ') սիրտը նեղել, վշտացնել։
DISORDE'R (տիսօրտ'ըր) անկարգութիւն, խանգարում, խառնակել, հիւանդացնել։
DISORG'ANIZE (տիսօրկ'ընայզ) կազմալուծել, խանգարել։
DISOWN' (տիզօն') ուրանալ, չճանչնալ։
DISPAR'AGE (տիսփէր'էյճ) անարգել, նսեմացնել։
DIS'PARATE (տիս'փէրէյթ) անհաւասար, անջատ։
DISPA'RITY (տիսփէր'իթի) անհաւասարութիւն, անզուգութիւն։
DISPART' (տիսփարթ') անջատել, բաժնել, հերձել, հրացանի ցըռկակէտ։
DISPA'SSIONATE (տիսփէ'շընէյթ) հանդարտ, անյոյզ։
DISPATCH' (տիսփէչ') առաքում, յղում, պաշտօնագիր, հեռագիր, աճապարում, փութացնել, առաքել, մեռցնել, յղել, ուղարկել, փութով վերջ տալ։
DISPENSABLE (տիսփէն'սէպլ) թոյլատրելի, զանցառելի։
DISPEN'SARY (տիսփէն'սէրի) ձրի բուժարան, դարմանատուն, դեղարան։
DISPENSA'TION (տիսփէնսէյ'շըն) անտեսութիւն, բաշխում, բաժանում, անօրինութիւն, թոյլտուութիւն։
DISPENSE' (տիսփէնս') բաշխել, տնօրինել, մատակարարել, զերծ կացուցանել։
DISPEN'SER մատակարար, դեղարար։
DISPERS'AL (տիսփըրս'ըլ) ցրուում։
DISPERSE' (տիսփըրս') ցրուել, տարածել, փարատել, տարածուիլ։
DISPER'SION ցրուում, սփռում, սփիւռք, փարատում։
DISPLACE' (տիսփլէյս') տեղափոխել, տեղը գրաւել, խանգարել, վտարել, տարահանել։
DISLACE'MENT տեղահանում, տեղագրաւում։
DISPLAY' (տիսփլէյ') ցուցադրութիւն, ցոյց, հանդէս, պերճութիւն, սփռել, ցուցադրել, տարածել։
DISPLEASE' (տիսփլիզ') վշտացնել, նեղել։
DISPLEA'SURE (տիսփլէժ'ըր) անհա-

ճուքթիւն, տաղտուկ, խարշանք։

DISPLUME' (տիսփլիուժ') փետատել, անպատուել։

DISPO'SAL (տիսփօ'զլ) կարգադրութիւն, տնօրինութիւն, փոխանցում, հրաման, գործածութիւն։

DISPOSE' (տիսփօզ') կարգադրել, տրամադրել, գործածել։

DISPOSI'TION (տիսփօզի'շըն) տրամադրութիւն, կարգում, հակում, խառնուածք, միտում, կարգ, բնաւորութիւն։

DISPOSSESS (տիսփազէս') անփազրկել։

DISPOST' (տիսփօսթ') տեղահանել, պաշտօնազրկել։

DISPRAISE' (տիսփրէյզ') պարսաւանք, նախատինք։

DISPROOF' (տիսփրու.ֆ') հերքում։

DISPROPOR'TION (տիսփրօփօր-շըն) անհամեմատութիւն, անհամեմատ, անհամաչափութիւն։

DISPROVE' (տիսփրուվ') հերքել, հակառակը ապացուցանել։

DIS'PUTABLE (տիս'փիուբէպլ) վիճելի։

DISPUTA'TION վէճ, վիճաբանութիւն։

DISPUTA'TIONS վիճասէր։

DISPUTE' (տիսփիութ') վէճ, կռիւ, պայքար, վիճիլ, պայքարիլ, քննել, մրցիլ։

DISQUALIFICA'TION (տիսքուալիֆիքէյ'շըն) անյարմարութիւն, անատակութիւն, անկարողութիւն։

DISQUAL'IFY անյարմար դարձնել, անատակել։

DISQUI'ET (տիսքուայ'էթ) հանգիստը աւրել, խռովել։

DISQUISI'TION (տիսքուիզի'շըն) քննութիւն, հետազօտութիւն։

DISREGARD' (տիսրիկարտ') արհամարհանք, անտարբերութիւն, անգոսնել, արհամարհել։

DISREL'ISH (տիսրիլ'իշ) անախորժութիւն, նողկանք, յափրանք, նողկալ, խորշիլ, ձանձրանալ։

DISREPAIR' (տիսրիփէր') աննորոգութիւն։

DISREP'UTABLE (տիսրէփ'իութէպլ) անպատիւ, վատահամբաւ։

DISREPUTE' վատահամբաւութիւն, անպատուութիւն։

DISRESPECT' անքաղաքավարութիւն, անարգել, չյարգել։

DISROBE' (տիսրօպ') մերկանալ, մերկացնել, կողոպտել։

DISRUPT' (տիսրըփթ') բաժանուած. հերձուած. հերձել. ճեղքել։

DISRUPT'ION ճեղքում, պայթում։

DISSATISFAC'TION դժգոհութիւն, տհաճութիւն։

DISSAT'ISFY դժգոհացնել, անհաճոյ ըլլալ։

DISSECT' (տիսսէքթ') անդամահատել, անդամազննել։

DISSEM'INATE (տիսսէմ'ինէյթ) սերմանել, ցանել, սփռել։

DISSEN'SION անհամաձայնութիւն, հերձուած։

DISSENT' (տիսսէնթ') անհամաձայնութիւն, տարակարծիք ըլլալ։

DISSEN'TIENT (տիսսէն'շընթ) անհամաձայն, տարակարծիք։

DISSERTA'TION (տիսսըրթէյ'շըն) աւարտաճառ, քննական ճառ։

DISSEV'ER (տիսսըվը'ր) անջատել, զատուիլ։

DISS'IDENCE (տիս'սիտընս) անհամաձայնութիւն, հերձուած։

DISS'IDENT (տիս'սիտընթ) տարակարծիք, անհամախոհ։

DISSIM'ILAR (տիսսիմ'իլըր) տարբեր, այլազան, այլատեսակ։

DISSIM'ULATE (տիսսիմ'իուլէյթ) կեղծել, սքօղել։

DISS'IPATE (տիս'սիփէյթ) տարտղնել, վատնել, փարատել, մաշել։

DISSIPA'TION վատնում, փարատում, մաշում, անառակութիւն։

DISSO'CIATE (տիսսօ'շիէյթ) բաժնել, տարանջատել։

DISS'OLUTE (տիս'սօլիութ) վատաշուէր, անառակ, մեղկ։

DISSOLU'TION լուծում, քակտում, կազմալուծութիւն, անառակութիւն։

DISSOLVE' (տիզզալ'վ) լուծել, քայքայել, հալեցնել, լուծուիլ։

DISSOL'VENT լուծիչ, հալող։

DISS'ONANCE խառնաձայն, անմիաբանութիւն։

DISS'ONANT (տիս'օնընթ) խառն,

աններդաշնակ, խառնաձայն:

DISSUADE' (տիսսու'էյտ') տարհամոզել, միտքը փոխել տալ:

DISSUAS'ION տարհամոզում:

DIS'TAFF (տիս'թէֆ) ալեկալ, մանող, մանուհի:

DISTANCE (տիս'թընս) հեռաւորութիւն, միջոց, անջրպետ, մեծարանք, պաղութիւն, հեռակայութիւն, հեռացնել, առաջ անցնիլ, ետին ձգել:

DISTANT հեռու, աղօտ, մթին, տարտամ, ծանր:

DISTEM'PER (տիսթէմ'փըր) անբարեխառնութիւն, խանգարում, ջրերանգ, հասախտ, հիւանդութիւն, խանգարել, խռովել, անբարեխառնել:

DISTEND' (տիսթէնտ') տարածել, ծաւալել, ընդլայնել:

DISTIL' (տիսթի'լ) թորել, քամել, կաթեցնել, ծորիլ:

DISTILL'ER թորիչ, ոգեհան, թորանոց:

DISTILL'ERY (տիսթիլ'ըրի) գործարան, թորանոց:

DISTINCT' (տիսթինքթ') որոշ, յստակ, պայծառ, բացորոշ:

DISTINC'TION խտրութիւն, զանազանութիւն, տարբերութիւն, հռչակ, բաժանում, պատիւ:

DISTING'UISH (տիսթինկ'ուիշ) զանազանել, զատել, որոշել, մեծարել, նշանաւոր հանդիսանալ:

DISTORT' (տիսթորթ') ոլորել, ծամածռել, ծռել:

DISTORT'ION ոլորում, ծամածռում, խեղաթիւրում:

DISTRACT' (տիսթրէքթ') բաժնել, անջատել, հեռացնել, խանգարել, զբաղեցնել:

DISTRAC'TION անջատում, զբօսանք, ցնորում, խռովք, թարթափանք:

DISTRAIN' (տիսթրէյն') ընչազրկել, բռնագրաւել, տնազրկել:

DISTRAINT' բռնագրաւում:

DISTRESS' (տիսթրէս') տագնապ, տառապանք, նեղութիւն, ընչազրաւում, գրաւել, բռնագրաւել, տառապեցնել:

DISTRIBU'TE (տիսթրիպ'իութ) բաշխել, բաժնել, ցրուել:

DISTRIBU'TION բաշխում, բաժնում, դասաւորում:

DISTRIB'UTOR ցրուիչ, բաշխիչ:

DIS'TRICT (տիս'թրիքթ) վիճակ, գաւառ, թեմ, գաւառի բաժնել:

DISTRUST' (տիսթրըսթ') անվստահութիւն, չվստահիլ, կասկածիլ:

DISTURB' (տիսթըրպ') վրդովել, նեղել, խռովել, անհանգիստ ընել:

DISTURB'ANCE վրդովմունք, խառնակութիւն, աղմուկ, խափանում, խանգարում:

DISU'NION (տիսիունի'ըն) անմիութիւն, պառակտում:

DISUNITE' (տիսիունայթ') քակել, անջատել, պառակտել, բաժնուիլ:

DISUSE' (տիսիուզ') անգործածութիւն, չգործածել:

DISYLL'ABLE (տիսիլլ'էպլ) երկվանկ:

DITCH (տիչ) փոս, խրամ, փոս բանալ:

DITH'ER (տիթհ'ըր) դողդղալ, սարսռալ, սարսուռ:

DITT'O (տիթ'թօ) վերոյիշեալը, նոյն:

DI'VAGATE (տայ'վէկէյթ) մոլորիլ, շեղիլ:

DIVAGA'TION շեղում, թափառում:

DIVARIGATE (տայվէ'րիկէյթ) ճիւղաւորիլ, տարածուիլ:

DIVAN' (տիվէն') ատեան, դահլիճ, բազմոց:

DIVE (տայվ) սուզիլ, մխրճիլ, խորասուզում:

DIVER սուզակ, լողակ:

DIVERGE' (տիվըրճ') ցրուիլ, բաժնուիլ, տարածուիլ:

DIVERS' (տայվըրս') զանազան, այլ եւ այլ:

DIVERS'IFY (տայվըրս'իֆայ) այլակերպել, փոփոխել:

DIVER'SION (տիվըր'շըն) խոտորում, շեղում, զբօսանք:

DIVERS'ITY (տայվըրս'իթի) բազմազանութիւն, այլազանութիւն:

DIVERT' (տիվըրթ') խոտորեցնել, զբօսցնել, դարձնել:

DIVEST' (տիվէսթ') մերկացնել, կողոպտել:

DIVIDE (տիվայտ՛) բաժնել, անջատել, երկպառակել։
DIVI'DEND (տիվի'տըՑտ) շահաբաժին, մաս, բաժնելի թիւ։
DIVINA'TION (տիվինէյ'շըՑ) գուշակութիւն, նախատեսութիւն։
DIVINE (տիվայն') երէց, վարդապետ, եկեղեցական, գուշակել, նախագուշակել, հմայել, աստուածային, երկնային։
DIVINITY (տիվինի'թի) աստուածութիւն, Աստուած, վեհութիւն, աստուածաբանութիւն, դիք։
DIVIS'IBLE (տիվիզ'իպլ) բաժանելի։
DIVISIBILITY բաժանելիութիւն։
DIVI'SION (տիվի'շըՑ) բաժանում, բաժին, մաս, պառակտում, զօրաբաժին, դաս։
DIVI'SOR (տիվայ'զըր) բաժանարար։
DIVORCE' (տիվօրս') ապահարզան, ամուսնալուծում, անջատում, ամուսնալուծել։
DIV'OT (տիվ'ըթ) խարձ։
DIVULGE' (տիվըլՃ') հրապարակել, հռչակել, հաղորդել։
DIVULSION խզում, անջատում։
DIZEN (տայզըՑ) զարդարել, պճնել։
DIZZ'Y (տիզզ'ի) ցնորամիտ, շփոթ, անզգոյշ, շփոթեցնել։
DO (տու) ընել, կատարել, վերջացնել, ըլլալ, յանդիմանել։
DO'CILE (տօս'իլ) հլու, դիւրըմբռնել։
DOCK (տաք) նաւակայք, աւազան, կրճատում, կրճատել, փճացնել, նաւը աւազան մտցնել։
DOCK-YARD նաւարան։
DOCK'ER նաւահանգիստի գործաւոր։
DOCK'ET կցանկ, հաշուեցոյց, գնացոյց, պիտակ, դատացանկ, արձանագրել։
DOC'TOR վարդապետ, ուսուցիչ, բժիշկ, բժշկել, դարմանել, նորոգել։
DOC'TORATE, DOCTORSHIP վարդապետութեան տիտղոս։
DOC'TRINE (տաք'թրիՑ) վարդապետութիւն, սկզբունք։
DOC'UMENT (տաք'իու.մըՑթ) վաւերագիր, փաստաթուղթ, ապացոյց։
DOCUMENTA'TION փաստարկութիւն։
DODGE (տաՃ) . խորամանկութիւն, փախուստ, շեղում, խուսափիլ։
DODGER խորամանկ, վարպետորդի։
DODMAN խխունջ։
DOE (տօ) էգ եղնիկ։
DOES (տըզ) եզակի 3րդ դէմք DOի։
DOER (տու'ըր) ընող, գործող։
DOG (տակ) շուն, երկաթակալ, անպիտան, ստահակ, կոյրթ, ճանկ, լրտեսել, հետապնդել, դիտել, որսալ։
DOG CHEAP շատ աժան։
DOG CART միաձի թեթեւ կառք։
DOG DAYS շնիկի օրեր։
DOG-FISH շանաձուկ։
DOG'S-EAR ծալուած անկիւն (գիրքի երեսի)։
DOG-GONE անիծեալ, անպիտան։
DOG WATCH երկժամեայ պահակութիւն։
DOG WEARY խիստ յոգնած.
DOGGED (տակ'կէտ) յամառ, խոժոռ
DOGG'EREL (տակ'կըրէլ) անհարթ՝ անչափ (ոտանաւոր)։
DOG'MA (տակ'մէ) վարդապետութիւն, հաւատալիք։
DOGMAT'IC (տակմէթ'իք) վարդապետական։
DOGMATISM վարդապետականութիւն։
DOG'MATIZE (տակ'մէթայզ) վարդապետել, վճռաբար խօսիլ։
DOILY (տօյլի) պնակալաթ.
DO'INGS (տու'ինկզ) արարք, գործք։
DOIT (տօյթ) ընթիւն։
DOLE (տօլ) վիշտ, սուգ, նեղութիւն, պարգեւ, բաժին, մաս, ողորմութիւն բաշխել։
DOLL (տոլ) պուպրիկ, պաճուճապատանք։
DOLL'AR (տալ'լըր) թալեր, տոլար։
DOLLY (տալ'լի) պուպրիկ, խառնիչ հանածոյի։
DOLOUR (տօլ'ըր) ցաւ, վիշտ, նեղութիւն։
DOL'OUROUS (տօլ'օրըս) ցաւալի դառնակսկիծ։
DOL'PHIN (տօլ'ֆիՑ) դելֆին, խոզուկ

խաղալ։

DOLT (տօլթ) ապուշ, անմիտ։

DOMAIN (տօմէյն') պետութիւն, իշխանութիւն, երկիր, կալուած, հող։

DOME (տօմ) տուն, յարկ, տաճար, գմբէթ, դատավճիռ։

DOME BOOK դատագիրք։

DOMES'TIC (տօմէս'թիք) տնային, ընտանեկան, ընտի, ներքին, ծառայ, ընտի անասուն։

DOMESTICA'TION ընտելացնում։

DOMESTI'CITY ընտանեկանութիւն, ընտանութիւն։

DOM'ICILE (տօմ'իսիլ) բնակարան, տուն, բնակեցնել։

DOM'INANT (տօմ'ինընթ) տիրող, գլխաւոր, բարձրագոյն։

DOM'INATE տիրապետել, իշխել, տիրանալ։

DOMINA'TION իշխանութիւն, տէրութիւնք, չորրորդ դաս հրեշտակներու։

DOMINEER' (տամինի'ր) բռնանալ, տիրակալել։

DOM'INIE (տամ'ինի) կղեր. ակոն, վարժապետ։

DOM'INION (տամին'եըն) իշխանութիւն, տէրութիւն, կալուածք, երկիր, պետութիւն։

DOM'INO (տամ'ինօ) թիկնոցակ, կընգուղ, փիլոն, պիտակախաղ։

DON (տան) պարոն, տէր, ջոջ։

DONATE (տօ'նէյթ) նուիրել, ձօնել։

DONA'TION (տօնէյ'շըն) նուիրատուութիւն, պարգեւ։

DONE (տըն) արուած, եղած, լմնցած, եփած։

DONEE (տօնի') նուէրընկալ։

DONKEY (տան'քի) էշ, իշուկ, ապուշ։

DONN'A (տանն'է) տիկին։

DO'NOR (տօ'նար) նուիրատու։

DO-NOTHING անգործ, ծոյլ։

DON'T (տօնթ) կրճատում DO NOTի։

DON'T CARE անտարբեր։

DOOM (տոււմ) վճիռ, դատավճիռք, վերջին, դատաստան, փլուզում, դատել, վճռել, դատապարտել, սահմանել։

DOOMS' DAY վերջին դատաստանի օր։

DOOR (տօր) դուռ, անցք, մուտք։

DOOR BELL դրան զանգակ։

DOOR-KEEPER դռնապան։

DOOR-NAIL դռնակի գամ, բեւեռ։

DOPE խանձր հեղ. փայլեցնել, թմրեցնել, թմրեցուցիչ տալ։

DOR'MANCY թմրութիւն, հանգիստ, [illegible]։

DORMANT (տօր'մընթ) քնացող, անշարժ, գաղտնի։

DORMITIVE քնացող, քնադեղ։

DORM'ITORY (տօր'միթօրի) ննջարան։

DORS'AL (տօր'սըլ) ողնայրին, կռնակի։

DOR'TOUR (տօր'թուր) ննջարան։

DOSE (տօս) դեղաչափ, դեղահատ, դեղ տալ։

DOSS (տօս) անկողին, քուն։

DOSS'IER (տօսիէ') թղթածրար, պարունակ։

DOSSIL (տօս'սիլ) ծած, վիրապատրոյգ։

DOST (տըսթ) կ'ընես։

DOT (տաթ) կէտ, բիծ, օժիտ, կէտադրել։

DO'TAGE (տօթէյճ') զառամութիւն։

DO'TARD (տօ'թըրտ) զառամ։

DOTE (տօթ) զառանցել, բանդագուշել։

DOTH (տըթհ) կ'ընէ։

DOTT'Y (տաթ'թի) կէտաւոր, տկարամիտ։

DOUBLE (տըպլ) կրկին, ծալք, զոյգ, նենգ, փախուստ, կրկնակ, կրկնել, շատցնել, կրկնապատկել, կրկին, զոյգ։

DOUBLE-BARRELLED երկհարուածեան (հրացան), երկփող։

DOUBLE-CHARGE կրկին գին դնել։

DOUBLE-DEALER երկդիմի, խաբեբայ։

DOUBLE-FACED երկերես, կեղծաւոր։

DOUBLE-MINDED փոփոխամիտ։

DOUB'LET (տըպ'լէթ) կրկնոց, բաճկոնակ, սուտ գոհար, կրկնակ։

DOUBT (տաուպ) կասկած, վարանում, վախ, դժուարութիւն, կասկածիլ, տարակուսիլ, վարանիլ, վախնալ։

DOUBT'FUL կասկածելի, անստոյգ, աղօտ, վտանգաւոր։

DOUBT'LESS անկասկած, անտարակոյս։

DOU'CEUR (տու'սըր) կիծոն, կաշառք, քաղցրութիւն։

DOUCHE (տուշ) ջրցայտ, ցնցուղ, դուշ։

DOUGH (տօ) զանգուած, խմոր, դըրամ։

DOUGHNUT օղաձեւ քաքար։

DOUGHTY' (տաութի') քաջ, անվեհեր։

DOUGHY (տօ'ի) հում, կակուղ, խըմորային։

DOVE (տըվ) տատրակ, աղաւնի։

DOW'AGER (տաու'էճըր) հասաւոր, ժառանգական (այրի)։

DOWAGER QUEEN այրի թագուհի։

DOWD'Y (տաուտի) անճաշակ։

DOWE'R (տաու'էր) օժիտ, մահր, տառայր։

DOWN (տաուն) աղուամազ, ստորակայա, վայրէջք, անկում, վարը, վարը մտած, դէպի վար, իջեցնել, վար առնել, նուաճել։

DOWN'CAST (տաուն'քէսթ) ակնկոր, կորագլուխ, վհատած։

DOWN'FALL անկում, կործանում։

DOWN'-HEARTED սրտաբեկ, նըկուն։

DOWN-HILL զառիվար, զառիթափ։

DOWN'POUR տեղում, տեղատարափ։

DOWN'RIGHT պարզամիտ, յայտնապէս, ուղղակի, անկեղծ։

DOWNSTAIRS' վարը, վարի յարկը։

DOWN'WARD դէպի վար, դէպի անկում, վհատած։

DOW'RY (տաու'րի) նուէր, օժիտ, հատոյթ։

DOWSE, DOUSE (տաուս) ապտակ, զարնել, ապտակել։

DOXOL'OGY (տաքսալ'օճի) օրհներգ, փառաբանութիւն։

DOYEN (տուայ'էն) երիցագոյն, աւագ անդամ։

DOZE (տօզ) մրափ, նիրհ, մրափել, թմրեցնել։

DOZEN (տըզ'ն) երկոտասնեակ։

DRAB (տրէպ) բաց, հնոտ, թխագոյն։

DRACHM (տրէմ) դրամաչափ, դըրախմէ, դրամ։

DRAFF (տրէֆ) աւելցուք, գիրտ, մրուր։

DRAFT (տրէֆթ) ծրագրել, հաստատել, գծագրել, ընտրել։

DRAFT քաշում, փոխանակագիր, ուրուագիծ, մուրհակ, զօրահաւաք, ուղղաչափ, գծագրութիւն։

DRAFTS (տրէֆց) ադիւսախաղ։

DRAFTS'MAN գծագրիչ, ուրուագըծող, ադիւսաքար։

DRAG մեծ վարմունկան, ոտնակապ, ցաքան, անուակալ, արգելակ, քաշել, յատակը մաքրել, հրել, դեգերիլ։

DRAGGLE (տրէկ'լ) թրջել, կեղտոտել, գետինը քաշելով աղտոտել։

DRAG'OMAN (տրէկ'օմըն) թարգման։

DRAG'ON (տրէկ'ըն) վիշապ, օձառակ, մանդակ, ոգի մը։

DRAG'ONNADE (տրէկ'ընէյտ) վիշապաձիորդ, կատաղած հալածանք։

DRAGOON' (տրէկուն') հեծելազօր, հալածել, հարստահարել։

DRAYSMAN ուղեկառավարի։

DRAIN (տրէյն) կոյուղի, ակօս, ջուրի ճամբայ, ծծել, պարպել, չորնալ, քամել։

DRAKE (տրէյք) արու բադ, խոյավարտակ։

DRAM (տրէմ) դրամ, պուտիկ, ումպ մը։

DRA'MA (տրէյ'մէ) թատերախաղ։

DRAMAT'IC թատերական։

DRAM'ATIST թատերգակ, թատերագիր։

DRAM'ATIZE ներկայացնել, թատերական ձեւ տալ։

DRAMATURGE (տրէմէթըրճ') թատերագիր։

DRANK (տրէնք) խմած; անցեալ վարտանել։

DRAPE (տրէյփ) ծածկել, սեւով պատել, հագցնել։

DRA'PER չուխայագործ, կտաւավաճառ։

DRA'PERY կտաւեղործութիւն, օթոցք, զգեստաւորութիւն։

DRAS'TIC (տրէս'թիք) ազդու, ուժգին։

DRAUGHT (տրէֆթ) քաշում, օդի հոսանք, ուրուագիծ, նախանկար, գծագրութիւն, ումպ, փոխանակագիր, ճեմիչ, կոյուղի, խիւս, գեղանուր, քաշել, հաւաքել (զօրք), ուրուագծել, ստուերագրել, գրել։

DRAUGHTS'MAN գծագիր, գծագրիչ։

DRAW (տրօ) հանում, քաշում, անորոշ խաղ, վիճակահանութիւն, քաշել, հրապուրել, արտադրել, շնչել, ձեռք բերել, ծծել, ուրուագծել, նկարագրել, խորանալ, վիճակ քաշել։

DRAW'BACK (տրօ'պէք) վնաս, արգելք, մաքսի դարձ։

DRAW'BRIDGE շարժական կամուրջ։

DRAWEE (տրօ'ի) վճարող (փոխագրի)։

DRAW'ER քաշող, գծող, գինետան սպասաւոր։

DRAWING գծագրութիւն, վիճակահանութիւն, քաշում։

DRAW'ING-ROOM հիւրասենեակ, դահլիճ։

DRAWL (տրօլ) կմկմանք, ծամծմել, կմկմալ։

DRAY (տրէյ) բեռնասայլ։

DRAYMAN սայլապան։

DREAD (տրէտ) երկիւղ, ահ, ակնածանք, սոսկում, սոսկալ, զարհուրել։

DREAD'FUL ահարկու, սոսկալի։

DREAD'NOUGHT անվեհեր, վրանոց, զրահաւոր։

DREAM (տրիմ) երազ, երազել։

DREAMY երազոտ, մտացածին։

DREAR'Y տրտում, տխրագին։

DREDGE (տրէճ) հողահան, խճահան, վարմունական, սափել, հողահանով մաքրել։

DREGS (տրէկս) մրուր, գիրտ։

DRENCH (տրէնչ) ըմպելի, ումպ, լուծողական, թրջել, ողողել, խմցնել։

DREN'CHER թրջող, թաթխիչ։

DRESS (տրէս) հագուստ, տարազ, արդուզարդ, հագցնել, զարդարել, կարգի դնել, խնամել, վէրքը կապել, եփել, չփել, սանտրել, մշակել, հագուիլ, սղուիլ։

DRESS'ER հագցնող, դարմանող, օգնական։

DRESSMAKER դերձակ, կարուհի։

DRESS'ING հագուստ, արդուզարդ, դրդարանք, վիրակապ, դրօշակ, համեմանք կերակուրի։

DRESSING-GOWN թեթեւ հագուստ։

DRESSING-ROOM արդուզարդի սենեակ։

DRESSY (տրէս'սի) պճնազարդ, գեղազգեստ։

DRIB պակասեցնել, դիւթել։

DRIB'BLE (տրիպ'պլ) կաթիլ, ծորել, կաթկթել, կաթկթում, բարակ անձրեւ։

DRIB'LET մանրիկ, կտոր, մանր գումար։

DRIED (տրայտ) չորցած։

DRIFT (տրիֆթ) ուժգնութիւն, հոսանք, բռնութիւն, կոյտ, խրամ, հեղեղակոյտ, կուտակուիլ, ծփալ, հոսանքէն քշուիլ, հանքը քննել, վարել, քաշել, կուտակել; մղել։

DRIFT-NET մեծ ուռկան։

DRIFTER ձկնորսանաւ, ականահաւաք նաւ։

DRILL (տրիլ) գայլիկոն, ազդանշան, զինուորամարզութիւն, ակօսիչ, սերմնիչ, գայլիկոնել, մարզել, կրթել, զինուորական մարզանք ընել, ուսման հետեւիլ։

DRINK (տրինք) խմելիք, ըմպելիք, խմել, կոնծել, ծծել։

DRIP (տրիփ) կաթիլ, շիթ, կաթկըթում, կաթել, թորել։

DRIVE (տրայվ) կառքով պտոյտ, շրջագայութիւն, կառավարութիւն, քշել, վարել, մխել, զարնել, տադել, փութացնել, քաշուիլ, որսալ, մատղել:

DRIV'EL (տրիվ'լ) լորձունք, բարբաջանք, անմիտ, լորձնոտուած, զառանցել, բարբանջել, լորձունքը վազել:

DRIZ'ZLE (տրիզ'զլ) բարակ անձրեւ, բարակէն անձրեւել:

DROLL (տրօլ) ծաղրական, ծաղրածու:

DROLL'ERY միմոսութիւն, զուարճանք:

DROM'EDARY (տրըմի'տըրի) տաճիկ ուղտ, վազկան:

DRONE (տրօն) արու մեղու, դատարկապորտ, բամբ ձայն, բզզիւն, բզզալ, ծուլանալ:

DROOP (տրուփ) թուլնալ, թոռչիլ, նուաղիլ:

DROP (տրափ) կաթիլ, չիթ, կայլակ, պուտ, փեզը, կախուլ, գինդ, անկում, կաթեցնել, ցօղել, սրսկել, ձգել, թող տալ, կաթիլ, ձգուիլ, վերջանալ:

DROPLET կայլակ, մանր կաթիլ:

DROP'SY (տրափ'սի) ջրգողութիւն, արծուիք:

DROSS (տրաս) խարամ, թափթփուք, աւելցուք:

DROUGHT (տրաութ) երաշտութիւն, չորութիւն:

DROVE (տրօվ) նախիր, հօտ, սուրու, ջրմուղ, մատնէք, նախիրը քշել, քարը յղկել:

DROWN (տրաուն) ողողել, խեղդել, զսպել, խեղդուիլ, գետամոյն ըլլալ:

DROWSE (տրաուզ) մրափել, նիրհել, մրափ, թեթեւ քուն:

DROW'SY քնամոլ, քնատէր, ապուշ:

DRUB (տրըփ) ծեծ, կռուփ, ափոց:

DRUDGE (տրըճ) չարաչար աշխատող, ստրուկ, տաժանել:

DRUG (տրըկ) դեղ, դեղորայք, թմրեցուցիչ, թմրեցնել, դեղ տալ, դեղերը բաղադրել:

DRUG-STORE դեղի մթերանոց, դեղարան:

DRUGG'ET (տրըկ'կէթ) կոշտ թաղիք մը:

DRUGG'IST (տրըկ'կիսթ) դեղավաճառ, դեղագործ:

DRUM (տրըմ) թմբուկ, ականջի թմբուկ, թմբկահար, ժխորալից հաւաքոյթ, թմբուկ զարնել, ժողվել, բարախել, կանչել:

DRUM FIRE հրետանիի կրակ:

DRUM HEAD թմբուկի մաշկ, անուորքի գլուխ:

DRUMM'ER թմբկահար:

DRUNK (տրընք) զուարթ, գինով, արբած:

DRUNK'ARD խմող, գինեմոլ, արբեցող:

DRUNKE'N գինով, հարբած:

DRUPE (տրուփ) միակորիզ պտուղ, միրգ:

DRY (տրայ) չորցնել, չորացնել, չորնալ, ցամքիլ, չոր, ցամաք, անջրդի, անզգայ, սուր, խիստ:

DRY TOAST կարմրած հաց:

DUAL (տու'ըլ) երկուորական, զոյգ, երկեակ:

DU'ALISM (տու'էլիզմ) կրկնապաշտութիւն, կրկնաստուածութիւն:

DU'ALIST կրկնապաշտ, երկուպաշտ:

DUB (տըպ) ասպիճան տալ, ասպետացնել, կոչել, անուանել:

DUB'BER կաշիէ սափոր, ասպետարար, թմբկահար:

DU'BIOUS (տիու'պիըս) անստոյգ, տարակուսելի:

DUBITA'TION (տիուպիթէյ'շըն) կասկած, տարակոյս:

DU'CAL (տիու'քըլ) դքսային:

DUCH'ESS (տըչ'էս) դքսուհի:

DUCK (տըք) բադ, կորացում, կտաւ մը, անուշիկ, գլուխ ծռելը, մխրճել, ծռել, խոնարհեցնել, սուզիլ:

DUCKLING (տըք'լինկ) բադիկ:

DUCT (տըքթ) փողրակ, խողովակ:

DUCTILE (տըք'թիլ) դիւրաթեք, ճկուն:

DUDE (տիուտ) պճնամոլ, պճնազգեստ:

DUDG'EON (տըճ'ըն) զայրոյթ, տհաճութիւն, զայրոյթ, քէն:

DUE (տիու) իրաւունք, հարկ, տուրք,

ժամկէտ։

DU'EL (տիու'էլ) մենամարտ, մենամարտիլ։

DUET' (տիուէթ') զուգերգ։

DUFF (տըֆ) խմոր, կարծրածաղ, նենգել, խաբել։

DUG (տըկ) կովի ծիծ, պտկունք։

DU'GONG (տու'կանկ) ծովակով։

DUG'OUT (տըկ'աութ) կուր, նաւակ, փոս, հանգստեան կառուցուած տեղ։

DUKE (տիուք) դուքս։

DUL'CET (տըլսէ'թ) քաղցրահնչէն ձայն։ քաղցրացնել։

DULL (տըլ) ըթամիտ, տխուր, դանդաղ, նսեմացնել, բթանալ։

DU'LY (տիու'լի) ըստ արժանւոյն, ճիշդ ժամանակին։

DU'MAL (տիու'մըլ) մոգութային։

DUMB (տըմ) համր, մունջ, լռեցնել, հանդարտեցնել։

DUMB-BELLS կշռագունդք (մարմնամարզի)։

DUMMY' (տըմմի') սնակարկալ, տուփ, կոշտ, տեառնակ, մունջ, անխօս, խաբկանք։

DUMP (տըմփ) Թախծութիւն, մըտացրութիւն, աղբանոց, աղբանոտ, կախիկրիկա, գիրուկ, տափիկն, նետել, զապարտել, ուժգին զարնել։

DUM'PY (տըմ'փի) կարճ ու կլոր, կախիկրիկա։

DUN (տըն) պահանջում, տաղտկում, ամբոց, Թխադոյն ձի, Թուխ, մըթին, պարտքը պահանջել, պարտապանը նեղել։

DUNCE (տընս) ապուշ, էշ, ըթամիտ։

DUN'DERHEAD (տըն'տըրհէտ) անկարող, անմիտ։

DUNE (տիուն) աւազակոյտ, աւազաթումբ։

DUNG (տընկ) աղբ, քակոր, ծիրտ, Թրիքել, ծրտել, աղբել։

DUN'GEON (տըն'ճըն) զնդան, նըկուղ։

DUPE (տիուփ) խաբուած, ապուշ, խաբել, նենգել։

DUPLEX (տիու'փլէքս) կրկնակ, կրկնապատիկ։

DU'PLICATE (տիու'փլիքէյթ) կըրկնատիպ, պատճէն, օրինակ, կրկնապատկել, երկծալել, օրինակը առնել։

DUPLICA'TION կրկնութիւն, կրկնապատկում։

DUPLI'CITY (տիուփլիս'իթի) երկդիմութիւն, խարդախութիւն, կեղծիք։

DURABLE (տիու'րէպլ) մնայուն, տեւական։

DURABIL'ITY տեւականութիւն։

DUR'ANCE (տիուր'ընս) բանտարկութիւն, միջոց, տեւողութիւն։

DURA'TION (տիուրէյ'շըն) տեւողութիւն։

DUR'ESS (տիու'րէս) բանտ, կապանք, տառապանք։

DUR'ING (տիուր'ինկ) միջոցին..., մինչդեռ, ատեն։

DURST (տըրսթ) համարձակեցաւ։

DUSK (տըսք) մթնշաղ, աղջամուղջ, մթին, սեւուկ։

DUST փոշի, հող, նուաստութիւն, գերեզման, աճիւն, մեռելոց, յուզում խոզանակել, փոշին մաքրել, հարուածել, փոշի ցանել, փոշիացնել։

DUS'TER փոշեհան, փետրաւել։

DUSTMAN աղբահաւաք, աւլող։

DUS'TY փոշոտ, փոշելից։

DUTCH (տըչ) Հոլանտական, Հոլանտացի։

DU'TEOUS (տիու'թիըս) պարտաճանաչ, հլու։

DU'TIABLE (տիու'թիէպլ) մաքսաբերելի։

DU'TIFUL պարտաճանաչ։

DU'TY պարտականութիւն, հլութիւն, յարգանք, հարկ, բաժ, մաքսատուրք։

DWARF (տուօրֆ) կարճուկ, Թզուկ, գաճաճ, պզտիկցնել։

DWELL (տուէլ) բնակում, կենալը, բնակիլ, կենալ, մնալ։

DWELL'ING բնակութիւն, բնակարան։

DWIN'DLE (տուին'տլ) պակսիլ, հատնիլ, նուազիլ, նուազեցնել։

DYE (տայ) ներկ, գոյն, ներկել։

DYER *ներկարար*։

DYNAM'IC (տայնէմ'իք) *ուժանական, ուժական*։

DYNAM'ICS *ուժաբանութիւն, շարժաբանութիւն*։

DY'NAMITE (տայ'նէմայթ) *ուժանակ*։

DYN'ASTY (տայն'էսթի) *արքայական ցեղ, հարստութիւն*։

DYNE (տայն) *ուժակ*։

DYS'ENTERY (տիս'էնթէրի) *թանչ*։

DISPEP'SIA (տիսփէփ'սիէ) *դժուարամարսութիւն*։

DYSPHO'NY (տիսֆօ'նի) *դժուարաձայնութիւն*։

DYSURY (տիսնուրի) *դժուարամիզութիւն*։

E

EACH (ի՛չ) *իւրաքանչիւր, ամէն մէկ։*
EACH OTHER *իրարու, իրար։*
EAGER (ի՛կըր) *ջերմ, անձկալից։*
EAGERNESS *փափաք, ջանք, անհամբերութիւն։*
EAGLE (իկլ) *արծիւ։*
EAGLET (ի՛կլէթ) *արծուիկ։*
EAGRE (ի՛կըր) *կոհակ, յորձանք։*
EAR (իյր. ի՛ըր) *ականջ, լսողութիւն, ուշադրութիւն, հասկ, կոթ, մատիճ, ունկնդրել, լսել, մշակել, հասկ կապել։*
EAR-RING *ականջօղ։*
EAR-TRUMPET *ականջի ձայնափող։*
EAR-WAX *գէջ, ականջի ճարպ։*
EARL (ըրլ) *կոմս։*
EARLDOM *կոմսութիւն։*
EARLESS *ականջատ, անհասկ։*
EARLY (ըր՛լի) *կանուխ, վաղահաս, անյապաղ։*
EARN (ըրն) *շահիլ, ստանալ, վաստըկիլ։*
EARN'EST (ըրնէ՛սթ) *անկեղծ, ջերմեռանդ, գրաւ։*
EARNEST MONEY *երաշխաւորութիւն, գրաւ։*
EARTH (ըրթհ) *հող, գետին, ցամաք, հողով ծածկել, ծակ մտնել, թաղել, պահուըտիլ։*
EARTH-BORN *հողածին։*
EARTH-BOUND *աշխարհահաւէր։*
EARTH'EN (ըրթհ՛ըն) *հողային, կաւային։*
EARTHEN WARE *խեցեղէնք, պուտուկեղէնք։*
EARTH'LY *հողեղէն, աշխարհային։*
EARTHLINESS *աշխարհահաճութիւն, կոշտութիւն։*
EARTH'QUAKE *երկրաշարժ։*
EARTH'Y *մարմնային, կոշտ, ռմբրա։*
EAR'WIG *ականջակեր որդ։*
EARWITNESS *ականջալուր վկայ։*
EASE (ի՛զ) *հանգիստ, անդորրութիւն, վայելչութիւն, ամոքել, հանգստացնել, թեթեւցնել, թուլնալ։*
EASEFUL (իզֆուլ) *խաղաղ, դիւրընծայ։*
EAS'EL (իզ՛էլ) *նկարակալ։*
EASE'MENT (իզ՛մընթ) *դիւրութիւն, յարմարութիւն, նպաստ։*
EASELY (իզ՛իլի) *դիւրաւ, յօժարակամ։*
EAST (իյսթ) *Արեւելք, դէպի Արեւելք։*
EAS'TER (իս՛թըր) *Զատիկ, Պասեք։*
EASTER EGG *կարմիր հաւկիթ։*
EASTERLY *արեւելեան, արեւելակողմ։*
EASTERN *արեւելեան, արեւելեցի։*
EAST'WARDS *դէպի արեւելք։*
EAS'Y (իզի) *դիւրին, հանգիստ, հեշտ։*
EASY-GOING *դիւրագնաց, անհոգ։*
EAT (իթ) *ուտել, սպառել, կլլել, լափել։*
EATABLE (իթ՛էպլ) *ուտելի։*
EATING-HOUSE *ճաշարան։*
EAVES (իվզ) *քիւ, զարաւանդք։*
EAVES DROPPER *գաղտնի լսող։*
EBB (էպ) *տեղատուութիւն, նուազանք, տեղի տալ, ետ հոսիլ։*
EB'ON (էպ՛ըն) *եբենոս։*
EB'ONY *եբենոսէ։*
EBUL'LIENT (էպիլիընթ) *եռացող, բորբոքուն։*
EBULLI'TION (էպուլի՛շըն) *եռացում, պղպջացում։*
ECCEN'TRIC (էքսէն՛թրիք) *արտակեդրոն, այլանդակ, արտառոց։*
ECCENTRIC'ITY (էքսէնթրիսի՛թի) *այլանդակութիւն, արտակեդրոնութիւն։*

ECCLESIAS'TIC (էքլի՛սիէսթիք) եկեղեցական։
E'CHELON (էշ՛ըլան) աստիճանաշար։
ECHO' (էքօ) արձագանգ, արձագանգել։
ECLEC'TIC (էքլէք՛թիք) ընտրողական, ընտրական։
ECLIPSE' (էքլիփս՛) խաւարում, խաւարեցնել։
ECLIP'TIC (էքլիփ՛թիք) ծիր խաւարման։
ECONOM'IC (իքօնամ՛իք) տնտեսական։
ECONO'MIST (իքօնամ՛իսթ) տնտեսագէտ, խնայող։
ECON'OMIZE (իքօնա՛մայզ) տնտեսել, խնայել։
ECON'OMY (իքօնա՛մի) տնտեսութիւն, տնտեսագիտութիւն։
EC'STASY (էք՛սթէսի) մտքի յափշտակութիւն, սքանչացում, մտացնծութիւն։
ECSTAT'IC հիանալի, սքանչելի։
ECTYPE (էք՛թայփ) պատճէն, օրինակ, նախատիպ։
EC'ZEMA (էք՛զիմէ) ուռքիւն, մալաքոր։
EDA'CIOUS (իտէյ՛շըս) շատակեր։
EDD'Y (էտ՛տի) հակահոսանք, յորձանք, պտուտկել։
EDEN'TATE (իտէն՛թէյթ) ակռաները թափած, ժոռատ։
EDGE (էճ) եզր, շրթունք, ճոթ, ծայր, ուժգնութիւն, սրութիւն, սրել, գրգռել, եզրաձեւել։
EDGE-TOOL կտրոց։
EDGE WAYS, EDGE WISE ծայրի կողմը։
EDG'ING (էճ՛ինկ) եզր, ծայր, երիզարդ։
ED'IBLE (էտ՛իպլ) ուտելի։
E'DICT (իտ՛իքթ) հրաման, պատուէր, հրովարտակ։
ED'IFICE (էտ՛իֆիս) շինուածք, ապարանք։
ED'IFY (էտ՛իֆայ) շինել, բարեկրթել, զարգանալ, բարի օրինակ ըլլալ։
ED'IT (էտ՛իթ) շարադրել, խմբագրել։
EDITION (էտի՛շըն) տպագրութիւն, հրատարակութիւն։
EDITOR խմբագիր, հրատարակիչ։
ED'ITRESS խմբագրուհի։
EDITOR'IAL տպագրական, խմբագրական։
ED'UCATE (էտիուքէյթ) դաստիարակել, կրթել, մշակել։
EDUCA'TION դաստիարակութիւն, մանկավարժութիւն։
EDUCA'TIONAL կրթական, դաստիարակչական։
EDUCE' (իտեուս՛) ի լոյս ընծայել, արտադրել։
EDULCORATE (էտիուլ՛քօրէյթ) քաղցրացնել։
EDUC'TION (իտիք՛շըն) յառաջբերութիւն։
EEL (իլ) օձաձուկ։
EER'IE (էյր՛ի) ահարկու, կախարդ։
EFFACE (էֆֆէյս՛) սրբել, ջնջել, մտքէն հանել։
EFFECT' (էֆֆէքթ՛) արդիւնք, վախճան, իմաստ, նպատակ, ուժգնութիւն, պատճառել, կատարել, ներգործել, իրականացնել, արտադրել։
EFFEC'TIVE պատճառող, պիտանի, ազդու, իրական, ատակ, զինուորական ծառայութեան։
EFFEC'TUAL ազդու, իրական, ներգործական։
EFFEC'TUATE կատարել, գործադրել, ընել, պատճառել։
EFFECTUA'TION գործադրութիւն, կատարում։
EFFEM'INATE (էֆֆիմ՛ինէյթ) կնամարդի, կանացի, թոյլ, հեշտասէր, մեղկացնել, կնացնել։
EFFERVESCE' (էֆֆըրվէս՛) եռալ, բորբոքիլ։
EFFERVESCENT եռացող, պղպջական, եռանդուն։
EFFICA'CIOUS (էֆֆիքէյ՛շըս) զօրաւոր, ազդու, արդիւնագործ։
EFF'ICACY (էֆֆիքէսի) ազդուութիւն, արդիւնագործութիւն։
EFFI'CIENT (էֆֆի՛շընթ) ներգործիչ։

ատակ, կարող։
EFFI'CIENCY ատակութիւն, արդիւնագործութիւն, կարողութիւն։
EFF'IGY (էֆ'ֆիճի) դէմք, նմանութիւն, պատկեր։
EFFLATE (էֆլէյթ') փչել, ուռեցնել։
EFF'LUENCE (էֆ'ֆլիուընս) հեղում, զեղում, արտազեղում։
EFF'LUENT արտահոսող, զեղուն։
EFF'LUX (էֆ'ֆլըքս) արտահոսութիւն, արտացայտում։
EFF'ORT (էֆ'ֆըրթ) ճիգ, ջանք, աշխատութիւն։
EFFRON'TERY (էֆրըն'թըրի) լրբութիւն, անզգամութիւն։
EFFUL'GENCE (էֆֆըլ'ճընս) փայլ, պայծառութիւն։
EFFUL'GENT փայլուն, պայծառ, շողշողուն։
EFFUSE' (էֆֆիուզ') հոսիլ, զեղուլ, բխիլ, մխատարած։
EFT (էֆթ) ջրամողէզ։
EGG (էկ) հաւկիթ, ձու, դրդել, ըստիպել։
EGLANTINE (էկ'լընթայն) մասուն, վարդուն։
EGO' (իկօ') ես, անձնականութիւն։
EG'OISM (էկ'օիզմ) անձնասիրութիւն։
EG'OIST եսապաշտ, անձնասէր։
EG'OTISM (իկ'օթիզմ) ինքնագովութիւն, անձնապաշտութիւն։
EG'OTIST անձնագով, անձնապաշտ։
EGRESSION, E'GRESS (ի'կրէս) ելք, մեկնում, անցք։
EGYPT (իճիփ'թ) Եգիպտոս։
EGYPTIAN (իճիփշ'ըն) եգիպտացի, եգիպտական։
EGYPTOL'OGY (իճիփթալ'օճի) եգիպտաբանութիւն։
EGYPTOL'OGIST եգիպտաբան։
EIDER (այ'տըր) հիւսիսաբադ։
EIGHT (էյթ) ութ։
EIGHTFOLD ութնապատիկ։
EIGHTH ութերորդ։
EIGHT'EEN տասնըութ։
EIGHT'Y ութսուն։
EIGHTIETH ութսուներորդ։
EITHER (իտհըր) երկուքէն մէկը, «Մին <u>կամ</u> միւսը,» այս կամ այն։

EJAC'ULATE (իճէքիուլէյթ) նետել, ցայտեցնել, ցայտել, գոչել։
EJACULA'TION ցայտում, ժայթքում, արտագոչում, արագ մաղթանք։
EJECT' (իճէքթ') վռնտել, վտարել, դուրս նետել։
EJECTION վտարում, արտաքսում, մերժում։
EKE (իք) երկարել, աւելցնել, նմանապէս։
ELABO'RATE (իլէպ'օրէյթ) խնամեալ, ընտիր, խնամքով պատրաստել, երկասիրել։
ELABORA'TION կազմում, յօրինում, երկասիրութիւն։
ELAB'ORATOR աշխատասիրող։
ELANCE (իլէնս) արձակել, նետել։
ELAPSE' (իլէփս) սահիլ, անցնիլ։
ELAS'TIC (իլէս'թիք) առաձգական։
ELASTI'CITY առաձգականութիւն։
ELATE' (իլէյթ') բարձրացնել, հպարտ, բարձրացնել։
EL'BOW (էլ'պօ) արմուկ, անկիւն, արմկել, մղել, վանել, ծռիլ։
ELD (էլտ) հին, հնութիւն, ծերութիւն։
EL'DER (էլ'տըր) երիցագոյն, տարիքոտ, նախահայր, պաշտօնեայ։
ELDEST (էլտէսթ) ամենահին, ամենածեր։
ELDORADO առասպելական երկիր, հարուստ երկիր։
ELECT' (իլէքթ') ընտրել, զատել, որոշել, ընտրեալ։
ELEC'TION (իլէք'շըն) ընտրութիւն, քուէարկութիւն։
ELECTIONEER' քուէ որսալ։
ELEC'TIVE ընտրական։
ELEC'TOR ընտրող, քուէարկու։
ELEC'TORATE քուէարկուներ, ընտրողապետութիւն։
ELEC'TRESS ընտրողուհի։
ELEC'TRIC (իլէք'թրիք) ելեկտրական, ելեկտրիկ։
ELECTRI'CIAN ելեկտրագէտ։
ELECTRI'CITY ելեկտրականութիւն։
ELEC'TRIFY ելեկտրականացնել։
ELECTRIZE տե՛ս ELEC'TRIFY

ELECTRIZA'TION ելեկտրականացում։
ELEC'TROCUTE (իլէք'թրօքիւթ) ելեկտրականութեամբ սպաննել։
ELECTROCU'TION ելեկտրականութեամբ սպաննելը։
ELECTRODYNAM'ICS ելեկտրաուժաբանութիւն։
ELECTROKINET'ICS ելեկտրաշարժութիւն։
ELEC'TROLYSIS ելեկտրալուծութիւն։
ELEC'TROLYTE ելեկտրալոյծ։
ELECROMAG'NETISM ելեկտրամագնիսութիւն։
ELECT'RON ելեկտրոն։
ELECTROP'ATHY ելեկտրաբժշկութիւն։
ELEC'TROPLATE ելեկտրազօծել։
ELEC'TROSCOPE ելեկտրացոյց։
ELECT'ROSTAT'ICS ելեկտրակայանութիւն։
ELEC'TROTYPE ելեկտրատիպ։
ELEC'TROUALENCE բաղադրական ծանրութիւն։
ELEC'TUARY (էլէքթիուէրի) շաբաւէք, դեղախիւս։
ELEEMOSYNAR (էլիմա'ինէր) բարեգործ։
EL'EGANCE (էլ'իկընս) վայելչութիւն, պերճութիւն։
EL'EGANT (էլ'իկընթ) վայելուչ, գեղակազմ։
EL'EGY (էլ'իճի) եղերերգութիւն։
EL'EMENT (էլ'իմընթ) տարր, սկզբնատարր, բաղկացնել։
ELEMEN'TAL տարրական, սկզբնական։
ELEMEN'TARY տարրական, պարզ, սկզբնական։
EL'EPHANT (էլ'իֆընթ) փիղ։
ELEPHANTI'ASIS (էլիֆընթայ'էսիս) խոտորակ, փղադարութիւն։
ELEVATE (էլ'իվէյթ) բարձրացնել, ազնուացնել, գովել, ոգեւորել, տնկել։
ELEVA'TION բարձրացում, վսեմութիւն, վերացում, պատիւ։
EL'EVATOR բարձրացուցիչ, վերամբարձ մեքենայ, ելարան, վերելակ։
ELEV'EN (իլէվ'ըն) տասնմէկ։
ELEV'ENTH (իլէվ'ընթհ) տասնմէկերորդ։
ELF (էլֆ) ոգի, պայ, պարիկ, գաճաճ, թնճկել։
ELI'CIT (էլի'սիթ) դուրս հանել, երեւան բերել։
EL'IGIBLE (է'լիճիպլ) կրճատելի, նախընտրելի։
ELIGIBIL'ITY նախընտրելիութիւն։
ELIM'INATE (էլիմ'ինէյթ) ջնջել, յապաւել, դուրս հանել։
ELEMINA'TION վտարում, արտաքսում։
ELI'SION (իլի'ժըն) կրճատում, բաժանում։
ELITE (էլիթ') ազնուագոյն մասը, նախընտրեալք։
ELIX'IR (իլիք'սիր) կենսաջուր, զօրացուցիչ, ոգելից ըմպելի։
ELK (էլք) եղջերու։
ELL (էլ) կանգուն։
ELLIPSE' (էլլիփս) թերատ, ձուածիր։
ELLIP'SIS (էլլիփ'սիս) զեղչում, զանցառութիւն։
ELM (էլմ) կնձնի։
ELOCU'TION (էլօքիու'շըն) ճարտասանութիւն, պերճախօսութիւն։
ELOCU'TIONIST պերճախօս, վայելչախօս։
E'LOGE (է'լօժ) ներբողական։
E'LONGATE (իլոնկ'կէյթ) երկարել, տարածել, հեռանալ։
ELONGA'TION երկարում, տարածում, հեռացում, մերժում։
ELOPE' (իլօփ') փախչիլ (սիրահարներու)։
ELO'QUENCE (էլօ'քուընս) պերճախօսութիւն։
ELO'QUENT (էլօ'քուընթ) պերճախօս։
ELSE (էլս) ուրիշ, բայց, այլ, եթէ ոչ։
ELSEWHERE այլուր, ուրիշ տեղ։
ELU'CIDATE (էլիու'սիտէյթ) լուսաբանել, պարզել։
ELUCIDA'TION լուսաբանութիւն։

ELUDE' (իլիուտ') խուսափիլ, ի դերեւ հանել։
ELU'SION (իլիու'ժըն) պատրուակ, նենգութիւն։
ELU'SIVE խուսափողական, պատիր։
ELUTRIATE (իլիու'թրիէյթ) խախտել, մաքրել։
EMA'CIATE (իմէյ'շիէյթ) նիհարցընել, նիհարնալ։
EM'ANATE (էմ'ինէյթ) ծագիլ, բըխիլ, յառաջ գալ։
EMANA'TION ծագում, բխում, արտահոսում, արտահեղութիւն։
EMAN'CIPATE (իմէն'սիփէյթ) ազատագրել։
EMANCIPA'TION ազատագրութիւն։
EMAS'CULATE (իմէս'քիուլէյթ) մալել, ներքինացնել, կրտել։
EMASCULA'TION մալում, ներքինացում, ամորձատութիւն։
EMBALM' (էմպամ') զմռսել, խնկել, անուշահոտել։
EMBANK' (էմպէնք') խրամատել, թումբ քաշել։
EMBARG'O (էմպարկ'օ) նաւարգել, նաւուն մեկնումը արգիլել։
EMBARK' (էմպարք') նաւ մտնել, նաւ առնել, մտնել, ձեռնարկել, սկսիլ, նաւարկել։
EMBARKA'TION նաւարկութիւն, նաւամուտք, նաւառութիւն։
EMBA'RRASS (իմպէ'րէս) խանգարել, նեղը ձգել, կնճռոտել, շփոթեցնել, ճնշել։
EMBA'RRASSMENT կնճռոտութիւն, հոգ, տագնապ, դժուարութիւն։
EMBAS'SADOR (էմպէս'սէտըր) դեսպան։
EM'BASSY (էմ'պըսի) դեսպանութիւն, դեսպանատուն։
EMBAT'TLE (էմպէթ'թլ) պատերազմի պատրաստել, ճակատել։
EMBELL'ISH (էմպէլ'լիշ) գեղեցկացնել, զարդարել։
EMBELLISHMENT զարդարում, գեղեցկացնում։
EM'BER (էմ'պըր) մոխրած կրակ, անթեղ։
EMBEZ'ZLE (էմպէզ'զլ) շորթել, նենգել, զեղծել։
EMBEZZLEMENT խորում, շորթում, զեղծութիւն, նենգութիւն։
EMBLA'ZON (էմպլէյ'զն) գեղազարդել, կնքազարդել։
EM'BLEM (էմ'պլէմ) խորհրդանշան, դրուագ։
EMBOD'IMENT միախառնութիւն, հաւաքում, մարմնացում։
EMBOD'Y (էմպատ'ի) միախառնել, մարմնացնել, կազմել։
EMBOG (էմպօկ') թափիլ, պարպուիլ։
EMBO'LDEN (էմպօ'լտըն) յանդգնեցնել, քաջալերել։
EMBOS'OM (էմպուզ'ըմ) գրկել, փայփայել, սնուցանել։
EMBOSS' (էմպաս') ուռեցնել, ծածկել, բարձրաքանդակել։
EMBOSSMENT կումր, քանդակում, բարձրաքանդակ։
EMBRACE' (էմպրէյս') ողջագուրում, համբուրել, փարիլ, ողջունել, սեղմել, գուրգուրալ, ընդունիլ։
EMBRA'SURE (էմպրէյ'ժըր) որմածակ, որմածերպ։
EM'BROCATE (էմպ'րօքէյթ) տածել, շփել, իւղով շփել։
EMBROCA'TION թրջում, իւղաշփում, յանադեղ։
EMBROID'ER (էմպրօյտ'ըր) ասեղնագործ։
EMBROID'ERY ասեղնագործութիւն, նկարակերտութիւն։
EMBROIL' (էմպրօյլ') խանգարել, շփոթել, խառնշտկել։
EM'BRYO (էմ'պրիօ) սաղմ, սաղմնային։
EMEND' (էմէնտ') քակել, սրբագրել, բարւոքել։
EMENDA'TION բարւոքում, սրբագրում։
EM'ERALD (էմ'ըրըլտ) զմրուխտ, տպագրական տառ մը։
EMERGE' (էմըրճ') երեւիլ, դուրս գալ։
EMERGE'NT (էմըր'ճընթ) յանկարծ երեւցող, արտածագ, անխուսափողական։
EMER'GENCY անակնկալ դէպք, ըստիպողական պարագայ, տագնապ,

պատահմունք։

EMER'SION (էմըր'շըն) արտածագում, վերելք, արտելք։

EM'ERY (էմ'ըրի) զմռնիտ, սնփորա։

EM'IGRANT (էմ'իքրընթ) գաղթական։

EM'IGRATE (էմ'իկրէյթ) գաղթել, պանդխտել։

EMIGRA'TION գաղթ, գաղթականութիւն։

EM'INENCE (էմ'ինընս) բարձրութիւն, վսեմութիւն, գերազանցութիւն։

EM'INENT (էմ'ինընթ) բարձր, վսեմ, գերազանց։

EM'ISSARY (էմ'իսըրի) գաղտնի պատուիրակ, լրտես արտոնեալ։

EMI'SSION (իմի'շըն) ըխում, արտայայտում, արձակում, պրակ, հրատարակութիւն, հեռասփռում։

EMIT' (իմիթ) արձակել, ցաթել, բուրել, արտադրել, շրջաբերութեան հանել։

EMOLL'IENT (իմօ'լիընթ) կակղեցուցիչ։

EMOL'UMENT (իմալիումընթ) վարձք, շահ, վաստակ, օգուտ, ամսաթոշակ։

EMO'TION (իմօ'շըն) յուզում, վըրդովմունք, սրտադող։

EM'PEROR (էմ'փըրըր) կայսր, ինքնակալ։

EM'PHASIS (էմ'ֆէսիս) զօրաւոր շեշտ, ուժգնութիւն, ազդուութիւն։

EM'PHASIZE (էմ'ֆէսայզ) ուժգին շեշտել։

EMPHAT'IC (էմֆէթ'իք) ուժգին, ազդու, ակնառու։

EM'PIRE (էմ'փայր) կայսրութիւն։

EMPI'RIC փորձական, փորձագիտական, փորձ բժիշկ։

EMPI'RICISM փորձառական հըմտութիւն, փորձարուժութիւն։

EMPLACE'MENT (էմփլէյս'մընթ) գետեղում, տեղագրութիւն, դիրք, թնդանօթատեղ։

EMPLOY' (էմփլօյ') զբաղում, գործ, պաշտօն, գործածել, զբաղեցնել, ծառայեցնել։

EMPLOYE' (էմփլուայէ') գործաւոր, պաշտօնեայ։

EMPLOY'MENT զբաղում, գործ, պաշտօն։

EMPOW'ER (էմփաու'ըր) իրաւասութիւն, հեղինակութիւն։

EM'PRESS (էմ'փրէս) կայսրուհի։

EMP'TY (էմփ'թի) պարապ; ունայն, ամայի, սին, թափուր, անօթի, պարպել, դատարկել, թափել։

EMU'LATE (էմ'իուլէյթ) հետամտիլ, մրցիլ, նախանձիլ։

EMULA'TION մրցում, նկրտում, հետամտութիւն, նախանձ։

EMUL'SION (էմըլ'շըն) կիթ, սերմնակաթ, սերմնակիթ։

ENA'BLE (էնէյ'պըլ) ի վիճակի ընել, կարողացնել։

ENACT' (էնէքթ') գործել, կատարել, սահմանել, վճռել, օրինագրել։

ENAM'EL (էնէմ'ըլ) կիտուած, կիտուածանկար, ճենապակ, շպար։

ENCAGE' (էնքէյճ') վանդակել, փակել։

ENCAMP (էնքէմփ') բանակիլ, բանակեցնել։

ENCAMP'MENT բանակում, բանակատեղ։

ENCASE' (էնքէյս') արկղել, պատել, դրուագել։

ENCASE'MENT արկղում, պատեան։

ENCHAIN' (էնչէյն') կապել, շղթայել։

ENCHANT' (էնչէնթ') դիւթել, կախարդել։

ENCHANT'MENT հմայք, կախարդութիւն, յափշտակութիւն, հիացում։

ENCIR'CLE (էնսըր'քլ) շրջապատել։

ENCLOSE' (էնքլօզ') ներփակել, ցանկել։

ENCLO'SURE փակում, որմափակ, շրջափակ։

ENCOUN'TER (էնքաուն'թըր) հանդիպում, կռիւ, յարձակում, հանդիպիլ, դէմը ելլել, կռուիլ։

ENCOU'RAGE (էնքը'րէյճ) քաջալերել, ղրդել, սրտապնդել։

ENCOU'RAGEMENT խրախոյս, քաջալերութիւն, նպաստ։
ENCROACH' (էնքրօչ') ոտնձգութիւն ընել, յափշտակել, չորթել։
ENCROACH'MENT, ապօրինի միջամտութիւն, ոտնձգութիւն։
ENCUM'BER (էնքըմ'պըր) խափանել, ճամբան գոցել։
ENCUMB'RANCE արգելք, խափանում։
ENCY'CLIC (անսայք'լիք) շրջաբերական, կոնդակ։
ENCYCLOPED'IA (էնսայքլօփիտ'իէ) համայնագիտարան։
END (էնտ) վերջ, վախճան, մահ, նպատակ, կործանում, անկում, ծայր, եզր, վերջացնել, լմնցնել, մեռցնել, մեռնիլ, կորսուիլ, յանգիլ։
ENDA'NGER (էնտէյն'ճըր) վտանգել։
ENDEAR' (էնտի'ր) սիրցնել։
ENDEAV'OUR (էնտէվ'ըր) ճիգ, ջանք, աշխատանք, ջանալ, ճիգ թափել, նկրտիլ։
ENDEM'IC (էնտէմ'իք) տեղայատուկ, տեղաճարակ։
END'ING (էնտին'կ) վերջաւորութիւն, հետեւանք։
END'LESS անվերջ, աննպատակ, անսահման, անսպառ։
ENDORSE (էնտօրս') փոխանցագրել, յետագրել, փոխանցել։
ENDORSE'MENT փոխանցում, վաւերացում։
ENDOSCOPE (էն'տօսքօփ) ներադիտակ։
ENDOSMOSIS (էն'տազմօսիս) ներածորում։
ENDOTHORAX (էնտօթհօ'րէ:քս) ներքնակուրծք։
ENDOW' (էնտաու') օժտել, պարգեւել, շնորհել։
ENDOW'MENT օժիտ, պարգեւ, եկամուտ, ձիրք, տաղանդ։
ENDURABLE (էնտիուր'էպլ) տանելի, կրելի։
ENDURANCE (էնտիուր'ընս) համբերութիւն, տոկունութիւն, հանդուրժանք։
ENDURE' տոկալ, տանիլ, կրել, տեւել։
ENDWAYS, ENDWISE դէպի ծայրը։
EN'EMA (էն'իմէ) դրեխ։
EN'EMY (էն'ըմի) թշնամի, հակառակորդ։
ENERGET'IC (էնըրճէթ'իք) կորովի, աշխոյժ, ազդու։
EN'ERGIZE (էնը'րճայզ) կորով, ոյժ գործածել, կորովիացնել։
EN'ERGY (էնըրճի) ոյժ, զօրութիւն, կորով, ազդեցութիւն։
EN'ERVATE (էն'ըրվէյթ) ջլատել, տկարացնել, մեղկացնել։
ENERVA'TION ուժաթափութիւն, մեղկութիւն։
ENFEE'BLE (էնֆի'պլ) տկարացնել։
ENFEOFF' (էնֆիօֆ') աւատել, հպատակեցնել։
ENFILADE' (էնֆիլէյտ) ուղղագիծ ամրութիւն, երկայնքով ռմբակոծել։
ENFIRE (էնֆայ'ր) հրկիզել, վառել։
ENFLESH (էնֆլէշ') մարմնաւորել, միս կապել։
ENFORCE' (էնֆօրս') ստիպել, զօրացնել, բռնադատել։
ENFORCE'MENT ստիպում, բռնադատութիւն, հարկ, զօրութիւն։
ENFRAN'CHIZE (էնֆրէն'չայզ) ազատ արձակել, ազատագրել, քաղաքացիական քուէի իրաւունք տալ։
ENGAGE' (էնկէյճ') երաշխաւորել, վարձել, գործի առնել, գրաւել, զբաղեցնել, հրաւիրել, ստանձնել, պատերազմիլ, խոստանալ, սկսիլ, մտնել, նշանուիլ։
ENGAGE'MENT գործ, զբաղում, խոստում, կռիւ, յանձնառութիւն, երաշխաւորութիւն, նշանախօսութիւն։
ENGEN'DER (էնճէն'տըր) ծնանիլ, յառաջ բերել, սերմանել, առաջ գալ, ծնիլ։
EN'GINE (էն'ճին) մեքենայ, գործիք, միջոց, հնարք, ճարտարութիւն։

EN'GINE DRIVER մեքենավար։

ENGINEER' մեքենագէտ, ճարտարարագէտ, չափագէտ, հնարագէտ, երկրաչափ, կառուցանել, շինել, առաջ քշել, մեքենայել։

ENGIR'DLE (էնկըր'տըլ) գօտեւորել։

ENG'LISH (ինկ'լիշ) անգլիացի, անգլիերէն, անգլիական։

ENGLISHMAN անգլիացի, անգլիական նաւ։

ENGRAFT' (էնկրէֆթ') պատուաստել։

ENGRAVE' (էնկրէյվ) փորագրել, քանդակել, դրոշմել, թաղել, խոր տպաւորել։

ENGROSS' (էնկրօս') ստուարացնել, մեծցնել, մենավաճառել, օրինակել, յստակ գրել։

ENGULF' (էնկըլֆ') լափել, կլլել։

ENHANCE' (էնհէնս') առաւելացնել, ծանրացնել, մեծնալ, աւելնալ։

ENHANCE'MENT աճում, բարձրացում, առաւելացում։

ENHEARTEN (էնհարթ'ն) սիրտ տալ, յանդգնացնել։

ENIG'MA (էնիկ'մէ) հանելուկ, առեղծուած։

ENIGMATIC' առեղծուածային։

ENJOIN' (էնճօյն') պատուիրել, հրամայել, արգիլել։

ENJOY' (էնճօյ') վայելել, հաճոյք զգալ, ըմբոշխնել։

ENJOY'MENT վայելք, վայելում։

ENKIN'DLE (էնքին'տըլ) վառել, բորբոքեցնել, գրգռել։

ENLACE' (էնլէյս') ժանեկել, թնճկել։

ENLARGE' (էնլարճ') մեծցնել, ընդարձակել, աւելցնել, տարածել, մեծնալ, աճիլ, ծաւալիլ։

ENLARGE'MENT ընդարձակում, ծաւալում, ազատ արձակում։

ENLIG'HTEN (էնլայթ'ըն) լուսաւորել, լուսաբանել։

ENLIST' (էնլիսթ') զինուորագրել, արձանագրել, զինուորագրուիլ։

ENLIST'MENT զինուորագրութիւն, արձանագրութիւն։

ENLIV'EN (էնլայ'վն) կենդանացնել, ոգեւորել, կեանք տալ, խրախուսել։

ENLOCK (էնլաք') կղպել, կապել, փակել։

EN'MITY (էն'միթի) թշնամութիւն, ատելութիւն։

ENNO'BLE (էննօ'պլ) ազնուացնել, բարձրացնել։

ENNUI (ան'նուի) տաղտուկ, ձանձրոյթ։

ENORM'ITY (էնօր'միթի) ահագնութիւն։

ENORM'OUS (էնօրմ'ըս) հսկայ, ահագին, վիթխարի, այլանդակ, անձոռնի, խժդուժ։

ENOUGH' (ինըֆ') բաւական, ըստ բաւականին։

ENOUNCE' (ինաունս') յայտարարել, արտայայտել։

ENQUIRE տես **INQUIRE**

ENRAGE' (էնրէյճ) կատղեցնել, զայրացնել։

ENRAPT (էնրէփթ') խանդավառ, հմայուած։

ENRAP'TURE (էնրէփ'թիուր) բերկրացնել, ոգանչացնել։

ENRICH' (էնրիչ) հարստացնել, զարդարել։

ENRICH'MENT հարստացում, զարդարանք։

ENROL' (էնրօլ') արձանագրել, զինուորագրել, փաթթել։

ENROL'MENT արձանագրում։

ENROUTE (անրութ') ճամբուն վրայ։

ENSCONCE' (էնսքանս') ծածկել, պաշտպանել, պահել։

ENSHRINE' (էնշրայն') սափորել, իբրեւ սրբութիւն պահել։

ENSHROUD' (էնշրաուտ') պատանքել, պահել, ծածկել։

EN'SIGN (էն'սայն) նշանակ, նշանդրօշ, դրօշ։

ENSLAVE' (էնսլէյվ') գերել, նուաճեցնել, հպատակեցնել։

ENSLAVE'MENT գերութիւն, ծառայութիւն։

ENSNARE' (էնսնէր') թակարդել, ծուղակը ձգել։

ENSUE' (էնսիու') հետեւիլ, հալածել, յաջորդել։

ENSURE' (էնշուր') ապահովել, վստահեցնել։

ENTAIL' (էնթէյլ') տալ, կտակով թողուլ, հրխտակ։

ENTAME (էնթէյմ') ընտելացնել։

ENTANG'LE (էնթէն'կլ) կնճռոտել, խառնշակել, թակարդել։

ENTANG'LEMENT խառնշակում, կնճիռ, խափանք։

ENTER (էն'թըր) մտնել, մխանալ, յարիլ, ձեռնարկել, մտցնել, մուտք անցընել, մէջը առնել, թափանցել, ընդունիլ։

ENTERAL'GIA (էնթըրէլ'ճիէ) աղեցաւութիւն։

ENTE'RIC (էնթէ'րիք) ընդերային։

ENTERI'TIS (էնթէրայ'թիս) աղետապ։

EN'TERPRISE (էն'թըրփրայզ) ձեռնարկ, նախաձեռնութիւն, ձեռնարկել։

EN'TERPRISING ձեռներէց։

ENTERTAIN' (էնթըրթէյն') հիւրընկալել, հիւրասիրել, զուարճացնել, ընդունիլ, առնել, պահել, սնուցանել։

ENTERTAIN'MENT հիւրասիրութիւն, ընդունելութիւն, խնճոյք, կոչունք; ներկայացում։

ENTHRAL' (էնթհրօլ) գերել, հմայել։

ENTHRAL'MENT գերութիւն, գերում։

ENTHRONE' (էնթհրօն) գահը բարձրացնել, գահակալել։

ENTHU'SIAMS (էնթհիու'զիէզմ) հոգեզմայլութիւն, հիացում, ուխն, խանդ, յափշտակութիւն։

ENTICE' (էնթայս') հրապուրել, գրգռել, որսալ։

ENTIRE' (էնթայր') բոլոր, բովանդակ, կատարեալ, անքուր, զուտ, ոչ մալեալ (ձի)։

ENTIRE'TY լրութիւն, ամբողջականութիւն։

ENTI'TLE (էնթայ'թլ) մականուանել, յորջորջել, կոչել, իրաւունք տալ։

EN'TITY (էն'թիթի) էութիւն, գոյացութիւն։

ENTOIL (էնթօյլ) թակարդել։

ENTOMB (էնթում'). թաղել, գերեզմանել։

ENTOMOLO'GY (էնթըմալը'ճի) միջատաբանութիւն։

EN'TRAILS (էն'թրէյլզ) աղիք, ընդերք։

ENTRAIN' (էնթրէյն') կառախումբի մէջ դնել, առնել։

EN'TRANCE (էն'թրէնս) մուտք, դուռ, սկիզբ, մտից ծախք, առկ, մուտ, գիւթել, հմայել, հիացնել։

ENTRAP' (էնթրէփ') ծուղակը ձգել, թակարդել։

ENTREAT' (էնթրիթ') աղերսել, թախանձել, համոզել, հետը վարուիլ, բանակցիլ։

ENTREAT'Y աղերս, թախանձում, պաղատանք։

ENTRE'E (անթրէ') մուտք, մտից հրաման, նախաճաշիկ։

ENTREMETS (անթրըմէ') համադամք։

EN'TREPOT (ան'թրըփօ) ամբարանոց։

ENTRUST' (էնթրըսթ') վստահիլ, յանձնել։

EN'TRY (էն'թրի) մուտք, նախադուռ, սկիզբ, անցք, դահլիճ, ներքնապատիկ, տուրք, արձանագրութիւն։

ENTWINE' (էնթուայն') փաթթել, պլլել, փաթթուիլ։

ENU'MERATE (էնիու'մըրէյթ) թուել, հաշուել, համրել։

ENUN'CIATE (էնըն'սիէյթ) արտայայտել, արտասանել, արտահնչել։

ENUNCIA'TION (ինըն'սիէյշըն) յայտնութիւն, խօսք, արտահընչում։

ENVELOP (էնվէլը'փ) փաթթել, ծրարել, ներփակել, ծածկել։

EN'VELOPE (էն'վըլօփ) պահարան, պատեան, շրջապատել։

ENVEL'OPMENT ծրարում, շրջապա-

պատում, պատատում։
ENVEN'OM (էնվէն'ըմ) թունաւորել, զայրացնել։
EN'VIABLE (էն'վիէպլ) նախանձելի։
ENVIR'ON (էնվայ'րըն) շրջապատել, պաշարել։
ENVIR'ONMENT միջավայր, շրջապատ։
ENVIR'ONS (էնվայր'ընզ) շրջակայք, արուարձաններ։
ENVI'SAGE (էնվի'զէճ) նկատի ունենալ, ակնարկել։
EN'VOY (էն'վօյ) պատուիրակ, մաղթողական։
EN'VY (էն'վի) նախանձ, ատելութիւն, նախանձիլ, ցանկալ, կարօտը քաշել։
E'PACT (ի'փէքթ) վերադիր տարւոյ։
EPARCH (էփա'րք) եպարքոս, նահանգապետ։
EP'AULET (էփ'օլէթ) ուսանոց։
EPHEMERIS (էֆէմ'իրիս) օրագրութիւն, օրամիջատ։
EPH'OD (էֆ'ատ) եփուտ, վակաս։
EP'IC (էփի'ք) դիւցազներգութիւն։
EPICURE (էփ'իքիուր) եպիկուրեան, հեշտասէր, շուայտ։
EP'ICYCLE (էփ'իսայքլ) մակաշրջան։
EPIDEM'IC (էփիտէմ'իք) համաճարակ։
EPIGLOTT'IS (էփիքլաթ'թիս) խաղողիկ, մակահագագ։
EP'IGRAM (է'փիկրէմ) վերտառութիւն, պարսաւական խօսք.
EP'IGRAPH (էփ'իկրէֆ) մակագիր, արձանագիր։
EP'ILEPSY (էփ'իլէփսի) լուսնոտութիւն։
EP'ILOGUE (էփ'իլակ) վերջաբան, եզրակացութիւն։
EPIS'COPACY (էփիս'քօփէսի) եպիսկոպոսութիւն։
EPISCOPAL եպիսկոպոսական։
EPIS'COPATE եպիսկոպոսութիւն, եպիսկոպոսարան։
EP'ISODE (էփ'իզօտ) դրուագ, յարադէպ։
EPIS'TLE (իփիս'լ) նամակ, թուղթ, գիր, ընթերցուածք։
EP'ITAPH (էփ'իթէֆ) տապանագիր, դամբանագիր։
EPIT'OME (էփիթ'ըմի) համառօտական, քաղուածք։
E'POCH (է'փաք) դարագլուխ, թուական, դար։
E'QUABLE (ի'քուէպլ) հաւասար, միօրինակ։
E'QUAL (ի'քուըլ) հաւասար, նման, միաչափ, արդար, անաչառ, ատակ, հաւասարել, վարձատրել։
EQUAL'ITY հաւասարութիւն, միօրինակութիւն։
E'QUALIZE հաւասարեցնել։
EQUANIM'ITY (իքուէնիմ'իթի) հանդարտամտութիւն
EQUA'TION (իքիուէյ'շըն) հաւասարութիւն։
EQUA'TOR (իքուէյ'թըր) հասարակած։
E'QUERRY (իքուէր'րի) մեծ ախոռապետ, ասպետ։
EQUES'TRIAN (իքուէս'թրիըն) ձիավարժական, ձիաւորական։
EQUIANG'ULAR (ի'քուէն'կիուլըր) հաւասարանկիւն։
EQUIDIS'TANT (իքիուտիս'թընթ) զուգահեռ։
EQUILAT'ERAL (իքիուլէթ'ըրըլ) հաւասարակողմ։
EQUILI'BRATE (իքուիլայ'պրէյթ) հաւասարակշռել։
EQUILIB'RIUM (իքուիլիպ'րիըմ) հաւասարակշռութիւն։
E'QUINOX (ի'քուինաքս) գիշերահաւասար։
EQUIP' (իքուիփ') կազմել, հանդերձել, հագցնել, սպառազինել
'EQUIP'MENT կազմութիւն, հանդերձանք, կազմածք, զարդ, պատրաստութիւն, սպառազինում։
EQ'UITABLE արդար, ուղիղ, արդարասէր։
EQUITA'TION ձիավարժութիւն, հեծելութիւն։

EQ'UITY (իք'ուիթի) *արդարութիւն, իրաւունք, ուղղութիւն, զուտ հասոյթ։*
EQUIV'ALENT (իքուիվ'էլընթ) *համազօր, համարժէք։*
EQUIV'OCAL (իքուիվ'օքըլ) *երկդիմի, երկմիտ։*
E'QUIVOQUE (էք'ուիվօք) *երկդիմի խօսք։*
ER'A (ի'րէ) *դար, թուական, ժամանակ։*
ERAD'ICATE (իրէտ'իքէյթ) *արմատախիլ ընել, փճացնել։*
ERASE' (իրէյզ') *ջնջել, եղծել, սրբել, քերթել։*
ERA'SURE (իրէյժ'ըր) *ջնջում, եղծում, քերթուկ։*
ERE (էյր, էր) *նախքան։*
ERECT' (իրէքթ') *ուղիղ, կանգուն, ամուր, կանգնել, շինել, հիմնել, հաստատել։*
EREC'TION *կառուցում, շէնք, հաստատութիւն, շինուածութիւն։*
E'REMITE (Է'րիմայթ) *ճգնաւոր։*
ERG'OT (Էրկ'աթ) *բիծ, կարթ, փտահարութիւն։*
ERIS'TIC (էրիս'թիք) *հակաճառական։*
ERM'INE (ըրմ'ին) *կնգում, ճերմակ կզաքիս։*
ERODE' (իրօտ') *կրծել, ուտել, մաշել։*
ERO'SION (իրօ'ժըն) *կրծում, մաշում։*
EROT'IC (իրաթ'իք) *տարփական, տարփական, սիրերգութիւն։*
ERR (ըր') *խոտորիլ, սխալիլ, մոլորիլ։*
E'RRAND (ըր'րէնտ) *բանբերութիւն, յանձնարարութիւն։*
E'RRANCY (ըր'րէնսի) *թափառականութիւն։*
E'RRANT (ըր'րընթ) *թափառական, վտարանդի։*
E'RRANTRY *աստանդականութիւն։*
ERRA'TUM (էրէյ'թըմ) *վրիպակ։*
ERRO'NEOUS էրօ'նիըս) *մոլար, սխալ, թիւր։*
E'RROR (էր'րըր) *սխալ, յանցանք, վրիպում։*
ERUCTA'TION (իրըքթէյ'շըն) *ըղգայթում։*
E'RUDITE (է'րուտայթ) *հմուտ ներհուն։*
ERUDI'TION *հմտութիւն, ուսմունք։*
ERUPT' (իրըփթ) *ժայթքել, հրացայտել։*
ERUP'TION *ժայթքում, հրացայտութիւն։*
ERYSIP'ELAS (էրիսիփ'իլըս) *օձառու, օձախտ, խուճպայ։*
ESCALADE' (էսքէլէյտ') *սանդուխներով յարձակիլ։*
ESCAPE' (էսքէյփ') *փախուստ, ազատում, ճողոպրում, խոյս տալ, ազատիլ, պրծիլ, ճողոպրիլ։*
ESCAPE'MENT *խուսանկ, ժամարգել։*
ESCARP' (էսքարփ') *սեպ զառիվայր։*
ESCHEW (էսչու') *խոյս տալ, ազատիլ։*
ES'CORT (էս'քորթ) *ուղեկից, պահակ, շքախումբ, ուղեկցութիւն, ընկերակցիլ, ուղեկցիլ, պաշտպանել։*
ESOTE'RIC (էսօթէ'րիք) *ներքին, գաղտնատոյց։*
ESPE'CIAL (էսփէ'շըլ) *մասնաւոր, յատուկ, առանձին։*
ES'PIONAGE (էս'փիօնէյճ) *լրտեսութիւն։*
ESPOUS'AL (էսփուզ'ըլ) *ամուսնութիւն, հաւանախօսութիւն։*
ESPOUSE' (էսփաուզ) *ամուսնանալ, կին առնել, ընդունիլ, ամուսնացնել։*
ESQUIRE' (էսքուայր') *վահանակիր, պարոն, տէր, ասպետ, ընկերակցիլ։*
ES'SAY (էս'սէյ) *փորձ, ջանք, գրափորձ, փորձել, ջանալ, քննել։*
ESS'AYIST *ճառագիր, փորձագիր։*
ESS'ENCE (էս'սընս) *էութիւն, իսկութիւն, բնութիւն, հիւթ, իւղ, խնկել, բուրումնաւորել, անուշահոտել։*
ESSEN'TIAL (էսսէն'շըլ) *իսկական, կարեւոր, անհրաժեշտ։*

ESTAB'LISH (էսթէպ'լիշ) հաստատել, հիմնել, ձեռնադրել, նշանակել, զետեղել, որոշել, սահմանել, դնել։

ESTAB'LISHMENT հիմնարկ, հաստատութիւն, վաճառատուն, գործարան, զետեղում, ռոճիկ, թոշակ։

ESTATE' (էսթէյթ') վիճակ, հանգամանք, դիրք, կարգ, աստիճան, կալուած, իշխանութիւն։

ESTEEM' (էսթիմ') յարգ, համարում, վարկ, կարծիք, գնահատել, յարգել, արժեցնել։

ESTHETICS (էսթհէթ'իքս) գեղագիտութիւն։

ES'TIMABLE (էս'թիմէպլ) արժանայարգ, գնահատելի, հաշուելի, պատուարժան։

ES'TIMATE (էս'թիմէյթ) հաշիւ, համար, գին, արժողութիւն, նախահաշիւ, գնահատել, արժեցնել, յարգել, մեծարել, գին տալ։

ESTIMA'TION գնահատութիւն, մեծարանք, յարգ, պատիւ, կարծիք, ենթադրութիւն։

ESTRADE' (էսթրէտ) բեմ, հիւրի տեղան։

ESTRANGE (էսթրէյնճ') ուծացնել, պաղեցնել։

ESUR'IENT (իսիուր'իընթ) անյագ, շատակեր։

ETCET'ERA (էթսէթ'իրէ) ETC. եւայլն։

ETCH (էչ') ժանտաջուրով քանդակել, փորագրել, նկարել, ժանտագրել։

ETCHING ժանտագրութիւն, քերծագրութիւն։

ETERN'AL (իթըրն'ըլ) յաւիտենական, անվախճան։

ETERN'ITY յաւիտենականութիւն։

E'THER (Ի'թհըր) մթնոլորտ, եթեր, արփի։

ETHE'REAL եթերային։

E'THERIZE (Ի'թհըրայզ) եթերացնել։

ETH'ICS (էթհ'իքս) բարոյագիտութիւն։

ETH'NICAL (էթհ'նիքըլ) ցեղախօսական։

ETHNO'GRAPHY (էթհնօկ'րէֆի) ազգագրութիւն։

ETHNOL'OGY ազգախօսութիւն։

E'TIOLATE (իտիօլէյթ) գունաթափել։

ETIOLA'TION գունաթափութիւն, լուսարգելութիւն։

ETIOLOGY (իթիալ'օճի) պատճառախօսութիւն։

ETIQUETTE' (էթիքէթ') կարգուձեւ, սովորագիտութիւն։

ET'NA (էթ'նէ) էտնա (կերակուր եփելու գործիք)։

ETYMOL'OGIZE (էթիմալ'օճայզ) ստուգաբանել։

ETYMOL'OGY (էթիմալ'օճի) ստուգաբանութիւն։

EUCALYP'TUS (իուքէլիփ'թըս) եւկալիպտոս։

EUC'HARIST (իու'քէրիսթ) հաղորդութիւն, խորհուրդ գոհութեան։

EUL'OGIZE (իու'լօճայզ) ներբողել, դրուատել։

EUL'OGY (իուլ'օճի) գովեստ, դրուատիք։

EUN'UCH (իու'նըք) ներքինի, այրակին։

EUPH'EMISM (իու'ֆիմիզմ) մեղմաբանութիւն։

EUPH'ONY (իու'ֆօնի) քաղցրաձայնութիւն։

EUROPEAN (իուրօփի'ըն) եւրոպացի։

EVAC'UATE (իվէք'իուէյթ) պարպել, ներսը մաքրել, փոխել։

EVADE' (իվէյտ') խոյս տալ, պրծիլ։

AVA'LUATE (իվէ'լիուէյթ) արժէքը որոշել, գնահատել։

EVALUA'TION գնահատութիւն։

EVAN'GEL (իվէն'ճէլ) աւետիս, աւետարան։

EVAN'GELIST (իվէն'ճէլիսթ) աւետարանիչ։

EVAN'GELIZE (իվէն'ճէլայզ) աւետարանել։

EVAP'ORATE (իվէփ'օրէյթ) շոգիանալ, շոգիացնել։

EVA'SION (իվէյ'ժըն) փախուստ, հնարք։

EVE (իվ) *իրիկուն, նախատօնակ։*
EVECTICS (իվէք'թիքս) *առողջաբանութիւն։*
EVECTION (իվէք'շըն) *անհաւասարութիւն լուսնի շարժման։*
EVEN (իվըն) *հարթ, ուղորդ, զոյգ, հարթել, ուղղել, հաւասարել, նոյնիսկ, ալ, ճշդիւ։*
EVE'NING (իվ'նինկ) *իրիկուն, երեկոյ, խոնարհում (կենաց)։*
EVENT' (իվէնթ) *դէպք, պատահմունք, ելք, պատահար, վախճան։*
EVENT'FUL *դիպուածալից։*
EVENTERATE (իվէն'թըրէյթ) *փորը ճեղքել։*
EVEN'TUAL *պատահական, դիպուածական։*
EVENTUAL'ITY *պատահականութիւն։*
EVEN'TUATE (իվէն'թիուէյթ) *առաջ գալ, պատահիլ։*
EV'ER (էվը'ր) *երբեք, միշտ, անդադար։*
EVERBURNING, *մշտավառ։*
EV'ERGREEN, *մշտականաչ։*
EVERLAS'TING, *յաւիտենական, անվախճան։*
EVERMORE', *միշտ, ընդմիշտ։*
EV'ERY (էվ'ըրի) *իւրաքանչիւր։*
EV'ERYBODY *ամէն ոք, ամէն մարդ։*
EVERYWHERE *ամէն տեղ։*
EVICT' (իվ'իքթ) *իրաւազրկել, դատով ձեռքէն առնել։*
EVIC'TION (իվիք'շըն) *դատազրկութիւն։*
EV'IDENCE (իվ'իտընս) *յայտնութիւն, ապացոյց, վկայութիւն, ցուցնել, առաջնորդել, հաստատել։*
EV'IDENT (էվ'իտընթ) *յայտնի, որոշ, բացայայտ։*
EVIDEN'TIAL, *բացորոշ, ակնյայտնի։*
E'VIL (ի'վըլ) *չար, յոռի, վատթար, չարիք, վնաս, աղէտ, գէշութիւն։*
EVINCE (իվինս) *յայտնել, ապացուցանել։*
EVISCERATE (իվս'սըրէյթ) *աղիքը հանել, փորը պարպել։*
EVOCA'TION (իվօքէյ'շըն) *կոչում, հրաւէր, դիւակոչութիւն։*
EVOKE' (իվօք') *կանչել, յիշեցնել, յառաջացնել, ատեանի հանել։*
EVOLU'TION (իվօլիու'շըն) *բարեշրջութիւն, զարգացում, հոլովոյթ, աճում, պարզում, շրջում, մարզանք, եղափոխութիւն, արտալորում։*
EVOLVE' (իվալվ') *բանալ, պարզել, քակել, տարածել, սփռել։*
EVUL'SION (իվըլ'շըն) *խլում, հանում, կորզում։*
EWE (իու) *ոչխար, մաքի։*
EW'ER (իուըր) *քիթաւին։*
EXACT' (էքզէքթ) *ճիշդ, ուղիղ, անվրէպ, պահանջել, ստիպել, կորզել։*
EXAC'TION (էքսէք'շըն) *հարկահանում, կեղեքում։*
EXAC'TITUDE *ճշդութիւն, ստուգութիւն։*
EXA'GGERATE (էքսէճ'ճըրէյթ) *չափազանցել։*
EXAGGERA'TION *չափազանցութիւն։*
EXALT' (էքզօլթ') *բարձրացնել, փառաւորել, գովել, հպարտացնել։*
EXALTA'TION *բարձրացում, վերացում, ամբարձում, մեծութիւն, խանդ, պատիւ։*
EXAMINA'TION (էքզէմինէյ'շըն) *քննութիւն, հարցուփորձ։*
EXAM'INE *քննել, զննել, հարցափորձել։*
EXAM'PLE (էքզէմ'փլ) *օրինակ, նմոյշ, տիպար, պատկեր։*
EXANIMATE (էկզէն'իմէյթ) *անկենդան։*
EX'ARCH (էքս'արք) *մարզպան, փոխարքայ, պուլկարներու պատրիարք, գաւառապետ։*
EXAS'PERATE (էքզէս'փըրէյթ) *զայրացնել, գրգռել, կծան։*
EXASPERA'TION *գրգռում, զայրացնում։*
EX'CAVATE (էքս'քէվէյթ) *պեղել, փորել, ծակել։*
EXCAVA'TION *պեղում, փորում։*
EXCEED' (էքսիտ') *չափը անցնել, աւելնալ, գերազանցել։*

EXCEL' (էքսէլ') գլել, գերազանցել:
EX'CELLENCE, EX'CELLENCY (էքս'էլլընս) վսեմութիւն, գերազանցութիւն, արժանիք:
EX'CELLENT (էքս'ըլլընթ) սքանչելի, ընտիր, ազնիւ, վսեմ:
EXCEPT' (էքսէփթ') դուրս հանել, բացառութիւն ընել, առարկել:
EXCEP'TION բացառութիւն, առարկութիւն:
EXCEP'TIONAL բացառիկ, արտակարգ:
EXCERPT' (էքսըրփթ') հատընտիր, քաղուած, ընտրել:
EXCESS' (էքսէս') չափազանցութիւն, առաւելութիւն, շռայլութիւն, աւելորդ:
EXCHANGE' (էքսչէյնճ') փոխանակութիւն, սակարան, փոխգիր, փոխանակել:
EXCHEQ'UER (էքսչէք'ըր) պետական գանձատուն, ելեւմտից տնօրէնութիւն:
EXCISE' (էքսայզ') մաքս, բաժ, բաժատուն, հարկ դնել, կտրել հանել:
EXCI'TABLE (էքսայ'թէպլ) դիւրայոյզ, գրգռելի:
EXCITANT գրգռիչ:
EXCITA'TION գրգռում:
EXCITE' գրգռել, յուզել, դրդել, շարժել, յորդորել:
EXCITE'MENT գրգիռ, յուզում:
EXCLAIM' (էքսքլէյմ) բացագանչել:
EXCLAMA'TION բացագանչութիւն:
EXCLUDE' (էքսքլիուտ) բացառել արտաքսել, մերժել, վտարել, չընդունիլ:
EXCLU'SION արտաքսում, վտարում, մերժում:
EXCLUSIVE բացարձակ, առանձնական:
EXCOMMU'NICATE (էքսքամիու'նիքէյթ) բանադրեալ, նզովեալ, նզովել, բանադրել:
EXCOR'TICATE (էքսքօր'թիքէյթ) կեղեւը հանել:
EX'CREMENT (էքս'քրիմընթ) կղկղանք, աղբ:
EXCRES'CENCE (էքսքրէս'սընս) աւելորդ միս, մակուռուցում, արտաթորութիւն:
EXCRETE' (էքսքրիթ') արտաքսել, արտաթորել:
EXCRE'TION կղկղում, արտաթորում, աղտաւոր, աղտախիծում:
EXCRUCIATE (էքսքրու'շիէյթ) չարչարել:
EXCULPATE (էքսքըլ'փէյթ) պարտաւանքէ զերծ կացուցանել:
EXCURSION (էքսքըր'շըն) շրջագայութիւն, զբօսապտոյտ, խոտորում:
EXCUSE (էքսքիուզ') չքմեղանք, ներում, արդարացնել, ներողութիւն խնդրել:
EXE'CRATE (էքս'իքրէյթ) նզովել, անիծել, պժգալ:
EXECRATION անիծում, զարշանք, նզովանք:
EX'ECUTE (էքս'իքիութ) գործադրել, կիրարկել, կատարել, գլխատել, մահացնել:
EXECU'TION գործադրութիւն, կատարում, գործ, գլխատութիւն:
EXECUTIVE գործադիր:
EXEC'UTOR գործադրիչ, խնամակալ, կտակակատար:
EXEM'PLAR (էկզէմ'փլըր) օրինակ, պատճէն, նմոյշ:
EXEM'PLARY օրինակելի, ընտիր:
EXEMPT' (էքզէմփթ') ներել, փրկել, թող տալ, ազատ, զերծ:
EXEMP'TION ապահարկութիւն, ազատութիւն, հարկազերծութիւն:
EXERCISE (էքս'էրսայզ) կրթութիւն, մարզանք, հրահանգ, դաս, փորձ, պաշտօն, կրթել, հրահանգել, մարզել, փորձել, կրթուիլ, վարժուիլ, պտտիլ, գործ տալ, գործադրել:
EXERT (էքզըրթ') ի գործ դնել, ջանադրել, կատարել:
EXERTION ջանադրութիւն, ճիգ:
EXHALA'TION (էքսհէյլէյ'շըն) արտաշնչում, արտաբուրում, գոլորշիացում:
EXHALE' (էքսհէյլ') արտաշնչել, արտաբուրել, շոգիացնել:
EXHAUST' (էքզօսթ') հատցնել, ըս-

պառել, պարպել, ծախել, մաշեցնել, չորցնել։

EXHAUS'TION սպառում, թափում, ուժաթափութիւն, հիւծում։

EXHIB'IT (էկզիպ'իթ) հաստատագիր, մուրհակ, ցուցադրել, յայտնել։

EXHIBI'TION ցուցադրութիւն, ցուցահանդէս, մատակարարութիւն, թոշակ, յայտնում, պարզում։

EXHORT' (էկզօրթ') յորդորել, խրախուսել, քաջալերել։

EXHORTA'TION յորդոր, խրախոյս։

EXHUME' (էքսհիում') հողէ հանել։

EXHUMA'TION դիահանութիւն, գերեզմանէ հանելը։

EX'IGENCE (էք'սիճընս) ստիպողականութիւն, հարկ։

EX'IGENT (էք'սիճընթ) ստիպողական։

EX'IGIBLE (էք'սիճիպլ) պահանջելի։

EX'ILE (էքս'այլ) աքսոր, աքսորեալ, աքսորել, տարագրել։

EXIST' (էկզիսթ') գոյ ըլլալ, գտնուիլ, ապրիլ։

EXIS'TENCE գոյութիւն։

EX'IT (էք'սիտ) ելք, մեկնում, վախճան, արտելք։

EX'ODUS (էքս'օտըս) ելք, Գիրք Ելից։

EX-OFFICIAL (էքս աֆֆիշ'ըլ) պաշտօնական։

EXON'ERATE (էքզան'ըրէյթ) արդարացնել, չքմեղացնել։

EXORB'ITANT (էքզօրպ'իթընթ) այլանդակ, արտառոց։

EX'ORCIZE (էքս'օրսայզ) երդմնեցնել, սատանան հանել։

EXOT'IC (էքզաթ'իք) օտար, տարաշխարհիկ։

EXPAND' (էքսփէնտ') տարածել, ընդլայնել, ծաւալիլ։

EXPANSE' (էքսփէնս') միջոց, տարածութիւն։

EXPAN'SIVE տարածական, ընդարձակ։

EXPATIATE (էքսփէյ'շիէյթ) տարածել, երկարաբանել, ճառախօսել։

EXPAT'RIATE (էքսփէթ'րիէյթ) հայրենիքէն հեռացնել, աքսորել։

EXPECT' (էքսփէքթ') սպասել, ակնկալել, յուսալ։

EXPECTA'TION ակնկալութիւն, սպասում, յոյս։

EXPEDIENT (էքսփի'տիընթ) պատշաճ, կարեւոր, պիտանի, շահաւոր, փափաքելի։

EX'PEDITE (էքս'փիտայթ) անխափան, արագ, դիւրացնել, փութացնել։

EXPEDI'TION (էքսփիտի'շըն) առաքում, յղում, փոյթ, արշաւանք, արշաւախումբ, յարձակում։

EXPEL' (էքսփէ'լ) վանել, արտաքսել։

EXPEND' (էքսփէնտ') ծախսել, սպառել, վատնել, մսխել։

EXPEN'DITURE ծախք, վճարք, վատնում։

EXPENSE (էքսփէնս') ծախք, վատնում։

EXPEN'SIVE սուղ, շռայլ, մեծածախս։

EXPER'IENCE (էքսփի'րիընս) փորձառութիւն, հմտութիւն, տեղեկութիւն, փորձել, ճաշակել, կրկնել։

EXPE'RIMENT (էքսփէ'րիմէնթ) փորձ, փորձարկութիւն, փորձել։

EXPERIMENTA'TION փորձարկութիւն։

EXPERT' (էքսփըրթ') գիտակ, փորձ, վարպետ, հմուտ, փորձագէտ, մասնագէտ։

EXPIATE (էքս'փիէյթ) քաւել։

EXPIRATION շունչ, շնչում, ժամկէտ, արտաշնչութիւն, վախճան, մահ։

EXPIRE (էքսփայր') արտաշնչել, փչել, դուրս տալ, հոգին աւանդել, մարիլ, վերջանալ, հատնիլ։

EXPIR'Y վախճան։

EXPLAIN' (էքսփլէյն') բացատրել, մեկնել, պարզել, լուսաբանել։

EXPLANA'TION բացատրութիւն, մեկնութիւն, լուսաբանութիւն։

EX'PLETIVE (էքս'փլիթիվ) աւելադիր, թարմատար։

EX'PLICABLE (էքս'փլիքէպլ) բացատրելի, մեկնելի։

EX'PLICATE (էքս'փլիքէյթ) պարգուած, բացատրել, պարզել։

EXPLI'CIT (էքսփլի'սիթ) մեկին, բացայայտ, պարզ, որոշ։

EXPLODE (էքս'փլօդ) պայթել, պոռթկալ, պայթեցնել։

EX'PLOIT (էքս'փլոյթ) շահատակութիւն, քաջագործութիւն, շահագործել։

EXPLORA'TION երկրախուզութիւն, հետազօտութիւն։

EXPLORE' (էքսփլօր') խուզարկել, քննել, փնտռել։

EXPLO'SION պայթում, պոռթկում, պայթիւն։

EXPLO'SIVE պայթուցիկ, բարկացայտ։

EXPO'NENT (էքսփօն'ընթ) ցուցիչ, յայտարար։

EXPORT' (էքսփօրթ') արտածել, արտահանել, արտածում։

EXPORTA'TION արտածութիւն։

EXPOSE' (էքսփօզ') ցուցադրել, երեւան հանել, պարզել, յայտնել, ենթարկել, նշանակել։

EXPOSI'TION ցուցադրութիւն, ցուցահանդէս։

EXPOSTULATE (էքսփոս'թիուլէյթ) յանդիմանել, համոզել, խրատել։

EXPO'SURE (էքսփօ'ժըր) յայտնութիւն, բացարկութիւն, նշաւակութիւն, ենթարկում, մերկացում։

EXPOUND (էքսփաունտ') մեկնել, բացատրել, պարզել։

EXPRESS (էքսփրէս') պարզել, արտայայտել, յայտնել, նշանակել, ճնշել, քամել, սուրհանդակ, բանբեր, ճեպընթաց, յայտնի, որոշ, մեկին, բացայայտ։

EXPRE'SSION արտայայտութիւն, բացատրութիւն, բառ, ոճ, կերպ, արտաճնշում, ներկայացում։

EXPRESSI'VE արտայայտական, ազդեցիկ։

EXPRO'PRIATE (էքսփրօ'փրիէյթ) ստացուածքը ձեռքէն առնել։

EXPULSE (էքսփըլս') արտաքսել։

EXPUL'SION վանում, արտաքսում։

EXPUNCTION ջնջում, եղծում։

EXPUNGE' (էքսփընճ') եղծանել, ջնջել։

EX'PURGATE (էքսփըրկէյթ) մաքրել, զտել, սրբագրել։

EXPURGA'TION մաքրում, զտում, սրբագրութիւն։

EX'GUISITE (էքս'քուիզիթ) ընտիր, պատուական, գերազանց, դժուարահաճ, զարդասէր, պճնասէր։

EXSICCATE (էքս'սիքքէյթ) չորցնել։

EXTANT (էքս'թընթ) արտաքոյ, մնայուն, անկորուստ։

EXTEMP'ORE (էքսթէմ'փօր) յանպատրաստից։

EXTEND' (էքսթէնտ') տարածել, ընդարձակել, լայնցնել, շարունակել։

EXTEN'SIBLE ձգտական, տարածական։

EXTEN'SION ընդարձակում, ծաւալում, ձգտում, աճում։

EXTENT' (էքսթէնթ') ծաւալ, տարածութիւն, չափ, պարտագրաւ։

EXTENUATE (էքսթէնիուէյթ) երկնցնել, նուազեցնել, թեթեւցնել։

EXTER'IOR (էքսթի'րիըր) արտաքին, օտար, արտամէտ։

EXTERM'INATE (էքսթըրմ'ինէյթ) բնաջնջել, արտաքսել, յաղթել։

EXTERMINA'TION բնաջնջում։

EXTERN'AL (էքսթըրնը'լ) արտաքին, օտար, արտակազմ, մարմնաւոր։

EXTERRITOR'IAL (էքսթէրիթօ'րիըլ) արտերկրեայ։

EXTINCT' (էքսթինք'թ) մարած, անցած, մեռած։

EXTINC'TION շիջում, մահ, սպառում։

EXTING'UISH (էքսթին'կուիշ) մարել, անյայտացնել, ջնջել։

EX'TIRPATE (էքս'թըրփէյթ) խլել, կորզել, անճետել։

EXTOL' (էքսթօլ') գովել, բարձրացընել։

EXTORT' (էքսթօրթ') կորզել, խլել, բռնագրաւել։

EXTOR'TION խլում, կորզում, կեղեքում։

EX'TRA (էքս'թրէ) յաւելական, արտաքոյ, բացառիկ։

EXTRACT' (էքսթրէքթ') հանել, քա–

զել, արտաքաշել, արմատէն հանել, քաղուածք, հատուած:

EXTRAC'TION արտահանում, խըլ-լում, տոհմ, շառաւիղ, ընտանիք:

EX'TRADITE (էքս'թրէտայթ) ար-տայանձնել (փախստականը):

EXTRADITION արտայանձնութիւն:

EXTRAORDINARY (էքսթրօրտի'-նէրի) արտակարգ, տարօրինակ, անսովոր, այլանդակ:

EXTRAV'AGANCE շռայլութիւն, չափազանցութիւն:

EXTRAV'AGANT շռայլ, անհեթեթ, այլանդակ:

EXTREME' (էքսթրիմ) ծայրակէտ, յետին, վերջին ծայր:

EXTRE'MIST ծայրայեղական:

EXTREM'ITY վերջածայր, տագնապ, ծայրայեղութիւն, յետին չքաւորու-թիւն:

EX'TRICATE (էքս'թրիքէյթ) կնճիռը քակել, արձակել:

EXTRINSIC (էքսթրինս'սիք) արտա-քին, անէական:

EX'TROVERT (էքս'թրովըրթ) ար-տաքնահայեաց:

EXTRU'SION (էքսթրու'ժըն) արտա-մղում, արտաքսում:

EXUBERANT (էքսիու'պըրընթ) լիա-ռատ, յորդառատ:

EXUDE' (էքզիուտ') քրտնիլ, հոսիլ, արտաթորել:

EXULT' (էքսըլթ') ցնծալ, հրճուիլ:

EXULTA'TION ցնծութիւն, յաղթա-նակ:

EXUVIATE (էքսիու'վիէյթ) մորթը փոխել:

EYE (այ) աչք, ակն, տեսութիւն, դա-տողութիւն, ասեղի ծակ, պտուկունք, լամբակ, բացուածք, հանգոյց, նա-յիլ, դիտել, աչք նետել:

EYEBALL ակնագունդ:

EYEBROW յօնք, արտեւանունք:

EYEGLASS ակնոց, աչոց:

EYELASH արտեւանունք:

EYELET լամբակ:

EYELID կոպ:

EYESORE աչքի բիծ, աչքի ցաւ:

EYEWATER աչադեղ, արցունք:

EYEWITNESS ականատես վկայ:

EYOT (այա'թ) կղզեակ, լճակղզի:

EYRE (էր) շրջան:

EYRIE (էյ'րի) օդաբոյն:

F

FA'BLE (փէյ'պլ) առասպել, առակ, վէպ, առակաբանել, կեղծել, հնարել, սուտ խօսիլ։

FAB'RIC (փէպ'րիք) կազմութիւն, բանուածք, շէնք, շինուածք։

FAB'RICATE (փէպրիքէյթ) կազմել, շինել, դարբնել, հնարել։

FABRICA'TION կառուցում; յօրինուածք, կազմում, առասպել։

FAB'ULOUS (փէպ'իուլըս) շինծու, առասպելական, ստայօդ։

FACADE' (փէսէյտ') ճակատ։

FACE (փէյս) երես, դէմք, կերպարանք, հանգամանք, լրբութիւն, ճակատ, դիմաւորել, դիմագրաւել, ընդդիմանալ, նայիլ, երեսել, դառնալ։

FACE-ACHE երեսի ջղացաւութիւն։

FACE VALUE անուանական արժէք։

FACER հարուած, ապտակ, լուրջ դժուարութիւն։

FA'CET (փէյ'սէթ) երեսիկ, երեսակ։

FA'CIA (փէյ'շիէ) հարթագրուագ։

FA'CILE (փէ'սիլ) դիւրին, հեշտ։

FACIL'ITATE (փէսիլ'իթէյթ) դիւրացնել։

FACILITA'TION դիւրացնում։

FACIL'ITY դիւրութիւն, դիւրասահութիւն։

FACSIM'ILE' (փէք'սիմիլի) նմանագիր, նմանագրել։

FACT (փէքթ) իրականութիւն, իրողութիւն, դէպք, ճշմարտութիւն։

FAC'TION (փէք'շըն) հատուած, խումբ, աղմուկ։

FACTI'TIOUS արուեստական, շինծու։

FACTI'TIVE (փէք'թիթիվ) անցողական, պատճառական։

FAC'TOR (փէք'թըր) ազդակ, գործակալ, միջնորդ։

FA[illegible] (փէք'թըրի) գործատուն, գործարան։

FACTO'TUM (փիքթօ'թըմ) ամենագործ, համայնագործ։

FAC'ULTY (փէք'ըլթի) կարողութիւն, զօրութիւն, ձիրք, կաճառ, ատակութիւն, տաղանդ, ուսուցչական ժողով։

FAD (փէտ) քմայք, նախասիրութիւն։

FADDY (փէտ'տի) քմայքոտ։

FADE (փէյտ) թառամիլ, տժգունիլ։

FADGE (փէճ) յարմարիլ։

FAECES (փի'սիզ) դիրտ, կղկղանք։

FAG (փէկ) աշխատող, ծխիկ, ծանր աշխատանք տանիլ, յոգնեցնել, ծառայեցնել, իբրեւ սպասաւոր գործածել։

FAG'OT (փէկ'ըթ) տրցակ, խուրձ, պատառ, խուրձ շինել։

FAIL (փէյլ) սխալ, վրիպում, կարօտիլ, թերանալ, սնանկանալ, պարտիլ, տկարանալ։

FAIL'URE (փէյլ'ըր) անյաջողութիւն, թերացում, սնանկութիւն, անկում, տկարութիւն։

FAIN (փէյն) ուրախ, գոհ, յօժարակամ։

FAINT (փէյնթ) նուաղեալ, անզօր, երկչոտ, աղօտ, նուաղիլ, տկարանալ, անյայտանալ, վհատեցնել։

FAINT-HEARTED երկչոտ, վհատ, յուսահատ։

FAIR (ֆէր) մաքուր, անամպ, պարզ, արդար, սահուն, վայելուչ կերպով, գեղեցկանալ (օդի)։

FAIR-COPY կատարեալ օրինակ։

FAIR-HAIRED խարտիշահեր։

FAIR'WAY նաւարկելի, գետուղի։

FAIR'Y (փէր'ի) կիւտական, պարիկ, կիւտ։

FAIRY TALE պարիկի պատմութիւն։

FAITH (փէյթհ) հաւատք, դաւանանք, վստահութիւն, խոստում։

FAITH'FUL հաւատարիմ, ուղիղ։
FAITHLESS անհաւատ։
FAKE (ֆէյք) խարէութիւն, նենգել, խարդախել, յօրինել։
FALCHION (ֆօլ'չըն) կորաձայր լայն թուր։
FAL'CON (ֆօքն) բազէ, հին թնդանօթ մը։
FALC'ONET գաւազ, բազէհրեա։
FALD'STOOL ծալաթոռ։
FALL անկում, կործանում, մահ, աշուն, տերեւաթափ, տարափ, էջք, իյնալ, թափիլ, կործանիլ, ընկճըւիլ, տեղալ, գալ, մեղանչել, անցնիլ։
FALLA'CIOUS (ֆէլլէյ'շըս) պատիր, ստայօղ, խաբէական։
FALL'ACY (ֆէ'լլէսի) ստութիւն, խաբէութիւն, պատրանք։
FALL'IBLE (ֆէլ'լիպլ) սխալական, խաբէական։
FALLING-SICKNESS լուսնոտութիւն։
FALLOW (ֆէլ'լօ) անմշակ հող։
FALSE (ֆօլս) սուտ, կեղծ, խարդախ, չինծու, սխալ, արուեստական։
FALSE'HOOD խարդախութիւն, ստութիւն։
FAL'SIFY (ֆօլ'սիֆայ) նենգել, կեղծել, սուտ հանել, ջրժել, ստել։
FALSIFICA'TION նենգութիւն, խարդախում։
FAL'TER (ֆօլ'թըր) վարանիլ, չփոթիլ, թոթովել, մրմնջել։
FAME (ֆէյմ) համբաւ, հռչակ։
FAMILI'AR (ֆէմի'լիըր) մտերիմ, ընտանեկան, լաւատեղեակ։
FAMILIA'RITY ընտանեկանութիւն, մտերմութիւն։
FAMILIARIZE ընտանեցնել, ծանօթացնել։
FAMI'LY (ֆէմի'լի) ընտանիք, գերդաստան, ազգատոհմ, տեսակ, ցեղ, խումբ, տուն։
FAM'INE (ֆէմ'ին) սով, կարօտութիւն։
FA'MOUS (ֆէյ'մըս) համբաւաւոր, երեւելի։
FAN (ֆէն) հովահար, հեծանոց, զեկ, հովահարել, զովացնել։
FANAT'IC (ֆէնէթ'իք) մոլեռանդ, մոլեկրօն։
FANATICISM մոլեռանդութիւն։
FANCIER (ֆէն'սիըր) երազկոտ, խոհուն։
FAN'CIFUL (ֆէն'սիֆուլ) քմայքոտ, երեւակայական, մտացածին։
FAN'CY (ֆէն'սի) երեւակայութիւն, գաղափար, յղացում, երեւակայել, հաւնիլ, սիրել։
FANCY-DRESS դիմակաւոր զգեստ։
FANCY-WORK ասեղնագործութիւն։
FANE (ֆէյն) տաճար, աղօթատեղի։
FAN'FARE (ֆէն'ֆեր) նուագախումբ, ֆանֆար։
FANFARONADE' սնապարծութիւն, մեծաբանութիւն։
FANG (ֆէնկ) ժանիք, ճանկ, կեռ, ճիրան, ճանկել, կեռել։
FANTASIA (ֆէնթէյ'զիէ) խանդերգ, քմանուագ։
FANTASM (ֆէնթէս'մ) տեսիլ, ցընորք։
FANTAS'TIC (ֆէնթէս'թիք) երեւակայական, մտացածին։
FANTASY (ֆէն'թէսի) երեւակայութիւն, հնարք, պատրանք, քմահաճոյք։
FAR (ֆար) հեռու, հեռաւոր, հեռուն։
FAR-SIGHTED հեռատես։
FARCE (ֆարս) զաւեշտ, խաղարկութիւն, լիցք, խճողակ, լեցնել, զարդարել։
FARCEUR' (ֆարսէօր') հողիտ, խեղկատակ։
FARE (ֆէր) անցագին, տանողչէք, միճակ, կեր, ուտեստ, երթալ, անցնիլ, դառնուիլ։
FAREWELL (ֆէրուէլ') հրաժեշտ, մեկնում, հուսկ ողջոյն։
FARI'NA (ֆէրայ'նէ) նուրբ ալիւր, օսլայ։
FARINACEOUS ալիւրային։
FARM (ֆարմ) ագարակ, վարձակալութիւն, տուրք, վարձել, մշակել, հերկել, վարել։
FARMYARD ագարակի բակ։

FARME'R ագարակապան, հողագործ։
FARRA'GO (փէրրէյ'կօ) խառնուրդ։
FA'RRIER (փա'րրիըր) պայտար, ձիադարման։
FA'RRIERY պայտարութիւն։
FA'RROW (փէրօ) խոզի խոճիկ, ամուլ կով, ձագնել։
FARTH'ER (փարթհ'ըր) աւելի հեռու, անդին։
FARTHERMOST, FARTH'EST ամենահեռու։
FARTH'ING (փար'տհինկ) կէս սենթ։
FARTH'INGALE (փար'թինկէյլ) լաթաւոռոյց։
FAS'CES (փէս'սիզ) ձողախուրձ, դատաւորական իշխանութեան։
FA'SCIA (փէշ'իէ) փակեղ, վիրակապ։
FAS'CINATE (փէս'սինէյթ) հմայել, դիւթել, գրաւել։
FASCINA'TION հմայք, թովչութիւն։
FAS'CINATOR հմայող, դիւթիչ։
FA'SHION (փէ'շըն) նորաձեւութիւն, ձեւ, տարազ, կաղապար, մեթոտ, ձեւել, կաղապարել, յարմարցնել, կազմել։
FA'SHIONABLE վայելուչ, նորելուկ, նորաձեւ։
FAST (փէսթ) ծոմ պահել, ամուր, հաստատ, արագ։
FASTEN (փէս'ն) ամրացնել, հաստատել, հաստատուիլ։
FASTID'IOUS (փէսթիտ'իըս) դժուարահաճ, բծախնդիր։
FAST'NESS հաստատութիւն, ամրութիւն, ամրոց։
FAT (փէթ) ճարպ, գիրութիւն, գէր, պարարտ, ճարպոտ։
FAT-HEAD ճարպագլուխ (ձկ.)։
FA'TAL (փէյ'թըլ) մահացու, անխուսափելի, ճակատագրական։
FA'TALISM ճակատագրապաշտականութիւն։
FATAL'ITY աղէտք, ճակատագիր, արկած։
FATE (փէյթ) ճակատագիր, աղէտ, օրհաս։
FATE'FUL մահացու, ճակատագրական։
FA'THER (փա'տհըր) հայր, նախահայր, հայրիկ, հայրութիւն ընել, որդեգրել։
FATHER-IN-LAW կեսրայր, աներ։
FATHERHOOD հայրութիւն։
FATHERLESS անհայր։
FA'THERLAND հայրենիք։
FA'THERLY հայրական։
FAT'HOM (փէտհ'ըմ) գրկաչափ, խորաչափել, իմանալ։
FATIGUE' (փէթիկ') յոգնութիւն, վաստակ, յոգնեցնել։
FAT'LING (փէթ'լինկ) պարարտ, պարարտակ։
FATT'EN (փէթ'թն) գիրցնել, պարարտացնել։
FATT'Y (փէթ'թի) ճարպոտ, պարարտ։
FATU'ITY (փէթիուի'թի) բթամտութիւն։
FAT'UOUS (փէթ'իուըս) բթամիտ, ապուշ։
FAU'CET (փօ'սէթ) ծորակ։
FAULT (փօլթ) սխալ, պակասութիւն, յանցանք, սխալիլ, պարսաւել։
FAULTY թերի, յանցաւոր, սխալ։
FAUN (փօն) մարդայծ, պան։
FAUN'A (փօն'է) անասնացուցակ։
FA'VOUR (փէյ'վըր) շնորհ, բարիք, երախտիք, նպաստ, նամակ, օգնութիւն, ընծայ, մեղմութիւն, նպաստել, օգնել, շնորհ ընել, պաշտպանել, կողմը բռնել։
FA'VOURABLE նպաստաւոր, յաջողակ։
FA'VOURITE (փէյ'վըրիթ) սիրական, սիրելի, պաշտպանեալ, մտերիմ, նախասիրուած։
FA'VOURITISM կողմնակալութիւն, շնորհուկք։
FAWN (փօն) եղնորթ, այծեամի ձագ, ձկնիլ: քծնիլ։
FAY (փէյ) պայ, կնիւ, հաւատք, կցել, յօդել։
FE'ALTY (փի'էլթի) հաւատարմութիւն։
FEAR (փի'ր) վախ, սոսկում, վախնալ, ակնածիլ։
FEAR'FUL վախկոտ, երկիւղալի, սոսկալի։

FEAR'LESS աներկիւղ։
FEAR'SOME ահաւոր։
FEAS'IBLE (ֆիզ'իպլ) հնարաւոր, գործադրելի։
FEAST (ֆիսթ) խնճոյք, կոչունք, տօն, տօնախմբել, զուարճանալ, լաւ ուտել։
FEAT (ֆիթ) արարք, քաջագործութիւն։
FEATH'ER (ֆէտհ'ըր) փետուր, ցը-ցունք, զարդափետուր, զարդարել, փետրազարդել։
FEATHER-BRAINED թեթեւամիտ։
FEATH'ERY փետրային, փետրանըման։
FEA'TURE (ֆի'չըր) դիմագիծ, ճըր-պարանք, նկարագիր, երեւոյթ, կերպար։
FEATURELESS անկերպարան։
FE'BRILE (ֆի'պրիլ) ջերմային, դողային։
FEB'RUARY (ֆէպ'րուէրի) Փետըրուար։
FECK'LESS (ֆէք'լէս) տկար, անարժէք։
FEC'ULENCE (ֆէք'իուլընս) դիրտ, մրրախառնութիւն։
FEC'ULENT (ֆէք'իուլընթ) մրրախառն։
FE'CUND (ֆէք'ընտ) արգաւանդ։
FECUN'DITY արգասաւորութիւն, բեղմնաւորութիւն։
FE'CUNDATE արգասաւորել, բեղմնաւորել։
FECUNDA'TION արգասաւորութիւն, բազմածնութիւն։
FED (ֆէտ) կերակրեց։
FEDE'RAL դաշնակցային։
FED'ERALISM դաշնակցական սկըզբունք։
FEDE'RATE (ֆէտը'րէյթ) դաշնակից ընել, ըլլալ։
FEDERA'TION դաշնակցութիւն։
FED'ERATIVE դաշնակից, միացեալ։
FEE (ֆի) գին, արժէք, վարձք, իրաւունք, աւատ, կալուած, վարձքը վճարել, վարձատրել։
FEE'BLE (ֆի'պլ) տկար, թոյլ, անզօր։
FEE'BLE-MINDED տկարամիտ։
FEED (ֆիտ) կեր, արօտ, ճարակ, սնունդ, կերակրել, սնուցանել, կերցնել, արածել։
FEED'ER սնուցիչ, ուտող, մատակարար, կողմուղի։
FEED'PIPE ջրաւանդ խողովակ։
FEEL (ֆիլ) շօշափում, զգայարանք, զգալ, իմանալ, փորձել, շօշափել, զգացուիլ։
FEELE'R զգացող, շօշափող։
FEEL'ING զգայարանք, զգացում, [illegible], զգայուն։
FEET (ֆիթ) ոտքեր։
FEIGN (ֆէյն) կեղծել, հնարել։
FEINT (ֆէյնթ) կեղծ, շինծու, միջոց։
FELICIFIC (ֆիլիսիֆ'իք) երջանկարար։
FELI'CITATE (ֆիլիսի'թէյթ) շնորհաւորել, երջանկացնել։
FELICITA'TION խնդակցութիւն, շնորհաւորութիւն։
FELI'CITOUS (ֆիլի'սիթըս) երջանիկ, ցնծագին, վայելուչ։
FELL (ֆէլ) ինկաւ։
FELL մուշտակ, մորթ, լերկ բլուր, տապալել, զգետնել, կոտրել, անգութ, վայրագ։
FELL'AH (ֆէլ'լա) գիւղացի, հողագործ։
FELL'OW (ֆէլ'լօ) ընկեր, մարդուկ, անձ, անդամ, միաբան, զոյգ, հաւասար, մասնակցիլ, մրցիլ։
FELLOW-FEELING համակրանք, զգակցութիւն։
FELLOW TRAVELLER ուղեկից։
FELLOW SHIP ընկերակցութիւն, շահակցութիւն։
FEL'ON (ֆէլ'ն) ոճրագործ, ապիրատ, անզգամ։
FEL'ONY քրէական յանցանք։
FELT (ֆէլթ) թաղիք, թաղիք շինել։
FELUCC'A (ֆէլըք'քէ) քարշակ։
FE'MALE (ֆի'մէյլ) էգ, մատակ, քած։
FEMINAL'ITY կանացիութիւն։
FEM'ININE (ֆէմ'ինին) կանացի, իգական, մեղմ։
FEMINISM իգականութիւն, սե-

ռերու հաւասարութիւն:

FEM'INIST իգական սեռի իրաւունքներու ջատագով:

FEN (ֆէն) ճահիճ, մօր:

FENCE (ֆէնս) ցանկ, շրջափակ, ցանկապատ, սուսերամարտ, շրջափակել, պաշտպանել, պարսպել, կռուիլ, սուսերամարտիլ:

FENCELESS անպաշտպան:

FEN'CIBLE (ֆէն'սիպլ) պաշտպանելի:

FEN'CING (ֆէն'սինկ) սուսերամարտութիւն, ցանկապատ, ցանկաշինութիւն:

FEND (ֆէնտ) հեռու պահել, արգիլել, պաշտպանուիլ:

FEND'ER հրարգել, արգելակ; պաշտպանակ:

FENN'EL (ֆէն'նըլ) շումրայ, ռազիան:

FENNEL WATER շումրայի ջուր:

FE'RETORY (ֆէր'իթօրի) մասնատուփ:

FER'IAL լուրօրեայ, տօնական:

FERMENT (ֆըր'մընթ) խմոր, մակարդ, յուզում, եռալ, խմորել, յուզել, մակարդել:

FERMENTA'TION խմորում, յուզում, բորբոքում:

FERN (ֆըրն) վայրի ձարխոտ, պըտեր:

FERN'ERY պտերանոց:

FERO'CIOUS (ֆիրօ'շըս) կատաղի, վայրենի:

FE'RREOUS (ֆէր'րիըս) երկաթանման:

FE'RRET (ֆէր'րէթ) աքիս, վայրաքիս:

FERRIF'EROUS (ֆէրիֆ'ըրըս) երկաթաբեր:

FE'RRULE (ֆէրըլ) օղակ, օղամանեակ:

FE'RRY (ֆէ'րի) գետանաւ, անցանաւ:

FERRY-BOAT գետանաւ, լաստ:

FERT'ILE (ֆըրթ'այլ) արգաւանդ, բարեբեր:

FERTIL'ITY արգաւանդութիւն:

FERTIL'IZE արգաւանդել, բեղմնաւորել:

FERTILIZA'TION արգաւանդաւորում, բեղմնաւորում:

FERV'ENCY ջերմեռանդութիւն:

FERV'ENT (ֆըր'վընթ) ջերմ, տաք, նախանձախնդիր:

FES'CUE (ֆէս'քիուք) շիւղ, յարդ:

FES'TAL (ֆէս'թըլ) տօնական, ցնծական:

FES'TER (ֆէս'թըր) թարախիլ, բորբոքիլ, պալար:

FES'TIVAL (ֆէս'թիվըլ) փառատօն, խրախճանք, հանդէս:

FES'TIVE (ֆէս'թիվ) տօնական, խըրախճանային:

FESTIV'ITY խրախճանք, հանդիսատօն:

FESTOON' (ֆէսթուն') դրասանգ:

FETCH (ֆէչ) վարպետութիւն, հընարք, երթալ բերել, հանել, շահիլ, կատարել:

FETE (ֆէթ) տօն, խրախճանք, տօնել:

FETE-CHAMPETRE դաշտահանդէս:

FE'TID (ֆի'թիտ) գարշահոտ:

FE'TISH (ֆի'թիշ) կուռք, թերափ:

FE'TISHISM թերափապաշտութիւն:

FET'LOCK (ֆէթ'լաք) ճախանոց:

FETOR (ֆի'թար) գարշահոտութիւն:

FETT'ER (ֆէթը'ր) կապանք, շղթայ, արգելք, շղթայել, արգիլել, ստանակապել:

FET'TLE (ֆէթ'թլ) նորոգում, նորոգել:

FETUS (ֆի'թըս) սաղմ:

FEUD (ֆիուտ') աւատ, կալուած, գժտութիւն:

FEUD'AL աւատական:

FEUD'ALISM աւատականութիւն:

FEUD'ALIST աւատական:

FE'VER (ֆի'վր) ջերմ, տենդ, յուզմունք, դողացնել:

FEW (ֆիու) քիչ, սակաւ, ոմանք:

FIAS'CO (ֆիէս'քօ) անյաջողութիւն:

FI'AT (ֆայ'էթ) հրաման, վճիռ:

FIB (ֆիպ) ստաբանել, սուտ:

FI'BRE (ֆայ'պր) նեարդ, մանրաթել:

FIB'ULA (ֆիպիու'լէ) ճարմանդ:

FIC'KLE (ֆիք'լ) յեղյեղուկ:

FIC'TION (ֆիք'շըն) առասպել,

կեղծիք։
FICTI'TIOUS արհեստական, կեղծ։
FID'DLE (ֆիտ'տլ) ջութակ։
FIDD'LED ջութակահար, ջութակա-րակ։
FIDEL'ITY (ֆիտէլ'իթի) հաւատարմութիւն։
FIDG'ET (ֆիճ'էթ) անհանգստութիւն, տատանիլ։
FIDU'CIARY (ֆիտիու''շիէրի) խընամակալ, աւանդապահ։
FIEF (ֆի'ֆ) աւատ, պարգեւահող։
FIELD (ֆիլտ) դաշտ, ասպարէզ, տարածութիւն, երես, արտ, յատակ, ռազմադաշտ, գնդակը նետել, բռնել։
FIELD-ARTILLERY դաշտային հրետանի։
FIELD-DAY ռազմափորձի օր։
FIELD-GLASS հեռադիտակ։
FIELD-HOSPITAL բացօթեայ հիւանդանոց։
FIELD MARSHAL մարաջախտ։
FIELD WORKS ամրութիւն։
FIEND (ֆինտ) Թշնամի, հակառակորդ։
FIERCE (ֆիէրս) վայրագ, կատաղի։
FIER'Y (ֆայ'ըրի) հրային, կրակոտ, բուռն։
FIFE (ֆայֆ) շլանձայն սրինգ, սափո-րայ, շլակ։
FIFER շլակահար։
FIF'TEEN (ֆիֆ'թին) տասնհինգ։
FIFTH (ֆիֆթհ) հինգերորդ։
FIF'TY (ֆիֆ'թի) յիսուն։
FIFTY-FIFTY կէս առ կէս։
FIFTIETH յիսուներորդ։
FIG (ֆիկ) Թուզ, Թզենի, հագնիլ։
FIGHT (ֆայթ) մարտ, կռիւ, պատերազմ, կռուիլ, մարտնչիլ, պատերազմիլ, ընդդիմանալ։
FIG'MENT (ֆիկ'մէնթ) կեղծիք, հընարք, առասպել։
FIG'URANT (ֆիկ'իուրէնթ) երեւորդ։
FIGURA'TION կազմում; ձեւացում։
FIG'URATIVE այլաբանական, խորհրդաւոր։
FIG'URE (ֆիկ'իուր) ձեւ, կերպարանք, տեսիլ, երեւոյթ, պատկեր, Թըւանշան, նշան, ձեւացնել, գծել, նշանակել, երեւնալ, հաշիւ ընել, փայլիլ։
FIGURINE' (ֆիկիուրին') պատկերիկ, կաւանկար։
FIL'AMENT (ֆիլ'էմընթ) մանրաթել, թել, նեարդ։
FIL'ATURE (ֆիլ'էթիուր) մանում, մանարան, մանոց։
FIL'BERT (ֆիլ'պըրթ) արքայակաղնի։
FILCH (ֆիլչ) գողնալ, շորթել։
FILE (ֆայլ) կարգ, շար, շարք, թղթածրար, խարտոց; խարտել, շարել, ծրարել, խարտոցել, արձանագրել։
FIL'IAL (ֆի'լիըլ) որդիական։
FILIATION (ֆիլիէյ'շըն) որդեգրութիւն, սերունդ, ծագում։
FILIBUSTER (ֆի'լիպըսթըր) ծովահէն, յելուզակ, օրէնսդրական ժողով խանգարել։
FIL'IGREE (ֆիլ'իկրի) ցանցահիւս, ժանեկահիւս։
FILL (ֆիլ) լեցնել, յագեցնել, գոհացնել, գրաւել, կշտանալ, յագուրդ, յափրանք։
FILL'ER լցակ, լցանիւթ։
FILL'ET (ֆիլ'էթ) ժապաւէն, մազակապ, զարդագիծ, կողիկ միս, զարդագծել։
FILL'IP (ֆիլ'իփ) պոնդ, պոնդել, ցայտեցնել։
FILL'Y (ֆիլ'ի) զամբիկ, զուարթ աղջիկ։
FILM (ֆիլմ) ներքնամաշկ, փառ, Թաղանթ, ժապաւէն, Թաղանթով պատել։
FIL'OSELLE (ֆիլ'օսէլ) մետաքսափուրծ։
FIL'TER (ֆիլ'թըր) պարզոց, քամոց, զտարան, պարզել, քամել, մզել, զտել։
FILTH (ֆիլթհ) աղտեղութիւն, լիրբ պատկեր։
FILTHY աղտոտ, գարշելի։
FIL'TRATE (ֆիլ'թրէյթ) քամել, զտել։
FILTRA'TION քամում, զտում։

FIN (ֆին) *թեւ, լողաթեւ։*
FI'NAL (ֆայ'նըլ) *վերջնական,, վըճռական։*
FINA'LE (ֆինա'լէ) *վերջանուագ։*
FINALIST *վախճանաբան, հետաբան, եզրափակիչ։*
FINALITY (ֆայ'նէլիթի) *վերջնականութիւն։*
FINALLY *վերջապէս, հուսկ ուրեմն։*
FINANCE (ֆինէնս') *գանձ, ելեւմուտք, հասոյթ, տնտեսութիւն, տնտեսել։*
FINANCIAL (ֆինէն'շըլ) *տնտեսական, ելեւմտական։*
FINANCIER (ֆինէնսի'յր) *ելեւմտագէտ, տնտեսագէտ։*
FINCH (ֆինչ) *խայտիտ (թռ.)։*
FIND (ֆայնտ) *գտնել, ըմբռնել, իմանալ, զգալ, պատրաստել, եզրակացնել, հաստատել։*
FI'NDER *գտնող, հնարիչ։*
FI'NDING *գիւտ, դատաստան, վճիռ։*
FINE (ֆայն) *տուգանք, տուրք, տուգանք առնել, մաքրել, զտել, հիւսել, վերջանալ։*
FINE *ազնիւ, ընտիր, նուրբ, զուտ, մաքուր, սուր, ճարտար, չքնաղ։*
FINE-DRAWN *նրբին, ճարտար։*
FINE-SPUN *նրբահիւս։*
FI'NERY *զարդարանք, հալարան, հալոց։*
FINESSE *նրբամտութիւն։*
FING'ER (ֆինկըր) *մատ, մատնաչափ, արուեստ, ալաք, մատները խաղցընել, դպչիլ, հպիլ, գողնալ, շորթել։*
FINGER POST *ուղեցոյց, ցից։*
FINGER PRINT *մատնատիպ։*
FING'ERING *մատնոտում, դպչում, հպում։*
FI'NIAL (ֆին'իըլ) *գագաթնազարդ (աշտարակի)։*
FIN'ICAL (ֆին'իքըլ) *նազելի, արուեստակեալ, ցուցամէտ։*
FINISH (ֆին'իշ) *աւարտել, վերջացընել, վերջանալ, լրանալ, կատարում, փայլ, յղկանք։*
FINITE (ֆայ'նայթ) *հունաւոր, սահմանաւոր։*

FIR (ֆըր) *եղեւին, շոճի։*
FIRE (ֆայր) *հուր, կրակ, խանդ, լոյս, հրացանաձգութիւն, վառել, արծարծել, կրակ ընել, գայրանալ։*
FIRE-ARM *հրազէն։*
FIRE ALARM *հրդեհի ահազանգ։*
FIRE BRAND *խանձող, խռովարար։*
FIRE BRIGADE *հրշէջ խումբ։*
FIRE DOG *փայտակալ՝ վառարանի։*
FIRE-ENGINE *հրշէջ ջրհան։*
FIRE FLY *կայծոռիկ։*
FIRE FORK *ունելիք։*
FIRE MAN *ջրհանկիր։*
FIRE PLACE *վառարան, օճախ։*
FIRE PLUG *հրշիջական, ջրածիգ։*
FIRE PROOF *հրադիմացկուն, անկէզ։*
FIRE SIDE *վառարան, ընտանիք։*
FIRE-WATER *ուիսքի։*
FIRE WORKS *հրախաղութիւն։*
FIRING *վառելը, հրկիզում, հրացանաձգութիւն։*
FIRKIN (ֆըր'քին) *իւղի տակառակ։*
FIRM (ֆըրմ) *պինդ, ամուր, անխախտ, վաճառատուն, տուն, հաստատել, կարգադրել, պնդացնել։*
FIRM'AMENT (ֆըր'մէմէնթ) *հաստատութիւն (երկնից), երկինք, երկրագունդ։*
FIRST (ֆըրսթ) *առաջին, գլխաւոր, երիցագոյն, առաջին անգամ։*
FIRST AID *նախնական դարմանում։*
FIRST-FRUITS *երախայրիք։*
FIRST'LINGS *նախատինք՝ հօտի։*
FIRSTLY *նախապէս, առաջին անգամ։*
FIRTH (ֆըրթհ) *ծովախորշակ։*
FISC (ֆիսք) *հանրային, պետական գանձատուն։*
FIS'CAL (ֆիս'քըլ) *գանձային, ելեւմըտական, գանձապետ։*
FISH (ֆիշ) *ձուկ, ձկան միս, նիշ, լողակ, ձուկ բռնել, որսալ, թըռնել, յօդել։*
FISH-BALL *ձուկի քաքար։*
FISH-HOOK *կարթ, խանձող։*
FISH-MARKET *ձուկի շուկայ։*
FISH-MONGER *ձկնավաճառ։*
FISH-POND *ձկնոց, ձկնաւազան։*
FISH STORY *անհաւատալի պատ-*

մութիւն:
FISH WIFE ձկնավաճառ կին:
FISH'ER ձկնորս:
FISHERY ձկնորսութիւն:
FISHI'NG ձկնորսութիւն:
FISH'Y ձկնահամ, ձկնալից, անվըստահելի:
FI'SSION (ֆի'շըն) հերձում, բաժանում:
FI'SSURE (ֆի'շիուր) ճեղքուած, հերձ, հերձանել, ճեղքել:
FIST (ֆիսթ) բռունցք, կռուփ, կըռփահարել, կոփել:
FIS'TULA (ֆիս'թիուլէ) հկղանք:
FIT (ֆիթ) նոպայ, ախտաժամ, լուսնոտութիւն, յարմար, վայելուչ, յարմարցնել, յարդարել, պատրաստել, յարմարիլ:
FITCH (ֆիչ) քրքում, սոնիճ:
FIT'FUL երերուն, յուզեալ:
FITNESS յարմարութիւն, կարողութիւն:
FIVE (ֆայվ) հինգ:
FIX (ֆիքս) հաստատել, աչքը տնկել, պնդել, սահմանել, որոշել, կարգադրել, հաստատուիլ, դադրիլ, պնդանալ:
FIXA'TION հաստատութիւն, ամրութիւն, սեւեռում:
FIX'ITY (ֆիք'սիթի) մնայունութիւն, հաստատունութիւն:
FIX'TURE (ֆիքս'չըր) անշարժ կահ կարասիք, կայունութիւն:
FIZ'ZLE (ֆիզ'զլ) սխալիլ, վրիպիլ, թերացում:
FLABB'Y (ֆլէպպ'ի) կակուղ, թոյլ, մեղկ:
FLAC'CID (ֆլէք'սիտ) թոյլ, կակուղ:
FLACKER (ֆլէ'քըր) թռչտիլ:
FLAG (ֆլէկ) դրօշ, սալ, փետրափունջ, մօրուշուշան, թուլցնել, տկարացնել, զարդարել, ծածանիլ, թուլնալ, ծփալ:
FLAGMAN դրօշակիր:
FLAGELL'ANT (ֆլէճ'էլլընթ). ինքնածաղկեան:
FLA'GELLATE (ֆլէճ'էլլէյթ) ծաղկել, խարազանել:
FLAGI'TIOUS (ֆլէճի'շըս) ապիրատ, անզգամ:
FLAGRANT (ֆլէյկ'րընթ) բոցակէզ, վառ, տխրահռչակ:
FLAGSHIP հրամանատարի նաւ:
FLAIL (ֆլէյլ) տափան, թակ:
FLAIR (ֆլէ'ր) հոտառութիւն:
FLAKE (ֆլէյք) ձիւնահատիկ, ծուէն, լաստակ, կայծ, կեղեւանք, թեփոտել, ծուէն կազմել:
FLAM (ֆլէմ) ստութիւն, խաբկանք:
FLAM'BEAU (ֆլէմ'պօ) կերոն, ջահ:
FLAME (ֆլէյմ) բոց, հուր, եռանդ, կիրք:
FLAMIN'GO (ֆլէմին'կօ) բոցահաւ, հրաթռչուն:
FLANGE (ֆլէնճ) կող, եզր, շուրթ, եզրը շինել:
FLANK (ֆլէնք) կող, կողմ, ազդր, կողքէն զարնել, կողը դարձնել, կողապահել:
FLANN'EL (ֆլէ'նէլ) ասուեակ:
FLAP (ֆլէփ) փղանցք, թեւ, ծայր, բաղխում, զարնել, բաբախել, տատանիլ, զարնուիլ:
FLAPP'ER բախիչ, լողաթեւ:
FLARE (ֆլէր) բոց, փայլ, զայրոյթ, փայլատակել, շողշողալ:
FLASH (ֆլէշ) փայլակ, կայծակ, դողի լեզու, ցայտում, փայլատակել, խոյանալ, բորբոքիլ, գունատրել:
FLASH HOUSE գողի տուն:
FLASH-LAMP ելեկտրական լապտեր:
FLASH LIGHT պզտիկ ելեկտրական ջահ:
FLASHER փայլող, ցուցասէր, կաշառակ:
FLASH'Y բորբոքուն, փայլփլուն, անհամ:
FLASK (ֆլէսք) սրուակ, թարանոթ:
FLASK'ET պզտիկ սրուակ:
FLAT (ֆլէթ) տափակ, հարթ, անհամ, վճռական, դաշտավայր, հարթանաւ, կիսվայր ձայն, յարկ, տափակցնել, հարթել, ըթացնել, ցածնալ, տափակնալ:
FLAT BOAT հարթանաւ:
FLAT FISH խարտոցաձուկ:
FLAT-FOOTED տափոտն, հաստա-

տամբիւ։

FLATT'ER հաճոյիչ, շողոքել, փաղաքշել։

FLATT'ERER շողոքորթ։

FLATT'ERY շողոքորթութիւն։

FLATULENCE փքստութիւն, փուք

FLAUNT (փլօնթ) սիգալ, պերճանալ։

FLA'VOUR (փլէ'վըր) բոյր, համ, համ տալ, համեմել։

FLAW (փլօ) ճեղք, թերութիւն, աղմուկ, փոթորիկ, ճեղքել, կոտրել։

FLAX (փլէքս) կտաւ, վուշ, քթան։

FLAX DRESSER վշագործ։

FLAY (փլէյ) քերթել, մորթը հանել։

FLEA (փլի) լու։

FLEA-BITE լուի խայթ։

FLEAM (փլիմ) պայտարի նշդրակ։

FLECK (փլէք) բիծ, պիսակ։

FLED փախաւ։

FLEDGE (փլէճ) փետրաւոր, փետրազարդել։

FLEE (փլի) փախչիլ, խոյս տալ։

FLEECE (փլիս) բուրդ, ծուատ, գեղմ, խուզել, կողոպտել, բուրդով պատել։

FLEER (փլի'ր) ծաղր, ծիծաղ, հեգնանք, ծիծաղիլ, ծաղրել։

FLEET (փլիթ) նաւատորմիղ, նաւախումբ, նաւարկել, սահիլ, անցնիլ։

FLESH (փլէշ) մարմին, միս, մարդկային ցեղ, գորով, ցանկութիւն, միս կերցնել, յափրացնել։

FLESHER քերթիչ դանակ, մսագործ։

FLESHY (փլէշ'ի) մսալից, պէր, պարարտ։

FLEW (փլիու) թռաւ

FLEX (փլէքս) ծռել, թեքել։

FLEX'IBLE դիւրաթեք, ճկուն։

FLE'XION (փլէքշըն) ծալում, կորացում։

FLICK (փլիք) թեթեւ մտրակել, թօթուել։

FLICK'ER պլպլացում, ծածանում, պլպլալ, ծածանիլ։

FLI'ER (փլայ'ըր) թռչող, փախչող, ճչղակ։

FLIGHT (փլայթ) փախուստ, թռիչք, սաւառնում, փախուստ, ճախրանք, գաղթ։

FLIM'SY (փլիմ'սի) տկար, թեթեւ, անզօր, թոյլ։

FLINCH (փլինչ) ընկրկում, ընկրկիլ, վհատիլ։

FLING (փլինկ) կից, արգացում, ըմբոստում, նետել, արձակել, աքացել, ծաղրել։

FLINT (փլինթ) կայծքար։

FLINT BRINK կայծաղիւս։

FLINT LOCK կայծհան։

FLINT STONE կայծքար։

FLIPP'ANT (փլիփ'փընթ) շատախօս, լեզուանի։

FLIRT (փլըրթ) կատակ, ծաղր, կոտրատուածք, նետել, արձակել, ոստել, պչրիլ, քծնիլ, պչրուհի։

FLIRTA'TION պչրութիւն, նազանք, քծնարանութիւն։

FLIT (փլիթ) ճախրել, գաղթել, թռչտիլ, չուել։

FLOAT (փլօթ) լաստ, կոհակ, ծըփանք, հարթակ, ծփացնել, տարուբերիլ, տատանիլ, ծածանիլ։

FLOAT STONE յղկաքար։

FLOAT'AGE ծփուն, վիճակ, նաւաբեկութենէ մնացորդք։

FLOATA'TION ծփում, ծփանք։

FLOAT'ING ծփուն, երերուն.

FLOCK (փլաք) հօտ, երամ, խումբ, ամբոխ, ժողուել, խռնուիլ։

FLOE (փլօ) սառնալեռ։

FLOG (փլակ) մտրակել։

FLOOD (փլատ) հեղեղ, յորդութիւն, ողողել։

FLOOD FENCE թումբ։

FLOOR (փլօր) տախտակամած, յարկ, որահ։

FLOOR-CLOTH իւղալաթ, մոմլաթ։

FLOP (փլափ) թեւափախում, թեւերը իրար զարնել

FLOR'A (փլօ'րէ) փլորա, ծաղկացուցակ։

FLORES'CENCE (փլօրէս'սընս) ծաղկում, փթթանք։

FLOR'ET (փլօ'րէթ) ծաղկիկ։

FLOR'ICULTURE (փլօ'րիքըլթիուր) ծաղկամշակութիւն։

FLO'RID (փլօ'րիտ) ծաղկուն, վարդագոյն։

FLOR'IST ծաղկաբոյծ, ծաղկավաճառ։
FLOSS (ֆլաս) թելիկ, աղուամազ։
FLOTIL'LA (ֆլօթիլ'լէ) նաւատորմիկ։
FLOT'SAM (ֆլօթ'սէմ) նաւաբեկութենէ մնացորդք։
FLOUNCE (ֆլաունս) եզրափոթք, ցատկռտում, թաւալիլ, տատանիլ, կից արձակել։
FLOUN'DER (ֆլաունտ'ըր) տափակաձուկ, ցատկռտել։
FLOUR (ֆլաուր) ալիւր։
FLOURISH (ֆլըր'իշ) զարդ, պաճուճանք, բարգաւաճում, շողացնել, զարդացնել, փայլեցնել, ծաղկիլ, ճոխանալ։
FLOUT (ֆլաութ) անարգանք, այպանում, ծաղր, ծաղրել, նախատել։
FLOW (ֆլօ) հոսում, հոսանք, հոսիլ, վազել, հալիլ, սահիլ, ծածանիլ։
FLOW'ER (ֆլաու'ըր) ծաղիկ, գեղեցիկ, ոճ, ծաղկիլ, փթթիլ։
FLOWER-SHOW ծաղիկներու ցուցադրութիւն։
FLOW'ERY ծաղկալից, զարդարուն։
FLOWN թռաւ։
FLUC'TUATE (ֆլըք'թիուէյթ) տատանիլ, ծփծփալ, վարանիլ։
FLUCTUATION ծփանք, տատանում, վարանում։
FLUE (ֆլիու) օդանցք, ծխնելոյզ, շոգանցք։
FLU'ENT (ֆլիու'ընթ) սահուն, վազուն, ճոխաբան։
FLU'ENCY սահունութիւն, արագախօսութիւն։
FLUFF (ֆլըֆ) աղուամազ, փոշի։
FLU'ID (ֆլու'իտ) լոյծ, հեղուկ։
FLUID'IFY հեղանիւթել։
FLUKE (ֆլիուք) տափարաձուկ, խարսխաճանկ։
FLUME (ֆլիում) ջաղացքի առու, վազք։
FLUMM'ERY (ֆլըմ'մըրի) խաւիծ, խիւս, անոսրիք։
FLUNG (ֆլընկ) անցեալ FLINGի։
FLUNK'EY (ֆլընք'ի) ծառայ, հետեւակ, դիւրախաբ։
FLUNK'EYISM ստրկամտութիւն։
FLUNK (ֆլընք) վախէն ետ քաշուիլ, անյաջողութիւն։
FLU'OR (ֆլիու'ար) ծորնաքար։
FLUORES'CENCE ծորնականութիւն։
FLUORINE (ֆլիու'օրին) ծորին (քիմ.)։
FLU'RRY մրրկահով, յուզել, գրգռել, տագնապեցնել։
FLUSH (ֆլըշ) շառագունում, ցայտ, խայտանք, յուզմունք, թարմ, պայծառ, կարմրցնել, յուզել, ոգեւորել, շառագունիլ, պոռթկալ։
FLUS'TER (ֆլըս'թըր) գլխու տաքութիւն, անկարգութիւն, գրգռել, կարմրցնել, յուզուիլ, շփոթիլ։
FLUTE (ֆլիութ) սրինգ, մատնէջ, նկանակ, ընտանաւ, սրինգ ածել, ակօսել։
FLUTT'ER (ֆլըթ'թըր) երերում, յուզում, խառնակութիւն, խանգարել, յուզել, թափահարել։
FLU'TY (ֆլիու'թի) սրնգաձայն։
FLU'VIAL (ֆլիու'վիըլ) գետային։
FLUX (ֆլըքս) հոսանք, մակընթացութիւն, թանչք, հոսում, լոյծ, հոսեցնել, հալեցնել, լուծել։
FLU'XION (ֆլըք'շըն) հոսում, ծորում, հոսանութ, հալում, հարինք, տարբերական։
FLY (ֆլայ) ճանճ, ճօճանակ, ճշղակ, ոլաք, թռցնել, թռչել, լքել, փախչիլ, խոյս տալ, սաւառնիլ, անցնիլ։
FLY-BLOW ճանճի ծիրտ։
FLY-BLOWN որդնոտած։
FLY-CATCHER ճանճորս, ճանճկալ։
FLY TRAP ճանճի ծուղակ։
FLY-WHEEL ճախարանիւ, թռչարան։
FOAL (ֆօլ) մտրուկ, քուռակ ծնիլ։
FOAM (ֆօմ) փրփուր, փրփրալ, զայրանալ։
FOB (ֆօպ) ժամացոյցի գրպան, խաբել, խորել։
FO'CUS (ֆօքըս) բուն, վառարան, կիզակէտ։
FODD'ER (ֆատ'տըր) կեր, ճարակ, խոտ, արածել, կերակրել, սնուցանել։

FOE (ֆօ) թշնամի, հակառակորդ։

FOE'TUS (ֆի'թըս) պտուղ, սաղմ։

FOG (ֆակ) մէգ, մշուշ, մառախուղ, մշուշել, աղօտել։

FOGG'Y մշուշոտ, մթագին, աղօտ։

FO'GY հնաբանմիտ, պահպանողական, ծերուկ։

FOIBLE (ֆօյ'պլ) տկար, բարոյական տկարութիւն։

FOIL (ֆօյլ) վրիպում, պարտութիւն, նրբաթերթ, անդրկանոց, յաղթել, աւրել, եղծանել։

FOIST (ֆօյսթ) սահեցնել, նենգել։

FOLD ծալք, փարախ, փեղկ, հօտ, պահարան, անդամ, ծալել, պատել։

FO'LIAGE (ֆօ'լիէյճ) սաղարթունք, տերեւուտք։

FO'LIATE (ֆօ'լիէյթ) թերթաւոր, նրբաթերթել։

FO'LIO (ֆօ'լիօ) թերթ, էջ, միածալ։

FOLK (ֆօք) ժողովուրդ, ամբոխ։

FOLK-DANCE ռամպար։

FOLK-SONG ռամերգ։

FOLK-LORE ռամերկ։

FOLLOW (ֆալօ) հետեւիլ, հետապնդել, յաջորդել, անսալ, յարմարիլ, նմանիլ, օրինակել։

FOLLOWING հետեւեալ, յաջորդ հետեւորդք։

FOLL'Y (ֆալ'լի) յիմարութիւն։

FOMENT (ֆօմէնթ') տածել, դրդռել, դրդել, արծարծել։

FOMENTA'TION (ֆօմէնթէյ'շըն) գրգռում, տածում, քաջալերում, դեզամծում։

FOND (ֆօնտ) հիմ, յատակ, դրամագլուխ, գուրգուրալ, կաթոգին, մոլի, սիրող։

FON'DANT (ֆօն'տընթ) բանդակ։

FON'DLE (ֆօն'տլ) գգուել, փայփայել։

FONT (ֆօնթ) աւազան, մկրտարան, ձուլատառք։

FON'TAL (ֆօն'թլ) ծագման, նախնական, մկրտական։

FOOD (ֆուտ) կերակուր, կեր, սնունդ։

FOOL (ֆուլ) յիմար, անմիտ, խեւ, փախուկ, խաղալ, ծաղրել, խաբել, յիմարցնել։

FOOL-HEN լերան կաքաւ։

FOOL'ERY խենթութիւն։

FOOL'HARDY ժպիրհ, անխոհեմ։

FOOL'ISH յիմար, այլանդակ։

FOOL'SCAP գրի թուղթ (13×16 մեծութիւն)։

FOOT (ֆութ) ոտք, յատակ, հիմնակէտ, ոտնաչափ, վիճակ, ոտքը գետինը զարնել, պարել, կից զարնել։

FOOTBALL ֆութպոլ, գնդախաղ։

FOOTGUARDS անգլիական երկրապահ բանակի 5 զօրագունդերը։

FOOT MAN հետեւակ։

FOOT NOTE յետագրութիւն։

FOOT PACE սովորական քայլուածք։

FOOT PRINT, FOOT STEP ոտքի հետք։

FOOT SORE յոգնած, ցաւոտնեայ։

FOOT'ING կռուան, ոտնատեղի, կայան, պատուանդան, վարկ, պատիւ, քայլ, ընթացք, խարիսխ։

FOO'TLE (ֆու'թլ) յիմարութիւն, անտանել։

FOP (ֆափ) ցուցամոլ, անմիտ, պճնասէր։

FOPP'ERY յիմարութիւն, պճնասիրութիւն։

FOR համար, վասն, նկատմամբ։

FOR ALL THAT հակառակ այդ ամենուն։

FOR AS MUCH քանզի, եւ որովհետեւ։

FO'RAGE (ֆօրէճ) խոտաքաղ, կեր, ճարակ, պաշար, ճարակ փնտռել, աւարով ապրիլ, պաշար հաւաքել։

FO'RAY (ֆօրէյ) ասպատակութիւն։

FORB'EAR զգուշանալ, համբերել, մերժել, հրաժարիլ, համբերել, մերժել, խոյս տալ։

FORBEARANCE համբերութիւն, մեղմութիւն, հրաժարում։

FORBID' (ֆօրպիտ') մերժել, արգիլել, անբծել, նզովել։

FORBIDDING տարամերժ, ատելի, անհաճոյ։

FORCE (ֆօրս) ուժ, զօրութիւն, կորով, բռնութիւն, զօրք, ստիպել,

բռնադատել, վանել, զօրացնել։
FORCE MAJEURE — հարկեցուցիչ պարագայ։
FORCE-PUMP ճնշաջրհան։
FORCE'FUL ուժգին։
FORCE'-MEAT ծեծուած միս։
FOR'CEPS կասատ, ունելիք, աքցան։
FORCIBLE ուժգին, ազդու, բռնի։
FORD (փորտ) հուն, հոսանք, հունէն անցնել։
FORE առաջին, նախկին, դէպի առաջ։
FORE AND AFT երկայնքովը, ծայրէ ծայր։
FOREARM ծղի, բազուկ, նախապէս զինել։
FOREBODE կանխագուշակել։
FOREBODING չարագուշակութիւն։
FORECAST նախատեսութիւն, նախատեսել, ծրագրել։
FORECASTLE առաջակողմեան բարձրաւանդակ։
FORECLOSE գոցել, արգիլել։
FORECLOSURE գրաւադրկութիւն, խափանում։
FOREFATHER նախահայր, պապ։
FOREFINGER ցուցամատ։
FOREFOOT առջեւի ոտք։
FOREGO թողուլ, լքանել, հրաժարիլ։
FOREGROUND առաջին մաս։
FOREHAND առաջամաս, առաջնութիւն։
FOREHEAD ճակատ, դէմք, կերպարանք։
FOREIGN (փարին) օտար, օտարական, արտաքին։
FOREIGN OFFICE արտաքին գործոց նախարարութիւն։
FOREIGNER օտարազգի, օտարական։
FOREJUDGE նախադատել։
FOREKNOW կանխագիտել։
FOREKNOWLEDGE կանխագիտութիւն։
FORELAND գլուխ, հրուանդան։
FORE'MAN գլխաւոր, վերակացու։
FORE'MAST յառաջակայմ։
FORE'MOST առաջագոյն, գլխաւոր։
FORENOON նախամիջօրէ, առաւօտ։
FOREN'SIC (փորէն'սիք) ատենական։
FOREORDAIN նախակարգել, նախասահմանել։
FOREORDINA'TION նախակարգում։
FORE-PART նախամաս։
FORE-RUN յառաջել, կանխել։
FORERUNNER նախընթաց, նախակարապետ։
FORESAIL նախառագաստ։
FORESEE կանխատեսել։
FORESHADOW նախապատկերել։
FORESHORTEN կարճացնել, պատկերել։
FORESIGHT կանխատեսութիւն։
FORE'SKIN թլփատ.
FOREST (փար'էսթ) անտառ, մայրաստան։
FORESTER անտառապահ։
FORESTRY անտառամշակութիւն։
FORESTALL կանխել, կանուխէն առնել, խցել։
FORETASTE նախաճաշակ։
FORETELL գուշակել։
FORETHOUGHT նախատեսութիւն, նախամտածուած։
FORETOKEN նախանշան։
FOREWARN նախապէս ազդարարել, զգուշացնել։
FOREWORD նախաբան։
FORF'EIT (փոր'ֆիթ) տուգանք, յանցանք, վնաս, կորուստ, փրկանք, իրաւազուրկ ըլլալ, կորսնցնել։
FORFEITURE կորուստ, տուգանք, գրաւում։
FORFEND' արգիլել։
FORGAVE ներեց։
FORGE (փորճ) դարբնոց, հնոց, դարբնել, կռել, ստեղծել, հնարել, կեղծել, խարդախել։
FOR'GERY դարբնում, խարդախութիւն։
FORGET' (փորկէթ') մոռնալ, զանց առնել։
FORGET-ME-NOT անմոռուկ։
FORGET'FUL մոռացկոտ, անփոյթ։
FORGIVE (փորկիվ') ներել, շնորհել, թողուլ։
FORGIVENESS ներողութիւն, ներողամտութիւն։
FORGO' (փորկօ') թողուլ, փախցնել, մօտէն անցնիլ։

FORK (ֆորք) պատառաքաղ, մաքիալ, օլաք, ծայր, հերձանիլ, երկճիւղիլ։
FORLORN' (ֆորլորն') լքեալ, ամայի, անտէր, կորսուած։
FORM պրակ, ձեւ, կազմութիւն, կերպ, նմանութիւն, ձեւ տալ, ձեւել, կազմել, կազմապարել, յօրինել, կրթել, մարզել, հրահանգել, ձեւ առնել, կազմուիլ։
FORM'AL (ֆորմ'ըլ) ձեւական, պաշտօնական, յայտնի, մէկին։
FORM'ALISM ձեւապաշտութիւն, ծիսականութիւն։
FOR'MALIST ձեւապաշտ, ծիսական։
FORMAL'ITY ձեւականութիւն, պաշտօնականութիւն, էութիւն, կարգ ու սարք, արարողութիւն։
FORM'ALIZE ձեւականել, կազմապարել։
FORM'AT (ֆոր'մա) ձեւ, մեծութիւն՝ գիրքի։
FORMA'TION (ֆորմէյ'շըն) կազմութիւն, ձեւաւորութիւն, շարք, յօրինուածք։
FORM'ATIVE կերպաւորիչ, ածանցական։
FORME (ֆորմ) բիշակալ։
FORM'ER արարիչ, ձեւիչ, նախկին, նախընթաց, առաջին։
FORM'ERLY նախապէս, հին ատեն, ատենօք։
FORM'IC (ֆորմ'իք) մրջնական։
FORM'IDABLE (ֆորմ'իտէպլ) ահարկու, սոսկալի, ահեղ։
FORM'LESS անձեւ, տձեւ։
FORM'ULA (ֆոր'միուլէ) բանաձեւ, տարազ, ձեւանիշ, դեղատոմս։
FORM'ULATE բանաձեւել, ձեւաբանել։
FOR'MULARIZE բանաձեւել, տարազել։
FORMULA'TION բանաձեւում, տարազում։
FORN'ICATE (ֆորն'իքէյթ) կամարաւոր, պոռնկանալ, շնանալ։
FORNICA'TION շնութիւն, պղծութիւն, կամարում։
FORN'ICATOR շնացող, կնապաշտ, չար։

FORSAKE' (ֆորսէյք') երեսի վրայ ձգել, անտես առնել, թողուլ։
FORSOOTH' (ֆորսութ'հ) արդարեւ, իրաւ։
FORSWEAR' (ֆորսուէր') ուրանալ, երդումով ժխտել, հրաժարիլ։
FORT (ֆորթ) բերդ, ամրոց։
FORTE (ֆորթ) ուժգին, զօրաւոր կողմ։
FORTH (ֆորթհ) յառաջ, դուրսը, անդին։
FORTHCOMING գալիք, երեւնալիք։
FORTHRIGHT ուղղակի։
FORTHWITH անմիջապէս, ուղղակի։
FORTIFICA'TION ամրացնում, ամրութիւն։
FORT'IFY ամրացնել, զօրացնել։
FORT'ITUDE (ֆորթ'իթիուտ) զօրութիւն, քաջութիւն։
FORTLET (ֆորթ'լէթ) բերդակ։
FORTNIGTH (ֆորթ'նայթ) տասնըհինգ օր, երկու շաբաթ։
FORT'RESS (ֆորթ'րէս) ամրոց, բերդ, միջնաբերդ։
FORTU'ITY (ֆորթիու'իթի) դիպուած, պատահմունք։
FORT'UNATE (ֆոր'թիունէյթ) բախտաւոր, յաջողակ, բարեբախտ։
FORT'UNE (ֆոր'թիուն) բախտ, հարստութիւն, ինչք, օժիտ, վիճակիլ, պատահիլ։
FORTUNE-HUNTER բախտորս (ամուսնութեամբ)։
FORTUNE-TELLER բախտագուշակ։
FORT'Y (ֆոր'թի) քառասուն։
FOR'UM (ֆօ'րըմ) հրապարակ, ատեան, ժողով։
FOR'WARD (ֆոր'ուըրտ) դէպի առաջ, պատրաստ, համարձակ, եռանդուն, փութացնել, փոխանցել, ղրկել։
FORWARDS դէպի առաջ։
FORWORN' (ֆորուօրն') ուժաթափ, սպառած։
FOSSE (ֆոս) խրամ, փոս։
FOS'SIL (ֆոս'սիլ) բրածոյ, հանածոյ։
FOS'SILIZE քարանալ, քարացնել,

հիմնալ։
FOS'TER (ֆօս'թըր) կերակրել, սնուցանել։
FOSTER-BROTHER կաթնեղբայր, կաթնեկից։
FOSTER-CHILD ծծկեր, որդեգիր։
FOSTER-FATHER հայրագիր։
FOSTER-MOTHER մայրագիր։
FOS'TERAGE (ֆօս'թըրէճ) դայեկչէք։
FOS'TERLING ծծմանուկ, սանդիկաց։
FOUGHT (ֆօթ) կռուեցաւ։
FOUL (ֆաուլ) վրիպում; խառնակութիւն, աղտոտ, գարշելի, տգեղ, անհաճ, աղտոտել, աւրել, թնճկել, խանձոտել։
FOUL-MOUTHED պիղծ բերան։
FOUL-SPOKEN հայհոյախօս։
FOUL'LY անպարկեշտօրէն։
FOUND (ֆաունտ) գտաւ, ձուլել, հիմնել, հաստատել, մնալ։
FOUNDA'TION հիմնարկ, հաստատութիւն, ծագում, հիմ։
FOUND'ER հիմնադիր, ձուլիչ, հեղինակ, ընկղմիլ, ջրով լեցուիլ, տկարացնել, ոտքը կաղացնել։
FOUND'LING ընկեցիկ մանուկ։
FOUNDRESS հիմնադրուհի։
FOUN'DRY ձուլարան։
FOUNT (ֆաունթ) աղբիւր, ակն, ձուլատառ։
FOUNTAIN (ֆաունթ'թին) աղբիւր, աւազան, ցայտակ, ծագում, ակիզբ, նախապատճառ։
FOUNTAIN-PEN ինքնածոր գրիչ։
FOUR (ֆօր) չորս։
FOURB (ֆուրպ) նենգ։
FOURFOLD քառապատիկ։
FOURTEEN տասնըչորս։
FOURTEENTH տասնըչորրորդ։
FOURTH չորրորդ։
FOWL (ֆաուլ) թռչուն, հաւ։
FOWL'ER թռչնորս, հաւորս։
FOX (ֆաքս) աղուէս, խորամանկ, թթուեցնել։
FOXHOUND ընտիր բարակ մը։
FOX-HUNTER բարակներով աղուէս որսացող։
FOX-TERRIER աղուէսորսակ բարակ։
FOX-TROT ձիու արագ ընթացք, պար մը։
FOX'Y (ֆօքս'ի) խորամանկ, բարկ, թթու։
FRA'CAS (ֆրէյ'քըս) աղմուկ, ժխոր, կռիւ։
FRACTION (ֆրէք'շըն) բաժին, մաս, կոտորակ։
FRAC'TIOUS (ֆրէք'շըս) կրքոտ, խոժոռ, չար։
FRAC'TURE (ֆրէք'թիւր) կոտրուածք, բեկում, խորտակել, կոտրել։
FRA'GILE (ֆրէճ'իլ) դիւրաբեկ, փխրուն, դիւրամեկ։
FRAGIL'ITY դիւրաբեկութիւն։
FRAG'MENT (ֆրէկ'մընթ) մաս, բեկոր, նշխար։
FRAG'MENTARY հատուածաւոր, կցկտուր, բազմաբեկոր։
FRA'GRANCE (ֆրէ'կրընս) բուրում, անուշահոտութիւն։
FRA'GRANT անուշահոտ, հոտաւէտ։
FRAIL (ֆրէյլ) դիւրաբեկ, անհաստատ, տկար; զամբիւղ, կողով։
FRAME (ֆրէյմ) ձեւ, կազմութիւն, շրջանակ, շինուածք, ձեռք, կազմել, շրջանակել, յօրինել։
FRAME-SAW շրջանակաւոր սղոց։
FRAME-UP դաւաճանութիւն, դաւ։
FRAN'CHISE (ֆրէն'չայզ) քուէի իրաւունք, առանձնաշնորհում, ազատութիւն, ազատ կացուցանել։
FRANCIS'CAN (ֆրէնսիս'քըն) ֆրանչիսկեան (կրօնաւոր)։
FRANK (ֆրէնք) ձրի, անդրոշմ նամակ, փրանկ, ազատ, զերծ, անկեղծ, թործել, ձրի ղրկել։
FRANK'INCENSE (ֆրէնք'ինսէնս) լիբանան, կնդրուկ։
FRAN'TIC (ֆրէն'թիք) խելացնոր, կատաղի։
FRATERN'AL (ֆրէթըրն'ըլ) եղբայրական։
FRAT'ERNIZE (ֆրէթ'ըրնայզ) եղբայրացնել, եղբայրանալ։
FRA'TRICIDE (ֆրէթ'րիսայտ) եղբայրասպանութիւն։

FRAUD (ֆրօտ) նենգութիւն։
FRAU'DULENCE նենգաւորութիւն։
FRAUDU'LENT նենգաւոր, խարդախ։
FRAUGHT (ֆրօթ) բեռնաւորեալ, լեցուն։
FRAY (ֆրէյ) վէճ, կռիւ, ժխոր, վախցնել, ծուատել։
FREAK (ֆրիք) քմայք, այլընչայլոյ խորհուրդներ, պիսակոտել, խայտել։
FREC'KLE (ֆրէք'լ) չիկարիծ, պիսակ, ցան, պիսակոտել։
FREE (ֆրի) ազատ, համարձակ, ընտրանի, զերծ, կամաւոր, անարգել, աշխոյժ, անջատ, ազատել, բանալ, մաքրել, պարպել, թողուլ։
FREE-HAND պարզ ձեռքով։
FREE-LIVER հաճոյասէր։
FREE THINKER անհաւատ, ազատախոհ։
FREE-TRADE ազատ փոխանակութիւն։
FREE-WILL ազատ կամք։
FREEBOOTHER աւազակ, յափշտակիչ։
FREE'DOM (ֆրի'տըմ) ազատութիւն, համարձակութիւն, պարզութիւն։
FREE'HOLD կալուածք, ստացուածք։
FREELY ազատօրէն, առատօրէն։
FREE'MAN ազատորդի,' առանձնաշնորհեալ։
FREEMA'SON ազատ որմնադիր։
FREEZE (ֆրիզ) սառիլ, պաղիլ, պաղեցնել, սառեցնել։
FREEZER սառցարան, պաղոց։
FREIGHT (ֆրէյթ) նաւաբեռ, բեռնագին, նաւողչէք, բեռնաւորել։
FREIT'AGE նաւավարձութիւն, նաւողչէք բեռնագին։
FREITER նաւաբարձ, վաճառական, յանձնակատար։
FRENCH (ֆրէնչ) Ֆրանսական, Ֆրանսերէն, Ֆրանսացի։
FREN'ZY (ֆրէն'զի) մոլեգնութիւն, կատաղութիւն, զառանցանք։
FRE'QUENCY (ֆրի'քուընսի) յաճախութիւն, կրկնութիւն, ամբոխ։
FRE'QUENT յաճախադէպ, սովոր, յաճախել, ստէպ երթալ։
FREQUENTA'TION յաճախում, յաճախ երթալը։
FREQUENTLY յաճախակի։
FRESCO (ֆրէս'քօ) որմանկար, թարմանկար, որմանկարել։։
FRESH (ֆրէշ) թարմ, դալար, նոր, զով, հովասուն, ժիր, կորովի։
FRESHEN անուշցնել, նորոգել, զովանալ, թուլցնել, անլիանալ։
FRESH'ET (ֆրէշ'էթ) յորդութիւն, հեղեղատ։
FRESH'MAN կրտսեր, կրտսերակարգ։
FRESHNESS թարմութիւն, զովութիւն։
FRET (ֆրէթ) պղպջակում, տաեղ, մաստ, գայլիկոն, յուզում, զարդ րոյթ, ծփանք, մաշեցնել, վշտացնել, յուզել, յուզուիլ, նեղանալ։
FRETFUL անհանդարտ, նեղսիրտ, դէգ։
FRI'ABLE (ֆրայ'էպլ) փխրուն, դիւրափշուր։
FRIABLENESS փխրունութիւն։
FRI'AR (ֆրայ'ըրի) աբեղայ, կրօնաւոր, հաւկաձուկ։
FRI'ARY (ֆրայ'ըրի) վանք, մենաստան։
FRIB'BLE (ֆրիպ'պլ) փուճ, թեթեւսոլիկ։
FRICASSE (ֆրիք'ըսսի) մսաղանձ, աղանձել, տապակել։
FRIC'TION (ֆրիք'շըն) շփում, նեռշփում։
FRI'DAY (ֆրայ'տէյ) Ուրբաթ։
FRIED (ֆրայտ) տապկուած։
FRIEND (ֆրէնտ) բարեկամ, ընկեր, մտերիմ, ծանօթ։
FRIENDLINESS բարեկամութիւն։
FRIENDLESS անբարեկամ։
FRIEND'SHIP բարեկամութիւն։
FRIEZE (ֆրիզ) զօտի, քանդակ, զանգրաստուի։
FRIEZED ծոպաւոր։
FRIG'ATE (ֆրիկ'էյթ) երկյարկ մարտանաւ։
FRIGHT (ֆրայթ) սոսկում, երկիւղ։

FRIGHT'EN վախցնել, ահաբեկել։
FRIGHT'FUL սոսկալի, ահաւոր։
FRI'GID (փրիճ'իտ) ցուրտ, սառուցեալ, անկարող։
FRILL (փրիլ) փոթթեղր, փոթթածալք, վակաս։
FRINGE (փրինճ) ծոպ, վերջք, եզերք, ծայր։
FRIPP'ERY հնոտիք, հնավաճառանոց։
FRISK (փրիսք) խայտանք, ոստիւն, խայտալ, ոստնուլ։
FRIS'KY զուարթ, կայտառ, եռանդուն։
FRIT քուռ, ապակենիւթ։
FRITT'ER (փրիթ'ըր) փշուր, կտոր, շերտ, տոլխատակ, մանրել, կտորըտել։
FRIV'OLOUS (փրիվ'օլըս) թեթեւ, անտափ, թեթեւսոլիկ։
FRIVOL'ITY անամտութիւն։
FRIZZ (փրիզ) գանգուր, խոպոպ, գանգրել։
FRIZZLE գանգրել, խոպոպել, տապկել։
FRO (փրօ) ետ, անդին։
TO AND FRO աստին անդին։
FROCK (փրաք) քուաթթայ, սքեմ, լօդիկ։
FROG (փրակ) գորտ, մատնէք։
FROL'IC (փրալ'իք) ուրախ, զուարթ, ուրախութիւն, խայտալ, խնդալ։
FROL'ICSOME զուարճասէր, կայտըռուն։
FROM (փրամ) (նախդիր բացառականի) ...է, ...էն։
FROM AFAR հեռուէն։
FROND (փրանտ) ճղատերեւ.
FRONT (փրընթ) ճակատ, երես, կերպարանք, լրբութիւն, յանդգնութիւն, սկիզբ, ճակատիլ, դիմադըրել, առջեւը կենալ, նայիլ, առջեւի, դիմացի։
FRON'TAGE (փրընթ'էճ) շէնքի երես, ճակատամաս։
FRON'TIER (փրանթ'իյր) սահման, սահմանագլուխ։
FRON'TISPIECE սկզբնապատկեր (գիրքի), ճակատ։
FRONT'LET ճակատանոց, ապարօշ։
FROST (փրօսթ) եղեամ, սառուցում, սաստիկ ցուրտ, սառնահարել, սառնամանել։
FROSTBITE սառնահարութիւն։
FROS'TY սառնային, եղեմնածած։
FROTH (փրաթհ) փրփուր, պղպջակ, փրփրել, փրփրոտիլ։
FROUNCE (փրաունս) գանգուր, ոլորտում, խոպոպել, գանգրել։
FRO'WARD (փրօ'ուըրտ) դէմ, յամառ, կամակոր։
FROWN (փրաուն) դժգոհում, անհաճոյութիւն, կնճիռ, արհամարհանք, խոժոռել, ծուռ նայիլ, ճակատը կնճռել։
FROWNING խոժոռադէմ, սպառնական։
FROW'ZY (փրաուզի) թափթփած, մգլոտած։
FROZEN (փրօզը'ն) սառած, սառնահար։
FRUC'TIFY (փրըք'թիփայ) արգասաւորել, պտղաբերել։
FRUCTIFICA'TION պտղաբերութիւն, բեղմնաւորում, պտղաւորում։
FRUG'AL (փրուկ'ըլ) սակաւապէտ, խնայասէր։
FRUIT (փրութ) պտուղ, միրգ, ծընունդ, արդիւնք, վաստակ, օգուտ, շահ, պտղաւորել։
FRUITAGE պտղեղէնք, արգասիք։
FRUITERER պտղավաճառ։
FRUITFUL պտղալի, արդիւնաբեր։
FRUITLESS անպտուղ, ապարդիւն, ամուլ։
FRUI'TION (փրուի'շըն) վայելք, վայելում, ստացում։
FRUI'TY (փրութ'ի) պտղահամ, մըրգանման։
FRUMP (փրըմփ) գէշ անձ, պառաւ, բամբասող։
FRUSTRATE' (փրըսթրէյթ') անհետեւանք, ոչինչ, ի դերեւ հանել, խափանել, ոչնչացնել, ջնջել։
FRUS'TUM (փրըս'թըմ) հատեալ կոն։
FRUTEX (փրու'թէքս) թուփ, ծառակ։

FRY (փրայ) տապկել, խորովել, ձըկնիկ, անձրուկ։
FRYING PAN տապակ։
FUCATE (փիու'fէյթ) ներկուած, կեղծ։
FU'CUS (փիու'fըս) գաղձ, կեղծ գոյն։
FUD'DLE (փըտ'տլ) գինովցնել, գինովնալ։
FUDGE (փըճ) տոտապել, վերջին լուր, խարդախել, յերիւրել։
FUEL (փիու'էլ) վառելանիւթ, ճարակ, բոցավառել, վառելիք հայթայթել։
FUGA'CIOUS (փիուկէյ'շըս) վաղանցուկ, կարճատեւ։
FUGA'CITY կարճատեւութիւն։
FU'GITIVE (փիու'ճիթիվ) փախըստական, վտարանդի։
FU'GLEMAN պարագլուխ զինուոր, առաջնորդ։
FUGUE (փիուկ) խուսափերգ։
FUL'CRUM (փըլ'fրըմ) յենակ, նեցուկ։
FULFIL' (փուլֆիլ') կատարել, իրագործել, իրականացնել։
FUL'GENT (փըլ'ճընթ) փայլուն, շողշողուն։
FULI'GINOUS (փիուլիճ'ինըս) մըթագոյն, սեւորակ։
FULL (փուլ) լեցուն, լի, առատ, կատարեալ, յագեցած, գէր, չափահաս, կոխել, ճմլել, լուալ, եռացնել։
FULL-BLOODED արիւնոտ, ազնըւացեղ ձի։
FULL-BLOWN ծաղկեալ, ուռած։
FULL STOP վերջակէտ, վերջ։
FULLNESS լիութիւն, կատարելութիւն։
FULLY ամբողջովին, լիովին։
FUL'MAR (փըլ'մար) փոթորկահաւ։
FUL'MINANT (փըլ'մինընթ) կայծակնացայտ։
FUL'MINATE շանթել, որոտալ, կայծ արձակել։
FUNMINA'TION որոտում, պայթում, շանթարձակութիւն, ճայթիւն։
FUL'SOME (փըլ'սըմ) չափազանց, զզուելի, բիրտ։
FUMBLE (փըմպլ) խարխափել, քըրքըրել, պարապ տեղը աշխատիլ։
FUME (փիում) ծուխ, մուխ, անուշք, ունայնութիւն, մխալ, ծխել, բուրել, զայրանալ։
FU'MIGATE (փիու'միկէյթ) ծխարկել, հականեխել։
FUMIGA'TION ծխարկում։
FUN (փըն) կատակ, խաղ, զուարճութիւն։
FUNAM'BULIST (փիունէմ'պիուլիսթ) լարախաղաց։
FUNC'TION (փընf'շըն) պաշտօն, գործ, գործառնութիւն, հանդիսակատարութիւն։
FUNC'TIONARY պաշտօնական, աստիճանաւոր։
FUND. (փընտ) հիմնագրամ, յատկագումար, մթերք, պատրաստ դրամ, հաստատել։
FUN'DAMENT (փըն'տէմընթ) երաստան, յատակ, հիմ։
FUNDAMEN'TAL հիմնական, էական։
FU'NERAL (փիու'նըրըլ) յուղարկաւորութիւն, թաղման հանդէս։
FUN'GICIDE (փիուն'ճիսայտ) սընկասպան։
FUNGOUS սնկային, սպնգային։
FUNG'US սունկ։
FUNK (փընf) վախկոտութիւն, երկիւղ, վախկոտիլ։
FUNN'EL (փըն'ըլ) ձագար, ծխան։
FUNNY (փըն'նի) զուարճալի, ծիծաղաշարժ։
FUR (փըր) մուշտակ, մորթ, փառ, մուշտակել։
FURB'ELOW (փըր'պիլօ) ծոպք, հանդերձ։
FURB'ISH (փըրպ'իշ) յղկել, փայլեցնել։
FURC'ATE (փըրf'էյթ) ճղաւոր, ճըղոտ։
FUR'IOUS (փիու'րիըս) մոլեգին, կատաղի։
FURL (փըրլ) ծալել, ամփոփել, ամփոփում։
FUR'LONG (փըր'լանկ) անգլիական մղոնի 1/8 մասը։

FURLOUGH (ֆըր'լօ) բացակայութեան արտօնագիր։
FURN'ACE (ֆըրն'էյս) վառարան, հնոց, հալոց։
FURN'ISH (ֆըրն'իշ) հայթայթել, հոգալ, կահաւորել, սարքել։
FURN'ITURE (ֆըրն'իչըր) հանդերձանք, կազմածք, սպասք, մթերք, զարդարանք։
FU'RRIER (ֆըր'րիըր) մուշտակագործ, մուշտակավաճառ։
FU'RROW (ֆըր'րօ) ակօս, մառանէք, խորշոմ, ակօսել, խորշոմել։
FURTH'ER (ֆըր'դհըր) աւելի հեռու, անկէ զատ, օգնել, յառաջացնել։
FURTHERMORE անկէ զատ, բայց, նաեւ։
FURTHERMOST հեռաւորագոյն։
FURT'IVE (ֆըր'թիվ) գողունի, գաղտագողի։
FURUNCLE (ֆիու'րընքլ) մկնոռ, խազալար։
FUR'Y (ֆիուր'ի) կատաղութիւն, յուզում, ջատուկ կին։
FURZE (ֆըրզ) կռնի, վայրենուկ։
FUSE (ֆիուզ) հրթիռ, լուցարկ, հալեցնել, միաձուլել։
FUSE'E (ֆիուզի') հրթիռ, լուցարկ, իլանիւ, կայծհան հրացան։
FU'SELAGE (ֆիու'սիլէճ) օդանաւի իրանը, հիմնամաս։
FU'SIBLE (ֆիու'զիպլ) հալական, հալելի։
FU'SIL (ֆիու'զիլ) թեթեւ հրահան, հրացան։
FUSILIER' (ֆիուզիլիր') հրացանակիր հետեւակ։
FUSILLADE' (ֆիուզիլլէյտ') հրացանաձգութիւն, հրացանել։
FU'SION (ֆիու'ժըն) ձուլում, հալում, հալեցնում։
FUSS (ֆըս) աղմուկ, շփոթութիւն, աղմուկ հանել, ձանձրացնել։
FUS'TIC (ֆըս'թիք) դեղնափայտ։
FUS'TIGATE (ֆըս'թիկէյթ) քանակոծել։
FUS'TY (ֆըս'թի) մգլոտ, բորբոսահոտ։
FU'TILE (ֆիու'թիլ) անօգուտ, փուճ, սին։
FUTIL'ITY սնոտութիւն, ունայնութիւն, աղճատանք։
FUTTOCK (ֆըթ'թըք) կողափայտ նաւու։
FU'TURE (ֆիու'չըր) ապառնի, գալիք, ապագայ։
FUTURE TENSE ապառնի ժամանակ։
FU'TURISM ապագայապաշտութիւն։
FU'TURIST ապագայապաշտ։
FUTUR'ITY ապառնութիւն, ապագայ, հանդերձեալ վիճակ։
FUZZ (ֆըզ) փոշիանալ, ծուատ։
FUZZLE (ֆըզ'զլ) գինովցնել։
FUZZY (ֆըզ'զի) թաւ, թաւշեայ։
FYE (ֆայ) ամօ՜թ, աւա՜ղ։
FYKE FIKE մոմառուք, նեղուիլ։

G

GAB (կէպ) շատախօսութիւն, շատախօսել։
GABBLE (կէպ՚լ). շաղակրատանք, շաղակրատել։
GA'BION (կէյ'պիըՑ) խճաթումբ։
GA'BLE (կէյ'պլ) առիքք, պատան։
GABLE-WINDOW առիքքի պատուհան։
GA'BY (կէյ'պի) տխմար։
GAD (կէտ) տիգածայր, խթան, սըլաք, թափառիլ։
GAD ABOUT թափառաշրջիկ, բանտարկու։
GADG'ET (կէՑ'էթ) հնարք, ճարտարութիւն։
GAFF (կէփ) կարթաձող, եռեքժանի, ճանկ, կարթահարել։
GAFF'ER (կէփ'փըր) ծերուկ, գեղջուկ։
GAG (կէկ) գէլ, գելոց, ործկանք, ռնգածուկ, գայլ, բերանը գայլ դընել, գելոցել, լռեցնել, ործկըտալ, նողկալ։
GAGE (կէյՑ) գրաւ, առհաւատչեայ, երաշխաւորութիւն, գրաւ դնել, երաշխաւորել։
GAI'ETY (կէյ'ըրի) զուարթամտութիւն։
GAIN (կէյՑ) շահ, վաստակ, օգուտ, ստացում, շահիլ, վաստկիլ, գրաւել տիրանալ, յաղթել, թորէծել։
GAIN'SAY (կէյՑ'սէյ) վիճիլ, ուրանալ, ժխտել, արգիլել։
GAIT (կէյթ) քալուածք, ընթացք, գնացք։
GALA (կէյ'լէ) հանդէս, խրախճանք, շքահանդէս։
GALA DAY խրախճանքի օր։
GAL'AXY (կէլ'էքսի) ծիր կաթին, յարդգող, հոյակապ հաւաքոյթ։
GALE (կէյլ) քամի, մրրիկ, փոթորիկ, զօփիւռ։
GALIPOT (կելʼիփաթ) եղեւնախէժ։
GALL (կօլ) մաղձ, դառնութիւն, քէն, գզթոր, ակռատուք, քերթուք, յանդգնութիւն, ակրդել, գզթորել, մաշեցնել, վառնացնել, ձանձրացընել, վնասել, կատակել, ծաղրել։
GALL-BLADDER մաղձային փամփուշտ։
GALL-STONE միզաքար։
GA'LLANT (կէ՛լլէՑթ) կնահաճոյ, քծնի, ասպետական, ազնիւ, քաջ, տարփաւոր, կիները մեծարել, հաճոյ ըլլալ։
GALL'ANTRY քաջութիւն, կնահաճութիւն, քծինք։
GALL'ERY (կէլ'ըրի) նրբանցք, ճեմելիք, պատկերասրահ, ցուցասրահ, թանգարան, վերնատուն, պատշգամ, գեղարուեստական հաւաքածոյ։
GALL'EY (կէլ'լի) ցռկանաւ, մաքսի նաւ, գրաշարի պնակիտ։
GALLIC (կէլ'լիք) գղթորական, գաղղիական։
GALLIMATIA (կէլիմէյ'շիէ) անիմաստ խօսակցութիւն։
GALL'IPOT (կէլ'լիփաթ) դեղագործի պնակ, անօթ։
CALLON' (կէլ'ըՑ) գալոն (1120 աըրամ)։
GALL'OP (կէլ'լըփ) քառասմբակ դընացք, քառասմբակ վազել, շտապել։
GALLOPADE' ճախրանք, կաքաւ մը։
GALL'OWAY (կէլլ'օուէյ) գալուէ (ձի մը)։
GALL'OWS կէլ'լօզ) կախաղան։
GAL'OP (կէլ'ըփ) ճախրապար։
GALOSH (կէլօշ') վերնամոյկ։
GALVAN'IC (կէլվէՑ'իք) գալվանական։
GAL'VANISM շարժական ելեկտրականութիւն։

GAL'VANIZE ելեկտրականօծել, գալվանել, ոթափեցնել։
GALVANOM'ETER ելեկտրաչափ։
GAM'BLE (կէմ'պլ) բախտախաղ, բախտախաղ խաղալ։
GAMB'LER խաղամոլ։
GAM'BOL (կէմ'պըլ) ցատկռտուք, ցատկռտել։
GAME (կէյմ) խաղ, մրցախաղ, մարզախաղ, արշաւ, ծրագիր, որս, երէներ, անձկուն, քաջ, յամառ, զուարճանալ, որսալ, դրամով խաղալ։
GAME-COCK մարտաքլոր։
GAME KEEPER որսապահ, անտառապահ։
GAME'STER (կէյմ'ըթըր) խաղամոլ, խաղասէր։
GAM'IN (կէմ'ին) ստամբակ, լակոտ։
GAMM'ER (կէմ'մըր) ծեր կին, նանիկ։
GAMM'ON (կէմ'մըն) խոզի ապուխտ, նարտախաղ, չինծու բան, տապալել, խծիղ, յաղթել, միտը շորցնել, խաբել, վրան խնդալ։
GAMP (կէմփ) խոշոր հովանոց։
GAM'UT (կէմ'ըթ) ձայնաչար։
GAN'DER (կէն'տըր) արու սագ, յիմար, միամիտ։
GANG (կէնկ) խումբ, ամբոխ, շարք, գործախումբ, բունծ, երթալ, քալել։
GANG'ER (կէնկըր) բանուորապետ։
GANG'LION (կէնկ'լիըն) ջղահանգոյց։
GANG'RENE (կէնկ'րին) խլիրդ, կերցաւ, քաղցկեղ, տապականիլ։
GANG'STER (կէնկ'սթըր) խուլիգան, չարագործ։
GANGUE (կէնկ) բունծ, պուղձ։
GANG'WAY (կէնկ'ուէյ) անցք, նաւամուտք։
GANN'ET (կէնն'էթ) խոլահաւ, ծովասագ։
GAN'TRY տես **GAUNTRY**։
GAOL (ճէյլ) բանտ, զնդան։
GAOL'ER բանտապահ։
GAP (կէփ) ճեղք, բացուածք, անցք, միջոց, խրամատել, ճեղքել։
GARAGE (կըրաժ') կառանոց, հանգար։
GARB (կարպ) հանդերձ, տարազ, երեւոյթ, զարդարել։
GARB'AGE (կարպ'էճ) փորոտիք, ընդերք։
GAR'BLE (կար'պլ) մաղել, կրկտել, ջոկել։
GARD'EN (կար'տըն) պարտէզ, բուրաստան, պարտէզ մշակել։
GARD'ENER պարտիզպան, ծաղկամշակ։
GAR'FISH (կար'ֆիշ) կոցաձուկ։
GAR'GET (կար'կէթ) խոզախտ։
GAR'GLE (կար'կլ) խաղաղջել, ողողել, ողողաջուր։
GARL'AND (կարլ'ընտ) դրասանգ, ծաղկաքաղ, մախաղ, ծաղկազարդել։
GARL'IC (կարլ'իք) սխտոր։
GARM'ENT (կարմ'ընթ) պատմուճան, հագուստ։
GARN'ER (կարն'ըր) շտեմարան, համբարել։
GARN'ET (կարն'էթ) կարկեհան, սուտակ։
GARN'ISH (կարն'իշ) պաճուճանք, զարդ, ոտնակապ, յարդարել, կահաւորել, շքել, հայթայթել, ազդարարել։
GARN'ITURE (կարն'իթիուր) զարդարանք, կարասիք, հագուստ։
GA'RRET (կար'րէթ) ձեղնայարկ, ատիք։
GAR'RISON (կէր'րիսըն) պահակազօրք, բերդապահք, զօրանոց, կայազօր, ամրացնել, պաշտպանել։
GAR'RULITY շատախօսութիւն։
GAR'RULOUS (կէր'րուլըս) շատախօս։
GART'ER (կար'թըր) ծնրակապ, ծընրակապի շքանշան։
GARTH (կարթհ) բակ, գաւիթ, որմափակ։
GAS (կէս. կէզ) կազ, օդակազ։
GAS-BURNER կազի կտուց։
GAS-METER կազաչափ։
GASCONADE' (կէսքընէյտ) անպարծութիւն։
GAS'EOUS (կէս'իըս) կազային, օ-

գազին։

GAS'KET (կէս'քէթ) առագաստի կապ։

GAS'OLENE (կէս'օլին) քարիւղ։

GASOM'ETER (կիսամ'իթըր) կազաչափ։

GASP (կէսփ) հեւք, թառամել, հեւալ, բերանը լայն բանալ։

GAS'TRIC (կէս'թրիք) ստամոքսային։

GASTRILOQUY (կէսթրիլ'օքուի) որովայնախօսութիւն։

GASTRON'OMY (կէսթրօն'ամի) խորտկագիտութիւն։

GATE (կէյթ) մեծ դուռ, անցք, մուտք, պատուար։

GATEWAY դրան շրջանակ, անցք։

GATH'ER (կէտհ'ըր) հաւաքել, դիզել, քաշել, հնձել, կուտել, ամփոփել, հաւաքուիլ, շատնալ, փոթփոթ, չուալ։

GATHERING հաւաքոյթ, ժողով, պալար, չուալ։

GAUCHERIE' (կօշ'րի) անճարակութիւն։

GAUD'Y (կօտ'ի) պճնոտ, չքնաղ։

GAUD (կօտ) անարժէք զարդ, խաղալիք։

GAUGE (կէյճ) չափել, չափը ճշդել, չափ, չափանիշ, անջրպետ, ջրաչափ, դիրք։

GAUNT (կօնթ) վտիտ, նիհար։

GAUNT'LET (կօնթ'լէթ) թաթպան, ձեռնապան, ձեռնոց։

GAUNTRY (կօն'թրի) լաստակալ, հաստոց։

GAUZE (կօզ) քօղ, կազ, շղարշ։

GAUZE GOGGLES փոշիարգել ակնոց։

GAVE տուաւ։

GAVAGE (կէվէժ') բռնի կերակրում։

GAV'EL (կէվ'էլ) որայ, խուրձ, մաքս, բաժ, նախագահի մուրճ։

GAVOTTE (կէվ'աթ) պար մը, գաւոտանուագ։

GAWBY (կօ'պի) տխմար։

GAWK (կօք) կկու, յիմար, ապու, նալ։

GAY (կէյ) զուարթ, ուրախ, սիրուն, պճնազարդ։

GAYETY զուարթութիւն, սիրունութիւն։

GAZE (կէյզ) դիտում, յառում, զարմացում, դիտել, հիանալ, յառել։

GAZELLE' (կէզէլ') յամոյր, վիթ։

GAZETTE' (կէզէթ') լրագիր։

GAZETTEER' (կէզէթթիր) լրագրող, խմբագիր։

GAZING-STOCK հետաքրքրութեան նիւթ։

GEAR (կիր) հագուստ, զարդարանք, սպաս, կեռանիւ, զոյգ, կարգադրել, ատամնաւորել։

GEEZER (կի'զըր) ծերուկ կամ պառաւ, դիմակաւոր։

GEISHA (կէյ'շէ) ճապոնական պարուհի։

GEL'ATINE (ճէլ'էթին) ժելատին, դոնդող, մածնիտ։

GELD (կէլտ) հարկ, տուրք, բաժ, մարել, ներքինացնել։

GEL'DING (կէլ'տինկ) մալում, որձատ ձի։

GELOSE (ճիլօս') մածուկ։

GEM (ճէմ) գոհար, պատուակ, ծիլ, գոհարազարդել, պատկել։

GEM'INATE (ճէմ'ինէյթ) կրկնակ, զուգակիր։

GEMMA (ճէմ'մէ) բողբոջ, պտուղ (տերեւի), արմատածին։

GEMMY ակնանկուռ, գոհարազարդ։

GEN'DARME (ժան'տարմ) ոստիկան, քաղաքապահ։

GENDARM'ERIE ոստիկանութիւն։

GEN'DER (ճէն'տըր) ազգ, սեռ, տեսակ, ծնանիլ, արտադրել։

FEMININE GENDER իգական սեռ։

GENEALOGY (ճէնիալ'օճի) ծննդաբանութիւն, ազգաբանութիւն։

GEN'ERAL (ճէն'ըրըլ) ընդհանուր, մեծաւոր, զօրավար։

GENERAL ASSEMBLY ընդհանուր ժողով։

GENERAL OFFICERS զօրավարներ

GENERALISS'IMO (ճէնըրըլիս'իմօ) սպարապետ, ընդհանուր հրամանատար։

GENERAL'ITY ընդհանրականութիւն

GEN'ERALIZE (ճէն'ըրըլայզ) *ընդհանրացնել։*

GEN'ERALLY *ընդհանրապէս։*

GENERATE (ճէն'ըրէյթ) *ծնանիլ, արտադրել։*

GENERA'TION *ծնունդ, արտադրութիւն, սերունդ, ազգատոհմ, պորտ, ցեղ, տոհմ, ծննդականութիւն։*

GENEROS'ITY (ճէնըրոս'իթի) *վեհանձնութիւն, առատաձեռնութիւն։*

GEN'EROUS (ճէն'ըրըս) *առատաձեռն, վեհանձն, քաջասիրտ։*

GEN'ESIS (ճէն'իսիս) *ծնունդ, գիրք Ծննդոց։*

GENET'ICS (ճէնէթ'իքս) *սերնդագիտութիւն։*

GE'NIAL (ճին'իըլ) *ծննդական, հաճոյական։*

GEN'ITAL (ճէն'իթըլ) *սեռական, ծննդական։*

GEN'ITIVE (ճէն'իթիվ) *սեռային, սեռական հոլով։*

GE'NIUS (ճէ'նիըս) *ոգի, տաղանդ, հակում, հանճար։*

GENT (ճէնթ) *ազնիւ, վայելուչ։*

GENTEEL' (ճէնթի'լ) *բարեկիրթ, վայելուչ։*

GEN'TILE (ճէն'թայլ) *հեթանոս, այլազգի։*

GEN'TLE (ճէն'թլ) *ազնուական, բարեկիրթ, քաղցր, սիրուն։*

GEN'TLEMAN *ազնուական, սեպուհ, պարոն, տէր։*

GEN'TLEMANLIKE *մարդավայել, քաղաքավար։*

GEN'TLENESS *ազնուութիւն, քաղցրութիւն։*

GEN'TLEWOMAN *ազնուաբարոյ կին։*

GEN'TRY (ճէն'թրի) *ազատանի, քաղքենի։*

GEN'UINE (ճէն'իուըն) *հարազատ, բուն, իսկական։*

GE'NUS (ճի'նըս) *սեռ, տեսակ։*

GEOG'RAPHY (ճիակ'րէֆի) *աշխարհագրութիւն։*

GEOLO'GY (ճիալ'օճի) *երկրաբանութիւն։*

GEOM'ETRY (ճիամ'էթրի) *երկրաչափութիւն։*

GERA'NIUM (ճիրէյ'նիըմ) *խորդենի, կռնկենի։*

GERM (ճըրմ) *ծիլ, սերմ, նախատարր, պատճառ, սկիզբ։*

GERMA'N (ճըրմէ'ն) *հարազատ, ազգակից։*

GERM'AN (ճըրմ'ըն) *գերմանական, գերմանացի, գերմաներէն։*

GERMAN'DER (ճըրմէն'տըր) *գետնակաղին։*

GERM'ICIDE (ճըրմ'իսայտ) *սերմնասպան։*

GERM'INATE (ճըրմ'ինէյթ) *ծլիլ, բողբոջիլ։*

GERMINA'TION *ծլարձակում, բողբոջում}*

GE'RUND (ճէ'րընտ) *դերբայ։*

GESTA'TION (ճէսթէյ'շըն) *յղութիւն, ծոցուորութիւն։*

GESTIC'ULATE (ճէսթիք'իուլէյթ) *շարժումներով ներկայացնել։*

GESTICULA'TION *շարժուձեւ, ձեռնածութիւն։*

GES'TURE (ճէս'չըր) · *շարժուձեւ, շարժմունք։*

GET *ստանալ, ձեռք ձգել, շահիլ, սորվիլ, օգտուիլ, հասնիլ, յաջողիլ, ծնանիլ, առնել։*

TO GET BACK *վերադառնալ,* **TO GET CLEAR** *ազատ արձակուիլ։* **TO GET OUT** *դուրս ելլել։* **TO GAT FAT** *գիրնալ։* **TO GET NEAR** *մօտենալ։* **TO GET HUNGRY** *անօթենալ։* **TO GET READY** *պատրաստուիլ, ծնունդ, սերունդ, հնարք, ապօրինի զաւակ։*

GEY'SER (կայ'սըր) *ցայտաղբիւր, ցայտակ։*

GHAST'LY (կէսթ'լի) *սոսկալի, ահռելի։*

GHERK'IN (կըրքի'ն) *անկուրիա, փոտոր։*

GHETT'O (կէթ'թօ) *հրէական թաղ։*

GHOST (կօսթ) *ուրուական, ոգի, ստուեր։*

GHOUL (կուլ) *չար ոգի։*

GI'ANT (ճայ'ընթ) *հսկայ, տիտան։*

GIBB'ER (կիպ'պըր) *ցատկռտուն ձի,*

արագ եւ անկապ խօսիլ։

GIBB'ET (կիպ'պէթ) կախաղան, կախաղան հանել։

GIBB'ON (կիպ'պաՆ) ապուզնայ։

GIBE (ճայպ) հեգնանք, ծաղրանք, ծաղրել, յանդիմանել։

GIB'LETS (ճիպ'լէթց) հաւերջեններու միջուկք։

GIDDY' (կիտտի') գլխու պտոյտ պատճառող, ցնորած, երերուն։

GIFT (կիֆթ) ընծայ, նուէր, պարգեւ, օժտել։

GIG (կիկ) հոլ, շոնչան, թոթռակ-ակնոց։

GIGAN'TIC (ճայկէՆ'թիք) հսկայ, վիթխարի։

GIG'GLE (կիկ'կլ) քրքջել, քրքիջ։

GILD (կիլտ) ոսկեզօծել, փայլեցնել։

GILL (կիլ) ձկնականջ, խռիկ, պռըշ-ռուհի։

GILT (կիլթ) ոսկեզօծութիւն, ոսկեզրուած։

GIM'CRACK (ճիմ'քրէք) անարժէք, խաղալիք։

GIM'LET (կիմ'լէթ) դգիր։

GIN (ճիՆ) գիօղի, թակարդ, գելոց։

GIN'GER (ճիՆ'ճըր) կոճապղպեղ։

GIN'GERLY զգուշութեամբ։

GIP'SY (ճիփ'սի) գնչու, մազապուրծ։

GIRAFFE' (ճիրէֆ') ընձուղտ։

GIRD (կըրտ) խայթ, հարուած, ծաղըր, գօտի կապել։

GIRD'ER շրջապատող, գօտեպնդող, հեծան։

GIR'DLE (կըր'տլ) գօտի, կամար, երկնակամար, փաթթել, պատել, բոլորել։

GIRL (կըրլ) աղջիկ, օրիորդ։

GIRLHOOD աղջկութիւն։

GIRLISH աղջկային, անմեղ, դեռատի։

GIRT (կըրթ) շրջափակ, հեծան։

GIRTH (կըրթհ) համետափոկ, շըրջակապել։

GIST (ճիսթ) խնդրին ծուծը, կեդրոն կէտ, մաս։

GIT'TERN (գիթ'թըրՆ) կիթառ։

GIVE (կիվ) տալ, յանձնել, դուրս տալ, պարգեւել, ուեռել, տրամա-ատնել, տեղի տալ, լուծուիլ։

TO GIVE AND TAKE համաձայնիլ, հաշտուիլ։

TO GIVE EAR մտիկ ընել։

TO GIVE AWAY փոխանցել։

TO GIVE WAY տեղի տալ, քաշուիլ։

GIZZ'ARD (կիզ'զըրտ) խածի, քարճիկ, միտք, խորհուրդ։

GLA'CIAN (կլէյ'շըլ) սառցային, փայլուն։

GLA'CIER (կլէյ'շըր) սառնակոյտ, սառնարան։

GLAD (կլէտ) ուրախ, զուարթ, գոհ, ուրախացնել։

TO GIVE GLAD EYE քովնտի նայիլ։

GLADDEN ուրախացնել։

GLADE (կլէյթ) բացաստան։

GLAD'IATOR (կլէտ'իէյթըր) սուսերամարտիկ։

GLAD'SOME հաճելի, ուրախարար։

GLAIR (կլէր) ձուի ճերմկուց։

GLAIVE (կլէյվ) սուսեր։

GLAMOUR (կլէմ'ըր) թովչութիւն։

GLANCE (կլէՆս) ակնարկ, հայեացք, ակնարկել, փայլեցնել, պլպլալ։

GLAND (կլէՆտ) գեղձ, ունակ, սուխնի կոթ։

GLARE (կլէր) ողորկ, փայլուն, բոց, թափանցանիւթ, սաստիկ փայլիլ, շողալ, շլացնել։

GLASS (կլէ'ս) ապակի, ակնոց, գիտակ, բաժակ, ջրաժամ, ծանրաչափ, ցոլացնել, ողորկել, փայլեցնել։

GLAUCO'MA (կլօքօ'մէ) խածախտ (աչքի)։

GLAVE (կլէյվ) սուսեր, սուր, նիզակ։

GLAZE (կլէյզ) ապակի անցընել, ջնարակել, փայլեցնել։

GLAZIER (կլէյ'ժըր) ապակի անցընող։

GLEAD (կլիտ) վառած ածուխ։

GLEAM (կլիմ) նշոյլ, ճառագայթ, շող, լոյս, նշուլել, ցոլանալ։

GLEAN (կլիՆ) հասկաքաղ, հասկաքաղ ընել։

GLEANINGS հաւաքաքաղութիւն։
GLEBE (կլիպ) արտ, հող, դաշտ։
GLEE (կլի) ցնծութիւն, զուարթու-թիւն։
GLEET (կլիթ) աթաշակ, սուսանակ, թարախ միզել։
GLEN (կլէն) նեղ հովիտ, ձոր։
GLIB (կլիպ) սահուն, լպրծուն։
GLIDE (կլայտ) սահք, դիւրասահու-թիւն, սահիլ, հոսիլ, սրանալ։
GLIDINGLY սահունօրէն։
GLIMM'ER (կլիմ'մըր) նշոյլ, պլպլալ։
GLIMPSE (կլիմփս) նշոյլ, ակնարկ, թեթեւ ըմբռնում, ընդնշմարել։
GLINT (կլինթ) ցոլք, փայլք, փայլփլիլ։
GLISSADE (կլիս'սէտ) սահուն, դայթանք։
GLIS'TEN (կլիս'ն) պլպլալ, շողշողալ։
GLITTER (կլիթ'թըր) փայլփլիլ, ցոլանալ։
GNITTER (կլիթ'թըր) փայլփլիլ, ցոլանալ, փայլունութիւն։
GLOAM'ING (կլօմ'ինկ) վերջալոյս, ճրագավառում։
GLOAT (կլօթ) ցանկութեամբ նայիլ, յղփանալ։
GLOBATE (կլ·· պէյթ) գնդաձեւ։
GLOBE (կլօպ) գունդ, երկրագունդ, երկիր։
GLOB'ULAR (կլապ'իուլըր) գնդակիկային։
GLOBULE (կլօպ'իուլ) գնդակիկ, գնդիկ։
GLOM'ERATE (կլամ'ըրէյթ) կծիկ կազմել, կծկաձեւ։
GLOOM (կլում) մթութիւն, խաւար, նսեմութիւն, թախիծ, աղօտանալ, նսեմանալ, նսեմացնել։
GLOMM'Y աղօտ, նսեմ, մթագին։
GLOR'IA (կլօր'իէ) փառաբանութիւն, օրհներգ։
GLORIFICATION (կլօրիֆիքէյ'շըն) փառաբանութիւն։
GLORIFY (կլօ'րիֆայ) փառաբանել, օրհնել, գովել։
GLORIOLE (կլօ'րիօլ) փառապսակ։
GLOR'IOUS (կլօ'րիըս) փառաւոր, պանծալի, գերազանց։
GLORY (կլօ'րի) փառք, պատիւ, համբաւ, պարծանք, լուսապսակ, ցնծալ, փառաւորել։
GLOSS (կլաս) փայլ, շքեղութիւն, շպար, մեկնութիւն, ողորկել, փայլեցնել, մեկնել, ծանօթագրել։
GLOSS'ARY (կլաս'սէրի) բառացանկ, մեկնարան։
GLOSSOG'RAPHER մեկնաբան, մեկնագիր։
GLOTT'IS (կլաթ'թիս) խոչակերբան, ձայնաճեղք։
GLOVE (կլըվ) ձեռնոց, թաթպան։
GLO'VER ձեռնոցավաճառ։
GLOW (կլօ) լուսափայլութիւն, ջերմութիւն, եռանդ, բորբոքում, փայլիլ, կարմրիլ, այրիլ, տաքնալ։
GLOWER (կլաու'ըր) խոժոռ նայիլ։
GLOW-FLY կայծոռիկ։
GLOZE (կլօզ) փաղաքշանք, շողոմ, շողոմել, քծնիլ։
GLU'COSE (կլու'քօս) քաղցրոյց։
GLUCOSURIA (կլօքօսիու'րիէ) քաղցրամիզութիւն։
GLUE (կլիու) սոսինձ, կպչուն, փակցնել, սոսնձել։
GLUE-POT սոսնձաման։
GLUM (կլըմ) տխրամած, խոժոռ, լուռ։
GLUT (կլըթ) անյագութիւն, կլլել, լափել, յագեցնել։
GLU'TEN (կլիու'թէն) սնձան։
GLUTINATION (կլիութինէյ'շըն) սոսնձում, մածուցում։
GLUTT'ON (կլըթ'ըն) որկրամոլ, շատակեր։
GLUTT'ONY որկրամոլութիւն։
GLYCERINE (կլիս'ըրին) քաղցրին։
GLYPTOGRAPHY (կլիփթակ'րէֆի) դրոշմագրութիւն։
GNARL (նարլ) քրթմնջել, մրմռալ։
GNARLED հանգուցաւոր։
GNASH (նէշ) կրճտել, ծամծմել։
GNAT (նէթ) մժեղ, մժղուկ։
GNOW (նօ) կրծել, մաշել։
GNEISS (նայս) գնձաքար։
GNOME (նօմ) պարիկ, շահպետ,

տուած:
GNO'MIC առածային:
GNO'MON (նօ'մըն) ստուերացոյց արեւացոյց:
GNO'SIS (նօ'սիս) բարձրագոյն կըրօնագիտութիւն:
GNOS'TIC (նօս'թիք) ճանաչական·
GNU (նիու) եղջերուաձի:
GO (կօ) երթալ, շարժիլ, քալել, մեկնիլ, հասնիլ, տարածել, պատահիլ, մեռնիլ, գրաւ դնել:
TO GO ABROAD գաղթել: **TO GO NEAR** մօտենալ, **TO GO ON** շարունակել:
GO-AHEAD ձեռներէց:
GO-BETWEEN միջնորդ:
GO-BY փախուստ, խուսափում:
GO-OFF մեկնում, սկսում:
GO WEST մեռնիլ, ոչնչանալ:
GOAD (կօտ) խթան, խթանել:
GOAL (կօլ) նպատակ, վախճան, նըշան, բերդ:
GOAL-KEEPER սահմանապահ (գնդակախաղի մէջ):
GOAT (կօթ) այծ:
GOAT HERD այծարած:
GOAT'SUCKER խոյամուկ:
GOBB'ET (կօպ'պէթ) պատառ, զանգուած:
GOB'BLE (կօպ'պլ) կարկաչ հնդկահաւի, կլլել, լափել:
GOB'ELIN (կօպ'իլին) Ֆրանսական գորգանկար:
GOB'LET (կօպ'լէթ) գաւաթ, բաժակ:
GOB'LIN (կօպ'լին) ոգի, ուրուական:
GO'BY (կօ'պի) խարակաձուկ:
GOD (կատ) Աստուած, դիք:
GOD'BOX մատուռ:
GOD CHILD սան:
GOD-DAUGHTER սանուհի:
GOD FATHER կնքահայր:
GOD MOTHER կնքամայր:
GOD PARENT սանահայր, սանամայր:
GOD SON սան, սանորդի:
GODD'ESS դիցուհի:
GOD'FEARING աստուածավախ:
GOD'FORSAKEN տխուր, չարաշուք:
GOD'HEAD աստուածութիւն·
GOD'LESS անաստուած:
GOD'SEND յԱստուծուստ, անակընկալ շահ:
GO'ER գացող, քալող, վազող:
GOF'FER (կաֆ'ըր) նկարատպել, զարդարել:
GOGGLE (կակ'լ) թաւալուն աչք, աչքերը դարձնել, խոժոռ նայիլ:
GOGGLES խուշար ակնոց:
GOING (կօ'ինկ) մեկնում, երթ, վարք:
GOITRE (կօյ'թըր) խպիպ, ուռք:
GOLD (կօլտ) ոսկի, հարստութիւն, դեղին:
GOLD-BEATER ոսկեթերթիչ:
GO'LDEN ոսկեղէն, ոսկեգոյն:
GOLDEN RULE ոսկեղէն կանոն:
GOLDEN WEDDING 50րդ տարեդարձ ամուսնութեան:
GOLD'FINCH դեղձանիկ:
GOLD'FISH ոսկեձուկ:
GOLD'SMITH ոսկերիչ:
GOLF (կօլֆ) կոլֆ (գնդակախաղ մը)
GOLUP'TIOUS (կալըփ'շըս) անուշահամ:
GON'DOLA (կօն'տոլէ) գոնդոլ, վենետիկեան նաւակ:
GONDOLIER' գոնդոլավար:
GONE (կօն) մեկնած, փճացած, մեռած:
GON'FALON (կօն'ֆալըն) խաչադրօշ, դրօշ:
GONG (կօնկ) ծնծղայ, տափակ զանգակ մը:
GONORRHOEA (կօնօրի'է) սուսանակ, ջերմամիզութիւն:
GONYALGIA (կօնիէլ'ճիէ) ծնկացաւ:
GOOD (կուտ) բարի, ազնիւ, լաւ, ընտիր, յարմար, բարեմիտ, քաղաքավար, բարեկազմ, լուրջ:
GOOD-AFTERNOON բարեւ, բարի յետօրիք:
GOOD-BYE մնաք բարով, հրաժեշտ:
WITH A GOOD GRACE հաճոյակատարութեամբ:
GOOD-FOR-NOTHING անօգուտ, անշահ:

GOOD-LOOKING վայելուչ, գեղեցիկ։
GOOD MORNING բարի լոյս։
GOOD NIGHT գիշեր բարի։
GOOD-NATURED ազնուաբարոյ, յօժարամիտ։
GOOD'NESS շնորհք, լաւութիւն։
GOOD'WIFE տանտիկին։
GOODWILL' բարեացակամութիւն։
GOOD'Y (կուտ'ի) մամուկ, շաքարեղէն։
GOOSAN'DER (կուսէն'տըր) հոպամաղ։
GOOSE (կուս) սագ, ապուշ, տխմար, արդուկ։
GOOSE'BERRY փշահաղարջի։
GOOS'ERY սագարան, տխմարութիւն։
GORE (կոր) դոնդողած արիւն, խոցել, ծակծկել, եռանկիւնի կարել։
GORGE (կորճ) կոկորդ, որկոր, նեղ անցք. կլլել, կուլ տալ, յագեցընել։
GOR'GEOUS (կոր'ճըս) հոյակապ, շքեղ։
GOR'GET (կոր'ճէթ) փողպատ, մանեկիկ։
GOR'GON (կոր'կան) տգեղ կին, գարշանք։
GORILL'A (կորիլ'լէ) մարդակապիկ։
GORMAND (կոր'մէնտ) շատակեր։
GORM'ANDIZE լափել, հատցնել։
GORSE (կորս) կոնք, խոպանուկ։
GOS'HAWK (կաս'հօք) ճուռակ։
GOS'LING (կազ'լինկ) սագի ձագ։
GOSPEL (կաս'փըլ) Աւետարան։
GOS'PELLER աւետարանիչ։
GOSSA'MER (կաս'սէմըր) կուսաթել, շղարշ։
GOSS'IP (կաս'սիփ) շատախօս, կնքահայր, ընկեր, շաղակրատել, բամբասել։
GOT (կաթ) ստացած, (տես **GET**)։
GOUGE (կուճ) կիսաբոլոր կտրոց, դուր, մատներել։
GOURD (կուրտ) դդում, ըմպանակ։
GOURMAND (կուր'մէնտ) շատակեր։
GOURMET (կուր'մէ) գինեգէտ, խոհագէտ, խոհարար։
GOUT (կաութ) կաթիլ, կաթուած։
GOUTY կաթուածոտ։
GO'VERN (կըվ'ըրն) կառավարել, տիրել, իշխել։
GO'VERNANCE կառավարութիւն։
GO'VERNESS վարժուհի։
GO'VERNMENT կառավարութիւն, տէրութիւն, իշխանութիւն։
GO'VERNOR կառավարիչ, կուսակալ։
GOWK (կաուք) կկու (թռ.), ապուշ։
GOWN (կաուն) պատմուճան, զգեստ։
GRAB (կրէպ) անպարկեշտ գրաւում, յափշտակել։
GRABB'LE (կրէպ'լ) խարխափել։
GRACE (կրէյս) շնորհ, պարգեւ, բարերարութիւն, վայելչութիւն սեղանի աղօթք, պերճութիւն, զարդ, գոհութիւն, զարդարել, պճնել, փառաւորել, շնորհ տալ, բարձրացնել։
GRACEFUL շնորհալի, վայելուչ։
GRACELESS անշնորհ, ապիրատ։
GRA'CIOUS (կրէյ'շըս) բարեբար, քաղցր, բարեգութ, ընտիր, շնորհունակ։
GRADATE' (կրէյ'տէթ) աստիճանաւոր։
GRADA'TION (կրէտէյ'շըն) աստիճանում, կարգ, ձայնափոխութիւն, յառաջատուութիւն։
GRADE (կրէյտ) աստիճան, դաս, կարգ, ելեւէջ, աստիճանել, հարթաչափել։
GRA'DIENT (կրէյ'տիընթ) քալող, աստիճանահակ, քալողական։
GRAD'UAL (կրէտ'իուլ) աստիճանաներգ, կցուրդ, ժամագիրք, աստիճանական։
GRAD'UATE (կրէճ'իուէյթ) ընթացաւարտ, աստիճանաւոր, աստիճան տալ, շրջանաւարտել, ընթացաւարտ ըլլալ։
GRADUA'TION շրջանաւարտութիւն, աստիճանական բաժանում։
GRADUATOR ընթացաւարտ։
GRAFT (կրէֆթ) պատուաստ, ե–

րէլթ, պատուաստանել, կաշառել։

GRAIL (կրէյլ) սկիհ, բաժակ, աղօթագիրք։

GRAIN (կրէյն) ցորեն, հունտ, սերմ, պտուղ, երակաւորել, մանրահատել։

GRAM (կրէմ) սիսեռ, գրամ։

GRA'MARYE (կրէմէ'րի) մոգութիւն։

GRAMINIV'OROUS (կրէմինիվ'օ-րըս) խոտակեր։

GRAM'MALOGUE (կրէմ'էլակ) բառնշան, կրճատուած բառ։

GRAMM'AR (կրէմ'մըր) քերականութիւն։

GRAMMAR'IAN քերական, լեզուաբան, բանասէր։

GRAMME տես **GRAM**։

GRAM'OPHONE (կրէմօ'ֆօն) գրամաձայն, գրամաֆոն։

GRAN'ARY (կրէն'էրի) շտեմարան։

GRAND (կրէնտ) մեծ, հոյակապ, ազնիւ, երեւելի, նշանաւոր, տարիքոտ, բարձր։

GRAND ACTION դաշնակահարութիւն։

GRANDAM(E) նանի, պառաւ։

GRAND'CHILD թոռնիկ։

GRAND-DAUGHTER թոռնուհի։

GRAND FATHER պապ, մեծ հայր, հաւ։

GRAND MOTHER մամիկ, մեծ մայր։

GRAND PIANO մեծ դաշնակ։

GPAND SIRE մեծ հայր, նախահայր։

GRAND SON թոռ։

GRANDEE' (կրէնտի') ջոջ, ազնուական։

GRAN'DEUR (կրէն'տիուր) մեծութիւն, հոյակապութիւն։

GRANDIL'OQUENT (կրէնտիլ'օ-քուըքթ) մեծաբան, ճոռոմաբան։

GRANDILO'QUENCE մեծաբանութիւն։

GRAN'DIOSE (կրէն'տիօս) փառաւոր, հոյակապ։

GRANGE (կրէյնճ) ագարակատուն, վանականական ագարակ։

GRAN'ITE (կրէն'իթ) որձաքար, հատաքար։

GRANN'Y (կրէն'ի) մամիկ, նանիկ։

GRANT (կրէնթ') շնորհում, հաւանում, պարգեւ, յանձնում, օրինական փոխանցում, շնորհել, տալ, հաւանիլ, փոխանցել։

GRANTEE' պարգեւառու։

GRAN'ULATE (կրէն'իուլէյթ) հատուորել, աղալ։

GRAN'ULE հատիկ։

GRAPE (կրէյփ) խաղող, ողկոյզ։

GRAPE-FRUIT հնդիկ նարինջներ։

GRAPE-STONE խաղողի կուտ։

GRAPE-VINE որթատունկ, շշուկ։

GRAPH (կրէֆ) ցուցագիծ, ծրագրել, ցուցագրել։

GRAPHIC (կրէֆ'իք) գծագրական, գունկան։

GRAPH'ITE (կրէֆ'այթ) ուրուաքար, սրաքար։

GRAPHOL'OGY (կրէֆալ'օճի) գրաբանութիւն, գրաճանաչութիւն։

GRAPHOMANIA (կրէֆօմէյ'նիէ) գրամոլութիւն։

GRAP'PLE (կրէփ'փլ) ճանկ, բռնամարտութիւն, ճանկել, զօտեմարտիլ։

GRAPPLING IRON ճանկ, ակիշ։

GRASP (կրէսփ) սեղմում, ըմբռնում, տապալում, բուռ, ձեռք, կորզել, ըմբռնել, ճանկը նետել։

GRASPING անյագ, ցանկացող, կծծի։

GRASPLESS բռնազուրկ։

GRASS (կրէս) խոտ, կանաչ մարգ, գոյարիք, խոտով ծածկել։

GRASS-BLADE խոտի տերեւ։

GRASSHOPPER մարախ։

GRASSLAND արօտավայր։

GRATE (կրէյթ) երկաթէ վանդակ, կրակարան, վանդակել, քերել, շփել, գալարեցնել, քերել, վնասել։

GRATE'FUL երախտագէտ, հաճոյ։

GRATEFULNESS երախտագիտութիւն։

GRAT'IFY (կրէթ'իֆայ) հաճեցնել,

գոհացնել։

GRATICA'TION հաճութիւն, պարգեւ, հաճոյք։

GRA'TING (կրէյ'թինկ) վանդակորմ, գծարկութիւն, քերող, կծոտող։

GRA'TIS (կրէյ'թիս) ձրի։

GRAT'ITUDE (կրէթ'իթիուտ) երախտագիտութիւն։

GRATU'TIOUS (կրէթիու'թըս) ձրի, առանց պատճառի, վայրապար։

GRATU'ITY (կրէթիու'իթի) պարգեւ։

GRAT'ULATE (կրէ'թիուլէյթ) շնորհաւորել, խնդակցիլ։

GRAT'ULATORY (կրէթ'իուլէյթըրի) շնորհաւորական։

GRAVE (կրէյվ) գերեզման, տապան, մահ, կովառոն, ծանր, լուրջ, խոհեմ, ծանրաշուք, փորագրել, քանդակել։

GRAVE-CLOTHES պատանք։

GRAVE-DIGGER գերեզմանափոր։

GRAVE STONE տապանաքար։

GRAVEYARD գերեզմանատուն։

GRAVEL (կրէվ'րլ) խիճ, աւազ, միզաքար, խիճով ծածկել։

GRAVID (կրէվ'իտ) յղի։

GRAVITATE (կրէվ'իթէյթ) ծանրանալ, ծանրակշռել, հակիլ։

GRAVITATION ձգողութիւն, ծանրողութիւն։

GRAV'ITY ծանրութիւն, ծանրակըշռութիւն, կարեւորութիւն, ձգողութիւն։

SPECIFIC GRAVITY տեսակարար ծանրութիւն։

GRA'VY (կրէյ'վի) խորովածի հիւթ, արգանակ, դիւրութեամբ շահուած դրամ։

GRAY (կրէյ) գորշ գոյն, մոխրագոյն, ալեխառն։

GRAY HAIR ալեհեր։

GRAZE (կրէյզ) արածում, ճարակ, արօտուք, արածել, ճարակել։

GRAZIER (կրէյ'ժըր) անասնաբոյծ։

GREASE (կրի'ս) ճարպ, կարագ, ճարպ քսել, ճենճոտել, կաշառել։

TO GREASE IN THE HAND կաշառել։

GREAT (կրէյթ) մեծ, ազնիւ, ընդարձակ, երեւելի, վսեմ, մեծահոգի, գլխաւոր, տարիքոտ, յղի։

GREAT BEAR Մեծ Արջ։

GREATCOAT' վերարկու, վրանոց։

GREATLY մեծապէս, առատօրէն։

GREATNESS մեծութիւն, վսեմութիւն, իշխանութիւն, առաւելութիւն։

GREAVES (կրիվզ) սռնապան, ճարպային մրուրք։

GREBE (կրիպ) սուզակ (թռ.)։

GRECIAN (կրի'շըն) յունական, յոյն, յունագէտ։

GREED (կրիտ) **GREEDINESS** ագահութիւն, ցանկութիւն, անյագութիւն, տենչ, բուռն փափաք։

GREEDY ցանկացող, շատակեր, անյագ։

GREEK (կրիք) յոյն, հելլէն, յունական, յունարէն, խաբեբայ։

GREEK TO ANY ONE անհասկնալի.

GREEN (կրին) կանաչ, դալար, խակ, տհաս, նորաբոյս, դալարագեղ, բանջարեղէնք։

GREEN'ERY կանաչութիւն։

GREEN'BACK ամերիկեան թղթադրամ։

GREENGRO'CER մրգավաճառ, պտղավաճառ։

GREEN HAND նորեկ, համբակ։

GREENHORN խակ մարդ։

GREENHOUSE ջերմանոց, ջերոց։

GREENROOM ներքնասրահ, առանձնարան։

GREEN-SICKNESS կանաչահարութիւն։

GREEN VITRIOL երկաթի ծծմբատ։

GREET (կրիթ) ողջունել, շնորհաւորել, դիմաւորել, բարեւել։

GREETING բարեւ, ընդունելութիւն։

GREGARIOUS (կրէկէյ'րըս) խմբակեաց։

GREGE (կրիճ) ծանրացնել, շատցնել։

GREGORIAN (կրիկօ'րիըն) Գրիգորեան օրացոյց, լուսաւորչական հայ։

GRENADE' (կրէնէյ'տ) ռումբ, ռմբակ, նռնակ։
HAND GRENADE ձեռնառումբ։
GRENADIER (կրէնէտի'ր) նռնակաւոր, ռմբաձիգ (զինուոր)։
GREW աճեցաւ, անցեալ կատարեալ **GROW**ի։
GREY, GRAY գորշ։
GREY-BEARD ճերմակ մօրուք մարդ։
GREY'HOUND քերծէ, բարակ։
GREY'LAG գորշ սագ։
GRID (կրիտ) ճաղակարա։
GRIDDLE (կրիտ'ըլ) տապակ, ջեռոցի ծածկոց։
GRIDE (կրայտ) կտրել, ծակել։
GRID'IRON (կրի'տայըրն) ճաղակարա, նաւակայ։
GRIEF (կրիֆ) վիշտ, կսկիծ, ցաւ, աղէտ։
GRIEV'ANCE (կրիվ'ընս) նեղութիւն, վիշտ, տառապանք։
GRIEVE (կրիվ) վշտացնել, նեղել, վնասել, տառապիլ, ցաւիլ։
GRIEVOUS ծանր, դժնդակ, ցաւագին։
GRIFFIN (կրիֆ'ֆին) նորեկ, (եւրոպացի, Հնդկաստանի մէջ), խակ մարդ։
GRIFFON (կրիֆ'ըն) կորճ, պտուկուռ, որսի շուն։
GRIG (կրիկ) օձաձուկ, ծղրիդ, մարախ։
GRILL (կրիլ) ճաղակարա, խորոված, տապակել, խորովել, ճաղակարա ընել։
GRIM (կրիմ) խոժոռ, սոսկալի, դաժան։
GRIMACE' (կրիմէյս') ծամածռութիւն. հպարտանք, կնճիռ։
GRIMAL'KIN (կրիմէլ'քին) ծեր կատու։
GRIME (կրայմ) մուր, աղտեղութիւն, մրոտել, աղտոտել։
GRIN (կրին) ծաղանք, հեգնածիծաղ, ժպտիլ, ակռաները ցուցնել։
GRIND (կրայնտ) աղալ, մանրել, սրել, մաշեցնել, ճնշել, աղացում, յոգնեցուցիչ աշխատանք։
GRIN'DER (կրայնտ'ըր) աղացող, յեսանող, աղօրիք։
GRIND'STONE յեսան, յեսանաքար։
GRIP (կրիփ) սեղմում, պնդում, սեղմել, պինդ բռնել։
GRIPE (կրայփ) պնդում, սեղմում, կոթ, մանիչ, պատառակ, սեղմել, նեղել, յափշտակել, ձեռք անցնել։
GRIPPE (կրիփ) դում, կրիփ, տենդախառն հարբուխ։
GRIS'LY սոսկալի, զարհուրելի։
GRIST (կրիսթ) աղացուած հատիկ, ցորեն։
GRI'STLE (կրիս'լ) աճառ, կռճիկ։
GRIT (կրիթ) աւազ, մրգաքար, խիճ, ձաւար, երեմակ, քաջութիւն, աղալ, կոխկրտել։
GRITTY (կրիթ'թի) աւազուտ, քարոտ, քաջասիրտ։
GRIZZLE (կրի'զլ) մոխրագոյն, գորշանալ, տրտնջալ։
GRIZ'ZLED գորշախառն։
GRIZZ'LY մոխրագոյն, գորշախառն։
GROAN (կրօն) հեծութիւն, հառաչ, հեծել, ողբալ, տքալ։
GROAT (կրօթ) բնիոն, դանգ։
GROATS վարսակի ձաւար։
GRO'CER (կրօ'սըր) նպարավաճառ։
GROG (կրակ) ջրախառն ըմպելի։
GROGG'Y (կրակ'կի) գինով, դողդոջուն, տկար։
GROIN (կրօյն) երանաւան, ցայլ, աճուկ, խոզի քիթ։
GROOM (կրում) ձիադարման, սպասաւոր, նոր փեսայ, փեսացու, ձի դարմանել։
GROOVE (կրուվ) փորուք, ակօսիկ, մառանէք, մառանեքել, ակօսել։
GROPE (կրօփ) խարխափել, շօշափել։
GROSS (կրօս) մեծագոյն մասը, 12 երկվեցեակ, ստուար, հաստ, թանձր, այլանդակ, բթամիտ, բիրտ։
GROTESQUE (կրօթէսք') այլանդակ, անհեթեթ, խեղկատակ։
GROTT'O (կրօթթօ') անձաւ, քարայր։

GROUND (կրաունտ) գետին, հող, երկիր, հիմ, խարիսխ, պատճառ, փաստ, երես, յատակ, մրուր, գետնայարկ, գետինը դնել, հաստատել, հիմնել, յատակել, փոշիացած, փշրուած։

GROUND-BAIT կեր՝ ձուկի խայծ։

GROUND-FLOOR գետնայարկ։

GROUND-GAME նապաստակ, ճագար եւայլն։

GROUND-RENT գետնի վարձք։

GROUNDWORK հիմ, հիմունք, նախատարրերք։

GROUND'LESS անհիմն, սուտ։

GROUND'LING յոք, յատակաձուկ։

GROUND-PLATE գետնահեծան։

GROUP (կրուփ) խումբ, կոյտ, դասաւորում, խմբում, խմբել։

GROUP-CAPTAIN օդանաւորդութեան գնդապետ։

GROUSE (կրաուս) ցախաքլոր, տրտնջալ։

GROUT (կրաուտ) շաղախ, կակաջուր, գիրտ։

GROUTY խոժոռ, դեղ։

GROVE (կրօվ) պուրակ, անտառակ։

GROVEL (կրավ'լ) սողալ, փորին վրայ պառկիլ։

GROW (կրօ) մեծնալ, աճիլ, զարգանալ, բուսնիլ, շատնալ։

TO GROW PALE դեղնիլ։

TO GROW OLD ծերանալ։

GROWN (կրաուլ) մռնչիւն, տրտունջ, տրտնջալ։

GROWN (կրօն) մեծցած, հասակ նետած։

GROWTH (կրօթհ) աճում, զարգացում, արդիւնք։

GRUB (կրըպ) որդ, թրթուր, սնունդ, խլել, քանդել։

GRUDGE (կրըճ) նախանձ, չկամութիւն, նախանձիլ, դժկամակիլ։

GRUEL (կրու'էլ) մոլէզ, խաւիծ։

GRU'ELLING խիստ, դժնդակ։

GRUE'SOME (կրու'սըմ) սոսկալի, ահռելի։

GRUFF (կրըֆ) խիստ, գաժան։

GRUM (կրըմ) անհաճոյ, խոպոտ։

GRUM'BLE (կրըմ'պլ) տրտնջալ, մռնչել։

GRUNT (կրընթ) խռնչիւն, խոզի ձայն, ոռալ, խռնչել։

GRU'YERE (կրու'եէր) գրույերեան պանիր։

GUA'NO (կուա'նօ) գուանօյ, թռչնաղբ։

GUARANTEE' (կէրէնթի') երաշխաւորութիւն, երաշխաւորել։

GUARD (կարտ) պահակ, պահապան, սուրի կոթ, պահակազօրք, զարդ, ժամացոյցի շղթայ, պահել, պաշտպանել, հսկել, զարդարել, սպասել։

GUARD'IAN (կարտիըն) պահապան, խնամակալ, պաշտպան։

GUARDSMAN պահակ զինուոր։

GUBERNATORIAL (կիուպըրնէթօ'րիըլ) կառավարչական,

GUDG'EON (կըճը'ն) խարակաձուկ, ապուշ, դիւրախաբ։

GUERDO'N (կըրտը'ըն) վարձք, վարձատրել։

GUERILLA' (կէրի'լէ) հրոսակային կռիւ, հրոսակ։

GUESS (կէս) կարծիք, կռահում, գուշակել, կռահել, երեւակայել։

GUEST (կէսթ) հիւր, այցելու, հիւրասիրել

GUFFAW (կըֆֆօ') քահքահ։

GUID'ANCE (կայտ'ընս) ուղղութիւն, առաջնորդութիւն։

GUIDE (կայտ) առաջնորդ, [illegible], ուղեցոյց, առաջնորդել, վարել։

GUIDE BOOK ուղեգիրք։

GUIDON (կայտը'ն) պզտիկ դրօշ, դրօշակիր։

GUILD (կիլտ) արուեստակցութիւն, ընկերութիւն, ժողովարան։

GUILDHALL ժողովարան։

GUILE (կայլ) նենգութիւն, ճարպիկութիւն։

GUILEFUL [illegible], նենգաւոր։

GUILELESS անկեղծ, պարզ։

GUILL'EMOT (կիլ'իմաթ) որի (թռ.)։

GUILLOTINE (կիլ'օթին) կառափնատ, գլխատել։
GUILT (կիլթ) յանցանք, մեղք։
GUIETLESS անմեղ, անփորձ
GUIL'TY յանցաւոր, չար։
GUINEA (կինի) անգլիական հին դրամ (21 շիլին)։
GUISE (կայզ) ձեւ, կերպարանք, տարազ, դիմակ, ծպտել, դիմակաւորել։
GUITAR' (կիթար) կիթառ։
GULCH (կըլչ) հեղեղատ, ձոր։
GULES (կիուլզ) կարմիր երանգ։
GULF (կըլֆ) անդունդ, յորձանք, ծոց, անդնդասուզել։
GULL (կըլ) դաւ, խաբէութիւն, դիւրախաբ, ախմար, խաբել, նենգել։
GULLE'T (կըլ'լէթ) խռչափող, կերճ, փողրակ։
GULL'Y (կըլ'լի) հեղեղատ, ձոր, հեղեղատել։
GULP (կըլփ) ումպ, լափել, կուլ տալ։
GUM (կըմ) լինդ, խէժ, բիծ (աչքի), խժոտել, փակցնել։
GUMMY (կըմ'մի) խժոտ, խժային։
GUMP'TION (կըմփ'շըն) ողջամտութիւն, նրբամտութիւն։
GUN (կըն) հրացան, հրազէն, թնդանօթ, հրետ, քանկահատ, որսի երթալ։
GUNBOAT թնդանօթակիր նաւ։
GUN-COTTON հրաբամպակ։
GUN-CARRIAGE թնդանօթի սայլակ։
GUN-DECK հրետավայր։
GUNMAN խուլիգան, զինեալ չարագործ։
GUNPOWDER վառօդ։
GUNROOM նաւային սպաներու սենեակ։
GUNSHOT հրացանում, գնդընկէց։
GUNSMITH զինագործ։
GUNN'ER հրետաձիգ։
GUN'WALE նաւեզր։
GURGITA'TION (կըրճիթէյ'շըն) բուռն եռացում, յորձանախաղ։
GURG'LE (կըր'կլ) կարկաչ, կարկաչել։
GURN'ARD (կըրն'ըրտ) խանձաձուկ
GUSH (կըշ) ցայտում, գեղում, յորդում, ցայտել, յորդիլ։
GUSS'ET (կըս'սէթ) անթոց, խաչակ, կարկատան։
GUST (կըսթ) հաճոյք, քիմք, ճաշակ, յանկարծահոսում, յորդում, թափ։
GUSTA'TION (կըսթէյ'շըն) ճաշակում։
GUS'TO (կըս'թօ) ճաշակ։
GUSTY (կըս'թի) մրրկոտ.
GUT (կըթ) աղիք, ընդերք, քաջութիւն, կողոպտել, փորոտիքը հանել։
GUTTAPERCHA (կըթ'թէփըրչէ) եղջերախէժ։
GUTT'ER (կըթ'թըր) առու, ջրորդան, տանիքի խողովակ, նկուղել։
GUTTLE (կըթ'թլ) կլլել, լափել։
GUTT'URAL (կըթ'թըրըլ) հագագային։
GUTWORT (կըթ'ուըրթ) չթատունկ։
GUY (կայ) տողապատակալ, ուղղակալ, մզամուրճ, այլանդակ շորջանգեստ, ծաղրի առարկայ ընել։
GUZ'ZLE (կըզ'զլ) կոնծել, անյագ խմել, անյագ։
GYBE (ճայպ) առագաստափոխել։
GYM (ճիմ) մարզանք։
GYMKHA'NA (ճիմքա'նա) ձիարշաւ, մրցարան։
GYMNA'SIUM (ճիմ'նէյզիըմ) գիմնազիոն, մարզարան։
GYM'NAST (ճիմ'նէսթ) մարզապետ, մարզիկ։
GYMNAS'TIC մարմնամարզական։
GYNAECOL'OGY (ճինիքալ'օճի) կնախտաբանութիւն։
GYNEOCRACY (ճինիաք'րէսի) կնապետութիւն։
GYP (ճիփ) գոլէճի սպասաւոր, կեղծել։
GYP'SUM (ճիփ'սըմ) բոռ, գաճաքար։
GYPSY (ճիփ'սի) բոշայ, գնչու։
GYRAL (ճայ'րըլ) թաւալական։
GYRATE' (ճայրէթ') բոլորաձեւ, թաւալիլ, շրջան ընել։

GYRE (ճայյր) *թաւալում, շրջանակ։*
GYRODACTYLUS (ճիրօտէք'իլըս) *բոստոս (ձձի)։*
GYROMANCY (ճայ'րօմէնսի) *շրջ-ձահմայութիւն։*
GYR'OSCOPE (ճայր'օսքօփ) *շրջա-դէտ, թաւալացոյց։*
GYRUS (ճայ'րըս) *ուղեղային պալար*
GYVE (ճայվ) *ոտնակապ, կապանք. կաշկանդել, շղթայել։*

H

HA'BEAS CORPUS (հէյ'պիէս քօր'փըս) անձնականութիւն, անձնակալագիր։
HAB'ERDASHER (հէպը'րտէշըր) փերեզակ։
HABERGEON (հեպ'ըրճիըն) զրահ, լանջապանակ։
HABILIMENT (հէպիլ'իմընթ) հագուստ, զգեստեղէն։
HAB'IT (հէպ'իթ) բնաւորութիւն, հագուստ, հագուեցնել։
HAB'ITABLE բնակելի։
HAB'ITANT (հէպ'իթընթ) բնակիչ։
HAB'ITAT (հէպ'իթէթ) մարզ, բնավայր։
HABITA'TION բնակութիւն, բնակում, բնակարան։
HABIT'UAL (հէպիթիուըլ) սովորական, ընդարոյս։
HABIT'UATE (հէպիթ'իուէյթ) վարժեցնել։
HABITUA'TION վարժեցնում, սովորեցնում։
HABITUDE սովորութիւն, ունակութիւն։
HACK (հէք) թոթովում, բրիչ, քարհատ, վարձակառք, գրչակ, փետատ, կարճ հազ, կտրտել, թոթովել։
HAC'KLE (հէք'լ) սանտրոց, թելանման փետուր, սանտրել, կզել, բզքտել։
HACK'NEY (հէք'նի) վարձու ձի, կառք, հասարակ գործածել, վարձու կառքի մէջ տանիլ։
HAD ունեցած (տես HAVE)։
HADE (հէյտ) հանքերակի հակում, հակիլ։
HA'DES (հէյ'տիզ) դերեզման, անդունդ։
HAEMADYNAMICS (հէմէտայնէմ'իքս) արիւնազօրութիւն)։
HAEMATIC (հէմէթ'իք) արիւնական, արիւնադեղ։
HAEMORRHAGE (հէմ'օրէճ) արիւնահոսութիւն։
HAFFLE (հէֆ'ֆլ) կակազել, մրթմրթալ։
HAFT (հէֆթ) երախակալ, կոթ, կոթել։
HAG (հէկ) կախարդ, վհուկ, նեղել։
HAGG'ARD (հէկ'կըրտ) վայրենի, վախտ։
HAGGISH տգեղ, զարշելի։
HAG'GLE (հէկ'լ) կտրտել, սակարկել, պայքարիլ։
HAGGLER բծախնդիր, սակարկող։
HAGIOG'RAPHY (հէյճիակ'րէֆի) սրբագիրք, յայսմաւուրք։
HAIL (հէյլ) կարկուտ, բարեւում, բարեւ, կարկտել, ձայն տալ, բարեւել, տեղալ։
HAIR (հէ'ր) մազ, հեր։
TO SPLIT HAIRS խօսքի մէջ մազ փնտռել։
HAIR BRAINED անխելք։
HAIR BREADTH մազի չափ։
HAIR BRUSH խոզանակ։
HAIR CLOTH խուրձ։
HAIR DRESSER վարսավիրայ, սափրիչ։
HAIR-PIN մազի գնդասեղ, զարդասեղ։
HAIR SPLITTING բծախնդրութիւն։ մղմղութիւն։
HAIR-STROKE գրչի հարուած։
HAIR'Y մազոտ, թաւ։
HAL'BERD (հէլ'պըրտ) գեղարդ։
HAL'CYON (հել'սիըն) ծովածիծառ։
HALE (հէյլ) առողջ, կայտառ, քաշել։
HALF (հաֆ) (յգ. HALVES) կէս,

պզտիկ, ժամանք, կիսովին։
TO CRY HALVES կէսը պահանջել։
HALFBACK միջնապահ։
HALF-BAKED կէս եփած, անփորձ։
HALF-BREED կիսարիւն։
HALF-BROTHER խորթ եղբայր։
HALF-SISTER խորթ քոյր։
HALF-CASTE խառնածին։
HALF-HEARTED անազնիւ, անտարբեր։
HALF-MOON կիսալուսին, մահիկ։
HALF-WITTED պարզուկ, փափուկ։
HALF PENNY կէս փէննի։
HAL'IBUT (հալիպըթ) ձիալեզու։
HALITOSIS (հօլիթօ'սիս) վատաշընչութիւն։
HALL (հօլ) սրահ, դահլիճ, գաւիթ, դատարան, ճաշարան։
HALLELUJAH (հէլլիլիու'եէ) ալէլուիա, փառք Հօր։
HALLOO' (հըլլօ) կանչ, կոչում, բարեւ, հէ՜յ, գոչել, ետեւէն պոռալ։
HALL'OW (հէլ'լօ) սրբացնել, օրհնել։
HALL'OWMAS (հէլլ'օմէս) տօն Ամենայն Սրբոց։
HALLUCINA'TION (հէլլիուսինէյ'շըն) զառանցանք, պատրանք, մտամոլորութիւն։
HAL'MA (հէլ'մէ) 256 քառակուսիներու խաղ մը։
HALO (հէյլ'օ) օղակ, ճաճանչ, լուսապսակ, լուսապսակել։
HALT (հօլթ) դադար, կայ, կեցնել, դադրիլ։
HAL'TER կապացող պախուրց, վիզը կապել, պախուրցել։
HALVE (հավ) կիսել, երկուքի բաժնել։
HAM (հէմ) զիստ, խոզի ապուխտ, հասարակ դերասան։
HAMADRY'AD (հէմ'էտրայէտ) ծառանայ, թունաւոր օձ մը։
HAMLET (հէմ'լէթ) գիւղակ։
HAMMER (հեմ'մըր) մուրճ, կռան, զարնել, մրճահարել։
TO BRING TO THE HAMMER աճուրդի հանել։

HAM'MOCK (հէմ'մաք) կախմահիճ։
HAMPER (հէմ'փըր) սակառ, կթոց, արգելք, արգիլել, նեղել, դիզել։
HAM'STRING (հէմ'սթրինկ) կարթալար, նեարդ։
HANCE (հէնս) յանկարծակի անկում։
HAND (հէնտ) ձեռք, թաթ, մատիկ, սլաք, թիզ, կողմ, մաս, կարողութիւն, ուժ, ծառայ, գործակալ, տալ, անցընել, ընձեռել։
TO LEND A HAND օգնել։ **TO LAY HANDS ON** յարձակիլ, գրաւել։
HAND BILL թռուցիկ։
HAND BOOK ձեռագիրք։
HAND CUFF ձեռնակապ։
HAND-GLASS ծաղկապակի։
HANDSHAKE ձեռքի սեղմում։
HANDSPIKE փայտէ լծակ։
HAND'FUL ձեռք մը, ափ մը։
HAN'DICAP (հէնտ'իքէփ) հաւասարապայման ձիարշաւ, գլխարշաւ։
HAN'DICRAFT (հէնտ'իքրէֆթ) արհեստ, ձեռնարհեստ։
HAN'DIWORK ձեռնագործ։
HAND'KERCHIEF թաշկինակ, վզլաթ։
HANDLE (հէնտըլ) կոթ, ճարմանդ, դաստակ, ձեռք զարնել, շօշափել, վարել, կիրթել, վարժեցնել։
HAND'MAID աղախին։
HAND'SEL կապանդրչէք, նախապարգեւ, կապանդրել։
HANDSOME (հէնսըմ) սիրուն, վայելուչ, բարեր, առատ։
HAND'WRITING ձեռագիր։
HAN'DY (հէնտ'ի) վարպետ, յաջողակ, ճարպիկ, առձեռն։
HANDYMAN ճարպիկ։
HANG (հէնկ) կախում, հնարք, կախել, կարգադրել, տատանիլ, վարանիլ։
I DON'T CARE A HANG հոգս չէ։
HANG'AR (հէնկ'ար) օդակայան։
HANG'ER (հէնկ'ըր) կախոց, դահիճ, լիամ, կեռ։
HANG'NAIL բջիմ։
HANK (հէնք) կարժ, կարժել։
HAN'KER փափաքիլ, տենչալ։

HANK'Y-PANKY աճպարարութիւն։
HAN'SOM (հէն'սըմ) երկանիւ կառք։
HAP բախտ, դիպուած, դէպք, պատահիլ, հանդիպիլ։
HAPHA'ZARD (հէփ 'հէզըրտ) դիպուած։
HAPLESS դժբախտ, անբախտ։
HAPLY ըստ բախտի։
HAPPEN պատահիլ, հանդիպիլ, գալ։
HAPP'Y (հէփ'փի) երջանիկ, բարեբախտ, ընդունակ, յաջող։
HARAKIRI (հա'րաքիրի) հարաքիրի, փորահատութիւն։
HARANGUE (հէրէնկ') ճառ, ճառախօսել։
HA'RASS (հէ'րէս) չարաչար յոգնեցնել, նեղել։
HARB'INGER (հար'պինճըր) յառաջընթաց, սուրհանդակ, աւետել։
HARB'OUR (հար'պըր) նաւահանգիստ, ապաւէն, իջեւան, պատսպարել, ընդունիլ, հիւրընկալել։
HARB'OURAGE պատսպարան, հիւրասիրութիւն։
HARD (հարտ) կարծր, պինդ, դժուար, խիստ, ծանր, տաժանելի, դժուարաւ։
HARDBAKE շաքարով եւ լեմոնով համեմուած նուշ։
HARD CASH պատրաստ հնչուն դրամ։
HARD FACED խստադէմ։
HARD FISTED ագահ, կծծի։
HARD-HEADED անզգամ, խորամանկ։
HARD-HEARTED կարծրասիրտ, կատաղի։
HARD-LABOUR տաժանակիր աշխատանք։
HARD UP առանց դրամի, նեղութեան մէջ։
HARDEN (հարտ'ն) կարծրացնել։
HARD'IHOOD (հար'տիհուտ) յանդգնութիւն, անպատկառութիւն։
HARD'LY հազիւ, դժուարաւ։
HARD'SHIP տաժանք, զրկանք։
HARD'WARE երկաթեղէնք։
HARD'Y (հար'տի) յանդուգն, անվեհեր, ամուր։
HARE (հէր) նապաստակ։
HARE-BRAINED թեթեւամիտ։
HARE-HEARTED վախկոտ։
HAR'IM (հար'իմ) կանանոց։
HA'RICOT (հէ'րիքօ) լուբիա։
HARK (հարք) լսել, մտիկ ընել։
HARL'EQUIN (հար'լիքուին) Հարլեկին, խեղկատակ։
HARL'OT (հէր'լաթ) պոռնիկ, ցոփ։
HARM (հարմ) վնաս, չարիք, կորուստ։
HARMFUL վնասակար։
HARMLESS անվնաս, անմեղ։
HARMON'IC (հարմօն'իք) ներդաշնակ, երաժշտական։
HARMON'ICA (հարմօն'իքէ) ձեռնադաշնակ։
HARMO'NIOUS քաղցրանուագ, ներդաշնակ։
HARM'ONIST երաժիշտ, դաշնաբան։
HARMO'NIUM (հարմօ'նիըմ) երգեհոնիկ։
HARM'ONIZE (հարմ'օնայզ) դաշնակել, համաձայնիլ, միաբանիլ։
HARM'ONY (հարմ'ընի) համաձայնութիւն, ներդաշնակութիւն։
HARN'ESS (հար'նէս) ասպազէն, զինել, կազմածք, սարք, ասպազինել, պատրաստել։
HARP (հարփ) տաւիղ, տաւիղ զարնել։
HARPER, HARPIST տաւղահար։
HARPSICHORD (հարփ'սիքորտ) տաւղալար։
HARPOON' GUN տէգարձակ թնդանօթ (ձկնորսի)։
HARP'Y (հարփ'ի) Հարպիա, կնադէմ անգղ, ճիրանաւոր հրէշ։
HA'RRIDAN (հէ'րիտըն) պառաւուկ։
HA'RRIER (հէ'րրիըր) քերծէ, բարակ։
HA'RROW (հէր'րօ) ցաք, ցաքանել։
HA'RRY (հէ'րի) աւարառել, կեղեքել, կողոպտել։
HARSH (հարշ) կոպիտ, անախորժ, բիրտ։
HART (հարթ) եղջերու։
HAR'UM-SCARUM (հէրը'մսքէրըմ)

թեթեւսոլիկ, անհոգ։
HARV'EST (հարվ'էսթ) հունձք, արդիւնք, հնձել։
HARV'ESTER հնձող։
HARVEST-LORD հնձապետ։
HAS (հէզ) ունի, տես **HAVE**։
HASH (հէշ) յօշած (միս), յօշել, կտրտել։
HASP (հէսփ) ել, աղխ, աղխել։
HASS'OCK (հէս'ըք) բարձիկ, փըռխաթ։
HASTE (հէյսթ) աճապարանք, շտապ, տագնապ։
HA'STEN (հէյ'սն) փութացնել, աճապարել։
HA'STY (հէյս'թի) արագ, ժիր, փութաշարժ։
HAT ((հէթ) գլխարկ, փեղոյր։
TO PASS THE HAT ROUND հանգանակութիւն ընել։
HATCH (հէչ) թուխս, գիւտ, վերանցք, թխսել, ձագ հանել, հնարել, նիւթել։
HATCH'ET (հէչ'էթ) տապարիկ, փայտատ։
TO BURY THE HATCHET հաշտուիլ։
HATCH'MENT (հէչ'մընթ) պատուոյ վահանակ։
HATE (հէյթ) ատելութիւն, ատել։
HATEFUL ատելի, զզուելի։
HA'TRED (հէյ'թրէտ) ատելութիւն, չարակամութիւն։
HATTER գլխարկավաճառ։
HAUGHT'Y (հոթ'ի) գոռոզ, հպարտ։
HAUL (հոլ) քարշում, ձգում, քաշել, քաշուիլ։
TO HAUL OVER THE COALS հաշիւ պահանջել, յանդիմանել։
HAUL'AGE (հոլ'էճ) քաշողչէք։
HAUL'IER քաշող, կառապան։
HAUNCH (հանչ) ազդր, երանք։
HAUNT (հոնթ) յաճախել, դեգերել, ժամադրավայր։
HAUTEUR (հո'թըր) բարձրամտութիւն։
HAVE (հէվ) ունենալ, ստանալ, առնել, կարծել, ընել տալ, ծնանիլ, պահանջել, ստիպուիլ։
HA'VEN (հէյվն) խորշ, ծոց, ապաստարան, ապաւէն, նաւահանգիստ։
HAV'ERSACK (հէվ'ըրսէք) վարսակի տոպրակ։
HAV'OC (հէվ'ըք) աւերածութիւն, կործանում, քանդել։
HAW'FINCH (հո'ֆինչ) խոտակտուց (թռ.)։
HAWK (հոք) բազէ, հաղ, խաբեբայ, հազալ, կոկորդը մաքրել, պտտալով ծախել։
HAWKER փերեզակ։
HAWSE (հոզ) մալխածակ։
HAWSER պարան։
HAW'THORN (հո'թհորն) ցասն, ալոճ, արօսփուշ թփ.։
HAY (հէյ) խոտ, չոր խոտ, խոտ քաղել։
HAY COCK խոտի դէզ։
HAY FEVER բարբեջենդ։
HAY LOFT խոտանոց։
HAY STOCK խոտի դէզ։
HAZ'ARD (հէզ'ըրտ) դէպք, դիպուած, բախտ, վտանգ, արկած, վտանգել, դիմագրաւել։
HAZARDOUS արկածալից, վտանգաւոր։
HAZE (հէյզ) մէգ, մառախուղ, մթութիւն, նեղել, չարաչար աշխատցնել, մէգը պատել։
HA'ZEL (հէյ'զըլ) կաղնի։
HA'ZY (հէյ'զի) միգային, ամպամած։
HE (հի) ան, նա, մարդը, ինք, արու։
HEAD (հէտ) գլուխ, պետ, պարագլուխ, գագաթ, աղբիւր, անհատ, բարձրութիւն, խորագիր, բնաբան, միտք, հանճար, ուժ, ծածկոց, հատ, նաւի ծայր, առաջնորդել, գլուխը անցնիլ, առջեւը կտրել։ արգիլել, սկսիլ, առաջ գալ։
PER HEAD մարդ գլուխ։
HEADACHE գլխու ցաւ, կփն։
HEAD DRESS գլխազարդ, վարսակալ։
HEADMASTER գլխաւոր, տեսուչ։
HEADMISTRESS տեսչուհի։
HEADPHONE ընկալուչ։

HEADPIECE սաղաւարտ, գլուխ, իմաստութիւն։
HEADWORK մտային աշխատանք։
HEADER (հէտ'ըր) գլուխ անցնող, գլխակալ, պետ։
HEAD'ING (հէտ'ինկ) տիտղոս, խորագիր, գլխաձեւութիւն։
HEADLAND (հէտ'լէնտ) հրուանդան։
HEADLONG (հէտ'լանկ) հապճեպով, յանդուգն։
HEADQUART'ERS բանակատեղի, վարչական կեդրոն։
HEADSMAN (հէտս'մէն) դահիճ, գլխատող։
HEAD'STRONG յամառ, անզուսպ։
HEADWAY (հէտուէյ) յառաջդիմութիւն։
HEADY (հէտ'ի) յանդուգն, զօրաւոր։
HEAL (հիլ) բուժել, բժշկել, առողջանալ։
HEALTH (հէլթհ) առողջութիւն, բարեմաղթութիւն։
HEALTH'FUL առողջարար։
HEALTHY (հէլթհ'ի) քաջառողջ, կայտառ։
HEAP (հիփ) դէզ, կոյտ, ամբոխ, դիզել, ժողվել, համբարել։
HEAR (հիյր) լսել, մտիկ ընել, անսալ, լուր առնել։
HEARER լսող, ունկնդիր։
HEARKEN (հարք'ն) ականջ տալ, մտիկ ընել։
HEARSAY (հէ'յրսէյ) զրոյց, լուր, տարաձայնութիւն։
HEART (հարթ) սիրտ, լանջ, կուրծք, կեդրոն, էական մաս, քաջութիւն, եռանդ, կեդրոնավայր։
TO LOSE HEART վհատիլ։
WITH OPEN HEART անկեղծօրէն։
HEART - BREAKING, HEART BROKEN սրտաբեկ, սրտաճմլիկ։
HEART BURNING ատելութիւն։
HEART DISEASE սրտի հիւանդութիւն։
HEARTFELT սրտագին, անկեղծ։
HEART-RENDING վշտագին, սրտահերձ։
HEARTSICK վհատ, ընկճուած։
HEART STRINGS խանդաղատանք։
HEART'EN (հարթ'ըն) սիրտ տալ, ոգեւորել։
HEARTH (հարթհ) վառարան, տուն, հնոցի հալարան։
HEARTILY անկեղծօրէն։
HEART'LESS անսիրտ, անզգամ, վախկոտ, անխիղճ։
HEARTSEASE (հարթց'իզ) սրտի խաղաղութիւն, խոկածաղիկ։
HEARTY (հարթ'ի) անկեղծ, կորովի, քաջ։
HEAT (հիթ) տաքութիւն, շոգ, եռանդ, մոլուցք, տենդ, զայրոյթ, տաքցնել, վառել, գրգռել, տաքնալ։
HEATH (հիթհ) խոլանջ, ցախ, անապատ։
HEATH'EN (հիտ'հն) հեթանոս, կռապաշտ։
HEATH'ENISM հեթանոսութիւն։
HEA'THER (հէտ'հըր) ցախաւել։
HEAVE (հիվ) վերցնել, բարձրացնել, նետել, քաշել, փսխելու ճգնիլ, ծփալ, հեւալ, տատանում, ճիգ, հեւք, բարձրացում։
HEAV'EN (հէվ'ն) երկինք, եթեր, մթնոլորտ, արքայութիւն։
HEAVENLY երկնային։
HEAVENLY-MINDED աստուածավախ։
HEA'VILY ծանրապէս, դանդաղապէս։
HEA'VY (հէվի) ծանր, ճնշող, դանդաղ, ծանրակշիռ, դժուարամարս։
HEBDOMADARY (հէպտամէ'տէրի)
HEBDOM'ADAL (հէպտօմա'տըլ) շաբաթական։
HE'BRAISM (հի'պրէիզմ) եբրայականութիւն։
HE'BREW (հի'պրու) հրեայ, եբրայերէն։
HEC'ATOMB (հէք'աթում) արիւնահեղութիւն։
HEC'KLE (հէք'լ) քթանը գզել, գզոց։
HEC'TIC (հէք'թիք) ծիւրական, հիւծախտաւոր։
HEC'TOGRAM (հէք'թօկրէմ) հա-

րիւրակրամ։
HEC'TOLITRE (հէք'թօլիթըր) հարիւրալիտր։
HECTOMETRE (հէք'թօմիթր). հարիւրամեթր։
HEC'TOR (հէք'թըր) սնապարծ, պարծուկ, մեծաբանել։
HEDGE (հէճ) ցանկ, ցանկով պատել, փակել։
HEDGE'HOG (հէճ'հակ) ոզնի, գանատական խոզուկ։
HEDGE'SPARROW ցանկեբզակ (Թռ.)։
HEDON'IC (հիտան'իք) հաճոյապաշտական։
HE'DONISM (հի'տանիզմ) հաճոյապաշտութիւն։
HEED (հիտ) ուշադրութիւն, խնամք, դիտել, զննել, զգուշանալ։
HEEDFUL ուշադիր, արթուն։
HEEDLESS անհոգ, անփոյթ։
HEEL (հիլ) գարշապար, կրունկ, մընացորդ, պարել, դառնալ, հակիլ, ծռիլ։
HEFT (հէ'ֆթ) կշիռ, ծանրութիւն, բարձրացնել։
HEF'TY (հէֆ'թի) զօրաւոր, ծանըրկեկ։
HEGEM'ONY (հէճիմ'օնի) գերիշխանութիւն։
HEIF'ER (հէֆ'ըր) հորթ, երինջ։
HEIGHT (հայթ) բարձրութիւն, հասակ, աստիճան, բլուր, պատիւ, լեռ։
HEIG'TEN բարձրացնել, աւելցնել։
HEINOOUS (հէյ'նըս) ատելի, գարշելի։
HEIR (էր) ժառանգ, ժառանգորդ, ժառանգել։
HEIR APPARENT ուղղակի ժառանգորդ։
HEIRESS ժառանգուհի։
HEIRLOOM ժառանգական իրեղէնք։
HELD (հէլտ) բռնած, տես **HOLD**։
HEL'ICAL (հէլ'իքըլ) պարուրաձեւ։
HE'LIOGRAPY (հէ'լիօկրէֆ) արեւագիր, արեւահեռագիր։
HE'LIOSCOPE (հէ'լիօսքօփ) արեւադէտ (գործիք)։
HE'LIOSTAT (հէ'լիօսթէթ) արեւակայ։
HELIOTHER'APY (հէլիօթհր'ափի) արեւարուժութիւն։
HELL (հէլ) դժոխք, տարտարոս, գերեզման։
HELL'EBORE (հէլլ'իպօր) մրտախոտ, ցմախոտ։
HELLEN'IC (հէլլէն'իք) հելլենական։
HELLENIST հելլենագէտ, հելլենախօս։
HELM (հէլմ) ղեկ, քեղի, ղեկավարել։
HELM'ET (հէլմ'էթ) սաղաւարտ։
HELOT (հի'լաթ) սպարտական գերի։
HELP (հէլփ) օգնել, նպաստել, սատարել, օգնութիւն, դարման, օգնական, ծառայ։
HELP'ER օգնական, օժանդակ։
HELPLESS անօգնական, չքաւոր։
HELPMATE, HELPMEET օգնական, կողակից։
HEL'TER-SKELTER (հէլ'թըր սքէլթըր) ափշափոյ, խառնիխուռն։
HELVE (հէլվ) մեղեխ, կոթ, մեղեխել։
HEM (հէմ) խծիպ, կտաւի դարձուածք, խծպել, կմկմալ։
HEMISPHERE (հէմ'իսֆիր) կիսագունդ։
HEM'STICH (հէմ'իսթիք) կիսատող։
HEMITONE (հէմ'իթօն) կիսաձայն։
HEMLOCK (հէմ'լաք) մոլախինդ, խնդամոլի։
HEM'ORRHAGE (հէմ'ըրրէճ) արիւնահոսութիւն։
HEMORRHOIDS (հէմ'ըրրօյծ) տեռատեսութիւն, թութք։
HEMP (հէմփ) կանեփ։
HEN (հէն) հաւ, մարի, էգ։
HENCE (հէնս) ուստի, հետեւաբար։
HENCE'FORTH, HENCEFOR'WARD այլեւս, այսուհետեւ։
HENCH'MAN (հէնչ'մէն) ծառայ, հետեւորդ։
HENCOOP (հէն'քուփ) հաւնոց։
HENN'A (հէնն'է) հինայ։
HENOSIS (հէնօ'սիս) միայարութիւն։

HEN-PECKED—իր կնոջ կողմէ կառավարուող։
HENOTIC (հինօթ'իք) ներդաշնակիչ։
HEPT'AGON (հէփ'թէկօն) եօթնանկիւն։
HEP'TARCHY (հէփ'թարքի) եօթնապետութիւն։
HER (հըր) նորա, իւր, նմա, անոր։
HER'ALD (հէր'ըլտ) մունետիկ, աւետաբեր, պատգամաւոր, բանբեր, ներս մացնել, ազդարարել։
HERALDRY (հէ'րըլտրի) կնքաբանութիւն, արարողապետութիւն։
HERB (հըրպ) խոտ, դալար։
HERBA'CEOUS (հըրպէյ'շըս) խոտեղէն։
HERBIVOROUS (հըրպիվ'օրըս) խոտակեր։
HERD (հըրտ) երամակ, հօտ, նախիր, հաւաքել, հովուել։
HERDS'MAN հովիւ, խաշնարած։
HERE (հի'ր) հոս, այստեղ։
HERE AND THERE աստին անդին։
HERE'TOFORE մինչեւ հիմա, անցեալի մէջ։
HERE UPON ասոր վրայ։
HERED'ITY (հիրէտ'իթի) ժառանգութիւն։
HERED'ITARY ժառանգական։
HER'ESY (հէր'իսի) հերետիկոսութիւն։
HER'ITAGE ժառանգութիւն։
HER'ETIC հերետիկոս։
HERMAPHRODITE (հէրմէֆ'րոտայթ) որձեւէգ։
HERMETIC (հըրմէթ'իք) հերմիտական, օդապինդ։
HER'MIT (հըր'միթ) ճգնաւոր։
HERMITIZE (հըր'միթայզ) ճգնիլ։
HERN'IA (հըրնիէ) բշտուածք, ցալակ; ճողուածք, աղեթափութիւն։
HERNIA OF THE BLADDER փամփուշտի ճողուածք։
HE'RO (հիրօ) հերոս, դիւցազն։
HERO'IC հերոսական։
HEROINE հերոսուհի, դիւցազնուհի։
HER'OISM հերոսութիւն։
HE'ROWORSHIP դիւցազնապաշտութիւն։
HE'RON (հէր'ըն) ճայ, ձկնկուլ։
HER'PES (հըր'փիզ) առողնախտ, օձախտ։
HER'RING (հէր'րինկ) ատառեխ։
HERS (հըրզ) իրենը, անորը (իգ.)։
HERSELF (հըրսէլֆ') նոյնինքն, ինքն իսկ։
HE'SITATE (հէս'իթէյթ) վարանիլ, տատամսիլ։
HES'ITANT վարանոտ, կակազող։
HES'ITANCY, HESITA'TION վարանում։
HEST (հէսթ) հրահանգ, հրաման։
HETERODOX (հիթըրօ'տաքս) այլադաւան։
HET'ERODOXY այլադաւանութիւն։
HETEROPATY այլաբուժութիւն։
HETEROSEXUALITY բնականոն սեռաւորութիւն։
HETEROTROPHIA վատ սննդառութիւն։
HEW (հիու) տաշել, կոփել, մանրել։
HEX'AGON (հէքս'էկօն) վեցանկիւն։
HEXAPOD (հէքս'էփատ) վեցոտն։
HEY'-DAY (հէյ'տէյ) օ՜, ա՜յսպէս, խայտանք։
HIA'TUS (հայէյ'թըս) բացուածք, ճեղք, խրամ։
HI'BERNATE (հայ'պըրնէյթ) ձմեռել։
HIBERNA'TION ձմեռում, ձմեռնաքուն։
HIBERNIAN (հայպըր'նիըն) իբեռնական, իրլանտացի։
HICCUP (հըք'ըփ) հեծկլտալ, հեծկլտանք։
HICK (հիք) խմատատակ, անգէտ։
HICKORY (հիք'օրի) ամերիկեան ընկուզենի։
HID, HIDDEN ծածկուած, գաղտնի, պահուած։
HIDE (հայտ) մորթ, կաշի, լծվար, բնակարան։
HIDE պահել, ծածկել, պաշտպանել, խարազանել, պահուըտիլ։
HID'EOUS (հիտ'իըս) ժանտատեսիլ, ահռելի։

HI'DING (հայ'տինկ) *պահելը, ծած-կում, խարազանում*:

HIE (հայ) *աճապարել*:

HI'ERARCH (հայ'ըրարք) *նուիրա-պետ, քրմապետ*:

HI'ERARCHY *նուիրապետութիւն*:

HI'EROGLYPH (հայ'ըրօկլիֆ) *նուի-րատառ, մեհենագրոյշ*:

HIGGLER (հիկ'լըր) *մանրավաճառ, փերեզակ*:

HIGH (հայ) *բարձր, վեր, վսեմ, մեծ, գերագոյն, երեւելի, շքեղ, գո-ռոզ, երկինք*:

HIGH-BALL *սոտա եւ սառոյցով ուիս-քի*:

HIGH-BORN *ազնուածին*:

HIGH-BRED *ազնուասերունդ*:

HIGH-BROW *ինքնահաւան*:

HIGH-FLOWN *հպարտ, մեծամիտ*:

HIGH-HANDED *ճնշող, քմահաճ*:

HIGH-HEARTED *վեհանձն մեծա-սիրտ*:

HIGH-MINDED *բարձրամիտ, վե-հանձն*:

HIGH MASS *ձայնաւոր պատարագ*:

HIGHROAD *գլխաւոր ճամբայ*:

HIGH SCHOOL *բարձրագոյն վար-ժարան*:

HIGH-SPIRITED *վառվռուն, խի-զախ*:

HIGH STRUNG *զգայուն, կրակոտ*:

HIGH-TONED *ազնուական, մեծահո-գի*:

HIGH WATER *մակընթացութիւն*:

HIGH'LANDER (հայ'լէնտըր) *լեռ-նաբնակ*:

HIGH'LANDS *լեռնագաւառ*:

HIGH-LIFE *ազնուականութիւն*:

HIGH'LY *մեծապէս*:

HIGH'NESS *բարձրութիւն, մեծու-թիւն*:

HIGH'WAY *պողոտայ, արքունի ճամ-բայ*:

HIKE (հայք) *նետում, թափառում, թափառիլ*:

HILAR'IOUS (հիլէյ'րիըս) *զուարթ, ուրախ*:

HILA'RITY *զուարթութիւն*:

HILL (հիլ) *բլուր, սարաւանդ*:

HILLOCK (հիլ'լաք) *բլրակ*:

HILT (հիլթ) *կոթ, երախակալ*:

HIM (հիմ) *զնա, զայն*:

HIMSELF *նոյնինքն, ինքզինքը*:

BY HIMSELF *ինքնիրեն, միամինակ*:

HIND (հայնտ) *եղնիկ, էգ եղջերու, ագարակի ծառայ, ռամիկ, կռնակի*:

HINDER (հայնտ'ըր) *յետագոյն, ե-տեւի*:

HIND'ER (հինտ'ըր) *արգիլել, խա-փանել*:

HINDI (հինտ'ի) *հնդկերէն*:

HINDMOST (հայնտ'մօսթ) *ամենաե-տեւի*:

HIN'DRANCE *արգելք, խափանում, խոչընդոտ*:

HING (հինկ) *չարհամ, մաղթ*:

HINGE (հինճ) *ծխնի, յենակ, ճար-մանդել, դառնալ, կցուիլ*:

HINN'Y (հինի) *ջորի*:

HINT (հինթ) *ակնարկութիւն, ակ-նարկել*:

HIN'TERLAND (հինթ'ըրլէնտ) *ներքի-նագաւառ*:

HIP (հիփ) *երանք, ազդր, հեծանո-ցայր, վարդապտուղ*:

TO HAVE ON THE HIP *օձիքը ձեռք առնել*:

HIPPOCAMPUS (հիփ'փօքէմփըս) *ծովաձի, ձիաձուկ*:

HIPP'ODROME (հիփ'օտրօմ) *ձիար-շաւարան*:

HIPPOPOT'AMUS (հիփօփօթ'էմըս) *ձիագետի*:

HIRE (հայր) *վարձք, վարձու առնել*:

HIRELING *վարձկան, վարձուոր*:

HIS (հիզ) *անոր (արական), իրը*:

HISS (հիս) *սուլում, սուլել, շշել, ծաղրել, մերժել*:

HIST (հիսթ) *լռէ՛, լո՛ւռ*:

HISTOLO'GY (հիսթալ'օճի) *հիւ-սուածաբանութիւն*:

HISTOR'IAN (հիսթօ'րիըն) *պատմա-գէտ, պատմաբան*:

HISTO'RIC *պատմական*:

HISTOR'ICAL *պատմագրական*:

HISTORI'CITY *պատմականութիւն*:

HISTORIOG'RAPHER (հիսթօրիօ

կ'րէփըր) պատմագիր։
HIS'TORY (հիս'թըրի) պատմութիւն։
HIT (հիթ) զարնել, հասնիլ, նշան առնել, հանդիպիլ, հարուած, յաջող ելք։
HITCH (հիչ) հանգոյց, արգելք, կեռ, բռնուիլ, երերալ, կաղալ։
HITHER (հիտհը'ր) դէպի հոս, այս կողմը։
HITHERTO մինչեւ հիմա, դէպի հոս։
HIVE (հայվ) փեթակ, մեղուանոց, փեթակել, մթերել։
HIVES (հայվզ) ջրածաղիկ, աղիքաբորբոք։
HOAR (հօր) ճերմկեհ, լուսահեր։
HOAR-FROST (հօր'ֆրօսթ) ցօղեղեամ։
HOARD (հօրտ) գանձ, մթերք, գանձ, մթերել, պահել։
HOARSE (հօրս) խռպոտ, խեղդուկ ձայն։
HOARY (հօրի) մոխրագոյն, ճերմըկեկ։
HOAX (հօքս) կատակ, պատրանք, կատակել, քթէն բռնել։
HOB (հապ) միջանիւ, վառարանի երկաթէ դարակ։
HOB-NAIL պայտի գամ, մեծ գլուխ գամ։
HOB'BLE (հապ'պլ) կաղութիւն, կաղալ, ոտնակապ զարնել.
HOBBLEDEHOY' (հապ'պլտիհօյ) պատանի, անճարակ։
HOBB'Y (հապ'պի) բոճոյ, մանրաբազէ, նախասիրութիւն։
HOB'GOBLIN (հապ'կապլին) ճիւաղ, ուրուական։
HOB'-NOB (հապնապ) մտերմական խօսակցութիւն, մէկտեղ խմել։
HOCK (հաք) կարթ, հռենոսեան աղնիւ գինի։
HOCK'EY (հաքի') ճոկանախաղ մը։
HO'CUS (հօ'քըս) խաբեբայ, խաբել։
HO'CUS-POCUS աճպարարութիւն, աճպարար։
HOD (հատ) տաշտ, ածխակողով։
HODMAN (հատ'մէն) շաղախակիր, բանուոր։
HODGE-PODGE (հաճ'փաճ) խառնիխուռն, խառն արգանակ։
HODOMETER (հատոմ'իթըր) ուղեղաչափ։
HOE (հօ) մարկեղ, փորել։
HOE-MOTHER մեծ շնաձուկ։
HOG (հակ) խոզ, մալեալ կինճ, աղտոտ մարդ, մազերը կարճ կարել։
HOG BULL միամեայ ցուլ։
HOG-DEER պիսակաւոր եղջերու։
HOGGISH (հակ'կիշ) խոզային, անկուշտ։
HOGLIKE շատակեր, անկուշտ։
HOG-LOUSE խոզոջիլ։
HOGPEN խոզանոց։
HOG-PLUM խոզասալոր, աճառ։
HOGSTY (հակ'սթայ) խոզանոց։
HOGG'ET (հակ'կէթ) խոզի մազ, երկու տարեկան կինճ։
HOG'MANAY (հակ'մէնէյ) տարուան վերջին օրը, այդ օրուան առթիւ տրուած նուէրը։
HOGS'HEAD (հակզ'հէտ) գոյք տակառաչափ։
HOIST (հօյսթ) բարձրացնում, բարձրացնել, վեր քաշել։
HOLD (հօլտ) շտեմարան, կռուան, բանտ, ամրոց, կալանք, գրաւում, ստացում, բռնել, գրաւել, ստանալ, վարել, քովը պահել, զապել, նուաճել, պարունակել, [illegible], նայիլ։
HOLD-BACK արգելք, անուակալ։
HOLDFAST կարթ, բռնակ, կռուան։
HOLD-UP խափանում, կողոպտելու համար կեցնելը։
HO'LDER պահող, բռնող, վարձակալ, տէր։
HO'LDING ստացում, վարձու հող, կալուած։
HOLD PEN գրչակալ։
HOLE (հօլ) ծակ, փոս, ճեղք, ծակել, փորել։
HOLE-AND-CORNER գաղտագողի, ձեռքի տակէն։
HOLIDAY տօն, դադար, կիրակի։
HOLINESS (հօ'լինէս) սրբութիւն. սրբազնութիւն։

HOLL'ANDS (հալլ'ընտզ) Հոլանտա-ջի։
HOLLOW (հալ'լօ) խոռոչ, փոս, ծոր, խոռոչաւոր, սնամէջ, չինծու, խարդախ, փորել, պարպել, ձայն տալ։
HOLM (հօմ) փշատարգ։
HOLM-OAK փշակաղնի։
HOL'OCAUST (հօլ'օքօսթ) ողջակէզ։
HOLSTER (հօլ'սթըր) ատրճանակի պատեան։
HOLT (հօլթ) պուրակ, անտառաբլուր։
HOLY (հօ'լի) սուրբ, նուիրական, սրբազան, անբիծ։
HOLY SPIRIT Սուրբ Հոգի։
HOLY THURSDAY Աւագ Հինգշաբթի։
HOLY-WATER օրհնուած ջուր։
HOLY WEEK Սուրբ Շաբաթ։
HOLY WRIT Սուրբ Գիրք։
HOM'AGE (հօմ'էճ) մեծարանք, պատիւ, մեծարել։
HOME (հօմ) տուն, բնակութիւն, հայրենիք, բնագաւառ։
HOME FEELING ընտանեսիրութիւն։
HOME SICK հայրենաբաղձ։
HOME SPUN տեղական, տնանի։
HOME STEAD տուն, բնատուն, ագարակ, տնակալուած։
HOMELESS անտուն։
HOMELY ընտանեկան, պարզ։
HOMEOPATHY (հօմիափէտ'հի) նըմանաբուժութիւն։
HOMEWARD դէպի տուն։
HOM'ICIDE (հօմ'իսայտ) մարդասպան, մարդասպանութիւն։
HOM'ILY (հօմ'իլի) քարոզ, ճառ։
HOM'INY (համ'ինի) լանգակ։
HOMMOCK (համ'մըք) բլրակ։
HOMOGENE'ITY (հօմօճինէ'իթի) համասեռութիւն։
HOMOGE'NEOUS (հօմաճ'ինըս) համասեռ, համազգի։
HOMOL'OGATE (հօմալ'օկէյթ) հաստատել։
HOMOL'OGOUS (հօմալ'օկըս) համադիր, համարժան։
HOMONYM (համ'օնիմ) համանուն։
HOM'OPHONE (համ'օֆօն) նոյնաձայն։
HOMESEX'UAL (հօմօսէքս'իուըլ) արուագէտ, համասեռամոլ։
HOMY (հօմի) տնանման, հանգստաւէտ։
HONE (հօն) յեսան, սրել, յեսանել։
HON'EST (ան'էսթ) պարկեշտ, պատուաւոր, ուղղամիտ, առաքինի, մաքուր, արդար, ազնիւ, շնորհքով։
HON'ESTY պարկեշտութիւն, անկեղծութիւն, պատիւ, լուսնածաղիկ։
HONEY (հըն'ի) մեղր, մեղրածորան, սիրուն, անուշիկ։
HONEY-BEE աշխատաւոր մեղու, մարի։
HONEY-COMB մեղրախորիսխ։
HONEY-FLOWER մեղրածաղիկ։
HONEY MOON մեղրալուսին։
HONEYED մեղրացած։
HONORA'RIUM (հօնըրէյ'րիըմ) արժէքին, պատուագին։
HON'ORARY (ան'ըրէրի) պատուաւոր, պատուոյ անդամ։
HONOUR (ան'ըր) պատիւ, փառք, համբաւ, վարկ, արժանաւորութիւն, պատուել, մեծարել, փառաւորել, մուրհակը վճարել։
HONO'URABLE պատուաւոր, յարգելի, պատուարժան։
HOOD (հուտ) կնգուղ, վեղար, վեղարել, ծածկել, գոցել։
HOODLUM (հուտ'լըմ) խուլիգան, սինգլոր։
HOOD'WINK (հուտ'ուինք) աչքը կապել, խաբել։
HOOF (հուֆ) սմբակ, կճղակ, թափառիլ, կից տալ։
HOOK (հուք) կեռ, կարթ, կոճակ, ճանկել, կոճկել։
HOOK'AH (հուքէ) կլկլակ։
HOOK'ER (հուք'ըր) կեռող, ձկնորսանաւ։
HOOLIGAN (հու'լիկէն) խուլիգան, անառակ։
HOOP (հուփ) գօտի, շրջանակ, բրուկ, ճչալ, շրջանակել։
HOOPING-COUGH կապուտ հազ։

HOOP'OE (հուփ'ու) յոպոպ։
HOOT (հութ)—հայհոյ, կռինչ, հայհոյել։
HOP (հափ) ցատկել, կաքաւել, պարել, ոստոստում, կաքաւ։
TO HOP THE TWIG մահանալ, մեռնիլ։
HOPE (հոփ) յուսալ, ակնկալել, յոյս։
HOPEFUL յուսալից, հաճոյական։
HOPELESS անյոյս, յուսահատ։
HOPP'ER (հափ'փըր) ցատկոտող, ձագար, սերմացուպարկ։
HOPPLE (հափ'փլ) ոտնակապել, շղթայել։
HORDE (հորտ) հորդայ, հրոսախումբ։
HORE'HOUND ազխոտ հոտխոյ։
HORI'ZON (հորայ'զըն) հորիզոն, ոլորտ։
HORIZON'TAL հորիզոնական։
HOR'MONE (հոր'մօն) հորմոն, ներքաղցիկ։
HORN (հորն) եղջիւր, կոտոշ, փողոտամուն, զօրութիւն, եղջիւրի ձեւ տալ։
HORN BEAM նշղորի, կարպենի։
HORN BILL եղնեղջիւր (թռ.)։
HORN BOOK առձեռն դասագիրք։
HORN'ET (հորն'էթ) իշամեղու, բոռ։
HORNPIPE եղջերափող։
HOROL'OGY ժամագիտութիւն։
HO'ROSCOPE (հոր'ըսքօփ) ժամագիտակ, աղթարք, պահացուցակ։
HO'RRIBLE (հար'րիպլ) սոսկալի, ահռելի։
HO'RRID (հար'րիտ) նողկալի, ահաւոր։
HORRIFY (հար'րիֆայ) սոսկացնել, ահաբեկել։
HO'RROR (հար'րըր) սոսկում, ահուղող, դարշանք։
HORSE (հորս) ձի, այրուձի, յենարան, հեծակ, ձի հեծնել։
HORSE ANT ձիամրջիւն։
HORSE ARTILLERY հեծելազօրքի հրետանի։
HORSE CLOTH ձիու ծածկոց։
HORSE DOCTOR ձիաբուժ, անասնաբոյժ։
HORSE POWER ձիու ուժ։
HORSE RACE ձիարշաւ։
HORSE SENSE ողջմտութիւն։
HORSE SHOE պայտ։
HORSE MAN ձիաւոր, ձիաձուկ։
HORSE WOMAN ամազոն, հեծելուհի։
HORS'Y (հորս'ի) ձիական, ձիու։
HORTATION (հորթէյ'շըն) յորդո-
HORT'ICULTURE (հօլթ'իքըլթիուր) բանջ։ պարտիզպանութիւն։
HOSANNA (հօզ'էն'նէ) օրհնութիւն, ովսաննա։
HOSE (հօզ) գանկապան, գուլպայ, հրշէջի խողովակ։
HO'SIER (հօ'ժըր) գուլպայագործ։
HOS'PICE (հօս'փիս) հիւրատուն։
HOS'PITABLE (հաս'փիթէպլ) հիւրասէր, ասպնջական, ազնիւ։
HOS'PITAL (հաս'փիթլ) հիւանդանոց, անկելանոց։
HOS'PITALITY ասպնջականութիւն։
HOS'PITALLER ասպնջական, հիւրընկալ։
HOST (հօսթ) հիւրընկալ, տանուտէր, զօրք, խումբ, բանակ, նշխար պատարագի։
HOS'TAGE (հօս'թէճ) պատանդ։
HOS'TEL (հօս'թէլ) իջեւան, պանդոկ։
HOS'TELRY պանդոկ, օթեւան։
HOS'TILE (հաս'թիլ) թշնամական, չարակամ։
HOSTIL'ITY թշնամութիւն։
HOT (հաթ) ջերմ, տաք, կրակոտ, կծու, այրող, վառաշոտ։
IN HOT WATER նեղութեան մէջ։
HOT-BED տաք ածու, ջերմարոյն։
HOT HEAD տաքգլուխ։
HOTCH-POTCH (հաչ'փաչ) խառնիխուռն, խառնարկական։
HOTEL (հօթէ'լ) օթեւան, պանդոկ։
HOT HOUSE ջերմատուն։
HOUGH (հաֆ) կարթ, յօդ։
HOUND (հաունտ) բարակ, որսի շուն, կատղի լծակ, որսը հալածել, քշել, մղել։
HOUR (աուր) ժամ, պահ։

TO KEEP GOOD HOURS կանուխ անկողին երթալ։
HOUSE (հաուս) տուն, բնակարան, տան մարդիկ, տոհմ, ցեղ, տնեցիք, տնական գործեր, բնակիլ, թաղել, ապաստանիլ։
HOUSE BREAKER գող, տնաբեկ։
HOUSE HOLD ընտանիք, տնեցիք, տոհմային։
HOUSE HOLDER տանուտէր։
HOUSE KEEPER տնապահ, տանտիկին։
HOUSE MAID սպասուհի։
HOUSE WIFE տանտիրուհի, կարի տոպրակ։
HOVE բարձրացած, տես **HEAVE**։
HOV'EL (հավ'լ) գոմ, հիւղակ, տաղաւար, պատսպարել։
HOV'ER (հը'վըր) սաւառնիլ, տատանիլ։
HOW (հաու) ինչպէս, ինչ կերպով։
HOW DO YOU DO? ինչպէ՞ս էք։
HOWBE'IT (հաու.պի'իթ) թէեւ, բայց, ինչեւիցէ։
HOWEVER սակայն, բայց։
HOWSOEVER որքան ալ, ինչպէս ալ։
HOW'ITZER (հաու'իցըր) ռմբարձակ, հովիցեր։
HOWL (հաուլ) վայնասուն, կաղկանձիւն, ոռնալ, կաղկանձել։
HOWLE'T (հաուլ'էթ) վայրի բու։
HOY (հօյ) հանրանաւ։
HOYD'EN (հօյ'տն) կոպիտ աղջիկ։
HUB (հըպ) երախակալ, անուակեդրոն։
HUB'BLE-BUB'BLE կլկլակ։
HUBB'UB (հըպ'պըպ) խլվլուկ, աղաղակ։
HUC'KLE-BONE ազդրոսկր։
HUCK'STER շրջուն փերեզակ։
HUD'DLE (հըտ'տլ) դիզուիլ, խառնուիլ, իրարանցում, ամբոխ։
HUE (հիու) գոյն, աղաղակ։
HUE AND CRY գոռում գոչում։
HUFF (հըֆ) քէն, պոռթկում, ամբարտաւան։
HUFFISH անապարծ, գոռոզ։
HUG (հըկ) ողջագուրանք, գրկել, ողջագուրել։
HUGE (հիուճ) վիթխարի, ահագին։
HUGG'ER-MUGG'ER գաղտագողի։
HU'GUENOT (հիու'կընօ) գաղղիացի հին բողոքական։
HULK (հըլք) տափակ նաւ, նաւու մարմինը։
HULL (հըլ) նաւու մարմին, կեղեւ, կճեպ, կճեպել, նաւը ծակ ծակ ընել, յատակը ամրակոծել։
HULLABALOO (հըլ'ըպըլու) խառնաշփոթ աղմուկ։
HUM (հըմ) բզզիւն, սոյլ, մրմունջ, բզզալ, մրմռալ։
HU'MAN (հիու'մըն) մարդկային։
HUMANKIND մարդկութիւն։
HUMANE' (հիու մէյն') մարդասէր, ազնիւ։
HU'MANISM մարդկայնութիւն։
HUMANITARIAN մարդկայնական, մարդասիրական։
HUMAN'ITY մարդկութիւն, մարդ սիրութիւն։
HU'MANIZE մարդկայնացնել, ազնուացնել։
HUM'BLE (հըմ'պլ) խոնարհ, անշուք, խոնարհեցնել, տոկալ։
HUMBLENESS խոնարհութիւն։
HUM'BUG (հըմ'պըկ) փաղաքշանք, կեղծաւոր, խաբել, չողոմել։
HUM'DRUM (հըմ'տրըմ) ապուշ, բթամիտ։
HU'MERUS (հիու'մըրըս) բազկոսկր։
HU'MID (հիու'միտ) խոնաւ։
HUMIL'IATE (հիու.միլ'իէյթ) խոնարհեցնել։
HUMILIA'TION նուաստացում, ընկճում։
HUMIL'ITY հեզութիւն, համեստութիւն։
HUMM'OCK (հըմ'մըք) բլրակ, սարակ, թաւուտք։
HU'MORIST (հիու'մըրիսթ) զուարթախոհ, սրաբան։
HU'MOROUS սրամիտ։
HU'MOUR հիւթ, խառնուածք, զուարթամտութիւն, հաճեցնել, գոհացնել։

HUMP (հըմփ) սապատ, կուզ, սապատել։
HUMPBACK սապատաւոր, կուզ։
HU'MUS (հիուː'մըս) բուսահող։
HUNCH (հընչ) սապատ, կուզ, կըռնակը տնկել։
HUN'DRED (հըն'տրըտ) հարիւր, նահանգ։
HENDREDFOLD հարիւրապատիկ։
HUNG (հընկ) կախուած։
HUNGARIAN (հընկէյ'րիըն) Հունգարացի, Հունգարերէն։
HUNG'ER (հընկ'ըր) անօթութիւն, քաղց, տենչ, անօթենալ։
HUN'GRY անօթի, քաղցած։
HUNKER (հըն'քըր) պահպանողական։
HUNK (հընք) զանգուած, կոշտ։
HUNKS ժլատ, կծծի։
HUNT (հընթ) որս, որսորդութիւն, որսալ, փնտռել, որոնել, հալածել։
HUN'TER որսորդ, որսորդի շուն։
HUNTS'MAN որսորդ, որսորդի օգնական։
HUR'DLE (հըր'տլ) ոստահիւս վանդակ, վանդակահիւսել, ցանկահիւսել։
HURD'Y-GURDY (հըր'տի կըրտի) անուաջութակ։
HURL (հըրլ) արձակում, նետել, արձակել։
HURL'Y-BURLY խառնաշփոթութիւն։
HURRAH' (հըրրա') կեցցէ։
HU'RRICANE (հըրրիքէյն) ամպրոպ, որոտամրրիկ։
HU'RRY (հըր'րի) աճապարել, շտապել, նեղել, ստիպում, ճնշում, վազք։
HURST (հըրսթ) անտառակ, պուրակ։
HURT (հըրթ) վնասել, վիրաւորել, ցաւցնել, վէրք, վնաս, հարուած։
HURTFUL վնասակար։
HUR'TLE (հըր'թլ) զարնուիլ, թնդալ, հրել։
HURTLEBERRY մրտենական հապալասի։
HUS'BAND (հըզ'պընտ) ամուսին, այր, ղեկավարել, խնայել, (հողը) մշակել։
HUSBANDMAN մշակ, հողագործ։
HUSH (հըշ) լռեցնել, հանդարտեցնել, լռել։
HUSH-MONEY գաղտնապահութեան կաշառք։
HUSK (հըսք) կեղեւ, կճեպ։
HUS'KY կճեպոտ։
HUSSAR' (հուզ'զար) հուսար, հունգարացի ձիաւոր։
HUSS'Y (հըզ'ի) անպատիւ կին։
HUS'TINGS (հըս'թինկզ) երեսփոխանական ընտրութեան սրահ, բեմ։
HUS'TLE (հըսլ) հրել, հրմշտկել։
HUT (հըթ) հիւղակ, տնակ։
HUTCH (հըչ) սնտուկ, շտեմարան, ճագարնոց։
HUZZA (հուː'զէ) կեցցէ՜, ծափահարել։
HY'ACINTH (հայ'էսինթհ) յակինթ։
HY'BRID (հայ'պրիտ) խառնածին, տարասեռ կենդանի։
HY'DRA (հայ'տրէ) Հիդրայ, ջրօձ։
HYDRAUL'IC (հայտրօլ'իք) ջրաբաշխական։
HYDRODYNAM'ICS ջրաշարժութիւն
HY'DROGEN (հայ'տրօճին) ջրածին։
HYMROG'RAPHY (հայտրօկ'րէֆի) ջրագրութիւն։
HYDROM'ETER (հայտրամ'իթըր) ջրաչափ (գործիք)։
HYDROP'ATHY (հայտրօփ'էթհի) ջրաբուժութիւն։
HY'DROPHONE (հայտ'րօֆօն) ջրաձայն (գործիք)։
HYDROSTAT'IC (հայտրօսթէթ'իք) ջրակայական։
HYE'NA (հայ'ինը) բորենի։
HY'GIENE (հայճ'իին) առողջապահութիւն։
HY'GIENICS առողջագիտութիւն։
HYGROM'ETER (հայկրամի'թըր) խոնաւաչափ։
HY'GROSCOPE (հայ'կրօսքօփ) խոնաւացոյց։
HYMEN (հայ'մէն) Հիմէն (դից.)։
HYMEN (հայ'մէն) կուսաթաղանթ, հիմէն։

HYMN (հիմ) երգ, տաղ, օրհնութիւն, քայլերգ։
HYM'NODY (հիմ'նօտի) տաղերգութիւն։
HYMNOL'OGY (հիմնօլ'օճի) երգաբանութիւն։
HYPER'BOLA (հայփըր'պօլէ) անդրաձիգ։
HYPERB'OLE (հայփըրպ'օլ) չափազանցութիւն։
HY'PHEN (հա'յֆըն) գիծ, զօդագիծ։
HYPNOSIS (հայփնօ'սիս) քնախտ, հիպնոս։
HYPNOT'IC (հիփնաթ'իք) քնէածական։
HYP'NOTISM քնէածութիւն։
HYPOC'RISY (հիփաք'րիսի) կեղծաւորութիւն։
HYP'OCRITE (հիփ'աքրիթ) կեղծաւոր։
HYPOTH'ECATE (հիփաթհիքէյթ) գրաւականել, գրաւ դնել։
HYPOTH'ESIS (հայփօթհ'իսիս) ենթադրութիւն։
HYSTER'IA (հիսթիր'իէ) արգանդախեղդ։
HYSTER'ICS (հիսթէր'իքս) արգանդաբորբ։
HYTE (հայթ) տապուշ, յիմար։
HYTHE (հայտհ) պզտիկ նաւահանգիստ։

I (այ) ես։
I'BEX (իպէքս) այծքաղ։
IBIS (այ'պիս) քաջահաւ, ցին։
ICE (այս) սառ, սառոյց։
ICEBERG (այս'պըրկ) սառնալեռ։
ICECREAM պաղպաղակ։
ICE-FIELD սառնադաշտ։
ICHNEU'M'ON (իքնիու'մըն) հետա-հան, օձամարտ։
I'CHOR (այքըր) չարաւ, ցուռ։
I'CICLE (այ'սիքլ) սառնիկ։
I'CON (այ'քըն) պատկեր, սրբանկար։
ICON'OCLAST (այքըն'օքլէսթ) պատկերաքանդ։
ICONOG'RAPHY պատկերագրու-թիւն։
I'CY (այ'սի) սառնային, պաղ։
I'D (այտ) ամփոփում I WOULDի կամ I HADի։
ID (իտ) իդոս (ձկ.) նախահիւթ։
IDE'A (այտի'է) գաղափար, միտք, կարծիք, տեսիլ, նպատակ։
IDE'AL (այտի'ըլ) տեսլական, իտէալ, մտատիպար, անգոյ։
IDE'ALISM գաղափարականութիւն, իտէալապաշտութիւն։
IDE'ALIZE տեսլացնել, գաղափարել, իտէալ կազմել։
IDEN'TIC (այտէն'թիք) նոյն, նոյ-նանման։
IDENTIFY ստուգել, նոյնացնել, միանալ։
IDEN'TITY ինքնութիւն, նոյնութիւն։
IDEOL'OGY գաղափարախօսութիւն։
IDEOL'OGIST գաղափարագէտ։
ID'IOCY (իտ'իօսի) ախմարութիւն։
IDIOM (իտ'իըմ) յատկաբանութիւն, տոհմային ոճ։
IDIOMATIC յատկաբանական։
ID'IOT (իտ'իըթ) ախմար, ապուշ։
I'DLE (այ'տլ) ծոյլ, անգործ, անհոգ։
I'DOL (այ'տըլ) կուռք, պատկեր, ուրուական։
IDOL'ATER կռապաշտ։
IDOLATRESS կռապաշտուհի։
IDO'LATRY կռապաշտութիւն։
I'DOLIZE (այ'տըլայզ) կուռքի վե-րածել, պաշտել, հոգի տալ։
IDOLIZA'TION կուռքի վերածում։
IDYLL (այ'տիլ) հովուերգութիւն։
IDYLLIST (այ'տիլիսթ) հովուեր-գակ։
IF (իֆ) եթէ, թէ որ։ AS IF իբր թէ։
IF NOT եթէ ոչ։
IG'NEOUS (իկ'նիըս) հրային։
IGNESCENT (իկ'նէսընթ) հրա-բորբոք, հրացայտ։
IGNITE' (իկնայթ') կրակ տալ, բռն-կիլ։
IGNO'BLE (իկնօ'պլ) անարգ, անպա-տիւ։
IG'NOMINY (իկ'նօմինի) խայտառա-կութիւն, ամօթ։
IGNORAMUS (իկնօրէյ'մըս) տգէտ։
IG'NORANCE (իկ'նօրընս) տգիտու-թիւն։
IG'NORANT տգէտ, անուս։
IGNORE (իկնօ'ր) անգիտանալ, չճանչ-նալ։
IGUA'NA (իկուա'նէ) իգուան (կենդ.)։
ILK (իլք) նոյն, միեւնոյն։
ILL (իլ) չարիք, աղէտ, անպիտան, վատ, հիւանդ։
ILL-ADVISED անխորհուրդ։
ILL-BRED անկիրթ, կոշտ։
ILL-FAVOURED ապաշնորհ, տգեղ։
ILL-NATURED չարամիտ, անզգամ։
ILL TEMPERED դժխեմ, ջղային։
ILL-STARRED վատաբախտ։
ILL WILL չարակամութիւն։
ILLA'TION (իլլէյ'շըն) եզրակացու-

թիւն։

I'LL (այլ) ամփոփում I WILLի եւ I SHALLի։

ILLE'GAL (իլ'լիկըլ) ապօրինի։

ILLE'GIBLE (իլլէճ'իպլ) անընթեռնելի։

ILLEGIT'IMACY ապօրինաւորութիւն։

ILLIB'ERAL կծծի, ժլատ, նուաստ։

ILLI'CIT (իլլի'սիթ) անվայել, ապօրինի։

ILLIT'ERATE անուս, անգրագէտ։

ILL'NESS հիւանդութիւն, չարութիւն։

ILLO'GICAL անտրամաբանական։

ILLU'MINATE (իլլիու'մինէյթ) լուսաւորել։

ILLU'MINATOR լուսատու, լուսաւորիչ։

ILLUMINA'TION լուսաւորութիւն, հրավառութիւն։

ILLU'MINE լուսաւորել։

ILLU'SION (իլլիու'ժըն) պատրանք, կախարդանք, անուրջ։

ILLU'SORY պատիր, խաբէական։

ILL'USTRATE (իլլըս'թրէյթ) լուսաբանել, պատկերազարդել։

ILLUSTRA'TION պատկեր, մեկնութիւն, լուսաբանութիւն։

ILLUS'TRIOUS հռչակաւոր, հոյակապ, պերճ, փայլուն։

I'M (այմ) ամփոփում I AMի։

IM'AGE (իմէճ) պատկեր, քանդակ, կուռք, տիպ, նկարել, երեւակայել, պատկերել։

IM'AGERY պատկերք, ցնորք, երեւակայութիւն։

IMA'GINARY երեւակայական, ցնորական։

IMAGINA'TION երեւակայութիւն, մտապատկեր, միտք, խորհուրդ։

IMA'GINE երեւակայել, հնարել, խորհիլ, կարծել։

IM'BECILE (իմ'պէսիլ) տխմար, տկարամիտ։

IMBIBE' (իմպայպ') ծծել, խմել, քաշել։

IMBIT'TER (իմպիթ'թըր) դառնացնել, զայրացնել։

IMBRUE (իմպրիու') թրջել, թաթխել։

IM'ITABLE (իմ'իթէպլ) նմանելի, հետեւելի։

IM'ITATE (իմ'իթէյթ) օրինակել, կեղծել, հետեւիլ։

IMITA'TION նմանողութիւն, ընդօրինակութիւն։

IMMAC'ULATE (իմմէք'իուլէյթ) անարատ, մաքուր։

IMMACULATE CONCEPTION Անարատ Յղութիւն։

IMM'ANENT (իմմ'էնընթ) բնաբոյս, ներքին, կայուն։

IMMATER'IAL աննիւթական, հոգեւոր։

IMMATURE' տհաս, խակ, ապաժամ։

IMME'DIATE անմիջական։

IMMEMOR'IAL անյիշատակ։

IMMENSE. անսահման, անհուն։

IMMENS'ITY անհունութիւն, անսահմանութիւն։

IMMERSE' (իմմըրս) թաթխել, մխրճել, սուզել։

IMM'IGRANT գաղթական, պանդուխտ։

IMM'IGRATE գաղթել, պանդխտանալ։

IMM'INENT վերահաս, մօտալուտ։

IMM'OLATE զոհագործել, մատաղ ընել։

IMM'ORAL անբարոյական, անառակ։

IMMORT'AL անմահ, յաւերժական։

IMMORTALIZE (իմմօր'թըլայզ) անմահացնել, յաւերժացնել։

IMM'OVABLE (իմմու'վէպլ) անշարժ, անխախտ, անսասան։

IMMUNE' (իմմիուն') հարկազերծ, ախտամերժ։

IMMU'NITY հարկազերծութիւն, ախտամերժութիւն։

IMP (իմփ) սատանայ, չարաճճի։

IM'PACT (իմ'փէքթ) ընդհարում, բախում։

IMPAIR' (իմփէր') ապականել, պակսեցնել, վատթարանալ։

IMPALPABLE (իմփէլ'փէպլ) անշօշափելի։

IMPART' (իմփարթ') հաղորդել, տալ, շնորհել, մասնակից ընել։

IMPAR'TIAL (իմփար'շըլ) անկողմնակալ, անաչառ։

IMPASSE (իմփէս') անել ճամբայ։

IMPA'TIENT (իմփէյ'շընթ) անհամբեր, նեղսիրտ։

IMPEACH' (իմփիչ') ամբաստանել, վարկաբեկել։

IMPECC'ABLE (իմփէքք'էպլ) անսըխալ, անմեղանչական։

IMPEDE' (իմփիտ') արգիլել, խափանել։

IMPED'IMENT արգելք, խափան։

IMPEL (իմփել') մղել, քշել, վարել։

IMPEND' (իմփէնտ') կախուիլ, ճնշել։

IMPEN'ETRABLE (իմփէն'էթրէպլ) անթափանցելի, անզգայ։

IMPEN'ITENT (իմփէն'իթընթ) անապաշխար, խստասիրտ։

IMPE'RATIVE (իմփէր'էթիվ) հրամայական, իշխանական։

IMPERF'ECT (իմփըր'փէքթ) անկատար, թերի, պակաս։

IMPER'IAL (իմփիր'իըլ) կայսերական, արքայական։

IMPER'IL (իմփէր'իլ) վտանգել։

IMPER'IOUS (իմփէր'իըս) գոռոզ, մեծաշուք, ստիպողական։

IMPE'RISHABLE (իմփէ'րիշէպլ) անեղծ, անկորնչելի։

IMPERS'ONAL ոչ անձնական, անդէմ։

IMPERS'ONATE (իմփըրս'ընէյթ) ներկայացնել, անձնաւորել։

IMPERT'INENT (իմփըր'թինընթ) անարգ, անկիրթ, լիրբ։

IMPERTURB'ABLE անվրդով, անշփոթ։

IMPERV'IOUS անանցանելի։

IMPET'UOUS ուժգին, բուռն, սաստիկ։

IMPIE'TY (իմփայ'իթի) ամբարշտութիւն։

IM'PIOUS (իմ'փիըս) ամբարիշտ, չար։

IMPLANT (իմփլէնթ') մացնել, խոր ցանել։

IM'PLEMENT (իմ'փլիմընթ) գործիք, պիտոյք։

IM'PLICATE (իմ'փլիքէյթ) խառնել, կնճռոտել։

IMPLI'CIT (իմփլի'սիթ) ծածուկ, ներիմաստ, լռելեայն՝ զօրութեամբ համաձայնութեամբ։

IMPLORE (իմփլօր') հայցել, աղերսել, խնդրել։

IMPLY' (իմփլայ') ակնարկել, հասկցնել։

IMPOLITE' (իմփօլայթ') անքաղաքավար, կոպիտ։

IMPON'DERABLE անկշռելի։

IMPORT' (իմփօրթ) ներածել, ներմուծել, ներածութիւն, կարեւորութիւն։

IMPORT'ANCE կարեւորութիւն, կշիռ, նշանակութիւն։

IMPORT'ANT կարեւոր, ծանրակշիռ, ծանր, մեծ։

IMPORT'UNATE (իմփօրթ'իունէթ) ձանձրացուցիչ, անստանելի։

IMPORTUNE' (իմփօրթիուն) ձանձրացնել, թախանձել։

IMPOSE' (իմփօզ') վրան դնել, տուրք դնել, ձեռք դնել, ձեռնադրել։

IMPO'SING հարկադրական, հոյակապ, տպաւորիչ։

IMPOS'ITION հարկադրութիւն, բեռ, հարկ, խաբէութիւն։

IMPOSS'IBLE (իմփաս'սիպլ) անկարելի, անհնար։

IMPOSSIBILITY անկարելիութիւն։

IM'POST (իմ'փօսթ) տուրք, հարկ, մաքսարկել։

IMPOS'TOR (իմփաս'թըր) խաբեբայ։

IMPOS'TUME պալար։

IM'POTENT անկարող, ամուլ, վատոյժ։

IMPOV'ERISH աղքատացնել, սպառել։

IMPRAC'TICABLE անգործնական, անգործադրելի։

IM'PRECATE (իմ'փրիքէյթ) անիծել։

IMPREG'NATE (իմփրէկ'նէյթ) յղի

ձգել, բեղմնաւորել, յղի, ծոցւոր:

IMPRESS' (իմփրէս') տպաւորել, կոխել, դրոշմել, տպել, դրոշմ, տիպ, նշան:

IMPRE'SSION տպաւորութիւն, տպագրութիւն, կարծիք, գաղափար:

IMPRINT' դրոշմ, տպագրութիւն, տպել, դրոշմել, տպաւորել:

IMPRISO'N բանտարկել, արգելափակել:

IMPROB'ABLE անհաւանական:

IMPROB'ITY ապիրատութիւն:

IMPROP'ER անյարմար, անտեղի:

IMPRO'PRIETY (իմփրափրայ'իթի) անպատշաճութիւն, անվայել ընթացք:

IMPROVE' (իմփրուվ') բարւոքել, զարգացնել:

IMPROVE'MENT բարելաւութիւն, լաւացում, զարգացում:

IMPROV'IDENT (իմփրավ'իտընթ) անխոհեմ, անհոգ:

IMPRUD'ENT (իմ'փրուտընթ) անխոհեմ, յախուռն:

IMPUD'ENT (իմ'փիուտընթ) լիրբ, անպարկեշտ:

IM'PULSE (իմ'փըլս) մղում, զարկ, շարժում:

IM'PULSIVE մղիչ, դրդիչ, դիւրամէտ:

IMPU'NITY անպատժութիւն:

IMPURE' անմաքուր, զազիր, պիղծ, անպարկեշտ:

IMPU'RITY անմաքրութիւն, պագշոտութիւն:

IMPUT'ABLE վերագրելի, ընծայելի:

IMPUTE' (իմփիութ') վերագրել, հաշուել, մեղադրել:

IMPUTRESCIBLE աննեխ, անփտելի:

IN (ին) մէջ, ներսը, մէջը:

IN AND OUT ծայրէ ծայր:

INABILITY (ինէպիլ'իթի) անկարողութիւն, անընդունակութիւն:

INACCESS'IBLE (ինէքսէս'սիպլ) անմատչելի, անմերձենալի:

INACC'URATE սխալ, անճիշդ:

INAC'TION դադար, անգործունէութիւն:

INAD'EQUATE անբաւական, անհաւասար:

INADMIS'SIBLE անընդունելի:

INADVERT'ENT (ինէտվըրթ'ընթ) անուշադիր, զանցառու:

INANE' (ինէյն') դատարկ, անիմաստ:

INAN'IMATE անկենդան, անշունչ:

INANI'TION անսննդութիւն:

INAPP'LICABLE անկիրառելի, անյարմար:

INAPT' (ինէփթ') անյարմար, անընդունակ:

INARTIF'ICIAL պարզ, անարուեստական:

INARTIS'TIC անգեղարուեստական:

INASMUCH' նկատելով որ, որովհետեւ:

INATTEN'TION անուշադրութիւն:

INAUD'IBLE անլսելի, անձայն:

INAUG'URATE (ինօ'կիուրէյթ) բացումը կատարել, նուիրել, օծել, սկսել, նուիրագործել:

INAUGURA'TION հանդէս, բացում, նաւակատիք, նուիրում, օծում:

IN'BORN ընդածին, ներածին, բնական:

INCAL'CULABLE (ինքէլ'քիուլէպլ) անհաշուելի:

INCANDES'CENT (ինքէնտէս'սընթ) հրաշէկ, կասկարմիր:

INCANTA'TION (ինքէնթէյ'շըն) թովչութիւն, դիւթութիւն:

INCA'PABLE (ինքէ'փէյպլ) անկարող, անընդունակ:

INCAPAC'ITATE (ինքէփէս'իթէյթ) անկարող դարձնել, ոչկարացնել:

INCAPA'CITY անկարողութիւն, անճարակութիւն:

INCAR'CERATE (ինքար'սըրէյթ) բանտարկել, գոցել:

IN'CARNATE (ին'քարնէյթ) մարմնաւոր, մարմնաւորել:

INCARNA'TION մարմնաւորում, մարդեղութիւն, մսակազմութիւն:

INCAU'TIOUS (ինքօ'շըս) անզգոյշ:

INCEN'DIARY (ինսէն'տիէրի) հըրձիգ, խռովարար:

INCENSE (ին'սէնս) խունկ, գովեստ,

խնկարկել, զայրացնել։
INCEN'TIVE (ինսէն'թիվ) դրդոիչ, քաջալերական։
INCEP'TION (ինսէփ'շըն) սկիզբ, սկսում։
INCERT'ITUDE անորոշութիւն։
INCESS'ANT (ինսէս'սընթ) անընդհատ, շարունակ։
IN'CEST (ին'սէսթ) ազգապղծութիւն։
INCH (ինչ) մատնաչափ, թիզաչափ։
IN'CIDENCE (ին'սիտընս) պատահում, դէպք։
IN'CIDENT դէպք, պատահար։
INCIN'ERATE (ինսին'ըրէյթ) աճիւնացնել։
INCISE' (ինսայզ') ճեղքել, հերձել։
INCI'SOR (ինսայ'զըր) հատանող։
INCITE' (ինսայթ') գրգռել, մղել, յուզել։
INCITE'MENT խրախոյս, գրգռում, դրդանք։
INCIVIL'ITY ինսիվիլ'իթի) անկրթութիւն։
INCLINA'TION (ինքլինէյ'շըն) հակում, միտում, ձգտում, խոնարհում։
INCLINE' (ինքլայն') հակիլ, ծռիլ, միտիլ, խոնարհիլ։
INCLUDE' բովանդակել, պարունակել։
INCLU'SION ներփակում, ներփակ նիւթ։
INCOG'NITO (ինքագ'նիթօ) ծպտեալ, յանծանօթս, գաղտնի։
INCOHER'ENT (ինքօհիր'ընթ) անյարակից, անկապակից։
IN'COME (ին'քըմ) եկամուտ, հասոյթ.
INCOMMODE' (ինքամմօտ') նեղել, անհանգիստ ընել։
INCOM'PARABLE (ինքըմ'փէրէպլ) անբաղդատելի, աննման։
INCOM'PETENT (ինքամ'փիթընթ) անձեռնհաս, անկարող։
INCOMPLETE' (ին'քամփլիթ) անկատար, թերի։
INCOMPLEX (ինքլամփլէքս') անբարդ, պարզ։

INCONCEIV'ABLE անըմբռնելի։
INCONCLU'SIVE անհետեւանք։
INCONG'RUOUS (ինքանկ'րուըս) անվայել, անճոհ։
INCONSID'ERABLE անկարեւոր, չնչին։
INCONSID'ERATE անփափկանկատ։
INCONSIS'TENT անկայուն, փոփոխական։
INCONSO'LABLE անմխիթար։
INCON'SONANT աններդաշնակ
INCON'STANT անկայուն, փոփոխամիտ։
INCONES'TABLE անվիճելի։
INCON'TINENT անժուժկալ, անառակ։
INCORPOR'EAL (ինքորփօ'րիըլ) անմարմնեղէն, հոգեկան։
INCORRECT' անճիշդ, սխալ, թերի։
INCORRUPT' անկաշառ, անապական։
INCREASE' (ին'քրիս) աճում, յաւելում, աճիլ, աւելնալ, աւելցնել, շատցնել։
INCRED'IBLE անհաւատալի։
INCREDU'LITY կասկածոտութիւն, անհաւատութիւն։
IN'CREMENT աճում, ընդլայնում։
INCRUSTA'TION կեղեւ, դրուագ, խաւ։
IN'CUBATE (ին'քիուպէյթ) թուխս նստիլ։
INCUBA'TION թուխս, ճտահանութիւն։
IN'CUBUS (ին'քիուպըս) մղձաւանջ, առնադեւ։
IN'CULCATE (ին'քըլքէյթ) յեղյեղել, տպաւորել, սերտել։
INCUM'BENT (ինքըմ'պընթ) վրան պառկած, հարկաւոր, գիւղերէց։
INCUR' (ինքըր') ենթարկուիլ, կրել, պատճառել։
INCUR'ABLE անբուժելի։
INCUR'SION (ինքըր'ժըն) ասպատակութիւն։
INDEBT'ED (ինտէթ'ըդ) պարտաւոր։
INDE'CENT (ինտի'սընթ) անպարկեշտ, անվայել։
INDECI'SION (ին'տիսիժ'ըն) անո–

բաշխութիւն, վարանում ։

INDECLI'NABLE (ինտիքլայ'նէպլ) անհոլով (բառ), անփոփոխ ։

INDEED' (ինտիտ') արդարեւ, իրաւ․ ապ ։

INDEFAT'IGABLE անխոնջ, չյոգնող ։

INDEFEAS'IBLE (ինտիֆի'զիպլ) անպարտելի, անջնջելի ։

INDEFEC'TIBLE (ին'տիֆէքթիպլ) անպակասաւոր ։

INDEFEN'SIBLE անպաշտպանելի ։

INDEFENSIVE անպաշտպան ։

INDEFI'NABLE (ինտիֆայ'նէպլ) անբացատրելի, անսահմանելի ։

INDEF'INITE (ինտէֆ'ինիթ) անորոշ, յարատեւ ։

INDELIBLE (ինտէլ'իպլ) անջնջելի, անեղծ ։

INDELICATE (ինտէլ'իքէյթ) կոշտ, կոպիտ ։

INDEM'NIFY (ինտէմ'նիֆայ) վնասուց հատուցում ընել, վնասը տալ ։

INDEMNIFICA'TION վնասուց հատուցում ։

INDEM'NITY վնասատարութիւն, վնասուց հատուցում ։

INDENT' (ինտէնթ') ատամ, դրոշմ, պայմանագիր, հրաման, կտրոն, ատամնաւորութիւն, ողաձեւութիւն, ատամնաւորել, ակռայել ։

INDENTA'TION ատամնաւորում, հետք, ողոգաձեւութիւն ։

INDEPEN'DENCE (ինտիփէնտ'ընս) անկախութիւն ։

INDEPEN'DENT անկախ, ազատ, անձնատէր ։

INDESTRUC'TIBLE անկործանելի, անքանդելի ։

INDETERM'INABLE անորոշելի, անսահմանելի ։

INDETERM'INATE (ինտիթըրմի'նէթ) անորոշ, անսահման, վարանոտ ։

IN'DEX (ին'տէքս) ցուցակ, ցուցամատ, նշան, ցուցակագրել ։

INDEXTERITY (ինտէքսթէր'իթի) անճարպկութիւն ։

IN'DIA (ին'տիէ) Հնդկաստան ։

IN'DIAN (ին'տիըն) հնդկական . հընդիկ ։

IN'DICATE (ին'տիքէյթ) ցոյց տալ, մատնանշել, յայտնել, նշանակել ։

INDICA'TION ցուցում, մատնանշում, ախտանիշ ։

INDIC'ATIVE ցուցական, յայտարար ։

IN'DICATOR ցուցիչ, ազդարար, ցուցարկ ։

INDICT' (ինտայթ') ամբաստանել, ամբաստանութեան ենթարկել ։

INDICT'MENT (ինտայթ'մընթ) ամբաստանագիր ։

INDIFF'ERENCE անտարբերութիւն, անհոգութիւն ։

INDIFF'ERENT անտարբեր, չէզոք, անկողմնակալ ։

IN'DIGENCE (ին'տիճընս) չքաւորութիւն ։

IN'DIGENT (ին'տիճընթ) կարօտ, չքաւոր ։

INDIGES'TION անմարսողութիւն ։

INDEG'NANT (ինտիկ'նընթ) զայրացած, սրտմտած ։

INDIGNA'TION ցասում, զայրացում ։

INDIG'NITY անարժանութիւն, արհամարհանք ։

INDIGO (ին'տիկօ) լեղակ ։

INDIRECT (ինտայրէքթ) անուղղակի, կողմնակի ։

INDISCERN'IBLE (ինտիզըրն'իպլ) աննշմարելի ։

INDISCREET' (ինտիսքրիտ') թուլաբերան, անխորհուրդ ։

IN'DISCRETE անջատ, հոծ, միատարր ։

INDESCRE'TION անխոհեմութիւն ։

INDISCRIM'INATE անխտիր, խառնակ ։

INDISPEN'SABLE անհրաժեշտ, կարեւոր ։

INDISPOSE' անհանգիստ ընել, նեղացնել ։

INDISPOSI'TION անտրամադրութիւն, անհանգստութիւն ։

INDIS'PUTABLE անվիճելի, բացաբաշ։

INDISS'OLUBLE (իՆտիս՛սօլիուպլ) անլուծելի։

INDISTINCT' անորոշ, շփոթ։

INDITE' (իՆտայթ՛) թելադրել, երկասիրել, շարադրել։

INDIVID'UAL (իՆտիվիտ՛իուըլ) անհատական, ուրոյն, անձ։

INDIVIDUAL'ITY անհատականութիւն։

INDIVIS'IBLE անբաժանելի։

INDO'CILE (իՆտօ՛սիլ) անհլու, խստապարանոց։

IN'DOLENCE անփութութիւն, հեղգութիւն։

IN'DOLENT անփոյթ, անհոգ, անզգայ։

INDOM'ITABLE աննուաճ, ամեհի։

IN'DOOR ներսի, տնային։

INDORSE' փոխանցել, յետագրել, հաւանիլ։

INDU'BITABLE (իՆտիւ՛պիտէպլ) աներկբայելի։

INDUCE' (իՆտիուս՛) առաջնորդել, մղել, դրդել։

INDUCE'MENT պատճառ, շարժառիթ, դրդում։

INDUCT' (իՆտըքթ՛) ներս առաջնորդել, ներկայացնել, նստեցնել, ներածել։

INDUC'TION թելադրութիւն, հետեւանք, մակածութիւն։

INDUE (իՆտիու՛) տալ, պարգեւել, օժտել։

INDULGE' (իՆտըլճ՛) աչք գոցել, ներողամիտ գտնուիլ։

INDUL'GENCE ներողամտութիւն, թողութիւն։

INDUL'GENT թոյլատու, ներողամիտ։

IN'DURATE կարծր, անզգամ, կարծրացնել։

INDUS'TRIAL (իՆտըս՛թրիըլ) ճարտարարուեստական։

INDUS'TRIOUS ժրաջան, աշխատասէր։

IN'DUSTRY ճարտարարուեստ, աշխատանք։

INDWELLER ներբնակ, բնակիչ։

INDWELLING ներքին, հոգեկան։

INE'BRIATE (իՆ՛իպրիէյթ) գինով, գինովցնել։

INED'ITED (իՆէտ՛իթըտ) անտիպ։

INEFFEC'TIVE անազդեցիկ, անօգուտ։

INEFFEC'TUAL անզօր, ակար, անազդեցիկ։

INEFFICACIOUS ակար, անզօր, անզօր, անկարող։

INEFFI'CIENT իՆէֆֆի՛շըՆթ) անատակ։

INEL'EGANT (իՆէլ՛իկըՆթ) անշնորհ, տգեղ։

INEL'IGIBLE (իՆիլ՛իճիպլ) անընտրելի, անփափաքելի։

INEPT' (իՆէփթ՛) անյարմար, անպիտան։

INEQUAL'ITY (իՆիքուէլ՛իթի) անհաւասարութիւն, խտրում։

INEQ'UITABLE (իՆիք՛ուիթէպլ) անարդար։

INERT' (իՆըրթ) անշարժ, անգործ, հեղգ, անազդեցիկ։

INER'TIA (իՆըր՛շիէ) թուլութիւն, անգործութիւն։

INES'TIMABLE անգնահատելի։

INEV'ITABLE անխուսափելի։

INEXACT' անճիշդ։

INEXHAUS'TIBLE անհատնում, անպակաս։

INEX'ORABLE անողոքելի։

INEXPE'DIENT անյարմար, անվայելուչ։

INEXPEN'SIVE աժան, ծախսը քիչ։

INEXPER'IENCE անփորձառութիւն։

INEXPERT' համբակ, անմասնագէտ։

INEXPRESS'IBLE անբացատրելի։

INEXTING'UISHABLE անմարելի։

INEX'TRICABLE անքակելի։

INFALL'IBLE (իՆֆէլլ՛իպլ) անսխալական։

IN'FAMOUS վատահամբաւ, անպատիւ։

IN'FAMY վատանուն, վատահամբաւութիւն։

IN'FANCY (իՆ՛ֆէՆսի) տղայութիւն,

անչափահասութիւն։

IN'FANT (ի՛ն'ֆէնթ) մանուկ, երեխայ։

INFAN'TICIDE (ինֆէն'թիսայտ) մանկասպանութիւն։

IN'FANTRY հետեւակազօրք։

INFAT'UATE (ինֆէթ'իուէյթ) գրաւել, միտքը առնել։

INFAT'UATION խօլամտութիւն, զանկատումն։

INFECT' (ինֆէք'թ') վարակել, ապականել։

INFEC'TION վարակում, ապականութիւն։

INFEC'TIOUS տարափոխիկ, վարակիչ։

INFER (ինֆըր') հասկնալ, հետեւցնել։

INFER'IOR (ինֆի'րիըր) ստորին, գէշ, վարնոց։

INFERN'AL (ինֆըրն'ըլ) դժոխային, դիւային։

INFERT'ILE (ինֆըր'թըլ) անպտուղ, ամուլ։

INFEST' (ինֆէսթ) նեղել, չարչրկել։

IN'FIDEL (ին'ֆիտըլ) անհաւատ, րիմ, հեթանոս։

INFIL'TRATE (ինֆիլ'թրէյթ) քամուիլ, ներս անցնիլ։

IN'FINITE (ին'ֆինիթ) անհուն, անսահման։

INFIN'ITIVE աներոյշ գերբայ, աներեւոյթ։

INFIN'ITUDE (ինֆին'իթիուտ) անհունութիւն, անբաւութիւն։

INFIRM' (ինֆըրմ') անհաստատ, ապիկար։

INFIRM'ARY հիւանդանոց։

INFLAME' (ինֆլէյմ') վառել, հրահրել, տաքնալ։

INFLAMM'ABLE դիւրավառ։

INFLAMMA'TION բորբոքում, բոցավառութիւն։

INFLATE' (ինֆլէյթ') ուռեցնել, փքել, գինը բարձրացնել։

INFLECT' (ինֆլէքթ') ծռել, լծորդել, խոտորել, հոլովել։

INFLEX'IBLE (ինֆլէքս'ըպըլ) անթեքելի, կամակոր, ամուր։

INFLICT' (ինֆլիքթ) պատճառել, սահմանել։ (պատիժ)։

INFLIC'TION հարուած, պատիժ։

IN'FLUENCE (ին'ֆլիուընս) ազդեցութիւն, ներգործութիւն, ներգործել, ազդել։

INFLUEN'TIAL ազդեցիկ, ազդու։

INFLUENZA (ինֆլիուէն'զէ) ղում, տենդախառն հարբուխ։

INFORM (ինֆօրմ) իմացնել, տեղեկացնել, ձեւ տալ,

INFORM'AL անպաշտօն, անկանոն։

INFORMA'TION տեղեկութիւն, հմտութիւն, ծանօթութիւն։

INFRE'QUENT (ինֆրի'քուընթ) անսովոր, սակաւադէպ։

INFRINGE (ինֆրինճ') կոտրել, բեկանել, գրժել։

INFUSE' (ինֆիուզ') թափել, մտցնել, տոգորել։

INFU'SION հեղում, ներմուծում, թրջում։

IN'GATHERING հունձք։

INGE'NIOUS (ինճի'նիըս) հանճարեղ, ուշիմ, խորամանկ։

INGENU'ITY հանճարեղութիւն։

INGLO'RIOUS անփառունակ, խոնարհ։

INGRATE' (ինկրէյթ') ապերախտ, ապիրատ։

INGRA'TIATE (ինկրէ'շիէյթ) շնորհքին արժանի ըլլալ։

INGRAT'ITUDE ապերախտութիւն։

INGRE'DIENT (ինկրէ'տիընթ) էական տարր, նիւթ։

INHAB'IT բնակիլ։

INHAB'ITANT բնակիչ, գաղութ։

INHALE' (ինհէյլ') շունչ քաշել։

INHALA'TION շնչառութիւն։

INHARMO'NIOUS անհամաձայն, աններդաշնակ։

INHE'RIT (ինհէր'իթ) ժառանգել, ըստանալ։

INHE'RITANCE ժառանգում, ստացում։

INHE'SION (ինհի'շըն) յարելութիւն։

INHIB'IT (ինհիպ'իթ) զսպել, արգիլել։

INHIBI'TION զսպում, արգիլում։
INHOS'PITABLE հիւրամերժ, անհիւրամեծար։
INHU'MAN (ինհիու՛մըն) անմարդի, վայրագ։
INHUMAN'ITY տմարդութիւն, վայրագութիւն։
INHUME' (ինհիում՛) հողը դնել, թաղել։
INIM'ICAL (ինի՛միքլ) թշնամական։
INIM'ITABLE աննման, անզուգական։
INIQ'UITOUS (ինիք՛ուիթըս) անօրէն, անզգամ, անարդար։
INIQ'UITY անարդարութիւն, մեղք, անիրաւութիւն։
INI'TIAL (ինի՛շըլ) սկզբնաւորական, սկզբնատառ։
INI'TIATE (ինի՛շիէյթ) սկսնակ, նորավարժ, սկսիլ, նախաձեռնել, մարզել։
INITIA'TION սկիզբ, մուտք, խորհրդապագածութիւն, ընդունելութիւն։
INI'TIATORY սկզբնաւորական, ներածական, նախնական։
INI'TIATIVE նախաձեռնարկ, նախաձեռնութիւն, ներածական։
INJECT' (ինճէքթ՛) ներարկել, ներմուծել։
INJEC'TION ներարկում, զրիծ։
INJUDICIOUS (ինճիուտի՛շըս) անմիտ, անխորհուրդ։
INJUNC'TION (ինճընք՛շըն) պատուէր, հրամանագիր, վճիռ։
INJURE (ին՛ճիուր) վնասել, ցաւցնել, նախատել։
INJUR'IOUS վնասակար, թշնամական։
INJURY վնաս, աւեր, չարիք։
INJUSTICE անարդարութիւն։
INK մելան, թանաք։
INKSTAND թանաքաման։
INLAND ներքին, միջնադաշտ։
INLAN'DER զաւառաբնակ։
INLAY' (ինլէյ՛) ագուցանել, զրուագել։
IN'LET մուտք, անցք, նեղուց։
IN'MATE բնակակից։
IN'MOST ամենանեքին։
INN (ին) պանդոկ, օթեւան։
INNATE' ներածին, բնածին։
INN'ER ներքին, գաղտնի, անյայտ։
INNKEEPER պանդոկապետ։
INN'OCENT անմեղ, պարզամիտ։
INN'OCENCE անմեղութիւն, միամտութիւն։
INN'OVATE (ին՛նօվէյթ) նորութիւն մտցնել։
INNU'MERABLE անթիւ, անհամար։
INOBSERV'ANCE աննկատութիւն։
INOC'ULATE պատուաստել, փոխանցել։
INO'DOROUS անհոտ։
INOFFEN'SIVE անմեղ, անվնաս։
INOF'FICIAL ոչ պաշտօնական, անպաշտօն։
INORD'INATE անչափաւոր։
INQ'UEST (ին՛քուէսթ) քննութիւն, հարցաքննում։
INQUI'ETUDE (ինքուա՛յըթիուտ) անհանդստութիւն, հոգ։
INQUIRE' հարցաքննել, քննել, հետազօտել։
INQUIR'Y հարցուփորձ, քննութիւն։
INQUISI'TION (ինքուիզի՛շըն) հաւատաքննութիւն։
INQUIS'ITIVE չափազանց հետաքրքրքիր։
INQUIS'ITOR հարցաքննիչ, հաւատաքննիչ։
IN'ROAD ասպատակութիւն, արշաւանք։
IN'RUSH ներխուժութիւն։
INSALUB'RIOUS (ինսէլիուպ՛րիըս) վատառողջ, առողջ։
INSANE (ինսէյն՛) խելագար, յիմար։
INSAN'ITY յիմարութիւն։
INSA'TIABLE (ինսէյ՛շիէպլ) անյագ, անկուշտ։
INSA'TIATE անյագուրդ, ծակաչք։
INSCRIBE' փորագրել, քանդակել, արձանագրել, ձօնել։
INSCRIP'TION արձանագրութիւն, ընծայում, մակագրութիւն։

INSCRUTABLE (ինսքրու'թէպլ) անքննելի։
IN'SECT (ին'սէքթ) միջատ, ճճի։
INSECUR'ITY անապահովութիւն.
INSEN'SIBLE զգայազիրկ, անտարբեր։
INSEN'SITIVE անզգայուն, դըժուարազգած։
INSEP'ARABLE անբաժանելի։
INSERT' (ինսըրթ') ներմուծել, մտցընել։
IN'SIDE (ին'սայտ) ներքնակողմ, ընդերք։
INSID'IOUS (ինսիտ'իըս) նենգամիտ, դարանակալ։
IN'SIGHT (ին'սայթ) հմտութիւն, տեսութիւն։
INSIG'NIA (ինսիկ'նիէ) պատուանշան։
INSIGNIF'ICANT աննշան, անկարեւոր, անիմաստ։
INSINCERE' կեղծաւոր, խարդախ, անուղղամիտ։
INSIN'UATE (ինսին'իուէյթ) սպրդեցնել, ակնարկել։
INSINUA'TION սպրդում, չարամիտ ակնարկութիւն։
INSIPID (ինսիփ'իտ) անհամ, անլի, անհամ։
INSIST' (ինսիսթ') պնդել, յամառիլ, ամուր կենալ։
INSIST'ENCE պնդում, թախանձանք։
IN'SOLENT (ին'սօլընթ) լիրբ, ժըպիրհ։
IN'SOLENCE լրբութիւն, նախատինք։
INSOL'UBLE անլոյծ, դժուարահալ։
INSOLVENT անանկ, վճարելու անկարող։
INSOM'NIA (ինսօմ'նիէ) քնատութիւն։
INSOMUCH' այնքան, այնպէս որ։
INSPECT' (ինսփէքթ') քննել, աչքէ անցնել։
INSPEC'TION քննութիւն, այց, հոգաբարձութիւն։
INSPIRATION (ինսփայրէյ'շըն) ներշնչում, շնչառութիւն։
INSPIRE' (ինսփայր') շունչ տալ, ներշնչել, ոգեւորել։
INSPI'RIT (ինսփիրիթ) խանդավառել, ոգեւորել։
INSTABIL'ITY անկայունութիւն։
INSTALL' (ինսթօլ') տեղաւորել, հաստատել։
INSTALLA'TION կայացում, զետեղում, տեղաւորութիւն։
INSTALL'MENT հաստատում, տեղաւորում, մասնավճար։
INSTANCE (ինս'թընս) աղերս, ըստիպում, պատճառ, առիթ, օրինակ, նշան։
IN'STANT պահ, կէտ, ժամանակ, ընթացիկ ամիս։
INSTANTA'NEOUS (ինսթէնթէյ'նիըս) յանկարծական, անմիջական։
INSTEAD' (ինսթէտ') փոխանակ, տեղը։
IN'STIGATE (ին'սթիկէյթ) դրդել, գրգռել։
INSTIGA'TION դրդում, սադրանք։
INSTIL' (ինսթիլ') կաթեցնել, չթարկել, տպաւորել։
IN'STINCT (ին'սթինքթ) բնազդ, հակում։
INSTINCTIVE բնազդական։
IN'STITUTE (ին'սթիթիուտ) հիմնարկ, ճեմարան, կանոն, հաստատել, հիմնարկել, կարգել,, ձեռնարկել։
INSTITU'TION հաստատութիւն; օրէնք, սովորութիւն, անուանում։
INSTRUCT' (ինսթրըքթ') հրահանգել, մարզել, սորվեցնել, կրթել։
INSTRUC'TION հրահանգ, կրթութիւն, ուսուցում, դաս։
INSTRUC'TIVE դաստիարակիչ, կրթական, խրատական։
INSTRUC'TOR հրահանգիչ, կրթիչ, ուսուցիչ։
IN'STRUMENT (ին'սթրումընթ) գործիք, միջոց, դաշնագիր, միջնորդ, նուագարան։
INSTRUMEN'TAL գործիքական, միջոց, օժանդակ.
INSUBORD'INATE (ինսըբօրտ'ինէյթ) հեստ, ըմբոստ։

INSUFFI'CIENT (ինսըֆի'շընթ) անբաւական, անկարող։
INSULAR (ին'սիուլըր) կղզիաբնական, նեղմիտ։
IN'SULATE (ին'սիուլէյթ) կղզիացընել, անջատել։
INSULA'TION կղզիացնում, մեկուսացում, անջատում։
INSULT (ին'սըլթ) նախատինք, թըշնամանք, նախատել, անարգել, ծաղրել։
INSUR'ANCE (ինշուր'ընս) ապահովագրութիւն, ապահովագիր։
INSURE' (ինշուր) ապահովել, ապահովագրել, վստահեցնել։
INSUR'GENT (ինսըր'ճընթ) ապըստամբ։
INSURREC'TION ապստամբութիւն։
INTACT' (ինթէքթ') անեղծ, անվթար։
INTAN'GIBLE (ինթէն'ճիպլ) անշօշափելի։
IN'TEGER (ին'թիճըր) ամբողջ, ամբողջական թիւ։
IN'TEGRAL (ին'թէկրըլ) ամբողջական, բովանդակ։
IN'TEGRANT (ին'թէկրընթ) լրացուցիչ, ամբողջական։
IN'TEGRATE (ին'թէկրէյթ) լրացընել, ամբողջացնել, լմնցնել։
INTEG'RITY ամբողջութիւն, լրութիւն, անկեղծութիւն.
INTEG'UMENT (ինթէկ'իումընթ) ծածկոյթ, թաղանթ, մաշկ։
IN'TELLECT (ին'թէլլէքթ) միտք, իմացութիւն, հանճար։
INTELLEC'TUAL իմացական, մտաւորական, հոգեկան։
INTELL'IGENCE հմտութիւն, մըտացիութիւն, ուշիմութիւն, տեղեկութիւն, մտաւոր էակ։
INTELL'IGENT ուշիմ, մտացի, ճարպիկ, հաղորդող։
INTELL'IGIBLE դիւրիմաց, հասկընալի։
INTEM'PERATE (ինթէմ'փըրէյթ) անժուժկալ, չափազանց, անզուսպ։
INTEND' (ինթէնտ') միտքը դնել, մըտադրել, կամենալ, որոշել։
INTENSE (ինթէնս') պինդ, խիստ, սաստիկ, զօրաւոր։
INTEN'SIFY սաստկացնել, զօրացնել։
INTENS'ION ձգտում, սաստկութիւն։
INTEN'SITY ուժգնութիւն, թանձրութիւն։
INTEN'SIVE բուռն, սաստիկ, ձըգտական։
INTENT' (ինթէնթ') մտադիր, ուշադիր, նպատակ, ձգտում։
INTEN'TION դիտում, միտք, կամք, նպատակ։
INTER (ինթըր') թաղել։
INTERACT' միջնարար, իրարու ազդել։
INTERCEDE' (ինթըրսիտ') միջնորդել, միջամտել։
INTERCEPT' (ինթըրսէփթ') ընդմիջել, ընդհատել, խափանել։
INTERCEP'TION ընդմիջում, խափանում։
INTERCE'SSION (ինթըրսէ'շըն) միջնորդութիւն, բարեխօսութիւն։
INTERCHANGE' փոխանակութիւն, փոխանակել։
INTERCOMMU'NICATE փոխյարաբերիլ, հաղորդակցիլ։
IN'TERCOURSE (ին'թըրքօրս) յարաբերութիւն, հաղորդակցութիւն։
INTERDICT' (ինթըրտիքթ') արգիլել, դադրեցնել։
INTERDIC'TION արգելանք, բանադրանք։
IN'TEREST (ին'թըրէսթ) շահ, բաժին, տոկոս, մասնակցութիւն, օգուտ, մաս, առաւելութիւն, հետաքրքրուիլ, շահագրգռել, հաւանիլ, մասնակցիլ։
INTERFERE' (ինթըրֆի'ր) միջամտութիւն ընել, դպչիլ, վնասել, արգիլել, [illegible]։
INTERFER'ENCE միջամտութիւն, ընդհարում։
INTERFUSE' (ինթըրֆիուզ') միջազեղել, միջահեղել։
INTER'IOR (ինթէր'իըր) ներքին։
INTERJECT' (ինթըրճէքթ') միջարկել, մացնել։

INTERJEC'TION միջարկութիւն, ձայնարկութիւն:
INTERLACE' (ինթըրլէյս') իրարու անցընել, միջահիւսել:
INTERLINE տողընդմէջ գրել:
INTERLOCU'TION տրամախօսութիւն, խօսակցութիւն:
INTERLOPE' (ինթըրլօփ') միջամուխ ըլլալ:
IN'TERLUDE միջանուագ, կարճ զաւեշտախաղ:
INTERMA'RRY խնամակցիլ:
INTERMED'DLE խառնուիլ, միջամըտել:
INTERME'DIARY միջանկեալ, միջնորդ:
INTERME'DIATE միջին, միջակ:
INTERMEDIA'TION միջամտութիւն:
INTERM'ENT (ինթըր'մընթ) թաղում:
INTERM'INABLE անվերջանալի:
INTERMING'LE խառնել, միատեղ դնել:
INTERMI'SSION ընդհատութիւն, ընդմիջում, միջոց:
INTERMIT' ընդմիջել, ընդհատել:
INTERMIX' խառնել, խառնուիլ:
INTERN' ներքին բժիշկ, հիւանդանոցի, ներս դնել, արգիլել:
INTERN'AL ներքին, տնային, անձնական:
INTERNA'TIONAL միջազգային, միջազգայնական:
INTERNEE (ինթըրնի') արգելափակեալ:
INTERP'OLATE (ինթըր'փօլէյթ) եղծանել, բնագիրը փոխել:
INTERPOSE' (ինթըրփօզ') միջադրել, ընդմիջում ընել:
INTERPOSI'TION միջադրութիւն, միջամտութիւն:
INTERP'RET (ինթըր'փրէթ) մեկնել, բացատրել, թարգմանել:
INTERPRETA'TION մեկնութիւն, լուսաբանութիւն, թարգմանութիւն.
INTERP'RETER թարգման, մեկնիչ, երազահան:
INTE'RROGATE (ինթէր'րօկէյթ) հարցաքննել:
INTERRUPT' (ինթըրրըփթ') ընդմիջել, ընդհատել:
INTERSECT (ինթըրսէքթ) միջահատել, հատանել:
INTERSEC'TION հատում, միջահատութիւն:
IN'TERVAL (ին'թըրվըլ) միջոց, ժամանակամիջոց:
INTERVENE' (ինթըրվին') միջամտել; պատահիլ:
INTERVEN'TION միջամտութիւն, նպաստ, օգնութ:
IN'TERVIEW տեսակցութիւն, տեսակցութիւն ունենալ:
IN'TERWEAVE հիւսել, միախառնել, խառնել:
INTES'TATE (ինթէս'թէտ) անկտակ:
INTESTINE աղիք. ընդերք, ներքին:
INTIMACY (ին'թիմէսի) մտերմութիւն:
INTIMATE (ին'թիմէյթ) ներքին, մերձաւոր, մտերիմ, սերտ, ակնարկել, թելադրել:
INTIM'IDATE (ինթիմ'իտէյթ) վհատեցնել, վախցնել:
INTIM'ITY մտերմութիւն, ջութիւն:
IN'TO (ինթու) առ, ի մէջ, ներսը:
INTOL'ERABLE (ինթօլ'ըրէպլ) անտանելի, անհանդուրժելի:
INTOL'ERANT (ինթօ'լըրընթ) աններող, մոլեռանդ:
IN'TONATE (ին'թօնէյթ) եղանակաւորել:
INTOX'ICANT (ինթաքս'իքընթ) արբեցուցիչ, ոգելից:
INTOX'ICATE արբեցնել, թունաւորել:
INTOXICA'TION գինովութիւն, թունաւորում:
INTRAC'TABLE (ինթրէք'թէպլ) անհնազանդ, յամառ:
INTRAN'SITIVE անանցողական:
INTREP'ID (ինթրէփ'իտ) անվեհեր:

IN'TRICATE (ին'թրիքէթ) խառնակ, կնճռոտ։

INTRIGUE (ինթրիկ') մեքենայել, դաւել, նիւթել, սադրանք, մեքենայութիւն, հնարագիտութիւն։

INTRIN'SIC (ինթրին'սիք) ներքին, բուն, իրական, հարազատ։

INTRODUCE' (ինթրոտիուս') մտցընել, ներկայացնել, ծանօթացընել, հնարել։

INTRODUC'TION ներածում, ներկայացնում, պատրաստութիւն, նախերգանք։

INTROSPECT' (ինթրոսփէքթ') ներքաղխել, ներքաքննել։

INTROVERT' (ինթրովըրթ') ներս դարձնել, ներքաքննել, շրջել։

INTRUDE (ինթրիուտ') ոտնձգութիւն ընել, մխուիլ, սպրդիլ։

INTRU'SION ոտնձգութիւն, ներմըտութիւն, սպրդում։

INTUITION (ինթիու'շըն) յայտնատեսութիւն, մտատեսութիւն։

INTUI'TIVE մտատես, պայծառատես, ներհմտական։

IN'UNDATE (ին'ընտէյթ) ողողել, հեղեղել։

INURE' (ինիուր') սովորեցնել, վարժեցնել։

INURN (ինըրն') սափորել, թաղել։

INVADE' (ինվէյտ') արշաւել, ասպատակել, յարձակիլ։

IN'VALID (ին'վէլիտ) անվաւեր, անզօր, անարժէք, տկար, վատառողջ, տկարացնել։

INVAL'IDATE (ինվէլ'իտէյթ) արժէքը նուազեցնել, անվաւեր դարձնել։

INVAL'UABLE (ինվէլ'իուէպլ) անգին, թանկագին։

INVAR'IABLE (ինվէյ'րիէպլ) անփոփոխ, անայլայլ։

INVA'SION (ինվէյ'շըն) արշաւանք, ներխուժում։

INVENT' (ինվէնթ') հնարել, գտնել։

INVEN'TION գիւտ, հնարում։

IN'VENTORY (ին'վէնթըրի) ցուցակ, մթերագիր, մթերագրել, ցուցակագրել։

INVERSE' (ինվըրս') հակառակ, ներհակ։

INVER'SION արտաշրջում, բառաշրջութիւն։

INVERT' (ինվըրթ') շրջել, փոխել, դարձնել։

INVEST' (ինվէսթ') հագցնել, կարգել, դրամարկել։

INVES'TIGATE (ինվէս'թիկէյթ) խուզարկել, քննել, հետազօտել։

INVESTIGA'TION քննութիւն, խուզարկութիւն, հետազօտութիւն։

INVES'TITURE (ինվէս'թիթիուր) տուչութիւն, հագուստ, պաշտօնատւչութիւն։

INVEST'MENT դրամարկութիւն, ներդրում, շահագործութիւն։

INVET'ERATE (ինվէթ'ըրէյթ) արմատացած, խորարմատ, յամառ։

INVID'IOUS (ինվիտ'իըս) ատելի, նախանձոտ, չարակամ։

INVIG'ORATE (ինվիկ'ըրէյթ) զօրացնել, կենսունակ դարձնել։

INVIN'CIBLE (ինվին'սիպլ) աննուաճ, անյաղթելի։

INVIO'LABLE (ինվայօ'լէպլ) անբռնաբարելի, անվթար։

INVIS'IBLE (ինվիզ'իպլ) անտեսանելի, աներեւոյթ։

INVITA'TION (ինվիթէյ'շըն) հրաւէր, հրաւիրագիր, կոչ, կոչունք։

INVITE' հրաւիրել, հրապուրել, դրդել։

INVOCA'TION (ինվօքէյ'շըն) կոչ, աղօթք, աղերս, մաղթանք։

IN'VOCATE աղերսել, խնդրել, կոչել։

IN'VOICE (ին'վօյս) հաշուեցոյց, վաճառագիրը պատրաստել։

INVOKE' (ինվօք') կանչել, կոչել, աղերսել։

INVOL'UNTARY (ինվօլ'ընթէրի) անյօժար, բռնի։

IN'VOLUTE (ին'վօլիութ) ներոլոր, ներս դարձած։

INVOLU'TION ոլորում, կնճիռ, փաթոյթ, վերամփոփում։

INVOLVE' (ինվալվ') պատատել, ծրարել, պարփակել, պարունակել։
INVOLVE'MENT պատատում, ներփակում, ներառկցում։
INVUL'NERABLE (ինվըլ'ներէպլ) անխոցելի, անազդելի։
IN'WARD (ին'ուըրտ) ներքին, ներսի, բարոյական, հոգեկան, ներքնապէս։
IN'WARDLY ներքնապէս, գաղտնապէս։
IN'WARDS փորոտիք, աղիք։
INWROUGHT (ինրօթ') նկարակերտ, ծաղկազարդ։
I. O. Y. I OWE YOU պարտիմ ձեզ, պարտագիր։
IRAS'CIBLE (այրէ'սիպլ) ցասկոտ, դիւրազրգիռ։
IRATE (այրէյթ') զայրացած։
IRE (այր) զայրոյթ, ցասում։
IRIDES'CENT (իրիտէս'սէնթ) ծիածանափայլ։
IRIDIOSCOPE (այրի'տիոսքօփ) ծիածանացոյց։
IR'IS (այ'րիս) ծիածան, ծիածան աչքի։
IRISH (այ'րիշ) իրլանտական, իրլանտացի, իրլանտերէն։
IRK (ըրք) տաղտկացնել, վշտացնել։
IRON (այ'ըրն) երկաթ, արդուկ, արդուկել, շղթայել։
IRONBOUND շղթայակապ, խստապահանջ։
IRONCLAD երկաթապատ, զրահաւոր։
IR'ONER արդուկող։
IRONFOUNDER երկաթի ձուլիչ։
IRONIC (այրըն'իք) հեգնական։
IRONMONGER երկաթավաճառ։
IRONSMITH երկաթագործ։
IRONSTONE երկաթաքար։
IRONWORK երկաթեղէն գործ։
IRONWORKS գործարան։
IRONWORK զօդօշարան։
IR'ONY (այ'ըրնի) երկաթեայ, հեգնանք։
IRONY OF FATE բախտի հեգնանք։
IRRA'DIATE (իրրէյ'տիէյթ) ճառագայթել, լուսաւորել։
IRRA'TIONAL (իրրէյ'շընըլ) անմիտ, անտրամաբանական։
IRREC'ONCILABLE (իրրիք'անսիլէպըլ) անհաշտ, անհամաձայն։
IRRECO'VERABLE (իրրիքօվ'ըրէպլ) անդառնալի, անդարմանելի։
IRREDEEM'ABLE (իրրիտիմ'էպլ) անփրկանելի, չ'առնուելիք։
IRREF'UTABLE (իրրիֆ'իուքէպլ) անժխտելի։
IRREG'ULAR (իրրէկ'իուլըր) անկանոն, զարտուղի։
IRRELI'GION (իրրիլի'ճըն) անկրօնութիւն։
IRREMO'VABLE (իրրիմու'վէպլ) անշարժ է, անդրդուելի։
IRREP'ARABLE (իրրիփ'էրէպլ) անդարմանելի։
IRREPROACHA'BLE (իրրիփրօչէ'պլ) անմեղադրելի։
IRRESIS'TIBLE (իրրիզիս'թիպլ) անդիմադրելի։
IRRES'OLUTE (իրրիզ'օլիութ) անվճռական, վարանոտ։
IRRESOL'VABLE (իրրիզալ'վէպլ) անլուծելի։
IRRESPEC'TIVE (իրրիսփէք'թիվ) անկախաբար, յարգադանց։
IRRETRIEV'ABLE (իրրիթրի'վէպլ) անդարմանելի։
IRREV'ERENT (իրրէվ'ըրընթ) անպատկառ։
IRREVERS'IBLE (իրրիվըրս'իպլ) անվերաշրջելի, անդարձ։
IRREV'OCABLE (իրրիվ'օքէպլ) անդարձ, անդառնալի։
I'RRIGATE (իր'րիկէյթ) ջրել, ոռոգել։
IRRIGA'TION ոռոգում, ջրում։
I'RRITABLE դիւրագրգիռ, զայրացկոտ։
I'RRITANT (ի'րրիթընթ) գրգռական, բորբոքիչ։
I'RRITATE գրգռել, զայրացնել։
IRRUP'TION (իրրըփ'շըն) խուժում, գրոհ։
IS Գրդ. դէմք. էական բայի, TO BE։

I'SINGLASS (այ'զինգլէս) *ձկնասօսինձ, կիսաթափանց ապակի։*
ISLAND (այ'լընտ) *կղզի, կղզիացնել։*
ISLE (այլ) *կղզի, կղզեակ։*
ISL'ET (այլ'էթ) *կղզեակ։*
I'SOLATE (այ'սօլէյթ) *մեկուսացնել, անջատել։*
ISOLA'TION *մեկուսացում, կղզիացում։*
ISS'UE (իշիու) *ելք, հետեւանք, սերունդ, վէճ, դատ, ելլել, հոսիլ, դուրս գալ, բխիլ, հրատարակել, տալ, արձակել։*
ISTH'MUS (իսթ'մըս) *պարանոց։*
IT (իթ) *նա, անիկա, այն (իրերու համար)։*
ITALIAN (իթէ'լիըն) *իտալական, իտալացի, իտալերէն։*
ITAL'IC (իթէլ'իք) *իտալական, շեղագիր։*
ITCH (իչ) *քորուքալուք, եռք, քոս, քերուքալել։*
I'TEM (այ'թըմ) *նիւթ, առարկայ, հաշիւ, յաւելադրել։*
IT'ERATE (այթ'ըրէյթ) *կրկնել։*
ITERA'TION *կրկնում։*
ITIN'ERANT (այթին'ըրէնթ) *շրջիկ, թափառական։*
ITIN'ERARY (այթին'ըրէրի) *շրջիկ, ուղեգիրք, ճամբորդող։*
ITIN'ERATE (այթըն'ըրէյթ) *շրջիլ, ճամբորդել։*
ITS (ից) *անոր, իր։*
ITSELF' (իթսէլֆ') *նոյնինքն, ինքնիրեն։*
I'VORY (այ'վըրի) *փղոսկրեայ, փղոսկր։*
IVY (այվի) *բաղեղ։*
IVY-MANTLED *բաղեղնազարդ։*

J

JAB (ճէպ) մխում, վէրք, խոց, մըխել, խոցել։

JABB'ER (ճէպ'պըր) լփռտուք, արագ խօսիլ, լփռտալ։

JA'CINTH (ճէյ'սինթհ) յակինթ։

JACK (ճէք) գետղձուկ, ծառայ, մանչ (թղթախաղի), կօշկահան, լծակ, բեռնաբարձ, գնդակ, արու կենդանի, դրօշ, փայտատուն, գայլաձուկ, կցորդակ, վարպետանակ։

JACK BOOTS բարձրաճտաւորունք կօշիկ։

UNION JACK անգլիական դրօշակ։

JACK-KNIFE խոշոր գմելի։

JACK-KETCH դահիճ։

JACK OF ALL' TRADES շատ. տեսակ գործեր ընող, պատրաստ ամէն բան։

JACK TAR նաւաստի։

JACK'AL (ճէք'օլ) գայլաշուն, դժնեա մեքենորդ։

JACK'ASS (ճէք'էս) արու էշ, ապուշ։

JACK'DAW (ճէք'տօ) ճայեակ։

JACK'ET (ճէքէ'թ) բաճկոնակ, կարճազգեստ։

JUCULATION (ճէքիուլէյ'շըն) արձակում, ոլացնում։

JADE (ճէյտ) յասմիկ, յոգնած, վըտիտ ձի, անարժէք մարդ, պոռնիկ, ընկճել, նեղել, կեղել։

JAG'UAR (ճէկ'ուար) յագուար։

JAIL (ճէյլ) բանտ, բանտարկել։

JAILER բանտապահ։

JAL'AB (ճէլ'ըփ) խալապ, ջալլապա։

JALOUSIE (ճէլ'ուզի) վենետիկեան փեղկ։

JAM (ճէմ) բանջակ, ճնշում, խճողել, սեղմել։

JAMBOREE' (ճէմպօրի') ճամբարի, խրախճանք։

JANG'LE (ճէ'նկլ) անախորժ ձայն, վիճել, կռուիլ, բարբանջել։

JAN'ITOR (ճէն'իթըր) դռնապան, բարապան։

JANIZARY (ճէն'իզէրի) ենիչէրի։

JANN'OCK (ճէն'նաք) դերապանց։ հարազատ։

JAN'UARY (ճէն'ուէրի) Յունուար։

JAPAN (ճէփէն') ճափոն, ճափոնական ջնարակ, ջնարակել։

JAPANESE' (ճէփէնիզ') ճափոնական, ճափոներէն, ճափոնցի։

JAPE (ճէյփ) ծաղր, կատակ, կատակել։

JAR (ճար) ճռինչ, ճօճում, կուժ, սափոր, ճռնչել, շառաչել, ցնցել։

JARGON (ճար'կըն) կործանարանութիւն։

JAS'MINE (ճէս'մին) յասմիկ։

JAS'PER (ճէս'փըր) յասպիս։

JAUN'DICE (ճան'տիս) մաղձախտ, դեղնախտ։

JAUNT (ճանթ) պտոյտ, ճեմ, շրջագայիլ, պտըտիլ։

JAUN'TY (ճան'թի) ցուցամոլ, զըւարթ։

JAV'ELIN (ճէվ'էլին) նիզակ, գեղարդ։

JAW (ճօ) կզակ, ծնօտ, թուշ, կըշտամբել։

JAY (ճէյ) անծեղ, պոռնիկ։

JAZZ (ճէզ) ճազ, ռամկերգ։

JEA'LOUS (ճէլ'ըս) նախանձոտ, բըղձաւոր։

JEA'LOUSY նախանձոտութիւն։

JEER (ճի'ր) ծաղրել, քաշկռտել։

JEHOVAH (ճիհօ'վէ) Եհովա։

JEJUNE' (ճիճիուն') անօթի, անհըամ։

JELL'Y (ճէլլ'ի) դոնդող, բանդակ, մածնիկ։

JEMM'Y (ճէմ'մի) կոկիկ, երկաթէ լծակ։

JENNET (ճէն'նէթ) սպանիական բըզաջոյ։

JEO'PARDIZE (ճէփ'ըրտայզ) վտանգել։

JERK (ճըրք) ցնցում, ցայտում, ապուխտ, ցնցել, յանկարծ նետել։

JEST (ճէսթ) կատակ, կատակել։

JESTER միմոս, կատակաբան։

JES'UIT (ճիզ'ուիթ) Յիսուսեան կրօնաւոր, խորամանկ։

JES'US (ճիզ'ըս) Յիսուս։

JET (ճէթ) սեւ սաթ, ջրցայտ, ինքնամուղ օդանաւ, ցայտեցնել։

JET'SAM (ճէթ'սըմ) ծովը նետուած ապրանք։

JETT'Y (ճէթ'թի) սաթի պէս սեւ, ամբարտակ։

JEW (ճիու) հրեայ։

JEW'EL (ճիու'էլ) գոհար, գոհարազարդել։

JIB (ճիպ) թեւ՝ մեքենայի, խոյս տալ։

JIFF'Y (ճիֆ'ֆի) ակնթարթ, րոպէ։ կատակել։

JIG (ճիկ) պարերգ, զաւեշտ, պարել։

JILT (ճիլթ) պչրուհի, սիրահարը խաբել։

JINGLE (ճինկ'կլ) հնչիւն, հնչել։

JOB (ճապ) զբաղում, գործ, դիրք, թանկատում, կին, նաւ, օդանաւ, վառել ծախել, մխել, օրականով կառք կամ ձի վարձել։

JOBATION (ճօպէյ'շըն) կշտամբանք։

JOBBER (ճապ'ըր) մանր գործեր ընող, շահադէտ։

JOCK (ճօք) սկովտացի։

JOCK'EY (ճօք'ի) ձիարշաւիկ, խարդախ վաճառական, խաբել։

JOCKEYISM ձիավարութիւն, խարդախութիւն։

JOCOSE' (ճօքօս') կատակախօս։

JOCU'LAR (ճաք'իուլըր) երգիծախառն, կատակասէր։

JOC'UND (ճաք'ընտ) զուարթ, կայտառ։

JOG (ճակ) մշտում, շփում, մշտել, ցնցել։

JOG'GLE (ճակ'կլ) ագոյց, նեցուկ, շարժել։

JOHN BULL (ճան'պուլ) անգլիացիներուն տրուած մակդիր։

JOIN (ճօյն) միացնել, միաւորել, զուգել, միանալ, ընկերակցիլ։

JOINT (ճօյնթ) հանգոյց, կապ, յօդուած, կցել, միացած, միացնել, յօդաւորել։

JOIN'TURESS մահրընկալ կին։

JOIN'TURE (ճօյն'թիուր) մահր, մահըր տալը, վարձագին։

JOIST (ճօյսթ) ծպեղ, հեծան, ծպեղել։

JOKE (ճօք) կատակ, կատակել, ծաղրել։

JOKER (ճօք'ըր) զուարճախօս։

JOLL'IFY (ճօլ'լիֆայ) զուարճացնել։

JOLLIFICA'TION, JOLL'ITY խրախճանք։

JOLLY (ճօ'լի) զուարթ, բարեձեւ, զուարճացնել։

JOLT (ճօլթ) ցնցում, ցնցել։

JOS'TLE (ճաս'լ) հրել, իրար զարնուիլ։

JOT (ճաթ) յոթ, նշանախեց, մասնիկ, յուշագրել։

JOURN'AL (ճըրն'ըլ) օրհաշիւ, օրաթերթ։

JOURN'ALISM լրագրութիւն։

JOURN'ALIST լրագրող, խմբագիր։

JOURN'EY (ճըր'նի) ճամբորդութիւն։

JOUST (ճըսթ) նիզակ նետել։

JOVE (ճօվ) Արամազդ։

JO'VIAL (ճօ'վիըլ) զուարթ, ուրախ։

JOWL (ճօլ) այտ, ձկան գլուխ։

JOY (ճօյ) ուրախութիւն, հրճուանք, ուրախացնել։

JOYANCE (ճօյ'ընս) ցնծութիւն, խրախճանք։

JOY'FUL ուրախ, զուարթ։

JOY'OUS զուարթ, ուրախ։

JU'BILANT (ճիու'պիլընթ) ցնծագին։

JU'BILATION ցնծութիւն, հրճուանք։

JU'BILEE (ճիու'պիլի) յոբելեան, յիսնամեակ, Տօն Թողութեան։

JUDGE (ճըճ) դատաւոր, փորձագէտ, դատել, վճռել, քննել, գնահատել։

JUDGE'MENT դատաստան, կարծիք, դատավճիռ, վճիռ։

JUDGEMENT DAY Վերջին Դա-

ատեան:
JUDICIAL (ճուտիշ'ըլ) ատենական, դատական, օրինաւոր:
JUDICI'OUS (ճուտի'շըս) ողջադատ, իմաստուն, խելացի:
JUG (ճըկ) սափոր, կուժ, խաշել, եփել:
JUGFISH փքաձուկ:
JUG'GLE (ճըկ'կլ) ձեռնածութիւն, հնարքներ բանեցնել:
JUGOSLAV (եուկոսլաւ) եուկոսլաւ:
JUG'ULAR (ճիու'կիուլըր) փողային, կոկորդային:
JUICE (ճիուս) հիւթ, քամուք, արգանակ:
JUI'CY (ճիու'սի) հիւթոտ, ջրոտ:
JULEP (ճիու'լէպ) ճուլապ:
JULY (ճիու'լայ) Յուլիս:
JUMBLE (ճըմ'պլ) խառնակոյտ, խառնշտկել:
JUMP (ճըմփ) ոստում, ցատկում, ցատկել, ձգել, ցատկեցնել:
JUM'PER (ճըմ'փըր) ցատկող, քար ծակող, վերարկու:
JUM'PY դիւրագրգիռ:
JUNC'TION (ճընգ'շըն) միացում, կցում, կցուղի, խառնում:
JUNCTURE (ճընգ'չիուր) կցակէտ, միջոց, ժամանակ, հարկ:
JUNE (ճիուն) Յունիս:
JUNG'LE (ճընկլ) անտառ, մացառուտ:
JUN'IOR (ճիուն'եըր) կրտսեր, պատանի:
JUNK (ճընք) բեկոր, հնոտիք:
JUNKET (ճէն'քէթ) անուշ քաղցր, խնճոյք:
JUN'TA (ճըն'թէ) ժողով, խորհուրդ:
JU'PITER (ճիու'փիթըր) Որմիզդ, Արամազդ:

JURISDIC'TION (ճիուրիստիք'շըն) իրաւասութիւն, օրինական իշխանութիւն:
JURISPRUD'ENCE (ճիուրիսփրուտ'ընս) օրէնսգիտութիւն, իրաւագիտութիւն:
JURIST (ճիու'րիսթ) իրաւագէտ, օրէնսգէտ:
JUR'OR (ճիուրըր) երդուեալ դատաւոր, քննիչ:
JUR'Y (ճիու'րի) երդուեալ դատաւորներու ժողով:
JUSS'IVE (ճըս'սիվ) հրամայական:
JUST (ճըսթ) ուղիղ, արդար, իրաւ, ճիշդ, օրինաւոր:
JUSTICE (ճըս'թիս) արդարադատ, իրաւունք, դատաւոր:
CHIEF JUSTICE գլխաւոր դատաւոր:
JUSTIFICA'TION արդարացում, ջատագովանք:
JUS'TIFY (ճըս'թիֆայ) արդարացնել, ջատագովել:
JUSTIFIABLE (ճըս'թիֆայ'էպլ) արդարանալի:
JUSTLE (ճըս'ըլ) ընդհարում, բախում, ընդհարիլ:
JUT (ճըթ) ցցուած մաս, դուրս ցցուիլ:
JUTE (ճիութ) հնդկական կանեփ:
JUVENES'CENCE (ճիու'վինէս'ընս) պատանեկութիւն:
JUV'ENILE (ճիու'վինիլ) պատանեկան, պատանի:
JUX'TAPOSE (ճըքս'թէփոզ) առընթերադրել, յարադրել:
JUXTAPOSI'TION (ճըքս'թէփոզի'շըն) յարադրութիւն:
JYNX (ճինքս) փայտփոր (թռ.), հմայք, հրապոյր:

K

KAI'SER (քայ'զըր) կայսր։

KALE, KAIL (քէյլ) վայրի կաղամբ։

KALEID'OSCOPE (քէլայ'տոսքօփ) գեղադիտակ, հայելացոյց։

KANGAROO' (քէն'կէրու) ագեվազ, քանգարու։

KA'OLIN (քէյ'օլին) քաոլին, կաթ-նակաւ։

KAVASS (քէվէս) խավաս, պահակ։

KAYAKER (քէյ'էքըր) նաւավար։

KECK (քէք) սրտխառնուք։

KEDGE (քէճ) խարսխանիկ։

KEEL (քիլ) նաւ, ածխանաւ, տափա-նաւ։

KEEN (քին) հատու, սուր, կծու, բուռն։

KEEP (քիփ) պահպանել, հոգ տանիլ, ընակիլ, պահել, զգուշանալ, մը-նալ, տեւել, հոգ, պարէն, խը-նամք, պահեստ, բանտ, ամրու-թիւն, զգուշութիւն։

KEEP'ER (քիփ'ըր) հսկող, պահա-պան, խնամակալ, բանտապահ։

KEEP'ING պահպանութիւն, խնամք, ապրուստ, պարէն։

KEEPING ROOM խօսարան, հիւ-րասենեակ։

KEEP'SAKE յիշատակ, (բարեկա-մութեան)։

KEG (քէկ) տակառակ։

KELP (քէլփ) աղբոյս, կելպ։

KELT (քէլթ) վտառակ, կելտացի։

KEN (քէն) ճանաչողութիւն, շուրջը նայիլ, գիտնալ։

KENN'EL (քէն'նըլ) շնայարկ, որջ, բանտել։

KEPT (քէփթ) պահեց, պահուած։

KERCH'IEF (քըր'չըֆ) գլխալաթ, վարշամակ։

KERMESS (քըր'մէս) տօնավաճառ, հանդէս։

KERN (քըրն) թափառական, հետե-ւակ զինուոր։

KERN'EL (քըրն'ըլ) կորիզ, կուտ, էական մաս։

KE'ROSENE (քը'րօսին) քարիւղ։

KERS'EY (քըր'զի) թանձր ասուի։

KERS'EYMERE (քըրզի'մըր) քազ-միր։

KES'TREL (քէս'թրէլ) հողմավար (թռ.)։

KETCH (քէչ) երկկայմ փոքրիկ նաւ։

KETCH'UP (քէչ'ըփ) սնկաղցան։

KET'TLE (քէթ'թլ) սան, եռոց։

KET'TLEDRUM կիսաբոլորակ թըմ-բուկ։

KEY (քի) բանալի, կղպանք, ձայնի աստիճան, լուծում, քարափ, կըղ-պել։

KEYBOARD փականակալք։

KEYHOLE բանալիի ծակ։

KEYNOTE էական, ձայնանիշ։

KEYSTONE պորտաքար։

KHA'KI (քա'քի) թխալաթ, թխա-գոյն։

KHAL'IFA (քալ'իֆէ) խալիֆա։

KHAN (քան, խան) իշխան, խան, պանդոկ։

KHEDIVE (քէտիվ') խտիվ։

KICK (քիք) կից, աքացի, կից զար-նել, աքացել։

KICK'SHAW (քիք'շօ) խաղալիք, պը-նակ մը կերակուր։

KID (քիտ) ուլ, տղեկ, լակոտ, այծի մորթ։

KIDDY պատանի, տղեկ։

KID'NAP (քիտ'նէփ) առեւանգել։

KIDNEY (քիտ'նի) երիկամունք, խառնուածք։

KIDNEY-BEAN լուբիա։

KILL (քիլ) սպաննել, մեռցնել, մոր-թել, սպանութիւն, որս։

KILN (քիլ, քիլն) փուռ, թրծոց։
KILOGRAM (քիլ'օկրէմ) քիլօկրամ։
KILOLITRE քիլօլիտր։
KILOMETRE քիլոմեթր, հազարամեթր։
KILT (քիլթ) կարճ շրջազգեստ։
KIN (քին) արենակցութիւն, խնամի, ազգական։
KIND (քայնտ) տեսակ, եղանակ, բնութիւն, բարեսէր, քաղցր։
KIN'DERGARTEN (քին'տըրկարթըն) մանկապարտէզ։
KIN'DLE (քին'տըլ) վառել, բորբոքել, վառիլ։
KINDLY (քայնտլի) քաղցր, ազնուօրէն։
KIN'DRED (քին'տրէտ) ազգականութիւն, ազգական։
KINEMATICS (քինիմէթ'իքս) շարժաբանութիւն։
KINETIC (քինէթ'իք) շարժական։
KING (քինկ) թագաւոր, թագաւորել։
KING'S EVIL գեղձախտ։
KING'CUP ձգկի։
KING'DOM թագաւորութիւն։
KINK (քինք) թնճուկ։
KIN'SHIP (քինշիփ) ազգակցութիւն։
KIOSK' (քիօսք') քէօշկ, կրպակ։
KIPPER (քիփ'փըր) չորցած լոսդի։
KIRK (քըրք) եկեղեցի։
KIR'TLE (քըր'թլ) վերարկու։
KISS (քիս) համբոյր, պաչիկ, համբուրել։
KIT (քիթ) պզտիկ ջութակ մը, փայտեայ տաշտ, իրեղէնք։
KITCH'EN (քիչ'ըն) խոհանոց, խոհաստան։
KITCHEN GARDEN բանջարանոց։
KITE (քայթ) ցին, յափշտակող, թըռուցիկ, հաճոյակատարութեան մուրհակ։
KITH (քիթհ) ճանչուոր, ազգականք։
KITTEN (քիթ'թըն) կատուիկ։
KLEPTOMA'NIA (քլէփթօմէյ'նիէ) գողամոլութիւն։
KNACK (նէք) խաղալիք, հնարք, տաղանդ։
KNACK'ER ծերացած ձիեր սպաննող։

KNAG (նէկ) վարակ։
KNAP (նէփ) կունտ, կոճակ, կատար, տապատկել։
KNAPSACK մախաղ։
KNAVE (նէյվ) հանած վարած, սրիկայ։
KNA'VERY սրիկայութիւն։
KNEAD (նիտ) շաղել, թրել։
KNEE (նի) ծունկ, ծնգուկ։
KNEEL (նիլ) ծունկի գալ։
KNELL (նէլ) մահազանգ, զանգակը հնչել։
KNELT (նէլթ) անց. KNEELի։
KNEW (նիու) անց. KNOWի։
KNICK'ERBOCKERS (նիք'ըրպաքըրզ) կարճ տաբատ մը։
KNICK-KNACK (նիք'նէք) խաղալիք։
KNIFE (նայֆ) դանակ, դմելի։
KNIGHT (նայթ) ասպետ, հեծեալ։
KNIGHTAGE ասպետներ։
KNIGHTHOOD ասպետութիւն։
KNIT (նիթ) կապել, հիւսել, հաղուցել։
KNOB (նապ) կծիկ, գունդ, այտուց
KNOBBY խորտուբորտ։
KNOCK (նաք) հարուած, զարկ, զարնել, զարնուիլ։
TO KNOCK ABOUT ալքատալ, թափառիլ։
KNOCK'ER զարնող, չախիչ, դռնահար։
KNOLL (նօլ) հողակոյտ, մահազանգ
KNOP (նափ) կոճակ, գունդ, կոկոն
KNOT (նաթ) հանգոյց, խեղդկապ, կնճիռ, հաւաքում, խմբակ, ուռ, այտուց, ուռածոյ, նաւային մղոն, վարակ, հանգուցել, կապել, վարակել, յօդել, հիւսել։
KNOUT (նաութ) խարազան, խարազանել։
KNOW (նօ) գիտնալ, ճանչնալ, ծանօթանալ։
TO KNOW BY HEART գոց գիտնալ։
KNOWING գիտակ, ուշիմ, հմուտ։
KNOWL'EDGE (նօլ'լէճ) գիտութիւն, հմտութիւն։
KNOWN ծանօթ, յայտնի։

KNUC'KLE (նաք'ըլ) կցայօղ, կռփա-հարուածի գործիք։
KNUCKLE BONES վիզախաղ։
KNUR (նըր) հանգոյց, փայտի կորակ։
KORAN (քօրան') Գուրան։
KOUM'ISS (քումի'ս) գումիզ, թթ-ուած կաթ։
KOURB'ASH (քուր'պէշ) մտրակ (գրպաճ)։
KRIEG'SPIEL (քրիկ'սփիլ) պատե-րազմախաղ։
KULTUR (քուլ'թուր) մշակոյթ, (գերմանական իմաստով)։
KY'MOGRAPH (քայ'մօկրէֆ) զար-կագիր, թրթռացոյց։
KYR'IE (ELEISON) (քի'րիիլայսօն) Տէր ողորմեա։
KYTE (քայթ) որովայն։
KYTHE (քայթհ) գիտցնել, ցուցնել։

L

LAAG'ER (լա'կըր) կառքերով կազմուած պատնէշ։

LA'BEL (լէյ'պըլ) պիտակ, նշանաթուղթ, պիտակել։

LAB'ORATORY (լէպ'օրէթօրի) աշխատանոց, տարրալուծարան։

LABOR'IOUS (լէպօ'րիըս) աշխատասէր, ժրաջան։

LA'BOUR (լէյ'պըր) աշխատանք, վաստակ, երկունք, ճգնիլ, աշխատիլ, վարել, պատրաստել։

LA'BOURER բանուոր, մշակ, վարձկան։

LAB'YRINTH (լէպ'իրինթ) լաբիւրինթոս, բաւիղ։

LAC (լէք) հարիւր հազար թիւ, լաքայ։

LACE (լէյս) ժանեակ, երիզ, սուզակ, հիւսել, երիզել։

LACE'MAN ժանեակավաճառ։

LA'CERATE (լէ'սըրէյթ) պատառել, խզել, բզքտել։

LAC'HRYMAL (լէք'րիմըլ) արտասուական։

LAC'HRYMATORY (լէք'րիմէյթօրի) արտասուաման, հօշարայ։

LAC'HRYMOSE (լէք'րիմօզ) արտասուահոս։

LACK (լէք) պակաս, չգոյութիւն, չունենալ, պէտք ունենալ, պակաս գալ։

LACK'EY (լէքի) ծառայ, հետեւակ. սպասաւորել։

LACONIC (լէքօն'իք) լակոնական, կարճ, խիտ։

LACTA'TION (լէքթէյշըն) ծիծ տալ, դիեցում։

LAC'TIC (լէք'թիք) կաթնական։

LAC'TIFEROUS (լէք'թիֆըրըս) կաթնաբեր։

LACTOM'ETER (լէքթօմ'իթըր) կաթնաչափ։

LEC'TOTHERAPY (լէք'թօթհիրէփի) կաթնաբուժում։

LAD (լէտ) մանչ, լաճ։

LADD'ER (լէտ'տըր) սանդուխ։

LADE (լէյտ) բեռցնել, շերեփել։

LADDING նաւու բեռ։

LA'DLE (լէյ'տլ) շերեփ, փառ։

LA'DY (լէյ'տի) տիկին, տիրուհի, պարոնուհի։

OUR LADY Սուրբ Կոյս Մարիամ։

LADY BIRD, LADY-BUG կարմ-բզէզ։

LADY DAY Տօն Աւետման։

LADY-LOVE նշանած, սիրուհի։

LAD'YLIKE վայելչագեղ, բարեձեւ։

LAD'YSHIP տիկնութիւն։

LAG (լէգ) մրուր, գիրտ, դանդաղ, ծածկել, յամենալ։

LAGG'ARD (լէգ'կըրտ) դանդաղ, ուշացող։

LAGER (լաք'ըր) գերմ. թեթեւ գարեջուր։

LAGOON' (լէկուն') ծովալիճ

LA'IC (լէյ'իք) աշխարհական։

LA'ICIZE (լէյ'իսայզ) աշխարհականացնել։

LAID (լէյտ) զետեղուած։

LAIN (լէյն) տես LIE։

LAIR (լէր) որջ։

LAIRD (լէրտ) հողատէր, ազնուական

LA'ITY (լէյ'իթի) աշխարհական դաս

LAKE (լէյք) լիճ։

LAMB (լէմ) գառնուկ, գառն։

LAM'BKIN գառնուկ։

LAMBLIKE գառնանման, հեզ։

LAM'BENT (լէմ'պընթ) դիւրասահ լափլիզող (հուր)։

LAME (լէյմ) կաղ, հաշմ, թերի։

LAME-DUCK սնանկացեալ ձախողած մարդ։

LAMENT (լէմէնթ՛) ողբ, կոծ, սուգ, ողբալ, սգալ։
LAM'ENTABLE ողբալի, ցաւագին։
LAMENTA'TION ողբում, կոծ։
LAMP (լէմփ) լապտեր, ճրագ։
LAMP'BLACK մրածուխ, մրաներկ։
LAM'PION (լէմ՛փիըն) լամբրիկ։
LAMPOON' (լէմփուն՛) երգիծանք, պարսաւել։
LAM'PREY (լէմ՛փրի) քարադիբաց (թռ.)։
LANCE (լէնս) նիզակ, տէգ, նիզակով զարնել, նետել։
LA'NCER նիզակաւոր։
LA'NCET (լէն՛սէթ) նշդրակ։
LAND (լէնտ) երկիր, գետին, հող, կալուած, ցամաք հանել, գետին ձգել։
LAND AGENT կալուածի միջնորդ։
LANDAU (լէն՛տօ) լանտօ։
LAND FORCES ցամաքային ուժեր։
LANDHOLD'ER կալուածատէր։
LAND'LADY տանտիրուհի, գինեպանուհի։
LAND'LORD հողատէր, կալուածատէր։
LAND'MARK սահմանաքար։
LAND'WARD դէպի ցամաք։
LAND OF PROMISE Պաղեստին։
LAN'DED կալուածային, կալուածատէր։
LAN'DING ցամաքահանում։
LANDSCAPE (լէնտ՛սքէյփ) տեսարան, դաշտանկար։
LANE (լէյն) փողոցիկ, նրբուղի։
LANG'UAGE (լէն՛կուէճ) լեզու, բարբառ, ոճ, ազգ։
LANG'UID (լէնկ՛ուիտ) նուաղուն, թոյլ։
LANG'UISH (լէնկ՛ուիշ) նուաղուն, հեծեծուք, անոյշ նայուածք, նուաղիլ, հիւծիլ, տկարանալ։
LANG'UOR (լէն՛կուըր) նուաղում, վհատում, թուլութիւն։
LANIER (լէն՛եըր) լար, փոկ։
LANK (լէնք) նիհար, ազազուն։
LAN'TERN (լէն՛թըրն) լապտեր։
LAN'YARD (լէն՛եըրտ) կարճ պարան, պատրոյգակալ։
LAP (լէփ) քղանցք, [illegible], գոգ, դիրկ, ծոց, ծունկ, փաթթել, ծըլբարել, ծածկել, լակել։
LAPEL' (լէփէլ՛) կրծածալ, լանջամաս։
LAPDOG (լէփ՛տակ) լակոտ, շնիկ։
LAP'IDARY (լէփ՛իտէրի) ակնահատ, գոհարագէտ։
LAP'IS LAZ'ULI (լէյ՛փիս լէզ՛իուլի) կապոյտ քար։
LAPSE (լէփս) շրջան, անցք, գայթում, վրիպակ, անցնիլ, իյնալ, սխալիլ, սահեցնել։
LAP'WING (լէփ՛ուինկ) ողջկահաւ, եղտիւրիկ։
LAPSTONE (լէփ՛սթօն) կօշկակարի քար։
LAR'CENY (լար՛սինի) գողութիւն։
LARCH (լարչ) կուենի, լարեկ։
LARD (լարտ) խոզի ճարպ, ճարպոտել։
LARD'ER (լարտ՛ըր) ճարպարան, շտեմարան։
LARGE մեծ, ստուար, ընդարձակ, ճոխ, հարուստ, լայնախոհ։
AT LARGE ընդարձակ, ազատ, անզուսպ։
LARGELY մեծապէս, մեծ մասամբ։
LARGENESS խոշորութիւն, ճոխութիւն։
LAR'GESSE (լար՛ճէս) նուէր, պարգեւ։
LARK (լարք) արտոյտ, զուարճութիւն։
LARV'A (լար՛վէ) թրթուր։
LARVATED դիմակաւոր։
LARYNGI'TIS (լէրինճայ՛թիս) կոկորդաբորբ։
LA'RYNX (լէ՛րինքս) կոկորդ, խռչակ։
LASCIV'IOUS (լէսսիվ՛իըս) ցանկասէր, վաւաշոտ։
LASH (լէշ) մտրակել, խարազանել, մտրակ, խարազան, արտեւանունք։
LASH'ING խարազանում, փաթոյթ։
LASH'ER մտրակող, կապոյտ ձուկ։
LASS, LASS'IE աղջնակ, գեղուհի։

LAS'SITUDE (լէ'սիթիուտ) յոգնածութիւն, ձանձրոյթ։
LASS'O (լէս'սօ) օղապարան, ձգալար։
LAST (լասթ) վերջ, կօշիկի կաղապար, շարունակել, տեւել, տոկալ, դիմանալ, վերջին, նախորդ։
LAST'LY ի վերջոյ։
LATCH (լէչ) դռնփակ, մզլախ, կղպել։
LATCH'ET (լէչ'էթ) խրաց, կօշիկի կապ։
LATE (լէյթ) ուշ, նախկին, վերջին։
OF LATE վերջերս։
OF LATE YEARS վերջին տարիներս։
LATELY վերջերս։
LA'TENT (լէյ'թընթ) թաքուն։
LA'TENCY թաքնութիւն։
LAT'ERAL (լէթ'ըրըլ) կողմնային, կողմնակամ։
LATH (լէթհ) կամար, շերտ։
LATHE (լէյտհ) ճախարակ, տանարակել։
LATHER (լէտհ'ըր) փրփուր, փրփրեցնել։
LATIGO (լա'թիկօ) թամփափոկ։
LATIN (լէթ'ին) լատին, լատիներէն։
LAT'INISM (լէթ'ինիզմ) լատին ոճ։
LAT'INIST (լէթ'ինիսթ) լատինագէտ։
LAT'ITUDE (լէթ'իթիուտ) տարածութիւն, լայնութիւն։
LATRINE (լէթրին') արտաքնոց։
LATTER (լէթ'թըր) վերջին, յետին։
LATT'ICE (լէթ'թիս) վանդակակամած։
LAUD (լօտ) գովեստ, օրհներգ, գովաբանել։
LAUD'ANUM (լօտ'էնըմ) ափիոն, լոտան։
LAUDATION (լօտէյ'շըն) գովեստ։
LAUGH (լաֆ) խնդուք, խնդալ։
LAUGH'ABLE ծիծաղաշարժ, խնդալի։
LAUGH'ING խնդացող, ծիծաղ։
LAUGH'TER խնդուք, քրքիջ։
LAUNCH (լանչ) մեծ նաւակ, պերճանաւ. արձակել, նետել, ծով իջեցնել։
LAUN'DRESS լուացարարուհի։
LAUNDRY լուացարան։
LAUR'EATE (լօ'րիէթ) դափնեւոր, դափնեպսակաւոր։
LAU'REL (լօ'րէլ) դափնի, դափնեպսակ, համբաւ։
LAVA (լա'վէ) լաւա, խանձաքար։
LAV'ATORY (լէվ'էթօրի) լուացարան։
LAVE (լէյվ) լուալ, լոգանք տալ։
LAV'ENDER (լէվ'էնտըր) հուսամ, խուզամի։
LA'VER (լէյ'վըր) կոնք, լական, շանթա։
LAV'EROCK (լէյ'վըրաք) արտոյտ։
LAV'ISH (լէվ'իշ) շռայլ, առատ, վատնել։
LAV'ISHMENT շռայլում։
LAW (լօ) օրէնք, կարգ, կանոն, իրաւաբանութիւն։
LAW-ABIDING օրէնքի հնազանդող, օրինապահ։
LAW'FUL օրինաւոր, իրաւացի։
LAW'SUIT (լօ'սիութ) դատ։
LAWN (լօն) մարգամանդ, դալարավայր։
LAW'YER (լօ'եըր) փաստաբան, իրաւագէտ։
LAX (լէքս) թոյլ, լոյծ, մեղմ։
LAX'ATIVE (լէքս'էթիվ) լուծողական։
LAX'ITY (լէքս'իթի) թուլութիւն։
LAY (լէյ) պատմերգու։
LAY կարգ, խաւ, դիրք, շահաբաժին, երգ, դնել, պատրաստել, պառկեցնել, փռել, (հաւկիթ) ածել, յանկուցնել, ընծայել։
LAYCLERK փոխասաց։
LAYER խաւ, դնող, ածան, հաւկիթ ածող։
LAYMAN աշխարհական։
LAY-OUT յատակագիծ։
LAY-SHAFT հականիւ։
LAYETTE' (լէյ'էթ) երեխայի հանդերձանք։
LAZ'AR (լէյ'զար) բորոտ։
LAZARETT'O (լէզէրէթ'թօ) լազարէթ, տարափոխիկ հիւանդութեանց հիւանդանոց։
LA'ZY (լէյզի) ծոյլ, ծոյլ, դանդաղ։
LEA (լի) մարգագետին։

LEAD (լէտ) *կապար, գնդակ, ռումբ։*
LEAD (լիտ) — *առաջնորդել, վարել, հրամայել, պատճառել, առաջնորդութիւն, օրինակ, հանգերգակ, չուանմաւոք։*
LEA'DEN (լէտն) *կապարեայ, գանդաղ, ծանր։*
LEAD'ER (լիտըր) *առաջնորդ, երգավար, գլխաւոր։*
LEAD'ING *առաջնորդող։*
LEADING ARTICLE *առաջնորդող, խմբագրական։*
LEAF (լիֆ) *տերեւ, թերթ։*
LEAF'AGE *տերեւաղիք։*
LEAFLET *տերեւակ, թերթիկ։*
LEAGUE (լիկ) *դաշն, միութիւն, լիգայ, փարսախ։*
LEAG'UER (լիկ'ըր) *դաշնակից, պաշարման բանակատեղի։*
LEAK (լէք) *ծակ, ճեղք, կաթեցում, կաթեցնել, արտածորել։*
LEAK'AGE (լիք'էճ) *կաթկթում, ծորում։*
LEAK'Y (լիք'ի) *կաթկթող, վազող, բաց բերան։*
LEAL (լիլ) *հաւատարիմ։*
LEAN (լին) *անճարպ միս, հակում, զառիվայր։*
LEAN'ING (լին'ինկ) *կռթնում, հակում։*
LEAP (լիփ) *ոստում, ցատկում, ցատկել, վրան անցընել։*
LEAP-YEAR *նահանջ տարի։*
LEARN (լըրն) *սորվիլ, ուսանիլ, տեղեկանալ, իմանալ։*
LEARNED *ուսեալ, հմուտ, ներհուն։*
LEARN'ING *ուսմունք, հմտութիւն։*
LEASE (լիս) *պայմանաժամ, վարձում, վարձել։*
LEASE HOLDER *վարձակալ։*
LEASH (լիշ) *բազէի խրաց, կապ, կապանք, կապել, խրացել։*
LEAS'ING (լիզ'ինկ) *ստախօսութիւն։*
LEAST (լիսթ) *նուազագոյն։*
AT LEAST *առ նուազն։*
LEA'THER (լէտհ'ըր) *կաշի, մորթ, սեկ*
LEATHERETTE *չինծու կաշի։*
LEATHERY *կաշեգէն, կաշենման։*

LEAVE (լիվ) *արտօնութիւն, հրաժեշտ, ձգել, թողուլ, մեկնիլ, կտակել, յանձնել։*
LEA'VEN (լէ'վն) *խմոր, բողբոջ, սերմ, խմորել, վարակել։*
LEAVINGS (լիվ'ինկզ) *մնացորդք, աւելցուք։*
LECH'ER (լէչ'ըր) *անառակ, լկտի։*
LEC'TERN (լէք'թըրն) *գրակալ։*
LEC'TURE (լէք'չըր) *դասախօսութիւն, ճառ, դասախօսել, բանախօսել։*
LEC'TURER *դասախօս, բանախօս։*
LED (լէտ) (*անց. կատ.*) **LEAD***ի։*
LEDGE (լէճ) *աւազուտք, շարք, եզր, ծայր, դարակ։*
LEDG'ER *մայր հաշիւ, մայր տոմար։*
LEE (լի) *հակահով, մրուր, ապաստան։*
LEEBOARD *հաստ տախտակ, նեցուկ։*
LEECH (լիչ) *տզրուկ, արիւն առնել, տզրուկ փակցնել։*
LEEK (լիք) *պրաս, քուռաթ։*
LEER (լի'ր) *վաւաշոտ նայուածք։*
LEER'Y (լիր'ի) *արթուն, խորամանկ։*
LEES (լիզ) *մրուր, դիրտ, աւելցուք։*
LEFT (լէֆթ) (*անց. կատ.*) **LEAVE***ի։*
LEFT *ձախ, ձախակողմ։*
LEFTWARD *դէպի ձախ։*
LEG (լէկ) *սրունք, խաղամոլ։*
LEG'ACY (լէկ'էսի) *հրկտակ, կտակ։*
LE'GAL (լի'կըլ) *օրինական, վաւերական։*
LE'GALIZE (լի'կըլայզ) *օրինականացնել, վաւերացնել։*
LEG'ATE (լէկ'էյթ) *պատուիրակ, փոխանորդ։*
LEGA'TION (լիկէյ'շըն) *առաքելութիւն, դեսպանութիւն, դեսպանատուն։*
LE'GEND (լէճ'էնտ) *աւանդավէպ, դրոյց, յայսմաւուրք։*
LE'GENDARY (լի'ճէնտէրի) *առասպելական։*
LEGHORN' (լէկ'հորն) *գլխարկ հիւսելու յարդ, գլխարկ մը։*
LE'GIBLE (լէճ'իպլ) *ընթեռնելի, պարզ։*
LE'GION (լի'ճըն) *լէգէո...*

LE'GIONARY (լի'ճընըրի) լէգէոնական։
LE'GISLATE (լէ'ճիսլէյթ) օրէնսդրել։
LEGISLA'TION (լէ'ճիսլէյշըն) օրէնսդրութիւն։
LEGIT'IMACY (լիճիթ'իմէյսի) օրինականութիւն։
LEGITIMATE (լիճիթ'իմէթ) օրինաւոր, հարազատ, արդարացի, օրինաւորել։
LEGUME (լէկ'իում) պարկուճ, ունդ։
LEGU'MINOUS (լիկիու'մինըս) ընդեղէն, բանջարեղէն։
LEASURE (լի'ժըր) պարապոյ ժամ, պատեհութիւն։
LEM'AN (լի'մըն) տարփուհի, հարճ։
LEM'ON (լէմ'ըն) լիմոնի, կիտրոն։
LEMONADE' (լէմօնէյտ') լիմոնաջուր։
LEMU'R (լի'միուր) աղուէսակապիկ։
LEND (լէնտ) փոխ տալ, ընծայել։
LENGTH (լէնկթհ) երկարութիւն, միջոց, տեւողութիւն։
LENG'THEN երկարել, տարածել։
LE'NIENT (լի'նիընթ) մեղմ, գթառատ, հեզ։
LENS (լէնզ) ոսպնեակ, մանրացոյց։
LENT (լէնթ) (անց. եւ անց. ընդ.) LENDի։
LENT LILY վայրի նարգէս։
LENT (լէնթ) մեծ պահք, աղհացք։
LEN'TIL (լէն'թիլ) ոսպ, ոսպաձեւ խոտ։
LENTISCUS (լէնթիս'քըս) մորենի, հերձի։
LEO'PARD (լէփ'ըրտ) ընձառիւծ, ինձ։
LEP'ER (լէփ'ըր) բորոտ։
LEP'ROSY (լէփ'րօսի) բորոտութիւն, ուրկութիւն։
LEP'ROUS (լէփ'րըս) բորոտ։
LE'SION (լի'ժըն) խոցուած վէրք, վնաս (բժ.)։
LESS (լէս) նուազ, աւելի պզտիկ։
LESEE' (լէս'սի) վարձակալ։
LESS'EN (լէս'ն) պակսեցնել, նուազեցնել, նուազիլ, պակսիլ։
LESS'ER (լէս'սըր) նուազագոյն։

LESS'ON (լէս'ն) հանմար, դաս, խրատ, կշտամբանք։
LESS'OR (լէս'սօր) վարձատու։
LEST (լէսթ) գուցէ, չըլլայ թէ։
LET (լէթ) արգելք, յապաղում։
LET (լէթ) ձգել, թողուլ, վարձու տալ։
TO LET ALONE ձգել, հանգիստ թողուլ։
LET-A-LONE անհոգական։
LE'THAL (լի'թհըլ) մահացու, մահառիթ։
LETHARGIC (լէթհարճիք) քնափական, անփոյթ։
LETH'ARGY (լէթհ'էրճի) քնափութիւն, քնախտ։
LETTER (լէթ'թըր) նամակ, գիր, տառ, վարձու տուող։
LETTER BOOK նամակատետր։
LETTER BOX նամակատուփ։
LETT'ERED ուսեալ, գրագէտ։
LETT'UCE (լէթ'իս) հազար։
LEVANT' (լիվընթ') ոտք ելլող, պահուըտիլ, պարտքէ փախչիլ, չուել։
LEVANT (լիվ'ընթ) Արեւելք, արեւելեան երկիր։
LEV'EE (լէվ'ի) անկողինէն ելլելու ժամ, ընդունելութիւն, ամբարտակ, թումբ։
LEV'EL (լէվ'ըլ) մակարդակ, հարթութիւն, կշիռ, աստ, հարթաչափ, հարթ, հորիզոնական, հարթել, նշան առնել, տափակցնել։
LEV'ELLER հարթող, հարթաչափող։
LE'VER (լէ'վըր) լծակ։
LEV'ERET (լէվ'ըրէթ) նապաստակի ձագ։
LEVIABLE (լէվ'իէպլ) հաւաքելի։
LEVI'ATHAN (լէվայ'էթհըն) վիշապ, կէտ ձուկ, լեւիաթան։
LEV'IGATE (լէվ'իկէյթ) յղկել, փոշիացնել, յղկուած։
LEV'IN (լէվ'ին) փայլակ, շանթ։
LEVITE (լի'վայթ) ղեւտացի։
LEVITICUS (լէվիթը'քըս) Գիրք Ղեւտացւոց։
LEV'ITY (լէվ'իթի) թեթեւամտութիւն, թեթեւսոլիկութիւն։

LEV'Y (լէվ'ի) զօրահաւաք, հարկահաւաքութիւն, զօրք հաւաքել, կառուցանել, տուրք հաւաքել։
LEWD (լիուտ) ցոփ, լկտի, անառակ, գեղխ։
LEX (լէքս) կանոն, օրէնք։
LEXICOG'RAPHER (լէքսիքօկ'րէֆըր) բառագիր, բառարանագիր։
LEX'ICON (լէք'սիքան) բառարան։
LIABIL'ITY (լայէպիլ'իթի) պատասխանատուութիւն։
LI'ABLE (լայ'էպլ) պարտաւոր, պատասխանատու, ենթակայ, նշաւակ։
LIAISON (լիէյզօն) յարակցութիւն, միութիւն, մտերմութիւն։
LIAISON OFFICER յարակից սպայ։
LIAR (լայ'ըր) ստախօս։
LIBA'TION (լայպէյ'շըն) ընծաձօնք։
LI'BEL (լայ'պլ) պարսաւագիր, անուանարկիչ գրութիւն, անուանարկել, վատահամբաւել։
LI'BERAL (լի'պըրըլ) ազատական, ազնիւ, վեհ, ազատամիտ։
LIB'ERALISM ազատականութիւն։
LIBERAL'ITY բարեսրտութիւն, առատութիւն, պարգեւ։
LIB'ERATE (լիպ'ըրէյթ) ազատագրել, փրկել, ազատել։
LIBERA'TION ազատագրում, փրկութիւն։
LIB'ERATOR ազատագրող, փրկող։
LIB'ERTINE (լիպ'ըրթին) անառակ, լկտի, խառնակեաց։
LIB'ERTY (լիպ'ըրթի) ազատութիւն, արտօնութիւն, մենաշնորհ, ընտանութիւն։
LIBI'DINOUS (լիպիտ'ինըս) վաւաշոտ, ցանկասէր, ցոփ։
LIBRARY (լայ'պրէրի) գրապահարան, գրադարան։
LIBRAR'IAN գրապահ, գրադարանապետ։
LICE (լայս) ոջիլներ։
LI'CENCE (լայ'սընս) արտօնութիւն, հրաման։
LICENSE (լայ'սընս) արտօնել, թոյլատրել։
LISENSEE' (լայսընսի') արտօնագրուած, արտօնատու։
LICEN'TIATE (լայսըն'շիէյթ) արտօնաւոր, արտօնագիր տալ։
LICENTIATION (լայ'սընշիէյշըն) արտօնագրատուութիւն։
LICEN'TIOUS (լայսըն'շըս) ապերասան, անառակ։
LICH (լիչ) դիակ, մեռեալ։
LI'CHEN (լայքըն) քարաքոս։
LICIT (լիս'իթ) օրինաւոր։
LICK (լիք) լզում, լափում, հարուած, լզել, լափել, խարազանել։
LICKERISH անյագ, փափկաճաշակ։
LICK'ING (լիք'ինկ) լափում, տփոց, ծեծ։
LICORICE (լիք'օրիս) մատուտակ։
LIC'TOR (լիք'թըր) նուիրակ, թիկնապահ։
LID (լիտ) կափարիչ, խուփ, կոպ աչքի։
LIDO (լիտօ) լողարան, լողափ։
LIE (լայ) սուտ, ստախօսել, կեղծիք, պառկիլ, տարածուիլ, բնակիլ, գտնուիլ, հանգչիլ։
LIEF (լիֆ) հաճելի, յօժար, կամովին։
LIEGE (լիճ) վեհապետ, տէր, հողակալ, հաւատարիմ։
LIEN (լիյն) օրինական պահանջ։
LIER (լայ'ըլ) պառկող, ստող։
LIEU (լիէօ) տեղ, վայր։
IN LIEU տեղը, փոխանակ։
LIEUTENANT (լէֆթէն'ընթ) տեղակալ, տեղապահ։
LIEUTENANT COLONEL փոխ գնդապետ։
LIEUTENANT GENERAL զօրաբանակի զօրավար։
LIFE (լայֆ) կեանք, եռանդ, կենսագրութիւն։
FOR LIFE ցկեանս։
LIFE ASSURANCE կեանքի ապահովագրութիւն։
LIFE BELT ազատարար գօտի։
LIFE BOAT փրկանաւ։
LIFE GIVING կենսատու, կենդանարար։
LIFE TIME կեանքի տեւողութիւն։

LIFELESS անկենդան, անշունչ։
LIFT (լիֆթ) բարձրացում, ելարան, բարձրացնել, կրել, գողնալ, վերնալ։
LIG'AMENT (լիկ'էմընթ) կապ, նեարդակապ։
LIG'ATURE (լիկ'էրթիուր) երակի կապ, վէրքի թելակապ, կցատառ, նոթակապ, կապել։
LIGHT (լայթ) լոյս, ճրագ, մոմ, այգ, կեանք, փայլուն, յստակ, թեթեւ, լուսաւոր, վառել, լուսաւորել, փայլիլ, լոյս տալ։
LIGHT HOUSE փարոս։
LIT UP գինով։
LIGHT-ARMED թեթեւազէն։
LIGHT-FINGERED թեթեւամատն, գող։
LIGHT-HEADED թեթեւամիտ։
LIGHT-HEARTED զուարթ։
LIGHT INFANTRY թեթեւ. հետեւակազօր։
LIGHT KEEPER փարոսապահ։
LIGHT LITERATURE զուարթ գրականութիւն։
LIGHT WRIGHT թեթեւ. ծանրութիւն։
LIGHT'EN (լայթ'ըն) փայլիլ, լուսաւորել, փայլատակել։
LIGHT'ER վառող, հրահան, տափանաւ։
LIGHTNING փայլակ, շանթ, կայծակ։
LIGHT-O-LOVE թեթեւսոլիկ կին։
LIGHTS թոք. (թռչ. եւ կենդ.)։
LIGHT'SOME լուսաւոր, փայլուն։
LIG'NITE (լիկ'նայթ) փայտաքար։
LIKE (լայք) նման, օրինակ, հակում։
LIKE սիրել, ուզել, փափաքիլ, ախորժիլ, հաւանիլ։
LIKE'LIHOOD նմանութիւն, հաւանականութիւն։
LIKE'LY հաւանական։
LI'KEN նմանցնել, բաղդատել։
LIKE'NESS նմանութիւն, պատկեր, նմանիլ։
LIKE'WISE նմանապէս, նոյնպէս։
LI'KING հաճականութիւն, սէր, հաճոյք։
LI'LAC (լայ'լէք) եղրեւանի։
LILT (լիլթ) ցատկոտել, ցատկոտում։
LILY (լիլի) շուշան։
LIMATION (լիմէյ'շըն) յղկում, խարտոցում։
LIMP (լիմ) անդամ (ոտք, ձեռք), ճիւղ, ոստ, ծայր, եզր, յօշոտել, ճիւղատել։
LIM'BER (լիմ'պըր) ջրհանի ծակ, ջրորդան, դիւրաթեք։
LIME (լայմ) կիր, բուս, նումայ, կիր ցանել, կրել։
LIME KILN կրափուռ։
LIME LIGHT կրալոյս։
LIME STONE կրաքար։
LIME WATER կրաջուր։
LIM'IT (լիմ'իթ) սահման, եզր, վախճան, սահմանել։
LIMITA'TION սահմանում, ամփոփում, սահման, պայմանաժամ։
LIMP (լիմփ) կակուղ, ճկուն, կաղալ, գայթիլ։
LIM'PET (լիմ'փէթ) կառչեցի, ժըժմակ։
LIM'PID (լիմ'փիտ) յստակ, վճիտ։
LIMPSY տկար, գայթոտ, ճկուն։
LIN'DEN (լին'տըն) թմրի, լորի։
LINE (լայն) տող, գիծ, լար, երկտող, ուղղութիւն, ճիւղ, կարգ, մասնագիտութիւն, տողել, շարել, գծել, կարգի մէջ մտնել։
LIN'EAGE (լին'իէճ) սերունդ, զարմ։
LIN'EAMENT (լին'իէմընթ) ծրագիր, դիմագիծ, կերպարանք։
LIN'EAR (լին'իըր) գծային, գծակերպ, նեղ։
LIN'EN (լին'ըն) կտաւ, քթան։
LI'NER (լայ'նըր) ճամբորդատար նաւ, օդանաւ, տողատող, տողիչ։
LING (լինկ) ցամաքի, լուսաձուկ։
LING'ER (լինկ'ըր) ուշանալ, յապաղիլ, թափառիլ։
LING'UAL (լինկ'ուըլ) լեզուային։
LIN'GUIST (լինկ'ուիսթ) լեզուաբան, լեզուագէտ։
LIN'IMENT (լին'իմընթ) օծանելիք իւղ։
LI'NING (լայ'նինկ) աստառ, ներքին

ծեփ:

LINK (լինք) աղօյց, օղակ, կապ, կապել, շղթայել, միացնել:

LINN'ET (լին'նէթ) մշհաւ:

LINOTYPE (լայ'նօթայփ) տողաշար (մեքենայ):

LINSEED (լին'սիտ) կտաւատ:

LIN'STOCK (լին'սթաք) հրձիգ գաւազան:

LINT (լինթ) ծուատ, քղան:

LINTEL (լին'թէլ) ճակատաքար:

LI'ON (լայ'ըն) առիւծ:

LIONESS էգ առիւծ:

LIONET (լայ'ընէթ) կորիւն:

LIP (լիփ) շրթունք, անպատկառութիւն, համբուրել:

LIPPITUDE (լիփ'իթիուտ) գիճակընութիւն:

LIPSTICK կարմրաշպար:

LIQ'UEFY (լիք'ուիֆայ) հեղուկացընել, հալեցնել:

LIQUEUR (լիքըր') ըմպելիք:

LI'QUID (լիք'ուիտ) հեղուկ, հոսանիւթ:

LIQ'UIDATE (լիք'ուիտէյթ) հաշիւները մաքրել, լուծարքի ենթարկել, վճարել:

LIQUIDA'TION լուծարք, հաշուեյարդար:

LIQ'UOR (լիք'ըր) ըմպելիք, խմցնել:

LIQ'UORICE (լիք'օրիս) մատուտակ:

LIRA (լիրէ) իտալական դրամ:

LISP (լիսփ) թոթովանք, թոթովել:

LIST (լիսթ) ցանկ, ցուցակ, եզր, սահման, մրցարան, զիկ, ցուցակագրել, զինուորագրել, ցանկապատել, փափաքիլ, լսել, ընտրել, քովընտի պառկիլ:

LI'STEN (լիս'ն) մտիկ ընել, լսել, ականջ դնել:

LISTLESS անհոգ, անտարբեր:

LIT (լիթ) վառուեց, վառուած:

LIT'ANY (լիթ'էնի) Տէր ողորմեա, օրհնաղօթք:

LIT'ERACY (լիթ'ըրէսի) գրող-կարդացողութիւն:

LIT'ERAL (լիթ'ըրըլ) տառական, բառացի:

LIT'ERARY (լիթ'ըրէրի) գրական:

LIT'ERATURE (լիթ'ըրէթիուր) գրականութիւն, գրագիտութիւն:

LITHE (լայթհ) կակուղ, ճկուն, դիւրաթեք:

LITH'OGRAPH (լիթ'հօկրէֆ) վիմագիր, վիմագրել:

LITHOTOMY (լիթհաթ'ամի) քարահատում:

LIT'IGANT (լիթ'իկէնթ) դատավար:

LIT'IGATE (լիթ'իկէյթ) դատավարել:

LITI'GIOUS (լիթի'ճըս) վիճական, կռուասէր:

LITMUS (լիթ'մըս) վիմաքոս, լիթմոս:

LITT'ER (լիթ'թըր) պահաւորակ, գեղապակ, խշտի, խառնշտկել, ձըգնել, ձագ բերել:

LIT'TLE (լիթ'լ) պզտիկ, կարճ, սակաւ:

LITTLE PEOPLE պայիկներ:

LITT'ORAL (լիթ'թօրըլ) ծովեզերք, ծովեզերեայ:

LIT'URGY (լիթ'ըրճի) պատարագամատոյց:

LIV'ABLE (լիվ'էպլ) ապրելի:

LIVE (լայվ) կենդանի, ողջ, կայտառ, վառ:

LIVE (լիվ) ապրիլ, բնակիլ, տեւել, կենալ:

TO LIVE WELL լաւ ապրիլ:

TO LIVE WITH մէկտեղ բնակիլ:

LIVE-STOCK կենդանի ապրանք (ձի, եւայլն):

LIVE'LIHOOD (լայվ'լիհուտ) ապրուստ, ուտեստ, պարէն:

LIVE'LONG (լիվ'լօնկ) երկարաձիգ, երկարատեւ:

LIVE'LY (լայ'վլի) կենսունակ, կենդանի, զուարթ, կայտառ:

LIVEN (լայ'վն) կենդանացնել, ոգեւորել:

LIV'ER (լիվ'ըր) ապրող, բնակող, լեարդ:

LIVERIED (լիվ'ըրիյտ) համազգեստեայ:

LIV'ERWORT (լիվ'ըրուըրթ) երիմ–

նակ։

LIV'ERY (լիվ'ըրի) աւանդում, համազգեստ, թոշակ, ռոճիկ, կեր, արհեստաւոր։

LIV'ID (լիվ'իտ) կապուտակ։

LIV'ING (լիվ'ինկ) ապրուստ, կեանք, հաց, կենդանի, կենսունակ։

LIXIVIUM (լիքսիվ'իըմ) մոխրաջուր։

LIZ'ARD (լիզ'ըրտ) մողէս, խլէզ։

LOACH (լոչ) լոք։

LOAD (լոտ) բեռ, ծանրութիւն, լիցք՝ հրացանի, բեռցնել, ճնշել, աւելցընել, լեցնել։

LOADLINE ջրագիծ, ծփագիծ։

LOADSTONE մագնիսաքար։

LOAF (լոֆ) նկանակ, գլուխ շաքար, ժամանակ սպաննել, պառկիլ։

LOAM (լոմ) աւազակաւ, բրտան։

LOAN (լոն) փոխառութիւն, փոխատուութիւն։

LOATH (լոթհ) դժկամակ, անյօժար։

LOATHE ատել, չսիրել, զանիլ, պժգալ։

LOATHESOME զզուելի, պժգալի։

LOB (լոպ) ապուշ, բթամիտ, վար ձգել, թողուլ որ իյնայ։

LOBATION (լոպէյ'շըն) բլթակակազմութիւն։

LOBBY (լոպ'պի) նախասրահ, նախասրահի մէջ սպասողներ, քուէ որսալ։

LOBE (լոպ) բլթակ, լերդափոյթ։

LOBSCOUSE (լապ'սքաուս) քալաճօշ, պորանի։

LOB'STER (լապ'սթըր) ատամակոռ։

LOBULAR (լապ'իուլըր) բլթակային։

LO'CAL (լոք'ըլ) տեղական։

LOCALE' (լոքալ') տեղ, վայր։

LO'CALISM (լո'քալիզմ) տեղական ոճ։

LOCAL'ITY (լոքէլ'իթի) տեղ, վայր, դիրք։

LO'CALIZE (լո'քըլայզ) տեղաւորել, դնել։

LOCATE' (լոքէյթ') տեղաւորել, զետեղել։

LOCA'TION (լոքէյ'շըն) զետեղում, դիրք, տեղ, վայր։

LOCH (լաք) լոք, լիճ, ծոց։

LOCK (լաք) կղպանք, փականք, խոպոպ, փակել, գոցել, արգիլել, որմել, ամբարփակել։

LOCKJAW կզակախփութիւն։

LOCKOUT գործարանի փակում։

LOCKSMITH զարբին։

LOCK-UP փակարան, պահականոց։

LOC'KER (լաքըր) գզրոց, սնտուկ, փակող։

LOCK'ET (լաք'էթ) մզլակ։

LOCOMO'TION (լոքոմօ'շըն) տեղափոխութիւն։

LOCOMOTIVE (լո'քոմօթիվ) տեղափոխական, շոգեմեքենայ, վայրաշարժ։

LO'CUS (լո'քըս) տեղ, վայր, դիրք։

LO'CUST (լո'քըսթ) մարախ, եղջերենի։

LOCU'TION (լոքիու'շըն) ճառ, խօսք։

LODGE (լաճ) հիւղակ, օթեւան, որնակ, ժողովատեղի, նստիլ, բնակիլ, հանգչիլ, պատսպարել, զետեղել, միտքը դնել, տեղաւորել։

LODG'ER վարձակալ։

LODG'ING իջեւան, բնակարան, հիւրանոց։

LODGE'MENT (լաճ'մընթ) վարձատրութիւն, վարձատեննակ, ծածուկ կայան, համբարում։

LOFT (լոֆթ) վերնայարկ, վերնատուն, դատիկոն։

LOF'TY բարձր, վսեմ, հպարտ։

LOG (լակ) փայտի կտոր, երագաչափ, ուղեչափ։

LOG-LOOK երգացանկ։

LOG'ARITHM (լոկ'էրիթհմ) նշանակ, տիպահամար։

LOGGER (լակ'կըր) փայտահատ։

LOGGIA (լա'տճէ) պատշկերտարան, պատշգամ։

LO'GIC (լա'ճիք) տրամաբանութիւն։

LOGI'CIAN (լոճի'շըն) տրամաբան։

LOIN (լոյն) երանք, մէջք։

LOIT'ER (լոյ'թըր) դանդաղիլ, ծուլանալ։

LOLL (լոլ) ծուլանալ, տատանել, լեզուն կախել։

LONE (լօն) առանձին, մինակ։
LONELINESS առանձնութիւն։
LONE'LY առանձին, մինակ։
LONESOME առանձին, վշտահար։
LONG (լանկ) երկայն, հեռաւոր, հեռու, դանդաղ, երկար։
IN THE LONG RUN վերջ ի վերջոյ։
LONGBOAT երկարանաւ։
LONG FIRM խարդախ ընկերութիւն։
LONG-HEADED խորատես, հեռատես։
LONG-RANGE հեռահար։
LONG SHANKS երկարոտն (թռ.)։
LONG-SIGHTED սրատես, հեռատես։
LONG-SUFFERING երկայնամիտ, երկայնամտութիւն։
LONG-WINDED երկարաշունչ, երկարաբան։
LONGWAYS, LONGWISE դէպի երկայնքը, երկայնքով։
LONGEV'ITY (լանճէվ'իթի) երկայնակեցութիւն։
LONG'ING փափաք, ցանկութիւն։
LON'GITUDE (լան'ճիթիուտ) երկայնութիւն։
LOOBY (լու'պի) ապուշ, էշ։
LOOK (լուք) ակնարկ, տեսք, նայուածք, դէմք, նայիլ, դիտել, զննել, սպասել։
TO LOOK THROUGH խորը թափանցել։
TO LOOK UP փնտռել, քննել։
TO LOOK BLACK զայրանալ։
TO LOOK DOWN ամչնալ։
LOOKER-ON հանդիսատես։
LOOKER նայող, գեղադէմ կին։
LOOK-IN պատահական այց։
LOOKING-GLASS հայելի։
LOOK'OUT հսկողութիւն, պահնորդ, դիտարան։
LOOM (լում) ոստայնանկի գործի, աղօտ կերպով երեւնալ։
LOON (լուն) ստահակ, սուզահաւ։
LOON'Y (լուն'ի) փախուկ, խենթ, լուսնոտ։
LOOP (լուփ) օղակ, հանգոյց, որմածակ, օղակել, ճարմանդել։
LOOP-LIGHT լուսամուտ։
LOOP-LINE հեռագրական շրջագիծ։
LOOP'-HOLE որմածակ։
LOOSE (լուս) թոյլ, անկապ, չկարուած, մեղկ, անառակ, թուլցնել, ազատ թողուլ։
LOOS'EN թուլցնել, թուլնալ։
LOOT (լութ) աւար, կողոպուտ։
LOOTER կողոպտիչ։
LOP (լափ) յօտ, կտրած ճիւղեր, յօտել, կտրտել, մաքրել։
LOPE (լօփ) կաքաւել, ցատկել։
LOPPER յօտիչ, թթուիլ։
LOQUA'CIOUS (լօքուէյ'շըս) շատախօս, բացբերան։
LO'QUAT (լօ'քուէթ) ճապոնական զկեռի։
LORD (լօրտ) իշխան, տէր, սեպուհ, ամուսին, իշխել, տիրել։
OUR LORD Յիսուս Քրիստոս։
LORD MAYOR լորտ քաղաքապետ։
LORDLING փոքրիկ իշխան։
LORDLY իշխանաբար, վեհ։
LORD'SHIP լորդութիւն, իշխանութիւն։
LORD'S DAY Կիրակի։
LORD'S PRAYER Տէրունական աղօթք։
LORD'S SUPPER հաղորդութիւն։
LORD'S TABLE խորան, սեղան։
LORE (լօր) ուսում, իմաստութիւն։
LORGNETTE' (լօրնյէթ) ձեռադիտակ։
LORICATE (լար'իքէյթ) պատել, դրուագել։
LORIMER (լար'իմըր) սանձագործ։
LORN (լօրն) լքել, մոռցուած։
LO'RRY (լօր'րի) հանրակառք։
LOSE (լուզ) կորսնցնել, տուժել, վնասուիլ։
TO LOSE HEART վհատիլ։
TO LOSE THE DAY պարտուիլ։
LOS'ER կորսնցնող։
LOSS (լօս) կորուստ, վնաս, մահ։
LOST կորսուած, անյայտ։
LOT (լաթ) ճակատագիր, բախտ, վիճակ, բաժին, դիպուած, գետին։
TO DRAW LOTS վիճակ նետել։

LO'TION (լօ'շըն) լուացում, լոգանք, լոգաջուր։
LOTT'ERY (լաթ'ըրի) վիճակահանութիւն։
LO'TUS (լօ'թըս) լոտոս, ՙ նենուփար։
LOUD (լաուտ) բարձր, ուժգին։
LOUD-MOUTHED մեծախօս։
LOUD SPEAKER բարձրախօս։
LOUGH (լաք) լիճ, ծոց։
LOUNGE (լաունճ) ուլքատանք, զբօսարան, ուլքատալ։
LOUR (լաուըր) քէննալ։
LOUSE (լաուս) ոջիլ։
LOUSINESS ոջլոտութիւն։
LOUT (լաութ) մխմոռ, կոպիտ։
LOUVER, LOUVRE (լու'վըր) լուսամուտ։
LO'VABLE (լըվ'էպլ) սիրելի, սիրուն։
LOVE (լըվ) սէր, տարփ, սիրաբանութիւն, բարեւ, գթութիւն, սիրել, ախորժիլ, հաճոյք զգալ։
LOVE-APPLE լոլիկ։
LOVE-BIRD սիրահաւ։
LOVE-BROKER սիրոյ միջնորդ։
LOVE-CHILD ապօրինի զաւակ։
LOVE LASS սիրուհի, սիրական։
LOVE LETTER սիրատոմս։
LOVE MATCH սիրոյ ամուսնութիւն։
LOVE SICK սիրատանջ։
LOVE SUIT դարպաս։
LOVE'LESS անհրապոյր։
LOVE'LY սիրուն, հաճելի։
LO'VER սիրող, սիրահար։
LO'VING կաթոգին, սիրալիր։
LOW (լօ) վար, ստորին, խոնարհ, տկար, բառաչիւն, ճնշել, ցածցնել, իջեցնել, բառաչել։
LOW BIRTH խոնարհ ընտանիք։
LOW BROW անգիտակ, տգէտ։
LOW TIDE, LOW WATER ստորնագոյն աստիճան տեղատուութեան։
LOWER աւելի ցած, ցածցնել, նուազեցնել, վար առնել, նուազիլ։
LOWER CLASSES աղքատ դասակարգ։
LOWER DECK ստորադաս սպաներ։
LOWER EMPIRE բիւզանդական կայսրութիւնը։
LOWER WORLD գեհեն, դժոխք։
LOWLAND դաշտավայր։
LO'WERMOST ստորնագոյն։
LOWERY ամպոտ, սպառնական։
LOWLINESS խոնարհութիւն, ստորնութիւն։
LOW'LY ստորին, խոնարհ։
LOW-SPIRITED նկուն, տխուր։
LO'YAL (լօյ'ըլ) հաւատարիմ, օրինապահ։
LOY'ALIST արքայական, ուղիղ։
LOY'ALTY հաւատարմութիւն։
LOZ'ENGE (լազ'էնճ) տարանկիւն, շեղանկիւն։
LUBBE'R (լըպ'պըր) բիրտ, անկիրթ։
LUBRIC (լիու'պրիք) սահուն, լպրծուն, ցանկասէր։
LU'BRICANT լպրծուն։
LU'BRICATE իւղել, լպրծացնել։
LUCE (լիուս) գայլաձուկ։
LU'CENT պայծառ, փայլուն։
LUCERNE (լիու'սըրն) լուսան, առպատ։
LU'CID (լիու'սիտ) պայծառ, ջինջ։
LU'CIFER (լիու'սիֆըր) Արուսեակ, դիւապետ, լուցկի մը։
LUCK (լըք) բախտ, բարեբախտութիւն։
TO TRY ONE'S LUCK բախտը փորձել։
LUCKY (լըք'ի) բախտաւոր, յաջող։
LU'CRATIVE (լիու'քրէթիվ) շահաբեր։
LUCRE (լիուքր) շահ, օգուտ։
LUCUBRA'TION (լիուքիուպրէ'յշըն) գիշերային աշխատութիւն։
LU'CULENT (լիու'քիուլընթ) պայծառ, յստակ։
LU'DICROUS (լիու'տիքրըս) ծաղրաշարժ։
LUFF (լըֆ) հովակողմ, հովին կողմը նաւարկել։
LUG (լըկ) բեռ, ականջ, մամլիճ, կոթ, ձող, երկաթ, քաշել, վարել, տանիլ։
LUGG'AGE (լըկ'կէճ) կահկարասի, բեռ, ճամբարկղ։
LUGG'ER (լըկ'կըր) պզտիկ առագաստանաւ։

LUG'SAIL քառանկիւնի առագաստանաւ։
LUGU'BRIOUS գռան, սգալի։
LUKE'WARM գաղջ, անտարբեր։
LULL (լըլ) հանդարտութիւն, հանդարտեցնել։
LULLABY (լըլ'լէպայ) քներգ, օրօր։
LUMBA'GO (լըմպէյ'կօ) մէջքի ցաւ։
LUM'BER (լըմ'պըր) տախտակ, ատաղձ, անպէտք իրեր, դիզել, ատաղձ կտրել։
LU'MINARY (լը'մինէրի) լուսատու (մարմին), լուսաւորող։
LUMINIFEROUS լուսաբեր։
LU'MINOUS լուսաւոր, պայծառ։
LUMINOS'ITY լուսաւորութիւն։
LUMP (լըմփ) զանգուած, կոյտ, բը- թամիտ մարդ, մէկտեղել, դիզել։
LUM'PISH զանգուածոտ, բթամիտ։
LUM'PY կոշտ, զանգուածոտ։
LU'NACY (լիու'նէսի) լուսնոտութիւն։
LU'NAR լուսնային, լուսնկային։
LU'NAR CAUSTIC կիզաքար։
LU'NATIC լուսնոտ, խելագար։
LUNA'TION լուսնաշրջան։
LUNCH, LUN'CHEON թեթեւ ճաշ, միջնաճաշ։
LUNE (լիուն) լուսին, մահիկ։
LUNETTE' կիսալուսնակ, կիսապայտ։
LUNETTE WINDOW կամարի լուսամուտ։
LUNG (լընկ) թոք։
LUNG COAL քարածուխ։
LUNG'ER (լընկ'ըր) հիւծախտաւոր։
LUNGE (լընճ) սուրի հարուած (տալ)։
LU'PUS (լիու'փըս) գայլախտ։
LURCH (լըրչ) տատանում, կողմնացուցք, տատանիլ, խաբել, լափել։
LURE (լիուր) հրապոյր, խայծ, հրապուրել։
LUR'ID (լիու'րիտ) դալկագոյն, արճագոյն։
LURK (լըրք) պահուըստուք, փախուստ, պահուըստիլ։
LU'SCIOUS (լը'շըս) քաղցր–համ։
LUSH (լըշ) հիւթեղ, գինով։
LUST (լըսթ) տարփանք, ցանկութիւն, ցանկալ։
LUSTRA'TION քաւութեան պաշտօն, լուացում։
LUS'TRE (լըս'թըր) փայլ, համբաւ, ջահ, փայլեցնել։
LUS'TROUS փայլուն, շողշողուն։
LUS'TRUM մաքրատօն, հնգամեայ շրջան։
LUS'TY առոյգ, հաստկող, առափառ։
LUTARIOUS (լիու'թէրիըս) տըղմոտ, տղմակեաց։
LUTE (լիութ) վին, մորա, շաղաղ, մորատել, քսել։
LUXATE (լըքս'էյթ) խախտել։
LUXUR'IANT (լըքշիու'րիընթ) լիառատ, ճոխ։
LUXUR'IANCE լիառատութիւն, ուռճացում։
LUXUR'IATE ուռճանալ, հեշտանալ։
LUXUR'IOUS փարթամ, փափկասէր, զեղխ, անառակ։
LUX'URY (լըքշ'ըրի) պերճանք, շըռայլութիւն, շքեղութիւն։
LYCANTHROPY (լայքէն'թհրօփի) գայլադարձութիւն, գայլախտ։
LYCE'UM (լայսի'ըմ) լիսէ, ճեմարան։
LYDIAN (լիտ'իըն) լիդիացի, հեշտասէր։
LYE (լայ) մոխրաջուր, կիզաջուր։
LYGON (լայ'կօն) առիւծի եւ վագրի խառնածին։
LY'ING (լայ'ինկ) ստելը, ստող, պառկող։
LYING-IN տղայկանութիւն։
LYMPH (լիմֆ) աւիշ, ակն։
LYMPHAT'IC աւշային, խելացնոր։
LYNCH (լինչ) լինչ ընել, մահապատժել։
LYNX (լինքս) լուսան։
LYRE (լայր) քնար։
LYREMAN ճպուռ։
LYRIC (լի'րիք) քնարական, երգ, տաղ։
LY'RICS քնարերգութիւն։
LYR'IST քնարերգակ։
LYSSA (լիս'սէ) կատաղութիւն։
LYTHRUM (լիթհ'րըմ) արիւնածաղիկ։

M

MA (մա) *մայրիկ*։
MA'AM (մամ, մէմ) *տիկին, բամբիշ*։
MAC (մէf) *սկովտիական նախաբառ որ որդի կը նշանակէ*։
MACADAMIZE (մէկէտ'ըմայզ) *խըճայատակել*։
MACARO'NI (մէfէրօ'նի) *դդմաճ, ցուցամոլ*։
MACAW' (մէfօ) *մակօ (թռ.)*։
MACE (մէյս) *մահակ, մական, լախտ*։
MA'CERATE (մէ'սըրէյթ) *տկարացընել, մաշել, մահացնել*։
MACHIAVELIAN (մէfիէվըլ'եըն) *մաքիէվելեան, ճարտարամիտ*։
MACHINA'TION (մէfինէյ'շըն) *մեքենայութիւն, դաւ*։
MACHINATE (մէf'ինէյթ) *մեքենայել, դաւել*։
MACHINE' (մէշին') *մեքենայ, հնարք, մեքենայով տպել*։
STITCHING MACHINE *կարի մեքենայ*։
MACHI'NERY *մեքենաներ, կազմածք, յօրինուածք*։
MACHI'NIST *մեքենագործ, մեքենագէտ*։
MACK'EREL (մէf'ըրըլ) *թիւնիկ, բորոտակ*։
MACK'INTOSH (մէf'ինթօշ) *անձրեւարգել (հագուստ)*։
MACROPIA (մէfրօ'փիէ) *մեծատեսութիւն*։
MAC'ULA (մէf'իուլէ) *բիծ, արատ, պիսակ*։
MAC'ULATE *արատաւորել, նսեմացընել*։
MAD (մէտ) *յիմար, խելագար, կատաղած, կատղեցնել*։
MADCAP *յախուռն, խենթ, արկածասէր*։
MAD'AM, MA'AM *տիկին, տիրուհի*։
MAD-APPLE *սմբուկ*։
MADD'EN *կատղեցնել, զայրացնել*։
MADD'ER *տորոն*։
MADEMOISELLE (մէտմուազէ'լ) *օրիորդ*։
MADHOUSE *յիմարանոց*։
MADONN'A (մէտօն'նէ) *Տիրամայր (պատկեր)*։
MAD'RIGAL (մէտ'րիկըլ) *սիրերգ. գեղօն*։
MAGAZINE' (մէկէզին') *վաճառատուն, զինարան, մթերել*։
MAGE (մէճ) *մոգ*։
MAGG'OT (մէկ'կըթ) *որդ, ճճի*։
MA'GIG (մէճիf) *մոգութիւն*։
BLACK MAGIC *կախարդութիւն*։
MA'GIC LANTERN *մոգական լապտեր*։
WHITE MAGIC *բնագիտական մոգութիւն*։
MA'GICAL *մոգական, կախարդական*։
MAGI'CIAN *կախարդ, մոգ*։
MAGISTE'RIAL *իշխանական, վարդապետական, վարպետի արժանի*։
MA'GISTRACY (մէ'ճիսթրէսի) *ատենակալութիւն*։
MA'GISTRATE *իշխան, դատաւոր, ատենակալ*։
MAGNAN'IMOUS (մէկնէն'իմըս) *ազնիւ, վեհանձն, վեհոգի*։
MAGNANIM'ITY *վեհանձնութիւն*։
MAG'NATE (մէկ'նէյթ) *ջոջ, աւագ, փառազուն*։
MAGNE'SIA (մէկնի'ժիէ) *մակնեզիա*։
MAG'NET (մէկ'նէթ) *մագնէս*։
MAGNET'IC *մագնիսական*։
MAG'NETISM *մագնիսականութիւն*։
MAG'NETIZE *մագնիսացնել*։
MAGNIF'ICENT (մէկ'նիֆիսընթ) *շքեղ, հոյակապ*։
MAG'NIFY (մէկ'նիֆայ) *փառաւորել, մեծցնել*։
MAG'NITUDE *մեծութիւն, ծաւալ, քանակութիւն*։
MAGNO'LIA (մէկնօ'լիէ) *մագնոլենի*։
MAG'PIE (մէկ'փայ) *կաչաղակ*։
MAGYAR (մէկ'եար) *հունգարացի, հունգարերէն*։
MAHOG'ANY (մէհօկ'էնի) *մահոգանի*։

MAHOMETAN (մէհամ'էթըն) մահմետական։

MAID (մէյտ) աղջիկ, կոյս, սպասուհի։

MAID'EN կոյս, օրիորդ, կուսական, անմեղ։

MAID'ENHOOD կուսութիւն։

MAID'ENISH կուսանման, համեստ։

MAIL (մէյլ) զրահ, նամակի ծրար, սուրհանդակ, նամակ, թղթատարին յանձնել, զրահաւորել, նամակ ղրկել։

MAIM (մէյմ) հաշմել, ջախջախել։

MAIN (մէյն) զօրութիւն, մեծ ճիգ, բուն ծով, ցամաք։

WITH NIGHT AND MAIN մեծ ճիգով։

MAINLAND բուն ցամաք։

MAINMAST մեծ կայմ։

MAINLY գլխաւորապէս, մանաւանդ։

MAINTAIN' պահել, պաշտպանել, ապրեցնել, հաստատել։

MAINTENANCE թեւթիկունք, նեցուկ, սնունդ, պահպանութիւն։

MAIZE (մէյզ) եգիպտացորեն, լազուտ։

MAJESTIC (մէճէս'թիք) վեհափառ, մեծաշուք։

MAJ'ESTY (մէճ'էսթի) վեհափառութիւն։

MAJOR (մէյ'ճըր) աւագ, մեծ, հազարապետ։

MAJOR GENERAL աւագ. զօրավար, զօրաբաժնի զօրավար։

MAJUSCULE (մաժիւս'քիւլ) գլխագիր (Փր.)։

MAJO'RITY (մէճար'իթի) մեծամասնութիւն, չափահասութիւն։

MAKE (մէյք) կազմուածք, շինուածք, ոճ, շինել, ընել, յօրինել, շահիլ, կատարել, աճիլ։

MAKE-BELIEVE կեղծում, պատրանք։

MA'KER շինող, յօրինող։

MALADJUST'MENT յոռի կարգադրութիւն։

MAL'ADROIT (մէլ'էտրօյտ) անճարակ, ձախաւեր։

MAL'ADY (մէլ'էտի) հիւանդութիւն։

MAL'AISE (մէլ'էյզ) անհանգստութիւն։

MALAR'IA (մէլէյ'րիէ) ջերմ, դեղնախտ, ճահճային տենդ։

MAL'CONTENT (մէլ'քանթընթ) դժգոհ, տհաճ։

MALE (մէյլ) արու, առնական։

MALEDIC'TION (մէլիտիք'շըն) անէծք, նզովք։

MAL'EFACTOR (մէլ'իֆէքթըր) եղեռնագործ, չարագործ։

MALEV'OLENT (մէլիվ'օլընթ) չարաբաղձ, չարակամ։

MALFORMA'TION (մէլֆօրմէյ'շըն) յոռի կազմուած։

MAL'ICE (մէ'լիս) չարակամութիւն։

MALIGN' (մէլայն') չարաբարոյ, անզգամ։

MALIG'NANT (մէլիկ'նընթ) չարամիտ, չար, ժանտ։

MALIG'NANCY, MALIG'NITY չարամտութիւն, նենգութիւն, անզգամութիւն։

MALING'ER (մէլին'կըր) սուտ հիւանդ ըլլալ։

MAL'ISON (մէլ'իզան) նզովք, անէծք։

MALL'ET (մէլ'լէթ) թակ։

MALNUTRI'TION (մէլնիութրի'շըն) յոռի սննդառութիւն։

MALO'DOROUS (մէլօ'տըրըս) գարշահոտ։

MALPRAC'TICE ապօրինի գործ։

MALT (մօլթ) կաւկ։

MALTESE (մօլթի'զ) մալթացի, մալթական։

MALTREAT' (մէլթրիթ') վատ վերաբերիլ։

MALVERSA'TION (մէլվըրսէյ'շըն) խորում, գողութիւն։

MAMMA (մէմմա) մայրիկ։

MAMMA (մէմ'մէ) ծիծ, պտուկ։

MAMM'AL (մէմ'մըլ) ստնաւոր։

MAMMON (մէմ'ըն) մամոնայ։

MAMM'OTH (մէմ'մըթհ) մամութ, վիթխարի։

MAMM'Y (մէմ'մի) մայրիկ։

MAN (մէն) մարդ, այր մարդ, ծառայ, ամրացնել, զինել, պահպանել։

MAN-AT-ARMS' զինուոր։

MAN-O'-WAR մարտանաւ, զրահաւոր։

MAN-POWER մարդուժ։

MAN SLAUGHTER մարդասպանութիւն։

MAN'ACLE (մէն'էքլ) ձեռնակապ։

MAN'AGE (մէն'էյճ վարել, կառավարել, զսպել, կատարել։

MAN'AGEMENT վարչութիւն, տեսչութիւն, կարգադրութիւն։

MAN'AGER տնօրէն, ղեկավար։

MAN'AGERESS տնօրէնուհի, տեսչուհի։

MAN'CIPLE (մէն'սիփլ) մատակարար, տնտես։

MAN'DARIN (մէն'տէրին) չին ազնուական։

MAN'DATE (մէն'տէթ) հրահանգ, յանձնարարութիւն, հոգատարութիւն։

MAN'DATARY պատուիրակ, հրամանակատար։

MAN'DIBLE (մէն'տիպլ) կզակ, դունչ։

MAN'DOLIN (մէն'տօլին) կիթառակ։

MAN'DRILL (մէն'տրիլ) հոլակապիկ։

MANDUCATE (մէն'տիուքէյթ) ծամել։

MANE (մէյն) բաշ։

MAN'FUL (մէն'ֆուլ) կորովի, վճռական։

MANGE (մէյնճ) քոս, բոր։

MAN'GER (մէյն'ճըր) մսուր։

MANG'LE (մէնկ'լ) մամլոց, յօշել, կարկտել, մամլել։

MANG'ROVE (մէն'կրօվ) մանգլենի։

MAN'HOOD (մէն'հուտ) մարդկութիւն, չափահասութիւն։

MA'NIA (մէյնիէ) մոլութիւն, յիմարութիւն։

MA'NIAC (մէյ'նիէք) կատաղի, մոլի, խելագար։

MAN'ICURE (մէն'իքիուր) ձեռաբոյժ, ձեռնայարդարում։

MAN'IFEST (մէն'իֆէսթ) յայտարարութիւն, վաճառացանկ, մեկին, յայտնի։

MAN'IFOLD (մէն'իֆօլտ) զանազան, բազմապատիկ, բազմացնել։

MAN'IKIN (մէն'իքին) մարդուկ, մարդապատկեր։

MANIP'ULATE (մէնիփ'իուլէյթ) ձեռքով շինել, ձեռնածել, ղեկավարել։

MANKIND' (մէնքայնտ') մարդկութիւն, մարդիկ, սեռ։

MAN'LIKE մարդանման։

MAN'LY առնական, քաջ։

MANN'A (մէն'նէ) մանանայ։

MANN'EQUIN (մէն'իքին) խրտուիլակ։

MANN'ER (մէնն'ըր) եղանակ, կերպ, ձեւ։

MANN'ERISM արուեստակեանութիւն, մասնայատուկ ոճ։

MANOEU'VRE (մէնիու'վրը) մարզանք, ռազմափորձ, հնարագիտութիւն, դաւադրութիւն, հնարք բանեցնել, մարզանք ընել։

MAN'OR (մէն'օր) աւատահող։

MAN'SARD (մէն'սարտ) մանսարդեան երդիք։

MAN'SION (մէն'շըն) բնակարան, տուն։

MAN'TEL (մէն'թըլ) վառարանի դարակ։

MAN'TLE (մէն'թլ) վերարկու, ծորձ, կրկնոց, քօղ, ծածկել, ծորձել, ծպտել։

MAN'UAL (մէն'իուըլ) ուսձեռն գիրք, ժամագիրք, ձեռավարժութիւն։

MANUFAC'TURE (մէնիֆէք'չըր) ճարտարարուեստ, արտադրութիւն, ձեռագործ, ձեռագործել, շինել, յօրինել։

MANUFAC'TORY արուեստանոց, գործարան։

MANURE' (մէնիուր') աղբ, պարարտանիւթ, պարարտացնել։

MAN'USCRIPT (մէն'իուսքրիփթ) *ձեռագիր։*

MA'NY (մէ'նի) *բազում, շատ, շատեր, ժողովուրդ, ամբոխ։*

MAP (մէփ) *քարտէզ։*

MA'PLE (մէյ'փլ) *ղղձի, թղկի։*

MAR (մար) *աւրել, ապականել։*

MA'RABOU (մէ'րէպու) *արագիլի տեսակ մը։*

MARASMUS (մէրէզ'մըս) *հիւծում, ծիւրութիւն։*

MARAUD' (մէրօտ') *կողոպտել, ասպատակել։*

MARAUD'ER *ասպատակ։*

MAR'BLE (մար'պլ) *մարմարիոն։*

MARBLE-HEARTED *խստասիրտ։*

MARCH (մարչ) *Մարտ (ամիս), թափօր, քայլերգ, զինուորական քայլուածք, ճամբայ։*

MARCH *քալել, առաջանալ, քալեցնել։*

MAR'CHIONESS (մար'շընէս) *մարքիզուհի։*

MARCID (մար'սիտ) *վտիտ, գալկահար։*

MARCO'NIGRAM (մարքօ'նիկրէմ) *անթել հեռագիր։*

MARE (մէ'ր) *զամբիկ։*

MAR'GIN (մար'ճին) *եզր, լուսանցք, սահման, շահ։*

MARG'RAVE (մար'կրէյվ) *մարզպետ։*

MA'RIGOLD (մէ'րիկօլտ) *ցինգ։*

MARINE' (մէրին') *ծովային զօրք, նաւատորմիղ, ծովային ոյժ։*

MARINER *նաւազ, նաւաստի։*

MARIONETTE' (մէրիօնէթ') *խամաճիկ։*

MARITAL (մէր'իթըլ) *այրական։*

MA'RITIME (մէր'իթիմ) *ծովային, նաւային։*

MARJORAM (մէր'ճօրէմ) *մարզանան։*

MARK (մարք) *հետք, նշան, դրոշմ, կնիք, կէտ, հետագիծ, կնքոց, արժանիք, նպատակ, թիրախ, խարան, նշան դնել, դրոշմել, խարանել, ճշդել, գծել։*

MARK'ER *գծիչ, ակօսիչ, նշանակող։*

MARK'ET (մար'քէթ) *շուկայ, հրապարակ։*

MARKETABLE *ընթացիկ, վաճառելի։*

MARKET-PLACE *տօնավաճառատեղ։*

MARKET PRICE *օրուան գին, շուկայի գին։*

MARKS'MAN *նշանառու։*

MARM'ALADE (մարմ'էլէյտ) *բանդակ։*

MARM'OT (մար'մաթ) *արջամուկ։*

MARONITE (մէրօ'նայթ) *մարոնի։*

MAROON (մէրուն') *թուխ կարմիր։*

MARPLOT (մար'փլաթ) *խառնակիչ։*

MARQUEE' (մարքի') *հրամանատարի վրան։*

MARQ'UIS (մարք'ուիս) *մարքիզ, մարզպետ։*

MA'RRIAGE (մէր'իճ) *ամուսնութիւն, հարսնիք, պսակ։*

MARRIED *ամուսնացած։*

MA'RROW (մէրր'օ) *ծուծ, էական լաւագոյն մասը։*

MAR'RY (մէր'րի) *ամուսնացնել, պսակել, ամուսնանալ։*

MARS (մարզ) *Արէս, Հրատ (մոլորակ)։*

MARSH (մարշ) *ճախին, մօր։*

MARSHY *ճախճային, մօրուտ։*

MARSH'AL (մար'շըլ) *մարաջախտ, արարողապետ, նուիրակ, կարգադրել, դասաւորել։*

MART (մարթ) *վաճառատեղ։*

MAR'TIAL (մար'շըլ) *պատերազմական, զինուորական։*

MARTIAL COURT *զինուորական ատեան։*

MARTIN (մար'թին) *կեռնեխ։*

MARTINET' (մարթինէթ') *խիստ կարգապահութեան զինուորական, հանդրէճ։*

MART'LET (մարթ'լէթ) *մաքալուկ (թռ.)։*

MART'YR (մար'թըր) *մարտիրոս, նահատակ։*

MARTY'RDOM *մարտիրոսութիւն, նահատակութիւն։*

MARV'EL (մարվ'ըլ) զարմանչելիք, հրաշալիք, հիանալ, զարմանչանալ։
MARV'ELLOUS հրաշալի, զարմանչելի։
MAS'COT (մէս'քօթ) բախտաբեր (անձ)։
MA'SCULINE (մէս'քիուլին) արական, արի։
MASH (մէշ) խառնուրդ, թնճուկ, ճմլել, տրորել, շաղել։
MASK (մասք) դիմակ, ծածկոյթ, կեղծիք, պատրուակ, դիմակել, կեղծել, ծածկել, քօղարկել։
MA'SON (մէյ'սըն) որմնադիր, ազատ որմնադիր։
MA'SONRY որմնադրութիւն, մասոնութիւն
MASQUE (մէսք) դիմակահանդէս։
MASS (մէս) պատարագ, ժամերգութիւն, զանգուած, կոյտ, գումար, ամբոխ, կուտել, հաւաքել, խմբել։
MASS'ACRE (մէս'սէքըր) ջարդ, կոտորած, ջարդել։
MASSAGE' (մէսաժ) մարձանք, մարձել։
MASSEUR (մէս'սըր) մարձիչ։
MASS'IF (մէս'սիֆ) թանձրակոյտ։
MASS'IVE (մէս'սիվ) թանձր, ըստուար, հոծ։
MASS'Y թանձրաձոյլ, ստուար։
MAST (մէսթ) կայմ, խոզկաղին, կայմել։
MA'STER (մէս'թըր) տէր, պետ, գլուխ, վարժապետ, տիրանալ։
MASTERFUL տիրող, իշխանական։
MASTER-MIND տիրապետող միտք, հանճար։
MAS'TERPIECE գլուխ գործոց։
MAS'TIC (մէս'թիք) ծամոն, մաստաքէ։
MAS'TICATE (մէս'թիքէյթ) ծամել, ծամցել։
MASTICA'TION ծամում, ծամացում։
MAS'TIFF (մէս'թիֆ) գամփռ։
MAS'TURBATE (մէս'թըրպէյթ) գիջութիւն ընել։
MAT (մէթ) խսիր, փսիաթ, անփայլ, փսիաթով փաթթել։

MAT'ADOR (մէթ'էտօր) ցլասպան։
MATCH (մէչ) լուցկի, պատրոյգ, ընկեր, ամոլ, մրցում, հարսնցու, փեսացու, ամուսնութիւն, մրցիլ, զուգել, ամուսնացնել, կարգել, ամուսնանալ։
MATE (մէյթ) ընկեր, կին, զոյգ, օգնական, նաւապետ, լծակցել, ամուսնանալ։
MA'TER (մէյ'թըր) մայր։
MATER'IAL (մէթի'րիըլ) նիւթական, տարրերային։
MATER'IALISM նիւթապաշտութիւն։
MATER'IALIZE նիւթականացնել, իրականացնել։
MATERN'AL (մէթըրն'ըլ) մայրական։
MATERN'ITY (մէթըրն'իթի) մայրանոց, մայրութիւն։
MATERNITY HOUSE մայրանոց։
MATHEMAT'ICS (մէթհիմէթ'իքս) ուսողութիւն, մաթեմաթիք։
MAT'IN (մէթ'ին) առաւօտեան։
MATINE'E ցերեկոյթ։
MA'TRICIDE (մէթ'րիսայթ) մայրասպանութիւն։
MATRIC'ULATE (մէթրիք'իուլէյթ) արձանագրել, արձանագրուիլ։
MATRICULA'TION արձանագրութիւն, արձանագրում։
MAT'RIMONY (մէթ'րիմօնի) ամուսնութիւն։
MA'TRIX (մէյ'թրիքս) մայր հող, արգանդ, գրի կաղապար, բուն։
MA'TRON (մէ'յթրըն) տանտիկին, բամբիշ, տեսչուհի, տիկին, մեծ մայրապետ հիւանդանոցի։
MATT'ER (մէթթ'ըր) նիւթ, մարմին, էութիւն, խնդիր, գործք, արարք, շարաւ, թարախ, քանակ, ձեռագիր, կարեւոր ըլլալ, նշանակել, թարախոտիլ։
MATT'OCK (մէթ'թըք)՝ բրիչ, քլունգ։
MATT'RESS (մէթ'րէս) մահիճ, անկողին։
MAT'URATE (մէթ'իուրէյթ) հասուն-

ցընել, չափահասցնել։
MATURE' (մէթիուր) հասունցած, չափահաս, թարախած, հասցնել, կատարել։
MATUR'ITY ժամկէտ, չափահասութիւն, իմաստութիւն։
MAUD'LIN (մօտ'լին) հարբած, ապուշ, թմբած, դիւրայոյզ։
MAUGRE (մօ'կըր) հակառակ, չնայելով։
MAUL (մօլ) լախտ, թակ, թակել։
MAUND (մօնտ) ձեռնակողով, հընդիկ կշիռ մը։
MAUN'DER քրթմնջել, մուրալ։
MAUN'DY (մօն'տի) ոտնալուացք, ողորմութեան բաշխում։
MAUSOLE'UM (մօսօլի'ըմ) հոյակապ շիրիմ։
MAUVE (մօվ) նուրբ մանիշակագոյն։
MAVIS (մէյ'վիս) սարդիկ։
MAW (մօ) որոր, ամար։
MAWKISH (մօ'քիշ) անհամ, զանեցընող։
MAXIM (մէքս'իմ) առած, առակ։
MAX'IMUM (մէքս'իմըմ) առաւելագոյնը։
MAY (մէյ) արտօնուիլ, կարենալ, ի ցիւ թէ... ըլլար։
MAY BE թերեւս։
MAY Մայիս, մայիսեան տօն։
MAYOR (մէյ'ըր) շահապ, քաղաքապետ։
MAYORE'SS շահապուհի։
MAZE (մէյզ) շփոթութիւն, ապշում, ապշեցնել։
ME (մի) զիս, ինծի։
TO ME ինծի։ **FOR ME** ինծի համար։
MEAD (միտ) մեղրաջուր։
MEADOW (մէտօ') մարգագետին։
MEA'GRE (մի'կըր) նիհար, վտիտ։
MEAL (միլ) կերակուր։
MEAL'Y ալիւրանման։
MEAN' (մինն) խոնարհ, վար, ցած, կծծի, միջին, միջակ։
MEAN մտադրել, դիտում ունենալ, նպատակ։
MEAN'DER (մ'էնտ'տըր) բաւիղ, մանուածապատ։
MEAN'ING նշանակութիւն, իմաստ, նպատակ։
MEANNESS ցածութիւն։
MEANTIME, MEANWHILE նոյն ատեն, նոյն միջոցին։
MEA'SLES (մի'զըլզ) կարմրուկ, հարսանիք։
MEAS'URE (մէժ'ըր) չափ, կշիռ, քանակ, միջոցառում, չափել, գնահատել։
MEAS'UREMENT չափում, չափուած քանակութիւն, չափ։
MEAT (միթ) միս, ուտելիք, կեր։
MECHAN'IC (մէքէնի'ք) մեքենական,
MEC'HANIST մեքենագործ։
MECHANI'CIAN (մէքէնի'շըն) մեքենագէտ, մեքենագործ։
MEC'HANICS մեքենագիտութիւն։
MEC'HANISM մեքենականութիւն։
MEC'HANIST մեքենագործ։
MEC'HANIZE մեքենացնել։
MECONIUM (մէքօ'նիըմ) նորածին մանուկի կղկղանք։
MED'AL (մէտըլ) շքանշան, պատուանշան։
MEDAL'LION (միտէլ'եըն) մետալիոն, շքադրամ։
MED'DLE (մէտ'տլ) խառնուիլ, միջամտել։
ME'DIATE (մի'տիէյթ) միջին, միջամտել, միջնորդել։
MEDIA'TION միջամտութիւն, բարեխօսութիւն։
ME'DIATOR միջնորդ, հաշտարար։
MED'ICAL (մէտ'իքըլ) բժշկական։
MEDICAL TREATMENT բժշկական խնամք։
MED'ICAMENT (մէտ'իքէմընթ) դեղ, դեղարկութիւն։
MEDI'CINAL (մէտիս'ինըլ) բժըշկական, դեղային։
MED'ICINE (մէտ'իսին) բժշկութիւն, դարման, դարմանել։
MEDIE'VAL միտիի'վըլ) միջնադարեան։
ME'DIOCRE (միտիօ'քըր) միջին, հասարակ, փանաքի։
MEDIOC'RITY (միտիաք'րիթի) մի-

ջակութիւն։

MED'ITATE (մէտ'իթէյթ) խոկալ, որոճալ, խորհիլ։

MEDITERRA'NEAN (մէտիթըրրէյ'նիըն) Միջերկրական։

ME'DIUM (մի'տիըմ) միջոց, միջավայր, հնարք, ճամբայ։

MED'LAR (մէտ'լըր) զկեռ։

MED'LEY (մէտ'լի) խառնուրդ։

MEED (միտ) վարձատրութիւն, հատուցում, ընծայ։

MEEK (միք) հեզ, մեղմ, խոնարհ։

MEET (միթ) հանդիպիլ, պատահիլ, ժողով գումարել, յարմար գալ, ընդունիլ, վճարել, հաւաքուիլ, յարմար, վայելուչ, ժողով, հաւաքոյթ։

MEET'ING ժողով, գումարում, հանդիպում։

MEGALOMA'NIA (մէկէլօմէյ'նիէ) մեծամոլութիւն։

MELANCHO'LIA (մէլէնքօ'լիէ) մելամաղձոտութիւն։

MELANCHOL'IC (մէլէնքօ'լիք) մելամաղձոտ։

MEL'ANCHOLY (մէլ'էնքոլի) մելամաղձոտութիւն, տխրամաղձութիւն, տրտմութիւն, տրտում։

MÊLÉE (մէլէ') խառնուրդ, ձեռք ձեռքի կռիւ։

ME'LIORATE (մի'լիօրէյթ) բարւոքել, լաւացնել, ամոքել։

MELIORA'TION լաւացում, բարւոքում։

MELL'OW (մէլ'լօ) կակուղ, հասուն, թոյլ, կակուղնալ, հասուննալ։

MELO'DIOUS (մէլօ'տիըս) գեղանուագ, քաղցրահնչիւն։

MEL'ODIST (մէլ'օտիսթ) նուագայարդար, նուագերգու։

MELODRAMA (մէլօտրա'մէ) նուագախառն թատերախաղ։

MEL'ODY (մէլ'օտի) մեղեդի, եղանակ, քաղցրերգ, ներդաշնակութիւն։

MEL'ON (մէլ'ըն) սեխ։

MELT (մէլթ) հալած, ձուլուած մետաղ, հալեցնել, լուծել։

MELTING հալում, հալիլ։

MEM'BER (մէմ'պըր) անդամ, ժողովական, մաս։

MEMBERSHIP անդամակցութիւն։

MEM'BRANE (մէմ'պրէյն) թաղանթ, մաշկ, պատրուակ։

MEMEN'TO (միմէն'թօ) յուշանիշ, յիշատակ։

MEM'OIR (մէմ'ուար) յիշատակագիր, ծանօթագրութիւն, օրագրութիւն, կենսագրութիւն։

MEM'ORABLE (մէմ'ըրէպլ) յիշատակելի, երեւելի։

MEMORAN'DUM (մէմըրէն'տըմ) յիշատակագիր, յուշարան։

MEMOR'IAL (մէմօ'րիըլ) յիշատակելի, յիշատակ, յիշատակագիր, յիշատակարան։

MEM'ORIZE (մէմ'օրայզ) գոց. սորվիլ։

MEM'ORY (մէմ'ըրի) յիշողութիւն, համբաւ։

MEN յոգ. **MAN**ի, մարդիկ։

MEN'ACE (մէն'էյս) սպառնալ, սպառնալիք։

MEND (մէնտ) նորոգել, կարկատել, օգնել, լաւանալ։

MENDA'CIOUS (մէնտէյ'շըս) սուտ, խաբեբայական։

MENDA'CITY (մէնտէս'իթի) ստախօսութիւն։

MEN'DICANT (մէն'տիքընթ) մուրացկան։

ME'NIAL (մին'իըլ) ծառայական, անարգ։

MENINGITIS (մինինճայ'թիզ) խելափառատապ։

MENOLOGY (մինօլօ'ճի) յայսմաւուրք, ամսաբանութիւն։

MEN'SES (մէն'սիզ) դաշտան։

MEN'STRUAL (մէն'սթրուըլ) ամսական, դաշտանի։

MENSTRUA'TION ամսահոսութիւն։

MENSURABLE չափելի։

MENSURA'TION չափում, չափարկութիւն։

MENU (մընի'ւ) ճաշացուցակ։

MEN'TAL (մէն'թըլ) մտաւոր, մտային, իմացական, հոգեկան։

MENTAL'ITY մտայնութիւն։
MEN'TION (մէնշըն) յիշատակութիւն, յիշատակել, յիշել։
MEN'TOR (մէնթըր) Մենտոր, առաջնորդ։
MEPHITIS (մէֆայթիս) նեխութիւն։
MER'CANTILE (մըր'քէնթիլ) վաճառականական։
MER'CENARY (մըր'սինէրի) վարձկան։
MER'CER (մըր'սըր) փերեզակ։
MERCHA'NDISE (մըր'չէնտայզ) ապրանք, վաճառք։
MERCH'ANT (մըր'չընթ) վաճառական։
MERCHANT MAN վաճառանաւ։
MER'CIFUL (մըր'սիֆուլ) ողորմած, գթած։
MERCIFULNESS ողորմածութիւն։
MER'CILESS անգութ, անողորմ։
MER'CURY (մըր'քիւրի) սնդիկ, փայլածու, Հերմէս։
MER'CY (մըր'սի) գութ, ողորմութիւն, շնորհք։
MERE (միր) ճահիճ, սահման, պարզ, սոսկ։
MERE'LY պարզապէս։
MERETRI'CIOUS (մէր'իթրիշըս) անառ, պոռնկական։
MERGAN'SER (մըրկէն'սըր) հողամաշ (թռ.)։
MERGE (մըրճ) մխել, ընկղմել, թաղուիլ։
MERID'IAN (մէրիտ'իըն) միջօրէական, միջօրէ, գագաթնակէտ, բարձրակէտ։
MERINGUE' (մէրինկ) մէրինկ, փշրուկ։
ME'RIT (մէ'րիթ) արժանիք, վաստակ։
MERITOR'IOUS արժանաւոր, բազմարդիւն։
MERM'AID համբարուս, ծովանոյշ։
ME'RRIMENT (մէր'րիմէնթ) զուարթութիւն։
ME'RRY (մէր'րի) ուրախ, զուարթ
MERRY MAN միմոս։
MERRYTHOUGHT հաւգաչ, ճիւղակ։
MERSION (մըր'շըն) մխրճում։
MESDAMES (մէտամ) յգ. MADAMի
MESENTERY (մէս'էնթէրի) միջընդերաթաղանթ։
MESH (մէշ) վարմահիւսք, վարմել։
MESMERISM (մէզ'մէրիզմ) կենդանական մագնիսականութիւն։
MESS (մէս) կերակուր, սեղանակիցք։
MESSAGE (մէս'սէճ) պատգամ, գրութիւն, լրաբերութիւն։
MESSAN (մէս'սըն) շնիկ։
MESS'ENGER (մէս'սէնճըր) պատգամաբեր, լրաբեր։
MESSIAH (մէսսայ'է) Օծեալ, Մեսիա։
MESSROOM ճաշարան։
MESS'UAGE (մէս'սուէճ) ագարակ։
MESSRS. (մէս'ըրզ) տեարք, պարոններ։
MET'AL (մէթ'ըլ) մետաղ, նիւթ, ոգի, մետաղով ծածկել։
METALL'IC մետաղային։
METALL'URGY (մէթ'ըլլըրճի) մետաղագործութիւն։
METAMORPHI'SM փոխակերպութիւն։
MET'APHOR (մէթ'էֆըր) փոխաբերութիւն։
METAPHYS'ICS (մէթէֆիզ'իքս) բնազանցութիւն։
METASTASIS (մէթէս'թէսիս) յեղաշրջութիւն։
METE (միթ) չափ, սահման, չափել։
ME'TEOR (մի'թիըր) օդերեւոյթ, աստղ։
METEOROL'OGY (միթիըրալ'օճի) օդերեւութաբանութիւն։
ME'TER (մի'թըր) չափող, չափացոյց, մեթր։
METHINKS' (միթինքս') ըստ իս, ինծ կը թուի։
METH'OD (մէթհ'ըտ) մեթոտ, ոճ, եղանակ, ընթացք։
METH'ODIZE մեթոտաւորել։
METIC'ULOUS (մէթիք'իուլըս) բծախնդիր, երկչոտ։
METIER (մէթ'իէ) արհեստ, զբաղում։
METIS (մէյ'թիս) խառնածին։
METRIC (մէթ'րիք) չափական,

մեզրական։
METRODYNIA (մէթ-'րօտինիէ) *արգանդացաւ։*
METROP'OLIS (մէթրափ'օլիս) *մայրաքաղաք։*
METROPOLITAN *մետրոպոլիտ, առաջնորդ, ոստանիկ։*
MET'TLE (մէթ'լ) *ոգի, եռանդ, այրամարդութիւն։*
MEW (միու) *փետուրը՝ մազը փոխել, փակել, նետել, մլաւել։*
MEZQUIT (մէզ'կիթ) *մզկիթ։*
MIASMA (մա'յէզմէ) *ժանտահոտութիւն։*
MICA (մայ'քէ) *փայլար։*
MICE (մայս) *յգ.* **MOUSE***ի, մուկեր։*
MI'CROBE (մայք'րօպ) *միքրոպ, մանրէ։*
MICROMETER (մայքրամ'իթըր) *մանրաչափ։*
MI'CROPHONE (մայք'րօֆօն) *մանրաձայն (գործիք)։*
MICROSCOPE (մայք'րըսքօփ) *մանրադիտակ։*
MID (միտ) *միջին, մէջտեղի։*
IN MID AIR *օդի մէջ։*
MIDDAY *կէսօր։*
MID NIGHT *կէս գիշեր։*
MIDD'EN (միտ'տն) *աղբակոյտ։*
MIDD'LE (միտ'տլ) *միջին, մէջտեղի, միջանկեալ։*
MIDD'LING *միջին, միջակ։*
MIDGE (միճ) *ճանճ, մժղուկ։*
MIDG'ET (միտ'կէթ) *ճանճիկ։*
MID'LAND *միջնադաւառ։*
MIDST (միտսթ) *մէջտեղը, միջամտու։*
MID'WIFE *դայեակ։*
MIEN (միյն) *արտաքին երեւոյթ։*
MIGHT (մայթ) *զօրութիւն, հզօրանք։*
MIGHTY *հուժկու, հզօր։*
MI'GRANT (մայ'կրընթ) *գաղթող։*
MIGRATE' (մայկրէյթ') *գաղթել, չուել։*
MIKE (մայք) *մանրաձայն (գործի)։ մանրադիտակ։*
MILCH (միլչ) *կաթնատու, կթան։*
MILD (մայլտ) *քաղցր, անուշ, մեղմ, հեզ։*
MIL'DEW (միլ'տիու) *սնկափոշի, ժանգ։*
MILE (մայլ) *մղոն։*
MILE POST *մղոնասիւն։*
MILESTONE *մղոնաքար։*
MIL'FOIL *հազարատերեւուկ։*
MIL'ITANT (միլ'իթընթ) *զինուորեալ։*
MIL'ITARISM *զինուորականութիւն։*
MIL'ITARIST *զօրապաշտ, զինուորական ուսանող։*
MILITATE (միլ'իթէյթ) *հակառակիլ, մաքառիլ։*
MIL'ITARY *զինուորական, ռազմային։*
MILI'TIA (միլիշի'է) *միլիցիա, քաղաքազօրք։*
MILK (միլք) *կաթ։*
MILKMAID *կաթնավաճառ աղջիկ։*
MILKMAN *կաթնավաճառ։*
MIL'KY *կաթնային, կաթնոտ։*
MILKY WAY *Յարդ Գող, Ծիր Կաթին։*
MILL (միլ) *աղօրիք, ջաղացք, տպածոյի մամուլ, կնքագլան, աղալ, մանրել, ճմլել։*
MILLBOARD *թանձր խաւաքարտ։*
MILLHAND *գործարանի աշխատաւոր։*
MILLENAR'IAN (միլլինէյ'րիըն) *հազարամեան (աղանդաւոր)։*
MILLENN'IUM (միլլէն'նիըմ) *հազարամեակ։*
MILLER *ջաղացպան։*
MILL'ET (միլ'լէթ) *կորեկ։*
MILL'IARD (միլ'լիարտ) *հազար միլիոն։*
MILL'ION (միլ'եըն) *միլիոն։*
MILLINER (միլ'լինըր) *փետուրագործ։*
MILLIONAIRE (միլ'եընէր) *միլիոնատէր։*
MILL'STONE (միլ'սթօն) *աղօրէքար։*
MILT (միլթ) *փայծաղ։*
MIME (մայմ) *զաւեշտախաղ։*
MIMEOGRAPH (միմ'օկրէֆ) *ընդօրինագիր (գործի)։*
MIM'IC (միմիք) *խեղկատակ։*
MIM'ICRY *միմոսութիւն։*

MIN'ARET (միՆ'էրէթ) մինարէ։

MIN'ATORY (միՆ'էթօրի) սպառնական։

MINCE (միՆս) ուղղաճեմ քալուածք, յօշել, ջարդել, մանրատել։

MINCEMEAT յօշած միս։

MINCE-PIE մսածաղ։

MIND (մայՆտ) միտք, խելք, դիտում, կամք, ուշադիր ըլլալ, մտածել, խորհիլ, հակիլ, յօժարիլ, հոգ ընել։

MINDED յօժար, հակամէտ։

MIND'FUL ուշադիր, ակնածու։

MINE (մայՆ) իմս, իմինս, ական, հանք, ական բանալ, փորել, քանդել։

MINE'R ականադիր, հանքագործ։

MIN'ERAL (միՆ'իրըլ) հանքային, հանքանիւթ։

MINERAL WATER հանքային ջուր։

MINERAL'OGY (միՆըրէլ'օճի) հանքաբանութիւն։

MING'LE (միՆ'կլ) խառնել, բաղադրել։

MIN'IATURE (միՆ'իէթիուր) մանրանկար։

MINIM (մի'Նիմ) մանրիկ, կէսախազ։

MIN'IMIZE (միՆ'իմայզ) նուազագոյնի վերածել։

MIN'IMUM (միՆ'իմըմ) նուազագոյն։

MINION (միՆ'իըՆ) սիրական, ստրուկ։

MIN'ISTER (միՆ'իսթըր) նախարար, գործակատար, քահանայ, դեսպան, եկեղեցական, մատակարարել, ծառայել, վարել, շնորհել։

OFFICIATING MINISTER ժամարար քահանայ։

MINISTER'IAL նախարարական, դեսպանական։

MIN'ISTRANT պաշտօնարկու, վարիչ։

MINISTRA'TION վարչութիւն, քահանայագործութիւն։

MIN'ISTRY վարչութիւն, պաշտօն, նախարարութիւն, քարոզչութիւն։

MINK (միՆք) ջրաղուէս։

MI'NOR (մայ'Նըր) փոքր, անչափահաս։

MINO'RITY (մայՆօ'րիթի) փոքրամասնութիւն, անչափահասութիւն։

MIN'STER (միՆ'սթըր) վանքի եկեղեցի։

MIN'STREL (միՆ'սթրէլ) շրջուն բանաստեղծ, աշուղ, գուսան։

MINT (միՆթ) անանուխ, փողերանոց, դրամ կոխել։

MIN'TAGE (միՆ'թէճ) փողահատուցչէք, կոխուած դրամ։

MI'NUS (մայ'Նըս) նուազ։

MIN'UTE (մայՆ'իութ) մանր, բարակ, նուրբ

MINUTE' (միՆ'իթ) վայրկեան, րոպէ, նախագիծ։

MINUTIA (միՆիու'շիէ) մանրուք։

MINX (միՆքս) լրբուհի, ցոփուհի։

MI'RACLE (միր'էքլ) հրաշք, սքանչելի։

MIRAC'ULOUS հրաշալի, հիանալի։

MIRAGE' (միրաժ') կրկներեւոյթ։

MIRE (մայր) տիղմ, մօրուտ, տիղմաթաւ ընել։

MIR'ROR (միր'րըր) հայելի, օրինակ, տիպ, ցոլացնել։

MIRTH (մըրթհ) ցնծութիւն։

MIR'Y (մայ'րի) տղմուտ։

MISADVEN'TURE (միսէտվէՆ'չըր) ձախողանք, արկած։

MIS'ANTHROPE (մի'սէՆթհրօփ) մարդատեաց։

MISALLI'ANCE (միսէլլայ'ըՆս) անյարմար ամուսնութիւն։

MISAPPLY' (միս'էփլայ) վատ , գործածել։

MISAPPREHEND սխալ հասկնալ։

MISAPPRO'PRIATE ուրիշին իրաւունքի իւրացնել։

MISBELIEV'ER թիւրահաւատ։

MISCAL'CULATE սխալ հաշուել։

MISCALL սխալ անուն տալ։

MISCA'RRIAGE վիժում։

MISCELLA'NEOUS խառն, զանազան։

MISCHANCE' ձախողանք, դժբախտութիւն։

MIS'CHIEF չարութիւն, վնաս։

MIS'CHIEVOUS չարագործ։

MISCONCEIVE' սխալ ըմբռնել։
MISCON'DUCT սխալ ընթացք, յոռի ղեկավարել։
MIS'CREANT չարագործ, անօրէն։
MISDEED չարութիւն։
MISDEMEANO'UR չար ընթացք։
MISDIRECT' սխալ ուղղութիւն տալ։
MISDO'ING չարագործութիւն, յանցանք։
MI'SER (մայ'զըր) ագահ, կծծի։
MIS'ERY (միզ'ըրի) խեղճութիւն, վիշտ։
MISFOR'TUNE դժբախտութիւն, չարիք։
MISGO (միսկօ') մոլորիլ։
MISGO'VERN գէշ կառավարել։
MISGUESS սխալ կռահել։
MISGUIDE' սխալ առաջնորդել, մոլորեցնել։
MISHAP գէշ արկած, դժբախտութիւն։
MISINFORM' սխալ հասկցնել։
MISJUDGE' սխալ դատել։
MISLEAD' սխալ առաջնորդել, խաբել։
MISMAN'AGE յոռի ղեկավարել։
MISNAME' սխալ անուն տալ։
MISPRINT' տպագրական սխալ, սխալ տպագրել։
MISPRIZE' գինը վար զարնել։
MISPRONOUNCE' սխալ արտասանել։
MISQUOTE' սխալ վկայաբերել։
MISREAD սխալ կարդալ, սխալ մեկնել, սխալ թարգմանել։
MISRELATE սխալ պատմել։
MISREPRESENT սխալ ներկայացնել։
MISRULE գէշ կառավարել, յոռի վարչութիւն։
MISS (միս) օրիորդ։
MISS կորուստ, սխալ, փախուստ, չըհասնիլ, փախցնել, թերանալ, վրիպիլ։
MISS'AL (միս'սըլ) պատարագամատոյց՝ խորհրդագրքի։
MISSAY (միս'սէյ) սխալ ըսել։
MISSHAPEN (միսշէյփ'ն) տձեւ։
MIS'SILE (միս'սիլ) նետելի, նետակ, արտընկէց, արկ.
MIS'SING բացակայ, անյայտ։
MIS'SION (միշ'ըն) առաքելութիւն, պատգամաւորութիւն, պաշտօն։
MISSION SCHOOL միսիոնարական դպրոց։
MISSIONARY քարոզիչ, միսիոնար։
MISSIS (միս'սիս) տիկին։
MIS'SIVE (միս'սիվ) նամակ, գիր, թուղթ։
MIS-SPELL սխալ հեգել։
MISSTATE' սխալ հաստատել, տեղեկագրել։
MISSY (միս'սի) կուսական; օրիորդի
MIST (միսթ) մշուշ, մէգ, բարակ անձրեւել։
MISTAKE' վրիպակ, սխալանք, սխալիլ։
MISTER (միս'թըր) պարոն, տէր։
MISTRAIN սխալ մարզել։
MISTRANSTALE' սխալ թարգմանել։
MISTREAT գէշ վերաբերիլ։
MIS'TRESS (միս'թրէս) տիկին, համանուհի, ուսուցչուհի։
MISTRUST' անվստահութիւն, կասկածիլ։
MIS'TY (միս'թի) մշուշոտ։
MISUNDERSTAND' սխալ ըմբռնել։
MISUNDERSTANDING սխալ հասկացողութիւն, թիւրիմացութիւն։
MISUSE' չարաչար գործածութիւն, չարաչար գործածել։
MISVALUE սխալ արժէք տալ, ենթագնահատել։
MITE (մայթ) մեց, երեւիլ, մեղմացընել։
MITIGA'TION ամոքում, թեթեւացում։
MI'TRE (մայ'թըր) միտր, թագ, արտախուրակ։
MITT (միթ) կիսաձեռնոց, թաթպան։
MITY (մայթի) որդնոտ, մեցոտ։
MIX (միքս) խառնել, միացնել, բաղադրել։
MIXED խառն, միախառն։
MIX'TURE (միքս'չըր) խառնուրդ, զանգուած։
MNEMON'IC (նիմոն'իք) յիշողական։

MOAN (մօն) ողբ, մայիւն, հեծել, ողբալ։
MOAT (մօթ) փոս, խրամ։
MOB (մաբ) խուժան, ամբոխ։
MO'BILE (մօ'պիլ) շարժուն, դիւրահոս։
MO'BILIZE զօրաշարժի ենթարկել։
MIBILIZA'TION զօրաշարժ։
MOCK (մաք) ծաղրել, հեգնել, հեգնական, կեղծ, չինծու։
MOCKER (մաք'ըր) ծաղրող, խաբեբայ։
MOCK'ERY ծաղրանք, հեգնութիւն, կեղծիք։
MO'DAL (մօ'տըլ) ձեւաւոր, եղանակական։
MODALI'TY (մօտէլ'իթի) ձեւականութիւն, հանգամանք։
MODE (մօտ) եղանակ, կերպ, ձեւ, տարազ, նորաձեւութիւն։
MOD'EL (մօտ'ըլ) օրինակ, նախատիպ, կաղապար։
MOD'ERATE (մատ'ըրէթ) պարկեշտ մեղմ, չափաւոր։
MODERATE (մատ'ըրէյթ) չափաւորել, մեղմել, ամոքել։
MODERA'TION չափաւորութիւն, մեղմութիւն։
MODE'RATOR չափաւորիչ, խաղաղարար, քննապետ, ատենապետ։
MODE'RN (մօտ'ըրն) արդի, այժմու, աշխարհիկ։
MOD'ERNISM արդիապաշտութիւն, նոր՝ արդի ոճ։
MOD'ERNIZE արդիացնել։
MOD'EST (մօտ'էսթ) համեստ, պարկեշտ։
MOD'ESTY համեստութիւն, պարկեշտութիւն։
MOD'IFY (մօտ'իֆայ) բարեփոխել, չափաւորել։
MOTIFICA'TION բարեփոխութիւն։
MODISTE' (մօտիսթ') նորաձեւագէտ։
MOD'ULATE (մօտ'իուլէյթ) . եղանակաւորել։
MODULA'TION եղանակաւորում, ելեւէջ (ձայնի)։

MOHAMM'EDAN MAHOM'ETAN մահմեդական։
MOHAMME'DANISM իսլամութիւն։
MOIL (մօյլ) աշխատել։
MOIST (մօյսթ) թաց, խոնաւ։
MOI'STEN (մօյսն) խոնաւցնել, թրջել։
MOIS'TURE (մօյս'չըր) խոնաւութիւն։
MO'LAR (մօ'լըր) աղօրայքն, լեռատամունք։
MOLASS'ES (մօլէս'սէզ) մեղրաջուր, ռուպ։
MOLE (մօլ) ելունդ, պիսակ, մուկ, խլուրդ։
MOLECH (մօ'լէք) Մողոք։
MO'LECULE (մօլ'էքիուլ) մասնիկ։
MOLEST' (մօլէսթ') նեղացնել, ձանձրացնել։
MOLESTA'TION նեղութիւն, տառապանք։
MOLL'IFY (մօլ'լիֆայ) ամոքել, մեղմել։
MOLL'USC (մօլ'ըսք) փափկամորթ։
MOMENT (մօ'մընթ) վայրկեան, պահ, ժամանակ։
MO'MENTARY վայրկենական։
MOMEN'TOUS (մօմէն'թըս) խիստ կարեւոր։
MOMEN'TUM (մօմէն'թըմ) կէտ, էական մաս, թափ։
MON'ARCH (մօն'արք) ինքնակալ, արքայ։
MONARCH'AL արքայական։
MONARCH'ISM արքայականութիւն։
MONARCH'IST արքայական։
MON'ASTERY (մօն'էսթըրի) վանք, մենաստան։
MONAS'TIC (մօնէս'թիք) վանական, ճգնաւորական։
MONDAY (մընտ'էյ) Երկուշաբթի։
MO'NETARY (մըն'իթէրի) դրամական։
MO'NETIZE (մըն'իթայզ) դրամի հիմնական արժէք սահմանել։
MO'NEY (մըն'ի) դրամ, հարստութիւն։

MONEY - BROKER, MONEY - CHANGER դրամափոխ, սեղանաւոր։
MONEY-LENDER վաշխառու։
MONEY-MARKET սակարան։
MONEY-ORDER վճարագիր։
MON'EYED փարթամ, դրամաւոր։
MON'GREL (մըն'կրըլ) խառնածին, ջորի։
MONI'TION (մօնի'շըն) ազդարարութիւն, խրատ։
MON'ITOR ազդարար, ազդատու։
MON'ITRESS կառավարչուհի։
MON'ITORY ազդարարական։
MONK (մընք) վանական, աբեղայ։
MON'KEY (մը'նքի) կապիկ։
MONKEY BREAD յաւակոնի, բաբենի։
MONK'ISH վանական, կրօնաւորական։
MONOCHORD (մօնօ'քօրտ) միալար (գործի)։
MON'OCLE (մօն'օքլ) միակնոց։
MON'ODY (մանօտի) մեներգ։
MONOG'AMY (մօնօկ'էմի) միակնութիւն։
MON'OGRAM (մօն'օկրէմ) միագիր, փակագիր։
MON'OGRAPH (մօն'օկրէֆ) մենագիր։
MON'OGRAPHY մենագրութիւն։
MON'OLOGUE (մօն'ալօկ) մենախօսութիւն։
MONOMA'NIA (մօնօմէյ'նիէ) մենամոլութիւն։
MON'OPLANE (մօն'օփլէյն) միահարթ օդանաւ։
MONOP'OLIST (մօնօփ'օլիսթ) մենաշնորհական։
MONOP'OLIZE մենավաճառել, մենաշնորհ առնել։
MONOP'OLY մենավաճառ, մենաշնորհ։
MONOSYLL'ABLE միավանկ բառ։
MON'OTHEISM (մօն'օթհիիզմ) միաստուածութիւն։
MON'OTHEIST միաստուածեան։
MONOTINT (մօն'օթինթ) միագոյն (պատկեր)։
MON'OTONE (ման'օթօն) միօրինակութիւն։
MONOT'ONOUS միօրինակ, ձանձրալի։
MONOT'ONY միօրինակութիւն։
MON'OTYPE (մօնօ'թայփ) միատիպ, միատառ։
MONSEIGNEUR (մօնսէնեըր') տէր, գերապատիւ, սրբազան հայր։
MONSOON' (մանսուն') վեցամսեայ հով՝ Հնդկաց ովկիանոսի։
MON'STER (մօն'սթըր) հրէշ, ճիւաղ։
MONSTROS'ITY հրէշութիւն։
MON'STROUS (մօն'սթրըս) հրէշային, ճիւաղային։
MONTH (մընթհ) ամիս, ժամանակ։
MONTH'LY ամսական, ամսաթերթ։
MON'UMENT (ման'իումընթ) յիշատակ, մահարձան, կոթող։
MONUMEN'TAL կոթողական։
MOOD (մուտ) ձեւ, տարազ, եղանակ։
MOOD'Y քմոտ, զայրացկոտ։
MOON (մուն) լուսին, արբանեակ։
MOON BLINDNESS լուսնակուրութիւն։
MOON CALF սուտ յղութիւն։
MOON LIGHT լուսնկայ։
MOON SHINE լուսնակ, խաբուսիկ երեւոյթ։
MOON-STONE լուսնաքար։
MOON STRUCT լուսնահար, լուսնոտ։
MOON'Y (մուն'ի) լուսնոտ, մահիկաւոր։
MOOR (մուր) մաւրիտանացի, ճահիճ, խարսխել, շղթայել։
MOOR COCK մօրաքլոր։
MOOR HEN մօրահաւ։
MOORLAND ճախճախուտ։
MOORY (մուր'ի) մօրուտ։
MOOT (մութ) վիճաբանութիւն, խորհրդաժողով, վիճիլ, հակաճառել։
MOP (մափ) սրբիչ, ջնջոց, ջնջոցով սրբել։
MOPE (մօփ) յիմարանալ, ապուշ։
MOP'ISH ընկճուած, թոյլ։

MO'RAL (մօ'րըլ) բարոյական, առաքինի։
MORALE' բարոյական հանգամանք։
MO'RALIST բարոյապաշտ։
MORAL'ITY բարոյականութիւն։
MO'RALIZE բարոյական հանել։
MORASS' (մօրէս') ճախճին, մօրուտք։
MORATOR'IUM (մօրէթօ'րիըմ) մորաթորիում։
MORB'ID (մօրպ'իտ) ախտաւոր, հիւանդագին։
MORDANCY խածանութիւն։
MORD'ANT (մօրտ'ընթ) խածնող, կծու, գունարկու։
MORE (մօր) աւելի, աւելին։
ONCE MORE անգամ մըն ալ։
MOREOVER ասկէ զատ, նմանապէս։
MORE'PORK խոլոմուկ (Թռ.)։
MORGANAT'IC (մօրկէնէթ'իք) ներթառոհմային (ամուսնութիւն)։
MORGUE (մօրկ) դիարան, գոռոզութիւն։
MO'RIBUND (մօ'րիպընտ) մերձ ի մահ, մահամերձ։
MORMON (մօր'մըն) բազմակին աղանդաւոր։
MORN (մօրն) առաւօտ, առտու։
MORN'ING առաւօտ, առաւօտեայ։
MOROCC'O (մօրաք'քօ) մարոքեան սեկ, այծենի։
MOROSE' (մօրօս) տխուր, անժպիտ։
MORPH'INE (մօրֆ'ին) մորֆին, քընարիոն։
MORPHOL'OGY (մօրֆօլ'օճի) ձեւաբանութիւն։
MO'RROW (մօ'րօ) վաղը, յաջորդ օր։
MORS'EL (մօրս'ըլ) պատառ, մաս։
MORT'AL (մօրթ'ըլ) մահկանացու, մահացու։
MORTAL'ITY մահացուութիւն։
MORT'AR (մօրթ'ըր) սանդ, անկան, կաղինջ, հրասանդ, շաղախել։
MORT'GAGE (մօր'կէճ) գրաւագրութիւն, կալուածագրաւ։
MORT'GAGOR գրաւատու։
MORTGAGEE' գրաւակալ։
MORT'IFY (մօր'թիֆայ) մահացնել, փտեցնել, մահանալ, ընկճել։
MORTIFICA'TION մահացում, փտութիւն (մարմնոյ), վիշտ։
MORT'UARY (մօր'թիուէրի) մահատուք, մեռելատուն։
MOSA'IC (մօզէյ'իք) միւսոյեան, խճանկար։
MOSLEM, MUSLIM (մօզ'լըմ, մըզ'լիմ) մահմետական։
MOSQUE (մօսք) մզկիթ։
MOSQUI'TO (մասքի'թօ) մժղուկ։
MOSS (մաս) օշնա, մամուռ, մամռապատել։
MOST ամենամեծ, մեծագոյն։
AT THE MOST առ առաւելն։
MOST'LY մեծաւ մասամբ։
MOTE (մօթ) հիւլէ, շամանդաղ։
MOTH (մօթհ) փայլուկ, ցեց։
MOTH-EATEN ցեցակեր, ցեցալի։
MOTH'Y ցեցալի։
MO'THER (մըտհ'ըր) մայր, ծնող, պատճառ, աղբիւր։
MOTHER-IN-LAW զոքանչ, կեսուր։
MOTHERLAND մայրենի երկիր։
MOTHERTONGUE մայրենի լեզու։
MO'THERHOOD մայրութիւն։
MOTHERLESS անմայր, որբ։
MOTHERLY մայրական, մայրանըման։
MO'TION (մօշ'ըն) շարժում, առաջարկ, խաղ, ընթացք, առաջարկել, շարժում ընել։
MO'TIVE (մօ'թիվ) շարժառիթ, կերպար, յօժարանիւթ, բներգ, գրգռել, շարժել։
MOTIVA'TION պատճառաբանութիւն։
MOT'LEY (մօթ'լի) երփներանգ, նախշուն։
MO'TOR (մօ'թըր) շարժիչ, շարժակ, շարժող։
MOTOTHERAPY (մօ'թօթհէրափի) շարժադարմանութիւն։
MOT'TLE (մաթ'ըլ) գունազարդել, պիսակաւորել։
MOTT'O (մօթ'թօ) նշանաբան։
MOULD (մօլտ) ձեւ, տիպ, օրինակ, կաղապար, բուսահող, մգլոտիլ, կաղապարել։

MOUL'DER փշրել, հող դարձնել։
MOUL'DING ձուլում, ձուլածոյ։
MOULINET (մուլ'ինէթ) ազօրեակ, ճախարակ։
MOULT (մօլթ) մաղ, փետուր, եղջիւր փոխել։
MOUND (մաունտ) սարակ, լեռնակ, պատուար, ցանկապատել։
MOUNT (մաունթ) սար, լեռ, բարձրանալ, ելլել, հեծնել, ածել, մագլցիլ, բարձրանալ։
MOUN'TAIN (մաունթ'ընթ) լեռ, լեռնային։
MOUNTAINEER' լեռնաբնակ, լեռնական։
MOUN'TANOUS լեռնոտ, լեռնային։
MOUN'TEBANK (մաունթ'իպէնք) շառլատան, շառլաթան։
MOURN (մօրն) սգալ, ողբալ։
MOURNER սգաւոր։
MOURNFUL սգալի, ողբալի։
MOURNING սուգ, ողբ, սեւեր։
MOUSE (մաուս) մուկ, մուկ որսալ, գիտել։
MOUSSE (մուս) փրփուր։
MOUSTACHE (մուս'թաշ) պեխ։
MOUTH (մաութհ) բերան, ճեղք, մուտք։
MOUTH-ORGAN բերնի երգեհոն։
MOUTHWASH հականեխական։
MOVE (մուվ) շարժում, փոխադրութիւն, շարժել, հեռացնել, յուզել։
MOV'ABLE (մուվ'էպլ) շարժական, փոխադրելի։
MOVE'MENT շարժում, գնացք, յուզում, կենդանութիւն։
MO'VING (մու'վինկ) շարժուն, յուզիչ։
MOW (մաու) խոտի դէզ, հնձանոց, դիզել, քաղել, կտրել։
MOWER հնձող, քաղող։
MR. (միս'թըր) տէր, պարոն։
MRS. (միս'սիս) տիկին։
MUCH (մըչ) շատ, բազում,
HOW MUCH? ո՞րչափ։
AS MUCH AS այնքան որքան։
TOO MUCH խիստ շատ։
MUCHNESS մեծութիւն։

MUCIDITY (միւսիտ'իթի) բորբոսոտութիւն։
MU'CILAGE (միւ'սիլէճ) խէժ, խէժաջուր։
MUCK (մըք) աղտ, տիղմ, աղբ, աղբել։
MUCK'ER յանկարծակի անկում, կոշտ մարդ։
MU'CUS (միու'քըս) խլինք։
MUD (մըտ) տիղմ, ցեխ, կաւ, աղտոտել։
MUD'DLE (մըտ'տլ) արբեցնել, գըլուխը դարձնել, շփոթել։
MUDD'Y (մըտ'տի) ցեխոտ, աղմոտ։
MUFF (մըֆ) ձեռնամուշտակ, ապուշ, վրիպեցնել։
MUFF'IN (մըֆ'ֆին) քաքար, կլիկ։
MUF'FLE (մըֆ'ֆլ) ցռուկ, պատեան, ծածկել, պարուրել։
MUFFLER ծածկոց, վզպահ։
MUG (մըկ) գաւաթ, թաս։
MUGG'ER հնդ. կոկորդիլոս։
MUGG'Y (մըկ'կի) տաք, խոնաւ։
MULATT'O (միուլէթ'թօ) խառնածին։
MUL'BERRY (մըլ'պէրի) ճերմակ թթենի։
MULCH (մըլչ) կոթունք, փախոտ։
MULE (միուլ) ջորի, հողաթափ։
MULETUR (միուլիթի'ր) ջորեպան։
MULIEBRITY (միուլիէպ'րիթի) կնութիւն։
MULISH (միուլ'իշ) ջորենման։
MULL'IGRUBS (միուլիկրըպզ) փորի ցաւ։
MULTIFAR'IOUS (միուլթիֆէյ'րիըս) բազմաձեւ, բազմատեսակ։
MULTIFOIL (միուլ'թիֆօյլ) բազմատերեւ։
MULTIFORM (միուլ'թիֆօրմ) բազմաձեւ։
MUL'TIPLE (մըլ'թիփլ) բազմապատիկ, բազմադիմի։
MUL'TIPLEX (մըլ'թիփլէքս) բազմապատիկ։
MULTIPLICA'TION բազմապատկութիւն։
MULTIPLI'CITY բազմաւորութիւն։

MUL'TIPLY բազմանալ, շատցնել, բազմապատկել։
MUL'TITUDE (մըլ'թիթիուտ) բազմութիւն։
MULTITUDINOUS բազմածաւալ։
MUM (մըմ) լուռ, մունջ։
MUM'BLE (մըմ'պլ) քրթմնջել, մըրմըռալ։
MUMM'ER (մըմ'մըր) դիմակաւոր, խեղկատակ։
MUMM'IFY (միմմի'փայ) մումիացնել։
MUMM'Y (մըմ'մի) մումիա։
MUMPS (մըմփս) ականջախոյլ։
MUNCH (մընչ) ծամծմել։
MUN'DANE (մըն'տէյն) աշխարհային։
MUNI'CIPAL (միունիսի'իփըլ) թաղապետական։
MUNICIPAL'ITY թաղապետութիւն։
MUNIF'ICENT (միունիֆ'իսընթ) առատաձեռն։
MUNIF'ICENCE առատաձեռնութիւն։
MUNI'TION (միունի'շըն) մթերք, ռազմամթերք։
MURDER (մըր'տըր) սպանութիւն, սպաննել, ջնջել։
MURDERER մարդասպան։
MURDERESS սպաննիչ կին։
MURDEROUS արիւնոտ, արիւնահեղ։
MURK'Y (մըրքի) աղօտ, մթին։
MURM'UR (մըր'մըր) մրմունջ, մրմնջել։
MURPH'Y (մըրփ'ի) գետնախնձոր։
MU'RRAIN (մըր'րէյն) պաճարախտ։
MU'SCLE (մըս'լ) գնդեր, մկան։
MUSC'ULAR գնդերային։
MUSE Մուսայ։
MUSE (միուզ) անցք, ճամբայ, մըտքի վերացում, երազ, խոկ։
MUSE'UM (միուզի'ըմ) թանգարան։
MUSH (մըշ) լանդակ։
MUSH'Y անկայծն, կակուղ։
MUSH'ROOM սունկ։
MUSIC (միու'զիք) նուագ, երգ, երաժշտութիւն։
MUSIC-HALL նուագասրահ, երաժշտարան։
SACRED MUSIC եկեղեցական երաժշտութիւն։
MUSICAL երաժշտական։
MUSI'CIAN (միուզի'շըն) երաժիշտ, երգահան։
MUSK (մըսք) մուշկ։
MUSKDEER մշկեղէ։
MUS'KET (մըս'քէթ) հրացան, բաղէ։
MUSKETEER' հրացանակիր։
MUS'KETRY հրացանաձգութիւն։
MUS'LIN (մըզ'լին) մարմաշ։
MUSQUASH (մըս'քուաշ) մշկառնէտ։
MUSS (մըս) աղմուկ։
MUSS'ULMAN (մըս'ըլմէն) մուսուլման։
MUST (մըսթ) ստիպուած ըլլալ, պարտիլ, թթուիլ, բորբոսիլ, օշարակ, մրգաջուր, մրճրուկ, գինի, մշլուցք։
MUSTARD (մըս'թըրտ) մանանեխ։
MUSTEE (մըսթի') խառնածին։
MUS'TER (մըսթըր) զօրահաւաք, բանակ կազմել, հաւաքուիլ։
MUSTER-FILE, ROLL զօրացուցակ։
MUS'TY (մըս'թի) մգլոտ, մաշած։
MU'TABLE (միու'թէպլ) փոփոխելի, անհաստատ։
MUTA'TION փոփոխութիւն։
MUTE (միութ) մունջ, համր, անձայն, թափել, ծրտել։
MU'TILATE (միու'թիլէյթ) կրճատել, հաշմել։
MUTILA'TION կրճատում, յապաւում։
MUTINEER (միու'թինիր) ապստամբ։
MU'TINOUS աղմկիչ, խռովարար։
MU'TINY ապստամբութիւն։
MUTT'ER (մըթ'թըր) քրթմնջել։
MUTT'ON (մըթ'թըն) ոչխարի միս։
MU'TUAL (մը'թիուըլ) փոխադարձ։
MUX (մըքս) աղտ։
MUZ'ZLE (մըզ'զլ) ցռուկ, կնճիթ, բերանակապ, բերանը կապել։
MUZZ'Y (մըզ'զի) մտացիր, ապշած։
MY (մայ) իմ, իմին։
MYAL'GIA (մայէլ'ճիէ) մկանացաւ։
MYCOL'OGY (մայքօլ'աճի) սնկաբանութիւն։

MYO'PE (մայ'օփ) *կարճատես։*
MYO'PIA (մայօ'փիէ) *կարճատեսութիւն։*
MYOPSIS (մայոփ'սիս) *ճանճատեսութիւն։*
MY'RIAD (մի'րիըտ) *բիւրաւոր։*
MYRRH (մըր) *զմուռս։*
MYR'TLE (մըր'թլ) *մրտենի, մրտի։*
MYSELF (մայսէլֆ) *ես ինքս, անձամբ։*
MYSTER'IOUS (միսթիր'իըս) *խորհրդաւոր, գաղտնի։*
MYS'TERY (միս'թըրի) *գաղտնիք, առեղծուած։*
MYS'TIC (միս'թիք) *խորհրդապաշտ, անհասանելի։*
MYS'TICISM (միս'թիսիզմ) *խորհրդապաշտութիւն, հոգեներութիւն։*
MIS'TIFY (միս'թիֆայ) *խորհրդաւորել, ապշեցնել։*
MYSTIFICA'TION *պատրանք, աչկապութիւն։*
MYTH (միթհ) *առասպել, դիցավէպ։*
MYTHOL'OGY (մէթհալ'օճի) *դիցաբանութիւն։*
MYTHOL'OGIST *դիցաբան։*
MYTHOMANIA (միթհամէյն'իէ) *ստամոլութիւն։*
MYTHUS (մայ'թհըս) *զրոյց,՝ առասպել։*

N

NAB (Նէպ) յանկարծ բռնել, վիժուած:
NA'BOB (Նէյ'պապ) նապապ, հնդիկ իշխան,, մեծ հարուստ:
NACELLE' (Նէսէլ') օդանաւի մարմինը:
NA'CRE (Նէյ'քըր) սադաֆ:
NA'DIR (Նէյ'տիր) նադիր, ստորակէտ:
NAG (Նէկ) բաշխոյ, մանրուկ ձի, նեղել, յանդիմանել:
NA'GOR (Նէյ'կօր) սենեկալեան այծքաղ:
NAI'AD (Նէյ'ետ) նայադ:
NAIL (Նէյլ) եղունգ, մագիլ, գամ, գամել, հաստատել:
NAIL'ER գամող, բեւեռագործ:
NAIVE' (Նաիվ'). պարզամիտ:
NA'KED (Նէյ'քէտ) մերկ, պարզ, բոպիկ, անզէն:
NAME (Նէյմ) անուն, համբաւ, ընտանիք, անունը տալ, յիշել:
NAMELESS անանուն, անծանօթ:
NAMELY այսինքն:
NAMESAKE անուանակից:
NANKEEN' (ՆէՆ'քիՆ) չինական դեղին կտաւ:
NANN'Y (GOAT) էգ այծ:
NAP (Նէփ) թեթեւ քուն, մրափ, մազմզուք, մրափել:
NAPE (Նէյփ) ծոծրակ:
NA'PERY (Նէյ'փըրի) սեղանի կտաւ:
NAPH'THA (Նէփ'թէ) նաւթ:
NAP'KIN (Նէփ'քիՆ) անձեռոց:
NARCO'SIS (Նարքօ'սիս) թմրութիւն:
NARCOT'IC (Նարքօթ'իք) թմրական, թմրեցուցիչ:
NARCO'TISM քնամոլութիւն, թմրութիւն:
NARC'OTIZE (Նարք'օթայզ) թմրբրակել:
NARD (Նարտ) հնդիկ նարդոս:
NARG'HILE (Նար'կիլէ) նարկիլէ, կլկլակ:
NARRATE' (Նէրրէյթ') պատմել:
NARRA'TION պատմութիւն, զրոյց:
NARRATIVE պատմական, պատմութիւն:
NARRA'TOR պատմիչ:
NARROW (Նէր'րօ) նեղ, նեղ անցք, անձուկ, նեղմել:
NARROW-MINDED նեղմիտ, անձկամիտ:
NA'RROWLY դժուարաւ, համառօտիւ:
NA'SAL (Նէյ'զըլ) ռնգային, ռնգաձայն:
NA'SALIZE (Նէ'զըլայզ) քթէ հնչել, ռնգացնել:
NAS'CENT (Նէս'ըՆթ) դեռածին, դեռաբոյս:
NASITIS (Նէյ'սայթիս) քթի բորբոքում:
NAS'TY (Նէս'թի) կեղտոտ, գարշ:
NA'TAL (Նէյ'թլ) ծննդեան, բնիկ, հայրենի:
NA'TALITY (Նէ'թըլիթի) ծնունդ, ծննդական:
NATA'TION (Նէթէյ'շըՆ) լող, ջրածփութիւն:
NA'TION (Նէյ'շըն) ազգ; տոհմ:
NA'TIONAL ազգային, ազգայնական:
NATINAL SPIRIT ազգային ոգի:
NA'TIONALISM ազգայնականութիւն:
NA'TIONALIST ազգայնական:
NATIONAL'ITY ազգութիւն, ազգայնութիւն:
NA'TIONALIZE ազգայնացնել:
NATIONALIZA'TION ազգայնացնում:
NA'TIVE (Նէյ'թիվ) բնիկ, բնածին, ծննդեան:

NATIVITY ծնունդ, տօն ծննդեան, ծննդաքարտէս:
NA'TRON (Նէյ'թրօն) նատրոն, հայբորակ:
NATTY (Նէթ'թի) կոկիկ, մաքրուկեկ:
NA'TURAL (Նէչ'ըրըլ) բնական, անպաճոյճ, իրական, օրինաւոր, անարուեստ:
NA'TURALISM բնապաշտութիւն:
NA'TURALIST բնագէտ, բնապաշտ:
NA'TURALIZE բնականացնել, քաղաքացիացնել, ընտանեցնել, քաղաքացի ըլլալ:
NA'TURALIZA'TION ազգայնացում, քաղաքացիացում, ազգափոխութիւն:
NA'TURALLY բնականօրէն:
NA'TURE (Նէյ'չըր) բնութիւն, համազգանք, իսկութիւն, բնաւորութիւն:
NAUGHT (Նօթ) ոչինչ, ոչնչութիւն, զէրօ:
NAUGHTY (Նօթ'ի) չար, անպարկեշտ, յամառ:
NAUS'EA (Նօշ'իէ) սրտխառնուք, զզուանք:
NAUS'EATE (Նօ'սիէյթ) սրտխառնուք զգալ, զարշիլ:
NAUTCH (Նօչ) հնդկական պար:
NAU'TICAL (Նօ'թիքըլ) ծովային, նաւավարական:
NA'VAL (Նէյ'վլ) նաւային, ծովային:
NAVAL BASE նաւային խարիսխ:
NAVE (Նէյվ) միջանիւ, խմբարան:
NA'VEL (Նէ'վլ) պորտ, միջակէտ:
NAVICULAR (Նէվիք'իուլըր) նաւակաձեւ:
NAVIGABLE (Նէվ'իկէպլ) նաւարկելի:
NAV'IGATE նաւարկել:
NAVIGA'TION նաւագնացութիւն, նաւարկութիւն:
NAVY (Նէյ'վի) նաւատորմիղ:
NAWAB' (Նէ'ուապ) փոխարքայ, իշխան:
NAY (Նէյ) ոչ, անկէ զատ, մերժում:

NAZE (Նէյզ) գլուխ, հրուանդան:
NAZARENE (Նէզէրին') նազովրեցի:
NEAP (Նիփ) ցած, վար, կոտտաձող:
NEAR (Նիըր) մօտ, գրեթէ, սերտօրէն, մօտեցնել, մերձենալ:
NEAR'LY մօտաւորապէս, գրեթէ:
NEARNESS մօտաւորութիւն, խնամութիւն:
NEAT' (Նիթ) կոկիկ, մաքուր, արջառ:
NEATHERD կովարած:
NEATNESS վայելչութիւն:
NEB (Նէպ) կտուց, ցռուկ:
NEB'ULA (Նէպ'իուլէ) միգամած, մթարք:
NEBULAR ամպամած:
NE'CESSARY (Նէ'սէսըրի) կարեւոր էական, անհրաժեշտ, արտաքնոց:
NECESS'ITATE անհրաժեշտ դարձնել, հարկադրել, ստիպել:
NECESSITA'TION հարկադրանք.
NECESS'ITOUS չքաւոր, կարօտ:
NECESS'ITY հարկ, կարեւորութիւն, պէտք, կարիք:
NECK (Նէք) վիզ, պարանոց, ճիտ, գլխատել:
NECKCLOTH վզկապ:
NECKLACE մանեակ:
NECKTIE փողկապ:
NECK'ING սիւնակ, միջնասիւն:
NECROL'OGY մահագիր:
NEC'ROMANCER կախարդ, մեռելահմայ:
NEC'ROMANCY կախարդութիւն, մեռելահմայութիւն:
NECROP'OLIS գերեզմանատուն:
NECRO'SIS (Նիքրօ'սիս) փտախտ, մեռուկ:
NEC'TAR (Նէք'թըր) նեկտար:
NEC'TARINE նեկտարին:
NEED (Նիտ) կարիք, պէտք, հարկ, կարօտիլ, պէտք ունենալ:
NEEDFUL պիտանի, կարեւոր:
NEEDLESS անօգուտ, անպէտ:
NEE'DLE (Նի'տլ) ասեղ, սլաք:
NEEDLESPAR արագոնաքար:
NEEDLE WOMAN կարուհի:

NEEDLE WORK ասեղնագործութիւն։
NEEDS անհրաժեշտութիւնք։
NEED'Y կարօտ, աղքատ։
NE'ER (Նէյր) համառօտ. NEVER-ի, բնաւ, երբեք։
NEEZE (Նիզ) փռնգտալ։
NEFAR'IOUS (Նէֆէյ'րիըս) անզգամ, ապիրատ։
NEGA'TION (Նէկէյ'շըն) ժխտում, ուրացում։
NEGA'TIONIST ժխտում, ընդդիմադիր։
NEG'ATIVE (Նէկ'էթիվ) ժխտական, մերժում։
NEG'ATORY ժխտական։
NEGLECT' (Նիկլէքթ') անհոգութիւն, զանց առնել, չսեպել, անհոգ թողուլ։
NEG'LIGENCE անհոգութիւն անխնամութիւն։
NEG'LIGIBLE անարժէք, արհամարհելի։
NEGO'TIABLE (Նիկօ'շիէպլ) փոխանցելի, բանակցելի։
NEGO'TIATE բանակցիլ, փոխանցել, միջնորդել, խօսիլ։
NEGOTIA'TION բանակցութիւն, առեւտուր։
NEGO'TIATOR բանագնաց, միջնորդ։
NE'GRO (Նի'կրօ) սեւ, սեւամորթ։
NEIGH (Նէյ) վրնջել, խրխնջել։
NEIGH'BOUR (Նէյ'պըր) դրացի, հարեւան։
NEIGHBOURHOOD դրացնութիւն, շրջակայք։
NEITHER (Նի'տհըր) ոչ մէկ, ոչ մէկը։
NEM'ESIS (Նէմի'սիս) նեմեսիս։
NEOL'OGISM (Նիօլ'օճիզմ) նորաբանութիւն։
NE'OPHYTE (Նի'օֆայթ) նորահաւատ, նորընծայ։
NE'PHEW (Նէ'ֆիու) եղբօրորդի, քեռորդի։
NEPHOL'OGY (Նիֆօլ'օճի) ամպաբանութիւն։

NEP'OTISM (Նէփ'օթիզմ) նեպոտութիւն, ազգականապաշտութիւն։
NERVE (Նըրվ) ջիղ, ջիլ, ուժ։
NERVE'LESS անջիղ։
NERV'OUS ջղային, հուժկու։
NERV'Y ջղուտ, զօրաւոր։
NEST (Նէսթ) բոյն, հանգիստ, բոյն շինել։
NEST EGG բունկալ։
NE'STLE (Նէս'լ) բոյն շինել, գուրգուրալ։
NET (Նէթ) վարմ, ցանց, ծուղակ, ուռկանով որսալ, հիւսել։
NETH'ER (Նէտհ'ըր) ստորին, վար, ցած։
NET'TLE (Նէթ'լ) եղինճ, խայթել։
NEUR'AL (Նիու'րըլ) ջղային։
NEUR'ALGIA (Նիուրըլ'ճիէ) ջղացաւ։
NEURI'TIS (Նիուրայ'թիս) ջղատապ։
NEOROPATHY (Նիուրափ'էտհի) ջղախտութիւն։
NEUT'ER (Նիու'թըր) չէզոք, անկուսակից։
NEUT'RAL (Նիու'թրըլ) անտարբեր, կէսակէս։
NEUTRAL'ITY չէզոքութիւն։
NEUT'RALIZE չէզոքացնել, ի դերեւ հանել։
NEVER (Նէվ'ըր) բնաւ, երբեք։
NEVERMORE ոչ այլեւս։
NEVERTHELESS այսուհանդերձ։
NEW (Նիու) նոր, թարմ, արդի, անվարժ։
NEW'LY վերջերս, նորէն։
NEWS լուր, զրոյց։
NEWS AGENT թերթերու գործակալ։
NEWS MONGER լրավաճառ, լրաքաղ։
NEWS PAPER լրագիր։
NEWS PRINT լրագրութեան թուղթ։
NEXT (Նէքսթ) հետագայ, հետեւեալ, յաջորդ։
NIB (Նիպ) կտուց, գրչի ծայր։
NIB'BLE (Նիպ'պլ) խածխծել, կրծել։
NICE (Նայս) հաճելի, ազուոր, նուրբ։

NICE-LOOKING սիրուն, գեղեցիկ, վայելուչ։
NICENESS ազուարթութիւն։
NI'CETY նրբութիւն, փափկութիւն։
NICK (նիք) նիշ, հաշուեփայտ, ճեղքուածք, ժամկէտ, չար ոգի, նիշել, եղծանել, յարմարցնել։
NICK'EL (նիք՛էլ) նիքել։
NICK'NAME ծաղրանուն։
NIC'OTINE (նիք՛օթին) նիկոտին։
NIC'TATE (նիք՛թէյթ) աչքը գոցել, թարթել։
NID'IFICATE (նիտ՛իֆիքէյթ) բոյն շինել։
NIECE (նիս) եղբօր աղջիկ, քեռաղջիկ։
NIGG'ARD (նիկ՛կըրտ) կծծի, ագահ։
NIGG'ER (նիկ՛կըր) խափշիկ։
NIGH (նայ) մօտ, մօտիկ։
NIGHT (նայթ) գիշեր, խաւար; **BY NIGHT** գիշերանց։
NIGHT-BIRD բու։
NIGHT-CLOTHES, NIGHT DRESS, NIGHT GOWN գիշերանոց։
NIGHT FALL իրիկուն, գիշերամուտ։
NIGHT-IN-GALE սոխակ։
NIGHT-JAR խոյլածուկ։
NIGHT MARE մղձաւանջ։
NIGHT SCHOOL գիշերային դպրոց։
NIGHT WALKER քնաշրջիկ, պոռնիկ։
NIGHT WATCH գիշերապահ։
NIG'RITUDE (նիկ՛րիթիուտ) խոր մթութիւն։
NI'HILISM (նայ՛հիլիզմ) ոչնչապաշտութիւն։
NIL (նիլ) ոչինչ, անարժէք։
NILE (նայլ) Նեղոս։
NIM'BLE (նիմ՛պլ) ճկուն; ճապուկ։
NIMBLY արագօրէն։
NIM'BUS (նիմ՛պըս) լուսապսակ, անձրեւի ամպ։
NINE (նայն) ինը։
NINEFOLD իննապատիկ։
NINE'TEEN (նայն՛թին) տասն եւ ինը։
NINE'TY իննսուն։
NINN'Y (նին՛նի) ապուշ, յիմար։
NIP (նիփ) կսմիթ, խածուք, կսմթել, խածնել։
NIPP'ER (նիփ՛փըր) մանչուկ, աքցան, կծող։
NIPP'LE (նիփ՛փլ) պտուկ (ծծի), ատինք։
NIPP'Y (նիփ՛փի) պաղ, ճկուն։
NISI (նայ՛սայ) եթէ ոչ։
NIT (նիթ) ոջիլի անիծ։
NITENCY (նայ՛թընսի) ճիգ, ջանք։
NI'TRATE (նայ՛թրէյթ) բորակատ։
NITRE (նայ՛թր) բորակ։
NITRIC (նայ՛թրիք) բորակական։
NI'TROGEN (նայ՛թրօճէն) բորակածին։
NI'TROUS (նայ՛թրըս) բորակային։
NIT'WIT (նիթ՛ուիթ) պարզամիտ։
NIVAL (նայ՛վըլ) ձիւնոտ, ձիւնանման։
NIX (նիքս) ջրպարիկ, ոչ։
NIZAM (նիզամ՛) Հայտարապատի իշխանին տիտղոսը։
NO (նօ) ոչ, ոչ մէկ։
NO GOOD անօգուտ։
NO BO'DY ոչ ոք։
NO WHERE ոչ մէկ տեղ։
NO WISE ոչ մէկ կերպով։
NOB (նապ) ազնուական։
NOBB'Y (նապ՛պի) շքաւէտ, շէք։
NOBIL'ITY (նօպիլ՛իթի) ազնուականութիւն։
NO'BLE (նօ՛պլ) ազնիւ, վեհանձն, ազնուական։
NO'BLEMAN ազնուական։
NO'CENT (նա՛սընթ) վնասակար, չար, յանցաւոր։
NOCTAM'BULIST (նօքթէմ՛պիուլիսթ) քնաշրջիկ։
NOCTURN'AL (նօքթըրն՛ըլ) գիշերային։
NOCTURNE (նօքթըրն՛) ցայգանուագ։
NOD (նատ) գլխու հակում, մրափ. գլխու նշան, ծռիլ, բարեւել, մրափել։

NOD'DLE (նատ'տըլ) գլուխ, գանգ (հեգնականօրէն) ։
NOBODY (նօպ'տի) ապուշ, հասարակ գլուխ ։
NODE (նօտ) հանգոյց, կապ, ուռուցք ։
NODOSIS (նօտօ'սիս) կոշտացում ։
NO'DUS (նօ'տըս) հանգոյց ։
NOEL (նօ'էլ) Ծնունդ ։
NOISE (նօյզ) աղմուկ, ժխոր, աղմկել ։
NOISELESS անձայն, անաղմուկ ։
NOIS'OME (նօյ'սըմ) վնասակար, վատահոտ ։
NOIS'Y (նօյզ'ի) աղմկոտ, շառաչալից ։
NOM'AD (նօ'մէտ) վրանաբնակ ։
NO'MENCLATURE (նօ'մէնքլէյ-թիուր) անուանացանկ, բառացանկ ։
NOMINAL (նամ'ինըլ) անուանական ։
NOM'INALISM անուանականութիւն ։
NOM'INATE (նօմ'ինէյթ) յորջորջել, անուանել, նշանակել ։
NOMINA'TION նշանակում, կարգում, պաշտօնակարգութիւն ։
NOM'INATIVE անուանական, ուղղական հոլով ։
NOMINEE (նօմինի'ի) անուանեալ ։
NOMOLOGY (նօմալ'օճի) օրէնսբանութիւն ։
NON (նան) ոչ ։
NON'AGE (նան'էճ) անչափահասութիւն ։
NONCE (նանս) միայն առիթ ։
FOR THE NONCE այս առթիւ ։
NON'CHALANT (նօն'շէլանթ) անհոգ, անփոյթ ։
NON-COMMISSIONED ոչ ի պաշտօնէ, անպաշտօն ։
NON-CONDUC'TOR վատ հաղորդիչ ։
NONCONTENT հակառակ, ոչ գոհ առաջ ։
NONE (նըն) ոչ ոք, ոչ մէկ ։
NON-EXISTENT անգոյ, չգոյ ։
NON-FEASANCE անպարտականատարութիւն ։
NONES ICH (նը'նս'ըչ) անզուգական ։
NON PAREIL' (նըն'փարէլ) անզուգական ։

NONPAY'MENT մերժում, չվճարում ։
NON-RESIS'TANCE անդիմադրութիւն ։
NONSENSE անիմաստ խօսք, անմտութիւն ։
NONSENSICAL անիմաստ, անմիտ ։
NON-SEXUAL անսեռ, անսեռային ։
NOO'DLE (նու'տլ) ապուշ, յիմար ։
NOOK (նուք) առանձնարան ։
NOON (նուն) միջօրէ, կէսօր ։
NOON DAY, NOON TIDE կէսօր, միջօրեայ ։
NOOSE (նուզ) խեղդակապ ։
NOR (նօր) ոչ ։
NORDIC (նօրտ'իք) սկանտինաւեան, հիւսիսական ։
NORM (նօրմ) օրինակ, տիպար ։
NORM'AL (նօրմ'ըլ) բնական, առողջական ։
NORMAL SCHOOL ուսուցչանոց ։
NORMAL'ITY բնական վիճակ ։
NORMALIZE (նօր'մըլայզ) բնական վիճակի վերածել ։
NORTH (նօրթհ) հիւսիս, հիւսիսակողմ ։
NORTH POLE հիւսիսային բևեռ ։
NORTH-EAST հիւսիս արևելք ։
NORTH STAR բևեռային աստղ ։
NORTH-WEST հիւսիս արևմուտք ։
NORTH'ERN հիւսիսային ։
NORTHWARD դէպի հիւսիս ։
NORWE'GIAN (նօրվի'ճիըն) նորվեկական, նորվեկիացի ։
NOSE (նօզ) քիթ, ցռուկ, կնճիթ, հոտ առնել, քիթ խոթել ։
TO BLOW ONE'S NOSE խնչել ։
NOSE-BAG ձիու պարկ ։
NOSE-DIVE օդանաւի խոյանք ։
NOSOL'OGY (նօզալօճի) ախտաբանութիւն ։
NOSTAL'GIA (նօսթէլճիէ) հայրենաբաղձութիւն ։
NOS'TRIL (նաս'թրիլ) ռունգ ։
NOS'TRUM (նաս'թրըմ) գաղտնի դեղ, պատուաստեալ դեղ ։

NO'SY (նօզ'ի) մեծ քիթ։
NOT (նոթ) ոչ
NOT A BIT բնաւ, ոչ երբեք։
NO'TABLE (նօթ'էպլ) նշանաւոր, երեւելի։
NOTABIL'ITY երեւելիութիւն, նշանաւոր, մարդ։
NO'TARY (նօ'թէրի) նոտար։
NOTA'TION (նիթէյ'շըն) նօթագրութիւն։
NOTCH (նաչ) նիշ, կտրած, խազ, կտրել, նշել։
NOTE (նօթ) նշան, նօթագրութիւն, ծանուցագիր, մուրհակ, պատիւ, խազ, ձայնանիշ, գիտել, նօթագրել, յուշագրել։
NOTE OF HAND խոստմնագիր։
NOTE BOOK յուշատետր։
NOTE PAPER յուշագրաթուղթ։
NOTE'WORTHY նկատելի, տեսարժան։
NO'THING ոչինչ։
NO'TICE (նօ'թիս) ազդ, լուր, ազդարարութիւն, ուշադրութիւն, ծանօթագրել, նկատի առնել, ազդարարել։
NOTICE-BOARD ազդատախտակ։
NO'TIFY (նօ'թիֆայ) ազդարարել, տեղեկացնել։
NOTIFICA'TION ծանուցում, ազդ, զեկոյց, նշան։
NOTION (նօ'շըն) գաղափար, ըմբռնում, կարծիք, հնարք։
NOTOR'IOUS (նօթօր'իըս) հանրածանօթ, անպատկառ։
NOT'WITH-STAND'ING չնայելով, այսուհանդերձ, թէպէտեւ։
NOU'GAT (նուկէ) հրուշակ։
NOUGHT (նօթ) ոչինչ, զէրօ։
NOUN (նաունն) անուն, գոյական։
NOU'RISH (նը'րիշ) կերակրել, սնուցանել, մարզել։
NOU'RISHMENT սնունդ։
NOV'EL (նավ'ըլ) նորավէպ։
NOV'ELIST վիպագիր։
NOV'ELTY նորութիւն։
NOVEM'BER (նօվէմ'պըր) Նոյեմբեր։
NOVICE (նավ'իս) նորեկ, սկսնակ, անփորձ։
NOW (նաու) հիմա, այժմ, արդ։
NOW AND THEN երբեմն։
NOWADAYS այս օրերս։
NOWHERE ոչ մէկ տեղ
NO'XIOUS (նաք'շըս) վնասակար, վատառողջ։
NOZ'ZLE (նազ'զլ) ցռուկ, փողածայր։
NUANCE (նիուան'ս) երփնազանութիւն։
NUBILITY (նիուպիլ'իթի) արբունք։
NU'CLEUS (նիու'քլիըս) կորիզ։
NUDA'TION (նիուտէյ'շըն) մերկացում։
NUDE (նիուտ) մերկ, հոլանի։
NU'DITY (նիու'տիթի) մերկութիւն։
NUDGE (նըճ) արմուկով զարկել, մըղել։
NUGG'ET (նըկ'կէթ) ձոյլ ոսկի։
NUIS'ANCE (նիու'սընս) ցաւ, աղէտ, վնաս։
NULL (նըլ) անզօր, անվաւեր։
NULL'IFY (նըլլ'իֆայ) փճացնել, ոչնչացնել։
NULLIFICA'TION ոչնչացում, ջնջում։
NULL'ITY ոչնչութիւն, անվաւերութիւն։
NUMB (նըմ) թմրած, անզգայ։
NUM'BER (նըմ'պըր) թիւ, թուանշան, արժէք, չափ, հաշուել, համրել։
NUM'BERLESS անթիւ, անհամար։
NU'MERABLE թուելի։
NU'MERAL (նիու'մըրըլ) թիւ, թուական։
NUMERA'TION թուարկութիւն։
NU'MERATOR համարիչ, թուարկող։
NUME'RICAL թուային, թուական։
NU'MEROUS շատաւոր, բազմաթիւ։
NUMISMAT'IC (նիումիզմէթ'իք) դրամագիտական։
NUMSKULL (նըմ'սքըլ) ապուշ, փափուկ։
NUN (նըն) միանձնուհի, մայրապետ։

NUN'CIO (Նըն'շիօ) նուիրակ, պատուիրակ։

NUNN'ERY կուսանոց։

NUP'TIAL (Նըփ'շըլ) հարսանեկան։

NURSE (Նըրս) ստնտու, դայեակ, հիւանդապահ, բուժքոյր։

NURSE'LING (Նըրս'լինկ) մանկիկ, երեխայ։

NURS'ERY մանկարան, մանկանոց, տնկարան։

NUR'TURE (Նըր'թիուր) խնամք, դիեցում, սնունդ, կրթել, սնուցանել։

NUT (Նըթ) կաղին, ընկոյզ, էգ պտուտակ, փախուկ։

NUT CRACKER ընկուզարեկ (թռ.)։

NUT CRACKERS կաղնեբեկ։

NUT-GALL գզթոր։

NUT HATCH նրբակտուց (ճնճղուկ մը)։

NUTA'TION (Նիութէյ'շըն) վայրահակում, ճօճում։

NUT'MEG (Նըթ'մէկ) մշկընկոյզ։

NUTOIL մշկընկոյզի իւղ։

NU'TRIA (Նիու'թրիէ) ջրագուշակնի։

NU'TRIENT (Նիու'թրիընթ) սննդարար։

NU'TRIMENT (Նիու'թրիմընթ) սընունդ, կերակուր։

NUTRI'TION սնուցում, կերակրում։

NUTRI'TIOUS սննդարար։

NU'TRITIVE սնուցիչ, սննդարար։

NUTS (Նըց) յիմար, տապուշ։

NUTT'Y (Նըթ'թի) ընկուզահամ, յիմար։

NUX VOM'ICA (Նըքս վամի'քէ) ժանտ ընկոյզ։

NUZ'ZLE (Նըզ'զլ) բոյն շինել, գլուխը ծածկել, թխսել, թաքչիլ։

NYMPH (Նիմֆ) յաւերժահարս, գեղուհի։

NYM'PHOLEPSY (Նիմ'ֆալէփսի) մտախանդութիւն, սքանչացում։

NYM'PHOMANIA (Նիմ'ֆօմէյնիէ) կանանց վաւաշոտութիւն, այրամոլութիւն։

NYSTAG'MUS (Նիսթէկ'մըս) աչքաշարժ։

NYULA (Նիիու'լէ) օձահան։

NYX (Նիքս) գիշերուհի (յունական)։

O

O (օ՛) ո՜վ, ո՜հ։
OAF (օֆ) լամուկ, պարզամիտ։
OAK (օք) կաղնի, կաղնեփայտ։
OAK-APPLE բալուա։
OAK-GALL կաղնեգզթոր։
OAR (օր) թի, թիակ, թիավարել։
OARFISH երիզաձուկ։
OARS'MAN թիավար։
OA'SIS (PL. OASES) (օէյ'սիս) ովասիս։
OAST (օսթ) հմուլի փուռ։
OAT (օթ) վարսակ։
OAT CAKE վարսակի քաքար։
OAT MEAL վարսակալիւր։
OAT'EN (օթ'ն) վարսակեայ։
OATH (օթh) երդում, հայհոյութիւն։
TO TAKE THE OATH երդումը առնել։
OB'DURACY (ապ'տիուրէյսի) կամակորութիւն։
OB'DURATE (ապ'տիուրէյթ) կամակոր, խստասիրտ։
OBE'DIENCE (օպի'տիընս) հնազանդութիւն։
OBE'DIENT հնազանդ, հլու։
OBEIS'ANCE (օպէյ'սընս) խոնարհութիւն, մեծարանք։
OB'ELISK (օպ'էլիսք) քարկոթող, յուշան, խաղանիշ։
OBESE' (օպիս') գէր, մսոտ։
OBEY' (օպէյ) հնազանդիլ, հպատակիլ։
OBFUSCATE (ապֆըս'քէյթ) մթնցընել, աղօտել։
OBIT'UARY (օպիթ'իուէրէ) մահագոյժ, մահազդ։
OB'JECT (ապ'ճէքթ) առարկայ, վախճան, առարկել, հակառակիլ։
DIRECT OBJECT սեռի խնդիր։
INDIRECT OBJECT բնութեան խընդիր։
OBJEC'TION (ապճէք'շըն) առարկութիւն, արգելք։
OBJECTIONABLE առարկելի։
OBJEC'TIVE առարկայական, հայցական հոլով։
OBJEC'TOR ընդդիմացող։
OBJEC'TOR ընդդիմացող։
OB'JURGATE (ապ'ճիուրկէյթ) կշտամբել։
OB'LATE (օպ'լէյթ) տափակ, նուիրեալ, վանականուհի։
OBLA'TION նուիրում, ձօնում, զոհ, մատաղ։
OB'LIGATE (օպ'լիկէյթ) պարտաւորել, երախտապարտ ընել։
OBLIGA'TION պարտաւորութիւն, երախտապարտութիւն։
OBLIG'ATORY պարտաւորիչ, ըստիպողական։
OBLIGE' (օպլայճ') պարտաւորել, երախտապարտ ընել։
OBLIGEE' (օպլիճի') երախտաւոր։
OBLI'GING (օպլայ'ճինկ) ազնիւ, շնորհատու, պարտաւորող։
OBLIQUE' (օպլիք') շեղ, խոտոր, ծուռ, շեղիլ։
OBLIQ'UITY շեղութիւն, խոտորութիւն։
OBLIT'ERATE (օպլիթ'ըրէյթ) աւրել, ջնջել, անհետացնել։
OBLIV'ION (օպլիվ'իըն) մոռացութիւն։
OB'LONG (ապ'լօնկ) երկայնաձեւ։
OB'LOQUY (ապ'լօքուի) մեղադրանք, բամբասանք։
OBNO'XIOUS (ապնաք'շըս) մեղադրելի, յանցաւոր, նշաւակ։
OBSCENE' (ապսին') պիղծ, խայտառակ։
OBSCUR'ANT (ապսքիուր'ընթ) խաւարիչ։

OBSCURA'TION խաւարեցնում, խաւարում։

OBSCURE' (աբսքիուր) խաւար, խաւարել, մութ, նսեմացնել։

OBSECRA'TION (աբսիքրէյշ'ըն) աղաչանք։

OB'SEQUIES (աբ'սիքուիզ) յուղարկաւորութիւն։

OBSERV'ANCE (աբզըրվ'ընս) համակերպութիւն, օրէնք, կանոն։

OBSERV'ANT ուշադիր, օրինապահ։

OBSERVA'TION դիտողութիւն, զննութիւն, խորհրդածութիւն։

OBSERV'ATORY դիտարան։

OBSERVE' (աբզըրվ') դիտել, նկատել, տեսնել, կատարել, ջանալ։

TO OBSERVE TIME ճշդապահ ըլլալ։

OBSERVE'R դիտող, նկատող։

OBSESS' (ապսէս') պաշարել, նեղել։

OBSES'SION սեւեռեալ գաղափար, պաշարում։

OB'SOLETE (ապ'սօլիթ) անգործածական։

OB'STACLE (ապ'սթէքլ) արգելք, խափան։

OBSTET'RIC (ապսթէթ'րիք) մանկաբարձական։

OB'STINACY (աբ'սթինէսի) յամառութիւն։

OB'STINATE յամառ։

OBSTRUCT' (աբսթրըքթ') գոցել, խափանել։

OBSTRUC'TION խափան, արգելք, խոչընդոտ։

OBTAIN' (աբթէյն') ստանալ, ձեռք բերել, հասնիլ, շահիլ։

OBTRUDE' (աբթրուտ') վրան իյնալ, ստիպել, մտցնել։

OB'TURATE (աբ'թիուրէյթ) խցել, գոցել, փակել։

OBTUSE' (աբթիուս') բութ, բթամիտ։

OB'VERSE (աբ'վըրս) յարադարձ, մակադարձ։

OB'VIATE (աբ'վիէյթ) կանխել, առաջքը առնել։

OB'VIOUS յայտնի, պարզ, բացայայտ։

OCCA'SION (աքքէյ'շըն) պատեհութիւն, առիթ, դէպք, պատճառ։

OC'CIDENT (աք'սիտընթ) Արեւմուտք։

THE OCCIDENT Եւրոպա եւ Ամերիկա։

OCCIDENT'AL արեւմտեան։

OCCIDENT'ALISM արեւմտականութիւն։

OC'CIPUT (աք'սիփըթ) գլխառանց, յետսագագաթ։

OCCULT' (աքքըլթ') ծածուկ, գաղտնի։

OCC'UPANT (աք'քիուփընթ) գրաւող, ստացող, բնակող։

OCCUPA'TION գրաւում, ստացում, տիրացում, արհեստ։

OCC'UPIER գրաւող։

OCC'UPY գրաւել, ստանալ, տիրանալ, զբաղիլ։

OCCUR' (աքքըր') պատահիլ, ըլլալ, հանդիպիլ, յիշել։

O'CEAN (օ'շըն) ովկիանոս։

OCEAN'IC ովկիանոսեան։

OCEANOG'RAPHY ովկիանոսագրութիւն։

OCHLESIS (օք'լիսիս) ժխորախտ։

OCHLOCRACY (աքլաք'րէսի) խուժանավարութիւն։

O'CLOCK (օքլաք') ժամ։

OCELOT (օ'սիլաթ) վագրակատու։

OCHRE (օ'քըր) գունահող։

OC'TAGON (օք'թէկօն) ութանկիւն։

OCTAHED'RON (օքթէհիտ'րօն) ութանիստ։

OC'TANT (օք'թընթ) կիսաքառորդ։

OC'TAVE (օքթէյվ) ութնակ, ութերեք, ութ ձայնաստիճան։

OCTET' (օքթէթ') ութնաձայն։

OCTOBER (օքթօ'պըր) Հոկտեմբեր։

OCTOGENAR'IAN (օքթօճինէյ'րիըն) ութսունամեայ։

OCTOSYLL'ABLE (օքթօսիլլ'էպլ) ութավանկ։

OCTROI' (աք'թրուա) ...

OC'ULAR (օք'իուլըր) աչքի, աչքային:
OC'ULIST (օքիուլիսթ) աչքաբոյժ:
ODD (ատ) անզոյգ, կոճատ, անհեթեթ, այլանդակ:
ODD'FELLOW գաղտնի եղբայրութեան մը անդամ:
ODD STICK տարօրինակ մարդ:
ODD'ITY (ատ'իթի) այլանդակութիւն:
ODDLY այլանդակօրէն:
ODDNESS անսովորութիւն:
ODDS (ատզ) տարբերութիւն, անհաւասարութիւն:
ODIOUS (օ'տիըս) գարշելի:
O'DIUM (օ'տիըմ) ատելութիւն, գարշանք:
ODONTOL'OGY (օտանթալ'օճի) ատամնաբանութիւն:
ODORIF'EROUS (օտօրիֆ'ըրըս) անուշահոտ:
ODOUR (օ'տըր) հոտ, բուրում:
ODOUROUS հոտաւէտ:
OECUMEN'ICAL (իքիումէն'իքըլ) տիեզերական:
O'ER (օր) **OVER**ի կրճատում:
OESOPH'AGUS (իսօֆ'էկըս) որկոր, որկորային:
OF (ավ) վրայ, մասին, վասն, տեղը:
OF LATE վերջերս:
OF CASAREA կեսարացի:
OFF (օֆ, աֆ) հեռու, վրայէն, հակառակ կողմը:
WELL OFF բարեկեցիկ,
OFF DUTY հանգիստի օր:
ILL OFF աղքատ: **TO GET OFF** փախուստ տալ, ձիէն իջնալ:
OFF AND ON ատեն ատեն:
OFF-HAND յանպատրաստից, վաղ, շուտ:
OFF-PRINT արտատպում:
OFF'AL (օֆ'ըլ) փորոտիք, աւելցուք:
OFFENCE' (աֆֆէնս') նախատինք, թշնամանք; յանցանք. մեղք:
OFFENCELESS անվնաս, անմեղ:
OFFEND' (օֆէնտ') թշնամանել, վշտացնել, նախատել, բարկացնել:
OFFEN'DER յանցաւոր, անիրաւիչ:
OFFEN'SIVE ծանր, նախատական, վնասակար, յարձակողական:
OFF'ER (աֆ'ֆըր) մատուցանել, ընծայել, նուիրել, հրամցնել, առաջարկել, տալ, առաջարկ:
OFF'ERTORY նուիրագործութիւն, սրբագործութիւն:
OFF'ICE (աֆ'իս) պաշտօն, գործ, պարտք, գրասենեակ, ժամերգութիւն:
OFFICE-BEARER պաշտօնակալ, պաշտօնեայ:
OFFICE BOY գրասենեակի մանչ:
OFF'ICER պաշտօնեայ, սպայ, պաշտօնեայ կարգել, առաջնորդել:
OFFICES խոհանոց, մառան:
OFF'ICIAL (աֆիշ'ըլ) պաշտօնական, պաշտօնեայ:
OFFI'CIALISM պաշտօնականութիւն:
OFFI'CIANT (աֆ'իշըընթ) ժամարար:
OFFI'CIATE (աֆ'իշիէյթ) պաշտօնավարել, պատարագել:
OFFI'CIOUS (աֆիշ'ըս) հաճոյակատար, փութկոտ, յանդուգն:
OFF'ING (օֆ'ֆինկ) բաց ծով:
OFF'ISH (աֆֆ'իշ) հեռու, վերապահ, ամչկոտ:
OFFSCOURING թափթփուք, աղբ:
OFF'-SET հաւասարակշռել, փոխանակել, հաշիւը գոցել, ընձիւղ, բողբոջ:
OFF'SPRING զաւակ, սերունդ, ազգ:
OFT, OFT-TIMES ստէպ, յաճախ, շատ անգամ:
O'FTEN բազմիցս, շատ:
OGEE' (օճի') ծնօտ:
OGIVE' (օճիվ') սրակամար:
O'GLE (օ'կլ) կողմնակի նայիլ, սիրահարի նայուածք:
O'GRE (օ'կըր) մարդակեր ճիւաղ:
OGRESS ճիւաղուհի:
OIL (օյլ) իւղ, իւղով օծել:
OLIVE OIL ձէթ:
OIL-CAKE ջանջ, կոպտոն:
OIL CLOTH մոմշոր, մոմլաթ:
OIL-COLOUR իւղաներկ:
OILER, OIL-MAN իւղավաճառ:
OIL-PAINTING իւղանկարչութիւն:

OIL-SKIN *իւղալաթ։*
OIL-TANKER *իւղատար նաւ։*
OIL-WELL *քարիւղի հոր։*
OILI'NESS *իւղոտութիւն։*
OINT'MENT (օյնթ'մընթ) *օծանելիք, իւղ։*
O. K. OKEH (օ'քէյ) *շատ լաւ, ճիշդ։*
OKRA (օ'քրէ) *պամիա։*
OLD (օլտ) *ծեր, հին, տարէց, վաղեմի, մաշած, վարպետ։*
OLD BACHELOR *պնդացած ամուրի։*
OLD-FASHIONED *հնաձեւ, հնադըրոշմ։*
OLD HAND *փորձառու անձ։*
OLD MAN *տարիքոտ մարդ։*
OLD NICK *սատանայ։*
OLD WOMAN *պառաւ։*
O'LDEN (օլ'տըն) *հին, վաղեմի։*
OLDNESS *ծերութիւն։*
O'LDSTER (օլտ'սթըր) *ծերունի։*
OL'IGARCHY (ա'լիկարքի) *սակաւապետութիւն։*
OL'IVE (օլիվ) *ձիթենի, ձիթապտուղ։*
OM'BRE (ամ'պըր) *սպանիական թղթախաղ մը։*
O'MEN (օմէն) *գուշակութեան նշան։*
OMI'SSION (օմի'շըն) *զանցառութիւն։*
OMIT' (օմիթ') *զանց ընել, դուրս ձգել։*
OMNIP'OTENT (ամնիփ'օթընթ) *ամենակալ, ամենազօր։*
OMNIV'OROUS (ամնիվ'օրըս) *ամենակեր։*
OMPHALITIS (ամֆիլայ'թիս) *պորտի բորբոքում։*
ON (ան) *վրայ, վրայէն, մօտին, շարունակ, յառաջ, դէպի։*
ON AND ON *շարունակաբար։*
GO ON *քալէ՛։*
ON'AGER (ան'էյճըր) *վայրի էշ։*
ONANISM (օ'նէնիզմ) *գիջութիւն, օնանականութիւն։*
ONCE (ուընս) *ատենօ՛ք, անգամ մը։*
ONCE AND AGAIN *յաճախ։*
ONE (ուան) *մէկ, հատ, մէկ, միակ, մէկը։*
ONE BY ONE *մէկիկ մէկիկ*

ONE DAY *օր մը։*
ONENESS *միութիւն, ինքնութիւն։*
O'NEROUS (ա'նըրըս) *ծանր, ծանրաբեռն։*
ONESELF *ինքն, ինքզինք։*
ON'FALL (ան'ֆօլ) *ձիւնափոթորիկ, յարձակում։*
ONGOING *կատարում, յառաջացում։*
ONION (ըն'եըն) *սոխ։*
O'NLY (օն'լի) *միմիայն, եզական, լոկ։*
ONLOOKER (ան'լուքըր) *հանդիսատես։*
ONOMATOMANIA (անօմէթօմէյ'նիէ) *մոլային տագնապ։*
ON'SET (ան'սէթ) *խուժում։*
ON'SLAUGHT (ան'սլօթ) *յարձակում, արշաւանք։*
ONTO (անթու) *ի վերայ։*
ONTOLOGY (անթալ'օճի) *բնագանցութիւն։*
O'NUS (օ'նըս) *բեռ, պէտք, պատասխանատուութիւն։*
ON'WARD *յառաջադէմ, դէպի առաջ։*
ON'YX (ան'իքս) *եղնգնաքար։*
OOF (ուֆ) *դրամ։*
OOLOGY (ուալ'օճի) *ձուաբանութիւն։*
OOZE (ուզ) *լճի տիղմ, ցիկ, մզած, մզել, կաթկթել։*
OPA'CITY (օփէս'իթի) *անթափանցկութիւն։*
OPAL (օ'փըլ) *արեւաքար։*
OPAQUE' (օփէյք) *անթափանցիկ, աղօտ։*
OPEN (օփըն) *բաց, արձակ, պարզ, յայտնի, անկեղծ, պարզուած, բանալ, արձակել, տարածել, յայտնել, բացուիլ։*
OPEN-EYED *արթուն։*
OPEN-FACED *ազատ, պարզ, ազնիւ։*
OPEN-HANDED *առատաձեռն։*
OPEN-HEARTED *բաց սիրտ, համարձակ։*
OPEN-MINDED *աննախապաշար։*
O'PENING *ճեղք, ծակ, բացուածք։*
O'PENLY *բացէ ի բաց, յայտնապէս։*
OP'ERA (ափ'ըրէ) *օփերա, թատերա-*

OPERA-GLASSES *թատրոնի դիտակ։*
OPERA-HOUSE *օփերա։*
OP'ERATE (օփ'ըրէյթ) *գործողութիւն ընել, գործել, ազդել, անդամահատել։*
OPERA'TION *գործողութիւն, ներգործութիւն, վիրահատութիւն։*
OP'ERATIVE *ներգործող, ազդու, զօրաւոր, գործաւոր։*
OP'ERATOR *գործող, վիրահատ, վիրաբոյժ։*
OPHIASIS (օփայ'էսիս) *հերաթափութիւն։*
OPHIOL'OGY (օփիալ'օճի) *օձաբանութիւն։*
OPHIOMANCY (օփ'իէմէնսի) *օձահմայութիւն։*
OPHTHAL'MIA (օփթհէլ'միէ) *աչացաւ։*
OPINIATIVE (օփինի'իէթիվ) *յամառ, կամակոր։*
OPIN'ION (օփին'եըն) *կարծիք, գաղափար, միտք։*
O'PIUM (օ'փիըմ) *ափիոն։*
OPPO'NENT (ափը'նընթ) *հակառակ, ներհակ, ընդդիմադիր, ախոյեան։*
OPP'ORTUNE (ափ'օրթիուն) *բարեպատեհ, յարմար։*
OPP'ORTUNIST (ափ'փօրթիունիսթ) *պատեհապաշտ։*
OPPOR'TUNITY *առիթ, պատեհութիւն։*
OPPOSE (ափփօզ') *ընդդիմանալ, վիճիլ, հակառակիլ։*
OPP'OSITE (ափ'փօզիթ) *հակառակ, ներհակ, հակադիր։*
OPPOSI'TION *ընդդիմութիւն, արգելք, հակադրութիւն։*
OPPRESS' (ափ'փրէս) *ճնշել, հարստահարել։*
OPPRESS'ION *կեղեքում, զրկանք, ճնշում։*
OPPRESS'IVE *ճնշիչ, նեղիչ։*
OPPRESS'OR *ճնշող, հարստահարող։*
OPPRO'BRIOUS *նախատական, ան- [illegible]։*
OPPRO'BRIUM *ամօթ, նախատինք։*
OPPUGN (ափփիուն') *յարձակիլ, դիմադրել, պարսաւել։*
OPTANT (օփ'թընթ) *ընտրող, ընտրութեան ոյժ ունեցող։*
O'PTATIVE (օ'փթէթիվ) *ըղձական, մաղթական։*
OP'TIC (փոփ'թիք) *տեսողական, աչքի։*
OPTI'CIAN *ակնոցագործ, դիտակագործ։*
OP'TICS *տեսողագիտութիւն, լուսագիտութիւն։*
OP'TIMISM (ափ'թիմիզմ) *լաւատեսութիւն։*
OP'TIMIST *լաւատես, լաւատեսապաշտ։*
OP'TION (օփ'շըն) *ընտրութիւն, կամք։*
OPTIONAL *կամաւոր, կամքի թողուած։*
OPULENT (ա'փիուլընթ) *փարթամ, մեծատուն։*
OP'ULENCE *հարստութիւն, ճոխութիւն։*
OR (օր) *կամ, եւ կամ, կամ թէ։*
O'RACLE (օ'րէքլ) *պատգամ, վճիռ, խօսք, պատուէր։*
ORAC'ULAR *պատգամային, երկդիմի։*
OR'AL (օր'ըլ) *բերանացի, անգիր։*
O'RANGE (օ'րէնճ) *նարինջ, նարնջագոյն։*
O'RANGERY *նարնջաստան։*
ORANGEADE' *նարնջի օշարակ։*
ORANG'-OUTANG (օրէնկ'ուրէնկ) *ոռանգուտան, մարդակապիկ։*
ORATE' (օրէյթ') *ճառախօսել։*
ORA'TION *բանախօսութիւն։*
O'RATOR *ատենաբան, ճարտասան, հրապարակախօս։*
O'RATORY (օ'րէթօրի) *ճարտարախօսութիւն, աղօթարան։*
ORB (օրպ) *երկնային մարմին, գունտ, շրջանակ։*
ORB'IT (օր'պիթ) *ուղեծիր, ծիր, բոլորակ, ակնակապիճ։*
ORCH'ARD (օրչ'ըրտ) *մրգաստան։*
ORC'HESTRA (օր'քէսթրէ) *[illegible]*

ORCHESTRATION նուագայարդարութիւն։

ORDAIN' (օրտէյն) կարգել, հաստատել, ձեռնադրել, վճռել։

ORDEAL' (օր՛տիըլ) անմեղութեան փորձ, չարչարանք։

ORD'ER (օրտ՛ըր) խումբ, կարգ, կանոն, շարք, օրէնք, հրաման, պատուէր, ապսպրանք, ուխտ, աստիճան, կարգի դնել, ուղղել, տնօրինել, ապսպրել, հրամայել։

ORD'ERLY լրաբեր, պահակ, կարգապահօրէն։

ORD'INAL (օրտ՛ինըլ) դասական թիւ, մաշտոց։

ORD'INANCE վճիռ, օրէնք, կարգ, ծէս։

ORD'INARY կանոնաւոր, սովորական, հասարակ, թեմական, եպիսկոպոս։

ORDINA'TION կարգադրութիւն, ձեռնադրութիւն։

ORD'NANCE (օրտնընս) հրետանի, թնդանօթարանի վարչութիւն։

ORD'URE (օր՛տիուր) աղտոտ, աղբ։

ORE (օր) մետաղ, հանք։

OR'GAN (օր՛կըն) գործարան, միջոց, գործիք, կտոր, բերան, թերթ, երգեհոն։

ORGAN'IC գործարանական, գործիական։

ORG'ANISM յօրինուածք, կազմած, կազմութիւն։

ORG'ANIST երգեհոնահար։

ORG'ANIZE կազմակերպել, կարգադրել։

ORGANIZA'TION կազմակերպութիւն, կազմութիւն։

ORGANON (օր՛կանօն) գիտական հետազօտութիւն։

ORG'ASM (օր՛կէզմ) տռփային յանկամոլութիւն։

OR'GY (օր՛ճի) բագոսատօնք, շուայտանք։

OR'IEL (օ՛րիէլ) գոթաձեւ սրահակամար պատուհան։

ORIENT (օր՛իընթ) ծագող (արեւ), արեւելեան, արեւելք։

ORIENTA'TION արեւելեան ուղղութիւն, քաղաքական ուղղութիւն, արեւելում։

ORIEN'TAL արեւելեան, արեւելցի։

ORIEN'TALIST արեւելագէտ։

O'RIFICE (ա՛րիֆիս) բերան, բացուածք, մուտք։

O'RIGIN (օ՛րիճին) սկիզբ, ծնունդ, ծագում, պատճառ, արմատ։

ORI'GINAL նախատիպար, բնագիր; բուն, ինքնատիպ, նորօրինակ, արտառոց։

ORI'GINATE գոյացնել, պատճառել, սկսիլ, ծագում առնել։

OR'IOLE (օր՛իօլ) դեղնոլ։

ORION (օրայ՛ըն) Որիոն։

O'RISON (ա՛րիզըն) մաղթանք, աղօթք։

ORN'AMENT (օրն՛էմընթ) զարդ, շքանշան, զարդարել, դրուագել։

ORNAMEN'TAL զարդական, պճնական, պճնազարդ։

ORNAMENTA'TION զարդարանք, պճնում։

ORNATE' (օրնէյթ՛) զարդարուն, դեղազարդ։

ORNITHOL'OGY (արնիթ-հոլ՛օճի) թռչնաբանութիւն։

ORPH'AN (օրֆ՛ըն) որբ; որբուհի, որբացնել։

ORPHANAGE որբութիւն, որբանոց։

OR'PHANISM որբութիւն։

ORTH'ODOX (օր՛թ-հօտօքս) ուղղափառ։

ORTHOG'RAPHY (օրթ-հակ՛րէֆի) ուղղագրութիւն։

OS'CILLATE (աս՛սիլլէյթ) տատանիլ, ծփիլ։

OSCITATE (օսի՛թէյթ) յօրանջել։

OS'CULATE (աս՛քիուլէյթ) համբուրել, հպիլ, շօշափել։

OSCULA'TION շօշափում, հպարկում։

OSMIDROSIS (ասմիտրօ՛սիս) քրտնահոտութիւն։

OS'PREY (օս՛փրէյ) ձկնարծիւ։

OSS'ICLE (աս՛սիքլ) ոսկրիկ։

OSS'IFY (օս'սիֆայ) ոսկրացնել, կարծրանալ։
OSSIVOROUS (օսսիվ'օրըս) ոսկրակեր։
OSTEN'SIBLE (աստէն'սիպլ) յայտնի, ակներեւ։
OSTENSIVE (օս'թէնսիվ) ցուցական։
OSTEN'SORY (օսթէն'սօրի) ցուցասկիհ։
OSTENT (աս'թէնթ) երեւոյթ, ցոյց, շուք, կերպարանք։
OSTENTA'TION ցուցամոլութիւն, ցոյց։
OS'TEOGENY ոսկրածնութիւն։
OSTEOP'ATHY ոսկրախտ, բժկարուժութիւն։
OSTEOL'OGY ոսկրաբանութիւն։
OS'TRACIZE (աս'թրէսայզ) վտարել, աքսորել։
OSTRACITE (աս'թրէսայթ) խեցեքար։
OS'TRICH (աս'թրիչ) ջայլամ։
OTALGIA (օթէլ'ճիէ) ականջացաւ։
OTHER (ըտհ'ըր) միւս, մէկալ, ուրիշ։
OTH'ERWISE այլապէս, եթէ ոչ։
OTHERWHERE ուրիշ տեղ։
OTOL'OGY (օթալ'օճի) ականջաբանութիւն։
OTT'ER (օթ'թըր) ջրասամոյր։
OTT'OMAN (օթ'թօմէն) օսմանեան։
OUGHT (օթ) վայել է, պէտք է, զէրօ, ոչնչութիւն։
OUNCE (աունս) ունկի, ստուն։
OURSELF' մենք։
OURS մերինը։
OURSELF' մենք։
OURSELVES մենք մեզի, մենք, մերինը։
OUSEL (ու'զլ) պոռշուկ, սարեակ։
OUST (աուսթ) նետել, վտարել։
OUSTER իրաւազրկում։
OUT դուրս, դուրսը, առանց, բացակայ, մարած, սխալած, անգործ, շփոթած։
OUTBAL'ANCE ծանր կշռել։
OUTBID' աւելի գին ուզել, տալ։
OUTBREAK պոռթկալ, ըմբոստութիւն։
OUT'BREATH շնչասպառ։
OUT'BURST ժայթքում, պայթում։
OUT'CAST վտարեալ, անտուն։
OUTCLASS' գերազանցել։
OUT'COME արդիւնք, հատոյթ։
OUT'CRY աղաղակ։
OUTDO' գերազանցել։
OUT'DOORS դուրսը, օդին մէջ։
OUT'FALL բերան (վտակի, փողրակի)։
OUT'FIELD արտադաշտ։
OUT'FIT կազմածք, պիտոյք։
OUTFLOW արտահոսում, ելք։
OUTGO' առաջ անցնիլ, ծախսում։
OUTGROW' աւելի մեծնալ։
OUT'ING ելք, արտագնացութիւն։
OUTLAST' աւելի տեւել։
OUT'LAW իրաւազուրկ։
OUT'LAY ծախք, վատնում։
OUT'LET ելք, ճամբայ։
OUT'LINE շրջանակ, շրջագիծ, ծիր, ուրուագիծ։
OUT'LIVE ողջ մնալ, վերապրիլ։
OUT'LOOK հայեացք, հեռանկար, տեսութիւն։
OUTMARCH ետեւը ձգել, յառաջ անցնիլ։
OUTNUM'BER չափը՝ թիւը անցնիլ։
OUTPART արտաքին մաս։
OUT'POST առաջապահ։
OUTPOUR, թափել։
OUT'PUT արտադրութիւն։
OUT'RAGE նախատինք, լուտանք, նախատել, թշնամանել։
OUTRIGHT' իսկոյն, անմիջապէս։
OUTRUN' գերազանցել, վազելով անցնիլ։
OUT'SET սկիզբ, ճամբայ ելլելը։
OUTSIDE' դրսի, արտաքին. ծայրինը։
OUTSIDE MARKET արտաստակարան։
OUTSI'DER արտաքին, օտար, ոչ յարող։
OUTSKIRT սահման, եզերք։
OUT'SPAN լուծել, կառքէն հանել։
OUTSPEAK ճառելու մէջ գերազանցել։
OUT'SPREAD տարածել. ծաւալել։

OUT'STAND—ցցուիլ, ընդդիմանալ։
OUTSTAY շատ կենալ։
OUT'STRETCH տարածել, երկնցընել։
OUTVALU'E արժէքը աւելնալ։
OUTVOTE աւելի քուէ շահիլ։
OUT'WARD արտաքին, դրսի։
OUT'WARDS դէպի դուրս, դուրսի կողմ։
OUTWEIGH ծանր կշռել, արժել։
OUTWIT խաբել, նենգել։
OUT'WORK աւելի աշխատիլ, արտաքին մաս ամրութեանց։
OUT'WORN անգործնական, հինցած։
O'VAL (օ'վըլ) ձուաձեւ։
O'VARY (օվէրի) ձուարան, սերմնարան։
ÓVA'TION (ավէ՛յշըն) պատուոյ ցոյց։
O'VEN (օ'վըն) փուռ, հնոց։
O'VER (օվըր) վրայ, ընդ, միջոցին, մէկ կողմէն միւսը, կրկին։
ALL OVER վերէն վար։
OVER AND ABOVE անկէ զատ։
OVERACT' չարաչար աշխատիլ։
O'VERALLS արտազգեստ, մակալաթ։
OVERAWE' վախցնել։
O'VERBALANCE մանր կշռել, աւելցուք։
OVEREAR' նուաճել, ընկճել։
OVERBEARING ամբարտաւան։
O'VERBOARD նաւէն դուրս, քովը։
OVEBUR'DEN ծանրաբեռնել։
OVERCAST' մթագնել, մթագին։
OVERCHARGE ծանրաբեռնել. հաշիւը աւելցնել։
O'VERCOAT վերարկու, վրանոց։
OVERCOME' յաղթել, նուաճել, յաղթահարել։
OVERDO' չափէն աւելի ընել, եփել, խաշել, յոգնեցնել։
OVERDOSE չափէն աւել դեղ, շատ դեղ տալ։
O'VERDRAFT սահմանուած վարկէն աւելի գումար քաշել։
OVERDRAW' չափազանցել, աւելի գումար քաշել։
OVERDRESS' չափազանց հագցնել։
OVERDRIVE' չարաչար յոգնեցնել։
OVERDUE' յապաղեալ, ուշացած։
OVERES'TIMATE գերագնահատել։
OVERFLOW' հեղեղ. յորդիլ, ողողել։
OVERGROW' չափազանց յորդիլ, աճիլ։
O'VERHAND զէնքը ուսին վրայ, կրկնակի կար։
O'VERHANG դուրսը ցցուիլ, ծռել։
OVERHAUL' քննել, նայիլ, զննել։
OVERHEAD' վերը, վերեւ, ի բարձունս։
OVERLA'DE շատ բեռցնել։
OVERLAND' ցամաքի (ճամբով)։
OVERLAY' ծածկել, պատել վրան պառկիլ։
OVERLOOK' վերէն նայիլ, վրայէն անցնիլ, կարդալ։
O'VERLORD գերիշխան։
OVERMA'STER նուաճել, զսպել։
OVERNICE' բծախնդիր։
OVERPASS' վրայէն անցնիլ, զանց ընել։
OVERPAY չափէն աւելի վճարել։
OVERPOISE' մանր կշռել։
OVERPOWER, նուաճել, ազդել։
OVERPRESS' վրան ծանրանալ, հարստահարել, ճնշել։
OVERPRODUC'TION գերարտադրութիւն։
OVERRATE' շատ արժէք տալ։
OVERREACH' հասնիլ, տարածուիլ։
OVERRULE' իշխել, տիրել։
OVERRUN' ողողել, տարածել։
OVERSEA' անդրծովեան։
OVERSEE' հսկել, նայիլ, տնտեսել։
OVERSHADO'W հովանաւորել, շուք ընել։
OVERSHOE արտմուճակ։
OVERSIGHT սխալ, անուշադրութիւն, պահպանութիւն։
OVERSLEEP' ուշ արթննալ, երկար քնանալ։
OVERSPREAD' տարածել. ծածկել։
OVERSTATE' չափազանցել։
OVERSTRAIN' ճգնիլ, ազնիլ։
OVERT (օ'վըրթ) բացայայտ։

OVERTAKE' յանձն առնել, վրայ հասնիլ։
OVERTAX տուրքով ճնշել։
OVERTHROW' վերիվայր ընել, տապալել. անկում։
OVERTIME' յաւելաժամ։
OVERTOP' բարձրանալ, գագաթը ելլել։
OVERTRAIN' իր ուժերէն աւելի մարզել։
O'VERTURE առաջարկ, բացուած։
OVERTURN' շրջել, դարձնել, տապալել, շրջում։
OVERWEIGH աւելի կշռել։
O'VERWEIGHT աւելորդ (ծանրութիւն)։
OVERWHELM' տարածել. ճնշել, ջախջախել։
OVERWORK' չափազանց աշխատիլ, չափազանց աշխատանք։
OVERWROUGHT' մեծ խնամքով պատրաստուած։
OVIP'AROUS (օվիփ'էրըս) ձուածին։
O'VOID (օ'վօյտ) ձուակերպ։
OVOLOGY (օվալ'օճի) ձուաբանութիւն։
O'VUM (օ'վըմ) ձուաստան, ձու։
OWE (օ) պարտական ըլլալ։
OWING պարտաւոր, չվճարուած։
OWL (աուլ) բու, մտապանձնութիւն ընել։
OWN (օ'ըն) ստանալ, տիրանալ, անձնական, յատուկ։
MY OWN անձնականներս։ **YOUR OWN** ձերինը։
OW'NER տէր, սեփականատէր։
OW'NERSHIP սեփականատիրութիւն։
OX (օքս) եզ։
OX-EYE (աքս'այ) մարգարտակակաչ։
OX'IDE (օքս'այտ) օքսիդ, թթուիտ։
OXIDATION (օքսիտէյ'շըն) օքսիտացում, ժանգահարում։
OX'YGEN (օքսիճէն) թթուածին։
OX'YGENNIZE (օքսիճէնայզ) թթուածնել։
OYER (օ'յըր) լսել, լսեցէք։
OYS'TER (օյս'թըր) ոստրէ։
OZONE' (օզօն') օզոն։
OZOSTOMIA (օզասթօ'միէ) բերնի վատ հոտ։

P

PA (փա) կրճատում PAPAի։

PABULUM (փեպ'իուլըմ) սնունդ, ճարակ, վառելանիւթ։

PACE (փէյս) քայլափոխ, գնացք, քալել, ճեմել, ուղղել։

TO KEEP PACE WITH մէկուն ընթանալ։

PA'CER քայլարկու, համաքայլող։

PACIF'IC (փեսիֆիք) խաղաղասէր։

PACIFIC OCEAN Խաղաղական ովկիանոս։

PACIFICA'TION խաղաղացում, հաշտութիւն։

PA'CIFY (փէս'իֆայ) հանդարտեցընել։

PACK (փէք) ծրար, կապ, հակ, բեռ, խումբ, վոհմակ, կապոց, կապել, ծրարել, դիզել, վռնտել։

PACK HORSE գրաստ։

PACK MAN փերեզակ։

PACKAGE ծրար, կապոց, ծրարողչէք։

PACK'ET (փէք'էթ), պզտիկ ծրար, կապոց։

PACT դաշինք, ուխտ։

PAD (փէտ) կանծան ներքնակի, քաշընթաց ձի, աւազակ, կնքակալ։

PAD CLOTH տապճակ։

PAD'DING բուրդ, մազ, յարդ։

PADDLE (փէտ'տլ) թիակ, թեւճակ, ճանկ, թաթ, թիավարել, քալեցընել։

PAD'DOCK (փէտ'տըք) գոդոշ, պզտիկ արօտ։

PAD'LOCK (փէտլաք) կախ փականք, կողպէքել։

PADRE (փատ'րի) մատուռանապետ. տաներէց։

PAE'AN (փիըն) յաղթերգ։

PAGAN (փէյկըն) հեթանոս, կռապաշտ։

PA'GANISM հեթանոսութիւն։

PAGE (փէյճ) մանկլաւիկ, թարթա-պան, էջ, երես։

PA'GEANT (փէյճընթ) ներկայացում, հանդէս, ցոյց։

PAG'EANTRY շքացոյց։

PA'GINATE (փէ'ճինէյթ) էջադրել, էջերը համրել։

PAGODA (փէկօ'տէ) կռատուն կուռքի։

PAID (փէյտ) վճարեալ, վճարուած։

PAIL (փէյլ) կոնք, դոյլ։

PAIN (փէյն) պատիժ, վիշտ, ցաւ, տառապանք, տղաբերք, նեղել, տանջել։

PAINFUL վշտալից, ցաւալի։

PAINLESS անցաւ, անվիշտ։

PAINS (փէյնզ) աշխատանք, յոգնութիւն, երկունք։

PAINT (փէյնթ) գոյն, ներկ, շպար, ներկել, շպարել։

PAINT'ER նկարիչ, պատկերահան։

PAINT'ING նկարչութիւն, պատկեր։

PAIR (փէր) զոյգ, կրկնակ, ամոլ, զուգել, լծակցել։

PAL (փէլ) ընկեր, գործակից։

PAL'ACE (փէլ'էս) պալատ։

PALAE'OGRAPHY (փէլիիօկրէֆի) հնագրութիւն։

PAL'ATE (փէլ'էթ) քիմք, ճաշակ։

PALATAL (փել'էթըլ) քիմային, քիմական։

PALATIAL (փելէյ'շըլ) պալատական, հոյակապ։

PAL'ATINE (փէլ'էթայն), պալատի, դրանիկ, քիմային, արքայակոմս, մուշտակի գլխարկ։

PALAVER (փելէ'յվըր) խօսք, փաղաքշանք, շողոքորթել։

PALE (փէյլ), տժգոյն, դալկահար, աղօտ։

PAL'ETOT (փէլ'էթօ). վերնազգեստ։
PALETTE (փէլէ՛թ). երանգապնակ։
PA'LFREY (փօ'լֆրի) Նժոյգ, երիվար, բոլոյ։
PAL'INDROME (փէլ'ինտրօմ) անդրադարձ բառ։
PALISADE' (փէլիսէյտ') ցցապատնէշ։
PALL (փօլ) վերարկու, եմեփորոն, ծածկոց, ծածկել, վերարկուն հագցնել, յափրանալ։
PALL-BEARER դագաղկիր, դագաղակիր։
PALLET (փէլլէթ) գունատախտակ, անօթ, լծակ։
PALLIATE (փէլ'լիէյթ) ծածկել, սփոփել, ամոքել։
PALL'IATIVE ամոքել. մեղմացնող դեղ, կիսամիջոց։
PALL'ID (փէլ'լիտ) գունատ, տըժգոյն։
PULL'OR (փէլ'լըր) տժգունութիւն։
PALM (փամ) ափ, արմաւ, թիզ, թաթ, ափին մէջ պահել, ձեռնածել։
PALM-OIL արմաւի իւղ։
PALM SUNDAY Ծաղկազարդ։
PAL'MARY (փէլմէրի) երեւելի, վսեմ։
PALMATE (փէլմէյթ) ափաձեւ, մաշկոտն։
PA'LMIST (փամի'սթ) ձեռնահմայ։
PA'LMISTRY ձեռնահմայութիւն։
PAL'PABLE (փէլփէպլ) շօշափելի, զգալի։
PAL'PITATE (փէլ'փիթէյթ) բաբախել, տրոփել։
PALPITA'TION տրոփում, բաբախում։
PAL'SY (փէյլզի) անդամալուծութիւն։
PA'LTER (փէլթըր) հետը իյնալ, խաղալ։
PA'LTRY (փէլ'թրի) ոչինչ, փանաքի։
PAM'PER (փէմ'փըր) յափրացնել։
PAMPH'LET (փէմփլէթ) գրքոյկ, թռուցիկ։
PAN (փէն) տապակ, աման, խանձակալ, գանկ, փոսոր, հող, աւազան, քուրայել, փոխել, դաշխուրանել։
PANCAKE տապակաբլիթ։
PANACEA (փէն'էսիէ) ամենաբոյժ, համայնաբոյժ։
PANADA (փէնէյտի) հացաթան։
PANAMA (փէնամէ') փանամայի կնիւնէ գլխարկ։
PANCREAS (փէն'քրիըս) շաբոյր, պանկրէաս։
PAN'DECTS (փէնտէքց) Յուստինեան օրէնսգիրք։
PANDEMONIUM (փէնտիմօնիըմ) պանդեմոնիոն, խռովարարներու ժողովարան։
PAN'DER (փէնտըր), կաւատ, կաւատութիւն ընել։
PANE (փէյն) քառակուսի ապակի, փեղկ։
PANEGY'RIC (փէնիճի'րիք) գովաբանութիւն։
PANE'L (փէնէլ) շարդոյր, տախտակ, դրան երեսիկ, գերան, երդուեալախումբ, տախտակել։
PANG (փէնկ) տանջանք, վիշտ, հոգեվարք։
PANI'C (փէնիք) յանկարծական վախ, խուճապ։
PANN'IER (փէնիըր), սակառ, կողով։
PAN'OPLY (փէն'օփլի), սպառազինութիւն, զինախուրձ։
PANORA'MA (փէնօրէյ'մէ) համայնապատկեր, շրջանկար։
PAN'SY (փէնզի) խոկածաղիկ, կանացի մարդ։
PANT (փէնթ) թռթռում, հեւք, հեւալ, թառել։
PANTALETTES' (փէնթէլէթց') ծնկատափառ։
PANTALOON' (փէնթէլուն') հրապիտ։ Յգ. տափատ։
PAN'THEISM (փէնթիիզմ) համայնաստուածութիւն։
PANTHE'ON (փէնթի'ան) պանթէոն, տաճար, յիշատակարան։
PAN'THER (փէն'թիըր) յովազ։

PAN'THERESS էգ յովազ։
PAN'TOGRAPH (փէն'թօկրաֆ) համայնագիր, ընդօրինակելու գործիք։
PANTOGRAPHY (փէն'թօկրաֆի) համագրութիւն։
PAN'TRY (փէն'թրի) մառան։
PANTS (փէնթս) տաբատ։
PAP (փէփ) ծիծ, աթերայ, սնունդ, կեր։
PAPA (փէփա') հայրիկ։
PA'PACY (փէյ'փէսի) պապութիւն։
PA'PAL (փէյփլ) պապական։
PAPER (փէյփըր) թուղթ, քարտ, թերթ, օրաթերթ, մուրհակ, թըղթադրամ, թուղթին մէջ դնել, թղթօրմել։
PAPER-HANGER որմաթուղթ փակցնող, արհեստաւոր։
PAPER MONEY թղթադրամ։
PAPER PROFITS հաւանական շահ։
PAPILLA (փէփիլլէ') մանր բշտիկ, պտուկ։
PAPYRUS (փէփայ'րըս) պապիրոս, պրտու։
PAR (փէր) հաւասարազին։
PAR VALUE անուանական արժէքով։
PARABLE (փէրէպլ) առակ։
PARABOLIC այլաբանական։
PARACHUTE (փէրէ'շութ) անկարգել, պահպանակ։
PARACHUTIST անկարգելորդ։
PARADE (փէրէյտ') զօրանցք, թափօր կազմել։
PA'RADISE (փէ'րէտայս) դրախտ, եդեմ։
PA'RADOX (փէրէտաքս) յարակարծիք, անտրամաբանութիւն.
PA'RAFFIN (փէ'րէֆին), մոմանիւթ, խայծղանածարպ։
PA'RAGON (փէ'րէկան) օրինակ, գաղափար, տիպար, համեմատել։
PA'RAGRAPH, հատուած, պարբերութիւն։
PA'RAKEET (փէ'րէքիթ) պապագայ։
PA'RALLAX (փէ'րըլլըքս), տեղադանութիւն։
PARALLEL (փէ'րէլըլ) զուգահեռական, համեմատութիւն։
PA'RALLELISM զուգահեռականութիւն։
PARAL'OGISM (փէրէլօճիզմ), սխալ եզրակացութիւն։
PA'RALYSE (փէ'րէլայզ) անդամալուծել, ջլատել։
PARALYSIS (փէրէլ'իսիս) անդամալուծութիւն։
PARALYTIC անդամալոյծ։
PARAMOUNT գերագոյն, բարձրագոյն։
PARAMOUR (փէ'րէմուր) հոմանուհի։
PARAPET (փեր'էփէթ) եզր, փայտարմ, կամուրջ, հողակոյտ։
PA'RAPHERNALIA (փէրէֆըրնէյլէէ) կնոջապատական (ինչք), արդուզարդք։
PARASITE (փէրէսայթ) հացկատակ, մակաբոյծ։
PARASOL (փէր'էսալ) հովանոց։
PARATAXI'S յարադասութիւն։
PARATYPHOID (փէրէթայ'ֆօյտ), աղետապ։
PARB'OIL (փարպ'օյլ) թերխաշել։
PAR'CEL (փար'սըլ) մաս, ծրար, կապոց, ծրարել։
PARCENARY ժառանգակցութիւն։
PARCH (փարչ), խանձատել, չորցընել։
PARCH'MENT մագաղաթ։
PARDO'N ներել, շնորհել։
PARE (փէր) կեղեւել, կրճատել։
PAREGORIC մեղմացուցիչ։
PAR'ENT (փէրընթ) ծնողք, պատճառ, աղբիւր։
PAR'ENTAGE տոհմ, ազգականութիւն։
PARAN'THESIS փակագիծ։
PARGET (փէր'ճէթ) պատի ծեփ։
PARHE'LION (փէրհի'լիըն) արեւանմանութիւն։
PA'RIAH (փար'իէ) անհպելի, պարիա, սինլքոր։
PARIAH DOG անտուն խառնածին։
PARI'ETAL (փէրայ'իթըլ) որմական, պատի, որմաբոյս։

PA'RISH (փէ'րիշ) թեմ, ծխականք, թեմական։
PARISH'IONER ծխական։
PA'RITY (փէ'րիթի) նմանութիւն, հաւասարութիւն։
PARK զբօսավայր, կառավայր, հանրային պարտէզ, ցանկապատել, պարփակել։
PARL'ANCE խօսակցութիւն, ոճ։
PAR'LEY բանակցութիւն, խորհրդակցութիւն, բանակցիլ։
PARL'IAMENT խորհրդարան։
PARL'OUR (փոր'լըր) հիւրանոց։
PARO'CHIAL (փէրօ'քիըլ) թեմական։
PA'RODY (փէրօ'տի) յարերգութիւն։
PA'RODIST յարերգու։
PAROLE' (փէրօլ') խոստում, պատուոյ խօսք։
PAROQUET (փէ'րաքիթ) թութակ։
PA'ROXYSM (փէր'աքսիզմ) բորբոքում, նոպայ, գրգռում։
PARQ'UET (փարքէ') փեղկաշար տախտակամած, գետնայարկ
PAR'RICIDE (փէր'րիսայտ) ծնողասպան։
PA'RROT (փէր'րըթ) թութակ, թութակել։
PA'RRY (փէր'րի) զգուշանալ, խորշիլ, խուսափանում։
PARSE (փարս) վերլուծել։
PAR'SIMONY (փար'սիմօնի) խիստ խնայողութիւն։
PARS'LEY (փարսլի'լի) ազատքեղ։
PARSO'N (փար'սըն) ժողովրդապետ, թեմերէց։
PART (փարթ) մաս, կտոր, բաժին, մասնիկ, տեղ, դեր, բաժնել, կիսել, անջատել։
PART-OWNER բաժնեկից։
PARTAKE' (փարթէյք) մասնակցիլ, բաժին ունենալ։
PARTAKE (փարթէյք) մասնակցիլ։
PARTERRE' ածու, ծաղկոց, գետնայարկ։
PAR'TIAL (փար'շըլ) մասնակի, կողմնակից։
PARTIALITY կողմնակցութիւն։
PARTI'CIPANT մասնակից, կցորդ։
PARTICIPATE մասնակցիլ։
PARTICIPA'TION մասնակցութիւն, բաժին։
PARTI'CIPLE դերբայ, ընդունելութիւն։
PARTI'CLE մասնիկ, կտոր։
PARTIC'ULAR մասնաւոր, յատուկ, առանձնայատուկ։
PARTICULA'RITY առանձնայատկութիւն, մանրամասնութիւն։
PART'ING (փարթ'ինկ) բաժանում, հրաժեշտ, մաս, բաժին։
PARTISAN' (փար'թիզըն) կուսակից, անկանոն զօրք, գեղարդ։
PARTI'TION բաժանում, անջատում, միջնորմ։
PART'LY մասամբ։
PART'NER ընկեր, լծակից, կողակից։
PART'NERSHIP ընկերակցութիւն։
PART'RIDGE կաքաւ։
PARTUR'IENT (փարթիուրիէնթ) տղաբերքի վրայ (կին)։
PARTURI'TION ծննդաբերութիւն։
PAR'TY (փար'թի) կուսակցութիւն, ակումբ, խնճոյք, հանդիսական կողմ։
PARV'ENU (փար'վընու) անտեղի, չանձն։
PARV'IS (փար'վիս) գաւիթ, անդաստակ։
PASQUINADE' (փէսքուինէյտ') հրապարակային երգիծանք։
PASS (փէս) անցք, կիրճ, մուտք, անցագիր, անցնիլ, երթալ, գերազանցել։
TO PASS AWAY մեռնիլ։
PASS OUT գիտակցութիւնը կորսնցնել։
PASSABLE (փէս'սէպլ) ընդունելի, չափաւոր։
PASS'AGE (փէս'սէճ) անցք, փոխանցում, անցագին, մէջբերում, ճամբորդութիւն, անցարան, ճամբորդել, հրաժարիլ։
PASS'ENGER ճամբորդ, անցորդ։
PA'SSER անցորդ, ճամբորդ.

PA'SSING առժամեայ, գերազանց։
PA'SSION (փէշ'ըն) կիրք, յուզում, փափաք, տարփ, նախանձ։
PASSION WEEK Աւագ Շաբաթ։
PA'SSIONATE (փէշընէթ) դիւրագրգիռ, կրքոտ, սիրահարուած։
PASS'IVE (փէսիվ) հլու, անգործ, կրաւորական։
PASSI'VITY կրաւորականութիւն։
PASS'OVER Պասեք։
PASS'PORT (փէս'փորթ) անցագիր։
PASS'WORD անցաբառ, ծածկաբառ։
PAST անցեալ, լմնցած։
PASTE (փէյսթ) զանգուած, խմոր, հայս, մածուկ, փակցնել, կպցնել։
PA'STEL (փէս'թէլ) ներկամատիտ, լըջանեկ։
PAS'TERN (փէս'թըրն) ճախանոց ձիու, ոտնակապ։
PAS'TIL (փէս'թիլ) բուրավառ, խմծաչաքար։
PAS'TIME (փէսթայմ) ժամանց, զբօսանք։
PA'STOR (փէսթըր) հովիւ, քարոզիչ։
PAS'TORATE քարոզչութիւն։
PA'STORAL հովուական։
PA'STRY ծաղ, խմորեղէն։
PA'STURE (փէսթիուր) ճարակ, կեր, արօտավայր։
PA'STURAGE հովութիւն, արօտավայր։
PA'STRY (փէյս'թրի) կարկանդակ, մածաղ։
PAT (փէթ) մատի հարուած, շերտ, մեղմիւ զարնել։
PATCH (փէչ) կարկտան, կապերտ, հողի մաս։
PATCHWORK կարկտան, երփնազարդ վերմակ։
PAT'EN (փէթ'էն) սկաւառակ, մաղզմայ (սկիհի)։
PATENT (փէթընթ) արտօնագիր, մենաշնորհ, արտօնագրել։
PATENT OFFICE արտօնագրատուն։
PATENTEE' արտօնատէր։
PA'TER (փէ'թըր) հայր։
PATERN'AL հայրական, հայրենի։

PAT'ERNOSTER (փէթը'րնասթըր) Հայր Մեր։
PATH (փէթհ) ճամբայ, արահետ։
PATHETI'C սրտառուչ, յուզիչ։
PATHOLO'GY (փէթհալ'օճի) ախտաբանութիւն։
PA'TIENCE (փէյ'շընս) համբերութիւն։
PATIENT (փէյ'շընթ) համբերող, հիւանդ։
PAT'OIS (փէթ'ուա) գեղջկաբարբառ։
PA'TRIARCH (փէյթրիարք) նահապետ, պատրիարք։
PA'TRIARCHATE պատրիարքութիւն, պատրիարքարան։
PATRI'CIAN (փէթրիշըն) պատրիկ, ազնուական։
PAT'RICIDE (փէթրիսայտ), հայրասպան։
PAT'RIMONY (փէթ'րիմընի) հօրենական ստացուածք։
PA'TRIOT (փէյ'թրիաթ) հայրենասէր։
PATRIOTISM հայրենասիրութիւն։
PATRIS'TIC հայրապետական։
PATROL' (փաթրօլ') գիշերապահութիւն, պահակ։
PA'TRON (փէյթրըն) տանուտէր, պաշտպան, հայրօն։
PATRO'NESS (փէյթ'րընէս) պաշտպանուհի։
PAT'RONAGE (փէթ'րընէճ) պաշտպանութիւն, խնամակալութիւն։
PATRONIZE (փէթ'րընայզ) պաշտպանել, հովանաւորել։
PATT'EN (փէթթէն) ոտնաման, չըմուշկ։
PATTER (փէթ'թըր) թափթափում, կարկաչում, թափթափել, արտափել։
PATT'ERN (փէթ'թըրն) կաղապար, օրինակ, նմոյշ, ձեւ, տիպար, օրինակել, նմանցնել։
PATT'Y (փէթ'ի) մանր կարկանդակ։
PAU'CITY (փօս'իթի) սակաւութիւն։
PAUNCH (փօնչ) փոր, նախաստամոքս։
PAUP'ER (փօփ'ըր) խեղճ, չքաւոր։

PAUSE (փօզ), հանգիստ, դադար, միջոց, դադար տալ, կենալ։
PAVE (փէյվ) յատակել, շտկել։
PA'VEMENT (փէյվ'մըՖթ) քարայատակ, մայթ։
PAVIL'ION (փէվիլ'եըՖ) վրան, խորան, տաղաւար, նշան։
PAVIOR (փէվ'եըր) սալարկու։
PAW (փօ) թաթուլ, թաթ, ճանկել։
PAWK'Y (փօքի) անզգամ, խորամանկ, աղեղ, կամար։
PAWL (փօլ) աղոցաձեւ անիւ, ատամնակ։
PAWN (փօՖ) գրաւական, գրաւ, վահանակ, գրաւ դնել։
PAWN BROKER փոխատու, գրաւառու։
PAY (փէյ) վճարում, հատուցում, վճարել, ցնծալ, տուժել, տալ։
PAY'ABLE վճարելի։
PAYER վճարող։
PAYMASTER գանձապետ (զին.)։
PAY'MENT վճարում, հատուցում։
PAYNIM (փէյ'Ֆիմ) հեթանոս։
PEA (փի) ոլոռ։
PEACE (փիս) խաղաղութիւն, հաշտութիւն։
PEACE MAKER հաշտարար։
PEACE—OFFERING խաղաղութեան զոհ, պաշտամունք։
PEACE'ABLE խաղաղասէր, անխռով։
PEACE'FUL խաղաղասէր, հանդարտ։
PEACH (փիչ) դեղձ, դեղձենի, չարախօսել, մատնել։
PEACOCK (փի'քաք) սիրամարգ։
PEAK (փիք) գագաթ, սար, կատար, տնկել, ծայրը վերցնել։
PEAKED սրածայր, վտիտ։
PEAL թնդիւն, որոտում, թնդալ, որոտալ։
PEAR (փէր) տանձ։
PEARL (փըրլ) մարգարիտ, սատափ։
PEAR'LY մարգարտեայ։
PEA'SANT (փէզ'ըՖթ) գիւղացի, շինական։
PEA'SANTRY գիւղացի տարր, շինականք։
[illegible]BLE (փէպ'պլ) խիճ, մանրախիճ։
PECC'ABLE (փէքքէ'պլ) մեղանչական։
PECCANT (փէք'քըՖթ) մեղաւոր, վատ։
PECC'ARY (փեքե'րի) մշկախոզ։
PECCAVI (փիքէյ'վի) մեղա՛յ, մեղանչեցի։
PECK (փէք) 2 գալոն, դէզ, կոյտ, կտցահարել, խթանել։
PEC'TORAL (փէք'թօրըլ) լանջային, կրծքի, լանջապանակ։
PEC'ULATE (փէք'եուլէյթ խորել, նենգել, շորթել։
PECU'LIAR (փէքեուլը'ր) առանձին, յատուկ, մասնաւոր, անսովոր, զարմանալի։
PECULIAR'ITY առանձնայատկութիւն։
PECU'NIARY (փեքիուՖիէրի) դրամական։
PEDAGOGUE (փէտ'ակակ) մանկավարժ։
PEDA'GOGY (փէտ'ակօՖի) մանկավարժութիւն։
PED'AL (փէտ'ըլ) ոտքի, ոտնակ։
PED'ANT (փէտ'ըՖթ) իմաստակ, սնապարծ։
PED'DLE (փէտ'լ) չնչին բաներով զբաղիլ։
PEDDLER փերեզակ։
PED'ESTAL (փէտ'էսթըլ) պատուանդան։
PEDES'TRIAN (փէտէս'թրեըՖ) ոտքով, հետիոտն։
PEDICLE (փէ'տիքլ) կանթիկ, կոթնիկ։
PEDIGREE (փէտիկրի) ճիւղահամար, պորտ։
PEDI'MENT (փէտ'իմըՖթ) ճակատոց։
PED'LAR (փէտ'լըր) փերեզակ։
PEDOM'ETER (փետամիթըր) ուղեչափ, քայլաչափ։
PEDUNC'LE (փետՖ'քլ) ոտնիկ, կոթուն։
PEAL (փիլ) կաշի, մաշկ, փոսաթի, կեղեւել, քերթել, կողոպտել, մերկանալ։

PEEL'ER (փիլ'ըր) տաշիկան, կեղեւող։
PEEP (փիփ) ճռուալ, երեւնալ, գաղտագողի նայիլ, հարեւանցի ակնարկ։
PEEPER (փիփ'ըր) աչք, լրտես։
PEER (փիր) հաւասար, նման, ընկեր, ազնուական, դիտել, երեւնալ։
PEER'AGE ազնուականութիւն, աւագութիւն։
PEERES ազնուականուհի։
PEER'LESS անզուգական, աննման։
PEEV'ISH (փիվիշ) դաժան, դէգ։
PEG (փէկ) երիթ, սեպ, վարսել, սեպարկել։
PEGAWAY յարատեւել։
PEG OUT մեռնիլ։
PELF դրամ, հարստութիւն։
PELISSE (փէլիս) մուշտակ։
PELL'ET (փէլ'լէթ) գնդակ, կծիկ։
PELL-MELL խառնիխուռն։
PELLU'CID (փէլլիու'սիտ) թափանցիկ, պայծառ։
PELMA (փէլմէ') ներբան։
PELT (փէլթ) մորթ, զարնուածք, զարնել, քար նետել։
PELVIC (փէլ'վիք) կոնքային։
PELVIS (փէլ'վիս) որովայնակոնք։
PEMMI'CAN (փէմմի'քըն) չոր միս, ապուխտ։
PEN (փէն) գրիչ, ծայր, փետուր, փարախ, փակարան, գրել, բերնը գնել, փակփկել։
PEN KNIFE գմելի։
PEN NAME գրական ծածկանուն։
PENAL (փէ'նըլ) պատժական։
PEN'ALTY պատիժ, տուգանք։
PEN'ANCE (փէն'նընս) ապաշխարանք։
PEN'CIL (փէն'սիլ) մատիտ, վրձին, նկարչի, նկարել, գծել, նշանակել։
PEN'DANT (փէն'տընթ) գինդ, օղ, կախազարդ։
PENDENT առկախ, ցցուած։
PEND'ING անորոշ, առկախ։
PEN'DULUM (փէն'տիուլըմ) ճօճանակ։
PENETRATE (փէն'էթրէյթ) ներս թափանցել։
PENETRA'TION թափանցում, սրամտութիւն։
PENG'UIN (փէնկ'ուին) սուզակ թռչուն, թեւատ։
PENIN'SULA (փէնին'սիուլէ) թերակղզի։
PENITENT (փէնի'թընթ) ապաշխարող։
PEN'ITENCE զղջում, ապաշխարանք։
PENN'ANT (փէն'նընթ) դրօշակ, դրօշ։
PENN'ILESS անստակ, չքաւոր։
PENN'ON (փէն'նըն) դրօշ, թեւ։
PENN'Y (PL. **PENCE** քսանանոց, փեննի։
PENOLO'GY (փինալօճի) պատժաբանութիւն։
PEN'SILE (փէն'սիլ) առկախ, ճօճուն։
PEN'SION (փէն'շըն) հանգստաթոշակ, թոշակ կապել։
PENSIONER թոշակաւոր, հաշմանդամ։
PEN'SIVE (փէնսիվ) մտախոհ, խոհուն, մելամաղձոտ։
PENT (փէնթ) գոցուած։
PEN'TAGON (փէն'թէկան) հնգանկիւն։
PEN'TATEUCH (փէն'թըթիուք) Հնգամատեան։
PEN'TECOST (փէնթէքասթ) Հոգեգալուստ, Պենտեկոստէ։
PENTHOUSE որմայից, քիւաձեւ ծածք։
PENULT (փինըլթ') վերջընթեր (վանկ)։
PENUR'IOUS (փինիուր'իըս) կծծի, ժլատ։
PEN'URY (փին'իուրի) աղքատութիւն։
PEONY (փի'օնի) արջվարդ։
PEO'PLE (փի'փլ) ժողովուրդ, մարդիկ, շէնցնել։
PEPP'ER (փէփ'ըր) պղպեղ, պղպեղ ցանել, կրակի տակ առնել։
PEPPER POX պղպեղաման։
PEPPER MINT անանուխ։

PEPPERY պղպեղոտ, կծու։
PEP'SIN (փէփ'սին) մարսիչ, մարսողութիւն։
PER (փըր) միջոցաւ, վրան, առ։
AS PER ըստ։
PER ANNUM տարեկան։
PER CENT առ հարիւր։
PER DIEM առօրեայ։
PER ADVENTURE պատահմամբ։
PERAM'BULATE (փըրէմ'պիուլէյթ) շրջիլ, քննել, խուզարկել։
PERAMBULA'TION պտոյտ, քննութիւն։
PERCEIVE (փըրսի'վ) զգալ, իմանալ, ըմբռնել։
PERCENTAGE առ հարիւր, հարիւրաբաժինք։
PER'CEPT (փըր'սէփթ) իմացք, իմացուած բան։
PERCEP'TIBLE իմանալի։
PERCEP'TION ըմբռնում, հասողութիւն, գաղափար, զգացում։
PERCEP'TIVE իմացողական։
PERCH (փըրչ) պերքէ, ճող, թառ, թառիլ։
PERCHANCE' թերեւս, պատահմամբ։
PERCIP'IENT ըմբռնող, խելամուտ։
PERCO'LATE (փըր'քօլէյթ) քամել, զտել։
PERCOLA'TION քամում, զտում։
PERCU'SSION (փըրքը'շըն) հարուած, բախում։
PERDI'TION (փըրտի'շըն) ամբողջական կործանում։
PER'EGRINATE (փէր'էկրինէյթ) պանդխտանալ, նժդեհել։
PE'REMPTORY (փէրէ'մփթօրի) բացորոշ, վճռական։
PERFECT (փըրֆէքթ) կատարեալ, լման, կատարել, լրացնել։
PERFECT TENSE անցեալ ժամանակ։
PERFEC'TION կատարելութիւն, կատարում։
PERFE'CTLY կատարելապէս։
PERFI'DY (փըրֆիտի) նենգութիւն։
PERFID'IOUS նենգաւոր, դաւաճան։
PERFO'RATE (փըրֆօրէյթ) ծակ բանալ։
PERFORA'TION ծակում, բացուածք։
PERFORCE' (փըրֆօրս') բռնի, անհրաժեշտօրէն։
PERFORM' (փըրֆօրմ') կատարել, գլուխ հանել, գործադրել։
PERFORMANCE գործադրութիւն, կատարում, արարք, գործ, մարզանք, դեր։
PERFUME' (փըրֆիում') անուշահոտութիւն, անուշահոտել, բուրել։
PERFU'MER իւղարար, հոտավաճառ։
PERFU'MERY հոտեղէնք, խնկագործութիւն։
PERFUNC'TORY (փըրֆընք'թօրի) անհոգ, անփոյթ։
PERHAPS' (փըրհէփս') թերեւս, գուցէ։
PERICARDI'UM (փէրիքարտ'իըմ) սրտապատեանք։
PE'RIL (փէր'իլ) վտանգ, կորուստ, վտանգել։
PERIM'ETER (փէրիմ'իթըր) շրջապատ, պարաչափ։
PERIOD (փի'րիըտ) շրջան, ժամանակամիջոց։
PERIODI'CAL պարբերաթերթ։
PERIPH'RASIS (փէրիֆ'րէյզիս) շրջաբանութիւն։
PE'RISCOPE (փէր'իսքօփ) շրջադիտակ։
PE'RISH (փէ'րիշ) կորսուիլ, կործանիլ, մեռնիլ։
PE'RISTYLE (փէր'իսթայլ) շրջասիւնակ։
PERITONE'UM (փէրիթօնի'ըմ) ընդերապատ, գանձակ։
PERITONI'TIS (փէրիթօնայթիս) պարապատենատապ։
PERIWIG (փէր'իուիկ) կեղծամ։
PERIWINKLE (փէ'րիուինքլ) փոքր ցարիկ, կուսածաղիկ։
PERJURE (փըր'ճըր) երդմնազանց ըլլալ։
PER'JURY սուտ երդում։

PERK (փըրք) հպարտ, ուժգ, կայտառ, պճնազարդուիլ։
PERK'Y ինքնապարծ, չքնաղ։
PERM'ANENCE (փըրմէ'նընս) տեւականութիւն։
PERM'ANENT տեւական, մնայուն։
PERM'EABLE (փըրմ'իէպլ) թափանցելի։
PERM'EATE (փըրմ'իէյթ) թափանցել։
PERMISS'IBLE ներելի, թոյլատրելի։
PERMI'SSION հրաման, արտօնութիւն։
PERMIT' (փըրմիթ') արտօնագիր, թոյլ տալ, ներել։
PERMUTA'TION (փըրմիութէյ'շըն) փոխանակութիւն, փոփոխում։
PERNI'CIOUS (փըրնի'շըս) վնասակար, չարամիտ։
PE'RORATE (փէ'րորէյթ) վերջաբանել։
PERORA'TION վերջաբան։
PERPEND' (փըրփէնտ') կշռադատել, քննել։
PERPENDIC'ULAR ուղղահայեաց։
PERPE'TRATE (փըր'փէթրէյթ) մեղանչել։
PERPET'UAL (փըրփէթ'իուըլ) յարատեւ, շարունակ։
PERPET'UATE յաւերժացնել, անմահացնել։
PERPETUA'TION մշտատեւութիւն։
PERPLEX' շփոթել, շուարեցնել։
PERQ'UISITE (փըրքուիզիթ) աւելական հասոյթ։
PERRY (փէր'րի) տանձօղի։
PERS'ECUTE (փըր'սիքիութ) հալածել, նեղել։
PERSECU'TION հալածանք, նեղութիւն։
PERSEVERE' (փըր'սիվիր) դիմանալ, յարատեւել։
PERSISTE'NCE յարատեւութիւն,
PERSIST' (փըրսիսթ') շարունակել, պնդել, յամառիլ։
PERSISE'NCE յարատեւութիւն, հաստատամտութիւն։
PERS'ON (փըր'սըն) անձ, դէմք, կերպարանք, ոգի, ձայն։
PERSO'NAL անձնական, անհատական։
PERSONALITY անձնաւորութիւն։
PERS'ONALLY անձամբ, անհատաբար։
PER'SONATE (փըրսընէյթ) ներկայացնել, անձնաւորել։
PERSONIFICA'TION անձնաւորում, մարմնացում։
PERSONNEL պաշտօնեաներ, մարդիկ, անձնակազմ։
PERSPEC'TIVE հեռանկար, հեռապատկեր։
PERSPICA'CIOUS (փըրսփիքէյ'շըս) սրամիտ, կորովամիտ։
PERSPIC'UOUS (փըրսփիքըս) պարզ, ճառ, յստակ։
PERSPIRE' (փըրսփայր) արտաշնչել, քրտնիլ, թորել։
PERSPIRA'TION արտաշնչութիւն, թեթեւ քրտինք.
PRSUADE' (փըրսուէյտ) համոզել, հաւանեցնել։
PERSUA'SION համոզում, հաւատք։
PERSUA'SIVE համոզիչ, քաղցրահամբոյր։
PERTAIN (փըրթէյն') վերաբերիլ, պատկանիլ։
PERTINA'CIOUS (փըրթինէյ'շըս) յամառ, կամակոր, անզիջում։
PERTI'NENT յարմար, պատշաճ.
PERTURB' (փըրթըրպ') խռովել, վրդովել։
PERTURBA'TION յուզում, վրդովմունք։
PERUKE' (փէրուք') կեղծամ.
PERUSE' (փէրուզ') կարդալ, քննել։
PERVADE' (փըրվէյտ') անցնիլ, թափանցել, տարածուիլ։
PERVERSE' (փըրվըրս') ծուռ, խոտոր, կամակոր։
PERVER'SION խոտորում, խանգարում, խեղաթիւրում։
PERVERT' (փըրվըրթ') աւրել, խանգարել։

PERV'IOUS (փըրվ'իըս) դիւրամուտ, թափանցիկ։
PES'KY (փէս'քի) մեծ, ծանր,, ձանձրացուցիչ։
PESS'IMSIM (փէսսիմիզմ) յոռետեսութիւն։
PEST (փէսթ) համաճարակ, ժանտախտ։
PES'TER նեղել, չարչրկել։
PESTIFER'OUS ժանտաբեր, մահաբեր։
PESTI'LENCE համաճարակ, ժանտախտ։
PES'TILENT ժանտաբեր, մահացու, չար։
PE'STLE (փէս'թլ) սանդխոտոր, թակ։
PEST (փէսթ) համաճարակ, ժանտախտատարածութիւն։
PET (փէթ) աղու ջէն, անուշիկ, երեսնիկ, գգուել, շոյել, սիրել։
PETA'L (փէթը'լ) ծաղկատերեւ։
PETARD (փիթարտ') պայթուն։
PETTITION (փիթի'շըն) խնդրագիր, աղաչանք, խնդրել, աղերսագիր տալ։
PETRIFAC'TION (փէթրիֆէք'շըն) քարացում, կարծրացում։
PET'RIFY (փէթ'րիֆայ) քարացնել, քար կտրել, սառչիլ։
PET'ROL (փէթ'րոլ) քարիւղ։
PETRO'LEUM քարիւղ, նաւթ։
PETT'ICOAT (փէթթ'իքոթ) վարտիկ, կիսազգեստ։
PETT'ISH (փէթ'իշ) զայրացկոտ, դէժ։
PETT'ITOES (փէթ'իթոզ) խոզ, խոզուոց, խոզի ոտունք։
PETTO (փէթ'օ) ծոց, կուրծք, IN PETTO գաղտնի։
PETT'Y (փէթ'ի) մանրուկ, փոքր, չնչին։
PET'ULANT (փէթ'իուլընթ) յանդուգն, ուժգին։
PETU'NIA (փիթիունիէ) ծխախոտազգի։
PEW (փիու) նստարան։
PEW'TER կապարանագ, անագեղէն։
PHA'ETON (փէյ'իթըն) փայեթոն։
PHALANGES մատնոսկր։
PHALANX (ֆե'լէնքս) փաղանգ, գունդ, համախմբական։
PHAN'TASM (ֆէն'թէզմ) ուրուական, տեսիլ, ստուեր։
PHAN'TOM (ֆէն'թըմ) ոգի, ուրուական։
PHA'RISEE (ֆէրիսի) փարիսեցի։
PHARMACEUT'ICAL դեղագործական, դեղագիտական։
PHARM'ACY (ֆարմ'էսի) դեղարան, դեղարարութիւն, դեղագործութիւն։
PHAR'OS (ֆար'աս) լուսաշտարակ, փարոս։
PHA'RYNX (ֆէր'ինքս) ըմպան, կոկորդ։
PHASE (ֆէյզ) ձեւ, փուլ, երեւոյթ։
PHEA'SANT (ֆէզ'ընթ) փասիան թռչուն։
PHENOM'ENON (ֆինամ'ինըն) երեւոյթ, տեսիլ, նշան, սքանչելիք։
PHIAL (ֆայ'ըլ) շիշ, սրուակ։
PHILAN'DER (ֆիլէն'տըր) քծնիլ, գալանթօս ընել։
PHILAN'THROPHY մարդասիրութիւն։
PHILAT'ELY դրոշմահաւաքութիւն։
PHILISTINE (ֆիլիս'թին) փղշտացի, հեթանոս։
PHILOLO'GY (ֆիլալ'աճի) բանասիրութիւն։
PHILOSO'PHER (ֆիլաս'աֆըր) փիլիսոփայ։
PHILOSOPHISM սուտ փիլիսոփայութիւն։
PHILOS'OPHY փիլիսոփայութիւն։
PHIL'TRE (ֆիլ'թըր) սիրադեղ, սէր բորբոքել։
PHILOTECHNIC արուեստասէր։
PHLEGM (ֆլէմ) մաղաս, պլղամ, հանդարտութիւն։
PHLEGMATIC (ֆլէկմէթիք) մաղասային, հանդարտ։
PHLOX (ֆլաքս) բոցենի, ծիրանածաղիկ։
PHOEN'IX (ֆին'իքս) փիւնիկ։

PHONATE (ֆօ'նէյթ) *ձայն տալ։*
PHONE (ֆօն) *ձայն, հեռաձայն, հեռաձայնել։*
PHONET'IC *ձայնական։*
PHONET'ICS *ձայնագիտութիւն։*
PHO'NIC *ձայնական։*
PHO'NOGRAM *ձայնագիծ (գործիք)։*
PHO'NOGRAPH *ձայնագիր։*
PHONOGRAPHY *ձայնագրութիւն։*
PHONOL'OGY *ձայնագիտութիւն։*
PHO'NOTYPE *ձայնատիպ։*
PHOSGENE (ֆօս'ճին) *թունաւոր կազ։*
PHOS'PHATE (ֆօս'ֆէյթ) *լուսածնատ, ֆասֆատ։*
PHOSPHORESCENT *փոսփորափայլ, լուսափայլ։*
PHO'SPHOROUS *լուսածնային։*
POSPHORIC *լուսածնական։*
PHOS'PHORUS *լուսածնային։*
PHOSTY-JAW *կզակի փտութիւն։*
PHOTO (ֆօթօ) *կրճատում* PHOTOGRAPH*ի։*
PHO'TOGRAPH *լուսանկար, կենդանագիր։*
PHOTOG'RAPHY *լուսանկարչութիւն։*
PHOTOMETER *լուսաչափ։*
PHOTOGRAVURE' *լուսափորագրութիւն։*
PHO'TOTHERAPY *լուսաբուժութիւն։*
PHRASE (ֆրէյզ) *ասացուած, խօսք, ոճ, պարբերութիւն։*
PHRASEOL'OGY *խօսքի ձեւ, ոճ, ուռուցաբանութիւն։*
PHRENOL'OGY (ֆրէնալօ'ճի) *գանկաբանութիւն։*
PHTHI'SIS (թայ'սիս) *հիւծախտ, ծիւրախտ։*
PHYLACTERY (ֆըլէք'թըրի) *հմայիլ, նուախտ, գրապանակ։*
PHYLLOXERA (ֆիլլաքս'իրէ) *որթալուծ։*
PHYS'IC (ֆիզ'իք) *բժշկագիտութիւն, դեղ, լուծողական տալ, բուժել։*

PHYSI'CAL (ֆիզ'իքլ) *ֆիզիքական, բնական, նիւթական։*
PHYSI'CIAN (ֆիզի'շըն) *բժիշկ։*
PHYS'ICIST (ֆիզ'իսիզթ) *բնագէտ, բնապաշտ։*
PHYS'ICS *բնագիտութիւն։*
PHYSIOGNOMY *դիմագիծ, կերպարանք։*
PHYSIOG'RAPHY *բնական աշխարհագրութիւն։*
PHYSIOLOGIST *բնախօս։*
PHYSIOL'OGY *բնախօսութիւն։*
PHYSIQUE' *բնակազմութիւն (մարդու)։*
PIAMETER (փա'յէմիթըր) *գորովենի։*
PI'ANIST (փիէնիսթ) *դաշնակահար։*
PIAS'TRE (փիէս'թըր) *դահեկան։*
PIA'NO *մեղմ, դաշն, դաշնամուր։*
PICA (փայ'քէ) *անծեղ, կաչաղակ, խանգարուած ախորժակ։*
PIAZZ'A (փիէզ'զէ) *հրապարակ։*
PIC'ADOR (փիք'էտօր) *նիզակահար։*
PICAROON' (փիքէրուն') *ծովահէն, աւազակ։*
PICCANINNY (փիքքէ'նինի) *խափշիկի տղայ, լակոտ։*
PICC'OLO (փիք'օլօ) *սրնգիկ, զիլ սրինգ։*
PICE (փիս) *հնդկ. դրամ մը։*
PICK (փիք) *փետուր, բրիչ, ընտրութիւն, քարհատ, կտցահարել, ծակել, բանալ, քաշել, որոշել, ընտրել, չորթել։*
PICKAXE *փետատ, քարահատ։*
PICKPOCKET *քսակահատ։*
PICK'ET *ցից, ձող, ջոկատ, ցանկապատել։*
PIC'KLE *աղջուր, թթուաշ, տատհակ, անատակ, աղել։*
PICKLED *գինով։*
PI'CNIC *հացկերոյթ, զբօսախնջոյք։*
PICTOR'IAL *պատկերազարդ։*
PIC'TURE *պատկեր, նկար, նկարել, ներկայացնել։*
PICTURE GALLERY *պատկերասրահ։*
PICTURESQUE' *նկարագեղ, վառ, կենդանի։*

PIE (փայ) կաչաղակ, կարկանդակ, ճաշոց, տօնացոյց։
PIE APPLE ցախոտ։
PIE CHERRY արեւալեմ։
PIEMAN Յկարկանդակ պատրաստող, ծախող։
PIECE կտոր, բեկոր, նշխար պրակ, հատուած, կտոր ընել, միացնել։
PIFCE'MEAL կտոր կտոր, մաս առ մաս։
PIED (փայտ) գոյնզգոյն։
PIER (փիր) կամրջակալ, անջրպետ, ամբարտակ։
PIERCE (փի'րս) ծակել, թափանցել, մէջէն անցնիլ։
PIERROT (փիէ'րօ) միմոս։
PI'ETISM (փայ'էթիզմ) ջերմեռանդականութիւն։
PI'ETY (փայ'իթի) բարեպաշտութիւն։
PIF'FLE (փիֆ'լ) անհեթեթութիւն։
PIG (փիկ) խոճկոր, խոզի ձագ, մետաղէ զանգուած, տաշտակել, տիղմի մէջ թաւալիլ։
PIG-HEADED յամառ, կամակոր։
PI'GEON (փիճ'ըն) աղաւնի, միամիտ։
PIGEON-HEARTED երկչոտ, միամիտ։
PIGEON-HOLE նամակախորշ։
PI'GEONRY աղաւնետուն։
PIGG'ERY խոզանոց։
PIG'MENT գոյն, ներկ։
PIG'MY թզուկ, գաճաճ։
PIKE (փայք) գայլաձուկ, տէգ, սուին, բարձունք։
PIKESTAFF նիզակակոթուն։
PI'KER (փայ'քըր) խաբող, վախկոտ։
PILAS'TER (փիլէս'թըր) քառակուսի սիւն, որմասիւն։
PILAU (փիլօ') բրինձ։
PIL'CHARD լոխաձուկ։
PILE (փայլ) բարդ, սիւնակ, կառոյց, ցից, խաւ, տրցակ, զինախուրձ, հարստութիւն, դիզել, ցից զարնել։
PIL'FER գողնալ, խլել։
PIL'GRIM ուղեւոր, ուխտաւոր։
PIL'GRIMAGE ուխտագնացութիւն։
PILL դեղահատ, մորթ, թալլել, աւարել։
PILL'AGE աւար, կողոպուտ։
PILL'AR սիւն, նեցուկ, մոյթ։
PILL'ION (փիլ'եըն) թամբի բարձ։
PILL'ORY (փիլ'օրի) նշաւակասիւն, ցուցարան, նշաւակել։
PILL'OW (փիլ'օ) երեսի բարձ, բարձիկ։
PI'LOT (փայ'լըթ) նաւուղիղ, ղեկավար, առաջնորդ, ուղեկցորդ, նաւը ուղղել, առաջնորդել։
PI'LOTAGE նաւուղղութիւն, ցուցողներ (բան)։
PI'LULE դեղահատ։
PIMP բոզապան, կաւատ։
PIMPERNAL մկնականջ, կաղախոտ։
PIM'PLE պզուկ, բշտիկ։
PIN գնդասեղ, սեպ, եղիթ, ասեղնակ, հաստատել, կցել, միացնել։
PIN'AFORE (փինէ'ֆօր) տղու կրծկալ, գոգնոց։
PIN'CERS աքցան, կտրաս։
PINCH (փինչ) կսմիթ, պտղունց, կսմթել, սեղմել, բռնել։
PINCHBECK դեղնապղինձ, ճենարծաթ։
PINE (փայն) շոճի, մայրի, թալկանալ, ողբալ, մաշիլ։
PINE APPLE արքայախնձոր։
PIN'FOLD (փին'ֆօլտ) փարախ, փակարան։
PIN'ION (փին'եըն) փետուր, թեւ, կապանք, թեւերը կապել, բանտել, ծայրատել։
PINK (փինք) շահոքրամ, վարդագոյն, ընտիր մաս, ծակծկել, օղակներ շինել, վարդագոյն ներկել։
PINKSTER Հոգեգալուստ։
PINN'ACE (փի'նէս) նաւ, նաւակ։
PINN'ACLE (փինէ'քլ) աշտարակիկ, գագաթ։
PINN'ATE (փին'նէթ) փետրաւոր։
PINT (փայնթ) հեղուկաչափ (1/8 գալոնի)։
PIONEER' (փայօնի'ր) ռահվիրայ, առաջնորդ, առաջնորդել, ճամբայ բանալ։

PIOUS (փայ'ըս) բարեպաշտ։
PIP (փիփ) կուտ, կէտ, թիւ, լեզուախտ (հաւու), ճռուողել։
PIPE (փայփ) փողրակ, խողովակ, խաչափող, ծխափայտ, սրինգ։
TO PIPE THE EYE լալ, ողբալ։
PIPE CLAY խեցեկաւ։
PI'PER սրնգահար, խանձարուկ։
PIPESTONE կաւակաւճ։
PIP'KIN պտուկ։
PI'QUANCY կծուութիւն, բարկութիւն։
PIQ'UANT (փիք'ընթ) կծու, խայթող։
PIQUE (փիք) ատելութիւն, ոխ, գրգռել, վիրաւորել։
PIQUET' (փիքէթ') թղթախաղ մը։
PIR'ATE (փայր'էթ) ծովահէն, բանագող։
PIRACY ծովահէնութիւն, յելուզակութիւն, բանագողութիւն։
PIS'CICULTURE (փիս'իքըլչըր) ձկնաբուծութիւն։
PIS'MIRE (փի'զմայր) մրջիւն։
PISS (փիս) միզել, չռել։
PISTA'CHIO (փիսթէյ'շիօ) փստուղ, պիստակ։
PIS'TOL (փիս'թըլ) ատրճանակ։
PIS'TON (փիս'թըն) մխոց։
PIT (փիթ) փոս, խրամ, անդունդ, անութ, մոցարան, գրգռել, աւրուիլ։
PITMAN հորի մէջ գործող։
PITCH (փիչ) ձիւթ, խարշնդան, ձայնաստիճան, հասակ, դոգաթ, ձիւթով ծեփել, նետել, սեւցնել, ոլորել։
TO PITCH A YARN հեքիաթ պատմել։
PITCH'ER արձակող, թակոյկ, սառման։
PITCHPINE մայրի ծառ, կարենի։
PIT'EOUS (փիթ'իըս) ողորմելի, անարգ։
PIT'FALL ծուղակ։
PITH (փիթհ) սրտուկ, ուղ եւ ծուծ, ուժգնութիւն։
PIT'IABLE խղճալի, ողորմելի։
PIT'IFUL ողորմած, կարեկից։
PITILESS անգութ։

PITT'ANCE (փիթ'թընս) պարէն, կերակրամթին։
PIT'Y (փիթ'ի) գութ, արգահատանք։
PIV'OT (փիվ'ըթ) առանցք, գլխաւոր նեցուկ, առնակ։
PLAC'ABLE (փլէյ'քէպլ) դիւրահաշտ, հեզ։
PLACARD (փլէքարտ') ազդաթերթ, որմազդ, ծանուցագիր փակցնել։
PLACATE' (փլէյ'քէյթ) սիրտը առնել, հաշտեցնել։
PLACE (փլէյս) տեղ, վայր, կայան, աստիճան, դիրք, դնել, տեղաւորել, OUT OF PLACE անտեղի, անհաճ։
TQ TAKE PLACE տեղի ունենալ։
PLA'CID (փլէս'իտ) հանդարտ, խաղաղ։
PLACK'ET (փլէք'էթ) կարճ շրջազգեստ։
PLA'GIARIZE (փլէճիէրայզ) բանագողութիւն ընել։
PLA'GIARISM բանագողութիւն։
PLAGUE (փլէյկ) ժանտախտ, աղէտ, չարիք, նեղել, տանջել, համաճարակել։
PLAIN (փլէյն) դաշտ, հարթավայր, հարթ, պարզ, յստակ, հարթել, ողբալ, ցաւիլ։
PLAIN-DEALING. անկեղծութիւն։
PLAIN-SPOKEN ազատախօս։
PLAINT (փլէյնթ) բողոք, տրտունջ, գանգատ։
PLAIN'TIFF. դատախազ, գանգատաւոր։
PLAINTIVE ցաւագին, ողբագին։
PLAIT (փլէյթ) ծալք, հիւս, ծալել, հիւսել։
PLAN (փլէն) ծրագիր, յատակագիծ, մեթոտ, եղանակ, ձեւ, ծրագրել, նկարել, ձեւել։
PLANE (փլէյն) հարթ, հաւասար, տափարակ, տաշտանակ, հարթոց, հարթել։
PLANE TREE սօսի, չինար։
PLAN'ET (փլէն'էթ) մոլորակ։
PLANK (փլէնք) հաստ տախտակ, նեցուկ, տախտակել, յատակել։

PLANT (փլէնթ) տունկ, բոյս, կազմածք, մեծ գործատուն, տնկել, ցանել, սերմանել։

PLAN'TAIN մօզ, բանանի։

PLANTA'TION տնկարկութիւն, տնկաստան, գաղութ։

PLANT'ER տնկող, մշակ, գաղթական։

PLAQUE (փլէք) թիթեղիկ, նկարատախտակ։

PLASH (փլէշ) ջրակոյտ, տղմի ցայտուկ, ցայտել, հեղել։

PLASM (փլէզմ) (մայր) կաղապար, կազմանիւթ։

PLA'STER (փլէս'թըր) գաճ, բուռ, ծեփ, սպեղանի, ճիճ, ծեփ զարնել, սպեղանի դնել։

PLASTIC (փլէս'թիք) ձեւակերտ, կազմողական, ձեւընկալ։

PLASTI'CITY կազմողութիւն, ձեւակերպութիւն։

PLASTICS (փլէս'թիքս) կերպարուեստ։

PLAS'TRON (փլէսթրան) լանջապահ, լանջապան։

PLAT (փլէթ) հիւսել, ծալել։

PLATE (փլէյթ) թիթեղ, պահպանակ, զրահ, քանդակ, պատկեր, հատոց, զրահաւորել, դրուագել, կռանել։

PLA'TEAU (փլէթօ) սարահարթ, տափաստան։

PLAT'EN ճնշան (մամուլի)։

PLATFORM (փլէթ'ֆօրմ) ամպիոն, բեմ, ծրագիր, յայտագիր, սալայատակ։

PLAT'INUM (փլէթ'ինըմ) բլատին, լանոսկի։

PLAT'ITUDE, ոճի տափակութիւն, հասարակութիւն։

PLATOON' (փլէթուն') դասակ, խումբ։

PLATT'ER (փլէթթ'ըր) դաշխուրան, հիւրասիրագործ։

PLAUDI'T (փլօ'տիթ) ծափահարութիւն, գովեստ։

PLAUSIBLE (փլօզիպլ) հաւանելի, գովելի։

PLAY խաղ, զբօսանք, նուագ, կատակ, թատերերգութիւն, խաղալ, զուարճանալ, վարուիլ, դրամով խաղալ, դեր կատարել։

PLAY ON WORDS բառախաղութիւն։

PLAY FELLOW խաղընկեր։

PLAYGROUND խաղավայր, մրցարան։

PLAYHOUSE թատրոն։

PLAYMATE խաղընկեր։

PLAYTHING խաղալիկ։

PLAYER դերասան, ծաղրածու, նուագածու։

PLAYFUL խաղասէր, զուարճալի։

PLAYWRIGHT թատերագիր։

PLEA (փլի) փաստ, պաշտպանութիւն, չքմեղանք։

PLEAD (փլիտ) դատ վարել, դատը պաշտպանել, փաստաբանել։

PLEADER փաստաբան, դատավար։

PLEA'SANCE (փլէզընս) հաճոյք, զուարճութիւն։

PLEA'SANT հաճելի, սիրուն, վայելուչ, ոգեւորեալ։

PLEA'SE հաճեցնել, գոհացնել, հաճելի ըլլալ, հաւնիլ։

PLEAS'URE հաճոյք, բերկրանք, կամք, ուրախացնել։

PLEAT (փլիթ) ծալծալ, փոթ։

PLEB'ISCITE (փլէպ'իսսիթ) հանրաքուէ։

PLEDGE (փլէճ) գրաւ, գրաւական, ուխտ, խոստում, պատանդ, գրաւ դնել, երաշխաւորել, կենաց խմել։

PLE'NARY (փլէ'նէրի) լիակատար, կատարեալ։

PLENIPOTEN'TIARY (փլէնիփօթէն'շիէրի), լիազօր դեսպան։

PLEN'ITUDE (փլէն'իթիուտ) ամբողջութիւն։

PLEN'TY առատութիւն, յորդութիւն։

PLETHORA (փլէթհօ'րէ) արիւնաշատութիւն։

PLEURA (փլուրէ) թոքապատ։

PLEUR'ISY (փլու'րիսի) թոքապատատապ։

PLEURO-PNEUMONIA թոքախտի եւ թոքի բորբոքում։
PLEXUS (փլէքս'ըս) ջղահիւսակ։
PLIABLE-PLIANT ճկուն, դիւրաթեք, ճապուկ։
PLICA (փլայ'քէ) հերախտ։
PLI'ERS (փլայ'ըրզ) աքցան, ունելեակ։
PLIGHT (փլայթհ) գրաւ, երաշխաւոր տալ, ուխտել, հաստատ խօսք տալ, առհաւատչեայ։
PLINTH (փլինթ) ստորերդր, ալիւան։
PLOD (փլատ) անդուլ աշխատիլ, ճգնիլ, տքնիլ։
PLOT (փլաթ) հող, գետին, դաւ, ծրագրել, գծել, դաւել։
PLOT'TER նիւթող, ծրագրող, դաւադրող։
PLOVER (փլը'վըր) քարադր(թռ)։
PLOUGH (փլաու) արօր, գութան, ակօսել, հերկել, վարել։
PLUCK (փլըք) կորզում, խլում, փրցնել, խլել, կորզել։
PLUCKY սրտոտ, քաջ։
PLUG (փլըկ) խցան, խցել, գոցել։
PLUM (փլըմ) սալոր, դամոն, հարստութիւն։
PLU'MAGE փետուրներ։
PLUMB (փլըմ) արճճալար, կապար, չիտակ չափել, ուղղել, զննել։
PLUMB'ER կապարագործ։
PLUMBERG կապարատուն։
PLUME փետուր, զարդափետուր։
PLUMM'ET խորաչափ կապար, արճճալար։
PLUMP (փլըմփ) դէր, յոյր, թմպուլիկ, հաստ, կոշտ, գիրցնել, ուռիլ, գիրնալ։
PLUMPER ուռեցնող, անարակելի սուտ։
PLUNDER (փլընտ'ըր) աւար, կողոպուտ, կողոպտել, թալլել։
PLUNGE (փլընճ) ընկղմում, մխրճում, մխել, խոթել, մխրճել։
PLUN'GER սուզակ, ջրհանի մխոց։
PLUNK յանկարծ ձգել։
PLU'PERFECT գերակատար (ժամանակ)։
PLU'RAL (փլիու'րըլ) յոգնակի։
PLURALI'TY բազմաւորութիւն, մեծամասնութիւն։
PLUS (փլըս) առաւել։
PLUSH (փլըշ) թաւ ապաստառ։
PLUTO'NOMIST քաղաքական տնտեսագէտ։
PLUTOC'RACY հարստապետութիւն։
PLUVIAL անձրեւոտ։
PLUVIOMETER անձրեւաչափ։
PLY (փլայ) ծալք, փոթ, դարձուածք, գործել, պարապիլ, ճգնիլ, ձանձրացնել, յոգնեցնել։
PNEUMATIC (նիումէթ'իք) օդային, կազային։
PNEUMATICS օդաբանութիւն։
PNEUMO'NIA (նիումօ'նիէ) թոքատապ։
POACH (փօչ) եփել. գողնալ, գրպանել, պարկը դնել։
POACHARD (փօ'չըրտ) կարմրաբադ։
POACHE'R որսագող։
POCK (փաք) խողաւարտ, պալար։
POCKE'T գրպան, տոպրակ, քսակ, գրպանել, շորթել։
POCOCURANTE (փօքօքուրանթէ) անհոգ, անտարբեր։
POD (փատ) փեճեկ, պատիճ։
POD'AGRA (փօտ'էկրէ) ոտնացաւութիւն։
PODGY դէր ու կարճ։
PO'EM (փօ'էմ) քերթուած, ոտանաւոր։
PO'ESY բանաստեղծութիւն։
PO'ET բանաստեղծ։
POET'IC բանաստեղծական։
PO'ETRY քերթուած։
POGROM' (փօկրամ) հակահրէական ջարդ։
POIGN'ANT (փօյն'ընթ) խայթիչ, ծակող, կծող։
POINT (փօյնթ) սուր ծայր, կէտ, նիշ, րոպէ, թիւ, համրանք, ժամ, դիրք, միջոց, յատկութիւն, նպատակին ուղղել, ակնարկել, ցուցնել, կէտել, ընել։
POINT'ED սրածայր, սուր, աչքառու։
POINT'LESS անծայր, բութ։
POINTS'MAN սլաքավար։

POISE (փօյզ) ծանրութիւն, կշիռ, հաւասարակշռել, զուգակշռել։
POISON (փօյ'զըն) թոյն, ժահր, թունաւորել։
POKE (փօք) գրպան, տոպրակ, դանդաղ, ցանկարգել, զարնել, քշտել, զարնել, քշտել, դնդել, մխանել, խոթել։
POCKER (փօ'քըր) հրախառնիչ, ճիւաղ, պոկեր։
PO'LAR (փօ'լըր) բեւեռային։
POLAR'ISCOPE բեւեռացոյց։
POLARITY բեւեռականութիւն։
POLARIZATION բեւեռացում։
POLE (փօլ) սիւն, կայմ, բեւեռ, լեհացի, ձողել, սիւնել։
POLE-AXE տապար, սակր։
POLE-STAR բեւեռային աստղ։
POLEM'IC (փօլէ'միք) վիճաբանական, բանակռիւ։
POLEMICS վիճաբանութիւն։
POLICEMAN ոստիկան։
POLICE (փոլիս) ոստիկանութիւն, ապահովութիւն։
POL'ICY քաղաքականութիւն, ընթացք, ապահովագիր։
POLIOSIS (փօլի'օսիս) ալեւորութիւն։
POL'ISH (փալ'իշ) փայլեցնել, յղկել, յղկում, ողորկում։
P'OLISH լեհաստանցի, լեհական։
POLITE' (փօլայթ') յղկուն, փայլուն, բարեկիրթ, քաղաքավար։
POLITENESS չափազանց քաղաքավարութիւն։
POL'ITIC քաղաքական, խորամանկ։
POLIT'ICAL քաղաքական, կուսակցական։
POLITI'CIAN քաղաքագէտ, վարչագէտ։
POL'ITICS քաղաքականութիւն, կուսակցավարութիւն։
POLITY վարչաձեւ, քաղաքական վիճակ։
PO'LKA (փօ'լքէ) լեհապար, պոլքա։
POLL (փօլ) գլուխ, գագաթ, ցանկ, ընտրութիւն, յօշել, սափրել, խուզել։

POLL'ARD (փօլլ'ըրտ) ճիւղահատ ծառ, կապտածուկ։
POLL'EN բեղմնափոշի։
POLL-TAX գլխահարկ։
POLLUTE (փալիութ) աղտոտել, պղծել, ապականել։
POLT (փօլթ) հարուած։
POLTROON (փալթրուն) վախկոտ, անարի։
POL'YANDRY (փօլիէն'տրի) բազմայրութիւն։
POLYCHROMAT'IC բազմագունեան։
POLYG'AMY բազմակնութիւն։
POLYG'AMIST բազմակին։
POL'YGLOT բազմալեզուեան։
POL'YGON բազմանկիւն։
POLYHE'DRON բազմակողմ։
POL'YSYLLABLE բազմավանկ։
POLYTEC'HNIC բազմարուեստ։
POL'YTHEISM բազմաստուածութիւն։
POLYTHEIST բազմաստուածեան։
POM'ACE (փըմ'էյս) խնձորանիւթ։
POMADE (փօմէյտ') օծանելիք, հոտանիւթ։
POME'GRANATE նռնենի։
PO'MMEL (փը'մմէլ) թամբի գունդ, սուսերագունդ։
POMP (փոմփ) շքեղութիւն, պերճանք։
POM'POM (փամփամ) արագահարուած թնդանօթ։
POM'POUS շքեղ, պերճ։
POND (փանտ) լճակ, աւազան։
PON'DER մտածել, խորհիլ, խոկալ, կշռել։
PON'DERABLE կշռելի։
PON'DEROUS ծանր, ծանրակշիռ, հաւժկու։
PON'IARD (փան'եըրտ) դաշոյն, դաշունահարել։
PON'TIFF (փան'թիփ) քահանայապետ, պապ։
PONTIFICAL (փանթիփ'իքալ) եպիսկոպոսական, պապական։
PONTIF'ICATE հայրապետութիւն, պապութիւն։
PONTOON' (փօնթուն') նաւակամուրջ։

PO'NY (փ'օնի) *բոճոյ։*
POO'DLE (փու'տլ) *գանգրահեր (շուն)։*
POOL (փուլ) *ջրակոյտ, լճակ, խաղադրամ, գրաւ, միացնել, համաձայնիլ։*
POOLER *խառնիչ գաւազան։*
POOP (փուփ) *նաւու յետակողմ։*
POOR (փուր) *աղքատ, չքաւոր, անշահ։*
POOR BOX *աղքատաց սնտուկ։*
POOR-SPIRITED *տկարամիտ, երկչոտ, վախկոտ։*
POOR'NESS *աղքատութիւն։*
POOR'LY *աղքատութեամբ։*
POP (փափ) *յանկարծ նետուիլ, պայթիւն, ճայթիւն, հայր։*
TO POT THE QUESTION *ամուսնութիւն առաջարկել։*
POPE (փոփ) *պապ, ռուս քահանայ։*
POPEDOM *պապութիւն։*
PO'PERY *պապականութիւն։*
POP'LAR (փափ'լըր) *կաղամախ։*
POPP'Y (փափ'փի) *խաշխաշ, մեկոն։*
POPU'LACE *խաժամուժ։*
POP'ULAR *ժողովրդական։*
POPULA'RITY *ժողովրդականութիւն։*
POP'ULARIZE *ժողովրդականացնել։*
POP'ULATE *շատցնել, շէնցնել։*
POPULA'TION *ժողովուրդ։*
POP'ULOUS *բազմամարդ։*
POP'ULIST *ժողովրդական։*
PORCELAIN (փոր'սիլէն) *ճենապակի։*
PORCH (փորչ) *սիւնազարդ սրահ, գաւիթ։*
PORC'UPINE (փոր'քիուփայն) *խոզուկ։*
PORE (փոր) *ծակոտիկ, անքթիթ նայիլ։*
PORK (փորք) *խոզի միս, չոր միս։*
PORNOG'RAPHY (փորնակ'րէֆի) *պոռնկագրութիւն։*
POR'OUS (փոր'ըս) *ծակոտ։*
POROS'ITY (փորաս'իթի) *ծակոտկէնութիւն։*
PORRIDGE (փա'րրինճ) *ապուր։*
PO'RRINGER (փա'րինճըր) *թասաման։*
PORT (փորթ) *նաւահանգիստ, հրատակ, պարսպոյ դրան, նաւու ձախ կողմը, հրել, տանիլ։*
PORTABLE *կրելի, տանելի։*
PORT'AGE *փոխադրութիւն, տանողչէք, ուղեգին։*
PORT'AL (փորթ'ըլ) *մուտք, դռնակ։*
PORTEND' (փորթէնտ') *կանխագուշակել։*
PORT'ENT (փոր'թէնթ) *նախանշան։*
PORT'ER (փորթ'ըր) *բեռնակիր, դռնապան։*
PORTER-HOUSE *գարեջրատուն։*
PORT'ERAGE *դռնապանութիւն, տանողչէք։*
POR'TERLY, *կոշտ, կոպիտ։*
PORTFO'LIO *թղթապանակ, նախարարի պաշտօն։*
POR'TICO (փոր'թիքօ) *կամարակապ սրահ, անդաստակ։*
POR'TION (փոր'շըն) *մաս, բաժին, կտոր, օժիտ, բաժին տալ։*
PORT'LY *փառահեղ, չաղ։*
PORTMAN'TEAU *կաշի պայուսակ զգեստակալ։*
PORT'RAIT (փորթր'էյթ) *նկար, պատկեր, դիմանկար։*
PORTRAY' *նկարել, նկարագրել։*
PORT'RESS *դռնապանուհի։*
POSE (փոզ) *դիրք, կեցք, դիրք առնել։*
PO'SER *շփոթեցնող (խնդիր)։*
POSIT (փազ'իթ) *յառաջադրել, հաստատել։*
POSI'TION *դիրք, դեր, նիստ, վիճակ, պաշտօն, տեղաւորել։*
POSI'TIVE *դրական, ուղղակի։*
POSSESS' *տիրանալ, ունենալ, ստանալ։*
POSSE'SSION *տիրացում, ստացուած, ինչք։*
POSSESS'IVE *ստացական։*
POSSESS'OR *տէր, ստացող, սեփականատէր։*
POSS'ET (փասս'էթ) *գինեմածուն։*
POSS'IBLE *կարելի, հաւանական։*

POSSIBILITY կարելիութիւն։
POST (փոսթ) սիւն, կայարան, պահակատեղի, պաշտօն, թղթատար, նամակատուն, կարգել, թղթատարին յանձնել։
POST-BOY ցրուիչ, սուրհանդակ։
POST CARD բացիկ։
POST MAN ցրուիչ։
POST MASTER թղթատարական տեսուչ։
POST OFFICE նամակատուն։
PO'STAGE նամակագին։
PO'STER ազդ, ազդ փակցնող։
POSTER'IOR (փասթիր'իըր) յետին, յետագայ։
POSTE'RITY ապագայ սերունդ։
PO'STERN (փո'սթըրն) գաղտնի դուռ, մտնադուռ։
POST'HUMOUS (փաս'թիուըմըս) յետամահ ծնունդ, հրատարակութիւն։
POSTMERIDI'EM (փոսթմիրիտ'իըմ) յետմիջօրէին։
POSTMORTEM (փոսթմորթէ'մ) յետամահ։
POSTPONE' (փոսթփոն') յետաձգել, յետակարգել։
POSTPRANDIAL (փոսթփրէնտիըլ) յետճաշուց։
POST'SCRIPT (փոսթ'սքրիփթ) յետագրութիւն։
POS'TULATE (փաս'թիուլէյթ) առաջարկ, յառաջադրել, հայցել։
POS'TURE (փոսթիուր) կեցուածք, դրութիւն, դիրք, վիճակ, դիրք առնել։
PO'SY (փո'զի) ծաղկեփունջ, նշանաբան, յուշատող։
POT (փաթ) աման, անօթ, սան, թաղար, պտուկ, սանի մէջ դնել, տնկել, թաղարել։
POT-HOOK սանակեռ։
POT-SHERD թաղարի բեկոր։
PO'TABLE (փոթէպըլ) խմելի։
POT'ASH (փաթ'էշ) փոթաս, աղկալ։
POTA'TION (փոթէյ'շըն) արբում, խմելիք։
POTA'TO գետնախնձոր։
POTEEN (փոթին) իռլանտական ուիսքի։
PO'TENT (փո'թընթ) կարող, սաստիկ, ազդու։
POTENCY կարողութիւն։
PO'TENTATE (փո'թընթէյթ) իշխանութիւն, վեհապետ։
POTEN'TIAL կարողական, թաքուն, թէական։
POTENTIAL'ITY կարողականութիւն։
POTHE'R (փոթհ'ըր) ժխոր, աղմուկ, նեղել։
PO'TION (փո'շըն) ըմպում, դեղաջուր։
POTPOURRI (փոթփու'րի) խառնուրդ, խոհափոստ։
POTT'AGE (փաթ'թէճ) բանջարապուր։
POTT'ER (փաթ'թըր) բրուտ, կաւագործ, դանդաղ գործել։
POTT'ERY կաւեղէն, կաւագործարան։
POTTY (փաթ'ի) սիրունիկ, պզտիկ, գիւղին։
POUCH (փաուչ) պարկ, դրպան, պարկել, դրպանել։
POULT (փոլթ) վառեակ, աքլոր։
POUL'TERER հաւավաճառ։
POUL'TICE (փոլթիս) խիւս, խիւս դնել։
POUL'TRY հաւեղէն։
POUNCE (փաունս) գրի աւազ, մագիլ, ճանկ, փոշի ցանել, ճանկել, խոյանալ։
POUND (փաունտ) լիբրա, ոսկի, քաշ, լիպրա, փակակարան, նուկի, հարկանել, մանրել, ծեծել, փակարանը դնել։
POUR (փոր) վազցնել, սփռել, թափել, լեցնել։
POURPARLE'R (փուրփարլէ') բանակցութիւն։
POUT (փաութ) ղուռոն, կատուաձուկ, կախերեսութիւն, չբթնականութիւն։
POV'ERTY (փավ'ըրթի) աղքատութիւն։

POWD'ER (փաու'տըր) *վառօդ, փոշի, մանրել, փոշիացնել։*
POWDER FLASK *վառօդաման։*
POWDER MILL *վառօդարան։*
POWER (փաու'ըր) *ույժ, զօրութիւն, պետութիւն։*
POW'ERFUL *զօրաւոր, ուժգին, ազդեցիկ։*
PRACTICABLE (փրէք'թիքէպլ) *գործադրելի, օգտագործելի։*
PRAC'TICAL *գործնական, օգտակար։*
PRAC'TICE *վարժութիւն, կիրառութիւն, մարզանք, կատարում, կերպ, գործադրութիւն, ղործածութիւն։*
PRAC'TISE *գործադրել, կատարել, վարժուիլ։*
PRACTI'TIONER *գործադրող, կիրառող, խորամանկ մարդ։*
PRAEPOSTOR (փրիփաս'թըր) *վերատեսուչ։*
PRAE'TOR (փրի'թար) *պրետոր, ատենակալ։*
PRAGMAT'IC (փրէկմէ'թիք) *գործնական, նիւթական, գործի փորձառու, դատողական։*
PRAG'MATISM *դատողականութիւն, գործնապաշտութիւն։*
PRAG'MATIST *գործնապաշտ, դատողապաշտ։*
PRAIR'IE (փբէյ'րի) *մարգագետին, արօտավայր։*
PRAISE (փրէյզ) *գովել, դրուատել, գովեստ։*
PRAISE'WORTHY *գովելի, պատուական։*
PRALINE (փրա'լին) *շաքարանուշ։*
PRANCE (փրէնս) *ցատկել, կայտռել։*
PRANG (փրէնկ) *ջարդ ու փշուր ընել։*
PRANK (փրէնք) *զուարճութիւն, զաւեշտ, պճնել։*
PRATE (փրէյթ) *անոտխաբանութիւն, շատախօսել։*
PRAY (փրէյ) *աղօթել, խնդրել։*
PRAYER *աղօթող։*
PRAYER (փրէ'ր) *աղօթք։*
PRAYER-BOOK *աղօթագիրք։*
PRAYER MEETING *աղօթաժողով։*
PREACH (փրիչ) *քարոզել։*
PREACHER *քարոզիչ։*
PREAM'BLE (փրիէմ'պլ) *նախաբան։*
PRECAR'IOUS (փրիքէյ'րիըս) *անկայուն, անհաստատ։*
PRECAU'TION *նախազգուշութիւն։*
PRECEDE' (փրիսիտ') *կանխել, նախընթանալ։*
PRECE'DENC *նախընթացութիւն։*
PRE'CEDENT *նախընթաց։*
PRECEN'TOR *դպրապետ, երաժշտապետ։*
PRE'CEPT (փրի'սէփթ) *հրահանգ, պատուէր, նախագիծ։*
PRECEP'TOR *դաստիարակ, տաճարապետ։*
PRECE'SSION *կանխում (գիշերահաւասարի)։*
PRE'CINCT (փրի'սինքթ) *շրջապատ, սահման, թեմ։*
PRECIOS'ITY (փրէշիաս'իթի) *գրական ոճի վայելչութիւն։*
PRE'CIOUS (փրէ'շըս) *թանկագին։*
PRE'CIPICE (փրէ'սիփիս) *գահավէժ, անդունդ։*
PRECIP'ITANCE *գահավիժում, խուճապ։*
PRECIP'ITATE *գահավիժել, փութացնել, արտորալ, մրուր, սուզակ։*
PRECIPITA'TION *պահավիժում, սուզում, վայրահոսում։*
PRECIP'ITOUS *գլխիվայր, հապճեպ, գահավէժ։*
PRECIS' (փրէյ'սի, *ամփոփում, ամփոփել։*
PRECISE' (փրիսայզ') *ճիշդ, ճշդապահ։*
PRECI'SION *ճշգրտութիւն։*
PRECLUDE' (փրիքլիուտ') *խափանել, արգիլել։*
PRECO'CIOUS (փրիքօ'շըս) *կանխահաս, վաղահաս։*
PRECOGNI'TION *կանխաճանաչում, կանխաքննութիւն։*
PRECONCEIVE' *կանխայղանալ։*
PRECONCEP'TION *կանխայղացում։*
PRECURSO'R (փրիքըր'սըր) *յառաջընթացիկ։*

PRE'DECESSOR (փրի'տիսէսըր) նախորդ։

PREDES'TINE նախասահմանել։

PREDETERM'INE նախորոշել։

PRE'DICABLE ստորոգելի, ստորոգանելի։

PREDIC'AMENT ստորոգութիւն, կացութիւն։

PRED'ICATE հաստատել, ստորոգել, հիմնել։

PREDICA'TION հաստատում, ստորոգութիւն։

PREDICT' կանխագուշակել, մարգարէանալ։

PREDILE'CTION նախասիրութիւն։

PREDISPOSE' կանխատրամադրել։

PREDISPOSI'TION նախատրամադրութիւն։

PREDOM'INATE գերակշռել, իշխել, տիրել։

PREDOM'INANTE գերակշիռ, գերակայ։

PRE-EM'INENT գերընտիր, գերազանց։

PRE-EMP'TION (փրիէմփ'շըն) նախագնման իրաւունք։

PREEN (փրին) գնծիկ, յարդարել, կտուցով յղկել։

PREF'ACE (փրիֆ'էս) յառաջաբան, նախաբան։

PRE'FECT քաղաքապետ, վերատեսուչ։

FREFER' նախընտրել, նախադասել։

PREFE'RABLE նախընտրելի։

PREFE'RENCE նախընտրութիւն, առաւելութիւն։

PREFERM'ENT յառաջացում։

PREFIG'URE օրինակով ցուցնել։

PREFIX' սկիզբը դնել, նախամասնիկ։

PREG'NANT (փրէկնընթ) յղի, ծննդաւոր։

PREG'NANCY յղութիւն։

PREHISTO'RIC նախապատմական։

PREJUDGE նախադատել, կանխավճռել։

PREJ'UDICE նախապաշարում, վնաս։

PREL'ACY առաջնորդութիւն։

PRELATE առաջնորդ, մեծաւոր։

PRELECT' հրապարակաւ կարդալ։

PRELEC'TION բանախօսութիւն։

PRELEC'TOR բանախօս, դասախօս։

PRELIM'INARY նախնական։

PRELU'DE նախերգանք, ներածութիւն։

PREMATURE' կանխահաս, տարաժամ։

PREMEDI'TATE կանխամտածել, կշռել։

PREM'IER առաջին, գլխաւոր, նախարարապետ։

PREMISE (փրիմայզ') նախադրել, առաջադրել։

PREMISE (փրէմի'ս) նախառաջարկ, ենթադրութիւն, յարակից կալուածք։

PRE'MIUM (փրի'միըմ) ապահովագին, նախագին, պարգեւ։

PREMONI'TION նախազգարարութիւն։

PREOCUPA'TION նախազբաղում, նախագրաւում, մտազբաղ վիճակ։

PREOCC'UPY նախագրաւել, զբաղեցնել։

PREORDAIN' նախասահմանել, նախակարգել։

PREPARA'TION պատրաստութիւն։

PREPA'RATIVE պատրաստական, պատրաստութիւն։

PREPAR'ATORY նախապատրաստական։

PREPARE' պատրաստել, կազմել։

PREPAY' կանխավճար ընել։

PREPENSE' կանխամտածուած։

PREPO'NDERATE գերակշռել, ծանրակշռել։

PREPOSI'TION նախադրութիւն։

PREPOSSESS' նախագրաւել, նախատիրել։

PREPOS'TEROUS հակաբնական, այլանդակ։

PREROG'ATIVE առանձնաշնորհում։

PRESA'GE նախազգացում, կանխագուշակել։

PRES'BYTER (փրէս'պիթըր) *երէց, քահանայ։*

PRESBYTER'IAN *երիցական։*

PRE'SCIENT (փրի'շիընթ) *նախագիտակ։*

PRE'SCIENCE (փրի'շընս) *նախագիտութիւն։*

PRESCRIBE' (փրիսքրայպ) *պատուիրել, հրամայել, սահմանել, դեղագրել։*

PRESCRIPT (փրիս'քրիփթ) *պատուիրեալ, ձեւագիծ, ուղղագիծ։*

PRESCRIP'TION *պատուէր, կանոն, սահման, դեղագիր, ժամանցում, նախատիրութեան իրաւունք։*

PRES'ENCE (փրէզընս) *ներկայութիւն, երեւոյթ, տեսք։*

PRES'ENT (փրէզ'ընթ) *ընծայ, նուէր, ներկայ ժամանակ, ներկայ, արդի, պատրաստ։*

PRESENT' (փրէզընթ') *ներկայացնել, տալ, ընծայել, շնորհել։*

PRESENTA'TION *ներկայացում, նուիրում, հանդէս, ներկայացում։*

PRESEN'TIMENT *նախազգացում։*

PRES'ENTLY *անմիջապէս, իսկոյն։*

PRESENT'MENT *ներկայացում, ընծայում, մատուցում։*

PRESERVA'TION *պահպանութիւն, պահում։*

PRESERVE' *պահել, պահպանել, համեմել, պանդակ։*

PRESIDE' *ատենապետել, նախագահել։*

PRES'IDENCY *նախագահութիւն։*

PRES'IDENT *նախագահ։*

PRESIDENTIAL *նախագահական։*

PRESS (փրէս) *ճնշել, ճզմել, ճմլել, տպել, նեղել, նեղուիլ, դիզուիլ, ճմլոց, ճնշան, մամլիչ, մամուլ, տպագրութիւն, տպարան։*

PRESS'MAN *տպող, մամլավար, լրագրող։*

PRE'SSURE (փրէշ'ըր) *ճնշում, ստիպում, տպուածք։*

PRESTIDIGITA'TION (փրէս'թիտիճիթէյ'շըն) *ձեռնածութիւն։*

PRESTIGE' (փրէս'թիժ) *հմայք, համբաւ, փայլ։*

PRES'TO (փրէս'թօ) *անմիջապէս։*

PRESUME (փրիզիում) *ենթադրել, սեպել։*

PRESUMP'TION *ենթադրութիւն, համարում, վարկած։*

PRESUMP'TIVE *ենթադրական, հաւանական։*

PRESUMP'TUOUS *յանձնապաստան, յանդուգն։*

PRESUPPOSE' *կանխաւ ենթադրել։*

PRESUPPOSI'TION *կանխակալ ենթադրութիւն։*

PRETENCE' *պատրուակ, ցոյց, յաւակնութիւն։*

PRETEND' *պնդել, պահանջ դնել, յաւակնիլ։*

PRETEN'SION *հետամտութիւն, յաւակնութիւն։*

PRETEN'TIOUS *յաւակնոտ։*

PRET'ERITE (փրէթ'ըրիթ) *անցեալ ժամանակ։*

PRETERMIT' (փրէթըրմիթ') *զանց առնել։*

PRETEXT (փրի'թէքսթ) *պատրուակ։*

PRE'TTY (փրիթ'թի) *սիրուն, վայելուչ, ըստ բաւականին։*

PREVAIL' (փրիվէյլ') *յաղթել, տիրել, պատահիլ, ի զօրու ըլլալ։*

PREVA'LENCE (փրէվ'էլընս) *տիրողութիւն, ազդեցութիւն, յաջողութիւն։*

PREVA'LENT *տիրող, գերակշիռ։*

PREVA'RICATE *խոյս տալ, հակասական խօսիլ։*

PREV'ENIENT (փրէվին'նիընթ) *յառաջընթաց, արգելիչ։*

PREVENT' *ընդմիջել, արգիլել, կասեցնել։*

PREVEN'TION *արգելք, խափանում։*

PREVENT'IVE *արգելիչ։*

PRE'VIOUS (փրիվ'իըս) *նախկին, նախորդ։*

PREV'ISION (փրիվի'ժըն) *նախատեսութիւն։*

PREY (փրէյ) *աւար, կեր, ճարակ, որս։*

PRICE (փրայս) գին, արժէք. վարձ, գին դնել, արժեցնել։

PRICELESS անգին։

PRICK խայթոց, խթան, կսկիծ, ցաւ, մտրակ, խայթ, ծակ, ծակել, խըթանել, որել, նշան առնել, կըծծել։

PRICK'ER կծող, խայթող, խայթոց։

PRIC'KLE փուշ, խայթ, կճել։

PRIC'KLY խայթող, կծու, փշոտ։

PRIDE (փրայտ) հպարտութիւն, հըպարտանալ։

PRIEST (փրիսթ) քահանայ, երէց։

PRIESTESS քրմուհի, երէցկին։

PRIESTHOOD քահանայութիւն, կըղեր։

PRIG (փրիկ) յաւակնոտ, գող, չորթել, գողնալ։

PRIM (փրիմ) արուեստակեալ, ձեւաւէր։

PRI'MACY (փրայ'մէսի) արքեպիսկոպոսութիւն։

PRI'MAL (փրայ'մըլ) գլխաւոր, առաջին։

PRI'MARY (փրի'մէրի) նախնական, սկզբնական, տարրական։

PRI'MATE (փրայմէթ) արքեպիսկոպոս։

PRIME (փրայմ) առաջին, տարրական, գլխաւոր, կանուխ, ծաղիկ հասակ, ապահովագին, պարգեւ, պատրաստել, լեցնել, ջուր տալ, խանձարկել, խաւը տալ։

PRIME MNISTER վարչապետ։

PRI'MER (փրայ'մըր) խանձարկող։

PRIMER (փրիմ'ըր) այբբենարան, քերական։

PRIME'VAL (փրայմի'վըլ) վաղեմի, նախկին։

PRI'MING (փրայ'մինկ) խանձ, առաջին խաւ։

PRIM'ITIVE (փրիմ'իթիվ) նախնական, տարրական։

PRIMOGEN'ITURE (փրայմօճէնիթիուր) նախածնութիւն։

PRIMORDIAL (փրիմօրտիըլ) նախաստեղծ, նախատարր։

PRIM'ROSE (փրիմ'րօզ) գարնանածաղիկ։

PRIM'ULA (փրիմ'իուլէ) կովկացըծաղիկ։

PRI'MUS (փրայ'մըս) առաջին, ամենաառաջէց։

PRINCE (փրինս) իշխան, արքայազն։

PRINCE CONSORT իշխող թագուհիի ամուսին։

PRINCE REGENT փոխարքայ։

CROWN PRINCE գահաժառանգ։

PRINCESS իշխանուհի։

PRINCIPAL գլխաւոր, էական, պետ, մայր գումար, տնօրէն։

PRINCIPAL'ITY իշխանութիւն։

PRIN'CIPLE սկզբունք, նախապատճառ, ծագում, հիմ, օրէնք։

ON PRINCIPLE սկզբունքով։

PRINK (փրինք) պճնուիլ, հագուիլ։

PRINT (փրինթ) դրոշմ, տիպ, հետք, տպագրութիւն, կնիք, տպել, տըպագրել, դրոշմել, հրատարակել։

OUT OF PRINT սպառած։

PRIN'TER տպագրիչ, տպագրատէր։

PRINT'ING տպագրութիւն։

PRIOR (փրայ'ըր) նախկին, նախընթաց, վանահայր։

PRIORESS վանամայր, մենաստանուհի։

PRIO'RITY (փրայըր'իթի նախորդութիւն, առաջնութիւն, գլխաւորութիւն։

PRIO'RY (փրայ'օրի) աբբայարան։

PRISM (փրիզմ) պրիսմակ։

PRISMAT'IC պրիսմակային։

PRISO'N (փրիզ'ն) բանտ, բանտարկել։

PRISO'NER բանտարկեալ։

PRISTINE (փրիս'թին) նախնական, վաղեմի։

PRIVA'CY (փրայվէսի) առանձնութիւն, մասնակցութիւն, մտերմութիւն։

PRI'VATE (փրայ'վէյթ) անձնական, մասնակի, գաղտնի, անհատ, պարզ զինուոր։

PRIVATEER' մասնաւոր։

PRIVATION (փրայվէյ'շըն) զըրկանք, կարօտութիւն։

PRIVA'TIVE զրկողական, ժխտական։

PRIV'ET (փրիվ'էթ) սրնգենի, նարօտ։

PRIV'ILEGE (փրիվ'ըլէճ) առանձնաշնորհում, մենաշնորհ։

PRIV'ITY (փրիվ'իթի) մասնակցութիւն, անհատական գործ, գաղտնի գիտութիւն։

PRIV'Y (փրիվ'ի) առանձնական, ներքին, գաղտնակից, մասնակի։

PRIVY COUNCIL Արքունի խորհուրդ։

PRIZE (փրայզ) մրցանակ, աւար, բախտ, վիճակահանութիւն, գնարկութիւն, գնարկել, արժեցնել։

PRIZE FIGHT կռփամարտ։

PRO'A (փրօ'է) մալայեան մակոյկ։

PRO AND CON (փրօ էնտ քօն) թէր ու դէմ։

PROBABIL'ITY հաւանականութիւն։

PROBA'BLE հաւանական։

PRO'BATE (փրօպէյթ) վաւերացեալ կտակ, կտակի պաշտօնական վաւերացում։

PROBA'TION փորձ, դատաքննութիւն, նորընծայ։

PROBATORY դատաքննական։

PROBE (փրօպ) չափափող; վիրաչափ, վիրաչափով քննել։

PROB'ITY ուղղամտութիւն, պարկեշտութիւն։

PROB'LEM (փրապ'լըմ) խնդիր, հարց, առեղծուած։

PROBLEMATI'C խնդրական, անյայտ։

PROCE'DURE (փրօսիտիուր) ընթացք, ձեւակերպութիւն, եղանակ, դատավարութիւն։

PROCEED' սկսիլ, առաջ երթալ, վարել, գործի սկսիլ, դատ վարել։

PRO'CEEDS հասոյթ, արդիւնք։

PRO'CESS (փրօ'սէս) ընթացք, եղանակ, արարք, գործք, խաղացք, դատավարութիւն։

PROCESSION թափօր, հանդէս, ընթացք, շքերթ։

PROCLAIM' հրատարակել, հռչակել։

PROCLAMA'TION յայտարարութիւն։

PROCLIV'ITY միտում, յօժարամտութիւն։

PROCON'SUL անթիհիւպատոս։

PROCRA'STINATE (փրօքրէսթընէյթ) ձգձգել, յետաձգել։

PROCRASTINA'TION ձգձգում։

PRO'CTOR (փրաք'թըր) դպրոցատար, վերակացու։

PROCURA'TION փոխանորդութիւն, գործակալութիւն, փոխանորդագիր։

PROC'URATOR գործակալ, գործակատար։

PROCURE' հայթայթել, ճարել, հոգալ։

PROCURER հայթայթող, կաւատ։

PROD (փրատ) խթան, հերիւն, խթանել։

PROD'IGAL (փրատ'իկլ) շռայլ, անառակ։

PROD'IGY (փրատ'իճի) սքանչելիք, հրաշք։

PRODI'GIOUS զարմանալի, անօրինակ։

PRODUCE' (փրօտիուս') արտադրել, գոյացնել, ծնանել, բերք, արտադրութիւն, արդիւնք։

PROD'UCT (փրատ'ըքթ) արդիւնք, հասոյթ։

PRODUCC'TION արտադրութիւն, ծնունդ։

PRODUC'TIVE արդիւնաբեր, արգասաբեր։

PROFANA'TION (փրաֆէնէյ'շըն) պղծում, ամբարշտութիւն։

PROFANE' (փրօֆէյն) ամբարիշտ, անսուրբ, պղծել, եղծել, [illegible]։

PROFAN'ITY անսրբութիւն, [illegible]։

PROFESS' (փրաֆէս') խոստովանիլ, դաւանել, դասախօսել։

PROFESSIO'N յայտարարութիւն, ըզբաղում, կոչում, գործ, խոստովանութիւն, մասնարուեստ։

PROFESS' (փրաֆէս) խոստովանիլ, դաւանիլ, դաւանախօսել։

PROFES'SION յայտարարութիւն, ըզբաղում, կոչում, գործ, խոստովանութիւն, մասնարուեստ։

PROFESSIONAL արուեստի, արուեստաւոր, մասնարուեստական։

PROFESS'OR խոստովանող, ուսուցչապետ, փրոֆէսոր։

PROFFE'R (փրաֆ'ֆըր) առաջարկել, ընծայել, ընծայ, առաջարկ։

PROFI'CIENT (փրոֆի'շընթ) հըմուտ, ատակ, ձեռնհաս։

PRO'FILE (փրոֆիլ) կիսադէմ, ուրուագիծ, համառօտ։

PROF'IT (փրաֆ'իթ) շահ, օգուտ, հասոյթ, օգնել, շահեցնել։

PROFITABLE շահաւէտ, օգտակար, պիտանի։

PROFITEER' շահագործ, շահադէտ։

PROF'LIGATE անառակ, ապերախտ։

PROF'LIGACY անառակութիւն։

PROFOUND' (փրոֆաունտ') խորունկ, անյատակ, բազմահմուտ։

PROFUSE' (փրոֆիուս') յորդառատ, շռայլ։

PROG (փրակ) մուրալ, ուտելիք ժողվել, գողնալ, ուտելիք.

PROGEN'ITOR (փրոճէնիթըր) նախահայր, պապ։

PRO'GENY սերունդ, ծնունդ, շառաւիղ։

PROGNO'SIS (փրակնօ'սիս) նախագիտանք, ախտագուշակութիւն։

PROGNO'STIC (փրակնաս'թիք) նախագիտական։

PROGNOS'TICATE նախագուշակել։

PROGNOSTICA'TION նախագիտանք, ախտագուշակութիւն։

PRO'GRAMME (փրօ'կրէմ) նախագիծ, ծրագիր, յայտագիր։

PRO'GRESS (փրակ'րէս) յառաջդիմութիւն, յառաջդիմել։

PROGRE'SSION յառաջացում, յառաջդիմութիւն, ընթացք։

PROGRESSI'VE յառաջդիմական։

PROHIBI'T (փրոհիպ'իթ) արգիլել, խափանել։

PROHIBI'TATION խափանում, արգելք։

PROHIBITION'IST արգելական, արգելապաշտ։

PROHIBI'TIVE արգելիչ, արգելող։

PROJECT' (փրոճէքթ') ծրագիր, առաջարկ։

PROJEC'TILE (փրոճէքթիլ) ողընկէց, հրթիռ, հրագունդ, արտաձիգ։

PROJEC'TION արտաձգութիւն, ծըրագիր, սարաւանդ, ստուերագիր։

PROJEC'TOR առաջադրող, ծրագրող, լուսարձակ։

PROLAP'SUS (փրոլէփ'սըս) վայրանկում, արտանկում։

PRO'LATE (փրօ'լէյթ) երկարաձիգ։

PROLETAR'IAN (փրօլիթէյ'րիըն) ընչազուրկ, ռամիկ։

PROLETAR'IATE աղքատ դասակարգ։

PROLIFI'C (փրալիֆ'իք) բեղմնաւոր, արգասաբեր։

PROLIX (փրօ'լիքս) երկարաբան, ձանձրանալի։

PRO'LOGUE (փրօ'լակ) նախաբան։

PROLONG' (փրօլանկ') երկարաձգել։

PROLONGA'TION երկարաձգութիւն։

PROMENADE' (փրամէ'նատ) պտոյտ, ճեմավայր, պտըտիլ։

PROM'INENCE (փրամինընս') ցըցուածք, ելուստ, քիթ։

PROM'INENT ցցուած, ուշագրաւ, երեւելի։

PROMIS'CUOUS (փրօմիս'քիուըս) խառնաշփոթ, խառնակ։

PROM'ISE (փր ամի'ս) խոստում, ուխտ, յոյս։

PROM'ISSORY խոստման, խոստաըմնական։

PROM'ONTORY (փրա'մընթօրի) հրուանդան։

PROMOTE' (փրօմօթ') յառաջացնել, բարձրացնել։

PROMO'TER քաջալերող, պաշտպան։

PROMO'TION յառաջացում, բարձրացում։

PROMPT (փրամփթ) արագ, փութկոտ, ճշդապահ, ճիշդ։

PROMP'TER փութացնող, յուշարար, ազդող։

PROMP'TITUDE արագութիւն, փութկոտութիւն։

PROM'ULGATE (փրամ'ըլկէյթ) յայտարարել, հրատարակել։

PROMULGA'TION յայտարարութիւն, հրատարակութիւն։

PRONE (փրօն) հակեալ, դիւրամէտ, ծռած։

PRONG (փրանկ) ժանիք, մատ, ակռայ։

PRONOM'INAL (փրօնամինըլ) դերանուանական։

PRO'NOUN (փրօնաուն) դերանուն։

PRONOUNCE' (փրօնաունս') արտասանել, յայտարարել, հնչել։

PRONOUNCEDLY շեշտակի։

PRONUNCIAION արտասանութիւն, հնչում։

PROOF (փրուֆ) փորձ, նշան, ապացոյց, անթափանցելի։

PROOF-READER փորձերը կարդացող, սրբագրող։

PROOF-SHEET տպագրական փորձ։

PROP (փրափ) նեցուկ, յենակ, մոյթ։

PROPAGA'NDA (փրափէկէն'տէ) քարոզչութիւն, պրոպականդ։

PROPAGATE (փրափ'էկէյթ) շատցնել, տարածել, ծնիլ։

PROPAGA'TION տարածում, աճում, բազմացում։

PROPEL (փրափէլ) առաջամղել, վարել, շարժել։

PROPEN'SITY միտում, հակում։

PROP'ER (փրափ'ըր) յատուկ, սեփական, մասնակի, վայելուչ։

PROPERLY շնորհքով, կոկիկ։

PROP'ERTY կալուած, սեփականութիւն, ինչք, կարասի։

PROPHE'CY (փրաֆէ'սի) մարգարէութիւն։

PROPHE'SY մարգարէանալ, գուշակել։

PROPH'ET մարգարէ, գուշակ, մեկնիչ։

PROPIN'QUITY (փրօփին'քուիթի) մերձաւորութիւն։

PROPI'TIATE (փրօփի'շիէյթ) ողոքել, հաշտեցնել, մեղմել։

PROPITIA'TION ողոքում, քաւութիւն, հաշտութիւն, պատարագ։

PROPI'TIOUS նպաստաւոր, հաշտ, յարմար, ազնիւ։

PROPOR'TION համեմատութիւն, ներդաշնակութիւն, մաս։

PROPORTIONAL համեմատական, պատշաճ։

PROPOR'TIONATE համեմատական ընել։

PROPO'SAL (փրօփօ'զըլ) առաջարկ, խնդիր։

PROPOSE' (փրօփօզ') առաջարկել, ուզել, ձեռքը խնդրել։

PROPOSI'TION առաջարկութիւն, խօսք կապ։

PROPOUND' (փրօփաունտ') առաջադրել, առաջարկել։

PROPRIE'TARY (փրափրայ'էթէրի) սեփականատիրական, սեփական։

PROPRIE'TOR տէր, սեփականատէր։

PROPRI'ETY յարմարութիւն, մասնայատկութիւն։

PROPULS'ION (փրափըլ'շըն) առաջամղում, մղում։

PROROGUE' (փրօրօկ') յետաձգել, դադրեցնել։

PROROGA'TION յետաձգում, ընդհատում։

PROSA'IC (փրօզէյ'իք) արձակային, անշուք։

PROSCRIBE' (փրասքրայպ) իրաւազրկել, քշել, աքսորել։

PROSCRIPTION դատապարտութիւն, աքսոր, տարագրութիւն։

PROSE (փրօզ) արձակ, արձակագրել։

PROS'ECUTE (փրաս'իքիուբ) հետապնդել, դատի քաշել։

PROSECU'TION դատական ձեռնարկ, դատախազութիւն։

PROS'ELYTE (փրաս'իլայթ) նորադարձ, նորահաւատ։

PRO'SODY (փրաս'օդի) առոգանութիւն, տաղաչափութիւն։

PROS'PECT (փրաս'փէքթ) հեռանկար, երեւոյթ, յոյս, քննել, փնտռել։

PROSPEC'TION փնտռտուք, նախատեսութիւն։

PROSPECTIVE նախատեսական, հեռանկար, ապագայ։

PROS'PECTUS յայտարարութիւն, յայտագիր։

PROS'PER (փրաս'փըր) յաջողիլ, զարգանալ, ծաղկիլ։

PROSPE'RITY յաջողութիւն, բարգաւաճում։

PROS'PEROUS բարգաւաճ, զարգացեալ։

PROS'TITUTE պոռնիկ, բոզ, պոռնկացնել։

PROSTITUTION պոռնկութիւն։

PROS'TRATE (փրաս'թրէյթ) գետնատարած, տապալել, պառկեցնել, զգետնել։

PRO'SY (փրօզի') ճապաղ, արձակեայ։

PROTAGO'NIST (փրօթէկօնիսթ) նախագահական։

PROTECT' (փրօթէքթ') պաշտպանել, պահպանել։

PROTEC'TION պաշտպանութիւն, ապահովութիւն, հովանաւորութիւն։

PROTECT'IVE պաշտպանողական։

PROTECTO'R պաշտպան, խնամակալ, հովանաւոր։

PROTECTO'RATE խնամակալութիւն։

PROTECTRESS պաշտպանուհի։

PROTEST' բողոքել, բողոքագրել։

PROT'ESTANT բողոքական։

PROTESTA'TION բողոք, բողոքագիր։

PRO'TOCOL (փրօ'թօքօլ) նախագիծ, ատենագրութիւն։

PRO'TOMARTYR (փրօ'թօմարթըր) նախավկայ։

PRO'TOTYPE նախատիպ, սկզբնատիպ։

PROTRACT' երկարաձգել, յապաղել։

PROTRAC'TION երկարաձգում, յապաղում։

PROTRUDE' (փրօթրուտ') դուրս հանել, երկարել, դուրս ցցուիլ։

PROTRU'SION առաջամղում, ցցուածութիւն։

PRO'TUBERANCE (փրօթիու'պըրընս) ուռոյց, ելունդ, դարաւանդ։

PROUD (փրաուտ) հպարտ, ամբարտաւան։

PROVE (փրուվ) փաստել, ստուգել, փորձել, հաստատուիլ։

PROV'ENANCE աղբիւր, սկիզբ։

PROV'ENDER (փրավ'էնտըր) խոտ, յարդ։

PROV'ERB (փրավ'ըրպ) առակ, ասացուած։

PROVERB'IAL առակային։

PROV'IDE' (փրօվայտ') հայթայթել, հոգալ, կազմել, նայիլ, պայմանաւորել։

PROVIDED պայմանաւոր, միայն թէ։

PROV'IDENCE նախատեսութիւն, հեռատեսութիւն, նախախնամութիւն։

PROV'IDENT (փրավ'իտընթ) նախատես, հեռատես, խոհեմ։

PROVIDEN'TIAL նախախնամական։

PROV'INCE (փրավ'ինս) նահանգ, կողմ, վիճակ։

PROVIN'CIAL նահանգային, անտաշ, գաւառաբնակ։

PROVI'SION նախատեսութիւն, պաշար, պարէն, պայման, ռոճիկ, պաշար հայթայթել։

PROVI'SIONAL առժամեայ։

PROVI'SO (փրօվայզօ) թէական պայման, դաշինք։

PROVOCA'TION (փրօվօքէյ'շըն) գրգռութիւն։

PROVOC'ATIVE գրգռիչ, մարսողագրգիռ։

PROVOKE' (փրօվօք') գրգռել, զայրացնել, դրդել։

PROV'OST տնօրէն (գօլէճի), զինուորական ոստիկան. աւագ, վերակացու։

PROW (փրաու) ցռուկ, նաւուառաջք։

PROW'ESS քաջագործութիւն, շահատակութիւն։

PROWL (փրաուլ) սլքտալ, թափառիլ, աւարել։

PROX'IMATE (փրաք'սիմէթ) մերձաւոր, անմիջական։

PROXIM'ITY մօտիկութիւն։

PROXI'MO (փրաքսի'մօ) յաջորդ ամիս։

PROX'Y (փրաքս'ի) փոխանորդութիւն, փոխանորդագիր։

PRUDE (փրուտ) ամչկոտ, սուտա-պզպաս։

PRU'DENCE խոհեմութիւն։

PRU'DENT խոհեմ, իմաստուն։

PRUDEN'TIAL խոհական, զգուշական։

PRUNE յօտել, ծառը մաքրել։

PRUR'IENT (փրուր'իընթ) մարմնա-ջնան, ցանկասէր։

PRUR'IENCE սաստիկ փափաք, մարմաջ, եռք։

PRU'SSIAN (փրը'շըն) փրուսիական, փրուսիացի։

PRY (փրայ) քննել, լրտեսել, քովնտի նայիլ, լծակ։

PSALM (սամ) սաղմոս։

PSALMODY սաղմոսերգութիւն։

PSAL'TER (սօլթըր) սաղմոսարան։

PSEUDOGRAPH (սիու'տակրէֆ) կեղծուած գրութիւնք։

PSEUDONYM (սիուտ'օնիմ) կեղծանուն։

PSHAW (շօ) բո՛ւհ, վա՛հ։

PSILOSIS (սայլօ'սիս) հերաթափութիւն։

PSYC'HIC (սայ'քիք) հոգեկան, մըտային։

PSYCHOLO'GY (սայքալ'օճի) հոգեբանութիւն։

PSYCHO'MANCY (սայքօմէնսի) ոգեհմայութիւն։

PUBERTY (փիուպըրթի) արբունք։

PUBES'CENT (փիուպէս'ըընթ) չափահաս, աղուամազոտ (բոյս)։

PUB'LIC (փըպ'լիք) հանրային, հրապարակային։

PUB'LICAN հարկահան, մաքսաւոր, գինեպան։

PUBLICA'TION հրատարակութիւն։

PUB'LICIT հրապարակագիր։

PUBLI'CITY հանրականութիւն, ծանուցում։

PUB'LICLY հրապարակաւ։

PUB'LISH հրատարակել, տարածել, քարոզել։

PUB'LISHER հրատարակիչ, տպող։

PUCE (փիուս) թուխ կարմիր։

PUCK (փըք) պայ, չար ոգի։

PUCKER (փըք'ըր) փոթ, կնճիռ, ծալք, կնճռել, կծկել։

PU'DDING (փուտ'տընկ) կարկանդակ, կաղապ։

PUD'DLE (փըտ'տլ) ջրակոյտ, տըղմակոյտ։

PU'DENCY (փիուտընսի) ամօթխածութիւն։

PUEB'LO (փուէպ'լօ) հնդկ. գաղթավայր, գիւղ։

PU'ERILE (փիու'րըլ) տղայական։

PUFF (փըֆ) փչում, շունչ, փուք։

PUFF'ERY փքուռոյց գովասանք։

PUFFY ուռած, փքոտ, սնոտիախօս։

PUG (փըկ) խառնել, ծեփել, շաղախել, կապիկ, շնիկ, կաւ, կռփամարտ։

PUGILISM (փիու'ճիլիզմ) կռփամարտութիւն։

PUGILIST կռփամարտ։

PUGNA'CIUS (փըկնէյ'շըս) կռուազան։

PUGNA'CITY կռուազանութիւն։

PUI'SSANT (փիուս'ըընթ) կարող, ուժեղ, զօրաւոր։

PUKE (փիուք) փսխել, փսխում։

PULE (փիուլ) տնտնջալ, լալ։

PULL (փուլ) քաշել, փրցնել, թիավարել, ճիգ, ջանք, պայքար, տակացում։

PU'LLET (փուլ'լէթ) *վառեակ։*
PU'LLEY (փու'լի) *ճախարակ։*
PUL'MONARY (փըլ'մընէրի) *թոքային։*
PULMONI'TIS *թոքատապ։*
PULP (փըլփ) *թամր, խիւս, պտուղի միս, խմոր։*
PU'LPIT (փուլ'փիթ) *բեմ, ամպիոն, քարոզ։*
PULSATE' (փըլսէյթ) *սիրտը զարնել, տրոփել, բաբախել։*
PULSATILE (փըլ'սէթիլ) *տրոփուն։*
PULSA'TION *զարկ, բաբախում։*
PULSE (փըլս) *երակազարկ, տրոփում։*
PULV'ERIZE (փըլ'վըրայզ) *փոշիացնել, փոշիանալ։*
PULVERIZA'TION *փոշիացում, ծարծատում։*
PU'MA (փիու'մէ) *առիւծակատու, պումա։*
PUM'ICE (փըմ'իս) *չեչաքար, պեմզա։*
PUMMEL (փըմէլ) *համեստապունդ, բռունցքով հարուածել։*
PUMP (փըմփ) *ջրհան, օդահան, ջըրհանել, պարպել, նրբամուճակ։*
PUMP'KIN (փըմփ'քին) *դդում, կարկաճ։*
PUN (փըն) *բառախաղ։*
PUNCH (փընչ) *փունջ, համեմուած օղի, հատիչ, կարճուդիրուկ, հարուած, ծակարկ, ծակել, դրոշմահարել, կոփել։*
PUN'CHEON (փրն'չըն) *կնքոց, տակառաչափ։*
PUNC'TATE (փընք'թէթ) *կէտկէտ, սրածայր։*
PUNCTILIOUS (փընքթի'լիըս) *բծախնդիր, ճշդամօլ։*
PUNCTUAL *ճշդապահ, նրբախնդիր։*
PUNC'TUATE *կէտ դնել։*
PUNCTUA'TION *կիտադրութիւն։*
PUNC'TURE *ծակում, խայթուածք։*
PUN'DIT (փըն'տիթ) *գիտուն, գիտուն բրահմին։*
PUN'GENT *սուր, խայթող, բարկ, լեղի։*

PU'NISH *պատժել, ծեծել։*
PUN'ISHMENT (փընի'շմէնթ) *պատիժ, տանջանք։*
PU'NITIVE *պատժողական։*
PUNT *հարթանաւ, բախտախաղ, տաքացնել, խաղ խաղալ։*
PUP *լակոտ, փոքրի ձագ, ձագ բերել։*
PU'PIL (փիու'փիլ) *աշակերտ, աչքի բիբ։*
PUPPE'T (փըփ'փէթ) *պուպրիկ։*
PUPP'Y (փըփ'փի) *լակոտ, ինքնահաւան։*
PURB'LIND (փըր'պլայնտ) *կարճատես, աղօտատես։*
PURCHA'SE (փըր'չէս) *գնել, ստանալ, գնում, ճախարակ։*
PURE *մաքուր, անարատ։*
PURGA'TION *մաքրում, քաւում։*
PURG'ATIVE *լուծողական։*
PURGE *սրբել, մաքրել, մաքրագործել, զտել, մաքրում, զտում, լուծողական։*
PURIFICA'TION *մաքրագործում, քաւութիւն։*
PU'RIFIER *մաքրիչ, զտիչ։*
PUR'IFY *մաքրել, սրբանալ։*
PUR'IST *վայելչաբան, մաքրախնդիր։*
PUR'ITAN *մաքրակրօն։*
PUR'ITY *մաքրութիւն, սրբութիւն։*
PURL *եզրազարդել, ծփալ, կարկաչել, ծփանք, կարկաչ։*
PURL'IEU (փըրլիու) *շրջակայք, արուարձան։*
PURLOIN' (փըրլօյն) *գողնալ, գաղտնի տանիլ։*
PU'RPLE (փըրփլ) *ծիրանի գոյն, կարդինալութիւն, ծիրանի՝ կարմիր ներկել։*
PURPORT' (փըրփօրթ) *միտում, նըպատակ, իմաստ, իմաստ տալ։*
PURP'OSE (փըր'փըս) *նպատակ, միտում, մտադրել, նշանակել, համենալ։*
PURSE (փըրս) *քսակ, գանձ, պարկ, քսակել։*
PURSU'ANCE (փըրսիու'ընս) *հետապնդում, հետեւանք*

PURSU'ANT համեմատ, հետեւող, ըստ։
PURSUE' հետապնդել, հալածել։
PUR'ULENT (փիու'րուլընթ) չարաւոտ։
PURVEY (փըրվէյ') հայթայթել, մատակարարել։
PUS (փըս) թարախ, չարաւ։
PUSH (փըշ) մղել, քշել, հրել, մղում, հրում, ճիգ, ջանք։
PUSHING կորովի, շահամոլ։
PUSILLAN'IMOUS (փիու'սիլլէն'իմըս) վախկոտ, վատասիրտ։
PUSS փիսիկ, կատուիկ, նապաստակ։
PUSSY փիսիկ, կատուիկ, նապաստակ։
PUSSYFOOT տատամսոտ։
PUS'TULE (փըս'թիուլ) թարախաբշտիկ։
PUT (փութ) դնել, հաստատել, առաջարկել։
PUTATIVE (փիու'թէթիվ) կարծեցեալ։
PU'TREFY (փիութրիֆայ) փտեցընել, նեխել։
PUTRES'CENT փտուն, նեխոտ։
PU'TRID փտուն, նեխած։
PUTRIDITY նեխութիւն։
PUTT'Y (փըթ'թի) խմոր, մածիկ, խմորել։
PUZ'ZLE (փըզ'զլ) հանելուկ, կընճռել, հանելուկը լուծել։
PYAEM'IA (փայիմ'իէ) թարախարիւնութիւն։
PYG'MY (փիկ'մի) գաճաճ, թզուկ։
PYJA'MAS (փիճա'մէզ) փիճամա։
PYLOR'US (փայլօր'ըս) գրոյլ։
PY'RAMID (փիր'էմիտ) բուրգ։
PYRE (փայր) խարոյկ։
PYROME'TER (փայրամ'իթըր) տապաչափ, հրաչափ։
PYROTE'CHNIC հրարուեստական։
PYROTECHNICS հրարուեստ։
PY'THON (փայ'թան) վարազօձ։
PYTHONESS (փայ'թհօնէս) գուշակուհի։
PYX (փիքս) սրբատուփ, փողերանոցի մէջ նմոյշի տուփ, դրամները փորձել։
PYXIS (փիք'սիս) գոհարեղէնի տուփ։

Q

QUACK (քուէք) կռինչ, կրկուանք, սուտ բժիշկ, կռնչել։
QUACK'ERY սուտ բժշկութիւն, շառլատանութիւն։
QUAD'RANGLE (քուատրէնկ'կլ) քառանկիւն։
QUAD'RAT (քուատ'րէթ) քառանկ միջոց, (տպ.)։
QUADRILLE' (քուէտրիլ') քատրիլ, քառապար։
QUADRIL'LION (քուատրիլ'եըն) քառիլիոն։
QUADROON' (քուատրուն) խառնածինի եւ ճերմակի զաւակ։
QUA'DRUPED (քուատ'րուփէտ) չորքոտանի։
QUA'DRUPLE (քուատ'րուփլ) քառապատիկ, քառապատկել։
QUAES'TOR (քուիս'թըր) գանձապետ, ծախուց վերակացու։
QUAG'MIRE (քուէկ'մայր) ճահիճ, մօրուտք։
QUAIL (քուէյլ) լորամարգի, տապետահաւ։
QUAINT (քուէյնթ) անսովոր, վայելուչ, թանկագին։
QUAKE (քուէյք) սարսուռ, ցունց, շարժ, շարժիլ, սարսռալ։
QUA'KER երերական, ցնցուող, երերուհի։
QUALIFICA'TION (քուալիֆիքէյ'շըն) որակում, հանգամանք։
QUA'LIFY որակել, յորջորջել, չափաւորել, նուազեցնել։
QUA'LITATIVE որակական։
QUA'LITY (քուա'լիթի) որակ, հանգամանք, յատկութիւն, բարեմասնութիւն։
QUALM (քուամ) նուաղում, սիրտ խառնուք, խղճի խայթ։
QUANDARY' (քուանթ'տէրի) տարակոյս, կնճիռ։
QUANTITATIVE քանակական։
QUAN'TITY քանակ, չափ, կշիռ, գումար։
QUA'NTUM (քուանթ'թըմ) թիւ, մաս, ամբողջութիւն։
QUA'RANTINE քառասունք, մաքրանոց, քառասունքի ենթարկել։
QUA'RREL (քուա'րըլ) կռիւ, վէճ, քառակուսի կտրոց, կռուիլ, գժտիլ։
QUA'RRY (քուար'րի) քարահանք, որսի կոյտ, բազէի որս, քար կտրել, հանել։
QUART (քուարթ) 1/4 գալոն, քառակ։
QUAR'TAN (քուօր'թըն) քառորդական, քառօրեայ ջերմ։
QUAR'TER (քուօր'թըր) քառորդ, թաղ, կայան, 1/4 տոլար, գթութիւն, քառեակ, երանք, չորսի բաժնել, իջեւան-տալ, բնակեցնել։
QUARTER MASTER համարակալ, կայանապետ։
QUAR'TERLY քառորդով, եռամսեայ պարբերաթերթ։
QUAR'TERN քառորդ (փայնթի) 4 փոխանոց նկանակ։
QUARTET քառեակ, քառերգ։
QUAR'TO քառածալ, քառաթերթ։
QUAR'TZ (քուօրց) զուարդ։
QUASH (քուաշ) նուաճել, տապալել, ջնջում։
QUA'SI (քուէյ'սայ) գուցէ, իբրեւ թէ։
QUA'VER (քուէյ'վըր) դեղդեղել, թրթռացնել, դեղդեղ, 8-րդ խազ։
QUAY (քի) քարափ, ծովափ։
QUEAN (քուին) անպարկեշտ, պոռնիկ։
QUEAS'Y (քուի'զի) սիրտը խառնուող, որձացուցիչ։

QUEEN (քուին) թագուհի։
QUEEN-DOWAGER այրի թագուհի։
QUEEN-MOTHER մայր թագուհի։
QUEEN'LY թագուհիի պէս։
QUEEN'ING մորթախնձոր։
QUEER (քուի՛ր) այլանդակ, տարօրինակ, կեղծ դրամ։
QUELL (քուէլ) նուաճել, ճզմել։
QUENCH (քուէնչ) մարել, ջնջել։
QUENCHLESS անմարելի։
QUENELLE' (քընէլ) եփուն, ջարդուած միս։
QUE'RIST (քուի՛րիսթ) հարցասէր։
QUERN (քուըրն) ձեռաղացք։
QUE'RULOUS (քուէ՛րըլըս) կռուարար, դժգոհ։
QUER'Y (քուիրի՛) հարցում, հարցակէտ, հարցնել։
QUEST (քուէսթ) հարց, խնդիր, փնտռել։
QUES'TION (քուէս՛չըն) հարցում, խնդիր, վէճ, կասկած, հարցաքննել, կասկած յայտնել։
QUESTIONNAIRE' հարցարան։
QUEUE (քիու) մազաձետ, սպասողներու շարք։
QUIB'BLE (քուիպ՛պլ) բառախաղ, խուսափանք, բառերու վրայ խաղալ։
QUICK (քուիք) արագ, աշխոյժ, կենդանի, ճարպիկ, ողջ։
QUICKLIME վառկիր, չմարած կիր։
QUICKSILVER սնդիկ։
QUICKE'N արագացնել, փութացնել։
QUID (քուիտ) ծամոն, ծխածամոն։
QUID'NUNG (քուիտ՛նընկ) լրբոր, հետաքրքիր։
QUIES'CENT (քուայէս՛սընթ) անձայն, համր, լուռ։
QUI'ET (քուայ՛էթ) հանդարտ, խաղաղ, մեղմ, խաղաղութիւն, լռեցնել։
QUI'ETUDE մտքի հանդարտութիւն։
QUIET'US (քուայի՛թըս) մահ, քուն, ստացագիր։
QUILL (քուիլ) փետուր, փետուր գրիչ, մասուրա։
QUILT (քուիլթ) վերմակ։
QUINARY (քուայ՛նէրի) հնգեակ։
QUINCE (քուինս) սերկեւիլ։
QUIN'SY (քուին՛զի) փողացաւ։
QUIN'TAL (քուին՛թըլ) կենդինար, գանթար։
QUIN'TAN (քուին՛թըն) հնգօրեայ (ջերմ)։
QUINTESS'ENCE (քուինթէս՛սընս) եթեր, էութիւն։
QUIN'TUPLE (քուին՛թիփլ) հնգապատիկ, հնգապատկել։
QUIRE (քուայր) 1/20 պրակ, 24 ծալք, երաժշտախումբ։
QUIRCK (քուըրք) նրբախօսութիւն, կատակ, փախուստ, դարձ։
QUIRT (քուըրթ) մտրակ։
QUIT (քուիթ) արձակ, արձակուած, անպարտ, ձգել, թողուլ։
QUITCH (քուիչ) մոլախոտ։
QUITE (քուայթ) կատարելապէս, ամբողջովին։
QUITT'ANCE (քուիթթ՛ընս) անպարտագիր, պարտաթողութիւն։
QUITT'ER (քուիթթ՛ըր) խուսափող, վախկոտ։
QUIV'ER (քուիվ՛ըր) դողալ, դողդղալ։
QUIZ (քուիզ) հարց, քննութիւն, առեղծուած, հարցնել։
QUOD (քուատ) բանտ։
QUOIN (քուօյն) որմանկիւն։
QUOIT (քուօյթ) խաղալու բանաքար, ճիճան, ցլիկ։
QUOR'UM (քուօ՛րըմ) օրինաւոր թիւ ժողովի։
QUO'TA (քուօ՛թէ) մաս, բաժին։
QUO'TABLE (քուօ՛թէպլ) յիշելի, կոչելի։
QUOTA'TION (քուօթէյ՛շըն) մէջբերում, գնացուցակ։
QUOTE (քուօթ) վկայութիւն բերել, գին տալ։
QUOTH (քուօթհ) ըսի, ըսաւ։
QUOTID'IAN (քուօթիտ՛իըն) ամէնօրեայ
QUO'TIENT (քուօ՛շընթ) քանորդ։
QUOTI'ETY (քուօթայ՛իթի) յարաբերական կրկնութիւն։
QUO WARRANTO (քուօուորրէնթօ) իրաւական հրամանագիր։

R

RABB'ET (րէպ'պէթ) *փողարկել, ագուցել, փողակ։*
RABB'I (րէպ'պի) *ռաբբի։*
RABB'IT (րէպ'իթ) *ճագար։*
RAB'BLE (րէպլ) *խաժամուժ։*
RAB'ID (րէպ'իտ) *կատաղի, մոլեռանդ։*
RABIES (րէյ'պիիզ) *կատաղութիւն։*
RACE (րէյս) *ցեղ, տոհմ, արշաւ, արշաւել, մրցիլ։*
RACE-HORSE *արշաւի ձի։*
RACEME' (րէսիմ') *ծաղկողկոյզ։*
RACER (րէյ'սըր) *արշաւող, արշաւաձի։*
RA'CIAL (րէյ'շիըլ) *ցեղային։*
RACK (րէք) *գելարան, պրկոց, կեռաժանի, նօսրամպ, խորտակում, կեղեքել, պրկել, տորրել։*
RACK'ET (րէք'էթ) *ժխոր, ձիւնի մուճակ, գնդարկ, թակ, աղմուկ հանել։*
RACKETY *աղմկոտ, շուայտ։*
RACONTEUR' (րէքանթըր') *պատմախօս։*
RACOON' (րէքուն') *արջազգի գիշակեր մը։*
RA'CY (րէյ'սի) *կծու, լեղի։*
RAD'DLE (րէտ'տլ) *ցանկապատ, դաւաղան, կարմիր ներկ մը, կարմրաներկել։*
RA'DIAL (րէյ'տիըլ) *ճաճանչային։*
RA'DIALITY *ճաճանչաւորութիւն։*
RA'DIANCE (րէյ'իընս) *լուսափայլութիւն։*
RA'DIANT (րէյ'տիընթ) *լուսափայլ, կենսազուարթ։*
RA'DIATE (րէյ'տիէյթ) *ճառագայթել, լուսաւորել, փայլիլ։*
RADIATION *շողարձակութիւն։*
RAD'ICAL (րէտ'իքըլ) *արմատական։*
RAD'ICLE (րէտ'իքլ) *մանրարմատ, ծիլիկ։*
RA'DIO (րէյ'տիօ) *ռատիօ, անթել հեռագիր։*
RA'DIOACTIVE *շողագործօն։*
RA'DIOGRAPH *շողագիր։*
RADIOMETER *ճառագայթաչափ։*
RADIOS'COPY *շողաքննութիւն, ցոլանկարում։*
RADISH (րէտ'իշ) *բողկ։*
RA'DIUM (րէյ'տիըմ) *շողոն, ռատիում։*
RA'DIUS (րէյ'տիըս) *ճաճանչ, շառաւիղ։*
RADIX (րէյ'տիքս) *արմատ, ստուգաբառ։*
RAFF (րէֆ) *փուճ, ցած։*
RAFFLE (րէֆ'ֆլ) *վիճակահանութիւն։*
RAFT (րաֆթ) *լաստ, լաստափայտ։*
RA'FTER *լաստավար, գերան։*
RAG (րէկ) *քուրջ, աւելցուք, յանդիմանել, ծաղրել։*
RAG'AMUFFIN (րէկէ'մըֆֆին) *ստահակ, անառակ։*
RAGE (րէյճ) *կատաղութիւն, մոլութիւն, զայրանալ, կատղիլ։*
RAGG'ED (րէկ'էտ) *պատռտած, անտաշ, վժրանկոտ։*
RAGOUT' (րէկու') *պորանի, համադամք։*
RAGPICKER *քրջահաւաք։*
RAID (րէյտ) *ասպատակութիւն, ասպատակել։*
RAIL (րէյլ) *ձող, վանդակապատ, երկաթագիծ, ձողել, վանդակել։*
RAILROAD *երկաթուղի։*
RAILWAY *երկաթուղի։*
RAILI'NG *ցանկապատ, ձող, վանդակ։*

RAIM'ENT (րէյ'մընթ) հագուստ, պատմուճան։
RAIN անձրեւ, անձրեւել։
RAINBOW ծիրանի գօտի։
RAINFALL անձրեւում։
RAIN-GAUGE անձրեւաչափ։
RAISE վերցնել, բարձրացնել, առաջացնել, տուրք ժողվել, հանդստակել, մօտենալ։
RAIS'IN (րէյ'զըն) չամիչ։
RA'JAH (րաճ'ա) հնդ. իշխան, րաճա։
RAKE արմուղ, քաղոց, անառակ, քաղոցել, որոնել, հակել։
RA'KISH գեղխ, ցոփ։
RALL'Y հաւաքում, մէկտեղում, կատակ, մէկտեղել, ժողվել, ծաղրել, հաւաքուիլ։
RAM խոյ, կոճղ, ռազմական մեքենայ, զարնել, մխել, խցել, լեցնել։
RAMADAN ռամատան։
RAM'BLE դեգերում, թափառում, դեգերիլ, սլքտալ։
RAM'BLER թափառող, յածածող։
RAM'IFY ճիւղաւորել։
RAMIFICA'TION ճիւղաւորում։
RAMP ոստում, վազք, բազրիք, սողալ, ոստնուլ, սողոսկիլ։
RAMPAGE' խռովք, բուռն յուզում։
RAMP'ANT զեղուն, իշխող, ծաւալուն, լիառատ, ոստուն (առիւծ)։
RAMP'ART պատնէշ, պատուար, պատնիշել։
RAM'ROD մխածող։
RAN (րէն) անկ. RUNի։
RANCH ձիաբուծարան։
RAN'CID կծուահամ, թթուած։
RANCIDITY թթուածութիւն։
RANC'OUR (րէն'քըր) չարամտութիւն։
RAN'DOM դիպուածական, պատահական։
RAN'DY աղմկոտ, վաւաշոտ։
RANG (րէնկ) անկ. RINGի։
RANGE կարգաւորել, շարել, տողել, կարգ, շարք, դաս, հասողութիւն, տարածութիւն։
RA'NGER դասաւորող, որսախոյզ (շուն), հեծեալ զինուոր, անտառապահ։
RANGER-FINDER հեռաչափ, թիրախադիտակ։
RANK դաս, աստիճան, շարք, զօրաց, կծու, բարկ, լիրբ, գեղխ, վաւաշոտ, առատութիւն, դասել, դասաւորել, աստիճան տալ, շարուիլ, աստիճան ունենալ։
RANK'LE թարախիլ, չարանանալ, բորբոքիլ, կատղիլ։
RAN'SACK որոնել, աւարել, կողոպտել։
RAN'SOM (րէն'սըմ) փրկանք, փրկել, փրկագնել։
RANT մեծաբանել, ճառատել։
RANUNCULUS (րէնըն'քիուլըս) խառածաղիկ։
RAP հարուած, զարկ, զարնել, հարուածել։
RAPA'CIOUS (րէփէյ'շըս) յափշտակիչ, անյագ, գիշակեր։
RAPA'CITY անյագութիւն, ընչաքաղցութիւն։
RAPE յափշտակութիւն, բռնաբարութիւն, շրուանդ, կոլզա, իգաբեր, կաղամբ, բռնաբարել։
RAP'ID արագ, սրընթաց, սահանք։
RAPIDI'TY արագութիւն։
RAPIER (րէյ'փիր) բարակ սուր։
RAP'INE (րէփ'ին) աւար, կողոպուտ։
RAPPEE' (րէփփի') զօրաւոր քթախոտ։
RAPSCALL'ION (րէփսքէլ'եըն) սըրիկայ, խուլիգան։
RAPT (րէփթ) յափշտակուած, խըլուած։
RAPTOR'IAL (րէփթօր'իըլ) գիշակեր, յափշտակիչ։
RAP'TURE (րէփ'չըր) յափշտակութիւն, զմայլանք, աւիւն, խանդ։
RARE ցանցառ, հազուագիւտ, նօսր, անսովոր։
RAREFAC'TION անօսրացում, անգայտութիւն։
RAR'EFY անօսրացնել, անգայտացընել։

RARE'LY քիչ անգամ։
RAR'ITY հազուագիւտ բան, սակաւութիւն։
RA'SCAL (րէս'քըլ) սրիկայ, անզգամ, ապիկար։
RASCAL'ITY անզգամութիւն։
RASH յանդուգն, յախուռն, խենթ։
RASH'ER խոզի ապուխտի շերտ։
RASP հաստ խարտոց, խարտոցել։
RA'SPBERRY արքայամորի։
RAT առնէտ, մեծ մուկ, դասալիք, դասալիք ըլլալ, գիները կոտրել, մուկ բռնել։
RATE սակ, արժէք, հարկ, սակագին, սակագրել, գնահատել, դատել։
RATE PAYER հարկավճար, տուրքավճար։
RATHER (րէտհըր) մանաւանդ, աւելի, փոխանակ։
RATI'FY վաւերացնել, հաստատել։
RATIFICA'TION վաւերացում, հաստատում։
RA'TING սակագրում, չափ, աստիճան։
RA'TIO (րէյ'շիօ) համեմատութիւն, զուգակշիռ։
RATIOCINATE (րէյշիասինէյթ) պատճառաբանել, տրամաբանել։
RATIOCINA'TION տրամաբանութիւն։
RA'TION (րէյ'շըն) պարէն, օրապահիկ, ռոճիկ։
RA'TIONAL բանական, իրաւացի, խոհեմ։
RATION'ALE (րէյշընէյ'լի) պատճառաբանութիւն; էութիւն։
RA'TIONALISM բանապաշտութիւն։
RATIONALIZA'TION բանարկութիւն, ճարտարարուեստական համագործակցութիւն։
RATTAN (րէթէն') մալայեան արմաւենի։
RAT'TLE (րէթ'ըլ) ճռնչել, շառաչել, աղմկել, ճռինչ, խաղալիկ։
RATTLE SNAKE բոժոժաւոր օձ։
RATT'LER աղմկող, բոժոժաւոր օձ։
RAUÇ'OUS (րօ'քըս) կերկեր, խռպոտ, կոշտ։
RAV'AGE (րէվ'էճ) աւար, քանդում, քանդել, կործանել։
RAVE (րէյվ) զառանցել, զայրանալ։
RAVE'L (րէվլ) քակել, լուծել. քակուիլ։
RA'VEN (րէյ'վըն) կողոպտել, մեծ ագռաւ։
RAVINE' (րէվին') ձոր, հեղեղատ, խրամ։
RAV'ISH (րէվ'իշ) յափշտակել, խլել, բռնաբարել։
RAV'ISHMENT վերացում, յափշտակութիւն, բռնաբարութիւն։
RAW հում, խակ, համբակ՝ անփորձ, մերկ, ցաւ։
RAW-BONED վտիտ, նիհար։
RAY ճառագայթ, կատուաձուկ, ճառագայթել։
RAYON (րէյ'յօն) արուեստական մետաքս։
RAZERASE աւրել, ջնջել, կործանել։
RA'ZOR ածելի, ածիլել։
RAZ'ZLE (րէզ'զլ) խրախճանք, կերուխում։
REACH հասնիլ, տարածել, յաջողիլ, հասողութիւն, սահման, ծաւալ։
REACT' (րիէքթ) ներգործել, հակազդել, մրցիլ։
REAC'TION հակազդեցութիւն, հակահարուած։
REAC'TIONARY յետադիմական, յետաշրջական։
READ կարդալ, արտասանել։
READ'ABLE ընթեռնելի, կարդացուելիք։
READABILI'TY ընթեռնելիութիւն։
READE'R ընթերցող, ընթերցարան։
READI'NG ընթերցում։
READING-ROOM ընթերցարան։
REA'DILY անյապաղ, իսկոյն։
READINESS պատրաստակամութիւն։
REA'DY պատրաստ, յօժար, արագ։
READY-MADE պատրաստ, կազմ։
READY MONEY կանխիկ վճարում։
REA'GENT հակազդակ։

REAL (րի՛ըլ) *իրական, ստոյգ, բուն, անշարժ։*
RE'ALISM (րի՛էլիզմ) *իրապաշտութիւն։*
RE'ALIST *իրապաշտ։*
REALI'TY *իրականութիւն, իրողութիւն։*
RE'ALIZE *իրականացնել, դրամի վերածել, արդիւնաւորել։*
REALIZA'TION *իրականացում, արդիւնագործում։*
RE'ALLY *արդարեւ, իրօք։*
REALM (րէլմ) *պետութիւն, երկիր։*
REAM *կապոց, ծրար։*
REAP *հնձել, քաղել։*
REAR (րի՛ր) *յետսակողմ, ետեւի մաս։*
REAR-ADMIRAL *փոխ ծովակալ։*
REAR GUARD *յետսապահ (գունդ)։*
REARMOST *ամենավերջին։*
REARWARD *յետսապահ (գունդ)։*
REASON (րիզն) *պատճառ, հիմ, իրաւունք, սկզբունք։*
REA'SONABLE *բանաւոր, իրաւացի։*
REASSURE' *վերստին ապահովագրել, ապահովել։*
REAVE *կողոպտել, յափշտակել։*
REBATE' *նուազում, զեղչ, ագուցակ, նուազեցնել, զեղչել։*
REBEL (րէպ՛ըլ) *ապստամբ, ըմբոստ։*
REBELL'ION *ապստամբութիւն։*
REBOUND' (րիպաունտ) *վերացայտել, վերացայտում։*
REBUFF (րիպըֆ՛) *ետ մղել, վանել, վանում։*
REBUKE' (րիպիուք՛) *սաստել, կշտամբանք։*
RE'BUS (րի՛պըս) *նկարահանելուկ։*
REBUT' (րիպըթ՛) *հերքել, ետ մղել։*
RECAL'CITRANT (րիքէլ՛սիթրընթ) *աքացող, վանող, ստամբակ։*
RECALL' (րիքօլ՛) *յետս կոչել, ետ առնել, յետսկոչում։*
RECANT (րիքէնթ՛) *ետ առնել, հերքել։*
RECAPITU'LATE (րիքէփիթ՛իուլէյթ) *ամփոփում ընել։*
RECAST' (րիքէսթ՛) *վերաձուլել, վերակազմել։*
RECEDE' (րիսիտ՛) *ետ քաշուիլ, նահանջել, փախուստ տալ։*
RECEIPT' (րիսիթ՛) *ընկալագիր, դեղագիր, ընկալագրել։*
RECEIVE' (րիսիվ՛) *ընդունիլ, ստանալ, հիւրընկալել։*
RECEN'SION (րիսէն՛շըն) *վերաքննութիւն, սրբագրութիւն։*
RE'CENT (րի՛սընթ) *թարմ, արդի։*
RECENTLY *վերջերս։*
RECEPT'ACLE (րիսէփ՛թէքլ) *ընդունարան, աման։*
RECEP'TION (րիսէփ՛շըն) *ընդունելութիւն։*
RECEP'TIVE (րիսէփ՛թիվ) *ընդունակ, մտացի։*
RECESS' (րիսէս՛) *հրաժարում, առանձնացում, դադար։*
RECE'SSION (րի՛սէշըն) *վերայանձնում։*
RECHOOSE (րիչուզ) *նորէն ընտրել։*
RECIDIVISM (րիսիտիվիզմ) *յանցնակրկնութիւն։*
RECIDIVIST *վերապարտ։*
RECIPE (րէ՛սիփի) *դեղագիր, ձեւագիր։*
RECIPIENT (րէսիփ՛իընթ) *ընդունող։*
RECIPROCAL (րէսիփ՛րօքըլ) *փոխադարձ։*
RECIPROCALLY *փոխադարձաբար։*
RECIP'ROCATE (րէսիփ՛րօքէյթ) *փոխանակել, փոխադարձել։*
RECIPRO'CITY (րէսիփրա՛սիթի) *փոխադարձութիւն։*
RECISION (րիսիժ՛ըն) *հատում։*
RECI'TAL (րիսայ՛թըլ) *կրկնութիւն, արտասանում։*
RECITATION (րէսիթէյ՛շըն) *արտասանութիւն, վերծանութիւն։*
RECITATIVE (րէսիթէյթիվ՛) *դրուագերգ, վիպանուագ։*
RECITE' (րիսայթ՛) *արտասանել, կրկնել, պատմել։*
RECK (րէք) *հաշուել, նկատի առնել, հոգալ։*

RECKLESS անհոգ, անխորհուրդ։
RECK'ON (րէք'ն) թուել, հաշուել, համարել։
RECLAIM' (րիքլէյմ') ետ ուզել, ետ պահանջել, նուաճել, բողոքել։
RECLAMA'TION յետապահանջ, բողոք։
RECLINE' (րիքլայն') ծռել. ծռիլ, հակիլ։
RECLUSE' (րիքլիուս') մենակեաց, ճգնաւոր։
RECOGNI'TION (րիքակնի'շըն) ճանաչում, խոստովանութիւն։
RECO'GNIZABLE (րիքակնայ'զէպլ) ճանաչելի։
RECOGNIZANCE (րիքակ'նիզընս) ճանաչում, հաւանութիւն։
RECOGN'IZANT իմացողական, ճանաչող։
REC'OGNIZE. ճանչնալ, վերահասու ըլլալ, հաւնիլ։
RECOIL' յետահարութիւն, ընկրկում։
RECOIN կրկին կոխել (դրամը)։
RECOLLECT' մտաբերել, ուշքի գալ, յիշել։
RECOLLEC'TION մտաբերութիւն, յուշաբերութիւն։
RECOMMEND' (րէքամէնտ') յանձնարարել, դրուատել։
RECOMMENDA'TION յանձնարարութիւն, յանձնարարական։
RECOMMIT' վերայանձնել։
RECO'MPENSE վարձատրել, հատուցանել, հատուցում, վարձք։
RECONCILE (րէք'ընսայլ) հաշտեցընել, յարմարցնել։
REC'ONCILEMENT հաշտութիւն, համաձայնութիւն։
RECONCILIA'TION հաշտութիւն, համաձայնութիւն։
REC'ONDITE (րէք'ընտայթ) գաղտնի, անիմանալի։
RECONDI'TION վերանորոգել։
RECONN'AISANCE քննութիւն, խուզարկութիւն, դիտապահութիւն։
RECONNOI'TRE (րիքանօյ'թըր) շրջիլ, զննել, քննել։
RECON'STITUTE վերաշինել, վերակազմել։
RECORD' արձանագրել, յիշատակել, գրել։
RECORD'ER արձանագրող, ձայնագրող մեքենայ, նօտար։
RECOUNT' (րիքաունթ') պատմել, ճառել, վերահամար։
RECOUP (րիքուփ') հատուցանել, զեղչել։
RECOURSE' (րիքուըրս') վերադարձ, դիմում, խնդրանք։
RECO'VER (րիքըվ'ըր) վերընծանել, վերաշահիլ, վերստ գանձել, բուժուիլ, կազդուրուիլ։
REC'REANT (րէքրիընթ) վատ, վախկոտ, անհաւատարիմ։
REC'REATE (րէք'րիէյթ) նոր կեանք տալ, ոգեւորել։
RECREA'TION զուարճանք, հանգիստ։
RE-CREATE' (րիքրիէյթ') վերըստեղծել։
RECRIMI'NATE (րէքրիմ'ինէյթ) դէմ–ամբաստանել։
RECRIMINA'TION հակամբաստանութիւն։
RECRUDESCE' (րիքրուտէ'ս) կոտտալ։
RECRUDES'CENCE կոտտացում, վէրքի սաստկացում։
RECRUIT' (րիքրութ') պակասը լրացնել, զինուորագրել։
RECRUIT'MENT զինուորագրութիւն։
REC'TANGLE (րէք'թէնկլ) ուղղանկիւն։
RECTIFY (րէք'թիֆայ) ուղղել, շտկել, սրբագրել։
RECTIFICA'TION սրբագրում, ուղղում, վերաթորում։
REC'TITUDE ուղղամտութիւն, շիտակութիւն։
RECTO' (րէքթօ') աջակողմեան երես թերթի։
REC'TOR (րէք'թըր) ծխական քահանայ, հովիւ, տեսուչ, վանահայր։
REC'TUM (րէք'թըմ) ուղիղ աղիք։

RECUM'BENT (րիքըմ'պընթ) երկընցած, ընկողմանած ։

RECU'PERATE (րիքիու'փիրէյթ) կազդուրուիլ, վերստանալ ։

RECUPERA'TION ապաքինում, վերստացում ։

RECUR' (րիքըր') ետ դառնալ, պատահիլ, դիմել, ապաւինիլ ։

RECURVE' (րիքըրվ') վերածռել ։

RECU'SANT (րիքիու'զընթ) հրաժարող, այլադաւան ։

RECUSATION մերժում ։

RED (րէտ) կարմիր, ծայրայեղ, համայնավար ։

RED ADMIRAL թիթեռնիկ մը ։

RED BREAST կարմրալանջ ։

RED COAT բրիտանական զինուոր ։

RED FLAG կարմիր դրօշ ։

RED SKIN Ամերիկեան հնդիկ ։

REDAC'TION խմբագրութիւն, ամփոփում ։

REDAC'TOR խմբագիր ։

REDAN' (րիտէն') ժանեւոր ամրութիւնք ։

REDDEN (րէտ'տն) կարմրցնել, կարմըրիլ ։

REDDISH կարմրկեկ ։

REDEEM' (րիտիմ') փրկել, վճարել, հատուցանել ։

REDEEM'ER վճարող, փրկիչ, հատուցանող ։

REDINTEGRATE վերանորոգել, վերահաստատել ։

REDEMP'TION (րիտէմփ'շըն) փըրկութիւն, փրկանք, պարտավճարում ։

REDO'LENT (րէտ'օլընթ) բուրումնաւէտ ։

REDOU'BLE (րիտըպ'լ) վերակրկնել ։

REDOU'BT (րիտաութ') ամրոցիկ, բերդակ ։

REDOUBT'ABLE ահռելի, սոսկալի ։

REDOUND' (րիտաունտ') յորդիլ, հետեւիլ, պատճառել ։

REDRESS' (րիտ'րէս) դարմանում, հատուցում, դարմանել, ջնջել ։

REDUCE' (րիտիուս') վերածել, նըւազեցնել, նուաճում ։

REDUC'TION վերածում, նուազում, նուաճում ։

REDUN'DANT (րիտըն'տընթ) գերուն, աւելորդ ։

REDUN'DANCY յորդութիւն, առատութիւն ։

REDU'PLICATE (րիտիու'փլիքէյթ) կրկին, կրկնակ, կրկնել ։

RE-ECHO (րիէքօ') վերարձագանգել ։

REED (րիտ) եղէգ, շամբ, սրինգ, մասուրա ։

REEDI'FY (րիէտ'իֆայ) վերաշինել ։

REED'Y (րիտ'ի) եղէգնուտ ։

REEF (րիֆ) ժայռագօտի, վիմուտք ։

REEK (րիք) գոլորշի, մուխ, շոգի արձակել, մխալ ։

REEL (րիլ) կարժառ, չրջապար, կարժառել, տատանիլ ։

REEVE (րիվ) պարանը օղակէ անցընել, դատաւոր ։

REFEC'TION (րիֆէք'շըն) թեթեւ ճաշ ։

REFEC'TORY (րիֆէք'թօրի) ճաշարան ։

REFER' (րիֆըր') յղել, սահմանել, վերաբերել, ակնարկել ։

REFEREE' (րէֆըրի) իրաւարար ։

REFE'RENCE (րէֆ'ըրընս) վերագրութիւն, դիմում, տեղեկութիւն ։

REFEREN'DUM (րէֆըրէն'տըմ) հարցագիր, հանրաքուէարկութիւն ։

REFINE' (րիֆայն') զտել, ազնուացնել, փայլեցնել ։

REFINE'MENT մաքրութիւն, ողորկութիւն, ազնուութիւն ։

REFIT' (րիֆիթ') նորոգել, վերաշըտկել ։

REFLECT' (րիֆլէքթ) ցոլացնել, փոխարինել, խոկալ, պարսաւել ։

REFLEC'TION ցոլացում, անդրադարձութիւն, պատկեր, մտածում, խոկում ։

RE'FLEX (րի'ֆլէքս) անդրադարձ, ցոլացում, դարձաշարժում ։

RE'FLUX (րի'ֆլըքս) յետահոս, հակահոսանք, տեղատուութիւն ։

REFORM' վերաձեւել, վերակազմել ։

REFORMA'TION բարեկարգութիւն ։

REFORM'ATORY *ուղղիչ տուն։*
REFOR'MER *նորոգիչ, բարեկարգիչ։*
REFRACT' (րիֆրէքթ') *բեկանել, բեկբեկել։*
REFRAC'TION *բեկբեկում, բեկում։*
REFRAC'TORY *կամակոր, յամառ։*
REFRAGABLE (րէֆ'րէկէպլ) *հերքելի։*
REFRAIN' (րիֆրէյն') *սանձել, զսպել, յանկերգ։*
REFRESH' (րիֆլէշ') *զովացնել, կազդուրել, սփոփել, նորոգել։*
REFRESH'MENT *զովարկում, թեթեւ ճաշ, զովացուցիչ։*
REFRI'GERATE *պաղեցնել, պաղարկել։*
REFRIGE'RATOR *սառցարան, սառնարան։*
REFU'GE (րէֆ'իուճ) *ապաստան, ապաւէն։*
REFUGEE' *փախստական, պատսպարեալ։*
REFUL'GENCE (րէֆըլ'ճընս) *փայլունութիւն, շողիւն։*
REFUND' (րիֆընտ') *գումարը վերադարձնել, ետ վճարել։*
REFU'SAL (րիֆիուզը'լ) *մերժում, ընտրելու իրաւունք։*
REFUSE' (րիֆիուզ') *մերժել, հերքել, զլանալ։*
REFUSE (րէֆիուս) *աւելցուք, դիրտ, մրուր։*
REFUTE' (րիֆիութ') *հերքել, ջրել։*
REFUTA'TION *հերքում, մերժում։*
REGAIN' *վերստանալ, նորէն շահիլ։*
RE'GAL (րի'կըլ) *արքայական։*
REGALE' (րիկէյլ') *հրամցնել, խնճոյք տալ։*
REGALIA (րիկէյ'լիէ) *արքայական իրաւասութիւն, շքանշան։*
REGARD' (րիկարտ') *ակնարկ, նկատում, բարեւ, մեծարանք, նկատել, նայիլ, յարգել, դիտել, զննել։*
WITH REGARD TO *համար, մասին։*
REGARD'ANT *նայող, նկատող, արթուն։*
REGARD'LESS *անհոգ, անտարբեր։*
RE'GENCY (րի'ճընսի) *փոխարքայութիւն։*
REGEN'ERATE (րիճէճըրէյթ) *վերարտադրել, վերածնել։*
REGENERA'TION *վերածնունդ։*
REGENE'RATOR *վերածնիչ, վերարտադրիչ։*
RE'GENT (րի'ճընթ) *իշխան, խնամակալ, փոխարքայ։*
REGIME' (րէժիմ') *վարչակարգ, վարչաձեւ։*
RE'GIMENT (րէ'ճիմընթ) *գունդ։*
RE'GION (րի'ճըն) *շրջան, տեղամաս, երկիր։*
RE'GISTER (րէ'ճիսթըր) *տոմար, գրանցում, ճշգաչափ, դիւանադպիր, արձանագրել, գրել, նամակը ապահովագրել, յարմարցնել։*
RE'GISTRAR *դիւանադպիր, դիւանապետ*
REGISTRA'TION *արձանագրութիւն, դիւանատուն։*
RE'GISTRY *արձանագրատուն, արձանագրութիւն։*
REGORGE' (րիկորճ') *դուրս տալ, փսխել, կրկին կլլել։*
RE'GRESS (րիկ'րէս) *վերադարձ, յետանցք։*
REGRE'SSION *յետաշրջութիւն, յետադիմութիւն։*
REGRET' (րիկրէթ') *ցաւ, վիշտ, ապաշաւ, ցաւ զգալ, վշտանալ, ափսոսալ։*
REGRET'FUL *ցաւալի։*
REG'ULAR *կանոնաւոր, կատարեալ։*
REGULA'RITY *կանոնաւորութիւն։*
REG'ULATE *կանոնաւորել, կարգի դնել։*
REGULA'TION *կանոնաւորութիւն, կարգաւորութիւն, կանոն։*
REHABIL'ITATE *հեղինակութիւնը վերադարձնել, պատիւը շտկել, վերահաստատել (իշխանութիւնը, վերականգնել)։*

REHEAR' կրկին լսել, դատը վերաքննել։

REHEARSE' կրկնել, փորձել, պատմել։

REHEARS'AL փորձ, կրկնում, դերափորձ։

REIGN (րէյն) իշխանութիւն, իշխել, թագաւորել, զօրութիւն։

REIMBURSE' (րիիմպըրս') վերահատուցանել, վճարել։

REIN (րէյն) սանձ, զսպել, սանձել։

REIN'DEER հիւսիսային եղջերու։

REINFORCE' վերստին զօրացնել, ամրացնել։

REINFORCE'MENT զօրացնում, օգնական զօրք։

REINS (րէյնզ) երիկամունք, զուրգուրանք։

REINSTALL վերահաստատել։

REINSTATE վերահաստատել։

REINSURE' (րիինշուր') վերաապահովագրել։

REISSUE (րիիշ'իու) վերստին հրատարակել։

REIT'ERATE (րիիթ'ըրէյթ) երկրորդել։

REITERA'TION երկրորդում, վերակրկնութիւն։

REJECT' (րիճէքթ') մերժել, չընդունիլ։

REJEC'TION մերժում, խոտագրում։

REJOI'CE (րիճօյս') ուրախանալ, ցնծալ, ուրախացնել։

REJOICING ուրախութիւն։

REJOIN (րիճօյն') նորէն միացնել, միանալ, պատասխանել։

REJOIN'DER պատասխան։

REJU'VENATE (րիճիու'վինէյթ) նորէն երիտասարդացնել։

REKINDLE (րիքին'տըլ) վերստին վառել, վերարծարծել։

RELAPSE' (րիլէփս') կրկին մոլորիլ, նորէն իյնալ, վրիպիլ, վերանկում, մոլորում։

RELATE' պատմել, յիշատակել։

RELA'TION յարաբերութիւն, զրոյց, ազգականութիւն։

RELA'TIONAL խնամիական, ազգակցական։

RELA'TIVE վերաբերեալ, յատուկ, ազգական, խնամի։

RELATIV'ITY ազգականութիւն, յարաբերականութիւն։

RELAX (րիլէքս') թուլցնել, մեղմել, թուլնալ, թեթեւնալ։

RELAXA'TION թուլութիւն, մեղմութիւն։

RELAXATIVE լուծողական։

RELAY' նորէն դնել, նորէն պառկեցնել։

RELEASE' (րիլիս') նորէն պայմանավարձել, ազատ թողուլ, արձակում, ներում, հրատարակութիւնը արտօնել։

REL'EGATE (րէլ'իկէյթ) ղրկել, քշել, վտարել։

RELENT' (րիլէնթ') մեղմանալ, ամոքիլ, կակուղնալ։

RELEVANCE (րէլ'իվընս) յարմարութիւն, վերաբերութիւն։

RELEVANT (րէլ'իվընթ) յարմար, պատշաճ։

RELI'ABLE (րիլայ'էպլ) արժանահաւատ, վստահելի։

RELI'ANCE վստահութիւն, հաւատք, յոյս, համարում։

REL'IC (րէլիք) մնացորդ, նշխար, յիշատակ։

REL'ICT (րէլ'իքթ) այրի (կին)։

RELIEF' (րիլիֆ') նպաստ, օգնութիւն, դարման, ճար, քանդակ, ելեւէջք։

RELIEVE' թեթեւցնել, ամոքել, պահակը փոխել, օգնել։

RELI'GION (րիլի'ճըն) կրօնք, հաւատք։

RELI'GIOUS կրօնասէր, բարեպաշտ։

RELINQ'UISH (րիլինկք'ուիշ) թող տալ, հրաժարիլ, քաշուիլ։

RELINQ'UISHMENT հրաժարում, անձնատուութիւն։

REL'ISH (րէ'լիշ) ճաշակել, ըմբոշխնել, ճաշակ, համ, ախորժակ։

RELUC'TANCE դժկամութիւն, չկամութիւն։

RELUC'TANT (րիլըք'թընթ) դժկամակ, ակամայ։
RELY' (րիլայ) վստահիլ, ապաւինիլ։
REMAIN' (րիմէյն') մնալ, կենալ, բնակիլ։
REMAIN'DER մնացորդ։
REMAINS' աւելորդք, կործք, աճիւն, դիակ։
REMAND' (րիմէնտ') ետ ղրկել, նորէն բանտ ղրկել։
REMARK' դիտողութիւն, ակնարկութիւն, նորէն նշել, նշմարել։
REMARK'ABLE նշանաւոր, երեւելի։
REM'EDY (րէմ'էտի) հիմնական դեղ, ճար, հնարք, դարմանել։
REMEM'BER (րիմէմ'պըր) յիշել, յիշատակել, միտքը բերել։
REMEM'BRANCE յիշատակութիւն, յիշում։
REMIND' (րիմայնտ') յիշեցնել։
REMI'NDER յիշեցնող, յուշանամակ։
REMINIS'CENCE (րէմինիս'ընս) յուշք, յիշատակներ։
REMISS' (րիմիս) զանցառու, անհոգ։
REMISSION (րիմիշ'ըն) շնորհում, ներում, արձակում։
REMIT' (րիմիթ') տալ, աւանդել, յանձնել, փոխանցել, դրամ ղրկել։
REMIT'TANCE դրամի փոխանցում, առաքում։
REMITTENT նուազող, ընդհատական ջերմ։
REM'NANT (րէմ'նընթ) մնացորդ. բեկոր, կտոր։
REMONSTRANCE (րիման'սթրընս) դիտողութիւն, առարկութիւն։
REMON'STRANT յանդիմանող, ընդդիմարկու։
REMON'STRATE դիտողութիւն ընել, խրատել, յանդիմանել։
REMORSE' (րիմօրս') խղճի խայթ։
REMORSE'LESS անգութ, անխիղճ։
REMOTE' (րիմօթ') հեռաւոր, օտար, առընչազուրկ։
REMOUNT' (րիմաունթ') բանակի ձի, վերստին ելլել, հեծնել։
REMO'VABLE շարժելի, վտարելի, հեռացնելի։
REMOVABIL'ITY փոխադրութիւն, շարժելիութիւն։
REMO'VAL պաշտօնանկութիւն։
REMOVE' փոխադրել, հեռացնել, վտարել, հեռանալ, մեկնում, հեռացում։
REMU'NERATE (րիմիու'նըրէյթ) վարձատրել, հատուցանել, վճարել։
REMUNERA'TION վարձ, վարձատրութիւն։
RENAISS'ANCE (րինէյ'սընս) վերածնունդ։
RE'NAL (րի'նըլ) երիկամունքի։
RENAS'CENCE (րինէս'ընս) նորոգում, վերածնունդ, վերազարթնում։
RENAS'CENT (րինէս'ընթ) վերածնող։
RENCOUN'TER (րէնքաուն'թըր) հանդիպում, բաղխում, կռիւ։
REND (րէնտ) ճեղքել, պատռել, բաժնուիլ։
REN'DER հատուցանել, մատուցանել, տալ, ընծայել, ետ տալ, թարգմանել, պատռող։
REN'DEZ-VOUS (րէնտիվու) ժամադրութիւն, ժամադրավայր, ժամադրել։
RENDI'TION (րէնտի'շըն) անձնատուութիւն, թարգմանութիւն։
REN'EGADE (րէն'իկէյտ) ուրացող, դասալիք։
RENEW' (րինիու') նորոգել, նոր կեանք տալ։
RENEW'AL նորոգում։
RENN'ET (րէն'էթ) կաթնխոտ, մածնի։
RENOUNCE' (րինաունս) հրաժարիլ, քաշուիլ, ձգել, ժխտել, ուրանալ։
REN'OVATE (րէն'օվէյթ) նորոգել, թարմացնել։
RENOVA'TION նորոգում, նորածնութիւն։
RENOWN' (րինաուն') համբաւ, հռչակ, անուն։
RENT (րէնթ) վարձ, եկամուտ, հասոյթ, ճեղք, վարձու տալ։
RENTAL վարձքի դրամ, հասատոմար։

RENUNCIA'TION (րինընսիէյ'շըն) հրաժարում, անձնուրացութիւն, մերժում։
REP (րէփ) նրբահիւս, անառակ։
REPAIR' (րիփէր') նորոգել, շտկել, կարկտել, նորոգում, դարմանում։
REPA'RABLE նորոգելի, դարմանելի։
REPARA'TION հատուցում, դարման, գոհացում։
REPARTEE' (րէփէրթի') սրամիտ, պատրաստ պատասխան։
REPAST' (րիփէսթ) կերակուր, հացկերոյթ։
REPA'TRIATE (րիփէյ'թրիէյթ) ներգաղթող, ներգաղթել տալ։
REPATRIA'TION ներգաղթ, հայրենադարձ։
REPAY (րիփէյ') կրկին վճարել, վարձատրել։
REPAY'MENT վճարում, հատուցում։
REPEAL' (րիփիլ') յետս կոչել, ջնջել, ջնջում։
REPENT' (րիփէնթ') զղջալ, ցաւիլ։
REPENT'ANCE զղջում, ապաշաւ։
REPERCU'SSION անդրադարձում, յետամղում։
FEP'ERTOIRE (րէփ'ըրթուար) ցանկ, աղիւսակ։
REPETI'TION (րէփիթի'շըն) կրկնութիւն, խաղափորձ։
REPINE (րիփայն') տրտնջալ, դժգոհիլ։
REPLACE' (րիփլէյս') տեղը դնել, տեղաւորել։
REPLACE'MENT յաջորդութիւն, վերադետեղում։
REPLETE' (րիփլիթ') լի, լեցուն
REPLE'TION զեղունութիւն, առլըցում։
REP'LICA (րէփ'լիքէ) կրկնանկար, վերարտադրում։
REPLY' (րիփլայ') պատասխանել, պատասխան։
REPORT' (րիփորթ') տեղեկագրութիւն, ձայն, պայթիւն, զրոյց, համբաւ, տեղեկագրել, ձայնել, պատմել։
REPORT'ER լրագրող, տեղեկատու։
REPOSE' (րիփոզ') հանգչիլ, զետեղել, կենալ, աւանդ դնել, հանգիստ քուն, դադար։
REPOS'ITORY շտեմարան, պահարան։
REPOUSSE' (րիփուսսէ') դրոշմազարդել։
REPREHEND' (րէփրիհէնտ') յանդիմանել, մեղադրել։
REPREHEN'SION կշտամբանք, պարսաւանք։
REPRESENT' ներկայացնել, պատկերացնել։
REPRESENTA'TION ներկայացում, պատկեր, օրինակ, ձեւ, նկարագրութիւն, ներկայացուցչութիւն։
REPRESEN'TATIVE ներկայացուցիչ, պատգամաւոր։
REPRESS' (րիփրէս') վերաճզմել։
REPRIEVE' (րիփլիվ') յապաղել, առկախել, առկախում։
REP'RIMAND (րէփ'րիմէնտ) յանդիմանել, կշտամբանք։
REPRINT' վերատպել, նոր տպագրութիւն։
REPRI'SAL (րիփրայ'զըլ) փոխ-հատուցում, փոխ-վրէժ։
REPROACH' (րիփրոչ) յանդիմանել, մեղադրանք։
REP'ROBATE (րէփ'րօպէյթ) պարսաւել, մեղապարտել, անարգել, ամբարիշտ, անառակ, անկեալ։
REPROBA'TION պարսաւ, մեղապարտութիւն, մերժում։
REPRODUCE' վերարտադրել, ընդօրինակել։
REPRODUC'TION արտադրում, սերում, օրինակ, վերարտադրում։
REPROOF' (րիփրուֆ) յանդիմանութիւն, պարսաւ։
REP'TILE (րէփ'թայլ) սողուն, զեռուն։
REPUB'LIC (րիփըպ'լիք) հանրապետութիւն։
REPUB'LICAN հանրապետական։
REPU'DIATE (րիփիու'տիէյթ) թողուլ, մերժել, հրաժարիլ, կին արձակել։

REPUDIA'TION ապահարզան, հրաժարում։

REPUG'NANCE (րիփըգ'նընս) դժկամակութիւն, զզուանք։

REPUG'NANT հակառակ, դժկամակ։

REPULSE' ետ մղել, վանել, մերժել, վանում։

REPUL'SION վանողութիւն, դանում, զզուանք։

REP'UTABLE (րէփ'իուբէպլ) յարգելի, բարեհամբաւ։

REPUTA'TION համբաւ, վարկ, պատիւ։

REPUTE' համարել, կարծել, ճանչնալ, կարծիք, համարում։

REPU'TEDLY պատուաւոր կերպով, առհասարակ։

REQUEST' (րիքուէսթ') խնդիր, թախանձանք, հայցել, խնդրել։

REQ'UIEM (րէք'ուէմ) հոգեհանգիստ։

REQUIRE' (րիքուայր') պահանջել, խնդրել, կարօտիլ։

REQ'UISITE (րէք'ուիզիթ) հարկաւոր, անհրաժեշտ։

REQUISI'TION պահանջ, խնդրանք, հրաւիրագիր, պահանջել։

REQUITE' (րիքուայթ') ետ վճարել, փոխարինել։

RESCIND' (րիսինտ') կրճատել, ջնջել։

RE'SCRIPT (րի'սքրիփթ) հրովարտակ, շնորհագիր։

RES'CUE (րէս'քիու) փրկել, օգնութեան հասնիլ, փրկութիւն։

RESEARCH' (րիսըրչ) վերախուզարկել, հետազօտել, խուզարկութիւն։

RESEM'BLE (րիզէմ'պլ) նմանիլ։

RESENT' (րիզէնթ') դժգոհիլ, գէշ զգալ, զայրանալ։

RESENT'MENT զայրացում, դժգոհութիւն։

RESERVA'TION (րէզըրվէյ'շըն) վերապահութիւն, սեղմում, պահեստ։

RESERVE' (րիզըրվ') վերապահել, սահմանել, վերապահութիւն։

RESERV'IST (րիզըրվ'իսթ) պահեստի զինուոր։

RES'ERVOIR (րէզ'ըրվուօր) ջրակայան, ջրամբար։

RESIDE' (րիզայտ') բնակիլ, ապրիլ կենալ։

RES'IDENCE (րէզիտընս) բնակարան, տուն։

RES'IDENCY բնակութիւն, պաշտօնավայր ի Հնդկաստան։

RES'IDENT (րէզ'իտընթ) բնակող, բնակիչ, պատուիրակ։

RESIDEN'TIAL տնային, բնակութեան։

RES'IDUE (րէզ'իտիու) մնացորդ, մնացած մաս, գիրտ։

RESIGN' (րիզայն') թողուլ, ձգել, հրաժարիլ։

RESIGNA'TION (րէզիկնէյ'շըն) հրաժարական, ենթարկութիւն։

RESIL'IENCE (րիզիլ'իընս) առաձգականութիւն։

RESIL'IENT (րիզիլ'իընթ) ետ նետուող, յառաձգական։

RES'IN (րէզ'ին) ռետին։

RESIST' (րիզիսթ') դիմանալ, դիմադրել։

RESIST'ANCE ընդդիմութիւն, արգելք։

RES'OLUBLE (րիզ'օլիուպլ) դիւրալոյծ, լուծելի։

RESO'LUTE (րէզ'օլիութ) վճռական, խիզախ, անվեհեր։

RESOLU'TION լուծում, որոշում, փարատում, մեկնութիւն։

RESOLVE' (րիզալվ') լուծել, հալեցնել, սառուցել, լուծում։

RESO'NANT (րէզ'օնընթ) հնչուն, հնչական։

RESO'NANCE հնչականութիւն, ձայնադարձութիւն։

RESORT' (րիզօրթ') դիմել, երթալ, ապաւինիլ, դիմում, ապաստան։

RESOUND' (րիսաունտ') վերահնչել։

RESOURCE' (րիսօրս') աղբիւր, միջոց, յոյս, ապաւէն։

RESPECT' (րիսփէքթ') յարգանք, մեծարանք, յարգել, մեծարել։

RESPEC'TABLE յարգելի, մեծարելի։

RESPECT'FUL ակնածու, յարգալիր։

RESPEC'TIVE փոխադարձ, մասնայատուկ, պատկանեալ։

RESPIRE' (րիսփայր') *շունչ առնել։*

RESPIRA'TION (րէսփիրէյ'շըն) *շնչառութիւն։*

RES'PITE (րէս'փիթ) *յապաղում, դադար, դուլ, առկախել։*

RESPLEN'DENT (րիսփլէն'տընթ) *լուսափայլ, շողշողուն։*

RESPLEN'DENCE *շողշողում։*

RESPOND' (րիսփանտ') *պատասխան տալ։*

RESPON'DENT *համաձայն, դատակոց, պաշտպան։*

RESPONSE' (րիսփօնս') *պատասխան։*

RESPON'SIBLE (րիսփան'սիպլ) *պատասխանատու։*

RESPONSIB'ILITY *պատասխանատուութիւն։*

RESPON'SIVE *համապատասխան, պատասխանող, պատշաճ։*

REST (րէսթ) *հանգիստ, դադար, հանգստարան, մահ, մնացած մաս, հանգստանալ, պառկիլ, մնալ, մեռնիլ։*

RES'TAURANT (րէս'թօրանթ) *ճաշարան։*

REST'FUL *հանգիստ, խաղաղ։*

RESTITU'TION (րէսթիթիու'շըն) *վերականգնում։*

RES'TIVE (րէս'թիվ) *յամառ, ըմբոստ։*

RES'TLESS *անհանգիստ, անհանդարտ, անկայուն, խռովեալ։*

RESTORA'TION *վերահաստատութիւն, կազդուրում։*

RESTORA'TIVE *կազդուրիչ։*

RESTORE' *վերահաստատել, զօրացնել, դարմանել։*

RESTRAIN' (րիսթրէյն') *զսպել, կեցընել, ճնշել։*

RESTRAINT *սեղմում, ճնշում, արգելք։*

RESTRICT' (րիսթրիքթ') *սահմանափակել, չափաւորել։*

RESTRIC'TION *արգելք, սահմանափակում։*

RESULT' (րիզըլթ') *հետեւանք, ելք, արդիւնք, յառաջ գալ, վերջանալ, հետեւիլ։*

RESULTANT' *արտադրոյթ, յառաջ եկած։*

RESUME' (րիզիում) *ետ առնել, վերսկսիլ։*

RESUMPT'ION *վերսկսում։*

RESUR'GENT (րիսըրճ'ընթ) *յառնող։*

RESURRECT' (րէզըրրէքթ') *յարութիւն առնել։*

RESURREC'TION *յարութիւն։*

RESUS'CITATE (րիսըս'իթէյթ) *վերակենդանացնել։*

RESUSCITA'TION *յարութիւն, վերակենդանացում։*

RETAIL (րի'թէյլ) *փոքրաքանակ, փոքրաքանակ ծախել։*

RETAIN' (րիթէյն') *վար դնել, քովը պահել։*

RETAL'IATE (րիթել'իէթ) *հատուցանել, վրէժ լուծել։*

RETALIA'TION *փոխ վրէժ։*

RETARD' (րիթարտ') *յապաղել, ուշացնել։*

RETARDA'TION *ուշացում, դանդաղում։*

RETCH (րէչ) *փսխելու ճիգ ընել։*

RETEN'TION (րիթէն'շըն) *վերապահում, բանտարգելութիւն, արգելք։*

RETI'CENCE (րիթ'իսընս) *վերապահութիւն, լռութիւն։*

RET'ICENT *վերապահ, լուռ։*

RETIC'ULATE' (րէթիք'իուլէյթ) *ցանցաւոր, ցանցակերպ։*

RETICULA'TION *ցանցաւորութիւն։*

RETI'NA (րէթ'ինէ) *ցանցամաշկ, ցանցենի։*

RETINUE (րէթ'ինիու) *հետեւորդներ, շքախումբ։*

RETIRE' (րիթայր') *քաշել, հրաժարեցնել, մեկուսանալ, դադրիլ քաշուիլ։*

RETIRE'MENT *հրաժարում, առանձնացում, մենարան։*

RETORT' (րիթօրթ') *ըրջել, ետ դարձնել, պատրաստ պատասխան, եղջիւր, փոխնդ։*

RETOUCH' *վերյարդարել, սրբագրել շտկել։*

RETRACE' հետքը բռնել, նորէն գըծել, հետադարձել։
RETRACT' կծկել, ետ առնել (խօսքը), կարճեցնել, քաշուիլ։
RETRACTA'TION կծկում, յետս կոչում։
RETREAT' առանձնացում, նահանջ, նահանջել, առանձնանալ։
RETRENCH' կրճատել, խրամարկել, պակսիլ։
RETRIBU'TION հատուցում, փոխարինութիւն։
RETRIEVE' վերստանալ, դարմանել, վնասը հանել։
RETROCE'SSION յետաշրջութիւն
RE'TROGADE յետադարձ, յետադիմել։
RETROGRESS' յետադիմել, այլասերել։
RET'ROSPECT յետահայեացք, ետ նայիլ։
RETROSPEC'TION յետահայեցութիւն։
RETURN' վերադարձնել, շրջել, վերադառնալ, յարել։
REU'NION միացում, հաւաքում, վերամիացում։
REUNITE' վերամիացնել։
REVEAL' (րիվիլ') յայտնել, երեւան հանել։
REV'EL (րիվ'էլ) կերուխում, շուայտութիւն։
REVELA'TION յայտնութիւն։
REV'ELRY կոչունք, կերուխում։
REVENGE' վրէժ առնել, լուծել, վըրէժ։
REV'ENUE (րէվ'ինիու) եկամուտք։
REVER'BERATE (րիվըր'պըրէյթ) ցոլարկել, հնչել, անդրադառնալ։
REVERBERA'TION ցոլացում, անդրադարձութիւն։
REVERE' (րիվիր') յարգել, մեծարել, ակնածիլ։
REV'ERENCE մեծարանք, յարգանք, պատիւ, յարգել։
REV'EREND (րէվ'ըրընտ) վերապատուելի, գերաշնորհ։
REV'ERENT ակնածու, յարգամեծար։
REV'ERENTIAL մեծարական, ակնածու։
REV'ERIE երազանք, ցնորք։
REVERS'AL հակադարձութիւն։
REVERSE' հակադարձ, գլխիվայր։
REVER'SION վերադարձ, յետադարձ, հակաշրջութիւն։
REVERT հակաշրջել, ետ դառնալ, յետադարձ։
REVIEW' աչքէ անցնել, վերաքննել։
REVILE' (րիվայլ') նախատել, յանդիմանել։
REVISE' (րիվայզ') աչքէ անցնել, սրբագրել, երկրորդ փորձ։
REVI'SION վերաքննութիւն, սրբագրութիւն։
REVI'VAL (րիվայ'վըլ) վերադարթնում, արթնութիւն։
REVIV'IFY (րիվիվի'ֆայ) վերակենդանացնել։
REV'OCABLE (րէվ'օքէպլ) յետակոչելի։
REVOCA'TION յետակոչութիւն, ջնջում։
REVOKE' յետակոչել, ջնջել, ետ առնել։
REVOLT' դասալքութիւն, ապստամբութիւն, ապստամբիլ։
REVOLU'TION յեղափոխութիւն, հոլովում, թաւալում։
REVOLU'TIONARY յեղափոխական։
REVOLU'TIONIZE յեղափոխել։
REVOLVE' (րիվալվ') հոլովել, թաւալիլ, դառնալ։
REVOL'VER վեցհարուածեան, շըրջահար։
REVUL'SION հակափոխութիւն, յետադարձք։
REWARD' (րիուորտ') հատուցում, վարձ, վարձատրել։
RHAB'DOMANCY (րէպ'տամէնսի) ցպահմայութիւն։
RHAP'SODY (րէփ'սօտի) հագներգութիւն։
RHETO'RIC (րէթ'օրիք) հռետորութիւն։
RHETORI'CIAN ճարտասան։
RHEUM (րում) հեղանիւթ, հարբուխ։

RHEUMAT'IC (բռւմէթ'իք) յօդացաւային։
RHEU'MATISM յօդացաւ։
RHINO'CEROS (րայնա'սըրաս) ռնգեղջիւր։
RHU'BARB (րու'պարպ) խաւչնդեղ, խաւարծիլ։
RHYME, RIME (րայմ) յանգ, տաղ։
RHY'THM (րիթըմ) ամանակ, չափ։
RIB կող, կողոսկր, կին։
RIB'ALD (րիպ'օլտ) լկտի, անառակ։
RIBBON (րիպ'պըն) ժապաւէն։
RICE բրինձ։
RICH հարուստ, առատ, բերրի։
RICH'ES (րիչ'էզ) հարստութիւն, կալուածք։
RICH'LY առատօրէն։
RICHNESS հարստութիւն։
RICK ցորենի դէզ, յարդանոց, դիզել։
RICK'ETS (րիք'էց) ոսկրափափկութիւն։
RICK'ETY ոսկրաթեք, քամակակոր։
RID ազատ, բաց, ազատել, փրկել։
RID'DLE հանելուկ, առեղծուած, մաղել։
RIDE հեծնել, ձիավարել, պտոյտ, ճեմ։
RI'DER հեծնող, ձիաւոր։
RIDGE ծրար, կատար, քամակ, թիկունք, կռնակ, քամակել, հերք ձգել, կնճռել։
RI'DING գաւառ, շրջանակ, ձիավարութիւն։
RIDING MASTER հեծելուսոյց։
RIDING SCHOOL հեծելարան։
RID'ICULE (րիտ'իքիուլ) հեգնանք, ծաղրանք, ծաղրել։
RIDIC'ULOUS ծիծաղելի, այլանդակ։
RIFE հասարակ, առատ։
RIFF'-RAFF աւելցուք, տականք, ամբոխ։
RI'FLE (րայ'ֆլ) կողոպտել, կորզել, հրացան։
RIFT բացուածք, ճեղք, ճեղքել։
RIG ցատկառուք, չորթել, խաբել։
RIGHT ուղիղ, արդար, աջ, անխոլ, վայելուչ, ուղղակի։
RIGHTEOUS (րայ'չըս) իրաւացի, առաքինի։
RIGHT'FUL օրինաւոր, իրաւացի։
RI'GID (րիճ'իտ) կարծր, անթեք։
RIGID'ITY խստութիւն, անաչառութիւն։
RIG'MAROLE (րիկ'մէրօլ) ոչնչաբանութիւն։
RIG'OUR (րիկ'ըր) կարծրութիւն, գոռ, բրտութիւն, անաչառութիւն։
RILE (րայլ) զայրացնել, յուզել։
RILL վտակ։
RIM եզր, ծայր, հեց, եզրել։
RIME (րիմ) եղեամ, սառիլ։
RIND (րայնտ) կեղեւ, պատեան։
RING հնչեցնել, ձայն տալ, հնչիւն, օղակ, մանեակ, մատանի, կրկէս։
RING DOVE վայրի աղաւնի։
RING LEADER պարագլուխ։
RING WORM օղաճճի։
RING'LET օղակ, օղիկ։
RINK չմշկարան։
RINSE ցօղուել, կրկնակի լուալ։
RI'OT (րայ'ըթ) խռովութիւն, աղմուկ։
RI'OTOUS աղմկալի, խռովարար։
RIP պատռել, ճեղքել, քակուածք, ճեղք։
RIPE (րայփ) հասուն, խելահաս, հըմուտ։
RIPOSTE հակահարուած, խիստ պատասխան։
RIP'PLE ծփալ, ճօճել, ծուփ, պղտրում։
RISE (րայզ) բարձրացում, յաւելում, աճում, բարձրանալ, աճիլ, բազմանալ, կանգնիլ, ելլել, երեւիլ։
RI'SING ելք, վերելք, ծագում յարութիւն առնելը։
RIS'IBLE (րիզ'իպլ) ծիծաղաշարժ։
RISK (րիսք) վտանգ, տագնապ, վըտանգել։
RIS'KY վտանգաւոր։
RISS'OLE (րիսօլ') մսածաղ։
RITE (րայթ) արարողութիւն։
RIT'UAL (րիթ'ուըլ) ծիսական, մաշտոց։
RI'VAL (րայ'վլ) մրցակից, մրցիլ։
RI'VALRY մրցակցութիւն։

RIVE (րայվ) ճեղքել, հերձել։
RIV'ER (րիվըր) գետ։
RIV'ET (րիվ'էթ) բեւեռ, գամ, գամել։
RIV'ULET առուակ։
ROACH (րոչ) խարբակաձուկ, ուտիճ։
ROAD (րոտ) ճամբայ, նաւու կայան։
ROAM (րոմ) թափառիլ։
ROAN (րօն) ճարտուկ, ոչխարենի։
ROAR (րոր) գոռալ, մռնչել, ճարճատիլ։
ROAR'ING գոչիւն, աղաղակ։
ROAST խորովել, այրել։
ROB (րապ) կողոպտել, գողնալ։
ROBBER աւազակ, գող։
ROBBERY աւազակութիւն։
ROBE պատմուճան, հագուստ, հագուեցնել։
ROB'IN (րապ'ին) կարմրալանջ։
RO'BOT (րո'պօթ) մարդ-մեքենայ, ինքնաշարժ։
ROBUST' (րոպըսթ') զօրաւոր, հուժկու, կորովի։
ROCK (րաք) ժայռ, ապառաժ։
ROCK'ERY (րաք'ըրի) քարահիւսակ։
ROCK'ET (րաք'էթ) հրթիռ, սաւառնիլ, ռմբակոծել։
ROCK'Y ապառաժուտ, ժայռոտ։
ROD (րատ) ցուպ, ձողակ։
RO'DENT (րո'տընթ) կրծող։
RODOMONTADE' (րատոմանթէյտ') մեծաբանութիւն։
ROE (րօ) էգ այծեամ, ձկնկիթ։
ROGA'TION (րոկէյ'շըն) օրինագիծ, օրհներգութիւն։
ROGUE (րօկ) սրիկայ, աւազակ։
ROIL (րօյլ) պղտորել, խառնակել։
ROIS'TERER (րօյս'թըրըր) աղմկարար։
ROLL (րօլ) թաւալում, գլան, լողքար, մագաղաթ, անուանակոչ, ցանկ, ցուցակ, ատամար, նկան, թափիւն, թաւալել, գլորել, փաթթել, պատատել, գոռալ, շրջել, դառնալ, դափրել։
ROLL-CALL անուանակոչ։
ROLLER տոփան, լողքար, թաւալող։
ROLL'ICK (րալ'լիք) ճռճռալ, տռուբերիլ։
ROMA'IC (րոմէյ'իք) արդի յունարէն։
RO'MAN (րո'մըն) հռովմէական, հռովմայեցի, բոլորագիր։
ROMANCE' (րոմէնս') վիպասանութիւն, առասպել։
ROMAN'CER վիպասան։
ROMANIC հռովմէական ժողովուրդ լեզու։
ROMANIZE լատինացնել։
ROMAN'TIC ռոմանթիք, վիպական։
ROMP (րամփ) չարաճճի աղջիկ։
ROMP'ER աղմկասէր, ցատկող։
RON'DEAU (րան'տօ) կրկնադարձ ոտանաւոր։
ROOD (րուտ) արտավար, խաչելութիւն (քանդակ)։
ROOF տանիք, երդիք, պատսպարել։
ROOK ճեղագռաւ, շատրընճի նաւակ; խաբեբայ, խաբել։
ROOM սենեակ, տեղ, կայան, բնակիլ։
ROOM'Y լայն, ընդարձակ։
ROOST (րուսթ) թառելու փայտ, թառիլ։
ROOT (րութ) արմատ, սկիզբ, պատճառ, հիմ, տնկել, հաստատել, քնդել, արկանել։
ROOTLE'T արմատիկ։
ROPE (րօփ) չուան, պարան, չուանել, հիւսել, մանել։
ROPE-DANCER լարախաղաց։
RO'QUET (րո'քէթ) գնդախաղին մէջ գնդակին զարնել։
ROSA'CEOUS (րոզէյ'շըս) վարդազգի։
RO'SARY (րո'զէրի) վարդարան։
ROSE (րօզ) վարդ, վարդենիկ, ելաւ։
ROSE BUD վարդի կոկոն։
ROSE-COLOUR վարդի գոյն։
ROSE-WATER վարդաջուր։
RO'SEATE վարդի գոյն։
ROSE'MARY խնկունի։
ROSETTE' (րոզէթ') վարդիկ, վարդեզարդ։
ROS'IN (րազ'ին) ռետին։
ROS'TRUM (րաս'թրըմ) քիթ, նաւակտուց, կառոյց։
RO'SY վարդային, վարդագոյն։

ROT (րաթ) փտում, փուտ, նեխել, փտիլ։
ROTATE' (րօթէյթ') դառնալ, թաւալիլ, գլորիլ։
ROTA'TION թաւալում, հոլովում։
ROTE ունակութիւն։
ROTT'EN (րաթ'թն) փտած, նեխած։
ROTUND' (րօ'թընտ) կլոր, բոլորակ։
ROTUN'DA (րօթըն'տէ) բոլորաձեւ շէնք։
ROUGE (րուժ) կարմիր, կարմիր ներկել։
ROUGH (րաֆ) անհարթ, կոշտ, անտաշ, քարուտ, կծու, սինլքոր։
ROUGH CAST ուրուագծել, նախագծել, պատի ծեփ։
ROUGH-HOUSE կոշտ խաղ, ցոյց։
ROUGH-NECK խուլիգան, բարբարոս։
ROUGH RIDER ձիավարժ, հեծելապէտ։
ROUGHEN բրտանալ, բրտացնել։
ROUND (րաունտ) կլոր, շրջանակ, ոլոր, լման, արդար, գիշերապահութիւն, կլորել, շրջապատել, լրացնել, բոլորել։
ROUN'DEL (րաուն'տէլ) պեղպեղանք, կրկներգ, բոլորակ։
ROUN'DER բոլորող, շրջող։
ROUND'LY բոլորակի, յայտնապէս։
ROUP (րուփ) աճուրդի հանել, սանուկ։
ROUSE (րաուզ) արթննալ, դրգռել, յուզել, կերուխում։
ROUT (րաութ) խաժամուժ, ամբոխ, պարտում, փախուստ, խորտակել, փախուստի մատնել։
ROUTE (րութ) ճամբայ, ընթացք։
ROUTINE' (րութին') վարժութիւն, սովորամոլութիւն։
ROVE (րօվ) սանտրել, դզել, պրկել, ոլորտալ։
RO'VER յելուզակ, թափառող, ոլորտացող։
ROW (րաու) կռիւ, վէճ, աղմուկ։
ROW (րօ) կարգ, շարք, թիավարութիւն։
ROWD'Y (րաուտ'ի) կռուազան։
ROW'LOCK (րը'լաք) թիակալ։
ROY'AL (րօյ'ըլ) արքայական, ազնուական։
ROY'ALIST արքայական։
ROY'ALTY թագաւորութիւն, արքայատուրք։
RUB (րըպ) շփել, քսել, սրբել։
RUBB'ER շփող, ձգախէժ, ջնջան։
RUBBERNECK զբօսաշրջիկ, շրջադէտ։
RUBB'ISH աւլուկ, տաշեղ, մնացորդք։
RU'BICUND (րո''պիքընտ) կարմրագոյն։
RU'BRIC (րու'պրիք) խորագիր, օրէնք, կանոն։
RUBY (րու'պի) կարկեհան, կարմիր սուտակ։
RUCK (րըք) հասարակ ժողովուրդ, խորշոմել, կնճռել։
RU'CKSACK տոպրակ։
RUC'TION աղմուկ, կռիւ։
RUDD արքայաձուկ։
RUDD'ER ղեկ։
RUD'DLE սուար, կարմրել։
RUDD'Y կարմրագոյն։
RUDE (րուտ) կոշտ, կոպիտ։
RU'DIMENT (րու'տիմընթ) սկզբունք, նախատարրերք։
RUE (րու) սպանդ, տառապ, զղջանութիւն, ողբալ։
RUFF (րըֆ) փոթեձիք, ձողաձուկ։, փոթայանջ տատրակ, յոխորտալ։
RUFF'IAN (րըֆ'եըն) աւազակ, սրիկայ։
RUG (րըկ) թաղիք, կարպետ։
RUGGED անհարթ, կոշտ։
RUGOSE' (րուկօս') խորշոմած, փոթաւոր։
RUGOS'ITY խորշոմածութիւն։
RUIN (րուին) կործանում, աւեր, անկում, կործանել, աւերել։
RUINA'TOIN կործանում։
RUINOUS աւերիչ, փլած։
RULE (րուլ) գծոց, քանակ, կանոն, կարգ, իշխանութիւն, իշխել, տիրել, գծել, սահմանել։
RU'LER իշխող, տիրող, կառավարիչ։
RULL'EY ցած սայլակ։

RUM (րըմ) շաքարօղի, ալլանգակ։
RUM'BLE մըմռալ, մռնչել։
RU'MINANT (րու'մինընթ) որոճացող։
RU'MINATE որոճալ, խոկալ։
RUMM'AGE փնտռտուք, որոնում։
RUMM'ER սկահ, գաւաթ։
RUMM'Y շաքարօղեայ։
RUM'OUR (րու'մըր) աղմուկ, տարաձայնութիւն։
RUMP (րըմփ) գաւակ, ետատուն, յետամաս։
RUM'PLE ճմռթկել, փոթթարկել։
RUN (րըն) վազել, դիմել, ընթանալ, քշել, հալեցնել, պարծանել, կազմել։
RUN'AGATE (րըն'էկէյթ) փախստական, ուրացող։
RUN'AWAY փախստական։
RUNE (րուն) սկանտինաւեան այբուբէն։
RUNG (րընկ) աթոռի ցից, կողափայտ։
RUN'LET (րըն'լէթ) տակառակ, վտակ։
RUNN'EL ջրորդան, առուակ։
RUNN'ER վազող, սուրհանդակ։
RUNN'ING հոսուն, յաջորդական։
RUNT (րընթ) ճարդած, գաճաճ։
RUP'TURE (րըփթիուր) պատառում, ճեղք, փոշտանք։
RUR'AL (րուր'ըլ) գիւղաբնակ, դաշտային։
RURAL'ITY գիւղաբնակութիւն, գիւղային կալուած։
RUSE (րուզ) խորամանկութիւն։
RUSH (րըշ) պրտու, կնիւն, խուճապ, յարձակում, դիմել, յարձակիլ, խոյանալ, վազել։
RUSK (րըսք) պաքսիմատ։
RUSS'ET (րըս'սէթ) կարմրորակ, թըխորակ։
RU'SSIA (րը'շէ) Ռուսիա։
RU'SSIAN (րըշ'ըն) ռուսական, ռուս, ռուսերէն։
RUSS'OPHIL ռուսասէր։
RUST ժանգ։
RUS'TIC վայրաբնակ, գիւղացի, միմոս։
RUS'TICATE (րըս'թիքէյթ) գիւղը բնակիլ, գիւղը աքսորել, գիւղացիացնել։
RUSTICA'TION գիւղաբնակութիւն, գեղջկացում։
RU'STLE (րըսը'լ) շառաչել, խշշալ, սօսափիւն։
RUS'TY ժանգոտ։
RUT (րըթ) արահետ, փորուածք, մատնէք։
RUTH (րութh) գութ, կարեկցութիւն։
RUTHLESS անգութ, անկարեկիր։
RYE (րայ) հաճար։
RYE-GRASS ծիտառոտ, դալարուկ։
RY'OT (րայ'օթ) հնդիկ գիւղացի։
RYTINA (րիթ'ինէ) ծովակով, ծովաձի։

S

SABBATAR'IAN (սէպէթէյր'իըն) շաբաթական, շաբաթապահ։
SABB'ATH (սէպ'էթհ) շաբաթ։
SA'BLE (սէյ'պլ) սամոյր, սամոյրենի։
SAB'OT (սէ'պօ) փայտամուճակ։
SABO'TAGE (սէպ'օթէժ) խափանարարութիւն։
SA'BRE (սէյ'պր) թուր, սուսեր, թրահարել։
SAC (սէք) պարկ, տոպրակ։
SACC'HARIN (սէք'իրին) շաքարեղէն, շաքարեայ։
SACERDO'TAL (սէսըրտօ'թըլ) քահանայական։
SACH'EM (սէյ'չըմ) Ամ. հնդիկներու պետ, իշխան։
SA'CHET (սէշ'է) պարկիկ։
SACK (սէք) պարկ, տոպրակ, աւարառութիւն, տոպրակել, աւարել։
SACK'BUT (սէք'պըթ) լայնաօրինգ։
SAC'RAMENT (սէք'րէմընթ) հաղորդութիւն, ճաշակ, օծում։
SA'CRED (սէյ'քրիտ) նուիրական, սուրբ, անբռնաբարելի։
SAC'RIFICE (սէք'րիֆայս) զոհել, պատարագել, մատուցանել։
SAC'RILEGE (սէք'րիլէճ) սրբապղծութիւն։
SACRILE'GIOUS սրբապիղծ, ամբարիշտ։
SA'CRING (սէյ'քրինկ) նուիրագործում։
SA'CRIST (սէյ'քրիսթ) ժամկոչ, լուսարար։
SAC'RISTAN ժամկոչ, լուսարար։
SAC'RISTY (սէք'րիսթի) աւանդատուն։
SA'CROSANCT (սէքրօսէնքթ') սրբազան, նուիրական։
SA'CRUM (սէյ'քրըմ) սրբոսկր։
SAD (սէտ) տրտում, տխուր։
SADD'EN :(սէտ'տըն) տրտմեցնել, տրտմիլ։
SAD'DLE (սէտ'տլ) թամբ, նեցուկ, համետել, թամբել։
SADD'LER թամբագործ։
SAD'ISM (սէտ'իզմ) սեռային այլասերում։
SAFE (սէյֆ) ապահով, անվնաս, դրամարկղ։
SAFE'GUARD պաշտպան, պահակ, անցագիր։
SAFE'TY ապահովութիւն։
SAFF'RON (սէֆ'րըն) քրքում։
SAG (սէկ) ընկղմել, կքել, կքիլ, իջուածք։
SAGA'CIOUS (սէկէյ'շըս) իմաստուն, սրատես։
SAGA'CITY արթնութիւն, սրատեսութիւն։
SAGE (սէյճ) իմաստուն, գիտուն, եղեսպակ։
SA'GO (սէյկօ') սագօ։
SAID (սէտ) յիշեալ, վերոյիշեալ։
SAIL (սէյլ) առագաստ, նաւ, նաւարկել։
SAILE'R (սէյլ'ըր) առագաստանաւ։
SAIL'ER (սէյլ'ըր) նաւաստի, նաւազ։
SAINT (սէյնթ) սուրբ։
SAINTHOOD սրբութիւն, սրբոց դաս։
SAKE ((սէյք) սէր, յարգանք, նկատառում։
SALA'CIOUS (սէլէյ'շըս) տռփոտ, հեշտասէր։
SAL'AD (սէլ'էտ) աղցան։
SAL'AMANDER (սէլ'էմէնտըր) մողէզ, սալամանդր։
SAL'ARY (սէլէ'րի) թոշակ, ամսական։
SALE (սէյլ) վաճառում։

SALES'MAN վաճառորդ։
SA'LIENT (սէյ՛լիընթ) ցայտայայտ, ուշագրաւ։
SA'LIENCE ցայտք, ուշագրաւութիւն։
SALI'VA (սէլայ՛վէ) լորձունք, շողիք։
SAL'LOW (սէլ՛լօ) այծուռի, ճղրդի։
SALL'Y (սէլ՛լի) ելք, խոյանք, սրախօսութիւն, խոյանալ, ելլել։
SALMON (սէմ՛ըն) լոսղի։
SA'LON (սէ՛լօն) ընդունարան, դահլիճ։
SALOON' (սէլուն՛) ճաշասենեակ։
SAL'SIFY (սէլ՛սիֆի) գոճմորուս։
SALT (սօլթ) աղ, աղաման, նաւաստի, սրախօսութիւն։
SALTA'TION (սէլթէյ՛շըն) ցատկըռտուք, տրոփում, պար։
SALTPE'TRE (սօլթփի՛թըր) աղաւաքան, աղարան։
SALU'BRIOUS (սէլիու՛պրիըս) առողջարար։
SAL'UTARY (սէ՛լիութէրի) առողջարար, օգտաւէտ, պիտանի։
SALUTE' (սէլիութ՛) բարեւել։
SALUTA'TION ողջոյն, բարեւ։
SAL'VAGE (սէլ՛վէճ) փրկում, ազատագինք։
SALVA'TION փրկութիւն։
SALVE (սէլ՛վի) ողջոյն։
SALVE (սավ) սպեղանի, դարմանել։
SAL'VO (սէլ՛վօ) բացառութիւն, հըրացանաձգութիւն։
SAL'VOR (սէլ՛վըր) օգնել, փրկարար։
SAM'BO (սէմ՛պօ) խափշիկ։
SAME (սէյմ) նոյն, միեւնոյն, նման։
SA'MPLE (սէմ՛փլ) նմոյշ, օրինակ, նմոյշ պատրաստել։
SANATOR'IUM (սէնէթօ՛րիըմ) բուժարան, ապաքինարան։
SAN'ATIVE, SAN'ATORY բուժիչ, բուժական, բուժարար։
SANC'TIFY (սէնք՛թիֆայ) սրբացընել, նուիրագործել։
SANCTIFICA'TION սրբագործութիւն։
SANC'TION (սէնք՛շըն) վաւերացում, հաստատում, վաւերացնել, հաստատել։
SANC'TIFY նուիրականութիւն, սըրբազնութիւն։
SANC'TUARY (սէնք՛թիուէրի) սըրբարան, դարբիր։
SANC'TUM (սէնք՛թըմ) սրբատեղի, առանձնարան։
SAND (սէնտ) աւազ, ժամ, կեանք։
SAN'DAL (սէն՛տըլ) սանտալ, տրեխ։
SAND'WICH (սէնտ՛ուիչ) սանդուիչ։
SAND'Y (սէնտ՛ի) աւազուտ։
SANE (սէյն) ողջմիտ, առողջ։
SANG (սէնկ) P. OF SING։
SANG–FROID (սան՛ֆրուա) պաղարիւնութիւն։
SANG'UINARY (սէնկու՛ինէրի) արիւնալի, արիւնահեղ։
SANG'UINE (սէն՛կուին) արիւնոտ, չէն, զուարթ։
SANGUIN'EOUS արիւնալի, արիւնագոյն։
SAN'ITARY (սէն՛իթէրի) առողջապահական։
SANITA'TION առողջապահութիւն։
SAN'ITY (սէն՛իթի) ողջմտութիւն։
SANK (սէնք) P. OF SINK։
SAP (սէփ) բուսահիւթ, ուժ, տակէն փորել, քանդել։
SAP'ID (սէփ՛իտ) համեղ, համով։
SAPP'ER (սէփ՛փըր) ականարկու, փոսահատ։
SA'PIENCE (սէյ՛փիընս) իմաստութիւն։
SAP'PY (սէփ՛ի) հիւթեղ, պարարտ։
SARC'ASM (սարք՛ազմ) երգիծանք, հեգնութիւն։
SARCAS'TIC երգիծական, հեգնական։
SARCOPH'AGUS (սէրքօփ՛էկըս) դամբան, վիմադամբան։
SARDINE' (սարտին՛) աղկեր։
SARDON'IC (սարտօն՛իք) չինծու, հեգնական։
SARSAPARILLA' (սարսափէրիլ՛լէ) վայրի գիշախոտ։
SASH (սէշ) կամար, շրջանակ, շրջանակել։

SASS'AFRAS (սէս'սէֆրէս) կուզբածառ։
SAT (սէթ) P. OF SIT, նստաւ։
SATAN (սէյ'թըն) սատանայ, սադայէլ։
SATAN'IC (սէթէն'իք) սատանայական։
SATCH'EL (սէչ'էլ) պարկ, պայուսակ։
SATE (սէյթ) յագեցնել։
SATE'LLITE (սէթ'էլլայթ) արբանեակ, փուշտիպան։
SAT'IATE (սէյ'շիէթ) յագեցած, յագեցնել։
SATI'ETY (սէթայ'իթի) յագեցում։
SATIN (սէթ'ին) ատլաս։
SATIRE (սէթ'այր) հեգնութիւն։
SATI'RIC (սէթ'ըրիք) հեգնական, երգիծական։
SAT'IRIST երգիծաբան։
SAT'IRIZE երգիծաբանել։
SATISFACT'ION (սէթիսֆէք'շըն) հաճութիւն, գոհունակութիւն։
SATISFAC'TORY գոհացուցիչ, հաճեցուցիչ։
SAT'ISFY գոհացնել, յագեցնել։
SAT'RAP (սէթ'րէպ) սատրապ, մարզպան։
SAT'URATE (սէթ'իուրէյթ) կշտացնել, յագեցնել։
SATURA'TION յագեցում, թաթաւում։
SATURDAY Շաբաթ։
SATURN (սէթ'ըրն) կրոնոս, Սատուրնա։
SAT'URNINE (սէթ'ըրնայն) ծանր, մելամաղձոտ։
SAT'YR (սէ'թըր) սատիր, այծամարդ։
SAUCE (սօս) համեմ, թացան։
SAU'CER թացանոց, պնակիկ։
SAU'CY ժպիրհ, անեբես։
SAUN'TER (սօն'թըր) սլքտալ, 'թափառիլ։
SAU'SAGE (սօ'սէճ) երշիկ, խճուղ։
SAV'AGE (սէվ'էճ) վայրենի, վայրագ։
SAV'AGERY վայրագութիւն, վայրենութիւն։
SAV'ANT (սիվ'ան) գիտնական։
SAVE (սէյվ) խնայել, ազատել, փրկել, խնայողութիւն ընել։
SA'VING խնայող, խնայողական։
SA'VING-BANK խնայողական դրամատուն։
SA'VIOUR փրկիչ, ազատիչ։
SA'VORY (սէյ վըրի) խնկենի։
SA'VOUR (սէյ'վըր) համ, ճաշակ, հոտ, համ, հոտ տալ։
SA'VOURY համեղ, համով։
SAVOY (սէվօյ') ձմրան կաղամբ։
SAW, P. OF SEE, տեսաւ։
SAW, սղոց, առած։
SAW BONES վիրաբոյժ։
SAW DUST սղոցուք։
SAW'YER սղոցող, գետ ինկած ծառ։
SAXIFRAGE (սէք'սիփրէճ) ծնկածաղիկ։
SAXON (սէքս'ըն) սաքսոնեան։
SAY ըսել, պատմել, առած, խօսք։
SAY'ING առած, ասացուածք։
SCAB սպի, վէրքի կեղեւ, քոս, բոր։
SCABB'Y քոսոտ, բորոտ։
SCABB'ARD պատեան (սուրի)։
SCA'BIES (սքէյ'պիիզ) քոս։
SCA'BROUS (սքէպ'րըս) անհարթ, կոշտ։
SCAFF'OLD (սքէփ'ֆօլտ) լաստակ, կախաղան։
SCALD (սքօլտ) այրուածք, կիզում, խաշել, այրել։
SCALE (սքէյլ) կշռի թաթ, նժար, չափ, թեփ, կեղեւ, թեփատել, կշռել, չափել, փետատել, ելլել, կեղեւել։
SCALENE (սքէլին) անհաւասարակողմ։
SCALLION (սքէլ'եըն) ասկալոնի սոխ։
SCALP (սքէլփ) գանկամաշկ, գագաթ։
SCAL'PEL (սքէլ'փէլ) հերձադանակ։
SCAMP (սքէմփ) սրիկայ, անզգամ։
SCAM'PER փախուստ, խոյս տալ։
SCAN քննել, զննել, անդամատել։
SCAN'DAL (սքէն'տըլ) գայթակղութիւն, ամօթ։

SCAN'DALIZE խայտառակել, նախատել, գայթակղեցնել։
SCAN'SION (սքէն'շըն) անդամատում, վանկում, արտահում։
SCANSOR'IAL մագլող։
SCANT սակաւել, նուազել, սեղմել, թուլնալ։
SCANT'LING (սքէնթ'լինկ) ուրուագիծ, նմոյշ։
SCAN'TY փանաքի, ժլատ, նուազ։
SCAPE (սքէյփ) կոթ, ծիղ, բուն։
SCAPE'GOAT քաւութեան նոխազ։
SCAPEGRACE անշնորհ, անզգամ։
SCAPULA (սքէփ'իուլէ) թիակ, ուսոսկր։
SCAR (սքէր) սպի, վէրքի նշան, վիրատեղ, սպիացնել։
SCA'RAB (սքէր'ըպ) բզէզ, բզէզապաշտութիւն։
SCA'RAMOUCH (սքէր'էմաուչ) միմոս, եւն. հասպիտ։
SCARCE սակաւ, հազուագիւտ։
SCARCENESS սակաւութիւն։
SCARCE'LY հազիւ, քիչ անգամ։
SCAR'CITY սակաւութիւն։
SCARE վախցնել, վախ, սոսկում։
SCARF (սքարֆ) վզկապ, փողկապ, շալ, ագուցել, եզրել։
SCA'RIFY (սքէ'րիֆայ) շառատել, նշտրակել։
SCARIFICA'TION ցառում, շառոտած։
SCARLAT'INA (սքարլէթին'է) քութէշ, շառատենդ։
SCAR'LET (սքար'լէթ) ծիրանի, հիր, շառագոյն։
SCARP շեփ, լեփ։
SCATHE (սքէթհ) վնաս, կորուստ, աւեր։
SCATT'ER (սքէթ'թըր) ցրուել, տարտղնել։
SCAV'ENGER աղբահաւաք, աղբակիր։
SCENE (սին) տեսարան, բեմ, պատկեր։
SCE'NERY տեսարան, դաշտանկար։
SCENT (սէնթ) հոտ, բուրում, հոտոտել, հոտ առնել։
SCEP'TIC (սքէփ'թիք) սկեպտիկ։
SCEP'TICISM անգիտապաշտութիւն, կասկածամտութիւն, երկբայողութիւն։
SCEP'TER, SPECTRE (սէփ'թըր) արքայական գաւազան, մական։
SCHED'ULE (շէտ'իուլ) ցանկ, ցուցակ, պատատ, ծրագիր, ցանկագրել։
SCHEME (սքիմ) ծրագիր, ուրուագիծ, ծրագրել։
SCHISM (սիզմ) պառակտում, հերձուած։
SCHIST (շիսթ) հերձաքար։
SCHOL'AR (սքալ'ըր) դպրագէտ, ուսումնական, աշակերտ, թոշակառու ուսանող։
SCHOLARSHIP ուսումնականութիւն, ուսումնաթոշակ։
SCHOLAS'TIC դպրոցական, դպրական, ակադեմական։
SCHOOL դպրոց, աղանդ, խումբ, ուսուցանել։
SCHOOL HOUSE դպրատուն, դասարան։
SCHOOL MASTER վարժապետ, տընօրէն։
SCHOOL MISTRESS վարժուհի, տնօրէնուհի։
SCHOON'ER (սքուն'ըր) սահանաւ։
SCIAT'IC (սայէթ'իք) զստային, ճըտային։
SCIAT'ICA զստացաւ։
SCIENCE (սայ'ընս) գիտութիւն, հըմտութիւն։
SCIENTIFIC գիտական։
SCIN'TILLATE (սին'թիլէյթ) շողշողալ։
SCI'OLISM (սայ'օլիզմ) իմաստակութիւն։
SCI'ON (սայ'ըն) բողբոջ, ճիւղ, ժառանգորդ։
SCISS'ORS (սիզ'զըրզ) մկրատ։
SCLEROT'IC (սքլիրա'թիք) կարծր, աչքի սպիտակուց։
SCOFF (սքաֆ) ծաղր, ծաղրանք, ծաղրել։
SCOLD (սքօլտ) յանդիմանել, կռուազան կին։

SCONCE (սքանս) *ամրոց, գլխանոց, գանկ, ուղեղ, ճրագարան, մոմակալ, տուգանք։*
SCOOP *մեծ շերեփ, փոսակ, գոգաթի, անակնկալ լուր, փորել։*
SCOOT *արագ վազել։*
SCOPE *տեսութեան սահման, նպատակ, միջոց, դիտակէտ։*
SCORBU'TIC (սքորպիու'թիք) *լնդահարային։*
SCORCH (սքորչ) *այրել, խանձել, խարկել։*
SCORE *փայտանիշ, հաշուեցուցակ, քսանեակ, քսան թիւ, գիծ, ակօսակ, խազ, ծոնդ, յաղթութիւն, մասնէք, կտրել, նշանակել, ծոնդել, փայտանշել։*
SCOR'IA (սքոր'իէ) *խարամ, հալած մետաղի աղտ։*
SCORN *արհամարհանք, նշաւակ, արհամարհել։*
SCORNFUL *քամահրոտ, սէգ։*
SCORP'ION (սքոր'փիըն) *կարիճ։*
SCOT (սքաթ) *սկովտիացի։*
SCOT *տուրք, տուգանք, բաժ։*
SCOTCH (սքաչ) *սկովտիական, սկովտերէն, սկովտացիք։*
SCOTCH *սեպ, սահմարգել, ցից, կտրուածք, սահումը, արգիլել, կապել, սեպ դնել, ցցել։*
SCOUN'DREL (սքաուն'տրէլ) *ապիրատ, սրիկայ։*
SCOUR (սքաուր) *սրբել, խոզանակել, մաքրել, պրպտել, ասպատակել։*
SCOURGE (սքըրճ) *մտրակ, պատիժ, ձաղկանք, խարազանել։*
SCOUT (սքաութ) *յառաջազօր, լըրտես, ռահվիրայ, արի, պահանաւ։*
SCOUT-MASTER *արիներու պետ, սկաուտապետ։*
SCOW (սքաու) *մեծ տափանաւ։*
SCOWL (սքաուլ) *յօնքերը պռստել։*
SCRAB'BLE (սքրէպ'պլ) *ճանկել, մրոտել։*
SCRAG (սքրէկ) *կմախք, ոսկրոտ, միս։*
SCRAM'BLE (սքրէմ'պլ) *մաքառիլ, ճանկռտել, մրցիլ, պայքար։*
SCRAN (սքրէն) *ուտելեղէն։*
SCRAP (սքրէփ) *փշուր, պատառ, կըտոր, բրդուճ, խարգուք։*
SCRAPE (սքրէյփ) *քերել, քերթել, մաքրել, քերթուք, շուարում, կըծծի մարդ։*
SCRAPP'Y *փշրոտ, անկապակից։*
SCRATCH (սքրէչ) *ճանկել, ճանկըռտել, ջնջել, ճանկռտուք, քերուած, մրոտել։*
SCRAWL (սքրօլ) *մրոտել, աղտոտել։*
SCREAM (սքրի՛մ) *պոռալ, կանչել, ճուալ։*
SCREE (սքրի) *զառիվայր, վարիվար։*
SCREECH *պոռչտալ, պոռչտուք։*
SCREED *պոռչտուք, ծեփիչի քանակ, երկարաբանութիւն։*
SCREEN *պաշտպանակ, հողմարգել, խարբալ, մաղել, պաստառ։*
SCREW *պտուտակել, բռնադատել, նեղել, գին կոտրել։*
SCREW (սքրու) *պտուտակ, մամուլ, ծերացած ձի, խիստ քննիչ։*
SCREW DRIVER *պտուտակավար, բանալի։*
SCRIB'BLE *մրոտել, հապճեպով գըրել, անշնորհ գիր, մրոտում։*
SCRIBE (սքրայպ) *գրագիր, դպիր, դիւանագրել, չափով կտրել։*
SCRIMM'AGE (սքրիմ'մէճ) *հրմշտուք, կռուըտուք, ոգորում։*
SCRIMP (սքրիմփ) *կարճել, ամփոփել, կարճ, նեղ, կծծի։*
SCRIP *գիր, թուղթ, կարճ գրութիւն, բաժանորդագիր։*
SCRIPT *ձեռագիր, նախօրինակ գրութիւն։*
SCRIPTO'RIUM *գրասենեակ։*
SCRIP'TURE (սքրիփթիուր) *գըրուածք, Աստուածաշունչ։*
SCROF'ULA (սքրաֆ'իուլէ) *գեղձախտ, խուլախտ։*
SCROLL (սքրօլ) *թուղթի մագաղաթ։*
SCRO'TUM (սքրօ'թըմ) *փոշտ։*
SCROUNGE (սքրաունճ) *շորթել, տանիլ։*
SCRUB *շփել, լուալ, ժլատ ապրող, մաշած վրձին։*

SCRUFF (սքըրըֆ) ծոծրակ։
SCRU'PLE (սքրու'փլ) կշիռ, դրամի 1/3ը, պուտ, խիղճ, շփոթութիւն։
SCRU'PULOUS խղճամիտ, զգուշաւոր։
SCRUTA'TOR քննող, մանրախոյզ։
SCRUTINEER մանրախոյզ, քուէախոյզ։
SCRU'TINIZE հետազօտել, զննել։
SCRU'TINY հետազօտութիւն։
SCUD խուսափիլ, հովէն փախուստ տալ։
SCUF'FLE ծեծկուիլ, զարնուիլ, կըռիւ, մաքառում։
SCULL նաւակիկ, թեւճակ, մակոյկ։
SCULP'TOR քանդակագործ։
SCULP'TURE քանդակագործութիւն։
SCUM փրփուր, դիրտ, փրփուր առնել, փրփրիլ։
SCUP'PER նաւի ջրածակ, ջրորդան։
SCURF թեփ, փառ։
SCU'RRILOUS (սքըր'րիլըս) գռեհիկ, խայտառակ։
SCU'RRY (սքըր'րի) արագ շարժիլ, արագ շարժում։
SCURV'Y լնդապարութիւն։
SCUT կարճ պոչ, ձետ։
SCUTCH'EON (սքըչ'ըն) վահանակ, զարդ։
SCUTCHER տոփան։
SCUT'TLE ածխակողով, դռնակ, ջրորդան, կափարիչ, փախչիլ, յատակը ծակել, ընկղմեցնել։
SCYTHE (սայտհ) գերանդի։
SEA ծով, ովկիանոս, ալիք։
SEA BOARD ծովեզերք։
SEA FARING նաւային, նաւաստի, նաւարկութիւն։
SEA-FIGHT նաւամարտ, ծովամարտ։
SEA MAN նաւաստի։
SEA-PLANE ջրօդանաւ։
SEA PORT նաւահանգիստ։
SEA SICK ծովահար, ծովէն բռնուած։
SEAL (սիլ) փոկ, ծովահորթ, կնիք, դրոշմ, կնքել, կղպել, վաւերացնել։
SEAM (սիմ) կարուածք, կցուած, ընոփ, խաւ, նեղերակ, կարել, կըցել։
SEAM'STRESS կարուհի։
SEANCE (սէ'անս) նիստ, ժողով։
SEAR (սի'ր) ցամքեցնել, տաղել, տարել։
SEARCH (սըրչ) խուզարկութիւն, քննել, փնտռել, որոնել։
SEAS'ON (սիզ'ն) եղանակ, առիթ, շրջան, պատրաստել, համեմել, ցամաքիլ, վարժուիլ։
SEAS'ONABLE յարմար, պատշաճ։
SEAT (սիթ) նստարան, վայր, կայան, նստեցնել, դնել։
SEBA'CEOUS (սիպէյ'շըս) ճարպային, պարարտ։
SE'CANT (սի'քընթ) հատիչ, հատանող։
SECEDE' (սիսիտ') քաշուիլ, հեռանալ։
SECE'SSION անջատում։
SECLUDE' (սիքլիուտ') առանձնացընել, փակել։
SECLU'SION առանձնացում, մեկուսացում։
SECOND (սէք'ըտն) երկրորդ, յաջորդ, փոխանորդ, երկրորդել, հաճիլ, հետեւիլ, փոխանորդել, վերախազ։
SECOND-HAND րոպէացոյց, գործածուած, հին։
SECOND-RATE երկրորդ կարգի։
SECOND SIGHT նրատեսութիւն, գուշակութիւն։
SECONDLY երկրորդ անգամ։
SEC'ONDARY երկրորդական, ստորադաս, հետադայ։
SE'CRECY (սիք'րիսի) գաղտնիք, մեկուսացում։
SE'CRET (սի'քրէթ) գաղտնի, ծածուկ, ներքին։
SECRET SERVICE գաղտնի սպասարկութիւն։
SECRETARY (սէք'րիթէրի) քարտուղար, նախարար, պաշտօնեայ։
SECRETARY FOR FOREIGN AFFAIRS արտաքին գործոց նախարար։
SECRETE' (սիքրիթ') պահել, դառել, արտարկել։

SE'CRETIVE ծածկող, գաղտնապահ։
SECT (սէքթ) աղանդ։
SECTAR'IAN աղանդական, այլադաւան։
SEC'TION (սէք'շըն) հատուած, մաս, բաժանում։
SEC'TOR հատած, համեմատութեան կարկին։
SEC'ULAR (սէք'իուլըր) հարիւրամեայ, դարաւոր։
SECURE' (սիքիուր') ապահովել, ձեռք բերել, ապահով, ամուր։
SECUR'ITY ապահովութիւն, գրաւական։
SEDATE' (սիտէյթ') հանդարտ, անխռով։
SED'ATIVE (սէտ'էթիվ) հանդարտեցնող, ամոքարար (դեղ)։
SED'ENTARY (սէտ'էնթէրի) նստողական, անգործօն։
SEDGE (սէճ) բուշխ, ճղեմ։
SED'IMENT (սէտ'իմէնթ) մրուր, դիրտ։
SEDI'TION (սիտի'շըն) խռովութիւն։
SEDUCE' (սիտիուս') մոլորեցնել, խաբել, հրապուրել։
SEDUCER հրապուրիչ, մոլորիչ։
SEDUC'TION (սիտըք'շըն) հրապուրանք, պատրանք։
SEDULITY ժրաջանութիւն։
SED'ULOUS (սէտ'իուլըս) ժրաջան, ջանասէր։
SEE աթոռ, թեմ։
SEE տեսնել, դիտել, հասկնալ, այցելել, ծանօթանալ, հակիլ։
SEED սերմ, սերունդ, ցեղ, ցան, ցանել, սերմանել, հասուննալ։
SEED-TIME վարուցան, ցանք։
SEEDS'MAN սերմանող, հունտավաճառ։
SEEING որովհետեւ, քանի որ։
SEEK փնտռել, որոնել։
SEEKER փնտռող, խուզակ,
SEEM թուիլ, երեւիլ, **IT SEEMS** կը թուի։
SEEMING առ երեւոյթ, արտաքին, փայլուն։
SEEMINGLY առ երեւոյթս։
SEEN տեսնուած։
SEEP մզիլ, զտել, քամել։
SEER (սի'ըր) տեսնող, գուշակ։
SEE'SAW հեծանախաղ, տուրեկոյլ։
SEETHE (սիտհ) եռացնել, եռալ։
SEG'MENT (սէկ'մընթ) մաս, հատուած, հատուածի բաժնել։
SEG'REGATE (սէկ'րիկէյթ) անջատ, զատ, անջատել։
SEIGNEUR (սին'եօր) իշխան, տէր, պարոն։
SEINE (սէյն) վարմուակ։
SEIS'MIC (սայզ'միք) ժաժական։
SEIS'MIC (սայզ'միք) ժաժական, երկրաշարժային։
SEISMOG'RAPHY ժաժագրութիւն։
SEIZE (սիզ) բռնել, գրաւել, կորզել, պոկել, տիրանալ։
SEI'ZURE (սի'ժըր) գրաւում, գրաւեալ ինչք։
SEL'DOM (սէլ'տըմ) քիչ անգամ։
SELECT' (սիլէքթ') ընտրել, որոշել, զատել։
SELEC'TION ընտրութիւն, որոշում։
SELECTMAN ընտրապետ, ընտրական։
SELF (սէլֆ) ինքն, ինքնին, անձն, նոյն, նոյնը։
SELF-ABUSE գիջութիւն։
SELF-ACTING ինքնագործ։
SELF-CONCEIT ինքնահաւանութիւն։
SELF-CON'SCIOUS ինքնագիտակից։
SELF-CONTROL ինքնազսպում։
SELF-DEFENCE ինքնապաշտպանութիւն։
SELF-DENIAL անձնուրացութիւն։
SELF-DETERMINA'TION ինքնորոշում։
SELF-EFFACING անձնուրաց։
SELF-ESTEEM ցուցամոլութիւն։
SELF-EVIDENT քաջայայտ։
SELF-EXISTENT ինքնագոյ։
SELF-POSSESED ինքնամփոփ։
SELF-RELIANCE ինքնավստահութիւն։
SELF-RELI'ANT ինքնավստահ։
SELF-RESPECT ինքնայարգանք։
SEL'FISH անձնասէր, եսամոլ։
SELF-WILLED յամառ, կամակոր։
SELL ծախել, մատնել, խաբել։

SEL'VAGE (սէլ'վէճ) *զիկ, ոստայնեզր, ջուխայի եզերք։*
SEMANTICS (սէմէն'թիքս) *իմաստաբանութիւն։*
SEM'APHORE (սէմ'էֆօր) *նշանատար։*
SEM'BLANCE (սէմ'պլընս) *նմանութիւն, կերպարանք։*
SE'MEN (սի'մէն) *հունտ, սերմ։*
SEMES'TER (սիմէս'թըր) *վեցամսեայ։*
SEMI (սէմի') *կէս։*
SEMI-ANNUAL *կիսամեայ։*
SEMICIRCLE *կիսաշրջանակ։*
SEMICOLON *միջակէտ։*
SEMI-DIURNAL (սէմիտայըր'նըլ) *կիսօրեայ։*
SEMI-OFFI'CIAL *կիսապաշտօնական։*
SE'MINAL *նախնական, սերմնական։*
SEM'INARY (սէմ'ինէրի) *դպրեվանք, ճեմարան, կղերանոց։*
SEMITIC (սէմիթ'իք) *սեմական։*
SEMPITER'NAL (սէմփիթըր'նըլ) *մշտատեւ, անվախճան։*
SEMPSTRESS (սէմփ'սթրէս) *դերձակուհի։*
SEN'ATE (սէն'էյթ) *ծերակոյտ, աւագաժողով։*
SEN'ATOR *ծերակուտական։*
SEND *ղրկել, յղկել, նետել։*
SE'NILE (սի'նայլ) *ծերական, ծերութեան։*
SENILI'TY (սինիլ'իթի) *ծերութիւն, ծերախտ։*
SE'NIOR (սին'իըր) *աւագ, մեծ, երէց։*
SENNA (սէն'նէ) *աճալ, աճալի տերեւ։*
SENN'IGHT (սէն'նայթ) *եօթնեակ։*
SENSA'TION (սէնսէյ'շըն) *զգայութիւն, զգացողութիւն, ցնցում։*
SENSA'TIONAL *զգայացունց։*
SENSE *զգացում, զգայարան, խելք, դատողութիւն, միտք, կարծիք։*
COMMON SENSE *ողջմտութիւն, խելք։*
SENSELESS *անիմաստ, անզգայ։*
SEN'SIBLE *զգայուն, դիւրազգաց։*
SEN'SIBILITY *զգայնութիւն, զգայունութիւն։*
SEN'SITIVE *զգայուն, դիւրազգած։*
SENSITIV'ITY *զգայականութիւն, դիւրազգածութիւն։*
SENSORIUM (սէնսօ'րիըմ) *զգայարան, ազդարան։*
SEN'SORY (սէն'սօրի) *զգայարան։*
SEN'SUAL (սէն'շուըլ) *զգայապաշտ, տռփական։*
SEN'SUALIST *զգայապաշտ, հեշտասէր։*
SEN'SUALITY *տռփ, հեշտասիրութիւն։*
SENT *ղրկուած։*
SEN'TENCE (սէն'թընս) *նախադասութիւն, առած, վճիռ, վճիռ տալ, դատապարտել։*
SENTEN'TIOUS (սէնթէն'շըս) *վճռական, ազդու, կարճ, իմաստալից։*
SEN'TIENT (սէն'շիընթ) *զգայուն, ազդելի։*
SEN'TIMENT (սէն'թիմընթ) *զգացում, կարծիք, խորհուրդ, միտք։*
SENTIMEN'TAL *զգայավառ, զգացապաշտ, դիւրազգած։*
SENTIMENTAL'ITY *զգացապաշտութիւն։*
SEN'TINEL (սէն'թինըլ) *պահակ։*
SEP'ARABLE (սէփ'էրէպլ) *անջատելի, զատելի։*
SE'PARATE (սէփ'էրէյթ) *բաժնել, զատել, անջատել, անջատ, զատ։*
SEPARA'TION *բաժանում, անջատում։*
SEP'ARATIST *հերձուածող, անջատական։*
SEPTEMBER (սէփթէմ պըր) *Սեպտեմբեր։*
SEP'TIC (սէփ'թիք) *նեխական։*
SEPTICAEMIA (սէփթիսիմ'իէ) *արեան նեխում։*
SEPTUAGENAR'IAN (սէփթիուն'ինէյրիըն) *եօթանասնամեայ։*
SEP'ULCHRE (սէփ'ըլքըր) *գերեզման, շիրիմ։*
SEP'ULTURE (սէփ'ըլթիուր) *թաղում, գերեզման։*

SE'QUEL (սի՛քուէլ) շարունակութիւն, հետեւանք։
SE'GUENCE (սիքուընս) յաջորդութիւն, հետեւանք։
SE'QUENT (սի՛քուընթ) յաջորդ։
SEQUES'TER (սիքուէս՛թըր) արգելքի տակ առնել, բաժնել, զատել։
SE'QUESTRATE տես **SEQUESTER**
SEQUESTRA'TION գրաւում, պատանդում, զատում։
SERA'GLIO (սիրալ՛եօ) պալատ, փակարան, կանանոց։
SE'RAPH (սէ՛րէֆ) Սերովբէ։
SERB (սըրպ) Սերպ։
SERENADE' (սէրինէյտ՛) ցայգերգ։
SERENE' (սիրին՛) յստակ, ջինջ, պայծառ։
SEREN'ITY պայծառութիւն, զուարթութիւն։
SERF (սըրֆ) ստրուկ, ճորտ, գիւղացի։
SERFAGE (սըրֆէ՛ճ) ստրկութիւն։
SERGE (սըրճ) ցփոփ, սերժ։
SERG'EANT (սար՛ճընթ) տասնապետ։
SE'RIAL (սիր՛իըլ) յաջորդական, պարբերական։
SERIES (սիրի՛զ) շարք, կարգ, յաջորդութիւն։
SER'IO-COMIC (սիրիօքա՛միք) կիսալուրջ։
SERIOUS (սի՛րիըս) լուրջ, ծանր, կարեւոր։
SERM'ON (սըր՛մըն) քարոզ, ճառ։
SERPE'NT (սըր՛փընթ) օձ, իժ, օձափող։
SE'RRATE (սէր՛րէթ) սղոցեալ, սղոցաւոր։
SER'UM (սի՛րըմ) շիճուկ, շիճ։
SERVANT (սըրվ՛ընթ) սպասաւոր, ծառայ, գործիք։
SERVE (սըրվ) ծառայել, սպասաւորել, գործել, հրամցնել, բաժնել (կերակուր)։
SERVICE ծառայութիւն, սպասարկութիւն, մատուցում։
SERVIETTE' սրբիչ, սեղանի ձեռալաթ։
SERV'ILE (սըրվ՛այլ) նուաստ, ստրուկ, հպատակ։
SERV'ILITY ստրկութիւն, ծառայականութիւն։
SERVITUDE ստրկութիւն, ծառայութիւն։
SE'SSION (սէշ՛ըն) նիստ, նստաշրջան, գումարում։
SET (սէթ) դնել, զետեղել, հաստատել, կարգել, տնկել, շտկել, սրել, լարել, բուսնիլ, խորանալ, ծլիլ։
TO SET AGAINST հակադրել, **TO SET FREE** ազատ արձակել, **TO SET SAIL** առագաստը բանալ։
SET մախճան, շարք, դաս, դրութիւն։
SET-BACK արգելք, հակահոսանք։
SET-OFF հակառաջարկ, զարդ, դրուագ։
SET-OUT ցուցադրութիւն։
SET-TO վէճ, կռիւ։
SE'TON (սի՛թըն) վէրքի պատրոյգ, խիծ։
SETTEE' (սէթի՛) լայն նստարան։
SETT'ER դնող, կարգադրող, գրաշար, յուշաշուն։
SETT'ING հաստատում, զետեղում, արեւմուտք, դրաշարութիւն։
SET'TLE զետեղել, հաստատել, կարգադրել, տեղաւորել, բնակիլ, կարգաւորուիլ։
SET'TLEMENT հաստատութիւն, հաշուեյարդարութիւն, գաղութ, բնակարան, մրուր, տուայր։
SETT'LER գաղթական, հաշուեյարդար։
SEV'EN եօթը։
SEVENTEEN տասնեւեօթը։
SEV'ENTIETH եօթանասներորդ։
SEV'ENTH եօթներորդ։
SEV'ENTY եօթանասուն։
SEV'ER (սէվ՛ըր) զատել, անջատել, բաժնել։
SVE'RAL որոշ, զատ, բազմաթիւ։
SEVERE' (սիվիր՛) խիստ, սաստիկ, խստապահանջ։
SEVER'ITY անողոքութիւն, սաստկութիւն։
SEV'ERY (սի՛վըրի) կամարաձեւ բաժանեակ։
SEW (սօ) կարել։

SEW'AGE (սիու'էճ) կոյուղի, կոյանոց։
SEW'ERAGE կոյուղի, կոյանոց։
SEX (սէքս) սեռ։
SEXAGENAR'IAN (սէքսէճինէյր'իըն) վաթսունամեայ։
SEXAGES'IMAL վաթսունական։
SEXCENTE'NARY վեց հարիւրերորդ տարեդարձ։
SEXENN'IAL (սէքսէն'նիըլ) վեցամեակ, վեցամեայ։
SEXOLOGY (սէքսալ'օճի) սեռաբանութիւն։
SEX'TANT վեցեակ, աստղաբաշխութեան գործի։
SEX'TON (սէքս'թըն) ժամկոչ։
SEX'UAL (սէքս'իուըլ) սեռային։
SHABB'Y խեղճ, քրջոտ, գձուձ։
SHAB'RACK տապճակ։
SHACK' մնացած հատիկ, (հունձքէ ետք), հասկաքաղէ ետք արածելու իրաւունք, ցորեն թափել։
SHAC'KLE ձեռնակապ, ոտնակապ, շղթայել, կապել։
SHAD հարընդամայր։
SHADD'OCK (շէտ'ըքf) հնդիկ նարընջենի։
SHADE (շէյտ) ստուեր, շուք, հովանի, ստուերել, աղօտել։
SHA'DY ստուերոտ, անորոշ, ցնորական։
SHAD'OW շուք, ստուեր, օրինակ, պաշտպանութիւն։
SHAD'OWY բազմաստուեր, աղօտ, ցնորական։
SHAFT բութ, կոթ, նետ, նիզակ, սլաք, սամի, քեղիք, անուաղուն, օդափող։
SHAG թաւ մազ, ծխախոտի տեսակ։
SHAGGY թաւ, մազոտ, թաւամորթ։
SHAKE ցնցել, թօթուել, ցունց, երերում։
SHAKEDOWN կեղեքում, առժամեայ անկողին։
SHA'KY երերուն, տատանոտ։
SHALE կճեպ, պատեան, հերձաքար։
SHALL պիտի, պէտք է։
SHALLOON' (շէլլուն') շալոն, շալեկ։
SHALL'OP (շէլ'լըփ) զետանաւ, շալուփ։
SHALL'OW (շէլլ'օ) ծանծաղ։
SHAM (շէմ) պատիր, շինծու, խաբել, կեղծել։
SHAM'BLE քաշկռտուիլ, տատանել, քալել։
SHAME ամօթ, նախատինք, ամչցնել, նախատել։
SHAMEFACED ամչկոտ, ամօթխած։
SHAMELESS անամօթ, լիրբ։
SHAMM'Y քարայծենի։
SHAMPOO մարձում, շփում։
SHAM'ROCK (շէմ'րաք) երեքնուկ, առուոյտ։
SHANK սրունք, ոլոռք, կանթ, կոճ։
SHAN'TY հիւղակ։
SHAPE ձեւ, տարազ, պատկեր, ձեւ տալ, յարմարցնել, ուղղել, ծրագրել։
SHAPELESS անկազմ, անձեւ, անկերպարան։
SHARE մաս, բաժին, բաժնեթուղթ, բաժնել, մասնակցիլ։
SHAREHOLDER բաժնետէր։
SHARK շնաձուկ, խաբեբայ, շորթել, որսալ։
SHARP սուր, հատու, խիստ, սրամիտ, մտացի, կծու, բարկ։
SHARP-SET շատակեր, անօթի։
SHARP SHOOTER ճարպիկ, նշանառու։
SHARPEN սրել, կոկել, զայրացնել, բարակնալ։
SHARP'ER խաբեբայ, դրամաշորթ։
SHATT'ER խորտակել, ջարդել։
SHAVE ածիլում, սափրում, ածիլել, սափրել, կողոպտել։
SHA'VINGS տաշուք։
SHAW (շօ) պուրակ։
SHAWL (շօլ) շալ, ցփոփ։
SHAWM (շօմ) եղէգնափող։
SHAY (շէյ) աթոռ մը։
SHE (շի) ինք, նա, նէ։
SHE ASS մատակ էշ, **SHE BEAR** արջանոյշ։
SHEAF (շիֆ) խուրձ, որայ։
SHEAR խուզել, մկրատել, խուզակ, մկրատ։

SHEATH (շիթհ) պատեան, աման։

SHEATHE (շիտհ) պատեանը դնել, ծածկել։

SHEAVE (շիվ) լիսեռներէ, հաւաքել։

SHED (շէտ) հեղուլ, թափել, հեղում, տաղաւարատուն, մթերանոց։

SHEEN (շին) փայլ, պայծառութիւն։

SHEEP մաքի, ոչխար, ապուշ, ամօթխած։

SHEEP-COTE ոչխարի փարախ։

SHEEP'ISH վախկոտ, ոչխարային, երկչոտ։

SHEER պայծառ, յստակ, անպայման, հեռանալ, ծռիլ։

SHEET թերթ, սաւան, չուան, ճրակոյտ, ծաւալ, սաւաննել, թերթաւորել, պատանքել։

SHEIK(H) (շէյք, շէյխ) շէյխ, ցեղապետ։

SHEL'DRAKE հողամաղ։

SHELF պահարակ, խարակ, խութք։

SHELL (շէլ) խեցի, պատեան, կեղեւ, վին, մրցանաւակ, կճեպ, փեճեկ, ռումբ, կեղեւել, փեճեկել, ռմբակոծել։

SHEL'TER պատսպարան, ապաւէն, պատսպարել, պաշտպանել։

SHELVE պալատնել, դարակել։

SHEP'HERD (շէփ'ըրտ) հովիւ, հովուել։

SHERBE'T (շէրպ'էթ) օշարակ։

SHEREEF' (շէրիփ) իշխան, շէրիֆ, կառավարիչ։

SHE'RIFF ատենակալ, դատաւոր։

SHE'RRY (շէր'րի) անդալուզեան գինի։

SHEW (շօ) տես **SHOW**։

SHIELD (շիլտ) վահան, ապաստար, վահանել, պատսպարել։

SHIFT (շիֆթ) տեղափոխել, փոխադրել, խուսափիլ, միջոց, հնարք, պատրուակ։

SHIFTLESS անճարակ, անատակ, անօգուտ։

SHIKAR (շի'քար) որսորդութիւն։

SHILLING շիլլինկ (48·75 միլիէմ)։

SHIMM'ER (շիմ'մըր) փայլփլիլ, փայլփլում։

SHIN սլոք, մագլցիլ։

SHIN'DY (շին'տի) կռիւ, աղմուկ։

SHINE (շայն) փայլ, ճառագ, փայլիլ, նշուլել, փայլեցնել։

SHI'NER կարմրուկ աչք, խարտեաշ

SHING'LE կաւար, բարակ, տախտակ, կաւառով ծածկել, կտրել

SHINT'Y (շինթի') ճակատախաղ մը

SHI'NY (շայ'նի) փայլուն, պայծառ

SHIP նաւ, դնել, ճամբայ հանել, նաւարկել։

SHIP-MONEY նաւատուրք։

SHIPSHAPE կոկիկ, վայելուչ։

SHIPWRECK նաւաբեկութիւն, կործանում։

SHIP'MENT առաքում, ղրկուած ապրանք, նաւաբեռ։

SHIPP'ER բեռցող, առաքող։

SHIPP'ING նաւեր, առաքում։

SHIPYARD (շիփ'եարտ) նաւարան։

SHIRE (շայր) գաւառ, բաժանում։

SHIRK (շըրք) փախուստ տալ, խուսափիլ։

SHIRR (շըր) կցակար, փոթ, կնճիռ

SHIRT (շըրթ) շապիկ, շապիկ հագցնել։

SHIV'ER (շիվ'ըր) պատառ, կտորիկ, դող, սարսուռ, դողալ, դողացնել

SHOAL (շօլ) խումբ, վտառ, խումբ կազմել, խմբուիլ։

SHOCK (շաք) ցնցում, հարուած, զարնել, զարնուիլ։

SHOD'DY (շատ'տի) թափթփուք, ծուէն։

SHOE (շու) կօշիկ, մուճակ, պայտ, պայտել, տակ դնել։

SHOE BLACK կօշկաներկ։

SHOE-HORN կօշկածիգ։

SHOE-LACE կօշիկի կապ։

SHOE MAKER կօշկակար։

SHOER պայտար։

SHONE (շօն) փայլեցաւ, տես **SHINE**։

SHOOK (շուք) ցնցեց, տես **SHAKE**։

SHOOT (շութ) պարպում, հրացանի արձակում, հարուած, զարնել, նետել, արձակել, բողբոջել։

SHOOT'ING նշանառութիւն, հրացանաձգութիւն։

SHOP (շափ) խանութ, գործատուն, գնում ընել։
SHOP BOOK տոմար, տետրակ։
SHOPE KEEPER խանութպան։
SHOP LIFTER խանութի գող։
SHOP MAN խանութպան։
SHORE (շօր) ծովեզր, ափ, գետափ։
SHORN (շօրն) խուզուած, տես **SHEAR**։
SHORT (շօրթ) կարճ, համառօտ, կարճատեւ, դիւրաբեկ, թերի, պակաս։
SHORT BREATHED դժուարաշունչ։
SHORT CAKE կսկուծ։
SHORT COMING թերութիւն, պակասութիւն։
SHORT HAND սղագրութիւն։
SHORT SIGHTED կարճատես, անհեռատես։
SHORT TEMPERED դիւրաբորբոք։
SHORTAGE պակաս։
SHORT'EN պակսեցնել, ամփոփել։
SHORTLY շուտով, նեղութեամբ։
SHOT զարկաւ, տես **SHOOT**։
SHOT գնդակ, ռումբ, յուսանկար, նշանառու, հրացանաձգութիւն։
SHOULD (շուտ) պարտ էի, տես **SHALL**։
SHOUL'DER (շօլ'տըր) ուս, շալակ, նեցուկ, շալկել։
SHOULDER SLIP ուսի խախտում։
SHOULDER STRAP ուսանոց։
SHOUT (շաութ) գոռում, գոչում, պոռալ, կանչել։
SHOVE (շըվ) հրել, մղել, մշտել, մշտուք։
SHO'VEL (շըվըլ) թի, թիակ, թափէճ, թիով նետել, կուտել։
SHO'VELLER թիարկու, թիակտուց (բադ)։
SHOW (շօ) ցոյց, ցուցադրութիւն, շուք, հանդէս, պատրուակ, տեսարան, ցուցնել, երեւցնել, տեսնուիլ։
SHOW OF HANDS ձեռամբարձ։ (իբր քուէ)։
TO SHOW ONE'S TEETH սպառնալ։
SHOW ROOM ցուցադրութեան սրահ։
SHOWER (շաուըր) տարափ, ցուցադրող, տեղալ, հոսիլ, ցօղել։
SHOW'Y (շօ'ի) փառաւոր, շքեղ, ցուցամոլ։
SHRAM (շրէմ) թմրեցնել (ցուրտով)։
SHRAP'NEL (շրէփնէլ) հրագունդ, շրափնէլ։
SHRED (շրէտ) ծուատ, կտոր, ծուէն։
SHREW (շրու) խեռ, կռուասէր (կին)։
SHREWD (շրուտ) խորագէտ, ճարպիկ։
SHRIEK (շրիք) ճչել, պոռալ, աղաղակ։
SHRIFT (շրիֆթ) խոստովանանք։
SHRIKE (շրայք) կաչաղակ։
SHRILL (շրիլ) զիլ, սուր ձայն, ճըչել։
SHRIMP (շրիմփ) կարիտոս, թզուկ։
SHRINE (շրայն) խորան, սրբարան։
SHRINK (շրինք) կծկիլ, ամփոփուիլ, իյնալ, պակսիլ։
SHRIVE (շրայվ) խոստովանիլ։
SHRIVE'L (շրիվլ') կծկուիլ, խորշոմիլ։
SHROFF (շրօֆ) սեղանաւոր։
SHROUD (շրաուտ) ծածկոյթ, զգեստ, մեռելի պատանք։
SHRUB (շրըպ) թուփ, ծառիկ։
SHRUG (շրըկ) ուսը թօթուել, ուսի թօթուանք։
SHRUNKEN կծկուած, խորշոմած։
SHUDD'ER սարսռալ, դողալ, դող։
SHUF'FLE խառնել, խառնշտկել, հըրել։
SHUN զգուշանալ, խորշիլ։
SHUNT կողմնակի գիծ, պարուրակ։
SHUT գոցել, փակել, գոց, փակ։
SHUT'TLE փակող, փեղկ, վանդակապատ։
SHY (շայ) երկչոտ, վերապահ, խըրտչում, խրտչիլ։
SIBILANT (սիպ'իլընթ) սուլիչ, շչական։
SIBYL (սիպիլ) սիպիլ, գուշակուհի, հարցուկ կին։
SICK տկար, հիւանդ, զզուած։
SICK AT HEART տխուր։
SICK'EN հիւանդացնել, հիւանդանալ։
SIC'KLE (սի'քլ) մանգաղ։

SICK'LY հիւանդոտ, ախտաւոր։
SICK'NESS հիւանդութիւն։
SIDE (սայտ) կողմ, կող, ստորոտ, եզր, մաս, կուսակցութիւն, TO SIDE WITH համակրել, կողմ բռնել։
SIDE ARMS հատու զէնք, սուրն։
SIDE BOARD ճաշադարակ։
SIDE BURN կիսամօրուք։
SIDE CAR մէկ նստակով շարժակառք։
SIDE LIGHT պատահական տեղեկութիւն։
SIDE LONG ծուռ, քովնտի։
SIDE WALK մայթ։
SIDE WAYS կողմնակի։
SI'DING (սայ'տինկ) երկաթուղիի գիծեր։
SIEGE (սիճ) պաշարում։
SIEGE-PIECE պաշարման հրետանի։
SIE'RRA (սիէր'րէ) սղոցաձեւ շարք լերանց։
SIESTA (սիէս'թէ) ցերեկուան քուն։
SIEVE (սիվ) մաղ, նքոյլ։
SIGH (սայ)՝ հառաչ, հառաչել։
SIGHT (սայթ) տեսք, տեսողութիւն, տեսարան, աչք, երեւոյթ, դիտել, տեսնել, նշան առնել, ուղղել։
SIGHTSEER զբօսաշրջիկ, շրջագէտ։
SIGHT'LY վայելուչ։
SIGN (սայն) նշան, դրոշ, կնիք, անցախօս, ցոյց, փաստ, նշանակել, դրոշմել, ստորագրել։
SIGN BOARD նշանատախտակ։
SIGN POST նշանասիւն, մղոնացոյց։
SIGNAL (սիկ'նըլ) նշան, նշանակ, ազդանշան, նշան առնել։
SIGNALIZE հռչակել, նշանել։
SIG'NATORY (սիկ'նէթօրի) ստորագրակից։
SIG'NATURE (սիկ'նէչըր) ստորագրութիւն, կնիք, դրոշմ, նշան։
SIGN'ET (սիկ'նէթ) կնիք, դրոշմակ։
SIGNIFI'CANCE (սիկնիֆի'քընս) նշանակութիւն, իմաստ, միտք։
SIGNIFICANT նշանակալից, կարեւոր։
SIGNIFICA'TION նշանակութիւն, իմաստ, միտք։
SIG'NIFY (սիկ'նիֆայ) նշանակել, ցուցնել։
SI'GNOR (սին'եօր) տէր, տիար, պարոն։
SIGNORI'NA (սինեօրինէ) օրիորդ։
SI'LENCE (սայ'լընս) լռութիւն։
SILHOUETTE' (սիլուէթ') դիմաստուեր։
SILK մետաքս։
SIL'KEN մետաքսեայ։
SIL'KY մետաքսեայ, ողորկ։
SILL շէմ, յեցուկ։
SILLY միամիտ, անմիտ։
SILT (սիլթ) տիղմ, ցեխ։
SILVAN (սիլ'վըն) անտառային։
SILVER (սիլ'վըր) արծաթ, արծաթագոյն։
SILVER-GILT' ոսկեզօծ արծաթեղէն։
SILVERSMITH արծաթագործ։
SIL'VERY արծաթեայ, փայլուն։
SIM'IAN (սիմ'ըն) կապիկեան, կապիկեայ։
SIM'ILAR (սիմ'իլըր) նման, յարանման։
SIMILA'RITY նմանութիւն։
SIM'ILE (սիմ'իլի) նմանաբերութիւն, նմանութիւն։
SIMIL'ITUDE նմանութիւն, նմանաբանութիւն։
SIMM'ER (սիմ'մըր) խտացնել, եռացնել, եռալ։
SIMONY (սայ'մօնի) շնորհավաճառութիւն։
SIM'PER (սիմ'փըր) կեղծ ժպիտ։
SIM'PLE (սիմ'փլ) պարզ, զուտ, դեղախոտ։
SIM'PLETON (սիմ'փլըթն) պարզուկ, ապուշ։
SIMPLICTY պարզութիւն։
SIM'PLIFY (սիմ'փլիֆայ) պարզել, դիւրացնել։
SIM'ULATE (սիմ'իուլէյթ) շինծու, ձեւացեալ, կեղծել։
SIM'ULANT կեղծող, ձեւացնող։
SIMULA'TION կեղծում, ձեւացում։
SIMULTA'NOUS (սիմիուլթէյնըս) համաժամանակեայ, միաժամանակեան։
SIN մեղք, յանցանք, մեղք գործել։

SINCE (սինս) *ի վեր, սկսեալ, քանի որ։*
SINCERE' (սինսիր') *անկեղծ, իրական։*
SI'NECURE (սայ'նիքիուր) *անպարտագիր, անաշխատ պաշտօն։*
SIN'EW (սին'իու) *նեարդ, ջիղ, ոյժ։*
SIN'FUL *մեղաւոր, չար։*
SING *երգել, նուագել։*
SING'SONG *անճոռնի երգ։*
SINGER *երգիչ։*
SINGE (սինճ) *խանձել, խանձ։*
SINGLE (սին'կլ) *միակ, ամուրի, պարզ։*
SINGLE-HANDED *առանձին, անօգնական։*
SINGLE-HEARTED *միամիտ, ուղղամիտ։*
SINGLE-MINDED *միանպատակ։*
SING'LET *բուրդէ ներքնաշապիկ։*
SING'ULAR *առանձին, մասնայատուկ, եզակի (թիւ)։*
SINGULA'RITY *մասնայատկութիւն, եզակիութիւն։*
SIN'ISTER *ձախորդ, չարաշուք։*
SINK *ընկղմիլ, սուզիլ, իջնալ, իջնել, մարը մտնել, պարտքը պարբերաչիջել, ակօս, կոյուղի, ծորանոց, աւազան։*
SINKING-FUND *պարտքերաշիջման. հիմնադրամ։*
SINK'ING *ինկող, անկման, անկում։*
SINN'ER *մեղանչող, մեղաւոր։*
SIN'UOUS (սին'իուըս) *օձապտոյտ, ծամածուռ։*
SINUS (սայ'նըս) *գոց, ծոց, խլուակ։*
SIP *ումպ, չիթ, պուտ, ումպ ումպ խմել։*
SI'PHON (սայ'ֆան) *սիփոն, ծծափող։*
SIPP'ET (սիփ'փէթ) *խորոված հաց։*
SIRDAR (սըր'տէր) *հրամանատար, սպարապետ։*
SIR *տէր, պարոն։*
SIRE (սայր) *ծնող, հայր, վեհափառ տէր։*
SIREN (սայր'էն) *սիրէն, համբարու, յուշկապարիկ, խլնգուկ, սուլակ, ճչակ։*
SIRL'OIN (սըրլ'օյն) *միջնաթիկունք։*
SIROCC'O (սիրաք'քօ) *խորշակ։*
SIS'KIN (սիս'քին) *սարեկ (թռ.)։*
SIS'TER (սիս'թըր) *քոյր, մայրապետ, կրօնուհի։*
SIS'TER-IN-LAW *քենի, տալ, ներ։*
SIS'TERHOOD *քոյրութիւն, մայրապետութիւն։*
SIS'TERLY *քոյրանման, գուրգուրանօք։*
SIT *նստիլ, դիրք առնել, բնակիլ, թուխս նստիլ, թառիլ, ժողով ունենալ։*
SITTER *նստող, թուխս նստող։*
SITT'ING *նիստ, նստարան, ժողով։*
SITTING-ROOM *դահլիճ, սրահ։*
SITE (սայթ) *դիրք, տեղ, վայր։*
SIT'UATE (սիթ'իուէթ) *հաստատուած, զետեղեալ։*
SITUA'TION (սիթիուէյ'շըն) *դիրք, կացութիւն, հանգամանք։*
SIX (սիքս) *վեց։*
SIXFOLD *վեցպատիկ։*
SIXTH *վեցերորդ։*
SIXTEEN' *տասնվեց։*
SIX'TY (սիքս'թի) *վաթսուն։*
SIZE (սայզ) *մեծութիւն, հասակ, ծաւալ, թիւ, չափ, բոծին, կարգի դնել, դասաւորել, սոսնձել։*
SIZZLE (սիզ'զլ) *սուլել, սոյլ։*
SKALD (սքօլտ) *սքանտինաւեան բանաստեղծ։*
SKATE (սքէյթ) *սահամոյկ, չմուշկ, տափաձուկ, սահիլ, չմշկել։*
SKEIN (սքէյն) *կամ, կարժ։*
SKEL'ETON (սքէլ'իթըն) *կմախք։*
SKETCH (սքէչ) *ուրուագիծ, նախագիծ։*
SKEW (սքիու) *շեղ, խոտոր։*
SKI (սքի) *ձիւնամուճակ։*
SKID (սքիտ) *արգելակ։*
SKIFF (սքիֆ) *մակոյկ, կուր։*
SKIL'FUL *ճարտար, հմուտ, վարժ։*
SKILL (սքիլ) *հմտութիւն, խելք, ատակութիւն։*
SKILLED *կարող, յաջողակ։*
SKIM *փրփրաքաշ, սեր, փրփուր, սերը վերցնել, սահիլ, մօտէն անցնիլ։*

SKIMMER փրփրառու։
SKIM-MILK անսեր կաթ։
SKIMP (սքիմփ) կարճել, ամփոփել։
SKIMPY (սքիմփ'ի) ժլատ, վտիտ, ճողած։
SKIN (սքին) մորթ՝ կաշի, կեղեւ, մորթը հանել, կաշիով պատել,
SKIN-GAME դրամաշորթութիւն։
SKIN-DEEP բարակ, երեսանց։
SKINFLINT կծծի, ագահ։
SKIN'NY ծիւրած, մորթոտ, վտիտ։
SKIP ոստում, ցայտք, սահում, դոյլ, ցատկել, ոստնուլ, թռչուլ։
SKIP-JACK համբակ, ցայտաձուկ, ելատեր (մջտ.)։
SKIPP'ER ցայտող, պարող, նաւապետ, թեթեւսոլիկ։
SKIRL (սքըրլ) զիլ ձայն, ճչել։
SKIRM'ISH (սքըր'միշ) թեթեւ ընդհարում, կռիւ։
SKIRT (սքըրթ) քղանցք, եզերք, լուսանցք։
SKIT ծաղր, հեգնանք։
SKIT'TLES (սքիթ'թլզ) կոնախաղ մը։
SKOFF կերակուր։
SKUA (սքիու'է) ամար (թռ.)։
SKULK պահուըտիլ, ծածկամուտ ըլլալ։
SKULL գանկ, հաստ գլուխ։
SKUNK ժանտակուզ։
SKY երկինք, օդ, բարձրէն կախել։
SKY-BLUE կապուտակ, երկնագոյն։
SKY LARK արտուտիկ։
SKY LIGHT լուսամուտ։
SKY-SCRAPER բարձրաբերձ շէնք։
SLAB թերթաքար, թիթեղ։
SLACK թոյլ, դանդաղ, անփոյթ. թուլցնել, մարիլ, թուլնալ։
SLACK WATER դանդաղ ջուր։
SLA'CKEN թուլցնել, մարեցնել։
SLACKER խուսափող։
SLAG մետաղի աղտ, խարամ։
SLAIN սպաննուած, մորթուած։
SLAKE մեղմացնել, մեղմանալ։
SLAM ուժգին կերպով գոցել, զարնել։
SLA'NDER (սլէն'տըր) չարախօսութիւն, զրպարտութիւն, զրպարտել։
SLANG (սլէնկ) ռամիկ լեզու։
SLANT (սլէնթ) հակիլ, խոտորիլ, զառիվայր։
SLAP (սլէփ) ապտակ, ապտակել։
SLASH (սլէշ) յօշել, կարատել, զարնել։
SLASH'ING խիստ քննադատական։
SLAT փայտի կոխ, բարակ ձող։
SLATE (սլէյթ) հերձաքար, քարէ տախտակ։
SLATT'ERN (սլէթ'ըրն) անմաքուր կին։
SLAUGHT'ER (սլօթ'ըր) սպանդ, ջարդ, կոտորել, ջարդել։
SLAUGHTER-HOUSE սպանդանոց։
SLAV սլաւ։
SLAVE (սլէյվ) գերի, ստրուկ։
SLAVE-DRIVER գործապետ գերիներու)։
SLA'VER լորձունք, շողիք, գերենաւ, գերեվաճառ։
SLA'VERY գերութիւն, ստրկութիւն։
SLA'VISH ստրկական։
SLAW (սլօ) կաղամբաղցան։
SLAY (սլէյ) մորթել, սպաննել։
SLEDGE, **SLED** բալխիր, սահնակ, բալխիրով ճամբորդել։
SLEDGE-HAMMER երկաթագործի խոշոր մուրճ։
SLEEK (սլիք) ողորկ, փայլուն։
SLEEP (սլիփ) քուն, դադար, քնանալ, հանգչիլ։
SLEEP-WALKER քնաշրջիկ։
SLEEP'ER քնացող, հաստ գերան։
SLEEP'LESS անքուն։
SLEEP'Y քնոտ, մրափուն։
SLEET մանր կարկուտ։
SLEEVE (սլիվ) թեզանիք, թեզան։
SLEIGH տես **SLEDGE**։
SLEIGHT (սլայթ) հնարք, աճպարարութիւն։
SLENDER բարակ, նուրբ։
SLEPT քնացաւ։
SLEW, **SLUE** առանցքի մը վրայ դառնալ։
SLEW սպաննեց։

SLICE (սլայս) շերտ, պատառ, կտոր, կտրել, յօշել, շերտել։
SLICK սրամիտ, ողորկ, սահուն։
SLIDE սահանք, սահնակ, սահիլ, շըմըշկել, սպրդիլ։
SLIGHT թեթեւ, նուրբ, քիչ, չնչին, թեթեւ նայիլ, անտեսել։
SLIM բարակ, թեթեւ, անարժէք։
SLIME (սլայմ) տիղմ, կուպր։
SLING (սլինկ) պարսատիկ, հարուած, ձկափոկ, թեւակալ, պարսել, արձակել, կախել։
SLINK (սլինք) քաշուիլ, կծկել, վիժած (հորթ, ձի)։
SLIP սահիլ, սպրդիլ, քսուիլ, սահեցընել, վրիպել։
SLIPP'ER հողաթափ, քայլիկ։
SLIPP'ERY լպրծուն, դիւրասահ։
SLIT ճեղքել, շերտել, նեղ բացուածք։
SLITH'ER (սլիթըր) սահեցնել։
SLOBB'ER լործունքը վազցնել։
SLOE վայրի սալոր։
SLOG ուժգին հարուածել։
SLO'GAN յանկերգ, նշանաբան։
SLOID, SLOYD ձեռային մարզանք։
SLOOP (սլուփ) շալուպա, սլուպ։
SLOP աղտոտ ջուր, տիղմ, լուացուք, ոստիկան, հեշուլ։
SLOPE զառիվայր, դարվար։
SLOT (սլաթ) թորիծ, փորոք։
SLOTH դանդաղութիւն, յամրերէ։
SLOTH'FUL դանդաղկոտ, ծոյլ։
SLOUCH (սլաուչ) թափթփածութիւն, անշնորհ քալել։
SLOUGH (սլաու) ճահիճ։
SLO'VEN (սլըւ'վըն) թափթփած, կեղտոտ։
SLOW (սլօ) կամաց, դանդաղ, բթամիտ, դանդաղել, ուշացնել։
SLOW-WORM կոյր մողէզ մը։
SLOYD տես **SLOID**։
SLUDGE (սլըճ) սառնակոյտ, տիղմ։
SLUE (սլիու) առանցքի վրայ դառնալ։
SLUG (սլըկ) դանդաղ, ծոյլ, լորտու։
SLUICE (սլիուս) սահանագուռ, սահանք։
SLUM (սլըմ) աղքատին թաղամաս։
SLUM'BER (սլըմ'պըր) մրափել, քընացնել, թուլանալ։
LUM'BEROUS մրափոտ, քնաբեր։
SLUMP (սլըմփ) գիններու յանկարծական անկում։
SLUNG (սլընկ) արձակեց, նետեց։
SLUNK (սլընք) քաշուեցաւ, խուսափեցաւ։
SLUR (սլըր) - մեղադրանք, խարան, արատ։
SLUSH (սլըշ) ջրախառն ձիւն, տիղմ։
SLUT (սլըթ) քած, չլխոր կին։
SLY (սլայ) խորամանկ, ծածկամիտ։
SMACK համ, ճաշակ, հոտ, բոյր, միակայմ նաւ, ապտակ, չափչփել, բուրել, զգալ։
SMALL պզտիկ, մանր, մեղմ։
SMALL ARMS թեթեւ զէնք։
SMALL HOURS կէս գիշերին ետքը ժամեր։
SMALL POX ծաղկախտ։
SMALT (սմօլթ) խաժուրդ։
SMART (սմարթ) սրամիտ, սուսանիկ, ճարպիկ, սաստիկ ցաւ, կսկծալ, սաստիկ ցաւիլ։
SMASH (սմէշ) ջախջախել, սնանկանալ։
SMATT'ERING իմաստակութիւն։
SMEAR (սմիր) աղտոտել, կեղտ, արատ։
SMEARY կպչուն, պղծկոտ։
SMELL հոտ առնել, բուրել, հոտ, բուրմունք։
SMELT մանուշակաձուկ։
SMEW (սմիու) հողամազ։
SMILAX (սմայլ'էքս) տնկազախոտ։
SMILE (սմայլ) ժպիտ, քմծիծաղ, ժպտիլ։
SMIRCH (սմըրչ) աղտոտել, պղծել։
SMIRK (սմըրք) կեղծ ժպիտ, անմտօրէն խնդալ։
SMITE (սմայթ) զարնել, հարուածել, ապտակել։
SMITH (սմիթհ) մետաղագործ, կռանահար։
SMITH'ERY դարբնոց, հնոց, երկաթագործութիւն։

SMOCK (սմօք) բաճկոնակ։
SMOKE ծուխ, մուխ, մխալ, ծխալ, ծխել։
SMOKE STACK շոգենաւի ծխան։
SMO'KER ծխող, ծխակառք։
SMOOTH (սմութհ) հարթ, ողորկ, սահուն, հարթել, ողորկել։
SMOOTH-SPOKEN քծնող, կեղծաւորական։
SMOTE (սմօթ) P. OF SMITE։
SMO'THER թանձր մուխ, հեղձամահ ընել, խեղդել, մարել։
SMOU'LDER առանց բոցի մխալով այրել։
SMUDGE (սմըճ) աղտ, կեղտ, մրոտել։
SMUG (սմըկ) պճնող, պճնած։
SMUG'GLE ապօրինի ապրանք ներածել, 'արտածել։
SMUT սեւցնել, մրոտել, մուրը մաքրել։
SMUTT'Y աղտոտ, սեւ, անպարկեշտ։
SNACK մաս, բաժին, թեթեւ կերակուր։
SNAF'FLE (սնէֆ'լ) պախրցակ։
SNAG վարակ, ճղիկ։
SNAIL խղունջ, ապուշ։
SNAKE օձ, քաշքշել, գալարել։
SNAP չաչիւն, ճայթիւն, չխրտ, ցըտահար եղանակ, պատառ, խած, շառաչել, զարնել, վայրկենաբար լուսանկարել, խածնել ուզել։
SNAPP'ISH խածան, դայրացկոտ, թթու։
SNARE (սնէր) թակարդ, ծուղակ, ծուղակը ձգել։
SNARL (սնարլ) մռնչել, մռմռալ, սաստել, թնճուկ, տրտունջ։
SNATCH խլել, յափշտակել, շարժման նոպայ։
SNATCH'Y ջղաձգական։
SNEAK վախկոտ, վատ, սողոսկիլ, սպրդիլ։
SNEER քամահրանք, երեսը ծամածռել, քեքեւել։
SNEEZE փռնգտալ, փռնգտուք։
SNELL (սնէլ) ճապուկ, կարթի կապ։
SNICK ծոնք, կտրուած, թեթեւ մը զարնել։
SNICK'ER քեքեւել, քեքեւ։
SNIDE անհարազատ, չինծու։
SNIFF հոտուըտալ, քիթը քաշել, հոտառում։
SNIGG'ER քեքեւ, քեքեւել։
SNIP ծայրատել, մկրատել։
SNIPE աքար (թռ.)։
SNIPP'ET (սնիփ'էթ) կտորիկ, պատիկ։
SNIV'EL (սնիվ'լ) խլինք, քիթը վազել։
SNOB (սնապ) չոքս, ցուցասէր, սընոպ։
SNOBB'ERY չոքսութիւն։
SNOOD (սնուտ) մազի երիզ, կարթի կապ։
SNOOZE (սնուզ) մրափ, քուն, մրափել։
SNORE (սնօր) խորդիւն, խորդալ։
SNORT (սնօրթ) խռնչել, խռնչիւն։
SNOUT (սնաութ) ցռուկ, կնճիթ, ցռկել։
SNOW (սնօ) ձիւն։
SNOW BALL ձիւնագունդ, ձիւնածաղիկ։
SNOW DRIFT ձիւնակոյտ, ծնկածաղիկ։
SNOW DROP ծոպածառ։
SNOW FALL բուք։
SNOW-SHOES ձիւնամուճակ։
SNOWY ձիւնափայլ, մաքուր։
SNUB (սնըպ) անարգանք, կշտամբանք, կշտամբել։
SNUFF (սնըֆ) քթախոտ, քթախոտ քաշել։
SNUF'FLE (սնըֆ'լ) քիթէն խօսիլ, ռնգախօսութիւն։
SNUG (սնըկ) մեղմ ու տաք, անդորր, շնորհքով, սեղմուիլ։
SNUG'GLE (սնըկ'կլ) սեղմուիլ, փաթթուիլ։
SO (սօ) այդպէս, ուստի, ուրեմն, պայմանաւ որ։
SO THEN ուրեմն։
SO-AND-SO այսինչ։
SO-CALLED իբր թէ։
SO AS այնպէս որ։
SO SO ըստ բաւականին։
SOAK (սօք) թաթխել, թրջել, ծծել։

SOAK'ER թրմող, թրջող, խմող։
SOAP (սօփ) օճառ, սապոն, օճառել։
SOAP BUBBLE պղպջակ։
SOAP STONE օճառաքար։
SOAP'Y օճառոտ։
SOAR խոյանք, սաւառնում, խոյանալ, սաւառնիլ։
SOB (սապ) հեծկլտուք, հեծկլտալ։
SO'BER (սօ'պըր) ժուժկալ, զգաստ, զգաստացնել։
SOBER-MINDED լրջախոհ, խոհեմ։
SOBRI'ETY (սօպրայ'իթի) ժուժկալութիւն, զգաստութիւն։
SOBRIQUET (սօպրիքէ') ծաղրանուն։
SOCC'ER (սօք'ըր) ֆութպօլի ընկերակցութիւն։
SO'CIABLE (սօ'շէպլ) ընկերասէր, ընկերական։
SO'CIABILITY ընկերասիրութիւն։
SO'CIAL (սօ'շըլ) ընկերական, ընկերային։
SO'CIALISM ընկերվարութիւն։
SO'CIALIST ընկերվարական։
SOCIAL'ITY ընկերականութիւն։
SOCI'ETY (սօսայ'իթի) ընկերութիւն, միաբանութիւն։
SOCIOL'OGY (սօսիօլ'օճի) ընկերաբանութիւն։
SOCK (սաք) կարճ գուլպայ, կատակերգակի մուճակ։
SO'CLE (սօքլ) ներքնախարիսխ, պատուանդան։
SOD (սատ) բուսած, հողակոյտ։
SO'DA (սօ'տէ) սոտա։
SODDE'N (սատ'ըն) խաշած, թըրմած։
SO'DIUM (սօ'տիըմ) նատր, նատրոն։
SOD'OMY (սօտ'օմի) արուագիտութիւն։
SO'FA (սօ'ֆա) բազմոց։
SOFT (սօֆթ) կակուղ, մեղմ, հանդարտ։
SOFTEN (սօ'ֆթն) կակղցնել, մեղմանալ։
SO'FTY (սօֆ'թի) պարզամիտ, ապուշ։
SOGG'Y (սագ'կի) ջրաթաթախ, թըրջոտ։
SOIL (սօյլ) բիծ, աղտ, երկիր, հող, գետին, աղտոտել, հողածեփել։
SOIRE'E (սուարէ') երեկոյթ։
SOJOURN (սօճ'ըրն) բնակութիւն, դադար։
SO'LA (սօ'լա) պատկառածաղիկ։
SOL'ACE (սալ'էս) մխիթարութիւն, սփոփանք։
SO'LAR (սօ'լըր) արեգակնային։
SOLATIUM (սօլէյ'շիըմ) վարձատրութիւն։
SOLD (սօլտ) ծախուած։
SO'LDER (սալ'տըր) զոդել, մածոյց։
SO'LDIER (սօլ'ճըր) զինուոր։
SOLDIERLY քաջ, ասպետանման, իբրեւ զինուոր։
SO'LDIERY զօրք, զինուորական դասակարգ։
SOLE ներբան, լեզուաձուկ, միայնակ։
SOL'ECISM (սալ'իսիզմ) խժաբանութիւն, քերականական սխալ։
SOL'EMN (սալէ'մ) հանդիսաւոր, պաշտօնական։
SOL'EMNIZE (սալ'էմնայզ) հանդիսաւորել։
SOLI'CIT (սօլիս'իթ) խնդրել, թախանձել։
SOLICITA'TION թախանձանք, խընդրանք։
SOLI'CITOR (սօլի'սիթըր) խնդրարկու, փաստաբան, դատախազ։
SOLI'CITUDE հոգատարութիւն, մըտահոգութիւն։
SOL'ID (սալ'իտ) պինդ, կարծր, հաստատ։
SLIDA'RITY համերաշխութիւն։
SOLID'IFY (սօլիտ'իֆայ) հաստատարկել, հաստատանալ։
SOLIDIFICA'TION հաստատարկութիւն։
SOLID'ITY ամրութիւն, տոկունութիւն։
SOLIL'OQUI (սօլիլօքուի) մենախօսութիւն։
SOL'ITAIRE (սալ'իթէր) մենակեաց, մեծադիր (գոհար)։
SOL'ITARY (սալ'իթէրի) միայնակ, մենասէր, առանձին։
SOL'ITUDE (սալ'իթիուտ) միայնութիւն, առանձնութիւն։

SOLO (սօ՛լօ) մինաձայն, մեներգ։

SO'LOIST մեներգիչ, մենանուագող։

SOL'STICE (սալ՛սթիս) արեւադարձ։

SOL'UBLE (սալ՛իուպլ) լուծելի, լուծանելի։

SOLU'TION (սօլիու՛շըն) լուծոյթ, հալում, անջատում, բաժանում, լուծում։

SOLVE (սօլվ) լուծել, մեկնել, բացատրել։

SOLVABIL'ITY լուծելիութիւն, վճարելիութիւն։

SOL'VENCY (սալ՛վընսի) լուծականութիւն, հատուցականութիւն։

SOL'VENT (սալ՛վընթ) լուծիչ, լուծարկու։

SOM'BRE (սամ՛պր) մթագին, տրտում։

SOMBRERO (սօմպրէ՛րօ) լայնեզր գլխարկ։

SOME (սըմ) քիչ մը, մաս մը։

SOMEBODY ոմն, մէկը։

SOMEHOW կերպով մը։

SOME ONE ոմն, մէկը։

SOMETHING բան մը։

SOME TIME առաջ, ատենօք։

SOME WHERE տեղ մը։

SOMERSAULT (սըմ՛ըրսօլթ) գլխիվայր թաւալում։

SOMNIF'EROUS (սամնիֆ՛ըրըս) քնաբեր։

SOMNAM'BULISM (սամնէմ՛պիուլիզմ) քնաշրջութիւն։

SOM'NOLENT (սօմ՛նօլընթ) քնկոտ, քնատ։

SON (սըն) որդի, զաւակ, սերունդ։

SON-IN-LAW փեսայ։

SO'NANT (սօ՛նընթ) հնչուն, հնչական (գիր)։

SONSHIP որդիութիւն։

SONG (սանկ) երգ, նուագ։

SONGBOOK երգարան։

SONGSTER երգիչ։

SONGSTRESS երգչուհի։

SONN'ET (սան՛նէթ) հնչեակ։

SO'NNY մանչ, տղեկ։

SONOR'OUS (սօնօր՛ըս) հնչուն, թնդուն։

SOON (սուն) շուտով, ի մօտոյ։

SOOT (սութ) մուր, մրոտել։

SOOTH (սութհ) ճշմարտութիւն։

SOATHE (սուտհ) շողոմել, գգուել։

SOOTHSAYER գուշակ։

SOOT'Y (սութ՛ի) մրախառն, սեւ։

SOP (սափ) արգանակի մէջ թաթխուած պատառ։

SOPH'ISM (սաֆ՛իզմ) սոփեստութիւն։

SOPH'IST իմաստակ, սոփեստ։

SOPHIS'TIC սոփեստական։

SOPHIS'TICATE խեղաթիւրել, իմաստակել։

SOPHISTICA'TION խեղաթիւրում, խարդախում, իմաստակութիւն։

SOPHOMORE (սաֆօմօր) գոլէճի բ. տարուան ուսանող։

SOPORIF'IC (սափ՛օրիֆիք) մրափաբեր դեղ։

SOPP'Y (սափ՛փի) թրջուած, ապուշ։

SOPRA'NO (սօփրա՛նօ) սոփրանօ, զիլ։

SOR'CERY (սօր՛սըրի) վհկութիւն, կախարդութիւն։

SOR'CERER վհուկ, գուշակ։

SORD'ID (սօրտիտ) փնթի, զազիր, ցած, կծծի։

SORE (սօր) վէրք, ակրտուք, ցաւ։

SOREHEAD ջրծաղիկ, մուտ ծաղկախտ։

SO'RREL (սար՛րէլ) շառագոյն, գառնադմակիկ։

SO'RROW (սար՛րօ) ցաւ, վիշտ, ցաւ զգալ, վշտանալ։

SO'RRY (սար՛րի) տխուր, ցաւազգած։

SO'RRINESS վիշտ, տխրութիւն։

SORT (սօրթ) տեսակ, ցեղ, եղանակ, վիճակ, ձեւ։

SORT'IE խոյանք, ելք, արշաւանք։

SORTI'TION (սօրթի՛շըն) վիճակաձգութիւն։

SOT (սաթ) խման, յիմար, անմիտ։

SOUDANESE (սուտէնիզ) սուտանական, սուտանցի։

SOUGH (սըֆ) հովի մռնչիւն, մռնչել։

SOUGHT P. AND PP. OF SEEK։

SOUL (սօլ) հոգի, ոգի, էութիւն, կեանք։

SOULLESS անհոգի, անշունչ։
SOUND (սաունտ) առողջ, անվթար, անվնաս, լուրջ, ձայն, հնչիւն, նեղուց. ծովու, աղմուկ, լողական փամփուշտ, մուծակ, ձայնել, հնչեցնել, հրատարակել, չափել, ստուգել, միտքը զննել։
SOUND'INGS հնչող, հնչական, խորաչափութիւն, խորութիւն։
SOUP (սուփ) արգանակ, ապուր։
SOUR (սաուր) թթու, դառն, կծու, ճամառ, թթուեցնել, նեղել։
SOURCE (սորս) աղբիւր, ակն, պատճառ։
SOUSE (սաուս) աղցան, աղջուր, մըխրճում։
SOUTH (սաութհ) հարաւ, հարաւակողմ։
SOUTH-EAST հարաւ արեւելք։
SOUTH-EASTER հարաւ–արեւելեան հով։
SOUTH-EASTERN հարաւ–արեւելեան (կողմ)։
SOUTHER հարաւային հով։
SOUTH-WEST հարաւ–արեւմուտք։
SOU'THERN հարաւային։
SOU'THERNER հարաւաբնակ։
SOUTHWARDS դէպի հարաւ։
SOU'VENIR (սու'վընիր) յիշատակ, յուշանուէր։
SOVEREIGN (սավ'ըրին) գերիշխան, անգ. ոսկի։
SOV'EREIGNTY գերիշխանութիւն։
SOVIET' (սովիէթ') սովետ, խորհուրդ։
SOW (սաու) մատակ խոզ, հաստ երկաթ։
SOW (սօ) ցանել, սերմանել, տարածել։
SOY'A-BEAN սոյալուբիա։
SPA (սփա) հանքային ջերմուկ։
SPACE (սփէյս) միջոց, տեղ, անջրպետ, բացատ, միջոց տալ, անջրպետել, իրարմէ զատել։
SPA'CIOUS (սփէյ'շըս) լայն, ընդարձակ։
SPADE (սփէյտ) բահ, բրիչ, թղթախաղի քարտ մը, բահով փորել։

SPAN (սփէն) թզաչափ, թիզ, կամարի բացուածք, զոյգ (ձի)։
SPANDREL (սփէն'տրէլ) կամարի երկու կողմի եռանկիւն։
SPANG'LE (սփէն'կլ) զարդակ, փայլուն կոճակ։
SPANIARD (սփէն'եըրտ) սպանիացի։
SPANISH սպանիական, սպաներէն։
SPAN'IEL սպանիոլ շուն, կեղծաւոր։
SPANK ծեծ, ծեծել, ապտակել։
SPANK'ER ծեծիչ, քառատագաստ, կտրիճ։
SPANKING աչքառու։
SPAN'NER հրացանի բլթակ, պտուտակի բանալի։
SPAR (սփէր) փայլուն քար, գերան, կռուփ, կռփամարտ, կռուիլ, ոտքով զարնել, կայմել։
SPARE խնայել, պահել, յօժարիլ, չափաւոր, սակաւ, աւելորդ, նիհար, փոխնորդ։
SPARK (սփարք) կայծ, նշոյլ, ցուցասէր, կայծել, քծնիլ։
SPAR'KLE կայծ, լոյս։
SPARTLET կայծիկ։
SPA'RROW ճնճղուկ։
SPARROW-HAWK պզտիկ բազէ։
SPARTAN (սփար'թըն) սպարտացի։
SPA'SM (սփէզմ) ջղաձգանք, կարկամ։
SPASMODIC ջղաձգական։
SPAT (սփէթ) փոքրիկ ժժմակ, զանկապան, ձկնիլ, ձուածել։
SPATE (սփէյթ) ողողում, հեղեղ։
SPATIAL (սփէյ'շըլ) միջոցի, տարածութեան։
SPATT'ER (սփէթ'թըր) թծաւորել, ցեխոտել։
SPAT'ULA (սփէթ'իուլէ) բահակ, խառնիչ, (դեղագործի)։
SPAWN (սփօն) հաւկիթ ածել, ձու ածել, լակոտ, գէշ, սերունդ։
SPEAK (սփիփք) խօսիլ, ըսել, ձայն տալ։
SPEAKER խօսող, խօսնակ, ատենապետ։
SPEAR (սփիր) տէգ, նիզակ, ծղօտ, ծիլ։

SPEARMINT անանուխ։
SPE'CIAL (սփէշ'ըլ) մասնաւոր, մասնայատուկ։
SPE'CIALIST մասնագէտ։
SPECIAL'ITY մասնագիտութիւն։
SPE'CIALIZE մասնագիտութիւն ընել։
SPE'CIE (սփի'շի) հնչուն դրամ։
SPE'CIES (սփի'շիզ) երեւոյթք, տեսք, ազգ, ցեղ, ձեւ, տեսակ։
SPECIF'IC յատուկ, մասնայատուկ։
SPE'CIFY մասնաւորել, մանրամասնել։
SPECIFICA'TION մանրամասնում, յատկորոշում։
SPE'CIMEN (սփէս'իմըն) նմոյշ, օրինակ, փորձ։
SPE'CIOUS (սփի'շըս) գեղատեսիլ, հաճոյատես։
SPECK (սփէք) արատ, բրդուճ, նիշ, պուտ։
SPEC'KLE բծիկ, պիսակ։
SPEC'TACLE տեսարան, երեւոյթ, հանդէս։
SPECTAC'ULAR տեսարանային, հոյակապ։
SPECTA'TOR հանդիսատես, ականատես վկայ։
SPEC'TRE ուրուական, ցնորք, ոգի։
SPEC'TROSCOPE լուսապատկերացոյց։
SPEC'TRUM լուսապատկեր, սեւանկար։
SPEC'ULATE խոկալ, վարկածել, շահադիտութիւն ընել։
SPECULA'TION հայեցողութիւն, վարկած, խոկում, շահադիտութիւն։
SPEC'ULUM (սփէք'իուլըմ) հայելի, ցոլարկու, զննարան, դիտարան։
SPEECH (սփիչ) խօսք, ճառ, ուղերձ։
SPEED (սփիտ) արագութիւն, փոյթ, աճապարել, փութացնել։
SPEED'Y արագ, փութկոտ։
SPELL հմայել, դիւթել, հեգել, պատմել, հմայք, կարճ միջոց, շրջան։
SPELT (սփէլթ) կարմրահատ ցորեն։
SPEL'TER զինկ։
SPEN'CER մեկնոց, մատանապահ։
SPEND ծախսել, վատնել, սպառել։
SPENT հատած, ուժատ։
SPERM (սփըրմ) սերմ (արուի)։
SPERMACE'TI (սփըրմէսի'թի) կէտաճարպ։
SPEW (սփիու) փսխել, դուրս տալ, փսխուք։
SPHERE (սփիր') գունդ, ոլորտ, շրջանակ, կլորել։
SPHE'RICAL գնդաձեւ։
SPHINX (սփինքս) -սփինքս։
SPICE (սփայս) համեմ, համեմել։
SPI'CERY համեմարան, համեմանք։
SPI'CY համեմային, կծու։
SPIDER (սփայ'տըր) սարդ, մամուկ։
SPIG'OT (սփիկ'ըթ) խցան։
SPIKE (սփայք) սեպ, հասկ, ցից։
SPIKE'NARD (սփայք'նարտ) հնդիկ նարդոս։
SPILL ցից, խեց, ձողիկ, կտոր, ճաշակ, հեղուլ, հոսեցնել։
SPILTH (սփիլթհ) թափուած, հոսած բան։
SPIN մանել, հիւսել, յարդարել, պըտտուտքում, վայրէջք։
SPIN'ACH (սփին'էճ) սպանախ։
SPI'NAL (սփայնըլ) ողնայարային։
SPIN'DLE (սփինտլ) իլ, ճախուկ, կարթ։
SPINE (սփայն) փուշ, ողնայար։
SPIN'EL (սփին'էլ) շիկաքար։
SPIN'ET (սփինէթ') կիթառաւիղ։
SPIN'STER (սփինս'թըր) մանուհի, ամուրի կին, մազման։
SPIR'ACLE (սփիր'էքլ) շնչարան, շնչածակ։
SPIR'AL (սփայր'ըլ) պարուրաձեւ։
SPIR'ANT (սփայր'ընթ) հագագային (տառ)։
SPIRE (սփայր) զանգակատուն, աշտարակ, աշտարակել։
SPI'RIT (սփիր'իթ) շունչ, կեանք, հոգի, էակ, ոգեւորել, քաջալերել, ուրուական, ոգի, ալքոլ։
SPI'RITED կորովի, կայտառ։
SPIRI'TLESS անհոգի, թոյլ, վախկոտ։

SPI'RITUAL անմարմին, հոգեկան, եկեղեցական։

SPIRITUAL'ITY հոգեւորականութիւն, աննիւթականութիւն։

SPI'RITUALIZE հոգիացնել, հոգեւորացնել։

SPI'RITUALISM հոգեպաշտութիւն, ոգեհարցութիւն, հոգեկանութիւն։

SPIRITUOUS (սփիր'իթիուըս) ոգելից, ալքոլաւոր, կորովի։

SPIRT (սփըրթ) ցայտք, ժայթքում, ցայտել։

SPIT (սփիթ) շամփուր, ցամաքի լեզու, թուք, շողիք, շամփրել, թքնել, դուրս նետել։

SPITE (սփայթ) ատելութիւն, ոխ, անարգել, չարախօսել։

SPITEFUL չարամիտ, ոխակալ։

SPIT'TLE շողիք, թուք, լորձունք։

SPITTOON' թքաման։

SPLASH (սփլէշ) տիղմ, տիղմ ցայտկեցնել, ժայթքել։

SPLAY (սփլէյ) չեղաբացութիւն, սփռած, անշնորհ, խոտորել, մէկ կողմին վրայ դարձնել։

SPLEEN (սփլին) փայծաղ, մաղձ, բարկութիւն։

SPLENDID (սփլէն'տիտ) փառաւոր, հոյակապ։

SPLEN'DOUR (սփլէն'տըր) փառք, շուք, մեծութիւն։

SPLICE (սփլայս) հանգոյց, միացում, կցուրդք, ծայրահիւսել, միացնել, ամուսնացնել։

SPLINT (սփլինթ) փայտաշերտ, կըտոր, ոսկրանալ, բեկեալ ոսկրը կապել։

SPLIN'TER կտորիկ, շերտիկ, ճեղքել, հերձել։

SPLIT ճեղք, բեկոր, ճեղքել, պատռել։

SPLUTT'ER ժխոր, լփռտուք։

SPOIL աւար, կաշառք, աւարել, կաշառել, չփանալ։

SPOKE խօսեցաւ, շառաւիղ, անուամատ։

SPOKESMAN թարգման, ներկայացուցիչ։

SPOLIA'TION յափշտակութիւն, կողոպուտ։

SPOKESMAN թարգման, ներկայացուցիչ։

SPOLIA'TION յափշտակութիւն, կողոպուտ։

SPON'DEE (սփան'տի) ոտք յոյն եւ լատին ոտանաւորներու մէջ։

SPONGE (սփընճ) սպունգ, մակաբոյծ, պնակալէզ, սպունգել, սըրբել, հացկատակել։

SP'ONGER պորտաբոյծ, սպունգաքաղ։

SPON'SAL (սփանսըլ) հարսանեկան։

SPO'NSOR (սփան'սըր) երաշխաւոր, խնամակալ, կնքահայր, կնքամայր։

SPONSORSHIP երաշխաւորութիւն, խնամակալութիւն։

SPONTA'NEOUS (սփանթէյ'նիըս) ինքնամատոյց, ինքնայօժար։

SPOOF (սփուֆ) խաբել, նենգել, պատրանք։

SPOOK (սփուք) ուրուական, խըրտուիլակ։

SPOOL (սփուլ) մլիլակ, կարժառ։

SPOON (սփուն) դգալ, կոլֆի գաւազան, սիրահար, սիրաբանել։

SPOON'Y ապուշ, յիմար, դդուածէր։

SPOOR (սփուր) վայրի կենդանիի հետք։

SPORAD'IC (սփօրէտ'իք) ուրոյն, անջատ, ցանցառ։

SPORE (սփօր) թոռծ, բեղմնափոշի։

SPORT զուարճութիւն, խաղ, զբօսախաղ, կատակ, սփորդ, ծաղր, որս, ժամանց, խաղալ, ցնծալ, զուարճանալ, ծաղրել։

SPORTING մարզախաղական, զուարթ։

SPORTSMAN զբօսասէր, բացականաց, մարզասէր, խաղասէր։

SPOT (սփաթ) արատ, կէտ, պիսակ, մասնայատուկ վայր, տեղ, պիսակել, ճանչնալ, զանազանել։

SPOTTED FEVER ժանտատենդ։

SPOT'LESS անբիծ, մաքուր։

SPOUSE (սփաուզ) հարս, փեսայ։

SPOUT (սփաութ) ծորակ, խողովակ, վազցնել, ցայտեցնել։

SPRAIN (սփրէյն) ոտքի գելում, ոտնագալար։
SPRACK (սփրէք) կորովի, կայտառ։
SPRAT (սփրէթ) տառեխանման ձկ.։
SPRAWL (սփրօլ) տարածուիլ, թաւալիլ, երկննալ։
SPRAY (սփրէյ) ոստ, բարունակ, ալ-փրփուր, սրսկոց, սրսկել։
SPREAD (սփրէտ) տարածել, բանալ, լայնցնել, ծաւալիլ։
SPREE (սփրի) կերուխում։
SPRIGHT'LY կայտառ, աշխոյժ։
SPRING (սփրինկ) ճկել, ոստ, լար։
SPRING ոստիւն, ցայտիւն, աղբիւր, զսպանակ, ակն, գարուն, ծագում առնել, ոստնուլ, ցնցուիլ, նետել, արձակել։
SPRING-HALT սպառնած, մակուռ։
SPRING-TIDE գարուն։
SPRINGE թակարդ։
SPRING'ER ցատկող, մոյթ, որսայոյզ։
SPRING'Y առաձգական։
SPRINKLE ցանել, սրսկել, ցօղել, սփռել։
SPRITE (սփրայթ) ոգի, ուրուական։
SPROUT (սփրաութ) ծիլ, ընձիւղ, ծլիլ։
SPRUCE (սփրուս) հագուած, շքեղուած, կոկիկ։
SPRUCE BEER եղեւնագարեջուր։
SPRUE խարամ։
SPRUNG PP. OF SPRING խման՞
SPUD (սփըտ) նեղ բրիչ մը, գետնախնձոր։
SPUME (սփիում) փրփուր, փրփրել։
SPUN SILK մանած մետաքս։
SPUNK (սփընք) աբեթ, խանդ, ոգի։
SPUR (սփըր) խթան, բիր, արմատ, գրգիռ, մղում, սեան մոյթ, խըթանել, խթանել, խրախուսել, գըրգռել։
SPUR'IOUS (սփիու'րիըս) կեղծ, անհարազատ։
SPURN (սփըրն) աքացել, մերժել, աքացում, մերժում։
SPU'RRIER (սփըր'րիըր) խթանագործ։
SPURT (սփըրթ) ցայտել, ժայթքել։
SPUTT'ER (սփըթ'թըր) շողիք, լորձունք, թուք ցատկեցնել, լփըռտալ, սուլել։
SPU'TUM (սփիու'թըմ) խուխ, մաղաս։
SPY (սփայ) լրտես, լրտեսել, դիտել։
SPY-GLASS հեռադիտակ։
SQUAB (սքուապ) գէր, կոշտ, անփետուր, աղաւնիի ձագ, բազմոց։
SQUA'BBLE (սքուապ'պլ) կռուիլ, վիճաբանիլ, կռիւ։
SQUAD (սքուատ) ջոկատ, խմբակ։
SQUA'DRON հեծելազօրագունդի ջոկատ, նաւատորմ, օդանաւային գունդ։
SQUALID (սքուալ'իտ) կեղտոտ, հոտած, չքաւոր։
SQUA'LIDITY աղտոտութիւն, չքաւորութիւն։
SQUALL (սքուօլ) աղմուկ, մրրիկ, աղմկել։
SQUA'NDER (սքուանտ'ըր) վատնել, շռայլել, վատնում։
SQUARE (սքուէր) քառակուսի, գոնիայ, ուղղանկիւն, հրապարակ, չիտակ, յարմար, քառակուսել, ուղղել, շտկել, կանոնաւորել, յարմարիլ, ինքնիրմով բազմապատկել։
SQUARE ROOT քառակուսի արմատ։
SQUASH մեղրապտուղ, ճզմել, խորտակել։
SQUASH մեղրապտուղ, ճզմել, խորտակել։
SQUAT (սքուաթ) կկուզ նստիլ, պահուըտիլ։
SQUA'TTER կկզող, արջաստաբոյծ։
SQUAW (սքուօ) Ամ. հնդկուհի։
SQUAWK (սքուօք) ճիչ արձակել, ճիչ։
SQUEAK (սքուիք) ճչալ, ճռնչել։
SQUEAL (սքուիլ) պոռչտալ, խռնչել, խռնչիւն։
SQUEAM'ISH (սքուիմ'իշ) դժուարահաճ, բծախնդիր։
SQUEEZE (սքուիզ) ճնշել, ճզմել, քամել, սխմել, մզել, քամուիլ։
SQUELCH (սքուէլչ) ճզմել, անկում։
SQUIB (սքուիպ) փամփուշտ, պայթակ, երգիծանք։

SQUID (սքուիտ) *մելանաձուկ։*
SQUINT (սքուինթ) *շիլ, շլակն, շիլ նայիլ, կասկածիլ։*
SQUINT-EYED *շլատես, չարամիտ։*
SQUIRE (սքուայր) *զինակիր, տէր (դատաւոր), պարոն, վարպետ, կալուածատէր, ընկերակցիլ իբրեւ պաշտպան։*
SQUIRM (սքուըրմ) *գալարուիլ, սողալ։*
SQUI'RREL (սքուըր'րիլ) *սկիւռ։*
SQUIRT (սքուըրթ) *ժայթքեցնել, ջրցանել, գրիչ։*
STAB *խոց, վէրք, խոցել, դաշունահարել։*
STA'BLE (սթէյ'պլ) *ախոռ, կայուն, տեւական, ախոռը դնել։*
STAB'ILIZE *կայունացնել։*
STACCA'TO (սթէքքա'թօ) *յստակ, անջատ։*
STACK (սթէք) *դէզ (յարդի), ծըխան, դիզել, կուտել։*
STADDLE (սթէտլ) *նեցուկ, անտառի ծառ։*
STA'DIUM (սթէտ'իըմ) *ասպարէզ, կրկէս, մրցարան։*
STAFF (սթէֆ) *ցուպ, լախտ, նեցուկ, սպայակոյտ։*
STAG (սթէկ) *արու եղջերու, պատահական արժէթուղթեր գնող։*
STAG BEETLE *փորի որդ։*
STAGE (սթէյճ) *բեմ, թատրոն, լաստակերտ, սարաւանդակ, տեսարան, կառատունատ, օթեւան, հանգրուան, բեմադրել։*
STAGE-COACH *ուղեկառք։*
STAGG'ER (սթէկ'կըր) *դանդաչել, երերալ, վարանիլ։*
STA'GNANT (սթէկ'նընթ) *լճացած, կայուն։*
STAGNATE' (սթէկնէյթ') *լճանալ, անշարժ կենալ։*
STAGNA'TION *անշարժութիւն, լճացում։*
STAG'Y (սթէյ'ճի) *թատերական, անբնական։*
STAID (սթէյտ) *կայուն, մնայուն։*
STAIN (սթէյն) *արատաւորել, բծաւորել, ներկել, բիծ, արատ։*
STAINLESS *անբիծ, մաքուր։*
STAIR *աստիճան, սանդուխ։*
STAIRCASE *սանդղարան։*
STAIRWAY *սանդղարան։*
STAKE (սթէյք) *ցից, նշանաձող, գրաւ, ծալ, ձիարշաւ, մարտիրոսութիւն (խարոյկի վրայ)։*
STAL'ACTITE (սթէլէք'թայթ) *չթաքար։*
STALAGMITE (սթէլէկ'մայթ) *պըտկաքար։*
STALE (սթէյլ) *օթլիկ, հին, կոթ, ձիու մէզ, գող։*
STALEMATE' *անշարժութիւն (ճատրակի թագաւորի)։*
STALK (սթօք) *ծիղ, ցօղուն, սոնքալով քալել, դարանիլ, որսալ։*
STALL (սթօլ) *կայան, ախոռ, կըրպակ, նստարան, ախոռել, պարտուցնել, բնակիլ։*
STALL'ION' (սթէլիըն) *յովատակ։*
STA'LWART (սթօլ'ուըրթ) *քաջ, կորովի, հսկայ։*
STA'MEN (սթէյմէն) *առէջ, դերձան։*
STAMM'ER (սթէմ'մըր) *թոթովել, կակազել։*
STAMP (սթէմփ) *դրոշմել, կնքել, տպել, տրոփել, դրոշմաթուղթ փակցնել, տրորել, դրոշմ, կնիք, տիպ, կաղապար։*
STAMPEDE' (սթէմփիտ') *յանկարծական վախ, խուճապ։*
STANCE (սթէնս) *կայան, դիրք, կեցուածք։*
STANCH (սթէնչ) *արեան հոսումը դադրեցնել։*
STANCHION (սթէն'շըն) *նեցուկ, խեչակ։*
STAND (սթէնտ) *ոտքի կենալ, տեւել, տոկալ, դիմադրել, տեղի տալ, տեղ, վայր, դիրք, բեմ, դադար, գրակալ, սեղան։*
STAND-BY *վստահելի անձ։*
STAND-POINT *տեսակէտ։*
STAND STILL *դադար, անշարժութիւն։*
STAN'DARD (սթէն'տըրտ) *դրօշ, չափ, աստիճան, հիմնաչափ, էտաչափ, փորձաչափ։*

STAN'DARDIZE կանոնաւորել, հիմնաչափել, օրինաչափին վերածել։

STAN'DING կայուն, մնայուն, դիրք, աստիճան։

STANDISH գրչակալ։

STAN'HOPE ստանհոպ, թեթեւ կառք մը։

STANK-HEN մորահաւ։

STAN'ZA (սթէն'զէ) տուն (երգի)։

STA'PLE (սթէյ'փլ) վաճառանոց, արտադրոյ ապրանք, հում նիւթ, սողնակալ։

STAR (սթար) աստղ. պարգանիշ, եռաստղ, աստղազարդել։

STAR FISH ծովաստղ։

STAR LIGHT աստղալոյս։

STARBOARD նաւու աջակողմ։

STARCH նշահ, օսլայ։

STARE սեւեռում, աչքը տնկել։

STARK պինդ, ամուր, զօրաւոր։

STAR'LING տարմահաւ։

START (սթարթ) սկսիլ, ճամբայ ելլել, շարժիլ, ցնցել, վազել տալ, ճամբայ հանել, մեկնում, սկսում; ցունց, սոսկում, ալիք։

STAR'TLE ցնցել, ապշեցնել, ցնցում, խրտչում։

STARVE սուաղիլ, սովամահ ըլլալ, ակարացնել։

STARVA'TION անսուաղութիւն, սովամահութիւն։

STA'SIS (սթէյ'սիս) կայում, կանգառում (արեան)։

STATE վիճակ, պայման, դիրք, դաս, պետութիւն, նահանգ, պատիւ, հաստատել, պատմել, յայտարարել։

STATELY փառաւոր, շուքով։

STATE'MENT խօսք, տեղեկագիր, յայտարարութիւն։

STATE-ROOM շքասենեակ, հիւրասենեակ։

STATES'MAN դիւանագէտ։

STATIC (սթէթ'իք) կայուն։

STAT'ICS կայարանութիւն, կշռագիտութիւն։

STA'TION կայարան, ոստիկանատուն, պաշտօն, զբաղում, դիրք, կարգել, որոշել։

STATION MASTER կայարանապետ։

STA'TIONARY կայուն, անփոփոխ։

STA'TIONER թղթավաճառ։

STA'TIONERY թղթեղէնք, գրելեղէնք։

STA'TIST, STATISTI'CIAN վիճակագիր, քաղաքագէտ։

STATIS'TICS վիճակագրութիւն։

STAT'UARY արձանագործութիւն, անդրի, արձանագործ։

STAT'UE արձան, անդրի։

STATUETTE արձանիկ։

STAT'URE (սթէթ'իուր) հասակ, բարձրութիւն։

STA'TUS (սթէյ'թըս) դրութիւն, վիճակ, պայման։

STAT'UTORY օրինադրային։

STAUNCH հաստատ, զօրաւոր, տոկուն։

STAVE (սթէյվ) տակառաչերտ, ձող, տուն, (երգի), ճեղքել, մղել, հըրել, մղել։

STAY բնակութիւն, դադար, արգելք, նեցուկ, կենալ, մնալ, սպասել, կեցնել, հաստատել, վար դնել։

STAYER նեցուկ, կեցնող։

STEAD տեղ, փոխարէնը։

STEAD'FAST ամուր, հաստատուն։

STEADING ագարակի արջառանոց։

STEAD'Y հաստատ, անխախտ, դիմացկուն։

STEAK շերտ, շերտամիս։

STEAL գողնալ, չորթել։

STEALTH թաքուն արարք, գողութիւն։

STEAM շոգի, գոլորշի։

STEAMSHIP շոգենաւ։

STEAM'ER շոգենաւ, շոգեմեքենայ։

STE'ATITE (սթի'էթայթ) ճարպաքար, օճառաքար։

STEED (սթիտ) ձի, երիվար։

STEEL պողպատ, սրոց։

STEELYARD կենդինար, կշռոց։

STEEP զառիվար, սեպ, թրջել, թաթխել։

STEE'PLE զանգակատուն, աշտարակ

STEER զուարակ։

STELL'AR աստղային։

STEM ծառի բուն, կոճղ, նախահայր, սերունդ, ցեղ։
STENCH գէշ հոտ, ժահր։
STENOGRAPHY սղագրութիւն։
STER'EOTYPE սնդատիպ, սնդատըպել։
STEP քայլ, քայլափոխ, ոտնահետ, քալել, քայլ առնել, ոտքը դնել։
STEP'NEY յաւելուածական անիւ։
STEPPE տափաստան։
STEREOG'RAPHY հաստատագրութիւն։
STER'EOSCOPE տարածացոյց։
STE'RITE ամուլ, անբեր։
STERLING անգ. ոսկի, սթերլինկ, հարազատ։
STERN խոժոռ, դաժան։
STERN'UM (սթըր'նըմ) կրծոսկր։
STETHOMETER (ստիթհամ'իթըր) կրծաչափ։
STET'SON (սթէթ'սըն) լայնեզր գըլխարկ մը։
STE'VEDORE (սթի'վըտօր) բեռ դը-տեղիչ, բեռցնող։
STEW (սթիու) եփել, շոգեփել, ձըկնարան, քրտնարան, ջերմավայր։
STEW'ARD (սթիու'ըրտ) մատակարար, տնտես։
STEWARDESS մատակարարուհի։
STICK (սթիք) ցուպ, գաւազան, տըղաչար, չորոց, ծիղ, խոց, խոցել, մխել, հաստատել, անցնել, յարել, կեցնել, կպչիլ։
STRIC'KLEBACK փշաքամակ ձուկ։
STICK'LER (սթիք'լըր) իրաւարար, վկայ, չահատակ։
STICK'Y կպչուն։
STIFF պինդ, անթիք, անթեք, պիրկ։
STIFFNECKED կամակոր, խստապարանոց։
STI'FLE (սթայֆլ) մարել, հեղձել։
STIG'MA (սթիկ'մէ) նշան, յատկանիշ, խարան։
STIG'MATIZE խարանել, նշաւակել։
STILE (սթայլ) սիւն, հեծան, չեմ, ցանկ։
STILL (սթիլ) հանդարտ, անշարժ, թորանոց, լռեցնել, կաթեցնել, թորեցնել։
STILL-BORN մեռելածին։
STILL'Y հանդարտ, հանդարտօրէն։
STILT ոտնցուպ, փայտոտն։
STIM'ULANT (սթիմիուլընթ) գըրգռիչ։
STIM'ULATE գրգռել, ոգեւորել։
STIMULA'TION գրգիռ, գրգռում։
STIM'ULUS (սթիմ'իուլըս) խթան, ազդակ, գրգիռ։
STING (սթինկ) խայթոց, չիթոց, կըճել, խայթել։
STINGAREE (սթինկ'էրի) կատուաձուկ։
STING'ER խայթող։
STINK (սթինք) գարշահոտութիւն, հոտիլ, նեխիլ։
STINT չափաւորել, ամփոփել, խնայել, օրապահիկ, բաժին, ռոճիկ։
STI'PEND (սթայ'փընտ) ռոճիկ, թոշակ։
STIPENDIARY (սթայփէն'տիէրի) թոշակաւոր, վարձկան։
STIP'PLE (սթիփ'փլ) կէտանիշել։
STIP'ULATE պայման դնել։
STIPULA'TION պայման, պայմանադրութիւն։
STIR յուզել, խառնել, յուզում, աղմուկ։
STIR'RUP ասպանդակ։
STITCH կար, կարուածք, սաստիկ ցաւ, կարել։
STITH'Y (սթիթհ'ի) սալ, դարբնոց։
STI'VER (սթայ'վըր) հոլանտական դրամ մը։
STOAT (սթօթ) կնգում, վայրաքիս։
STOCK (սթաք) կոճղ, արմատ, ապրանքի մթերք, տոհմ, ցեղ, մայր հաշիւ, տանակալ, հեծան, չահդրակ, մթերել, հայթայթել, հաւաքել, լեցնել, ժողվել։
STOCK BROKER արժէթուղթի միջնորդ։
STOCK COMPANY բաժնետիրական ընկերութիւն։
STOCK EXCHANGE սակարան։
STOCK JOBBER արժէթուղթ առնող ծախող։
STOCK MAN խաշնարած, հովիւ։

STOCKADE' (սթաքէյտ') ցցապատնէշ, փակփկարան, ամրացնել։
STOCK'ING (սթաք'ինկ) գուլպայ։
STOCK STILL անշարժ գերանի պէս։
STODGE (սթաճ) ծանր, դժուարամարսելի կերակուր։
STODGY անմարսելի։
STO'IC (սթօյ'իք) ստոյիկեան, արի, անզգայ։
STOKE (սթօք) հնոցպանութիւն ընել, կրակը չակել։
STOKER հնոցպան։
STOLE ուրար, փորուրար, գողցաւ, գողցուած։
STOL'ID (սթալ'իտ) ապուշ, բթամիտ։
STO'MACH (սթըմ'էք) ստամոքս, ախորժակ, հակում, զայրոյթ։
STOMACHER կրծքազարդ։
STONE (սթօն) քար, կորիզ, երիկամունքի քար, կարծր կուտ, քարախտ, գոհար, քարկոծել, կուտը հանել, քարացնել։
STUMBLING STONE քար գայթակղութեան։
STONE-BLIND կոյր։
TONE-FRUIT կարծրակուտ պտուղ։
STONE-PINE թեղօշ, սոճի։
STONE WARE բրուտեղէն։
STO'NY քարոտ, քարային։
STOOD կանգնած, կեցած։
STOOK խուրձ, խուրձ կապել։
STOOL աթոռակ, միզարան, [illegible]։
STOOP սեմ, կորութիւն, կզութիւն, պտոյտ, խոյացում, ծռիլ, խոնարհիլ, անկիւն տալ։
STOP (սթափ) դադար, արգելք, վերջակէտ, վերջ, կեցնել, դադրեցնել, խափանել։
STOP COCK ծորակ, փական։
STOP-PRESS վերջին լուր։
STOPP'AGE դադար, խցում։
STOPP'ER փակող, կեցնող, խից։
STORE (սթօր) պաշար, մթերք, մթերել, հաւաքել։ **IN STORE** պահուած, պատրաստ։
STOR'AGE մթերում, մթերանոց, մթերավճար։
STORE KEEPER մթերապահ։
STORK (սթօրք) արագիլ։
STORM (սթօրմ) փոթորիկ, մըրրիկ, փոթորկել, մրրիկ հանել, հանել, գրոհ տալ։
STORM'Y փոթորկոտ։
STOR'Y (սթօրի) պատմութիւն, վէպ, դստիկոն, յարկ (տան)։
STOUP (սթուփ) օրհնեալ ջուրի աման։
STOUT (սթաութ) հուժկու, զօրաւոր, կորովի։
STOVE (սթօվ) ջերմոց, վառարան։
STO'VER խոտ, յարդ։
STOW զետեղել, տեղաւորել։
STOWAGE զետեղում, մթերուածք, զետեղչէք։
STRAFE պատժել, ռմբակոծել, ռմբակոծում։
STRAG'GLE սլքտալ, թափառիլ, տարածել։
STRAIGHT ուղիղ, շիտակ, ուղղամիտ։
STRAIGHT FORWARD ուղղակի, շիփշիտակ։
STRAIGHTEN շտկել, ուղղել, կարգի բերել։
STRAIN ճիգ, ձգտում, պրկում, եղանակ, հատուած, ցեղ, սերունդ, պրկել, ձգտիլ, քամել։
STRAIN'ER քամոց։
STRAIT նեղ, սեղմ։
STRAIT'EN սեղմել, նեղել, պրկել։
STRAND ճափ, ծովեզր, լար, կողը հանել, քակել։
STRANGE օտար, օտարոտի, տարօրինակ, այլանդակ, անսովոր։
STRA'NGER օտար, դրսեցի, օտարուհի։
STRANG'LE խեղդել, հեղձամահ ընել, ճնշել, զսպել։
STRANG'ULATE ճնշումով արեան շրջանը արգիլել, խափանել։
STRANGULA'TION խեղդում, հեղձամահութիւն։
STRAP սրափոկ, խրաց, կապ, գօտի, փոկահարել, կապել, սրել, երիզ։
STRAPP'ING բարձրահասակ, հուժկու։

STRAT'AGEM ռազմահնարք, մարթանք։
STRAT'EGY ռազմավարութիւն։
STRATE'GIST ռազմավար, մարտագէտ։
STRAT'ITY, խաւարկել, խաւաշարել։
STRA'TUM (սթրէյ'թըմ) խաւ, շերտ, կարգ։
STRA'TUS (սթրէյ'թըս) կարգ ի կարգ ամպերու դասաւորութիւն։
STRAW յարդ, անարժէք բան։
STRAW BERRY ելակենի։
STRAY հոլորուած անասուն, մոլորեալ, խոտորիլ, շեղիլ, մոլորիլ։
STREAK գիծ, երիզ, երակ, երիզել, նշանագծել։
STREAM ուղխ, հոսանք, գետ, ամբոխ, ակիզր, վազել, արձակել, հոսեցնել, ծորիլ։
STREAM'ER դրօշ, աղօտ լոյս։
STREAM'LET առուակ, վտակ։
STREET փողոց։
STRENGTH ոյժ, զօրութիւն, կարով։
STRENU'OUS (սթրէնյ'իուըս) յարաճիգ, ժիր, յարատեւող, անխոնջ։
STRESS (սթրէս) ճնշում, ձգտում, շեշտ, զօրել, շեշտել։
STRETCH (սթրէչ) տարածում, միջոց, ձգտում, երկայնք, երկնցնել, քաշել, տարածել, ձգել, պարզել։
STRETCH'ER գերան, որմասալ, պատգարակ։
STREW (սթրու) ցանել, ցրուել, փռել, պատել։
STRIA (սթրայէ') մասնէք, խազ, գիծ, գէզ։
STRIA'TION գծագրութիւն, մասնէաւորութիւն։
STRICKEN զարնուած, մաշած։
STRIC'KLE հարթիչ, գերանդիի յեսան։
STRICK սանտրեալ վուշ։
STRIC'TURE խիստ քննադատութիւն, պարսաւ։
STRIDE մեծ քայլ, քայլարկում, մեծաքայլ երթալ։
STRIFE պայքար, վէճ, մաքառում։
STRIKE զարնել, հարուածել, ազդել, տպաւորել, սկսիլ, դպչիլ, խրել, արգակ, գործադուլ, հարուած հարթիչ։
STRI'KER զարնող, գործաթող։
STRIKING ուշագրաւ, յայտնի։
STRING թել, առասան, կապ, ժապաւէն, նեարդ, թել անցնել, ներդաշնակել, զօրացնել։
STRIN'GENT (սթրին'ճընթ) խստապահանջ, խիստ։
STRING'Y (սթրինկ'ի) թելաւոր, կպչուն։
STRIP (սթրիփ) երիզ, ծուէն, կալանք, մերկացնել, կեղեւը հանել, կողոպտել։
STRIPE (սթրայփ) շերտ, երիզ, մասնէք, նշան, մտրակի հարուած, շերտաւորել, երիզաւորել։
STRIP'LING (սթրիփ'լինկ) լաճ, լաճուկ։
STRIVE (սթրայվ) ճգնիլ, մաքառիլ, ճիգ թափել, մրցակցիլ։
STROBILE (սթրօ'պայլ) կոն, սարոբողոն։
STROKE (սթրօք) հարուած, բախում, հպում, կաթուած, գրչի հարուած, գարկ, գիծ, փայփայել, ողորկել, շփել։
STROLL (սթրօլ) թափառիլ, պտոյտ ընել, պտոյտ։
STRONG (սթրօնկ) զօրաւոր, ուժղին, կարող, դիմացկուն, ազդու։
STRONGHOLD ամրութիւն։
STROP սրելու փոկ, ճոպան։
STROVE (սթրօվ) ջանաց (տես **STRIVE**)։
STRUCK (սթրըք) տես **STRIKE**։
STRUC'TURE (սթրըք'չըր) կառուցուածք, շինուածք, ձեւ, կազմութիւն։
STRUG'GLE (սթրըկ'լ) ջանալ, ճըգնիլ, տուայտիլ, պայքար, ճիգ։
STRUM (սթրըմ) անճոռնի կերպով նուագել։
STRUM'PET (սթրըմ'փէթ) բոզ։
STRUT (սթրըթ) յենակ, սիգալ։

STRUTTER *փքացող։*
STUB (սթըփ) *բուն, արմատ, արմատէն հանել։*
STUB'BLE (սթըպ'պլ) *խոզան, խոզանալից արտ։*
STUBB'ORN (սթըպ'պօրն) *կամակոր, յամառ։*
STUCK-UP *ինքնահաւան, կանգուն։*
STUD (սթըտ) *զարդագամ, նեցուկ, կոճակ, բեւեռազարդել։*
STUD-BOLT *կրկնածայր նիգ։*
STU'DENT (սթիու'տընթ) *ուսանող, ուսումնական, գիտուն։*
STUDIED (սթըտ'իտ) *ուսումնասիրուած, ուսեալ։*
STU'DIO սթիու'տիօ) *արուեստանոց։*
STU'DIOUS *ուսումնասէր, ժրաջան։*
STUDY (սթըտ'ի) *ուսում, պարապմունք, քննութիւն, ուսանիլ, սերտել, քննել։*
STUFF (սթըֆ) *նիւթ, էական մաս, ապրանք, թխմել, լեցնել, խճողել։*
STUFF'Y *յամառ, դեղ։*
STULTIFY (սթըլ'թիֆայ) *ապուշ դարձնել։*
STUM'BLE (սթըմպլ) *գայթիլ, ոտքը սահիլ, սայթաքիլ։*
STUMBLING-BLOCK *անկման պատճառ։*
STU'MER (սթիու'մըր) *կեղծ դրամ կամ վճարագիր։*
STUMP (սթըմփ) *կոճղ, իրան, մնացորդ, ջնջել, ոտքով զարնել, ասպարէզ կարդալ։*
STUMP'Y (սթըմփ'ի) *կարճ ու գէր։*
STUN (սթըն) *անզգայացնել, ապշեցընել։*
STUNNER *ապշեցուցիչ, առաջնակարգ։*
STUNK *խածաւ, խայթեց։*
STUNT (սթընթ) *ազազուն, նիհար, աճման արգելք, աճումը արգիլել։*
STUPE (սթիուփ) *տաք, դիլէ, վէրքի լոգացման լաթ։*
STUPEFECTION (սթիու'փէֆէքշըն) *անզգայացնում, ընդարմացում։*
STU'PEFY (սթիու'փիֆայ) *թմրեցընել, ապշեցնել։*
STUPEN'DOUS (սթիուփէն'տըս) *զարմանալի, ապշեցուցիչ։*
STU'PID (սթիու'փիտ) *ապուշ, բթամիտ, տխմար։*
STU'POR (սթիու'փըր) *թմրութիւն, անզգայութիւն։*
STUPRATION (սթիուփրէյ'շըն) *բռնաբարութիւն։*
STURD'Y (սթըրտի') *հուժկու, զօրաւոր, բիրտ։*
STUR'GEON (սթըր'ճըն) *թառափ ձուկ։*
STUTT'ER (սթըթ'թըր) *կմկմալ, կակազել, թոթովել։*
STY (սթայ) *խոզանոց, կփուց։*
STYGIAN (սթիճ'իըն) *դժոխային։*
STYLE (սթայլ) *սլաք, կնիք, ոճ, եղանակ, կերպ, որակել, կոչել, տիտղոս տալ։*
STYLISH *վայելուչ, նորավայել։*
STY'LIST (սթայլ'իսթ) *ոճագէտ, սահուն գրող։*
STYLUS (սթայ'լըս) *ստուերացոյց, սլաք։*
STYLOGRAPH. STYLO (սթայ'լօկրէֆ, սթայ'լօ) *սլաքագիր, երկաթ գրիչ։*
STYP'TIC (սթիփ'թիք) *կծկիչ, պնդիչ (դեղ)։*
SUA'SION (սուէյ'ժըն) *համոզում։*
SUAVE (սուէյվ) *քաղցր, շնորհալի։*
SUASORY (սուէյ'զօրի) *համոզողական։*
SUAV'ITY (սուէյվ'իթի) *վայելչութիւն։*
SUBACID (սէպէս'իտ) *ենթաթթու։*
SUBAGENT *փոխ գործակալ։*
SUBAHDAR (սուպէտա'ր) *գաւառակի հրամանատար։*
SUB'ALTERN (սըպ'էլթըրն) *ստորադաս, փոխ-հարիւրապետ։*
SUBAQUATIC (սըպէքուէթ'իք) *ենթաջրային։*
SUBAUDITION (սըպօտի'շըն) *լռելեայն հասկցողութիւն։*
SUBCLASS' *ստորաբաժանում (կարգի)։*
SUBCONSCIOUS (սըպքան'շըս) *ենթագիտակցական։*

SUBDIVIDE' (սըպտիվայտ') *ստորաբաժանել։*

SUBDUE' (սըպտիու') *նուաճել, հընազանդեցնել։*

SUBED'ITOR (սըպէտ'իթըր) *օգնական խմբագիր։*

SUBJA'CENT (սըպճէյ'սընթ) *ենթակայ, ստորադաս։*

SUBJECT (սըպ'ճէքթ) *ենթակայ, հըպատակ, բնաբան, առարկայ, ծառայ, տէրբայի, ենթարկել, նուաճել, ստորադասել։*

SUBJECT MATTER *ուսման առարկայ, նկատելի նիւթ։*

SUBJEC'TION *նուաճում, հնազանդութիւն։*

SUBJEC'TIVE *ենթակայական, ներիմացական։*

SUBJOIN' (սըպճօյն') *աւելցնել, յարել։*

SUB'JUGATE (սըպ'ճիուկէյթ) *հպատակեցնել, նուաճել։*

SUBJUGA'TION *նուաճում, հպատակութիւն։*

SUBJUNC'TIVE *ստորադասական։*

SUBLEASE' *ենթավարձակալութիւն։*

SUB'LIMATE (սըպ'լիմէթ) *վերացեալ, ջերմացեալ, ջերմածել։*

SUBLIMATE (սըպ'լիմէյթ) *ջերմածոյթ, հրացնդակ։*

SUBLIMA'TION (սըպ'լիմէյշըն) *վերացում, ջերմածութիւն, վսեմացում։*

SUBLIME' (սըպլայմ) *բարձր, գերագոյն, վերացնել, վսեմացնել։*

SUBLIM'ITY (սըպլիմ'իթի) *բարոյական բարձրութիւն, վսեմութիւն։*

SUB'MARINE (սըպ'մէրին) *ընդծովեայ։*

SUBMERGE' (սըպմըրճ') *մխրճել, ընկղմել, հեղեղել։*

SUBMERSILE *սուզանաւ։*

SUBMI'SSION *հնազանդութիւն, մեծարանք։*

SUBMIT' (սըպմիթ') *ենթարկել, հընազանդիլ, համակերպիլ։*

SUBORD'INATE *ստորակարգ, ստորադասել։*

SUBORN (սըպօրն') *սուտ երդում ընել տալ, մոլորեցնել։*

SUBSCRIBE' *ստորագրել, բաժանորդագրուիլ։*

SUB'SCRIPT *ստորագիր, ենթագիր։*

SUBSCRIP'TION *ստորագրութիւն, բաժանորդագին, վճարում։*

SUB'SEQUENT (սըպ'սիքուընթ) *յետագայ, գալիք, յաջորդ։*

SUBSERVE (սըպսըրվ') *նպաստել, ծառայել։*

SUBSIDE (սըպսայտ') *նստիլ, հանդարտիլ, իջնել։*

SUBSID'IARY (սրպսիտ'իէրի) *նպաստ, օժանդակ։*

SUB'SIDIZE (սըպ'սիտայզ) *նպաստել, օգնել։*

SUBSIDY (սըպ'սիտի) *օժանդակութիւն։*

SUBSIST' (սըպսիսթ') *ըլլալ, կայանալ, ապրիլ։*

SUB'STANCE (սըպ'սթընս) *նիւթ, էութիւն, մարմին, ինչք, հարստութիւն։*

SUBSTAN'TIAL *էական, հիմնական, իրական։*

SUBSTAN'TIATE (սրպսթէն'շիէյթ) *գոյացնել, հաստատել։*

SUB'STANTIVE *գոյական, գոյացական։*

SUB'STITUTE *փոխանորդ, տեղապահ, փոխանորդել։*

SUBSTRUC'TION *հիմունք, ենթակառոյց։*

SUB'TERFUGE (սըպ'թըրֆիուճ) *նրբաբանութիւն, փախուստ։*

SUBTERRANEAN (սըպթըրէյ'նիըն) *ստորերկրեայ, գետնափոր, քարայրաբնակ։*

SUBTTE (սըթ'ըլ) *նրբամիտ, խորամանկ, փափուկ, լպրծուն։*

SUBSTRACT' *հանել, բառնալ։*

SUBSTRAC'TION *հանում, բարձում։*

SUB'URB (սըպ'ըրպ) *արուարձան։*

SUBVEN'TION (սըպվէն'շըն) *դրամական օգնութիւն, նպաստ։*

SUBVER'SION (սըպվըր'շըն) *կործանում, ջնջում։*

SUBVERT' (սըպվըրթ') քանդել, մոլորեցնել։
SUB'WAY (սըպուէյ) գետնուղի։
SUCCEED' (սըքսիտ') յաջորդել, տեղը անցնիլ, դահը ելլել։
SUCCESS' (սըքսէս') յաջողութիւն, ելք։
SUCCES'SION յաջորդութիւն, ժառանգութիւն, սերունդ։
SUCCE'SSIVE յաջորդական։
SUCCINCT' (սըքսինքթ') հակիրճ, ամփոփ։
SUCC'OUR (սըք'քըր) օգնութեան հասնիլ, օգնութիւն։
SUCC'ULENT (սըք'իուլընթ) հիւթեղ, ջրոտ։
SUCCUMB (սըքըմ) ընկճիլ, յաղթուիլ, տեղի տալ։
SUCH (սըչ) նման, այնպիսի։
SUCH AND SUCH այս կամ այն։
SUCH AS իբրեւ, զորօրինակ։
SUCH AS IT IS ինչպէս որ է։
SUCK (սըք) ծծել, քաշել, ծծում, ծծուածք։
SUCK'ER ծծող, ծծան, մակաբոյծ։
SUCK'LE (սըք'քլ) դիեցնել։
SUCK'LING դիեցուն, կաթնակեր։
SUC'TION ծծում, քաշելը։
SUDAN (սուտէն) Սուտան։
SUDD'EN (սըտ'ըն) անակնկալ, արագ, յանկարծական։
SUDORIFIC (սիուտորիֆ'իք) քրտնաբեր (դեղ)։
SUDS (սըտզ) սապոնջուր։
SUE (սիու) դատ բանալ, հետեւէն իյնալ։
SUEDE (սուէյտ) այծի մորթ։
SU'ET (սիուէթ') ճարպ։
SUFF'ER (սըֆ'ֆըր) քաշել, տոկալ, համբերել, ցաւ քաշել։
SUFF'ERANCE միջոց, տառապանք, տոկողութիւն։
SUFFICE' (սըֆայս') ձեռք տալ, գոհացնել։
SUFFI'CIENCY (սըֆֆի'շընսի) առատութիւն, կարողութիւն։
SUFFI'CIENT (սըֆֆի'շընթ) բաւական, կարող, առատ։

SUFF'IX (սըֆֆիքս') յետամասնիկ։
SUFFO'CATE (սըֆ'ֆօքէյթ) խեղդել, հեղձամահ ընել։
SUFFOCA'TION խեղդում, հեղձամահութիւն։
SUFF'RAGE (սըֆ'րէճ) ձայն, քուէ, մաղթանք, աղօթք։
SUFF'RAGIST քուէի իրաւունք պահանջող։
SUFFUSE' (սըֆֆիուզ') տարածել, թրել, ներկել։
SUFFU'SION (սըֆֆիու'ժըն) ներթափանցում, ծաւալում։
SUFISM (սու'ֆիզմ) սուֆիականութիւն։
SUGAR (շուկըր) շաքար։
SUGAR CANE շաքարեղէգ։
SUGAR-PLUM նշանաքար։
SU'GARY շաքարախառն։
SUGGEST' (սըճէսթ) թելադրել, առիթ տալ, միտքը ձգել։
SUGGES'TION թելադրութիւն, առաջարկ։
SUGGES'TIVE թելադրական։
SUI'CIDE (սու'իսայտ) անձնասպանութիւն։
SUIT (սիութ) աշխատանք, ջանք, դատդատ, շքախումբ, յարմարցնել, համաձայնիլ։
SUIT CASE ճամպրուկ։
SUIT'ABLE յարմար, վայելուչ։
SUITE (սուիթ) շքախումբ, խումբ, շարք, յաջորդութիւն։
SUIT'OR (սիութ'ըր) դատախազ, հայցող, հետամուտ, սիրահար։
SULK (սըլք) երեսը կախել, խոժոռիլ։
SUL'KY կախերես, խոժոռ։
SULL'AGE (սըլ'լէճ) աղբ, խարամ։
SULL'EN (սըլ'լըն) խոժոռ, դաժան, դանդաղ։
SULL'Y (սըլ'լի) արատաւորել, արատ, աղտ։
SUL'PHATE (սըլ'ֆէյթ) ծծմբատ։
SULPHUR (սըլ'ֆըր) ծծումբ։
SULPHUR'EOUS ծծմբային։
SULTAN (սըլ'թըն) սուլթան։
SUL'TANATE սուլթանութիւն։
SUL'TRY (սըլ'թրի) հեղձուցիչ։

SUM (սըմ) գումար, գումարել։
SUM'MARIZE (սըմ'մէրայզ) ամփոփել։
SUMM'ARY (սըմ'մէրի) ամփոփ, հակիրճ, ամփոփում։
SUMMA'TION համագումար, գումարում։
SUMM'ER ամառ, հեծան, վերնաքար։
SUMMER TIME ամառնային ժամ։
SUMMERSAULT թաւալգլոր, ոտմպալակ։
SUMM'IT (սըմ'միթ) գագաթ, կատար։
SUMMO'N (սըմ'մըն) կոչել, հրաւիրել, ատեան կոչել։
SUMM'ONS կոչ, հրաւէր։
SUMP (սըմփ) ջրատիղմ, լճանոց։
SUMP'TER (սըմփ'թըր) գրաստ։
SUMP'TUARY ծախսի յատուկ, ծախսային։
SUMP'TUOUS (սըմփ'թիուըս) մեծածախս, փառաւոր։
SUN (սըն) արեւ, արեւել։
SUN-BATH արեւի լոգանք։
SUNBATHE արեւի լոգանք առնել։
SUNBEAM ճառագայթ։
SUNBLIND արեւարգել պատուհան։
SUN DEW ցօղաբոյս։
SUNDOG կրկներեւոյթ արեւի։
SUNDOWN արեւմուտք։
SUN-FISH արեւաձուկ։
SUN FLOWER արեւածաղիկ։
SUN RISE արեւածագ։
SUN-SET արեւմուտք։
SUN SHADE արեւանոց։
SUN STROKE արեւահարութիւն։
SUNDAY կիրակի։
SUNDER (սըն'տըր) բաժնել, զատել, բաժանում։
SUN'DRY (սըն'տրի) զանազան։
SUNGLASSES արեւապակի։
SUNLESS անարեւ։
SUNN'Y արեւոտ, պայծառ։
SUP (սըփ) ումպ, ումպ խմել; ընթրել։
SU'PERABLE յաղթելի։
SUPERANN'UATE (սիուփըրէն'նիուէյթ) հանգստեան թոշակ կապել։
SUPERB (սիուփըրպ') գերազանց. ընտիր։
SUPERCILIARY (սիուփըրսի'լիէրի) յօնաւոր, յօնական։
SUPERCIL'IOUS ամբարտաւան, հըպարտ։
'SUPERFI'CIAL մակերեսային, հարեւանցի։
SU'PERFINE գերընտիր, գերազնիւ։
SUPERF'LUOUS աւելորդ, անպէտ։
SUPERHU'MAN գերմարդկային։
SUPERINDUCE' վեր յաւելուլ, մակարկել։
SUPERINTEND' վերահսկել, վրան կենալ։
SUPERINTEND'ENT վերակացու, տեսուչ։
SUPER'IOR գերագոյն, վերին, բարձրագոյն։
SUPERIO'RITY գերազանցութիւն։
SUPERL'ATIVE գերադրական։
SU'PERMAN Նիչէի Գերմարդը։
SUPERN'AL վերին, երկնային։
SUPERNATURAL գերբնական։
SUPERNU'MERARY գերաթիւ, մակաթիւ։
SUPERPOSE մակադրել։
SUPERSCRIP'TION մակագրութիւն։
SUPERSEDE' (սիուփըրսիտ') տեղը բռնել, յաջորդել, առկախել։
SUPERSTI'TION նախապաշարում, սնապաշտութիւն։
SUPERSTI'TIOUS աւելորդապաշտ։
SUPERTAX . յաւելուածական տուրք։
SUPERVENE' պատահիլ, հասնիլ, վրան գալ։
SUPERVEN'TION վերագայութիւն։
SUPERVISE' վերահսկել, քննել։
SUPERVI'SION վերակացութիւն։
SU'PERVISOR վերակացու։
SUPINE' (սիուփայն') անտարբեր, վարահակ, բայանուն։
SUPP'ER (սըփ'փըր) ընթրիք, ընթրել։
SUP'PLEMENT (սըփ'լըմընթ) յաւելուած, աւելցնել։
SUPPLEMEN'TARY յաւելուածական։
SUPP'LIANT աղերսող։

SUPP'LICATE (սըփ'լիքէյթ) *աղերսել, հայցել։*

SUPPLICA'TION *պաղատանք, աղերս։*

SUPPLY' *պարենաւորում, պաշար, հայթայթել, հոգալ, պակասը լրացընել։*

SUPPORT' *նեցուկ, օգնութիւն, ապաւէն, զօրավիգ, վեր բռնել, տանիլ, ուժ տալ, ապրեցնել, պաշտպանել։*

SUPPOSAL *ենթադրանք։*

SUPPOSE' *ենթադրել, համարել, կարծել։*

SUPPOSI'TION *ենթադրութիւն, վարկած։*

SUPPRESS' (սըփրէս') *ընկճել, նուաճել, ջնջել, սանձել։*

SUPPRESS'ION *ջնջում, խափանում, ընկճում։*

SUPP'URATE (սըփ'փիուրէյթ) *թարախել։*

SUPREM'ACY (սիուփրէմ'էսի) *գերակայութիւն, գերիշխանութիւն։*

SUPREME' *գերագոյն, վսեմ, ծայրագոյն։*

SUR'CHARGE *ծանրաբեռնել, չափ լեցնել, մակագրել (դրոշմաթուղթը)։*

SURC'OAT *մեկնոց, կրկնոց։*

SURD (սըրտ) *անհամաչափ, համր (գիր)։*

SURE (շուր) *վստահ, ապահով, հաւաստի։*

SURETY *ապահովութիւն, երաշխիք, ստուգութիւն։*

SURF (սըրֆ) *կոհակ, ուռուցում (ծովի)։*

SURFACE (սըրֆէյս) *երես, մակերես։*

SURF'EIT (սըր'ֆիթ) *յափրացում, յափրացնել, յափրանալ։*

SURGE (սըրճ) *կոհակ, մեծ ալիք, ուռիլ, բարձրանալ։*

SUR'GEON (սըր'ճըն) *վիրաբոյժ, վիրահատ։*

SURGERY *վիրաբուժութիւն։*

SUR'GICAL *վիրաբուժական։*

SURLY' (սըրլ'ի) *խոժոռ, կախերես։*

SURMISE' (սըրմայզ') *ենթադրել, կարծել։*

SURMOUNT' (սըրմաունթ) *վրան ելլել, յաղթել, գերազանցել։*

SURN'AME *մականուն։*

SURPASS' *գերազանցել։*

SURP'LUS *յաւելուած, մնացորդ։*

SURPRISE' *անակնկալ, ապշանք, անակնկալի բերել, ապշեցնել։*

SURREN'DER *յանձնել, անձնատուր ըլլալ, անձնատուութիւն։*

SURREPTI'TIOUS *գաղտագողի, ընտապատիր։*

SU'RROGATE (սըր'րօկէյթ) *փոխանորդ, պատուիրակ։*

SURROUND' *շրջապատել։*

SURTAX *յաւելուածական տուրք։*

SURT'OUT (սըրթ'աւ) *թիկնոց։*

SURVEILL'ANCE (սըրվէյ'լընս) *հսկողութիւն։*

SURVEY' (սըրվէյ') *նայիլ, դիտել, քննել, չափել, փորձագիտանք, արտաչափութիւն։*

SURV'EYOR *քննաչափ, արտաչափ, քննիչ։*

SURVIVAL *ուրիշէ ետք ապրիլը, յարատեւումը, վերջամնացութիւն։*

SURVIVE' *յետապրիլ, վերջակեաց ըլլալ, վերապրիլ։*

SUSCEP'TIBLE (սըսէփ'թիպլ) *ընդունակ, ենթակայ, դիւրազգաց։*

SUSPECT (սըսփէքթ') *կասկածիլ, տարակուսիլ։*

SUSPEND' (սըսփէնտ') *առկախել, կախակայել, ընդհատել, դադրեցնել։*

SUSPENDERS *ձգանակ, ձգափոկ։*

SUSPENSE' *անորոշութիւն, կախում։*

SUSPEN'SION *առկախութիւն, կախակայութիւն։*

SUSPENSION BRIDGE *առկախեալ կամուրջ։*

SUSPI'CION *կասկած, վարկանք։*

SUSPI'CIOUS *կասկածելի, կասկածոտ։*

SUSPIRAL (սըսփայ'րըլ) *շնչահան, օդամուտ։*

SUSTAIN' (սըսթէյն') *վեր բռնել, կանգուն պահել, ույժ տալ, դիմանալ։*

SUS'TENANCE սնունդ, պահեստ, ապրուստ։
SUTURAL (սիու'թիուրըլ) կարարանային, կցուածային։
SU'TURE (սիու'թիուր) կար, կարան, կցուածք։
SU'ZERAIN (սիու'զըրէյն) գերիշխան։
SWAB (սուապ) ընջան, քըջնել։
SWA'DDLE (սուատ'տլ) խանձարուր, բարուրել։
SWAG (սուէկ) կախուիլ, ճօճել, ճօճում։
SWAGG'ER տատանիլ, յոխորտալ։
SWAIN (սուէյն) պատանի հովիւ, գեղջուկ։
SWALE (սուէյլ) ձոր, հովիտ։
SWA'LLOW (սուալ'լօ) ծիծեռնակ, կոկորդ, կուլ տալ, լափել։
SWAM լողաց (տես SWIM)։
SWAMP (սուամփ) մօրուտ, ճախիճ։
SWAN (սուօն) կարապ, պոռ։
SWANK (սուէնք) յոխորտացող, յոխորտանք։
SWARD (սուարտ) մարմանդ, մարգով ծածկել։
SWARM' (սուօրմ) հոյլ, երամ, խըռնուիլ, տատանել։
SWAR'THY թխորակ, սեւաթոյր։
SWASH (սուաշ) ժխոր, աղմուկ, առու, պզտիկ ջրանցք, աղմկել, մեծ մեծ ջարդել։
SWATH (սուօթհ) հնձուք, կապ, փաթոյթ, երիզ։
SWAY շարժում, ճօճում, կշիռ, գաւազան։
SWEAR (սուէր) երդում ընել, վըկայել, հայհոյել։
SWEAT (սուէթ) քրտինք, ջանք, քրտնիլ, տառապիլ։
SWEA'TER բուրդէ վերնաշապիկ։
SWEDE (սուիտ) վայրի շաղգամ։
SWEDE (սուիտ) Շուէտացի։
SWEDEN (սուիտըն) Շուէտ։
SWEEP (սուիփ) աւլել, մաքրել, սըրբել, տարողնել, քերել, տատանում, ճօճում, անջրպետ, ծխան, աւելածու։
SWEET (սուիթ) անոյշ, քաղցր, անուշեղէն։
SWEET-BREAD վզօն, շարոյր։
SWEET-HEART սիրահար, սիրուհի։
SWEETMEAT անուշեղէն, բանդակ։
SWEET POTATO բատատ, հողկիթ։
SWEET'EN քաղցրացնել, անուշցնել։
SWELL կոհակ, ալիք, ուռուցում, թրթռում, թեթեւսոլիկ, ուռիլ, ցցուիլ, աւելնալ։
SWELLING ուռ, այտուց, փքուռոյց։
SWELTER (սուէլ'թըր) տաքէն մարիլ։
SWEPT աւլուած (տես SWEEP)։
SWERVE (սուըրվ) շեղիլ, խոտորիլ։
SWIFT (սուիֆթ) արագ, կայծատեւ։
SWIG (սուիկ) շատ խմել, ըմպել։
SWILL (սուիլ) կուլ տալ, անկել։
SWIM լողալ, ծփալ, լողացում։
SWIN'DLE (սուինտ'լ) գրթել, շորթել, գրթանք։
SWINE (սուայն) խոզ։
SWING (սուինկ) ճօճում, տատանում, տատանիլ, ճօճել։
SWINGE (սուինճ) քշտել, փարել, խարազանել։
SWING'LE (սուինկլ) տոփան։
SWIPE (սուայփ) ուժգին հարուած, կորզել։
SWIRL (սուըրլ) պտուտք, յորձանք։
SWISH (սուիշ) խշրտուք, խարազանել։
SWISS (սուիս) Զուիցերիացի, զուիցերիական։
SWITCH (սուիչ) ածարկ, օժանդակ գիծ, երկճիւղ բանալի, ճպոտ, ածան, ցպկի, ծեծել, թրջել։
SWIV'EL (սուիվ'լ) շրջադարձ կեռ։
SWIZZLE տես SWINDLE։
SWOON (սուուն) մարմրուք, մարիլ։
SWOOP (սուուփ) խոյանք։
SWOP (սուափ) փոխանակութիւն։
SWORD (սուօրտ) սուր, թուր, սուսեր։
SWORDFISH սրաձուկ։
SWORDS'MAN վարպետ սրախաղ։
SWORN (սուօրն) երդուեալ։

SWOT (սուօթ) տքնող ուսանող, անդուլ աշխատիլ։
SWUM PP. OF SWIM։
SWUNG PP. OF SWING։
SYB'ARITE (սիպ'էրայթ) վաւաշոտ, հեշտասէր։
SYC'AMINE (սիք'էմայն) սեւ թթենի։
SYCAMORE (սիքէ'մօր) մոլաթզենի։
SYC'OPHANT (սիք'օֆընթ) հացկատակ, քծու։
SYLL'ABLE (սիլլ'էպլ) վանկ, հեգ։
SYLL'ABUS (սիլ'լէպըս) ցուցակ։
SYLL'OGISM (սիլ'լօճիզմ) հաւաքաբանութիւն։
SYLPH (սիլֆ) օդապար, պարիկ։
SYM'BOL (սիմպօլ) նշան, խորհրդանշան։
SYM'BOLISM խորհրդապաշտութիւն։
SYMBOLIZE (սիմ'պօլայզ) խորհրդանշել։
SYMM'ETRY (սիմ'մէթրի) համաչափութիւն, համադրութիւն։
SYMPATHET'IC (սիմփէթհէթ'իք) համակրական։
SYM'PATHIZE համակրել։
SYM'PATHY համակրանք։
SYM'PHONY (սիմ'ֆօնի) համերգ։
SYMPOS'IUM (սիմփօ'զիըմ) կոչունք, խնջոյք։
SYMP'TOM (սիմփ'թըմ) ախտանիշ։
SYN'AGOGUE (սին'էկօկ) հրէից ժողովարան։
SYN'CHRONOUS համաժամ, ժամանակակից։
SYNCHRONIZE զուգադիպիլ, համադիպիլ։
SYN'COPATE (սինկ'քօփէյթ) կրճատել։
SYNCOPA'TION կրճատում։
SYNC'OPE (սինկ'քօփ) ուշագնացութիւն, կրճատում։
SYN'DIC (սին'տիք) գործակալ, սենտիկոս։
SYN'OD (սին'օտ) սինոդ։
SYN'ONYM (սին'օնիմ) համանիշ։
SYNO'PSIS (սինափ'սիս) համառօտ, պայծառատեսութիւն, համփոփում։
SYNOVIA (սինօ'վիէ) յօդաւիշ, շրճահիւթ։
SYNOVI'TIS (սինօվայ'թիս) յօդաշային թաղանթի բորբ։
SYNTAX (սին'թէքս) շարադասութիւն, համաձայնութիւն։
SYN'THESIS (սին'թըսիս) համադրութիւն։
SYPH'ILIS (սիֆ'իլիս) ֆրանկախտ։
SYRIAC (սիր'իէք) ասորական։
SYRINGA' (սիրինկէ') փիլադելֆոս։
SY'RINGE (սի'րինճ) ցրիչ, ցրիչել։
SY'RUP (սիր'ըփ) օշարակ։
SYSSARCOSIS (սիսէրքօ'սիս) մսայօդում։
SYS'TEM (սիս'թըմ) դրութիւն, մեթոտ, ոճ, կանոն։
SYSTEMAT'IC կանոնաւոր, կարգաւոր։
SYS'TEMATIZE կանոնաւորել։
SYSTEMATIZA'TION կանոնաւորացում։
SYS'TOLE (սիս'թօլ) սրտի կծկանք։

T

TAB (թէպ) կօշկակապ, քղանցք.
TAB'ARD (թէպ'ըրտ) հին վերարկու մը, մունետիկի թիկնոց։
TAB'ARET (թէպ'էրէթ) ճաճանչաւոր կերպաս։
TABB'Y (թէպ'պի) արուեստական քար, պառաւ օրիորդ, շատախօս, նախշուն կատու։
TAB'ERNACLE (թէպ'ըրնէքլ) խորան, բնակութիւն, տաղաւար։
TAB'INET (թէպինէթ) մետաքսաւոր կերպաս։
TA'BLATURE (թէպ'լէթիուր) որմանկար, պատկեր։
TA'BLE (թէյ'պլ) սեղան, ցուցակ, աղիւսակ, նկար, տախտակ, ցուցակագրել, ագուցել, դասաւորել։
TABLEAU (թէպ'լօ) պատկեր, նկար։
TABLE D'HOTE հիւրասեղան։
TABLET (թէպ'լէթ) դարակ, պնակիտ, յուշատետր։
TABOO (թէպու') բանադրանք։
TA'BOR (թէյպըր) թմբկիկ։
TAB'OURET (թէպ'ուրէթ) աթոռակ, քարկահ։
TAB'ULAR (թէպ'իուլըր) սեղանաձեւ, դասաւորեալ։
TAB'ULATE (թէպ'իուլէյթ) աղիւսակել, հարթաձեւել։
TABULA'TION աղիւսակ, հարթաձեւութիւն։
TA'CIT (թէս'իթ) լռելեայն։
TA'CITURN (թէս'իթըրն) վերապահ, սակաւախօս։
TACITURN'ITY վերապահութիւն, սակաւախօսութիւն։
TACK (թէք) սեպիկ, գամիկ, կցօն, ծոպ, կցել, կցորդել, հովին կողմը դարձնել։
TACKLE (թէք'լ) ճախարակ, վերամբարձ մը. կազմած, ճախարակել, լծել։
TACT (թէքթ) վարուողութիւն, նրբամտութիւն, հնարք։
TACTLESS ձախաւեր, անփափկանկատ։
TAC'TICS ռազմավարութիւն, մարտավարութիւն։
TACTI'CIAN ռազմավար, մարտավար։
TAC'TILE (թէք'թիլ) շօշափելի, ըզգալի։
TAD'POLE (թէտ'փօլ) գորտի ձագ։
TAFFY (թէֆ'ֆի) ռուպի շաքար։
TAFFY Կալլէօցի։
TAG (թէկ) պիտակ, ծայրորդ, վերջաբան, կապախաղ, պիտակել, ադարկել, դպչիլ։
TAIL (թէյլ) պոչ, տուտն, ագի, ձետ, ղմակ, յետամաս, ծայրէն բռնել, ետ մնալ, պոչ բռնել։
TAI'LOR դերձակ, կարել, ձեւել։
TAILO'RESS կարուհի։
TAINT (թէյնթ) արատ, բիծ, նեխութիւն, տոգորել, ներկել, վարակել։
TAKE առնել, բռնել, հմայել, կլլել, մարսել, յաջողիլ։
TAKE բռնուածք, առնուածք, ստացուածք, ստացուած գումար։
TAKE-IN կատակ, չորթանք։
TAKE-OFF նմանութիւն, ծաղրանկար, ցատկում։
TA'KING գրաւիչ, առնում, գրաւում, յուզում։
TALC (թէլք) տալկ, տալքոն։
TALE (թէյլ) պատմուածք, առասպել, հաշիւ, թիւ։
TAL'ENT (թէլ'ընթ) տաղանդ, հանճար, քանքար։
TAL'ENTED տաղանդաւոր։
TAL'ISMAN հմայեակ, յուռութք։
TALK (թօք) զրոյց, խօսք, առարաձայնութիւն, խօսիլ, ճառել։

TA'LKATIVE խօսուն, շատախօս, Թութակբերան։
TALL (թօլ) բարձրահասակ, երկայն։
TALL'OW (թէլ'լօ) ճարպ, ճարպոտել։
TALLY' (թէլ'լի) հաշուեփայտ, ծանգ, ծանգել, նշանակել։
TAL'MUD (թէլ'մըտ) Թալմուտ։
TALO'N (թէլ'ըն) մագիլ, ճիրան, կը-րունկ։
TAM'ARIND հնդկարմաւ։
TAMARISK գազ, մուրիկ։
TAM'BOUR (թէմ'պուր) Թմբուկ, քարկահ։
TAMBOURINE' Թմբկիկ, դափ։
TAME (թէյմ) ընտանի, նկուն, նուաճ-ել։
TAMELESS անհամ, անընտել։
TAMP (թէմփ) ծակը գոցել։
TAM'PER միջամտել, խառնուիլ։
TAN (թէն) կաղնիի կեղեւ, Թուխ գոյն, Թխացնել, կաշին աղաղել։
TAN'DEM (թէն'տէմ) երկու հեծանի հեծանիւ, տանդէմ։
TANG (թէնկ) զօրաւոր համ, կոթ. բուն դանակի, հնչել։
TAN'GENT (թէն'ճընթ) շօշափող, շօշափագիծ։
TAN'GIBLE (թէն'ճիպլ) շօշափելի։
TANG'LE (թէն'կլ) կնճռել, Թակարդել, Թնճուկ։
TANK աւազան, ջրամբար, հրասայլ։
TANK'ARD Թաս, պուտիճ։
TANK'ER քարիւղատար շոգենաւ։
TANN'ER խաղախորդ, ½ շիլինկ։
TAN'SY (թէն'սի) մեղուամաշկ, ա-գարիկոն։
TAN'TALIZE տանտալացնել, չարչըր-կել։
TAN'TAMOUNT (թէն'թէմաունթ) հաւասար, համարժէք։
TAN'TRUM (թէն'թրըմ) տղայական զայրոյթ։
TAP (թէփ) տափել, Թեթեւ զարնել, մեղմ հարուած։
TAPE (թէյփ) երիզ, նեղ ժապաւէն։
TA'PER (թէյ'փըր) մոմ, պզտիկ ճը-րագ։
TAP'ESTRY (թէփ'ըսթրի) գորգա-նկար, որմագորգ։

TA'PIR (թէյփըր) մօրտէկինճ։
TAPP'ET (թէփ'էթ) գ․ետառակ, յա-րակցակ։
TAP'STER (թէփս'թըր) կապելա-պան։
TAR (թար) կուպր, ձիւթ։
TARANTELL'A (թէրէնթէլա') նա-փոլիական պար մը։
TARB'OOSH (թարպ'ուշ) Թարպուշ, ակրպուշ, Ֆէս։
TARDY' (թարտ'ի) ուշ, անաղան։
TARE (թէ'ր) որոմ, վիքն, տարրայ։
TARG'ET (թար'կէթ) Թիրախ, նշա-նակէտ։
TA'RIFF (թէրիֆ) սակագին, սակ։
TARN (թարն) լեռնալիճ։
TARN'ISH (թար'նիշ) աղօտել, փայ-լատել։
TARP'ON (թար'փըն) տարպոն ձկ.։
TAR'RY (թար'րի) կպրոտ, ձիւթա-պատ։
TARS'US (թար'սըս) կոպաճառ, գար-շապար։
TART (թարթ) կծու, Թթուաշ, մըր-գահայա։
TART'AN (թար'թըն) քառակուսիոր պատառա։
TART'AR (թարթ'ըր) գինեմրուր, ատամնադիրտ։
TARTAR (թար'թար) Թաթար։
TARTARUS (թարթ'էրըս) գինեգար, տարտարոս։
TASK (թէսք) աշխատանք, գործ, սահմանել, հրամայել։
TASSEL (թէս'սլ) ծոպ, մուԹակ։
TASTE (թէյսթ) համ, ճաշակ, փորձ։
TASTELESS անհամ, անճաշակ։
TAT (թէթ) բոյնոյ, հնդկականնեփ, չինուած պարկ։
TATT'ER (թէթ'թըր) ցնցոտի, քուրջ։
TATT'ING ժանեակ, երիզ։
TAT'TLE (թէթ'թլ) շաղակրատել, շատախօսել։
TATTOO' (թէթու') հանդստատժամի Թմբկահարութիւն, դրոշմ, կատծ, կատծել։
TATT'Y (թէթ'թի) Թաց վարագոյր (զով պահելու)։

TAUGHT (թօթ) ուսուցուած (տես TEACH)։
TAUNT (թօնթ) ծաղրի առարկայ, ծաղրել, այպանել։
TAUT (թօթ) պիրկ, ամուր։
TAUTOL'OGY (թօթալ'օճի) կրկնաբանութիւն։
TAV'ERN (թէվ'ըրն) պանդոկ, գինետուն։
TAW (թօ) քարեգնդակ, մորթը պատրաստել։
TAWD'RY (թօ'տրի) յաւակնոտ։
TAWN'Y (թօնի) խարտեաշ, թխորակ։
TAX (թէքս) տուրք, հարկ, բաժ, տուրք դնել, ծանրաբեռնել։
TAXA'TION տուրք դնելը, տուրքի դրութիւն։
TAX'I (թէք'սի) վարձակառք։
TAX'IDERMY (թէքսիտըր'մի) մորթալցում։
TAZZA (թադ'զա) զարդարուն թաս մը։
TEA (թի) թէյ, թէյաճաշ, թէյահաւաքոյթ։
TEA-CUP թէյագաւաթ։
TEA-GARDEN թէյապարտէզ։
TEACH (թիչ) սորվեցնել, դաս տալ։
TEACHER (թիչ'ըր) ուսուցիչ։
TEAL (թիլ) մրտիմ։
TEAM (թիմ) խումբ, անդրավար, փոխադրել։
TEA-PARTY թէյերեկոյթ, թէյարբուք։
TEA'POY (թի'փոյ) (եռոտանի) թէյասեղան։
TEAR (թիր) արտասուք, արցունք։
TEAR (թի'ր) պատռել, ծուատել։
TEARING (թէր'ինկ) բուռն կատաղի։
TEASE (թիզ) ծուատել, գզել, նեղել, ձանձրացնել։
TEAS'EL (թի'զլ) լուսնատերեւի, ակքան, ակքանել։
TEAT (թիթ) պտուկ, ծիծ, ստինք։
TECH'NICAL (թէք'նիքըլ) գիտարուեստական։
TECHNOL'OGY (թէքնալ'օճի) արուեստագիտութիւն։
TE'DIOUS (թի'տիըս) տաղտկալի, յոգնեցուցիչ։
TE'DIUM (թի'տիըմ) տաղտուկ։
TEEM (թիմ) պարարել, յորդիլ։
TEEN (թին) վիշտ, դայրոյթ։
TEENS (թինզ) անչափահասութեան տարիք (13–19 տարիներ)։
TEETH (թիթհ) յգ. TOOTHի։
TEETHE (թիտհ) ակռայ հանել։
TEETO'TAL (թիթօ'թըլ) ամբողջական, լիակատար։
TEETO'TUM (թիթօթըմ) չանչան։
TEG'UMENT (թէկ'իուըմընթ) պատեան, ծածկոյթ։
TEL'EGRAM (թէլ'իկրէմ) հեռագիր, հեռագրալուր։
TEL'EGRAPH հեռագիր։
TELEG'RAPHIST հեռագրող։
TELEG'RAPHY հեռագրութիւն.
TELEKINE'SIS հեռաշարժում։
TELEOL'OGY (թէլիալ'օճի) վախճանաբանութիւն։
TELEP'ATHY (թիլէփ'էթհի) հեռազգայութիւն։
TEL'EPHONE (թէլ'իֆօն) հեռաձայն։
TEL'ESCOPE (թէլ'իսքօփ) հեռադիտակ։
TELEVI'SION (թէլիվիժ'ըն) Հեռուստատես, հեռացոյց, հեռատեսիլ։
TELL (թէլ) ըսել, թուել, պատմել։
TELL-TALE (թէլ'թէյլ) քսու, բացբերան։
TELL'ER ըսող, պատմող, արկղակալ։
TEME'RITY (թիմէր'իթի) ժպրհութիւն, յանդգնութիւն։
TEM'PER (թէմ'փըր) չափաւորութիւն, խառնուրդ, բնաւորութիւն, կիրք, չափաւորել, մեղմացնել, պողպատը ջրարկել։
TEM'PERAMENT խառնուածք, բնաւորութիւն։
TEM'PERANCE չափաւորութիւն, ժուժկալութիւն։
TEM'PERATE (թէմ'փըրրէթ) չափաւոր, ժուժկալ, պաղարիւն։
TEM'PERATURE (թէմ'փըրէթիուր) բարեխառնութիւն։

TEMPEST (թէմ'փէսթ) *փոթորիկ, ամպրոպ։*
TEMPES'TUOUS (թէմփէս'թիուըս) *փոթորկալից, ալեկոծ։*
TEM'PLAR (թէմ'փլըր) *տաճարական (ասպետ)։*
TEM'PLE (թէմ'փլ) *տաճար, մեհեան։*
TEM'PORAL (թէմ'փորըլ) *ժամանակաւոր, աշխարհական։*
TEM'PORARY *առժամեայ, ժամանակաւոր։*
TEM'PORIZE (թէմփորայզ) *պարագային յարմարիլ։*
TEMPT (թէմթ) *փորձել, հրապուրել։*
TEMPTA'TION *փորձութիւն, հրապոյր։*
TEMSE (թէմս) *մաղ։*
TEN (թէն) *տասը։*
TENFOLD *տասնապատիկ։*
TENTH *տասներորդ։*
TEN'ABLE (թէն'էպլ) *բռնելի, պահելի։*
TEN'ACE (թէն'էյս) *առաջին եւ երրորդ լաւագոյն քարտերն ունենալն։*
TENACIOUS (թինէյ'շըս) *կպչուն, յամառ, կծծի։*
TEN'ANCY (թէն'ընսի) *վարձակալութիւն, հողակալութիւն։*
TEN'ANT (թէն'ընթ) *վարձակալ, վարձել։*
TEN'ANTRY *վարձակալք, հողակալք։*
TENCH (թէնչ) *տինկայ, պրկաձուկ։*
TEND (թէնտ) *հակել, հոգալ, խնամել, ծառայել, զգուշանալ, ձգտիլ, միտիլ։*
TEN'DANCE (թէն'տընս) *սպասում, ուշադրութիւն։*
TEN'DANCY *ձգտում, հակում, միտում։*
TENDEN'TIOUS (թէնտէն'շըս) *հակամէտ, նախապաշարուած։*
TENDER *փափուկ, մատաղ, գողտրիկ, գթասիրտ, նուրբ։*
TEN'DER (թէն'տըր) *խնամք տանիլ, հոգալ, հրամցնել առաջարկել։*
TEN'DON (թէն'տըն) *ջղեր, լար, նեարդ։*
TEN'DRIL (թէն'տրիլ) *ոլորած ծիլ, խիղր, խոպոպ։*
TENEBROUS (թէն'իպրըս) *մառայլ, մթին։*
TEN'EMENT (թէն'իմընթ) *վարձեալ տուն, յարկաբաժին, ագարակ։*
TEN'ET (թէն'էթ) *հաւատամք։*
TENN'IS (թէն'նիս) *թենիս։*
TEN'ON (թըն'ըն) *կռուան։*
TEN'OR (թէն'ըր) *ընթացք, վարք, իմաստ, թենոր։*
TENSE (թէնս) *ժամանակ (բայի), ձիգ, պիրկ։*
TEN'SION (թըն'շըն) *ճնշում, ձըգտելի։*
TEN'SION (թէն'շըն) *ճնշում, ձըգտում, պրկում։*
TENT (թէնթ) *վրան, տաղաւար, վիրախոյզ (գործի), պատարագի գինի։*
TEN'TACLE (թէն'թէքլ) *շօշափուկ, բողկուկ։*
TEN'TATIVE (թէն'թէթիվ) *փորձառական, նախափորձ։*
TEN'TER (թըն'թըր) *խեչակ։*
TEN'UOUS (թէն'իուըս) *նուրբ, նօսր։*
TEN'URE (թէն'իուր) *վարձակալութիւն։*
TEPEFY (թէփ'իֆայ) *գաղջացնել, եղկել։*
TEPID (թէփիտ) *գաղջ, եղկ։*
TEPID'ITY (թիփիտ'իթի) *գաղջութիւն։*
TERATOL'OGY (թէրէթալ'օճի) *հրէշաբանութիւն, եղծանութիւն։*
TER'CEL (թըրսէլ) *արու բազէ։*
TERCENTE'NARY (թըրսէն'թինէրի) *երեքհարիւրամեան։*
TE'REBINTH (թէր'իպինթհ) *բեւեկնի։*
TERE'DO (թէրի'տօ) *շաղափուկ, նաւախեցի։*
TERGYVERSA'TION (թըրճիվըրսէյշըն) *փոփոխամտութիւն, խուսափանք։*
TERM (թըրմ) *սահման, ծայր, ժամկէտ, պայմանաժամ, նիստ, քառորդ, միջոց, կոչել, անուանել։*

TERM'AGANT (թըրմ'էկընթ) կըռուազան կին։
TERM'INABLE վերջանալի, սահմանելի։
TERM'INAL ծայրական, ծայրի, ծայր, վերջ, վերջնակայան։
TERM'INATE վերջացնել, աւարտել։
TERMINA'TION վախճան, վերջ, սահման, եզր։
TERMINOL'OGY եզրաբանութիւն, յատկաբանութիւն։
TERM'INUS (թըրմ'ինըս) սահման, աւարտ, վերջնակայան։
TERM'ITE (թըրմ'այթ) ճերմակ մրջիւն։
TERN (թըրն) ծովածիծառ։
TER'NARY (թըրն'էրի) երրեակ, եռապատիկ։
TERRA (թէր'է) երկիր, հող։
TE'RRUCE (թէ'րէս) դարաւանդ, պատշգամ, տանիք։
TERRAIN' (թէրէյն') գետին, ժայռագոտի, տարածութիւն։
TE'RRAPIN (թէր'էփին) մեծ կրիայ։
TERRA'QUEOUS (թէրէյ'քուիըս) հողէ եւ ջուրէ։
TERRENE' (թէրրին') երկրային։
TERRES'TIAL (թէրէս'թիըլ) երկրային, ցամաքային։
TE'RRIBLE (թէր'ըպլ) սոսկալի, ահռելի։
TE'RRIER (թէր'իըր) գետնաշուն, երկրապահ զինուոր։
TERRIFI'C (թէրիֆ'իք) ահռելի, սարսափելի։
TER'RIFY սարսափեցնել։
TERRINE' (թըրրին) պոյտ, կճուճ։
TERRITOR'IAL (թէրիթոր'իըլ) հողային, ցամաքային։
TER'RITORY երկրամաս, երկիր։
TE'RROR (թէր'ըր) սոսկում, ահ, սարսափ։
TE'RRORIST ահաբեկիչ։
TE'RRORISM ահաբեկչութիւն։
TE'RRORIZE (թէր'օրայզ) ահաբեկել։
TE'RRY (թէ'րի) թաւահիւսք, ցամաքային զինուոր։
TERSE (թըրս) հակիրճ, կոկիկ։
TER'TIAN (թըր'շըն) եռօրեայ ջերմ։
TEST (թէսթ) փորձ, քուրայ, հալոց, քննութիւն, փորձել, հալեցընել, քննել։
TESTA'CEOUS (թէսթէյ'շըս) խեցային, պատեանաւոր։
TES'TAMENT (թէս'թըմընթ) կտակարան, հրովարտակ։
TESTAMEN'TARY կտակային, կըտակի։
TES'TATE (թէս'թէթ) կտակաբար։
TESTER (թէս'թըր) փորձարկու, ամպհովանի։
TES'TICLE (թէս'թիքլ) ամորձիք։
TES'TIFY (թէսթիֆայ) վկայել, հաստատել։
TESTIMO'NIAL (թէսթիմօնիըլ) վկայագիր, ապացոյց։
TES'TIMONY վկայութիւն, տախտակք օրինաց։
TES'TY (թէս'թի) գէշ, դիւրագրգիռ։
TET'ANUS (թէթ'էնըս) պրկախտ, հորձ։
TÊTE-A-TÊTE գլուխ գլխի, գաղտնի։
TET'RAD (թէթ'րէտ) քառեակ։
TET'RAGON (թէթ'րակըն) քառանկիւն։
TETRAHED'RON (թէթրէհի'տրըն) քառանիստ։
TETRALO'GY (թէթրէլ'ըճի) քառաբանութիւն։
TE'TRARCH (թէթ'րարք) չորրորդապետ։
TETT'ER (թէթ'ըր) որքին։
TEUTONIC (թիութան'իք) տեւտոնեան։
TEXT (թէքսթ) բնաբան, նիւթ, բնագիր։
TEXBOOK դասագիրք։
TEX'TILE (թէքս'թիլ) հիւսուած, հիւսկէն։
TEX'TURE (թէքսթիուր) հիւսուածք, յօրինուածք։
THA'LER (թա'լըր) գերմանական դըրամ, թալեր։

THAN (տպէն) քան թէ, քան։
THANE (թհէյն) թէյն, պարոն։
THANK շնորհակալութիւն, շնորհակալ ըլլալ։
THANK'FUL շնորհակալ, շնորհապարտ։
THAT (տհէր) այն, այդնոյն, որ։
THAT IS TO SAY այսինքն։
THATCH (թհէչ) հնիւն, եղեգնայարդ, կնիւնել։
THAUM'ATURGY (թհօմէ'թըրճի) հրաշագործութիւն։
THAW (թհօ) ձիւնահալք, հալիլ, քակուիլ, փափկուիլ։
THE սորոշիչ յօդ՝ որ ձայնաւորէ առաջ «տհի» իսկ բաղաձայնէ առաջ «տհը» **THE AXE, THE BOY**։
THEATRE (թհի'էթըր) թատրոն, թատր։
THEARICAL թատերական։
THEE (տհի) քեզի, զքեզ։
THEFT (թհէֆթ) գողութիւն։
THEIR (տհէր) իրենց։
THEIRS իրենցը։
THEISM (թհի'իզմ) աստուածակրօնութիւն։
THEIST աստուածակրօն, միաստուածեան։
THEM (տհէմ) զանոնք։
THEME (թհիմ) մնարան, նիւթ, ընթերց, առաջադրանք։
THEMSELVES (տհէմսէլվզ') իրենք, իրենք զիրենք։
THEN (տհէն) այն ատեն, յետոյ, ետքէն, ապա, ուրեմն։
NOW AND THEN ատեն ատեն։
THENCE (տհէնս) անկից, այն ժամանակէն։
THEOC'RACY (թհաքրէսի) աստուածապետութիւն։
THEG'ONY (թհակ'օնի) դիցածնութիւն։
THELO'GIAN (թհօլօ'ճիըն) աստուածաբան։
THEOL'OGY (թհալօ'ճի) աստուածաբանութիւն։
THEOPH'ANY (թհաֆ'էնի) աստուածայայտնութիւն։
THEOREM (թհի'օրէմ) հայեցողութիւն, տեսութիւն։
THEORETI'C տեսական։
THEORET'ICS տեսականութիւն։
THE'ORIST տեսադէտ, հայեցաբան։
THE'ORIZE (թհիօ'րայզ) տեսութիւն կազմել, խորհիլ։
THE'ORY տեսութիւն, թէորի։
THEOS'OPHY (թհաս'օֆի) աստուածիմաստութիւն։
THERAPEUTICS (թհէրէփիութիքս) բուժութիւն։
THERE (տհէր) հոն, այնտեղ, անդ։
THERE ABOUTS այդ կողմերը, մօտաւորապէս։
THEREAFTER յետ որում, հետեւաբար։
THEREFORE ուրեմն, ուստի։
THEREUPON ուստի, անմիջապէս։
THERM (թհըրմ) ջերմական միութիւն։
THERMIC ջերմային։
THERMI'ON (թհըր'միան) ելեկտրոն, ջերմիոն։
THERMOLOGY ջերմագիտութիւն։
THERMOM'ETER ջերմաչափ։
THE'RMOS թերմոս, ջերմապահ։
THESE (տհիզ) ասոնք։
THE SIS (թհի'սիս) դրոյթ, խնդիր, նիւթ, առաջադրանք։
THEWS (թհիուզ) ոյժ, զօրութիւն։
THEY անոնք։
THICK հաստ, թանձր, խիտ, կոշտ, հոծ։
THICK-HEADED թանձրագլուխ, ապուշ։
THICK'EN թանձրացնել, հաստցնել, պնդանալ։
THICK'ET մացառ, թաւուտ։
THICK'NESS հաստութիւն, թաւութիւն։
THIEF (թհիֆ) գող, աւազակ։
THIGH (թհայ) երանք, զիստ։
THIM'BLE (թհիմ'պլ) մատնոց, երկաթէ օղակ։
THIN (թհին) բարակ, նուրբ, ցանցառ։
THINE (տհայն) քուկդ, քու։

THING (թհինկ) իր, բան, առարկայ, մարդ, անասուն։
THINK մտածել, խորհիլ, հաշուել, միտքը դնել։
THINK'ING մտածող, խորհրդածութիւն։
THIN-SKINNED նրբամաշկ, նրբամորթ։
THIRD (թհըրտ) երրորդ։
THIRST (թհըրսթ) ծարաւ, տենչանք, ծարաւիլ, տենչալ։
THIRSTY ծարաւի։
THIRSTINESS ծարաւ։
THIRTEEN (թհըր'թին) տասներեք։
THIRTIETH երեսուներորդ։
THIRT'Y երեսուն։
THIS (տհիս) այս, ասիկա։
THI'STLE (թհիս'լ) եկքան, կարծուկ։
MUSK THISTLE մշկահոտ եկքան։
THITH'ER (տհիտհ'ըր) հոն, այնտեղ, դէպի հոն։
THOLE (թհոլ) տամիք։
THONG (թհանկ) փոկ, խրազ։
THOR'AX (թհո'րէքս) կուրծք, լանջ։
THORITE (թհո'րայթ) թորաքար։
THORN (թհորն) փուշ, տատասկ։
THOROUGH (թհըր'օ) լման, կատարեալ։
THROUGH BRED հարազատ, անխառն։
THROUGH FARE պողոտայ, բանուկ փողոց։
THOROUGH GOING ամբողջական, կատարեալ։
THOROUGH PACED անթերի։
THORP (թհորփ) տնախումբ, գիւղակ։
THOSE (տհոզ) անոնք։
THOU (տհաու) դու, դուն։
THOUGH (տհօ) թէեւ, թէպէտ։
THOUGHT (թհոթ) խորհուրդ, միտք, մտածում, կարծիք։
THOUGHT'FUL խորհուն, մտածող։
THOUGHTLESS անհոգ, անխորհուրդ։
THOUS'AND (թհաու'զընտ) հազար։
THOUS'ANDTH հազարերորդ։
THRALL (թհրօլ) ստրուկ, գերութիւն։
THRASH (թհրէշ) ցորեն ծեծել, թակել, կամնել, չարչրկել, թակում, տփում, կամնում։
THRASH'ER կամնավար, թակող, տփածուկ։
THRASON'ICAL (թհրէսան'իքլ) պոռոտախօս։
THREAD (տհրէտ) դերձան, թել, պտուտակի պարոյր, դերձան անցնել։
THREAT (թհրէթ) սպառնալիք։
THREATEN սպառնալ, վախցնել։
THREE (թհրի) երեք։
THREE FOLD եռապատիկ, THREE SCORE վաթսուն։
THRE'NODY (թհրէն'օտի) ողբերգ, ողբ։
THRESH (թհրէշ) ցորենը ծեծել, թակել։
THRESHOLD սեմ, մուտք, սկիզբ։
THREW տես THROW։
THRICE (թհրայս) երեք անգամ։
THRIFT (թհրիֆթ) խնայողութիւն, ծաղկում։
THRIFTY խնայող, բարգաւաճ։
THRILL (թհրրիլ) թունդ հանել, սարսռալ, սարսուռ։
THRIVE (թհրայվ) բարգաւաճիլ, զարգանալ։
THROAT (թհրօթ) կոկորդ, նեղ անցք։
THROB (թհրապ) տրոփել, տրոփում։
THROE (թհրօ) երկունք, սաստիկ ցաւ։
THROMBOSIS (թհրամպօ'սիս) երակախցում։
THRONE (թհրօն) գահ, իշխանութիւն։
THRONG (թհրանկ) խուժան, ամբոխ։
THRO'STLE (թհրաս'լ) մանոց, տորդիկ։
THROT'TLE (թհրաթ'թլ) խռչափող, կոկորդ, խափանել, սեղմել։
THROUGH (թհրու) մէջէն, մէկ կողմէն միւսը, ծայրէ ի ծայր։

THROW (թհրօ) նետել, արձակել, տապալել, ձգել, նետում, հարուած։
THROW IN THE TOWEL պարտութիւնը ընդունիլ։
THRUM (թհրըմ) ծոպ, ծուատ։
THRUSH (թհրըշ) տորդիկ, ծծակ, պօջօ։
THRUST (թհրըսթ) մխել, խոթել, թափանցել, յարձակիլ, մխուածք, զարնուածք։
THUD (թհըտ) դափիւն, հարուած։
THUG (թհըկ) աւազակ, եղեռնագործ։
THUMB (թհըմ) բթամատ, բոյթ, բութարկել, աղտոտել։
THUMP (թհըմփ) բախիւն, տոփիւն, տոփել։
THUNDER (թհըն'տըր) որոտում, կայծակ, որոտալ, գոռացնել։
THUNDERBOLT շանթ, կայծակ։
THUNDERSTRUCK շանթահար, ապշահար։
THUN'DERY (թհըն'տըրի) ամպոտ, շանթային։
THURIBLE (թհու'րիպլ) խնկաման։
THURS'DAY (թհըրզ'տէյ) հինգշաբթի։
THUS (տհըս) այսպէս, ուստի։
THWACK (թհուէք) հարուած, դափել։
THWART (թհուօրթ) շեղակի, տախտ, կտրել, անցնիլ, հակառակիլ։
THY (տհայ) քու, քուկդ։
THYME (թայմ) ուրց, ծոթոր։
THYSELF' դու, ինքդ, դուն զքեզ։
TIAPA (թիա'րէ) խոյր, թագ։
TIBIA (թիպ'իէ) ոլոք։
TIC (թիք) ցունց։
TIC DOULOUREUX մկնացունց։
TICK (թիք) ապառիկ, վարկ, անկողնի երես, տիզ, թիքթաք (ժամացոյցի), ապառիկ առնել։
TICK-TACK թիքթաք ժամացոյցի։
TICKER (թիք'ըր) թիքարկու, ժամացոյց, սիրտ։
TICK'ET (թիք'էթ) ուղետոմս, տոմսակ, պիտակել։
TICK'ING բարձի երեսցու։
TIC'KLE խտիղ, խտղտացնել։
TIDE (թայտ) հոսանք, ընթացք, առիթ, միջոց, ժամանակ, միտում, հոսանքին երթալ։
TI'DINGS տեղեկութիւն, լուր։
TI'DY (թայ'տի) կոկիկ, վայելուչ։
TIE (թայ) կապ, հանգոյց, արգելք։
TIER կապիչ, զօդիչ, տողու կրծկալ։
TIERCE (թի'րս) տակառ, չափ մը 42 գալոն, նոյն տեսակէն երեք թուղթ, երրորդակ։
TIFF (թիֆ) ումպ, բաժակ, քէն, դայրոյթ, սրդողիլ, կոնծել։
TIFF'ANY (թիֆ'էնի) կազ, շղարշ։
TIFF'IN (թիֆ'ֆին) թեթեւ ճաշ։
TIGER (թայ'կըր) վագր, սպառիկ։
TIGER-CAT վագրակատու։
TIGHT (թայթ) ձիգ, սեղմ, ամուր։
TIGRESS էգ վագր։
TIL շուշմայ։
TILE (թայլ) կղմինտր, գլխարկ, կղմինտրել։
TILL գզրոց, խճախառն հող, մշակել, հերկել։
TILL մինչեւ, **TILL NOW** մինչեւ հիմայ, **TILL THEN** մինչեւ այն ատեն։
TILLER երկրագործ, ղեկի լծակ։
TILT (թիլթ) վրան, արեւնոց, նիզակի հարուած, ջրաչարժ մուրճ, վազել, մխել, նիզակահարել։
TILTH (թիլթհ) մշակուած հող, հողամշակութիւն։
TIM'BER ատաղձ, գերան, հեծան։
TIM'BRE (թիմ'պր) հնչիւն, ձայնի որակ։
TIM'BREL (թիմ'պրէլ) թմբուկ, թմբկիկ։
TIME (թայմ) ժամանակ, ատեն, պահ, միջոց, կեանք, նուագ, դար, ժամանակ որոշել, ժամանակ պահել։
TIMETABLE ժամացուցակ։
TIMID (թիմ'իտ) երկչոտ, վախկոտ։
TIM'OROUS (թիմօրըս) երկչոտ, դիւրավախ։
TIN (թին) անագ, թիթեղ։

TINCTURE (թինք'թիուր) ներկ, գոյն, գունաջուր։
TINDER (թին'տըր) աբեթ։
TINE (թայն) կեռ, ակռայ։
TINGE (թինճ) գոյն, երանգ, գունարկել։
TINGLE (թինկլ) դռնչել, թրթռալ, թնդալ։
TINKER (թինք'ըր) շրջուն անագագործ, նորոգել։
TINK'LE (թինք'լ) հնչել, ղօղանջել, թնդիւն։
TIN'SEL (թին'սէլ) փայլաթել, կեղծ փայլ։
TINT (թինթ) թեթեւ գոյն, գունաւորել։
TI'NY (թայնի) մանրիկ, փանաքի, գողարիկ։
TIP (թիփ) ծայր, ճոթ, նուէր պարգեւ։
TIPP'ET (թիփ'էթ) վզպան։
TIPP'LE (թիփ'փլ) խմել, կոնծել, անկել։
TIP'STER (թիփ'սթըր) լրատու, գաղտնաբեր։
TIP'SY (թիփ'սի) կէս գինով, զուարթ։
TIRADE' (թիրէյտ') ճառախօսութիւն։
TIRE (թայր) հեցակ, արտախուրակ, զարդ, յոգնութիւն, անուադօտի, (ձգախէժէ), յոգնեցնել, ձանձրանալ։
TIRO (թիրօ') սկսնակ, համբակ։
TISS'UE (թիշ'իու) հիւսուած, սարեկ, անկուած, հիւսել։
TIT (թիթ) պարիկ, ծիտ, դրաստ, կնիկ, պտուկ։
TITAN (թայ'թըն) տիտան։
TITANIUM (թիթէյ'նիըմ) տիտանիոն։
TIT'BIT (թիթ'պիթ) համեղ, պատառ։
TITHE (թայթհ) տասանորդ։
TIT'ILLATE (թիթ'իլէյթ) խտղտել։
TI'TLE (թայ'թլ) տիտղոս, վերնագիր, իրաւունք, պահանջ, մուրհակ։
TITTLEDUD կալուածագիր։
TIT'MOUSE պարիկ, ծիտ։
TITT'ER (թիթ'ըր) քրքջել, խնդալ։
TIT'TLE (թիթ'թլ) պարոյկ, հատիկ, նշանախեց։
TITTLE-TATTLE վիճաբանութիւն, զրոյց։
TITTUP (թիթ'ըփ) ցատկոտել, ցատկռտուք։
TIT'ULAR (թիթ'իուլըր) տիտղոսային, թեմաւոր։
TME'SIS (թմի'սիս) հատումն։
TO (թու) առ, ի, դէպի։
TO COME գալիք։
TO AND FRO աստին անդին։
TO DAY այսօր։
TO MORROW վաղը։
TOAD գորտ։
TOADY (թօտի) քծնող, պնակալէզ։
TOAST (թօսթ) հացը կարմրցնել, կենաց խմել, կարմրած հաց։
TOBACC'O (թօպէքօ') ծխախոտ։
TOBACCONIST ծխավաճառ։
TOBY (թօպի) մարդաձեւ կուժ։
TOCO (թօ'քօ) տուգան թռ.։ հարուած, յանդիմանութիւն։
TOCSIN (թօք'սին) ահազանգ։
TOD (թատ) թուփ, աղուէս։
TOD'DLE (թատ'տլ) տատիք ընել (մանկան)։
TODD'Y (թատ'տի) արմաւի գինի։
TO'DY (թօ'տի) տոդի թռ.։
TOE (թօ) ոտնածայր, կճղակ, ոտքով դպչիլ, կից տալ։
TOFF (թօֆ) պճնամոլ, թեթեւսոլիկ։
TOFF'EE (թաֆ'ի) ռուփի շաքար։
TOG (թակ) հագուիլ։
TO'GA (թօ'կէ) բողոն, պատմուճան։
TOGETH'ER միասին, միատեղ։
TOGS (թակզ) զգեստեղէնք։
TOIL (թոյլ) աշխատանք, յոգնութիւն, աշխատիլ։
TOI'LET (թոյլ'լէթ) յարդարանք, զարդարանք, հագուարան։
TOILS թակարդ, ծուղակ։
TO'KEN (թօ'քն) նշան, յիշատակ, ընշանակ։
TOLE'RABLE (թալ'ըրէպլ) թոյլատրելի, հանդուրժելի։

TOL'ERANCE թոյլտուութիւն, համբերութիւն։

TOL'ERATE հանդուրժել, ներողամիտ ըլլալ։

TOLERA'TION համբերութիւն, զիջում, ներողութիւն։

TOLL (թօլ) հրապուրել, զանգահարել, տուրք գանձել, ճնշել, մեռելի զանգակ, ուղեվարձ, վարձք, գին, մաքս։

TOM (թամ) արու (կենդանեաց),

TOM CAT արու կատու։

TOMFOOL ապուշ։

TOMA'TO (թօմէյթօ) լոլիկ։

TOMB (թում) գերեզման։

TOM'BAC (թամ'պէք) դեղնապղինձ։

TOME (թօմ) հատոր, գիրք։

TOM'TOM (թամ'թօմ) Արեւելեան թմբուկ մը։

TON (թըն) թօնօ (2240 փաունտ)։

TO'NNAGE (թըն'էճ) տարողութիւն. տակառաչափ, տարողաբաժ։

TONALI'TY (թօնէլ'իթի) ձայնաստիճան, թոնականութիւն։

TONE (թօն) ձայն, եղանակ, թոն, վիճակ, երանգ։

TONGS (թանկզ) ունելի։

TONGUE (թընկ) լեզու, խօսք, ցամաքալեզու։

TON'IC (թանիք) ձայնական, եղանակի, կազդուրիչ։

TO-NIGHT այս գիշեր։

TONN'EAU (թօնօ') վարորդի նըստարանին ետեւը մասը (ճամբորդներու)։

TON'SIL (թան'սիլ) նշիկ, նշանագեղձ։

TONSURE (թան'շիուր) հերախուզութիւն, կուլակ։

TONTINE' (թան'թին) տոնտինութիւն։

TOO խիստ, շատ, նաեւ, ալ, եւս։

TOOK P. OF TAKE։

TOOL (թուլ) գործիք, կազմածք։ գործիքով տաշել, շինել։

TOON (թուն) հնդատունկէտ, ճերփետ։

TOOT (թութ) փողը փչել, եղջիւրի ձայն։

TOOTH (թութհ) ակռայ, ատամ։

TO SHOW THE TEETH սպառնալ։

TOOTH'ACHE ակռայի ցաւ։

TOOTHBRUSH ակռայի վրձին։

TOO'TLE (թու'թլ) մեղմ փչել։

TOP (թափ) գագաթ, պետ, գլխաւոր, հոլակ։

TOP պսակել, գագաթել, պատել։

TOPARCH (թօփ'արք) իշխան, տեղապետ։

TOPBOOTS ճտկակօշիկ։

TO'PAZ (թօ'փէզ) տպազիոն։

TOPE (թօփ) պուտտայական սրբարան, դամբարան, պզտիկ շանաձուկ, չափազանց խմել։

TOPER խմող, գինով։

TOPIC (թափ'իք) վերնագիր, նիւթ, տարաբերայ, փաստ։

TOP'MOST ամենաբարձր։

TOPOG'RAPHY տեղագրութիւն։

TOP'PLE (թափ'լ) տապալել, վար իյնալ։

TOPSY-TURVY տակնուվրայ։

TOR (թօր) կատար, սար։

TORCH (թօրչ) ջահ։

TOR'CHON (թօր'շօն) ջնջան, երիզ։

TORE P. OF TEAR։

TO'READOR (թօ'րէատօր) ցլամարտիկ։

TORM'ENT (թօր'մէնթ) տանջանք, տանջել։

TORMINA (թօր'մինէ) ստամոքի ցաւ։

TORNA'DO (թօրնէյ'տօ) թայֆուն, փոթորկահով։

TORPE'DO (թօրփի'տօ) թորփիլ, թմրաձուկ, պրկատուամբ։

TORPEDO BOAT թորփիլանաւ։

TORP'ID (թօր'փիտ) անզգայ, անտարբեր։

TORPIDITY անզգայութիւն։

TORP'OR (թարփ'օր) թմրութիւն, ընդարմացում։

TORQUE (թօրք) վզի շղթայ, մանեակ։

TO'RRENT (թար'էնթ) հեղեղատ, յորձանք։

TO'RRID (թար'իտ) այրեցեալ, տօթագին։

TORSION (թօր'շըն) ոլորում, գալարում։

TORT (թօրթ) զրկանք, վնաս։

TORTOISE (թօր'թըս) կրիայ։

TORTUOUS (թօր'թիուըս) պտուտաւոր, մանուածապատ։

TORTURE (թօր'չըր) տանջանք, տանջել։

TOSH (թաշ) չաղփաղփիւն։

TOSS (թօս) վեր նետել, ցնցել, յուզել, երերալ, խաղցնել։

TOSS ցունց, ցնցում, նետուածք։

TOT (թաթ) պզտիկ, մանրիկեկ, մանկիկ, գումարել։

TOTAL (թօթ'ըլ) ամբողջ, ամբողջական, ամբողջացնել, գումարել։

TOTALIZE ամբողջացնել, լրացնել։

TOTE (թօթ) կրել, տանիլ, կրում։

TOTEM (թօ'թէմ) տոտեմ, տոհմանշան։

TOTTER (թաթ'թըր) երերալ, տատանիլ, դողդղալ։

TOTY (թօթի) հասարակ դասակարգի մարդ։

TOUCH (թըչ) դպչիլ, հպիլ, շօշափել, հասնիլ, զարնել։

TOUCH հպում, շփում, յուզում։

TOUCHSTONE փորձաքար։

TOUCHING յուզիչ, նկատմամբ, մասին։

TOUGH (թըֆ) տոկուն, դիմացկուն, կոպիտ։

TOUPEE (թուփի') ցցունք, գռուզ։

TOUR (թուր) շրջան, պտոյտ։

TOURIST (թուր'իսթ) զբօսաշրջիկ։

TOURMALINE (թուր'մէլին) վանաքար։

TOURNAMENT (թուր'նէմէնթ) մրցահանդէս։

TOURNIQUENT (թուր'նիքէ) արիւնը արգիլելու կապ։

TOUT (թաութ) լրտեսել, գաղտնի դիտել։

TOW (թօ) խծուծ, քարշ, նաւը քաշել, քաշելով տանիլ։

TOWARD (թօ'ըրտ) դէպի, հանդէպ, մօտիկ, ընծանելի։

TOWARDS դէպի, հանդէպ։

TOWEL (թաու'ըլ) անձեռոց։

TOWER (թաու'ըր) աշտարակ, բերդ։

TOWN (թաուն) աւան, պզտիկ քաղաք։

TOWNHALL քաղաքապետարան։

TOWNSMAN քաղքցի, քաղաքակից։

TOXIC (թաք'սիք) թունական, թունաւոր։

TOY (թօյ) խաղալիք, հետը խաղալ։

TRACE (թրէյս) հետք, նշան, մնացորդ, ուրուագծել, գծել, հետքը բռնել, օրինակել։

TRACERY ուրուագարդ։

TRACHEA (թրէյ'քիէ) շնչափող։

TRACHEOTOMY (թրէյքիաթօ'մի) շնչափողի հատում։

TRACK (թրէք) հետք, ուղի, երկաթուղիծ, հետքը բռնել, քարշել, անցնիլ։

TRACT (թրէքթ) միջոց, տարածութիւն, տետրակ, թռուցիկ։

TRACTABLE հլու, հեզ, կռանելի։

TRACTION քարշում, քարշառութիւն։

TRADE (թրէյտ) առեւտուր, զբաղում, գործ, առեւտուր ընել։

TRADEMARK վաճառանիշ։

TRADESMAN խանութպան, արհեստաւոր։

TRADITION աւանդութիւն, սովորութիւն։

TRADUCE (թրէտիուս') զրպարտել։

TRADUCEMENT զրպարտութիւն։

TRAFFIC (թրէֆ'իք) փոխանակութիւն, երթեւեկութիւն։

TRAGEDIAN (թրէճի'տիըն) ողբերգակ։

TRAGEDY (թրէճ'իտի) ողբերգութիւն։

TRAGICAL ողբերգական։

TRAIL (թրէյլ) հետք, ծայր, հոտ (որսի), ցանցկէն, հետքերուն հետեւիլ, քաշել, անտանալով երթալ, քաշուիլ։

TRAIN (թրէյն) քաշել, կրթել, մարզել, ընտելացնել, ուղղել, շտկել, որսալ, շարք, քղանցք, կառախումբ, ընթացք, ելունդ, հետեւորդ։

TRAIT (թրէյթ) գիծ, հպանց, նշանագիծ։
TRAIT'OR (թրէյ'թըր) մատնիչ, դաւաճան։
TRAITOROUS նենգաւոր, դաւաճանի։
TRAM (թրէմ) թրամուէյ, թեղան ծուղակ։
TRAMM'EL (թրէմ'էլ) ծուղակ, ոտնակապ, կարկին, կեռակ, թակարդել։
TRAMP (թրէմփ) կոխկռտել, թափառիլ, ոտքի ծանր ձայն։
TRAM'PLE կոխկռտել, ոտքով ճզմել։
TRANCE (թրէնս) վերացում, հիացում։
TRANQUIL (թրէն'քուիլ) հանդարտ, անխռով։
TRANQUILL'ITY խաղաղութիւն։
TRANSACT' ընել, կատարել, վարել, բանակցիլ։
TRANSACT'ION գործառնութիւն։
TRANSCEND (թրէնսէնտ') գերազանցել։
TRANSCEN'DENCE գերազանցութիւն։
TRANSCONTINEN'TAL անդրցամաքային։
TRANSCRIBE' (թրէնսքրայպ') ընդօրինակել, օրինակագրել։
TRAN'SCRIPT օրինակ, պատճէն։
TRANSCRIP'TION օրինակում, յարագրութիւն։
TRANSFER' փոխանցել, փոխադրել, փոխանցում։
TRANSFIGURA'TION փոխակերպութիւն։
TRANSFIX ընդմխել
TRANSFORM' ձեւափոխել, այլափոխել։
TRANSFORMA'TION այլափոխութիւն, փոխակերպութիւն։
TRANSFUSE' (թրէնսֆիուզ') փոխարիւնել, ամանէ աման թափել։
TRANSGRESS (թրէնսկրէս') օրինազանցել, մեղանչել։
TRAN'SIENT (թրէն'շընթ) անցաւոր, վաղանցիկ։
TRANS'IT փոխանցում, թրանզիթ, փոխադրութիւն։
TRANSITION անցք, անցում փոխանցում։
TRANS'ITIVE անցողական (բայ), ներգործական։
TRANS'ITORY վաղանցիկ, անցաւոր։
TRANSLATE' փոխադրել, թարգմանել, փոխանցել։
TRANSLA'TION թարգմանութիւն, մեկնութիւն։
TRANSLU'CENT (թրէնսլիու'սընթ) կիսաթափանց, պճխա։
TRANS'MIGRATE այլազգաղթել, պանդխտել, հոգեփոխել։
TRANSMIGRA'TION պանդխտութիւն, այլազգաղթում, հոգեփոխութիւն։
TRANSMI'SSION փոխադրութիւն, փոխանցում։
TRANSMIT' փոխանցել, աւանդել, առաքել։
TRANSMUTE' այլափոխել, շրջել։
TRAN'SOM (թրէն'սըմ) լուսամուտ
TRANS'PARENT թափանցիկ, պայծառ։
TRANSPAR'ENCE թափանցիկութիւն։
TRANSPIRE' (թրէնսփայր) արտաշնչել, դուրս տալ, յայտնուիլ
TRANSPLANT' փոխադրել, տեղափոխել։
TRANSPORT' փոխադրել, կրել, տարագրել, փոխադրութիւն, փոխադրանաւ, զմայլում։
TRANSPORTA'TION փոխադրութիւն։
TRANSPOSE' տեղափոխել, կարգափոխել։
TRANSVERSE' շեղ, խոտորնակ, անդրդարձանցք, հակադարձ։
TRAN'TER (թրէն'թըր) փերեզակ, խարբերայ։
TRAP (թրէփ) ծուղակ, թակարդ, կափոյլ, ջրակալ, սիփոն, ծուղակը ձգել, բռնել, հրապուրել։
TRAPEZE' (թրէփի'զ) տրապիզ։
TRAPPINGS ձիու զարդեղէնք։
TRASH'Y անպիտան, վարնոց։
TRAV'AIL (թրէվ'էյլ) աշխատանք, տզաբերք, ցաւ քաշել, երկնել։
TRAV'EL (թրէվ'ըլ) ճամբորդութիւն, ճամբորդել։

TRAV'ELLER ճամբորդ, գործակալ:
TRAV'ERSE հակադարձ, խոտորնակի, հակադարձել, մէջէն անցնիլ, մերժել, ժխտել, ժխտում, գերան:
TRAV'ESTY խեղկատակ նմանութիւն, ծաղրածել, ծեքել:
TRAWL (թրօլ) վարմուռկան:
TRAWLER ցանցանաւակ, ուռկանորդ:
TRAY ափսէ, կուր:
TREA'CHERY (թրէչ'ըրի) մատնութիւն, դաւաճանութիւն:
TREA'CHEROUS դաւաճան, նենգ:
TREA'CLE (թրի'քլ) թիւրակէ:
TREAD (թրէտ) ոտքը նետել, կոխել, ճմլել, քալել, քայլ, ոտնատեղ, տանդուխի ոտք:
TREAS'ON (թրիզ'ն) դաւաճանութիւն:
TREA'SURE (թրէժ'ըր) գանձ, գանձարան, մթերել, գանձել:
TREA'SURER գանձապետ, արկղակալ:
TREA'SURY գանձային պաշտօնատուն, գանձարան:
TREAT (թրիթ) վարուիլ, խնամք տանիլ, դարմանել, բանակցիլ, հրամցուք, կոչունք:
TREAT'ISE (թրիթ'իս) ճառ, բանագրութիւն:
TREAT'MENT գործածութիւն, վերաբերում:
TREATY' դաշինք:
TRE'BLE (թրէ'պլ) եռապատիկ, զիլ (ձայն):
TREE ծառ, փայտ, տունկ:
TRE'FOIL (թրի'ֆօյլ) առուոյտ, երեքնուկ:
TREK եզան կառքով ճամբորդել:
TRELL'IS (թրէլ'իս) ցանկէն, վանդակահիւսք:
TREM'BLE (թրէմ'պլ) դողդղալ, երերալ, դող:
TREMEN'DOUS ահագին, սարսափելի:
TREM'OR (թրէմ'օր) դողոց:
TREM'ULOUS (թրէմ'իուլըս) դողդոջուն, սարսռուն:
TRENCH (թրէնչ) խրամ, փոս:
TRENCH'ANT (թրէնչ'ընթ) հատու, սուր:
TREND (թրէնտ) ուղղութիւն, հակում, ձգտիլ:
TREPIDA'TION (թրէփիտէյ'շըն) թրթռոց, ցնցում
TRES'PASS (թրէս'փէս) մեղանչել, յանցանք:
TRESS (թրէս) հիւսք, խոպոպիք:
TRE'STLE (թրէս'լ) իշուկ, եռոտանի, բարձակ:
TRET (թրէթ) պծառ:
TREY (թրէյ) երեքնոց (թուղթ):
TREWS (թրուզ) սկովտիական տաբատ:
TRI'AD (թրայ'էտ) եռաթիւ, երրեակ:
TRI'AL (թրայ'ըլ) քննութիւն, դատ, փորձ, վիշտ:
TRI'ANGLE (թրայ'էնկլ) եռանկիւն, թեւճակ:
TRIANG'ULAR եռանկիւնի:
TRI'AS (թրայ'ըս) եռակարգ, տրիաս:
TRIBE (թրայպ) ցեղ, տոհմ:
TRIBULA'TION փորձութիւն, տառապանք:
TRIBU'NAL ատեան, վճռատուն:
TRIB'UNE ամբիոն, բեմ, տրիբուն:
TRIB'UTE հարկ, պարտք, նուէր:
TRIB'UTARY հարկատու, օժանդակ (գետ):
TRICE (թրայս) ակնթարթ, չուանով քաշել:
TRI'CEPS (թրայ'սէփս) եռագլուխ ջիղեր:
TRICK խաղ, հնարք, նենգութիւն:
TRICKERY աճպարարութիւն, նենգութիւն:
TRIC'KLE կաթկթել, կաթկթում:
TRICK'STER խաբեբայ, նենգաւոր:
TRICK'SY չարաճճի նենգաւոր:
TRICK'Y նենգաւոր, խաբող:
TRICOLOUR (թրայ'քըլըր) եռագոյն (դրօշ):
TRI'CYCLE (թրայ'սիքլ) եռանիւ (հեծիկ):
TRI'DENT (թրայ'տընթ) երեքժանի:
TRIENN'IAL (թրայէն'իըլ) եռամեայ:
TRI'FLE (թրայ'ֆլ) չնչին, փանաքի, մանրուք, փուճ բաներով խաղալ:
TRI'FLING աննշան, ոչինչ:

TRI'FORM եռաձեւ։
TRIG կոկիկ, լաւ, արգելակ։
TRIGG'ER ձգան, անուարգել։
TRIGONOMETRY եռանկիւնաչափութիւն։
TRILATE'RAL եռակողմ։
TRILL գեղգեղել, ձայնը թրթռացնել։
TRILL'ION (թրիլ'եօն) եռիլիոն։
TRIL'OGY եռամաս թատերախաղ, եռաբանութիւն։
TRIM զարդ, դրուագ, կոկել, մաքրել, յարդարել։
TRIM'ETER (թրիմ'իթըր) եռաչափ (բնա.)։
TRIN'ITY (թրին'իթի) երրորդութիւն։
TRINK'ET (թրինք'էթ) աժան զարդ։
TRIO' (թրիօ') եռանուագ, եռաձայն։
TRIP (թրիփ) պտոյտ, շրջան, վրիպում, արագ քալել, սահիլ, սայթաքեցնել։
TRIPART'ITE (թրայփարթ'այթ) եռամասեան, եռօրինակ։
TRIPE (թրայփ) քաղիրթ, աղիք, ընդերք։
TRI'PLE (թրի'փլ) եռապատիկ։
TRI'POD (թրայ'փատ) եռոտանի։
TRIPP'ER (թրիփ'փըր) շրջիկ։
TRISECT' (թրայսէքթ') եռահատել։
TRISYLL'ABLE (թրիսիլլէ'պլ) եռավանկ։
TRITE (թրայթ) հին, մաշած։
TRI'TON (թրայ'թըն) Տրիտոն։
TRIT'URATE (թրիթ'իուրէյթ) մանրել, փշրել։
TRI'UMPH թրայ'ըմփ) յաղթանակ, յաղթանակել։
TRI'UMPHANT յաղթական, յաղթող։
TRIV'ET (թրիվ'էթ) եռոտանի։
TRIV'IAL (թրիվ'իըլ) չնչին, անոտի, հասարակ։
TRIVIAL'ITY ոչնչութիւն, անոտիք։
TROD, TRODDEN, կոխկռտուած։
TROLL (թրօլ) տրոլ, այլաբնակ, ապարայ, յանկերգ, խանձ, երգել, խանձել։
TROLL'EY ելեկտրակառք։
TROLL'OP (թրայ'լըփ) շլխոր։
TROMBONE' (թրամպ'օն) ասաղափող։
TRONE (թրօն) կշռաքար։
TROOP (թրուփ) խումբ, երամ, ջոկատ, խմբել, հաւաքուիլ։
TROPE (թրօփ) փոխաբերութիւն։
TRO'HPY (թրօ'ֆի) յաղթանակ, աւար, յիշատակ։
TROP'IC (թրափ'իք) արեւադարձ։
TROT (թրատ) ընդոստ գնացք, տրոտում, տրոտել, սուրալ։
TROTH (թրօթհ) հաւատք, հաւատարմութիւն։
TROU'BADOUR (թրու'պէտուր) աշուղ, շրջիկ բանաստեղծ։
TROUGH (թրաֆ) ջուր, ՝ջրորդան, տագնապ, ցաւ, նեղել, յուզել։
TROU'BLESOME յոգնեցուցիչ, ձանձրացուցիչ։
TROUGH (թրաֆ) կուր. ջրորդան, ակոս։
TROUNCE (թրաունս) ծեծել, մտրակել։
TROUPE (թրուփ) թատերական խումբ։
TROUS'ERS (թրաուզ'ըրզ) տաբատ, վարտիք։
TROUSS'EAU (թրուսօ') հարսի գոյք, օժիտ։
TROUT (թրաութ) կարմրախայտ։
TRO'VER (թրօ'վըր) պահանջքի դատ։
TROW' (թրօ) ենթադրել, հաւատալ։
TROW'EL (թրաուը'լ) ծեփիչ։
TROY (թրօյ) տրոյ (կշռաչափ)։
TRU'ANT (թրուընթ) դպրոցափախ, ծոյլ, պորտաբաց։
TRUCE (թրուս) զինաթող։
TRUCK (թրըք) բեռնակառք, փոխանակութիւն, փոխանակել։
TRUC'KLE (թրըքլ') անուակ։
TRUC'ULENT (թրըք'իուլընթ) վայրենի, կատաղի։
TRUDGE (թրըճ) խոնջած քալել։
TRUE (թրու) ճշմարիտ, շիտակ, հարազատ։
TRUE-BRED հարազատ, ազնուատոհմ։
TRU'ISM (թրու'իզմ) բացայայտ ճշմարտութիւն։
TRULL (թրըլ) պոռնիկ։

TRULY արդարեւ, յիրաւի։
TRUMP (թրըմփ) փող, չեփոր, յաղթուկ, ազնիւ անձ, յաղթուկը նետել, վրան իյնալ։
TRUMPERY խաբէութիւն, սնոտիք։
TRUMP'ET փող, փողար, փող զարնել։
TRUN'CHEON (թրըն'չըն) լախտ, բիր, գաւազան։
TRUN'DLE (թրըն'տըլ) անուակ, բեռնակառք, թաւալում, գլորել, դառնալ։
TRUNK (թրընք) կոճղ, բուն, արկղ, սնտուկ, կնճիթ, գլխաւոր գիծ երկաթուղի, հեռաձայնի։
TRUNK ROAD գլխաւոր պողոտայ։
TRUNNION (թրըն'եըն) դարձեակ, թնդանօթի առանցք։
TRUSS (թրըս) ծրար, խուրձ, աղեկապ, ծրարել։
TRUST (թրըսթ) վստահութիւն, հաւատք, յոյս, վարկ, խնամք, քաղթել, հոգաբարձութիւն, վստահիլ, հաւատալ, յուսալ, աւանդ դնել։
TRUST DEED խնամատարութեան պաշտօնաթուղթ։
TRUST WORTHY վստահելի, արժանահաւատ։
TRUSTEE' աւանդապահ, խնամակալ։
TRUST'FUL վստահող, լիավստահ։
TRUS'TY հաւատարիմ, վստահելի։
TRUTH ճշմարտութիւն, իրողութիւն, հաստատութիւն, անկեղծութիւն։
TRUTHFUL ճշմարտասէր, ուղիղ։
TRY (թրայ) փորձել, համը նայիլ, քննել, կշռել, վճիռ տալ, դատել, ճգնիլ։
TRY'ING յոգնեցուցիչ, փորձիչ։
TRYST (թրիսթ) ժամադրավայր, շուկայ։
TSAR (ձար) Զար, կայսր, թագաւոր։
TUB (թըպ) տաշտիկ, տակառակ։
TUBB'Y տաշտային։
TUBE (թիուպ) փող, խողովակ, անօթ։
TU'BER թումբ, պալար։
TU'BERCLE ուռ, հիւծախտային պալար։
TUBERCUL'OSIS (թիուպըրքիուլօսիս) հիւծախտ։
TUBULAR փողաձեւ։
TUCK (թըք) ծալք, հանդրէճ, ուռսեր, գծագարդ (ջղանցքի), յետոյք նաւու, անուշեղէն, վեր ժողվել, թխմել, վերմակել, ոթթել։
TUCK-OUT խնջոյք, կերուխում։
TUESDAY (թիուզ'տէյ) երեքշաբթի։
TU'FA, TUFF տուֆա, հողաքար, փըխար։
TUFT (թըֆթ) վարս, ծոպ, փունջ, փունջ կազմել։
TUFT-HUNTER պնակալէզ, քսու։
TUG քաշել, քաշքշել, ճիգ ընել, քաշելու պարան, ձգանաւ։
TUG-OF-WAR չուանով իրար քաշելու խաղ։
TUI (թուի) ծաղրուկ, մեղրակեր, (թռ.)։
TUI'TION (թիու'շըն) ուսումնագին, դասագին, կրթութիւն։
TULIP (թիուլիփ) կակաչ։
TULLE (թիուլ) շղարշ։
TUM'BLE (թըմ'պլ) թաւալիլ, գլորիլ, անկում, թաւալում։
TUMB'LER (թըմպ'լըր) աճպարար, ջուրի գաւաթ, թեւաբախ աղաւնի։
TUM'BREL խճասայլ, բեռնակառք։
TU'MID (թիու'միտ) ուռած, ցցուած։
TU'MOUR (թիու'մըր) ուռ, այտոյց։
TU'MULT (թիու'մըլթ) աղմուկ, ժխոր, վրդովմունք։
TU'MULUS (թիու'միուլըս) բլրակեայ։
TUN (թըն) կարաս, տակառ։
TUNE (թիուն) նուագ, եղանակ, խաղ, եղանակել, ներդաշնակել։
TUNE'FUL քաղցրաձայն։
TU'NIC վտաւակ, թիկնոց։
TUNN'EL փապուղի, փապուղի բանալ։
TUNN'Y (թըննի) թիւնոս։
TUP (թըփ) խոյ։
TURB'AN (թըրպ'ըն) փաթթոց, ապարօշ։
TURB'ID (թըրպ'իտ) պղտոր, խանգարուած։
TURBOT (թըր'պօթ) վահանաձուկ։
TUR'BULENT (թըր'պիուլընթ) աղմկարար, լիրբ, անհանդարտ։
TUR'BULENCE անհանդարտութիւն, խռովութիւն։

TURF (թըրֆ) խարձ, մարմանդ, բուսնծ, ախթար։
TUR'GID (թըր'ճիտ) ուռած, ուռուցիկ։
TURGIDITY- ուռածութիւն; փքում։
TURK (թըրք) Թուրք։
TURKEY Թուրքիա, հնդկահաւ։
TURK'ISH Թրքերէն, Թրքական։
TURKO'MAN (թըրքօ'մէն) Թիւրքմէն։
TURM'OIL (թըրմօյլ) տուայտանք, աղմուկ, կռիւ։
TURN (թըրն) դարձնել, ձեւի բերել, Թարգմանել, ընել, դառնալ, շրջիլ, փոխուիլ, քաշուիլ, հակիլ։
TURN Թաւալում, պտոյտ, ոճ, եղանակ, հակում։
TURN COAT դասալիք, ուխտազանց։
TURN OUT դարձուածք, ելք, բանթող։
TURN-OVER տարեկան առեւտրական գործառնութիւն։
TURN PIKE բաժադուռ։
TURN'ER դարձնող, ճախարակիչ։
TURNING դարձնող, անկիւն, ճախարակագործութիւն։
TURNING POINT դարձակէտ։
TURNIP (թըր'նիփ) շողգամ։
TURP'ITUDE (թըր'փիթիուտ) անարգութիւն։
TURQ'UISE (թըր'քուօյզ) պիրոզակ, գոճազմ։
TU'RRET (թը'րէթ) մանր աշտարակ։
TURTLE (թըր'թլ) ծովի կրիայ, տատրակ։
TUSH (թըշ) լռէ՛։
TUSK (թըսք) կեռիք, ժանիք։
TUSSIS (թըս'սիս) հազ։
TUS'SLE (թըս'լ) կռիւ, պայքար։
TU'TELAGE (թիու'թիլէճ) խնամակալութիւն։
TU'TOR (թիու'թըր) խնամակալ, ուսուցիչ, կառավարել։
TWA'DDLE (թուաատ'լ) շաղշաղփիւն, շաղփաղփել։
TWAIN (թուէյն) երկու, երկեակ։
TWANG (թուէնկ) շառաչ, շաչել։
TWEAK (թուիք) կսմթել, կսմիթ։
TWEAK'ER բաբան, քորքնկէց։
TWEEN'Y սպասուհի, տժան աղջիկ։
TWELFTH տասներկուերորդ։
TWELVE տասներկու։
TWEN'TIETH քսաներորդ։
TWEN'TY քսան։
TWICE երկու անգամ։
TWID'DLE թեթեւ դպչիլ, ծուլանալ։
TWIG ճիւղ, ոստ, հասկնալ, լրտեսել։
TWI'LIGHT (թուայ'լայթ) աղջ, աղօտ նշոյլ։
TWILL (թուիլ) շեղ հիւսուածք, շեղ հիւսել։
TWIN (թուին) երկուորեակ։
TWINE (թուայն) առասան, չուան, փաթթել, միահիւսել։
TWINGE (թուինճ) սայրասուր ցաւ, խոցտուկ։
TWIN'KLE (թուին'քլ) քթթել, շողալ, փայլիլ, քթիթ։
TWIRL (թուըրլ) ոլորտել, դարձնել, արագ դարձուածք։
TWIST (թուիսթ) ոլրել, փաթթել, ոլոր, գալար։
TWIT (թուիթ) կշտամբել, կշտամբանք։
TWITCH (թուիչ) կորզել, կծկել, ցունց, կծկում։
TWITT'ER ճռճռ, ճռուողել, դայլայլել։
TWO (թու) երկու։
TWO-EDGED երկսայրի։
TWO-HANDED երկձեռնի, կորովի։
TWO FOLD երկպատիկ։
TWO PENCE երկուքընոց։
TWO PENNY երկփէննի, անարժէք։
TYM'PANUM (թիմ'փէնըմ) Թմբուկ ականջի Թմբախորշ։
TYPE (թայփ) տիպ, նախատիպ, պատկեր, տառ, նշանագիր։
TYPE SETTER գրաշար, տառաշար։
TYPE WRITER տառագիր, մեքենայ։
TYPHOID (թայ'ֆօյտ) ժանտատենդ։
TYPHOON' (թայֆուն') փոթորիկ, տիւֆոն։
TY'PHUS (թայֆըս) տիֆ, բծաւոր տենդ։
TYPI'CAL (թիփ'իքըլ) տպական, բնատիպ, այլաբանական։

TYP'IFY բնաւէկերպել, օրինակել:
TY'PIST (թայփ'իսթ) գրի մեքենայի վրայ գրող, տպագրիչ:
TYPOG'RAPHY տպագրութիւն:
TYRANN'ICAL բռնապետական:
TYRANN'ICIDE (թայրէն'նիսայտ) բռնապետասպան:
TY'RANNY (թիրէնի) բռնապետութիւն:
TYR'ANT բռնապետ:
TYRE (թայր) Հեց (անիւի):
TYRO (թայ'րօ) սկսնակ, Համբակ:
TZAR, TZARINA Ցար, Ցարուհի:

U

U-BOAT ընդծովեայ (գերմ.)։
UBIQ'UITY ամենուրեքութիւն։
UDD'ER (ըտ'ըր) կովու ծիծ։
UG'LY (ըկլի) տգեղ, այլանդակ։
UG'LINESS տգեղութիւն։
UKASE (իուքէս') ուքազ, հրովարտակ։
UL'CER (ըլ'սըր) խոց, կեղ։
UL'CEROUS խոցաւոր, կեղաւոր։
UL'CERATE կեղ գոյացնել, կեղաւորիլ։
UL'NA (ըլ'նէ) ծղոսկր։
ULS'TER (ըլ'սթըր) ուլստրեան վերարկու։
UL'TIMATE (ըլ'թիմէթ) ծայրագոյն. յետին։
ULTI'MATUM (ըլթիմէյ'թըմ) վերջնագիր։
UL'TIMO (ըլ'թիմօ) նախորդ ամիս։
ULTRA (ըլ'թրէ) ծայրայեղ, արմատական։
ULTRAMARINE' անդրծովեան, լազուարթ։
ULTRAVI'OLET անդրմանիշակագոյն։
U'LULATE (ըլ'իուլէյթ) ոռնալ, հաչել։
UM'BEL (ըմպըլ) հովանոց։
UM'BER (ըմ'պըր) ստուերահող, շուք, թուխ ներկել։
UMBIL'ICAL (ըմպի'լիքըլ) պորտային։
UM'BRAGE (ըմ'պրէճ) հովանի, շուք, մտմտուք։
UMBRAGEOUS (ըմպրէյ'ճըս) հովանաւոր, մտահոգ։
UMBRELLA' հովանոց։
UM'LAUT (ում'լաութ) ձայնակէտ։
UM'PIRE (ըմ'փայր) իրաւարար, միջնորդ։
UNA (իու'նէ) միակայմ առագաստանաւ։

UNABLE' (ընէյ'պլ) անկարող։
UNACCOM'PLISHED անկատար, թերի։
UNACCUST'OMED անսովոր, անվարժ։
UNAFFEC'TED անզգայ, անկարեկիր։
UNANIM'ITY (եունէնիմ'իթի) միաձայնութիւն։
UNAN'IMOUS միաձայն, համաձայն։
UNAN'SWEREBALE անհերքելի, անժխտելի։
UNAS'KED ինքնաբերաբար։
UNASSU'MING պարկեշտ։
UNAWARE անտեղեակ, անհոգ։
UNBAC'KED անվարժ, անզօրավիգ։
UNBAL'ANCED անհաւասարակշիռ, բաց։
UNBEA'TEN անկոխ, անյաղթելի։
UNBECOM'ING անվայելուչ։
UNBEKNOWN' անծանօթ։
UNBELIEF' անհաւատութիւն։
UNBELIEV'ER անհաւատ։
UNBEND' թուլցնել, մեղմել։
UNBLUSH'ING լիրբ, անամօթ։
UNBOS'OM գաղտնիքը տալ, սիրտը բանալ։
UNBOUND'ED անսահման։
UNBRI'DLED անզուսպ, անսանձ։
UNBRO'KEN անվարժ, անընդհատ, անբեկ։
UNBURD'EN բեռը պարպել։
UNCALL'EDFOR անհարկի, վայրապար։
UNCANN'Y տարտամ, խորհրդաւոր։
UNCERT'AIN անորոշ, անստոյգ։
UNCHA'RITABLE անողորմ։
UNCIV'IL անքաղաքավար։
UNCLE քեռի, հօրեղբայր, մօրեղբայր, գրաւատու։
UNCLEAN' անմաքուր, անսուրբ։
UNCOME'LY անշնորհք։

UNCOM'PROMISING անզիջող, անհաշտ։
UNCONCERN' անտարբերութիւն։
UNCONDI'TIONAL առանց պայմանի։
UNCON'SCIOUS անզգայ, անգիտակից։
UNCONSTITU'TIONAL ոչ սահմանադրական։
UNCONSTRAINT' կամովի, ինքնայօժար։
UNCO'VER բանալ, գլխարկը հանել։
UNC'TION օծում, օծանելիք, շնորհք։
UNC'TUOUS իւղոտ, պարարտ։
UNDAU'NTED անվախ, անվեհեր։
UNDECI'DED վարանոտ, անստոյգ։
UNDEFEN'DED անպաշտպան։
UNDENI'ABLE անուրանալի։
UN'DER ներքեւ, ընդ, վար, ենթակայ, ստորադաս։
UNDERAGE անչափահաս։
UNDERBRED' թերացեղ, վատածին։
UNDERCHARGE' նուազ գին տալ, քիչ բեռցնել։
UN'DERCHLOTHS ներքնազգեստ։
UNDERDONE' անբաւական, կիսեփ։
UNDERDRESS' պարզ, թեթեւ հագցնել։
UNDERES'TIMATE թերագնահատել։
UNDERGO' ենթարկուիլ, տանիլ։
UNDERGRADU'ATE ընթացաւարտցու։
UNDERGROUND' ստորերկրեայ, թաքուն։
UNDERLET' աժան գինով վարձու տալ։
UNDERLINE' ստորագծել, ենթագծել։
UNDERMINE' հիմէն քանդել, ականահարել։
UNDERNEATH' տակը, վարը, ներքեւ։
UNDERRATE' ստորագնահատել, քիչ արժեցնել։
UNDERSIGNED' ստորագրեալ։
UNDERSTAND' հասկնալ, իմանալ, ճանչնալ։
UNDERSTAND'ING հասկցողութիւն, համաձայնութիւն։
UNDERTAKE' ձեռնարկել, յանձն առնել։
UNDERTA'KING ձեռնարկ, գործ։
UNDERTEN'ANT ենթավարձակալ։
UN'DERWEAR ներքնազգեստ։
UNDERWOOD մացառ, թուփ։
UNDERWORLD' երկիր, ենթաշխարհ, գերեզման։
UNDERWRITE' ենթագրել, ապահովագրել։
UNDEXTROUS անճարտար, անշնորհ։
UNDO' աւրել, ջնջել, կործանել։
UNDONE' չեղեալ, անկատար։
UNDOUB'TEDLY անկասկածօրէն։
UNDRESS' հանուեցնել, մերկացնել։
UNDUE' չափազանց. անհարկի։
UN'DULATE ծածանիլ, ճօճել։
UNDULA'TION ալեծածանում, ծըփանք։
UNDU'LY անհարկի, անկանոն։
UNEARTH' հողէ հանել, երեւան հանել։
UNECONOM'IC չռայլ,— ոչ—տնտեսական։
UNEA'SY անհանգիստ, անհաճոյ։
UNEMPLOY'MENT անգործութիւն։
UNEND'ING անվերջ, անանց։
UNE'QUAL անհաւասար, անկարգ։
UNERR'ING անսխալ, անմոլոր։
UNESSEN'TIAL ոչ անհրաժեշտ։
UNE'VEN անհարթ, անզոյգ, կոճատ։
UNEXAM'PLED անհամեմատ, աննախընթաց։
UNEXCEP'TIONABLE անբացառիկ, անմերժելի։
UNEXPIRED' ցարդ ի զօրու, ժամկէտին չհասած։
UNFAIL'ING անվրէպ, ստոյգ։
UNFAIR' անարդար, նենգաւոր։
UNFAITH'FUL անհաւատարիմ, դաւաճան։
UNFA'STEN բանալ, քակել։
UNFEEL'ING անզգայ, անսիրտ։
UNFIT' անյարմար, անատակ։
UNFIX' թուլցնել, խախտել, խանգարել։
UNFOLD' ծալքը բանալ, բացատրել։
UNFORMED' անկերպարան, անձեւ։
UNFORT'UNATE դժբախտ, ձախորդ։

UNFOUN'DED անհիմն։
UNFURL ծալքը բանալ, տարածել։
UNFURN'ISHED առանց կահ կարասիի, պարապ, անկահ։
UNGAIN'LY անճարակ, այլանդակ։
UNGEAR կազմածը քակել։
UNGEN'TLE կոշտ, կոպիտ, անշընորհ։
UNGRA'CIOUS անվայելուչ, կոպիտ։
UNGRAMMAT'ICAL ոչ քերականական։
UNGROUN'DED անհիմն։
UNGUAR'DED անպաշտպան, անհոգ։
UNHALL'OWED ոչ սրբագործեալ։
UNHAN'DY անճարակ։
UNHAPP'Y դժբախտ, ապերջանիկ։
UNHEALTH'Y հիւանդոտ, վնասառողջ։
UNHO'LY անսուրբ, պիղծ։
U'NICORN միեղջերու։
U'NIFORM միօրինակ, միակերպ, համազգեստ։
UNIFORM'ITY համաձեւութիւն, միօրինակութիւն։
U'NIFY միացնել։
UNILAT'ERAL միակողմանի։
UNIFORMED' անտեղեակ, անուս։
UNINTELLI'GIBLE անհասկնալի։
UNINVI'TING անհրապոյր։
U'NION միութիւն, միաբանութիւն, ամուսնութիւն, կցում։
U'NIONIST միութենական։
UNIQUE' (եուՑիք') միակ, մէկ հատիկ, եզական։
U'NISON (եու'Ցիսըն) միաձայնութիւն, համամտութիւն։
U'NIT (եուՑիթ) միաւոր (թիւ), միակ մէկ, միութիւն։
UNITA'RIAN (եուՑիթէր'իըն) միադաւան։
U'NITARY (եու'Ցիթէրի) միենական։
UNITE' (եուՑայթ) միացնել, միաւորել, կցել, միանալ։
U'NITY (եու'Ցիթի) միութիւն, նոյնութիւն, կապակցութիւն։
U'NIVALVE (եու'Ցիվէլվ) միապատեան։
UNIVERS'AL ընդհանրական, տիեզերական։
UNIVERSAL'ITY տիեզերականութիւն։
U'NIVERSE տիեզերք, աշխարհ։
UNKNOWN' անծանօթ, անհաշուելի։
UNLA'BOURED անմշակ, բնական։
UNLEA'VENED անխմոր։
UNLESS' եթէ ոչ, բացի, մինչեւ որ։
UNLETT'ERED անգիր, անգրագէտ։
UNLIKE' տարբեր, աննման։
UNLIKE'LY անհաւանական։
UNLIMI'TED անսահման, անորոշ։
UNLOAD' բեռը պարպել, թեթեւցնել։
UNLOCK' փականքը դարձնել, բանալ։
UNLOOSE' արձակել, թուլցնել։
UNLOVE'LY անհաճոյ, տգեղ։
UNLUCK'Y ձախորդ, անյաջող, չարաբաստիկ։
UNMANN'ERLY բիրտ, կոշտ, բըրտաբար։
UNMASK' դիմակը վար առնել։
UNMATCHED' աննման, եզական։
UNMEAS'URED առատ, անչափ, անհուն։
UNMER'CIFUL անգութ, անողորմ։
UNMISTA'KABLE անսխալելի, յստակ։
UNMOVED' անխախտ, հանդարտ։
UNNA'TUREL անբնական, չինծու։
UNNE'CESSARY անպէտ, անհարկի։
UNNUM'BERED անհամար, անթիւ։
UNOFFEND'ING անվնաս։
UNOFFI'CIAL ոչ պաշտօնական։
UNPACK' քակել, բանալ։
UNPAID' անվճար, ձրի։
UNPA'RALLELED անզուգահեռական։
UNPARLIAMEN'TARY ոչ խորհրդարանական։
UNPEOPLE ամայացնել։
UNPLEA'SANT անհաճոյ, անախորժ։
UNPOP'ULAR անժողովրդական։
UNPRACTI'CAL անգործնական։
UNPREJ'UDICED աննախապաշարեալ։
UNPRETEND'ING պարկեշտ, համեստ։

UNPRIN'CIPLED անսկզբունք։
UNPROFI'TABLE անշահաբեր, անշահ։
UNPROVI'DED չպատրաստուած, չըհայթայթուած։
UNPUB'LISHED անտիպ։
UNQUA'LIFIED անատակ, անվերապահ։
UNQUI'ET անհանդարտ։
UNREA'DY անպատրաստ։
UNREAL անիրական, առերեւոյթ։
UNREA'SON անբանաւորութիւն։
UNREDEEMED' անփրկանելի, անվերադառնելի։
UNREFLEC'TING անխորհուրդ, անհոգ։
UNREMITT'ING անդուլ, յարատեւ։
UNRESERVED անվերապահ, համարձակ։
UNREST' անհանդարտութիւն։
UNRID'DLE լուծել, մեկնել։
UNRI'GHTEOUS անիրաւ, անարդար։
UNRI'VALLED անմրցակից, անզուգական։
UNRU'LY անուղղայ, անսանձ։
UNSAN'ITARY հակառողջական։
UNSCREW պտուտակը հանել։
UNSCRU'PULOUS անխիղճ։
UNSEA'SONABLE անժամանակ, տարաժամ։
UNSEAT' աթոռազրկել։
UNSEEM'LY անվայել, անճահ։
UNSEEN' չտեսնուած։
UNSEL'FISH անձնուրաց։
UNSET'TLE խախտել, շարժել, խանգարել։
UNSHA'KEN հաստատ, անխռով։
UNSHIP' նաւէն հանել, տեղէն հանել։
UNSHRINK'ING անվախ, տոկուն։
UNSIGHT'ED անտեսանելի, չտեսնուած։
UNSKILFUL' անճարակ, տգէտ։
UNSOUND' անհաստատ, վատառողջ, յուզեալ։
UNSPEAK'ABLE անճառելի, անիծեալ։
UNSTA'BLE անկայուն։
UNSTEA'DY անհաստատ, դիւրափոփոխ։
UNSTUD'IED դիւրին, բնական, համբակ։
UNTACK' զատել, զերծել։
UNTHINK'ING անխորհուրդ, չմըտածող։
UNTIL մինչեւ։
UNTI'MELY անժամանակ, տարաժամ։
UNTOLD' չըսուած, չպատմուած։
UNTRAINED' անկարգապահ, անկանոն։
UNTRUE' կեղծ, անհաւատարիմ։
UNU'SUAL անսովոր, հազուադէպ։
UNVAL'UED անարժէք, ոչ արժէքաւորեալ։
UNVEIL' քօղը հանել, բանալ։
UNVERSED' անփորձ, անվարժ։
UNWEARYING անխոնջելի, անընդհատ։
UNWELL' անհանգիստ, վատառողջ։
UNWILLI'NG անյօժար։
UNWISE' անմիտ, անխելք։
UNWORTHY' անպիտան, անվայել։
UNWRITT'EN անգիր, ճերմակ։
UNYIELD'ING յամառ, պինդ, հաստատ։
UNYOKE' լուծէ ազատել։
UP վեր, դէպի վեր, բարձրը, ելք։
TO SUM UP գումարել։
UPBEAR տանիլ, վեր բռնել։
UPBRAID պարսաւել, այպանել։
UP'BRINGING կրթութիւն։
UP'CAST վեր նետած, վերարկեալ։
UPHO'LSTER զարդարել, կահաւորել։
UP'KEEP պահպանում։
UPLIFT' բարձրացնել, վերացում։
UP'LAND սարահարթ, լեռնադաշտ։
UPON վրայ, ի վերայ։
UPP'ER վերին, բարձրագոյն։
UPRAISE' վերցնել։
UP'RIGHT ուղիղ, կանգուն։
UPRISE' ելլել, բարձրանալ։
UP'ROAR աղմուկ։
UPROOT' արմատէն խլել։
UP'SET տակնուվրայ ընել, տապալել, խանգարել, խանգարում, շրջում։
UP'SIDE-DOWN տակնուվրայ, վերը վար դարձած։
UPSTAIRS' վերի յարկը, վերնայարկ։

UPSTAND'ING ուղիղ, չփփչիտակ։
UP'START վեր_ցատկել։
UPSTROKE վերամբարձ հարուած։
UP'THROW վեր նետում, վերարկութիւն։
UP'WARD վեր, դէպի վեր։
URA'NIUM (եուրէյ'նիըմ) ուրանիոն։
URB'ANE (ըրպէյն) նրբացած, քաղաքավար։
URBANITY բարեկիրթութիւն, քաղաքավարութիւն։
URCH'IN (ըր'չին) ոզնի, լամուկ, լակոտ։
UR'EA (եու'րիէ) միզանիւթ, բնամէզ։
URE'TER միզածորան։
URGE (ըրճ) ստիպել, վրան ծանրանալ, նեղել։
URGENT ստիպողական, կարեւոր։
UR'INE (եուր'ին) մէզ։
URN (ըրն) սափոր։
US (ըս) մեզի, զմեզ։
U'SAGE (եու'զէճ) գործածութիւն, սովորոյթ։
USE (եուզ) գործածութիւն, պէտք, շահ, տոկոս, սովորութիւն, գործածել, բանեցնել, վարուիլ։
USE'FUL օգտակար։
USER գործածող։
USH'ER (ըշըր) նուիրակ, հիւրամեծար, փոխ-վարժապետ։
U'SUAL սովորական, հասարակ։
U'SUFRUCT (եու'զիուֆրըքթ) արդիւնավայելութիւն։
U'SURER (եու'ժիուրըր) վաշխառու։
USURP' (եուզըրփ') յափշտակել, բռնատիրել։
U'SURY (եու'ժիուրի) վաշխ։
UTEN'SIL (իութէն'սիլ) անօթ, աման։
U'TERUS (իու'թըրըս) արգանդ։
UTILITAR'IAN (իութիլիթէյ'րիըն) օգտապաշտ։
UTILI'TY օգտակարութիւն, օգուտ։
U'TILIZE օգտագործել։
UT'MOST ամենավերջին, ծայրագոյն։
UTOPIA ուտոպիա, երազական կղզի, չքաստան։
U'TRICLE (եու'թրիքլ) պարկիկ, խորշ։
UTT'ER (ըթ'թըր) կատարեալ, ամբողջ, դուրս հանել, արտասանել։
UTT'ERANCE արտասանութիւն, ըսուած բան։
U'VULA (եուվ'իուլէ) լեզուակ։
UXOR'IOUS (ըքսօր'իըս) կնահպատակ, կնասէր։
UZZLE (ուզլ) սարեակ։

V

VA'CANCY (վէյ'քընսի) պարապութիւն, բաց տեղ (պաշտօնի համար)։
VA'CANT պարապ, թափուր, բաց պաշտօն։
VACATE' պարպել, ջնջել, թողուլ, վրայ տալ։
VACA'TION դադար, պարապուրդ։
VA'CCINATE (վէք'սինէյթ) պատուաստել։
VACINA'TION պատուաստում։
VA'CILLATE (վէս'իլէյթ) երերիլ, տատանիլ։
VACU'ITY (վէքիու'թի) պարապութիւն։
VAC'UOUS (վէք'իուըս) դատարկ, անամէջ։
VAC'UUM (վէք'իուըմ) դատարկութիւն։
VAG'ABOND (վէկ'էպանտ) թափառական։
VAGA'BONDAGE դատարկաշրջութիւն։
VAGAR'Y (վէկէյ'րի) քմահաճոյք, մտացածութիւն։
VAGI'NA (վէճայ'նէ) իգափող, խոռոչի։
VAGRANT (վէյ'կրընթ) դատարկապորտ։
VAGUE (վէյկ) անորոշ, տարտամ։
VAIL (վէյլ) պարգեւ, քող։
VAIN (վէյն) պարապ, սնապարծ։
VAIN GLORY սնապարծութիւն։
VAL'ANCE (վէլ'ընս) ծածկոցցու կերպաս, անկողնի վարագոյր։
VALE (վէյլ) ձոր, հովիտ։
VALEDIC'TION (վէլիտիք'շըն) հրաժեշտ, ողջերթ։
VALER'IAN (վէ'լիրիըն) կատուախոտ։
VAL'ET (վէլ'է) սպասեակ։
VAL'IANT (վէլ'եընթ) արի, անվեհեր։
VALI'D (վէ'լիտ) վաւերական։
VAL'IDATE վաւերացնել, վաւերարկել։
VALIDA'TION վաւերարկութիւն։
VALISE' (վէլիս') պայուսակ։
VALL'EY (վէլ'ի) ձոր, հովիտ։
VAL'OUR (վէլ'ըր) արիութիւն, քաջութիւն։
VALSE (վէլս) վալս։
VAL'UABLE (վէլ'իուէպլ) արժէքաւոր, թանկագին։
VALUA'TION գնահատութիւն, գնորոշութիւն։
VAL'UE գին, արժէք, արժէք տալ։
VALVE կափոյր, դռնակ, խուփ, թըլթակ։
VAMP կոնճ, կապիճ, զօշաքաղ, կարկըտել, կոնճել, նորոգել։
VAM'PIRE (վէմ'փայր) զօշաքաղ, յարալէզ, վամպիր։
VAN (վէն) յառաջամաս, բանակի ճակատ, բեռնակառք։
VANA'DIUM (վէնէյ'տիըմ) վանադիոն։
VAN'DAL (վէն'տըլ) վանդալ, բարբարոս, քանդիչ։
VAN'DALISM վանդալութիւն։
VANE (վէյն) հողմացոյց, սահմանադուռ։
VANILLA' (վէնիլ'է) համեմուկ։
VAN'ISH (վէն'իշ) կորսուիլ, անհետանալ։
VAN'ITY ունայնութիւն, պատրանք։
VANQUISH (վէն'քուիշ) նուաճել, յաղթել։
VA'NTAGE (վէն'թէճ) շահ, առաւելութիւն։
VAP'ID (վէփ'իտ) անկենդան, թոյլ, նուազ։
VAPID'ITY թուլութիւն, անկենդանութիւն։
VA'PORIZE (վէյ'փըրայզ) շոգիացնել, շոգիանալ։

VAPORIZA'TION շոգիացում, գոլորշիացնում։
VA'POROUS (վէյ'փըրըս) գոլորշային, շոգիոտ։
VA'POUR (վէյ'փըր) շոգի, գոլորշի, ցնորք, մէգ, ծուխ։
VAR'IABLE (վէյ'րիէպլ) փոփոխական, անհաստատ։
VAR'IANCE (վէյ'րիընս) փոփոխութիւն, տարբերութիւն։
VAR'IANT (վէյ'րիընթ) փոփոխակ, փոփոխական։
VARIA'TION փոփոխութիւն, զանազանում, հոլովում, շեղում։
VAR'IEGATED պէսպիսուած, պըղպըղուն։
VARI'ETY (վէրայ'իթի) զանազանութիւն, այլատեսակ։
VARIOUS (վէյ'րիըս) այլազան, զանազան, տարբեր։
VARL'ET (վարլ'էթ) ստորին ծառայ, ստամբակ, գձուծ։
VARN'ISH (վարն'իշ) ջնարել, գոյն տալ, ջնար, փայլ, ջնարակ։
VAR'Y (վէյ'րի) զանազանել, փոփոխել, զատուիլ։
VAS'CULAR (վէս'քիուլըր) անօթային, երակային։
VASE (վէյզ) անօթ, աման, ծաղկաման։
VASSA'L (վէս'ըլ) վասալ, ճորտ, ծառայ։
VASS'ALAGE ճորտութիւն, վասալութիւն։
VAST (վասթ) ընդարձակ, մեծ, անհուն։
VAT (վէթ) տաշտ, կուբ։
VATICAN (վէթ'իքըն) Վատիկան, Պապի պալատ։
VATI'CINATE (վէթի'սինէյթ) մարգարէանալ։
VAUDE'VILLE (վօտ'վիլ) հեգներգ, երգախաղ։
VAULT (վօլթ) կամարել, ցատկել։
VAULT'ING կամարում, կամարահիւսք։
VAUNT (վօնթ) պարծիլ, պարծենալ, ինքնապարծութիւն։
VEAL (վիլ) հորթի միս։
VEDETTE' (վիտէթ') ձիաւոր պահակ, պահականաւ։
VEER (վիր) դարձնել, դառնալ, շրջիլ։
VE'GETABLE (վէճ'իթէպլ) բոյս, տունկ, բուսեղէն։
VEGETAR'IAN բուսակեր, բանջարակեր։
VEG'ETABLE (վէճ'իթէյթ) աճիլ, սնանիլ, ապրիլ։
VE'HEMENT (վիհիմընթ) սաստիկ, ուժգին, բուռն։
VE'HEMENCE սաստկութիւն, ուժգնութիւն։
VE'HICLE (վի'իքլ) կառք, սայլ, անդրուար, փոխադրիչ, դեղակալ։
VEHIC'ULAR անդրուարային, կառքի։
VEIL (վէյլ) քօղ, ծածկոց, շղարշ, լաչակ, քօղել, ծածկել։
VEIN (վէյն) երակ, ջիղ, հանգամանք, երակել, ծածկել։
VELDT հարաւ. Աֆրիկէի արօտավայր։
VELLE'ITY (վէլի'իթի) թեթեւ փափաք։
VELL'UM (վէլ'լըմ) նուրբ մագաղաթ։
VELO'CIPEDE (վիլաս'իփիտ) հեծանիւ։
VELO'CITY (վիլաս'իթի) արագութիւն։
VELOURS' (վըլուր) թաւիշ։
VEL'VET (վէլ'վէթ) թաւիշ, բարակ խաւ։
VEL'VETY թաւշային։
VE'NAL (վի'նըլ) անձնավաճառ, վարձկան, երակային։
VENALI'TY (վինէլ'իթի) վարձկանութիւն։
VEND (վէնտ) ծախել, վաճառել։
VEN'DIBLE ծախելի։
VEN'DOR (վէն'տըր) ծախող։
VENDETTA' (վէնտէթ'է) վրէժխնդրութիւն։
VENEER (վինիր') մականդրուագ։
VEN'ERABLE (վէն'ըրէպլ) մեծայարգ, պատկառելի։
VEN'ERATE (վէն'ըրէյթ) մեծարել, պատուել։

VENERA'TION մեծարանք, յարգանք, պաշտանք։

VENER'EAL (վիՆի'րիըլ) վեներական։

VEN'GEANCE (վէՆՃըՆս) վրէժ։

VENGE'FUL վրէժխնդիր։

VE'NIAL (վի'Նիըլ) ներելի։

VEN'ISON (վէՆ'իզՆ) եղնիկի միս։

VEN'OM (վէՆ'ըմ) թոյն, ժահր։

VE'NOUS (վի'Նըս) երակային։

VENT (վէՆթ) ելք, հրածակ, ելք տալ, հռչակել։

VEN'TILATE (վէՆ'թիլէյթ) հովահարել, օդը փոխել, յուզել։

VENTILA'TION հովահարութիւն, օդափոխութիւն։

VEN'TRAL (վէՆ'թրըլ) փորային։

VEN'RICLE (վէՆ'թրիքլ) փորոք։

VENTRIL'OQUISM (վէՆթրիլ'օքուիզմ) որովայնախօսութիւն։

VEN'TURE (վէՆ'չըր) վտանգաւոր ձեռնարկ, վտանգել։

VEN'UE (վէՆ'իու) մերձավայր, թափանցում։

VERA'CIOUS (վիրէյ'շըս) ճշմարտասէր։

VERA'CITY (վիրէ'սիթի) ճշմարտախօսութիւն։

VERAN'DAH (վիրէՆ'տէ) ճեմօն։

VERB (վըրպ) բայ։

VERB'AL բառական, բառացի։

VERBA'TIM (վըրպէյ'թիմ) բառ առ բառ։

VERBE'NA (վըրպի'Նէ) աղաւնիճ։

VERB'IAGE բառաբանութիւն։

VERBOSE' (վըրպօս') բազմաբառ, երկարաբան։

VERBOS'ITY աւելորդաբանութիւն։

VERD'ANT (վըրտ'ըՆթ) դալար, կանաչ։

VERD'ICT (վըրտ'իքթ) վճիռ։

VERD'IGRIS (վըր'թիկրի) պղինձի ժանգ։

VERD'URE (վըր'տիուր) կանաչութիւն։

VERGE (վըրՃ) գաւազան, սահման, եզր, ծայր, հակիլ, մօտենալ։

VER'GER գաւազանակիր, փոքրաւոր։

VE'RIFY (վէր'իֆայ) ստուգել, հաստատել։

VERIFICA'TION ստուգութիւն, ճշդում, վաւերացում։

VE'RILY (վէ'րիլի) ստուգիւ, իրապէս։

VER'ITABLE ստոյգ, իսկական, ճշմարիտ։

VER'ITY (վէր'իթի) ճշմարտութիւն։

VER'JUICE (վըր'Ճիուս) ագոխ, ագոխաջուր։

VERM'ICIDE (վըր'միսայտ) ճճասպան։

VERM'IFORM որդնանման։

VERMIL'ION կարմրագոյն։

VERM'IN (վըր'միՆ) դարշաճճի։

VERNAC'ULAR (վըրՆէք'իուլըր) մայրենի, բնիկ լեզու։

VERN'AL (վըրՆ'ըլ) գարնանային։

VERN'IER (վըրՆ'իէ) մասնաչափ։

VERON'ICA (վիրաՆ'իքէ) Յիսուսի պատկերով լաթ։

VERS'ATILE (վըր'սէթիլ) դիւրադարձ, ճկուն։

VERSE (վըրս) տանաւոր, տող, համար, քերթուած։

VERSED (վըրստ) գիտակ, հմուտ։

VERS'ICLE (վըր'սիքլ) տող, քերթուածիկ։

VER'SIFY (վըր'սիֆայ) տաղաչափել, քերթել։

VERSIFICA'TION տաղաչափութիւն։

VER'SION (վըր'ժըՆ) թարգմանութիւն, մեկնութիւն։

VERSO' (վըրսօ') հակակողմ։

VERST (վըրսթ) ռուսական մղոն։

VERT (վըրթ) դալարիք, կանաչ գոյն։

VERT'EBRA (վըր'թիպրէ) ողնոսկր։

VERT'EBRATE ողնայարաւոր։

VERT'EX (վըրթ'էքս) գագաթնակէտ։

VERT'ICAL ուղղահայեաց։

VERTI'GO գլխու պտոյտ։

VERVE (վըրվ) սուր երեւակայութիւն, խանդ։

VE'RY նոյն, ճիշդ, յոյժ, կարի։

VES'ICLE (վէս'իքլ) բշտիկ։

VES'PER (վէս'փըր) իրիկնային աստղ։
VESPERS իրիկնային ժամերգութիւն։
VESS'EL (վէսըլ) անօթ, նաւ, երակ, ցնցուղ։
VEST բաճկոն, պճնել, հագցնել։
VES'TA լուցկի մը։
VES'TAL (վէս'թըլ) վեստալեան (կոյս), հրանոյշ։
VES'TIBULE նախասրահ, անդաստակ։
VES'TIGE (վէս'թիճ) հետք, մնացորդ։
VEST'MENT (վէսթ'մէնթ) զգեստ, հանդերձ։
VES'TRY (վէսթ'րի) հանդերձատուն, թաղական խորհուրդ։
VE'STRYMAN թաղական։
VES'TURE (վէս'չըր) հագուստ, ծածկոյթ։
VET (վէթ) անասնաբոյժ։
VETCH (վէչ) վիգն, խոլորձ։
VET'ERAN (վէթ'ըրըն) հին զինուոր, վեթերան։
VET'ERINARY անասնաբուժական, անասնաբոյժ։
VE'TO (վի'թօ) վեթօ, արգելք, օրէնք մը մերժելու իրաւունք։
VEX (վէքս) նեղել, տաղտկացնել։
VEXA'TION գլխու ցաւ, տաղտուկ, խանգարում։
VEXA'TIOUS նեղիչ, տառապալից։
VEXED նեղեալ, վիճաբանուած։
VIA (վայա) ճամբով, վրայով։
VI'ADUCT (վայ'էտըքթ) կամարուղի։
VIAL (վայ'ըլ) սրուակիկ։
VI'ANDS (վայ'ընտզ) ուտելիք, կերակուր։
VIBRATE' (վայ'պրէյթ) թրթռացընել, ճօճել։
VIBRA'TION ճօճում, թրթռում։
VIBRAT'OR թրթռիչ։
VIC'AR (վիք'ըր) տեղապահ, փոխերէց։
VIC'ARAGE երիցատուն։
VICE (վայս) մոլութիւն, մեղք, մամլակ։
VICEGE'RANT փոխանորդ։
VICE'ROY փոխարքայ։
VICERE'GAL փոխարքայական։
VICE VERS'A հակադարձօրէն։
VI'CINAGE (վի'սինէճ) մերձակայք։
VICIN'ITY մօտակայք, դրացնութիւն։
VI'CIOUS (վի'շըս) անառակ, անկատար, աւրուած։
VICISS'ITUDE (վիսիս'իթիուտ) փոփոխութիւն, փոփոխականութիւն։
VIC'TIM զոհ, արկածեալ։
VIC'TIMIZE զոհել, խաբել։
VIC'TOR յաղթական։
VIC'TORY յաղթանակ։
VICTOR'IOUS յաղթական։
VIC'TRESS յաղթուհի։
VIC'TUAL (վի'թլ) ուտելիք, պաշար, հայթայթել, համբարել։
VICT'UALLER (վէթ'լըր) հայթայթիչ, նպարավաճառ։
VIE (վայ) մրցիլ։
VIEW (վիեու) տեսք, երեւոյթ, պատկեր, նկատում, կարծիք։
VIEWLESS անտեսանելի։
VI'GIL (վիճ'իլ) հսկում, խթում, նախատօնակ։
VI'GILANCE արթնութիւն, հսկողութիւն։
VIGIL'ANT (վիճ'իլընթ) արթուն, հսկող, զգոյշ։
VIGNETTE' (վին'եէթ) որթանկար, զարդանկար։
VIG'OUR (վիկ'ըր) զօրութիւն, կորով։
VIG'OROUS կորովի, զօրաւոր։
VI'KING (վայ'քինկ) ծովահէն։
VILE (վայլ) անարգ, նուաստ, կեղտոտ։
VIL'IFY (վիլ'իֆայ) անարգել, մրոտել։
VILIFICA'TION անարգանք։
VILLA' (վիլ'է) ամառանոց, գիւղատուն։
VILL'AGE (վիլ'էճ) գիւղաքաղաք։
VILLA'GER գիւղացի։
VILL'AIN ստրուկ, ճորտ, անզգամ։
VILL'AINOUS անպիտան, անզգամ։
VIM (վիմ) եռանդ, կորովի։

VINAIGRETTE' (վինէիկրէթ') քացախաման, խնկաշիշ։
VIN'DICATE (վին'տիքէյթ) պաշտպանել, ջատագովել։
VINDICA'TION ջատագովութիւն, պաշտպանութիւն։
VINDIC'TIVE ջատագովական։
VINE (վայն) որթատունկ։
VIN'EGAR (վին'իկըր) քացախ։
VI'NERY (վայն'ըրի) որթանոց։
VINE'YARD (վին'եարտ) այգեստան։
VI'NOUS (վայ'նըս) գինիոտ, գինեհամ։
VIN'TAGE (վին'թէճ) այգեկութք։
VI'OL (վայ'ըլ) մեծ ջութակ։
VI'OLA (վիօ'լէ) միջակ ջութակ։
VIOLA (վայ'օլէ) մանուշակ։
VI'OLATE (վայ'օլէյթ) բռնաբարել։
VIOLATION բռնաբարութիւն, դրժում։
VIOLENCE (վայ'օլընս) ուժգնութիւն, սաստկութիւն։
VIOLENT (վայօլընթ) բուռն, սաստիկ։
VI'OLET (վայ'օլէթ) մանիշակ։
VIOLIN' (վայօլին') ջութակ։
VI'OLIST ջութակահար։
VIOLONCELLO' (վիօլօնչէլ'լօ) թաւ ջութակ։
VI'PER (վայ'փըր) իժ։
VIPEROUS իժային, թունաւոր։
VIRA'GO (վիրէյ'կօ) կռուազան կին։
VIR'GIN (վըր'ճին) կոյս, աղջիկ։
VIR'GINAL կուսական, կիթառատուիղ. ւիղ։
VIRILE (վիր'իլ) առնական, ազամարդի։
VIRIL'ITY առնացում, հզօրում։
VIRT'UAL (վըր'չուըլ) իրական, էական, զօրութենական։
VIRTUE (վըր'չու) զօրութիւն, ոյժ, արժանիք, առաքինութիւն։
VIRTUELESS բարոյապէս անարժէք։
VIRTUOSO (վըրթիուօս'օ) արուեստագէտ, գեղագէտ։
VI'RULENT (վի'րուլընթ) ժահրոտ, թունաւոր։
VIR'US (վայ'րըս) թոյն, ատելութիւն։

VISA (վէ'զէ) վիզա, անցագիր, անցագիրը վաւերացնել։
VIS'AGE (վիզ'էժ) դէմք, երես, կերպարանք։
VIS-A-VIS (վիզավի) դէմ առ դէմ, հանդիպակաց։
VISCID (վիսիտ) մածուցիկ, կպչուն։
VIS'COUNT (վայ'քաունթ) դերկոմս։
VIS'COUNTY դերկոմսութիւն։
VIS'IBLE (վիզ'իպլ) տեսանելի, յայտնի։
VISIBIL'ITY տեսանելիութիւն։
VI'SION (վիժ'ըն) տեսութիւն, մտապատկեր, տեսիլք, ցնորք, երազել։
VI'SIONARY երեւակայական, տեսլական, ցնորական։
VIS'IT (վիզիթ) այցելել, պատահիլ, դատել, վրան գալ, քննել, այցելութիւն, քննութիւն։
VISITOR այցելու, քննիչ։
VI'SOR (վայ'զըր) դիմապահ, դիմակ, ճակատնոց։
VIS'TA (վիս'թէ) ծառուղի, տեսանկար։
VIS'UAL (վիժ'ուըլ) տեսողական, տեսութեան։
VI'TAL (վայթլ) կենսական, էական։
VI'TALISM կենսապաշտութիւն, կենսականութիւն։
VI'TALIST կենսապաշտ, կենսաւ-ժական։
VITAL'ITY կենսունակութիւն, կեանք։
VI'TALIZE կենսաւորել, կենդանացնել։
VI'TAMIN (վայթէմին') կենսանիւթ։
VI'TICULTURE (վիթի'քըլչըր) որթամշակութիւն։
VI'TIATE (վիշ'իէյթ) աւրել, եղծել, ապականել։
VIT'REOUS (վիթ'րիըս) ապակեփայլ։
VIT'RIFY ապակիացնել։
VITRIFAC'TION, VITRIFICA'TION ապակիացում, ապակիացընում։

VITRIOL (վիթ'րիըլ) ծծմբատ, արջասպ։
VITU'PERATE (վայթիու'փըրէյթ) այպանել, պախարակել։
VIVA'CIOUS (վայվէյ'շըս) կենսունակ, կայտառ, վառվռուն։
VIVAR'IUM (վայվէյր'իըմ) կենդանարան։
VI'VERS (վի'վըրզ) ուտելիք, կերակուր։
VIV'ID (վիվի'տ) վառ, կայտառ, կենդանի։
VIV'IFY (վիվի'փայ) կենդանացնել, կեանք տալ։
VIVIP'AROUS (վայվիփ'էրըս) կենդանածին։
VIVISEC'TION (վիվիսէք'շըն) կենդանահերձում։
VIX'EN (վիքս'ն) կռուազան կին, էգ աղուէս։
VIZARD (վիզ'ըրտ) դիմակ, ճակատնոց։
VIZIER' (վիզ'իըր) վէզիր, նախարար։
VO'CABLE (վօ'քէպլ) խօսք, բառ։
VOCAB'ULARY բառացանկ, բառատետր։
VO'CAL (վօքըլ) ձայնական, հնչական։
VO'CALIST երգիչ, ձայներգիչ։
VOCALIZA'TION ձայնի վերածում, ձայնարկում։
VOCATION (վօքէյ'շըն) կոչում, տաղանդ, արհեստ։
VOC'ATIVE կոչական։
VOCIFE'RATE (վօսիֆ'ըրէյթ) պոռչտալ, կանչել։
VOD'KA (վատ'քէ) վոտքա։
VOGUE (վօկ) անուն, հռչակ, տարազ։
VOICE (վօյս) ձայն, խօսք, քուէ։
VOID (վօյտ) պարապ, զուրկ, անվաւեր, ոչնչութիւն, պարպել։
VOLA'TILE (վալ'էթիլ) ցնդական, թռչուն, զուարթ։
VOLATIL'ITY ցնդականութիւն, կայտառութիւն։
VOLCA'NO (վալքէյ'նօ) հրաբուխ։
VOLCA'NIC հրաբխային։
VOLI'TION (վօլի'շըն) կամք, կամեցողութիւն։
VOLLE'Y (վալ'ի) հրետաձգութիւն, թէնիսախաղ։
VOLT (վօլթ) խուսանք, վոլտ (ելեկտր.), ճազպատանք։
VOLT'AGE (վօլ'թէճ) վոլտական քանակ։
VOLTE-FACE' (վօլթ'ֆաս) դիմաշրջութիւն։
VOL'UBLE (վալ'իուպլ) դիւրասահ, լոյծ, շատախօս։
VOL'UME (վալ'իում) հատոր, գիրք, ծաւալ։
VOLU'MINOUS ստուար, ճոխ, բազմածաւալ։
VOLUNTARY (վալ'ընթէրի) կամաւոր, ինքնակամ, ինքնայօժար։
VOLUNTEER' կամաւոր, կամաւոր գրուիլ։
VOLUPTUARY (վօլըփ'չիուէրի) հեշտասէր, վաւաշոտ։
VOLUTE' (վալիութ') խոյօղ, գալարազարդ խոյակ։
VOM'IT (վամ'իթ) փսխուք, որձացուցիչ (դեղ), փսխել։
VORA'CIOUS (վօրէյ'շըս) շատակեր, անյագ։
VORT'EX (վօրթ'էքս) յորձանք, փոթորիկ։
VO'TARY (վօ'թէրի) ուխտանուէր, նուիրեալ։
VOTE (վօթ) քուէ, վիճակ, հաւանութիւն, քուէ տալ։
VO'TER քուէարկու։
VO'TIVE (վօ'թիվ) ուխտի, արգադիր, ուխտանուէր։
VOUCH (վաուչ) վկայել, երաշխաւորել, հաստատել։
VOUCH'ER վկայ, վկայագիր, փաստ, մուրհակ, հաստատագիր։
VOUCHSAFE' շնորհել, տալ, հաճիլ, հաւանիլ։
VOW (վաու) ուխտ, խոստում, որոշում, իղձ, ուխտել, նուիրել։
VOW'EL (վաուըլ) ձայնաւոր։
VOYAGE (վօյ'էճ) ճամբորդութիւն (ծովային), ճամբորդել։
VUL'CAN (վըլ'քըն) Հեփեստոս, հուրի, հրաբուխ։

VULCAN'IC (վըլքէնʼիք) հրաբխային։

VUL'CANITE (վըլʼքընայթ) կարծրախէժ։

VUL'GAR (վըլʼկըր) ռամկական, աշխարհիկ, գռեհիկ։

VULGARISM աշխարհիկ ոճ, անտաշութիւն։

VULGAR'ITY ռամկութիւն, ստորնութիւն։

VUL'NERABLE (վըլʼնըրէպլ) խոցելի, վիրաւորելի։

VUL'PICIDE (վըլʼփիսայտ) աղուէսասպան։

VUL'PINE (վըլʼփին) աղուեսային, խորամանկ։

VUL'TURE (վըլʼչըր) անգղ։

VULVA (վըլʼվէ) բուճոց։

VYCE (վայս) կոթ, մամլիչ, ճանկ։

VYING (վայʼինկ) մրցող, ճգնող մաքառող...

W

WABBLE (ուապ'լ) դողդոջիլ, երերը–կալ։
WAD (ուատ) խուրձ, խծուծ, խծկել։
WADDLE (ուատ'տլ) տատանիլ, օ–րօրուիլ։
WADD'Y (ուատ'ի) ռազմաբիր։
WADE (ուէյտ) ջուրէն անցնիլ, հուն։
WA'DER հունէ անցնող, բարձրա–արուն։
WA'FER (ուէյ'ֆըր) թլիթ, քաքար, նշխար։
WAFT (ուէֆթ) ծուփ, տատանք, ծփարկել, տատանիլ։
WAG (ուէկ) երերք, ժաժ, կատակա–խօս։
WAGE (ուէճ) ընել, մղել, վարել, թոշակ, վարձք։
WA'GER գրաւ, գրաւարկում, գրաւ դնել։
WAGG'ERY (ուէկ'ըրի) խեղկատա–կութիւն։
WAGG'ISH (ուէկ'իշ) կատակային, չարաճճի։
WAG'ON (ուէկ'ըն) բեռնակառք, վա–կոն։
WAIF (ուէյֆ) կորսուած կողոն, ան–տէր ինչք։
WAIL (ուէյլ) ողբ, կոծ, ողբալ։
WAIN (ուէյն) կառք, սայլ։
WAINSCOT (ուէյն'սքաթ) որմա–զրուագ։
WAIST (ուէյսթ) մէջք (մարդու), միջնատեղ (նաւու)։
WAISTBAND մէջքի կապ։
WAI'STCOAT բաճկոն։
WAIT (ուէյթ) սպասել, կենալ, ծա–ռայել, նայիլ, որոգայթ, ծու–ղակ։
WAIT'ER ծառայ, սպասաւոր, սպա–ջակալ։
WAIT'RESS սպասուհի։

WAIVE (ուէյվ) հրաժարիլ, թողուլ։
WAIVER իրաւաթողութիւն։
WAKE (ուէյք) հսկում, նախատօ–նակ, արթննալ, արթուն կենալ, զարթնել, հսկել։
WAKEFUL արթուն, աչալուրջ, հըս–կող։
WALD (ուօլտ) անտառ։
WALE (ուէյլ) նշան, հետք, գիծ, գողնոց, գծարկել, գիծել։
WA'LER աւստրալիական ձի։
WALK (ուօք) քալել, ընթանալ, քա–լեցնել, պտտցնել, քալուածք, ըն–թացք, արահետ, վարք, ուղի, վի–ճակ, ասպարէզ։
WALK-OUT գործաթող։
WALK-OVER դիւրին յաղթանակ։
WALL (ուօլ) պատ, որմ, պատնէշ, պատ քաշել։
WA'LLABY պզտիկ քանկարու։
WA'LLET (ուալ'էթ) ճամբու պա–յուսակ։
WALL-EYE սպիտակածիր աչք (ձի–ու)։
WA'LLOP (ուալ'ըփ) եռալ, ծեծել, թրջել։
WALLO'W (ուալ'օ) թաւալիլ, տա–պըլտում, տապլտկիլ։
WA'LNUT (ուօլ'նըթ) ընկոյզ, ըն–կուզենի։
WA'LRUS (ուօլ'րըս) ծովաձի։
WALTZ (ուօլց) վալս, շրջապար։
WAMPUM (ուամ'փըմ) ուլունք։
WAN (ուան) տժգոյն, դեղնած։
WAND (ուանտ) ցուպ, գաւազան։
WA'NDER (ուա'նտըր) թափառիլ, վրիպիլ, ցնորիլ։
WANDERER աստանդական, թափա–ռական։

WANDEROO' (ուանտըրրու') վանտերու, պարիկապիկ:
WANE (ուէյն) նուազիլ, իջնալ, նըւազում:
WANGLE (ուէնկ'լ) խարդել, շորթել:
WANT պակասութիւն, պէտք, չգոյութիւն, չքաւորութիւն, չունենալ, թերանալ, փափաքիլ, պակսիլ:
WA'NTING բացակայ, թերի, պակաս:
WANTON (ուան'թըն) վայրագ, լըպիրշ, բոզ, սրիկայ, ցոփ, լըրբանալ, խաղալ, զուարճանալ:
WAPITI (ուէփ'իթի) շեկ եղջերու:
WAR (ուօր) պատերազմ, կռիւ, թըշնամութիւն, պատերազմիլ, CIVIL WAR ներքին պատերազմ:
WAR-CRY մարտակոչ:
WAR-PLANE ռազմաօդանաւ:
WAR'FARE պատերազմ, թշնամութիւն:
WARLIKE ռազմասէր, մարտական:
WAR'BLE (ուօր'պլ) գեղգեղել, երգել:
WAR'BLER երգակ:
WARD (ուօրտ) պահել, պաշտպանել, վանել, բանտարկել, արգիլել, պահպանութիւն, խնամեալ որբ, թաղ, շրջանակ, սրահ:
WARDROBE հանդերձարան, հագուստ:
WARDROOM սպայից սրահ:
WAR'DEN պահապան, բանտապահ, խնամակալ:
WAR'DER պահապան, բանտապահ:
WAR'DRESS բանտապահուհի:
WAR'DSHIP պահպանութիւն, խնամակալութիւն:
WARE (ուէյր) առարկայ, գոյք, ապրանք, գիտակ, զգոյշ:
WARE'HOUSE մթերանոց:
WAR'LOCK կախարդ, վհուկ:
WARM (ուօրմ) տաք, ջերմ, վառ, եռանդուն, տաքցնել, տաքնալ:
WARM-BLOODED տաքարիւն (կենդանի):
WARM-HEARTED ազնիւ, խանդակաթ:
WARMTH տաքութիւն, եռանդ:
WARN զգուշացնել, խրատել:
WAR'NING զգուշացնել, ազդարարութիւն:
WARP (ուօրփ) նաւաձիգ, պարան, թել, առէջ, փոխուիլ, դառնալ, կորանալ, ծռել:
WA'RRANT (ուար'րէնթ) հրովարտակ, երաշխիք, հրամանագիր, վըճիռ, հաստատել, երաշխաւոր ըլլալ, արտօնել:
WARRANTEE' երաշխաւորեալ, երաշխակալ:
WA'RRANTY երաշխիք, ապահովութիւն, հաստատուած վճարի:
WA'RRIOR (ուօր'իըր) ռազմիկ, զինուոր:
WART (ուօրթ) կոճիճ, ելունդ:
WAR'TY ելնդաւոր:
WAR'Y (ուէր'ի) զգոյշ, շրջահայեաց:
WAS (ուազ) էր, կար:
WASH (ուաշ) լուացում, լուացք, ողողում, գեղադեղ, մաքրիչ, հեղուկ, լուալ, մաքրել, թրջել, ըշպարել:
WASH-HOUSE լուացարան:
WASH-LEATHER այծենի:
WASH-OUT ամբողջական անյաջողութիւն:
WASH-TUB լուացքի տաշտ:
WA'SHER լուացարար, լուալու մեքենայ:
WASHE'RWOMAN լուացարարուհի:
WA'SHING լուացում, լոգանք, նուրբ խաւ:
WA'SHY անօսր, ջրոտ, թոյլ:
WASP պիծակ, բոռ:
WA'SPISH անզգամ, խայթող:
WASSAIL (ուաս'սիլ) կերուխում, կենացը խմել:
WAST (ուասթ) էիր:
WASTE (ուէյսթ) ամայի, պարապ, աւերակ, սպառել, վատնել, ծախսել:

WASTE-BASKET *անպէտ թուղթի սակառ։*
WASTE-PIPE *աւելցուքը տանող խողովակ։*
WA'STAGE *վատնում։*
WA'STREL (ուէյ'սթրըլ) *թափառական, շռայլ։*
WATCH (ուաչ) *հսկում, պահակութիւն, պահապան, դէտ, գրպանի ժամացոյց, պահաժամ, նայիլ, պահել, հոգալ, զգուշանալ, արթուն մնալ։*
WATCH BOX *պահականոց։*
WATCH-DOG *պահապան շուն։*
WATCHMAN *պահակ։*
WATCH-TOWER *դիտանոց։*
WATCHWORD *անցաբառ։*
WAT'CHFUL *արթուն, զգոյշ։*
WATER (ուօ'թըր) *ջուր, ծով, գետ, անձրեւ, լիճ, մէզ, փայլ (գոհարի), ջրել, ոռոգել, նօսրացնել, ջուր խմել, ջուր առնել։*
WATER BAILIFF *նաւերու քննիչ, գետի ոստիկան։*
WATER-COLOUR *ջրանկար։*
WATER COURSE *ջրանցք։*
WATER CRESS *ջրխոտ։*
WATER FALL *ջրվէժ, սահանք։*
WATER FOWL *ջրահաւ։*
WATER GAUGE *ջրաչափ, խորաչափ։*
WATER HEN *մօրահաւ։*
WATERING PLACE *հանքային ջուրեր, ջերմուկ։*
WATER-LILY *կոկոռիկ։*
WATER-LINE *ջրագիծ, ծփագիծ։*
WATER MARK *գծանիշ։*
WATER MELON *ձմերուկ։*
WATER PLANE *ջրասաւառնակ։*
WATER POWER *ջրի ուժ։*
WATER PROOF *անջրանցիկ։*
WATER LIGHT *ջրապիրկ, ջուրը բռնուած։*
WATER WAY *ջրուղի։*
WATER WHEEL *ջրանիւ։*
WATER WORKS *ջրաբաշխարան։*
WAT'ERY *ջրոտ, ջրաւոր։*
WATT (ուաթ) *վաթ (ելեկթր.)։*
WA'TTLE (ուաթ'լ) *մորճ, ճիւղ, մօրուք, վանդակ։*
WAUL (ուօլ) *գոռում, գոչում, աղմուկ, կաղկանձել։*
WAVE (ուէյվ) *ալիք, կոհակ, տատանիլ, ալեկոծել։*
WAVE'LET *մանր ալիք։*
WAVER *վարանիլ, տատանիլ։*
WA'VY *ալեկոծ, երերուն, ծփուն։*
WAX (ուէքս) *մոմ, մեղրամոմ։*
WAX-CLOTH *մոմլաթ։*
WAX WING *մետաքսապի (թռ.)։*
WAX WORK *մոմարձան։*
WAX'EN *մոմեայ, մոմեղէն։*
WAX'Y *մոմային, մոմանման։*
WAY (ուէյ) *ճամբայ, ուղի, անցք, ճար, եղանակ, ծրագիր,* **BY THE WAY** *անցողաբար, միտքս ինկաւ։*
WAY FARER *ճամբորդ, ուղեւոր։*
WAY LAY *սպասել, դարանիլ։*
WAY SIDE *ճամբու, եզերք։*
WAY'WARD *խիժու, յամառ, դէգ։*
WE (ուի) *մենք։*
WEAK (ուիք) *տկար, անզօր, հիւանդոտ։*
WEAK'EN *տկարացնել, տկարանալ։*
WEAKNESS *տկարութիւն։*
WEAL (ուիյլ) *փարթամութիւն, հետք հարուածի։*
WEALD (ուիլտ) *անտառ, դաշտավայր։*
WEALTH (ուէլթհ) *հարստութիւն, ինչք։*
WEA'LTHY *հարուստ։*
WEAN (ուին) *կաթէ կտրել։*
WEANLING (ուին'լինկ) *կաթէն կտրած (տղայ), գառնուկ։*
WEA'PON (ուէփ'ըն) *զէնք։*
WEAR (ուէր) *կրել, տանիլ, հինցնել, տոկալ, մաշում, կերպ։*
WEARY *յոգնած, մաշած, ձանձրացած։*
WEAS'EL (ուեզլ) *աքիս։*
WEA'THER (ուէտհ'ըր) *օդի վիճակ, եղանակ, օդ։*

WEATHER COCK հողմացոյց, փոփոխամիտ։
WEATHER-GLASS ծանրաչափ, օդաչափ։
WEATHER-WANE հողմացոյց։
WEAVE (ուիվ) հիւսք, հիւսել, գործել։
WEAV'ER ոստայնանկ, ջուլհակ։
WEB (ուէպ) ոստայն, հիւսուած, հիւսել, պատել։
WEB-FOOT'ED մաշկոտնեայ։
WED (ուէտ) ամուսնանալ, ամուսնացնել։
WEDD'ING ամուսնութիւն։
WEDDING-RING ամուսնութեան մատանի։
WEDGE (ուէճ) երիթ, սեպ, բոյթ։
WEDLOCK հարսանիք։
WEDNESDAY չորեքշաբթի։
WEE (ուի) մանրիկ։
WEED (ուիտ) վնասակար խոտ, սեւ. սուգի լաթ, ծխախոտ, անարժէք. ձի կամ անձ, անպիտան խոտերը մաքրել, խոտատել։
WEEDLESS անխոտ, խոտոտ։
WEED'Y խոտալի, անպիտան, նիհար։
WEEK (ուիք) շաբաթ։
WEEK-END շաբաթավերջ։
WEEK'LY շաբաթական, շաբաթաթերթ։
WEEN (ուին) երեւակայել, կարծել։
WEEP (ուիփ) լալ, արտասուել։
WEEPE'R լալկան, ողացող։
WEEV'IL (ուի'վիլ) ցորենի ուտիճ, մժեղայ։
WEFT (ուէֆթ) թեզան, հիւսկէն։
WEIGH (ուէյ) կշռել, քննել, ծանրանալ, ճնշել։
WEIHGING-MACHINE կշռամեքենայ։
WEIGHT (ուէյթ) ծանրութիւն, կշիռ, կարեւորութիւն, նեղութիւն։
WEIGHTY ծանրակշիռ, ազդու, մեծ։
WEIR WEAR (ուիր) ջրարգել, հոսարան։
WEIRD (ուիրտ) բախտ, կախարդ։
WEL'COME (ուէլ'քըմ) բարեյարմարտեխ գալուստ, բարի եկած։
WELD (ուէլտ) զօդել, դարբնել, զօդ, ալաժահերի։
WEL'FARE (ուէլֆ'էր) բարօրութիւն, երջանկութիւն։
WEL'KIN երկինք։
WELL' լաւ, աղէկ, հոր, ջրհոր, գուբ, ջրամբար, ելլել, հոսիլ։
WELL APPOINTED ամբողջովին կահաւորուած։
WELL-BALANCED արդար, կգայուն։
WELL-BORN ազնուական։
WELL-BRED բարեկիրթ, քաղաքավար։
WELL-DOING բարեգործութիւն։
WELL-INFORMED լաւատեղեակ։
WELL-MADE բարեկազմ։
WELL-TIMED պատեհ, յարմար։
WELL-WISHER բարեացակամ։
WELL-WORN մաշած, ցնցոտած։
WELSH (ուէլշ) կալլէսեան, կալլէսերէն։
WELSH խաբել, չվճարել, չորթել։
WELT (ուէլթ) թլիփ, միջակաշի (կօշիկի), թլփել։
WEL'TER թաւալիլ, շաղախել, թաւալում, յաւելականշիս։
WEN (ուէն) ուռ, խոյլ։
WENCH (ուէնչ) աղջիկ, սպասուհի, պոռնիկ։
WEND (ուէնտ) երթալ, ճամբայ կտրել։
WENT գնաց։
WEPT լացաւ։
WERE, WERT տես **BE**։
WEST (ուէսթ) Արեւմուտք, արեւմտեան։
WE'STERN արեւմտեան։
WESTWARD(S) դէպի արեւմուտք։
WET (ուէթ) թաց, խոնաւ, գինով, թրջել։
WET-NURSE դայեակ։
WETH'ER (ուէտհ'ըր) մալեալ խոյ։
WHACK հարուած, բածին, հարուածել։
WHALE (հուէյլ) կէտ ձուկ։
WHALER կիտորս։
WHARF (հուօրֆ) նաւամատոյց, քարափ։

WHARFAGE քարափչէք։
WHAT (հուաթ) ինչ, որ։
WHAT EVER ինչ որ։
WHAT SO EVER ինչ որ ալ։
WHEAT (հուիթ) ցորեն։
WHEE'DLE (հուի'տլ) ողոքել, համոզել։
WHEEL անիւ, ջրանիւ, հեծանիւ։
WHEELSMAN ղեկավար։
WHEEL WRIGHT անուագործ, սայլագործ։
WHEELE'R անուագործ, անուաձի։
WHEEZ'Y (հուի'զի) հզզացող։
WHELK (հուէլք) փողամածմակ, պալար։
WHELM (հուէլմ) ջուրով ողողել, թաղուել։
WHELP (հուէլփ) լակոտ, օկունդ։
WHEN (հուէն) երբ, երբոր։
WHENCE ուսկից, ուրկէ, ուստի։
WHERE ուր, ուրտեղ, մինչդեռ։
WHERE ABOUTS բնակութիւն, կողմ։
WHERE FORE ուստի, ինչո՞ւ։
WHERE UPON որուն վրայ, առ որ։
WHERE EVER ուր որ ալ։
WHE'RRY (հուէր'րի) կուր, ձկնորսանաւ։
WHET (հուէթ) սրել, գրգռել։
WHET STONE յեսան։
WHETH'ER թէ, արդեօք։
WHEY (հուէյ) կաթի շիճուկ, թան։
WHICH (հուիչ) որ, որը, որ մէկ։
WHICH EVER որը որ, ինչ որ։
WHIFF (հուիֆ) մուխ, ծուխ, նաւակ։
WHIF'FLE տատանիլ, շարժիլ։
WHILE (հուայլ) մինչդեռ, ատեն, երբ։
WHIM (հուիմ) քմայք, քմահաճոյք։
WHIM'PER (հուիմ'փըր) կնծկնծալ, ճզճզալ։
WHIM'SICAL (հուիմ'սիքըլ) այլանդակ, անհեթեթ։
WHIM'SY (հուիմ'սի) քմայք։
WHIN (հուին) վայրենուկ։
WHINE (հուայն) կաղկանձել, ճչել։
WHING'ER (հուին'նըր) թուր։
WHINN'Y (հուինի') վրնջել։
WHIP (հուիփ) խարազան, կառապան, ճաղկանք, բարձիչ (մք.), ծեծուած հաւկիթ, կարգապահիչ, խարազանել։
WHIP-HAND մտրակի ձեռք։
WHIP-JACK մուրացիկ։
WHIPP'ET (հուիփ'էթ) խառնածին բարակ։
WHIRL (հուըրլ) պտոյտք, շրջան։
WHIRLPOOL յորձանք։
WHIRR (հուըրր) վզզիւն, խշրտուք։
WHISHT (հուիշթ) մջ. լուռ, անձայն։
WHISK (հուիսք) խրձակ (յարդի), պզտիկ աւել, խոզանակել, մաքրել, քշտող։
WHIS'KY (հուիս'քի) արմաօղի, ուիսքի։
WHIS'PER (հուս'փըր) փսփսալ, հծծել։
WHIST (հուիսթ) լո՛ւռ, մո՛ւնջ, թղթախաղ մը։
WHI'STLE (հուիսլ) սոյլ, սուլոց, սուլել։
WHIT (հուիթ) նշանախեց, հոլմ, հիւլէ։
WHIT, WHIT SUNDAY Հոգեգալուստ։
WHITSUN հոգեգալստեան։
WHITSUNTIDE հոգեգալուստ։
WHITE (հուայթ) ճերմակ, գունատ, անարիւն, ճերմկցնել։
WHITE HEAT սպիտակ արտաշէկութիւն։
WHITE LIMED կրածեփ։
WHITE-LIVERED տկար, վախկոտ։
WHITE MAN սպիտակ մարդ։
WHITE MEAT ճերմակ միս (հաւի), շաղ։
WHITE SMITH թիթեղագործ։
WHITE THORN ջրածաղիկ։
WHITE THROAT ճերմկալանջ։
WHITE WASH կրածեփ, բռածեփ, կրպատել, ճերմկցնել։
WHI'TEN ճերմկցնել, ճերմկնալ։
WHITENESS ճերմկութիւն, մաքրութիւն։

WHI'TING գրելու կաւիճ, արքայաձուկ, մերլանգ։

WHITH'ER (հուիթհըր) դէպի ուր, որ տեղ։

WHIT'LOW (հուիթ'լօ) եղնգաշրջի բորբոքում։

WHITMONDAY Հոգեգալստեան երկուշաբթի։

WHIT'TLE (հուիթ'թլ) դանակ. կըտրել, տաշել։

WHIZ վզզիւն, վզզալ։

WHO (հու) ով, որ։

WHOEVER ով որ։

WHOSE ով որ, ոեւէ մէկը։

WHOSOEVER ոեւէ մէկը որ, ով որ։

WHOLE (հոլ) ամբողջ, լման; կատարեալ։

WHOLE-HEARTED անկեղծ, միամիտ։

WHOLE SALE մեծաքանակ վաճառում։

WHOLE SOME առողջ, օգտակար։

WHOM զով, զոր։

WHOOP (հուփ) աղաղակ, հայհուչ, կռնչել, հայհուչել։

WHOP ափոցել, ծեծ քաշել, ափոց, ծեծ։

WHOPP'ER այլանդակ սուտ։

WHORE (հօր) բոզ, պոռնիկ։

WHOREMONGER կաւատ, բոզաւագ։

WHORL (հուըրլ) տերեւավարդ, ծաղկախում, օձաձեւ բոլորք։

WHOSE (հուզ) որուն, որու։

WHOSE SO EVER որու որ։

WHY (հուայ) ինչո՞ւ, ինչու համար։

WICK (ուիք) պատրոյգ։

WICK'ED չարագործ։

WICK'ER ոզորի։

WICK'ET դռնակ, միջնադուռ։

WIDE (ուայտ) լայն, բաց, ընդարձակ։

WIDEAWAKE ցած գլխարկ մը, արթուն։

WIDE SPREAD լայնատարած։

WI'DEN լայնցնել։

WIDOW (ուի'տօ) որբեւայրի։

WID'OWER այրի մարդ։

WIDOWHOOD այրիութիւն։

WIDTH լայնութիւն։

WIELD ղեկավարել, ճօճել, վերցընել։

WIFE կին, ամուսին։

WIG (ուիկ) կեղծամ։

WIGHT (ուայթ) արարած, էակ։

WIG'WAM (ուիկ'ուամ) Ամ. Հնդկ. հիւղ, տաղաւար։

WILD (ուայլտ) վայրենի, անզուսպ, ամայի։

WILD BRIER վայրի տատասկ։

WILD CAT վայրի կատու։

WIL'DERNESS ամայութիւն, անապատ։

WI'LDING վայրի տունկ եւ իր պըտուղը։

WIL'DEBEEST եղջերուաձի։

WILE (ուայլ) հնարք, հմայել, նենգել։

WIL'FUL դիտումնաւոր, յամառ։

WILL կամք, փափաք, նպատակ, կըտակ, կամենալ, որոշել, ուզել, կտակել։

GOOD WILL շնորհ, ազնուութիւն։

WILLNG յօժար, կամեցող։

WILL-O'-THE-WISP շրջմոլիկ հուր։

WILL'OW (ուիլօ') ուռի, ուռենի։

WILT (ուիլթ) թոշնիլ, դալկանալ։

WILT եզ. բ. դէմք WILLի։

WILY (ուայլի) խորամանկ։

WIM'PLE (ուիմ'փլ) լաչակ։

WIN (ուին) շահիլ, ստանալ, յաղթել։

WIN'NER յաղթող, շահող։

WIN'NING հրապուրիչ, շահող, շահուած գումար։

WINCE (ուինս) խուսափիլ, ընկըրկում.

WIN'CEY բրդակտաւ։

WINCH վերհան, բեռնագլան։

WIND (ուայնտ) փաթթել, փչել, ոլորել, լարել, ոլորիլ, շրջիլ։

WIND (ուինտ) հով, քամի, տուք պարապ խօսք։

WIND BAG հովի տոպրակ, շատախօս։

WIND GALL ճախայտուց (ձիու)։
WIND-GANGE հողմաչափ։
WIND MILL հողմաղաց։
WIND PIPE շնչափող։
WIND-SCREEN հովարգել։
WINDSTORM մրրիկ։
WINDLASS բեռնաբարձ, ոլորան։
WINDOW (ուինտ'ոօ) պատուհան, օդամուտ։
WIND'WARD դէպի հովին կողմը։
WIND'Y հովոտ, պարապ, սին։
WINE (ուայն) գինի, ըմպելի, գինի խմել, տալ։
WINE BIBBER գինեմոլ։
WINE COOLER գինի պաղեցնող աման։
WINE GLASS գինիի բաժակ։
WINE PRESS գինիի մամլիչ։
WING (ուինկ) թեւ, հովանի, թեւարկութիւն։
WING COMMANDER օդուժի տեղակալ գնդապետ։
WINK (ուինք) աչք կոցել, քթթել, ակնթարթ, քթիթ։
WINK'LE (ուինք'լ) փաղփուն։
WI'NNOW (ուինն'նօ) զատել, մաղել, քննել, երնել։
WINSOME զուարթ, գրաւիչ։
WIN'TER (ուինթըր) ձմեռ, ձմեռել։
WINTER DAYS դժբախտութեան օրեր։
WIN'TRY ձմեռնային, ցուրտ։
WIPE (ուայփ) սրբել, մաքրել, ջնջել, սրբում, ապտակ, թաշկինակ։
WIRE (ուայր) երկաթ թել, հեռագրաթել։
WIRELESS անթել հեռագիր։
WIS'DOM (ուիզ'տըմ) իմաստութիւն, հանճար։
WISE (ուայզ) իմաստուն, հմուտ, խելացի։ FOR NO WISE ոչ մէկ կերպով։
WISE CRACK սրաբանութիւն։
WISH (ուիշ) իղձ, փափաք, մաղթանք։
WISH'FUL ցանկացող, բաղձալից։
WISH'Y-WASHY նիհար, վտիտ, անզօր։
WISP (ուիսփ) յարդ, աւել, շրջմոլիկ հուր։
WISTARIA վիստարիա։
WIST'FUL մտածկոտ, մտացի, խոհուն։
WIT գիտնալ, սորվիլ, միտք, իմաստութիւն, կատակախօս։
TO WIT այսինքն։
WITCH (ուիչ) վհուկ, կախարդ, հըմայել, դիւթել, կախարդել։
WITCH'CRAFT կախարդութիւն, մոգանք։
WITCH'ERY կախարդութիւն, դիւթութիւն։
WITH մէկտեղ, հետ։
WITHAL' նաեւ, միանգամայն։
WITHDRAW' ետ քաշել, հեռացնել, նահանջել։
WITHDRAW'AL նահանջ, յետս կոչում, մեկնում։
WITHE (ուիթհ) ոզոր, ոզորակապ։
WITH'ER (ուիտհըր) թառամիլ, նըսեմանալ։
WITH'ERS (ուտհ'ըրզ) ուլն (ձիու)։
WITHHOLD' բռնել, արգիլել, ետ կեցնել։
WITHIN' մէջը, ի մէջ, ներսը։
WITHOUT' բացի, առանց։
WITHSTAND' ընդդիմանալ, տոկալ, դիմանալ։
WIT'LESS անմիտ, յիմար։
WIT'LING տկարամիտ, փախուկ։
WIT'NESS վկայ, վկայութիւն, ականատես ըլլալ։
WITTED մտացի, սրամիտ։
WITT'ICISM (ուիթ'թիսիզմ) անհամ կատակ, սրաբանութիւն։
WITTI'NGLY գիտակցաբար։
WITT'Y մտացի, սրամիտ, զուարճախօս։
WIZ'ARD (ուիզ'ըրտ) կախարդ։
WIZARDRY կախարդութիւն։
WOAD (ուօտ) լրջաբոյս։
WOB'BLE դողդոջիլ, երերալ։
WOE (ուօ) վայ, վիշտ, տառապանք։
WOE վա՜յ, ո՜հ։
WOEFUL (ուօ'ֆուլ) ցաւալի, տըխուր, ողորմելի։

WOLD (ուօլտ) *բաց, անտառ տեղ։*
WOLF (ուըլֆ) *գայլ, անյագօրէն ուտել։*
WOLF-CUB *գայլիկ։*
WOLF-HOUND *գայլախեղդ, գայլաշուն։*
WO'MAN (ուումըն) *կին, կնիկ, ըսպասուհի։*
WO'MANHOOD *կանանց սեռը, կնութիւն, կանայք։*
WOMANKIND *կանայք, իգական սեռը։*
WO'MANLY *կնավայել, կանացի։*
WOMB (ուում) *արգանդ, փոր։*
WON (ուօն) *յաղթեց, շահեցաւ, բընակավայր։*
WO'NDER (ուըն'տըր) *զարմանք, շուարում, սքանչելիք, զարմանալ, ինքնիրեն հարցնել, գիտնալ ուզել։* NO WONDER *արդարեւ։* I WONDER *արդեօք։*
WONDERFUL *զարմանալի, հրաշալի։*
WONDER-WORKER *հրաշագործ։*
WO'NDROUS *ապշեցուցիչ, զարմանալի։*
WON'T (ուօնթ) *կրճատում,* WOULD NOT *եւ* WILL NOT*ի։*
WONT *վարժ, սովոր, սովորութիւն։*
WO'NTED *վարժուած, սովոր։*
WOO (ուու) *դարպաս ընել, սիրաբանել։*
WOOD (ուուտ) *անտառ, փայտ, ատաղձ, փայտ առնել, փայտ բերել։*
WOOD COCK *կտցար։*
WOODCRAFT *անտառավարժութիւն։*
WOODCUT *փայտատիպ։*
WOODHOUSE *փայտանոց։*
WOODLAND *ծառաստան, անտառ։*
WOODMAN *անտառապահ, անտառաբնակ։*
WOODNYMPH *ծառանայ, դըրիադ։*
WOODPECKER *փայտփոր (թռ.)։*
WOOD WORK *փայտէ, փայտաշէն։*
WOOD'ED *ծառախիտ։*
WOOD'EN *փայտեայ, փայտեղէն, անճոռնի։*
WOOD'Y *անտառոտ, ծառախիտ։*
WOOF (ուուֆ) *թեզան, լաթ, հիւսուածք։*
WOOL (ուուլ) *բուրդ, ասր։*
WOOL GAHERING *փուճ երեւակայութիւն։*
WOOL WORK *բրդեղէն ասեղնագործութիւն։*
WOOLL'EN *բրդեայ, բրդեղէն։*
WOOLL'Y *բրդոտ, բրդային։*
WORD (ուըրտ) *բառ, խօսք, զրոյց, լուր, հրաման, բառերով յայտնել, խօսիլ։*
WORD FOR WORD *բառ առ բառ։*
WORD-PAINTING *բառական նկարագրութիւն։*
WORD-PLAY *բառախաղ։*
WOR'DY *բառացի, երկարաբան։*
WORE *կատ.* WEAR*ի։*
WORK (ուըրք) *գործ, աշխատանք, կար, բանուածք, գիրք, աշխատիլ, ջանալ, գործել, ազդել, բանեցնել, ձեւել, նկարել, վարել։* TO SET ON WORK *գործի ձեռնարկել։*
WORK-BAG *գործի, պիտանի առարկաներու տոպրակ։*
WORK BASKET *ասեղնագործութեան կողով։*
WORK HOUSE *գործատուն, կըրպակ, աշխատանոց։*
WORK MAN *գործաւոր, արհեստաւոր, վարպետ։*
WORKMANSHIP *վարպետութիւն, գործողչէք։*
WORLD (ուըրլտ) *աշխարհ, երկիր, կեանքի ընթացք, ընկերութիւն, մարդիկ։*
WORLD-POWER *համաշխարհային ոյժ։*
WOR'LDLING *աշխարհասէր, զուարճասէր։*
WOR'LDLY *երկրաւոր, կենցաղասէր։*
WORM (ուըրմ) *որդ, ճճի, թրթուր, պայլիկոն, խտափող, խծծահան, գաղտնաբար գործել, սահեցնել։*
WORM EATEN *ուտճահալ, որդնակեր։*

WOR'MY որդնոտ, որդնալից։
WORN մաշած, հինցած։
WO'RRY (ուըրրի) նեղել, մտատանջել, յոգնեցնել։
WORSE աւելի, գէշ։
WOR'SHIP (ուըր'շիփ) պաշտամունք, գուրգուրանք, երկրպագել, պաշտել, ժամ կենալ, հոգի տալ։
WORST վատթարագոյն։
WOR'STED մանած բուրդ, թելան։
WORT (ուըրթ) խոտ, բոյս, մրմրուկ, գարեջուր։
WORTH (ուըրթհ) արժէք, գին, յարգ, պատիւ, արժանիք։
WORTHLESS անպիտան, անարժէք։
WORTH'Y արժանաւոր, արժանի, վայել։
WOULD կ'ուզէի, փափաքէի։
WOULD'-BE ըսելիք, ենթադրեալ։
WOUND (ուաունտ) վէրք, հարուած, վիրաւորել։
WOVE հիւսուած։
WRACK (րէք) նուրբ ամպ, վնաս, կործանում։
WRAITH (րէյթհ) ուրուական։
WRANG'LE (րէն'կլ) վէճ, բանակռիւ, կռուիլ։
WRA'NGLER վիճասէր, խաչնարած։
WRAP (րէփ) պատել, փաթթել, վերարկոց։
WRAPP'ER պահարան, փաթթոց, ծրար, վերարկու։
WRASSE չրթնաձուկ։
WRATH (րէթհ) զայրոյթ, ցասում, բարկութիւն։
WREAK վրէժը լուծել, զայրոյթը թափել։
WREATH (րիթհ) պսակ, ծաղկեպսակ, գրաւանդ։
WREATHE (րիտհ) հիւսել, պսակել, պատել։
WRECK (րէք) նաւաբեկութիւն, աւեր, մնացորդ, կործանել, նաւաբեկել։
WRECKAGE խորտակում, բեկորք։
WRECKER խորտակիչ, ծովահէն։
WREN (րէն) ցախսարեկ։
WRENCH գելում, գալարք, պտուտակի բանալի, խլել, կորզել։
WREST փրցնել, քաշկռտել, խլել։
WRE'STLE գօտեմարտիլ, ոլորիլ, մաքառիլ։
WRES'TLER ըմբիշ։
WREST'LING գօտեմարտ։
WRETCH (րէչ) թշուառական, եղկելի, անզգամ։
WRICK գելուլ, գիրգել, բարբել։
WRIG'GLE սողոսկիլ, գալարիլ, գալարանք։
WRIGHT արհեստաւոր։
WRING (րինկ) ոխմել, ոլորել, ճընշել, տանջել, նեղել։
WRINK'LE (րինքլ) կնճիռ, փոթ, ծալք, անհարթ, կնճռել։
WRIST դաստակ։
WRIT հրաման, արտօնագիր, վճիռ։
WRITE գրել, արձանագրել, հեղինակել։
WRI'TER գրող, խմբագիր, հեղինակ, հրապարակագիր։
WRITING գիր, գրութիւն, ձեռագիր։
WRITING-DESK գրասեղան։
WRITHE (րայթհ) ծռել, գալարել։
WRITTEN գրուած։
WRONG սխալ, անուղիղ, անիրաւ, յանցանք, անիրաւել, վնասել։
WRONG DOER յանցագործ, վնասակար։
WRONG HEADED յամառ, ապիրատ։
WRONGFUL մոլար, վնասակար։
WROTE անց. կատ. WRITEի։
WROTH (րօթհ) ցասկոտ, զայրացած։
WROUGHT (րօթ) կռանեալ, կերտուած։
WRUNG (րընկ) ոլորեց.
WRY (րայ) ծռած, շեղած, խեղաթիւրուած։
WRY FACE դիմածռութիւն։
WYCH-HAZEL նշդարենի։
WYND (ուայնտ) նեղ ճամբայ, նրբանցք։
WYVERN (ուայ'վըրն) երկոտանի եւ երկթեւ վիշապ։

X

XANTHIC (զէն'թիք) դեղնական։

XEBEC (զի'պէք) ռուսլէք, Միջերկրականի եռակայմ նաւ մը։

XENOGENESIS (զէնօճէն'իսիս) այլածնունդ։

XEN'ON (զին'ան) քսենոն։

XENOPHOBE (զէնօֆօպ) օտարատեաց։

X-RAY Ք. ճառագայթներ։

XERASIA (զիրէյ'ժիք) չորամազութիւն։

XYLOGRAPH (զայ'լակրէֆ) փայտագիր։

XYLOG'RAPHY փայտագրութիւն։

XYLOPHAGOUS (զայլաֆ'էկըս) փայտակեր (միջատ)։

XYLONITE (զայլօն'այթ) խորշակերպ։

XY'LOPHONE (զայլ'օֆօն) փայտանուագ։

XYLOSE (զայ'լօս) անխմոր շաքար։

XYSTER (զիս'թըր) ոսկրի քերիչ։

Y

YACHT (եաթ) զբօսանաւ։

YACHTS'MAN (եաց'մէն) զբօսանաւորդ։

YAGER (եէյ'կըր) որսորդ զինուոր, գերման օդաչու։

YAHOO' (եահու') աղտոտ ցեղ մը։

YAK (եէք) ձորախոյ։

YAM (եէմ) խատորուկ։

YANK (եէնք) ցունց, ցունց տալ։

YANKEE (եէն'քի) ամերիկացի։

YANKEE DOODLE ամերիկեան երգ մը, ամերիկացի։

YAP (եէփ) հաչել, ոռնալ, կաղկանձ։

YAPPER (եէփ'ըր) կաղկանձող։

YARD (եարտ) անգլիական կանգուն, բակ, գաւիթ, առագաստակալ։

YARD-ARM ձողաթեւ, նաւարանի ծայրերէն մէկը։

YARN (եարն) թել, մանած, վէպ, առասպել։

YARROW (եէր'րօ) հազարատերեւուկ։

YASH'MAK (եաշ'մէք) եաշմաք, քող։

YAW (եօ) պալար, բշտիկ, շեղիլ։

YAWL (եօլ) մակոյկ մը, ճիչ, ճչալ։

YAWN (եօըն) յօրանջել, ցանկալ։

YAWS (եօըզ) ծոխացաւ։

YE (եի) դուք։

YEA (եէյ) այո։

YEAN (եիյն) ոչխարը ծնիլ։

YEANLING ձագ, (ուլ, գառն)։

YEAR (եիըր) տարի, ծերութիւն։

YEARBOOK տարեցոյց, տարեգիրք։

YEARLING մէկ տարեկան (ձագ, մանուկ)։

YEAR'LY տարուէ տարի։

YEARN (եըրն) անձկալ, կարօտնալ, կաթոգնիլ։

YEAST (եիսթ) փրփուր, մակարդ, թթխմոր։

YEAST'Y խմորուտ, փրփրալից, փուճ, սին։

YELK հաւկթի դեղնուց։

YELL (եէլ) կաղկանձել (շան), ոռնալ, աղաղակել։
YELLO'W (եէլօ) դեղին, դալկահար, նուաստ։
YELLOW FEVER դեղին տենդ։
YELLOW HAIRED խարտիշահեր։
YELLOW HAMMER ոսկեատրեակ։
YELLOW PERIL դեղին վտանգ։
YELLOW PRESS պպայլացուցիչ, ազդայնամոլ լրագրութիւն։
YELLOWNESS դեղնութիւն։
YELP (եէլփ) կաղկանձել, կաղկանձ։
YEN (եէն) ճապոնական դրամ։
YEO'MAN (եօ'մէն) մանրակալուածատէր, կամաւոր, հեծելազօր, ազատանիկ։
YE'OMANRY ազատանիկ դաս, կամաւորներու հեծելազօրք։
YEP (եէփ) այո։
YES (եէս) այո։
YES'TERDAY (եէս'թըրտէյ) երէկ։
YESTER-EVENING երէկ իրիկուն։
YESTER-MORNING երէկ առտու։
YESTER-NIGHT երէկ գիշեր։
YESTER-YEAR անցեալ տարի։
YET (եէթ) տակաւին, դեռ։
YEW (եիու) կեղձի, կարմրածառ։
YIELD (եիիլտ) տալ, արտադրել, հաւանիլ, անսալ։
YO'DEL (եօ'տլ) ելեւէջել (ձայնը)։
YO'GA (եօ'կէ) հնդկ. խստակեաց փիլիսոփայութիւն։
YOKE (եօք) լուծ, գերութիւն, զոյգ, լծել, միացնել։
YOKE FELLOW լծակից, ընկեր։
YO'KEL (եօ'քլ) հօտաղ, գեղջուկ։
YOLK (եօք) հաւկիթի դեղնուց։
YONDER (եան'տըր) անդին, հոն։
YORE (եօր) ատենօք։
YORKIST (եօրք'իսթ) եօրքեան։
YOU (եու) դուք։
YOUNG (եընկ) մատաղ, նորատի, անփորձ։
YOUNG WOMAN, YOUNG MAN սիրահար, նշանած։
YOU'NGLING ձագ, ձագուկ։
YOU'NGSTER պատանեակ, մանչուկ։
YOU'NGER պատանի, քան տղայ, նորեկ։
YOUR, YOURS (եուր, եուրզ) ձեր, ձերին, ձերինը։
YOURSELF' դուք ձեզի, դուք ինքնին։
YOUTH (եութհ) մանկութիւն, պատանի, երիտասարդ։
YOUTHFUL նորահաս, մատղաշ, երիտասարդական։
YOWL (եաուլ) ոռնոց, կաղկանձ։
YTTER'BIUM (իթըր'պիըմ) իթըրբիոն։
YUCCA (եըգգէ) արմաւաշուշան։
YUGOSLAVE (եու'կոսլավ) եուկոսլաւ։
YULE, YULE-TIDE (եուլ, եուլ-թայտ) Ծնունդ Տեառն, Տօն։
YURTA (եուր'թէ) չորժուն վրան։

Z

ZA'NY (զէյնի) *յիմար, հոպիտ։*
ZARI'BA (զէրի'պէ) *ցցապատնէշ։*
ZEAL (զիլ) *նախանձ, եռանդ։*
ZEALOT (զէլ'ըթ) *նախանձախնդիր, մոլեռանդ։*
ZEALOUS (զէլ'ըս) *եռանդոտ, խանդավառ, մոլեռանդ։*
ZE'BRA (զի'պրէ) *վագրաձի։*
ZEMIN'DAR (զէմին'տար) *հողատէր, հողակալ։*
ZENA'NA (զէնա'նէ) *կանանոց։*
ZEND (զէնտ) *զանդիկ լեզու, զենդ։*
ZEN'ITH (զէն'իթհ) *գագաթնակէտ, զենիթ։*
ZEPH'YR (զէֆ'ըր) *զեփիւռ։*
ZER'O (զիր'օ) *զէրօ, ոչինչ։*
ZEST (զէսթ) *սուր վայելք, ճաշակ, բարկութիւն։*
ZIB'ET (զիպ'էթ) *հնդկարէշկ։*
ZIG'ZAG (զիկ'զէկ) *ծուռումուռ ճամբայ, զիկզակ։*
ZINC (զինք) *ցինկ։*
ZIN'GARO (զին'կէրօ) *գնչու։*
ZINN'IA (զին'իէ) *ծինածաղիկ։*
ZION (զայ'ըն) *սիոն, երկնային Երուսաղէմ։*
ZIRCON (զըր'քօն) *զիրկոն, ժարգոն։*
ZITH'ER (զիթհըր) *ցիթերա։*
ZLO'TY (զլօթի) *Լեհաստանի դրամ։*
ZODIAC (զօ'տիէք) *զոդիակոս։*
ZONE (զօն) *գօտի, կամար։*
ZOO (զու) *կենդանական պարտէզ։*
ZOOL'OGY (զօալ'ոճի) *կենդանաբանութիւն։*
ZOOLO'GICAL *կենդանաբանական։*
ZOOMANCY *կենդանահմայութիւն։*
ZO'OPHTYE (զօ'օֆայթ) *կենդանատունկ։*
ZOROAS'TRANISM (զօրօէս'թրիընիզմ) *Զրադաշտականութիւն։*
ZOUAVE (զուավ) *զուավ։*
ZOUNDS (զաունտզ) *Տէր ողորմեայ, մեղայ։։*
ZULU (զուլու) *զուլու։*
ZYMOT'IC (զայմաթ'իք) *խմորական։*

ԱՆԳԼԻԵՐԷՆԻ ՄԷՋ ԳՈՐԾԱԾՈՒԱԾ ԿՐՃԱՏՈՒՄՆԵՐ
CUSTOMARY ABBREVIATIONS

A.

A. alto, answer.
a. (adjective).
A. A. Automobile Assoc., anti air craft.
A. A. A. Amateur Athletic Assoc.
A. A. F. Auxiliary Air Force.
A. A. G. Asst. Adjutant-General.
A. A. U. Amateur Athletic Union.
A. B. C. The alphabet.
Abp. archbishop.
A. B. S. American Bible Society.
A. C. ante Christum (before Christ).
A. D. anno Domini.
A. D. C. aide-de-camp.
adj. Adjective.
Adj. adjutant.
Adm. Admiral.
adv. adverb.
A. E. C. Army Educational Corps.
A. F. Adm. of the Fleet.
A. F. C. Air. Force Cross.
A. F. M. Air Force Medal.
A. G. Adjutant-Gen., air gunner.
A. I. American Institute.
a. m. ante meridiem (before noon).
A. M. S. Army Medical Steff.
A. O. C. Army Ordnance Corps.
A. P. D. Army Pay Dept.
A. P. M. Asst. Provost-Marshal.
Apr. April.
A. R. A. Associate of the Royal Academy.
A. R. P. Air-raid Precautions.
A. S. Anglo-Saxon.
A. S. C. Army Service Corps.
Assoc. Association.
Asst. assistant.
A. T. C. Air Training Corps.
Aug. August.
A. 1 first-class in Lloyd's list.

B.

B. bass.
b. born.
B. A. bachelor of Arts, British Academy.
Bart. baronet.
B. B. balloon barrage.
B. B. C. British Broadcasting Corporation.
B. C. before Christ.
B. C. A. Bureau of Current Affairs.
B. Com. bachelor of Commerce.
B. D. bachelor of Divinity.
B. E. order of the British Empire.
B. E. F. British Expeditionary Force.
B. I. F. British Industries Fair.
B. I. S. Bank of International Settlements.
B. L. bachelor of Law.
b. l. bill of lading.
Bn. battalion.
B. O. A. C. British Overseas Airways Corporation.
B. O. T. Board of Trade.
b. p. boiling-point.
Bp. bishop.
B. R. British Railways.
Bros. brothers.
B. Sc. bachelor of Science.
Bt. baronet.
B. U. F. British Union of Fascists.
B. U. P. British United Press.
B. W. Board of Works.
B. & S. brandy and soda.

C.

C. Centigrade, Conservative.
C. A. chartered accountant.
Cal. California.

C. A. G. Civil Air Guard.
Can. Canada.
caps. Capital letters.
Capt. Captain.
Card. Cardinal.
C. B. Companion of the Bath.
C. B. E. Commander of the B. E.
c. d. v. Carte-de-visite.
C. E. Church of England, Civil Engineer.
Cent. centigrade.
C. F. Chaplain to the forces.
C. G. coastguard, Coldstream Guards.
cg. centigram.
C. H. Companion of Honour.
ch. chap., chapter.
Ch. Ch. Christ Church.
chem. chemical.
C. I. D. Criminal Investigation Department, Committee of Imperial Defence.
c. i. f. Cost, insurance, and freight.
C. I. G. S. Chief of Imperial General Staff.
C. in C. Commander-in-chief.
C. J. Chief Justice.
cm. centimetre.
C. M. S. Church Missionary Soc.
C. O. Commanding Officer, Colonial Office.
Co. Company.
c/o. care of.
C. O. D. Cash on dilivery.
C. of E. Church of England.
Col. Colonel, Colorado.
colloq. colloquial.
Conj. Conjugation.
Co. op. Cooperative Soc.
Corp. Corporal.
C. p. Candle power.
C. P. Common Pleas.
Cpl. corporal.
Cr. credit.
C. S. I. Companion of the Star of India.
C. S. M. Company sergt. major.
C. U. Cambridge University.
C. V. O. Commander of the Victorian Order.
Cwt hundredweight.

D.

D. A. G. Deputy Adj.-General.
D. C. L. Doctor of Civil Law.
D. C. M. Distinguished Conduct Medal.
D. D. Doctor of Divinity.
Dec. December.
Dept. department.
Deut. deuteronomy.
D. G. Dei gratia (= by God's grace), Dragoon Guards.
dg. decigram.
dial. dialect, dialogue.
div. dividend.
D. L. Deputy Lieutenant.
dl. deciletre.
D. Lit. doctor of Literature.
D. L. O. Dead Letter Office.
D. M. I. Director, Military Intelligence.
Dm. decimetre.
do. ditto.
dol. dollars.
doz. dozen.
D. P. I. Director of Public Instructions.
D. Phil. Doctor of Phylosophy.
Dr: Debtor. doctor.
D. S. Distinguished Service.
D. Sc. Doctor of Science.
D. T. delirium tremens:
D. V. Deo volente (= God willing).
dyn. dynamics.

E.

E. East.
eccl. ecclesiastical.
Eccles. Ecclesiastes.
E. C. U. English Church Union.
Ed. Editor, Edition.

e. g. exempli gratia (= for instance).
electr. electrical.
E. P. T. Excess Profit Tax.
E. R. P. European Recovery programme.
Esq. Esquire.
etc. etcetera.
E. T. U. Electrical Trades Union.
ex div. exdividend.
Exod. Exodus.
Ex. Example.
exc. except.
Ezek. Ezekiel.
E. & O. E. errors and omissions exepted.

F.

F. Fahrenheit.
f. feel, feminine, filly, foot, franc, from.
F. A. Football Association.
Fahr. Fahrenheit.
f. a. s. free alongside ship.
F. B. A. fellow of the British Academy.
F. B. I. Federation of British Industries.
F. C. football club.
fcap, fcp. foolscap.
F. C. S. fellow of the Chemical Soc.
F. D. defender of faith.
Feb. February.
fem. feminine.
F. G. Foot Guards:
fig. figure.
F. M. Field Marshal.
F. O. Foreign Office, flying officer.
fo folio.
f. o. b. free on board.
f. o. r. free on rail.
F. P. S. fellow of the Philological Society.
Fr. Father.
Fr. French.
Frl. fräulein (miss).
F. R. S. fellow of the Royal Society.
F. S. Fleet Surgeon.
F. S. A. fellow of the Society of Antiquaries.
ft. feet, foot.
fur. furlong.
F. Z. S. fellow of the Zoological Society.

G.

g. guinea, gramme(s).
Ga. Georgia.
Gal. Galations.
gal. galon(s).
G. C. George Cross.
G. C. B. Grand Cross of the Bath.
G. C. F. greatest common factor.
G. C. V. O. Grand Cross of Royal Victorian Order.
Gen. General, Genesis.
geol. geology.
G. G. Grenadier Guards.
G. H. Q. General Headquarters.
Gib. Gibraltar.
GK. Greek.
G. M. George Medal, Grand Master.
G. M. B. Great Master of the Bath.
G. M. T. Greenwich mean time.
G. O. C. General Officer Commanding.
G. O. M. grand old man.
G. P. O. General Post Office.
G. R. General Reserve.
gr. grain, grammar.
gram. grammar.
gs. guineas.
gym. gymnasium.

H.

h. hour(s).
H. & C. hot and cold.
H. B. M. His (or Her) Britannic Majesty.
H. E. His Excellency.
Heb. Hebrews.

Herod. Herodotus.
H. F. high friquency.
H. G. High German, Holy Ghost, Home Guard.
hg. hectogram.
H. I. H. His (or Her) Imperial Highness.
H. I. M. His (or Her) Imperial Majesty.
H. L. House of Lords.
H. M. Her (or His) Majesty.
hm. hectometre.
H. M. S. Her Majesty's Ship.
H. O. Home Office.
Hon. honorary, honourable.
h. p. horse power.
H. Q. head-quarters.
hr. hour.
H. R. H. His (or Her) Royal Highness.
H. T. hig tension.

I.

I. A. Indian Army.
ib., ibid. ibidem (= in the same place).
I. D. Intelligence Dept.
id idem (= the same).
i. e. id est (= that is).
I. H. S. Jesus.
I. L. P. Independent Labour Party.
in. inch.
incog. incognito.
Ind. Indiana.
inst. instant.
I. of M. Isle of Man.
int. interest.
inv. invoice.
I. O. U. I owe You.
Ir. Irish.
I. R. O. International Refugee Organization.
Is. island, isle.
Isa. Isaiah.
ital. italic.
I. W. Isle of Wight.

J.

J. Judge, Justic.
Jam. Jamaica.
Jan. January.
Jer. Jeremiah.
Josh. Joshua.
J. P. Justice of the Peace.
Jr. junior.
Jud. Judith.
Judg. Judges.
jun. junior.
Juv. Juvenal.

K.

K. B. King's Bench.
K. B. E. Knight Commander of the British Empire.
K. C. King's Counsel.
K. C. B. Knight Commander of the Bath.
K. G. Knight of the Garter.
kg. kilogram.
K. H. Knight of Hanover.
K. K. K. Ku-Klux-Klan.
km. kilometre.
Knt. Knight.
K. P. Knight of St. Patrick.
K. R. R. King's Royal Rifles.
Kt. Knight.

L.

L. A. C. leading air craftman.
Lancs. Lancashire.
L. C. Lord Chancellor.
L. C. J. Lord Chief Justice.
L.-Cpl. lance-corporal.
L. D. V. Local Defence Volunteers.
Lev. Leviticus.
L. G. Low German, Life Guards.
L. I. Light Infantry.
Lieut. Lieutenant.
Lieut.-Col. Lt.-Colonel.
Lieut.-Gen. Lt:-General.
Lieut.-Gov. Lt.-Governor

lit: literal.
Litt. D. Doctor of Letters.
L. J. Lord Justice.
LL. B. bachelor of Laws.
LL. D. doctor of Laws.
LL. JJ. Lords Justices.
L. M. S. London Missionary Soc.
L. N. U. League of Nations Union.
log. logarithm, logic.
long. longitude.
L. S. Linnean Society.
L. S. O. London Symphony Orchestra.
Lt. Lieutenant.
L. T. low tension.
Ltd. limited.
£ librae (= pounds sterling).
£E. pounds Egyptian.
L. S. D. pounds, shilling, pence.
£T. pounds Turkish.

M.

M. Monsieur.
M. A. Master of Arts.
Maj. Major.
Maj.-Gen. Major General.
Masc. Masculine.
Math. Mathematics.
Matt. Matthew.
M. B. bachelor of Medicine.
M. B. E. Member of de B. E.
M. C. Master of Ceremonies, Military Cross.
M. Comm. Master of Commerce.
M. D. Doctor of Medicine.
M. E. Middle English.
Mech. Mechanics.
Messrs. Messieurs.
m. g. Machine gun.
mg. milligram.
M. G. C. Machine-gun Corps.
Mgr. Monseigneur, Monsignor.
M. I. Mounted infantry, Military Intelligence.
mil. Military.
Minn. Minnesota.
Mlle. Mademoiselle.
M. M. Military Medal.
MM. Messieurs.
Mme. Madame.
Mmes. Mesdames.
M. O. Medical Officer.
M. O. I. Ministry of Information.
M. P. member of Parliament, Military Police.
m. p. melting point.
M. R. Master of the Rolls.
M. R. A. S. Member of the Royal Asiatic Society.
Ms. Manuscript.
Mss. Manuscripts.
M. T. Motor Transport.
Mt. Mount.
M. T. B. motor torpedo-boat.
Mus. music.
M. V. motor vessel.
M. V. O. Member of the Royal Victorian Order.
Myth. Mythology.

N.

N. North.
n. neuter, noon, noun, nominative.
N. A. A. F. I. Navy, Army & Air Force Institutes.
N. A. T. O. North Atlantic Treaty Organization.
N. B. North Britain, note well.
N. C. O. non-commissioned officer.
N. D. C. National Defence Contribution.
N. E. North-east.
neg. negative.
N. F. Newfoundland.
N. F. S. National Fire Service.
N. H. S. National Health Service.
N. J. New Jersey.
NNE. north north west.
N. O. Natural Order.
N. O. D. Naval Ordnance Dept.
nom. nominative.
Non-Com. N. C. O.
Nos. numbers.
n. p. new paragraph.

N. S. New Style, Nova Scotia.
N. S. A. National Skating Assoc
N. S. W. New South Wales.
N. T. New Testament.
Num. numbers.
NW. North West
N. Y. New York.
N. Z. New Zealand.

O.

Obad. Obadiah.
O. B. E. Officer of the B. E.
obj. object.
O. C. Officer Commanding.
Oct. October.
oct. octavo.
O. E. old English.
O. E. D. Oxford English Dictionary.
O. F. Old French.
O. F. S. Orange Free State.
O. H. M. S. on H.M.'s Service.
O. K. all correct (okay).
O. M. Ordre of Merit.
O. N. Old Nurse.
o. p. out of print, over proof.
opt. optative, optics.
orig. original.
O. S. Old Style, Ordinary Seamen.
O. T. Old Testament.
O. T. C. Officers Training Corps.
O. U. Oxford University.
oz. ounce(s).

P.

P. (car.) park.
p. page.
Pa. Pennsylvania.
par. paragraph.
pass. passive.
P. C. police constable, post card.
p. c. per cent, post card.
P. D. potential difference.
pd. paid.
perf. perfect.
per pro. by proxy.
P. G. paying guest.
Ph. D. Doctor of Philosophy.
photog. photography.
phr. phrase.
phys. physics.
Minister, Provost Marshal.
Plat: Plato.
P. M. Police Magistrate, Prime
p. m. post meridiem (after noon).
P. M. G. Post Master General, Paymaster General.
P. O. postal order, post office, pilot officer.
P. O. S. B. Post-Office Savings Bank.
P. O. W. prisoner of war.
pp. pages.
P. P. U. Peace Pledge Union.
P. R. A. President of the Royal Academy.
Pref. Preface.
Prof. Professor.
pron. pronoun.
prov. proverbial.
P. S. postscript, prompt side.
P. S. Psalms.
Pte. Private.
P. T. physical training.
P. T. O. please turn over.
P. & O. Peninsular & Oriental.

Q.

Q. B. Queen's Bench.
Q. M. Quarter-Master.
Q. M. G. Quarter-Master General.
qt. quarts.
qu quari (= as it were).
q. v. quod vide (= which see).
qy. query.

R.

R. Reaumar, Regina.
r. right, rupee.
R. A. Royal Artillery.
R. A. C. Royal Automobile Club.
R. A. F. Royal Aircraft Factory.
R. A. M. Royal Academy of Music.
R. A. S. Royal Asiatic Society, Royal Astronomical Society.
R. B. Rifle Brigade.

R. C. Roman Catholic.
R. D. refer to drawer
R. d. road.
R. D. C. Royal Defence Corps.
R. E. Royal Engineers.
recd. received.
ref. reference.
regt. regiment.
Rev. Reverend, Revela'tion.
R. F. Royal Fusiliers.
R. F. A. Royal Field Artillery.
R. F. C. Royal Flying Corps.
R. G. A. Royal Garrison Artillery.
R. H. G. Royal Horse Guards.
R. H. S. Royal Horticultural Society.
R. M. Reichsmark.
R. M. A. Royal Marine Artillery.
R. M. S. Royal mail steamer.
R. N. Royal Navy.
Rom. Romans.
R. R. C. Royal Red Cross.
R. S. Royal Society.
Rs. rupees.
R. S. M. Regimental Sergt. Major.
R. S. P. C. A. Royal Soc. for Prevention of Cruelty to Animals.
R. S. V. P. répondez s'il vous plait (please answer).
RT. Hon. right honourable.
R/T. radio telegraphy.
RT Rev. right reverend.
R. T. S. Religious Tract Soc.
R. U. Rugby Union.
R. V. revised version.
Ry. railway
R. recipe.
R. rupees.

S.

S. Shelter, Signor, South, soprano.
S. A. Salvation Army, South Africa,
Sam. Samuel.
S. A. T. B. soprano, alto, tenor, bass.
S. Dak. South Dakota.
S. D. F. Social Democratic Federation.
SE. South east.
sen. senr. senior.
Sept. September.
S. G. Specific gravity.
Sgt. Sergeant.
S. H. School House.
sh. shilling.
sing. singular.
S. J. Society of Jesus.
Skr. Sanskrit.
Soc. Society.
S. O. S. Wireless code-signal of extreme distress.
Sov. Sovereign (coin).
S. P. E. Society for Pure English.
Sr. senior.
S. R. N. state registered nurse.
SS. Saints.
S. S. U. Sunday School Union.
St. Saint, street.
St. Ex. Stock Exchange.
stg. sterling.
subj. subject.
SW. South-west.
Syn. Synonym.

T.

T. tenor.
T. A. Territorial Army.
T. B. torpedo-book.
T. B. D. T. B. destroyer.
T. C. Tank Corps.
Tex. Texas.
T. I. H. Their Imperial Highness.
Tim. Timothy.
Tit. Titus.
T. O. turn over.
Treas. treasurer.
T. U. C. Trades Union Congress.
t. & o. taken and offered.

U.

U. K. United Kingdom.
U. K. A United Kingdom Alliance.
U. N. O. United Nation Organization.
U. N. E. S. C. O. United Nations Educational, Scientific, and Cultural Organization.
u. p. under proof.
U. S. United States.
U. S. A. U. S. of America, U. S. Army.
U. S. M. A. U. S. Military Academy

U. S. N. A. U. S. Navel Academy.
U. S. S. U. S. Senate.
U. S. S. R. Union of Soviet Socialist Republics.

V.

v. verb, versus (against), vide (see).
v. a. verb active.
V. A. D. Voluntary Aid Detachment.
v. aux. vb auxiliary.
vb. verb.
V. C. Vice-Chancellor, Victoria Cross.
V. D. Venereal disease.
Ven. Venerable.
V. G. Vicar General.
v. g. very good.
V. I. P. very important person.
viz. videliced (= namely).
v. n. vb neut.
voc. vocative.
vol. volume.
V. R. Volunteer Reserve.
v. refl. vb reflexive.
V. S. Veterinary Surgeon.
vt. vermont.
v. t. vb trans.
vv. verses.

W.

W. West.
w. a. f. with all faults.
Wash. Washington.
w. c. water closet.
W. C. A. Women's Christian Assoc
W. D War Department.
W. D. C. War Domage Contribution.
wk. week.
W. L. A. Women's Land Army.
W. O. War Office, Warrant officer.
W. P. B. Waste-paper basket.
W. R. War Reserve.
W. R. I. War Risks Insurance.
W. S. W. west south west.
W. S. writer to the signet.
W/T. wireless telegraphy.
wt. weight.
W. V. S. Women's Voluntary Sesvices.

X.

xd, x-d, x-div. ex divident.
Xen. Xenophon.
x-i ex interest.
Xmas. Christmas.
Xt. Christ.
Xtian Christian.

Y.

yd. yard.
Y. M. C. A. Young Men's Christian Association.
yr. year.
Y. W. C. A. Young Women's Christian Association.

Z.

Zech. Zechariah.
Zept. Zephaniah
zool. zoology.

Armenian - English Dictionary

ՀԱՅԵՐԵՆ-ԱՆԳԼԻԵՐԵՆ ԲԱՌԱՐԱՆ

Part II

Ա

ԱԲԲԱՀԱՅՐ abbot.
ԱԲԲԱՅ abbot, father.
ԱԲԲԱՅԱԿԱՆ abbatial.
ԱԲԲԱՅԱՐԱՆ abbacy.
ԱԲԵԹ amadou, touchwood.
ԱԲԵՂԱՅ monk, friar.
ԱԲԵՂԱՆՈՑ monkery, monastery.
ԱԳԱՀ avaricious, miser, stingy.
ԱԳԱՀՈՒԹԻՒՆ avarice, stinginess.
ԱԳԱՏ colure, cropped, curtailed.
ԱԳԱՐԱԿ farm, field.
ԱԳԱՐԱԿԱՊԱՆ farmer.
ԱԳԵՎԱԶ kangaroo.
ԱԳԻ tail.
ԱԳՈՒՌ palm, brick.
ԱԳՈՒՑԱՆԵԼ to fit in, to joint, to enchase.
ԱԳՌԱՒ crow, raven.
ԱԴԱՄԱԹՈՒԶ banana-fig.
ԱԴԱՄԱՆԴ diamond.
ԱԶԱԶՈՒՆ dessicated, dried up, arid.
ԱԶԱՏ free, independent, redeemed.
ԱԶԱՏԱԳՐԵԼ to set free, to emancipate.
ԱԶԱՏԱԿԱՆ liberal, generous.
ԱԶԱՏԱՄԻՏ liberal, freedom-loving.
ԱԶԱՏԱՐԱՐ savior.
ԱԶԱՏԵԼ to save, to deliver, to free.
ԱԶԱՏԻԼ to escape, to be saved.
ԱԶԱՏՈՒՄ delivery, release.
ԱԶԱՏՈՒԹԻՒՆ liberty, freedom, independence.
ԱԶԱՏՔԵՂ parsley.
ԱԶԱՐԻՈՆ tansy, costmary.
ԱԶԳ nation, people, genus, kind.
ԱԶԳԱԲԱՆ genealogist.
ԱԶԳԱԲԱՆՈՒԹԻՒՆ genealogy.
ԱԶԳԱԿԱՆ relative, kin, kinsman.
ԱԶԳԱԿԱՆՈՒԹԻՒՆ relation. kin. consanguinity.
ԱԶԳԱԿԻՑ kinsfolk, kindred, of the same nation.
ԱԶԳԱՀԱՄԱՐ genealogy, census, enumeration.
ԱԶԳԱՅԻՆ national.
ԱԶԳԱՅՆՈՒԹԻՒՆ nationality.
ԱԶԳԱՊԵՏ ethnarch, chief.
ԱԶԳԱՍԷՐ patriot, loving his nation.
ԱԶԳՈՒԹԻՒՆ nationality.
ԱԶԴ notice, announcement, advertisement.
ԱԶԴԱՐԱՐ monitor, advisor.
ԱԶԴԱՐԱՐՈՒԹԻՒՆ notice, summation, advice, warning.
ԱԶԴԵԼ to influence, to effect.
ԱԶԴԵՑԻԿ influential, energetic, efficacious.
ԱԶԴԵՑՈՒԹԻՒՆ influence, effect, power.
ԱԶԴՈՂԱԲԱՐ efficaciously.
ԱԶԴՈՒ efficacious, emphatic, strong, sensible.
ԱԶԴՈՒՄ influence, sensation, suggestion.
ԱԶԴՐ thigh, back.
ԱԶՆ nation, people.

ԱԶՆԻՒ noble, gentle, fine, good, genteel.
ԱԶՆՈՒԱԲԱՐ nobly, genteelly, civilly.
ԱԶՆՈՒԱԲԱՐՈՅ good-tempered, civil, well mannered.
ԱԶՆՈՒԱԶԱՐՄ highborn, noble.
ԱԶՆՈՒԱԿԱՆ noble, gentleman.
ԱԶՆՈՒԱԿԱՆՈՒԹԻՒՆ nobility, civility, generosity.
ԱԶՆՈՒԱՄԻՏ noble, generous, of good sentiments.
ԱԶՆՈՒԱՆԱԼ to be ennobled, to become noble.
ԱԶՆՈՒԱԳԵՏԱԿԱՆ aristocratic.
ԱԶՆՈՒԱԳԵՏՈՒԹԻՒՆ aristocracy.
ԱԶՆՈՒԱՍԻՐՏ noble hearted.
ԱԶՆՈՒԱՏՈՀՄ highborn, of a noble family.
ԱԶՆՈՒՈՒԹԻՒՆ gentleness, nobleness, civility, nobility.
ԱԶՆՈՒԱՑՆԵԼ to ennoble, to improve.
ԱԶՈԽ sour grape, unripe grape.
ԱԶՈԽԱՋՈՒՐ verjuice.
ԱԹԱՐ dung, manure.
ԱԹՈՌ chair, seat, stool.
ԱԹՈՌԱԿ stool, foot-stool.
ԱԹՈՌԱԿԱԼ vicar, successor.
ԱԹՈՌԱԿԱԼՈՒԹԻՒՆ vicarship, curacy.
ԱԹՈՌԱԿԻՑ assessor, colleague in the same dignity.
ԱԺԱՆ cheap.
ԱԺԱՆՈՒԹԻՒՆ cheapness.
ԱԼ also, too, yet, more.
ԱԼԱԲԱՍՏՐ alabaster.
ԱԼԵՒՈՐ old man, gray-haired.
ԱԼԵՒՈՐՈՒԹԻՒՆ hoarines, old age.
ԱԼԵԼՈՒԻԱ Hallelujah.
ԱԼԵԽԱՌՆ gray-haired.
ԱԼԵԾԱԾԱՆ floating, afloat, adrift.
ԱԼԵԾՈՒՓ floating, billowy.
ԱԼԵԿՈԾ stormy, tempestuous.
ԱԼԻՒՐ flour, meal.
ԱԼԻՒՐԱՅԻՆ farinaceous.
ԱԼԻՒՐԱՎԱՃԱՌ flour-dealer.
ԱԼԻՔ wave, billow.
ԱԼՔԻՄԻԱ alchemy.
ԱԼՔՈՀՈԼ alcohol.
ԱԽՈՅԵԱՆ champion, rival, adversary.
ԱԽՈՌ stable, stall.
ԱԽՈՌԱՊԱՆ stable man, groom.
ԱԽՈՌԱՊԵՏ equerry.
ԱԽՈՐԺ pleasant, favourite, savoury.
ԱԽՈՐԺԱԲԵՐ appetising, attractive.
ԱԽՈՐԺԱԿ appetite, taste.
ԱԽՈՐԺԱՀԱՄ savoury, pleasing to the taste.
ԱԽՈՐԺԱՆՔ taste, pleasure.
ԱԽՈՐԺԻԼ to relish, to like, to love.
ԱԽՈՐԺԵԼԻ agreeable, pleasant, relishing, savoury.
ԱԽՏ disease, illness, sickness.
ԱԽՏԱԲԱՆ pathologist.
ԱԽՏԱԲԱՆՈՒԹԻՒՆ pathology.
ԱԽՏԱԲԵՐ morbific, vicious.
ԱԽՏԱԲՈՅԺ physician, that cures diseases.
ԱԽՏԱԺԷՏ unhealthy, diseased, sickly.
ԱԽՏԱՃԱՆԱՉՈՒԹԻՒՆ diagnostic, diagnosis.
ԱԽՏԱՄՈԼ vicious, defective.
ԱԽՏԱՆԱԼ to grow corrupt, to be sick.
ԱԽՏԱՆՇԱՆ symptom.
ԱԽՏԱՐՔ astrology, horoscope.
ԱԽՏԱՒՈՐ morbid, diseased, infirm.
ԱԽՏԱՒՈՐՈՒԹԻՒՆ morbidness, illness, infirmity.
ԱԾԱԿԱՆ adjective.
ԱԾԱՆՑԱԿԱՆ derivative.
ԱԾԱՆՑԵԼ to derive.
ԱԾԱՆՑՈՒՄ, derivation.
ԱԾԵԼ to bring, to fetch, to bring over.
ԱԾԵԼԻ razor.
ԱԾԻԼԵԼ to shave.
ԱԾԻԼՈՒԻԼ to be shaved.
ԱԾԽԱԳՈՐԾ coal-miner, collier.
ԱԾԽԱԽՏ anthrax.
ԱԾԽԱՀԱՆՔ coal-mine, coal-works.
ԱԾԽԱՎԱՃԱՌ coal-seller, collier.
ԱԾԽԱՆՈՑ coal-store, coal-house.
ԱԾԽԱՑՈՒՄ carbonization.

ԱԾԽԱՑՆԵԼ to carbonize.
ԱԾԽԱՔԱՐ, coal-stone, anthracite.
ԱԾՈՒ bed of garden; nation.
ԱԾՈՒԽ coal, charcoal.
ԱԿԱԴԵՄԱԿԱՆ academic.
ԱԿԱԴԵՄԻԱ academy.
ԱԿԱՄԱՅ involuntary, reluctantly.
ԱԿԱՆ mine, cess-pool.
ԱԿԱՆԱԿԻՏ clear, limpid.
ԱԿԱՆԱԿՈՒՌ set of precious stones, worked in jewels.
ԱԿԱՆԱՀԱՏ miner, pitman.
ԱԿԱՆԱՀԱՐԵԼ to undermine.
ԱԿԱՆԱՏԵՍ witness.
ԱԿԱՆԱՏԵՍ ՎԿԱՅ eye witness.
ԱԿԱՆԱՒՈՐ distinguished, famous.
ԱԿԱՆՋ ear.
ԱԿԱՆՋԱԲՈՅԺ aural surgeon.
ԱԿԱՆՋԱԼՈՒՐ auricular.
ԱԿԱՆՋԱԽՏ otitis.
ԱԿԱՆՋԱՑԱՒ otalgia, ear-ache.
ԱԿԱՆՋ ԿՐԿԻՏ ear-pick.
ԱԿԱՌՆ citadel, castle, fortress.
ԱԿԱՏ agate, boat.
ԱԿԻԾ hook, snare, hasp.
ԱԿՆ eye, gem, fountain.
ԱԿՆԱԲՈՅԺ oculist.
ԱԿՆԱԳՈՐԾ diamond cutter, jeweller.
ԱԿՆԱԽՏԻՂ dazzling, sparkling.
ԱԿՆԱԾԵԼ to respect, to revere, to venerate.
ԱԿՆԱԾԻԼ to respect one's self.
ԱԿՆԱԾՈՒ respectful, reverential.
ԱԿՆԱԾՈՒԹԻՒՆ respect, regard, care.
ԱԿՆԱԿԷՏ eye-spot.
ԱԿՆԱՀԱՃՈՅ pleasing, nice looking attractive.
ԱԿՆԱՀԱՏ see **ԱԿՆԱԳՈՐԾ**.
ԱԿՆԱՌՈՒ partial, fascinating, alluring.
ԱԿՆԱՎԱՃԱՌ jeweller, lapidary.
ԱԿՆԱՐԿ glance, look.
ԱԿՆԱՐԿԵԼ to regard, to hint, to allude.
ԱԿՆԱՐԿՈՒԹԻՒՆ allusion, sign, hint.
ԱԿՆԵՐԵՒ evident, clear, visible, manifest.

ԱԿՆԹԱՐԹ wink, twinkling.
ԱԿՆԿԱԼԵԼ to expect, to hope for.
ԱԿՆԿԱԼՈՒ expectant, hoper.
ԱԿՆԿԱԼՈՒԹԻՒՆ expectation, hope.
ԱԿՆՈՑ spectacle, eye-glass.
ԱԿՆՈՑԱՎԱՃԱՌ spectacle seller.
ԱԿՈՒՄԲ club, circle, company.
ԱԿՌԱՅ tooth.
ԱԿՌԱԿՐԿԻՏ tooth pick.
ԱԿՌԱԶԼԻԿ toothless.
ԱԿՔԱՆ thistle.
ԱԿՕՍ furrow.
ԱԿՕՍԵԼ to furrow, to plough.
Ա՜Հ ah! oh!
ԱՀ fear, dread, terror.
ԱՀԱ see here, behold, here is.
ԱՀԱԲԵԿ afraid, horror-struck, dounted.
ԱՀԱԲԵԿԵԼ to terrify, to dispirit, intimidate.
ԱՀԱԲԵԿՈՒԹԻՒՆ intimidation, terror, dismay, awe.
ԱՀԱԳԻՆ formidable, terrible, tremendous.
ԱՀԱՐԿՈՒ formidable, redoubtabl horrid.
ԱՀԱՒԱՍԻԿ see here, behold, that is.
ԱՀԱՒՈՐ horrible, fearful, alarmin terrible.
ԱՀԱՒՈՐՈՒԹԻՒՆ terribleness, fright fullness.
ԱՀԵԱԿ left, **ԱՋ ԵՒ ԱՀԵԱԿ** right an left.
ԱՀԵՂ frightful, formidable.
ԱՀԵՂԱԳՈՉ alarm, roaring terribl
ԱՂ salt.
ԱՂԱԹԱՓ unsalted.
ԱՂԱԼ to grind.
ԱՂԱԽԻՆ maid-servant.
ԱՂԱՀԱՆՔ saltmine.
ԱՂԱՂԱԿ cry, outcry, clamour.
ԱՂԱՂԱԿԵԼ to cry, to scream, to shout.
ԱՂԱՄԱՆ salt-box.
ԱՂԱՆԴ sect, false doctrine.
ԱՂԱՆԴԱՒՈՐ sectarian.
ԱՂԱՆԴԵՐ snack, dessert.
ԱՂԱՆՁԱԾ fricassee.

ԱՂԱՆՁԵԼ to brown, to broil, to fry, to grill.
ԱՂԱՉԱՆՔ request, supplication.
ԱՂԱՉԵԼ to beg, to beseech, to request, to pray.
ԱՂԱՋՈՒՐ brine.
ԱՂԱՎԱՃԱՌ salt seller.
ԱՂԱՐԱՆ salt-house, salt works.
ԱՂԱՐՏԵԼ to denigrate, to traduce, to slander.
ԱՂԱՐՏՈՒԹԻՒՆ defamation, aspersion, columny, slander.
ԱՂԱԽԱՂԵԼ to corrupt, to disguise,
ԱՂԱԽԱՂՈՒՄ deterioration, corruption, alteration.
ԱՂԱՒՆԵՏՈՒՆ pigeonry, dove-cot.
ԱՂԱՒՆԻ dove, pigeon.
ԱՂԱՓ scrotum.
ԱՂԲ excrement, dung, manure.
ԱՂԲԱԲԶԷԶ hornbeetle.
ԱՂԲԱՆՈՑ drain, privy-sink, common sewer.
ԱՂԲԵԼ to manure, to dung.
ԱՂԲԵՐԱԿՆ source, spring.
ԱՂԲԻՒՐ fountain.
ԱՂԲՈՐԱԿ saltpetre, nitre.
ԱՂԵԼ to salt.
ԱՂԵԿԱՏ distaff.
ԱՂԵՂ bow, arch, long bow.
ԱՂԵՂՆԱՒՈՐ archer, agittarious.
ԱՂԵՐՍ supplication, petition, request.
ԱՂԵՐՍԱԳԻՐ petition, demand, request.
ԱՂԵՐՍԱԳՐԵԼ to make a request, to petition.
ԱՂԵՐՍԱԿԱՆ supplicant, suppliant.
ԱՂԵՐՍԱՆՔ petition, supplication.
ԱՂԵՐՍԱՐԿՈՒ suppliant, petitioner.
ԱՂԵՐՍԵԼ to pray, to ask, to beseech.
ԱՂԷԹԱՓՈՒԹԻՒՆ hernia, rupture.
ԱՂԷԿ good, well.
ԱՂԷԿԱՊ bandage, truss.
ԱՂԷԿՏՈՒՐ heart-rending.
ԱՂԷԿՈՒԹԻՒՆ goodness, kindness.
ԱՂԷՏ misfortune, calamity, mischance, disaster.
ԱՂԷՏԱԲԵՐ fatal, disastrous, calamitous.
ԱՂԷՏԱԼԻ full of misery, disastrous.
ԱՂԷՏԱՒՈՐ see **ԱՂԷՏԱԲԵՐ**
ԱՂԻ salted, saltish.
ԱՂԻԱ diamond (at cards).
ԱՂԻՈՂՈՐՄ heart-rending, dolefull.
ԱՂԻՏԱԼԻ see **ԱՂԷՏԱԼԻ**.
ԱՂԻՒՍ brick.
ԱՂԻՒՍԱԽԱՂ draughts.
ԱՂԻՒՍԱԿ draught-board.
ԱՂԻՒՍԱՎԱՃԱՌ brick seller.
ԱՂԻՔ intestines, bowels, guts.
ԱՂԿԵՐ sardine.
ԱՂՄԿԱԼԻՑ tumultuous, noisy, turbulent.
ԱՂՄԿԱՐԱՐ turbulent, roisterer, blusterer.
ԱՂՄԿԵԼ to disturb, to trouble, to disquiet.
ԱՂՄՈՒԿ uproar, tumult, alarm, riot.
ԱՂՈՒԱՄԱԶ soft hair, nap, down.
ԱՂՈՒԷՍ fox, renard.
ԱՂՈՒԹԻՒՆ saltness.
ԱՂՈՒՀԱՑՔ lent.
ԱՂՈՒՈՐ lovely, beautiful, fine, handsome.
ԱՂՈՒՈՐՈՒԹԻՒՆ beauty, fineness, prettiness.
ԱՂՋԱՄՈՒՂՋ darkness, obscurity.
ԱՂՋԻԿ girl, young lady.
ԱՂՏ ordure, dirt, stain.
ԱՂՏԵՂԵԼ to stain, to soil, to dirty.
ԱՂՏԵՂՈՒԹԻՒՆ dirtiness, impurity, ordure.
ԱՂՑԱՆ salad.
ԱՂՔԱՏ poor, needy, beggar.
ԱՂՔԱՏԱԽՆԱՄ charitable.
ԱՂՔԱՏԱՆԱԼ to become poor.
ԱՂՔԱՏԱՆՈՑ alms-house, refuge.
ԱՂՔԱՏԱՍԷՐ charitable.
ԱՂՔԱՏԱՑՆԵԼ to render poor, to impoverish.
ԱՂՔԱՏՈՒԹԻՒՆ poverty, indigence.
ԱՂՕԹԱԳԻՐՔ prayerbook.
ԱՂՕԹԱՐԱՆ chapel, praying room.
ԱՂՕԹԱՏՈՒՆ oratory.
ԱՂՕԹՔ prayer, orison.

ԱՂՕԹԵԼ to pray.
ԱՂՕՏ dark, sombre, dull.
ԱՂՕՏԱՆԱԼ to grow dull, to tarnish.
ԱՂՕՏՈՒԹԻՒՆ dullness, darkness.
ԱՂՕՐԵԱԿ small mill.
ԱՂՕՐԻՔ mill.
ԱՂՕՐԵՊԱՆ miller.
ԱՃԱՊԱՐԱՆՔ haste, hurry.
ԱՃԱՊԱՐԵԼ to hurry. to hasten.
ԱՃԱՌ soap, cartilage.
ԱՃԱՌԵԼ to soap, to lather.
ԱՃԻԼ to grow, to augment, to increase, to spring up.
ԱՃԵՑՆԵԼ to increase, to enlarge, to amplify.
ԱՃԻՒՆ ashes, cinder.
ԱՃՈՒԿ the groin.
ԱՃՈՒՄ augmentation, growth.
ԱՃՈՒՐԴ public sale, auction.
ԱՃՊԱՐԱՐ juggler, conjurer.
ԱՄ year.
ԱՄԱՅԻ desert, solitary, waste, uninhabited.
ԱՄԱՅՈՒԹԻՒՆ solitude, loneliness.
ԱՄԱՆ vase, pot, vessel, urn.
ԱՄԱՆԱԿ measure, tempo, time.
ԱՄԱՆՈՐ New Year.
ԱՄԱՌ summer.
ԱՄԱՌԱՆՈՑ country-house, summer-residence, up-country.
ԱՄԱՐԻԼ belladonna lily.
ԱՄԱՐՈՒ ewe.
ԱՄԲԱՌՆԱԼ to arise, to mount, to ascend, to exalt.
ԱՄԲԱՌՆԱԼԻՔ see-saw, lever.
ԱՄԲԱՍՏԱՆԱԳԻՐ indictment, statement of a cause.
ԱՄԲԱՍՏԱՆԵԱԼ accused, culprit.
ԱՄԲԱՍՏԱՆԵԼ to accuse, to indict, to denounce.
ԱՄԲԱՍՏԱՆՈՒԹԻՒՆ accusation, indictment.
ԱՄԲԱՐ granary, entrepot.
ԱՄԲԱՐԻՇՏ impious, ungodly person, unholy.
ԱՄԲԱՐՁՈՒՄ ascension, axaltation.
ԱՄԲԱՐՏԱԿ dike, embankment.
ԱՄԲԱՐՏԱՒԱՆ proud, haughty, imperious.
ԱՄԲԱՐՏԱՒԱՆՈՒԹԻՒՆ arrogance, pride, haughtiness.
ԱՄԲԻԾ, ԱՆԲԻԾ candid, spotless, pure.
ԱՄԲԾՈՒԹԻՒՆ candour, purity of heart.
ԱՄԲՈԽ crowd, mob, rabble.
ԱՄԲՈԽԱՐԱՐ demagogue, jaw-smith, agigator.
ԱՄԲՈԽԵԼ to agitate, to stir up, to disturb.
ԱՄԲՈԽԻԼ to flock together, to gather in crowds.
ԱՄԲՈՂՋ entire, total, whole.
ԱՄԲՈՂՋԱԿԱՆ integral, total.
ԱՄԲՈՂՋԱՊԷՍ entirely, completely,
ԱՄԲՈՂՋԱՑՆԵԼ to complete.
ԱՄԲՈՂՋՈՒԹԻՒՆ completion.
ԱՄԵՀԻ wild, impetous, untamed.
ԱՄԵՀՈՒԹԻՒՆ fury, wildness.
ԱՄԵՆԱԲԱՐԻ most excellent, all bountiful.
ԱՄԵՆԱԲԱՐՁՐ highest, very high.
ԱՄԵՆԱԳԱՐՇԵԼԻ abominable, very bad.
ԱՄԵՆԱԳԵՂԵՑԻԿ most beautiful, extremely fine.
ԱՄԵՆԱԳԷՏ omniscient, all-wise.
ԱՄԵՆԱԳԹԱԾ most merciful, most compassionate.
ԱՄԵՆԱԳԻՏՈՒԹԻՒՆ omniscience.
ԱՄԵՆԱԶՕՐ most powerful, omnipotent.
ԱՄԵՆԱԶՕՐՈՒԹԻՒՆ omnipotence, almightiness.
ԱՄԵՆԱԿԱԼ omnipotent, all-powerful.
ԱՄԵՆԱԿԱԼՈՒԹԻՒՆ omnipotence.
ԱՄԵՆԱԿԱՐՈՂ almighty, all-powerful.
ԱՄԵՆԱԿԱՐՈՂՈՒԹԻՒՆ omnipotency.
ԱՄԵՆԱԿԵՐ omnivorous.
ԱՄԵՆԱՄԵԾ greatest, largest.
ԱՄԵՆԱՄԵԾԱՐ most reverend.
ԱՄԵՆԱՅՆ all, every.
ԱՄԵՆԱՅՆ ԻՆՉ every thing.
  ԸՆԴ ԱՄԵՆԱՅՆ all at once.
  ԸՍՏ ԱՄԵՆԱՅՆԻ in every way.
  ՅԵՏ ԱՄԵՆԱՅՆԻ after all.

ԱՄԵՆԱՅՆ ՍԻՐՈՎ with pleasure.
ԱՄԵՆԱՊԱՏԻՒ most reverend, most honourable.
ԱՄԵՆԱՊԱՅԾԱՌ very bright, very shining.
ԱՄԵՆԱՏԳԷՏ most ignorant.
ԱՄԵՆԱՏԵՍ all-seeing.
ԱՄԵՆԱՓՈՔՐ smallest.
ԱՄԵՆԵՒԻՆ totally, entirely.
ՈՉ ԱՄԵՆԵՒԻՆ never at all.
ԱՄԵՆՈՂՈՐՄ very merciful.
ԱՄԵՆՈՒՐԵՔ omnipresent, every where.
ԱՄԵՆՕՐԵԱՅ daily.
ԱՄԷՆ amen, so be it.
ԱՄԷՆ all, whole, each, every.
ԱՄԷՆ ՕՐ every day.
ԱՄԷՆ ԺԱՄ every hour.
ԱՄԷՆ ԱՆԳԱՄ every time.
ԱՄԻՍ month.
ԱՐԵԳԱԿՆԱՅԻՆ ԱՄԻՍ solar month.
ԱՄԻՐԱՅ lord, master, man of high class.
ԱՄԻՐԱՊԵՏ calif, caliph, Kalif.
ԱՄԼԱՑՆԵԼ to sterilize.
ԱՄԼՈՒԹԻՒՆ sterility, barrenness, infecundity.
ԱՄՈԼ fellow, counterpart.
ԱՄՈԼՔ couple (husband and wife).
ԱՄՈՐՁԱՏԱՊ fever in testicle, testitis.
ԱՄՈՐՁԻՔ testicles.
ԱՄՈՒԼ sterile, barren, infertile.
ԱՄՈՒՍԻՆ husband, spouse.
ԱՄՈՒՍՆԱԿԱՆ conjugal, spousal.
ԱՄՈՒՍՆԱՆԱԼ to marry, to wed.
ԱՄՈՒՍՆԱՑԵԱԼ married
ԱՄՈՒՍՆԱՑՆԵԼ to marry, to espouse.
ԱՄՈՒՍՆՈՒԹԻՒՆ, marriage, wedding, nuptials.
ԱՄՈՒՐ tight, strong, solid, firm.
ԱՄՈՒՐԻ single man, bachelor.
ԱՄՈՒՐԻՈՒԹԻՒՆ, single life, celibacy.
ԱՄՈՔԵԼ to mitigate, to modify, to soften, to calm, to temper.
ԱՄՈՔՈՒՄ mitigation, modification, appeasement.
ԱՄՉԿՈՏ ashamed, shy.
ԱՄՉՆԱԼ to be ashamed.
ԱՄՉՑՆԵԼ to disgrace, to shame.
ԱՄՊ cloud.
ԱՄՊԱՄԱԾ cloudy, misty.
ԱՄԲԱՐԻՇՏ impious, unholy, ungodly person.
ԱՄՊԵԼ to grow cloudy.
ԱՄԲԻՈՆ pulpit.
ԱՄՊՀՈՎԱՆԻ baldachin, canopy.
ԱՄՊՈՏ cloudy.
ԱՄՊՐՈՊ storm, tempest, thunder-clap,
ԱՄՍԱԳԼՈՒԽ the first day of the month.
ԱՄՍԱԹԻՒ day of the month.
ԱՄՍԱԿԱՆ monthly, monthly wages, salary.
ԱՄՍՕՐԵԱՅ monthly.
ԱՄՐԱՆԱԼ to grow strong, to be fortified.
ԱՄՐԱՇԷՆ firmly built, strong.
ԱՄՐԱՊՆԴԵԼ to strengthen, to confirm.
ԱՄՐԱՑՆԵԼ to fortify, to reinforce.
ԱՄՐՈՑ fort, fortress, stronghold.
ԱՄՐՈՒԹԻՒՆ fortification, fort, stronghold.
ԱՄՖԻԹԱՏՐՈՆ amphitheatre.
ԱՄՓՈՓ tight, neat, close, concise.
ԱՄՓՈՓԵԼ to contract, to confine, to gather, to restrict, to compress.
ԱՄՓՈՓՈՒԻԼ to contract, to be compressed, to assemble.
ԱՄՕԹ shame, ignominy.
ԱՄՕԹԱԼԻ disreputable, degrading, debasing.
ԱՄՕԹԱՀԱՐ ashamed.
ԱՄՓՈՓՈՒՄ contraction, restriction, concentration, summary.
ԱՄՕԹԽԱԾ modest, bashful, shamefaced, chaste.
ԱՄՕԹԽԱԾՈՒԹԻՒՆ chastity, bashfulness, modesty.
Ա՛Յ holda, hoa.
ԱՅԲՈՒԲԵՆԱՐԱՆ alphabet, primer.
ԱՅԲՈՒԲԵՆԱԿԱՆ alphabetic.
ԱՅԳ dawn, morn, spring, daybreak.
ԱՅԳԱԾԱՂԻԿ yellow day lily.

ԱՅԳԵԳՈՐԾ vine-dresser, wine-grower.
ԱՅԳԵԳՈՐԾՈՒԹԻՒՆ culture of the vine.
ԱՅԳԵԿՈՒԹ vintage.
ԱՅԳԵՍՏԱՆ vineyard.
ԱՅԳԻ vineyard.
ԱՅԴ, ԱԴ that.
ԱՅԴՉԱՓ that much, so much.
ԱՅԴՊԷՍ like that so, thus.
ԱՅԴՊԻՍԻ same, similar.
ԱՅԺՄ now, presently.
ԱՌ ԱՅԺՄ for the present.
ԱՅԺՄԷԱԿԱՆ actual, modernist.
ԱՅԺՄՈՒ modern, present.
ԱՅԺՄԻԿ now, at present.
ԱՅԼ other, another.
ԱՅԼԵՒՍ anymore, more over.
ԱՅԼԱԲԱՆԱԿԱՆ allegorical.
ԱՅԼԱԲԱՆԵԼ to allegorize.
ԱՅԼԱԲԱՆՈՒԹԻՒՆ allegory.
ԱՅԼԱԲՈՒԺԱԿԱՆ allopathic.
ԱՅԼԱԲՈՒԺՈՒԹԻՒՆ allopathy.
ԱՅԼԱԲՈՅԺ allopathist.
ԱՅԼԱԳՈՒՆԵԼ to discolor, to tarnish, to stain.
ԱՅԼԱԶԳԻ stranger, foreigner, gentile, pagan.
ԱՅԼԱԶԳՈՒԹԻՒՆ heterogeneousness. paganism.
ԱՅԼԱԿԱՐԾԻՔ of a different opinion.
ԱՅԼԱԿԵՐՊ different. disguised, transfigured.
ԱՅԼԱԿԵՐՊԵԼ to transfigure, to transform, to change.
ԱՅԼԱԿԵՐՊՈՒԹԻՒՆ transfiguration, metamorphosis.
ԱՅԼԱԿՐՕՆ dissident, dissenter.
ԱՅԼԱՀԱՒԱՏ heterodox, pagan, sectary.
ԱՅԼԱՄԻՏ dissident, light-headed.
ԱՅԼԱՅԼԵԱԼ altered.
ԱՅԼԱՅԼԻԼ to be altered, to be unnatured.
ԱՅԼԱՅԼՈՒԹԻՒՆ alteration, variation.
ԱՅԼԱՆԴԱԿ strange, irregular, fantastical.
ԱՅԼԱՆԴԱԿՈՒԹԻՒՆ oddness, strangeness, fantasticalness.
ԱՅԼԱՆՄԱՆ dissimilar.
ԱՅԼԱՆՇԱՆ of another sign, different.
ԱՅԼԱՉԱՓՈՒԹԻՒՆ incommensurability.
ԱՅԼԱՍԱՑՈՒԹԻՒՆ allegory.
ԱՅԼԱՍԵՌ of a different sex, heterogeneous.
ԱՅԼԱՍԵՐՈՒՄ degeneration.
ԱՅԼԱՍԷՐ altruist.
ԱՅԼԱՓԱՌ heterodox.
ԱՅԼԱՓԱՌՈՒԹԻՒՆ heterodoxy.
ԱՅԼԱՓՈԽԵԼ to disguise, to diversify, to alter
ԱՅԼԱՓՈԽՈՒԹԻՒՆ transformation, change.
ԱՅԼԵՒ but yet, moreover.
ԱՅԼԵՒԱՅԼ several, varied, different.
ԱՅԼԵՒՍ yet, still, again, further.
ԱՅԼՈՒՍՏԵՔ from else where, from other side.
ԱՅԼՈՒՐ some where else.
ԱՅԾ goat.
ԱՅԾԱԿՆ goat grass.
ԱՅԾԱՐԱԾ goat-herd.
ԱՅԾԵԱՄ roedeer, roebuck.
ԱՅԾԵՂՋԻՒՐ Capricorn.
ԱՅԾԵԱՄՆԻԿ young roedeer.
ԱՅԾԵՆԻ camlet, kid-skin.
ԱՅԾՈՒՂՏ lama
ԱՅԾՔԱՂ ibex, wild goat.
ԱՅՆ that
ԱՅՆԻՆՉ newly, while, hardly.
ԱՅՆՉԱՓ as much, so much, as far, so many.
ԱՅՆՊԷՍ so much, so long, so.
ԱՅՆՊԻՍԻ such, like, similar.
ԱՅՆՔԱՆ so much, so many, as many.
ԱՅՈ yes, indeed.
ԱՅՊԱՆԵԼ to scoff, to baffer, to insult, to deride, to despise, to mock.
ԱՅՊԱՆՈՒՄ derision, mockery.
ԱՅՍ this, that, these.

ԱՅՍ (**ՍԱՏԱՆԱՅ**) devil, demon, evil spirit.
ԱՅՍԱՀԱՐ demoniac.
ԱՅՍԻՆՉ such like, similar.
ԱՅՍԻՆՔՆ that is to say, namely, viz.
ԱՅՍՈՒՀԵՏԵՒ henceforth.
ԱՅՍՉԱՓ so much, so long.
ԱՅՍՊԷՍ so, such, thus.
ԱՅՍՊԻՍԻ such, like this.
ԱՅՍՐ here.
ԱՅՍՐ ԱՂԱԳԱՒ therefore.
ԱՅՍՔԱՆ so many, that much, so long.
ԱՅՍՕՐ to day, this day.
ԱՅՏ cheek.
ԱՅՏՈՅՑ swelling, tumour, wart.
ԱՅՏՈՒՄ swelling, bloatedness, turgidness
ԱՅՏՈՒՑԻԿ varicose, varicous.
ԱՅՐ man, husband.
ԱՅՐ cave, den, grotto.
ԱՅՐԱԲԱՐ manly, like a man.
ԱՅՐԱԿԱՆ male, virile, manly.
ԱՅՐԵԼ to burn, to fire, to kindle, to inflame.
ԱՅՐԵԼԻ combustible.
ԱՅՐԱԾՔ burn, scald.
ԱՅՐԵՑԵԱԼ ԳՕՏԻ Torrid zone.
ԱՅՐԻ widow, widower.
ԱՅՐԻԱՆԱԼ to become a widow.
ԱՅՐԻԼ to burn, to be burnt.
ԱՅՐԻՈՒԹԻՒՆ widowhood.
ԱՅՐՈՒԹԻՒՆ manliness, virility, manhood.
ԱՅՐՈՒՄ burning, combustion.
ԱՅՑ visit, call.
ԱՅՑԵՏՈՄՍ visiting card.
ԱՅՑԵՔԱՐՏ visiting card.
ԱՅՑԵԼԵԼ to visit, to make a visit.
ԱՅՑԵԼՈՒ visitor, caller.
ԱՅՑԵԼՈՒԹԻՒՆ visit, visiting.
ԱՆԱԳ tin, pewter.
ԱՆԱԳԱԳՈՐԾ pewterer.
ԱՆԱԳԱՆ late, tardy, lately.
ԱՆԱԳԻՉ tinner, silverer, tinman.
ԱՆԱԳՈՐՈՅՆ cruel, merciless, savage.
ԱՆԱԶԱՏՈՒԹԻՒՆ baseness, illiberality, lowness.
ԱՆԱԶԴԵԼԻ insensible.
ԱՆԱԹԵՄԱՅ anathema.
ԱՆԱԽՈՐԺ ungraceful, ill-favoured, disliked.
ԱՆԱԽՈՐԺՈՒԹԻՒՆ dislike.
ԱՆԱԽՏ sound, sane, healthy.
ԱՆԱԿՆԱԾՈՒԹԻՒՆ irreverence.
ԱՆԱԿՆԿԱԼ unexpected, surprise.
ԱՆԱՀԻՏ Diana.
ԱՆԱՂԻ unsalted, insipid.
ԱՆԱՄՈՒՍԻՆ unmarried, single man or woman.
ԱՆԱՄՈՔԵԼԻ inappeasable, undigestible.
ԱՆԱՄՊ without cloud, cloudless.
ԱՆԱՄՕԹ shameless, impudent, insolent.
ԱՆԱՄՕԹԱԲԱՐ impudently, shemelessly.
ԱՆԱՄՕԹՈՒԹԻՒՆ impudence, effrontery.
ԱՆԱՅԼԵԼԻ unalterable, invariable.
ԱՆԱՆՁՆ lifeless, inanimate.
ԱՆԱՆՁՆԱՒՈՐՈՒԹԻՒՆ impersonality.
ԱՆԱՆՈՒԽ mint.
ԱՆԱՆՈՒՆ unnamed, anonymous.
ԱՆԱՆՋԱՏ inseperable, indivisible.
ԱՆԱՆՑ eternal, imprishable.
ԱՆԱՆՑԱՆԵԼԻ eternal, impenetrable, insuperable.
ԱՆԱՇԽԱՏ unfatigued, easy, labourless.
ԱՆԱՉԱՌ impartial, unselfish, rigid, strict.
ԱՆԱՉԱՌԱԲԱՐ impartially, justly.
ԱՆԱՉԱՌՈՒԹԻՒՆ impartiality, rigidness, severity.
ԱՆԱՊԱՀՈՎ insecure.
ԱՆԱՊԱԿ pure, unmixed.
ԱՆԱՊԱԿԱՆ pure, chaste, incorruptible.
ԱՆԱՊԱՇԱՒ impenitent, obdurated.
ԱՆԱՊԱՇԽԱՐՈՒԹԻՒՆ obduracy, impenitence.
ԱՆԱՊԱՏ desert, wilderness.
ԱՆԱՊԱՏԱԿԱՆ hermit.

ԱՆԱՊԱՒԷՆ abandoned, forlorn, helpless.
ԱՆԱՌԱԿ prodigal, debauched, libertine.
ԱՆԱՌԱԿՈՒԹԻՒՆ prodigality, debauchery, disorderly life.
ԱՆԱՌԱՐԿԵԼԻ irreproachable.
ԱՆԱՌԻԿ impregnable.
ԱՆԱՌՈՂՋ unhealthy.
ԱՆԱՍԵԼԻ unspeakable.
ԱՆԱՍՆԱԲԱՐ bestially, brutally.
ԱՆԱՍՆԱԲԱՐՈՅ brutal, ill-mannered.
ԱՆԱՍՆԱԲՈՅԺ veterinarian.
ԱՆԱՍՆԱԲՈՅԺՈՒԹԻՒՆ veterinary-surgery.
ԱՆԱՍՆԱԿԱՆ bestial. brutal.
ԱՆԱՍՆԱՄԻՏ brute, stupid. blockhead.
ԱՆԱՍՆԱՆԱԼ to become stupid. to be besotted.
ԱՆԱՍՆԱՊԱՇՏՈՒԹԻՒՆ zoalatry.
ԱՆԱՍՆԱՑՆԵԼ to brutalize, to stupefy.
ԱՆԱՍՈՒՆ animal, brute, beast.
ԱՆԱՍՏՈՒԱԾ atheist.
ԱՆԱՐԱՏ immaculate, pure, spotless.
ԱՆԱՐԲՈՒՆՔ impuberty.
ԱՆԱՐԳ vile, base, abject, mean.
ԱՆԱՐԳԱԲԱՐ vilely, ignobly, meanly.
ԱՆԱՐԳԱԿԱՆ contemptuous.
ԱՆԱՐԳԱՆՔ dishonour, contempt, insult.
ԱՆԱՐԳԵԼ to dishonour, to offend, to scorn, to disparage.
ԱՆԱՐԳԵԼ without obstacle, freely.
ԱՆԱՐԳՈՒԹԻՒՆ infamy, dishonour, ignominy.
ԱՆԱՐԴ rough, unpolish, uneven.
ԱՆԱՐԴԱՐ unjust, unfair, wrong.
ԱՆԱՐԴԱՐՈՒԹԻՒՆ unjustice, uniquity.
ԱՆԱՐԺԱՆ unworthy, unmerited, unfit.
ԱՆԱՐԺԱՆԱԲԱՐ unworthily, undeservedly.
ԱՆԱՐԺԱՆՈՒԹԻՒՆ unworthiness, indignity.
ԱՆԱՐԻ slack, knave, rascal, loose.
ԱՆԱՐԻՒՆ bloodless.
ԱՆԱՐԻՒՆՈՒԹԻՒՆ anaemia.
ԱՆԱՐԾԱԹ penniless, moneyless.
ԱՆԱՐՄԱՏ without root.
ԱՆԱՐՈՒԵՍՏ artless, worthless, natural.
ԱՆԱՒԱՐՏ unfinished, undone.
ԱՆԲԱԺԱՆ undivided, inseperable.
ԱՆԲԱԺԱՆԱԿԱՆ indivisible, unseparable.
ԱՆԲԱԺԱՆԵԼԻ indivisible.
ԱՆԲԱԺԻՆ shareless, undivided.
ԱՆԲԱԽՏ unlucky, unfortunate.
ԱՆԲԱԽՏՈՒԹԻՒՆ mischance, misfortune.
ԱՆԲԱՆ brute. irrational, dumb-creature.
ԱՆԲԱՍԻՐ inculpable. irreproachable.
ԱՆԲԱՐԲԱՌ dumb, speechless, mute.
ԱՆԲԱՐՈՅԱԿԱՆ immoral.
ԱՆԲԱՐՈՅԱԿԱՆՈՒԹԻՒՆ immorality.
ԱՆԲԱՑԱՏՐԵԼԻ inexplicable, undefinable.
ԱՆԲԱՒ infinite, immense, unlimited.
ԱՆԲԱՒԱԿԱՆ insufficient, inadequate.
ԱՆԲԱՒԱԿԱՆՈՒԹԻՒՆ insufficiency. inaptitude, inability.
ԱՆԲԵՂՈՒՆ, ԱՆԲԵՐՐԻ sterile, unfruitful, barren, improductive.
ԱՆԲԵՐՐՈՒԹԻՒՆ infertility, aridity.
ԱՆԲԺՇԿԵԼԻ incurable, irremediable.
ԱՆԲԺՇԿԵԼԻՈՒԹԻՒՆ incurability.
ԱՆԲԻԾ immaculate, pure, spotless.
ԱՆԲԻԾՈՒԹԻՒՆ purity, candor, innocence.
ԱՆԲՆԱԿ uninhabited, desert, houseless.
ԱՆԲՆԱԿԱՆ artificial, unnatural.
ԱՆԲՆԱԿԵԼԻ uninhabitable.
ԱՆԲՈՒԺԵԼԻ incurable.
ԱՆԲՌՆԱԲԱՐԵԼԻ inviolable.
ԱՆԲՌՆԱԴԱՏԵԼԻ incoercible, voluntary.
ԱՆԴԱՄ and so, accordingly, even once, time.

ՄԻԱՆԳԱՄԸՆԴՄԻՇՏ once for ever.
ՄԻՆՉԵՒ ԱՆԳԱՄ ever.
ԱՆԳԱՑՏԱՉԱՓ manometer.
ԱՆԳԱՑՏԱՑՆԵԼ to rarefy.
ԱՆԳԱՑՏՈՒԹԻՒՆ rarety, rarefaction, liquefaction.
ԱՆԳԱՐ megrim, nervous, head-ache.
ԱՆԳԷՏ ignorant, unlearned.
ԱՆԳԹԱԲԱՐ cruelly, pitilessly.
ԱՆԳԹՈՒԹԻՒՆ cruelty, unhumanity.
ԱՆԳԻՆ invaluable, inestimable.
ԱՆԳԻՏԱԲԱՐ ignorantly.
ԱՆԳԻՏԱԿ ignorant, unlearned.
ԱՆԳԻՏԱԿԻՑ unconcious.
ԱՆԳԻՏԱԿՑՈՒԹԻՒՆ unconciousness.
ԱՆԳԻՏԱՆԱԼ to ignore.
ԱՆԳԻՏՈՒԹԻՒՆ ignorance, inexperience.
ԱՆԳԻՐ not written, verbal, oral.
ԱՆԳԻՒՏ undiscoverable, rare.
ԱՆԳԼՈՒԽ anarchic, headless.
ԱՆԳՂ Egyptian vulture.
ԱՆԳՂԻԱԿԱՆ English.
ԱՆԳԼԻԱՄՈԼՈՒԹԻՒՆ anglomania.
ԱՆԳԼԻԱՑԻ a native of England, English.
ԱՆԳԼԻԵՐԷՆ English language.
ԱՆԳՈՀ ungrateful, unthankful.
ԱՆԳՈՅՆ colorless, achromic.
ԱՆԳՈՅ inexistent.
ԱՆԳՈՅՈՒԹԻՒՆ non-existence.
ԱՆԳՈՍՆԵԼ to scorn, to contempt, to disregard.
ԱՆԳՈՍՆԵԼԻ despisable, contemptible.
ԱՆԳՈՍՆՈՒԹԻՒՆ scorn, contempt.
ԱՆԳՈՐԾ unemployed, inactive, inert, idle.
ԱՆԳՈՐԾԱԴՐԵԼԻ impracticable.
ԱՆԳՈՐԾԱԴՐՈՒԹԻՒՆ inexecution, non-performance.
ԱՆԳՈՐԾԱԾԵԼԻ useless, unavailable, disused.
ԱՆԳՈՐԾԱԾՈՒԹԻՒՆ disuse, obsoleteness.
ԱՆԳՈՐԾԻԱԿԱՆ inorganic.
ԱՆԳՈՐԾՈՒԹԻՒՆ inaction, unemployment, indolence.
ԱՆԳՈՐԾՈՒՆԵԱՅ idle, inactive, inert.

ԱՆԳՈՐԾՈՒՆԷՈՒԹԻՒՆ inactivity, inertness.
ԱՆԳՈՒԹ cruel, pitiless.
ԱՆԳՐԱԳԷՏ illiterate, unlettered.
ԱՆԳՐԱՒԵԼԻ unseizable.
ԱՆԴ there
ԱՆԴ land, field, piece of ground.
ԱՆԴԱԴԱՐ unceasing, continual, restless.
ԱՆԴԱՄ member.
ԱՆԴԱՄԱԳԷՏ anatomist.
ԱՆԴԱՄԱԶՆՆՈՒԹԻՒՆ anatomy.
ԱՆԴԱՄԱԼՈՅԾ paralytic, impotent, crippled.
ԱՆԴԱՄԱԼՈՒԾԵԼ to paralyze.
ԱՆԴԱՄԱԼՈՒԾՈՒԹԻՒՆ paralysis, palsy.
ԱՆԴԱՄԱԿԻՑ member, associate.
ԱՆԴԱՄԱԿՑԻԼ to associate.
ԱՆԴԱՄԱԿՑՈՒԹԻՒՆ association, membership.
ԱՆԴԱՄԱՀԱՏ dissector.
ԱՆԴԱՄԱՀԱՏԵԼ to dissect, to cut off.
ԱՆԴԱՄԱՀԱՏՈՒԹԻՒՆ amputation, dissection.
ԱՆԴԱՆԴԱՂ without delay, prompt
ԱՆԴԱՉԱՓ land-surveyor.
ԱՆԴԱՉԱՓԵԼ to survey.
ԱՆԴԱՉԱՓՈՒԹԻՒՆ survey.
ԱՆԴԱՌՆԱԼԻ irrevocable.
ԱՆԴԱՍՏԱԿ vestibule, portico.
ԱՆԴԱՍՏԱՆ ground, land, estate.
ԱՆԴԱՐՁ irrevocable.
ԱՆԴԱՐՁՈՒԹԻՒՆ irrevocability.
ԱՆԴԱՐՄԱՆ remediless, neglected.
ԱՆԴԱՐՄԱՆԵԼԻ irremediable, incurable.
ԱՆԴԵՂԵԱՅ antidote, counter-poison.
ԱՆԴԷՆ there, immediately.
ԱՆԴԷՈՐԴ cow-herd, herdsman.
ԱՆԴԷՊ inconvenient, ill-timed.
ԱՆԴԻՄԱԴՐԵԼԻ irresistible.
ԱՆԴԺՐԵԼԻ see ԱՆԴՐԺԱԿԱՆ.
ԱՆԴՆԴԱԽՈՐ very deep, profound.
ԱՆԴՆԴԱՍՈՅԶ submerged, drowned.
ԱՆԴՆԴԱՍՈՅԶ ԸՆԵԼ to ingulf, to submerge.

ԱՆԴՈՐՐ calm, peaceful, still, tranquil.
ԱՆԴՈՐՐԱԳԻՐ receipt.
ԱՆԴՈՐՐՈՒԹԻՒՆ calmness, peace, ease, tranquillity.
ԱՆԴՈՒԼ continual, unceasingly.
ԱՆԴՈՒՆԴ abyss, precipice, tartar.
ԱՆԴՈՒՌ without doors, open.
ԱՆԴՐ there, beyond.
ԱՆԴՐԱԴԱՌՆԱԼ to reverberate, to reflect.
ԱՆԴՐԱԴԱՐՁ answer, return, exchange.
ԱՆԴՐԱԴԱՐՁՆԵԼ to reply, to answer, to retort.
ԱՆԴՐԱԴԱՐՁՈՒԹԻՒՆ reflection, reverberation.
ԱՆԴՐԱԴԱՐՁՈՒՄ reflection, returning, repercussion.
ԱՆԴՐԼԵՌՆԱԿԱՆ ultramontane.
ԱՆԴՐԱՆԻԿ first-born, eldest.
ԱՆԴՐԱՎԱՐՏԻՔ drawers.
ԱՆԴՐԱՏԼԱՆՏԵԱՆ transatlantic.
ԱՆԴՐԴՈՒԵԼԻ immovable, firm, inflexible.
ԱՆԴՐԺԵԼԻ inviolable, irrefragable, inviolate.
ԱՆԴՐԻԱԳՈՐԾ sculptor of statues.
ԱՆԴՐԻԱԳՈՐԾՈՒԹԻՒՆ statuary, sculpture.
ԱՆԵԶՐ bankless, boundless, unlimited.
ԱՆԵԼ deadlock, inextricable.
ԱՆԵԼ ՓՈՂՈՑ blind-alley.
ԱՆԵՂ increated, uncreated.
ԱՆԵՂԾ incorruptible, imperishable.
ԱՆԵՂԾՈՒԹԻՒՆ incorruption, indestructibility.
ԱՆԵՐ father-in-law.
ԱՆԵՐԱՆԳ colourless.
ԱՆԵՐՁԱԳ brother-in-law.
ԱՆԵՐԵՍ shameless, impudent.
ԱՆԵՐԵՍՈՒԹԻՒՆ brazenness, impudence.
ԱՆԵՐԵՒԱԿԱՅԵԼԻ unimaginable, inconceivable.
ԱՆԵՐԵՒՈՅԹ invisible.
ԱՆԵՐԵՒՈՅԹ ԸԼԼԱԼ to be invisible, to disappear
ԱՆԵՐԿԲԱՅ indubitable, doubtless, sure.
ԱՆԵՐԿԻՒՂ fearless, bold, hardy, intrepid.
ԱՆԵՐԿՄՏԻՏ, sure, certain, resolved.
ԱՆԵՓ unbaked, underdone.
ԱՆԶԱՐԴ without ornament, unadorned.
ԱՆԶԱՒԱԿ childless.
ԱՆԶԲԱՂ unoccupied, disengaged.
ԱՆԶԳԱԼԱԲԱՐ insensibly, imperceptibly.
ԱՆԶԳԱԼԻ insensible, imperceptible.
ԱՆԶԳԱՄ insane, senseless, felonious.
ԱՆԶԳԱՄՈՒԹԻՒՆ felony, malignity, knavery.
ԱՆԶԳԱՅ unconscious, unfeeling, dull, stupid.
ԱՆԶԳԱՅՈՒԹԻՒՆ indolence, senselessness apathy, dysaesthesia.
ԱՆԶԳԱՍՏՈՒԹԻՒՆ inadvertence, giddiness, heedlessness.
ԱՆԶԳՈՅՇ careless, incautious, unmindful.
ԱՆԶԳՈՒՇՈՒԹԻՒՆ carelessness, imprudence.
ԱՆԶՂՋ impenitent, unconverted.
ԱՆԶԵՐԾ unavoidable, inevitable.
ԱՆԶԷՆ unarmed.
ԱՆԶՈՅԳ odd, uneven, not paired.
ԱՆԶՈՒԳԱԿԱՆ unequal, non-pareil, matchless, singular.
ԱՆԶՈՒԳԱԿԱՆ imparity, disparity.
ԱՆԶՈՒՍՊ uncontrolled, curbless.
ԱՆԶՍՊԵԼԻ uncontrollable, untamable.
ԱՆԶՕՐ feeble, weak, impotent, infirm.
ԱՆԶՕՐՈՒԹԻՒՆ impotence, powerlessness, debility.
ԱՆԷԾՔ curse, malediction.
ԱՆԷՈՒԹԻՒՆ naught, nothingness.
ԱՆԸՄԲՌՆԵԼԻ unseizable, incomprehensible.
ԱՆԸՄՊԵԼԻ not drinkable.
ԱՆԸՆԴԵԼ indocile, untamed.
ԱՆԸՆԴՀԱՏ incessant, continual.
ԱՆԸՆԴՈՒՆԱԿ unapt, unqualified.

ԱՆԸՆԴՈՒՆԵԼԻ inadmissible.
ԱՆԸՆԹԵՌՆԵԼԻ unreadable, illigible.
ԱՆԸՆԿՂՄԵԼԻ that can not be sunk, submerged.
ԱՆԸՆՏԱՆԻ untamed, savage, brute, rude.
ԱՆԹԱՂ unburied, graveless.
ԱՆԹԱՌԱՄ unfading.
ԱՆԹԱՐԳՄԱՆԵԼԻ untranslatable.
ԱՆԹԱՑՈՒՊ crutch, crutch-stick.
ԱՆԹԱՓԱՆՑ unpermeable, impenetrable.
ԱՆԹԱՓԱՆՑԻԿ opaque, opacous.
ԱՆԹԵՄ chamomile.
ԱՆԹԵՐԻ complete, entire, perfect,
ԱՆԹԵՒ wingless, impennous.
ԱՆԹԻՒ numberless, innumerable.
ԱՆԹԼՓԱՏ uncircumcised.
ԱՆԺԱՄ out of time, inopportune.
ԱՆԺԽՏԵԼԻ undeniable, incontestable.
ԱՆԺՈՂՈՎՐԴԱԿԱՆ unpopular.
ԱՆԺՈՅԺ impatient, intolerant.
ԱՆԺՈՒԺԿԱԼ intemperate, impatient.
ԱՆԺՈՒԺԿԱԼՈՒԹԻՒՆ incontinence, intemperance.
ԱՆԺՊԻՏ unsmiling. severe. grave.
ԱՆԻԾ nit.
ԱՆԻԾԵԱԼ cursed. unblest.
ԱՆԻԾԵԼ to curse, to execrate.
ԱՆԻՄԱՆԱԼԻ inconceivable, incomprehensible.
ԱՆԻՄԱՍՏ unmeaning, witless, senseless.
ԱՆԻՇԽԱՆԱԿԱՆ anarchist.
ԱՆԻՍՈՆ anise, anise-seed.
ԱՆԻՐԱՒ unjust, wrong, false.
ԱՆԻՐԱՒՈՒԹԻՒՆ unjustice, inequity, trespass.
ԱՆԻՒ wheel.
ԱՆԼՈՅԾ unsolved, unfused, insoluble.
ԱՆԼՈՅՍ sombre, obscure, dark.
ԱՆԼՈՒԾԱԿԱՆ undissolvable, indissoluble.
ԱՆԼՈՒՐ unheard of.
ԱՆԽԱԲ undeceived, sure, infallible.
ԱՆԽԱԽՏԵԼԻ unshaken, immovable, steady.
ԱՆԽԱՂԱՂ restless, stormy, unquiet.
ԱՆԽԱՌՆ unmixed, pure, clean.
ԱՆԽԱՐԴԱԽ pure, not falsified, sincere, faithful.
ԱՆԽԱՓԱՆ freely, without restraint.
ԱՆԽԵԼՔ senseless, witless, imprudent.
ԱՆԽԵԼՔՈՒԹԻՒՆ foolishness, imprudence, imbecility.
ԱՆԽԶԵԼԻ indivisible, inextirpable.
ԱՆԽԻՂՃ unscrupulous, remorseless, unconscious.
ԱՆԽՂՃՈՒԹԻՒՆ unscupulousness, indelicacy.
ԱՆԽՂՃՕՐԷՆ indelicately, unscupudelicacy.
ԱՆԽՄՈՐ azymous, unleavened, unfermented.
ԱՆԽՆԱՄ forsaken, forlorn, abandoned, unprotected.
ԱՆԽՆԱՅ cruelly, ruthlessly, unsparing.
ԱՆԽՈՀԵՄ imprudent, incautious.
ԱՆԽՈՀԵՄՈՒԹԻՒՆ imprudence, unwariness.
ԱՆԽՈՆՋ unweary, indefatigable.
ԱՆԽՈՆՋՈՒԹԻՒՆ undefatigableness.
ԱՆԽՈՏՈՐ straight, direct, right.
ԱՆԽՈՐՀՈՒՐԴ thoughtless, heedless, indiscreet.
ԱՆԽՈՐՀՐԴԱՊԱՀ indiscreet, unwary.
ԱՆԽՈՐՀՐԴԱՊԱՀՈՒԹԻՒՆ indiscretion.
ԱՆԽՈՑԵԼԻ invulnerable.
ԱՆԽՌՈՎ tranquil, calm, peaceable.
ԱՆԽՌՈՎՈՒԹԻՒՆ calmness, tranquility.
ԱՆԽՏԻՐ indiscriminate, indifferent.
ԱՆԽՏՐԱԲԱՐ indiscriminately.
ԱՆԽՏՐՈՒԹԻՒՆ indiscrimination, indifferentism.
ԱՆԽՕՍ speechless, dumb, mute.
ԱՆԽՕՍՈՒԹԻՒՆ dumbness, aphasia.
ԱՆԾԱՅՐ endless, boundless.
ԱՆԾԱՆՕԹ unknown, stranger, foreign.
ԱՆԾԱՆՕԹՈՒԹԻՒՆ inacquaintance, strangeness.

ԱՆԾԵՂ jay, magpie.
ԱՆԾԻՆ sterile, unborn, incapable to beget.
ԱՆԾԽՈՏ fumitory.
ԱՆԾՆՈՒՆԴ sterile.
ԱՆԿ proper, fit, suitable, convenient.
ԱՆԿԱԶՄ unready, unbound (book), unprepared.
ԱՆԿԱԽ free, independent, disengaged.
ԱՆԿԱԽՈՒԹԻՒՆ independence.
ԱՆԿԱՀ unfurnished.
ԱՆԿԱՅՈՒԹԻՒՆ inconstancy, unsteadiness.
ԱՆԿԱՅՈՒՆ unsteady, fickle, unstable.
ԱՆԿԱՆ mortar.
ԱՆԿԱՆՈՆ irregular, abnormal.
ԱՆԿԱՆՈՆԱԿԱՆ irregular, apocryphal.
ԱՆԿԱՆՈՆՈՒԹԻՒՆ irregularity. anomaly.
ԱՆԿԱՇԱՌ incorrupt, unbribed, upright.
ԱՆԿԱՊԱԿԻՑ incoherent, unallied.
ԱՆԿԱՊԱԿՑՈՒԹԻՒՆ incoherence.
ԱՆԿԱՌԱՎԱՐԵԼԻ ungovernable.
ԱՆԿԱՍԿԱԾ doubtless, certain, sure.
ԱՆԿԱՍԿԱԾԵԼԻ undoubtful.
ԱՆԿԱՍԿԱԾՈՒԹԻՒՆ undoubtedness.
ԱՆԿԱՏԱՐ imperfect, incomplete, defective
ԱՆԿԱՏԱՐՈՒԹԻՒՆ incompleteness, inperfection, immaturity.
ԱՆԿԱՐ unable, impotent, seamless.
ԱՆԿԱՐԳ unruly, irregular, disorderly.
ԱՆԿԱՐԳԵԼ parachute.
ԱՆԿԱՐԳԵԼՈՐԴ parachutist.
ԱՆԿԱՐԳՈՒԹԻՒՆ irregularity, disorder.
ԱՆԿԱՐԵԼԻ impossible.
ԱՆԿԱՐԵԼԻՈՒԹԻՒՆ impossibility.
ԱՆԿԱՐԵԿԻՐ, ԱՆԿԱՐԵԿԻՑ unmerciful, unpitying.
ԱՆԿԱՐԵՒՈՐ unimportant, unuseful.
ԱՆԿԱՐԾԵԼԻ unexpected, unlooked for.
ԱՆԿԱՐՈՂ unable, incapable, impotent.
ԱՆԿԱՐՈՂՈՒԹԻՒՆ impotency, inability.
ԱՆԿԱՐՈՒԹԻՒՆ incapacity, inability, apraxia.
ԱՆԿԱՐՕՏ not in want, not indigent.
ԱՆԿԵԼԱՆՈՑ alms-house, poor house.
ԱՆԿԵՂԾ sincere, ingenuous, candid.
ԱՆԿԵՂԾՕՐԷՆ sincerely.
ԱՆԿԵՂԾՈՒԹԻՒՆ sincerity, frankness.
ԱՆԿԵՆԴԱՆ lifeless, inanimate, azoic.
ԱՆԿԵՆԴԱՆՈՒԹԻՒՆ inanimation, lifelessness.
ԱՆԿԵՐՊԱՐԱՆ unformed, shapeless.
ԱՆԿԻԶԵԼԻ fireproof, incombustible, infusible.
ԱՆԿԻՐԹ impolite, uneducated, untamed.
ԱՆԿԻՒՆ corner, angle.
ԱՆԿԻՒՆԱԳԻԾ diagonal.
ԱՆԿԻՒՆԱՅԻՆ angular.
ԱՆԿԻՒՆԱՉԱՓ goniometer.
ԱՆԿԻՒՆԱՉԱՓՈՒԹԻՒՆ goniometry.
ԱՆԿԻՒՆԱՒՈՐ angular.
ԱՆԿԻՒՆԱՔԱՐ corner-stone.
ԱՆԿՇԻՌ unweighed, inestimable.
ԱՆԿՇՌԵԼԻ imponderable.
ԱՆԿՈԽ unfrequented, not footed on, untrodden.
ԱՆԿՈՂԻՆ bed, bedding
ԱՆԿՈՂՄՆԱԲԱՐ impartially.
ԱՆԿՈՂՄՆԱԿԱԼ impartial, unbiassed.
ԱՆԿՈՂՄՆԱԿԱԼՈՒԹԻՒՆ impartiality.
ԱՆԿՈՂՆԱԿԱԼ bedstead.
ԱՆԿՈՂՆԱՐԱՆ bed-room.
ԱՆԿՈՐՈՒՍՏ imperishable, indestructible.
ԱՆԿՈՒԱԾ texture, tissue.
ԱՆԿՈՒՄ fall, decay, degradation.
ԱՆԿՈՓ unhewn.
ԱՆԿՐԵԼԻ insupportable.
ԱՆԿՐԹՈՒԹԻՒՆ rudeness, impoliteness.
ԱՆԿՐՕՆ unbeliever, irreligious.

ԱՆԿՐՕՆՈՒԹԻՒՆ irreligion.
ԱՆՀԱԼ infusible, not fusible.
ԱՆՀԱԼՈՒԹԻՒՆ infusibility.
ԱՆՀԱՃՈՅ disagreeable, displeasing.
ԱՆՀԱՃՈՅՈՒԹԻՒՆ dislike, displeasure.
ԱՆՀԱՄ tasteless, insipid.
ԱՆՀԱՄԱՁԱՅՆ discordant, incompatible.
ԱՆՀԱՄԱՁԱՅՆՈՒԹԻՒՆ dissension, disagreement, discord.
ԱՆՀԱՄԱՐ innumerable, incalculable.
ԱՆՀԱՄԲԵՐ intolerent, impatient.
ԱՆՀԱՄԲԵՐՈՒԹԻՒՆ impatience.
ԱՆՀԱՄԲՈՅՐ unsociable, austere, reserved.
ԱՆՀԱՄԵՄԱՏ disproportionate, incomparable.
ԱՆՀԱՄԵՍՏ immodest, indecent, unchaste.
ԱՆՀԱՄԵՍՏՈՒԹԻՒՆ immodesty.
ԱՆՀԱՄՈՒԹԻՒՆ insipidity.
ԱՆՀԱՅՐ fatherless.
ԱՆՀԱՅՐԵՆԻՔ stateless.
ԱՆՀԱՆԳԻՍՏ unquiet, restless, uneasy.
ԱՆՀԱՆԳԻՍՏՈՒԹԻՒՆ restlessness, uneasiness.
ԱՆՀԱՆԴԱՐՏ turbulent, restless, stirring.
ԱՆՀԱՆԴԱՐՏՈՒԹԻՒՆ turbulence, unrest, agitation, disturbance.
ԱՆՀԱՆԴՈՒՐԺԵԼԻ insupportable, intolerable.
ԱՆՀԱՆՃԱՐ senseless, unintelligent, blockhead.
ԱՆՀԱՇՏ intransigent.
ԱՆՀԱՇՏԵԼԻ intransigent, irreconcilable.
ԱՆՀԱՍ inaccessible, inconceivable, unripe.
ԱՆՀԱՍԱՆԵԼԻ unattainable, inconceivable.
ԱՆՀԱՍՏԱՏ inconstant, unstable, variable
ԱՆՀԱՍՏԱՏՈՒԹԻՒՆ inconstancy, instability.
ԱՆՀԱՏ individual, one, undivided.
ԱՆՀԱՏԱԲԱՐ individually.
ԱՆՀԱՏԱԿԱՆ individual.
ԱՆՀԱՏԱԿԱՆՈՒԹԻՒՆ individuality.
ԱՆՀԱՏՆՈՒՄ inexhaustible.
ԱՆՀԱՐԱԶԱՏ illegitimate, base-born.
ԱՆՀԱՐԱԶԱՏՈՒԹԻՒՆ illegitimacy, bastardy.
ԱՆՀԱՐԹ rough, unequal, uneven.
ԱՆՀԱՐԹՈՒԹԻՒՆ unevenness, roughness, disorder.
ԱՆՀԱՒԱՆ obstinate, stubborn.
ԱՆՀԱՒԱՆԱԿԱՆ unlikely, improbable.
ԱՆՀԱՒԱՆԱԿԱՆՈՒԹԻՒՆ improbableness, improbablity.
ԱՆՀԱՒԱՆՈՒԹԻՒՆ indocility, untractableness.
ԱՆՀԱՒԱՍԱՐ unequel, disproportionate.
ԱՆՀԱՒԱՍԱՐԱՊԷՍ unequally
ԱՆՀԱՒԱՍԱՐՈՒԹԻՒՆ disparity, unequality, disproportion.
ԱՆՀԱՒԱՍՏԻ uncertain, inexect.
ԱՆՀԱՒԱՏ infidel, faithless, unbeliever.
ԱՆՀԱՒԱՏԱԼԻ unbelievable, incredible.
ԱՆՀԱՒԱՏԱՐԻՄ unfaithful, faithless.
ԱՆՀԱՒԱՏԱՐՄԱԲԱՐ unfaithfully.
ԱՆՀԱՒԱՏԱՐՄՈՒԹԻՒՆ unfaithfulness, infidelity.
ԱՆՀԱՒԱՏՈՒԹԻՒՆ faithlessness, unbelief.
ԱՆՀԵԹԵԹ whinsical, fantastical, odd, stranger.
ԱՆՀԵԹԵԹՈՒԹԻՒՆ anomaly, absurdity, enormity.
ԱՆՀԵՏ without trace, trackless.
ԱՆՀԵՏԱՆԱԼ to disappear, to vanish.
ԱՆՀԵՏԱՆՑԵԼ to disappear.
ԱՆՀԵՏԱՑՈՒՄ vanishing, disappearance.
ԱՆՀԵՐՔԵԼԻ irrefutable.
ԱՆՀԻՄՆ unfounded.
ԱՆՀՄՈՒՏ unlearned, unexperienced.
ԱՆՀՄՏՈՒԹԻՒՆ unskilfulness, ignorance.

ԱՆՀՆԱԶԱՆԴ disobedient.

ԱՆՀՆԱԶԱՆԴՈՒԹԻՒՆ disobedience.

ԱՆՀՆԱՐ, ԱՆՀՆԱՐԱՒՈՐ impossible.

ԱՆՀՆԱՐԱՒՈՐՈՒԹԻՒՆ impossibility.

ԱՆՀՆԱՐԻՆ impossible.

ԱՆՀՈԳ careless, negligent, indolent.

ԱՆՀՈԳԻ inanimate, spiritless, soulless.

ԱՆՀՈԳԱԲԱՐ carelessly, indolently.

ԱՆՀՈԳՈՒԹԻՒՆ negligence, indolence, carelessness.

ԱՆՀՈՏ without smell.

ԱՆՀՈՒՆ endless, infinite, immense.

ԱՆՀՐԱԺԵՇՏ inidispensable, necessary.

ԱՆՁ person.

ԱՆՁԱՅՆ without noise, voiceless,

ԱՆՁԱՅՆՈՒԹԻՒՆ loss of speech, aphonic.

ԱՆՁԱՒ den, cave, cavern.

ԱՆՁԵՌՆՀԱՍ incompetent, incapable.

ԱՆՁԵՌՆՀԱՍՈՒԹԻՒՆ incompetence.

ԱՆՁԵՌՈՑ towel, napkin.

ԱՆՁԵՒ shapeless.

ԱՆՁԿԱԼԻ desirable, lovely.

ԱՆՁԿԱԼ to desire, to wish for, to long for.

ԱՆՁԿԱՑՈՂ desirous, anxious, wishful.

ԱՆՁԿՈՒԹԻՒՆ narrowness, anxiety, straitness.

ԱՆՁՆ person, personage, individuel

ԱՆՁՆԱԿՈՎ boaster, swaggerer.

ԱՆՁՆԱԿԱՆ personal, private.

ԱՆՁՆԱՊԷՍ, ԱՆՁԱՄԲ personally

ԱՆՁՆԱԿԱՆՈՒԹԻՒՆ personality

ԱՆՁՆԱՆՈՒԷՐ self-devoted.

ԱՆՁՆԱՆՈՒԻՐՈՒԹԻՒՆ self-devotion devotedness, self-sacrifice.

ԱՆՁՆԱՍԷՐ selfish, egotist, self-interested.

ԱՆՁՆԱՍԻՐԱԿԱՆ selfish, egotisic.

ԱՆՁՆԱՍԻՐՈՒԹԻՒՆ egotism, self-love, conceit.

ԱՆՁՆԱՍՊԱՆ self-murderer.

ԱՆՁՆԱՍՊԱՆՈՒԹԻՒՆ suicide.

ԱՆՁՆԱՏՈՒՐ surrendered, addicted.

ԱՆՁՆԱՏՈՒՐ ԸԼԼԱԼ to surrender, to capitulate.

ԱՆՁՆԱՏՈՒՈՒԹԻՒՆ surrender.

ԱՆՁՆԱՒՈՐԵԼ to personify.

ԱՆՁՆԱՒՈՐՈՒԹԻՒՆ personality, personal character.

ԱՆՁՆԱՒՈՐՈՒՄ personification.

ԱՆՁՆԻՐ each, every.

ԱՆՁՆՈՒՐԱՑՈՒԹԻՒՆ self denial, abnegation.

ԱՆՁՈՒԿ narrow, tight, confined, restricted, desire, wish, strait, defile.

ԱՆՁՐԵՒ rain.

ԱՆՁՐԵՒԵԼ to rain.

ԱՆՁՐԵՒՈՏ rainy, pluvial.

ԱՆՁՐԵՒՈՑ umbrella.

ԱՆՁՐԵՒԱՉԱՓ rain-gauge.

ԱՆՁՐՈՒԿ anchovy.

ԱՆՃԱՀ improper, inconvenient.

ԱՆՃԱՆԱՉԵԼԻ incognizable, inrecognizable.

ԱՆՃԱՇԱԿ insipid, tasteless.

ԱՆՃԱՌ inexpressible, unutterable.

ԱՆՃԱՌԵԼԻ inexpressible.

ԱՆՃԱՐԱԿ stupid, uncouth.

ԱՆՃԱՐՊ fatless, meagre.

ԱՆՃՈԽՆԻ monstrous, absurd, irrational.

ԱՆՃՈԽՆՈՒԹԻՒՆ absurdity, monstrosity.

ԱՆՄԱԶ hairless, depilous.

ԱՆՄԱՀ deathless, immortal, ever-living.

ԱՆՄԱՀԱԿԱՆ immortal.

ԱՆՄԱՀԱՆԱԼ to become immortalized.

ԱՆՄԱՀԱՑՆԵԼ to immortalize.

ԱՆՄԱՀՈՒԹԻՒՆ immortality.

ԱՆՄԱՇԵԼԻ unworn.

ԱՆՄԱՏՉԵԼԻ inaccessible, unapproachable.

ԱՆՄԱՐԴԱԲԱՐ inhumanly, brutally.

ԱՆՄԱՐԴԱԲՆԱԿ uninhabited, desert,

ԱՆՄԱՐԴԱՑՆԵԼ to depopulate.

ԱՆՄԱՐԴԻ savage, wild, unkind.

ԱՆՄԱՐՄՆԱԿԱՆ incorporal, unbodied.

ԱՆՄԱՐՄՆՈՒԹԻՒՆ incorporality.

ԱՆՄԱՐՍԵԼԻ undigestible.

ԱՆՄԱՔՈՒՐ dirty, unclean, impure.
ԱՆՄԱՔՐՈՒԹԻՒՆ dirtiness, filthiness, impurity.
ԱՆՄԱՐՍՈՒԹԻՒՆ indigestedness.
ԱՆՄԵԿՆԵԼԻ inexplicable, inexpressible.
ԱՆՄԵՂ innocent, harmless, sinless.
ԱՆՄԵՂԱԲԱՐ innocently.
ԱՆՄԵՂԱԴՐԵԼԻ excusable, pardonable.
ԱՆՄԵՂՈՒԹԻՒՆ innocence, impeccability.
ԱՆՄԵՌՈՒԿ purslain, tumbleweed.
ԱՆՄԵՐԺԵԼԻ irrecusable, unexceptionable.
ԱՆՄԻԱԲԱՆ discordant, dissonant, dissident.
ԱՆՄԻԱԲԱՆՈՒԹԻՒՆ discord, dissension, disunion.
ԱՆՄԻՋԱՊԷՍ immediately, directly.
ԱՆՄԻՏ silly, mindless, stupid.
ԱՆՄԽԻԹԱՐ inconsolable.
ԱՆՄՇԱԿ uncultivated, waste.
ԱՆՄՇԱԿԵԼԻ uncultivable.
ԱՆՄՇԱԿՈՒԹԻՒՆ uncultivation.
ԱՆՄՈԼՈՐ unerring, infallible.
ԱՆՄՈՌԱՆԱԼԻ, ԱՆՄՈՌԱՑ unforgotten, unforgettable.
ԱՆՄՌՈՒՆՉ silently, mute, speechless.
ԱՆՄՏԱԲԱՐ stupidly, foolishly, ignorantly.
ԱՆՄՏԱԴԻՐ careless, unmindful, inattentive.
ԱՆՄՏԱԴՐՈՒԹԻՒՆ inattention, carelessness.
ԱՆՄՏՈՒԹԻՒՆ silliness, foolishness.
ԱՆՄՕՐՈՒՍ beardless, young.
ԱՆՅԱԳ insatiable, voracious, greedy.
ԱՆՅԱԳԱԲԱՐ insatiably, greedily.
ԱՆՅԱԳՈՒԹԻՒՆ greediness, voracity, insatiableness.
ԱՆՅԱՂԹ, ԱՆՅԱՂԹԵԼԻ invincible, unconquerable, inpregnable.
ԱՆՅԱՅՏ inevident, uncertain, indistinct.
ԱՆՅԱՅՏԱՆԱԼ to disappear, to vanish out of sight.
ԱՆՅԱՅՏՈՒԹԻՒՆ uncertainty, incertitude, disappearance.
ԱՆՅԱՆԳ rhymeless.
ԱՆՅԱՊԱՂ without delay, immediately.
ԱՆՅԱՋՈՂ unsuccessful, unlucky.
ԱՆՅԱՋՈՂՈՒԹԻՒՆ failure, unsuccessfulness.
ԱՆՅԱՏԱԿ bottomless, very deep.
ԱՆՅԱՐԴԱՐ unprepared, unfurnished, out of order.
ԱՆՅԱՐՄԱՐ inapt, improper, unfit, insuit.
ԱՆՅԱՐՄԱՐՈՒԹԻՒՆ discordance, incapability, unsuitableness.
ԱՆՅԵՂԼԻ immutable, unchangeable, firm.
ԱՆՅԻՇԱՉԱՐ forgiver, pardoner.
ԱՆՅԻՇԱՏԱԿ immemorial.
ԱՆՅՈՂԴՈՂԴ inflexible, firm, immovable.
ԱՆՅՈՅՍ desperate, hopeless.
ԱՆՅՈՒՍԱԼԻ hopeless, unhopeful, desperate.
ԱՆՅՈՒՍՈՒԹԻՒՆ hopelessness, despair.
ԱՆՅՕԴ simple, single, inarticulate, not joined.
ԱՆՅՕԺԱՐ unwilling, involuntary.
ԱՆՅՕԺԱՐԱԲԱՐ unwilligly.
ԱՆՅՕԺԱՐՈՒԹԻՒՆ unwillingness.
ԱՆՆԱԽԱՆՁ unenvied, generous, liberal.
ԱՆՆԱՒԱՐԿԵԼԻ unnavigable.
ԱՆՆԵՆԳ fair, candid, sincere.
ԱՆՆԵՆԳՈՒԹԻՒՆ sincerity, ingenuousness.
ԱՆՆԵՐԵԼԻ unpardonable, intolerable.
ԱՆՆԵՐՈՂ intolerant.
ԱՆՆԻՇ indeterminate, undefined.
ԱՆՆԻՒԹԱԿԱՆ immaterial, spiritual.
ԱՆՆԿԱՐԱԳՐԵԼԻ indescribable.
ԱՆՆԿՈՒՆ invincible, indomitable.
ԱՆՆՄԱՆ unlike, non-pareil, matchless.
ԱՆՆՄԱՆԵԼԻ inimitable.
ԱՆՆՄԱՆՈՒԹԻՒՆ unlikeness, dissimilarity.
ԱՆՆՇԱՆ insignificant, nameless.
ԱՆՆՇՄԱՐԵԼԻ unobservable, imperceptible.

ԱՆՆՇՈՅԼ dark, without light, gloomy.

ԱՆՆՈՐՈԳԵԼԻ irreparable.

ԱՆՆՈՒԱՃ indomitable, invincible.

ԱՆՆՊԱՍՏ unfavourable, unpropitious.

ԱՆՇԱՀ useless, unprofitable, profitless.

ԱՆՇԱՀԱԽՆԴԻՐ, *ԱՆՇԱՀԱՄԷՐ* uninterested, unselfish, disinterested.

ԱՆՇԱՀԱԽՆԴՐՈՒԹԻՒՆ disinterestedness.

ԱՆՇԱՐԺ immobile, immovable.

ԱՆՇԱՐԺ (ԿԱԼՈՒԱԾՔ) real estate, corporal property.

ԱՆՇԱՐԺՈՒԹԻՒՆ immobility, akinesis.

ԱՆՇԷՆ waste, uninhabited.

ԱՆՇԷՋ unquenchable.

ԱՆՇՆՈՐՀ disgracious, ungraceful, sloven.

ԱՆՇՆՈՐՀԱԿԱԼ ungrateful, unthankful.

ԱՆՇՆՉԱԿԱՆ inanimate, breathless.

ԱՆՇՆՉԱՆԱԼ to expire, to die, to die by asphyxia.

ԱՆՇՆՉԱՑԱԾ suffocated, asphyxiated.

ԱՆՇՆՉԱՑՆԵԼ to suffocate, to asphyxiate.

ԱՆՇՆՉԱՒՈՐ inanimate, lifeless.

ԱՆՇՆՉԵԼԻ irrespirable.

ԱՆՇՆՉՈՒԹԻՒՆ suffocation, asphyxy, apnoea.

ԱՆՇՇՈՒԿ noiseless, still, silent.

ԱՆՇՈՒՆՉ inanimated, breathless.

ԱՆՇՈՒՇՏ certain, sufe, of course, certainly.

ԱՆՇՈՒՔ without honour, inglorious.

ԱՆՇՓՈԹ untroubled, not disturbed.

ԱՆՇՓՈԹՈՒԹԻՒՆ imperturbability, calm.

ԱՆՇՔԱՆԱԼ to become inglorious, to fade.

ԱՆՇՔՈՒԹԻՒՆ obscurity, debasement, deformity, ugliness.

ԱՆՇՕՇԱՓԵԼԻ impalpable, intangible.

ԱՆՈԽԱԿԱԼ placable, not malignant.

ԱՆՈԽԱԿԱԼՈՒԹԻՒՆ placableness.

ԱՆՈՂՈՐԿ rough, harsh, unpolished.

ԱՆՈՂՈՐԿՈՒԹԻՒՆ roughness.

ԱՆՈՂՈՐՄ pitiless, cruel, merciless.

ԱՆՈՂՈՐՄԱԲԱՐ pitilessly, cruelly.

ԱՆՈՂՈՐՄՈՒԹԻՒՆ cruelty, hardheartedness.

ԱՆՈՂՈՔ inexorable, implacable.

ԱՆՈՂՈՔԱԲԱՐ inexorably, implacably.

ԱՆՈՅԺ powerless, weak, feeble.

ԱՆՈՅՇ sweet, pleasant, agreeable.

ԱՆՈՊԱՅ impolite, boorish, rude.

ԱՆՈՍԿՐ boneless.

ԱՆՈՏՆ footless, apodal.

ԱՆՈՐ his, her, its; to him, to her.

ԱՆՈՐՈՇ indeterminate, undecided, indefinite.

ԱՆՈՐՈՇՈՒԹԻՒՆ indetermination.

ԱՆՈՒԱԾԱՂԻԿ passion-flower.

ԱՆՈՒԱՁԵՒ wheel-shaped.

ԱՆՈՒԱՆԱԴՐԵԼ to name, to call, to nominate.

ԱՆՈՒԱՆԱԴՐՈՒԹԻՒՆ denomination, the act of giving a name.

ԱՆՈՒԱՆԱԿԱՆ nominal, nominative.

ԱՆՈՒԱՆԱԿԱՐԳՈՒԹԻՒՆ nomenclature.

ԱՆՈՒԱՆԱԿԻՑ homonymous, name sake.

ԱՆՈՒԱՆԱԿՈՉ name giver, roll-call.

ԱՆՈՒԱՆԱԿՈՉՈՒԹԻՒՆ nomenclature, roll-call.

ԱՆՈՒԱՆԱՊԷՍ nominally.

ԱՆՈՒԱՆԱՐԿ infamous, defamed, vile.

ԱՆՈՒԱՆԱՐԿԵԼ to defame, to discredit.

ԱՆՈՒԱՆԱՐԿԻՉ defamatory, slanderous.

ԱՆՈՒԱՆԱՐԿՈՒԹԻՒՆ defamation, discredit.

ԱՆՈՒԱՆԱՓՈԽՈՒԹԻՒՆ metonymy, metonomy.

ԱՆՈՒԱՆԵԱԼ named, called, said.

ԱՆՈՒԱՆԵԼ to name, to call, to nominate.

ԱՆՈՒԱՆԻ renowned, famous, celebrated.

ԱՆՈԳԻ spiritless, breathless.
ԱՆՈՒԱՆԻԼ to be named.
ԱՆՈՒԱՆՈՂ nominator.
ԱՆՈՒԱՆՈՒՄ nomination.
ԱՆՈՒԹ arm-pit, axilla.
ԱՆՈՒԹՓԱ bubo.
ԱՆՈՒՂԻՂ incorrect, false, unfair.
ԱՆՈՒՂՂԱԿԻ indirectly.
ԱՆՈՒՂՂԱՅ incorrigible.
ԱՆՈՒՂՂՈՒԹԻՒՆ incorrection, dishonesty.
ԱՆՈՒՆ name, fame, reputation.
ԱՆՈՒՇ same as **ԱՆՈՅՇ**.
ԱՆՈՒՇԱԲՈՅՐ fragrant, sweet scented.
ԱՆՈՒՇԱԴԻՐ inattentive, distracted.
ԱՆՈՒՇԱԴՐՈՒԹԻՒՆ inattention, distraction.
ԱՆՈՒՇԱԿ sweet, delicious.
ԱՆՈՒՇԱՀԱՄ savoury, delicious.
ԱՆՈՒՇԱՀՈՏ odorous, aromatic.
ԱՆՈՒՇԱՀՈՏՈՒԹԻՒՆ perfume, odour, scent.
ԱՆՈՒՇԱՊՈՒՐ pudding.
ԱՆՈՒՇԱՐԱՐ confectioner.
ԱՆՈՒՇԵՂԷՆ sweet-meat.
ԱՆՈՒՇԻԿ sweet, delicious.
ԱՆՈՒՇՈՒԹԻՒՆ sweetness, flavour, affability.
ԱՆՈՒՇՑՆԵԼ to sweeten, to render kind, mild.
ԱՆՈՒՍ ignorant, unlearned.
ԱՆՈՒՐ ring, necklace.
ԱՆՈՒՐԱՆԱԼԻ undeniable, incontestable.
ԱՆՈՒՐՋ dream, revery, vision.
ԱՆՈՓ alone, single, abandoned.
ԱՆՉԱՓ measureless, unbounded, immoderate.
ԱՆՉԱՓԵԼԻ immeasurable.
ԱՆՉԱՓԱՀԱՍ under-age, minor, not adult.
ԱՆՉԱՓԱՀԱՍՈՒԹԻՒՆ minority, impuberty.
ԱՆՉԱՓԱՒՈՐ immoderate, inordinate.
ԱՆՊԱԿԱՍ indefectible, perpetual, continually.
ԱՆՊԱԿԱՍՈՒԹԻՒՆ continuance, indefectibility.
ԱՆՊԱՀԱՊԱՆ having no watchman, without a guardian.
ԱՆՊԱՃՈՅՃ unadorned, modest, simple.
ԱՆՊԱՅՄԱՆ unconditional.
ԱՆՊԱՅԾԱՌ obscure, sombre.
ԱՆՊԱՇԱՐ having no provision.
ԱՆՊԱՇՏՊԱՆ undefended, defenceless.
ԱՆՊԱՇՏՊԱՆԵԼԻ indefensible.
ԱՆՊԱՇՏՕՆ having no situation, place.
ԱՆՊԱՏԱՍԽԱՆ unanswered, unanswerable.
ԱՆՊԱՏԱՍԽԱՆԱՏՈՒ irresponsible.
ԱՆՊԱՏԵՀ improper, unbecoming, unchancy, unfit.
ԱՆՊԱՏԵՀՈՒԹԻՒՆ discommodity, inconveniency.
ԱՆՊԱՏԻԺ unpunished, with impunity.
ԱՆՊԱՏԺՈՒԹԻՒՆ impunity.
ԱՆՊԱՏԻՒ dishonoured, disgraceful.
ԱՆՊԱՏԿԱՆ unfit, inapt.
ԱՆՊԱՏԿԱՌ impertinent, impudent, immodest.
ԱՆՊԱՏԿԱՌՈՒԹԻՒՆ disrespect, impudence, irreverence.
ԱՆՊԱՏՃԱՌ causeless, without motive, absolutely.
ԱՆՊԱՏՄԵԼԻ unspeakable, unaccountable.
ԱՆՊԱՏՇԱՃ undue, unbecoming, inappropriate.
ԱՆՊԱՏՇԱՃՈՒԹԻՒՆ impropriety, inconvenience, unseemliness.
ԱՆՊԱՏՈՒԵԼ to disgrace, to dishonour.
ԱՆՊԱՏՈՒՀԱՍ unpunished.
ԱՆՊԱՏՈՒՄ unutterable, unspeakable.
ԱՆՊԱՏՈՒՈՒԹԻՒՆ dishonour, discredit, irreverence.
ԱՆՊԱՍՊԱՐ unsheltered.
ԱՆՊԱՏՐԱՍՏ extempore, unready.
ԱՆՊԱՐԿԵՇՏ indecent, immodest, impudent.

ԱՆՊԱՐԿԵՇՏՈՒԹԻՒՆ indecency, impudicity, lewdness, immodesty.
ԱՆՊԱՐՍԱՒ, **ԱՆՊԱՐՍԱՒԵԼԻ** irreproachable, irreprovable.
ԱՆՊԱՐՏ faultless, innocent, acquitted.
ԱՆՊԱՐՏՈՒԹԻՒՆ innocency, acquittal, invincibleness.
ԱՆՊԱՐՏԵԼԻ invincible, unconquerable.
ԱՆՊԷՏ useless, unnecessary.
ԱՆՊԻՏԱՆ unuseful, worthless, naughty, ill-natured.
ԱՆՊԻՏԱՆՈՒԹԻՒՆ uselessness, inutility.
ԱՆՊՂՏՈՐ clear, clean, bright.
ԱՆՊՍԱԿ uncrowned, without marriage.
ԱՆՊՏՂԱԲԵՐ unfruitful, sterile.
ԱՆՊՏՂՈՒԹԻՒՆ aridity, sterility, unfruitfulness.
ԱՆՊՏՈՒՂ unfruitful, infertile, sterile.
ԱՆՋԱՏ detached, separated, disjoint, abstract.
ԱՆՋԱՏԱԲԱՐ abstractly.
ԱՆՋԱՏԱԿԱՆ separatist, separable.
ԱՆՋԱՏԵԱԼ detached, isolated.
ԱՆՋԱՏԵԼ to detach, to separate, to cut off.
ԱՆՋԱՏՈՂԱԿԱՆ segregationist, separatist, abstractive.
ԱՆՋԱՏՈՒՄ segregation, separation, disjunction.
ԱՆՋՆՋԵԼԻ ineffacable, indelible.
ԱՆՋՐԴԻ dry, arid, sterile.
ԱՆՋՐՊԵՏ space, interval, interspace, gap, interstice.
ԱՆՋՐՊԵՏՈՒԹԻՒՆ interspace, retrenchement, partition, passage, interval.
ԱՆՍԱԼ to listen, to hear, to obey to.
ԱՆՍԱՀՄԱՆ boundless, unlimited, infinite, incomprehensible.
ԱՆՍԱՀՄԱՆԵԼԻ indefinite, indefinable.
ԱՆՍԱՀՄԱՆՈՒԹԻՒՆ infinity, immensity.
ԱՆՍԱՆՁ unbridled, uncontrolled.
ԱՆՍԱՍԱՆ unshaken, motionless, firm.
ԱՆՍԱՍՏԵԼ to disobey, to resist.
ԱՆՍԻՐԵԼԻ unlovely, unloving.
ԱՆՍԻՐՏ heartless.
ԱՆՍԽԱԼ infallible, faultless, impeccable.
ԱՆՍԽԱԼԱԿԱՆ infallible, inerrable.
ԱՆՍԽԱԼԱԿԱՆՈՒԹԻՒՆ infallibility.
ԱՆՍԿԻԶԲՆ having no beginning.
ԱՆՍԿԶԲՈՒՆՔ frivolous trifling.
ԱՆՍՈՎՈՐ unusual, strange, queer.
ԱՆՍՈՎՈՐԱԿԱՆ unusual, uncustomary, extraordinary.
ԱՆՍՈՎՈՐՈՒԹԻՒՆ strangeness, oddness, queerness.
ԱՆՍՈՒԱՂ fasting, hungry, unfed.
ԱՆՍՈՒԱՂՈՒԹԻՒՆ hunger, fast, abstinence.
ԱՆՍՈՒՐԲ profane, unclean, unholy
ԱՆՍՊԱՌ inexhaustible, incessant.
ԱՆՍՏԳԻՒՏ irreprovable, irreproachable.
ԱՆՍՏՈՅԳ inexact, uncertain.
ԱՆՍՏՈՒԳՈՒԹԻՒՆ incertitude.
ԱՆՍՏՈՒԵՐ unshaded, shadeless, clear.
ԱՆՍՐԲՈՒԹԻՒՆ unholiness, impurity.
ԱՆՎԱԽ fearless, resolute, undaunted, intrepid.
ԱՆՎԱԽՈՒԹԻՒՆ intrepidity.
ԱՆՎԱԽՃԱՆ endless, infinite, eternal.
ԱՆՎԱՃԱՌԵԼԻ unsaleable, not in demand.
ԱՆՎԱՅԵԼ improper, indecent, unbecoming.
ԱՆՎԱՅԵԼՈՒՉ indecent, improper.
ԱՆՎԱՅԵԼՉՈՒԹԻՒՆ disgrace, indecency.
ԱՆՎԱՍՏԱԿ unweary, indefatigable.
ԱՆՎԱՐԺ inexperienced, untamed.
ԱՆՎԱՐԺՈՒԹԻՒՆ inexperience,
ԱՆՎԱՒԵՐ null, invalid, unlawful, without effect.
ԱՆՎԱՒԵՐՈՒԹԻՒՆ nullity, invalidity, flaw.
ԱՆՎԵՀԵՐ intrepid, undaunted.
ԱՆՎԵՀԵՐՈՒԹԻՒՆ intrepidity.

ԱՆՎԵՐԱԾԵԼԻ irreductible, unreductible.
ԱՆՎԹԱՐ safe and sound, indemnified.
ԱՆՎԻՃԵԼԻ incontestable, indisputable.
ԱՆՎԻՇՏ griefless.
ԱՆՎՀԱՏ courageous, brave, bold.
ԱՆՎՃԱՐ unpaid, outstanding.
ԱՆՎՆԱՍ harmless, unhurt, inoffensive.
ԱՆՎՍՏԱՀ distrustful, suspicious.
ԱՆՎՍՏԱՀՈՒԹԻՒՆ distrust, discredit.
ԱՆՎՏԱՆԳ safe, without danger.
ԱՆՎՐԴՈՎ undisturbed, untroubled, peaceful.
ԱՆՎՐԷՊ unfailed, punctual, without fail.
ԱՆՎՐԻՊՈՒԹԻՒՆ unfailingness.
ԱՆՏԱԳՆԱՊ without crisis, anguish, pain.
ԱՆՏԱՆԵԼԻ insupportable, intolerable.
ԱՆՏԱՇ rough, unhewn.
ԱՆՏԱՌ forest, wood, grove.
ԱՆՏԱՌԱԲՆԱԿ forester, woodsman.
ԱՆՏԱՌԱԽԻՏ wooded, bushy.
ԱՆՏԱՌԻԿ a small forest, grove.
ԱՆՏԱՌԱՊԱՀ forest—keeper, forester.
ԱՆՏԱՐԱԿՈՅՍ certainly, without doubt.
ԱՆՏԱՐԲԵՐ indifferent, unconcerned.
ԱՆՏԱՐԲԵՐՈՒԹԻՒՆ indifference, neutrality.
ԱՆՏԵՂԵԱԿ unknowing, ignorant.
ԱՆՏԵՂԻ absurd, unbecoming.
ԱՆՏԵՂՈՒԹԻՒՆ absurdity, nonsense, unfitness.
ԱՆՏԵՍ invisible, unperceived, unobserved.
ԱՆՏԵՍԱՆԵԼԻ invisible, unperceivable.
ԱՆՏԵՍԵԼ to disregard, to neglect, to pass over.
ԱՆՏԵՐԵՒ leafless, aphylous.
ԱՆՏԷՐ without owner, abandoned.
ԱՆՏԻ from there.
ԱՆՏԻԱԿԱՆ young, juniar, tender.
ԱՆՏԻՊ unedited, unlike, shapeless.
ԱՆՏԻՔՐԻՍՏՈՍ antichrist.
ԱՆՏՈՒՂ horse elder, common inula.
ԱՆՏՐՏՈՒՆՋ without murmuring.
ԱՆՐԱԿ clavicle, collar bone.
ԱՆՑ, ԱՆՑՔ passage, transition.
ԱՆՑԱԳԻՆ toll, due, costom duties.
ԱՆՑԱԳԻՐ passport, pass, permit.
ԱՆՑԱԿԱՆ passing, transient, transitory.
ԱՆՑԱԽՕՍ password.
ԱՆՑԱՒ painless, indolent.
ԱՆՑԱՒՈՐ passenger, traveller.
ԱՆՑԵԱԼ past, last, precedent, foregoing.
ԱՆՑՆԻԼ to pass, to pass away, to decay, to die.
ԱՆՑՈՂԱԿԻ transitively.
ԱՆՑՈՂԱԿԱՆ transitive.
ԱՆՑՈՐԴ passenger, traveller.
ԱՆՑՈՒԴԱՐՁ occurrence, event.
ԱՆՑՈՒՆԵԼ to pass, to cross, to transfer, to exceed, to place.
ԱՆՓԱԿ open, unclosed, unshut.
ԱՆՓԱՅԼ tarnished, dull, not glossy.
ԱՆՓԱՌՈՒՆԱԿ inglorious, gloomy, unhonoured.
ԱՆՓԵՏՈՒՐ featherless, deplumate.
ԱՆՓՈԽԱՐԻՆԵԼԻ irreparable, irretrievable.
ԱՆՓՈՅԹ negligent, careless, heedless.
ԱՆՓՈՒԹՈՒԹԻՒՆ negligence, carelessness.
ԱՆՓՈՐՁ unexercised, untried, new, inexperienced.
ԱՆՓՈՐՁՈՒԹԻՒՆ inexperience, ignorance, inconversance.
ԱՆՓՈՒՏ, ԱՆՓՏԵԼԻ imputrescible, incorruptible.
ԱՆՓՈՓՈԽ, ԱՆՓՈՓՈԽԱԿԱՆ invariable, unalterable, unchangeable.
ԱՆՓՈՓՈԽԱԿԱՆՈՒԹԻՒՆ invariableness.
ԱՆՓՏՈՒԹԻՒՆ incorruptibility, want of rottenness.
ԱՆՔԱԿՑԵԼԻ inseparable.
ԱՆՔԱԿՑԵԼԻՈՒԹԻՒՆ inseparableness.

ԱՆՔԱՂԱՔԱԳԷՏ impolitic.

ԱՆՔԱՂԱՔԱՎԱՐ impolite, incivil, rude, uncourteous.

ԱՆՔԱՂԱՔԱՎԱՐՈՒԹԻՒՆ unpoliteness, rudeness, incivility.

ԱՆՔԱՏ poor, needy, indigent.

ԱՆՔԱՒ, ԱՆՔԱՒԵԼԻ inexpiable, unpardonable.

ԱՆՔՆՆԵԼԻ inscrutable, impenetrable.

ԱՆՔՈՒՆ sleepless, awake, watchful.

ԱՆՔՆՈՒԹԻՒՆ sleeplessness, insomnia.

ԱՆՕԳՆԱԿԱՆ aidless, helpless, unbacked.

ԱՆՕԳՈՒՏ useless, vain, needless.

ԱՆՕԹ vase, vessel, urn, pot.

ԱՆՕԹԱՀԱՏՈՒԹԻՒՆ vasectomy.

ԱՆՕԹԵՆԱԼ to be hungry.

ԱՆՕԹԻ hungry.

ԱՆՕԹՈՒԹԻՒՆ hunger, fasting state.

ԱՆՕՍՐ rare, thin, light, lean.

ԱՆՕՍՐԱՆԱԼ to rarefy, to become thin.

ԱՆՕՍՐԱՑՈՒՄ rarefaction.

ԱՆՕՍՐԱՑՆԵԼ to rarefy, to lessen.

ԱՆՕՍՐՈՒԹԻՒՆ rareness, thinness.

ԱՆՕՐԷՆ illegal, unlawful, wicked, impious.

ԱՆՕՐԷՆՈՒԹԻՒՆ iniquity, malice, impiety.

ԱՆՕՐԻՆԱԿ unlike, unequaled.

ԱՇԱԿԵՐՏ student, pupil, learner, disciple.

ԱՇԱԿԵՐՏԵԼ to be a learner, to be an apprentice, to be a scholar.

ԱՇԱԿԵՐՏՈՒԹԻՒՆ scholarship, pupilage, apprenticeship.

ԱՇԱԿԵՐՏՈՒՀԻ school-girl.

ԱՇԱՐԱՑ rye.

ԱՇԽԱՏԱԿԻՑ fellow-labourer, assistant, contributor.

ԱՇԽԱՏԱԿՑԻԼ to work together, to collaborate.

ԱՇԽԱՏԱԿՑՈՒԹԻՒՆ collaboration, contribution.

ԱՇԽԱՏԱՆՈՑ workshop, laboratory.

ԱՇԽԱՏԱՆՔ work, business, fatigue, care, effort, endeavour.

ԱՇԽԱՏԱՍԷՐ laborious, active, diligent.

ԱՇԽԱՏԱՒՈՐ workman, labourer.

ԱՇԽԱՏԻԼ to work, to labour, to toil.

ԱՇԽԱՏՑՆԵԼ to employ, to keep in service.

ԱՇԽԱՏՈՒԹԻՒՆ work, business, fatigue, care, effort, endeavour.

ԱՇԽԱՐԱՆՔ funeral dirge.

ԱՇԽԱՐՀ world.

ՀԱՆԴԵՐՁԵԱԼ ԱՇԽԱՐՀ the other world, future life.

ԱՇԽԱՐՀԱԲԱՐ modern, vulgar, common, commonly.

ԱՇԽԱՐՀԱԳԻՐ geographer, cosmographer.

ԱՇԽԱՐՀԱՀԱՄԱՐ census, poll-tax.

ԱՇԽԱՐՀԱԳՈՒՆԴ globe.

ԱՇԽԱՐՀԱԳՐԱԿԱՆ geographical.

ԱՇԽԱՐՀԱԳՐՈՒԹԻՒՆ geography.

ԱՇԽԱՐՀԱԳԷՏ explorer.

ԱՇԽԱՐՀԱԾԱՆՕԹ world known.

ԱՇԽԱՐՀԱԿԱԼ conqueror, monarch, emperor.

ԱՇԽԱՐՀԱԿԱԼՈՒԹԻՒՆ conquest, victory.

ԱՇԽԱՐՀԱԿԱՆ worldling, mundane, earthly, layman, laic, secular.

ԱՇԽԱՐՀԱՅԻՆ worldly, mundane, secular, profane.

ԱՇԽԱՐՀԱՇՐՋԻԿ globe-trotter, tourist.

ԱՇԽԱՐՀԱՍԷՐ mundane, worldly.

ԱՇԽԱՐՀԱՍԻՐՈՒԹԻՒՆ worldliness.

ԱՇԽԱՐՀԱՑՈՅՑ map.

ԱՇԽԱՐՀԱՔԱՂԱՔԱՑԻ cosmopolitan.

ԱՇԽԱՐՀԻԿ secular, modern, lay, vulgar.

ԱՇԽԷՏ alezan, sorrel, chestnut colour.

ԱՇԽՈՅԺ vivacious, lively, joyous, brisk

ԱՇԽՈՅԺՈՒԹԻՒՆ vivacity, vivaciousness.

ԱՇԿԱՐԱՅ evidently, apparently.

ԱՇԿԵՐՏ ՏԵՍ ԱՇԱԿԵՐՏ

ԱՇՆԱՆԱՅԻՆ autumnal.

ԱՇՈՒՆ autumn.

ԱՇՏԱՆԱԿ candle-stick.

ԱՇՏԱՐԱԿ tower, watch-tower.
ԱՉԱԲՈՅԺ oculist.
ԱՉԱԼՈՒՐՋ serious, awake, circumspect.
ԱՉԱԼՐՋՈՒԹԻՒՆ vigilance, seriousness, circumspection.
ԱՉԱԿԱՊ (ձիու) eye-flap.
ԱՉԿԱՊՈՒԿ hide and seek.
ԱՉՔ eye, sight.
ԱՉՔԱՌՈՒ salient, prominent, projectiny.
ԱՉՔԴ ԿՈՒՐՆԱՅ God damn you.
ԱՊԱ then, afterwards, next.
ԱՊԱ ՈՒՐԵՄՆ therefore, then.
ԱՊԱԳԱՅ future.
ԱՊԱԳԱՅԱՊԱՇՏ futurist.
ԱՊԱԹԱՐՑ apostrophe.
ԱՊԱԺԱՄ untimely, tardy.
ԱՊԱԿԱՆԱՐԱՐ corrupting, destructive.
ԱՊԱԿԱՆԵԼ to corrupt, to infect, to deflour, to profane, to adulterate.
ԱՊԱԿԱՆԻՉ corrupting; spoiler, infestious.
ԱՊԱԿԱՆՈՒԹԻՒՆ corruption, infection, contamination.
ԱՊԱԿԱՊԱՏ glazed.
ԱՊԱԿԱՎԱՃԱՌ dealer in glass wares.
ԱՊԱԿԱՎԱՃԱՌ, ԱՊԱԿԵՎԱՃԱՌ dealer in glass wares.
ԱՊԱԿԵՂԷՆ glassy, of glass.
ԱՊԱԿԵՂԷՆՔ glass-wares.
ԱՊԱԿԵՆՍԱՅԻՆ apobiotic.
ԱՊԱԿԻ glass, window-pane.
ԱՊԱՀԱՐԶԱՆ divorce.
ԱՊԱՀԱՐԶԱՆԵԼ to divorce.
ԱՊԱՀՈՎ sure, safe, assured.
ԱՊԱՀՈՎԱԳԻՆ insurance premium.
ԱՊԱՀՈՎԱԳԻՐ insurance policy, safe conduct.
ԱՊԱՀՈՎԱԳՐԵԼ to insure, to assure, to secure.
ԱՊԱՀՈՎԱԳՐՈՂ insurer, underwriter.
ԱՊԱՀՈՎԱԳՐՈՒԹԻՒՆ assurance, insurance, security.
ԿԵԱՆՔԻ ԱՊԱՀՈՎԱԳՐՈՒԹԻՒՆ life insurance.

ԱՊԱՀՈՎԱԲԱՐ assuredly, safely, surely.
ԱՊԱՀՈՎԵԱԼ insured, assured.
ԱՊԱՀՈՎԵԼ to make sure of, to guarantee, to secure.
ԱՊԱՀՈՎՈՒԹԻՒՆ assurance, safety, confidence, security.
ԱՊԱՀՈՎՑՆԵԼ to secure, to make sure of.
ԱՊԱՇԽՈՒ rependance, penitence.
ԱՊԱՇԽԵԼ to repent, to regret.
ԱՊԱՇԽԱՐԱՆՔ penitence, penance.
ԱՊԱՇԽԱՐԵԼ to repent of, to regret.
ԱՊԱՇԽԱՐՈՒԹԻՒՆ penitence, repentance.
ԱՊԱՇՆՈՐՀ ungrateful, ungraceful, vain, vile.
ԱՊԱՇՆՈՐՀՈՒԹԻՒՆ ungratefulness, ingratitude.
ԱՊԱՌԱԺ rock, stony mass.
ԱՊԱՌԱԺՈՏ rocky, rough, stone.
ԱՊԱՌԻԿ on credit.
ԱՊԱՌԻԿ ՏԱԼ to give on credit.
ԱՊԱՌՆԻ future, futurity.
ԱՊԱՍՏԱՆ, refuge, shelter, asylum:
ԱՊԱՍՏԱՆ, ԱՊԱՍՏԱՆԱՐԱՆ refuge, shelter, asylum.
ԱՊԱՍՏԱՆԻԼ to take refuge, shelter.
ԱՊԱՐԱՆՋԱՆ armlet, bracelet.
ԱՊԱՐԱՆՔ palace, mansion.
ԱՊԱՐԴԻՒՆ without result, fruitless.
ԱՊԱՐՕՇ turban, head-band.
ԱՊԱՑՈՅՑ proof, testimony.
ԱՊԱՑՈՒՑԱՆԵԼ to prove, to demonstrate.
ԱՊԱՑՈՒՑՈՒՄ demonstration.
ԱՊԱՒԷՆ refuge, assistant, retreat.
ԱՊԱՒԻՆԻԼ to trust, to depend upon, to rely.
ԱՊԱՒԻՆՈՒԹԻՒՆ trust, protection, refuge.
ԱՊԱՔԷՆ indeed, truly.
ԱՊԱՔԻՆԵԼ to heal, to cure.
ԱՊԱՔԻՆԻԼ to heal up, to recover.
ԱՊԱՔԻՆՈՒԹԻՒՆ recovery, convalescence, healing.
ԱՊԵՐԱԽՏ unthankful, ungrateful.
ԱՊԵՐԱԽՏՈՒԹԻՒՆ ingratitude.

ԱՊԵՐԱՍԱՆ unruly, unbridled.
ԱՊԵՐՋԱՆԻԿ unhappy, unlucky.
ԱՊԵՐՋԱՆԿՈՒԹԻՒՆ infelicity.
ԱՊԻԿԱՐ weak, faint, invalid.
ԱՊԻԿԱՐՈՒԹԻՒՆ fainthless, feebleness.
ԱՊԻԿԵԼ to japan, to glaze, to vanish.
ԱՊԻՐԱՏ wicked, flagitious.
ԱՊԻՐԱՏՈՒԹԻՒՆ wickedness, malice, flagitiousness.
ԱՊՇԱԾ astonished, stupefied, surprised.
ԱՊՇԵՑՆԵԼ to astonish, to surprise, to enrapture.
ԱՊՇԵՑՈՒՑԻՉ astonishing, stupendous, amazing.
ԱՊՇԻԼ to be surprised, to astonish.
ԱՊՇՈՒԹԻՒՆ stupefaction, astonishment, surprise.
ԱՊՈՒԽՏ pemmican, salted and spiced meat.
ԱՊՈՒՇ stupid, idiot, silly-fellow.
ԱՊՈՒՐ pottage, soup, porridge.
ԱՊՍՊՐԱՆՔ order.
ԱՊՍՊՐԵԼ to order, to command, to give order.
ԱՊՍՏԱՄԲԱԿԱՆ seditious, insurrectional.
ԱՊՍՏԱՄԲԻԼ to mutiny, to rebel.
ԱՊՍՏԱՄԲՈՒԹԻՒՆ sedition, revolt, rebelion, mutiny.
ԱՊՏԱԿ slap, buffet, box, tap.
ԱՊՏԱԿԵԼ to slap in face, to buffet.
ԱՊՐԱՑ tare.
ԱՊՐԱՆՔ goods, merchandise, commodity, wares.
ԱՊՐԵՑՆԵԼ to keep alive, to save.
ԱՊՐԻԼ to live, to be alive, to subsist.
ԱՊՐԻԼ April.
ԱՊՐՈՒՍՏ living, subsistence.
ԱՊՕՐԷՆ unlawfull, illegal, illicit.
ԱՊՕՐԻՆԱՒՈՐ same as *ԱՊՕՐԷՆ*.
ԱՊՕՐԻՆԱՒՈՐՈՒԹԻՒՆ illegality, unlawfulness.
ԱՋ right.
ԱՋԱԿԻՑ helper, assistant, cooperator.
ԱՋԱԿՈՂՄ right side.
ԱՋԱԿՑԻԼ to aid, to assist, to coalesce.
ԱՋԱԿՑՈՒԹԻՒՆ assistance, concurrence, aid.
ԱՌ to, to the, by, with, per, for, at.
ԱՌ Ի ՉԳՈՅԷ in default of.
ԱՌԱԳԱՍՏ curtain, veil, cover, sail, nuptail chamber.
ԱՌԱԳԱՍՏԱԿԱԼ sailyard, yard.
ԱՌԱԳԱՍՏԱՆԱՒ sail-boat, sail-vessel.
ԱՌԱԾ maxim, axiom, proverb, saying.
ԱՌԱԾ taken.
ԱՌԱԿ proverb, parable, fable.
ԱՌԱԿԱԳԻՐ fabulist.
ԱՌԱԿԱԿԱՆ proverbial, enigmatical.
ԱՌԱԿԵԼ to fable, to blame, to say parable.
ԱՌԱՁԳԱԿԱՆ elastic, springy.
ԱՌԱՁԳՈՒԹԻՒՆ elasticity, spring.
ԱՌ ԱՅԺՄ presently.
ԱՌԱՆՁԻՆ alone, particular, singular, private.
ԱՌԱՆՁՆԱԿԱՆ particular, personal, peculiar.
ԱՌԱՆՁՆԱԿԵԱՑ lonely, solitary, recluse.
ԱՌԱՆՁՆԱՆԱԼ to retire, to withdraw, to be alone.
ԱՌԱՆՁՆԱՇՆՈՐՀ privilege, licence, prerogative.
ԱՌԱՆՁՆԱՊԷՍ singularly, particular.
ԱՌԱՆՁՆԱՍԵՆԵԱԿ private room.
ԱՌԱՆՁՆԱՍԷՐ retired, lonely, solitary.
ԱՌԱՆՁՆԱՐԱՆ retreat, private room, retiring place.
ԱՌԱՆՁՆՈՒԹԻՒՆ retirement, solitude, retreat.
ԱՌԱՆՑ without, save, except.
ԱՌԱՆՑՔ axis, pivot.
ԱՌԱՋ before, foreward, in front of, before, first.
ԱՄԷՆԷՆ ԱՌԱՋ first of all.
ԱՌԱՋԱԴՐԵԼ to propose, to set before, to purpose.

ԱՌԱՋԱԴՐՈՒԹԻՒՆ proposition, purpose.
ԱՌԱՋԱԿՈՂՄԵԱՆ frontal, anterior.
ԱՌԱՋԱՊԱՀ vanguard, guard.
ԱՌԱՋԱՐԿ proposal, offer, ouverture, tender.
ԱՌԱՋԱՐԿԵԼ to propose, to offer, to profound.
ԱՌԱՋԱՐԿՈՒԹԻՒՆ proposal, motion, proposition, introduction.
ԱՌԱՋԱՒՈՐ first, foremost, principal.
ԱՌԱՋԻ before, in front of.
ԱՌԱՋԻԿԱՅ approaching, present, next.
ԱՌԱՋԻՆ first, premier, principal.
ԱՌԱՋՆԱԿԱՐԳ first-rate.
ԱՌԱՋՆՈՐԴ guide, leader, conductor, chief.
ԱՌԱՋՆՈՐԴԵԼ to guide, to lead, to conduct.
ԱՌԱՋՆՈՐԴՈՒԹԻՒՆ leading, management.
ԱՌԱՋՆՈՒԹԻՒՆ primacy, supremacy, priority.
ԱՌԱՍԱՆ string, twine, line, cord.
ԱՌԱՍՊԵԼ myth, fable, fiction.
ԱՌԱՍՊԵԼԱԽՕՍ mythologer, tale teller, fabulist.
ԱՌԱՍՊԵԼԱԿԱՆ fabulous, romantic.
ԱՌԱՍՏԱԿ tea-urn.
ԱՌԱՍՏԱՂ ceiling, roof, garret.
ԱՌԱՏ abounding, abundant, copious, full.
ԱՌԱՏԱԲԵՐ fruitful, exuberant, fertile.
ԱՌԱՏԱՁԵՌՆ liberal, generous, munificent.
ԱՌԱՏԱՁԵՌՆՈՒԹԻՒՆ liberality, generosity, munificence.
ԱՌԱՏՈՒԹԻՒՆ repletion, abundance, copiousness, plenty.
ԱՌԱՏՕՐԷՆ abundantly, generously.
ԱՌԱՐԿԱՅ object, items, subject.
ԱՌԱՐԿԱՅԱԿԱՆ objective.
ԱՌԱՐԿԵԼ to object, to oppose.
ԱՌԱՐԿԵԼԻ objectionable.
ԱՌԱՐԿՈՒԹԻՒՆ objection, opposition.
ԱՌԱՒԵԼ plus, more, moreover.
ԱՌԱՒԵԼԱԳՈՅՆ maximum, preponderant.
ԱՌԱՒԵԼԱՊԷՍ chiefly, particularly, rather.
ԱՌԱՒԵԼՈՒԹԻՒՆ excess, advantage, superiority, increase.
ԱՌԱՒՈՒՃՏ bladder.
ԱՌԱՒՕՏ morning, morn.
ԱՌԱՔԵԱԼ apostle, envoy, messenger.
ԱՌԱՔԵԼ to forward, to send.
ԱՌԱՔԵԼԱԿԱՆ apostolic.
ԱՌԱՔԵԼՈՒԹԻՒՆ mission, apostleship.
ԱՌԱՔԻՆԱԲԱՐ virtuously, courageously.
ԱՌԱՔԻՆԱԿԱՆ virtuous, upright, moral.
ԱՌԱՔԻՆԱՆԱԼ to become virtuous.
ԱՌԱՔԻՆԻ virtuous, upright, honest, moral.
ԱՌԱՔԻՆՈՒԹԻՒՆ virtue, probity, goodness, valour.
ԱՌԱՔԻՉ sender, shipper.
ԱՌԱՔՈՒՄ sending, expedition, shipment.
ԱՌԵՂԾՈՒԱԾ enigma, riddle.
ԱՌԵՒԱՆԳԵԼ to rap, to kidnap, to carry away.
ԱՌԵՒԱՆԳՈՂ kidnapper.
ԱՌԵՒԱՆԳՈՒԹԻՒՆ ravishment, rape, abduction.
ԱՌԵՒՏՈՒՐ commerce, traffic, trading.
ԱՌԵՒՏՐԱԿԱՆ merchant, dealer, tradesman, commercial.
ԱՌԸՆԹԵՐ near, close to, next to, adjoining.
ԱՌԹԵԼ to cause, to occasion, to engender.
ԱՌԺԱՄԱՅՆ instantly, in an instant.
ԱՌԺԱՄԱՆԱԿԵԱՅ, ԱՌԺԱՄԵԱՅ temporary, provisional.
ԱՌ Ի for, to, by, in order.
ԱՌԻԳԱՄ Apron.
ԱՌԻԹ cause, chance, occasion, opportunity
ԱՌԻՒԾ lion

ԱՌԻՒԾ - ԷԳ lioness, ԿՈՐԻՒՆ ԱՌԻՒԾԻ lion's whelp.
ԱՌԻՒԾԱԲԱՐ like a lion.
ԱՌԻՒԾԱԳԻ lion's tail (ԲՈՒՍ.).
ԱՌԻՒԾԱԽՈՏ cohosh, cucculus.
ԱՌԻՒԾԵՆԻ lion skin.
ԱՌԻՔ ceiling, garret.
ԱՌԿԱԽ pending, in suspense.
ԱՌԿԱԽԵԼ to suspend, to delay, to hang up.
ԱՌԿԱԽՈՒՄ suspension, impendence.
ԱՌՀԱՍԱՐԱԿ generally, usually.
ԱՌՀԱՒԱՏՉԵԱՅ security, pledge, token, testimony.
ԱՌՁԵՌՆ handy, portable, manual.
ԱՌՆԱԲԱՐ manfully, manly, vigorously.
ԱՌՆԱՑԻ virile, man, manly.
ԱՌՆԵԼ to take, to make, to get, to receive.
ԱՌՆԵԼԻՔ assets.
ԱՌՆԷՏ rat, dormouse.
ԱՌՆՈՂ taker.
ԱՌՆՈՒԹԻՒՆ virility, bravery.
ԱՌՆՈՒԼ to take, to receive.
ԱՌՆՉՈՒԹԻՒՆ correlation, relation.
ԱՌՈԳԱՆՈՒԹԻՒՆ pronunciation, utterance.
ԱՌՈՂՋ healthy, sound, vivacious.
ԱՌՈՂՋԱԲԱՆՈՒԹԻՒՆ hygiene.
ԱՌՈՂՋԱԲԱՆԱԿԱՆ hygienic.
ԱՌՈՂՋԱԳԻՐ bill of health.
ԱՌՈՂՋԱԿԱՆ sanitary.
ԱՌՈՂՋԱՆԱԼ to recover, to heal, to be cured.
ԱՌՈՂՋԱՊԱՀԱԿԱՆ sanitary, hygienic.
ԱՌՈՂՋԱՊԱՀՈՒԹԻՒՆ sanitation, hygiene.
ԱՌՈՂՋԱՐԱՐ healthy, vigorous, sound, sanative.
ԱՌՈՂՋԱՑՆԵԼ to heal, to cure, to remedy, to restore.
ԱՌՈՂՋՈՒԹԻՒՆ health, recovery, soundness.
ԱՌՈՅԳ fresh, youthful, vigorous, lively, brisk.
ԱՌՈՅԳՈՒԹԻՒՆ vigor, freshness, prime.

ԱՌՈՒ brook, rivulet, stream.
ԱՌՈՒԱԿ brooklet, rivulet.
ԱՌՈՒՄ capturing, taking, occupancy, sense, signification.
ԱՌՈՒՈՅՏ trefoil, clover.
ԱՌՈՒՏՈՒՐ trading, commerce.
ԱՌՋԵՒ before.
ԱՌՋԻՆԵԿ eldest.
ԱՌՏՆԻՆ domestic, homely, familiar.
ԱՌՕՐԵԱՅ daily, quotidian.
ԱՌՏԱՒ, ՏԵՍ ԱՌԱՒՕՏ:
ԱՍ this.
ԱՍԱՑՈՒԱԾՔ diction, proverb, term.
ԱՍԵԼ to say, to express, to relate.
ԱՍԵՂ needle.
ԱՍԵՂՆԱԳՈՐԾ needle work, embroiderer.
ԱՍԻԱԿԱՆ Asiatic. Asia.
ԱՍԻԱՑԻ Asiatic.
ԱՍԿԻՑ hence, this way.
ԱՍՂԱՆՈՑ needle-case.
ԱՍՏՂՆԱԳՈՐԾ embroiderer.
ԱՍՂՆԱԳՈՐԾՈՒԹԻՒՆ embroidery.
ԱՍՈՐԱԿԱՆ Syriac.
ԱՍՈՒԵԱԿ flannel.
ԱՍՈՒԵԱՑ woollen.
ԱՍՈՒԵԳՈՐԾ draper, wool-worker.
ԱՍՈՒԵԳՈՐԾՈՒԹԻՒՆ drapery.
ԱՍՈՒԵՎԱՃԱՌ drapery, dealer.
ԱՍՈՒԻ cloth, woollen cloth.
ԱՍՈՒՆ rational, reasonable.
ԱՍՈՒՊ falling star, flowing star.
ԱՍՊԱՆԴԱԿ stirrup.
ԱՍՊԱՏԱԿ marauder, guerillos.
ԱՍՊԱՏԱԿԵԼ to invade, to run after, to pursue.
ԱՍՊԱՏԱԿՈՒԹԻՒՆ invasion, incursion.
ԱՍՊԱՐ buckler, shield defence.
ԱՍՊԱՐԱԿԻՐ targeteer.
ԱՍՊԱՐԷԶ career, stadium.
ԱՍՊԵՏ knight, cavalier.
ԱՍՊԵՏՈՒԹԻՒՆ knighthood.
ԱՍՊՆՋԱԿԱՆ hospitable.
ԱՍՊՆՋԱԿԱՆՈՒԹԻՒՆ hospitality, lodging.
ԱՍՏ here.
ԱՍՏ ՀԱՆԳՉԻ here lies.

ԱՍՏԱՌ lining.
ԱՍՏԵՂԱԲԱՇԽ astronomer.
ԱՍՏԵՂԱԲԱՇԽՈՒԹԻՒՆ astronomy.
ԱՍՏԵՂԱԳԷՏ astrologer.
ԱՍՏԵՂԱԳԻՏՈՒԹԻՒՆ astrology.
ԱՍՏԵՂԱԶԱՐԴ starry.
ԱՍՏԵՂԱԿԱՆ sideral.
ԱՍՏԵՂԱՆԻՇ asterisk.
ԱՍՏԵՂԱՏՈՒՆ Zodiacal constellation.
ԱՍՏԵՂԱՒՈՐ starry.
ԱՍՏԵՂԱՓԱՅԼ radiated, stellar.
ԱՍՏԻ from here, hence.
ԱՍՏԻՃԱՆ degree, grade, rank, step, stair.
ԱՍՏԻՃԱՆԱԲԱՐ gradually.
ԱՍՏԻՃԱՆԱՒՈՐ graduated, dignatary.
ԱՍՏԻՃԱՆԱՒՈՐՈՒԹԻՒՆ graduality.
ԱՍՏԻՃԱՆՈՒՄ gradation.
ԱՍՏՂ star, asterion.
ԱՍՏՂԱԲԱՇԽ astronomer.
ԱՍՏՂԱԲԱՇԽԱԿԱՆ astronomical.
ԱՍՏՂԱԲԱՇԽՈՒԹԻՒՆ astronomy.
ԱՍՏՂԱԳԷՏ astronomer, astrologer.
ԱՍՏՂԱԳԻՏԱԿ astrolabe.
ԱՍՏՂԱԳԻՏՈՒԹԻՒՆ astrology.
ԱՍՏՂԱԾԱՂԻԿ aster.
ԱՍՏՂԱՅԻՆ astral, sideral.
ԱՍՏՂԱՁԵՒ asteridean, stellary.
ԱՍՏՂԱՆՇԱՆ, **ԱՍՏՂԱՆԻՇ** asterisk, starlike.
ԱՍՏՂԱՔԱՐ astroite, sun-stone.
ԱՍՏՂԻԿ Venus.
ԱՍՏՈՒԱԾ God.
ԱՍՏՈՒԱԾԱԲԱՆ theologian.
ԱՍՏՈՒԱԾԱԲԱՆԱԿԱՆ theological.
ԱՍՏՈՒԱԾԱԲԱՆՈՒԹԻՒՆ theology.
ԱՍՏՈՒԱԾԱԴԱՒԱՆ theist, deist.
ԱՍՏՈՒԱԾԱԴԱՒԱՆՈՒԹԻՒՆ theism.
ԱՍՏՈՒԱԾԱԾԻՆ deiparous, Mother of God.
ԱՍՏՈՒԱԾԱԿԱՄ agreeable to God.
ԱՍՏՈՒԱԾԱՀԱՅՐ Father of God.
ԱՍՏՈՒԱԾԱՄԱՅՐ Mother of God.
ԱՍՏՈՒԱԾԱՄԱՐԴ theanthropic, theanthropos.
ԱՍՏՈՒԱԾԱՅԱՅՏՆՈՒԹԻՒՆ Epiphany.
ԱՍՏՈՒԱԾԱՅԻՆ divine, godlike.
ԱՍՏՈՒԱԾԱՇՈՒՆՉ Holy Bible, inspired by God.
ԱՍՏՈՒԱԾԱՊԱՇՏ pious, godly.
ԱՍՏՈՒԱԾԱՍՏՈՒՐ heaven sent, given by God.
ԱՍՏՈՒԱԾԱՑՈՒՄ deification, apotheosis.
ԱՍՏՈՒԱԾԵԱՆ deist.
ԱՍՏՈՒԱԾՈՐԴԻ Son of God.
ԱՍՏՈՒԱԾՈՒԹԻՒՆ divinity, God.
ԱՍՏՈՒԱԾՈՒՀԻ goddess.
ԱՍՏՈՒԱԾՈՒՐԱՑ atheist, apostate.
ԱՍՏՈՒԱԾՊԱՇՏՈՒԹԻՒՆ piety, godliness.
ԱՍՏՈՒԱԾՊԵՏԱԿԱՆ theocratical.
ԱՍՏՈՒԱԾՍԻՐՈՒԹԻՒՆ love of God.
ԱՍՏՈՒԱԾՊԵՏՈՒԹԻՒՆ theocracy.
ԱՍՐ fleece, wool.
ԱՍՐԱԳՈՐԾ wool-stapler, wool-sorter.
ԱՏԱՂՁ timber.
ԱՏԱՂՁԱԳՈՐԾ carpenter, joiner.
ԱՏԱՂՁԱԳՈՐԾՈՒԹԻՒՆ carpentry.
ԱՏԱՂՁԱՐԱՆ timber shop, timber factory.
ԱՏԱՄՆԱԲԱՆՈՒԹԻՒՆ odontology.
ԱՏԱՄՆ tooth.
ԱՏԱՄՆԱԲՈՅԺ dentist, dental surgeon.
ԱՏԱՄՆԱԿՐԿԻՏ tooth-pick.
ԱՏԱՄՆԱՁԵՒ odontoid, denticulated.
ԱՏԱՄՆԱՅԻՆ dental.
ԱՏԱՄՆԱՑԱՒ tooth-ache.
ԱՏԱՄՆԱՓՈՇԻ tooth-powder.
ԱՏԵԱՆ court, tribunal.
ԱՏԵԼ to hate, to detest, to loathe.
ԱՏԵԼԻ hateful, detestable.
ԱՏԵԼՈՒԹԻՒՆ hate, hatred, detestation.
ԱՏԵՆ time.
ԱՏԵՆԱԲԱՆ orator, speaker.
ԱՏԵՆԱԲԱՆՈՒԹԻՒՆ oration, speech, discourse.
ԱՏԵՆԱԳՐՈՒԹԻՒՆ report, statement.
ԱՏԵՆԱԴՊԻՐ secretary.
ԱՏԵՆԱԿԱԼ magistrate, speaker.
ԱՏԵՆԱԿԱԼՈՒԹԻՒՆ magistracy.
ԱՏԼԱՍ Atlas.

ԱՏՈՒԻԼ to be hated.
ԱՏՐՃԱՆԱԿ pistol.
ԱՏՐՈՒՇԱՆ fire-temple.
ԱՐԱԲԱԿԱՆ arabic.
ԱՐԱԲԵՐԷՆ Arabic language.
ԱՐԱԲԻԱ Araby, Arabia.
ԱՐԱԳ fast, quick, swift.
ԱՐԱԳԱԳՆԱՑ speedy, rapid.
ԱՐԱԳԱԹԵՒ swift-winged.
ԱՐԱԳԱՄԻՏ sharp-minded, intelligent.
ԱՐԱԳԱՄՏՈՒԹԻՒՆ perspicacity.
ԱՐԱԳԸՆԹԱՑ swift, quick.
ԱՐԱԳԻԼ stork.
ԱՐԱԳՈՏՆ quick-footed, nimble.
ԱՐԱԳՈՒԹԻՒՆ speed, rapidity, velocity.
ԱՐԱԾԵԼ to feed, to pasture, to graze.
ԱՐԱԿԱՆ masculine.
ԱՐԱՀԵՏ road, way, pack, track.
ԱՐԱՄԲԻ a married woman.
ԱՐԱՏ spot, stain, blot, blur.
ԱՐԱՏԱՒՈՐ stained, spotted, defective.
ԱՐԱՏԱՒՈՐԵԼ, **ԱՐԱՏԵԼ** to stain, to speck, to tarnish, to deface, to distain.
ԱՐԱՐ, **ԱՐԱՐՔ** make, making, manner, fact, matter, performance, act, deed.
ԱՐԱՐԱԾ being, creature, existence.
ԱՐԱՐԻՉ Creator, author.
ԱՐԱՐՈՂԱԿԱՆ ceremonial.
ԱՐԱՐՈՂԱՊԵՏ Master of ceremonies
ԱՐԱՐՈՂՈՒԹԻՒՆ ceremony, rite.
ԱՐԱՐՈՒԱԾ act, deed, action.
ԱՐԱՐՉԱԳՈՐԾԵԼ to create.
ԱՐԱՐՉԱԳՈՐԾՈՒԹԻՒՆ creation.
ԱՐԲԱԾ drunk, tipsy.
ԱՐԲԱՆԵԱԿ satellite, associate, waiter, acolyte.
ԱՐԲԵՆԱԼ to tope, to get drunk.
ԱՐԲԵՑՈՂ drunkard, toper.
ԱՐԲԵՑՈՒԹԻՒՆ drunkenness, intoxication, inebriation.
ԱՐԲՇԻՌ toper, bibacious, tipsy.
ԱՐԲՇՌՈՒԹԻՒՆ ebriosity, intoxication, bibacity.
ԱՐԲՈՒՆՔ puberty.
ԱՐԳԱՀԱՏԱԿԱՆ compassionate, tender.
ԱՐԳԱՀԱՏԱՆՔ compassion, pity.
ԱՐԳԱՀԱՏԻԼ to compassionate, to pity.
ԱՐԳԱՀԱՏՈՂ compassionate, merciful.
ԱՐԳԱՀԱՏՈՒԹԻՒՆ compassion, pity, fellow-feeling.
ԱՐԳԱՆԱԿ broth, bouillon.
ԱՐԳԱՆԴ belly, womb, uterus.
ԱՐԳԱՆԴԱՀԱՏՈՒԹԻՒՆ hysterotomy.
ԱՐԳԱՆԴԱՅԻՆ uterine.
ԱՐԳԱՆԴԱՑԱՒ metralgia, uteralgia.
ԱՐԳԱՍԱՒՈՐ fruitful, fecund.
ԱՐԳԱՍԱՒՈՐԵԼ to fertilize, to fecundate.
ԱՐԳԱՍԱՒՈՐՈՒԹԻՒՆ fecundity, fertility, abundance.
ԱՐԳԱՍԻՔ fruit, effect, production.
ԱՐԳԱՒԱՆԴ fruitful, fecund, fertile.
ԱՐԳԵԼ, ՏԵՍ **ԱՐԳԵԼՔ**
ԱՐԳԵԼԻՉ preventive, obstructive.
ԱՐԳԵԼՈՑ enclosure, park, cloister.
ԱՐԳԵԼՔ obstacle, hinderance, opposition.
ԱՐԳԻԼԵԼ to prevent, to oppose, to stop, to forbid.
ԱՐԴ now, presently.
ԱՐԴԱՐ just, equitable, righteous.
ԱՐԴԱՐԱԴԱՏ just, upright, equitable, justiciary.
ԱՐԴԱՐԱԽՈՀ same as **ԱՐԴԱՐԱԴԱՏ**:
ԱՐԴԱՐԱՆԱԼ to become justified, to be righteous.
ԱՐԴԱՐԱՆԱԼԻ justifiable.
ԱՐԴԱՐԱՍԷՐ lover of justice, judiciary.
ԱՐԴԱՐԱՑԻ just, rightful, legitimate.
ԱՐԴԱՐԱՑՆԵԼ to justify, to excuse, to verify.
ԱՐԴԱՐԱՑՈՒՑԻՉ justificative.
ԱՐԴԱՐԵՒ indeed, truly.
ԱՐԴԱՐՈՒԹԻՒՆ justice, integrity, equity, uprightness.
ԱՐԴԵՕՔ is it that, is it possible.
ԱՐԴԷՆ already, even now.
ԱՐԴԻ modern.

ԱՐԴԻՒՆԱԲԵՐ productive, meritorious.
ԱՐԴԻՒՆԱՒՈՐ useful, fruitful.
ԱՐԴԻՒՆԱՒՈՐԵԼ to effect, to realize.
ԱՐԴԻՒՆՔ product, fruit, effect, proceeds.
ԱՐԴԿԵԼ to iron.
ԱՐԴՈՒԿ flat-iron, sadiron.
ԱՐԵԳԱԿ sun.
ԱՐԵՆԱԿՑՈՒԹԻՒՆ consanguinity, kindred.
ԱՐԵՆԱՉԱՓ hematometer.
ԱՐԵՆԱՋՈՒՐ sanies.
ԱՐԵՒ sun.
ԱՐԵՒԱԳԱԼ dawn, aurora, sun rise.
ԱՐԵՒԱԴԱՐՁ tropic.
ԱՐԵՒԱԴԷՄ sun-flower, turnsole.
ԱՐԵՒԱԴԷՏ helioscope.
ԱՐԵՒԱԾԱՂԻԿ turn-sole, sun-flower
ԱՐԵՒԱԿԱՑՔ solstice.
ԱՐԵՒԱԿԷԶ sun-burnt.
ԱՐԵՒԱՀԱՐՈՒԹԻՒՆ sunstroke, heliosis.
ԱՐԵՒԱՉԱՓ heliometer.
ԱՐԵՒԱՑՈՅՑ dial-plate, sun-dial.
ԱՐԵՒԵԼԱԳԷՏ orientalist.
ԱՐԵՒԵԼԱԿՈՂՄ orient, levant.
ԱՐԵՒԵԼԵԱՆ oriental, eastern.
ԱՐԵՒԵԼՔՑԻ oriental, levantin.
ԱՐԵՒԵԼՔ East, Orient, levant.
ԱՐԵՒՄՈՒՏՔ West, Occident, sunset.
ԱՐԵՒՄՏԵԱՆ occidental, western.
ԱՐԹՆԱՄԻՏ sharp-minded, sagacious.
ԱՐԹՆՆԱԼ to wake up.
ԱՐԹՆՈՒԹԻՒՆ vigilance, watching, awakening.
ԱՐԹՆՑՆԵԼ to awake, to rouse, to animate.
ԱՐԹՈՒՆ awake, brisk, lively, aware.
ԱՐԺԱՆԱՀԱՒԱՏ trust worthy, reliable.
ԱՐԱՆԱՑԱՐԳ worthy of respect, respectable.
ԱՐԺԱՆԱՅԻՇԱՏԱԿ memorable.

ԱՐԺԱՆԱՆԱԼ to merit, to become worthy.
ԱՐԺԱՆԱՊԱՏԻՒ honourable, reverend.
ԱՐԺԱՆԱՊԱՏՈՒՈՒԹԻՒՆ dignity, eminence, fame, reverence.
ԱՐԺԱՆԱՎԱՅԵԼ suitable, proper, worthy, becoming.
ԱՐԺԱՆԱՒՈՐ worthy, meritorious, just.
ԱՐԺԱՆԻ worthy, deserving.
ԱՐԺԱՆԻՔ merit, worth, dignity
ԱՐԺԵԼ to cost, to worth.
ԱՐԺԷԳԻՆ price cost, prime cost.
ԱՐԺԷԹՈՒՂԹ bonds, bills.
ԱՐԺԷՔ value, price.
ԱՐԻ brave, valourous, boy scout.
ԱՐԻԱԲԱՐ bravely, manly.
ԱՐԻԱՆԱԼ to take courage.
ԱՐԻԱՍԻՐՏ courageous, fearless, daring.
ԱՐԻՃ vine-arbour.
ԱՐԻՈՒԹԻՒՆ bravery, valour, courage.
ԱՐԻՒՆ blood, kinship.
ԱՐԻՒՆԱԲԻԾ stained with blood.
ԱՐԻՒՆԱԹԱԹԱՒ bloody, hematose.
ԱՐԻՒՆԱԼԻՑ bloody, full of blood.
ԱՐԻՒՆԱԽՑՈՒՄ thrombosis.
ԱՐԻՒՆԱԾԱՐԱՒ blood-thirsty.
ԱՐԻՒՆԱՀԵՂՈՒԹԻՒՆ blood-shed, carnage, slaughter.
ԱՐԻՒՆԱՀՈՍ bleeding, bloody.
ԱՐԻՒՆԱՀՈՍՈՒԹԻՒՆ hemorrhage, spitting of blood, bleeding.
ԱՐԻՒՆԱՃԱՂԱԽ blooded, blood-stained.
ԱՐԻՒՆԱՌՈՒ blood letter, bleeder.
ԱՐԻՒՆԱՐԲՈՒ blood thirsty, sanguinary.
ԱՐԻՒՆՌՈՒՃՏ extremely cruel.
ԱՐԻՒՆԼՈՒԱՑ stained with blood.
ԱՐԻՒՆՈՏ sanguine, full of blood.
ԱՐԻՒՆՈՏԵԼ to blood, to stain with blood.
ԱՐԾԱԹ silver, silver money.
ԱՐԾԱԹԱԳՈՅՆ silver coloured, argentine.
ԱՐԾԱԹԱԲԵՐ argentiferous.

ԱՐԾԱԹԱԳՈՐԾ silver made, silversmith.

ԱՐԾԱԹԱՋՕԾ silver-plated, silvery.

ԱՐԾԱԹԱՋՕԾԵԼ to silver over, to plate.

ԱՐԾԱԹԱՋՕԾՈՒՄ silverplating.

ԱՐԾԱԹԱԽԱՌՆ mixed with silver.

ԱՐԾԱԹԱՀԱՆՔ silver-mine.

ԱՐԾԱԹԱՁՈՒԿ dollarfish, tarpon.

ԱՐԾԱԹԱՊԱՏ silver-plated.

ԱՐԾԱԹԱՍԷՐ covetous, greedy, avaricious.

ԱՐԾԱԹԱՓԱՅԼ silver-shining.

ԱՐԾԱԹԵԼ to silver over.

ԱՐԾԱԹԵՂԷՆՔ silver goods, argentery.

ԱՐԾԱՐԾԵԼ to revive, to stir up, to renovate.

ԱՐԾԻՒ eagle.

ԱՐԿԱԾ adventure, accident, misfortune.

ԱՐԿԱԾԱԽՆԴԻՐ adventurer, carpetbagger.

ԱՐԿՂ box, case, chest, trunk.

ԱՐԿՂԱԳՈՐԾ box-maker, trunk-maker.

ԱՐԿՂԱԿԱԼ cashier.

ԱՐՀԱՄԱՐՀԱԿԱՆ contemptuous, scornful.

ԱՐՀԱՄԱՐՀԱՆՔ contempt, disdain, scorn.

ԱՐՀԱՄԱՐՀԵԼ to contemn, to despise, to scorn.

ԱՐՀԱՄԱՐՀԵԼԻ despisable, vile.

ԱՐՀԱՄԱՐՀՈՂ disdainful, scornful, contemptuous.

ԱՐՀԱՄԱՐՀՈՒԹԻՒՆ scorn, contempt, disdain.

ԱՐՀԱՒԻՐՔ terror, dismay, alarm, consternation.

ԱՐՀԵՍՏ trade, profession, handicraft.

ԱՐՀԵՍՏԱՒՈՐ craftsman, artisan.

ԱՐՁԱԳԱՆԳ echo, resound.

ԱՐՁԱԳԱՆԳԵԼ to echo, to repeat the sound of.

ԱՐՁԱԿ untied, free, detached, prose.

ԱՐՁԱԿԵԼ to untie, to loosen, to free, to release.

ԱՐՁԱԿ ՀԱՄԱՐՁԱԿ boldly, fearlessly, daringly.

ԱՐՁԱԿՈՒՄ clearing off, acquittal, discharge, divorce.

ԱՐՁԱԿՈՒՐԴ holiday, leave, conge, vacance.

ԱՐՁԱՆ statue, monument, column.

ԱՐՁԱՆԱԳԻՐ inscription, registry, epitaph.

ԱՐՁԱՆԱԳՈՐԾ sculptor, statue maker.

ԱՐՁԱՆԱԳՈՐԾՈՒԹԻՒՆ statue making, statuary, sculpture.

ԱՐՁԱՆԱԳՐԵԼ to inscribe, to enter, to enlist, to write.

ԱՐՁԱՆԱԳՐՈՒԹԻՒՆ registration, enrolment, acts, deed.

ԱՐՄԱՏ root, stock, trunk.

ԱՐՄԱՏԱԽԻԼ ԸՆԵԼ to disroot, to deracinate, to uproot.

ԱՐՄԱՏԱԿԱՆ radical.

ԱՐՄԱՏԱՆԱԼ to take root, to grow.

ԱՐՄԱՒ date.

ԱՐՄԱՒԵՆԻ date-tree.

ԱՐՄՈՒԿ elbow, fore-arm.

ԱՐՄՏԻՔ cereal, corn, grain, production.

ԱՐՇԱԼՈՅՍ day-break, aurora.

ԱՐՇԱՒ, ԱՐՇԱՒԱՆՔ course, incursion, invasion, expedition.

ԱՐՇԱՒԵԼ to invade, to attack, to assault, to infringe upon.

ԱՐՇԻՊԵՂԱԳՈՍ archipelago.

ԱՐՈՅՐ brass, latten.

ԱՐՈՒ male.

ԱՐՈՒԱԳԷՏ, ԱՐՈՒԱՄՈԼ sodomite.

ԱՐՈՒԱԳԻՏՈՒԹԻՒՆ sodomy, homosexuality.

ԱՐՈՒԱՐՁԱՆ out-skirt, suburbs.

ԱՐՈՒԵՍՏ art, handicraft, trade.

ԱՐՈՒԵՍՏԱԲԱՆ technologist, technician.

ԱՐՈՒԵՍՏԱԲԱՆՈՒԹԻՒՆ technology, technics.

ԱՐՈՒԵՍՏԱԳԷՏ artist, artisan, virtuoso.

ԱՐՈՒԵՍՏԱԳԻՏՈՒԹԻՒՆ craftsmanship, knowledge of arts.
ԱՐՈՒԵՍՏԱԳՈՐԾՈՒԹԻՒՆ industry, manufacture.
ԱՐՈՒԵՍՏԱԿԱՆ artistic, artificial, technical.
ԱՐՈՒԵՍՏԱԿԻՑ companion, mate, associate in the same art.
ԱՐՈՒԵՍՏԱՀԱՆԴԷՍ fair, exhibition.
ԱՐՈՒԵՍՏԱՆՈՑ work-shop, factory.
ԱՐՈՒԵՍՏԱՊԵՏ chief-master, foreman.
ԱՐՈՒԵՍՏԱՍԷՐ art-lover, amateur.
ԱՐՈՒԵՍՏԱՏՈՒՆ conservatory.
ԱՐՈՒԵՍՏԱՒՈՐ artisan, artist.
ԱՐՈՒԷԳ hermaphrodite.
ԱՐՈՒԹԻՒՆ virility, manhood, valour, firmness.
ԱՐՈՒՍԵԱԿ Venus, Lucifer.
ԱՐՋ bear.
ԱՐՋՈՒ ՁԱԳ cub.
ԱՐՋԱՄՈՒԿ raccoon.
ԱՐՋԱՑԻՆ arctic, north.
ԱՐՋԱՊԱՆ bear-ward.
ԱՐՋԱՌ cattle.
ԱՐՋԱՌԱՄԻՍ beef.
ԱՐՋԱՍՊ vitriol.
ԱՐՋՆԴԵՂ rose campion.
ԱՐՋՈՒԿ cub, young bear.
ԱՐՏ field, piece of land.
ԱՐՏԱԲԵՐԵԼ to speak, to utter, to pronounce.
ԱՐՏԱԲԵՐՈՒԹԻՒՆ pronunciation, production.
ԱՐՏԱԴՐԵԱԼ product, produced.
ԱՐՏԱԴՐԵԼ to produce, to bring forth.
ԱՐՏԱԴՐՈՒԹԻՒՆ production, produce.
ԱՐՏԱԴՐՈՒՄ production, issue, fruit.
ԱՐՏԱԹՈՐՈՒԹԻՒՆ excretion, excrescence.
ԱՐՏԱԾԵԼ to export.
ԱՐՏԱԾԵԼԻ exportable.
ԱՐՏԱԾՈՂ exporter.
ԱՐՏԱԾՈՒԹԻՒՆ exportation.
ԱՐՏԱԿԵԴՐՈՆ excentric.
ԱՐՏԱՀԱՒ curlew.
ԱՐՏԱՅԱՅՏԵԼ to express, to declare, to indicate.
ԱՐՏԱՅԱՅՏՈՒԹԻՒՆ expressivness, declaration.
ԱՐՏԱՇՆՉԵԼ to transpire, to perspire.
ԱՐՏԱՇՆՉՈՒՄ transpiration, exhalation.
ԱՐՏԱՉԱՓ land-surveyor.
ԱՐՏԱՉԱՓԵԼ to survey, to measure lands.
ԱՐՏԱՉԱՓՈՒԹԻՒՆ survey, land-measuring.
ԱՐՏԱՍԱՀՄԱՆ abroad, behind the limits of country.
ԱՐՏԱՍԱՆԵԼ to declare, to pronounce, to recite.
ԱՐՏԱՍԱՆՈՒԹԻՒՆ recitation, declaration.
ԱՐՏԱՍՈՒԱԲԵՐ weeping, in tears, shedding tears, lachrymal.
ԱՐՏԱՍՈՒԱԳԻՆ in tears, lamentably, weeping.
ԱՐՏԱՍՈՒԱԹՈՐ tearful, lachrymal.
ԱՐՏԱՍՈՒԱԼԻՑ in tears, tearful, weeping.
ԱՐՏԱՍՈՒԵԼ to cry, to weep, to lament.
ԱՐՏԱՍՈՒՔ tears.
ԱՐՏԱՎԱՐ acre, land. measure, husbandman.
ԱՐՏԱՔԻՆ exterior, external, outward.
ԱՐՏԱՔՆՈՑ, water-closet.
ԱՐՏԱՔՈՅ out, beyond, abroad.
ԱՐՏԱՔՈՒՍՏ from outside, outwardly.
ԱՐՏԱՔՍԵԼ to expel, to put out, to send away, to force out.
ԱՐՏԱՔՍՈՒՄ expulsion, forcible, ejection.
ԱՐՏԵՒԱՆՈՒՆՔ eye-lash, eye-lid.
ԱՐՏՈՅՏ skylark.
ԱՐՏՈՐԱԼ to hasten.
ԱՐՏՈՐԱՅՔ fields.
ԱՐՏՈՐԱՆՔ haste, speed, urgency.
ԱՐՏՈՐՑՆԵԼ to hasten.
ԱՐՏՕՆԱԳԻՐ warrant, brevet, licence, permit.

ԱՐՏՕՍՐ tears.
ԱՐՑՈՒՆՔ tears.
ԱՐՑՈՒՆՔ ԹԱՓԵԼ to shed tears.
ԱՐՓԻ sun-light, sun, ether.
ԱՐՔԱՅ king, monarch.
ԱՐՔԱՅԱԿԱՆ royal.
ԱՐՔԱՅԱՁՈՒԿ cardinal fish.
ԱՐՔԱՅԱՄՕՐ raspberry.
ԱՐՔԱՅԱՆԵԱՏ royal.
ԱՐՔԱՅԱՋՈՒՐ aqua-regia.
ԱՐՔԱՅԱՏԱՆՁ bergamot.
ԱՐՔԱՅՈՒԹԻՒՆ kingdom, royalty, paradise.
ԱՐՔԵՊԻՍԿՈՊՈՍ archbishop, metropolitan.
ԱՐՔԵՊԻՍԿՈՊՈՍԱՐԱՆ archbishopric.
ԱՐՔԵՊԻՍԿՈՊՈՍՈՒԹԻՒՆ archiepiscopacy.
ԱՐՔԻԴՈՒՔՍ archduke.
ԱՐՔԻԴՔՍՈՒՀԻ archduchess.
ԱՐՔՈՒՆԱԿԱՆ royal.
ԱՐՔՈՒՆԻ royal, regal.
ԱՐՔՈՒՆԻՔ court, royal residence.
ԱՐՕՍ bustard.
ԱՐՕՏ pasture, herbage.
ԱՐՕՏԱՎԱՅՐ pasturage, savanna.
ԱՐՕՐ plough.
ԱՒԱԳ greater, senior, high, lord, dean.
ԱՒԱԳ ՈՒՐԲԱԹ Good-Friday.
ԱՒԱԳԱՆԻ court, nobility.
ԱՒԱԳԵՐԷՑ archpriest.
ԱՒԱԳՈՒԹԻՒՆ grandness, dignity, lordship.
ԱՒԱԶ sand, gravel.
ԱՒԱԶԱԽԱՌՆ sandy, sand-mixed.
ԱՒԱԶԱԽԻՏ gravel.
ԱՒԱԶԱԿ brigand, thief, robber.
ԱՒԱԶԱԿՈՒԹԻՒՆ brigandage.
ԱՒԱԶԱՄԱՆ sand-box.
ԱՒԱԶԱՆ pond, bathing tub.
ԱՒԱԶԱՑՈՅՑ hour-glass.
ԱՒԱԶԱՔԱՐ sand-stone.
ԱՒԱԶՈՒՏ sandy.
ԱՒԱ՜Ղ alas! ah.
ԱՒԱՂԵԼ to deplore, to regret.
ԱՒԱՆԱԿ young ass, colt.
ԱՒԱՆԴ deposit, consignment.
ԱՒԱՆԴԱԿԱՆ traditional.
ԱՒԱՆԴԱՊԱՀ depositary, trustee, sacrist.
ԱՒԱՆԴԱՏՈՒ depositor, bailer.
ԱՒԱՆԴԱՏՈՒՆ depositary, vestry.
ԱՒԱՆԴԵԼ to deposit, to consign, to render.
ԱՒԱՆԴՈՒԹԻՒՆ tradition.
ԱՒԱՍԻԿ here, here it is.
ԱՒԱՏ fee, fief.
ԱՒԱՏԱՏԻՐՈՒԹԻՒՆ feudal system.
ԱՒԱՏԱԿԱՆ feudal.
ԱՒԱՏԱԿԱՆՈՒԹԻՒՆ feudalism, feudality.
ԱՒԱՐ booty, pillage, plunder.
ԱՒԱՐԱՌՈՒ plunderer, pillager, marauder.
ԱՒԱՐԱՌՈՒԹԻՒՆ sack, pillage, plunder.
ԱՒԱՐԵԼ to pillage, to plunder, to ransack.
ԱՒԱՐԵԿ young buffalo.
ԱՒԱՐԻՉ pillager, plunderer, plundering.
ԱՒԱՐՈՒՄ pillage, sack.
ԱՒԱՐՏ end, conclusion, completion.
ԱՒԱՐՏԵԼ to finish, to terminate, to conclude.
ԱՒԱՐՏԻԼ to be over, to finish, to conclude.
ԱՒԱՐՏՈՒՄ end, completion, finishing.
ԱՒԵԼ broom, brush.
ԱՒԵԼԱԾՈՒ sweeper.
ԱՒԵԼԵԼ to sweep.
ԱՒԵԼԻ more, plus, exceeding.
ԱՒԵԼՆԱԼ to increase, to augment.
ԱՒԵԼՈՐԴ superfluous, exceeding, rest.
ԱՒԵԼՈՐԴԱԲԱՆՈՒԹԻՒՆ perissology, redundance.
ԱՒԵԼՈՐԴԱՊԱՇՏ superstitious.
ԱՒԵԼՈՐԴԱՊԱՇՏՈՒԹԻՒՆ superstition.
ԱՒԵԼՈՒԿ spinach-dock.
ԱՒԵԼՑՈՒՔ sweepings.
ԱՒԵԼՑՆԵԼ to add, to augment, to increase.
ԱՒԵՏԱՐԱՆ Gospel.
ԱՒԵՏԱՐԱՆԱԳԻՐ evangelist.

ԱՒԵՏԱՐԱՆԵԼ to evangelize.
ԱՒԵՏԱՐԱՆԻՉ evangelist, preacher.
ԱՒԵՏԵԼ to announce good tidings.
ԱՒԵՏԻՍ good news.
ԱՒԵՏՈՒՄ annunciation, Lady-day.
ԱՒԵՐ ravage, destruction, demolition.
ԱՒԵՐԱԾ ruin, desolation, demolition.
ԱՒԵՐԱԿ ruin, devastation.
ԱՒԵՐԱԿ ԴԱՐՁՆԵԼ to ruin, to devastate.
ԱՒԵՐԵԼ to ravage, to ruin, to destroy.
ԱՒԵՐԻՉ destructive, ravager.
ԱՒԵՐՈՒՄ destruction.
ԱՒԻՇ lymph.
ԱՒԻՒՆ conveyance, enthusiasm, fury.
ԱՒԼԵԼ to sweep.
ԱՒՇԱՅԻՆ lymphatic.
ԱՒՈՒՐՉԷՔ day's wages.
ԱՒՐԵԼ to efface, to cancel, to erase.
ԱՒՐՈՒԱԾՔ erasure, obliteration.
ԱՒՐՈՒԻԼ to be spoiled, to get obliterated.
ԱՓ palm, handful
ԱՓՅԱՓՈՅ in haste, on a sudden.
ԱՓԱՉԱՓ handful.

ԱՓԵՂՑՓԵՂ at randum, aimless, accidental.
ԱՓԻՈՆ opium.
ԱՓԻՈՆԱԽԱՌՆ containing opium.
ԱՓ, ԱՓՆ shore, border.
ԱՓՈՒՆՔ shore, sea-shore, beach.
ԱՓՍԷ tray, salver.
ԱՓՍԻՆԴ absinthe.
ԱՓՍՈՍ Alas! what a pity.
ԱՓՍՈՍԱԼ to pity, to regret, to deplore.
ԱՓՍՈՍԱՆՔ regret, repentance.
ԱՓՐԻԿԷ Africa.
ԱՓՐՈԴԻՏԵԱՆ veneral, syphilitic.
ԱՔ leg.
ԱՔԱՂԱՂ cock.
ԱՔԱՑԵԼ to kick, to strike with the foot.
ԱՔԱՑՈՂ kicker.
ԱՔԻՍ weasel.
ԱՔԼՈՐ cock.
ԱՔԼՈՐԱԽԵՂԴ croup.
ԱՔՑԱՆ forceps.
ԱՔՑԱՆԵԼ to switch on.
ԱՔՑԱՆՈՂ switch-man, points-man.
ԱՔՍՈՐ exile, ban, banishment.
ԱՔՍՈՐԵԱԼ exiled, banished.
ԱՔՍՈՐԵԼ to exile, to banish, to send away.
ԱՔՍՈՐԱՆՔ exile, banishment.

Բ

ԲԱ՜ pooh!
ԲԱԲ door.
ԲԱԲԱԽԵԼ to palpitate, to throb, to beat, to pant.
ԲԱԲԱԽՈՂ palpitant, panting.
ԲԱԲԱԽՈՒՄ palpitation, pulsation.
ԲԱԲԱԽՈՒՆ palpitant, panting.
ԲԱԲԱՆ catapult, balister,. see-saw.
ԲԱԲԵԼՈՆ Babylon.
ԲԱԲԷ՜ Zounds, alas.
ԲԱԳ portion, part, share.
ԲԱԳԻՆ altar, temple.
ԲԱԴ duck.
ԲԱԶԷ falcon, hawk.
ԲԱԶԿԱԹՈԹ arm chair.
ԲԱԶԿԱՏԱՐԱԾ spread, with opened arms.
ԲԱԶԿԵՐԱԿ pulse.
ԲԱԶՄԱԲԵՂՈՒՆ productive, very fertile.
ԲԱԶՄԱԲՆԱԿ very populous.
ԲԱԶՄԱԳԷՏ very learned, erudite.
ԲԱԶՄԱԳԻՏՈՒԹԻՒՆ polymathy.
ԲԱԶՄԱԳԻՐ polygraph, a manifold writer.
ԲԱԶՄԱԴԱՐԵԱՆ of many centuries.
ԲԱԶՄԱԴԻՄԻ diverse, multiform, manifold.
ԲԱԶՄԱԶԱՆ very various.
ԲԱԶՄԱԶԲԱՂ very busy, very occupied.
ԲԱԶՄԱԹԵՐԹ polypetalous.
ԲԱԶՄԱԹԻՒ numerous, various.
ԲԱԶՄԱԼԵԶՈՒ polyglot, containing many languages.
ԲԱԶՄԱԾԱԽՍ expensive, costly, rich.
ԲԱԶՄԱԾԻՆ multiparous, fertile, fruitful.
ԲԱԶՄԱԾՆՈՒԹԻՒՆ fecundity, multiparity.
ԲԱԶՄԱԿԱՆ guest, invited person, carpet.
ԲԱԶՄԱԿԵՐՊ polymorphic, diverse, various.
ԲԱԶՄԱԿԻՆ polygamist.
ԲԱԶՄԱԿՆՈՒԹԻՒՆ polygamy.
ԲԱԶՄԱՀԱՏՈՐ voluminous, bulky.
ԲԱԶՄԱՀՄՈՒՏ erudite, very learned.
ԲԱԶՄԱՀՄՏՈՒԹԻՒՆ erudition, polymathy.
ԲԱԶՄԱՀՈԳ pensive, full of care, anxious.
ԲԱԶՄԱՄԱՍՆ multipartite, complex.
ԲԱԶՄԱՄԱՐԴ populous, peopled.
ԲԱԶՄԱՄԱՐԴՈՒԹԻՒՆ great population.
ԲԱԶՄԱՄԵԱՅ of many years, ancient.
ԲԱԶՄԱՅՕԴ articulated.
ԲԱԶՄԱՆԱԼ to augment, to multiply.
ԲԱԶՄԱՆԿԻՒՆ polygon.
ԲԱԶՄԱՃԽԱՏ toilsome, laborious, over wrought.
ԲԱԶՄԱՊԱՏԻԿ multiple, diverse.
ԲԱԶՄԱՊԱՏԿԵԼ to multiply.
ԲԱԶՄԱՊԱՏԿԵԼԻ multiplicant.
ԲԱԶՄԱՊԱՏԿՈՒԹԻՒՆ multiplication.
ԲԱԶՄԱՊԱՐԳԵՒ liberal, generous.
ԲԱԶՄԱՍԻՒՆ polystyle, of many columns.
ԲԱԶՄԱՍՏՈՒԱԾ polytheist.
ԲԱԶՄԱՍՏՈՒԱԾՈՒԹԻՒՆ polytheism.
ԲԱԶՄԱՎԱՆԿ poly syllable.
ԲԱԶՄԱՎԱՍՏԱԿ laborious, toilsome.
ԲԱԶՄԱՐԴԻՒՆ very fertile, full of merit.
ԲԱԶՄԱՐՈՒԵՍՏԵԱՆ polytechnic.
ԲԱԶՄԱՑՆԵԼ to increase, to augment.
ԲԱԶՄԻԼ to sit, to sit down.
ԲԱԶՄԵՑՆԵԼ to seat, to set, to lay.
ԲԱԶՄՈՑ sofa, couch, mattress,

ԲԱԶՄՈՒԹԻՒՆ multitude, affluence, crowd.
ԲԱԶՄՕՐԻՆԱԿ multifarious, multiform.
ԲԱԶՈՒԿ arm, forearm.
ԲԱԶՈՒՄ, many, much, a great deal.
ԲԱԶՐԻՔ hand-rail.
ԲԱԺ impost, duty, toll, tax.
ԲԱԺԱԿ cup, glass, mug.
ԲԱԺԱԿԱԿԱԼ saucer, salver.
ԲԱԺԱԿԱԿԻՑ joint-sharer.
ԲԱԺԱՆԱՐԱՐ divisor.
ԲԱԺԱՆԵԼ to divide, to disunite, to separate.
ԲԱԺԱՆԵԼԻ divisible, dividend.
ԲԱԺԱՆՈՂ divider, sharer, distributor.
ԲԱԺԱՆՈՐԴ subscriber, participant.
ԲԱԺԱՆՈՐԴԱԳԻՆ subscription.
ԲԱԺԱՆՈՐԴԱԳՐԵԼ to subscribe for.
ԲԱԺԱՆՈՐԴԱԳՐՈՒԹԻՒՆ participation, share, subscription.
ԲԱԺԱՆՈՒՄ division, disunion, department, separation.
ԲԱԺԵԼ to tax, to levy a duty.
ԲԱԺՆԵԼ to divide, to separate, to part.
ԲԱԺՆԵՏԷՐ share holder, stock holder.
ԲԱԺՆՈՒԻԼ to be divided, to separate.
ԲԱԺՏՈՒՆ toll-house, custom-house.
ԲԱԼ sour-cherry, fog, mist.
ԲԱԼԱՍԱՆ balm, balsam.
ԲԱԼԱՍԵՆԻ balm-tree.
ԲԱԼԻՍՏՐ catapult, balister.
ԲԱԼԽԻՐ sled, sleigh, sledge.
ԲԱԼՈՒՏ acorn, acorn shell.
ԲԱԼՕՂԻ maraschino.
ԲԱԽԵԼ to beat, to strike, to flap.
ԲԱԽԻԼ to strike one another, to flap.
ԲԱԽԻՒՆ beating, beat, shock.
ԲԱԽՈՒՄ collision, blow, shock.
ԲԱԽՏ fortune, chance, destiny, fate, luck.
ԲԱԿ hall, halo.
ԲԱԿԼԱՅ broad bean.
ԲԱՀ spade, mattock.
ԲԱՀԵԼ to dig, to hoe.
ԲԱՂԱԴՐԵԱԼ compound, composed.
ԲԱՂԱԴՐՈՒԹԻՒՆ composition, formation, compound.
ԲԱՂԱՁԱՅՆ consonant.
ԲԱՂՆԵՊԱՆ, **ԲԱՂՆԱՊԱՆ** bath-keeper.
ԲԱՂԱՐՋ unleavened bread.
ԲԱՂԴ fortune, chance, destiny, fate.
ԲԱՂԴԱԽԱՂ game of chance, gambling.
ԲԱՂԴԱԽՆԴԻՐ adventurer, carpet-bagger.
ԲԱՂԴԱԿԻՑ companion of fortune.
ԲԱՂԴԱՄԱՅ fortune teller.
ԲԱՂԴԱՏԱԿԱՆ comparative.
ԲԱՂԴԱՏԵԼ to compare.
ԲԱՂԴԱՏՈՒԹԻՒՆ comparison.
ԲԱՂԴԱՏՈՒՄ comparison.
ԲԱՂԴԱՒՈՐ lucky, fortunate, happy.
ԲԱՂԴԱՒՈՐՈՒԹԻՒՆ ,luckiness, luck, happiness.
ԲԱՂԵՂ common ivy, hedera.
ԲԱՂԿԱՆԱԼ to consist, to be composed.
ԲԱՂԿԱՑՈՒՑԻՉ component, constituent.
ԲԱՂՁԱԼ to long for, to desire.
ԲԱՂՁԱԼԻ enviable, desirable.
ԲԱՂՁԱՆՔ desire, longing.
ԲԱՂՆԻՔ bath.
ԲԱՃԿՈՆ waistcoat, vest, tunic.
ԲԱՃԿՈՆԱԿ doublet, short cloak.
ԲԱՄԲ bass, base.
ԲԱՄԲԱԿ cotton.
ԲԱՄԲԱՍԱՆՔ back-biting, slander.
ԲԱՄԲԱՍԵԼ to back-bite, to slander.
ԲԱՄԲԱՍՈՂ back-biter, slanderer.
ԲԱՄԲԻՇ queen, matron, princess.
ԲԱՄԲԻՌՆ castanets, snappers.
ԲԱՄԲՈՅ giant fennel.
ԲԱՄՊԱԿ cotton.
ԲԱՅ verb.
ԲԱՅԱԾԱԿԱՆ verbal adjective.
ԲԱՅԱԿԱՆ verbal.
ԲԱՅԱՆՈՒՆ verbal noun.
ԲԱՑՑ but.

ԲԱՆ word, speech, thing, term.
ԲԱՆ ben, ben-nut.
ԲԱՆԱԳՆԱՑ negociator, transactor.
ԲԱՆԱԳՈՂ plagiarist.
ԲԱՆԱԳՈՂՈՒԹԻՒՆ plagiarism.
ԲԱՆԱԴԱՏ critic, censurer.
ԲԱՆԱԴԱՏՈՒԹԻՒՆ criticism.
ԲԱՆԱԴՐԱՆՔ anathema, excommunication.
ԲԱՆԱԴՐԵԱԼ excommunicated.
ԲԱՆԱԴՐԵԼ to excommunicate.
ԲԱՆԱԼ to open, to discover, to unveil.
ԲԱՆԱԼԻ key.
ԲԱՆԱԽՕՍ speaker, orator.
ԲԱՆԱԽՕՍԵԼ to speak. to harangue, to lecture.
ԲԱՆԱԽՕՍՈՒԹԻՒՆ speech, oration, address, harangue.
ԲԱՆԱԿ army, forces.
ԲԱՆԱԿԱՆ reasonable, rational.
ԲԱՆԱԿԱՆՈՒԹԻՒՆ reason, sense, rationality.
ԲԱՆԱԿԵՑՆԵԼ to encamp, halt on the March.
ԲԱՆԱԿՌԻՒ disputation, wrangle.
ԲԱՆԱԿՑԻԼ to negociate.
ԲԱՆԱԿՑՈՒԹԻՒՆ conference, parley, negotiation.
ԲԱՆԱՀԻՒՍ writer, man of pen.
ԲԱՆԱՆԵՆԻ banana tree.
ԲԱՆԱՊԱՇՏ rationalist.
ԲԱՆԱՊԱՇՏՈՒԹԻՒՆ rationalism.
ԲԱՆԱՍԷՐ philologist.
ԲԱՆԱՍԻՐԱԿԱՆ philological.
ԲԱՆԱՍԻՐՈՒԹԻՒՆ philology.
ԲԱՆԱՍՏԵՂԾ poet.
ԲԱՆԱՍՏԵՂԾԱԿԱՆ poetic.
ԲԱՆԱՍՏԵՂԾԵԼ to poetize, to versify.
ԲԱՆԱՍՏԵՂԾՈՒԹԻՒՆ poetry. poesy.
ԲԱՆԱՍՏԵՂԾՈՒՀԻ poetess.
ԲԱՆԱՎԱՐՈՒԹԻՒՆ reason, rationalism.
ԲԱՆԱՐԱՐ poet, composer, factor.
ԲԱՆԱՐԱՐՈՒԹԻՒՆ composition, poetry, commission.
ԲԱՆԱՒՈՐ reasonal, rational, discursive.
ԲԱՆԱՒՈՐՈՒԹԻՒՆ rationality, prudence, wisdom.
ԲԱՆԱՔԱՂ plagiarist.
ԲԱՆԱՔԱՂՈՒԹԻՒՆ plagiarism.
ԲԱՆԱՔՆՆՈՒԹԻՒՆ critic, review, criticism.
ԲԱՆԲԵՐ messenger, envoy, carrier.
ԲԱՆԳ henbane.
ԲԱՆԳԷՏ learned, erudite, scholar.
ԲԱՆԴԱԳՈՒՇԱՆՔ delirium, musing, raving.
ԲԱՆԴԱԳՈՒՇԵԼ to rave, to talk idly, to dote.
ԲԱՆԴԱԿ jelly, sweet-meat.
ԲԱՆԴԱԿԱՎԱՃԱՌ confectioner.
ԲԱՆԵՑՆԵԼ to make to work, to cause to act.
ԲԱՆԻՐՈՒՆ instructed, learned, informed, erudite.
ԲԱՆԻԼ to act, to work, to run.
ԲԱՆԻՄԱՑ intelligent, reasonable, clever.
ԲԱՆՈՂ active,running, labourer, workman.
ԲԱՆՈՒԱԾՔ needle work, embroidery.
ԲԱՆՈՒԿ frequented.
ԲԱՆՒՈՐ workman, labourer.
ԲԱՆՋԱՐ beet, beet-root.
ԲԱՆՋԱՐԱԿԵՐ vegetarian.
ԲԱՆՋԱՐԱՆՈՑ vegetable garden. kitchen-garden.
ԲԱՆՋԱՐԵՂԷՆՔ greens, vegetables.
ԲԱՆՍԱՐԿԵԼ tc plat, to slander, to calumniate.
ԲԱՆՍԱՐԿՈՒ low intriguer, tell-tale.
ԲԱՆՍԱՐԿՈՒԹԻՒՆ medley, intrigue, tale, slander.
ԲԱՆՍՈՒՏ slanderous, .liar, story teller.
ԲԱՆՏ prison, jail.
ԲԱՆՏԱՊԱՀ warder, jailer.
ԲԱՆՏԱՐԱՆ prison, jail.
ԲԱՆՏԱՐԳԵԱԼ prisoner, detained.
ԲԱՆՏԱՐԳԵԼՈՒԹԻՒՆ imprisonment, detention.
ԲԱՆՏԱՐԿԵԱԼ prisoner, detained.
ԲԱՆՏԱՐԿԵԼ, **ԲԱՆՏԵԼ** to detain, to imprison, to confine.

ԲԱՆՏԱՐԿՈՒԹԻՒՆ confinement, imprisonment.
ԲԱՇ mane.
ԲԱՇԽԵԼ to distribute, to divide, to share.
ԲԱՇԽՈՅՔ donation, gift, present.
ԲԱՇԽՈՒՄ distribution, division.
ԲԱՌ word, motto, term, expression.
ԲԱՌԱԳԻՏԱԿԱՆ lexicological.
ԲԱՌԱԳԻՏՈՒԹԻՒՆ lexicology.
ԲԱՌԱԳԻՐ lexicographer.
ԲԱՌԱԳՐԱԿԱՆ lexicographical.
ԲԱՌԱԳԻՐՔ dictionary, vocabulary.
ԲԱՌԱԳՐՈՒԹԻՒՆ lexicography.
ԲԱՌԱԽԱՂ calembour, pun, quibble.
ԲԱՌԱԿԱՆ literal, word for word.
ԲԱՌԱՉ the bellowing, lowing, roaring.
ԲԱՌԱՉԵԼ to bellow, to roar, to low.
ԲԱՌԱՉՈՒՄ belling, bellowing.
ԲԱՌԱՐԱՆ dictionary.
ԲԱՌՆԱԼ to raise up, to lift, to remove.
ԲԱՏԱՏ sweet potato.
ԲԱՐԱԿ thin, slender, fine, refined.
ԲԱՐԱԿ greyhound, harrier, hunter.
ԲԱՐԱԿՈՒԹԻՒՆ fineness, slenderness, thinness.
ԲԱՐԱԿՑՆԵԼ to make thinner, finer.
ԲԱՐԱՊԱՆ door-keeper, porter, bailif.
ԲԱՐԱՊԱՆՈՒԹԻՒՆ sergeantship.
ԲԱՐԱՒՈՐ door post, lintel.
ԲԱՐԲԱՆՋԵԼ to trifle, to prate, to dote, to chat.
ԲԱՐԲԱՆՋԱՆՔ fatuity, drivel, dotage, gossip.
ԲԱՐԲԱՌ voice, sound, cry, idiom, language, dialect.
ԲԱՐԲԱՌԵԼ to speak, to cry, to resound
ԲԱՐԲԱՐՈՍ barbarous, savage, cruel.
ԲԱՐԲԱՐՈՍՈՒԹԻՒՆ barbarity, savageness, cruelty.
ԲԱՐԳԱՒԱՃ prosperous, flourishing, well off, florid.
ԲԱՐԳԱՒԱՃԻԼ to prosper, to flourish.
ԲԱՐԳԱՒԱՃՈՒՄ prosperity, flourish, thriving.
ԲԱՐԴ complicated, difficult.
ԲԱՐԴ stack, stratus (cloud).
ԲԱՐԴ pile, battery, accumulator.
ԲԱՐԴԵԱԼ composed, compound.
ԲԱՐԴԵԼ to accumulate, to heap up.
ԲԱՐԴՈՒԹԻՒՆ complication, composition, accumulation.
ԲԱՐԵԱՑԱԿԱՄ well-wisher, friendly, benevolent.
ԲԱՐԵԱՒ well, right, well off.
ՄՆԱՔ ԲԱՐԵԱՒ good bye, adieu.
ԲԱՐԵԲԱԽՏ, ԲԱՐԵԲԱՂԴ fortunate, happy, lucky.
ԲԱՐԵԲԱԽՏԱԲԱՐ fortunately, happily.
ԲԱՐԵԲԱԽՏՈՒԹԻՒՆ fortunate, happiness, chance.
ԲԱՐԵԲԱՍՏԻԿ successful, fortunate, happy.
ԲԱՐԵԲԱՐՈՅ fine, civil, kind, good natured.
ԲԱՐԵԲԵՐ fertile, fecund, fruitful.
ԲԱՐԵԲԵՐՈՒԹԻՒՆ fecundity, fertility.
ԲԱՐԵԳԻՏՈՒԹԻՒՆ physiognomy.
ԲԱՐԵԳՈՐԾ benefactor, well-doer, beneficent.
ԲԱՐԵԳՈՐԾԵԼ to do well, to make good to anyone.
ԲԱՐԵԳՈՐԾՈՒԹԻՒՆ beneficence, well-doing, charity, philanthropy.
ԲԱՐԵԳՈՒԹ clement, compassionate, merciful.
ԲԱՐԵԳՈՒՇԱԿ a favourable presage, auspicious.
ԲԱՐԵԴԷՄ full-faced.
ԲԱՐԵԼԱՒ amended, very good.
ԲԱՐԵԽԱՌՆ temperate, sober, moderate.
ԲԱՐԵԽԱՌՆԵԼ to modify, to temper, to allay.
ԲԱՐԵԽԱՌՆՈՒԹԻՒՆ temperance, moderation, sobriety.
ԲԱՐԵԽՆԱՄ regardful, careful, solicitious.

ԲԱՐԵԽՕՍ intercessor, mediator, interceder.

ԲԱՐԵԽՕՍՈՒԹԻՒՆ mediation, intercession.

ԲԱՐԵԿԱԶՄ nicely formed, in order, orderly.

ԲԱՐԵԿԱՄ friend.

ԲԱՐԵԿԱՄԱԲԱՐ amiably, friendly.

ԲԱՐԵԿԱՄԱՆԱԼ to become friend, to be familiar.

ԲԱՐԵԿԱՄՈՒԹԻՒՆ friendship, amity.

ԲԱՐԵԿԱՄՈՒՀԻ female friend, friend.

ԲԱՐԵԿԱՐԳ reformed, in good order.

ԲԱՐԵԿԱՐԳԵԼ to reform, to put in order.

ԲԱՐԵԿԱՐԳԻՉ reformer.

ԲԱՐԵԿԱՐԳՈՒԹԻՒՆ reform, good order, discipline.

ԲԱՐԵԿԵՑԻԿ well-to-do.

ԲԱՐԵԿԵՆԴԱՆ Carnival, masquerade, festivity.

ԲՈՒՆ ԲԱՐԵԿԵՆԴԱՆ Shrovetide.

ԲԱՐԵԿԵՑՈՒԹԻՒՆ commodity, convenience, ease.

ԲԱՐԵԿԻՐԹ polite, well-bred, well instructed.

ԲԱՐԵԿՐԹՈՒԹԻՒՆ good education, politeness, good-breeding.

ԲԱՐԵԿՐՕՆ religious, of good morals, spiritual.

ԲԱՐԵԿՐՕՆՈՒԹԻՒՆ religiousness, piety, probity.

ԲԱՐԵՀԱՃԻԼ to deign, to condescend, to accept.

ԲԱՐԵՀԱՃՈՒԹԻՒՆ consent, assent, approbation.

ԲԱՐԵՀԱՄԲԱՒ famous, renowned, celebrated.

ԲԱՐԵՀԱՄԲՈՅՐ polite, agreeable, gallant, gentle.

ԲԱՐԵՁԵՒ well formed, graceful.

ԲԱՐԵՁԵՒՈՒԹԻՒՆ fine figure, decency, gracefulness.

ԲԱՐԵՄԱՂԹԵԼ to wish, to wish well.

ԲԱՐԵՄԱՂԹՈՒԹԻՒՆ wish, good wish, toast.

ԲԱՐԵՄԱՍՆՈՒԹԻՒՆ qualification, quality, perfection.

ԲԱՐԵՄԻՏ sincere, frank, good, naive.

ԲԱՐԵՄՏՈՒԹԻՒՆ bonhomie, good nature, indulgence.

ԲԱՐԵՅԱՋՈՂ favourable, prosperous, propitious.

ԲԱՐԵՅԻՇԱՏԱԿ of blessed memory, of good memorial.

ԲԱՐԵՆԱԽԱՆՁ zealous. one full of zeal.

ԲԱՐԵՆՇԱՆ of good sign.

ԲԱՐԵՆՈՐՈԳՈՒՄ reform, reformation.

ԲԱՐԵՇՆՈՐՀ gracious, pleasing, handsome, graceful.

ԲԱՐԵՇՆՈՐՀՈՒԹԻՒՆ graciousness, elegance, pleasingness.

ԲԱՐԵՊԱՇՏ pious, religious, devout.

ԲԱՐԵՊԱՇՏՈՒԹԻՒՆ piety, godliness.

ԲԱՐԵՊԱՏԵՀ favourable, propitious, very convenient.

ԲԱՐԵՍԷՐ kind, good natured, benign.

ԲԱՐԵՍԻՐԱԲԱՐ benignly, kindly, benevolently.

ԲԱՐԵՍԻՐՈՒԹԻՒՆ benignity, good will.

ԲԱՐԵՍԻՐՏ benign, generous, kind hearted.

ԲԱՐԵՍՐՏՈՒԹԻՒՆ good heartedness, generosity.

ԲԱՐԵՎԱՅԵԼՈՒՉ becoming, decent, handsome, pretty.

ԲԱՐԵՏՈՀՄ noble, of good family.

ԲԱՐԵՐԱՐ benefactor, indulgent, munificent.

ԲԱՐԵՐԱՐՈՒՀԻ benefactress.

ԲԱՐԵՐԱՐԵԼ to do good, to favour

ԲԱՐԵՐԱՐՈՒԹԻՒՆ bounty, kindness beneficence.

ԲԱՐԵՒ salute, salutation, compliments.

ԲԱՐԵՒԵԼ to salute, to greet, to ha. to bow.

ԲԱՐԻ good, fine, kind, good natured.

ԲԱՐԿ acrid, sour, tart, biting.

ԲԱՐԿԱՆԱԼ to be angry, to be offended.

ԲԱՐԿԱՑՈՂ, ԲԱՐԿԱՑՈՏ irascible, passionate, choleric, impetuous.
ԲԱՐԿԱՑՆԵԼ to exasperate, to anger, to offend, to vex, to irritate.
ԲԱՐԿՈՒԹԻՒՆ anger, wrath, vaxation, indignation.
ԲԱՐԿՕՂԻ brandy, rum.
ԲԱՐՁ cushion, pad.
ԵՐԵՍԻ ԲԱՐՁ pillow.
ԲԱՐՁԱԿԱՆ crural.
ԲԱՐՁԱԿԻՑ guest, table companion.
ԲԱՐՁԵՐԵՍ pillow case.
ԲԱՐՁԻԿ small cushion, bolster.
ԲԱՐՁՈՍԿՐ femur, thigh bone.
ԲԱՐՁՈՒՄ raising, carrying off, abduction, deduction. subtraction.
ԲԱՐՁՈՒՆՔ height, altitude, summit.
ԲԱՐՁՐ high, lofty, tall, eminent, alto.
ԲԱՐՁՐԱԲԵՐՁ haughty, lofty. towering.
ԲԱՐՁՐԱԳԱԳԱԹ lofty.
ԲԱՐՁՐԱԳԵՂ very charming, pretty, excellent.
ԲԱՐՁՐԱԳՈՅՆ superior. upper, topmost.
ԲԱՐՁՐԱՀԱՍԱԿ tall.
ԲԱՐՁՐԱՁԱՅՆ resounding, sonorous, aloud, loudly.
ԲԱՐՁՐԱՄԻՏ arrogant, proud, haughty, supercilious.
ԲԱՐՁՐԱՄՏՈՒԹԻՒՆ haughtiness, pride, presumption.
ԲԱՐՁՐԱՆԱԼ to rise, to mount, to get higher, to ascend.
ԲԱՐՁՐԱՉԱՓ altimeter, hypsometer.
ԲԱՐՁՐԱՊԱՏԻՒ right honourable.
ԲԱՐՁՐԱՍՏԻՃԱՆ high ranking, of high rank.
ԲԱՐՁՐԱՑՈՒՄ raising, promotion, advance.
ԲԱՐՁՐԱՑՆԵԼ to exalt, to raise up, to elevate.
ԲԱՐՁՐԱՒԱՆԴԱԿ height, elevation, rising, ground.
ԲԱՐՁՐԵԱԼՆ The Most High (God).
ԲԱՐՁՐՈՒԹԻՒՆ height, elevation, altitude, highness, grandeur, eminence, elevation.
ԲԱՐՈՅԱԳԷՏ moralist.
ԲԱՐՈՅԱԳԻՏՈՒԹԻՒՆ ethics, morals.
ԲԱՐՈՅԱԼԻՑ moral.
ԲԱՐՈՅԱԽՕՍ moralist, moral philosopher.
ԲԱՐՈՅԱԽՕՍԵԼ to moralize.
ԲԱՐՈՅԱԿԱՆ moral, ethic.
ԲԱՐՈՅԱԿԱՆՈՒԹԻՒՆ morality, moralism.
ԲԱՐՈՅԱՊԷՍ morally.
ԲԱՐՈՅԱՑՆԵԼ to moralize, to improve.
ԲԱՐՈՒԹԻՒՆ goodness, kindness, clemency, probity.
ԲԱՐՈՒՆԱԿ vine-branch with foliage and fruit.
ԲԱՐԻՈՔ properly, good, finely.
ԲԱՐԻՈՔԵԼ to ameliorate, to improve, to better.
ԲԱՐԻՈՔՈՒՄ improvement, amelioration.
ԲԱՐՔ character, nature, ways, manners, morals, habits, customs.
ԲԱՐՕՐՈՒԹԻՒՆ happiness, welfare.
ԲԱՑ open, uncovered, plain.
ԲԱՑ ԱՍՏԻ besides this.
ԲԱՑԱԳԱՆՉԵԼ to cry out, to exclaim.
ԲԱՑԱԳԱՆՉՈՒԹԻՒՆ exclamation, pain.
ԲԱՑԱԿԱՅ absent, not present, away.
ԲԱՑԱԿԱՅՈՒԹԻՒՆ absence.
ԲԱՑԱՅԱՅՏ evident, manifest, clear.
ԲԱՑԱՅԱՅՏԵԼ to manifest, to explain, to declare.
ԲԱՑԱՅԱՅՏՈՒԹԻՒՆ explicitness, evidence.
ԲԱՑԱՌԱԿԱՆ ablative.
ԲԱՑԱՌԱՊԷՍ exceptionally.
ԲԱՑԱՌԻԿ exceptional.
ԲԱՑԱՌՈՒԹԻՒՆ exception.
ԲԱՑԱՍԱԿԱՆ negative.
ԲԱՑԱՏՐԵԼ to explain, to express, to expound.
ԲԱՑԱՏՐՈՒԹԻՒՆ explication, explanation, specification, version, expression.
ԲԱՑԱՐՁԱԿ absolute, unconditional, arbitrary.

ԲԱՑԱՐՁԱԿԱՊԷՍ absolutely, indispensably.
ԲԱՑԲԵՐԱՆ repeater, babbler.
ԲԱՑԵՐԵՒ evident, clear, visible.
ԲԱՑԷԻԲԱՑ openly.
ԲԱՑՈՒԱԾ, ԲԱՑՈՒԱԾՔ opening, aperture, orifice.
ԲԱՑՈՒԹԻՒՆ opening, space.
ԲԱՑՈՒԻԼ to be opened.
ԲԱՑՈՒՄ opening, inauguration.
ԲԱՒԱԿԱՆ enough, sufficient, capable.
ԲԱՒԱԿԱՆԱՆԱԼ to be satisfied with, to suffice.
ԲԱՒԱԿԱՆՈՒԹԻՒՆ sufficiency, adequacy, competency.
ԲԱՒԵԼ to be sufficient.
ԲԱՒԵՑՆԵԼ to render sufficient.
ԲԱՒԻՂ maze, labyrinth.
ԲԲՈՒԿ comb of a cock, crest.
ԲԴԵՇԽ consul, mayor.
ԲԵԿԱՆԵԼ to break, to smash, to cut.
ԲԵԿԲԵԿԵԼ to refract, to break, to quaver.
ԲԵԿԲԵԿԻԼ to be refracted, to smirk, to simper.
ԲԵԿԲԵԿՈՒՄ refracture, fracture.
ԲԵԿՈՐ bit, piece, fragment.
ԲԵՀԵԶ muslin, byssus.
ԲԵՀԵՂԶԵԲՈՒՂ satan, devil, beelzebub.
ԲԵՂՄՆԱՒՈՐ fruitful, fecund, prolific.
ԲԵՂՄՆԱՒՈՐԵԼ to fecundate, to make fruitful.
ԲԵՂՄՆԱՒՈՐՈՒԹԻՒՆ fecundation, fecundity.
ԲԵՌՑՆԵԼ to load, to charge, to burden.
ԲԵՌՑՆՈՂ loader, freighter.
ԲԵՐ, ԲԵՐՔ product, produce, fruit.
ԲԵՐԱՆ mouth.
ԲԵՐԱՆ ԴԱՆԱԿԻ edge, blade.
ԲԵՐԱՆԱՑԻ orally, verbal.
ԲԵՐԴ fort, stronghold.
ԲԵՐԴԱԿԱԼ castellan, fortress commander.
ԲԵՐԵԼ to bring, to fetch.
ՁԵՌՔ ԲԵՐԵԼ to obtain.
ԲԵՐԿՐԱԼԻ joyful, merry, cheerful, lively, delightful.
ԲԵՐԿՐԱՄԻՏ cheerful, joyful.
ԲԵՐԿՐԱՆՔ mirth, joy, gaiety, delight.
ԲԵՐԿՐԻԼ to rejoice, to be merry, to feel joy.
ԲԵՐՈՂ holder, bearer, porter.
ԲԵՐՐԻ fertile, fecund, prolific.
ԲԵՐՔ product, produce, fruit.
ԲԵՒԵԿՆ turpentine.
ԲԵՒԵՌ pole, nail.
ԲԵՒԵՌԱԳԻՐ cuneiform characters.
ԲԵՒԵՌԱՑԻՆ polar.
ԲԵՒԵՌԱՑՈՒՄ polarization.
ԲԶԶԱԼ to buzz, to hum.
ԲԶԵԶ gorfly, beetle, tumble bug.
ԲԶԶՈՒՄ buzzing, humming.
ԲԶՐՈՒԿ Forget-me-not, myosotis.
ԲԶՔՏԵԼ to tatter, to tear to pieces.
ԲԹԱՄԻՏ dull-brained, blockhead.
ԲԹԱՄՏՈՒԹԻՒՆ blockheadism, hebetude.
ԲԹԱՆԿԻՒՆ obluse-angled.
ԲԹԱՑՆԵԼ to dull, to blunt, to obtund.
ԲԺԺԱՆՔ talisman, amulet.
ԲԺԻՇԿ physician, doctor.
ԲԺՇԿԱԿԱՆ medical, medicinal.
ԲԺՇԿԱՊԵՏ head-doctor, chief-physician.
ԲԺՇԿԵԼ to heal, to cure, to remedy.
ԲԺՇԿԵԼԻ curable, sanable.
ԲԺՇԿՈՒԻԼ to be cured, to recover, to heal up.
ԲԺՇԿՈՂ healer, curer.
ԲԺՇԿՈՒԹԻՒՆ healing, recovery, medicine, attendance.
ԲԺՇԿՑՈՒ medical student.
ԲԺՈԺ cocoon.
ԲԻԲ pupil, apple of the eye.
ԲԻԾ spot, stain, blot.
ԲԻՐ cubgel, club.
ԲԻՏ spur, ergot.
ԲԻՐՏ clumsy, rustic, coarse, harsh, rude.
ԲԻՒՐ ten thousand.
ԲԻՒՐՔ ԲԻՒՐՈՑ myriad.

ԲԻՒՐԱՊԱՏԻԿ ten thousand times.
ԲԻՒՐԵՂ crystal, beryl.
ԲԻՒՐԵՂԱՆԱԼ to crystallize.
ԲԻՒՐԵՂԱՆԱԼԻ crystallizable.
ԲԻՒՐԵՂԱՑՈՒՄ crystallization.
ԲԻՒՐԵՂԱՑՆԵԼ to crystallize.
ԲԻՒՐԵՂԱԳՈՐԾ glass-cutter.
ԲԻՒՐԵՂԱԿԵՐՊ berylloid, crystalline.
ԲԼԹԱԿ lobe, peduncle, trigger, detente.
ԲԼԻԹ cake, oil-cake.
ԲԼԻԹԵՆ corn, fenugreek.
ԲԼՈՒՐ hill, hillock.
ԲԼՐԱՁԵՒ hill-shaped.
ԲԽԵԼ to spring up, to rise, to originate.
ԲԾԱԽՆԴԻՐ meticulous, critic, censurer.
ԲԾԱՏԵՆԴ typhoid fever.
ԲԾԱՒՈՐ spotted, stained, speckled.
ԲՂԽԵԼ, ԲՂԽԻԼ ՏԵՍ ԲԽԵԼ:
ԲՂԽՈՒՄ gushing out, spouting out, emanation.
ԲՂՂԱԿ jar, short-necked bottle.
ԲՂՈՒԿ ewer, big jar.
ԲՂՋԱԽՈՀ: lustful, lewd, lascivious.
ԲՂՋԱԽՈՀՈՒԹԻՒՆ lewdness, lasciviousness.
ԲՆԱԲԱՆՈՒԹԻՒՆ physics, natural philosophy.
ԲՆԱԲԱՆ text, subject, topic.
ԲՆԱԲՈՅՍ natural, inbred.
ԲՆԱԳԱՒԱՌ home, native country.
ԲՆԱԳԷՏ naturel philosopher.
ԲՆԱԳԻՏԱԿԱՆ physical.
ԲՆԱԳԻՏՈՒԹԻՒՆ physics, natural philosophy.
ԲՆԱԳԻՐ text, original.
ԲՆԱԳՐԱԿԱՆ textual.
ԲՆԱԳՐՈՒԹԻՒՆ physiography.
ԲՆԱԶԱՆՑ methaphysician.
ԲՆԱԶԱՆՑԱԿԱՆ metaphysical.
ԲՆԱԶԱՆՑԱԳԷՏ metaphysician.
ԲՆԱԶԱՆՑՈՒԹԻՒՆ metaphysics.
ԲՆԱԶԴ instinct, impulse, intuition.
ԲՆԱԶԴԱԿԱՆ instinctive, natural.
ԲՆԱԶՆՆԱԿԱՆ physiognomic.
ԲՆԱԶՆՆՈՒԹԻՒՆ physiognomy:
ԲՆԱԼՈՅԾ chemist.
ԲՆԱԼՈՒԾՈՒԹԻՒՆ chemistry.
ԲՆԱԽՕՍ physiologist.
ԲՆԱԽՕՍԱԿԱՆ physiological.
ԲՆԱԽՕՍՈՒԹԻՒՆ physiology.
ԲՆԱԾԻՆ instinctive, natural.
ԲՆԱԾԽԱԿԱՆ carbonic.
ԲՆԱԾԽՈՒԿ carburet.
ԲՆԱԾՈՒԽ carbon.
ԲՆԱԿԱԿԻՑ cohabitant, inmate.
ԲՆԱԿԱԿՑԻԼ to live together.
ԲՆԱԿԱԿՑՈՒԹԻՒՆ cohabitation.
ԲՆԱԿԱՆ natural, physical.
ԲՆԱԿԱՆԱԲԱՐ naturally.
ԲՆԱԿԱՆՈՒԹԻՒՆ naturalism, naturalness.
ԲՆԱԿԱՐԱՆ, ԲՆԱԿԱՎԱՅՐ domicile, abode, residence, dwelling place.
ԲՆԱԿԻԼ to reside, to dwell in, to live, to stay.
ԲՆԱԿԵԼԻ inhabitable.
ԲՆԱԿԵՑՆԵԼ to lodge, to house, to make to inhabit.
ԲՆԱԿԻՉ inhabitant.
ԲՆԱԿՈՒԹԻՒՆ residence, dwelling, inhabitation.
ԲՆԱԿՐՕՆՈՒԹԻՒՆ naturalism.
ԲՆԱԿՐՕՆ naturalist.
ԲՆԱՁԻՐ privileged.
ԲՆԱՄՈՐՄ strychnine.
ԲՆԱՇԽԱՐՀԻԿ aboriginal, indigenous.
ԲՆԱՊԱՆԻՐ casein.
ԲՆԱՊԱՇՏ naturalist.
ԲՆԱՊԱՇՏՈՒԹԻՒՆ naturalism.
ԲՆԱՊԱՏՄՈՒԹԻՒՆ natural history.
ԲՆԱՋԻՆՋ ԸՆԵԼ to exterminate.
ԲՆԱՎԱՅՐ home.
ԲՆԱՏԷՐ master, true owner.
ԲՆԱՏՈՒՐ innate.
ԲՆԱՒ not at all, never, in no wise.
ԲՆԱՒՈՐՈՒԹԻՒՆ nature, character, habit, custom.
ԲՆԱՓԻՈՆ morphine.
ԲՆԱՔԻՆԱՅ quinine.
ԲՆԴԵՂՆ black-heetle.
ԲՆԻԿ native, originary, natural.
ԲՆՈՒԹԻՒՆ nature, character, habit, entity.
ԲՆՈՅԹ nature, character.

ԲՇՏԻԼ to blister, to pustulate.
ԲՇՏԻԿ blister, pustule.
ԲՈԲ basket, sack, trunk.
ԲՈԳ felwort, gentian.
ԲՈԶ whore, prostitude, street-walker, harlot.
ԲՈԶԱՆՈՑ brothel, bagnio.
ԲՈԶԱՐԱՐ bawd, whoremonger.
ԲՈԶՈՒԹԻՒՆ prostitution, harlotry.
ԲՈԺՈԺ bawble, rattle.
ԲՈԼՈՐ all, whole, entire, complete.
ԲՈԼՈՐԱԿ round, ring, circle, circuit.
ԲՈԼՈՐԱԿԵԼ to round.
ԲՈԼՈՐԱԿՈՒԹԻՒՆ roundness, circle. orb, rotundity.
ԲՈԼՈՐԱՁԵՒ circular, round, spherical.
ԲՈԼՈՐԱՆՈՒԷՐ very devoted, all offered.
ԲՈԼՈՐԵԼ to surround, to environ.
ԲՈԼՈՐՇԻ orbicular.
ԲՈԼՈՐՈՎԻՆ entirely, wholly, altogether.
ԲՈԿ bare-footed.
ԲՈԿԵՂ ring-biscuit.
ԲՈԿՈՏՆ bare-footed, barefoot.
ԲՈՀՐԵԼ to roast, to torrefy.
ԲՈՂԲՈՋ bud, shoot, germ, sprout.
ԲՈՂԲՈՋՈՒՄ germination.
ԲՈՂԿ radish, horse-radish.
ԲՈՂՈՆ cloak, mantle.
ԲՈՂՈՔ claim, demand, appeal, complaint.
ԲՈՂՈՔԱԳԻՐ protest.
ԲՈՂՈՔԱԿԱՆ protestant.
ԲՈՂՈՔԱԿԱՆՈՒԹԻՒՆ protestantism.
ԲՈՂՈՔԱՐԿՈՒ claimant.
ԲՈՂՈՔԵԼ to protest, to complain, to object.
ԲՈՂՈՔՈՂ claimant, protestant.
ԲՈՂՈՔՈՒՄ protestation, protesting.
ԲՈՅԹ thumb, peg.
ԲՈՅՄ nutriment, subsistence.
ԲՈՅՆ nest, home, lodging.
ԲՈՅՍ plant, herb.
ԲՈՅՐՔ smell, aroma, scent.
ԲՈՇԱՅ gipsy, romany.
ԲՈՎ furnace, forge, stove. grief.

ԲՈՎԱՆԴԱԿ all, total, entire.
ԲՈՎԱՆԴԱԿԵԼ to include, to comprehend, to contain, to enclose.
ԲՈՎԱՆԴԱԿՈՒԹԻՒՆ contents.
ԲՈՎԻՃԱՌՔ aromatics, spices, incense.
ԲՈՐ leprosy, itch; scurf.
ԲՈՐԱԿ nitre, saltpetre.
ԲՈՐԱԿԱԿԱՆ nitrice.
ԲՈՐԱԿԱԿԱՆ ԹԹՈՒ nitric acid.
ԲՈՐԱԿԱՅԻՆ nitrous.
ԲՈՐԱԿԱԾԻՆ nitrogen.
ԲՈՐԱԿԱՏ nitrate.
ԲՈՐԲՈՍ mustiness mould.
ԲՈՐԲՈՍԻԼ to grow musty.
ԲՈՐԲՈՔԵԱԼ inflamed.
ԲՈՐԲՈՔ inflamed, ignited.
ԲՈՐԲՈՔԵԼ to kindle, to inflame, to provoke.
ԲՈՐԲՈՔԻԼ to be inflamed, to blaze, to ignite.
ԲՈՐԲՈՔՈՒՄ inflammation.
ԲՈՐՈՏ leprous, leper.
ԲՈՐՈՏԻԼ to become leprous.
ԲՈՐՈՏԱՆՈՑ leprosarium. leper-house.
ԲՈՐՈՏՈՒԹԻՒՆ leprosy.
ԲՈՑ flame, blaze, flash.
ԲՈՑԱԿԷԶ in flames, burning, inflamed.
ԲՈՑԱԾՈՒՆՉ on fire, in flames, ignited.
ԲՈՑԱՎԱՌ, ԲՈՑԵՂԷՆ flaming, ablaze, aflame.
ԲՈՑԱՓԱՅԼՈՒՄ flame.
ԲՈՒ owl.
ԲՈՒԷՃ brown owl, horned owl.
ԲՈՒԹ obtuse.
ԲՈՒԹԱԿ prop, thumb, pin, peg.
ԲՈՒԹԱԿԱՊ thumb screw, manacles.
ԲՈՒԹԱՄԱՏ thumb.
ԲՈՒԹԱՉԱՓ inch.
ԲՈՒԺԵԼ to cure, to heal.
ԲՈՒԺԻՉ healer, curer.
ԲՈՒԺՈՒՄ healing, cure.
ԲՈՒԾԱՆԵԼ to nourish, to cure, to feed.
ԲՈՒՆ original, real, own, precise, plain.

ՕՐՆ Ի ԲՈՒՆ all the day long.
ԲՈՒՆ butt end, counter-foil, shaft, beam, trunk, stem.
ԲՈՒՆՃ gague, clod, glebe.
ԲՈՒՆԿԱԼ nest-egg.
ԲՈՒՌ gypsum, plaster-stone, lime.
ԲՈՒՌՆ fist, palm (of one's hand).
ԲՈՒՌՆ alive, ardent, vigorous.
ԲՈՒՍԱԲԱՆ botanist.
ԲՈՒՍԱԲԱՆԱԿԱՆ botanical.
ԲՈՒՍԱԲԱՆՈՒԹԻՒՆ botany.
ԲՈՒՍԱԿԱՆ vegetal, vegetable.
ԲՈՒՍԱԿԵՐ vegetarian.
ԲՈՒՍՆԻԼ to sprout, to grow, to vegetate.
ԲՈՒՍԱՐԱՆ grass shed, herbarium.
ԲՈՒՍՏ coral.
ԲՈՒՐԱՍՏԱՆ garden, orchard.
ԲՈՒՐԳ pyramid, tower.
ԲՈՒՐԴ wool, worsted.
ԲՈՒՐԵԼ to smell, to scent, to exhale.
ԲՈՒՐՈՂ exhaling, fragrant.
ԲՈՒՐՎԱՌ censer.
ԲՈՒՐՎԱՌԱԿԻՐ censer-bearer.
ԲՈՒՐՈՒՄ scenting, smell, odour, flavour.
ԲՈՐՈՒՄՆԱՒԷՏ fragrant, sweet smelling.
ԲՉԵԼ to blow, to bellow.
ԲՉԻՒՆ bellow roaring.
ԲՋԻՋ cell.
ԲՌՆԱԲԱՐ violently, by force.
ԲՌՆԱԲԱՐԵԼ to violate, to force, to constrain.
ԲՌՆԱԲԱՐՈՒՄ, ԲՌՆԱԲԱՐՈՒԹԻՒՆ, violation, ravishment.
ԲՌՆԱԴԱՏԵԱԼ forced, constrained.
ԲՌՆԱԴԱՏԵԼ to force, to constrain, to violate, to ravish.
ԲՌՆԱԴԱՏՈՒՄ forcing, compelling, violence, constraint, compulsion.
ԲՌՆԱԶԲՕՍԵԼ to force, to impede, to constrain, to torment.
ԲՌՆԱԶԲՕՍԻԿ affected, forced, constrained.
ԲՌՆԱՄԱՐՏԻԿ wrestler, pugilist, boxer.
ԲՌՆԱՄԱՐՏՈՒԹԻՒՆ wrestling, pugilism.
ԲՌՆԱՆԱԼ to tyrannize, to encroach.
ԲՌՆԵԼ to hold, to 'catch, to take, to grasp, to occupy.
ԲՌՆԵԼԻ catchable.
ԲՌՆԻ by force, violently.
ԲՌՆԿԻԼ to take fire, to be inflamed.
ԲՌՆԿԵՑՆԵԼ to inflame, to set on fire.
ԲՌՆՈՒԹԻՒՆ constraint, force, violence.
ԲՌՆՈՒԻԼ to be held, to be caught, to be taken.
ԲՌՈՒՆՑՔ fist, hand.
ԲՐԱԲԻՈՆ garden primrose.
ԲՐԱՁՈՒԿ cod-fish, ling.
ԲՐԳԱՁԵՒ pyramidal.
ԲՐԴԱԳՈՐԾ wool-stapler.
ԲՐԴԱՑԻՆ of wool, woolly, fleecy, downy.
ԲՐԴԱՎԱՃԱՌ wool-seller.
ԲՐԴԵԱՅ of wool, woollen.
ԲՐԴԵԼ to crumble.
ԲՐԴԵՂԷՆ woollen goods.
ԲՐԴՈՏ woolly, fleecy.
ԲՐԴՈՏԻԼ to become downy, to cotton.
ԲՐԵԼ to dig, to hoe.
ԲՐԵՏ wasp, humble bee.
ԲՐԻՆՁ rice.
ԲՐԻՉ pick-axe, hoe, mattock.
ԲՐՆՁԱՎԱՅՐ rice field.
ԲՐՈՄԱՏ bromate.
ԲՐՈՒՏ potter.
ԲՐՏԱՆԱԼ to grow stiff, to become rude, to stiffen.
ԲՐՏԱՐԱՆ pottery.
ԲՐՏԱՑՆԵԼ to stiffen, to tighten, to render rigid, to make torpid.
ԲՐԴԵՂԷՆՔ pottery, earthenware of all kinds.
ԲՐՏՈՆ potter's clay.
ԲՐՏՈՒԹԻՒՆ stiffness, tightness, harshness, toughness.
ԲՐՏՈՒԹԻՒՆ potter's art, pottery.
ԲՐՏՕՐԷՆ clumsily.
ԲՕԹ sad news.

ԲՕԹԱԲԵՐ bearer of sad news, baneful.
ԲՕԹԱԼԻՑ sorrowful, distressing, baneful.
ԲՕԹԵԼ to announce distressing news.
ԲՕԼ yolk of an egg.

Գ

ԳԱԳԱԹ top, summit, head, pinnacle.
ԳԱԳԱԹՆԱԿԷՏ zenith.
ԳԱԶ prickly thrift, tamarisk.
ԳԱԶԱՆ beast, brute, animal.
ԳԱԶԱՆԱԲԱՐ brutally, bestially.
ԳԱԶԱՆԱՄԻՏ ferocious, fierce, brutal.
ԳԱԶԱՆՈՒԹԻՒՆ brutality, ferocity, fierceness.
ԳԱԶԱՐ wild carrot, parsnip.
ԳԱԶՊԷՆ manna, honey-dew.
ԳԱԼ to come, to arrive.
ՆԵՐՍ ԳԱԼ to come in.
ԳԱԼԱՐ fold, coil, plait.
ԳԱԼԱՐԱՂԻ ileum.
ԳԱԼԱՐԱՓՈՂ French horn.
ԳԱԼԱՐԵԼ to roll, to wind, to twist, to crease.
ԳԱԼԱՐՈՒԻԼ to wriggle, to be folded, to crinkle, to writhe.
ԳԱԼԱՐՈՒՄ crinkle, rolling up, twisting.
ԳԱԼԱՐՈՒՆ rolled up, twisted, tortuous.
ԳԱԼՈՒՍՏ advent, coming, arrival.
ԳԱՀ throne, seat.
ԳԱՀԱԺԱՌԱՆԳ crown prince.
ԳԱՀԱԿԱԼԵԼ to succeed to a throne, to throne, to be in power.
ԳԱՀԱԿԱԼՈՒԹԻՒՆ accession, enthronement.
ԳԱՀԱՃԱՌ throne speech, crown speech.
ԳԱՀԱՒՈՐԱԿ litter, stand.
ԳԱՀԱՎԻԺՈՒՄ tumbling down, precipice.
ԳԱՀԱՎԻԺԻԼ to rush, to precipitate.
ԳԱՀԱՎԻԺՈՒԹԻՒՆ ՏԵՍ ԳԱՀԱՎԻԺՈՒՄ:
ԳԱՀԵՐԷՑ president, chairman, dean, primate.
ԳԱՂԱՏՈՄ mason, stone-cutter.
ԳԱՂԱՓԱՐ idea, notion, opinion, thought, perception.
ԳԱՂԱՓԱՐԱԿԱՆ ideal, idealist, visionary.
ԳԱՂԱՓԱՐԱԿԱՆՈՒԹԻՒՆ idealism.
ԳԱՂԹԱԿԱՆ refugee, emigrant.
ԳԱՂԹԱԿԱՆՈՒԹԻՒՆ emigration, migration.
ԳԱՂԹԵԼ to emigrate, to retire.
ԳԱՂԻԱՑԻ Frenchman.
ԳԱՂԻԵՐԷՆ French language.
ԳԱՂՈՒԹ colony, settlement.
ԳԱՂՋ lukewarm, tepid.
ԳԱՂՋԱՆԱԼ to become lukewarm, to cool.
ԳԱՂՋՈՒԹԻՒՆ lukewarmness, tepidity, tepor, gentle heat.
ԳԱՂՏԱԳՈՂԻ secretly, clandestinely, furtiv-

ԳԱՂՏՆԱԲԱՐ secretly, privately, stealthily.
ԳԱՂՏՆԱՊԱՀ discreet, secret, prudent.
ԳԱՂՏՆԱՊԱՀՈՒԹԻՒՆ discretion, secrecy, circumspection, prudence.
ԳԱՂՏՆԻ secret, latent, undiscovered.
ԳԱՂՏՆԻՔ secret, mystery.
ԳԱՂՏՈՒԿ in secret, secretly.
ԳԱՃ plaster, gypsum.
ԳԱՃԱՃ dwarf, pigmy.
ԳԱՃԵԼ to plaster, to patch up.
ԳԱՃՈՒՏ chalky.
ԳԱՄ nail.
ԳԱՄԵԼ to nail.
ԳԱՄՈՒԻԼ to be nailed.
ԳԱՄՓՌ mastiff, watch-dog, bull-dog.
ԳԱՅԹԱԿՂԱՆՔ scandal, shame, dismay.
ԳԱՅԹԱԿՂԻԼ to be scandalized, to be offended.
ԳԱՅԹԱԿՂՈՒԹԻՒՆ scandal, shame, dismay.
ԳԱՅԹԵԼ to slip over, to stumble, to slide.
ԳԱՅԹՈՒՄ slipping, stumbling.
ԳԱՅԼ wolf.
ԳԱՅԼ gag.
ԳԱՅԼԱԽԱԶ flint, pebble.
ԳԱՅԼԻԿՈՆ nimble, drill, auger.
ԳԱՆ bastinate, blows with a stick, bastinado.
ԳԱՆԱԿՈԾԵԼ to bastinade, to drub, to cudgel.
ԳԱՆԱՀԱՐՈՒԹԻՒՆ a beating, a drubbing.
ԳԱՆԳ, ԳԱՆԿ skull, cranium.
ԳԱՆԳԱԲԱՆ craniologist.
ԳԱՆԳԱՏ complaint, plaint.
ԳԱՆԳԱՏԻԼ to complain, to grumble.
ԳԱՆԳՈՒՐ crisped, frizzled.
ԳԱՆԳՐԱՀԵՐ curled, frizzled.
ԳԱՆԵԼ to cudgel, to bastinade.
ԳԱՆԿԱԲԱՆՈՒԹԻՒՆ craniology.
ԳԱՆԿԱԶՆՆՈՒԹԻՒՆ cranioscopy.
ԳԱՆԿԱՉԱՓ craniometer.
ԳԱՆՁ treasure, treasury.
ԳԱՆՁԱԿԱԼ treasurer.
ԳԱՆՁԱՅԻՆ fiscal, pertaining to finance.
ԳԱՆՁԱՆԱԿ charity-box, alms-box.
ԳԱՆՁԱՊԱՀ cashier, treasurer, bursar.
ԳԱՆՁԱՊԱՀՈՒԹԻՒՆ treasury, bursarship.
ԳԱՆՁԱՊԵՏ cashier, treasurer.
ԳԱՆՁԱՏՈՒՆ treasury, exchequer.
ԳԱՆՁԵԼ to collect, to treasure up.
ԳԱՆՁՈՒՄ collection, hoarding.
ԳԱՌԻԱԳԵՂ iron cage, menagery.
ԳԱՌՆ, ԳԱՌՆՈՒԿ lamb.
ԳԱՐԵՀԱՏ grain, berry.
ԳԱՐԵՋՈՒՐ beer.
ԳԱՐԵՋՐԱՏՈՒՆ brewery.
ԳԱՐԻ barley.
ԳԱՐՆԱՆԱՅԻՆ spring, vernal.
ԳԱՐՆԱՆԱԾԱՂԻԿ primrose.
ԳԱՐՇԱԲԱՆՈՒԹԻՒՆ filth, obscenity, immodest words.
ԳԱՐՇԱԲԱՆ filthy, dirty (person), ribald, smutty.
ԳԱՐՇԱՀՈՏ stinking, fetid.
ԳԱՐՇԱՀՈՏՈՒԹԻՒՆ fetidness, stink, infection.
ԳԱՐՇԱՊԱՐ heel.
ԳԱՐՇԵԼԻ detestable, abominable, execrable.
ԳԱՐՇԵԼԻՔ idols, latrine, abomination.
ԳԱՐՇՈՒՄ detestation, abhorrence, disgust.
ԳԱՐՈՒՆ spring, spring time.
ԳԱՒԱԶԱՆ stick, cane, cudgel, rod, wand.
ԳԱՒԱԶԱՆԱԿԻՐ crosier-bearer, mace-bearer.
ԳԱՒԱԹ water-glass, tumbler.
ԳԱՒԱԿ croup, rump.
ԳԱՒԱՌ country, region, province.
ՀԱՅՐԵՆԻ ԳԱՒԱՌ native country.
ԳԱՒԱՌԱԳՐՈՒԹԻՒՆ chorography.
ԳԱՒԱՌԱԿ canton, district.
ԳԱՒԱՌԱՊԵՏ prefect, governor of a district.
ԳԱՒԱՌԱՑԻ provincial, countryman.

ԳԱՒԻԹ hall, court, yard, forecourt.
ԳԳՈՒԱՆՔ tenderness, caress, flattery.
ԳԳՈՒԵԼ to caress, to fondle, to cherish.
ԳԴԱԿ cap, night-cap, flat-cap.
ԳԵԼԱՐԱՆ gag, press.
ԳԵԼՈՒՄ strain, strain, twist, shock, commotion.
ԳԵՀԵՆ hell, gehenna.
ԳԵՂ. ՏԵՍ ԳԻՒՂ:
ԳԵՂ beauty, fineness, elegance.
ԳԵՂԱԳԻՏԱԿԱՆ aesthetical.
ԳԵՂԱԳԻՏՈՒԹԻՒՆ aesthetics.
ԳԵՂԱԳՐՈՒԹԻՒՆ penmanship, calligraphy.
ԳԵՂԱԴԷՄ nice-looking, becoming.
ԳԵՂԱԾԻԾԱՂ smiling, graceful, cheerful.
ԳԵՂԱՆԿԱՐ picturesque.
ԳԵՂԱՊԵՏ mayor.
ԳԵՂԱՐԴ lance.
ԳԵՂԱՐՈՒԵՍՏ fine arts.
ԳԵՂԱՐՈՒԵՍՏԱՍԷՐ amateur, lover of fine arts.
ԳԵՂԳԵՂԵԼ to hum, to quaver, to trill.
ԳԵՂԳԵՂԱՆՔ melody, humming, trill.
ԳԵՂԵՑԻԿ beautiful, fine, lovely, handsome, nice, pretty, pleasing.
ԳԵՂԵՑԿԱԳԻՐ good penman, calligrapher.
ԳԵՂԵՑԿԱԴԷՏ kaleidoscope.
ԳԵՂԵՑԿԱՆԱԼ to grow beautiful, to beautify, to become handsome.
ԳԵՂԵՑԿԱՑՆԵԼ to embellish, to adorn, to beautify.
ԳԵՂԵՑԿՈՒԹԻՒՆ beauty, fineness, prettiness, loveliness, elegance.
ԳԵՂՁ gland, mallow bindweed.
ԳԵՂՋԱՑԻՆ, ԳԵՂՋԿԱԿԱՆ boorish, rustic, rural, clownish.
ԳԵՂՋՈՒԿ villager, peasant, boor, rustic.
ԳԵՂՕՆ ballad, dancing music, pomp, show.
ԳԵՏ river, stream.
ԳԵՏԱԲԵՐԱՆ mouth of a river, embouchure.
ԳԵՏԱԽԱՌՆՈՒՆՔ confluence, conflux.
ԳԵՏԱԿ streamlet, rivulet.
ԳԵՏԱՁԻ hippopotamus, behemoth.
ԳԵՏԱՆԱՒ ferry-boat.
ԳԵՏԱՓ shore, beach, bank of a river.
ԳԵՏԻՆ ground, soil, earth, land.
ԳԵՏՆԱԽՆՁՈՐ potato.
ԳԵՏՆԱԾՈՒԽ coal, coke.
ԳԵՏՆԱՅԱՐԿ ground-floor.
ԳԵՏՆԱՌԻՒԾ chameleon, land crocodile.
ԳԵՏՆԱՉԱՓ land-surveyor.
ԳԵՏՆԱՏԱՐԱԾ prostrate, prone.
ԳԵՏՆԱՏՈՒՆ cave, cellar, ground-floor.
ԳԵՏՆԱՓՈՐ underground, subterranean.
ԳԵՏՆԱՔԱՐՇ vile, low, creepin, crawling.
ԳԵՐ over, uppermost, beyond.
ԳԵՐԱԳԱՀՈՒԹԻՒՆ supremacy, primacy.
ԳԵՐԱԳՈՅՆ supreme, sublime, uppermost.
ԳԵՐԱԴԱՍԵԼ to elevate, to prefer, to raise.
ԳԵՐԱԴՐԱԿԱՆ superlative.
ԳԵՐԱԶԱՆՑ excellent, prominent, superior.
ԳԵՐԱԶԱՆՑԵԼ to excel, to exceed, to surpass.
ԳԵՐԱԶԱՆՑՈՒԹԻՒՆ excellence, eminence, sublimity.
ԳԵՐԱԶԱՆՑՕՐԷՆ excellently.
ԳԵՐԱԿԱՅՈՒԹԻՒՆ super eminence, superiority.
ԳԵՐԱԿԱՏԱՐ pluperfect, supreme, highest.
ԳԵՐԱՀՐԱՇ astonishing, marvelou: wondrous.
ԳԵՐԱՆ beam, post, rafter, stake.
ԳԵՐԱՆԴԻ scythe, sickle.
ԳԵՐԱՊԱՆԾ glorious, excellent, superb.

ԳԵՐԱՊԱՏԻՒ most reverend, right-reverend.
ԳԵՐԲՆԱԿԱՆ supernatural.
ԳԵՐԴԱՍՏԱՆ family, dynasty, home.
ԳԵՐԵԶՄԱՆ tomp, grave, pit, sepulchre.
ԳԵՐԵԶՄԱՆԱԳԻՐ epitaph.
ԳԵՐԵԶՄԱՆԱՏՈՒՆ, **ԳԵՐԵԶՄԱՆՈՑ** graveyard, cemetery.
ԳԵՐԵԼ to captivate, to enslave.
ԳԵՐԻ slave, pirsoner, captive.
ԳԵՐԻՄԱՍՏ ingenious, skilful, clever.
ԳԵՐԻՇԽԱՆ suzerain, paramount, sovereign.
ԳԵՐԻՇԽԱՆՈՒԹԻՒՆ suzerainty, sovereignty.
ԳԵՐԻՎԵՐ over, beyond, uppermost.
ԳԵՐԾԵԼ to shave, to scrape, to clear away.
ԳԵՐԾՈՒՄ shaving (of beard).
ԳԵՐՄԱԿ fine, thin.
ԳԵՐՄԱՆԱԿԱՆ German.
ԳԵՐՄԱՆԻԱ Germany.
ԳԵՐՄԱՆԵՐԷՆ German, German language.
ԳԵՐՄԱՐԴԿԱՅԻՆ supperhuman.
ԳԵՐՈՒԹԻՒՆ captivity, bondage, servitude, slavery.
ԳԵՐՓԵԼ to plunder.
ԳԶԱԾ lint, scraped linen.
ԳԶԱՐԱՆ carding-house.
ԳԶԵԼ to card, to comb (wool, flax).
ԳԶՈՑ carding maching.
ԳԶՐՈՑ desk.
ԳԷԹ at least, only, again.
ԳԷՇ dead body, corpse, bad, evil, ill.
ԳԷՏ guesser, diviner.
ԳԷՐ fat, fleshy, plump, corpulent, greasy.
ԳԹԱԼ to pity, to compassionate, to pardon.
ԳԹԱԾ pitiful, clement, benignant.
ԳԹԱԾՈՒԹԻՒՆ tenderness, pitifulness.
ԳԹՈՒԹԻՒՆ pity, compassion, mercy, clemence.
ԳԺՏԻԼ to disagree, to be out, to fall out.
ԳԺՏՈՒԹԻՒՆ disagreement, trouble.
ԳԻԾ line, stripe, trait, trace.
ԳԻՆ price, estimate, value.
ԳԻՆԻ ՑՈՒՑԱԿ price list.
ԳԻՆԱՐԲՈՒ drunkard, toper, drinker.
ԳԻՆԵԳՈՐԾՈՒԹԻՒՆ wine-making.
ԳԻՆԵՄՈԼ wine-bibber, tipsy, topper, drunkard.
ԳԻՆԵՄՈԼՈՒԹԻՒՆ intoxication, drunkenness.
ԳԻՆԵՊԱՆ tavern-keeper.
ԳԻՆԵՎԱՃԱՌ wine-dealer, vintner.
ԳԻՆԵՏՈՒՆ bodega, wine-shop, tavern.
ԳԻՆԻ wine.
ԳԻՆՁ coriander.
ԳԻՆՈՎ drunkard, drunken.
ԳԻՆՈՎՆԱԼ to get intoxicated, to be drunken.
ԳԻՆՈՎՈՒԹԻՒՆ drunkenness, intoxication, fuddle.
ԳԻՆՈՎՑՈՂ drunken, drunkward.
ԳԻՆՈՎՑՆԵԼ to fuddle, to intoxicate, to tipple.
ԳԻՇԱԿԵՐ rapacious, ravenous, greedy.
ԳԻՇԱԿԵՐՈՒԹԻՒՆ rapacity, ravenousness.
ԳԻՇԱՏԵԼ to devour, to eat up, to tear.
ԳԻՇԱՏԻՉ devouring, ferocious, ravenous.
ԳԻՇԵՐ night, darkness.
ԳԻՇԵՐԱԾԱՂԻԿ arabian jasmine.
ԳԻՇԵՐԱՀԱՒԱՍԱՐ equinox.
ԳԻՇԵՐԱՅԱԾ night walker.
ԳԻՇԵՐԱՅԱԾՈՒԹԻՒՆ noctambulism.
ԳԻՇԵՐԱՅԻՆ nocturnal.
ԳԻՇԵՐԱՇՐՋԻԿ night walker, noctambulist.
ԳԻՇԵՐԱՊԱՀ night watch, patrol.
ԳԻՇԵՐԱՏԵՍՈՒԹԻՒՆ nyctalopia, owl-sight.
ԳԻՇԵՐԵԼ to pass the nigth, to spend the night.
ԳԻՇԵՐՆՈՑ night-gown.

ԳԻՋԱԿՆ blear-eyed.

ԳԻՋԱԿՆՈՒԹԻՒՆ blearedness, lippitude.

ԳԻՋՈՒԹԻՒՆ masturbation, onanism, humidity, dampness, self-pollution.

ԳԻՍԱՒՈՐ comet, tailed, hairy.

ԳԻՏԱԿ experienced, connoisseur, wise.

ԳԻՏԱԿԱՆ scientific.

ԳԻՏԱԿԻՑ conscious.

ԳԻՏԱԿՑՈՒԹԻՒՆ consciousness, knowledge.

ԳԻՏՆԱԼ to know, to learn, to be aware of, to understand, to acknowledge.

ԳԻՏԵԼԻՔ knowledge, learning, acquaintance, understanding.

ԳԻՏՆԱԿԱՆ learned, erudite, lettered, scholar.

ԳԻՏՈՒԹԻՒՆ sience, knowledge, erudition, wisdom.

ԳԻՏՈՒՆ learned, lettered, erudite, instructed, wise.

ԳԻՏՑՆԵԼ to make to know, to notify, to make aware.

ԳԻՐ letter, character, writing, epistle, book.

ԳԻՐՆԱԼ, ԳԻՐԱՆԱԼ to grow fat, to become corpulent.

ԳԻՐԱՊԱՐԱՐ fat, corpulent, plump.

ԳԻՐԿ fathom.

ԳԻՐԿ arm, breast, bosom.

ԳԻՐԿԸՆԴԽԱՌՆ in clasping, in embracing.

ԳԻՐԿԸՆԴԽԱՌՆ ԿՌԻՒ struggle, wrestling, hand to hand encounter.

ԳԻՐՈՒԹԻՒՆ fatness, corpulence. plumpness, obesity.

ԳԻՐՈՒԿ fat, plump, corpulent.

ԳԻՐՑՆԵԼ to fatten, to plump, to distend.

ԳԻՐՔ book.

ՍՈՒՐԲ ԳԻՐՔ Holy Book.

ԳԻՒՂ village.

ԳԻՒՂԱԲՆԱԿ cottager, native of a village, villager.

ԳԻՒՂԱԳՆԱՑՈՒԹԻՒՆ sojourn, staying in the country.

ԳԻՒՂԱԿԱՆ rustic,. rural, peasant.

ԳԻՒՂԱՆԿԱՐ landscape.

ԳԻՒՂԱՑԻ villager, peasant, countryman.

ԳԻՒՂԱՔԱՂԱՔ town.

ԳԻՒՏ invention, discovery.

ԳԼԱՆ cylinder, roller.

ԳԼԱՆԻԿ cigarette.

ԳԼԽԱԳԻՐ capital letter.

ԳԼԽԱԴԻՐ scull cap, coif.

ԳԼԽԱԴՐԱՄ capital, funds.

ԳԼԽԱԴՐՈՂ sleeping partner.

ԳԼԽԱՋԱՐԴ top-knot.

ԳԼԽԱՀԱՐԿ poll-tax, head-money.

ԳԼԽԱՆՇԱՆ nod, nockade.

ԳԼԽԱՆՈՑ head-dress.

ԳԼԽԱՊԱՏ turban, head-band.

ԳԼԽԱՏԵԼ to behead, to decapitate.

ԳԼԽԱՏՈՒԹԻՒՆ beheading, decapitation.

ԳԼԽԱՐԿ hat, bonnet.

ԳԼԽԱՑԱՒ headache, cephalalgia.

ԳԼԽԱՒՈՐ chief, principal, main, cardinal, dominant.

ԳԼԽԱՒՈՐԱՊԷՍ principally,

ԳԼԽԷ ՀԱՆԵԼ to debauch, to lead astray.

ԳԼԽԻԿՈՐ prone, ashamed,

ԳԼԽԻՎԱՐ head-down.

ԳԼԽՈՎԻՆ entirely, totally, all.

ԳԼՈՐԱՏ chlorate.

ԳԼՈՐԱԿԱՆ ԹԹՈՒ chloric acid.

ԳԼՈՐԵԼ to rall, to turn over, to revolve.

ԳԼՈՐԻԼ to roll. to tumble.

ԳԼՈՐՈՒՄ roll, rolling.

ԳԼՈՒԽ head, chief, top.

ԳԼՈՒԽ ԳՈՐԾՈՑ chef-d'oeuvre, master,-piece.

ԳԽՏՈՐ gall-nut.

ԳԾԱԳԻՏՈՒԹԻՒՆ linear drawing

ԳԾԱԳՐԵԼ to draw, to sketch, to delineate.

ԳԾԱԳՐԻՉ painter, designer, draughtsman.

ԳԾԱԳՐՈՒԹԻՒՆ drawing, design, trace, sketch.

ԳԾԱՑԻՆ linear.
ԳԾԵԼ to draw, to trace out, to rule, to cross out.
ԳԾՈՒԾ vile, abject, sordid.
ԳՄԲԵԹ, ԳՄԲԷԹ dome, cupola, arched roof.
ԳՆԱԼ to go, to pass, to walk, to run.
ԳՆԱՀԱՏ appreciator.
ԳՆԱՀԱՏԱԿԱՆ estimative, estimate, appraising.
ԳՆԱՀԱՏԵԼ to value, to estimate, to rate.
ԳՆԱՀԱՏՈՒԹԻՒՆ estimation, appraising, estimate, valuation.
ԳՆԱՑՔ behaveour, career, course, route, train, way, passage, proceeding.
ԳՆԴԱԽԱՂԱՑ ball. player.
ԳՆԴԱԾԱՂԻԿ globe-flower.
ԳՆԴԱԿ ball, globule, bullet.
ԳՆԴԱԿԱԽԱՂ tennis.
ԳՆԴԱԿԱՒՈՐ globulous.
ԳՆԴԱՀԱՐ racket, battle-door.
ԳՆԴԱՉԱՓ spherometer.
ԳՆԴԱՊԵՏ colonel.
ԳՆԴԱՍԵՂ pin.
ԳՆԴԻԿ small shot, globule.
ԳՆԵԼ to buy, to purchase.
ԳՆԾԻԿ pin, priming-wire, pricker.
ԳՆՈՂ, ԳՆՈՐԴ buyer, purchaser.
ԳՆՈՒԱԾՔ purchase.
ԳՆՈՒՄ buying, purchasing.
ԳՆՉՈՒ gipsy, behomian, hussy.
ԳՈԳ lap, breast, bosom.
ԳՈԳԱՒՈՐ concave.
ԳՈԳՆՈՑ apron.
ԳՈՋ piss, urine.
ԳՈԼ calorie, heat.
ԳՈԼԱՉԱՓ calorimeter.
ԳՈԼՈՐՇԻ vapour, steam, smoke.
ԳՈՀ content, satisfied, pleased, contented.
ԳՈՀԱԲԱՆԵԼ to praise, to offer thanks, to extol.
ԳՈՀԱԲԱՆՈՒԹԻՒՆ grace, thanksgiving, praise.
ԳՈՀԱՆԱԼ to thank, to render grace.
ԳՈՀԱՐ jewel, precious stone, gem.
ԳՈՀԱՐԵՂԷՆ jewellery.
ԳՈՀԱՑՆԵԼ to satisfy, to content, to please, to gratify.
ԳՈՀԱՑՈՒՄ satisfaction, gratification.
ԳՈՀԱՑՈՒՄ ՏԱԼ to give satisfaction.
ԳՈՀԱՑՈՒՑԻՉ gratifying.
ԳՈՀՈԼ alcohol.
ԳՈՀՈՒԹԻՒՆ thanks, satisfaction, contentment, blessing.
ԳՈՂ thief, robber, burglar, sharper.
ԳՈՂԳՈԹԱ Calvary.
ԳՈՂՆԱԼ to steal, to rob, to plunder.
ԳՈՂՈՒԹԻՒՆ theft, robbery, robbing.
ԳՈՂՏՐԻԿ tender, delicate, affectionate, loving.
ԳՈՂՕՆ stolen goods, spoil.
ԳՈՃԱՉՄ lapis lazuli, turkois.
ԳՈՄ stable, sheepfold.
ԳՈՄԷՇ buffalo.
ԳՈՅ existing, being, substance.
ԳՈՅԱԿԱՆ substantive.
ԳՈՅԱԿԱՆՕՐԷՆ substantively.
ԳՈՅԱԿԻՑ co-existed, consubstantial.
ԳՈՅԱԿՑՈՒԹԻՒՆ consubstantiation, coexistence.
ԳՈՅԱՆԱԼ to exist, to be formed.
ԳՈՅԱՑՈՒԹԻՒՆ substance.
ԳՈՅԱՓՈԽԵԼ to transubstantiate.
ԳՈՅԱՓՈԽՈՒԹԻՒՆ transubstantiation.
ԳՈՅԺ sad news.
ԳՈՅՆ colour, dye, tint, complexion, shade.
ԳՈՅՈՒԹԻՒՆ existence, being, substance.
ԳՈՅՔ property, chattels, effects.
ԳՈՆԷ at least.
ԳՈՆՋ scurfy, scurvy.
ԳՈՆՋՈՒԹԻՒՆ scurf, favus.
ԳՈՉԵԼ to cry, to exclaim, to shout, to scream, to call out.
ԳՈՉԻՒՆ cry, roaring, uproar.
ԳՈՌ fierce, haughty, bold.
ԳՈՌՈՒՄ uproal, noise, clamour.

ԳՈՌԱԼ to growl, to roar, to grumble.
ԳՈՌՈԶ arrogant, haughty, proud, imperious.
ԳՈՌՈԶԱՆԱԼ to be puffed up, to grow proud of.
ԳՈՌՈԶՈՒԹԻՒՆ pride, arrogance, haughtiness, insolence.
ԳՈՎԱԲԱՆԵԼ to praise, to eulogize, to extol.
ԳՈՎԱՍԱՆ praiser, panegyrist, encomiast.
ԳՈՎԱՍԱՆԱԿԱՆ panegyrical, laudatory.
ԳՈՎԵԼ to praise, to laud, to exalt, to glorify.
ԳՈՎԵԼԻ laudable, praiseworthy, plausible.
ԳՈՎԵՍՏ laud, praise, eulogy, glory, commendation.
ԳՈՎՈՒԹԻՒՆ praise, eulogy, commendation, eulogium.
ԳՈՐԳ carpet, rug, tapestry.
ԳՈԳԱԳՈՐԾ upholsterer, tapestry worker.
ԳՈՐԾ work, affair, doing, act, labour, business, toil, occupation, employment, operation.
ԳՈԾԱԴԱԴԱՐ, **ԳՈՐԾԱԴՈՒԼ** strike, rest.
ԳՈՐԾԱԴՐԵԼ to execute, to do, to perform.
ԳՈՐԾԱԴՐԵԼ feasible, executable.
ԳՈՐԾԱԴՐՈՒԹԻՒՆ execution, carrying out, effect, performance.
ԳՈՐԾԱԹՈՂ walkout.
ԳՈՐԾԱԾԱԿԱՆ usual, customary.
ԳՈՐԾԱԾԵԼ to use, to employ, to consume, to spend,
ՉԱՐԱՉԱՐ ԳՈՐԾԱԾԵԼ to abuse.
ԳՈՐԾԱԾՈՒԹԻՒՆ use, usage, treatment, practice.
ԳՈՐԾԱԿԱԼ agent, transactor, factor.
ԳՈՐԾԱԿԱՏԱՐ chargé-d'affares, agent, middleman.
ԳՈՐԾԱԿԻՑ co-worker, fellow-laborer.
ԳՈՐԾԱԿՑԱԿԱՆ co-operative.
ԳՈՐԾԱԿՑԻԼ to co-operate, to work together.
ԳՈՐԾԱԿՑՈՒԹԻՒՆ assistance, co-operation, contribution.
ԳՈՐԾԱՊԵՏ foreman, overseer.
ԳՈՐԾԱՌՆՈՒԹԻՒՆ affair, dealing, business, transaction.
ԳՈՐԾԱՍԵՂԱՆ bench.
ԳՈՐԾԱՎԱՐ minister, overseer, foreman.
ԳՈՐԾԱՏՈՒՆ, **ԳՈՐԾԱՐԱՆ** workshop, manufactory.
ԳՈՐԾԱՐԱՆԱԿԱՆ organic.
ԳՈՐԾԱՐԱՐ business-man, agent, factor.
ԳՈՐԾԱՐԱՐՈՒԹԻՒՆ commission, trade agency.
ԳՈՐԾԱՒՈՐ laborer workman.
ԳՈՐԾԵԼ to work, to act, to operate, to perform, to exert.
ԳՈՐԾԻԱԿԱՆ instrumental.
ԳՈՐԾԻՔ apparatus, instrument, implements, tool.
ԳՈՐԾՆԱԿԱՆ practical.
ԳՈՐԾՆԱԿԱՆԱՊԷՍ practically.
ԳՈՐԾՈՂ worker, laborer, operator.
ԳՈՐԾՈՂՈՒԹԻՒՆ operation, act, proceeding, action.
ԳՈՐԾՈՒԱԾ wrought.
ԳՈՐԾՈՒՆԵԱՅ active, busy, working, agile.
ԳՈՐԾՈՒՆԷՈՒԹԻՒՆ activity, efficacy.
ԳՈՐԾՈՂՉԷՔ commission, workmanship.
ԳՈՐՇ gray.
ԳՈՐՈՎ love, tenderness, fondness.
ԳՈՐՈՎԱԳԻՆ, **ԳՈՐՈՎԱԼԻՑ** tender, affectionate, gentle, pathetic.
ԳՈՐՈՎԱՆՔ tenderness, fondness, kindness.
ԳՈՐՏ frog, **ԳՈՐՏԸ ԿԸ ԿԱՌԿԱՉԷ** the frog croaks.
ԳՈՐՏՆՈՒԿ crowfoot.
ԳՈՑ shut, closed, locked.
ԳՈՑԵԼ to shut, to close, to lock.
ԳՈՑՈՒԻԼ to be shut, to be closed.
ԳՈՒԲ pit, ditch, hole, den, will.

ԳՈՒԹ pity, compassion, feeling, mercy.
ԳՈՒԺ sed news.
ԳՈՒԺԱԲԵՐ sad, bearer of unhappy news.
ԳՈՒԺԵԼ to give sad news.
ԳՈՒԺԿԱՆ messenger of sad news, of misfortune.
ԳՈՒԼ dull, blunt.
ԳՈՒԼՊԱՑ sock, hose, stocking.
ԳՈՒՄԱՐ sum, amount, addition.
ԳՈՒՄԱՐԵԼ to sum, to assemble, to add, to convoke.
ԳՈՒՄԱՐՈՒԻԼ to be added, to assemble.
ԳՈՒՄԱՐՏԱԿ company, mob.
ԳՈՒՆԱԹԱՓ discoloured, pale.
ԳՈՒՆԱՏ pale, wan, pallid.
ԳՈՒՆԱՏԵԼ to discolour.
ԳՈՒՆԱՏԻԼ to fade, to lose colour.
ԳՈՒՆԱՏՈՒԹԻՒՆ paleness, discoloration.
ԳՈՒՆԱՒՈՐ colored, illuminated, dyed.
ԳՈՒՆԱՒՈՐԵԼ to dye, to colour, to varnish.
ԳՈՒՆԱՒՈՐՈՒԹԻՒՆ colouring, tinf, illuminating.
ԳՈՒՆԴ regiment.
ԳՈՒՆԴ sphere, globe, ball.
ԳՈՒՆԴԱԳՈՒՆԴ in troops, in regiments.
ԳՈՒՆՏ globe, bowl.
ԳՈՒՃ wooden bowl, platter.
ԳՈՒՇԱԿ guesser, diviner, conjurer.
ԳՈՒՇԱԿԵԼ to foretell, to guess at, to predict, to auger.
ԳՈՒՇԱԿՈՂ guesser, diviner, àuger.
ԳՈՒՇԱԿՈՒԹԻՒՆ prediction, divination, presage.
ԳՈՒՃՊ crevice, rift, crack.
ԳՈՒՊԱՐ war, combat, wrestling.
ԳՈՒՍԱՆ singer, vocalist, songster.
ԳՈՒՍԱՆԱԿԱՆ musical, theatric, song, ballad.
ԳՈՒՍԱՆՈՒԹԻՒՆ music, theatre, dràmatic art.
ԳՈՒՐԳՈՒՐԱԼ to fondle, to caress, to cocker.
ԳՈՒՐԳՈՒՐԱՆՔ caress, endearment.
ԳՈՒՐՊԱՑ stocking, sock, hose.
ԳՈՒՑԷ perhaps.
ԳՉԻՐ gimlet, auger, borer.
ԳՌԵՀ cross-road.
ԳՌԵՀԻԿ vulgar, common, low-bred.
ԳՌԵՀԿՈՒԹԻՒՆ commonness.
ԳՌԻՀ lane.
ԳՌՈՒԶ crisped, frizzled, curled.
ԳՌՈՒԶ curl-cloud, cirrus.
ԳՏԱԿ inventor, author, contriver.
ԳՏՆԱԼ to find, to discover, to detect, to find out.
ԳՏՆՈՒԻԼ to be found.
ԳՐԱԲԱՆՈՒԹԻՒՆ graphology.
ԳՐԱԲԱՐ literal, classic, ancient armenian, literary language.
ԳՐԱԳԷՏ man of letters, lettered, literary man, writer.
ԳՐԱԳԻՏԱԿԱՆ literary.
ԳՐԱԳԻՏՈՒԹԻՒՆ literature, literacy, learning.
ԳՐԱԳԻՐ secretary, clerk, writer, scribe.
ԳՐԱՃԱԽ bookseller.
ԳՐԱԿԱԼ bookstand, desk.
ԳՐԱԿԱՆ literary.
ԳՐԱԿԱՆՈՒԹԻՒՆ literature, letters, printed matter.
ԳՐԱՀԱՇԻՒ algebra.
ԳՐԱՄՈԼ bibliomaniac, book-worm.
ԳՐԱՄՈԼՈՒԹԻՒՆ biblomania, graphomania.
ԳՐԱՇԱՐ compositor, type-setter.
ԳՐԱՊԱՆԱԿ port-folio, letter-case.
ԳՐԱՊԵՏ librarian, library keeper.
ԳՐԱՍԵՂԱՆ writing desk, bureau.
ԳՐԱՍԵՆԵԱԿ bureau, office.
ԳՐԱՍԷՐ bibliophile, lover of books, studious.
ԳՐԱՍՏ pack-horse, sumpter.
ԳՐԱՍՏԱՄԻՏ stupid, sot, idiotic.
ԳՐԱՎԱՃԱՌ bookseller.
ԳՐԱՎԱՃԱՌԱՆՈՑ book-shop, book-store.
ԳՐԱՎԱՃԱՌՈՒԹԻՒՆ book-selling, book-trade.

ԳՐԱՎԱՐԺՈՒԹԻՒՆ reading, exercise in writing.
ԳՐԱՏՈՒՆ library, book-store, book-stall.
ԳՐԱՑՈՒՑԱԿ catalogue of books.
ԳՐԱՒ pledge, pawn, security, deposit, mortgage, gage.
ԳՐԱՒԱԴՐՈՒԹԻՒՆ betting, pledging.
ԳՐԱՒԱԴԻՐ wagerer, pawning, gage, bettor.
ԳՐԱՒԱԹԱՓ disengaged.
ԳՐԱՒԱԿԱՆ pawn, pledge, security, mortgage.
ԳՐԱՒԱՌՈՒ pledgee, tenant, pawnee.
ԳՐԱՒԱՏՈՒ pledger, pawner.
ԳՐԱՒԱՏՈՒՆ pawn-shop, mont-de-pieté.
ԳՐԱՒԵԼ to occupy, to confiscate, to appropriate, to invade.
ԳՐԱՒԵԼԻ seizable, confiscable.
ԳՐԱՒԻՉ striking, attractive; thrilling.
ԳՐԱՒՈՂ occupant, invader, attactive.
ԳՐԱՒՈՐ written.
ԳՐԱՒՈՒՄ overrunning, confiscation, invading, seizure, distraint.
ԳՐԱՔՆՆԻՉ censor, critic, censurer.
ԳՐԱՔՆՆԱԿԱՆ critical, censorial.
ԳՐԱՔՆՆԵԼ to censure, to critize.
ԳՐԱՔՆՆՈՒԹԻՒՆ censorship, blame, criticism.
ԳՐԳԵԼ to coddle, to cajole, to wheedle.
ԳՐԳԻՌ provocation, incitement, instigation, impulse, defiance.
ԳՐԳՌԵԼ to excite, to irritate, to incite, to provoke, to stimulate.
ԳՐԳՌՈՒԻԼ to be provoked, to be irritated.
ԳՐԳՌԻՉ, ԳՐԳՌՈՂ exciting, provoking, stimulant, incitant.
ԳՐԳՌՈՒԹԻՒՆ, ԳՐԳՌՈՒՄ excitement, provocation, incitement.
ԳՐԵԹԷ almost, nearly.
ԳՐԵԼ to write.
ԳՐԵԽ enema, syringe.
ԳՐԻՉ pen.
ԳՐԻՉ, ԳՐՈՂ writer, author, scribe.
ԳՐԻՒ bushel.
ԳՐԿԱԽԱՌՆ embraced.
ԳՐԿԱԽԱՌՆԵԼ to embrace, to seize eagerly.
ԳՐԿԱԽԱՌՆՈՒԹԻՒՆ embracement, embrace.
ԳՐԿԱՉԱՓ fathom, six feet.
ԳՐԿԵԼ to embrace, to clasp, to embosom.
ԳՐՈՑ graver, burin.
ԳՐՈՒԱԾ written.
ԳՐՈՒԱՆ bushel.
ԳՐՈՒԹԻՒՆ writing.
ԳՐՈՒԻԼ to be written.
ԳՐՈՒԻՆԴ corundum.
ԳՐՉԱԳԻՐ manuscript.
ԳՐՉԱԿ scribbler.
ԳՐՉԱԿԱԼ pen-holder.
ԳՐՉԱՀԱՏ pen knife.
ԳՐՉԱՄԱՆ inkstand, pen-tray.
ԳՐՉԱՔԱՐ black lead, plumbago.
ԳՐՊԱՆ pocket.
ԳՐՊԱՆԵԼ to pocket.
ԳՐՊԱՆԻԿ small pocket.
ԳՐՏՆԱԿ roll, rolling-pin.
ԳՐՔԱՏՈՒՆ ՏԵՍ ԳՐԱՏՈՒՆ։
ԳՐՔՈՅԿ booklet, pamphlet, tract.
ԳՕՍ dried up, desiccated.
ԳՕՍԱՆԱԼ to dry up, to desiccate.
ԳՕՍԱՑՆԵԼ to dry, to desiccate, to wither.
ԳՕՍԱՑՈՒՄ desiccation, dryness, anchylosis.
ԳՕՏԵՄԱՐՏ wrestling, struggle, contest.
ԳՕՏԵՄԱՐՏԻԼ to wrestle, to strive by grappling.
ԳՕՏԵՄԱՐՏԻԿ wrestler.
ԳՕՏԵՄԱՐՏՈՒԹԻՒՆ ՏԵՍ ԳՕՏԵՄԱՐՏ:
ԳՕՏԵՒՈՐԵԼ to gird on, to girdle, to bind.
ԳՕՏԻ girdle, belt, zone, sword-belt, sash.
ԱՅՐԵՑԵԱԼ ԳՕՏԻ torrid zone.
ՍԱՌՈՒՑԵԱԼ ԳՕՏԻ frigid zone.
ԲԱՐԵԽԱՌՆ ԳՕՏԻ temperate zone.
ԾԻՐԱՆԻ ԳՕՏԻ rain-bow.

Դ

դա this, that, this one, that one.
դաբիր sanctuary, holy of holies.
դաժ cross, morose, peevish.
դագաղ coffin, bier, sedan.
դագաղակիր undertaker's man.
դադար pause, stop, rest, relaxation, suspension.
դադարումն pause, stay, cessation.
դադարել, դադրել to discontinue, to cease, to stop.
դադարողութիւն stay, pause, inaction, cessation, discontinuance, rest.
դադրեցնել to stop, to cease, to suspend, to intermit.
դադրող ceasing.
դաժան rough, hard, severe, cross, harsh, stern.
դաժանաբարոյ sullen, fierce, wild, rude, cruel, savage.
դալ colostrum, beestings.
դալար green, fresh.
դալարագեղ verdant, green.
դալարութիւն verdure, greenness.
դալարուտ grassy, herbous, green.
դալկահար wan, pallid, pale, jaundiced.
դալուկ jaundice, icterum.
դահուկ axe, adze.
դահնակ malachite.
դահապետ tithing man.
դահեկան piastre, coin.
դահիճ hangman, executioner, heads-man.
դահլիճ cabinet, hall, saloon, corridore, portico.
դահճապետ chief of hangmen.
դահնայ cutlass, chopping knife.
դամասկ damask.
դամբան tomb, grave, monument.
դամբանական funeral oration, obituary, sepulchral.
դամբարան tomb, grave, vault.
դամոն damson, damask plum.
դայեակ midwife, fostress, accoucheuse, wet nurse.
դայեկութիւն nursery, bringing up, nourishment.
դայլ colostrum, first milk of a cow.
դայլայլել to warble, to sing.
դայլայլիկ warbling, singing (of birds), chirping.
դանակ knife, dagger.
դանակագործ cutter, knife maker.
դանգ obole, farthing, penny.
դանդաղ slow, tardy.
դանդաղաշարժ slow, tardigradous, slow moving.
դանդաղիլ to loiter, to delay.
դանդաղկոտ tardy, slow, idle, heavy, easy-going.
դանդաղութիւն tardiness, slowness, idleness.
դանդան tooth, notch, indentation.
դանիացի Dane.
դաշինք contract, treaty, agreement, alliance, pact, convention.
դաշխուրան bowl, earthen pan, platter, dish.
դաշնագիր treaty, agreement, alliance.
դաշնագրութիւն contract, pact, covenant.
դաշնադիր contracting, contractor, stipulator.
դաշնադրել to stipulate, to covenant.

ԴԱՇՆԱԴՐՈՒԹԻՒՆ contract, stipulation, accord, convention, covenant.

ԴԱՇՆԱԿ piano.

ԴԱՇՆԱԿԱՀԱՐ pianist, piano player.

ԴԱՇՆԱԿԱՐԱՆ harmonica, harmonicon.

ԴԱՇՆԱԿԱՒՈՐ harmonious, accordant.

ԴԱՇՆԱԿԵԼ to harmonize, to tune.

ԴԱՇՆԱԿԻՑ allied, federate, ally, leaguer.

ԴԱՇՆԱԿՑԱԿԱՆ federalist, confederative.

ԴԱՇՆԱԿՑԻԼ to unite, to league, to be allied.

ԴԱՇՆԱԿՑՈՒԹԻՒՆ alliance, league, union, treaty, confederacy, federation, coalition.

ԴԱՇՆԱՄՈՒՐ piano, pianoforte.

ԴԱՇՆԱՒՈՐ harmonious, melodious, concordant.

ԴԱՇՆԱՒՈՐԵԼ to harmonize, to agree in sound.

ԴԱՇՆԱՒՈՐՈՒԹԻՒՆ harmony, concord.

ԴԱՇՆՕՆ accordion.

ԴԱՇՈՅՆ dagger, sabre, cutlass.

ԴԱՇՏ, ԴԱՇՏԱԳԵՏԻՆ plain, field, open country, soil.

ԴԱՇՏԱՄՈՒԿ field mouse, vole.

ԴԱՇՏԱՅԻՆ rural, rustic, country-like.

ԴԱՇՏԱՆ catamenia, menses.

ԴԱՇՏԱՆԿԱՐ landscape.

ԴԱՇՏԱՆԿԱՐԻՉ landscape painter, landscapist.

ԴԱՌՆ bitter, tart, sharp, harsh.

ԴԱՌՆԱԲԱՐՈՅ cross, waspish, shrewish.

ԴԱՌՆԱԴՈՅՆ bitterly, grievously.

ԴԱՌՆԱԼ to turn, to come back, to return, to go back.

ԴԱՌՆԱԿՍԿԻԾ poignant, moaning, lamenting, painful, bitter.

ԴԱՌՆԱՀԱՄ sour, bitter, harsh, briny.

ԴԱՌՆԱՂԷՏ disastrous, fatal, deadly.

ԴԱՌՆԱՑՆԵԼ to embitter, to make bitter, sour.

ԴԱՌՆԻՃ yellow succory.

ԴԱՌՆՈՒԹԻՒՆ bitterness, tartness, sourness, disgust, acerbity, vexation, grief.

ԴԱՍ lesson, class, rank, place.

ԴԱՍԱԳԻՐՔ class book, lesson book.

ԴԱՍԱԼԻՔ deserter.

ԴԱՍԱԽՕՍ lecturer, professor.

ԴԱՍԱԽՕՍԵԼ to lecture, to profess, to teach.

ԴԱՍԱԽՕՍՈՒԹԻՒՆ lecture, lecturing.

ԴԱՍԱԿ platoon, band, flock.

ԴԱՍԱԿԱՆ classic, arranged.

ԴԱՍԱԿԱՐԳ class, order, rank, category.

ԴԱՍԱԿԱՐԳԵԼ to classify, to class.

ԴԱՍԱԿԱՐԳՈՒԹԻՒՆ classification, order, category.

ԴԱՍԱԿԻՑ class-mate, school-fellow, comrade.

ԴԱՍԱՊԵՏ leader, chief, chorister, precentor.

ԴԱՍԱՌՈՒԹԻՒՆ scholarship, study, school time, instruction.

ԴԱՍԱՏԵՏՐ note-book, writing-book.

ԴԱՍԱՏՈՒ teacher, school master, professor.

ԴԱՍԱՏՈՒՆ school room.

ԴԱՍԱՏՈՒՈՒԹԻՒՆ teaching, professirship, instruction.

ԴԱՍԱՐԱՆ school-room, study-room.

ԴԱՍԱՒՈՐԵԼ to put in order, to class, to arrange, to classify.

ԴԱՍԱՒՈՐՈՒՄ classification, putting in order, elassing.

ԴԱՍԸՆԿԵՐ class-mate, school-fellow.

ԴԱՍՏԱԿ wrist.

ԴԱՍՏ hilt, hand.

ԴԱՍՏԱՊԱՆ hilt of a sword, handle.

ԴԱՍՏԻԱՐԱԿ educator, institutor, instructor.

ԴԱՍՏԻԱՐԱԿԵԼ to educate, to teach, to instruct.
ԴԱՍՏԻԱՐԱԿՈՒԹԻՒՆ education, instruction, instituton.
ԴԱՍՏԻԱՐԱԿՈՒՀԻ instructress, lady teacher.
ԴԱՏ cause, lawsuit, litigation.
ԴԱՏ ԲԱՆԱԼ to bring an action, to sue.
ԴԱՏԱԽԱԶ prosecutor, plaintiff, complainant.
ԸՆԴՀԱՆՈՒՐ ԴԱՏԱԽԱԶ attorney general.
ԴԱՏԱԿԻՑ pleading, litigant.
ԴԱՏԱԿՆԻՔ sentence, award, condemnation.
ԴԱՏԱՊԱՐՏԵԼ to sentence, to condemn, to damn;
ԴԱՏԱՊԱՐՏԵԱԼ convict, condemned.
ԴԱՏԱՊԱՐՏԵԼԻ condemnable, blamable, damnable.
ԴԱՏԱՊԱՐՏՈՒԹԻՒՆ condemnation, sentence, reprobation, perdition.
ԴԱՏԱՍՏԱՆ judgement, lawsuit, sentence, cause.
ԴԱՏԱՍՏԱՆԱԿԱՆ judicial, judiciary, legal.
ԴԱՏԱՎԱՐ litigant, suitor.
ԴԱՏԱՎԱՐՈՒԹԻՒՆ litigation, proceedings, action.
ԴԱՏԱՎՃԻՌ sentence, award, judgement.
ԴԱՏԱՐԱՆ tribunal, court.
ԴԱՏԱՐԿ empty, vacant, unoccupied, void, vain.
ԴԱՏԱՐԿԱՇՐՋԻԿ vagabond, vagrant, lounger.
ԴԱՏԱՐԿԱՊՈՐՏ sluggard, vagrant, blackguard, rogue.
ԴԱՏԱՐԿՈՒԹԻՒՆ emptiness, voidness, vacuum, voidance.
ԴԱՏԱՒՈՐ judge, lawyer, magistrate.
ԴԱՏԱՒՈՐՈՒԹԻՒՆ magistracy, judicature, judgeship.
ԴԱՏԵԼ to judge, to bring to trial, to sentence, to esteem.
ԴԱՏՈՂՈՒԹԻՒՆ judgement, penetration, a judicial decision.
ԴԱՐ century, age, period.
ԴԱՐԱԳԼՈՒԽ era, epoch, period.
ԴԱՐԱԿ side board, shelf, drawer.
ԴԱՐԱՆ closet, drawer, cupboard.
ԴԱՐԱՆԱԿԱԼ insidious, snary, plotter.
ԴԱՐԱՊՂՊԵՂ bird pepper, capsicum, pimento.
ԴԱՐԱՍՏԱՆ garden, orchard, grove.
ԴԱՐԱՒԱՆԴ dripstone, height, eminence.
ԴԱՐԱՒՈՐ secular, centuries old, age old.
ԴԱՐԲԻՆ smith, forger, blacksmith.
ԴԱՐԲՆԵԼ to forge, to hammer.
ԴԱՐԲՆՈՑ forge, melting house, smithery.
ԴԱՐԲՆՈՒԹԻՒՆ smithcraft, ironware.
ԴԱՐԲՆՈՒՄ forging.
ԴԱՐԵՒԱՆԴ impost, height, precipice, eyebrow.
ԴԱՐՁ border, edge, turn, conversion.
ԴԱՐՁԻ ԲԵՐԵԼ to convert.
ԴԱՐՄԱՆ remedy.
ԴԱՐՁԵԱԼ again, once more, more over.
ԴԱՐՁՈՒԱԾՔ turn, occurrence, trick.
ԴԱՐՁՆԵԼ to turn, to return, to call back, to reduce.
ԴԱՐՄԱՆ remedy.
ԴԱՐՄԱՆԵԼ to remedy, to restore, to take care, to repair.
ԴԱՐՄԱՆԵԼԻ remediable, curable, repairable.
ԴԱՐՄԱՆՈՒԻԼ to be repaired, to be treated.
ԴԱՐՄԱՆՈՂ restorer, repairer, restorative.
ԴԱՐՄԱՆՈՒՄ restoration, treatment.
ԴԱՐՊԱՍ palace.
ԴԱՐՊԱՍ lawsuit, courtship.
ԴԱՒԱԴՐԵԼ to plot, to intrigue, to cabal.
ԴԱՒԱԴՐՈՒԹԻՒՆ cabal, plot, treachery, treason, intrigue, fraud, prevarication, machination.
ԴԱՒԱՃԱՆ plotter, caballer, traitor, disloyal.

ԴԱՒԱՃԱՆԵԼ to betray, to cabal, to deceive.
ԴԱՒԱՃԱՆՈՒԹԻՒՆ *ՏԵՍ ԴԱՒԱԴՐՈՒԹԻՒՆ*:
ԴԱՒԱՆԱԿԻՑ that holds the same faith.
ԴԱՒԱՆԱՆՔ profession, declaration of faith, confession.
ԴԱՒԱՆԻԼ to profess, to confess, to avow.
ԴԱՓ tambourine, cymbal.
ԴԱՓՆԵՊՍԱԿ laureate, poet laureate.
ԴԱՓՆԻ daphe, laurel, bay tree.
ԴԳԱԼ spoon.
ԴԴՄԱՃ macarony.
ԴԴՄԵՆԻ pumpkin, gourd.
ԴԴՈՒՄ pumpion, gourd.
ԴԵԳ morose, cross, peevish, odd.
ԴԵԳԵՐԻԼ to linger, to wander, to rove.
ԴԵԿՏԵՄԲԵՐ December.
ԴԵՂ medicine, remedy, drug, cure.
ԴԵՂԱԲԱՆՈՒԹԻՒՆ pharmacology, pharmaceutics.
ԴԵՂԱԳԻՐ prescription.
ԴԵՂԱԳԻՐՔ pharmacopoeia.
ԴԵՂԱԳՈՐԾ pharmacist, druggist.
ԴԵՂԱԳՈՐԾՈՒԹԻՒՆ pharmacy, apothecary's business.
ԴԵՂԱԹԱՓ antidote, counter-poison, theriac.
ԴԵՂԱԿԱՆ medicinal.
ԴԵՂԱՀԱՏ pill, bolus.
ԴԵՂԱՄԱՆ medicine-chest.
ԴԵՂԱՎԱՃԱՌ druggist.
ԴԵՂԱՐԱՆ pharmacy, drug-store.
ԴԵՂԹԱՓ *ՏԵՍ ԴԵՂԱԹԱՓ*:
ԴԵՂԻՆ yellow, pale, van.
ԴԵՂԻՆՆԱԼ to turn yellow.
ԴԵՂՁ peach.
ԴԵՂՁԱՆ blonde, faire, light.
ԴԵՂՁԱՆԻԿ canary-bird.
ԴԵՂՁԵՆԻ peach-tree.
ԴԵՂՆՈՒՑ yolk of an egg.
ԴԵՂՆՈՒԹԻՒՆ jaundice, yellowness, paleness.
ԴԵՂՕՐԱՅՔ drugs, spices.
ԴԵՆ religion, sect, belief, creed.
ԴԵՌ yet, still.
ԴԵՌԱՀԱՍԱԿ young, junior.
ԴԵՍՊԱԿ plankeen, litter.
ԴԵՍՊԱՆ ambassador, envoy.
ԴԵՍՊԱՆԱԺՈՂՈՎ conference, congress.
ԴԵՍՊԱՆԱՏՈՒՆ embassy, legation, ambassador's house.
ԴԵՍՊԱՆՈՒԹԻՒՆ embassy, legation.
ԴԵՍՊԱՆՈՒՀԻ embassadress.
ԴԵՐԱՆՈՒՆ pronoun.
ԴԵՐԱՍԱՆ actor, doer, comedian.
ԴԵՐԱՍԱՆՈՒՀԻ actress.
ԴԵՐԲԱՅ participle.
ԴԵՐԲՈՒԿ rough, uneven, rugged, craggy.
ԴԵՐՁԱԿ tailor, sewer.
ԴԵՐՁԱԿՈՒՀԻ tailoress, dress-maker.
ԴԵՐՁԱՆ thread.
ԴԵՒ devil, demon, fiend, gnome.
ԴԷԶ heap, pile, lot, stock.
ԴԷՄ against, contrary to, close, by.
ԴԷՄ ԱՌ ԴԷՄ face to face.
ԴԷՄՔ face, visage, countenance, front, person.
ԴԷՊ, ԴԷՊԻ to, towards.
ԴԷՊՔ adventure, accident, event, occurence.
ԴԷՏ observer, guard, spy, warder, sentry.
ԴԺԲԱԽՏ unlucky, unfortunate, ill-starred.
ԴԺԲԱԽՏԱԲԱՐ unfortunately.
ԴԺԲԱԽՏՈՒԹԻՒՆ misfortune, mischance, unluckiness.
ԴԺԳՈՀ discontented, dissatisfied, displeased.
ԴԺԳՈՀՈՒԹԻՒՆ displeasure, discontent, dissatisfaction, state of disfavour.
ԴԺԳՈՅՆ *ՏԵՍ ՏԺԳՈՅՆ*.
ԴԺԳՈՒՆՈՒԹԻՒՆ paleness, discoloration.
ԴԺԿԱՄԱԿ discontented, involuntary, tired, disagreeable.
ԴԺԿԱՄԱԿԻԼ to be discontented, to be displeased with, to be vexed.

ԴԺԿԱՄԱԿՈՒԹԻՒՆ dislike, vexation, discontent, distaste, aversion.
ԴԺՆԴԱԿ hard, severe, dire, difficult, painful, bitter, toilsome.
ԴԺՆԴԱԿՈՒԹԻՒՆ rigour, severity, gravity, difficulty.
ԴԺՆԻԿ buckthorn.
ԴԺՈԽԱՅԻՆ infernal, hellish.
ԴԺՈԽՔ hell, limbo.
ԴԺՈՒԱՐ difficult, hard, incommodious.
ԴԺՈՒԱՐԱԲԱՐՈՅ morose, cross, odd, crabbed, sullen.
ԴԺՈՒԱՐԱԼՈՅԾ difficult to be untied, unravellable.
ԴԺՈՒԱՐԱԿԻՐ burdensome, onerous, painful.
ԴԺՈՒԱՐԱՀԱԼ crude, indigestible, indissoluble.
ԴԺՈՒԱՐԱՀԱՃ fastidious, prudish, hard to please, finical.
ԴԺՈՒԱՐԱՄԱՐՍ difficult to digest, indigestible.
ԴԺՈՒԱՐԱՄԱՐՍՈՒԹԻՒՆ indigestion, dyspepsia.
ԴԺՈՒԱՐԱՄԻԶՈՒԹԻՒՆ dysuria, strangury.
ԴԺՈՒԱՐԱՆԱԼ to become difficult, to harden.
ԴԺՈՒԱՐԱՇՆՉՈՒԹԻՒՆ asthma, dyspnoea.
ԴԺՈՒԱՐԱՑՆԵԼ to harden, to make difficult.
ԴԺՈՒԱՐԻՆ difficult, hard, painful, onerous, fatiguing.
ԴԺՈՒԱՐՈՒԹԻՒՆ difficulty, uneasiness, trouble, hindrance, obstacle, impediment.
ԴԺՊԱՏԵՀ unbecoming, unseemly, improper.
ԴԻ, ԴԻԱԿ corpse, corse, dead body, carrion.
ԴԻԱԶՆՆՈՒԹԻՒՆ autopsy.
ԴԻԱԹԱՂ grave digger.
ԴԻԱՊԱՏԵԼ to embalm, to mummify.
ԴԻԱՐԱՆ morgue, dead-house.
ԴԻԵԼ to suck (milk).

ԴԻԵՑՆԵԼ to foster, to suckle, to nourish with milk.
ԴԻԶԵԼ to heap up, to pile, to amass.
ԴԻԶՈՒԻԼ to be heaped, to gather, to accumulate.
ԴԻԿՏԱՏՈՐ dictator.
ԴԻՄԱԳԷՏ physiognomist.
ԴԻՄԱԳԻՏՈՒԹԻՒՆ physiognomy.
ԴԻՄԱԳՐԱՒԵԼ to face, to affront, to venture.
ԴԻՄԱԴԱՐՁ contrary, opposing.
ԴԻՄԱԴԱՐՁԵԼ to resist, to oppose, to withstand
ԴԻՄԱԴԱՐՁՈՒԹԻՒՆ resistance, opposition.
ԴԻՄԱԴՐԵԼ to resist, to oppose, to withstand.
ԴԻՄԱԴՐՈՒԹԻՒՆ resistance, opposition, contrariety.
ԴԻՄԱԿ mask, facet, visage.
ԴԻՄԱԿԱՒՈՐ masked.
ԴԻՄԱՀԱՐՈՒԹԻՒՆ opaqueness, opacity.
ԴԻՄԱՆԱԼ to endure, to last, to resist.
ԴԻՄԱՑ against.
ԴԻՄԱՑԿՈՒՆ tough, durable, firm.
ԴԻՄԱՑԿՈՒՆՈՒԹԻՒՆ durableness.
ԴԻՄԵԼ to apply to, to go to, to have recourse, to dart.
ԴԻՄՈՒՄ application, going to, appeal, recourse.
ԴԻՊԱԿ silk, taffeta, brocade.
ԴԻՊԵԼ to reach, to come at, to touch, to suit.
ԴԻՊՈՂ timely, opportune, suitable.
ԴԻՊՈՒԱԾ accident, event, occurrence, occasion, chance.
ԴԻՊՈՒԱԾԱԿԱՆ accidental, casual, incidental.
ԴԻՊՈՒՄ meeting, encounter, chance, collision.
ԴԻՏԱԿ telescope, opera glass, observer, guard.
ԴԻՏԱՐԱՆ watch-tower, observatory.
ԴԻՏԱՒՈՐՈՒԹԻՒՆ intention, purpose, end, plan, design, counsel.

ԴԻՏԵԼ to observe, to remark, to study, to consider, to watch, to await.
ԴԻՏՈՂ observer, spectator.
ԴԻՏՈՂՈՒԹԻՒՆ remark, observation.
ԴԻՏՈՒՄ ՏԵՍ ԴԻՏԱՒՈՐՈՒԹԻՒՆ:
ԴԻՏՄԱՄԲ intentionally.
ԴԻՐՏ dregs, lees, grounds.
ԴԻՐՔ situation, position.
ԴԻՐՔԸ ԱՄՐԱՑՆԵԼ to consolidate the position.
ԴԻՑԱԲԱՆ mythologist.
ԴԻՑԱԲԱՆԱԿԱՆ mythological.
ԴԻՑԱԲԱՆՈՒԹԻՒՆ mythology.
ԴԻՑԱՆՈՅՇ goddess.
ԴԻՑԱՊԱՇՏ pagan, gentile, idolator.
ԴԻՑՈՒՀԻ goddess.
ԴԻՒԱԲԱՆՈՒԹԻՒՆ demonology.
ԴԻՒԱԿՈՉՈՒԹԻՒՆ evocation.
ԴԻՒԱՀԱՐ demoniac, possessed (by a devil).
ԴԻՒԱՀԱՐԻԼ to be possessed with the devil, enraged.
ԴԻՒԱՑԻՆ diabolical, devilish.
ԴԻՒԱՆ divan, archives. record-office, chancery.
ԴԻՒԱՆԱԳԷՏ statesman, diplomatist.
ԴԻՒԱՆԱԳԻՏԱԿԱՆ diplomatical.
ԴԻՒԱՆԱԳԻՏՈՒԹԻՒՆ statesmanship. diplomacy.
ԴԻՒԱՆԱԿԱԼՈՒԹԻՒՆ bureaucracy.
ԴԻՒԱՆԱՊԵՏ master in chancery, keeper of the records.
ԴԻՒԱՆԱՏՈՒՆ record-office, chancery.
ԴԻՒԱՊԱՇՏՈՒԹԻՒՆ demonism, idiolatry.
ԴԻՒԹԱԿԱՆ magic, fairy.
ԴԻՒԹԵԼ to enchant, to bewitch, to charm, to fascinate.
ԴԻՒԹԻՉ enchanter. charmer. charming.
ԴԻՒԹՈՒԹԻՒՆ enchantment incantation. sorcery. magic.necromancy.
ԴԻՒՐ plain, smooth. easy. convenient, commodious.
ԴԻՒՐԱԲԱՐ easily, readily.
ԴԻՒՐԱԲԵԿ brittle, fragile, apt to break.
ԴԻՒՐԱԲԵԿՈՒԹԻՒՆ fragility, brittleness.
ԴԻՒՐԱԲՈՐԲՈՔ inflammablae, easily kindled.
ԴԻՒՐԱԳԱՅԹ sliding, slippery, fragile, weak.
ԴԻՒՐԱԳՐԳԻՌ irritable, excitable, passionate.
ԴԻՒՐԱԳՐԳՌՈՒԹԻՒՆ excitement, irritability.
ԴԻՒՐԱԴԱՐՁ flexible. supple, mutable.
ԴԻՒՐԱԶԳԱՅ, **ԴԻՒՐԱԶԳԱՑ** sensible, susceptible.
ԴԻՒՐԱԶԳԱՑՈՒԹԻՒՆ susceptibility, sensibility.
ԴԻՒՐԱԹԱՓԱՆՑ penetrating.
ԴԻՒՐԱԹԵՔ flexible, pliable, supple.
ԴԻՒՐԱԹԵՔՈՒԹԻՒՆ flexibility, pliancy, fickleness.
ԴԻՒՐԱԼՈՒԾ dissoluble, dissolvable.
ԴԻՒՐԱԽԱԲ deceivable. deceptible, dupe.
ԴԻՒՐԱԾԱԼ pliant, pliable.
ԴԻՒՐԱԿԵՑԻԿ comfortable, easy, in easy circumstances.
ԴԻՒՐԱԿԵՑՈՒԹԻՒՆ the convenience of life.
ԴԻՒՐԱՀԱՒԱՆ credulous, condescending.
ԴԻՒՐԱՀԱՒԱՆՈՒԹԻՒՆ credulity, simplicity.
ԴԻՒՐԱՄԱԾ adhesive, viscous.
ԴԻՒՐԱՄԱՏՉԵԼԻ accessible, attainnable, accostable.
ԴԻՒՐԱՆԱԼ to become easy.
ԴԻՒՐԱՇԱՐԺ swift, moveable, prompt, supple.
ԴԻՒՐԱՇԱՐԺՈՒԹԻՒՆ agility, swiftness, suppleness, fickleness.
ԴԻՒՐԱՎԱՌ inflammable, easily inflamed.
ԴԻՒՐԱՏԱՐ portable, supportable, light.
ԴԻՒՐԱՑՆԵԼ to faciliate, to lighten.
ԴԻՒՐԱՒ easily, readily, plainly.

ԴԻՒՐԱՓՈՓՈԽ versatile, variable, mutable.
ԴԻՒՐԵԼ to facilitate, to make easy, plain.
ԴԻՒՐԸՄԲՌՆԵԼԻ conceivable, easy to understand.
ԴԻՒՐԻՄԱՑ intelligible, distinct, clear, plain.
ԴԻՒՐԻՄԱՑՈՒԹԻՒՆ intelligibleness.
ԴԻՒՐԻՆ easy, commodious, light.
ԴԻՒՐՈՒԹԻՒՆ facility, ease, comfort, relief.
ԴԻՒՑԱԶՆ hero.
ԴԻՒՑԱԶՆԱԿԱՆ heroic, epic.
ԴԻՒՑԱԶՆԵՐԳԱԿԱՆ epic, heroic.
ԴԻՒՑԱԶՆԵՐԳՈՒԹԻՒՆ epic, epopee,
ԴԻՒՑԱԶՆՈՒԹԻՒՆ heroism.
ԴԻՒՑԱԶՆՈՒՀԻ heroine.
ԴԻՔ gods, diety, an object of worship.
ԴԼՓԻՆ dolphin.
ԴՂԵԱԿ castle, fortress, stronghold.
ԴՂՐԴԵԼ to shake, to move, to stir.
ԴՂՐԴԻՒՆ, ԴՂՐԴՈՒՄ shock, tumult, perturbation, clamour, racket.
ԴՂՔԻ dog-oak, maple tree.
ԴՄԱԿ tail of sheep.
ԴՆԴԵՐ muscle.
ԴՆԵԼ to put, to place, to set, to install, to lay in, to lay down.
ԴՇԽՈՅ queen, princess.
ԴՈՂ shivering, quaking, trembling.
ԴՈՂԱԼ to tremble, to shiver, to quake.
ԴՈՂԴՂԱԼ to tremble, to stagger, to quiver, to vacillate.
ԴՈՂԴՈՋՈՒՆ tottering, trembling, staggering, wavering.
ԴՈՂԴՈՋԵԼ to shiver, to totter, to tremple.
ԴՈՂՈՒՄ trembling, shaking, trepidation.
ԴՈՄԻՆԻԿԵԱՆ Dominican.
ԴՈՄԻՆՈՅ domino.
ԴՈՅԶՆ very little, small, least, frivolous.
ԴՈՅԼ bucket, tub, pail.
ԴՈՆԴՈՇ jelly, gelatine, clot of blood.
ԴՈՒ, ԴՈՒՆ thou, you, thee.
ԴՈՒԱՐ cattle.
ԴՈՒԶՆԱՔԵԱՅ very little, insignificant, futile.
ԴՈՒԿԱՏ ducat.
ԴՈՒՆՉ chin.
ԴՈՒՌ door, gate, port.
ԴՈՒՌԸ ԴՆԵԼ to turn, some one out of door.
ԴՈՒՍՏՐ daughter.
ԴՈՒՐ chiste, wimble, auger.
ԴՈՒՐՍ out, out of doors, abroad.
ԴՈՒՔ you, ye.
ԴՈՒՔ ԱԼ you too, you also.
ԴՈՒՔՍ duke.
ԴՈՓԵԼ to stamp, to stamp one's foot.
ԴՈՓԻՒՆ stamping of.
ԴՊԻՐ church clerk, scribe.
ԴՊՉԻԼ to touch, to handle, to finger, to approach.
ԴՊՐԱՊԵՏ head chorister, choirmaster.
ԴՊՐԵՎԱՆՔ seminary, clerical college.
ԴՊՐՈՑ school.
ԳԻՇԵՐՕԹԻԿ ԴՊՐՈՑ boarding school.
ԴՊՐՈՑԱԿԱՆ student.
ԴՊՐՈՒԹԻՒՆ literature, letters, register, book.
ԴՊՑՆԵԼ to touch, to hit, to strike, to make to feel.
ԴՌԻՃ talisman.
ԴՌՆԱԿ counter, small door, wickel.
ԴՌՆԱՀԱՐ door-knocker, clicket.
ԴՌՆԱՊԱՆ door-keeper, porter.
ԴՌՆԱՊԱՆՈՒՀԻ portress.
ԴՌՆՓԱԿ lock, latch, small bolt.
ԴՍՏԻԿՈՆ floor, storey.
ԴՐԱԽՏ paradise.
ԴՐԱԽՏԱՀԱՒ bird of paradise, rifle bird.
ԴՐԱԽՏԱՅԻՆ paradisiacal.
ԴՐԱԿԱՆ positive, practical.
ԴՐԱԿԱՆԱՊԷՍ positively.
ԴՐԱԿԱՆՈՒԹԻՒՆ positiveness.
ԴՐԱԿՑՈՒԹԻՒՆ neighbourhood.

ԴՐԱՄ money, coin.
ԿԱՆԽԻԿ, ՊԱՏՐԱՍՏ ԴՐԱՄ cash, ready money.
ԴՐԱՄԱԳԷՏ numismatist.
ԴՐԱՄԱԳԻՏՈՒԹԻՒՆ numismatics.
ԴՐԱՄԱԳԼՈՒԽ capital, funds.
ԴՐԱՄԱԹՈՒՂԹ banknote, paper money.
ԴՐԱՄԱԿԱՆ pecuniary, monetary.
ԴՐԱՄԱՀԱՏ coiner, minter, moneyer.
ԴՐԱՄԱՀԱՏՈՒԹԻՒՆ coining, minting of money.
ԴՐԱՄԱԾԱՀ agio.
ԴՐԱՄԱՊԱՆԱԿ purse.
ԴՐԱՄԱՊԱՐԿ money-bag.
ԴՐԱՄԱՏՈՒՆ bank.
ԴՐԱՄԱՐԿՂ case, safe, money box.
ԴՐԱՄԱՓՈԽ money changer.
ԴՐԱՄԱՓՈՐՁ assayer, testing.
ԴՐԱՑԻ neighbour.
ԴՐԱՑՆՈՒԹԻՒՆ neighbourhood.
ԴՐԴԵԼ to push, to incite, to instigate.
ԴՐԴԻՉ, ԴՐԴՈՂ inciter, instigator.
ԴՐԴՈՒԵԼ to shake, to move.
ԴՐԴՈՒՄ instigation, impulsion, provocation.
ԴՐԹԱԿ mallet.
ԴՐԺԱՆՔ transgression, infringement, breach of faith.
ԴՐԺԵԼ to infringe, to deceive, to beguile, to violate.
ԴՐԺՈՂ infidel, unfaithful, violator, faithless.
ԴՐՈՒԺ ՏԵՍ ԴՐԺԱՆՔ.
ԴՐՈՇՄ stamp, mark, print, timbre.
ԴՐՈՇՄԱԳԻՏՈՒԹԻՒՆ timbrology, philately.
ԴՐՈՇՄԱՀԱՐ stamper.
ԴՐՈՇՄԵԼ to stamp, to print, to mark, to register.
ԴՐՈՒԱԳ incrustation, episode, panelling.
ԴՐՈՒԱԳԵԼ to incrust, to plate, to wainscot, to veneer.
ԴՐՈՒԱՏԵԼ to praise, to laud.
ԴՐՈՒԱՏԻՔ praise, laud, eulogy.
ԴՐՈՒԹԻՒՆ system, situation, position, place.
ԴՐՈՒԺԱՆ disloyal, traitorous.
ԴՐՍԵՑԻ foreign, foreigner, stranger.
ԴՐՕՇ, ԴՐՕՇԱԿ flag, standard, banner.
ԴՐՕՇԱԶԱՐԴԵԼ to deck, to dress, to deck with flags.
ԴՐՕՇԱԶԱՐԴՈՒԹԻՒՆ dressing with flags.
ԴՐՕՇԱԿԻՐ flagman, standard bearer, banneret.
ԴՐՕՇՄԵԼ to sculpture, to carve, to engrave.
ԴՔՍՈՒԹԻՒՆ dukedom, duchy.
ԴՔՍՈՒՀԻ duchess.
ԴՕԴՕՇ sucker, toad.
ԴՕԴՕՇԱՆՈՑ toad-hole.
ԴՕԴՕՇԱՔԱՐ toad-stone.
ԴՕԴՕՇԽՈՏ buffonia.
ԴՕՂ belt, strip, band.
ԴՕՍՏԱՔԱՆ toast, health.
ԴՕՍՏԱՔԱՆ ՏԱԼ to give a toast.
ԴՕՏ earthen pot.

Ե

ԵԱԼ cow-meal.
ԵԲԵՆԱԿՈՐԾ cabinet-maker, ebonist.
ԵԲԵՆԱԳՈՐԾՈՒԹԻՒՆ cabinet-work.
ԵԲԵՆԻ ebony tree.
ԵԲԵՆՈՍ ebony, ebon.
ԵԲՐԱՅԱԳԷՏ hebraist.
ԵԲՐԱՅԵՐԷՆ Hebrew, the Hebrew language.
ԵԲՐԱՅԵՑԻ Jew, Israelite.
ԵԳԻՊՏԱԿԱՆ Egyptian, of Egypt.
ԵԳԻՊՏԱՑՈՐԵՆ Indian corn, maize.
ԵԳԻՊՏԱՑԻ Egyptian. a native of Egypt.
ԵԳԻՊՏՈՍ Egypt.
ԵԴԵՄ Eden.
ԵԴԵՄԱԿԱՆ Edenic, paradisiacal.
ԵԶ ox, ԵԶԻ ՄԻՍ beef, ՎԱՅՐԻ ԵԶ bison.
ԵԶԱԿԱՆ singular, peculiar.
ԵԶԱԿԱՆՈՒԹԻՒՆ singularity, peculiarity.
ԵԶԱԿԻ singular.
ԵԶԵՐՔ shore, bank, edge, rim, border, side, margin.
ԵԶՆԱԿ bullfinch, calf.
ԵԶՆԱԿՆ table grapes, oxeye.
ԵԶՆԱՎԱՐ, ԵԶՆԱՐԱԾ drover, cowherd.
ԵԶՐ shore, bank, border, edge, side, border.
ԵԶՐԱԲԱՆՈՒԹԻՒՆ terminology.
ԵԶՐԱԿԱՑՈՒԹԻՒՆ conclusion, result.
ԵԶՐԱԿԱՑՆԵԼ to conclude, to infer.
ԵԹԵՐ ether.
ԵԹԵՐԱԿԱՆ ethereal, aerial.
ԵԹԵՐԱՑՆԵԼ to etherize.
ԵԹԵՐԱՑՈՒՄ etherification.
ԵԹԷ if, ԵԹԷ ՈՉ if not, except.
ԵԼԱԿ straw-berry.
ԵԼԵԿՏՐԱԲԱՆՈՒԹԻՒՆ electrology.
ԵԼԵԿՏՐԱԲՈՒԺՈՒԹԻՒՆ electrotherapy.
ԵԼԵԿՏՐԱԳԷՏ electrician.
ԵԼԵԿՏՐԱԿԱՆ electric.
ԵԼԵԿՏՐԱԿԱՆՈՒԹԻՒՆ electricity.
ԵԼԵԿՏՐԱՄԱԳՆԻՍ electromagnet.
ԵԼԵԿՏՐԱՆԱԼ to be electrified.
ԵԼԵԿՏՐԱՇԱՐԺ electro-motor.
ԵԼԵԿՏՐԱՉԱՓ electrometer, galvanometer.
ԵԼԵԿՏՐԱՏԻՊ electrotype.
ԵԼԵԿՏՐԱՑՈՅՑ electroscope.
ԵԼԵԿՏՐԱՑՈՒՄ electrification.
ԵԼԵԿՏՐԱՑՆԵԼ to electrify.
ԵԼԵՒԷՋ ascent and descent, undulation, wavy motion.
ԵԼԵՒՄՈՒՏՔ finance, trace.
ԵԼԵՒՄՏԱԳԷՏ financier.
ԵԼԵՒՄՏԱԿԱՆ financial.
ԵԼՆԵԼ to get up, to rise, to ascend, to rise.
ԵԼՆԱՐԱՆ scale, landing place.
ԵԼՆԴԱԽՈԶ wart-hog.
ԵԼՈՒԶԱԿ brigand, robber, vagabond.
ԵԼՈՒԶԱԿՈՒԹԻՒՆ robbery depredation.
ԵԼՔ ascent, coming out, issue, exodus, exit, debit side.
ԵԿ stranger, foreigner, coming, arrival.
ԵԿԱԿՈՉՈՒԹԻՒՆ citation, summons, cital.
ԵԿԱՄՈՒՏ income, proceeds, rent, out landish.
ԵԿԵՂԵՑԱԿԱՆ clergyman, churchman, churchly, ecclesiastic.
ԵԿԵՂԵՑՊԱՆ church warden, sacrist.
ԵԿԵՂԵՑԱՏՈՒՆ parsonage.
ԵԿԵՂԵՑԻ church.
ՄԱՅՐ ԵԿԵՂԵՑԻ cathedral, mother church.
ԵԿԵՍՑԷ complin.

ԵՂԱՄԱՆ cruet, vial for oil.
ԵՂԱՆԱԿ manner, form, season, mode, way, mood, air, tune.
ԵՂԱՆԱԿԱՒՈՐԵԼ to form, to reform, to modify, to mend.
ԵՂԲԱՅՐ brother.
ԽՈՐԹ ԵՂԲԱՅՐ step brother.
ԵՂԲԱՅՐԱԲԱՐ brotherly, fraternally.
ԵՂԲԱՅՐԱԿԱՆ fraternal.
ԵՂԲԱՅՐԱԿԻՑ fellow-member, colleague.
ԵՂԲԱՅՐԱԿՑԻԼ to fraternize.
ԵՂԲԱՅՐԱԿՑՈՒԹԻՒՆ, fraternity, brotherhood.
ԵՂԲԱՅՐԱՍԷՐ charitable, that loves his brother.
ԵՂԲԱՅՐՍԻՐՈՒԹԻՒՆ fraternal love, charity.
ԵՂԲԱՅՐՈՒԹԻՒՆ brotherhood, fraternity.
ԵՂԲՕՐՈՐԴԻ nephew, son of a brother.
ԵՂԲՕՐԴՈՒՍՏՐ niece.
ԵՂԵԱՄ frost, frozen dew, rime.
ԵՂԵԳՆԱՑՈՒՊ cane, cane stick.
ԵՂԵԳՆԱՓՈՂ reed-pipe, flute, shawm.
ԵՂԵԼՈՒԹԻՒՆ fact, action, affair, event, being.
ԵՂԵՄՆԱՊԱՏ covered with rime, hoar-frost.
ԵՂԵՌՆ crime, misdemeanour, offence.
ԵՂԵՌՆԱԳՈՐԾ criminal, scoundrel, villanous, flagitious.
ԵՂԵՌՆԱԳՈՐԾՈՒԹԻՒՆ villany, crime, atrociousness.
ԵՂԵՌՆԱԴԱՏ ԱՏԵԱՆ Assize court.
ԵՂԵՌՆԱԿԱՆ criminal, nefarious, villanous.
ԵՂԵՌՆԱՓՈՐՁ attempt at crime, outrage.
ԵՂԵՐԱԿԱՆ tragic, mournful, dreary.
ԵՂԵՐԳ funeral-dirge, elegy.
ԵՂԵՐԵՐԳԱԿ elegist.
ԵՂԵՐԵՐԳՈՒԹԻՒՆ elegy, song of lamentation.
ԵՂԵՒԻՆ mugwort, common silver fir tree.
ԵՂԷԳ cane, reed, pen, rush.
ԵՂԾԱՆԵԼ to corrupt, to destroy, to ruin, to deface, to erase, to efface.
ԵՂԾԱՆԻԼ to grow corrupt, to fall to ruin, to be spoiled.
ԵՂԾՈՒՄ corruption, abrogation, decay, destruction.
ԵՂԿ tepid, lukewarm.
ԵՂԿԵԼԻ pitiful, miserable, unfortunate, poor.
ԵՂՃԱՏԵՆԴ nettle-rash.
ԵՂՆԻԿ roebuck, hind.
ԵՂՈՒԿ Alas! Ah! disgrace, poor, unlucky.
ԵՂՈՒՆԳ finger-nail, unguis.
ԵՂՋԵՐԱՒՈՐ corned.
ԵՂՋԵՐԱՓՈՂ cornet, horn.
ԵՂՋԵՐՈՒ stay, deer, hart.
ԵՂՋԻՒՐ horn, carob (fruit).
ԵՂՏԻՒՐ marsh, bog, swamp.
ԵՂՐԵՒԱՆԻ lilac.
ԵՄ Am. **ԵՍ ԵՄ** I am.
ԵՆԹԱԴՐԱԲԱՐ hypothetically.
ԵՆԹԱԴՐԱԿԱՆ hypothetical.
ԵՆԹԱԴՐԵԼ to suppose, to surmise.
ԵՆԹԱԴՐՈՒԹԵԱՄԲ hypothetically.
ԵՆԹԱԴՐՈՒԹԻՒՆ supposition, hypothesis, postulation, subjection.
ԵՆԹԱԿԱՅ subject.
ԵՆԹԱԿԱՅԱԿԱՆ subjective, hypostatical.
ԵՆԹԱԿԱՅՈՒԹԻՒՆ subjection, liability, catastasis.
ԵՆԹԱԿԷՏ cedilla, comma
ԵՆԹԱՄՆԱՅ division (-), hyphen.
ԵՆԹԱՍՊԱՅ n.c.o. non-commissioned officer.
ԵՆԹԱՐԿԵԱԼ liable, subjected.
ԵՆԹԱՐԿԵԼ to expose, to subject.
ԵՆԹԱՐԿՈՒԻԼ to be subjected, to become liable.
ԵՆԹԱՏԵՂԱԿԱԼ sub-lieutenant.
ԵՈՒԿՈՍԼԱՒԻԱ Yugoslavia.
ԵՓԱՐՔՈՍ Vizier.
ԵՓԵՆԷՋ pinna-marina.

ԵՊԵՐԱՆՔ blame, reproach, vituperation.
ԵՊԵՐԵԼ to blame, to condemn, to vituperate.
ԵՊԻԿՈՒՐԵԱՆ Epicurean.
ԵՊԻՍԿՈՊՈՍ bishop.
ԵՊԻՍԿՈՊՈՍԱԿԱՆ episcopal.
ԵՊԻՍԿՈՊՈՍԱՐԱՆ episcopate, bishop's palace.
ԵՊԻՍԿՈՊՈՍՈՒԹԻՒՆ episcopary, bishopric.
ԵՌ three, third, boiling, ebullition.
ԵՌԱԲԱՐԲԱՌ triphthong.
ԵՌԱԳՈՅՆ tricolourd, trichromatic.
ԵՌԱԼ to boil, to bubble.
ԵՌԱՁԱՅՆ trio, triphtong.
ԵՌԱՄՍԵԱՅ of three months, quarterly, trimensual.
ԵՌԱՆԴ ardour, eagerness, fervency, spiritedness.
ԵՌԱՆԴՈՏ fervent, zealous.
ԵՌԱՆԴՈՒՆ ardent, active, effervescent.
ԵՌԱՆԻՒ tricycle.
ԵՌԱՆԿԻՒՆ triangle, trigon.
ԵՌԱՆԿԻՒՆԱՉԱՓՈՒԹԻՒՆ trigonometry.
ԵՌԱՆՈՒԱԳ trio.
ԵՌԱՉԱՓ trimeter.
ԵՌԱՊԱՏԻԿ three times, threefold.
ԵՌԱՊԱՏԿԵԼ to triple, to treble.
ԵՌԱՊԱՏԿՈՒԹԻՒՆ triplicity.
ԵՌԱՎԱՆԿ trisyllable.
ԵՌԱՑԿՈՏ effervescent, stirring, ebulient.
ԵՌԱՑՈՒՄ boiling, ebullition.
ԵՌԱՑՆԵԼ to boil, to give heat.
ԵՌՈՏԱՆԻ tripod, tripedal.
ԵՌՈՒՆ boiling, ebullient, stirring.
ԵՌՔ tingling, rash, eruption.
ԵՍ I. ***ԵՍ ԵՄ*** I am.
ԵՍԱԿԱՆ selfish, egotistic.
ԵՍԱԿԱՆՈՒԹԻՒՆ egotism, egoism.
ԵՍՈՒԹԻՒՆ egoism.
ԵՏ back. ***ԵՏ ՄՂԵԼ*** to beat off, ***ԵՏ ԿԵՑՆԵԼ*** to deter.
ԵՏ ՔԱՇՈՒԻԼ to fall back.
ԵՏԵՒ back, behind, after.
ԻՐԱՐՈՒ ԵՏԵՒ one after another.
ԵՏՔ, ԵՏՔԸ after, afterwards.
ԱՄԷՆԷՆ ԵՏՔԸ after all, at last.
ԵՐԱԳ quick, speedy, rapid, fast, quickly.
ԵՐԱԳԱԳԻՐ accelerograph, tachygrapher.
ԵՐԱԳԱՄԻՏ perspicacious, subtle, brisk, ingenious.
ԵՐԱԳԵԼ to hasten, to press, to hurry on.
ԵՐԱԶ dream
ԵՐԱԶԱԲԱՆԵԼ to rave, to dream.
ԵՐԱԶԱՀԱՆ dream book, interpreter of dreams.
ԵՐԱԶԱՏԵՍ dreamy, thoughtful, visionary.
ԵՐԱԶԱՑՈՅՑ expounder of dreams, dream book.
ԵՐԱԶԱՓՈՐՁՈՒԹԻՒՆ pollution.
ԵՐԱԶԵԼ to dream, to rave.
ԵՐԱԶՈՂ dreamer, muser.
ԵՐԱԺԻՇՏ musician, maestro.
ԵՐԱԺՇՏԱԿԱՆ musical.
ԵՐԱԺՇՏԱՆՈՑ conservatory.
ԵՐԱԺՇՏԱՊԵՏ music-master, bandmaster, precentor.
ԵՐԱԺՇՏՈՒԹԻՒՆ music.
ՁԱՅՆԱԿԱՆ ԵՐԱԺՇՏՈՒԹԻՒՆ vocal music.
ԵՐԱԽ mouth, muzzle.
ԵՐԱԽԱԿԱԼ haft, hilt, hub.
ԵՐԱԽԱՅՐԻՔ first-fruits.
ԵՐԱԽՏԱԳԷՏ grateful, thankful.
ԵՐԱԽՏԱԳԻՏՈՒԹԻՒՆ acknowledgment, gratitude, thankfulness.
ԵՐԱԽՏԱՊԱՐՏ obliged.
ԵՐԱԽՏԱՊԱՐՏ ԸԼԼԱԼ to be obliged.
ԵՐԱԽՏԱՒՈՐ obliging, kind, benefactor.
ԵՐԱԽՏԻՔ kindness, favour, pleasure, service.
ԵՐԱԿ vein.
ԵՐԱԿԱՀԱՏ phlebotomist, blood letter.
ԵՐԱԿԱՅԻՆ veiny, vascular.
ԵՐԱՄ group, band, troop, flock, company.
ԵՐԱՄԱԿ flock, herd, drove, cattle.

ԵՐԱՆԱՒԷՏ beatific, blessful, happy.
ԵՐԱՆԳ colour, shade, tint, hue.
ԵՐԱՆԵԼԻ happy, fortunate, blessed.
ԵՐԱՆԻ happy, fortunate, blessed.
ԵՐԱՆԻ ԹԷ I wish that.
ԵՐԱՆՈՒԹԻՒՆ blessedness, beatitude, happiness.
ԵՐԱՆՈՒՀԻ happy, blessed, fortunate.
ԵՐԱՆՔ haunch, groin.
ԵՐԱՇԽ (ՁԻ) chestnut horse.
ԵՐԱՇԽ ՏԵՍ ԵՐԱՇԽԻՔ.
ԵՐԱՇԽԱԳԻՐ guarantee, bail-bond, bail.
ԵՐԱՇԽԱՒՈՐ guarantee, sponsor.
ԵՐԱՇԽԱՒՈՐԵԱԼ guaranteed, warranted.
ԵՐԱՇԽԱՒՈՐԵԼ to guarantee, to warrant, to bail.
ԱՌԱՆՑ ԵՐԱՇԽԱՒՈՐԵԼՈՒ without recourse.
ԵՐԱՇԽԱՒՈՐՈՒԹԻՒՆ, ԵՐԱՇԽԻՔ surety, security, aval, warranty, sponsion, assurance, promise.
ԵՐԱՇՏԱՀԱՒ tit-mouse, tom-tit.
ԵՐԱՇՏ dry, arid, sterile, parched.
ԵՐԱՇՏՈՒԹԻՒՆ drought, dryness, aridity, barrenness.
ԵՐԱՍԱՆ rein, bridle, halter.
ԵՐԱՍՏԱՆ groin, buttock, arse.
ԵՐԲ when.
ԵՐԲԵՄՆ sometimes, occasionally.
ԵՐԲԵՔ ever, not a bit.
ՈՉ ԵՐԲԵՔ never, never at all.
ԵՐԲՈՐ when, whenever.
ԵՐԳ song, hymn.
ԵՐԳԱԿ warbler, decoy-bird.
ԵՐԳԱՀԱՆ composer, musical author.
ԵՐԳԱՄՈԼ music-mad, melomaniac.
ԵՐԳԱՊԵՏ precentor, cantor.
ԵՐԳԱՍԷՐ lover of music, dilettante.
ԵՐԳԱՐԱՆ song-book, hymn book.
ԵՐԳԵԼ to sing, to chant.
ԵՐԳԵՀՈՆ organ, church organ.
ԵՐԳԵՑԻԿ singing, concert-singer.
ԵՐԳԵՑՈՂՈՒԹԻՒՆ singing, chantership, choir service.
ԵՐԳԻԾԱԲԱՆ satirist, lampooner.
ԵՐԳԻԾԱԲԱՆԵԼ to satirize
ԵՐԳԻԾԱԲԱՆՈՒԹԻՒՆ satire, acrimony, taunt.
ԵՐԳԻԾԱԿԱՆ satiric, sarcastic.
ԵՐԳԻԾԱՆՔ satire, sarcasm, taunting.
ԵՐԳԻՈՆ organ, church organ.
ԵՐԳԻՉ singer, chanter.
ԵՐԳՉՈՒՀԻ chantress, cantatrice, songstress.
ԵՐԴ, ԵՐԴԻՔ dormer-window, garret-window.
ԵՐԴՄՆԱԶԱՆՑ perjurer, forsworn, forswearer.
ԵՐԴՄՆԱԶԱՆՑՈՒԹԻՒՆ perjury, false oath, forswornness.
ԵՐԴՄՆՈՒՐԱՑ ՏԵՍ ԵՐԴՄՆԱԶԱՆՑ.
ԵՐԴՆՈՒԼ to give oath, to swear, to curse.
ԵՐԴՈՒԵԱԼ sworn.
ԵՐԴՈՒԵԱԼՔ jury.
ԵՐԴՈՒՄ oath, swearing, solemn declaration.
ԵՐԴՈՒՄ ԸՆԵԼ ՏԱԼ to take the oath.
ԵՐԵԽԱՅ baby, nursling, child.
ԵՐԵԽԱՅԱԿԱՆ infantine.
ԵՐԵԽԱՅՈՒԹԻՒՆ babyhood.
ԵՐԵԿՈՅ evening, night fall.
ԵՐԵԿՈՅԹ evening party.
ԵՐԵՄՈՒԿ groats.
ԵՐԵՍ face, surface, figure, appearance.
ԵՐԵՍԻՆ ԶԱՐՆԵԼ to rebuke.
ԵՐԵՍ ԵՐԵՍԻ face to face.
ԵՐԵՍԱԳԻՐ address, direction.
ԵՐԵՍԵԼ to confront, to appear.
ԵՐԵՍՆԱՄԵԱՅ tricennial, thirty years old.
ԵՐԵՍՆԵՐՈՐԴ thirtieth.
ԵՐԵՍՈՒՆ thirty.
ԵՐԵՍՓՈԽԱՆ deputy, representative.
ԵՐԵՍՓՈԽԱՆԱԿԱՆ representative.
ԵՐԵՐԱԼ to move, to tremble, to vacillate.
ԵՐԵՐՈՒՆ moving, wavering, vacillating.
ԵՐԵՒԱԿ Saturn.
ԵՐԵՒԱԿԱՅԱԿԱՆ imaginary, cloud-built.
ԵՐԵՒԱԿԱՅԵԼ to imagine, to fancy.

ԵՐԵՒԱԿԱՅՈՒԹԻՒՆ imagination, fancy.
ԵՐԵՒԱԼ, ԵՐԵՒԻԼ, ԵՐԵՒՆԱԼ to appear, to be seen, to seem, to be visible.
ԵՐԵՒԵԼԻ visible, celebrated, famous.
ԵՐԵՒՈՅԹ appearance, sight, view, aspect, apparition, vision, phase, semblance.
ԵՐԵՒՈՒՄ apparition, phase, look.
ԵՐԵՒՑՈՂ apparent, plain, obvious.
ԵՐԵՔ three, three times.
ԵՐԵՔԺԱՆԻ tricuspid, trident.
ԵՐԵՔԼԵԶՈՒԵԱՆ trilingual.
ԵՐԵՔԿՈՂՄԱՆԻ three cornered.
ԵՐԵՔՇԱԲԹԻ Tuesday.
ԵՐԵՔՈՒԹԻՒՆ triplicity.
ԵՐԷ game.
ԵՐԷԶ desert, uncultivated.
ԵՐԷԿ yesterday.
ԵՐԷՑ elder, grand, pastor, priest.
ԵՐԷՑԿԻՆ pastor's wife.
ԵՐԹ going, departure, walk, way.
ԵՐԹԱԼ to go, to depart, to be going, to start.
ԵՐԹԵՒԵԿ going and coming, motion, traffic, walk.
ԵՐԹՈՒԴԱՐՁ going and coming back.
ԵՐԹԵՒԵԿԵԼ to go and come, to voyage out and in.
ԵՐԻԶ band, thin ribbon, fillet, tape.
ԵՐԻԿԱՄ kidney, rein.
ԵՐԻԿԱՄՈՒՆՔ reins.
ԵՐԻՆՋ young cow.
ԵՐԻՎԱՐ horse, charger, courser.
ԵՐԻՏԱՍԱՐԴ young man, young person.
ԵՐԻՏԱՍԱՐԴԱՆԱԼ to grow young again, to be restored to youth.
ԵՐԻՏԱՍԱՐԴՈՒԹԻՒՆ youth, adolescence.
ԵՐԻՏԱՍԱՐԴՈՒՀԻ young girl, maiden, lass.
ԵՐԻՑԱԳՈՅՆ doyen, elder, dean, senior.
ԵՐԻՑԱԿԱՆ presbyterian.
ԵՐԻՑԱՊԵՏ archpriest, dean, archpresbyter.
ԵՐԻՑԱՏՈՒՆ manse, pastor's house.
ԵՐԻՑՈՒԹԻՒՆ pastorate, seniority, full age.
ԵՐԻՑՈՒՀԻ priestress.
ԵՐԿ work, labour, endeavour, trouble, toil.
ԵՐԿԱԹ iron, glaive, weapon, sword, razor.
ԵՐԿԱԹԱԳՈՐԾ blacksmith, forger.
ԵՐԿԱԹԱԳՈՐԾՈՒԹԻՒՆ blacksmith's art.
ԵՐԿԱԹԱՊԱՏ bound, furnished with iron, metalled.
ԵՐԿԱԹԱՎԱՃԱՌ iron-monger.
ԵՐԿԱԹԱՔԱՐ siderite, siderolite.
ԵՐԿԱԹԵՂԷՆ iron, irony, of iron, ferreous.
ԵՐԿԱԹԵՂԷՆՔ iron-ware, hardware, iron-works.
ԵՐԿԱԹՈՒՂԻ railway, railroad line.
ԵՐԿԱԿԵՆՑԱՂ amphibious.
ԵՐԿԱՄԵԱՅ biennial.
ԵՐԿԱՅՆ long,far, extended.
ԵՐԿԱՅՆԱԲԱՆ prolix, verbose, diffuse, tedious.
ԵՐԿԱՅՆԱԲԱՆՈՒԹԻՒՆ prolixity, expatiation.
ԵՐԿԱՅՆԱԿԵԱՑ long lived, perennial, that lives long.
ԵՐԱՅՆԱՄԻՏ patient, enduring, forbearing.
ԵՐԿԱՅՆՈՒԹԻՒՆ length, longness, longitude, depth.
ԵՐԿԱՆ mill-stone, grind-stone.
ԵՐԿԱՆԱՔԱՐ buhrstone, grind-stone.
ԵՐԿԱՍԷՐ labourer, diligent.
ԵՐԿԱՍԻՐՈՒԹԻՒՆ work, toil, labour, performance.
ԵՐԿԱՎԱՆԿ dissyllabic.
ԵՐԿԱՏԱՌ bititeral, of two letters.
ԵՐԿԱՐ long, extended.
ԵՐԿԱՐԱԲԱՆ expatiator.
ԵՐԿԱՐԱԿԵԱՑ that lives long, longevous, long-lived.
ԵՐԿԱՐԿԵՑՈՒԹԻՒՆ longevity, long-living.

ԵՐԿԱՐԱՁԳԵԼ to delay, to drag, to prolong, to elongate.
ԵՐԿԱՐԱՁԳՈՒՄ prorogation, elongation, moratorium.
ԵՐԿԱՐԱՏԵՒ lasting, durable, that lasts long.
ԵՐԿԱՐԵԼ to lengthen, to elongate, to stretch, to suspend.
ԵՐԿԱՐՕՐԷՆ lengthily, a long while.
ԵՐԿԲԱՅԻԼ to doubt, to suspect, to hesitate.
ԵՐԿԲԱՅՈՒԹԻՒՆ doubt, hesitation, irresolution, incertitude.
ԵՐԿԲԱՐԲԱՌ diphthong.
ԵՐԿԳԼՈՒԽ two-headed, double-headed.
ԵՐԿԴԻՄԻ ambiguous, equivocal, bifacial, of two faces.
ԵՐԿԴԻՄՈՒԹԻՒՆ equivocation, duplicity, dissimulation.
ԵՐԿԵԱԿ two, double, binary.
ԵՐԿԺԱՆԻ fork, bident, prong.
ԵՐԿԻԼԻՈՆ billion.
ԵՐԿԻՆՔ heaven, the sky, the firmament.
ԵՐԿԻՐ the earth, globe, earth, land, ground, country.
ՍՈՒՐԲ ԵՐԿԻՐ the Holy Land.
ԵՐԿԻՑՍ twice, bis.
ԵՐԿԻՒՂ fear, fright, dread, terror, awe.
ԵՐԿԻՒՂԱԼԻ fearful, frightful.
ԵՐԿԻՒՂԱԾ pious, religious, timorour, scrupulous.
ԵՐԿԻՒՂԱԾՈՒԹԻՒՆ piety, scrupulosity, fear of God.
ԵՐԿԼԵԶՈՒ deceitful, ambiguous, equivocal.
ԵՐԿՀԱՏՈՐ in two volumes.
ԵՐԿՁԱՅՆ diphtony, discordant.
ԵՐԿՄԻՏ uncertain, irresolute, perplexed, doubtful.
ԵՐԿՄՏԻԼ to suspect, to distrust, to waver.
ԵՐԿՄՏՈՒԹԻՒՆ irresolution, vacillation, doubt, distrust.
ԵՐԿՆԱԲԱՐՁ lofty.
ԵՐԿՆԱԳԷՏ astronomer.
ԵՐԿՆԱԳՈՒՆԴ sphere, orb.
ԵՐԿՆԱԳՈՅՆ blue, sky-blue, dark blue.
ԵՐԿՆԱԿԱՄԱՐ arch of heaven, vault, canopy of heaven.
ԵՐԿՆԱՅԻՆ celestial, heavenly, ethereal.
ԵՐԿՆԱՒՈՐ heavenly, divine, celestial.
ԵՐԿՆԱՔԱՐ aerolite, falling stone, bolid.
ԵՐԿՆԻՑ of heaven, heaven's
ԵՐԿՆՆԱԼ to extent, to lengthen.
ԵՐԿՆՑՆԵԼ to prolong, to lengthen, to make long.
ԵՐԿՈՏԱՆԻ two-footed, biped.
ԵՐԿՈՏԱՍԱՆ twelve.
ԵՐԿՈՏԱՍՆԵԱԿ dozen.
ԵՐԿՈՒ two, pair.
ԵՐԿՈՒՇԱԲԹԻ Monday.
ԵՐԿՈՒՈՐԵԱԿ couple, twin, pair.
ԵՐԿՉՈՏ fearful, timid, pusillanimous.
ԵՐԿՉՈՏՈՒԹԻՒՆ timidity, cowardice.
ԵՐԿՊԱՌԱԿԵԼ to divide, to disunite, to disjoin.
ԵՐԿՊԱՌԱԿՈՒԹԻՒՆ disagreement, variance, discord, dissension, disunion, quarrel.
ԵՐԿՊԱՏԻԿ double, doubly.
ԵՐԿՍԱՅՐԻ two edged.
ԵՐԿՍԵՌ bisexual.
ԵՐԿՎԱՅՐԿԵԱՆ second (time).
ԵՐԿՏՈՂ two lines, a note.
ԵՐԿՐԱԲԱՆ geologist.
ԵՐԿՐԱԲԱՆԱԿԱՆ geological.
ԵՐԿՐԱԲԱՆՈՒԹԻՒՆ geology.
ԵՐԿՐԱՉԱՓՈՒԹԻՒՆ geodesia, geodesy.
ԵՐԿՐԱԳԷՏ structural geologist.
ԵՐԿՐԱԳԻՏՈՒԹԻՒՆ geognosy.
ԵՐԿՐԱԳՈՐԾ agriculturist, planter.
ԵՐԿՐԱԳՈՐԾԱԿԱՆ agricultural.
ԵՐԿՐԱԳՈՐԾՈՒԹԻՒՆ agriculture, tillage, culture.
ԵՐԿՐԱԳՐՈՒԹԻՒՆ geography.
ԵՐԿՐԱԿԱԼՈՒԹԻՒՆ conquest, subjugation.
ԵՐԿՐԱՅԻՆ earthly, worldly.

ԵՐԿՐԱՇԱՐԺ earthquake.
ԵՐԿՐԱՉԱՓ civil engineer, geometrician.
ԵՐԿՐԱՉԱՓՈՒԹԻՒՆ geometry.
ԵՐԿՐԱՑՈՅՑ georama.
ԵՐԿՐԱՒՈՐ wordly, terrestrial.
ԵՐԿՐՈՐԴ second, secondary.
ԵՐԿՐՈՐԴԱԿԱՆ secondary, accessory.
ԵՐԿՐՈՐԴԵԼ to repeat, to say again, to reiterate.
ԵՐԿՐՊԱԳԵԼ to adore, to worship.
ԵՐԿՐՊԱԳՈՒ worshipper.
ԵՐԿՐՊԱԳՈՒԹԻՒՆ worship, adoration, prostration.
ԵՐԱՄԱԿ flock, herd, drove.
ԵՐՇԻԿ sausage.
ԵՐՋԱՆԻԿ happy, lucky, fortunate.
ԵՐՋԱՆԿԱՒԷՏ happy, blessed.
ԵՐՋԱՆԿՈՒԹԻՒՆ happiness, fortune, prosperity, felicity.
ԵՐՐԵԱԿ triplex, three, ternary.
ԵՐՐՈՐԴ third, thirdly.
ԵՐՐՈՐԴԱԿԱՆ tertiary.
ԵՐՐՈՐԴՈՒԹԻՒՆ trinity.
ԵՐՓՆ colour, shades, hue, dye, fashion, form.
ԵՐՓՆԵՐԱՆԳ of many colours, shaded, variegated.
ԵՒ and, also.
ԵՒԱՅԼՆ and so on, etcetera, etc.
ԵՒՍ moreover, besides, still, as yet.
ԵՒՐՈՊԱ Europe.
ԵՒՐՈՊԱՑԻ European.
ԵՒՐՈՊԱԿԱՆ European.
ԵՓ boiling, cooking.
ԵՓԱԾ cooked, boiled, baked.
ԵՓԵԼ to cook, to bake, to roast.
ԵՓԵՆԷ fish–hawk, osprey.
ԵՓՈՒՏ ephod.
ԵՕԹԱՆԱՍՈՒՆ seventy.
ԵՕԹԸ, ԵՕԹՆ seven.
ԵՕԹՆԱՄԵԱՅ seven years old.
ԵՕԹՆԱՊԱՏԻԿ septuple.
ԵՕԹՆԱՊԱՏԻԿ to septuple, to increase sevenfold.
ԵՕԹՆԵԱԿ seven, septenary, week.
ԵՕԹՆԵՐՈՐԴ seventh.
ԵՕԹՆԵՏԱՍՆ seventeen.
ԵՕԹՆՏԵՐԵՒԱԿ tormentil.
ԵՕԹՆՕՐԵԱՅ seven days old, of seven days.

Զ

ԶԱԶԻՐ ugly, filthy, sordid, indecent, impure.

ԶԱԶՐԱԲԱՆ ribald, dirthy person, obscene in words.

ԶԱԶՐԱԲԱՆԵԼ to hold filthy language, to discourse obscenity.

ԶԱԶՐԱԽՕՍՈՒԹԻՒՆ evil speaking, ribaldry, obscene words.

ԶԱԶՐՈՒԹԻՒՆ dirtiness, filthiness, filth.

ԶԱԿԱՏՈՒՄ tenacity, obstruction.

ԶԱՂՓԱՂՓՈՒՆ frail, faint, weak, inconstant.

ԶԱՄԲԻԿ mare.

ԶԱՄԲԻՒՂ wide basket, straw bag.

ԶԱՅՐԱԳԻՆ fiery, passionate, furious, tubulent.

ԶԱՅՐԱՆԱԼ to become indignant, to get anger, to bluster, to be vexed.

ԶԱՅՐԱՑԿՈՏ fiery, wrathful, indignant, irritable.

ԶԱՅՐԱՑԿՈՏՈՒԹԻՒՆ rage, irascibility.

ԶԱՅՐԱՑՈՒՄ indignation, vexation, irritation.

ԶԱՅՐԱՑՆԵԼ to exasperate, to enrage, to embitter, to vex.

ԶԱՅՐԱՑՈՒՑԻՉ irritant, indignant, exasperating.

ԶԱՅՐՈՅԹ wrath, passion, fury, vexation, rage, spite.

ԶԱՆԱԶԱՆ different, various, diverse, sundry.

ԶԱՆԱԶԱՆԵԼ to distinguish, to vary, to diversify, to discern.

ԶԱՆԱԶԱՆՈՒԹԻՒՆ discrimination, distinction.

ԶԱՆԱԼՈՒԹ giraffe.

ԶԱՆԳԱԿ bell, clock-bell.

ԶԱՆԳԱԿԱՀԱՐ bell-ringer.

ԶԱՆԳԱԿԱՏՈՒՆ bell-tower, steeple, belfry.

ԶԱՆԳԵԼ to knead, to bake, to mix.

ԶԱՆԳՈՒԱԾ dough, paste, mass, mixture, amalgam.

ԶԱՆԿԱՊԱՆ garter, stocking, hose.

ԶԱՆԿԻԿ uvula, epiglottis.

ԶԱՆՑ ԸՆԵԼ to leave out, to neglect, to omit, to fail.

ԶԱՆՑԱՌՈՒ careless, negligent, indolent.

ԶԱՆՑԱՌՈՒԹԻՒՆ omission, negligence, carelessness, a leaving out.

ԶԱՌԱԾԱՆՔ wandering, error, perversion, straying.

ԶԱՌԱՄ decrepit, crazy, broken down ,feeble.

ԶԱՌԱՄԱՆԱԼ to become crazy, decrepit.

ԶԱՌԱՄՈՒԹԻՒՆ decrepitness, anility, senility.

ԶԱՌԱՆՑԱՆՔ idle talk, dotage, freak, delirium, hallucination, frenzy.

ԶԱՌԱՆՑԵԼ to talk idly, to rave, to muse, to dote on, to be infatuated.

ԶԱՌԻԹԱՓ slope, declivity, descent.

ԶԱՌԻԿ arsenic.

ԶԱՌԻՎԱՅՐ down hill, slope, brow, sloping.

ԶԱՌԻ ՎԵՐ up-hill, ascent, steep.

ԶԱՌԿԱԿԱՆ arsenic.

ԶԱՌՆԱՒՈՒԽՏ brocade, satin.

ԶԱՏ separate, lonely, apart, besides.
ԱՍԿԷ ԶԱՏ besides this, separately.

ԶԱՏԵԼ to separate, to detach, to select.

ԶԱՏԻԿ Easter.

ԶԱՏԿԱԾԱՂԻԿ Easter-daisy.

ԶԱՏԿԱԿԱՆ paschal.

ԶԱՏԿԱՇՈՒՇԱՆ Easter-lily.

ԶԱՏՈՐՈՇՈՒՄ discrimination.

ԶԱՏՈՐՈՇԵԼ to discern, to discriminate.

ԶԱՐԳԱՆԱԼ to progress, to grow, to advance.

ԶԱՐԳԱՑԱԾ, ԶԱՐԳԱՑԵԱԼ instructed, advanced, improved.

ԶԱՐԳԱՑՆԵԼ to improve, to promote, to advance, to develop.

ԶԱՐԳԱՑՈՒՄ progress, profit, growth, improvement, proficiency.

ԶԱՐԴ ornament, decoration, finery, dress, toilette, fringe.

ԶԱՐԴԱԳԻՐ ornamental letter.

ԶԱՐԴԱԽԱՉ swastica

ԶԱՐԴԱՆԿԱՐ vignette, ornament.

ԶԱՐԴԱՋՈՒՐ toilet water.

ԶԱՐԴԱՍԵՂ breast pin, brooch.

ԶԱՐԴԱՐԱՆՔ ornament, decoration, finery, garniture, garnishment.

ԶԱՐԴԱՐԵԼ to ornament, to adorn, to decorate, to fashion, to adjust, to deck.

ԶԱՐԴԱՐՈՒԻԼ to be ornamented, decorated.

ԶԱՐԴԱՐՈՒԱԾ adorned, decorated, ornamented, fine.

ԶԱՐԹՆՈՒԼ to awake, to rise, to be sensible of, to wake up.

ԶԱՐԹՆՈՒՄ waking, awakening.

ԶԱՐԹՈՒՆ wide-awake, brisk, smart.

ԶԱՐԹՈՒՑԻՉ alarm clock or watch.

ԶԱՐԹՕՆՔ waking, revival, awakening.

ԶԱՐԿ beat, impulse, stroke, pulse, impulse.

ԶԱՐԿԱՉ passflower.

ԶԱՐԿԱՉԱՓ battuta.

ԶԱՐՀՈՒՐԱՆՔ horror, terror, dread, awe, fear.

ԶԱՐՀՈՒՐԵԼԻ hideous, horrible, frightful, dreadful.

ԶԱՐՀՈՒՐԵՑՆԵԼ to terrify, to frighten, to dismay.

ԶԱՐՄ race, blood, tribe, family, line, stock.

ԶԱՐՄԱՆԱԶԱՆ wonderful, marvellous, admirable.

ԶԱՐՄԱՆԱԼ to wonder, to admire, to be astonished.

ԶԱՐՄԱՆԱԼԻ astonishing, admirable,surprising.

ԶԱՐՄԱՆԱԼԻՔ marvels, wonders, miracles.

ԶԱՐՄԱՆՔ astonishment, wonder, amazement.

ԶԱՐՄԱՑԱԿԱՆ of exclamation, ecstatic, rapturous.

ԶԱՐՄԱՑՆԵԼ to amaze, to astonish, to surprise.

ԶԱՐՄԱՑՈՒՄ admiration, ecstasy, surprise.

ԶԱՐՆԵԼ to strike, to beat, to slap, to hit, to shoot.

ԶԱՐՆՈՒԱԾ struek, smitten, hurt, shot.

ԶԱՐՆՈՒԻԼ to be shot, to strike, to come into collision.

ԶԱՐՏՈՒՂԻ indirect, irregular, mislead, led astray.

ԶԱՐՏՈՒՂԻԼ to go astray, to deviate, to swerve, to exorbitate.

ԶԱՐՕՇ ground oak, germander.

ԶԱՒԱԿ son, infant, child.

ԶԱՒԵՇՏ comedy, farce, jest.

ԶԱՒԵՇՏԱՐԱՐ comic actor, comedian.

ԶԲԱՂԱԾ busy, engaged, employed.

ԶԲԱՂԵՑՆԵԼ to occupy, to busy, to employ.

ԶԲԱՂԵՑՈՒՑԻՉ diverting, entertaining.

ԶԲԱՂԻԼ to be occupied, to be busy.

ԶԲԱՂՈՒՄ business, occupation, work.

ՄՏՔԻ ԶԲԱՂՈՒՄ distraction.

ԶԲՕՍԱԿԱՆ amusive, recreative.

ԶԲՕՍԱՆՔ passtime, amusement, distraction, recreation.

ԶԲՕՍԱՇՐՋԻԿ tourist, excursionist.

ԶԲՕՍԱՍԷՐ amusing person, fond of amusement.

ԶԲՕՍԱՐԱՆ amusing place, casino,

ԶԲՕՍԵՑՈՒՑԻՉ diverting, recreative, amusive.

ԶԲՕՍԵՑՆԵԼ to divert, to amuse, to relax, to recreate.
ԶԲՕՍՆՈՒԼ to amuse one's self, to be merry, to divert one's self.
ԶԳԱԼ to feel, to be sensible, to scent.
ԶԳԱԼԱՊԱՐ sensibly, palpably, sensually.
ԶԳԱԼԻ sensible, palpable.
ԶԳԱԼԻՔ the senses, intellectual faculties.
ԶԳԱՑԱԲԱՐ sensibly, palpably.
ԶԳԱՑԱԿԱՆ sensual, sentimental, vigilant.
ԶԳԱՑԱԿԱՆՈՒԹԻՒՆ sensibility, sentimentality.
ԶԳԱՑԱՆՈՑ sensorium.
ԶԳԱՑԱՍԷՐ sensual, carnal.
ԶԳԱՑԱՍԻՐՈՒԹԻՒՆ sensualism, sensuality.
ԶԳԱՑԱՐԱՆ senses, wits.
ԶԳԱՑԱՑՈՒՆՑ amazing, sensational.
ԶԳԱՑՈՒԹԻՒՆ sentiment, feeling, touch, reason.
ԶԳԱՑՈՒՆ sensitive, witty, sentimental.
ԶԳԱՑԹ belch, eructation.
ԶԳԱՑԹԵԼ to belch, to eruct, to throw up.
ԶԳԱՍՏ heedful, quiet, prudent, sober, modest, rational.
ԶԳԱՍՏԱՄԻՏ discreet, modest, wise, wary, prudent.
ԶԳԱՍՏԱՆԱԼ to be prudent, to correct, to awake, to reflect, to repent.
ԶԳԱՍՏԱՑՆԵԼ to disentrance, to render sage, prudent, quiet, to awake.
ԶԳԱՍՏՈՒԹԻՒՆ quietness, sageness, rudence, sobriety, chastity.
ԶԳԱՑՈՂ sensible, sentimental, witty, brisk.
ԶԳԱՑՈՒՄ feeling, sensation, sentiment.
ԶԳԱՑՆԵԼ to warn, to caution, to make one to feel, to announce.
ԶԳԵՍՏ garment, dress, vestment, clothing.
ԶԵՌՔ ՄԸ ԶԳԵՍՏ a suit of clothes.
ԶԳԵՏՆԵԼ to throw down, to overthrow, to overturn, to beat down.
ԶԳԼԽԻՉ heady, intoxicating.
ԶԳՈՅՇ careful, heedful, wary, cautious, prudent.
ԶԳՈՒՇԱՀԱՅԵԱՑ cautious, aware, brisk, smart.
ԶԳՈՒՇԱՆԱԼ to be careful, to take heed, to look out.
ԶԳՈՒՇԱՐԱՆ lazaretto, lazar-house.
ԶԳՈՒՇԱՑՆԵԼ to caution, to warn, to forewarn, to admonish.
ԶԳՈՒՇԱՒՈՐ wary, heedful, careful, cautious, provident.
ԶԳՈՒՇՈՒԹԻՒՆ carefulness, wariness, attention.
ԶԳՕՆ sage, wise, prudent, wary.
ԶԳՕՆՈՒԹԻՒՆ prudence, wisdom, sageness, maturity.
ԶԵԿՈՅՑ notice, announcement, notification.
ԶԵԿՈՒՑԱՆԵԼ to give notice of, to announce, to declare, to inform, to notify.
ԶԵԿՈՒՑՈՒՄ notification, warning, advice, report.
ԶԵՂ. ԶԵՂԽ lewd, debauched, dissolute.
ԶԵՂԽՈՒԹԻՒՆ debauchery, lewdness, dissoluteness.
ԶԵՂԾ dissolute, corrupted, indolent, spoiled, bribed, wanton.
ԶԵՂԾԱՆԵԼ to corrupt, to spoil, to infect, to seduce.
ԶԵՂԾԱՐԱՐ forgerer, defrauder, debaser, falsifier.
ԶԵՂԾՈՒՄ abuse, disorder, corruption.
ԶԵՂՈՒԼ to overflow, to run over, to pour out.
ԶԵՂՈՒՄ overflowing, pouring out, effusion.
ԶԵՂՈՒՆ replete, heaped up, brimful.
ԶԵՂՋ discount, rebate, deduction.
ԶԵՂՁԱԿԱՆՈՒԹԻՒՆ ellipticity.

ԶԵՂՉԵԼ to discount, to retrench, to curtail, to cut off.
ԶԵՂՉՈՒՄ discounting, ellipsis.
ԶԵՂՋ repentance, penitence, remorse.
ԶԵՆ sacrifice, victim.
ԶԵՆԱՐԱՆ altar of sacrifice, slaughter-house.
ԶԵՆԻԹ zenith.
ԶԵՆՈՒՄ immolation, sacrifice.
ԶԵՌՈՒՆ reptile, creeping, animal.
ԶԵՏԵՂԵԼ to place, to install, to locate, to set, to fix, to instate.
ԶԵՏԵՂՈՒԻԼ to be installed, to be placed, to get settled.
ԶԵՏԵՂՈՒՄ location, placing, settlement, disposition.
ԶԵՐԹ, ԶԵՐԴ like, alike, as if, as it.
ԶԵՐԾ exempt, free from, safe, sure.
ԶԵՐԾԱՆԵԼ to save, to deliver, to clear away.
ԶԵՐԾՈՒՄ escape, deliverance, freedom.
ԶԵՓԻՒՌ zephyr, a pleasant wind.
ԶԶՈՒԱՆՔ distaste, disgust, nausea, detastation.
ԶԶՈՒԵԼ to disgust, to outrage, to abuse, to nauseate.
ԶԶՈՒԵԼԻ nauseous, disgusting, detastable.
ԶԶՈՒԵՑՆԵԼ to disgust, to nauseate, to abuse, to importune.
ԶԶՈՒԵՑՈՒՑԻՉ disgusting, abhorrent, nauseous, loathsome.
ԶԶՈՒԻԼ to be disgusted, to dislike, to abhore, to detest, to abominate.
ԶԷՆ arm, weapon, armour, armament.
ԶԷՆԸՆԿԷՑ ԸՆԵԼ to disarm, to unarm, to render harmless.
ԶԷՆԸՆԿԷՑ ԸԼԼԱԼ to be disarmed, to surrender.
ԶԷՆԸՆԿԷՑՈՒԹԻՒՆ disarming, disarmament, laying up.
ԶԷՆՔ arm, weapon, armour.
ԶԷՆՔ ԱՌՆԵԼ to take up arms.
ԶԻ for, because, in order that.
ԶԻԼ soprano

ԶԻՆԱԳՈՐԾ gun-smith, armourer.
ԶԻՆԱԴԱԴԱՐ armistice.
ԶԻՆԱԴՈՒԼ truce.
ԶԻՆԱԹԱՓ ԸՆԵԼ to disarm, to unarm.
ԶԻՆԱԹԱՓՈՒԹԻՒՆ disarming, disarmament, laying up.
ԶԻՆԱԽԱՂ fencer.
ԶԻՆԱԿԻՐ armour-bearer, warrior.
ԶԻՆԱԿԻՑ comrade in arms, fellow soldier.
ԶԻՆԱՄԱՐՏՈՒԹԻՒՆ fencing, warfare.
ԶԻՆԱՄԱՐՏԻԿ fighter, armed combatant.
ԶԻՆԱՄԹԵՐԱՆՈՑ dump, military stores.
ԶԻՆԱՄԹԵՐՔ ammunition, military stores.
ԶԻՆԱՆՇԱՆ coat of arms, hatchment.
ԶԻՆԱՐԱՆ arsenal, store of arms, dump.
ԶԻՆԱՎԱՃԱՌ arm-seller, arm-dealer.
ԶԻՆԱՐԱՐ arm manufacturer.
ԶԻՆԵԱԼ armed, in arms, on full cock.
ԶԻՆԵԼ to arm, to equip.
ԶԻՆԿ zinc.
ԶԻՆՈՒՈՐ soldier.
ԿԱՄԱՒՈՐ ԶԻՆՈՒՈՐ volunteer.
ԶԻՆՈՒՈՐԱԳՐԵԼ to enroll, to enlist.
ԶԻՆՈՒՈՐԱԳՐՈՒԻԼ to enroll, to enlist, to enter the army.
ԶԻՆՈՒՈՐԱԳՐՈՒԹԻՒՆ conscription, enrollment, enlistment.
ԶԻՆՈՒՈՐԱԿԱՆ military, soldierly, military man.
ԶԻՆՈՒՈՐԱԿԱՆՈՒԹԻՒՆ militarism, warlike policy.
ԶԻՆՈՒՈՐՈՒԹԻՒՆ militia, soldiery, profession of war.
ԶԻՆՈՒՈՐՈՒՀԻ woman soldier.
ԶԻՋԱՆԻԼ to condescent,. to comply, to yield, to relent.
ԶԻՋԱՆՈՂ condescending, yielding, compliant.

ԶԻՋՈՂՈՒԹԻՒՆ, ԶԻՋՈՒՄ compliance, calmness, deference, connivance, cession, reduction.
ԶԻՍՏ thigh haunch.
ԶԼԱՆԱԼ to refuse, to retract, to deny, to disregard.
ԶԼԱՑՈՒՄ denial, refusal, disavowal.
ԶԿԵՌ medlar.
ԶԿՆԻ behind, after, next to.
ԶՂՋԱԼ to repent, to regret, to rue.
ԶՂՋԱՑՆԵԼ to make to repent, to affect.
ԶՂՋՈՒՄ rependance, remorse, regret, contrition.
ԶՄԱՅ asthma.
ԶՄԱՅԼԱՆՔ rapture, ravishment.
ԶՄԱՅԼԵԼԻ charmful, delightful, admirable.
ԶՄԱՅԼԻԼ to admire, to be charmed, to become ravaished.
ԶՄԱՅԼՈՒՄ rapture, enchantment, delight, satiety.
ԶՄԱՅՈՅՏ asthmatical.
ԶՄԵԼԻ pocket knife, pen knife.
ԶՄՈՒՌՍ myrrh.
ԶՄՌՍԵԼ to embalm, to mummify.
ԶՄՌՍՈՒՄ embalming.
ԶՄՐՈՒԽՏ emerald.
ԶՆԴԱՆ dungeon, prison.
ԶՆՆԱՐԱՆ speculum, judgment hall, observation post.
ԶՆՆԵԼ to inspect, to observe, to survey.
ԶՆՆՈՂ, ԶՆՆԻՉ observant, observer, speculator.
ԶՆՆՈՒԹԻՒՆ observation, speculation, visit.
ԶՈԴԻԱԿՈՍ Zodiac.
ԶՈՀ victim, sacrifice, immolation.
ԶՈՀԱԲԵՐՈՒԹԻՒՆ sacrifice, holocaust.
ԶՈՀԱԳՈՐԾԵԼ to immolate, to sacrifice.
ԶՈՀԱՆՈՑ altar of sacrifice.
ԶՈՀԱՐԱՐ sacrificer, that immolates.
ԶՈՀԵԼ to sacrifice, to immolate, to offer in sacrifice.
ԶՈՀՈՂՈՒԹԻՒՆ offering, sacrifice.
ԶՈՀՈՒԻԼ to immolate, to be sacrificed.
ԶՈՀՐԱՅ Venus, Lucifer.
ԶՈՅԳ pair, couple, even.
ԶՈՎ cool, fresh.
ԶՈՎԱՆԱԼ to become cool, to cool.
ԶՈՎԱՐԱՐ cooling, refreshing.
ԶՈՎԱՑՈՒՄ cooling, refreshment.
ԶՈՎԱՑՆԵԼ to cool, to refresh, to refrigerate.
ԶՈՎԱՑՈՒՑԻՉ cooling, refreshing.
ԶՈՎՈՒԹԻՒՆ coolness, freshness, refreshment.
ԶՈՐ ՕՐԻՆԱԿ for instance, for example.
ԶՈՒԱՐԱԿ ox, bull, steer.
ԶՈՒԱՐԹ gay, joyous, merry, cheerful.
ԶՈՒԱՐԹԱԲԱՐՈՅ gay-natured, bon vivant.
ԶՈՒԱՐԹԱԿԻՆ joyous, cheering, amusing.
ԶՈՒԱՐԹԱԴԷՄ smiling, cheerful, pleasant.
ԶՈՒԱՐԹԱՄԻՏ gay, good-humoured, merry, joyful.
ԶՈՒԱԹԱՆԱԼ to be gay, to cheer up, to rejoice.
ԶՈՒԱՐԹՈՒԹԻՒՆ gaiety, merriment, joyousness, good humour.
ԶՈՒԱՐՃԱԽՕՍ, ԶՈՒԱՐՃԱԲԱՆ humorist, joker, joyful, jestful, droll.
ԶՈՒԱՐՃԱԼԻ amusing, diverting, jocose.
ԶՈՒԱՐՃԱՆԱԼ to enjoy, to delight, to amuse one's self.
ԶՈՒԱՐՃԱՑՆԵԼ to amuse, to recreate, to rejoice, to make merry.
ԶՈՒԱՐՃՈՒԹԻՒՆ amusement, pleasure, delight, joy, enjoyment.
ԶՈՒԳԱԴԻՊ coincident.
ԶՈՒԳԱԴԻՊՈՒԹԻՒՆ coincidence.
ԶՈՒԳԱԹԻՒ even, equal in number.
ԶՈՒԳԱԿԱՆ like, alike, similar.
ԶՈՒԳԱԿԻՑ alike, conjointed, equal.
ԶՈՒԳԱԿՇԻՌ equivalent, parallel, equilibrium.

Զուգակշռել to balance, to poise, to equalize.
Զուգակցիլ to conjoin, to join together, to unite.
Զուգահակ isocline, at an equal level.
Զուգահաւասար equivalent, alike, same, equal.
Զուգահեռագիծ parallel, parallelogram.
Զուգահեռական parallel.
Զուգամանակ isochronal.
Զուգամէտ convergent.
Զուգանկիւն equiangular, isogonal.
Զուգավանկ pariasyllabic.
Զուգաւորել to join, to couple, to pair, to match, to unite, to company.
Զուգաւորութիւն union, conjunction, parity, coition, marriage, copulation, conformity.
Զուգել to couple, to yoke, to match, to pair.
Զուգընթաց concomitant, that runs together.
Զուգընթաց երթալ to go, to walk in pair.
Զուգընթացութիւն concomitance, concourse, coincidence.
Զուգորդ parabola.
Զուգորդութիւն association.
Զուգօրութիւն the equinox.
Զուիրակ wild marjoram.
Զուսպ restrained, close, narrow.
Զուտ pure, refined, genuine, mere.
Զուր vain, ի զուր in vain.
Զուրկ deprived, devoid.
Զոքանչ mother-in-law.
Զռալ to bray.
Զսպանակ spring.
Զսպել to repress, to overcome, to subdue, to control.
Զսպողական repressive, coercive, restrictive.
Զսպում repression, coercion, restraint.
Զստացաւ sciatica.
Զտարան refinery, distillery.
Զտել to refine, to purify, to filter.
Զտութիւն purity, refining, filtration.
Զտուիլ to filter, to purify.
Զտում refining, cleaning, filtration.
Զրաբանել to talk nonsense, to chat, to prattle.
Զրաբանութիւն nonsense, idle talk, useless discourse.
Զրահ cuirass, coat of mail, breastplate.
Զրահաւոր man of war, cuirassier, iron-clad, armed with a cuirass.
Զրահաւորել to cuirass, to arm with a cuirass.
Զրապարծ vain, boastful, braggart.
Զրաջան vain, labouring in vain.
Զրաւել to finish, to terminate, to end.
Զրափառ vain-glorious, boastful.
Զրկանք injustice, wrong, harm, injury, privation.
Զրկեալ deprived, destitute, unprovided.
Զրկել to deprive, to despoil, to bereave.
Զրկուիլ to be bereaved, to deprive one's self.
Զրկում dispossession, deprivation, frustration.
Զրմբատ wild ginger.
Զրօ zero, nought, cipher.
Զրոյց tale, story, news, rumour, chat.
Զրուցել to tell, to speak, to say.
Զրպարտական slanderous, calumnious.
Զրպարտել to calumniate, to slander, to defame, to traduce.
Զրպարտիչ calumniator, imposter, slanderer.
Զրպարտութիւն calumny, defamation, slander.
Զօդ joining, tie, bond, link, joint, solder.
Զօդել to link, to join together, to unite, to tie, to solder.
Զօդուած soldering, welding, joint, suture.

ԶՕՃ immodest, impudent, shameful.
ԶՕՃԱՔԱՂ avaricious, greedy, stingy, sordid, mean.
ԶՕՃԱՔԱՂՈՒԹԻՒՆ sordid interest, cupidity, covetousness.
ԶՕՃՈՏԵԼ to charm, to dazzle, to effeminate.
ԶՕՐ ՏԵՍ ԶՕՐՔ:
ԶՕՐԱԲԱԺԻՆ division.
ԶՕՐԱԳԼՈՒԽ commander, leader.
ԶՕՐԱԳՈՒՆԴ regiment.
ԶՕՐԱԿԱՆ soldier, military man, strong, soldierlike.
ԶՕՐԱԿԱՐԳՈՒԹԻՒՆ tactics.
ԶՕՐԱՀԱՆԴԷՍ parade, cavalcade, review.
ԶՕՐԱՆԱԼ to grow strong, to revive, to take root, to gather strength.
ԶՕՐԱՆՈՑ barrack, garrison.
ԶՕՐԱՊԵՏ general, commander.
ԶՕՐԱՎԱՐ general.
ԶՕՐԱՎԱՐՆԵՐ general officers.
ԶՕՐԱՎԱՐՈՒԹԻՒՆ generalship.
ԶՕՐԱՎԻԳ aid, supoprt, protection, buttress.
ԶՕՐԱՑՆԵԼ to fortify. to strengthen, to enforce.
ԶՕՐԱՑՈՒՑԻՉ fortifying, comforting, strengthening.
ԶՕՐԱՒՈՐ strong, vigorous, powerful, efficacious.
ԶՕՐԱՒՈՐԱԳՈՅՆ stronger.
ԶՕՐԵՂ robust, powerful, vigourous.
ԶՕՐԵՂԱՊԷՍ robustly, forcing, powerfully.
ԶՕՐԵՂՈՒԹԻՒՆ valour, vigour.
ԶՕՐՈՒԹԻՒՆ force, power, strength, valour, vigour, courage.

ԶՕՐՔ soldier, forces, troops.
ՀՐԱՍԱՅԼԱՅԻՆ ԶՕՐՔ tank corps.
ԱՐՁԱԿԱՁԷՆ ԶՕՐՔ sharp shooter.
ՆՌՆԱՁԻԳ ԶՕՐՔ grenadier.
ՅԱՌԱՋԱՊԱՀ ԶՕՐՔ advanced guard.
ՆԻԶԱԿԱՒՈՐ ԶՕՐՔ lancers.
ՑԵՏՍԱՊԱՀ ԶՕՐՔ rear guard.

Է

Է is.
ԷԱԲԱՆԱԿԱՆ ontologic.
ԷԱԲԱՆՈՒԹԻՒՆ ontology, metaphysics.
ԷԱԿ being, existence.
ԷԱԿԱՆ essential, substantial.
ԷԱԿԱՆ ԲԱՅ substantial verb.
ԷԱԿՈՒԹԻՒՆ entity.
ԷԱԿՑԻԼ to coexist.
ԷԱԿԻՑ consubstantial.
ԷԱԿՑՈՒԹԻՒՆ consubstantiality.
ԷԱՆԱԼ to be, to exist, to subsist.
ԷԱՊԷՍ really, in reality.
ԷԳ female.
ԷՇ ass, donkey.
ԷՈՒԹԻՒՆ substance, essence, existence.
ԷՈՒՐԵՔ sometimes.
ԷՋ page
ԷՋ descent.
ԷՋՔ going down, descension.
Է՞Ր why?
ԷՐ was.
ԷՐԻԿ husband.
ԷՐԻԿՄԱՐԴ man.
ԷՔ creatures.

Ը

ԸԼԼԱԼ to be, to become, to grow.
ԸԼԼԱԼԻՔ ԲԱՆ ՉԷ it is impossible.
ԸՂԵՂ brain, head, mind.
ԸՂՁԱԼ to wish, to desire, to long for.
ԸՂՁՈՒԹԻՒՆ desire, wish, divination.
ԸՄԲԱՆ throat, pharynx.
ԸՄԲԻԾ wrestler, athlete.
ԸՄԲՈՍՏՈՒԹԻՒՆ mutiny, insurrec-
ԸՄԲՇԱՄԱՐՏ wrestling wrestler
ԸՄԲՈՇԽՆԵԼ to savour, to relish, to enjoy, to eat.
ԸՄԲՈՍՏ stubborn, restive, disobedient, indocile.
ԸՄԲՈՍՏԱՆԱԼ to become stubborn, to mutiny, to disobey.
ԸՄԲՈՍՏՈՒԹԻՒՆ mutiny, insurrection, disobedience.
ԸՄԲՌՆԵԼ to comprehend, to catch hold of, to conceive, to embrace.
ԸՄԲՌՆԵԼԻ comprehensible, conceivable.
ԸՄԲՌՆՈՂ comprehensive, perceptive.
ԸՄԲՌՆՈՂՈՒԹԻՒՆ comprehension, conception, perception, retention, hold.
ԸՄԲՌՆՈՒՄ perception, comprehension, conception, retention, capture, hold.

ԸՄՊԱՆԱԿ cup, bowl, drinking glass.
ԸՄՊԵԼ to drink.
ԸՄՊԵԼԱՐԱՆ refreshment room, tavern.
ԸՄՊԵԼԻ drinkable, potable.
ԸՄՊԵԼԻՔ drink, beverage, spirits.
ԸՆԴ to, to the, on, over, by, with, at.
ԸՆԴ ԱՄԵՆԱՅՆ in all, totally.
ԸՆԴԱԲՈՅՍ innate, inborn, inbred.
ԸՆԴԱԿԵՐ granivorous, frugivorous.
ԸՆԴԱՌԱՋ in front, before, ahead.
ԸՆԴԱՍՈՒՆ tamed, domestic, home-bred.
ԸՆԴԱՎԱՃԱՌ dealer in seeds, seedsman.
ԸՆԴԱՐՁԱԿ wide, spacious, roomy, extensive, vast.
ԸՆԴԱՐՁԱԿԵԼ to expand, to extend, to enlarge, to widen, to spread.
ԸՆԴԱՐՁԱԿՈՒԻԼ to extend, to grow out, to grow vasty, to dilate.
ԸՆԴԱՐՁԱԿՈՒԹԻՒՆ vastness, wideness, extent, size, amplification, enlargement, capacity.
ԸՆԴԱՐՄԱՆԱԼ to grow drowsy, to fall asleep.
ԸՆԴԱՐՄԱՑՈՒՄ drowsiness, numbness, inaction, stupor.
ԸՆԴԳՐԿԵԼ to embrace, to clasp.
ԸՆԴԴԷՄ against, contrary to, opposed.
ԸՆԴԴԻՄԱԲԱՆ contradictor, opponent.
ԸՆԴԴԻՄԱԲԱՆՈՒԹԻՒՆ contradiction, disputation, antipharasis.
ԸՆԴԴԻՄԱԴԻՐ opponent, adversary, opposed, contrary, opposite.
ԸՆԴԴԻՄԱԴԻՐՈՒԹԻՒՆ opposition, objection, contrast.
ԸՆԴԴԻՄԱԽՕՍ opposer, contradictor, opponent.
ԸՆԴԴԻՄԱԿԱՑ opposing, adverse, contrary.
ԸՆԴԴԻՄԱՄԱՐՏ opposite, contrary, facing, adversary.
ԸՆԴԴԻՄԱՆԱԼ to resist, to oppose, to stand out.
ԸՆԴԴԻՄԱՍԱՑ contradictor, opponent.
ԸՆԴԴԻՄԱՑՈՂ repugnant,, opposite, contrary.
ԸՆԴԴԻՄՈՒԹԻՒՆ opposition, resistance, repugnance, repulse, impact, discord.
ԸՆԴԵՂԷՆՔ legume, cereal, vegetable.
ԸՆԴԵՐԿԱՐ a long while, at length.
ԸՆԴԵՐՔ intestines, entrails, bowels, guts, tripe.
ԸՆԴԼԱՅՆԱԾ dilated.
ԸՆԴԼԱՅՆԵԼ to amplify, to enlarge, to dilate.
ԸՆԴԼԱՅՆՈՒՄ dilatation, enlargement, amplification.
ԸՆԴԾՈՎԵԱՅ submarine.
ԸՆԴԾՈՎԵԱՅ ԹԱՆՔ submarine tank.
ԸՆԴՀԱՆՈՒՐ general.
ԸՆԴՀԱՆՈՒՐ ԴԱՏԱԽԱԶ attorney general.
ԸՆԴՀԱՆՈՒՐ ԺՈՂՈՎ general assembly.
ԸՆԴՀԱՆՐԱԿԱՆ general, universal.
ԸՆԴՀԱՆՐԱՆԱԼ to be generalized.
ԸՆԴՀԱՆՐԱՊԷՍ in general, generally.
ԸՆԴՀԱՆՐԱՑՈՒՄ generalization.
ԸՆԴՀԱՆՐԱՑՆԵԼ to generalize.
ԸՆԴՀԱՆՐՈՒԹԻՒՆ generality, universality.
ԸՆԴՀԱՏ discontinued, interrupted.
ԸՆԴՀԱՏԱԿԱՆ discontinuous.
ԸՆԴՀԱՏԵԱԼ interrupted.
ԸՆԴՀԱՏԵԼ to discontinue, to leave off.
ԸՆԴՀԱՏՈՂ cauasing interruption, interrupter.
ԸՆԴՀԱՏՈՒԹԻՒՆ discontinuity, interruption, suspension, relaxation.
ԸՆԴՀԱՏՈՒՄ interruption, suspension, discontinuation.
ԸՆԴՀԱՐԻԼ to clash, to come into collision, to collide
ԸՆԴՀԱՐՈՒՄ collision, blow, knock, blow, shock.
ԸՆԴՀՈՒՊ immediately, as soon.
ԸՆԴՄԷՋ between

ԸՆԴՄԻՋԵԼ to interrupt, to hinder.

ԸՆԴՄԻՋՈՂ interrupter.

ԸՆԴՄԻՋՈՒՄ interruption, nonsuit.

ԸՆԴՈԾԻՆ domestic, home-bred.

ԸՆԴՈՍՏ jumping, starting, that bounds.

ԸՆԴՈՍՏՆՈՒԼ to leap, to jump, to start with fear.

ԸՆԴՈՍՏՆՈՒՄ start, rebound, leap, jump, hop.

ԸՆԴՈՏՆՈՑ foot-stool.

ԸՆԴՈՒՆԱԳԻՐ receipt, gratitude, recognition.

ԸՆԴՈՒՆԱԿ capable, apt, proper, acceptable.

ԸՆԴՈՒՆԱԿՈՒԹԻՒՆ aptitude, capableness, acceptance, reach.

ԸՆԴՈՒՆԱՅՆ vain, void, useless.

ԸՆԴՈՒՆԱՐԱՆ receptacle, vase, vessel, shelter, asylum, salon, receiver.

ԸՆԴՈՒՆԻԼ to receive, to admit, to accept, to allow, to approve.

ԸՆԴՈՒՆԵԼԻ acceptable, receivable, admissible.

ԸՆԴՈՒՆԵԼՈՒԹԻՒՆ reception, acceptance, acceptation, receivability, obtaining, admission.

ԸՆԴՈՒՆՈՂ receiver, accepter.

ԸՆԴՈՒՆՈՒԻԼ to be received, to be accepted.

ԸՆԴՎԶՈՒՄ revolt, riot, outbreak, tumult, rising.

ԸՆԴՕՐԻՆԱԿԵԼ to copy, to imitate, to transcribe.

ԸՆԴՕՐԻՆԱԿՈՒԹԻՒՆ copy, imitation, transcript.

ԸՆԵԼ to do, to make, to work, to commit, to deal.

ԸՆԹԱՆԱԼ to run, to flow, to go, to walk, to traverse, to go through.

ԸՆԹԱՑԱՐԱՆ race-ground, stadium, course.

ԸՆԹԱՑԱՒԱՐՏ graduate.

ԸՆԹԱՑՈՂ ambulant, running, walker.

ԸՆԹԱՑՔ conduct, course, manner, behaviour, proceeding.

ՉԱՐ ԸՆԹԱՑՔ misdemeanour.

ԸՆԹԵՌՆԼԻ readable.

ԸՆԹԵՐՑԱՆՈՒԹԻՒՆ reading, perusal, lecture.

ԸՆԹԵՐՑԱՍԷՐ lover of reading, studious, well-read.

ԸՆԹԵՐՑԱՍՐԱՀ reading room.

ԸՆԹԵՐՑԱՐԱՆ reading book, reader, reading room.

ԸՆԹԵՐՑՈՂ person who reads, reader.

ԸՆԹԵՐՑՈՒԱԾ reading, lection, story.

ԸՆԹԵՐՑՈՒՄ reading, lection, lecture, perusal.

ԸՆԹՐԵԼ to sup, to take supper.

ԸՆԹՐԻՔ dinner, supper.

ԸՆԾԱՅ present, gift, offer, donation.

ԸՆԾԱՅԱՐԱՆ altar, place of offering.

ԸՆԾԱՅԵԼ to present, to offer, to give, to dedicate.

ԸՆԾԱՅԵԼԻ presentable.

ԸՆԾԱՅՈՒԹԻՒՆ proof, testimony, evidence.

ԸՆԾԱՅՈՒՄ offering, dedication.

ԸՆԿԱԼԵԱԼ received, accepted.

ԸՆԿԵՐ fellow, companion, comrade, associate, partner.

ԸՆԿԵՐԱԲԱՆՈՒԹԻՒՆ sociology.

ԸՆԿԵՐԱԲԱՐ sociably, friendly.

ԸՆԿԵՐԱԳԻՐ subscriber.

ԸՆԿԵՐԱԿԱՆ social, sociable.

ԸՆԿԵՐԱԿԱՆՈՒԹԻՒՆ sociableness, good-fellowship.

ԸՆԿԵՐԱԿԻՑ co-mate, chamber-fellow, partner, fellow-member.

ԸՆԿԵՐԱԿՑԻԼ to associate, to consort.

ԸՆԿԵՐԱԿՑՈՒԹԻՒՆ association, society, company.

ԳՈՐԾԱՒՈՐԱԿԱՆ ԸՆԿԵՐԱԿՑՈՒԹԻՒՆ trade union.

ԸՆԿԵՐԱՆԱԼ to join, to associate, to go with.

ԸՆԿԵՐՈՒԹԻՒՆ society, company, association, partnership. ԱՌԵՒՏՐԱԿԱՆ ԸՆԿԵՐՈՒԹԻՒՆ commercial society.

ԸՆԿԵՐՎԱՐԱԿԱՆ socialist.

ԸՆԿԵՑԻԿ rejected, deject, cast off.

ԸՆԿԵՑՈՒՄ casting out, out-cast, rejection.

ԸՆԿՂՄԵԼ to dip, to immerse, to plunge, to sink, to ingulf.

ԸՆԿՂՄԻԼ to sink, to be plunged, to merge.

ԸՆԿՂՄՈՒՄ sinking, immersion, plunge, diving, dive.

ԸՆԿՃԵԼ to oppress, to overcome, to crush, to subdue.

ԸՆԿՃՈՒԻԼ to succomb, to fall, to fail, to yield.

ԸՆԿՃՈՒՄ yielding, oppression, prostration, athymia.

ԸՆԿՈՂՄԱՆԻԼ to lie down, to stretch out, to couch.

ԸՆԿՈՂՄԱՆՈՒՄ lying down, couching, cubation.

ԸՆԿՈՅԶ walnut.

ԸՆԿՈՒԶԱԲԵԿ nut-cracker.

ԸՆԿՈՒԶԵՆԻ walnut-tree.

ԸՆԿՐԿԻԼ to put back, to pull back, to recoil, to fall.

ԸՆԿՐԿՈՒՄ backdown.

ԸՆՁԱԽՈՏ aconite.

ԸՆՁԱՆԱԿ earthen flower-pot.

ԸՆՁԱՌԻՒԾ leopard.

ԸՆԾԵՌԵԼ to offer, to afford, to furnish, to consign, to supply, to award.

ԸՆԾԵՌՈՒՄ awarding, offering, giving.

ԸՆՁԻՒՂ shoot, germ, sprout, spring.

ԸՆՁԻՒՂ to sprout, to shoot, to bud, to germinate.

ԸՆՁՈՒՂՏ giraffe, cameleopard.

ԸՆՉԱԶՈՒՐԿ proletary, proletarian.

ԸՆՉԱՍԷՐ iron-fisted, greedy, avaricious, covetous.

ԸՆՉԱՍԻՐՈՒԹԻՒՆ avarice, cupidity, stinginess.

ԸՆՉԱՏԵԱՑ unselfish, uninterested.

ԸՆՁԱՏՈՒՓ snuff-box.

ԸՆՁԱՑՔ mustache.

ԸՆՉԱՒԷՏ rich, opulent, monied.

ԸՆՉԱՔԱՂՑ avaricious, covetous, greedy.

ԸՆՉԱՔԱՂՑՈՒԹԻՒՆ cupidity; avarice, covetousness.

ԸՆՏԱՆԵԿԱՆ familiar.

ԸՆՏԱՆԵՆԱԼ to become intimate, to be familarized with.

ԸՆՏԱՆԵԲԱՐ familiarly, confidently, amicably.

ԸՆՏԱՆԵԶՈՒՐԿ without family.

ԸՆՏԱՆԵՑՆԵԼ to familiarize, to domesticate, to civilize, to humanize.

ԸՆՏԱՆԻ famliar, domestic, tamed, intimate.

ԸՆՏԱՆԻՔ family, household.

ԸՆՏԱՆՈՒԹԻՒՆ familiarity, acquaintance, confidence.

ԸՆՏԱՍՈՒՆ familiar, home-bred sedentary.

ԸՆՏԵԼԱՆԱԼ to be familiarized, to be accustomed.

ԸՆՏԵԼԱՑՆԵԼ to accustom, to habituate, to domesticate, to tame.

ԸՆՏԵԼՈՒԹԻՒՆ habitude, familiarity, tameness.

ԸՆՏԻՐ fine, elegant, exquisite, chosen, worthy.

ԸՆՏՐԱԿԱՆ elective, electoral, eligible, better.

ԸՆՏՐԱԿԱՆՈՒԹԻՒՆ elegance, excellence, quality of being elective.

ԸՆՏՐԱՆՔ choice, election, prime.

ԸՆՏՐԵԱԼ elected, chosen, selected, honest, upright, virtuous.

ԸՆՏՐԵԼ to elect, to choose, to adopt, to sort, to pick.

ԸՆՏՐԵԼԻ eligible, candidate, fit to be chosen.

ԸՆՏՐԵԼԻՈՒԹԻՒՆ candidateship, eligibility.

ԸՆՏՐՈՂ elector, selector, prudent, wise, choosing.

ԸՆՏՐՈՂԱԿԱՆ electoral, electic, wise, discreet.

ԸՆՏՐՈՂՈՒԹԻՒՆ discernment, choice, discrimination, option, reasoning, discretion, electorate.
ԸՆՏՐՈՒԹԻՒՆ election, choice, option, arbitration, selection, choosing, decision, distinction.
ԸՍԵԼ to say, to tell, to speak.
ԸՍՈՒԻԼ to be said, to be told.
ԸՍՏ according to, as for, for, in the opinion of.
ԸՍՏԵՐՋ sterile, barren, unfruitful.
ԸՐՋՈՒ step-son, daughter-in-law, step-daughter.

Թ

ԹԱԳ crown, coronet, diadem.
ԹԱԳԱԴԻՐ crowner.
ԹԱԳԱԴՐՈՒԹԻՒՆ coronation, crowning, inauguration.
ԹԱԳԱԶԱՐԴ diademed, crowned.
ԹԱԳԱԶԱՐԴԵԼ to crown, to adorn with a crown.
ԹԱԳԱԴՐԱՄ crown (a coin).
ԹԱԳԱԺԱՌԱՆԳ crown prince.
ԹԱԳԱԿԻՑ crown consort.
ԹԱԳԱՒՈՐ king, crowned head.
ԹԱԳԱՒՈՐԱԿԱՆ royal, royalist.
ԹԱԳԱՒՈՐԵԼ to reign.
ԹԱԳԱՒՈՐՈՒԹԻՒՆ reign, kingdom, royalty.
ԹԱԳՈՒՀԻ queen. ՄԱՅՐ ԹԱԳՈՒՀԻ queen mother.
ԹԱԹ paw, claw, talon, palm of the hand, battle door.
ԹԱԹԱՂՈՒՆ full to the brim, overflowing, filled up.
ԹԱԹԱՌ whirl-wind, water-spout.
ԹԱԹԱՐ Tatar.
ԹԱԹԱՒԵԼ to plunge, to immerse, to dip, to soak, to wet, to drench.
ԹԱԹԵԼ to wet, to moisten, to soak, to dip.
ԹԱԹԵՈՒԻԼ to be wet, to be soaked, to bathe.
ԹԱԹՈՒԼ paw, foot.
ԹԱԹՊԱՆ glove, gauntlet.
ԹԱԼԿ talc.
ԹԱԼԿԱՀԱՐ pale, pallid, wan.
ԹԱԼԿԱՆԱԼ to faint, to swoon, to feel giddy, dizzy.
ԹԱԼԿԱՑՈՒՄ fainting, swooning, exhaustion, lipothymy.
ԹԱԼՈՒԿ scotomy, fainting, swoon.
ԹԱԽԱՆՁԱՆՔ entreaty, solicitation, grief, instance.
ԹԱԽԱՆՁԵԼ to entreat, to solicit, to insist.
ԹԱԽԻԾ sorrow, grief, affliction, sadness.
ԹԱԽԾԱԳԻՆ afflicted, painful, doleful.

ԹԱԽԾԱԼԻՑ grievous, affliciting, distressing.
ԹԱԽԾՈՒԹԻՒՆ grief, affliction, sadness, melancholy.
ԹԱԿ mallet, beetle, rammer.
ԹԱԿԱՐԴ trap, snare, net, spring.
ԹԱԿԱՐԴԵԼ to entrap, to ensnare, to entangle.
ԹԱԿԵԼ to hammer, to beat, to maul, to dupe.
ԹԱԿՈՅԿ urn, jug, pitcher, jar.
ԹԱՂ district, ward, part.
ԹԱՂ felt.
ԹԱՂԱԳՈՐԾ felt maker.
ԹԱՂԱԿԱՆ vestry man, ephore.
ԹԱՂԱՑԻՆ communal, parish.
ԹԱՂԱՆԹ membrane, film, cuticle, pelicle.
ԹԱՂԱՊԵՏ tithing man, mayor, provost.
ԹԱՂԱՊԵՏՈՒԹԻՒՆ municipality.
ԹԱՂԱՐ flower-pot, earthen-pot.
ԹԱՂԵԳՈՐԾ felt maker.
ԹԱՂԵԼ to bury, to inter, to inhume, to entomb.
ԹԱՂՈՒԻԼ to be buried.
ԹԱՂՈՒՄ burial, interment, inhumation.
ԹԱՄԲ saddle, pack saddle.
ԹԱՄԲԱԳՈՐԾ saddler, saddle-maker.
ԹԱՄԲԱՐԱՆ saddle-room.
ԹԱՄԲԵԼ to saddle, to harness.
ԹԱՆ soup, porridge, skimmed milk.
ԹԱՆԱԳ sheet-iron, tin.
ԹԱՆԱԳԵՂԷՆՔ tin ware.
ԹԱՆԱԼ to wet, to bathe, to moisten, to drench.
ԹԱՆԱՄԱՆ soup-tureen.
ԹԱՆԱՔ ink.
ԹԱՆԱՔԱՄԱՆ inkstand, ink-horn.
ԹԱՆԱՔԵԼ to ink.
ԹԱՆԳԱՐԱՆ museum, collection.
ԹԱՆԹ fine blade, pellicule.
ԹԱՆԿԱԳԻՆ precious, valuable, costly.
ԹԱՆԿԱՐ merchant.
ԹԱՆՁՐ thick, heavy, drill, gross, clumsy, coarse.
ԹԱՆՁՐԱԲԱՐՈՅ coarse, rude, unpolite, uncivilized.
ԹԱՆՁՐԱԽԻՏ thick, tufted, compact, massive, dense.
ԹԱՆՁՐԱՄԻՏ drowsy, cretin, stupid, dull, idiot.
ԹԱՆՁՐԱՄՈՐԹ pachydermatous, thick-skinned.
ԹԱՆՁՐԱՆԱԼ to grow thick, to thic-
ԹԱՆՁՐԱՉԱՓ pachometer.
ԹԱՆՁՐԱՑՈՒՄ thickening, incrassation.
ԹԱՆՁՐԱՑՆԵԼ to ticken, to condense, to curd, to congulate.
ԹԱՆՁՐՈՒԹԻՒՆ thickness, density, grossness, solidity, bulkiness, corpulence.
ԹԱՆՁԱԿԱՆ dysenteric.
ԹԱՆՁ, ԹԱՆՁՔ dyssentery, colonitis.
ԹԱՇԿԻՆԱԿ handkerchief.
ԹԱՌ roosting place, perch, seesaw.
ԹԱՌԱՄԻԼ to fade, to wither.
ԹԱՌԱՆՉ groan, moan, lamentation.
ԹԱՌԱՓ sturgeon.
ԹԱՌԻԼ to perch, to roost.
ԹԱՍ mug, cup.
ԹԱՍԵԼ to pant, to puff.
ԹԱՍՈՒՆ panting, short-breathed.
ԹԱՏԵՐԱԽԱՂ drama, play, spectacle, comedy.
ԹԱՏԵՐԱԿԱՆ theatrical.
ԹԱՏՐ, ԹԱՏՐՈՆ theatre, play-house, stage.
ԹԱՏՐԵՐԳԱԿ dramatic author, actor.
ԹԱՏՐԵՐԳՈՒԹԻՒՆ dramaturgy, drama, scenario.
ԹԱՐԱԽ pus, sanies.
ԹԱՐԱԽԱԼԻՑ purulent, sanious.
ԹԱՐԱԽԱՆԱԼ to suppurate.
ԹԱՐԱԽԱՑՈՒՄ suppuration.
ԹԱՐԱԽՈՏ purulent, sanious.
ԹԱՐԱԽՈՒՄ suppuration.
ԹԱՐԳՄԱՆ translator, interpreter, dragoman.
ԹԱՐԳՄԱՆԵԼ to translate, to interpret.
ԹԱՐԳՄԱՆԻՉ translator, interpreter.

ԹԱՐԳՄԱՆՈՒԹԻՒՆ translation, interpretation.

ԹԱՐԹ, **ԹԱՐԹԱՓ** winking, twinking, blinking.

ԹԱՐԹԱՓՈՒՄ lounge, stroll, loitering.

ԹԱՐԹԱՓԵԼ to stray, to lounge, to saunter.

ԹԱՐԹԱՓԵՑՆԵԼ to distract, to divert the mind.

ԹԱՐԹԱՓՈՒՆ absent-minded, inattentive, distracted.

ԹԱՐԹԻՉ eye-lash, cilium.

ԹԱՐՄ fresh, new, recent, green.

ԹԱՐՄԱՆԱԼ to freshen, to become renovated.

ԹԱՐՄԱՑՆԵԼ to renovate, to freshen.

ԹԱՐՄՈՒԹԻՒՆ freshness, coolness.

ԹԱՐՇԱՄԻԼ to fade, to wither.

ԹԱՑ wet, humid.

ԹԱՑԱՆ pittance, sauce.

ԹԱՑՈՒԹԻՒՆ wetness, humidity.

ԹԱՒ hairy, shaggy, bushy, long-haired.

ԹԱՒԱԼԱԿԱՆ rotative, rolling, voluble.

ԹԱՒԱԼԻԼ to rotate, to tumble, to turn over, to roll.

ԹԱՒԱԼՈՒՄ rolling, turning, rotation, gyration.

ԹԱՒԱՓՈՂ fagotto, bassoon, bass horn.

ԹԱՒԻՇ velvet.

ԹԱՒՈՒԹ thicket, coppice.

ԹԱՒՈՒԹԻՒՆ shagginess, hairiness.

ԹԱՒՈՒՏ tufted, thick, bushy, woody.

ԹԱՓ violence, impetuosity, struggle, impetus, bottom,. depth.

ԹԱՓԱՆ rectum.

ԹԱՓԱՆՑԱԿԱՆ penetrable, permeable, pervious.

ԹԱՓԱՆՑԵԼ to penetrate, to pierce through.

ԹԱՓԱՆՑԵԼԻ penetrable, permeable.

ԹԱՓԱՆՑԻԿ transparent, penetrating, diaphanous.

ԹԱՓԱՆՑԿՈՒԹԻՒՆ transparency, diaphaneity.

ԹԱՓԱՆՑՈՒՄ penetration.

ԹԱՓԱՆՑՈՂ penetrating.

ԹԱՓԱՌ nomad, wanderer, vagrant.

ԹԱՓԱՌԱԿԱՆ vagabond, runabout, vagrant, errant, rover.

ԹԱՓԱՌԱԿԱՆՈՒԹԻՒՆ vagrancy, vagabondage.

ԹԱՓԱՌԻԼ to wander. to roam, to rove, to stray.

ԹԱՓԱՌՈՂ rover, wanderer.

ԹԱՓԵԼ to pour, to shed, to spill, to evacuate, to drop, to empty.

ԹԱՓԹՓՈՒՔ trash, rubbish, casts, odds and ends.

ԹԱՓՈՒԻԼ to be poured out, to spill, to flow, to discharge, to drop, to fall.

ԹԱՓՈՒՄ evacuation, pouring out, casting.

ԹԱՓՈՒՏ bier, coffin, sedan.

ԹԱՓՈՒՐ vacant, unoccupied, empty.

ԹԱՔՈՒՆ occult, latent, hidden, secret.

ԹԱՓՕՐ procession.

ԹԱՔՉԻԼ to abscond, to hide, to lurk.

ԹԱՔՍՏՈՑ hiding-place, concealment.

ԹԵԶԱՆ woof, weft, water-line.

ԹԵԶԱՆԻՔ sleeves.

ԹԵԹԵՒ light, easy, nimble, fickle, not heavy, slight.

ԹԵԹԵՒԱԲԱՐՈՅ light-headed, giddy, inconstant.

ԹԵԹԵՒԱԶԳԵՍՏ lightly dressed.

ԹԵԹԵՒԱԿԻ lightly, slightly, swiftly.

ԹԵԹԵՒԱՄԻՏ light-headed, feather-minded, giddy, light-minded.

ԹԵԹԵՒԱՄՏՈՒԹԻՒՆ levity, inconstancy, weakness of mind, inconsiderateness.

ԹԵԹԵՒԱՇԱՐԺ light-footed, pliant, nimble, swift, quick, agile.

ԹԵԹԵՒԱՇԱՐԺՈՒԹԻՒՆ swiftness, agileness.

ԹԵԹԵՒԱՑՈՒՄ mitigation.

ԹԵԹԵՒԱՔԱՅԼ light-footed.

ԹԵԹԵՒՆԱԼ to be unloaded, to be light.
ԹԵԹԵՒՈՒԹԻՒՆ lightness, swiftness, agility, relief.
ԹԵԹԵՒՍՈԼԻԿ foppish, light-headed, buckish.
ԹԵԹԵՒՑՆԵԼ to disburden, to lighten, to discharge.
ԹԵԼ thread, filament, fibre.
ԹԵԼԱԴՐԵԼ to suggest, to dictate, to inspire.
ԹԵԼԱԴՐՈՒԹԻՒՆ suggestion, dictation, inspiration, advice, dictate, induction.
ԹԵԼԱՀԱՑԻ vermicelli.
ԹԵԿՆԱԾՈՒ candidate, pretender, aspirant.
ԹԵԿՆԱԾՈՒԹԻՒՆ candidateship, pretention.
ԹԵՄ diocese.
ԹԵՄԱԿԱՆ diocesan, parishoner.
ԹԵՐ side, party, part.
ԹԵՐ ՈՒ ԴԷՄ one against another, pro and con.
ԹԵՐԱԾԻՆ abortive.
ԹԵՐԱԿԱՏԱՐ defective, incomplete.
ԹԵՐԱԿՂԶԻ peninsula.
ԹԵՐԱՀԱՒԱՏ sceptic, infidel, unbeliever.
ԹԵՐԱՀԱՒԱՏՈՒԹԻՒՆ scepticism, mistrust, unbelief, distrust.
ԹԵՐԱՆԱԼ to fail, to miss, to be wanting.
ԹԵՐԱՎԱՐԺ novice, apprentice, inexperienced.
ԹԵՐԱՓԻՄ teraphim.
ԹԵՐԵՒՍ perhaps, it may be.
ԹԵՐԹ leaf, sheet, foil, plate.
ԹԵՐԹԱՒՈՐ lamellar, lamellose, petalous.
ԹԵՐԹԱՔԱՐ slate, schist.
ԹԵՐԹՕՆ fly-sheet, feuilleton.
ԹԵՐԻ defective, imperfect, faulty.
ԹԵՐԽԱՇ partially cooked, parboiled.
ԹԵՐՄՕՐՈՒՍ whisker.
ԹԵՐՈՒԹԻՒՆ defect, fault, default, imperfection.
ԹԵՐՈՒՍ novice, apprentice, half instructed.
ԹԵՒ arm, wing, pinion, protection.
ԹԵՒԱԾԵԼ to flutter, to fly, to flap the wings.
ԹԵՒԱԾՈՒԹԻՒՆ flappping, flutter.
ԹԵՒԱԿՈԽԵԼ to enter, to attain, to arrive, to get in.
ԹԵՒԱՏԱՐԱԾ with opened arms, with spread wings.
ԹԵՒԱՐԿԵԼ to protect, to patronize, to defend.
ԹԵՒԱՐԿՈՒԹԻՒՆ protection, patronage, shelter, support.
ԹԵՒԱՐԿՈՒ protector, supporter.
ԹԵՒԱՒՈՐ winged.
ԹԵՒՃԱԿ oar, scull, fastening bar.
ԹԵՒՆՈՑ cuff, muff.
ԹԵՓ squama, bran, scurf, dandruff, scale.
ԹԵՓԱՒՈՐ scaly, squamous, flaky.
ԹԵՓՈՏ branny, squamated.
ԹԶԱՉԱՓ a span (measure).
ԹԶԵՆԻ fig tree.
ԹԶՈՒԿ dwarf, pigmy.
ԹԷ if, that, perhaps.
ԹԷԱԿԱՆ conditional, hypothetical.
ԹԷԵՒ although.
ԹԷՅ tea.
ԹԷՅԱՄԱՆ tea-pot.
ԹԷՊԷՏԵՒ though, although.
ԹԹԵՆԻ mulberry-tree.
ԹԹՈՒ acid, sour, tart, sharp, bitter.
ԹԹՈՒԱԾ rancid.
ԹԹՈՒԱԾԻՆ oxygen.
ԹԹՈՒԱԾՆԱՂ oxysalt, acid salt.
ԹԹՈՒԱԾՆԵԼ to oxygenate.
ԹԹՈՒԱՀԱՄ sour-tasted.
ԹԹՈՒԱՇ sourish, acidulent.
ԹԹՈՒԵՑՆԵԼ to acidify.
ԹԹՈՒԻԼ to turn sour, to acetify.
ԹԹՈՒՈՒԹԻՒՆ acidity, sourness, acetosity.
ԹԹՈՒՈՏ sourish, acescent, acidulent.
ԹԹՈՒԿԻՉ wood-sorrel, oxalis.
ԹԻ, ԹԻԱԿ shovel, oar, rudder.
ԹԻԱՎԱՐ rower, oarsman, boatman.

ԹԻԱՎԱՐԵԼ to row, to oar
ԹԻԶ span, nine inches
ԹԻԹԵՂ tin, lamina, tinplate.
ԹԻԹԵՂԱԳՈՐԾ tin-man, tin-smith
ԹԻԹԵՌՆԻԿ butterfly
ԹԻԹՂՈՆ mica.
ԹԻԿՆԱԹՈՌ arm-chair, elbow-chair.
ԹԻԿՆԱԾՈՒ pretender, candidate, aspirant.
ԹԻԿՆԱՊԱՀ aid de camp, adjutant.
ԹԻԿՆՈՑ frock, coat, surtout.
ԹԻԿՈՒՆՔ back, shoulders, support
ԹԻՆ grape-stone, staphyloma
ԹԻՐԱԽ target.
ԹԻՒ number, figure, rank, list.
ԹԻՒՆԻԿ mackerel.
ԹԻՒՆՈՍ tunny fish.
ԹԻՒՐ crooked, oblique, tortuous.
ԹԻՒՐԻՄԱՑՈՒԹԻՒՆ misunderstanding, misconception.
ԹԻՒՐՈՏՆ club-footed.
ԹԻՒՐՈՏՆՈՒԹԻՒՆ club-fool, talipes, pes.
ԹԼԻՓ tape, edge, margin, rim.
ԹԼՓԱՏԵԼ to circumcise.
ԹԼՓԱՏՈՒԹԻՒՆ circumcision.
ԹԽԱԳՈՅՆ brown, dark.
ԹԽԱԴԷՄ dark faced, brown.
ԹԽԱԹՈՅՐ brown, dark.
ԹԽԱՄՈՐԹ dusky, blackamoor.
ԹԽԱՆԱԼ to turn brown, to darken.
ԹԽՈՐԱԿ brownish.
ԹԽՍԵԼ to sit on, to hatch, to brood, to incubate.
ԹԽՍՈՒՄ incubation.
ԹԽՍԱՐԱՆ incubator, breeding-cage.
ԹՂՏԱԲԵՐ post, mail, post-man.
ԹՂԹԱԴՐԱՄ bank-note, paper money.
ԹՂԹԱԴՐՈՇՄ postage stamp.
ԹՂԹԱԽԱՂ card-game, game at cards.
ԹՂԹԱԿԱԶՄ paper binding.
ԹՂԹԱԿԱԼ paper case, port-folio.
ԹՂԹԱԿԻՑ correspondent.
ԹՂԹԱԿՑԵԼ to correspond, to communicate.
ԹՂԹԱԿՑՈՒԹԻՒՆ correspondence.
ԹՂՏԱՀԱՏ paper-knife.
ԹՂԹԱՊԱՆԱԿ pocket-book, bill-case, port-folio.
ԹՂԹԱՎԱՃԱՌ paper seller, stationer.
ԹՂԹԱՏԱՐ post, mail, courier.
ԹՂԹԱՏԱՐՈՒԹԻՒՆ post, carriage of letters.
ԹՂԹԱՏԵԼ to peruse, to turn over.
ԹՂԹԱՏՈՒՆ post-office, post house.
ԹՄԲԻՒՆ crash, din, noise
ԹՄԲԿԱՀԱՐ drummer.
ԹՄԲԿԱՀԱՐՈՒԹԻՒՆ drumming, drum-beat.
ԹՄԲԿԱՊԵՏ drum-major.
ԹՄԲՈՒԿ drum, tympanum.
ԹՄԲՐԱԾ, ԹՄՐԱԾ drowsy, torpid.
ԹՄԲՐԱՁՈՒԿ cramp fish, torpedo.
ԹՄՐԵՑՆԵԼ to benumb, to stupefy, to numb.
ԹՄՐԵՑՈՒՑԻՉ lethargic, narcotic, soporific.
ԹՄՐԻԼ to grow drowsy, dull, sleepy.
ԹՄՐՈՒԹԻՒՆ drowsiness, numbness, narcosis.
ԹՆԱՀԱՏ grape-stone.
ԹՆԴԱԼ to resound, to clank, to rumble.
ԹՆԴԱՆՕԹ cannon, gun.
ԹՆԴԱՆՕԹԱՁԻԳ gunner, cannonier.
ԹՆԴԱՆՕԹԱՐԱՆ artillery park, artillery encampment.
ԹՆԴԱՑՆԵԼ to ding, to cause to rumble.
ԹՆԴԻՒՆ resounding, echo, detonation, rattling.
ԹՆՃԿԻԼ to mingle, to be mixed.
ԹՆՈՊ black mountain fir.
ԹԴԵԴ chubby, chubby-cheeked.
ԹՇՆԱՄԱԲԱՐ hostilely, adversely, outrageously.
ԹՇՆԱՄԱԿԱՆ hostile, inimical, adverse.
ԹՇՆԱՄԱՆԱԼ to become hostile, to break with.
ԹՇՆԱՄԱՆԵԼ to insult, to offend, to revile, to enrage.

ԹՇՆԱՄԱՆՔ insult, offence, injury, assault, affront.
ԹՇՆԱՄԻ enemy, foe, adversary.
ԹՇՆԱՄՈՒԹԻՒՆ hostility, anomosity, ill will, antagonism.
ԹՇՆԱՄՈՒԹԻՒՆՔ acts of warfare, enmity.
ԹՇՈՒԱՌ unhappy, miserable, poor, unlucky, ill-starred.
ԹՇՈՒԱՌԱԿԱՆ unfortunate, wretched, miserable.
ԹՇՈՒԱՌԱՄԻՏ idiot, senseless, witless.
ԹՇՈՒԱՌՈՒԹԻՒՆ misery, distress, mischance, misfortune, mishap, ill-luck.
ԹՈԹՈՇ silver rod, plump, fat.
ԹՈԹՈՎ stammering, tongue-tied.
ԹՈԹՈՎԱԽՕՍ lisper, stammerer, stutterer, tongue-tied.
ԹՈԹՈՎԱԽՕՍՈՒԹԻՒՆ stammering, lisping, stutter.
ԹՈԹՈՎԵԼ to stammer, to lisp, to utter with difficulty.
ԹՈԹՈՎՈՒԹԻՒՆ stammering, lisping, stutter, balbuties.
ԹՈԹՈՒԵԼ to shake, to jolt.
ԹՈԺԻՆՔ drivel, slaver.
ԹՈԺԻՒՆ cub, the young of an animal.
ԹՈԺՈՏ drivelling, slabbering.
ԹՈՂԱՆՔ diastole, dilatation.
ԹՈՂՈՒԱԾ forlorn, abandoned, divorced.
ԹՈՂՈՒԹԻՒՆ grace, pardon, release, discharge, remission, indulgence.
ԹՈՂՈՒԼ to leave, to let, to pardon, to give up, to abandon, to forsake.
ԹՈՄԻՍ spider.
ԹՈՅԼ loose, slack, flably, flaccid, lank, languid.
ԹՈՅԼԱՏՐԵԼ to permit, to allow, to tolerate, to consent.
ԹՈՅԼՏՈՒՈՒԹԻՒՆ allowance, permission, tolerance, leave, grant, concession.
ԹՈՅՆ poison, venom, spite.
ԹՈՅՐ colour.

ԹՈՆԻՐ oven, bakehouse, stove, tandour, foot-warmer.
ԹՈՆԾ crippled, lama, maimed.
ԹՈՇԱԿ salary, pension, pay.
ԹՈՇԱԿԱԿԵՐ sinecurist, stipendiary.
ԹՈՇԱԿԱՒՈՐ pensioner.
ԹՈՇԱԿԱՏՈՒՆ boarding-house.
ԹՈՇԱԿԱՌՈՒ salariat, pensioner, boarder.
ԹՈՊ pole-axe.
ԹՈՊԵԼ to beat, to death, to knock down.
ԹՈՊԻՉ beater, slaughterer.
ԹՈՌ grand-son, grand-child.
ԹՈՌՄԻԼ to fade, to wither.
ԹՈՌՆՈՐԴԻ great grand-son.
ԹՈՎԵԼ to charm, to enchant.
ԹՈՎԻՉ enchanter, charmer of serpents.
ԹՈՎՉՈՒԹԻՒՆ charm, enchantment, incantation.
ԹՈՐ tear, drop, bee-balm.
ԹՈՐԱՆՈԹ still, alembic, cucurbit.
ԹՈՐԵԼ to distil.
ԹՈՐԻՉ distiller.
ԹՈՐՈՒՄ distillation, evacuation.
ԹՈՒԱԲԱՆ, ԹՈՒԱԲԱՆԱԳԷՏ arithmetician.
ԹՈՒԱԲԱՆԱԿԱՆ arithmetical.
ԹՈՒԱԲԱՆՈՒԹԻՒՆ arithmetic, elgorism.
ԹՈՒԱԳԻՐ numberer.
ԹՈՒԱԳՐԵԼ to number.
ԹՈՒԱԳՐՈՒԹԻՒՆ numbering, arithmography.
ԹՈՒԱԿԱՆ date, numerical.
ԹՈՒԱԿԻՐ dated
ԹՈՒԱՉԱՓ number, size, enrolment.
ԹՈՒԱՆՇԱՆ cipher, figure, mark, number.
ԹՈՒԱՐԿՈՒԹԻՒՆ enumeration.
ԹՈՒԵԼ to count, to number, to calculate, to reckon.
ԹՈՒԶ fig, **ԹՈՒԶԻ ԾԱՌ** fig tree.
ԹՈՒԹԻԱ tutty.
ԹՈՒԹԱԿ parrot, parakeet.
ԹՈՒԹՔ piles, haemorrhoids.
ԹՈՒԻԼ to seem, to look, to appear.

ԹՈՒԼԱՄԻՏ indolent effeminate
ԹՈՒԼԱՄՈՐԹ soft, weak, feeble. slack.
ԹՈՒԼԱՄՈՐԹՈՒԹԻՒՆ softness, weakness, effeminacy
ԹՈՒԼԱՄՏՈՒԹԻՒՆ indolence, slackness.
ԹՈՒԼԲԵՐԱՆ indiscreet, unwary, weak of mind.
ԹՈՒԼՆԱԼ to soften, to relax, to grow loose, to abate.
ԹՈՒԼՈՒԹԻՒՆ looseness, softness, laxness, atonia.
ԹՈՒԼՑՆԵԼ to loosen, to relax, to soften, to mollify.
ԹՈՒԽ brown, darkish, tawny.
ԹՈՒԽՍ incubation, brood.
ԹՈՒՂԹ paper, letter, epistle, missive.
ԽԱՂԻ ԹՈՒՂԹ playing card, play cards.
ԹՈՒՄԲ dike, dam, bank, breakwater.
ԹՈՒՆԱԲԱՆ toxicologist.
ԹՈՒՆԱՒՈՐ venomous, poisonous, malignant.
ԹՈՒՆԱՒՈՐԵԼ to poison, to envenom.
ԹՈՒՐ sabre, sword. ԹՈՒՐԻ ՀԱՐՈՒԱԾ sword-cut.
ԹՈՒՐԻՆՋ seville orange tree.
ԹՈՒՓ shrub, underwood, bush.
ԹՈՒՔ spittle, spit, sputum.
ԹՈՔ lung.
ԹՈՔԱԽՏ consumption, phthisis.
ԹՈՔԱԽՏԱՒՈՐ phthisical, consumptive.
ԹՈՔԱՅԻՆ pneumonic, pulmonic.
ԹՈՔԱՉԱՓ pneumatometer.
ԹՈՔԱՊԱՐԿ lung-sack.
ԹՈՔԱՏԱՊ lung-fever, pneumonia
ԹՈՔԱՑԱՒ consumption, phthisis.
ԹՌԻՉՔ flight, flying, soaring.
ԹՌՈՒՑԻԿ pamphlet, loose sheet.
ԹՌՉԱԿԱՆ flying, volatile.
ԹՌՉԻԼ to fly, to soar, to take wings.
ԹՌՉՆԱԲԱՆ ornithologist.
ԹՌՉՆԱԲՈՅԾ bird-dealer, birds trainer
ԹՌՉՆԱԲՈՒԾՈՒԹԻՒՆ bird dealing, bird catching.
ԹՌՉՆԱԿ bird, fowl, volatile
ԹՌՉՆԱՐԱՆ bird-cage, aviary
ԹՌՉՆԻԿ young bird, little bird
ԹՌՉՆՈՐՍ fowler, bird catcher, hunter.
ԹՌՉՈՂ flying, volatile.
ԹՌՉՈՒՄ flying, volatilization, the flight.
ԹՌՉՈՒՆ bird, fowl.
ԹՌՉՏԵԼ to fly about, to flutter.
ԹՌՑՆԵԼ to cause to fly, to volatilize.
ԹՐԱՉՈՒԿ saber-fish, swordfish.
ԹՐԹՆՋԱՏ saccharate, oxalate.
ԹՐԹՈՒՐ caterpillar.
ԹՐԹՌԱԼ to vibrate, to oscillate.
ԹՐԹՌԱԿ cabriolet, cab.
ԹՐԹՌԱՉԱՓ tonometer.
ԹՐԹՌՈՒՄ vibration, oscillation.
ԹՐԹՌՈՒՆ vibrating.
ԹՐԹՐԱԿ copious, fluent, eloquent, fawning.
ԹՐԻՔ cow-dung, manure.
ԹՐԾԵԼ to bake or burn bricks.
ԹՐԾՈՒՄ burning or baking of bricks.
ԹՐԾՈՒՆ baked, burnt.
ԹՐԾՈՑ brick-kiln.
ԹՐԿԱՊ baldrick, shoulder-belt.
ԹՐՄԵԼ to wet, to soak, to steep, to macerate.
ԹՐՄՈՒՄ soaking, steeping.
ԹՓՐՏԱԼ to struggle, to strive.
ԹՐՋԱՆՈՑ wetting room.
ԹՐՋԱՆՈԹ water can or tub.
ԹՐՋԵԼ to dip, to soak, to steep, to irrigate.
ԹՐՋԻԼ to get wet, to soak.
ԹՐՋՈՑ infusion, wetting.
ԹՐՋՈՒԱԾ wet, watery, soggy.
ԹՐՔԵԼ to dung, to go to stool.
ԹՓԻԿ bush, shrub.
ԹՔԱՄԱՆ spitting-pan, cuspidor, spittoon.
ԹՔՆԵԼ to spit, to expectorate
ԹՕԹԱՓԵԼ, ԹՕԹՈՒԵԼ to shake, to joggle, to jolt, to toss.

ԹՕԹԱՓԻԼ to retire, to go away, to withdraw, to stand aloof.

ԹՕԹԱՓՈՒՄ shake, toss, jolt, shock, concussion.

ԹՕՆ shower, rain, rainy weather.

ԹՕՇՆԻԼ to decay, to fade, to pine, to droop.

Ժ

ԺԱԺ dry bush, tow, earthquake.

ԺԱԽ dirt, filth, excrement, ground nut.

ԺԱԽՆՈՑ dust-pan, dirt-basket.

ԺԱՀ stink, fetid odour.

ԺԱՀԱՀՈՏ stinking, infectious, fetid.

ԺԱՀԱՀՈՏՈՒԹԻՒՆ stink, stench, offensive smell, miasma.

ԺԱՀՆԱՀԱՐՈՒԹԻՒՆ bromism.

ԺԱՀՆՈՒԿ bromide.

ԺԱՀՐ virus, venom.

ԺԱՄ hour, time, o'clock, delay, moment.

ԺԱՄԱԲԱԿ church-yard.

ԺԱՄԱԳԻՐՔ mass book, prayer-book.

ԺԱՄԱԳՈՐԾ watch-maker.

ԺԱՄԱԳՐՈՒԹԻՒՆ horography.

ԺԱՄԱԴԷՏ horoscope, chronoscope.

ԺԱՄԱԴԻՐ appointed, rendez-vous.

ԺԱՄԱԴՐԱՎԱՅՐ rendez-vous.

ԺԱՄԱԴՐԵԼ to make an oppointment, to agree on a rendez-vous.

ԺԱՄԱԴՐՈՒԹԻՒՆ appointment, rendez-vous.

ԺԱՄԱԿԱՆ horary.

ԺԱՄԱԿՈՉ, ԺԱՄԿՈՉ beadle.

ԺԱՄԱՆԱԿ time, age, era, period, epoch.

ԺԱՄԱՆԱԿԱԲԱՆ chronologist.

ԺԱՄԱՆԱԿԱԳԻՐ chronographer.

ԺԱՄԱՆԱԿԱԳՐՈՒԹԻՒՆ chronography, chronocile.

ԺԱՄԱՆԱԿԱԿԻՑ contemporary, coetaneous, synchronous.

ԺԱՄԱՆԱԿԱՄԻՋՈՑ lapse of time, limit, term.

ԺԱՄԱՆԱԿԱՎՐԷՊ anachronism.

ԺԱՄԱՆԱԿԱՒՈՐ temporary, of short duration.

ԺԱՄԱՆԵԼ to arrive, to reach, to come to pass.

ԺԱՄԱՆՈՒՄ arrival, coming.

ԺԱՄԱՆՑ passtime, recreation.

ԺԱՄԱՍԱՑՈՒԹԻՒՆ divine service.

ԺԱՄԱՎԱՃԱՌ that kills time, loitering, lounging.

ԺԱՄԱՎԱՃԱՌ ԸԼԼԱԼ to stand loitering, to lose time.

ԺԱՄԱՎԱՃԱՌՈՒԹԻՒՆ loitering, trifting, amusement.

ԺԱՄԱՎԱՅՐ rendez-vous, place of assignation.

ԺԱՄԱՏՈՒՆ parsonage-house, vicarage.

ԺԱՄԱՐԱՐ officiating (priest).

ԺԱՄԱՑՈՅՑ clock, watch.
ԱՐԵՒԱՅԻՆ ԺԱՄԱՑՈՅՑ sun-dial.

ԺԱՄԱՑՈՒՑԱԿ dial, dial-plate.

ԺԱՄԵՐԳՈՒԹԻՒՆ divine service, completorium.

ԳԻՇԵՐԱՅԻՆ ԺԱՄԵՐԳՈՒԹԻՒՆ vespers.

ԺԱՄԿՈՉ beadle.

ԺԱՄՈՒՑ offering, alms, charity.

ԺԱՅԹՔԵԼ to gush out, to disgorge, to pour forth, to vomit.

ԺԱՅԹՔՈՒՄ vomiting, disgorge, outburst, discharge.

ԺԱՅՌ rock, fang, notch.

ԺԱՅՌՈՏ rocky.

ԺԱՆԳ rust, verdigris.

ԺԱՆԳԱՀԱՐՈՒԹԻՒՆ rustiness, oxidization.

ԺԱՆԳՈՏԱԾ rusty, oxidized.

ԺԱՆԳՈՏԵԼ to rust, to oxydize.

ԺԱՆԳՈՏԻԼ to grow rusty.

ԺԱՆԳՈՏՈՒԹԻՒՆ rustiness.

ԺԱՆԵԱԿ lace, lace-work.

ԺԱՆԻՔ fang, tusks, grinding teeth.

ԺԱՆՏ pestilent, wicked, ill-natured, stubborn.

ԺԱՆՏԱԲԱՆՈՒԹԻՒՆ miasmology.

ԺԱՆՏԱԲԱՐՈՅ crabby, surly, immoral, rude, wicked.

ԺԱՆՏԱԽՏ past, plague.

ԺԱՆՏԱՀԱՐ plague-stricken, infected.

ԺԱՆՏԱՀՈՏ mephitic, infectious.

ԺԱՆՏԱՄԱՀ plague, pestilence, contagion.

ԺԱՆՏԱՋՈՒՐ nitrice acid, aquafortis.

ԺԱՆՏԱՏԵՆԴ typhoid fever.

ԺԱՆՏԱՏԵՍԻԼ hideous, ugly, shocking.

ԺԱՊԱՒԷՆ ribbon, cordon, cord twist.

ԺԱՌԱՆԳ heir, inheritor, heritage, legacy.

ԺԱՌԱՆԳԱԿԱՆ heriditary, inheritable.

ԺԱՌԱՆԳԱԿԻՑ joint-heir, coheir.

ԺԱՌԱՆԳԱՒՈՐ seminarist.

ԺԱՌԱՆԳԵԼ to inherit, to succeed to.

ԺԱՌԱՆԳՈՐԴ heir, heiress, heir-at law.

ԺԱՌԱՆԳՈՒԹԻՒՆ inheritance, heritage, succession.

ԺԵԽ corruption, ordure, filth,

ԺԺԱԿ insect.

ԺԺՄԱԿ shell, fish, insect, worm.

ԺԻՊԱԿ quick-silver, mercury

ԺԻՐ active, diligent, mindful.

ԺԼԱՏ avaricious, sordid, niggard, mean.

ԺԼԱՏԱՆԱԼ to be stingy, to haggle.

ԺԼԱՏՈՒԹԻՒՆ avarice, sordidness, stinginess, meanness.

ԺԽՈՐ confusion, tumult, uproar, rattle, disturbance.

ԺԽՏԱԿԱՆ negative.

ԺԽՏԵԼ to deny, to contradict, to ignore

ԺԽՏՈՂԱԿԱՆ negative.

ԺԽՏՈՒՄ negation, denial, contradiction.

ԺՈԽ raspberry.

ԺՈՂՈՎ meeting, assembly, union, council, company.

ԸՆՏՐՈՂԱԿԱՆ ԺՈՂՈՎ electoral college.

ԺՈՂՈՎԱԿ club, conventicle, secret meeting.

ԺՈՂՈՎԱԿԱՆ member, synodical, assembly man.

ԺՈՂՈՎԱՍՐԱՀ assembly room, meeting hall.

ԺՈՂՈՎԱՐԱՆ chapel, meeting place, church.

ԺՈՂՈՎԵԼ to collect, to assemble, to gather, to accumulate, to pick up.

ԺՈՂՈՎՈՒՄ assembling, mustering, convocation, reunion.

ԺՈՂՈՎՈՒՐԴ people, multitude, crowd, population.

ԺՈՂՈՎՐԴԱԳՐՈՒԹԻՒՆ demography.

ԺՈՂՈՎՐԴԱԿԱՆ popular, lay laic, common, wide-spread.

ԺՈՂՈՎՐԴԱԿԱՆՈՒԹԻՒՆ populsrity, poplism.

ԺՈՂՈՎՐԴԱՊԵՏ parish priest, rabbi, rector, archpriest.

ԺՈՂՎԵԼ *ՏԵՍ* **ԺՈՂՈՎԵԼ.**
ԺՈՂՎՈՒԻԼ to assemble, to congregate, to meet, to muster.
ԺՈՅԺ patience, endurance, forbearance.
ԺՈՐԵՆԻ persimmon tree.
ԺՈՒԺԿԱԼ patient, sober, temperate, abstinent.
ԺՈՒԺԿԱԼՈՒԹԻՒՆ abstinence, temperance, moderation, sobriety, diet.
ԺՈՒՄ time, moment.
ԺՈՒՌ sour grapes, promenade, tour, winding.
ԺՈՒՌ ԳԱԼ to take a walk, to promenade.
ԺՈՒՌԻՊԱՏ mill.
ԺՊԻՏ smile, laugh, a look of pleasure.
ԺՊԻՐՀ insolent, rush, bold, audacious.
ԺՊՏԱՆՔ sneer, smile, favor.
ԺՊՏԻԼ to smile, to look gay.
ԺՊՏՈՒՆ smiling.
ԺՊՏՈՒՄ smile, laugh, sneer.
ԺՊՐՀԻԼ to dare, to grow bold, to venture.
ԺՊՐՀՈՒԹԻՒՆ insolence, boldness, effrontery, rashness.
ԺՏՈՒԹԻՒՆ boldness, liberty, demand, instance, entreaty.
ԺՐԱԳԼՈՒԽ diligent, laborious, sparing, careful.
ԺՐԱՀԱՒ halcyon.
ԺՐԱՋԱՆ diligent, active, laborious, attentive, punctual, sedulous.
ԺՐՈՒԹԻՒՆ diligence, promptness, sedulity.
ԺՕՌԱՏ toothless, edentate.
ԺՕՌԱՏՈՒԹԻՒՆ toothlessness.

Ի

Ի ԲԱՑ apart, afar.
ԻԲՐ as, like, so, almost, nearly.
ԻԲՐ ԹԷ as if.
ԻԳԱԲԱՐՈՅ effeminate, womanly, womanish, unmanly.
ԻԳԱԿԱՆ feminine, female, woman-like.
ԻԳԱԿԱՆ ՍԵՌ female sex.
ԻԳԱՄՈԼ gallant, addicted to woman.
ԻԳԱՄՈԼՈՒԹԻՒՆ lagnosis, lust of women.
ԻԳԱՍԷՐ coxcomb, dandy, lover of woman.
ԻԳԱՓՈՂ vagina.
Ի ԴԵՐԵՒ of no effect.
Ի ԴԷՊ a propos.
Ի ԴԻՄԱՑ on behalf of.
Ի ԶՈՒՐ vainly, in vain.
ԻԺ viper, adder, asp.
ԻԺԻ ՈՐՍՈՐԴ viper-catcher.
ԻԺԱԲԱՐՈՅ viperine, malicious.
ԻԺԱԴԴՈՒՄ snake gourd.
ԻԺԱԽՈՏ snake flower.
ԻԼ, ԻԼԻԿ spindle, bobbin.
ԻԼԱԳՈՐԾ spindle maker.
ԻՂՁ wish, desire, longing, avidity, vow, eagerness.
ԻՄ my, mine.
ԻՄԱՆԱԼ to understand, to conceive, ,to feel, to find out, to perceive.
ԻՄԱՆԱԼԻ comprehensible, conceivable, perceptible.
ԻՄԱՍՏ sense, meaning, understanding, thought, drift, notion, conception.
ԻՄԱՍՏԱԼԻՑ sensible, sententious, very learned.
ԻՄԱՍՏԱԿ sophist, pedant, philosophist, sophister.
ԻՄԱՍՏԱԿՈՒԹԻՒՆ pedantry, sophism, paralogism, cavil.
ԻՄԱՍՏԱՍԷՐ sage, philosopher, man of learning.
ԻՄԱՍՏԱՍԻՐԱԿԱՆ philosophical.
ԻՄԱՍՏԱՍԻՐՈՒԹԻՒՆ philosophy, reasoning, love of wisdom.
ԻՄԱՍՏՈՒԹԻՒՆ wisdom, sageness, reason, knowledge, skill, philosophy.
ԻՄԱՍՏՈՒՆ wise, learned, prudent, intelligent.
ԻՄԱՑԱԿԱՆ intellectual, spiritual, rational.
ԻՄԱՑԱԿԱՆՈՒԹԻՒՆ intelligence, understanding, reason, comprehension.
ԻՄԱՑՈՒՄ understanding, perception, thought.
ԻՄԱՑՆԵԼ to warn, to inform, to apprise.
Ի ՄԻՋԻ in the middle, among, between.
ԻՄՆ some, a, any, somthing.
ԻՄՈՎՍԱՆՆ as far as I can, in my best.
ԻՄՓՈԹ brake fern.
Ի ՄՕՏՈՅ from near, nearly.
ԻՑՆԱԼ to fall, to fall out, to decline, to lessen, to reduce, to fall down.
ԻՆԾ, ԻՆՁ leopard.
ԻՆԾԻ, ԻՆՁ to me, me, towards me.
ԻՆՆ, ԻՆԸ nine.
ԻՆՆԵՐՈՐԴ ninth.
ԻՆՆԻՑՍ nine times.
ԻՆՆՍՈՒՆ ninety.
ԻՆՉ thing, anything.
Ի՞ՆՉ what?
ԻՆՉՈ՞Վ by what? by which?
ԻՆՉՈ՞Ւ why? why so? how?
ԻՆՉՊԷ՞Ս how?
ԻՆՉՔ property, goods.
ԻՆՔ him, himself, her.

ԻՆՔՆԱԲԵՐ spontaneous, voluntary.
ԻՆՔՆԱԲԵՐԱԲԱՐ spontaneously.
ԻՆՔՆԱԲՈՅՍ self-produced, natural, casual.
ԻՆՔՆԱԳԻՐ autograph, original.
ԻՆՔՆԱԳՐՈՒԹԻՒՆ autography.
ԻՆՔՆԱԽԱԲՈՒԹԻՒՆ self-deception, self-delusion.
ԻՆՔՆԱԿԱԼ autocrat, self-depending.
ԻՆՔՆԱԿԱԼՈՒԹԻՒՆ autocracy.
ԻՆՔՆԱԿԱՄ arbitrary, voluntary, willing.
ԻՆՔՆԱԿԵՆՍԱԳՐՈՒԹԻՒՆ autobiography.
ԻՆՔՆԱԿՈՉ self-invited, uninvited.
ԻՆՔՆԱՀԱՃ self-conceited, arrogant, self-indulgent.
ԻՆՔՆԱՀԱՒԱՆ presumptuous, self-admiring, arrogant.
ԻՆՔՆԱՀԱՒԱՆՈՒԹԻՒՆ presumption, self-esteem.
ԻՆՔՆԱՅԱՅՏ self-evident.
ԻՆՔՆԱՅՕԺԱՐ spontaneous, promp, inclined.
ԻՆՔՆԱՆՈՒԷՐ self-devoted, free, voluntary.
ԻՆՔՆԱՇԱՐԺ automatic, self-moving, autobus.
ԻՆՔՆԱՇԽԱՏ self-made.
ԻՆՔՆԱՍԷՐ selfish, egoist, self-conceited.
ԻՆՔՆԱՍԻՐՈՒԹԻՒՆ self-love, amour propre, selfishness, egotism.
ԻՆՔՆԱՏԻՊ original, autotype.
ԻՆՔՆԱՏԻՊՈՒԹԻՒՆ originality.
ԻՆՔՆԻՆ by self, personnally, by himself.
ԻՆՔՆԻՐԵՆ by himself, spontaneously.
ԻՆՔՆՈՒԹԻՒՆ identity, sameness, originality.
ԻՆՔՆՈՒՍ self-taught, self-knowing.
ԻՇԱՄԵՂՈՒ hornet, wasp, drone.
ԻՇԱՊԱՆ keeper of asses, ass-driver.
ԻՇԱՑՈՒԼ onocentaur, jummart.
ԻՇԽԱՆ prince.
ԳԱՀԱԺԱՌԱՆԳ ԻՇԽԱՆ crown prince.
ԻՇԽԱՆԱԲԱՐ princely, willingly, authoritatively.
ԻՇԽԱՆԱԶՆ prince, prince of the blood.
ԻՇԽԱՆԱԿԱՆ lordly, princelike, haughty.
ԻՇԽԱՆԱՊԵՏ chief ruler, dictator, first prince.
ԻՇԽԱՆՈՒԹԻՒՆ princedome, principality, reign, power, authority, sway, rule.
ԻՇԽԱՆՈՒՀԻ princess.
ԻՇԽԵԼ to govern, to rule, to dominate, to master.
ԻՇԽՈՂ dominant, regnant, dominant.
ԻՇՂԱՐ badger, pig-badger.
ԻՇՈՒԿ young ass, foal, block head.
ԻՋԵՒԱՆ hotel, lodging, public house.
ԻՋԵՒԱՆԻԼ to rest, to inn, to lodge.
ԻՋԵՑՆԵԼ to take down, to lower, to let, to reduce.
ՆԱՒԸ ՋՈՒՐԸ ԻՋԵՑՆԵԼ to launch.
ԻՋՆԱԼ, ԻՋՆԵԼ to descent, to come down, to be reduced.
ԻՋՈՒԱԾՔ fluxion, inflammation.
ԻՋՈՒՄ coming down, descent, fall.
ԻՍԿ in effect, really, indeed, real, essential.
ԻՍԿԱԿԱՆ real, effective, true, actual.
ԻՍԿԱՊԷՍ really, in fact, essentially.
Ի ՍԿԶԲԱՆԷ at first, from the beginning.
ԻՍԿԱՏԻՊ original.
ԻՍԿՈՅՆ soon, immediately, directly.
ԻՍԿՈՒԹԻՒՆ reality, essence, entity, nature, being, life.
Ի ՍՊԱՌ to the end, finally, at last.
ԻՍՐԱՅԷԼ Israel.
ԻՐ thing, affair, deed, fact, effect, substance, his, her, its, his own, her own.

ԻՐԱԳԷՏ conscious, well versed, well informed.
ԻՐԱԳԻՏՈՒԹԻՒՆ object lessons.
ԻՐԱԳՈՐԾԵԼ to realize, to effect, to do, to execute.
ԻՐԱԳՈՐԾԵԼԻ realizable, feasible, possible.
ԻՐԱԳՈՐԾՈՒԹԻՒՆ realization, execution, performance, action, deed.
ԻՐԱԴԱՐՁՈՒԹԻՒՆ sudden change of fortune, a reversal in play.
ԻՐԱԶԵԿ informed, instructed, aware.
ԻՐԱԿԱՆ real, effective, actual, de facto.
ԻՐԱԿԱՆԱՆԱԼ to be realized.
ԻՐԱԿԱՆԱՊԷՍ really, actually, effectively.
ԻՐԱԿԱՆԱՑՆԵԼ to realize, to carry out, to effect.
ԻՐԱԿԱՆԱՑՈՒՄ realization.
ԻՐԱԿԱՆՈՒԹԻՒՆ reality, actualness.
ԻՐԱՆ bust, trunk, Iran
ԻՐԱՊԱՇՏ realist.
ԻՐԱՊԱՇՏՈՒԹԻՒՆ realism.
ԻՐԱՊԷՍ reality, in effect, de facto, naturally.
ԻՐԱՐ each other.
ԻՐԱՐՈՒ to each other.
ԻՐԱՒ truely, rightly, just, true.
ԻՐԱՒԱԲԱՆ, ԻՐԱՒԱԳԷՏ jurist, lawyer, advocate.
ԻՐԱՒԱԲԱՆԱԿԱՆ juridical.
ԻՐԱՒԱԲԱՆՈՒԹԻՒՆ, ԻՐԱՒԱԳԻՏՈՒԹԻՒՆ jurisprudence, science of law, argument.
ԻՐԱՒԱԴԱՏ just, upright, equitable.
ԻՐԱՒԱԶՈՒՐԿ proletarian, deprived of property.
ԻՐԱՒԱԽՈՀ just, equitable, reconciling.
ԻՐԱՒԱԽՈՀՈՒԹԻՒՆ arbitration, agreement, mediation.
ԻՐԱՒԱԽՕՍ truth speaking, veracious, truthful.
ԻՐԱՒԱՄԲ rightly, lawfully, de jure.
ԻՐԱՒԱՌՈՒ grantee, assignee.
ԻՐԱՒԱՍՈՒ competent, qualified.
ԻՐԱՒԱՍՈՒԹԻՒՆ competence, power, authority, jurisprudence.
ԻՐԱՒԱՏՈՒ grantor, assignor.
ԻՐԱՒԱՏՈՒՈՒԹԻՒՆ cession, transfer
ԻՐԱՒԱՐԱՐ arbitrator, judge, referee, disposer.
ԻՐԱՒԱՐԱՐՈՒԹԻՒՆ arbitration, decision, award.
ԻՐԱՒԱՑԻ just, right, reasonable
ԻՐԱՒՈՒՆՔ right, justice, claim, due law.
ՔԱՂԱՔԱՑԻՆ ԻՐԱՒՈՒՆՔ c.v.l rights
ԻՐԱՒՑԸՆԷ truly, really, indeed.
ԻՐԵՆՑ their.
ԻՐԵՆՔ they.
ԻՐԻԿՈՒՆ evening, night, afternoon
ԻՐՈՂՈՒԹԻՒՆ fact, act, case, transaction, practice.
ԿԱՏԱՐԵԱԼ ԻՐՈՂՈՒԹԻՒՆ fait accompli.
ԻՐՕՔ truly, really, in effect.
ԻՑԻՒ ԹԷ I wish, I wish that.
ԻՒՂ oil.
ԻՒՂԱՏԻՊ oleograph.
ԻՒՂԱՄԱՆ oil-vase, oil-cruet.
ԻՒՂԱՑԻՆ greasy, oily.
ԻՒՂԱՆԵՐԿ oil-colours, oleograph.
ԻՒՂԱՆԿԱՐ oil-painting.
ԻՒՂԱՐԱՆ oilery, the vase for holy oil.
ԻՒՂՈՏ oily, greasy, unctuous.
ԻՒՂՈՏԵԼ to oil, to grease, to lubricate.
ԻՒՂՈՏՈՒԹԻՒՆ oiliness, unctuousness.
ԻՒՐ his, her, its, his own, her own
ԻՒՐԱՑՆԵԼ to usurp, to appropriate to himself.
ԻՒՐԱՑՈՒՄ appropriation, assimilation, conversion.
ԻՒՐԱՔԱՆՉԻՒՐ every, each, respective.
ԻՒՐԱՔԱՆՉԻՒՐ ՈՔ every one.
ԻՒՐՈՎԻ of or by himself, spontaneously.
ԻՒՐՈՎՍԱՆՆ as much as he can, his or her best, in my best.
ԻՔՍՈՐԻ wild jasmine.

L

ԼԱԲԻՐԻՆԹՈՍ labyrinth, maze.
ԼԱԲՐԱԿ sea-dace, sea-wolf.
ԼԱԳԱՆ snow shoe.
ԼԱԶՈՒԱՐԹ lazulite, lapis, lazuli.
ԼԱԶՈՒՏ maize, indian corn
ԼԱԹ garment, dress, clothes.
ԼԱԼ to cry, to weep, to lament.
ԼԱԼԱԳԻՆ weeping, tearful.
ԼԱԼԿԱՆ weeping, crying, weeper
ԼԱԼՈՆՔ weeping place.
ԼԱԽՏ club, mace, mall.
ԼԱԿ mess, paste licking, lapping
ԼԱԿԱՆ cuvette, basin.
ԼԱԿԵԼ to devour, to lick up, to eat up.
ԼԱԿՈՆԱԲԱՆՈՒԹԻՒՆ laconism
ԼԱԿՈՆԱԿԱՆ laconic, short.
ԼԱԿՈՏ puppy, whelp, pup.
ԼԱՃ boy, lad, waiter, servant, page.
ԼԱՄԱ lama.
ԼԱՄԱՅ Llama.
ԼԱՄԲ ring, circle, hoop, handle, staple, axle-bearing.
ԼԱՄԲԱԿ button hole.
ԼԱՄԲԱՐ lamp, lantern.
ԼԱՄԲԻԿ lampion.
ԼԱՅՆ wide, broad, large, ample.
ԼԱՅՆԱԴԷՄ broad-figured.
ԼԱՅՆԱԼԱՆՋ broad-chested.
ԼԱՅՆԱԾԱՒԱԼ vast, ample, extensive.
ԼԱՅՆԱԼ to become wider, to enlarge.
ԼԱՅՆԱՆԻՍՏ vast, spacious.
ԼԱՅՆԱՏԱՐԱԾ vast, extended, ample.
ԼԱՅՆՈՒԹԻՒՆ width, breadth, amplitude, extent, space, size.
ԼԱՅՆՑՆԵԼ to widen, to enlarge, to broaden.
ԼԱՅՈՍ Laos.
ԼԱՅՔԱՅ lake, gum-lake, gum-lac.
ԼԱՆԴԱՆՈՆ ladanum.
ԼԱՆՋԱՆՈՑ corset, stays, bodice.
ԼԱՆՋԱՊԱՆ brigandine, brooch, breast-plate, throat.
ԼԱՆՋԱՒՈՐ chested, breasted.
ԼԱՆՋՈՍԿՐ breast-bone, sternum.
ԼԱՆՋ, ԼԱՆՋՔ breast, bosom, chest, thorax.
ԼԱՃԿԱՄԱՃԿ napless, hairless.
ԼԱՃԿԱՐ army, troop, power.
ԼԱՃՃԱՐ condor.
ԼԱՊՏԵՐ lantern, lamp.
ԼԱՊՏԵՐԱԿԱԼ light-bearer, lampadary.
ԼԱՊՏԵՐԱՎԱՃԱՌ lamp dealer, lamp seller.
ԼԱՍՏ raft, float, vessel, ship, bedstead, common alder.
ԼԱՍՏԱԿ gang-plank, scaffold.
ԼԱՍՏԱՎԱՐ raftsman, rafter.
ԼԱՍՏԱՓԱՅՏ float of a timber, raft, ship.
ԼԱՏԻՆ Latin.
ԼԱՏԻՆԱԲԱՆՈՒԹԻՒՆ Latinism, latinity.
ԼԱՏԻՆԱԳԷՏ Latinist.
ԼԱՏԻՆԱԿԱՆ Latin, latinizing.
ԼԱՏԻՆԱՑՆԵԼ to latinize.
ԼԱՏԻՆԵՐԷՆ in Latin, the Latin language.
ԼԱՐ string, cord, twist, line, rope, chord.
ԼԱՐԱԲԱԺԻՆ measurement, alignment.
ԼԱՐԱԽԱՂԱՑ acrobat, rope-dancer, funambulist.
ԼԱՐԱԽԱՂԱՑՈՒԹԻՒՆ acrobatics, rope-dancing, funambulation.
ԼԱՐԵԼ to stretch, to set, to tighten, to draw.
ԼԱՐԹԱՓԵԼ to unbind, to loosen.
ԼԱՑ crying, weeping, tears.
ԼԱՑՆԵԼ to weep, to cause to cry.

ԼԱՒ good, excellent, well.
ԼԱՒԱԳՈՅՆ better.
ԼԱՒԱՆԱԼ to grow better, to improve.
ԼԱՒԱՇ light cake, hearth cake.
ԼԱՒԱՊԱՇՏ, **ԼԱՒԱՏԵՍ** optimist.
ԼԱՒԱՏԵՂԵԱԿ trustworthy, well informed.
ԼԱՒԱՏԵՍՈՒԹԻՒՆ optimism.
ԼԱՒԱՑՈՒՄ amelioration, amendment, improvement.
ԼԱՒՑՆԵԼ, **ԼԱՒԱՑՆԵԼ** to improve, to amend, to ameliorate, to make better.
ԼԱՒՈՐԱԿ of high quality, laudable.
ԼԱՒՈՒԹԻՒՆ goodness, excellence, improvement.
ԼԱՒՐԱ convent, monastery, nunnery, Laura.
ԼԱՓԵԼ, **ԼԱԿԵԼ**, **ԼԱՓԼՓԵԼ** to devour, to eat up, to lap up, to glut.
ԼԱՓԼԻԶՕՂ that laps, devouring, glutton.
ԼԵԱՐԴ liver.
ԼԵԳԷՈՆ legion.
ԼԵԳԷՈՆԱԿԱՆ legionary, numerous.
ԼԵԶՈՒ tongue, language, lingua.
ԼԵԶՈՒԱԲԱՆՈՒԹԻՒՆ science of languages, glossology.
ԼԵԶՈՒԱԿԱՐ talkative, tattler.
ԼԵԶՈՒԱԳԷՏ linguist, philologist.
ԼԵԶՈՒԱԳԻՏՈՒԹԻՒՆ linguistics, philology.
ԼԵԶՈՒԱԿ tongue, epiglottis, ligula.
ԼԵԶՈՒԱԿԱՊ tongue-tied.
ԼԵԶՈՒԱՇՈՒԿ sole, flounder.
ԼԵԶՈՒԱՆԻ fluent, orating, loquacious.
ԼԵԶՈՒԻԿ tongue.
ԼԵՂ alum, gall, bile.
ԼԵՂԱԿ indigo.
ԼԵՂԱՔԱՐ rock-alum.
ԼԵՂԻ bitter, acerb.
ԼԵՂՈՒԹԻՒՆ bitterness, acerbity.
ԼԵՂՈՒՑ bile, odour.
ԼԵՌ mount, mountain.
ԼԵՌՆԱԲՆԱԿ highlander, mountaineer.
ԼԵՌՆԱԲՈՒ kea.
ԼԵՌՆԱԳԱՒԱՌ mountainous region.
ԼԵՌՆԱԴԱՇՏ mountain plain, table land.
ԼԵՌՆԱԿԱՆ mountaineer, highlander.
ԼԵՌՆԱՅԻՆ mountainous.
ԼԵՍԱՆ grinding stone, muller.
ԼԵՍՈՒԼ to grind, to powder, to pound.
ԼԵՐԴԱԽՈՏ germander.
ԼԵՐԴԱՏԱԳ hepatitis.
ԼԵՐԿ bald, hairless.
ԼԵՐԿԱՆԱԼ to become bald, to peel off.
ԼԵՐԿԱՑՆԵԼ to peel, to pare.
ԼԵՐԿՈՒԹԻՒՆ baldness, nakedness, smoothness.
ԼԵՑՆԵԼ to fill, to complete.
ԼԵՑՈՒՆ full, filled, **ԼԵՓ ԼԵՑՈՒՆ** entirely full.
ԼԵՑՈՒԼ to be filled, to become full.
ԼԵՓ quoit, declivity, slope.
ԼԻ full, copious, plenary.
ԼԻԱԲՈՒՌ with full hands, bountifully.
ԼԻԱԶՕՐ authorized agent, plenipotent.
ԼԻԱԶՕՐՈՒԹԻՒՆ plenipotence.
ԼԻԱԼՈՒՍԻՆ full moon, by moon light.
ԼԻԱԿԱՏԱՐ whole, entire, plenary.
ԼԻԱՁԵՌՆ liberal, generous, with full hands.
ԼԻԲԱՆԱՆ Lebanon.
ԼԻԶԵԼ to lick, to lap, to devour.
ԼԻԿԷՈՆ liceum, college.
ԼԻՃ lake, pond, pool.
ԼԻՄԲՈՍ limbo, prison.
ԼԻՄՈՆԱՏ citrate
ԼԻՄՈՆԱՋՈՒՐ lemonade.
ԼԻՆԴ gum.
ԼԻՈՎԻՆ fully, abundantly.
ԼԻՈՒԹԻՒՆ plenitude, fullness, plenty.
ԼԻՈՒԼԻ full, plenary, replete.
ԼԻՍԵՌՆԻԿ pulley.
ԼԻՏՐ litre.
ԼԻՐԲ shameless, impudent, impertinent.

ԼԻՑՔ charge, stuffing, shell, knuckle-bones.
ԼԼԿԵԼ to violate, to ravish, to crush, to vex.
ԼՓԿԻԼ to grow corrupt
ԼԾԱԿ lever, crow-bar, balance.
ԼԾԱԿԻՑ spouse, conjoint, yoke-fellow, partner.
ԼԾԱԿՑՈՒԹԻՒՆ conjunction, junction, union, tie, marriage.
ԼԾԵԼ to yoke, to couple.
ԼԾՈՐԴ conjunct, equal, allied, similar.
ԼԾՈՐԴԵԼ to join, to unite, to conjoin.
ԼԾՈՐԴՈՒԹԻՒՆ conjugation, conjunction, yoke, permutation.
ԼԾՈՒԱՐ acre, land measure.
ԼԿՏԻ unchaste, lewd, immodest, insolent, shameless.
ԼԿՏԱՆՔ, ԼԿՏՈՒԹԻՒՆ immodesty, indecency, impudicity, obscenity.
ԼԿՐՏԵԼ to spoil, to damage, to taint, to mar.
ԼՃԱԿ small lake, pond, pool.
ԼՃԱՆԱԼ to stagnate, to be stagnant.
ԼՃԱՏԱՌԵԽ cisco.
ԼՃԱՑԵԱԼ stagnant, standing.
ԼՄՆՆԱԼ to terminate, to finish, to end.
ԼՄՆՑՆԵԼ to finish, to close, to complete.
ԼՄԾՏՈՑ cradle.
ԼՆԴԱԳԱՐ scorbutic.
ԼՆԴԱԳԱՐՈՒԹԻՒՆ scorbute, scurvy.
ԼՈԳԱՆԱԼ to wash, to take a bath, to bathe.
ԼՈԳԱՆՔ bath, washing, lotion, bathe.
ՊԱՂ ՋՈՒՐԻ ԼՈԳԱՆՔ douche, shower bath.
ԼՈԳԱՐԱՆ bathing-room, lavatory, bath.
ԼՈԼԻԿ tomato, love-apple.
ԼՈԼՈՁԵԼ to coax, to cheat, to wheedle, to cajole.
ԼՈԿ sole, only, alone, simple.
ԼՈՂ swimming, flying.
ԼՈՂԱԼ to swim, to float.
ԼՈՂԱԿ swimmer.
ԼՈՂԱՐԱՆ calabash, bathing-place, fin.
ԼՈՂԱՑՈՂ swimmer.
ԼՈՂԱՑՈՒՄ swimming.
ԼՈՅԾ liquid, fluid, loose, free, mellow.
ԼՈՅՍ light, brightness, daylight.
ԼՈՍԴԻ salmon, cony-fish.
ԼՈՐ, ԼՈՐԱՄԱՐԳ quail.
ԼՈՐԻ linden tree.
ԼՈՐՁՆԱԹԱՂԱՆԹ mucous membrane.
ԼՈՐՁՆՈՏ slabberer, salivary, salivous.
ԼՈՐՁՈՒՆՔ saliva, drivel, spittle, slab.
ՁԻՈՒ ԼՈՐՁՈՒՆՔ foam.
ԼՈՐՏՈՒ green-snake, adder.
ԼՈՒ flea, the hearing.
ԼՈՒԱԼ to wash, to bathe, to ı.
ԼՈՒԱՑԱՐԱՆ washing place, laundry.
ԼՈՒԱՑԱՐԱՐ washerman, launderer.
ԼՈՒԱՑԱՐԱՐՈՒՀԻ laundress.
ԼՈՒԱՑՈՂ washer, bather, scourer.
ԼՈՒԱՑՈՒԿ common lavender.
ԼՈՒԱՑՈՒՄ washing, bathing, lotion, ablution.
ԼՈՒԱՑՈՒՔ dish water, filth, dirt.
ԼՈՒԱՑՔ washing, bleaching.
ԼՈՒԲԻԱ kidney bean.
ԼՈՒԵԼ to hem.
ԼՈՒԻՃ plant-louse, aphid.
ԼՈՒԾ yoke, subjection, bondage.
ԼՈՒԾԱԿԱՆ soluble, solvable, volatile.
ԼՈՒԾԱՐՔ liquidation, winding-up.
ԼՈՒԾԵԼ to unbind, to solve, to undo, to analyze, to untie.
ԼՈՒԾԵԼԻ solvable, soluble, dissoluble.
ԼՈՒԾՈՒԱԾ resolved, dissolved, melted
ԼՈՒԾՈՂԱԿԱՆ purgative, laxative, aperitive.
ԼՈՒԾՈՒԻԼ to be dissolved, to get loose, to untie.

ԼՈՒԾՈՒՄ dissolution, resolution, solution, analysis, decomposition.
ԼՈՒՂԱԿ fin (of a fish).
ԼՈՒՂՈՐԴ swimmer, diver, plunger.
ԼՈՒՂՈՐԴՈՒԹԻՒՆ plunging, diving.
ԼՈՒՄԱՅ mite, small piece of money.
ԼՈՒՄԱՅԱՓՈԽ money changer, banker.
ԼՈՒՆՏ block, lump, mass.
ԼՈՒՌ silent, mute, taciturn.
ԼՈՒՍԱԲԱՆԵԼ to explain, to make clear.
ԼՈՒՍԱԲԱՆՈՒԹԻՒՆ explanation, illustration.
ԼՈՒՍԱԳՐՈՒԹԻՒՆ photography.
ԼՈՒՍԱԹԱՓԱՆՑ translucid, translucent.
ԼՈՒՍԱԾԻՆ producing light, photogenic, phosphorus, Mary, Mother of Jesus.
ԼՈՒՍԱԿՐՕՆ illuminated, candid, holy, pure.
ԼՈՒՍԱՀԱՐ light-struck.
ԼՈՒՍԱՀՈԳԻ deceased, late, defunct, of happy memory.
ԼՈՒՍԱՄԻՏ enlightened (mind).
ԼՈՒՍԱՄՈՒՏ skylight, window, lucarne.
ԼՈՒՍԱՄՓՈՓ sun-shade, lamp-shade.
ԼՈՒՍԱՆԿԱՐ photograph.
ԼՈՒՍԱՆԿԱՐԵԼ to photograph.
ԼՈՒՍԱՆԿԱՐԻՉ photographer.
ԼՈՒՍԱՆԿԱՐՉՈՒԹԻՒՆ photography.
ԼՈՒՍԱՆՑՔ margin.
ԼՈՒՍԱՉԱՓ photometer, lucimeter.
ԼՈՒՍԱՊԱՅԾԱՌ bright, luminous, brilliant.
ԼՈՒՍԱՊԱՏԿԵՐ spectrum.
ԼՈՒՍԱՎԱՌ burning, shining, luminous.
ԼՈՒՍԱՎԱՌԵԼ to illuminate.
ԼՈՒՍԱՎԱՌՈՒԹԻՒՆ illumination.
ԼՈՒՍԱՏՈՒ luciferous, luminous.
ԼՈՒՍԱՏՊՈՒԹԻՒՆ heliotypography.
ԼՈՒՍԱՐԱՆ eye, luminary.
ԼՈՒՍԱՐԱՐ sacristan, sexton.
ԼՈՒՍԱՐԳԵԼ fire-screen, shade.
ԼՈՒՍԱՒՈՐ luminous, clear, bright.
ԼՈՒՍԱՒՈՐԵԱԼ illuminated, candid, pure.
ԼՈՒՍԱՒՈՐԵԼ to light, to illuminate, to enlighten.
ԼՈՒՍԱՒՈՐԻՉ illuminator, enligthener.
ՍՈՒՐԲ ԳՐԻԳՈՐ ԼՈՒՍԱՒՈՐԻՉ Saint Gregory the Illuminator.
ԼՈՒՍԱՒՈՐՈՒԹԻՒՆ light, brightness, glare, splendour.
ԼՈՒՍԱՒՈՐՔ luminaries, stars.
ԼՈՒՍԱՒՈՐՈՒԻԼ to be illuminated.
ԼՈՒՍԱՓԱԿ black-out.
ԼՈՒՍԱՓԱՅԼ shining. glistening, dazzling, resplended.
ԼՈՒՍԱՓԱՅԼՈՒԹԻՒՆ splendour, brightness, light, lustre, luminescence.
ԼՈՒՍԱՔԱՐ marcasite.
ԼՈՒՍԵՂԷՆ luminous, bright, celestial.
ԼՈՒՍԻՆ Moon.
ԼՈՒՍՆ cataract, pearl or web.
ԼՈՒՍՆԱԲՆԱԿ lunarian.
ԼՈՒՍՆԱԼ to become light.
ԼՈՒՍՆԿԱՅ moon-light.
ԼՈՒՍՆԱՀԱՐ lunatic, moon-struck.
ԼՈՒՍՆԱՔԱՐ moonstone, selenite.
ԼՈՒՍՆԹԱԳ Jupiter, Jove.
ԼՈՒՍՆՈՏ lunatic, epileptic.
ԼՈՒՍՆՈՏՈՒԹԻՒՆ lunacy, epilepsy, moon madness.
ԼՈՒՍՈՌԻԿ glow worm.
ԼՈՒՏԱՆՔ insult, injury, outrage.
ԼՈՒՏՈՍ lotus.
ԼՈՒՏԵՐԱԿԱՆ Lutheran.
ԼՈՒՐ news, message.
ԼՈՒՐՋ grave, serious, imposing, real.
ԼՈՒՑԱՏՈՒՓ match-box.
ԼՈՒՑԿԻ match.
ԼՊԻՐՇ lewd, immodest, unchaste, impudent.
ԼՊՐԾՈՒՆ slippery, elusive.
ԼՌԱՍԷՐ taciturn, fond of silence.
ԼՌԵԼ to be silent, to keep silence, to cease to speak.

ԼՌԵԼԵԱՑՆ tacit, implicit.
ԼՌԵՑՆԵԼ to put to silence, to silence.
ԼՌԻԿ taciturn, silent, mute.
ԼՌՈՒԹԻՒՆ silence, taciturnity, calm.
ԼՍԱՐԱՆ hearing, ear, auditory.
ԼՍԵԼ to hear, to listen, to understand.
ԼՍԵԼԱՓՈՂ ear-trumpet, acoustic horn.
ԼՍԵԼԻ audible, that hears.
ԼՍԵԼԻՔ hearing, ears.
ԼՍԵՌՆԻԿ wry-neck. trochilus.
ԼՍՆՈՍԿԻ platina, platinum.
ԼՍՈՂ hearer, auditor, listener, disciple.
ԼՍՈՂԱԿԱՆ auditory, auditive.
ԼՍՈՂԱՉԱՓ acoumeter.
ԼՍՈՂՈՒԹԻՒՆ hearing, act of hearing.
ԼՍՈՒԻԼ to be heard, to become audible.
ԼՏՈՒՏ lote tree.
ԼՐԱԲԵՐ reporter messenger.
ԼՐԱԳԻՐ news paper, journal, newsman.
ԼՐԱԳՐԱՊԵՏ chief editor, journalist.
ԼՐԱԳՐԱՎԱՃԱՌ news paper seller, gazetteer.
ԼՐԱԳՐՈՒԹԻՒՆ journalism.
ԼՐԱՆԱԼ to be finished, to be complete.
ԼՐԱՍԷՐ news monger.
ԼՐԱՅԱՐ messenger, announcer.
ԼՐԱՑՆԵԼ to complete, to finish, to fill up, to make up.
ԼՐԱՑՈՒՑԻՉ completive, complement.

ԼՐԲՈՒԹԻՒՆ impudence, insolence, effrontery, cynism.
ԼՐԹԱԲԲՈՒԿ blue-wattled crow.
ԼՐԹԱԳՈՅՆ glaucine, ceruleous, azure.
ԼՐՈՒԹԻՒՆ plenitude, completeness.
ԼՐՋԱԴԷՄ sober, grave, gay.
ԼՐՋԱՄԻՏ serious, grave, sagacious, smark, brisk.
ԼՐՋԱՄՏՈՒԹԻՒՆ seriousness, sagacity.
ԼՐՋՕՐԷՆ seriously.
ԼՐՏԵՍ spy, informer.
ԼՐՏԵՍԱԿԱՆ pertaining to spy.
ԼՐՏԵՍԵԼ to spy, to watch, to observe in secret.
ԼՐՏԵՍՈՒԹԻՒՆ spying, espionage, spy system.
ԼՑԱՐԱՆ powder magazine, room.
ԼՓՌՏԱԼ to jabber, to sputter out, to stammer.
ԼՓՌՏԱՑՈՂ sputterer, jabberer.
ԼՓՌՏՈՒՔ sputter, jabbering.
ԼՔԵԼ to abandon, to quit, to give up.
ԼՔԵԱԼ forlorn, abandoned, cast away.
ԼՔՈՒՄ abandonment, loss of courage, ademonia.
ԼՕԴԻԿ frock, surtout, cloak.
ԼՕԼԻԿ drunk.
ԼՕԾՏԱԿ snake weed.
ԼՕՊԿԵԼ to strip, to lay bare, to unclothe.
ԼՕՌ alga, seaweed.
ԼՕՌԱԲԱՆՈՒԹԻՒՆ algology.
ԼՕՌԱՍԵՐՄ wound-wort, betony.
ԼՕՌԱՍՈՒՆԿ hedge-mushroom.
ԼՕՌ, ԼՕՐ gratis, free of cost.
ԼՕՓ plump, chubby.

Խ

ԽԱԲ deceit, fraud, cheating, knavery.
ԽԱԲԵԲԱՅ knavish, swindler, fraudulent, imposter, deceitful.
ԽԱԲԵԲԱՅՈՒԹԻՒՆ deception, cheating, deceit, trick, swindling, fraud.
ԽԱԲԵԼ to deceive, to cheat, to fraud, to trick, to swindle.
ԽԱԲԵՊԱՏԻՐ delusive, false, deceitful, fraudulent.
ԽԱԲԷԱԿԱՆ fraudulent, deceitful, illusory.
ԽԱԲԷՈՒԹԻՒՆ *ՏԵՍ* **ԽԱԲԵԲԱՅՈՒԹԻՒՆ**։
ԽԱԲՈՒԻԼ to be deceived, cheated.
ԽԱԲՈՒՍԻԿ cheating, deceitful, fallacious, false.
ԽԱԴ two edged sword.
ԽԱԶ note, line, letter, notch.
ԽԱԶԵՐԳՈՒԹԻՒՆ solfeggio.
ԽԱԶՄՈՒԶ must, new wine.
ԽԱԹԱՐԵԼ to deteriorate, to spoil, to destroy, to shatter, to corrupt.
ԽԱԹԱՐՈՒՄ deterioration, degradation.
ԽԱԺԱԽՏ cyanosis, blue jaundice.
ԽԱԺԱՄՈՒԺ low, vulgar.
ԽԱԺԱՔԱՐ cyanite, terre-verte.
ԽԱԼ beauty spot, freckle, speck.
ԽԱԽՈՒՏ instable, uncertain, ill-built.
ԽԱԽՏԵԼ to displace, to remove, to dislodge.
ԽԱԽՏՈՒՄ displacing, removal, dislocation.
ԽԱԾ maturity, ripeness, mellowness.
ԽԱԾՆԵԼ to bite, to chew, to sting.
ԽԱԾԻ gizzard, air-bladder.
ԽԱԾՈՒՄ bite, biting.
ԽԱԿ unripe, immature, green, sour.
ԽԱԿՈՒԹԻՒՆ greenness, crudity, sourness.
ԽԱՀՈՒԵՆԻ coffee-tree.
ԽԱՀՈՒԷ coffee.
ԽԱՂ play, game, recreation, sport, trick.
ՆԱՐՏԻ ԽԱՂ backgammon.
ԽԱՂԱԼ to play, to dance, to sport, to toy, to gambol.
ԽԱՂԱԼԻԿ play, toy, trifle, game, trinket.
ԽԱՂԱՂ boat, barge, lighter, hide, skin.
ԽԱՂԱԽՈՐԴ tanner, leather-dresser, currier.
ԽԱՂԱԿԻՑ play mate, play fellow.
ԽԱՂԱՂ calm, peaceful, quiet, still.
ԽԱՂԱՂԱԿԱՆ pacific.
— *ՈՎԿԻԱՆՈՍ* the Pacific Ocean.
ԽԱՂԱՂԱՍԷՐ peace-loving, peaceful, tranquil, serene.
ԽԱՂԱՂԱՍԻՐՈՒԹԻՒՆ love of peace, peacefulness.
ԽԱՂԱՂԱՐԱՐ pacificator, peace-maker, reconciler, arbitrator, pacifier.
ԽԱՂԱՂԱՑՈՒՄ pacification, peace-making.
ԽԱՂԱՂԱՒԷՏ tranquil, peaceful, serene, very calm.
ԽԱՂԱՂԵՑՆԵԼ to pacify, to calm, to appease.
ԽԱՂԱՂԻԼ to become calm, to be pacified.
ԽԱՂԱՂՈՒԹԻՒՆ peace, calmness, quietness, rest.
ԽԱՂԱՄԱՍ round.
ԽԱՂԱՄՈԼ gambler, gamester, player.
ԽԱՂԱՄՈԼՈՒԹԻՒՆ gambling.
ԽԱՂԱՊԱՏԱՆ affection, attachment.
ԽԱՂԱՊԵՏ banker in play, croupier.
ԽԱՂԱՍԷՐ *ՏԵՍ* **ԽԱՂԱՄՈԼ**։

ԽԱՂԱՐԱՆ play-ground, gaming-house.

ԽԱՂԱՐԱՐ trickster, mystifier, hoaxer.

ԽԱՂԱՐԿՈՒԹԻՒՆ representation, play, diverson, sport.

ԽԱՂԱՑՈՂ player, gamester, actor, dancer.

ԽԱՂԱՑՔ course, current, flow, progress, advance.

ԽԱՂԱԽԱՐՏ pustule, abscess, wen, wart, pimple.

ԽԱՂՈՂ grapes.

ԽԱՂՈՂԱԲՈՒԺՈՒԹԻՒՆ grape-cure.

ԽԱՂՑՆԵԼ to make to play, to make to dance.

ԽԱՄԱՃԻԿ puppet.

ԽԱՄՐԵՑՆԵԼ to tarnish, to cause to fade, to wither, to weaken.

ԽԱՄՐԻԼ to fade, to dry, to waste away.

ԽԱՅԹ, **ԽԱՅԹՈՑ** sting, goad, spur, incentive.

ԽԱՅԹԵԼ to bite, to sting, to prick, to pique.

ԽԱՅԹԻՉ, **ԽԱՅԹՈՂ** biting, mordant, piquant.

ԽԱՅԹՈՒԱԾ pricking, puncture, biting, bite, sting.

ԽԱՅԹՈՒՄ pricking, biting, pinking, stinging.

ԽԱՅԾ bait, bit, enticement, speckle.

ԽԱՅՏ, **ԽԱՅՏԱԲՂԷՏ** speckled, spotted, dappied, variegated.

ԽԱՅՏԱԼ to frolic, to leap for joy.

ԽԱՅՏԱՋՈՒԿ trout.

ԽԱՅՏԱՃԱՄՈՒԿ spotted, speckled.

ԽԱՅՏԱՆՔ transport, frolic, ecstasy.

ԽԱՅՏԱՌԱԿ infamous, shameful, disgraceful.

ԽԱՅՏԱՌԱԿԱԲԱՐ shamefully, disgracefully.

ԽԱՅՏԱՌԱԿԵԼ to dishonour, to defame, to traduce, to shame, to blast.

ԽԱՅՏԱՌԱԿՈՒԹԻՒՆ shame, disgrace, infamy, dishonour, ignominy.

ԽԱՅՏՂԱՆ tar.

ԽԱՆԳԱՐԵԼ to disturb, to confuse, to derange, to spoil, to confound.

ԽԱՆԳԱՐՈՒՄ disturbance, confusion, derangement.

ԽԱՆԴ enthusiasm, inspiration, exaltation, wish.

ԽԱՆԴԱԿԱԹ tender, affectionate, compassionate.

ԽԱՆԴԱԿԱԹԻԼ to love, to be fond of, to grow attached.

ԽԱՆԴԱՂԱՏԱՆՔ tenderness, fondness, affection, compassion.

ԽԱՆԴԱՂԱՏԵԼ to fondle, to dandle, to caress, to soften, to move.

ԽԱՆԴԵՐԳ fantasia.

ԽԱՆՁ bait, lure, decoy, snare, burning, scorching.

ԽԱՆՁԱՀԱՐՈՒԹԻՒՆ fire-blight.

ԽԱՆՁԱՐԵԼ to burn, to scorch, to parch.

ԽԱՆՁԱՐՈՒՐ swaddle, swaddling band, cradle.

ԽԱՆՁԵԼ to burn, to parch, to scorch, to set fire.

ԽԱՆՈՒԹ shop, store, magazine, warehouse.

ԽԱՆՈՒԹՊԱՆ shop-keeper, retailer, tradesman.

ԽԱՆՉԵԼ to roar, to bellow, to grunt.

ԽԱՇԵԼ to boil.

ԽԱՇՆ sheep, flock of sheep.

ԽԱՇՆԱՐԱԾ shepherd.

ԽԱՉ cross, crucifix, tribulation.

ԽԱՉԱԿԻՐ cross-bearer, cruciferous, crusader

ԽԱՉԱԿՆՔԵԼ to cross, to make the sign of the cross.

ԽԱՉԱԿՐՈՒԹԻՒՆ crusade.

ԽԱՉԱՀԱՆՈՒԹԻՒՆ crucification, crucifixion.

ԽԱՉԱՊԱՇՏ worshipper of Christ, christian.

ԽԱՉԱՓԱՅՏ Cross, crucifix, the Holy Rood.

ԽԱՉԱՓԱՌ craw-fish, lobster, crab.

ԽԱՉԵԱԼ crucified.

ԽԱՉԵԼ to crucify, to fix on the gross.
ԽԱՉԵԼՈՒԹԻՒՆ crucifixion
ԽԱՉՈՒԱԾ crucified.
ԽԱՌՆ mixed, compound, confused.
ԽԱՌՆԱԳՆԱՑ licentious, dissolute, libertine.
ԽԱՌՆԱԾԻՆ mongrel, mulato, hybrid.
ԽԱՌՆԱԾՆՈՒՆԴ mongrel, half-bred.
ԽԱՌՆԱԿ mixed, confused, complicated, impure
ԽԱՌՆԱԿԵԱՑ profligate, debauchée, rakish, unruly.
ԽԱՌՆԱԿԵԼ to mix, to mingle, to blend, to perplex.
ԽԱՌՆԱԿԻՉ intriguer, disturber.
ԽԱՌՆԱԿՈՑՏ medley, jumble.
ԽԱՌՆԱԿՈՒԹԻՒՆ conjunction, medley, confusion, disorder, chaos, embarrassment.
ԽԱՌՆԱՓՆԴՈՐ pell-mell, confused.
ԽԱՌՆԵԼ to mingle, to mix, to blend, to unite, to join.
ԽԱՌՆԵՐԳ hotchpotch, medley.
ԽԱՌՆԻԽՈՒՌՆ confusedly, at random, pell-mell.
ԽԱՌՆԻՃ locust, grosshopper.
ԽԱՌՆԻՃԱՂԱՆՃ multitude, crowd, mob, rabble, confused disordered.
ԽԱՌՆՈՒԱԾ mixed, mingled, blended, mixture, compound, blending.
ԽԱՌՆՈՒՐԴ mixture, jumble, medley, intermixture.
ԽԱՌՆՎԱՐ licentious, wanton.
ԽԱՏՈՒՏԻԿ dapple, speckled, spotted.
ԽԱՐ hay, forage, grass.
ԽԱՐԱԶԱՆ whip, lash, rod, switch.
ԽԱՐԱԶԱՆԵԼ to whip, to lash, to scourge, to thrash.
ԽԱՐԱԿ rock, stony mass.
ԽԱՐԱՆ cautery, issue, brand iron, stigma.
ԽԱՐԱՆԵԼ to brand, to stamp, to mark.
ԽԱՐԱՆՈՒՄ cauterization, vesication.
ԽԱՐԲԱԼ sieve, cribble, bolter.
ԽԱՐԴԱԽ fraudulent, knavish, trickster, roguish.
ԽԱՐԴԱԽԵԼ to falsify, to cheat, to forge, to trick.
ԽԱՐԴԱԽՈՒԹԻՒՆ fraud, knavery chicanery, trickery.
ԽԱՐԴԱՉՈՒԿ dab.
ԽԱՐԴԱԽԱՆՈՒԹԻՒՆ fraud, deceit, violation, adulteration.
ԽԱՐԵԼ to cauterize, to brand.
ԽԱՐԻՍԽ anchor, basis.
ԽԱՐԽԱՓԵԼ to grope along, to fumble, to shake.
ԽԱՐԽԱՓՈՒՄ groping.
ԽԱՐԽՈՒԼ decrepit, decayed, falling, broken-down, frail.
ԽԱՐՈՑԿ wood pile, woodhouse, stake, fire.
ԽԱՐՈՒՄ cauterization.
ԽԱՐՍԽԵԼ to cast anchor, to fix, to ground.
ԽԱՐՏ filing.
ԽԱՐՏԵԱՇ fair, light, blond.
ԽԱՐՏԵԼ to file, to smooth, to polish.
ԽԱՐՏՈՑ file, **ՓԱՑՏԻ** - rasp.
ԽԱՒ stratum, layer, bed, couch.
ԽԱՒԱՐ dark, obscure, gloomy, darkness, affliction.
ԽԱՒԱՐԱԲՆԱԿ infernal, hellish.
ԽԱՒԱՐԱԿՈՒՌ gloomy, tenebrous, utterly dark.
ԽԱՒԱՐԱՄԱԾ tenebrous, obscure, dark, gloomy.
ԽԱՒԱՐԵՑՆԵԼ to darken, to obscure, to dim, to eclipse.
ԽԱՒԱՐԻԼ to be darkened, to become obscure,
ԽԱՒԱՐԾԻ shoot.
ԽԱՒԱՐԾԻԼ rhubarb.
ԽԱՒԱՐՈՒՄ eclipse, darkenning.
ԽԱՒԱՐՏՉԻՆ obscure, gloomy, dark, foggy.
ԽԱՒԱՐՏՈՑ kitchen-garden.
ԽԱՒԱՐՏՔ garden-stuff, vegetable.
ԽԱՓԱՆ hinderance, obstacle, idleness.
ԽԱՓԱՆԱՐԱՐ cumbering, abrogative, obstructionist, saboteur.

ԽԱՓԱՆԵԼ to hinder, to stop, to impede, to obstruct, to abrogate, to annul, to abolish.
ԽԱՓԱՆՈՒՄ annulment, suppression, abrogation.
ԽԱՓՇԻԿ sambo, negro, blackamoor
ԽԵԼԱԳԱՐ mad, crazy, insane, senseless, silly.
ԽԵԼԱԳԱՐԻԼ to become crazy, insane, mad.
ԽԵԼԱԳԱՐՈՒԹԻՒՆ insanity, craziness, paranoia.
ԽԵԼԱՀԱՍ intelligent, adult, grown up.
ԽԵԼԱՄՏՈՒԹԻՒՆ understanding, comprehension, intelligence, capacity.
ԽԵԼԱՑԵՂ hare-brained, cracked, foolish, lunatic.
ԽԵԼԱԳԱՏԱԿ pericranium brain-box
ԽԵԼԱՑԻ intelligent, wise, sage
ԽԵԼԱՌ insane, mad, senseless, fool, madman.
ԽԵԼԱՑՆՈՐ frenetic, raving, mad, delirious.
ԽԵԼՏՐՈՒԿ trefoil
ԽԵԼՈՔ sage, wise, discreet
ԽԵԼՔ brain, mind, sense, stern, poop.
ԽԵԼՈՔՈՒԹԻՒՆ sageness, discretion, quietness.
ԽԵՂ crippled, maimed, impotent, infirm.
ԽԵՂԱԹԻՒՐ bent, crooked, tortuous
ԽԵՂԱԹԻՒՐԵԼ to forge, to alter, to discolor, to pervert.
ԽԵՂԱԹԻՒՐՈՒԹԻՒՆ obliquity, contortion, perversity, distortion, wry face.
ԽԵՂԴԱՄԱՀ strangled, suffocated.
ԽԵՂԴԵԼ to strangle, to suffocate, to choke.
ԽԵՂԴԻՉ strangler.
ԽԵՂԴԿԱՊ noose.
ԽԵՂԴՈՒՄ strangling, choking, strangulation.
ԽԱՂԿԱՏԱԿ buffoon, mimic, punch, mocker, way.
ԽԵՂԿԱՏԱԿԵԼ to jest, to jeer, to joke, to mimic, to play the fool.
ԽԵՂԿԱՏԱԿՈՒԹԻՒՆ mockery, drollery, jesting, lampoon, bantering.
ԽԵՂՃ poor, unfortunate, unlucky.
ԽԵՂՃՈՒԹԻՒՆ poverty, unhappiness, misfortune, mischance, ill-luck.
ԽԵՂՈՒԹԻՒՆ mutilation, impotence, palsy.
ԽԵՃԵՊ shell (of eggs) net-shell.
ԽԵՆԹ foolish, senseless, mad, cracky.
ԽԵՆԹԱՆՈՑ madhouse.
ԽԵՆԹՈՒԹԻՒՆ folly, foolishness, madness, frenzy, insanity,
ԽԵՆԹԵՆԱԼ to become foolish, senseless, mad.
ԽԵՆԹԵՑՆԵԼ to craze, to modden, to make foolish.
ԽԵՆԹՈՒԿ crazy, foolish, play ful.
ԽԵՉԱՓԱՌ crab, crab-fish.
ԽԵԺ stubborn, froward, perverse, surly.
ԽԵԺՈՒԹԻՒՆ insubordination, indocility, obstinacy.
ԽԵՑ tortoise shell, hoop.
ԽԵՑԱՊԱՏԵԱՆ crustaceous, crustacean.
ԽԵՑԱՔԱՐ cancerite, chonchite.
ԽԵՑԳԵՏԻՆ crawfish, crab, cancer.
ԽԵՑԵԳՈՐԾ ceramist, potter, potman.
ԽԵՑԵԿՈՒՃ shell-marble.
ԽԵՑԵՂԷՆ earthenware, crockery.
ԽԵՑԵՎՃԻՌ ostracism.
ԽԵՑԻ brick, tile, crockery, porcelain, china-ware.
ԽԶԵԼ to cut off, to break off.
ԽԶՈՒՄ breaking, rupture, cassation.
ԽԻԹ suspicion, knock, blow, obstruction, hate, ill-will.
ԽԻԺ gum.
ԽԹԱՆ spur, goad, incentive.
ԽԹԱՆԵԼ to spur, to goad, to incite, to prick.
ԽԹԱՆՈՒՄ stimulation.
ԽԺԴԺՈՒԹԻՒՆ rudeness, savageness, barbarity.

ԽԺԴՈՒԺ barbarous, fierce, ferocious.
ԽԻԶԱԽ couragebus, brave, bold, hardy, daring.
ԽԻԶԱԽԵԼ to hector, to face, to brave, to risk, to attack boldly.
ԽԻԶԱԽՈՒԹԻՒՆ boldness, audacity, bravery, temerity, hardihood.
ԽԻԹ colic, belly-ache, gripes, reef sand-bank.
ԽԻԺԱՆԿԱՐ water colours, gouache body colour.
ԽԻՂՃ conscience, scruple, morality.
ԽԻՃ pebble, gravel, small stone.
ԽԻՆԴ mirth, joy, gaiety, cheerfulness.
ԽԻՔԱՐ rubble stone, pebble.
ԽԻՍՏ hard, stiff, sharp, severe, rigid, unkind, unfeeling.
ԽԻՍՏ ԿԵԱՆՔ austere, hard life.
ԽԻՏ thick, tufted, dense, density.
ԽԻՑ cork, plug, valve, stopper.
ԽԻՒՍ pulp, gruel, starch.
ԽԼԱՆԱԼ to grow deaf.
ԽԼԱՑՈՒՑԻՉ deafenning, stunning.
ԽԼԵԱԿ wreck, flotsam, stray, jetsam.
ԽԼԵԼ to pluck up, to root out, to extirpate.
ԽԼԻՆՔ mucus, snot.
ԽԼԻՆՔՈՏ mucous, snotty.
ԽԼՈՒԹԻՒՆ deafness, surdity.
ԽԼՈՒՄ extirpation, pulling out, routing out.
ԽԼՈՒՐԴ mole.
ԽԼՐՏԵԼ to move, to rouse, to turn up.
ԽԼՐՏՈՒՄ movement, agitation.
ԽԽՆՋԵԼ to neigh, to roar out.
ԽԾԲԾԵԼ to criticize, to censure, to blame, to sift.
ԽԾԲԾՈՂ carping, cavilling, particular, punctilious, scrupulous.
ԽԾԻԿ hem, quilting.
ԽԾԾՈՒՀԱՆ ram-rod screw
ԽԾՈՒԾ codilla, tow
ԽԾԿԵԼ to hem, to stitch, to quilt.
ԽՂԴԵԼ to strangle, to choke, to suffocate.
ԽՂԴՈՒԻԼ to be strangled, choked.
ՋՈՒՐԻ ՄԷՋ ԽՂԴՈՒԻԼ to drown.
ԽՂԻԿ small cottage, hut, cot, closet
ԽՂԽԱՑՔ fistula, ulceration, abscess.
ԽՂԽԱՑՆԵԼ to apostemate, to foment, to exulcerate.
ԽՂՃԱԼ to have pity, to scrupse, to mistrust.
ԽՂՃԱԼԻ poor, pitiable, miserable.
ԽՂՃԱՀԱՐ remorseful, conscientious.
ԽՂՃԱՀԱՐԻԼ to become conscientious, scrupulous.
ԽՂՃԱՀԱՐՈՒԹԻՒՆ scruple, compunction.
ԽՂՃԱՄԻՏ meticulous, over-scrupulous, over-nice.
ԽՂՃՄՏԱՆՔ conscience, scruple, perception.
ԽՂՃՄՏՈՒԹԻՒՆ scruple, conscience
ԽՂՃՄՏՕՐԷՆ conscientiously.
ԽՂՈՒՆՋ snail, sea-shell.
ԽՃԱԴՐԵԼ to ballast.
ԽՃԱՔԱՐ sand-stone, grit-stone.
ԽՃՈՂԱԿ force-meat, sausage.
ԽՃՈՂԵԼ to heap up, to fill, to stuff, to throng, to crowd.
ԽՃՈՒՂ sausage, force-meat.
ԽՃՈՒՂԻ road, causeway.
ԽՄԱԾ drunk, tipsy.
ԽՄԱՆ drunkard, toper.
ԽՄԲԱԳԻՐ editor, writer, compiler.
ԽՄԲԱԳՐԱԿԱՆ editorial, leading article.
ԽՄԲԱԳՐԱՊԵՏ chief editor.
ԽՄԲԱԳՐԱՏՈՒՆ editing house, editor's room.
ԽՄԲԱԳՐԵԼ to edit, to write out, to compile.
ԽՄԲԱԳՐՈՒԹԻՒՆ editing, editorship.
ԽՄԲԱԳՐՈՒՀԻ editress.
ԽՄԲԱՊԵՏ ring-master, brigade master.
ԽՄԲԵԼ to group, to assemble, to bring together.
ԽՄԲԵՐԳ chorus, choir.
ԽՄԲԵՐԳՈՒԹԻՒՆ chorus singing, choir.

ԽՄԲՈՎԻՆ in company, in crowds, in mass.
ԽՄԵԼ to drink, to absorb, to suck up.
ԽՄԵԼԱՄՈԼՈՒԹԻՒՆ acute alcoholism, oinomania.
ԽՄԵԼԻՔ drink, beverage.
ԽՄԻ angelica.
ԽՄՈՂ drinking.
ԽՄՈՐ dough, leaven, yeast.
ԽՄՈՐԱԲԱՆ zymologist.
ԽՄՈՐԱԴԷՏ zymoscope.
ԽՄՈՐԱՉԱՓ zymometer.
ԽՄՈՐԵԼ to ferment.
ԽՄՈՐԵՂԷՆ of pastry.
ԽՄՈՐԵՂԷՆՔ pastry.
ԽՄՈՐՈՒՄ fermantation, agitation.
ԽՄՑՆԵԼ to give to drink, to make drink.
ԽՆԱՄԱԿԱԼ protector, guardian, curator.
ԽՆԱՄԱԿԱԼԵԼ to protect, to take care of, to look after.
ԽՆԱՄԱԿԱԼՈՒ tutelary, trustee, guardian.
ԽՆԱՄԱԿԱԼՈՒԹԻՒՆ tutelage, protection, care, attention, trusteeship.
ԽՆԱՄԱԿԱԼՈՒՀԻ curatrix, tutoress.
ԽՆԱՄԱՐԿՈՒ solicitious, trustee.
ԽՆԱՄԵԼ to take care of, to attend to, to patronize.
ԽՆԱՄԵԽՕՍ go-between, mediator.
ԽՆԱՄԻ one related by marriage, relation, relative.
ԽՆԱՄՈՂ tutor.
ԽՆԱՄՈՎ with care, carefully.
ԽՆԱՄՈՒԹԻՒՆ affinity, alliance, kinship.
ԽՆԱՄՔ care, attention, solicitude.
ԽՆԱՅԵԼ to spare, to save, to economize.
ԽՆԱՅՈՂ thrifty, saving, sparing.
ԽՆԱՅՈՂԱԿԱՆ ՍՆՏՈՒԿ saving bank.
ԽՆԱՅՈՂՈՒԹԻՒՆ economy, saving, thrift, parsimony.
ԽՆԴԱԲԱՐՈՅ gay, merry, pleasant.
ԽՆԴԱԳԻՆ merrily, gayly, cheerfully.
ԽՆԴԱԼ to laugh, to rejoice, to be glad.
ԽՆԴԱԼԻՑ joyful, merry, cheerful.
ԽՆԴԱԿԻՑ rejoicing together.
ԽՆԴԱԿՑԻԼ to felicitate, to congratulate, to compliment.
ԽՆԴԱԿՑՈՒԹԻՒՆ congratulation, felicitation.
ԽՆԴԱՄՈԼ mad with joy, to merry.
ԽՆԴԱՄՏՈՒԹԻՒՆ gaity, merrinent, mirth, joy.
ԽՆԴԻՐ question, demand, request, inquiry, problem, object.
ԽՆԴՈՒԹԻՒՆ joy, mirth, gay, merriment.
ԽՆԴՈՒՄԵՐԵՍ jovial, merry.
ԽՆԴՐԱԳԻՐ request, demand, petition, application.
ԽՆԴՐԱԿԱՆ problematic, uncertain.
ԽՆԴՐԱՐԿՈՒ solicitor, entreater.
ԽՆԴՐԱՆՔ demand, petition, entreaty.
ԽՆԴՐԵԼ to ask, to solicit, to demand, to request, to search for.
ԽՆԴՐՈՂ seeker, searcher, solicitor.
ԽՆԴՐՈՒԱԾՔ prayer, demand, request, petition.
ԽՆԿԱԲԵՐ aromatic, thuriferous.
ԽՆԿԱՀՈՏ fragrant, perfumed.
ԽՆԿԱՄԱՆ incense-box, thurible, incenser.
ԽՆԿԱՐԿԵԼ to incense, to embalm, to flatter.
ԽՆԿԱՐԿՈՒ incense-bearer, thurifer, flatterer.
ԽՆԿԱՐԿՈՒԹԻՒՆ incensing, praising, flattery.
ԽՆԿԱՒԷՏ odoriferous, fragrant.
ԽՆՁՈՐ apple.
ԽՆՃՈՅՔ feast, banquet, entertainment.
ԽՆՈՒԼ to cork, to stop, to plug, to close, to shut.
ԽՆՁԱՓՈՂ larynx, gullet.
ԽՆՋԵԼ to blow the nose, to grunt.
ԽՇՏԵԱԿ passet, mattress, bedstead.
ԽՇՏԻԿ den, lair, home, place, quarters.
ԽՈԶ pig, swine, pork.
ԽՈԶԱԲՈՅԾ pig-breeder, swine fattening.

ԽՈԶԱԽՏ scrofula, kind's' evil.
ԽՈԶԱԿ fruit of cypress, planetree.
ԽՈԶԱՆ stubble.
ԽՈԶԱՆԱԿ brush, duster.
ԽՈԶԱՆԱԿԵԼ to dust, to brush.
ԽՈԶԱՆՈՑ pig-sty, piggery.
ԽՈԶԱՐԱԾ swine-herd, pig driver.
ԽՈԶՈՒԹԻՒՆ filth, nastiness, beastliness.
ԽՈԹԵԼ to put in, to dip, to push in.
ԽՈԹՈՏԱԿԱՆ scornful, contemptuous.
ԽՈԹՈՏԱՆՔ sulkiness, scorn, contempt.
ԽՈԺՈՌ harsh, frowning, hideous, dreadful, grum.
ԽՈԺՈՌԱԴԵՄ sulky, crabfaced, gruff-looking.
ԽՈԺՈՌԻԼ to frown, to scowl, to be cross.
ԽՈԺՈՌՈՒԹԻՒՆ frown, scowling, pouting, wry face.
ԽՈԼՈՐՁ orchid, salep, bee-flower.
ԽՈԽՈՋ grumbling, murmuring, gurgling.
ԽՈԽՈՋԵԼ to babble, to gurgle, to grumble.
ԽՈԿ thought, meditation.
ԽՈԿԱԼ to meditate, to think over.
ԽՈԿԱԾԱՂԻԿ pansy.
ԽՈԿՈՒՄ meditation, relection, contemplation/
ԽՈՀ meat, food, victuals.
ԽՈՀ reflection, meditation, thought.
ԽՈՀԱԿԵՐՏ cook, man-cook.
ԽՈՀԱԿԱՆ prudent, sage, discreet, cautious, thoughtful.
ԽՈՀԱԿԱՆԱՊԷՍ prudently, wisely.
ԽՈՀԱԿԱՆՈՒԹԻՒՆ prudence, wisdom, wariness, cautiousness.
ԽՈՀԱՆՈՑ kitchen.
ԽՈՀԱՐԱՐ cook.
ԽՈՀԱՐԱՐՈՒՀԻ woman-cook, maid-cook.
ԽՈՀԵՄ cautious, prudent, discreet.
ԽՈՀԵՄՈՒԹԻՒՆ prudence, sober-mindedness, precaution.
ԽՈՀԵՐԱՆՈՑ drain, sink.
ԽՈՀՈՒՆ thinking, pensive, thoughtful.
ԽՈՂԽՈՂԵԼ to kill, to butcher, to slaughter.
ԽՈՂՈՎԱԿ pipe, tube, gutter, canal
ԽՈՃԿՈՐ sucking-pig, porker.
ԽՈՅ Ram, Aries.
ԽՈՅԱԿ capital (of a column).
ԽՈՅԱՆԱԼ to rush, to dart, to spring to fall on.
ԽՈՅԱՆՔ start, bound, dash, flight elan.
ԽՈՅԼ king's evil, scrofula.
ԽՈՅՍ flight, running away.
ԽՈՅՐ tiara, mitre, diadem, crown.
ԽՈՆԱՐՀ humble, meek, submissive.
ԽՈՆԱՐՀԱԲԱՐ humbly, meekly.
ԽՈՆԱՐՀԱՄԻՏ humble, meek, modest.
ԽՈՆԱՐՀԵՑՆԵԼ to let down, to humble, to lower, to bow.
ԽՈՆԱՐՀԻԼ to descend, to deign, to yield, to lean, to decline.
ԽՈՆԱՐՀՈՒԹԻՒՆ humility, submission, inclination, reverence, deference.
ԽՈՆԱՐՀՈՒՄ abasement, humiliation, fall.
ԽՈՆԱՒ damp, humid, moist.
ԽՈՆԱՒԱՉԱՓ hygrometer, decremeter.
ԽՈՆԱՒՈՒԹԻՒՆ humidity, dampness moisture.
ԽՈՆԱՒՈՒՆ damp, wet, moist, humid.
ԽՈՆՋ-ԽՈՆՋԱԾ fatigued, weary, tired.
ԽՈՆՋՈՒԹԻՒՆ fatigue, weariness.
ԽՈՇԱԿ caries, brown dust.
ԽՈՇՈՐ gross, stout, big, large, bulky, coarse.
ԽՈՇՈՐԱՉԱՓ auxometer.
ԽՈՇՈՐԱՑՈՅՑ microscope.
ԽՈՇՈՐՆԱԼ to grow up, to increase in size.
ԽՈՇՈՐՈՒԹԻՒՆ largeness, bulk, bigness, grossness, size, rudeness.
ԽՈՇՈՐՑՆԵԼ to magnify, to enlarge.
ԽՈՇՏԱԿ simoon.

ԽՈՇՏԱՆԳԵԼ to torment, to torture, to pain, to thrash.
ԽՈՉ, ԽՈՉԸՆԴՈՏ obstacle, hindrance, hitch.
ԽՈՊ tress, braid, plait.
ԽՈՊԱՆ waste, uncultivated, desert.
ԽՈՊԱՆԱՆԱԼ to become desert.
ԽՈՊՈՊ cirrus, tendril, curl, lock, beaucatcher.
ԽՈՊՈՊԻՔ buckle, curl, curling.
ԽՈՌՈՉ cavity, hollow, cave, antrum.
ԽՈՍՏԱՆԱԼ to promise.
ԽՈՍՏԱՑՈՂ promiser.
ԽՈՍՏՄՆԱԶԱՆՑ perjurer, perfidious.
ԽՈՍՏՄՆԱԶԱՆՑՈՒԹԻՒՆ perjury, break of promise.
ԽՈՍՏՄՆԱՌՈՒ promisee.
ԽՈՍՏՈՎԱՆԱՀԱՅՐ confessor.
ԽՈՍՏՈՎԱՆԱՆՔ confession.
ԽՈՍՏՈՎԱՆԻԼ to confess, to avow, to disclose.
ԽՈՍՏՈՎԱՆԵԼԻ avowable.
ԽՈՍՏՈՎԱՆԵՑՆԵԼ to confess, to hear confession.
ԽՈՍՏՈՎԱՆՈՒԹԻՒՆ confession, avowal, declaration.
ԽՈՍՏՈՒԿ colique, pain in the bowels.
ԽՈՍՏՈՒՄ promise, engagement, word.
ՊԱՏՈՒՈՅ ՎՐԱՅ ԽՈՍՏՈՒՄ word of honour.
ԽՈՏ grass, turf, herbage.
ԽՈՏԱԿԵՐ herbivorous.
ԽՈՏԱՅԻՆ herbaceous.
ԽՈՏԱՆՈՑ hay-loft.
ԽՈՏԱՒԷՏ herbous, grassy.
ԽՈՏԱՔԱՂ herboriser, collector of plants.
ԽՈՏԵՂԷՆ herbaceous.
ԽՈՏՈՐ obligue, indirect, crooked, deluded.
ԽՈՏՈՐԵՑՆԵԼ to divert, to mislead, to distract, to divert.
ԽՈՏՈՐԻԼ to deviate, to go astray, to digress.
ԽՈՏՈՐՆԱԿ oblique, transversal, indirect, slanting.
ԽՈՏՈՐՆԱՉԱՓ declinometer.
ԽՈՏՈՐՈՒԹԻՒՆ deviation, going astray crookedness.
ԽՈՏՈՐԱԿ shallot.
ԽՈՏՈՐՈՒՄ deviation, declination, digression.
ԽՈՏՈՒԿ nausea.
ԽՈՐ deep, profound, low.
ԽՈՐԱԳԷՏ sagacious, fine, cunning, artful, prudent.
ԽՈՐԱԳԻՏՈՒԹԻՒՆ sagacity, craft, ingenuity, prudence, deceit,cunning.
ԽՈՐԱԳԻՐ titre (of a book)
ԽՈՐԱԶՆԻՆ scrutinizing, meticulous.
ԽՈՐԱԹԱՓԱՆՑ keen, penetrating, piercing, sharp.
ԽՈՐԱԽՈՐՀՈՒՐԴ mysterious, acute, penetrating.
ԽՈՐԱՄԱՆԿ cunning, sly, crafty, artful,. roguish, malignant.
ԽՈՐԱՄԱՆԿՈՒԹԻՒՆ artifice, malice, guile, cunning, knavery, ruse, finesse, deceit.
ԽՈՐԱՄԽԵԼ to go deep, to penetrate.
ԽՈՐԱՆ tent, tabernacle, altar, dwelling.
ԱՒԱԳ ԽՈՐԱՆ high altar.
ԽՈՐԱՆԱԼ to dive into, to become deeper.
ԽՈՐԱՆԱՐԴ cubic, vaulted, hexahedral
ԽՈՐԱՉԱՓ bathometer, plummet, sounding line.
ԽՈՐԱՊԷՍ deeply, profoundly.
ԽՈՐԱՍՈՅԶ immersed, dipped, sunk deeply.
ԽՈՐԱՍՈՒԶԻԼ to plunge, to sink, to dive to the bottom.
ԽՈՐԱՐՁԱԿ depth charge, depth bomb.
ԽՈՐԱՔԱՆԴԱԿ bass-relief, intaglio
ԽՈՐԱՔՆԻՆ profound, investigating, scrutinizing.
ԽՈՐԱՔՆՆԵԼ to examine, tc gate, thoroughly.
ԽՈՐԴ crane.
ԽՈՐԴԱԼ to snore, to
ԽՈՐԴԱՁՈՒԿ pike.

ԽՈՐԴԻԻՆ snore, roaring rumbling.
ԽՈՐԵԼ to take away, to embezzle, to fathom.
ԽՈՐԹ spurious, illegitimate, bastard, foreign.
ԽՈՐԹԱՆԱԼ to degenerate.
ԽՈՐԹՈՒԹԻՒՆ spuriousness, bastardy, degeneracy, decay, curruption.
ԽՈՐԻՄԱՑ profound, penetrating, inscrutable.
ԽՈՐԻՆ deep, profound, sound.
ԽՈՐԻՍԽ honey-comb, water, honey-cake.
ԽՈՐԽՈՐԱՏ abyss, gulf, chasm, precipice.
ԽՈՐՀԻԼ to think, to meditate upon, to ponder, to reason.
ԽՈՐՀՈՂ thinking, thinker. well disposed.
ԽՈՐՀՈՂՈՒԹԻՒՆ thought, thinking, faculty of thought.
ԽՈՐՀՈՒՐԴ thought, design, idea, opinion, advice, soviet.
ԳԵՏԱԿԱՆ ԽՈՐՀՈՒՐԴ privy council.
ԽՈՐՀՐԴԱԾԵԼ to reflect, to ponder, think, to revolve.
ԽՈՐՀՐԴԱԾՈՂ councillor, thinker, counsellor, priest.
ԽՈՐՀՐԴԱԾՈՒԹԻՒՆ reflection, meditation, consideration, deliberation.
ԽՈՐՀՐԴԱԿԱՆ adviser, counsellor, councilman.
ԽՈՐՀՐԴԱԿԻՑ advisor, counsellor, confident.
ԽՈՐՀՐԴԱԿՑԻԼ to consult, to confer.
ԽՈՐՀՐԴԱԿՑՈՒԹԻՒՆ consultation, conference, parley, deliberation.
ԽՈՐՀՐԴԱՆՇԱՆ symbol, emblem.
ԽՈՐՀՐԴԱՆՇԵԼ to symbolize.
ԽՈՐՀՐԴԱՊԱՀ discreet, prudent, secret.
ԽՈՐՀՐԴԱՊԱՀԱԿԱՆ confidential, secret.
ԽՈՐՀՐԴԱՊԱՀՈՒԹԻՒՆ discretion, secretness.
ԽՈՐՀՐԴԱՊԱՇՏ symbolist, mystic.
ԽՈՐՀՐԴԱՏՈՒ consulting, adviser, counsellor.
ԽՈՐՀՐԴԱՏՈՒՆ council-chamber, vestry-room.
ԽՈՐՀՐԴԱՐԱՆ parliament, chamber of deputies.
ԽՈՐՀՐԴԱՐԱՆԱԿԱՆ parliamentarian.
ԽՈՐՀՐԴԱՒՈՐ mystical, symbolical, emplematical.
ԽՈՐՁԱՔԱՐ desmine.
ԽՈՐՇ corner; cavity, cell, niche, compartment.
ԽՈՐՇԱՐՈՅՍ bladder-wort.
ԽՈՐՇԱԿ simoon, excessive heat, drought.
ԽՈՐՇԱԿԱՀԱՐ sun-burnt.
ԽՈՐՇԱԿԱՀԱՐՈՒԹԻՒՆ sunstroke.
ԽՈՐՇԱՆՔ aversion, antipathy, repugnance.
ԽՈՐՇԱՒՈՐ cellular, sinuated.
ԽՈՐՇԻԼ to avoid, to shun, to loathe, to abhor.
ԽՈՐՇԻԿ cellule.
ԽՈՐՇՈՄ wrinkle, ripple, sulcus.
ԽՈՐՇՈՄԻԼ to wrinkle, to shrink, to shrivel.
ԽՈՐՇՈՒՄ aversion, repugnance, dislike, abhorrence.
ԽՈՐՈՊ maidenhoud, hymen, virginity.
ԽՈՐՈՎԱԾ roasted, browned, roast-meat.
ԽՈՐՈՎԱՐԱՆ cook shop.
ԽՈՐՈՎԵԼ to roast, to brown, to toast, to grill,
ՁՈՒԿ ԽՈՐՈՎԵԼ to fry.
ԽՈՐՈՎՈՒՄ roasting, broiling.
ԽՈՐՈՒԹԻՒՆ profoundness, deepness, depth.
ԽՈՐՈՒՄ defalcation, taking away peculation.
ԽՈՐՈՆԿ deep, profound.
ԽՈՐՈՆԿՆԱԼ to become deefer, to become hollow.
ԽՈՐՏ old iron, scrap-iron, mitraille.
ԽՈՐՏԱԿ crane.
ԽՈՐՏԱԿԵԼ to shatter, to smash, to cruch, to crack.

ԽՈՐՏԱԿՈՒԻԼ to break, to be broken to pieces.
ԽՈՐՏԱԿՈՂ breaker.
ԽՈՐՏԱԿՈՒՄ fracture, break, demolition.
ԽՈՐՏԱՆԱՐ destroyer.
ԽՈՐՏԱՔԱՐ trachyte.
ԽՈՐՏԸՆԿԷՑ machine gun.
ԽՈՐՏԻԿ dish (food), food, viands.
ԽՈՐՏՈՒԲՈՐՏ rough, uneven, rugged, scabrous.
ԽՈՐՔ depth, abyss.
ԱՆՅԱՏԱԿ ԽՈՐՔ unfathomable depth.
ԽՈՑ sore, wound, ulcer, injury.
ԽՈՑԵԼ, ԽՈՑՈՏԵԼ to wound, to pierce, to stab, to curt.
ԽՈՑԵԼԻ vulnerable.
ԽՈՑՏՈՒՔ colic, gripes.
ԽՈՒԶԱՐԿ curious, inquisitive.
ԽՈՒԶԱՐԿԵԼ to search, to investigate, to search for, to scrutinize.
ԽՈՒԶԱՐԿՈՒԹԻՒՆ investigation, inquiry, search, scrutiny.
ԽՈՒԹՔ reef, rock.
ԽՈՒԺ cruel, rude, wild.
ԽՈՒԺԱՆ crowd, multitude, mob, populace.
ԽՈՒԺԱՎԱՐ demagogue, mobocrat.
ԽՈՒԺԵԼ to invade, to rush upon, to overrun.
ԽՈՒԼ dull, deaf.
ԽՈՒԼՆԱԼ to grow deaf.
ԽՈՒԼՑՆԵԼ to deafen, to stun.
ԽՈՒԽ phlegm, pituite, mucus.
ԽՈՒՂ cot, hut, cottage.
ԽՈՒՃԱՊ rout, defeat, alarm, dread, terror.
ԽՈՒՃԱՊԱՀԱՐ frightened, terrified.
ԽՈՒՃԱՊԱՆՔ precipitation, confusion, flight.
ԽՈՒՃԱՊԻԼ to be alarmed, terrified, to waver, to be hasty.
ԽՈՒՄԲ group, party, band, troop, detachment.
ԽՈՒՄՐԱ erysipelas.
ԽՈՒՆ few, little.
ԽՈՒՆԿ incense, aroma, flattery.
ԽՈՒՌՆ crowd.
ԽՈՒՌՆԵՐԱՄ in large numbers, in many flocks.
ԽՈՒՍԱՆՈՒԱԳ fugue.
ԽՈՒՍԱՓԱԿԱՆ flying, fleeing, evasive.
ԽՈՒՍԱՓԱՆՔ evasion, flight, running away.
ԽՈՒՍԱՓԻԼ to escape, to flee, to get away, to flight.
ԽՈՒՍԱՓՈՂԱԿԱՆ evasive.
ԽՈՒՍԱՓՈՒՄ escape, shuffling, evasion.
ԽՈՒՐԵՆԻ prick-wood.
ԽՈՒՐՁ bundle, fagot, package, packet.
ԽՈՒՐՏԵԼ to change (money).
ԽՈՒՑ chamber, room, cell.
ԽՈՒՓ cover, lid, cap-head.
ԽՈՓ earth-board, plough-share.
ԽՊԻՊ wen, goitre.
ԽՊԼԻԿ night-mare, incubus.
ԽՊՆԻԼ to be ashamed.
ԽՊՏԻ copt.
ԽՌԹԻԿ apricot.
ԽՌԻՒ dry bush, underwood.
ԽՌՆԵԼ to collect, to assemble to gather, to crowd.
ԽՌՆՉԵԼ to snort, to snore.
ԽՌՆՉԻՒՆ rattling in the throat.
ԽՌՈՎ troubled, confounded, agitated, tumult.
ԽՌՈՎԱԼԻՑ turbulent, mutinous, seditious.
ԽՌՈՎԱՀԱՐ troubled.
ԽՌՈՎԱՑՈՅՑ turbulent, clamorous, tumultuous.
ԽՌՈՎԱՄԷՐ restless, turbulent, unguiet.
ԽՌՈՎԱՐԱՐ agitator, trouble-maker, ring leader.
ԽՌՈՎԵԼ to trouble, to agitate, to disturb, to upset.
ԽՌՈՎԻԼ to become agitated, to be uneasy.
ԽՌՈՎԻՉ disturbing, disturber.
ԽՌՈՎՈՒԹԻՒՆ trouble, agitation. turbulence, confesion.
ԽՌՈՒԱԾ old, broken down, decrepit.

ԽՈՉԱԿ larynx.

ԽՈՉԱԿԱՏԱԳ laryngitis.

ԽՈՉԱՓՈՂ larynx, gullet.

ԽՍԻՐ mat, matting, straw-mat.

ԽՍՏԱԲԱՐՈՅ severe, harsh, hard.

ԽՍՏԱԿՐՕՆ rigorous, oversevere, austere.

ԽՍՏԱՉՈՒԿ ruff.

ԽՍՏԱՄԲԱԿ restive, stubborn.

ԽՍՏԱՄԻՏ ՏԵՍ **ԽՍՏԱՍԻՐՏ**:

ԽՍՏԱՆԱԼ to be severe, to harden, rigorous.

ԽՍՏԱՇՈՒՆՉ boisterous, violent (wind), impetuous.

ԽՍՏԱՊԱՀԱՆՋ rigid, hard to please, stringent.

ԽՍՏԱՍԻՐՏ merciless, hard-hearted, pitiless.

ԽՍՏԱՏԵՍԻԼ of severe look.

ԽՍՏԱՑՆԵԼ to harden, to indurate, to render obturate.

ԽՍՏԱՔԱՐ granite, trachyte.

ԽՍՏԵՆԻ dura mater.

ԽՍՏԻ hardly, harshly, severely.

ԽՍՏՈՐ garlic.

ԽՍՏՈՒԹԻՒՆ stringency, rigidity, rigour, hardness.

ԽՍՏՈՒԿ mugwet.

ԽՏԱԿԱՆ condensable.

ԽՏԱԿԱՆՈՒԹԻՒՆ condensability.

ԽՏԱՆԱԼ to condense, to grow thick.

ԽՏԱՉԱՓ densimeter, volumometer.

ԽՏԱՑՈՒՄ condensation, congulation.

ԽՏԱՑՆԵԼ to condense, to coagulate.

ԽՏԻՂ tickling, delectation.

ԽՏԻՐ difference, partiality, variety.

ԽՏՂՏԱԼ to tickle one's self, to dazzle.

ԽՏՂՏԱՆՔ tickling, titillation.

ԽՏՈՒԹԻՒՆ density, thickness.

ԽՏՐՈՑ bar, gross-bar, railing, separation.

ԽՏՐՈՒԹԻՒՆ difference, distinction, imparity.

ԽՐԱԽԱՑՈՒՑԻՉ diverting, amusing, enlivening.

ԽՐԱԽՃԱՆՔ feast, banquet, entertainment, festivity, rejoicing.

ԽՐԱԽՈՅՍ encouragement, incitement.

ԽՐԱԽՈՒՆՔ merry-making, fête, fair, entertainment.

ԽՐԱԽՈՒՍԱԿԱՆ encouraging, cheering.

ԽՐԱԽՈՒՍԱՆՔ exhortation.

ԽՐԱԽՈՒՍԵԼ to encourage, to stimulate, to support.

ԽՐԱՄ trench, fosse, ditch.

ԽՐԱՄԱՊԱՀ trench-guard.

ԽՐԱՏ advice, warring, caution, correction, reprimand.

ԽՐԱՏԱԿԱՆ admonitory, monitive, advisory.

ԽՐԱՏԵԼ to advise, to admonish, to warn, to instruct.

ԽՐԱՏԻՉ adviser, chastiser, councillor.

ԽՐԱՑ brail, lace, boot-lace.

ԽՐԹԱՐԻ sago tree.

ԽՐԹԻՆ hard, obscure, difficult.

ԽՐԹՆԱԲԱՆՈՒԹԻՒՆ difficulty, obscurity of language.

ԽՐԹՆՈՒԹԻՒՆ obscurity, difficulty, darkness.

ԽՐԻԼ to sun aground, to be stranded.

ԽՐԽՆՋԵԼ to neigh.

ԽՐԽՆՋԻՒՆ neighing, neigh.

ԽՐԽՆՋՈՂ neighing.

ԽՐԽՈՒՐ fragment, relic.

ԽՐԿԵԼ to send, to forward, to dispatch.

ԽՐՃԻԹ cot, hut, cottage, shed, cell.

ԽՐՈԽՏ haughty, imperious, insolent, proud, fearless, daring, bold.

ԽՐՈԽՏԱԲԱՐ proudly, haughtily.

ԽՐՈԽՏԱՆԱԼ to bully, to brag, to hector, to swagger, to boast.

ԽՐՈԽՏԱՆՔ boasting, bragging, arrogance, defiance.

ԽՐՈԽՏԱՊԱՆԾ arrogant, hector, proud, haughty.

ԽՐՈՒԱՆԴ rag, scrap.

ԽՐՈՒԿ cinnabar, vermilion.

ԽՐՈՒՄ stranding, running aground.

ԽՐՏՉԵՑՆԵԼ to scare, to startle, to flurry, to frighten.
ԽՐՏՉԻԼ to startle, to shy, to take fright, to be restive.
ԽՐՏՈՒԻԼԱԿ cow-catcher, bug-bear, scare-crow.
ԽՐՓՈՒԿ drake, cheat.
ԽՑԱՆԵԼ, ***ԽՑԵԼ*** to stop, to choke, to shut up, to obstruct.
ԽՑԱՆ cork, plug, stopper.
ԽՑԻԿ cell, little room.
ԽՑՈՒՄ stoppage, obstruction, congestion.
ԽՓԵԼ to shut, to close, to seal up.
ԽՈԹ sick, unhealthy.
ԽՈԼ foolish, blockhead, stupid.
ԽՈԼՈՒԹԻՒՆ foolishness, nonsense.
ԽՕՇԻՒՆ noise, murmuring, rustling.
ԽՕՍԱԿԻՑ interlocutor.
ԽՕՍԱԿՑԻԼ to converse with, to talk, to discuss.
ԽՕՍԱԿՑՈՒԹԻՒՆ conversation, talk, dialogue.
ԽՕՍԻԼ to speak, to talk, to discourse, to confer.
ԽՕՍԵԱԼ, ***ԽՕՍԵՑԵԱԼ*** engaged, bethrothed.
ԽՕՍԵՑՆԵԼ to cause to talk.
ԽՕՍՆԱԿ mediator, speaker, messenger, announcer.
ԽՕՍՆԱՑՐ bethrothed, affianced man, intended.
ԽՕՍՈՂ speaking, speaker, talker.
ԽՕՍՈՂՈՒԹԻՒՆ power, faculty of speaking.
ԽՕՍՈՒԱԾՔ delivery, utterance, manner of speech.
ԽՕՍՈՒԸՆՏՈՒՔ conversation, talk, chat.
ԽՕՍՈՒՆ speaking, loquacious, rational.
ԽՕՍՔ word, speech, language, saying, promise, talk, conversation,
ԽՕՍՔ ԽԱՌՆՈՂ intriguer.
ԽՕՍՔԿԱՊ wedding ring.

Ծ

ԾԱԳ head, top, summit, end.
ԾԱԳԻԼ to shine, to dawn, to rise, to begin, to spring.
ԾԱԳՈՒՄ dawn, rising, origin, rise, emanation.
ԾԱԹՐԻՆ summer savoury.
ԾԱԼԱԾ folded, pliant.
ԾԱԼԱՊԱՏԻԿ cross-legged.
— **ՆՍՏԻԼ** to sit cross-legged.
ԾԱԼԵԼ to fold, to plait, to crease.
ԾԱԼԷՈՏՆ cross-legged.
ԾԱԼՈՑ folding knife.
ԾԱԼՈՒԱԾՔ plait, wrinkle, crease.
ԾԱԼՔ rimple, plait, folding, plica.
ԾԱԽ expense, charge, sale, outlay.
ԾԱԽԵԼ to sell, to spend, to expend, to consume.
ԱՊԱՌԻԿ ԾԱԽԵԼ to sell on credit.
ԾԱԽՈՂ seller, dealer, vendor, vender.
ԾԱԽՈՒ for sale.
ԾԱԽՈՒ ԱՌՆԵԼ to buy, to purchase.
ԾԱԽՈՒԻԼ to be sold, to sell, to go off.
ԾԱԽՍԵԼ to spend, to expend.
ԾԱԽՔ charge, expense, expenditure.
ԱՒԵԼՈՐԴ ԾԱԽՔ useless expenses.
ԾԱԾԱՆ carp.
ԾԱԾԱՆԻԼ to undulate, to wave, to float.
ԾԱԾԱՆՈՒՄ undulation, waving.
ԾԱԾԿԱԲԱՆՈՒԹԻՒՆ cant-words, jargon, slang.
ԾԱԾԿԱԲԱՐ secretly, in secret.
ԾԱԾԿԱԳՐԵԼ to cipher.
ԾԱԾԿԱԳՐՈՒԹԻՒՆ cryptography, writing in cipher.
ԾԱԾԿԱՄԻՏ crafty, sly, mysterious, artful, cunning.
ԾԱԾԿԵԼ to cover, to hide, to conceal, to veil, to cloak.
ԾԱԾԿՈՅԹ cover, hiding, concealment, covering.
ԾԱԾԿՈՑ cover, coverlet, veil, refuge.
ԾԱԾԿՈՒԱԾ covered, hidden, concealed.
ԾԱԾԿՈՒԻԼ to be covered, to abscond, to conceal oneself.
ԾԱԾՈՒԿ secret, occult, clandestine.
ԾԱԿ hole, opening, orifice.
ԾԱԿ ԱՉՔ greedy, envious, voracious.
ԾԱԿԵԼ to bore, to perforate, to hole, to pierce.
ԾԱԿԻՉ piercing, boring, perforating.
ԾԱԿՈՏ porous, pierced, bored, perforated.
ԾԱԿՈՏԵԼ, ԾԱԿԾԿԵԼ to bore, to perforate, to drill, to pierce.
ԾԱԿՈՏԻՔ pore, foramina.
ԾԱԿՈՏՈՒԹԻՒՆ porosity.
ԾԱԿՈՒԻԼ to be pored, pierced.
ԾԱԿՈՒՄ piercing, perforation.
ԾԱԿՏԻՔ pore, foramina.
ԾԱՂ tart, pastry.
ԾԱՂԱՐԱՆ pastry.
ԾԱՂԱՐԱՆ pastry-cook.
ԾԱՂԻԿ flower, bloom, blossom, smallpox, beauty.
ԱՐՀԵՍՏԱԿԱՆ ԾԱՂԻԿ artificial, flower.
ԾԱՂԿԱՔԱՂՈՒԹԻՒՆ anthology.
ԾԱՂԿԱԲԵՐ floriferous, anthophore.
ԾԱՂԿԱԳՈՐԾ artificial florist.
ԾԱՂԿԱՅԴԱՐՄԱՆ florist, floriculturist.
ԾԱՂԿԱԶԱՐԴ ornamented, decorated, Palm Sunday.
ԾԱՂԿԱԶԱՐԴԵԼ to flower, to blossom.
ԾԱՂԿԱԼԻՑ flowery, full of flowers.

ԾԱՂԿԱԽՏ small pox.
ԾԱՂԿԱԾ flowered, blooming.
ԾԱՂԿԱԿԱԼ flower-stand.
ԾԱՂԿԱՅԻՆ floral.
ԾԱՂԿԱՆՈՑ flower bed, primary school.
ԾԱՂԿԱՄԱՆ, ԾԱՂԿԱՆՈԹ flower-pot, flower-vase.
ԾԱՂԿԱՊՍԱԿ crown of flowers, garland, wreath of flowers.
ԾԱՂԿԱՍԷՐ anthophilous, flower-loving.
ԾԱՂԿԱՎԱՃԱՌ florist, flower-dealer.
ԾԱՂԿԱՏԻ young, youthful.
ԾԱՂԿԱՒԷՏ flowery, florid, rubicund.
ԾԱՂԿԱՓԹԻԹ lily grass, blooming, florid.
ԾԱՂԿԱՔԱՂ compilation, anthology, summary, extract.
ԾԱՂԿԱՔԱՂ ԸՆԵԼ to cull, to compile, to gather flowers.
ԾԱՂԿԵԱԼ flourished, prosperous.
ԾԱՂԿԵԼ to flower, to blossom, to flourish.
ԾԱՂԿԵՑՆԵԼ to blossom, to adorn with flowers.
ԾԱՂԿԵՓՈՒՆՋ bouquet, a bunch of flowers.
ԾԱՂԸՆԿԷՑ faded, withered.
ԾԱՂԿԻԼ to bloom, to blossom, to flower.
ԾԱՂԿՈԼՈՌ sweet-pea.
ԾԱՂԿՈՑ flower-garden, primary school.
ԾԱՂԿՈՒՄ flowering, anthesis, inflorescence.
ԾԱՂՐ mocking, derision, banter, sneer.
ԾԱՂՐ ԸՆԵԼ to ridicule, to deride any one.
ԾԱՂՐԱԲԱՆ facetious, witty, humorous, funny.
ԾԱՂՐԱԲԱՆԵԼ to jest, to banter, to joke at.
ԾԱՂՐԱԲԱՆՈՒԹԻՒՆ mockery, joke, jocosity, pleasantry.
ԾԱՂՐԱԽԱԹՆ smiling, cheering, pleasing.
ԾԱՂՐԱԾՈՒ droll, facetious, comic, clown, joker, jester.
ԾԱՂՐԱԾՈՒԹԻՒՆ facetiousness, mocking, buffoonery.
ԾԱՂՐԱԿԱՆ derisory, ridiculous, funny, comical.
ԾԱՂՐԱՆԿԱՐ caricature.
ԾԱՂՐԱՆԿԱՐԻՉ caricaturist.
ԾԱՂՐԵԼ to jeer, to laugh, to jest, to banter, to scoff.
ԾԱՂՐԵԼԻ droll, burlesque, ridiculous.
ԾԱՂՐՈՂ mocker, jeerer, rediculer.
ԾԱՂՐՈՒԾԱՆԱԿ scoffed at
ԾԱՄ hair.
ԿԵՂԾ ԾԱՄ periwig, peruke.
ԾԱՄԱԾՈՒՌ tortuous, winding, sinuous, anfractuous.
ԾԱՄԱԾՌԵԼ to distort, to twist, to twine.
ԾԱՄԱԾՌՈՒԹԻՒՆ grimace, tortuosity, winding.
ԾԱՄԵԼ to chew, to masticate.
ԾԱՄԵԼԻՔ jaw-bone, cheek
ԾԱՄԵՆԻ Jamaica, sago tree.
ԾԱՄԾՄԵԼ to chew, to masticate, to munch.
ԾԱՄՈՆ cud, mastic.
ԾԱՅՐ end, border, edge, head, apex.
ԾԱՅՐԱԳԻԾ endline.
ԾԱՅՐԱԳՈՅՆ supreme, extreme.
ԾԱՅՐԱՅԵՂ extreme, utmost, final.
ԾԱՅՐԱՏԵԼ to mutilate, to cripple, to maim.
ԾԱՆԱԿ ridiculous, shameful.
ԾԱՆԾ chaff, glume, husk, straw.
ԾԱՆԾԱՂ shallow, fordable, low ground.
ԾԱՆԾԱՂԱՄԻՏ giddy, silly, thoughtless.
ԾԱՆԾԱՂՈՒԹԻՒՆ superficiality.
ԾԱՆԾԱՂՈՒՏ (ՏԵՂ) shallow-water.
ԾԱՆՈՒՑԱԳԻՐ note, advice, notification, placard.
ԾԱՆՈՒՑԱՆԵԼ to warn, to notify, to announce, to declare.

ԾԱՆՈՒՑՈՒՄ notice, advertisement. notification.

ԾԱՆՐ heavy, weighty, massive, hard.

ԾԱՆՐԱԲԱՐՁ lifting jack.

ԾԱՆՐԱԲԱՐՈՅ grave, sober, reserved, proud.

ԾԱՆՐԱԲԵԿ overpowered, crushed.

ԾԱՆՐԱԲԵՌՆ heavy loaded, overburdened, onerous.

ԾԱՆՐԱԲԵՌՆԵԼ to overload, to oppress.

ԾԱՆՐԱԳԻՆ dear, costly, precious, expensive.

ԾԱՆՐԱԳԼՈՒԽ serious, grave, sober.

ԾԱՆՐԱԳՆԱՑ slowly pacing, lingering, sluggish.

ԾԱՆՐԱԼԵԶՈՒ lisping, stammering, tongue-tied.

ԾԱՆՐԱԿՇԻՌ heavy, weighty, grave.

ԾԱՆՐԱՁԵՌՆ heavy handed.

ԾԱՆՐԱՄԱՐՄԻՆ corpulent, fleshy, plump.

ԾԱՆՐԱՄԻՏ stupid, peevish, obstinate.

ԾԱՆՐԱՆԱԼ to weigh heavy, to grow, to grow worse, to be aggravated.

ԾԱՆՐԱՃԱՐԺ slow, tardy, heavy, sluggish.

ԾԱՆՐԱՆԴԱՄ heavy limbed.

ԾԱՆՐԱՇՈՒՆՉ asthmatical.

ԾԱՆՐԱՉԱՓ barometer, weather glass.

ԾՈՎԱՅԻՆ ԾԱՆՐԱՉԱՓ marine barometer.

ԾԱՆՐԱՊԷՍ heavily, gravely, seriously.

ԾԱՆՐԱՑՆԵԼ to render heavy, to increase in weight, to aggravate, to overload.

ԾԱՆՐԱՔԱՅԼ slowly moving, with slow steps.

ԾԱՆՐՈՒԹԻՒՆ weight, heaviness, charge, load, burden, gravity.

ՏԵՍԱԿԱՐԱՐ ԾԱՆՐՈՒԹԻՒՆ specific gravity.

ԾԱՆՐՈՑ weight, chattels, furniture, baggage.

ԾԱՆՕԹ known, manifest, connoisseur, friend.

ԾԱՆՕԹԱԳՐՈՒԹԻՒՆ annotation, note.

ԾԱՆՕԹԱՆԱԼ to be acquainted, to know, to make the acquaintance of.

ԾԱՆՕԹՈՒԹԻՒՆ acquaintance, knowledge, notion, information.

ԾԱՌ tree, **ԱԶԳԱԳՐԱԿԱՆ ԾԱՌ** genealogical tree.

ԾԱՌԱԴԱՐՄԱՆ arborist.

ԾԱՌԱՅ man-servant, domestic, waiter.

ԾԱՌԱՅԱԲԱՐ servilely, slavishly.

ԾԱՌԱՅԱԿԱՆ servile, slavish, menial.

ԾԱՌԱՅԱՄԻՏ mean, low, slavish.

ԾԱՌԱՅԵԼ to serve, to wait upon.

ԾԱՌԱՅԵՑՆԵԼ to subject, to subdue, to enslave.

ԾԱՌԱՅՈՂ servant, servitor.

ԾԱՌԱՅՈՒԹԻՒՆ service, servitude, subjection, bondage, employ, yoke.

ԾԱՌԱՍՏԱՆ trees, grove, wood, coppice.

ԾԱՌԱՒԷՏ woody, wooded.

ԾԱՌԱՔԱՐ dendrite.

ԾԱՌՈՒՂԻ alley, avenue, boulevard.

ԾԱՌՈՏ woody, grove.

ԾԱՐԱՒ thirst, dryness, drought.

ԾԱՐԱՒԵՑՆԵԼ to make thirsty, to cause thirst.

ԾԱՐԱՒԻ thirsty, dry, ardent, eager.

ԾԱՐԱՒՈՒԹԻՒՆ thirst.

ԾԱՐԻՐ antimony, eye-salve.

ԾԱՒԱԼ extent, extention, volume, expansion.

ԾԱՒԱԼԱԿԱՆ dilatant, expansive.

ԾԱՒԱԼԱԿԱՆՈՒԹԻՒՆ dilatancy, expansionism, expansibility.

ԾԱՒԱԼԱՉԱՓ volumeter, dilatometer.

ԾԱՒԱԼՈՒՆ dilated, voluminous, expansible.

ԾԱՓ applause, clap, earthen baking dish.

ԾԱՓԱՀԱՐ applauder, clapper.

ԾԱՓԱՀԱՐԵԼ to applaud, to cheer, to clap the hands.
ԾԱՓԱՀԱՐՈՒԹԻՒՆ applause, clapping, cheering, eulogy.
ԾԱՓԵԼ to applaud, to cheer.
ԾԵԾ knock, stroke, beating, drub.
ԾԵԾԵԼ to beat, to bastinade, to strike, to knock.
ԾԵԾԿՌԻՒ combat, fighting, struggle, action.
ԾԵԾՈՒԻԼ to be beaten.
ԾԵՂ stem, stalk, stubble.
ԾԵՐ old, aged, old man.
ԾԵՐԱԿՈՅՏ senate.
ԾԵՐԱԿՈՅՏԱԿԱՆ senator, senatorial.
ԾԵՐԱՆԱԼ to grow old, to grow in years.
ԾԵՐԱՆՈՑ asylum for the aged, poor-house.
ԾԵՐԱՑՈՒՄ growing, getting old, senescence.
ԾԵՐՈՒԹԻՒՆ oldness, old age, great age, senelity.
ԽՈՐ ԾԵՐՈՒԹԻՒՆ great age, decrepitude.
ԾԵՐՈՒԿ old man, grey beard.
ԾԵՐՈՒՆԻ old woman.
ԾԵՓ coat, coating, plaster, stucco.
ԾԵՓԵԼ to coat, to do over, to lay over.
ԾԵՓԻՉ trowel.
ԾԷՍ rite, ceremony, form.
ԾԹԱԾ worn out, rancid, rusty.
ԾԹԻԼ to grow rancid.
ԾԻԱԾԱՆ rainbow, iris, halo.
ԾԻԼ bud, shoot, germ, sprout.
ԾԻԼ ԱՐՁԱԿԵԼ to bud, to sprout, to germinate.
ԾԻԾ breast, teat.
ԾԻԾԱԿ long pepper.
ԾԻԾԱՂ smile, laugh, laughter, sneering.
ԾԻԾԱՂԱԿԱՆ laughable, risible, comical.
ԾԻԾԱՂԱԾԱՐԺ risible, comical, comic, droll, funny
ԾԻԾԱՂԵԼԻ funny, risible, laughable.
ԾԻԾԱՂԻԼ to smile, to laugh, to deride, to mock.
ԾԻԾԱՂԵՑՈՒՑԻՉ risible, facetious droll, laughing.
ԾԻԾԱՂԿՈՏ smiling, laughing, cheering.
ԾԻԾԵՌՆԱԿ. ԾԻԾԱՌ swallow.
ԾԻԾԻՌՆԻԿ pulley.
ԾԻՂ stem, stalk, sprig.
ԾԻՆ birth, delivery, beauty spot.
ԾԻՍԱԿԱՆ ritual, ceremonial.
ԾԻՍԱԿԱՆՈՒԹԻՒՆ ritualism.
ԾԻՍԱՐԱՆ (*ՄԱՇՏՈՑ*) ritual.
ԾԻՏ tree-sparrow.
ԾԻՐ circle, hoop, ring, border, outline, orb.
ԾԻՐԱՆ apricot.
ԾԻՐԱՆԱԳՈՅՆ purple, purple-hued.
ԾԻՐԱՆԱՒՈՐ cardinal, emperor.
ԾԻՐԱՆԻ purple dye, purple clothes.
ԾԻՐՏ excrement of birds.
ՃԱՆՃԻ ԾԻՐՏ fly-spots. **ԱՂԱՒՆԻԻ ԾԻՐՏ** pigeon's dung.
ԾԻՒՐԱԽՏ consumption, phthisis.
ԾԻՒՐԱԿԱՆ languishing, consuming, hectic, marantic.
ԾԻՒՐԵԼ to consume, to waste, to emaciate.
ԾԻՒՐԻԼ to languish, to fall away, to grow lean, to droop.
ԾԻՒՐՈՒԹԻՒՆ wasting away, decline, decay, emaciation, consumption.
ԾԼԻԼ to shoot, to but, to sprout.
ԾԼԻԿ clitoris.
ԾԼՈՒՄ germination.
ԾԽԱԲՈՅՍ fumitory.
ԾԽԱԼԻՑ smoky, full of smoke.
ԾԽԱԽՈՏ tobacco.
ԾԽԱԿԱՆ parishioner.
ԾԽԱՆ chimney.
ԾԽԱՍԷՐ smoker.
ԾԽԱՎԱՃԱՌ tobacco-dealer, tobacco seller.
ԾԽԱՏՈՒՆ rectory-house, smoking-room.
ԾԽԱՐԱՆ smoking-room.
ԾԽԱՓՈՂ smoking-pipe.
ԾԽԵԼ to smoke, to fumigate.

ԾԽՆԷԼՈՅԶ chimney.
ԾԽՈՂ smoker, fuming.
ԾԽՈՒՄ fumigation.
ԾԾԱԿ sucking-bottle.
ԾԾԵԼ to suck, to imbibe, to absort.
ԾԾԻՉ absorbent, sucker.
ԾԾՄԱՅՐ wet-nurse; foster-mother.
ԾԾՄԲԱԿԱՆ sulphuric.
ԾԾՄԲԱՏ sulphate.
ԾԾՈՂ absorbent, sucker.
ԾԾՈՒՄԲ sulphur, brimstone.
ԾԾՈՒՄ sucking, suction.
ԾԾՈՒՆ blotting.
– **ԹՈՒՂԹ** blotting paper.
ԾՂԻՔ fore-arms.
ԾՂՈՍԿՐ cubit, ulna, radius.
ԾՂՐԻԴ cricket.
ԾՂՈՏ stem, stalk, cane, reed.
ԾՆԻԼ, ԾՆԱՆԻԼ to be born, to originate, to be bred.
ԾՆԱՆԻՒԹ blastocheme.
ԾՆԱՆՈՂ generating, procreant, generative.
ԾՆԵԱԼ born.
ԾՆԾՂԱՀԱՐ cymbalist.
ԾՆԾՂԱՅ cymbals, cithern.
ԾՆԿԱԿԱՊ garter, knotty, jointed.
ԾՆՆԴԱԲԱՆՈՒԹԻՒՆ genealogy, lineage.
ԾՆՆԴԱԲԵՐՈՒԹԻՒՆ child birth
ԾՆՆԴԱԳՈՐԾԵԼ to give birth, to engender.
ԾՆՆԴԱԿԱՆ generative, genital, lyeing-in.
ԾՆՈՂ generative, productive, parents, nascent.
ԾՆՈՂՔ parent.
ԾՆՈՑ vulva.
ԾՆՈՒՆԴ birth, child birth, nativity, production, rise, offspring.
ԾՆՐԱԴՐԵԼ to kneel.
ԾՆՐԱԴՐՈՒԹԻՒՆ kneeling, genuflection.
ԾՆՐԱԿԱՊ garter.
ԾՆՕՏ jaw chin, mentum.
ԾՈԾՐԱԿ nape of the neck, occiput, cervix.
ԾՈՄ fast, fasting, abstinence.
ԾՈՄ ՊԱՀԵԼ to fast.
ԾՈՄԱՊԱՀՈՒԹԻՒՆ fast, fasting, abstinence.
ԾՈՅԼ idle, lazy going, sluggard.
ԾՈՊ fringe, thrum, trimming, tassels.
ԾՈՊԱՒՈՐ fringed, tasseled.
ԾՈՎ sea. **ԾՈՎ ԱՉԵՐ** blue eyes.
ԾՈՎԱԳՆԱՑՈՒԹԻՒՆ sea-voyage, navigation.
ԾՈՎԱԳՌԱՒ cormorant.
ԾՈՎԱԳՐՈՒԹԻՒՆ hydrography, thalassography.
ԾՈՎԱԾՈՑ gulf.
ԾՈՎԱԿ sea-pool, pond.
ԾՈՎԱԿԱԼ admiral.
ԾՈՎԱԿԱԼՈՒԹԻՒՆ admiralship.
ԾՈՎԱԿՈՐՈՒԹԻՒՆ ship-wreck, wreck.
ԾՈՎԱՀԱՐ sea-sick.
ԾՈՎԱՀԷՆ pirate, sea-robber, corsair.
ԾՈՎԱՀԻՆՈՒԹԻՒՆ piracy.
ԾՈՎԱՁԻ sea-horse, hippocampus.
ԾՈՎԱՄՈՅՆ ԸԼԼԱԼ to be drowned in the sea, to drown.
ԾՈՎԱՅԻՆ maritime, naval, marine.
ԾՈՎԱՆԿԱՐ sea-pieces, sea view, sea-scape.
ԾՈՎԱՆԿԱՐԻՉ marine painter, painter of sea-pieces.
ԾՈՎԱՉԱՓ sea-gauge, sounding line
ԾՈՎԱՌՈՒՄԲ torpedo.
ԾՈՎԱՓ sea-shore.
ԾՈՎԵԶԵՐՔ, ԾՈՎԵԶՐ sea-bank, sea-coast.
ԾՈՎԻՆՁ sea-leopard.
ԾՈՐԱԿ cock, tap, plup.
ԾՈՐԵԼ, ԾՈՐԻԼ to flow, to run, to leak, to ooze out.
ԾՈՐՈՒՄ flowing, running, leaking, dropping.
ԾՈՑ breast, bosom.
ԾՈՑՈՒՈՐ pregnant, in the family way.
ԾՈՒԱՏ lint, linament, charpie.
ԾՈՒԱՏԵԼ to fray, to unveave, to tear to rags.
ԾՈՒԱՐԻԼ to hide, to confine.
ԾՈՒԼԱԲԱՐ lazily, idly, slothfully.
ԾՈՒԼԱՆԱԼ to be lazy, to idle.

ԾՈՒԼՈՒԹԻՒՆ laziness, idleness, sloth, indolence.
ԾՈՒԽ smoke, fume, tobacco
 ԱՐՁԱԿԵԼ to emit smoke
ԾՈՒԾ marrow of bones, medulla, essence, suction.
ԾՈՒԾՈՍԿՐ marrow bone.
ԾՈՒՂԱԿ trap, snare, net, pitfall.
ԾՈՒՆԿ knee.
ԾՈՒՌ crooked, bent, distorted, oblique.
ԾՈՒՌ ՈՒ ՄՈՒՌ mazy, oblique, devious.
ԾՈՒՌ ՈՒ ՄՈՒՌ ՃԱՄՓԱՅ labyrinth, maze.
ԾՈՒՓ fluctuation, undulation, wave, surge.
ԾՈՓՈՐ ceriman.
ԾՊՏԱՆՔ disguise, travesty, camouflage.
ԾՊՏԵԱԼ disguised, incognito.
ԾՊՏԵԼ to disguise, to cloak, to dissemble.
ԾՊՏԻԼ to disguise one's self, to shun.
ԾՌԱՉԱՓ clinometer.
ԾՌԵԼ to bend, to incline, to curve, to crook.
ԾՌԵՂՋԻՒՐ antelope, gazelle.
ԾՌԻԼ to be curved, to be bent, to incline.
ԾՌՄԱԿ water way, water line.
ԾՌՄՌԿԻԼ to wriggle, to shuffle.
ԾՌՈՒԹԻՒՆ curvity, curvation, bent
ԾՏԱՃԻՆՃԻ dodder.
ԾՏԱԳԱՃԱՐ shepherd's pouch.
ԾՐԱԳԻՐ plan, project, sketch, outline, design, draught.
ԾՐԱԳՐԵԼ to sketch, to trace, to plan, to draw, to describe.
ԾՐԱԳՐԱԿԱՆ graphical.
ԾՐԱԳՐԻՉ designer, pattern drawer, lead pencil.
ԾՐԱԳՐՈՒԹԻՒՆ drawing, design, plan, laying out.
ԾՐԱԳԻՏԱԿ haloscope.
ԾՐԱՐ packet, package, bundle, roll, cover.
ԾՐԱՐ ՄԸ ԹՈՒՂԹ a ream of paper.
ԾՐԱՐԵԼ to pack up, to wrap up, to bundle off.
ԾՐԱՐՈՂ packer.
ԾՐԱՐՈՅ package.
ԾՐՏԵԼ to dung, to manure, to mute.
ԾՓԱԼ to undulate, to wave, to agitate.
ԾՓԱԹՈՒՄԲ floating-dam.
ԾՓԱՆՔ undulation, ripple, swell, wave.
ԾՓԱՏԵՆԴ malta fever.
ԾՓԱՅՈՂ floating, undulating.
ԾՓԻԼ to float, to wave, to undulate.
ԾՓՈՑ churn.
ԾՓՈՒՄ undulation, billow, wave, swell.
ԾՈՓ bunting bird, water crane.

Կ

ԿԱԳ contention, contest, dispute, quarrel.
ԿԱԳԱՄԷՐ wrangler, quarrelsome.
ԿԱԶ gas, gauze.
ԿԱԶԻ ԿՏՈՒՑ gas-burner.
ԿԱԶԱՅԻՆ gaseous.
ԿԱԶԱՉԱՓ gasmeter.
ԿԱԶԱՐԱՆ gas-works, gasometer.
ԿԱԶԱՑՆԵԼ to gasify.
ԿԱԶԴՈՒՐԵԼ to invigorate, to restore, to recover.
ԿԱԶԴՈՒՐԵԼ to invigorate, to res- again.
ԿԱԶԴՈՒՐԻՉ invigorating, fortifying, corroborant.
ԿԱԶԴՈՒՐՈՒՄ recovery, restoration, convalescence, analepsis.
ԿԱԶՄ ready, prepared, disposed, construction, preparation.
ԿԱԶՄԱԾՔ apparatus, preparation, structure, conformation.
ԿԱԶՄԱԿԱՆ organic, well dressed.
ԿԱԶՄԱԿԵՐՊԵԼ to organize, to form, to fashion, to construct.
ԿԱԶՄԱԿԵՐՊՈՒԹԻՒՆ organization, formation, conformation.
ԿԱԶՄԱՐԱՆ bindery, binder's shop.
ԿԱԶՄԱՐԱՐ book-binder.
ԿԱԶՄԵԼ to form, to model, to fashion, to organize, to construct, to bind books.
ԿԱԶՄՈՒԱԾՔ temperament, formation, mechanism.
ԿԱԶՄՈՒԹԻՒՆ construction, order, mechanism, formation, structure, composition.
ԿԱԹ milk.
ԽՏԱՑԱԾ ԿԱԹ condensed milk.
ԿԱԹԵՑՆԵԼ to drop, to distil.
ԿԱԹԻԼ to drop, to trickle, to distil.
ԿԱԹԻԼ drop.
ԿԱԹՆԱԲԵՐ lactiferous, yielding milk.
ԿԱԹՆԱԹԱՆ milk-soup, milk-porridge.
ԿԱԹՆԱՄԱՆ milk pot, milk pan.
ԿԱԹՆԱՅԻՆ milky, lacteal.
ԿԱԹՆԱՉԱՓ lactometer, galactometer.
ԿԱԹՆԱՊՈՒՐ milk soup.
ԿԱԹՆԱՋԵՐՄ milk fever.
ԿԱԹՆԱՎԱՃԱՌ dairy man, milkman.
ԿԱԹՆԱՏԱՄ first tooth, milk tooth.
ԿԱԹՆԱՐԱՆ dairy.
ԿԱԹՆԵՂԲԱՅՐ foster-brother.
ԿԱԹՆԵՂԷՆՔ milk food, milk diet.
ԿԱԹՆՏՈՒ nurse, wet-nurse.
ԿԱԹՈԳԻՆ affectionate, amorous, heartily, tenderly.
ԿԱԹՈԳՆԻԼ to be impassioned, to be enamoured.
ԿԱԹՈԼԻԿ catholic, general, universal.
ԿԱԹՈԼԻԿՈՒԹԻՒՆ catholicism, catholicity.
ԿԱԹՈՂԻԿԷ (ՄԱՅՐ ԵԿԵՂԵՑԻ) Cathedral, basilic.
ԿԱԹՈՂԻԿՈՍ Catholicos.
ԿԱԹՈՂԻԿՈՍԱՐԱՆ the house of Catholicos, patriarcal seat or residence, catholicosate.
ԿԱԹՈՒԱԾ apoplexy.
ԿԱԹՈՒԱԾԱՀԱՐ apoplexed, person struct with apoplexy.
ԿԱԹՍԱՅ kettle, caldron, pot, boiler.
ԿԱԹՍԱՅԱԳՈՐԾ copper smith, brazier, boiler maker.
ԿԱԺ hank, skein.
ԿԱԼ threshing floor, barn-floor.
ԿԱԼԱՆԱՒՈՐ prisoner, detained in prison.
ԿԱԼԱՆՔ arrest, detention, seizure.

կալաքար soda, alkali.
կալի potash.
կալոն gallon.
կալուած property, estate, land, farm, dominion.
կալուածագիր title deed.
կալուածատէր owner, proprietor, landlord.
կալուածատուրք land tax.
կախ hung up, suspended, pendent.
կախակայեալ suspended.
կախակայել to suspend.
կախաղան gallows, gibbet.
կախաղանի վճիռ sentence by hanging.
կախարդ charmer, sorcerer, wizard.
կախարդանք magic, enchantment, fascination.
կախարդել to charm, to enchant, to fascinate, to flatter.
կախարդիչ fascinating, enchanter, magician.
կախարդութիւն sorcery, magic, witchcraft, charm.
դիւական կախարդութիւն black art.
կախեալ hanged, suspended, dependant.
կախել to hank, to suspend, to hook.
կախուածք hanging.
կախուիլ to hang, to be suspended, to be hooked.
կախում dependence, suspension, hanging.
կածանք decoration, ornament.
կակազել to stammer, to lisp, to stutter.
կակազող stammering, lisper, stutterer.
կակալայ walnut.
կակաչ tulip.
կակժիրակ cassia, cassia tree.
կակղամորթ molusk, thin-skinned.
կակղացում softening.
կակղութիւն softness, tenderness, delicacy, mildness.
կակղում mollification, softening.
կակուղ soft, tender, delicate, pliant.
կակուղնալ to grow soft, to relent.
կակուղցնել to soften, to mollify.
կակտենի Cactus.
կահ furniture, luggage, equipage.
կահկարասի goods and chattels.
կահագործ cabinet maker, carpenter, joiner.
կահաւորեալ furnished.
կահաւորել to furnish, to ornament.
կաղ lame, crippled, defective.
կաղալ to limp, to go lame, to halt.
կաղամար ink-stand.
կաղամբ cabbage.
կաղանդ the first day of the year, New Year's day.
Շնորհաւոր կաղանդ a happy new year to you.
կաղանդչէք new year's gift, handsel.
կաղանձան spurge.
կաղապար model, cast, mould, matrix, pattern, last, wooden form.
կաղին nut, hazel-tree, oak tree.
կաղնեփայտ oak.
կաղնի oak tree.
կաղութիւն lameness.
կաճ felt.
կաճառ academy, faculty, institute.
կաճառորդ academician, honorary member.
կամագնաց capricious, arbitrary.
կամակատար complaisant, obliging, condescending.
կամակոր calcitrant, obstinate, crooked, sinuous.
կամակորել to twist, to wring, to bend, to pervert.
կամակորութիւն crookedness, perversity, winding.
կամակցութիւն consent, assent accord.
կամայ willingly, free, voluntary.
կամայական arbitrary, voluntary.
կամապաշտ wilful, selfwilled, stubborn.
կամար vault, arch, arcade, portico.
կամարակապ arcaded, vaulted, girdled.

ԿԱՄԱՑ softly, gently, slowly, mildly.
ԿԱՄԱՒ willingly, voluntarily.
ԿԱՄԱՒՈՐ voluntary, volunteer, willing, spontaneous.
ԿԱՄԲԱԿ slipper.
ԿԱՄԵՆԱԼ to will, to wish, to consent.
ԿԱՄԵՑՈՂ eager to, desirous, willing.
ԿԱՄԵՑՈՂՈՒԹԻՒՆ good will, will desire, willing.
ԿԱՄՈՎԻՆ willingly, voluntarily.
ԿԱՄՈՒՐՋ bridge.
ԿԱՄՈՒՐՋ ՇԻՆԵԼ to throw a bridge across.
ԿԱՄՐՋԱԿ small bridge, trigger-guard.
ԿԱՄՔ will, determination, design, volition, desire.
ԿԱՅ station, rest, pause, stop.
ԿԱՅԱՆ station, place, base, guard house.
ԿԱՅԱՆԱՊԵՏ quarter master.
ԿԱՅԱՐԱՆ station, terminus.
ԿԱՌՔԵՐՈՒ ԿԱՅԱՐԱՆ coach-stand.
ԿԱՅԱՐԱՆԱՊԵՏ station-master.
ԿԱՅԹ jump, caper, basket.
ԿԱՅԹԵԼ to dance, to caper, to jump.
ԿԱՅԼԱԿ drop, globule.
ԿԱՅԾ spark, carbuncle.
ԿԱՅԾԱԿԵԼ to flash, to sparkle.
ԿԱՅԾԱԿՆԱՀԱՐ thunder-struck, fulminating.
ԿԱՅԾԱԿՆԱՀԱՐԵԼ to strike with thunderbolt, to blaster.
ԿԱՅԾԱԿՆԱՀԱՐՈՒԹԻՒՆ fulmination.
ԿԱՅԾԱԿՆԱՄԱՐՏ lightning war.
ԿԱՅԾԱԿՆԱՑԱՅՏ flashing, radiant, lightening.
ԿԱՅԾԱԿՈՒՆՔ embers, burning coals.
ԿԱՅԾՈՌԻԿ firefly, glow-worm.
ԿԱՅԾՔԱՐ flint, silex.
ԿԱՅԿԱՅԵԼ to establish, to fix, to consolidate.
ԿԱՅՄ mast, sail.
ԿԱՅՈՒՆ stable, firm, durable.
ԿԱՅՈՒՆՈՒԹԻՒՆ stability, firmness, immanence.
ԿԱՅՍԵՐԱԶՈՒՆ Imperial prince.
ԿԱՅՍԵՐԱԿԱՆ Imperial.
ԿԱՅՍՐ emperor, Kaiser, Cesar.
ԿԱՅՍՐՈՒԹԻՒՆ empire, Kaiserdom.
ԿԱՅՍՐՈՒՀԻ empress.
ԿԱՅՏԱՌ healthy, lively, brisk, swift.
ԿԱՅՏԱՌՈՒԹԻՒՆ vivacity, briskness, gaiety.
ԿԱՅՏՌԵԼ to rejoice, to leap, to frolic, to frisk.
ԿԱՅՔ station, residence.
ԿԱՆԱՄԱՐԻ married man.
ԿԱՆԱՆՈՑ haremlik, seraglio, nunnery.
ԿԱՆԱՉ green, verdant, fresh.
ԿԱՆԱՉԱԿԵՂ green, verdant, painted green.
ԿԱՆԱՉԱԶԱՐԴ verdant, clothed with verdure.
ԿԱՆԱՉԱՑՆԵԼ to make green, to be verdant.
ԿԱՆԱՉԵՂԷՆ vegetable, green, verdure.
ԿԱՆԱՉՈՒԹԻՒՆ greenness, green colour.
ԿԱՆԱՐԵԱԿ canary bird.
ԿԱՆԱՑԻ womanly, effeminate.
ԿԱՆԳ ԱՌՆԵԼ to stop, to pause, to stay, to stand.
ԿԱՆԳԱՌ artichoke, station.
ԿԱՆԳՆԵԼ to raise, to lift up, to set up, to erect, to build.
ԿԱՆԳՆԻԼ to get up, to rise again, to stand up.
ԿԱՆԳՆՈՒՄ erection, building, raising.
ԿԱՆԳՈՒՆ pic, arm's lenght, straight, upright, erect, on foot.
ԿԱՆԵՓ hemp.
ԿԱՆԹ handle.
ԿԱՆԹԵՂ lamp.
ԿԱՆԽԱԲԱՆԵԼ to foretell, to prediet.
ԿԱՆԽԱԲԱՆՈՒԹԻՒՆ prediction, foretelling.

կանխագէտ foreknowing, diviner, prognosticator.
կանխագոյն aleady, before, formerly.
կանխագուշակ foreboding, foretelling, presage.
կանխագուշակել to prognosticate.
կանխադրամ advance money.
կանխաթիւ antedate.
կանխակալութիւն prejudice, prepossession.
կանխահաս early, premature, forward.
կանխահասութիւն precociousness.
կանխահոգութիւն foresight.
կանխատես wary, provident, cautious, prudent.
կանխատեսել to foresee, to forecast.
կանխատեսութիւն foresight, prevision.
կանխաւ in advance, before, precedently.
կանխաքննել to preexamine.
կանխել to anticipate, to hasten, to arrive early.
կանխերգ prelude, predicted.
կանխիկ in cash, cash down.
կանխում anticipation, prevention.
կանկառ artichoke.
կանոն rule, statute, regulation, order, canon.
կանոնագէտ canonist.
կանոնագիր regulation, canonist.
կանոնագիրք laws, regulation.
կանոնադրել to establish laws, to make regulation for.
կանոնադրութիւն statute, constitution, regulation.
կանոնազանց contravener, transgressor.
կանոնական canonical.
կանոնապահ observant of rules, punctual.
կանոնապահութիւն observation of laws, rules.
կանոնաւոր regular, methodical.
կանոնաւորաբար regularly, methodically.
կանոնաւորել to regulate, to put in order.
ժամացոյց կանոնաւորել to time a watch.
կանոնաւորութիւն regularity, putting in order.
կանոնել to regulate, to constitute,
կանոնիկոս canon.
կանուխ early, precocious.
կանչ cry, scream, outcry, shriek.
կանչել to cry, to call out, to appeal.
կանչխոտ mignonette.
կանչուըռտել to cry, to clamour, to squall.
կանչուըրտուք screaming, brawling, cry, clamouring, wrangling.
կաշառ bribe, corruption, venality.
կաշառակերութիւն corruption.
կաշառառու taking bribes, venal, corrupted.
կաշառելի corruptible, venal.
կաշառել to bribe, to corrupt, to grease in the hand.
կաշառող briber, corruptor.
կաշեայ made of leather, leathern.
կաշեգործ currier, tanner, leather dresser.
կաշի leather, hide, skin.
կաշկանդել to bind, to tie fast, to fetter.
կաշկանդում close constriction, garrotting.
կաչաղակ magpie.
կապ tie, knot, twine, connection.
կապակից bound together, conjoined.
կապակցութիւն bond, joint, relation, chain, union.
կապան narrow pass, defile.
կապանք band, bonds, fetters, manacles.
կապար lead.
կապարագիծ lead line.
կապարագործ lead worker, plumber.
կապարահանք leadmine.
կապարեայ leaded, leaden, plumbeous.
կապարել to lead, to plumb.

ԿԱՊԱՐՃ quiver.
ԿԱՊԵԼ to bind, to tie, to connect, to link with.
ՇՂԹԱՅՈՎ ԿԱՊԵԼ to chain, to put in irons.
ԿԱՊԵԼԱՏ tavern, wineshop, pot-house.
ԿԱՊԵՐՏ tatter, rag, carpet, rug, tapis.
ԿԱՊԻԿ monkey, ape.
ՄԱՐԴԱԿԵՐՊ ԿԱՊԻԿ orang-outang.
ԿԱՊԿՈՒԹԻՒՆ apehood, mimicry, apery.
ԿԱՊՈՅՏ blue, sky-blue, azure.
ԿԱՊՈՅՏ ՀԱԶ chin cough, hooping cough.
ԿԱՊՈՑ package, bundle, bale.
ԿԱՊՈՒԱԾ tied, bound, connected, attached.
ԿԱՊՈՒԻԼ to be tied, to be attached, to be connacted.
ԿԱՊՈՒՏԱԾԱՂԻԿ corn-flower.
ԿԱՊՈՒՏԱԿ bluish, sky blue, azure.
ԿԱՊՈՒՏԱԿԱՉԱՓ cyanometer.
ԿԱՊՈՒՏԱԿԱԻՈՐ cyanid.
ԿԱՊՈՒՏԱԿՈՒԹԻՒՆ lividness.
ԿԱՊՈՒՏԿԵԿ bluish.
ԿԱՌԱԳՈՐԾ coach-maker, carriage builder.
ԿԱՌԱԽՈՒՄԲ train.
ՃԱՄԲՈՐԴԱՏԱՐ ԿԱՌԱԽՈՒՄԲ passenger train.
ԿԱՌԱՆ cable, wild rue.
ԿԱՌԱՆՈՑ garage, coach-house.
ԿԱՌԱՉ cry, outcry, clamour.
ԿԱՌԱՉԵԼ to cry, to shout, to clamour.
ԿԱՌԱՊԱՆ coachman.
ԿԱՌԱՊԵՏ coachman, driver.
ԿԱՌԱՎԱՐ motor car driver, chauffeur, Auriga.
ԿԱՌԱՎԱՐԱԿԱՆ governmental.
ԿԱՌԱՎԱՐԵԼ to govern, to rule, to lead, to conduct, to guide, to direct, to regulate.
ԿԱՌԱՎԱՐԻՉ governor, tutor.
ԿԱՌԱՎԱՐՈՒԹԻՒՆ government, direction.
ԿԱՌԱՏՈՒՆ garage, coach-house.
ԿԱՌԱՓ skull, cranium.
ԿԱՌԱՓՆԱՏ scaffold, guillotine.
ԿԱՌՈՒՂԻՂ conductor.
ԿԱՌՈՒՑԱՆԵԼ to build, to construct, to erect.
ԿԱՌՈՒՑՈՒՄ establishment, construction, building, making.
ԿԱՌՉԻԼ to grasp at, to cling to, to lay hold of.
ԿԱՌՉՈՒԿ catch-weed, goose grass.
ԿԱՌՔ coach, carriage, car, vehicle, chariot.
ԲԵՌՆԱԿԱՌՔ freight car.
ԿԱՍԵՑՆԵԼ to stop, to arrest, to detain, to hinder.
ԿԱՍԻ cinnamon-bark.
ԿԱՍԻԼ to stop, to cease, to panse, to retard.
ԿԱՍԿ malt, chestnut.
ԿԱՍԿԱԾ, ԿԱՍԿԱԾԱՆՔ suspicion, doubt, distrust, mistrust.
ԿԱՍԿԱԾԻԼ to suspect, to be doubtful, to doubt, to mistrust.
ԿԱՍԿԱԾԵԼԻ, ԿԱՍԿԱԾՈՏ suspicious, suspected, doubtful.
ԿԱՍԿԱՀԵՐ fair, light hair.
ԿԱՍԿԱՐԱՆ grate, gridirion, fire grate.
ԿԱՍԿԱՓՈՇԻ malt-dust.
ԿԱՍՏ pincers, nippers, pinchers.
ԿԱՏԱԿ jest, joke, play, sport.
ԿԱՏԱԿ ԸՆԵԼ to joke, to crack a joke, to jest.
ԿԱՏԱԿԱԲԱՆ droll, facetious, jocular, humorist.
ԿԱՏԱԿԱԲԱՆԵԼ to jest, to joke, to banter, to mock, to laugh.
ԿԱՏԱԿԱԲԱՆՈՒԹԻՒՆ facetiousness, joking, pleasantry.
ԿԱՏԱԿԱԽՕՍ facetious, jocular.
ԿԱՏԱԿԱՍԷՐ waggish, jocose, roguish, droll.
ԿԱՏԱԿԵԼ to jest, to jock, to make merry.
ԿԱՏԱԿԵՐԳԱԿ comedian, comic, actor.
ԿԱՏԱԿԵՐԳԱԿ ԴԵՐԱՍԱՆ comic actor.

ԿԱՏԱԿԵՐԳՈՒԹԻՒՆ comedy.
ԿԱՏԱՂԱԲԱՐ furiously, madly, desperately.
ԿԱՏԱՂԻ furious, mad, fierce, enraged, wild, violent.
ԿԱՏԱՂԻԼ to go mad, to be enraged.
ԿԱՏԱՂՈՒԹԻՒՆ fury, madness, rage, ferocity, frenzy, lyssa, hydrophobia.
ԿԱՏԱՐ summit, top, height, end, conclusion.
ԱՔԱՂԱՂԻ ԿԱՏԱՐ crest, cock's comb.
ԿԱՏԱՐԱԾ end, term, extremity, close, expiration.
ԿԱՏԱՐԱՒՈՐ crested.
ԿԱՏԱՐԵԱԼ perfect, finished, complete, entire, full.
ԿԱՏԱՐԵԱԼ ԺԱՄԱՆԱԿ perfect tense.
ԿԱՏԱՐԵԼ to finish, to accomplish, to ent, to fulfil, to do, to execute, to carry out, to effect.
ԿԱՏԱՐԵԼԱԳՈՐԾԵԼ to perfect, to improve, to finish.
ԿԱՏԱՐԵԼԱԳՈՐԾՈՒԹԻՒՆ perfection, improvement.
ԿԱՏԱՐԵԼԱՊԷՍ perfectly, entirely, completely.
ԿԱՏԱՐԵԼՈՒԹԻՒՆ perfection, perfectness.
ԿԱՏԱՐՈՒԻԼ to be ended, to be finished, to expire, to be over.
ԿԱՏԱՐՈՒՄ accomplishment, completion, term, execution, conclusion, end.
ԿԱՏՂԱԾ furious, mad, enraged, fierce.
ԿԱՏՂԵՑՆԵԼ to enrage, to madden, to fury, to provoke.
ԿԱՏՂԵՑՈՒՑԻՉ maddening, vexing, provoking.
ԿԱՏՂԻԼ to be mad, to be enraged, to go mad.
ԿԱՏՈՒ cat, puss, **ԱՐՈՒ** — tom-cat.
ԿԱՏՈՒԱՁՈՒԿ catfish, skate, ray.
ԿԱՏՈՒԱՆԱՒ cat boat.
ԿԱՏՈՒԻԿ puss, catkin.
ԿԱՐ sewing, seam, string, power, might, force.

ԿԱՐԱԳ butter.
ԿԱՐԱՊ swan, **ԿԱՐԱՊԻ ՁԱԳ** cygnet
ԿԱՐԱՊԵՏ fore-runner, precursor, guide.
ԿԱՐԱՍ large water jar, cask.
ԿԱՐԱՍԻ furniture, house hold goods
ԿԱՐԱՒԱՆ caravan.
ԿԱՐԱՒԱՆԱՊԵՏ caravanner.
ԿԱՐԳ ordre, rank, rule, class, range, row.
ԿԱՐԳԱԴԻՐ ordainer, orderer, organizer.
ԿԱՐԳԱԴՐԵԼ to put in order, to regulate, to dispose, to arrange.
ԿԱՐԳԱԴՐՈՒԹԻՒՆ disposition, regulation, settlement, adjustment.
ԿԱՐԳԱԴՐՈՒԻԼ to be set in order, to be arranged.
ԿԱՐԳԱԹԻՒ number of order.
ԿԱՐԳԱԹՈՂ apostate.
ԿԱՐԳԱԹՈՂ ԸԼԼԱԼ to renounce holy orders.
ԿԱՐԳԱՊԱՀ regular, orderly, punctual.
ԿԱՐԳԱՊԱՀԱԿԱՆ disciplinary.
ԿԱՐԳԱՊԱՀՈՒԹԻՒՆ discipline, regularity.
ԶԻՆՈՒՈՐԱԿԱՆ ԿԱՐԳԱՊԱՀՈՒԹԻՒՆ military discipline.
ԿԱՐԳԱՊԵՏ chief, founder of an order.
ԿԱՐԳԱՒ orderly, by turns, one after another.
ԿԱՐԳԱՒՈՐԵԼ to regulate, to set in order, to array, to arrange.
ԿԱՐԳԱՒՈՐՈՒԹԻՒՆ regularity, order, ordination, arrangement.
ԿԱՐԳԵԼ to arrange, to put in order, to assign, to dispose, to marry, to espouse.
ԿԱՐԳԵՐԷՑ dean, senior, oldest member.
ԿԱՐԳԸՆԿԷՑ degraded, unfrocked, apostate.
ԿԱՐԳՈՒԻԼ to be designated, to marry.
ԿԱՐԳՈՒՍԱՐՔ order.
ԿԱՐԳՈՒՐԱՑ apostate.

ԿԱՐԴԱԼ to read, to name, to call upon.
ԿԱՐԴԱՑՈՂ reader, lector.
ԿԱՐԴԱՑՈՒՄ reading, perusal lecture.
ԿԱՐԴԻՆԱԼ cardinal.
ԿԱՐԴԻՆԱԼՈՒԹԻՒՆ cardinalship.
ԿԱՐԵԼ to sew.
ԿԱՐԵԼԻ possible.
ԿԱՐԵԼԻՈՒԹԻՒՆ possibility.
ԿԱՐԵԿԻՐ, ԿԱՐԵԿԻՑ compassionate, merciful, pitying.
ԿԱՐԵԿՑԻԼ to pity, to compassionate, to sympathize with.
ԿԱՐԵԿՑՈՒԹԻՒՆ compassion, pity.
ԿԱՐԵՆԱԼ to be able, to have the power.
ԿԱՐԵՎԷՐ passionate, impassioned.
ԿԱՐԵՒՈՐ important, necessary, urgent, pressing, serious.
ԿԱՐԵՒՈՐ ԲԱՐԵԿԱՄ intimate friend.
ԿԱՐԵՒՈՐՈՒԹԻՒՆ necessity, importance, urgency, gravity.
ԿԱՐԹ fish-hook, fishing, line, crook.
ԿԱՐԹԱԹԵԼ gimp.
ԿԱՐԹԵԼ to fish with a hook, to entice.
ԿԱՐԹԸՆԿԷՑ angler, fisher with a hook.
ԿԱՐԺ hank, skein.
ԿԱՐԻ very, very much, most highly.
ԿԱՐԻԲԱ caribe.
ԿԱՐԻՃ scorpion.
ԿԱՐԻՔ necessaries, passion, affection, trouble.
ԿԱՐԾԵԼ to think, to suppose, to presume, to guess.
ԿԱՐԾԵՑԵԱԼ thought, supposed, believed, so called, so styled.
ԿԱՐԾԻՔ opinion, thought, mind, conjecture, supposition, presumption.
ԿԱՐԾՐ hard, tough, rough, stiff, firm.
ԿԱՐԾՐԱՆԱԼ to harden, to stiffen, to grow hard, to indurate.
ԿԱՐԾՐԱՑՆԵԼ to harden, to indurate.
ԿԱՐԾՐԱՑՈՒՄ induration.
ԿԱՐԾՐԱՑՈՒՄ hardness, toughness, stiffness, firmness.
ԿԱՐԿԱՀ loom.
ԿԱՐԿԱՄ bent, curved, contracted, stiff.
ԿԱՐԿԱՄԱՆՏ tetanus, lockjaw, contraction.
ԿԱՐԿԱՄԻԼ to bend, to bow, to contract, to shrink.
ԿԱՐԿԱՆԴԱԿ cake, pastry.
ԿԱՐԿԱՉԵԼ, ՏԵՍ ԿԱՐԿԱՋԵԼ:
ԿԱՐԿԱՋԱՆՔ bubbling, purling, murmur, noise.
ԿԱՐԿԱՋԵԼ to cackle, to prattle, to chatter.
ԿԱՐԿԱՋՈՒՆ babbling, warbling, croaking.
ԿԱՐԿԱՌ heap, pile.
ԿԱՐԿԱՌԵԼ to stretch forth, to tender, to offer.
ԿԱՐԿԱՌՈՒՆ remarkable, notable, striking.
ԿԱՐԿԱՏԵԼ to mend, to patch, to repair.
ԿԱՐԿԱՏՈՒՆ mended, repaired, made up.
ԿԱՐԿԱՐ spindle wort.
ԿԱՐԿԻՆ compasses.
ԿԱՐԿՈՒՏ hail, shower, hailstorm.
ԿԱՐՃ short, brief, concise, laconic.
ԿԱՐՃԱՄԻՏ short witted, silly, simple, stupid, ignorant.
ԿԱՐՃԱՄՏՈՒԹԻՒՆ pusillanimity, impatience.
ԿԱՐՃԱՏԵՍ short-sighted, myope.
ԿԱՐՃԱՏԵՍՈՒԹԻՒՆ short-sightedness.
ԿԱՐՃԵԼ ԿԱՐՃԵՑՆԵԼ to shorten, to abridge, to contract.
ԿԱՐՃԻԿ thick set, pigmy, dwarf.
ԿԱՐՃՈՒԹԻՒՆ shortness, briefness, conciseness.
ԿԱՐՄԵԼԱԿԱՆ Carmelite.
ԿԱՐՄԻՐ red, rubicund.
ԿԱՐՄՐԱԳՈՅՆ reddish, ruby, ruddy.
ԿԱՐՄՐԱԳՈՒՆԵԼ to redden.
ԿԱՐՄՐԱԼԱՆՋ red-breast, robin.

ԿԱՐՄՐԱՑՏ rosy-cheeked, ruddy.
ԿԱՐՄՐԱՆԵՐԿ red paint, dyed red.
ԿԱՐՄՐԱՑԱՒ millaria.
ԿԱՐՄՐԻԼ to grow red.
ԿԱՐՄՐԵՐԵՍ rosy-cheeked, red-faced.
ԿԱՐՄՐՈՒԹԻՒՆ redness, red colour.
ԿԱՐՄՐՈՒԿ juniper berry.
ԿԱՐՄՐՑՆԵԼ to redden, to make red, to toast.
ԿԱՐԾՆԵՂ nervous, sinewy, muscular.
ԿԱՐՈՂ able, capable, fit, mighty.
ԿԱՐՈՂԱԿԱՆ potential.
ԿԱՐՈՂԱՆԱԼ to be able, to have power.
ԿԱՐՈՂԱՊԷՍ powerfully, according to one's ability.
ԿԱՐՈՂՈՒԹԻՒՆ power, authority, might, force, strength, faculty, capacity, ability.
ԿԱՐՈՑ sewing machine.
ԿԱՐՈՍ celery, marsh-parsley.
ԿԱՐՕՏ needy, necessitous, in want of, indigent.
ԿԱՐՕՏԱԽՏ home-sickness.
ԿԱՐՕՏԵԱԼ poor, in want of needy, distitute.
ԿԱՐՕՏԻԼ to be in want of, to need, to want.
ԿԱՐՕՏՈՒԹԻՒՆ indigence, want, necessity, poverty.
ԿԱՑԱՐԱՆ abode, dwelling place.
ԿԱՑԻՆ axe, hatchet.
ԿԱՑՈՒԹԻՒՆ state, position, condition, circumstance.
ԿԱՅՈՒՆ stable, firm, durable.
ԿԱՒ clay, argil.
ԿԱՒԱՏ pimp, ruffian, go-between, bawd, pander.
ԿԱՒԱՏՈՒԹԻՒՆ pimping, pandering, bawdiness.
ԿԱՒԵՂԷՆ earthen ware.
ԿԱՒԻՃ chalk.
ԿԱՓԱՐԻՉ lid, cover, valve.
ԿԱՔԱՒ partridge, dance, ball.
ԿԱՔԱՒԵԼ to dance, to skip, to bound.
ԿԱՔԱՒԻՉ dancer.
ԿԵԱՆՔ life, existence, living, vitality.
ՀԱՆԴԵՐՁԵԱԼ ԿԵԱՆՔ the future life.
ԿԵԴՐՈՆ centre, middle.
ԿԵԴՐՈՆԱԳՈՒՆԴ centrosphere.
ԿԵԴՐՈՆԱՋԱՆՑ excentric.
ԿԵԴՐՈՆԱԽՈՅՍ centrifugal.
— ԶՕՐՈՒԹԻՒՆ centrifugal force.
ԿԵԴՐՈՆԱԿԱՆ central.
ԿԵԴՐՈՆԱՁԻԳ centripetal.
ԿԵԴՐՈՆԱՏԵՂԻ headquarters.
ԿԵԴՐՈՆԱՑՆԵԼ to concentrate, to centralize.
ԿԵԴՐՈՆԱՑՈՒՄ concentration, centralization.
ԿԵՂ ulcer.
ԿԵՂԵՒ bark, peel, ring, shell.
ԿԵՂԵՒԱՆՔ crust, scale, shell.
ԿԵՂԵՒԵԼ to peel, to decorticate, to pare, to scale.
ԿԵՂԵՔԵԼ to afflict, to vex, to molest, to oppress.
ԿԵՂԵՔԻՉ, ԿԵՂԵՔՈՂ vexatious, annoyer, vexer, knacker
ԿԵՂԵՔՈՒՄ violence, oppression, laceration, vexation.
ԿԵՂԾ false, artificial, forged, feigned, sham.
ԿԵՂԾ ՀԱՇԻՒ feigned account.
ԿԵՂԾԱՄ false hair, peruke, wig.
ԿԵՂԾԱՄԱՇԿՈՒԹԻՒՆ diphteria.
ԿԵՂԾԱՆՈՒՆ pseudonym.
ԿԵՂԾԱՒՈՐ double faced, hypocrite, dissembling.
ԿԵՂԾԱՒՈՐԱԲԱՐ hypocritically, dissemblingly.
ԿԵՂԾԱՒՈՐԱԿԱՆ hypocritical, fallacious, simulated, feigned.
ԿԵՂԾԱՒՈՐՈՒԹԻՒՆ hypocrisy, fiction, dissimulation.
ԿԵՂԾԵԼ to feign, to dissemble, to mask, to imitate.
ԿԵՂԾԻՔ feint, sham, fiction, double dealing.
ԿԵՂԾՄԱՇԿ diphteria.
ԿԵՂԾՈՂ artful, dissembler.
ԿԵՂԾՈՒԹԻՒՆ feigning, imitat-

ԿԵՂՏ spot, stain, blot, blemish.
ՄՈՐԹԻ ԿԵՂՏ dirt, filth.
ԿԵՂՏԱԼԻՑ full of spots or stains.
ԿԵՂՏԱՀԱՆ scourer.
ԿԵՆԱՋՐԱՒ mortal, deadly, killing.
ԿԵՆԱԼ to remain, to stay, to stop, to lie.
ԴԷՄ ԿԵՆԱԼ to resist, to oppose.
ԿԵՆԱԿՑԻԼ to live together, to cohabit.
ԿԵՆԱԿԻՑ comrade, partaker, companion, husband, wife.
ԿԵՆԱԿՑՈՒԹԻՒՆ cohabitation, living together, society, matrimony.
ԿԵՆԱՐԱՐ vivifying, strengthening, Redeemer.
ԿԵՆԴԱՆԱԲԱՆ zoologist.
ԿԵՆԴԱՆԱԲԱՆՈՒԹԻՒՆ zoology.
ԿԵՆԴԱՆԱԳԻՐ portrait, picture, likenees.
ԿԵՆԴԱՆԱԳՐԵԼ to portray, to depict, to figure, to paint.
ԿԵՆԴԱՆԱԳՐՈՒԹԻՒՆ zoography, painting, portrayal.
ԿԵՆԴԱՆԱԿԱԶՄՈՒԹԻՒՆ zootomy.
ԿԵՆԴԱՆԱԿԱՆ vital, animal, living.
ԿԵՆԴԱՆԱԿԱՆՈՒԹԻՒՆ vitality, animality.
ԿԵՆԴԱՆԱԿԵՐ animalivorous.
ԿԵՆԴԱՆԱԿԵՐՊ sign of the zodiac.
ԿԵՆԴԱՆԱՆԱԼ to revive, to live again, to be animated.
ԿԵՆԴԱՆԱՊԱՀ conserving life.
ԿԵՆԴԱՆԱՊԱՇՏ zoolater.
ԿԵՆԴԱՆԱՊԱՇՏՈՒԹԻՒՆ zoolatry.
ԿԵՆԴԱՆԱՍԷՐ zoophilist, fond of life, desirous of living.
ԿԵՆԴԱՆԱՏՈՒ life-giving, vivifying.
ԿԵՆԴԱՆԱՐԱՐ animator, vivifying.
ԿԵՆԴԱՆԱՑՆԵԼ to give life to, to vivify, to revive, to inspirit, to animate.
ԿԵՆԴԱՆԱՔԱՐ zoolite, zoolith.
ԿԵՆԴԱՆԻ animal, beast, alive, living, vived, spirited.
ԿԵՆԴԱՆԻՈՒԹԻՒՆ animalism.
ԿԵՆԴԱՆՈՒԹԻՒՆ life, vitality, vivacity, animation, life time, bloom.
ԿԵՆԴԻՆԱՐ quintal, hundred-weight.
ԿԵՆՍԱԲԱՆ biologist.
ԿԵՆՍԱԲԱՆՈՒԹԻՒՆ biology.
ԿԵՆՍԱԳԻՐ biographer.
ԿԵՆՍԱԳՐԱԿԱՆ biographical.
ԿԵՆՍԱԳՐՈՒԹԻՒՆ biography.
ԿԵՆՍԱԿԱՆ vital, essential, fundamental.
ԿԵՆՍԱՏՈՒ life-giving, vivifying.
ԿԵՆՑԱՂ life, conduct, behaviour, deportment, customs, manners.
ԿԵՆՑԱՂԱԳԻՏՈՒԹԻՒՆ use, usage, customs, politics, tact.
ԿԵՆՑԱՂԱԿԱՆ earthly, terrestrial, mundane.
ԿԵՆՑԱՂԱՍԷՐ mundane, worldling, fond of life.
ԿԵՆՑԱՂԱՎԱՐԵԼ to live, to subsist, to live in society.
ԿԵՆՑԱՂԱՎԱՐՈՒԹԻՒՆ life, way of living, conduct, manners.
ԿԵՆՑԱՂՕԳՈՒՏ of public utility, useful to human life.
ԿԵԹ hook, crook, crotchet.
ԿԵՌԱՍ cherry.
ԿԵՌԱՍԵՆԻ cherry-tree.
ԿԵՌՆԵԽ cowbird.
ԿԵՍԱՐ Caesar, Kaiser, emperor.
ԿԵՍՈՒՐ husband's mother.
ԿԵՍՐԱՅՐ husband's father.
ԿԵՐ food, nourishment, prey, bait, decoy.
ԿԵՐ ՆԵՏԵԼ to bait, to decoy.
ԿԵՐԱԿՈՒՐ meal, meat, aliment, food, repast.
ԿԵՐԱԿՐԱԿԻՑ table-companion.
ԿԵՐԱԿՐԵԼ to feed, to nourish, to nurse.
ԿԵՐԱԿՐՈՒԻԼ to be fed, nourished, to eat, to live.
ԿԵՐԲԱՋԷ gyrfalcon.
ԿԵՐԿԵՐ coot.
ԿԵՐՈՂ eating, eater.
ԿԵՐՈՆ big wax-taper, wax-light.
ԿԵՐՈՒԽՈՒՄ eating and drinking, feasting, good living.
ԿԵՐՊ form, shape, figure, fashion, appearance.

ԿԵՐՊԱԲԱՆՈՒԹԻՒՆ morphology.
ԿԵՐՊԱՌՈՒԹԻՒՆ formation, assuming a form.
ԿԵՐՊԱՍ stuff, cloth, sheet, goods, silk.
ԿԵՐՊԱՍԱԳՈՐԾ silk-weaver, silk manufacturer.
ԿԵՐՊԱՍԵՂԷՆ made of silk, silky, silken.
ԿԵՐՊԱՍԱՎԱՃԱՌ silk merchant, draper, clothier.
ԿԵՐՊԱՐԱՆ form, shape, figure, visage, aspect.
ԿԵՐՊԱՐԱՆԱՓՈԽԵԼ to transform, to disfigure, to metamorphose.
ԿԵՐՊԱՐԱՆԱՓՈԽՈՒԹԻՒՆ transformation, disguise, metamorphosis.
ԿԵՐՊԱՐԱՆԵԼ to give form to, to shape, to figure.
ԿԵՐՊԱՐԱՆՔ form, shape, figure, visage, aspect, look.
ԸՆԿՃՈՒԱԾ ԿԵՐՊԱՐԱՆՔ down cast look.
ԿԵՐՏ building, construction.
ԿԵՐՏԵԼ to make, to fabricate, to construct, to erect.
ԿԵՐՏՈՒԱԾ fabric, construction, edifice.
ԿԵՐՑԱՒ gangrene, canker.
ԿԵՐՑՆԵԼ to feed, to nourish, to give to eat.
ԿԵՑՆԵԼ to stop, to arrest, to set, to place.
ԵՏ ԿԵՑՆԵԼ to dissuade, to exhort against.
ԿԵՑՈՒԱԾՔ attitude, position, posture, gesture.
ԿԵՑՈՒԹԻՒՆ life, existence.
ԿԵՑՑԷ՛, ԿԵՑՑԵ՛Ս bravo! hurra!.
ԿԵՓԱՂ mullet, cephaelis.
ԿԶԱԿ chin, jaw.
ԿԵՆԴԱՆԵԱՑ ԿԶԱԿ snout, muzzle.
ԿԶԱՔԻՍ marten, polecat.
ԿԶԵՆԻ skin of sable.
ԿԶՈՒԹԻՒՆ hump, hunch, protuberance.
ԿԷՍ half, middle, semi.
ԿԷՍ ՃԱՄԲԱՆ half way.
ԿԷՍՕՐ midday, noon.
ԿԷՏ dot, period, full stop, instant
ԿԷՏԱԴՐԵԼ to dot, to punctuate.
ԿԷՏԱԴՐՈՒԹԻՒՆ punctuation.
ԿԷՏ ԱՌ ԿԷՏ exactly, in every point.
ԿԹԱՆ having milk, milch.
ԿԹԵԼ to milk, to gather.
ԿԹՈՂ milker.
ԿԹՈՏԻԼ to stagger, to grow weak, to totter.
ԿԹՈՑ basket, fruit basket.
ԿԻԶԱԿԱՆ burning, caustic.
ԿԻԶԱՆՈՒՏ liable to burn, combustible.
ԿԻԶԱՔԱՐ lunar-caustic, nitrate of silver.
ԿԻԶԵԼ to burn, inflame.
ԿԻԶԵԼԻ burning, scorching.
ԿԻԶԻՉ caustic, ardent, burning, scorching.
ԿԻԶՈՒՄ burning, combustion, ignition, causticity.
ԿԻԹԱՌ guitar.
ԿԻՃ marbles, sting of a bee.
ԿԻՆ woman, wife, better half.
ԿԻՆԱԲԱՐԻՍ cinnabar.
ԿԻՆՃ wild bour.
ԿԻՆՔ sole of the foot, tarsal bone.
ԿԻՍԱԲԱԺԻՆ brigade.
ԿԻՍԱԳՈՒՆԴ himisphere.
ԿԻՍԱԴԷՄՔ side face, profile.
ԿԻՍԱԼՈՒՍԻՆ half moon, semilune.
ԿԻՍԱԿԱՌՔ chariot.
ԿԻՍԱԿՈՐԾԱՆ half ruined.
ԿԻՍԱԿՏՈՒՐ cut in two, bisected.
ԿԻՍԱԿՕՇԻԿ half-boot.
ԿԻՍԱՁԱՅՆ semitone, mezzo voce.
ԿԻՍԱՄԱՇ partly worn up, second handed.
ԿԻՍԱՄԵՌ half dead.
ԿԻՍԱՄԵՐԿ partly naked.
ԿԻՍԱՄՍԵԱՅ semi-monthly.
ԿԻՍԱՆԴՐԻ bust.
ԿԻՍԱՏ cut in two, incomplete.
ԿԻՍԱՐՁԱՆ bust.
ԿԻՍԱՒԵՐ half-ruined.
ԿԻՍԱՓԱԿ half closed, half open.
ԿԻՍԵԼ to divide in two parts.

կիսկ young sheep.
կիսեփ partly cooked.
կիտադրութիւն punctuation.
կիտանիշ dotted, punctuated, point aimed at.
կիտորս whale man.
կիտուած enamel, dotted line, dotting.
կիտուածանկար enamel.
կիտրոն citron.
կիր lime, use, employ, function.
կիրակագիր domenical letter.
կիրակամուտ Sunday Eve.
կիրակի Sunday.
կիրանոց lime-kiln.
կիրառութիւն, կիրարկութիւն use, employment.
կիրարկել to employ, to use.
կիրթ well educated, trained, versed.
կիրճ narrow passage, defile, isthmus.
կիրք passion, emotion, animation, fondness, vice.
կից joined, connected, annexed, contiguous.
կից blow, kick.
կից զարնել to kick.
կլայեկ tin, pewter.
կլայեկել to tin, to plate, to quicksilver.
կլթիկ hiccough.
կլիմայ climate.
կլլել to swallow up, to devour, to absorb.
կլլոր pill.
կլկլուք gurgling.
կլոր round.
կլորնալ to become round.
կլորութիւն roundness.
կծել to prink, to sting, to bite, to pique.
կծիծ sharper, pickpocket, swindler.
կծիկ ball of thread, clew of thread.
կծիկը դնել to escape, to run away.
կծծի close-fisted, covetous; sordid, stingy.
կծծութիւն avarice, stinginess, sordidness.
կծկանք systole.
կծկել to coil up, to contract, to pucker, to wind.
կծկուիլ to be wound, to be shortened, to be contracted.
կծկութիւն, կծկում contraction, shortening, constriction.
կծմթել to nip, to pinch.
կծու sharp, sour, acid, tart.
կծուահամ rancid.
կծուութիւն sourness, acidity, pungency, acritude, bitterness.
կկոց shuttle.
կկու cuckoo, rainbird.
կղեր, կղերական clergy, churchman, ecclesiastic.
կղերանոց seminary.
կղզեակ islet, small isle.
կղզի island, isle.
կղկղանք excrement, evacuation, ordure.
կղմինտր tile, pantile.
կղպանք door-lock, padlock.
կղպել to lock.
կճամեփ stucco.
կճել to prick, to sting, to bite, to provoke.
կճեպ shell.
կճղակ hoof, sabot.
կմախք skeleton.
կմկմալ to lisp, to hesitate, to falter, to stammer.
կնաբուժութիւն gyniatrics.
կնահաճոյ gallant, attentive to ladies.
կնամարդի womanish, effeminate.
կնամոլ gallant, libertine, inconstant lover.
կնգուղ cowl, hood.
կնդրիտ benzine.
կնդրուկ frankincense, olibanum.
կնիւն sedge, rush.
կնիք seal, stamp, mark, sign.
կնճիթ muzzle, snout, trunk.
կնճիռ knot, tie, punker, difficulty, hinderance.

ԿՆՃՌԱԳՌՈՒԶ kinky.
ԿՆՃՌՈՏ complicated, intricate, knotty.
ԿՆՃՌՈՏԵԼ to complicate. to wrinkle, to confuse, to pucker up.
ԿՆՃՌՈՏԻԼ to become entangled, complicated, to wrinkle.
ԿՆՃՌՈՏՈՒԹԻՒՆ complication; intricacy.
ԿՆՈՋԱԲԱՆՈՒԹԻՒՆ gynecology.
ԿՆՈՋԱԿԱՆ feminine, womanish, womanly.
ԿՆՈՋԱՍԷՐ ՏԵՍ ԿՆԱՄՈԼ.
ԿՆՈՒՆՔ baptism, unction, anointing.
ԿՆՏԱԿ bald, bald headed.
ԿՆՏՈՒԹԻՒՆ baldness, depilation.
ԿՆՔԱՀԱՅՐ god-father, sponsor.
ԿՆՔԱՄԱՅՐ god-mother.
ԿՆՔԱՄՈՄ wax, sealing-wax.
ԿՆՔԱՆՇԱՆ mark. stamp, blazon.
ԿՆՔԱՊԱՀ keeper of the seals, the Lord Keeper.
ԿՆՔԵԼ to seal. to mark, to baptize, to stamp.
ԿՆՔՈՑ punch. stamp, imprint, signet-ring.
ԿՆՔՈՒՄ sealing.
ԿՆՔՈՒԻԼ to he sealed, concluded, baptized.
ԿՇԻՌ balance, scales, weight, poise. proportion.
ԶՈՒՏ ԿՇԻՌ net weight.
ԿՇՌԱԴԱՏԵԼ to reflect upon. to ponder, to estimate.
ԿՇՌԱԴԱՏՈՒԹԻՒՆ appreciation, estimation, conjecture, prudence, good sense.
ԿՇՌԵԼ to measure, to weigh, to calculate, to ponder, to compare.
ԿՇՌՈՒԱԾ weighed, weighing.
ԿՇՏԱՄԲԱՆՔ reproach, reprimand, rebuke, scolding, reproof.
ԿՇՏԱՄԲԵԼ to reproach, to reprimand, to admonish, to scold, to rebuke.
ԿՇՏԱՆԱԼ to be satiated, surfeited, to be satisfied.
ԿՇՏԱՊԻՆԴ satiated, glutted, surfeited.
ԿՇՏԱՑԱՒ stitch in the side, pleurisy.
ԿՇՏԱՑՆԵԼ to satisfy, tɸ satiate, to glut.
ԿՇՏԱՑՆՈՂ satiating, satisfying, cloying.
ԿՈԹ handle, stalk, stem.
ԿՈԹԱՅ snake cucumber.
ԿՈԹՈՂ obelisk, monument, land mark.
ԿՈԹՈՒՆ petiole. placenta.
ԿՈԼՈՇԱՏ chocolate.
ԿՈԽԱՐԱՆ press, wine press.
ԿՈԽԵԼ to trample on, to press, to crush, to rack, to tread underfoot.
ԿՈԽՈՒԻԼ to be trampled on, to be crushed, to be pressed.
ԿՈԾ lamentation, bewailing
ԿՈԾԱՆՔ fluctuation, tempest, agitation.
ԿՈԾԵԼ to deplore, te bewail, to lament, to slap.
ԿՈԾԻԾ wart, verruca, excrescence.
ԿՈԿ smoot, glossy, polished.
ԿՈԿԵԼ to smooth, to polish. to gloss, to arrange.
ԿՈԿԻԿ clean. neat, tidy.
ԿՈԿԻԿՈՒԹԻՒՆ tidiness. neatness, cleanliness.
ԿՈԿՈԶ proud, arrogant, bombastic.
ԿՈԿՈԶԱԲԱՆ boastful, bragger.
ԿՈԿՈՆ bud, flower-bud.
ԿՈԿՈՎ testicle.
ԿՈԿՈՐԴ throat, pharynx.
ԿՈԿՈՐԴԱԽՕՍ speaking gutturally.
ԿՈԿՈՐԴԱՏԱՊ quinsy, angina.
ԿՈԿՈՐԴԻԼՈՍ crocodile.
ԿՈՀԱԿ billow, wave, swell, surge.
ԿՈՀԱԿԱԿՈԾ tempest-tossed.
ԿՈՂ side, flank, rib.
ԿՈՂԱԿԻՑ consort, wife.
ԿՈՂԱՑԱՒ pleurisy, costalgia
ԿՈՂԻԿ cutlet, chop.
ԿՈՂԻՆՁ crust, bread-crust.
ԿՈՂԿՈՂԱԳԻՆ groaning, wailing, moaning.

ԿՈՂԿՈՂԱՆՔ lamentation, tears, complaint.
ԿՈՂԿՈՂԻԼ to groan, to moan, to wail, to lament.
ԿՈՂՄ flank, side, way, part, region.
ԿՈՂՄՆԱԿԻՑ partisan.
ԿՈՂՄՆԱԿԱԼ partian, prefect.
ԿՈՂՄՆԱԿԱԼՈՒԹԻՒՆ partiality, prefecture.
ԿՈՂՄՆԱԿԱՆ lateral, parietal, collateral.
ԿՈՂՄՆԱԿԻ oblique, transverse, sidelong.
ԿՈՂՄՆԱԿԻՑ partisan.
ԿՈՂՄՆԱԿԻՑ ԸԼԼԱԼ to be in for it. to favour, to support.
ԿՈՂՄՆԱԿՑՈՒԹԻՒՆ party, partiality.
ԿՈՂՄՆԱՑՈՅՑ compass.
ԿՈՂՄՆԱՓԱԿ enclosed, encircled, limited.
ԿՈՂՈՊՈՒՏ, **ԿՈՂՈՊՏԱՆՔ** plunder, booty, pillage, sack, robbery.
ԿՈՂՈՊՏԵԼ to strip, to plunder, to sack, to ravage, to rob, to pillage.
ԿՈՂՈՊՏԻՉ spoiler, pillager, robber, plunderer.
ԿՈՂՈՊՏՈՒԻԼ to be robbed, despoiled.
ԿՈՂՈՊՏՈՒՄ despoiling, spoliation.
ԿՈՂՈՎ basket, pannier.
ԿՈՂՈՎԱԳՈՐԾ basket maker.
ԿՈՂՈՎԱԿ work basket.
ԿՈՂՔ cover of book.
ԿՈՃ block, knuckle bone.
ԿՈՃԱԿ button, hook.
ԿՈՃԱՆՔ corn, callosity, porker.
ԿՈՃԱՊՂՊԵՂ ginger.
ԿՈՃԱՏ odd, uneven, azygos veins.
ԿՈՃԿԵԼ to button, to clasp, to hook.
ԿՈՃՂ trunk, block, log.
ԿՈՄՍ count, earl.
ԿՈՄՍՈՒԹԻՒՆ county, earldom.
ԿՈՄՍՈՒՀԻ countess.
ԿՈՅԱՆՈՑ drain, cess-pool.
ԿՈՅԾ diarrhoea, flux.
ԿՈՅՍ (**ԿՈՂՄ**) side, party.
ԿՈՅՍ maiden, virgin.
ԿՈՅՏ heap, pile, mass.
ԿՈՅՐ blind, sightless, eyeless.
ԿՈՅՐՉԿՈՒՐԱՅՆ blindly.
ԿՈՆ cone, fir-apple.
ԿՈՆԱՁԵՒ conic, conical.
ԿՈՆԴԱԿ pastoral-letter, decree, papal bull.
ԿՈՆՔ basin, bowl.
ԿՈՇՏ corns, callus, callosity, wart.
ԿՈՇՏ coarse, hard, rude, rough, unpolite.
ԿՈՇՏԱԲԱՐ coarsely, rudely, unpolitely.
ԿՈՇՏԱՀԱՆ corn-cutter.
ԿՈՇՏՈՒԹԻՒՆ grossness, coarness, rudeness.
ԿՈՇՐԱՑԵԼ to arrange, to form, to figure.
ԿՈՉ call, calling, appeal, citation.
ԿՈՉԱԿԱՆ vocative.
ԿՈՉԵԼ to call, to invite, to name, to appeal.
ՎԿԱՅՈՒԹԵԱՆ ԿՈՉԵԼ to quote, to cite.
ԿՈՉԵՑԵԱԼ called, named, invited.
ԿՈՉԻՒՆ call, appeal, summons.
ԿՈՉՆԱԳԻՐ summons, roll-call.
ԿՈՉՆԱԿ rattle, clapper.
ԿՈՉՆԱԿԱՆ one invited, guest, table-companion.
ԿՈՉՈՒԻԼ to be called, named, to appeal.
ԿՈՉՈՒՄ call, calling, appeal, nomination, citation.
ՅԵՏՍ ԿՈՉՈՒՄ recalling, retraction.
ԿՈՉՈՒՆՔ feast, banquet, entertainment.
ԿՈՉՈՒՆՔԱՃԱՌ symposium.
ԿՈՊԱՐ confines, boundaries, limits
ԿՈՊԱՑԱՒ blepharitis.
ԿՈՊԻՏ rude, ill-bred, coarse, uncivil.
ԿՈՊՂ lock.
ԿՈՊՏԱԲԱՐ bluntly, roughly, unmannerly.
ԿՈՊՏՈՒԹԻՒՆ coarseness, rudeness, brutality.

ԿՈԹՈՓ cow-dung.
ԿՈՎ cow.
ԿՈՎԱՐԱԾ cow-herd, cowboy.
ԿՈՏԵՄ cress, garden cress.
ԿՈՏՈՃ horn, cupping glass.
ԿՈՏՈՐ fragment, morsel, slice, piece, part.
ԿՈՏՈՐԱԾ carnage, massacre, slaughter, butchery, defeat, overthrow, loss.
ԿՈՏՈՐԱԿ small bit, piece, slice, fraction.
ԿՈՏՈՐԱԿԱՅԻՆ fractional.
ԿՈՏՐԱԾ broken, cracked, break, crack, fracture.
ԿՈՏՐԵԼ to break, to smash, to cut down, to destroy.
ԿՈՏՐԻԼ to break, to be broken.
ԿՈՏՐՏԵԼ to break into pieces, to shatter.
ԿՈՏՐՏՈՒՈՂ affected, lackadaisical.
ԿՈՏՐՏՈՒՈՒՔ lackadaisical manners.
ԿՈՐ curve, curved, bent, crooked, curvated.
ԿՈՐԱԳԼՈՒԽ ashamed, confused, depressed.
ԿՈՐԱՆԱԼ to be bent, crooked, to stoop, to warp.
ԿՈՐԱՉԱՓ cyrtometer.
ԿՈՐԱՑՈՒՄ bending, curving, curvature.
ԿՈՐԱՑՆԵԼ to bend, to crook, to fold, to incline, to camber, to vault.
ԿՈՐԱՔԱՄԱԿ hump-backed, humpy, gibbous.
ԿՈՐԱՔԱՐ campylite.
ԿՈՐԵԿ millet, small millet.
ԿՈՐԶԱՆ draw-plate, screw-plate.
ԿՈՐԶԵԼ to snatch, to take away, to pull, to pluck off.
ԿՈՐԶՈՒՄ evulsion, divulsion, scramble.
ԿՈՐԻ young girl, proserpina.
ԿՈՐԻԶ kernel. stone, seed, nucleus.
ԿՈՐԻՒՆ cub, whelp.
ԿՈՐԽՈՐ jute plant.
ԿՈՐԾԱՆԵԼ to overturn, to overthrow, to destroy, to ruin, to demolish.
ԿՈՐԾԱՆԻԼ to fall down, to be ruined, to be destroyed.
ԿՈՐԾԱՆԻՉ falling to ruin, ruinous, subversive.
ԿՈՐԾԱՆՈՒՄ ruin, overthrow, devastation, destruction.
ԿՈՐԿ ordure, dung mud, dirt.
ԿՈՐԿՈՏ cracked wheat, wealth, money.
ԿՈՐՃ griffin, quaver, corchea.
ԿՈՐՆԹԱՐԴ convex.
ԿՈՐՆՉԵԼԻ perishable, loseable, evanescent.
ԿՈՐՈՎ vigour, strength, force, energy.
ԿՈՐՈՎԱՄԻՏ ingenious, acute, sagacious, keen-witted.
ԿՈՐՈՎԱՄՏՈՒԹԻՒՆ sacacity, wit, acuteness, ability.
ԿՈՐՈՎԻ robust, vigorous, hardy, valiant, witty.
ԿՈՐՈՎԻՈՆ coral.
ԿՈՐՈՎՈՒԹԻՒՆ vigour, force, strength, vehemence, skill, address.
ԿՈՐՈՒԹԻՒՆ curvature, curvity, cambering, flexion.
ԿՈՐՈՒՆՉ aquiline-nosed, hook-nosed.
ԿՈՐՍՆՑՆԵԼ to lose, to miss, to mislead, to destroy.
ՃԱՄԲԱՆ ԿՈՐՍՆՑՆԵԼ to stray.
ԿՈՐՈՒՍՏ loss, waste, damage, ruin, misfortune, perdition.
ԿՈՐՍՈՒԻԼ to perish, to be lost.
ԿՈՐՍՏԱԲԵՐ fatal, deadly, disastrous.
ԿՈՒԶ marten sable, crook-backed, hump-backed.
ԿՈՒԹՔ vintage, harvest, crop.
ԿՈՒԺ pitcher, jar, jug.
ԿՈՒՂԲ beaver, castor.
ԿՈՒՃ marble, alabaster.
ԿՈՒՆՏ hub, nave of a wheel, bald, haidless.
ԿՈՒՇՏ side, flank, belly.

ԿՈՒՊՐ tar, bitumen, asphalt.
ԿՈՒՌ condensing, compact, firm, solid, hard.
ԿՈՒՌԱԳ raven.
ԿՈՒՌՔ idol, object of worship, image.
ԿՈՒՍԱԿԱԼ governor, ruler.
ԿՈՒՍԱԿԱՆ maiden, virginal.
ԿՈՒՍԱԿԻՑ partisan, follower, adherent.
ԿՈՒՍԱԿՐՕՆ bachelor, singleman, unmarried man.
ԿՈՒՍԱԿՑՈՒԹԻՒՆ party, side, favour.
ԿՈՒՍԱՆ virgin, maid, maiden, nun.
ԿՈՒՍԱՆԱԿ virgo.
ԿՈՒՍԱՆԱՑ nunnery, convent.
ԿՈՒՍՈՒԹԻՒՆ virginity, maidenhood, pucelage.
ԿՈՒՏ money, wealth, grain, seed.
ԿՈՒՏԱԿ mass, heap, pile, accumulation.
ԿՈՒՏԱԿԱԴԷՋ accumulated, heaped, packed together.
ԿՈՒՏԱԿԵԼ to heap up, to accumulate, to pile, to amass.
ԿՈՒՏԱԿԻՉ accumulator, storage cell.
ԿՈՒՏԱԿՈՒՄ heap, pile, accumulotion.
ԿՈՒՏԵԼ to heap, to hoard, to amass, to pile.
ԿՈՒՐ bark, boat, barge.
ԿՈՒՐԱԲԱՐ rashly, blindly.
ԿՈՒՐԱՄԻՏ blind-minded.
ԿՈՒՐԱՆԱԼ to be blinded, to become sightless.
ԿՈՒՐԾՔ breast, bosom, chest.
ԿՈՒՐՈՒԹԻՒՆ blindness, sightlessness, cecity.
ԿՈՒՐՏ castrated, eunuch, gelded.
ԿՈՒՐՑՆԵԼ to blind, to strike blind.
ԿՈՒՐՕՐԷՆ blindly
ԿՈՓ eyelid.
ԿՈՓԵԼ to cut, to carve, to hew.
ԿՈՓԻՒՆ crash, din, noise, clash, rattle.
ԿՊՉԻԼ to stick, to attach, to apply closely to.
ԿՊՉՈՒՆ sticky, glutinous, viscous.
ԿՊՉՈՒԿ catch-weed.
ԿՊՐԱԲԵՐ bituminiferous.
ԿՊՐԱՉԻՒԹ cement of tar, pissasphalte.
ԿՊՑՆԵԼ to glue, to paste, to attach, to join.
ԿՌԱԽԵՑԻ limpet.
ԿՌ[illegible]Ե plate, sheet, lamina.
ԿՌԱՀԵԼ to guess at, to conjecture.
ԿՌԱՆ hammer, chisel, pick.
ԿՌԱՆԱԳՈՐԾ smith, hammerer.
ԿՌԱՆԱՀԱՐ hammering, smith.
ԿՌԱՆԱՀԱՐԵԼ to hammar, to beat with a hammer.
ԿՌԱՊԱՇՏ idolator, heathen.
ԿՌԱՊԱՇՏՈՒԹԻՒՆ idolatry, paganism, heathenism.
ԿՌԱՏՈՒԿ burdock.
ԿՌԱՏՈՒՆ pagoda, a sacred temple.
ԿՌԵԼ to carve, to hammer, to forge, to hew, to cut out.
ԿՌԹՆԻԼ to lean, to depend up, to lie.
ԿՌԻՆՉ creak, purring.
ԿՌԻՒ quarrel, contest, dispute, combat, fight, battle.
ԿՌԿՌԱԼ to gabble.
ԿՌՃԻԿ cartilage, gristle.
ԿՌՆԱԿ back.
ԿՌՆԱԿԻ ՑԱՒ backache.
ԿՌՆՉԵԼ to crack, to creak, to shriek, to scream.
ԿՌՆՉԻՒՆ squeak
ԿՌՈՒԱՆ hold, handle, footing.
ԿՌՈՒԱՍԷՐ quarrelsome, shrewish, wrangler, brawler, disputer.
ԿՌՈՒԱՐԱՐ quarrelsome, shrewish, wrangler, blawler, pugnacious, fractious.
ԿՌՈՒԻԼ to fight, to combat, to wrangle, to strive, to quarrel, to fractious.
ԿՌՈՒՆՉ catch-weed, goose grass.
ԿՌՈՒՆԿ crane (bird).
ԿՌՈՒՈՂ combatant, fighter, quarreler.
ԿՌՈՒՓ fist, punch, fisticuff, box.
ԿՌՈՒՓ ՏԱԼ to box.

ԿՌՓԱՀԱՐՈՒԹԻՒՆ fist, box, punch,
ԿՌՓԱՄԱՐՏ boxer, pugilist, boxing match, boxing.
ԿՌՓԱՄԱՐՏԻԼ to box, to fight with fisticuffs.
ԿՌՓԱՄԱՐՏԻԿ boxer, pugilist.
ԿՌՓԱՆՔ oppression, punch. ill treatment, outrage
ԿՍԿԻԾ anguish, affliction, grief, pain, trouble.
ԿՍԿԾԱԳԻՆ poignant, heart-rending, painful, grievous.
ԿՍԿԾԱԼ to grieve, to distress, to ache.
ԿՍԿԾԱԼԻ painful, grievous, afflicting
ԿՍԿԾԱՆՔ grief, trouble, regret, affliction, sadness.
ԿՍԿԾԵՑՆԵԼ to cause pain, to scoff, to lacerate, to smart, to pect at, to prick.
ԿՍԿԾԵՑՈՒՑԻՉ poignant, piercing, severe, heart-rending, grievous, affecting.
ԿՍԿԾՈՏ afflicted, grievous, painful, sorrowful.
ԿՍԿՈՒԾ cracknel, crisp.
ԿՍՄԹԵԼ to pinch with fingers, to compress.
ԿՍՄԻԹ pinching, pinch.
ԿՏԱԾ tattoo.
ԿՏԱԿ will, testament, legacy.
ԿՏԱԿԱԳՐԵԼ to make a testament.
ԿՏԱԿԱԳԻՐ testator, legator.
ԿՏԱԿԱՅԻՆ testamentary.
ԿՏԱԿԱԿԱՏԱՐ executor (of a will).
ԿՏԱԿԱՌՈՒ legatee, heir under a will.
ԿՏԱԿԱՐԱՆ testament.
ՆՈՐ ԿՏԱԿԱՐԱՆ The New Testament.
ԿՏԱԿԱՐԱՐ testator, legator.
ԿՏԱԿԱՒՈՐ testate.
ԿՏԱԿԵԼ to make a testament, to bequeath.
ԿՏԱՒ linen cloth, cotton cloth, flax.
ԿՏԱՒԱԳՈՐԾ clothier, weaver, linen-draper.
ԿՏԱՒԱՀԱՏ linseed.
ԿՏԱՒԱՎԱՃԱՌ linen-draper, dealer in linen manufactures.
ԿՏԱՒԱՏ linseed.
ԿՏԱՒԵՂԷՆ linen drapery, all sorts of cotton (cloth).
ԿՏԵԼ to tattoo, to prink down.
ԿՏԻԿ tickling.
ԿՏՈՐ piece, bit, morsel, fragment, portion.
ԿՏՈՐԻԿ small piece, little bit.
ԿՏՈՐՈՒԱՆՔ remains, waste, broken pieces.
ԿՏՈՒՑ beak, bill, shoe-top.
ԿՏՐԱԾ carving, cutting, cut, notch.
ԿՏՐԱՏԵԼ to cut into pieces, to cut up.
ԿՏՐԱՏՈՒՄ cutting out, carving out.
ԿՏՐԵԼ to cut, to shorten, to mutilate, to slay.
ԿՏՐԻՃ brave, valiant, gallant.
ԿՏՐԻՉ shearer, paring-knife, clipper.
ԿՏՐՈՂ cutter, shearer.
ԿՏՐՈՑ knife, scissors.
ԿՏՐՈՑԵԼ to weed, to extirpate, to suppress.
ԿՏՐՈՒԱԾ cut, cutting, slit.
ԿՏՐՈՒԿ short, concise, sharp, decisive.
ԿՏՐՈՒՂԻ cut off.
ԿՏՐՕՆ portion, coupon, divident-warrant
ԿՏՑԵԼ to peck.
ԿՐԱԾԻՆ calcium.
ԿՐԱԿ fire, flames, heat.
ԿՐԱԿ ՏԱԼ to set on fire.
ԿՐԱԿԱԿԱԼ brazier, censer.
ԿՐԱԿԱՊԱՇՏ fire-worshipper.
ԿՐԱԿԱՊԱՇՏՈՒԹԻՒՆ fire-worship.
ԿՐԱԿԱՏՈՒՆ fire-temple.
ԿՐԱԿԱՐԱՆ fire-grate, fire place.
ԿՐԱԿՈՏ fiery, ardent, animated.
ԿՐԱԿՈՒԲՈՑ alive, living, fiery, animated.
ԿՐԱՀՈՂ limy, lime stone, calcific clay.
ԿՐԱՂԻՒՍ cement.
ԿՐԱՅԻՆ calcific, limy, calcareous.

ԿՐԱՋՈՒՐ lime-water.
ԿՐԱՑՈՒՄ liming
ԿՐԱՑՆԵԼ to calcify.
ԿՐԱՒՈՐԱԿԱՆ passive.
ԿՐԱՓՈՒԹ lime-kiln.
ԿՐԱՔԱՐ, lime-stone.. calcite.
ԿՐԵԼ to carry, to bear, to convey, to transport, to endure, to suffer.
ԿՐԹԱԿԱՆ educational.
ԿՐԹԵԼ to instruct, to educate, to train up, to form.
ԿՐԹՈՒԻԼ to instruct one's self, to improve, to be formed, to become civilised.
ԿՐԹՈՒԹԻՒՆ education, instruction, exercise, training
ԿՐԻԱՅ tortoise, turtle.
ԿՐԾԵԼ to gnaw, to nibble, to corrode, to consume.
ԿՐԾՈՍԿՐ breast-bone.
ԿՐԾՈՒՄ gnawing.
ԿՐԿԷՍ circus, race-ground
ԿՐԿԻՆ again, anew, double.
ԿՐԿՆԱԲԱՆԵԼ to repeat, to say again.
ԿՐԿՆԱԲԱՆՈՒԹԻՒՆ tiresome repetition, tautology, rigmarole.
ԿՐԿՆԱԳԻԾ biagram.
ԿՐԿՆԱԿ binary, geminate, double, reiterated.
ԿՐԿՆԱԿԷՏ colon, two points.
ԿՐԿՆԱԿԻ double, doubly, second time.
ԿՐԿՆԱՄՈՒՍՆՈՒԹԻՒՆ bigamy.
ԿՐԿՆԱՅԱՐԿ two storied.
ԿՐԿՆԱՊԱՏԻԿ two fold, double, doubly.
ԿՐԿՆԱՊԱՏԿԵԼ to double, to duplicate
ԿՐԿՆԱՊԱՏԿՈՒԹԻՒՆ doubling, duplication.
ԿՐԿՆԵԼ to double, to repeat, to reiterate.
ՀԱՄԱՌՕՏԱԿԻ ԿՐԿՆԵԼ to resume.
ԿՐԿՆԵՐԵՒՈՅԹ mirage, looming
ԿՐԿՆՈՒԻԼ to double, to be repeated.
ԿՐԿՆՈՒՄ retaking, repetition, redoubling.
ԿՐԿՆՈՑ cloak, mantle, pilot-coat.
ԿՐԿՆՈՒԱԾ fold, plait, winding, wrinkle.
ԿՐԿՆՈՒԹԻՒՆ repetition, reiteration, increase.
ԿՐԿՈՒՆԿ heel bone.
ԿՐՃԱՏ docked, cropped, shortened, mutilated.
ԿՐՃԱՏԵԼ to shorten, to castrate, to cut off, to crop, to mutilate.
ԿՐՃԱՏՈՒԹԻՒՆ circumcision, mutilation, maiming, amputation.
ԿՐՃԱՏՈՒՄ elision, apheresis, omission, abridgement, orcholomy.
ԿՐՃԵԼ to gnash the teeth, to grind, to snap.
ԿՐՃՈՒՄ gnashing, grinding, grating.
ԿՐՃՏԵԼ to gnash the teeth, threaten.
ԿՐՈՂ bearer, porter, holder.
ԿՐՈՒԻԼ to be carried, to remove.
ԿՐՈՒՆԿ heel.
ԿՐՊԱԿ shop, workshop.
ԿՐՏԵԼ to castrate.
ԿՐՏՍԵՐ minor, junior, underage
ԿՐՏՍԵՐԱԳՈՅՆ youngest.
ԿՐՏՍԵՐՈՒԹԻՒՆ minority, inferiority.
ԿՐՔՈՏ passionate, choleric.
ԿՐՕՆԱԳԻՏՈՒԹԻՒՆ catechism, religious teaching.
ԿՐՕՆԱԿԱՆ relegious, dogmatic
ԿՐՕՆԱԿԻՑ co-religionist.
ԿՐՕՆԱՄՈԼ fanatic, religionist
ԿՐՕՆԱՄՈԼՈՒԹԻՒՆ fanaticism
ԿՐՕՆԱՍԷՐ religious, spiritual, pious, devout..
ԿՐՕՆԱՍԻՐՈՒԹԻՒՆ religiousness, devotion, religionism.
ԿՐՕՆԱՒՈՐ religious, monk, friar. ՈՒԽՏԵԱԼ ԿՐՕՆԱՒՈՐ professed monk.
ԿՐՕՆԱՒՈՐՈՒՀԻ nun.
ԿՐՕՆԱՔՆՆՈՒԹԻՒՆ inquisition, act of faith.
ԿՐՕՆՔ religion, faith, piety, sect.
ԿՐՈՐ tadpole.
ԿՑԱԿ sea-biscuit, pancake, account.
ԿՑԱՆ junction, basting (needle work), annex.

ԿՑԵԼ to join, to attach, to unite, to stitch, to tie.

ԿՑԵՐԳՈՒԹԻՒՆ syncopation.

ԿՑՈՒԻԼ to be united, to be attached.

ԿՑԿՏՈՒՐ unconnected, patched up, feigned.

ԿՑՄՑՈՒԿ seal-wort.

ԿՑՈՐԴ associate, participating, attaché, consort.

ԶԻՆՈՒՈՐԱԿԱՆ ԿՑՈՐԴ military attache.

ԿՑՈՐԴԵԼ to attach, to conjoin, to unite, to join.

ԿՑՈՐԴՈՒԹԻՒՆ connection, conjunction, union, affinity, coherence.

ԿՑՈՒԱԾ joint, articulation, insertion, fitting.

ԿՑՈՒՄ junction, joining, binding, uniting.

ԿՑՈՒՐԴ antiphon, anthem.

ԿՔԵԼ to bend, to curve, to bow, to cause to sink.

ԿՔԻԼ to be bent, to sink, to give away, to bow.

ԿՔՈՒՄ depression, collapse, falling in.

ԿՕՇԻԿ boots, shoes.

ԿՕՇԿԱԳՈՐԾ, ԿՕՇԿԱԿԱՐ shoe-maker, boot-maker.

ԿՕՇԿԱՁԻԳ boot-jack, shoe horn.

ԿՈՏՈՇ horn.

Հ

ՀԱԳԱԳ aspiration, glottis, gullet, larynx, fauces.

ՀԱԳՆԵՐԳՈՒ rhapsodist.

ՀԱԳՆԵՐԳՈՒԹԻՒՆ rhapsody, canto, chapter.

ՀԱԳՆՈՒԻԼ to put on, to dress, one's self.

ՀԱԳՆՈՒԵՑՆԵԼ to dress, to clothe, to vest, to array.

ՀԱԳՈՒՍՏ dress, garment, vestment, clothes.

ՀԱԳՈՒՍՏԵՂԷՆ clothing, dress.

ՀԱԶ cough, coughing.

ԿԱՊՈՅՏ ՀԱԶ whooping-cough.

ՀԱԶԱԼ to cough.

ՀԱԶԱՐ thousand.

ՀԱԶԱՐԱՄԵԱԿ millenary, millennium.

ՀԱԶԱՐԱՊԱՏԻԿ a thousand-fold.

ՀԱԶԱՐԱՊԵՏ major.

ՓՈԽ ՀԱԶԱՐԱՊԵՏ acting major.

ՀԱԶԱՐԱՒՈՐ millenary (number).

ՀԱԶԱՐԵԱԿ thousandth year.

ՀԱԶԱՐԵՐՈՐԴ thousandth.

ՀԱԶԱՑՈՂ cougher.

ՀԱԶԻՒ hardly, scarcely, barely.

ՀԱԶՈՒԱԴԻՒՏ rare, uncommon, scarce.

ՀԱԼԱԾԱԿԱՆ persecuted, expelled.

ՀԱԼԱԾԱՆՔ persecution, annoyance, trouble.

ՀԱԼԱԾԵԼ to persecute, to chase, to pursue.

ՀԱԼԱԾԻՉ persecutor, pursuit plane.

ՀԱԼԱԾՈՅ melted, smelted.

ՀԱԼԱԾՈՒՄ persecution, pursuit, expulsion.

ՀԱԼԱԾՈՒԻԼ to be persecuted.

ՀԱԼԱՐԱՆ foundry, smelting house.
ՀԱԼԵԼԻ fusible.
ՀԱԼԵՑՆԵԼ to melt, to smelt, to dissolve, to cast.
ՀԱԼԵՒՈՐ venerable, aged, veteran.
ՀԱԼԻԼ to liquefy, to melt, to dissolve, to digest.
ՀԱԼԻՓԵՆԻ felwort tree.
ՀԱԼՈՑ crusset, melting pot, coppel.
ՀԱԼՈՒԷ aloes.
ՀԱԼՈՒՄ melting, fusion, liquefaction, dissolution.
ՀԱԿ contrary, opposed, bale, package.
ՀԱԿԱԲԱՆ contractor, adversary.
ՀԱԿԱԲԱՆՈՒԹԻՒՆ contradiction, antiphrasis.
ՀԱԿԱԴԱՐՁ reverse, contrary, inverse.
ՀԱԿԱԴԻՐ antithet, opposite, contrary.
ՀԱԿԱԴՐԵԼ to set against, to oppose.
ՀԱԿԱԴՐՈՂ opponent, adversary.
ՀԱԿԱԴՐՈՒԹԻՒՆ antithesis, contrast, opposition.
ՀԱԿԱԶԳԱՅԻՆ antinational.
ՀԱԿԱԶԴԵՑՈՒԹԻՒՆ reaction.
ՀԱԿԱԿԻՐ antipathic, repugnant.
ՀԱԿԱԿՂԵՐԱԿԱՆ anticlerical.
ՀԱԿԱԿՇԻՌ counter poise, balance, control.
ՀԱԿԱԿՇՌԵԼ to control, to counter balance.
ՀԱԿԱԿՈՂՄ back, reverse.
ՀԱԿԱԿՐՈՒԹԻՒՆ antipathy, repugnance.
ՀԱԿԱՃԱՌԵԼ to contradict, to dispute.
ՀԱԿԱՃԱՌՈՂ contradictor, disputer.
ՀԱԿԱՃԱՌՈՒԹԻՒՆ contradiction, controversy, discussion.
ՀԱԿԱՄԱՐՏ antagonist, adversary, apponent.
ՀԱԿԱՄԷՏ inclined, disposed, bent.
ՀԱԿԱՄԻՏԻԼ to incline, to be disposed, to lean.
ՀԱԿԱՄԻՏՈՒԹԻՒՆ decline, inclination, tendency, bias.
ՀԱԿԱՆԵԽԵԼ to disinfect, to purify.
ՀԱԿԱՌԱԿ contrary, opposite, adverse, discordant.
ԸՆԴՀԱԿԱՌԱԿՆ on the contrary.
ՀԱԿԱՌԱԿԱՐԱՆ contradictor, opposer.
ՀԱԿԱՌԱԿԱՐԱՆԵԼ to contradict, to confute, to deny.
ՀԱԿԱՌԱԿԱԴԵՂ antidote, counterpoison.
ՀԱԿԱՌԱԿԻԼ to oppose, to resist, to contradict.
ՀԱԿԱՌԱԿՈՂ contending, litigant, opposer.
ՀԱԿԱՌԱԿՈՐԴ opponent, adversary, rival, antagonist.
ՀԱԿԱՌԱԿՈՒԹԻՒՆ opposition, resistance, contestation, adversity, antagonism, aversion.
ՀԱԿԱՍԱԿԱՆ contradictory, inconsistent.
ՀԱԿԱՍՈՒԹԻՒՆ contradiction.
ՀԱԿԱՔՐԻՍՏՈՆԷԱԿԱՆ antichristian.
ՀԱԿԵԱԼ inclined, declining.
ՀԱԿԸՆԴԴԷՄ opposed.
ՀԱԿԻԼ to incline, to stoop.
ՀԱԿԻՐՃ short, brief, concise, compact.
ՀԱԿՈՏՆԵԱՅՔ antipodes.
ՀԱԿՈՒՄ declination, leaning, tendency.
ՀԱԿՕՐԻՆՈՒԹԻՒՆ antinomism.
ՀԱՂԱՐՋ currant, goose-berry.
ՀԱՂՈՐԴ sharing, participant, communion.
ՀԱՂՈՐԴ ԸԼԼԱԼ to partake, to share in, to communicate.
ՀԱՂՈՐԴԱԿԱՆ communicative, transmitting.
ՀԱՂՈՐԴԱԿԱՆՈՒԹԻՒՆ conductibility.
ՀԱՂՈՐԴԱԿԻՑ participant, sharing.
ՀԱՂՈՐԴԱԿՑԻԼ to correspond, to communicate.
ՀԱՂՈՐԴԱԿՑՈՒԹԻՒՆ correspondence, participation, communication.
ՀԱՂՈՐԴԵԼ to communicate; to inform, to transmit.

ՀԱՂՈՐԴԻՉ communicative, expansive, conductive.

ՀԱՂՈՐԴՈՂ communicant.

ՀԱՂՈՐԴՈՒԹԻՒՆ communion, sacrament, connexion intercourse, correspondence.

ՀԱՂՈՐԴՈՒԻԼ to receive the sacrement, to communicate.

ՀԱՂՈՐԴՔ confederates, associates.

ՀԱՃ content, satisfied, pleased.

ՀԱՃԱՐ common rye.

ՀԱՃԵՑՆԵԼ to content, to satisfy, to please.

ՀԱՃԵԼԻ pleasant, agreeable, gratifyng.

ՀԱՃԻԼ to be pleased, to be content with, to like, to comply.

ՀԱՃՈՅԱԼԻ pleasing.

ՀԱՃՈՅԱԿԱՆ pleasing, agreeable, easy, comfortable.

ՀԱՃՈՅԱԿԱՏԱՐ obliging, affable, complaisant.

ՀԱՃՈՅՈՒԹԻՒՆ grace, favour, consent, willingness.

ՀԱՃՈՅՔ pleasure, will, caprice, good will.

ՀԱՃՈՒԹԻՒՆ pleasing, pleasure, consent, liking, accord, desire, agreement, approbation, satisfaction.

ՀԱՄ taste, savour, flavour, check, moderation.

ՀԱՄԱԲՈՅՆ homologous, congenial, similer.

ՀԱՄԱԳՈՅ coexisting, consubstantial.

ՀԱՄԱԳՈՅԱԿՑՈՒԹԻՒՆ consubstantiality.

ՀԱՄԱԳՈՅՈՒԹԻՒՆ coexistence, concomitance.

ՀԱՄԱԳՈՐԾԱԿՑԱԿԱՆ cooperative.

ՀԱՄԱԳՈՐԾԱԿՑՈՒԹԻՒՆ cooperation, synergy.

ՀԱՄԱԳՈՐԾՈՒԹԻՒՆ synergism.

ՀԱՄԱԳՈՒՄԱՐ general, whole, total sum.

ՀԱՄԱԳՐՈՒԹԻՒՆ composition, pasigraphy.

ՀԱՄԱԴԱՄ dainty, savoury, delicious, nice.

ՀԱՄԱԴԱՒԱՆ co-religionist.

ՀԱՄԱԴԻՐ coincident, homologous.

ՀԱՄԱԴՐՈՒԹԻՒՆ coincidence, synthesis.

ՀԱՄԱԶԱՐԿ salve-fire.

ՀԱՄԱԶԳԱՅԻՆ national, international.

ՀԱՄԱԶԳԵՍՏ uniform.

ՀԱՄԱԶԳԻ homogenous, of the same nation, congenerous.

ՀԱՄԱԶԳՈՒԹԻՒՆ homogenousness, consanguinity.

ՀԱՄԱԶՕՐ equivalent, equal in power.

ՀԱՄԱԶՕՐՈՒԹԻՒՆ equivalence.

ՀԱՄԱԼՍԱՐԱՆ university, academy.

ՀԱՄԱԼՍԱՐԱՆԱԿԱՆ universitary, of the university.

ՀԱՄԱԽՄԲԵԼ to assemble, to bring together, to muster.

ՀԱՄԱԽՄԲՈՒԹԻՒՆ meeting, convention, assembly.

ՀԱՄԱԽՈՀ unanimous, adherent, partisan, agreeing.

ՀԱՄԱԽՈՀՈՒԹԻՒՆ unanimity, accord, harmony, league, alliance.

ՀԱՄԱԽՈՐՀՈՒՐԴ of the same opinion. unanimous.

ՀԱՄԱԿ wholly, entirely, all, whole.

ՀԱՄԱԿԱՁՄՈՒԹԻՒՆ homoplasty, homology.

ՀԱՄԱԿԱՄ unanimous, concordant, of the same will.

ՀԱՄԱԿԱՐԳ co-ordinate, corresponding.

ՀԱՄԱԿԱՐԳԵԼ to arrange properly, to co-ordinate.

ՀԱՄԱԿԵԴՐՈՆ concentric.

ՀԱՄԱԿԵԼ to affect, to cover, to fil up, to imbue.

ՀԱՄԱԿԵՐՊ conformable, of the same form.

ՀԱՄԱԿԵՐՊԻԼ to comply with, to conform, to submit to.

ՀԱՄԱԿԵՐՊՈՒԹԻՒՆ submission, agreement, consent.

համակիր sympathetic, sympathizing.
համակվիլ to be affected, to be put on, to be moved.
համակրական sympathetical.
համակրանք sympathy.
համակրելի sympathetic.
համակրիլ to sympathize.
համակրող sympathizing, one that sympathizes.
համակրություն sympathy.
համաձայն conformable, unanimous, consonant.
համաձայնել to accord, to give form to, to make agree.
համաձայնիլ to agree, to suit, to conform with.
համաձայնություն agreement, accord, settlement.
համաձև conform, of the same form.
համաճարակ epidemic, pest, all consuming.
համամիտ unanimous, of the same opinion.
համամտություն unanimity, assent, agreement, concord.
համայն whole, all, entire.
համայնագետ encyclopedist, omniscient.
համայնագիտարան encyclopedia.
համայնագիտություն universality, encyclopedia.
համայնապատկեր panorama.
համանման like, alike, similar, uniform.
համանմանություն analogy, similarity, conformity.
համաշխարհային general, universal, common.
համաշունչ unanimous, of the same opinion.
համաչափ symmetrical, proportioned.
համաչափություն symmetry, commensurability.
համապատասխան corresponding, suiting.
համառություն tasting, gustation, relish.
համառոտ short, brief, succint, laconic, concise.
համառոտագրություն abbreviation, shortening.
համառոտել to abbreviate, to shorten, to resume, to sum up.
համառոտություն abbreviation, abridgement.
համասեռ congeneric, homogeneou
համասփյուռ vast, extensive, spacious, lamp flower.
համատարած vast, extensive, universal.
համատիպ similar, conform, homotype.
համար count, calculation, for, number.
համարակալ accountant, book keeper.
համարակալություն book keeping, accounts.
համարատու accountable, responsible, responsive.
համարատվություն report, return, giving in of accounts.
համարել to calculate, to count, to consider, to regard.
համարձակ free, bold, frank, daring, fearless.
համարձակորեն freely, frankly, daringly.
համարձակիլ to dare, to venture, to grow bold, to take the liberty of.
համարձակություն frankness, liberty, courage, boldness, hardihood, audacity.
համարող counter, accountant.
համարում esteem, reputation, value, credit, trust, consideration.
համացեղ homogeneal.
համբակ inexpert, apprenticed, novice, beginner.
համբակ բժիշկ medicaster.
համբակություն inexperience, apprenticeship.
համբար provision, stock, store, supply.

ՀԱՄԲԱՐԱԾՈՒ provider, caterer, forager.

ՀԱՄԲԱՐԱՆՈՑ provision store, corn loft, granary, mart.

ՀԱՄԲԱՐԱՊԱՆ store keeper, warehouse keeper.

ՀԱՄԲԱՐԵԼ to store, to warehouse, to gather.

ՀԱՄԲԱՐՁՈՒՄ elevation, ascending, lifting up, rising, ascension,

ՀԱՄԲԱՐՈՒ seamaid, mermaid, siren, fairy.

ՀԱՄԲԱՒ renown, reputation, fame, celebrity, credit.

ՀԱՄԲԱՒԱՒՈՐ renowned, famous, celebrated, illustrious.

ՀԱՄԲԱՒԵԼ to celebrate, to reveal, to let out.

ՀԱՄԲԵՐԱՏԱՐ patient, tolerant, forbearing, enduring.

ՀԱՄԲԵՐԵԼ to be patient, to bear, to suffer, to endure, to tolerate, to support.

ՀԱՄԲԵՐՈՒԹԻՒՆ patience, tolerance, endurance.

ՀԱՄԲՈՅՐ kiss, kissing, embrace.

ՀԱՄԲՈՒՐԵԼ to kiss.

ՀԱՄԵՂ delicious, savoury, sweet.

ՀԱՄԵՂՈՒԹԻՒՆ good taste, deliciousness, relish, flavour.

ՀԱՄԵՄ spice, aroma, aromatic.

ՀԱՄԵՄԱՆՔ aromatics, spices, sauce, condiment.

ՀԱՄԵՄԱՏ corresponding, proportional, comparable, proportionate.

ՀԱՄԵՄԱՏԱԿԱՆ proportional, comparative.

ՀԱՄԵՄԱՏԵԼ to compare, to collate, to confront.

ՀԱՄԵՄԱՏՈՒԹԻՒՆ comparison, proportion, analogy, relation, harmony, confront, rate.

ՀԱՄԵՄԵԼ to season, to spice, to flavour, to powder.

ՀԱՄԵՄԵՂԷՆ spices, grocery.

ՀԱՄԵՄՈՒԿ common vanilla.

ՀԱՄԵՍՏ modest, reserved, decent, unassuming.

ՀԱՄԵՍՏԱԲԱՐ modestly, simply.

ՀԱՄԵՍՏԱՆԱԼ to become modest, to moderate oneself.

ՀԱՄԵՍՏՈՒԹԻՒՆ modesty, decency, moderation.

ՀԱՄԵՏ saddle, pack saddle.

ՀԱՄԵՏԱԳՈՐԾ saddler.

ՀԱՄԵՐԱՇԽ solidary, jointly responsable.

ՀԱՄԵՐԱՇԽԱԲԱՐ jointly.

ՀԱՄԵՐԱՇԽՈՒԹԻՒՆ solidarity, joint liability.

ՀԱՄԸՆԹԱՑ concomitant, synchronous, accompanying.

ՀԱՄՈԶԵԼ to persuade, to convince, to induce, to satisfy.

ՀԱՄՈԶԻՉ pursuasive, convincing.

ՀԱՄՈԶՈՒԻԼ to become persuaded.

ՀԱՄՈԶՈՒՄ conviction, persuasion, belief.

ՀԱՄՏԵՍ taster.

ՀԱՄՏԵՍԵԼ to taste, to savour.

ՀԱՄՐ dump, mute, speechless.

ՀԱՄՐԱՆԱԼ to become dump.

ՀԱՄՐԱՆՔ enumeration, a reckoning up.

ՀԱՄՐԵԼ to count, to reckon, to number.

ՀԱՄՐԻՉ chaplet, beads, rosary.

ՀԱՄՐՈՒԹԻՒՆ dumpness.

ՀԱՄՕՐԷՆ wholly, totally, entirely, whole, total.

ՀԱՅ armenian.

ՀԱՅԱԲԱՐԲԱՌ armenian-speaking.

ՀԱՅԱԳԷՏ armenist, one who knows armenian.

ՀԱՅԱՍՏԱՆ Armenia.

ՀԱՅԻՄՈՒԿ natron.

ՀԱՅԵԱՑՔ look, glance, gaze, stare, sight.

ՀԱՅԵԼԱԳՈՐԾ looking glass maker.

ՀԱՅԵԼԻ mirror, looking glass.

ՀԱՅԵՐԷՆ armenian language, in armenian.

ՀԱՅԵՐԷՆԱԳԷՏ armenist.

ՀԱՅԵՑԱԿԱՆ theoretic, contemplative.

ՀԱՅԵՑՈՂԱԿԱՆ contemplative, speculative.
ՀԱՅԵՑՈՂՈՒԹԻՒՆ contemplation, reflexion.
ՀԱՅԹԱՅԹԵԼ to furnish, to provide, to supply, to contrive.
ՀԱՅԹԱՅԹԻՉ furnisher, supplier, purveyor, procurer.
ՀԱՅԹԱՅԹՈՒՄ procuration, procurement.
ՀԱՅԻԼ to look, to observe, to regard, to gaze on.
ՀԱՅԿԱԲԱՆ armenist, one versed in armenian language.
ՀԱՅԿԱՒ armenian bole.
ՀԱՅՀՈՅԱՆՔ blaspheme, outrage, gross insult.
ՀԱՅՀՈՅԵԼ to blaspheme, to curse, to revile.
ՀԱՅՀՈՅՈՒԹԻՒՆ blasphemy, outrage, swearing, slander.
ՀԱՅՍ paste, dough.
ՀԱՅՐ father.
ԵՐԿՆԱՒՈՐ ՀԱՅՐ Heavenly Father.
ԱՄԵՆԱՊԱՏԻՒ ՍՐԲԱԶԱՆ ՀԱՅՐ Most reverend father in God.
ՀԱՅՐԱԲԱՐ fatherly.
ՀԱՅՐԱԳԻՐ adoptive father, foster father.
ՀԱՅՐԱԽՆԱՄ, ՀԱՅՐԱԿԱՆ fatherly, paternal.
ՀԱՅՐԱՊԵՏ patriarch, pontiff.
ՀԱՅՐԱՊԵՏԱԿԱՆ patriarchal.
ՀԱՅՐԱՊԵՏՈՒԹԻՒՆ patriarchship, pontificate.
ՀԱՅՐԱՍՊԱՆ patricide.
ՀԱՅՐԵՆԱԿԱՆ paternal, patrimonial.
ՀԱՅՐԵՆԱԿԻՑ compatriot, fellow country man.
ՀԱՅՐԵՆԻ paternal, native, patrimonial.
ՀԱՅՐԵՆԻՔ fatherland, native country, home.
ՀԱՅՐԵՆԻՔԷՆ ՎՏԱՐԵԼ to expatriate, to exile.
ՀԱՅՐԻԿ papa, daddy, dad.
ՀԱՅՐՈՒԹԻՒՆ fatherhood, paternity.
ՀԱՅՑ demand, request, inquiry.

ՀԱՅՑԱԿԱՆ ՀՈԼՈՎ accusative case.
ՀԱՅՑԵԼ to request, to beg, to entreat, to implore.
ՀԱՅՑՈՒՄՆ demand, request, entreaty, prayer.
ՀԱՅՔԱՐ armenian stone, armenite.
ՀԱՆԱԲԱՆ mineralogist.
ՀԱՆԱԾՈՅ mineral, ore.
ՀԱՆԱՊԱԶ always.
ՀԱՆԱՊԱԶՈՐԴ daily, quotidian, continual.
ՀԱՆԱՊԱԶՈՐԴ ՀԱՑ daily bread.
ՀԱՆԱՊԱԶՕՐ always, every day.
ՀԱՆԳԱՄԱՆՔ quality, qualification, state, way, situation, condition.
ՀԱՆԳԱՆԱԿ contribution, share, assessment, portion, quota, rating.
ՀԱՆԳԱՆԱԿԵԼ to contribute, to rate, to club, to subscribe.
ՀԱՆԳԱՆԱԿՈՒԹԻՒՆ contribution, subscription, share, quota, reckoning.
ՀԱՆԳԷՏ like, alike, similar, equal, same.
ՀԱՆԳԻՍՏ rest, repose, ease, easiness, comfort, peace, easy, quiet, tranquil.
ՀԱՆԳԻՏՈՒԹԻՒՆ analogy, conformity, resemblance, equality.
ՀԱՆԳՈՅՆ alike, conformably, as, like, nearly.
ՀԱՆԳՈՅՑ knot, tie, bond, hitch.
ՀԱՆԳՈՒՆԱՒՈՐ conform, uniform, similar.
ՀԱՆԳՈՒՑԱՆԵԼ to give a rest, to repose, to ease.
ՀԱՆԳՈՒՑԱՊԵՏ station master.
ՀԱՆԳՈՒՑԵԱԼ rested, defunct, deceased, dead.
ՀԱՆԳՈՒՑԵԼ to tie, to knot, to tie up, to connect.
ՀԱՆԳՉԵՑՆԵԼ to give a rest, to repose, to refresh.
ՀԱՆԳՉԻԼ to rest, repose, to lie down, to pause.
ՀԱՆԳՍՏԱԹՈՇԱԿ pension, annuity.
ՀԱՆԳՍՏԱՆԱԼ to rest, to repose, to pause.

ՀԱՆԳՍՏԱՐԱՆ rest house, resting-abode.
ՀԱՆԳՍՏԱՒԷՏ easy, comfortable, peaceable, quiet.
ՀԱՆԳՍՏՈՑ grave yard, cemetery.
ՀԱՆԳՍՏՈՒԹԻՒՆ rest, easiness, ease, repose, tranquility.
ՀԱՆԳՐՈՒԱՆ stay, station, base, lodging, hamlet, dwelling, abode.
ՀԱՆԴԱՐՏ quiet, still, tranquit, mild, calm, moderate.
ՀԱՆԴԱՐՏԱԲԱՐՈՅ quiet, peaceful, calm, meek.
ՀԱՆԴԱՐՏԵՑՆԵԼ to tranquilize, to still, to appease, to pacify.
ՀԱՆԴԱՐՏԵՑՈՒՑԻՉ pacifying, calming, sedative, soothing.
ՀԱՆԴԱՐՏԻԼ to be quiet, to be tranquil.
ՀԱՆԴԱՐՏԻԿ calmly, peaceable, quiet, calm, tranquil.
ՀԱՆԴԱՐՏՈՒԹԻՒՆ tranquility, repose, calmness, coolness, stillness.
ՀԱՆԴԵՐՁ garment, dress, clothes, garb, attire.
ՀԱՆԴԵՐՁ with, together, along with.
ՀԱՆԴԵՐՁԱՆՔ preparation, equipage.
ՀԱՆԴԵՐՁԱՊԵՏ master of wardrobe, wardrobe keeper.
ՀԱՆԴԵՐՁԱՏՈՒՆ wardrobe, dressing room, vestry.
ՀԱՆԴԵՐՁԱՐԱՐ tailor, cutter, sewer.
ՀԱՆԴԵՐՁԵԱԼ prepared, dressed, future.
ՀԱՆԴԵՐՁԵՂԷՆ clothes, clothing, dress.
ՀԱՆԴԷՊ before, in front of, ahead, suitable, fit.
ՀԱՆԴԷՍ feast, gala, ceremony, procession, parade, show.
ԵՐԱԺՇՏԱԿԱՆ ՀԱՆԴԷՍ concert.
ԶԻՆՈՒՈՐԱԿԱՆ ՀԱՆԴԷՍ review, inspection of troops.
ՀԱՆԴԻՊԱԿԱՑ opposite, opposed, object.
ՀԱՆԴԻՊԻԼ to meet, to call in, to happen, to encounter.
ԻՐԱՐՈՒ ՀԱՆԴԻՊԻԼ to meet with each other.
ՀԱՆԴԻՊՈՒՄ meeting, coincidence, encounter, occurrence.
ՀԱՆԴԻՍԱՊԵՏ officiating, gymnasiarch, sports leader.
ՀԱՆԴԻՍԱԿԱՆ pompous, spectator, by stander, assistant.
ՀԱՆԴԻՍԱՆԱԼ to combat, to endeavour, to rival, to compete.
ՀԱՆԴԻՍԱՏԵՍ spectator, looker on, bystander.
ՀԱՆԴԻՍԱՐԱՆ arena, review.
ՀԱՆԴԻՍԱՑՆԵԼ to celebrate, to solemnize, to signalize.
ՀԱՆԴԻՍԱՒՈՐ solemn, pompous, serious.
ՀԱՆԴԻՍԱՒՈՐ ԿԵՐՊՈՎ pompously.
ՀԱՆԴԻՍԱՒՈՐՈՒԹԻՒՆ solemnity, seriousness.
ՀԱՆԴՈՒՐԺԱԿԱՆ sufferable, supportable.
ՀԱՆԴՈՒՐԺԵԼ to tolerate, to suffer, to withstand, to last.
ՀԱՆԴՈՒՐԺԵԼԻ tolerable, sufferable, tenable.
ՀԱՆԴՈՒՐԺՈՂ sufferer.
ՀԱՆԵԼ to bring, to take out, to remove, to pull off, to extricate.
ՀԱՆԵԼՈՒԿ riddle, enigma, puzzle.
ՀԱՆԻ grand mother.
ՀԱՆՃԱՐ skill, wit, intelligence, master mind.
ՀԱՆՃԱՐԵՂ ingenious, intelligent, sage, witty.
ՀԱՆՈՒԵՑՆԵԼ to undress, to disrobe, to strip.
ՀԱՆՈՒԹ shop, workshop.
ՀԱՆՈՒԻԼ to undress one's self, to be drawn out.
ՀԱՆՈՒՄ extraction, subtraction.
ՀԱՆՈՒՐ all, whole, general.
ՀԱՆՐԱԳԻՏԱԿ encyclopedist.
ՀԱՆՐԱԿԱՆ general, universal.
ՀԱՆՐԱԿԱՌՔ tramway, horse car, street car.

ՀԱՆՐԱՀԱՇԻՒ algebra.
ՀԱՆՐԱՊԵՏՈՒԹԻՒՆ republic.
ՀԱՆՔ mine, mineral, ore.
ՀԱՆՔԱԲԱՆ mineralogist.
ՀԱՆՔԱԲԱՆՈՒԹԻՒՆ mineralogy.
ՀԱՆՔԱԾՈՒԽ coal, coal mine.
ՀԱՆՔԱՀԱՆ miner, pitman.
ՀԱՆՔԱՅԻՆ mineral.
ՀԱՆՔԱՋՈՒՐ mineral water.
ՀԱՇԵԼ to consume, to destroy, to exhaust, to use up.
ՀԱՇԻԼ to decay, to waste away, to consume.
ՀԱՇԻՇ hashish.
ՀԱՇԻՒ account, calculation, reckoning.
ԸՆԹԱՑԻԿ ՀԱՇԻՒ running account, current account.
ՀԱՇՄ, ՀԱՇՄԱՆԴԱՄ crippled, disabled, infirm, invalid.
ՀԱՇՄՈՒԹԻՒՆ crippleness, lameness, cramp.
ՀԱՇՈՒԱԳԷՏ calculator, chartered, accountant.
ՀԱՇՈՒԱԳԻՏՈՒԹԻՒՆ mathematics.
ՀԱՇՈՒԱԿԱԼ accountant, book keeper.
ՀԱՇՈՒԱԿԱԼՈՒԹԻՒՆ book keeping, accounts.
ՀԱՇՈՒԵՑԱՐԴԱՐ liquidator.
ՀԱՇՈՒԵՑՈՅՑ invoice, budgets.
ՀԱՇՈՒԵԼ to count, to reckon, to calculate.
ՀԱՇՈՒԵԼԻ calculable, computable.
ՀԱՇՈՒԵԿՇԻՌ balance, balance sheet.
ՀԱՇՈՒԵՑՈՒՑԱԿ invoice.
ՀԱՇՈՒԵՓԱՅՏ tally stick, mark.
ՀԱՇՈՒՈՂ counter, accountant.
ՀԱՇՈՒՄ decay, wasting away, consumption.
ՀԱՇՈՒԸՆԹԱՑ current account.
ՀԱՇՏ reconciled, propitious, friendly.
ՀԱՇՏԱՐԱՐ conciliating, pacifier, peace-maker.
ՀԱՇՏԱՐԱՐ ԴԱՏԱՒՈՐ justice of the peace.
ՀԱՇՏԱՐԱՐՈՒԹԻՒՆ reconciliation, pacification.
ՀԱՇՏԵՑՆԵԼ to reconcile, to conciliate, to pacify.
ՀԱՇՏՈՒԻԼ to be reconciled, to be pacified, to conciliate.
ՀԱՇՏՈՒԹԻՒՆ peace, arrangement, conciliation.
ՀԱՉԵԼ to bark, to bay.
ՀԱՊԱ after, afterwards, then, Hoy!, well!.
ՀԱՊՃԵՊ haste, precipitation, speed, hurry.
ՀԱՊՃԵՊԵԼ to make haste, to hurry.
ՀԱՋԵԼ to bay, to bark, to yelp.
ՀԱՋԻՒՆ barking, baying.
ՀԱՋՈՂ yelping, barker.
ՀԱՌԱՉ, ՀԱՌԱՉԱՆՔ sigh, breath.
ՀԱՌԱՉԱԿԱՆ sighing, plaintive.
ՀԱՌԱՉԵԼ to sigh, to heave sighs.
ՀԱՌԱՉՈՒՄ sighing, breath.
ՀԱՍ yearly income, revenue, annuity.
ՀԱՍԱԿ size, height, stature, age, years.
ՀԱՍՈՒՆ ՀԱՍԱԿ mature age.
ՀԱՍԱԿԱԿԻՑ of the same age.
ՀԱՍԱՆԵԼԻ conceivable, comprehensible.
ՀԱՍԱՏՈՒ person of property, annuitant.
ՀԱՍԱՐԱԿ common, ordinary, usual, customary.
ՀԱՍԱՐԱԿԱԳԻՏՈՒԹԻՒՆ social sciences.
ՀԱՍԱՐԱԿԱԾ equator.
ՀԱՍԱՐԱԿԱՅԻՆ communal.
ՀԱՍԱՐԱԿԱՑ general, public, common.
ՀԱՍԱՐԱԿՈՒԹԻՒՆ community, public.
ՀԱՍԱՒՈՐ fund holder, person of property.
ՀԱՍԸՆԿԱԼ commendator.
ՀԱՍԿ ear of corn, spike.
ՀԱՍԿԱՑՈՂՈՒԹԻՒՆ understanding, comprehension, intellect.
ՀԱՍԿԱՔԱՂ gleaning, gleaner.
ՀԱՍԿՆԱԼ to understand, to conceive, to comprehend.
ՀԱՍԿՆԱԼԻ comprehensible.

ՀԱՍԿՑՆԵԼ to make to understand.
ՄԻՏՔԸ ՀԱՍԿՑՆԵԼ to explain oneself.
ՀԱՍՆԻԼ to arrive at, to reach, to approach, to attain, to succeed, to obtain.
ՀԱՍՈՂՈՒԹԻՒՆ range, comprehension.
ՀԱՍՈՅԹ income, revenue.
ՀԱՍՈՒԹԱԲԵՐ income producing.
ՀԱՍՈՒԹԱՌՈՒ dowager.
ՀԱՍՈՒԿ able bodied, mature.
ՀԱՍՈՒՆ ripe, mature, grown up.
ՀԱՍՈՒՆՆԱԼ to ripen, to mature.
ՀԱՍՈՒՆՈՒԹԻՒՆ maturity, ripeness.
ՀԱՍՈՒՆՑՆԵԼ to ripen, to make ripe, to mature.
ՀԱՍՏ thick, big, bulky, coarse, solid, stable.
ՀԱՍՏԱԲԱԶՈՒԿ robust, strong armed, sturdy.
ՀԱՍՏԱՆԱԼ to become thick.
ՀԱՍՏԱՏ solid, firm, stable, sure, certain, positive.
ՀԱՍՏԱՏԱԲԱՐ solidly, firmly, surely truly.
ՀԱՍՏԱՏԱԿԱՄ steady, steadfast, constant.
ՀԱՍՏԱՏԱԿԱՆ affirmative.
ՀԱՍՏԱՏԱՄԻՏ firm, even-minded, resolute.
ՀԱՍՏԱՏԱՉԱՓ stereometer.
ՀԱՍՏԱՏԱՊԷՍ certainly, firmly, positively.
ՀԱՍՏԱՏԵԱԼ established, founded, affirmed.
ՀԱՍՏԱՏԵԼ to establish, to affirm, to fortify, to certify, to ascertain, to assert.
ՀԱՍՏԱՏՈՒԻԼ to become established, strong, firm, to be confirmed, to be certified.
ՀԱՍՏԱՏՈՂ affirmant, conclusive, confirmative, certifier.
ՀԱՍՏԱՏՈՂԱԿԱՆ confirmatory, affirmative.
ՀԱՍՏԱՏՈՒԹԻՒՆ firmness, constancy, steadiness, solidity, establishment, institution, foundation.
ՀԱՍՏԱՏՈՒՆ firm, solid, fixed, steady, strong.
ՀԱՍՏԱՐԱՆ prop, support, stag, counter fort.
ՀԱՍՏԵԱՑ pastry, pie.
ՀԱՍՏԵԼ to create, to make, to invent.
ՀԱՍՑԷ address.
ՀԱՍՑՆԵԼ to convey, to transmit, to make to reach, to produce.
ՀԱՏ grain, granule, piece, cut, section, fragment, morsel.
ՀԱՏԱԴԵՂ pill.
ՀԱՏԱԾ section, fragment, segment.
ՀԱՏԱԿԵՐ baccivorous, granivorous.
ՀԱՏԱԿՈՏՈՐ bit, piece, morsel, patched up.
ՀԱՏԱՆԵԼ to cut, to carve, to trim, to prune, to lop.
ՀԱՏԱՆԵԼԻ scissible, that can be cut.
ՀԱՏԱՆԻԼ to be cut, to be separated, to decline, to fail.
ՀԱՏԱՎԱՃԱՌ money-changer, newsboy, newsman.
ՀԱՏԱՒՈՐ granulous, seedy, granular.
ՀԱՏԱՔԱՐ granite.
ՀԱՏԵԱԼ cut, carved, gelded.
ՀԱՏԸՆՏԻՐ select, choice, chosen.
ՀԱՏԻԿ granule, grain.
ՀԱՏԻՃ kernel, pip.
ՀԱՏՆԻԼ to waste, to decay, to be consumed.
ՀԱՏՈՐ volume, piece, part, tome, bulk.
ՀԱՏՈՐԱՒՈՐ voluminous, copious.
ՀԱՏՈՒ cutting, sharp, piercing, decisive.
ՀԱՏՈՒԱԾ cutting, section, shape, cut, slice, piece, segment.
ՀԱՏՈՒԱԾԱԿԱՆ divisional, divisionary.
ՀԱՏՈՒԱԾՈՒԻԼ to break up, to separate, to be detached.
ՀԱՏՈՒԱԾՈՂ sector.
ՀԱՏՈՒԿՈՏՈՐ fragment.
ՀԱՏՈՒՄ cutting, incision, section, amputation.

ՀԱՏՈՒՑԱՆԵԼ to pay, to render, to give back, to restore.
ՎՆԱՍԸ ՀԱՏՈՒՑԱՆԵԼ to indemnify, to compensate.
ՀԱՏՈՒՑԱՆԵԼԻ payable, to be reimbursed.
ՀԱՏՈՒՑԱՆՈՂ paying, renumerator, payer, pay master.
ՀԱՏՈՒՑՈՒՄ payment, compensation, reimbursement, recompense, gift, indemnity, damages.
ՀԱՏՑՆԵԼ to finish, to consume, to exhaust, to drain, to devour.
ՀԱՐԱԶԱՏ authentic, genuine, legitimate, pure, true.
ՀԱՐԱԶԱՏ ԵՂԲԱՅՐ blood-brother.
ՀԱՐԱԶԱՏՈՒԹԻՒՆ legitimacy, fraternity.
ՀԱՐԱՒ south.
ՀԱՐԱՒԱԿՈՂՄ south wind, auster.
ՀԱՐԱՒԱՅԻՆ southern, meriodional.
ՀԱՐԲԽԱՅԻՆ catarrhal.
ՀԱՐԲՈՒԽ catarrh, cold.
ՀԱՐԵԼ to beat, to churn.
ՀԱՐԵՒԱՆ neighbour, adjacent, next.
ՀԱՐԵՒԱՆՑԻ superficial, light, vain.
ՀԱՐԹ even, level, smooth, plain, flat.
ՀԱՐԹԱԿ flounder.
ՀԱՐԹԱՆԱՒ flat-boat.
ՀԱՐԹԱՉԱՓ level.
ՀԱՐԹԱՎԱՅՐ esplanade, broad roadway.
ՀԱՐԹԵԼ to level, to smooth, to plane.
ՀԱՐԹԻԿ planula.
ՀԱՐԹՈՒԻԼ to grow smooth, to be planed.
ՀԱՐԹՈՒԹԻՒՆ levelness, smoothness, evenness, flatness.
ՀԱՐԻՆԳ herring, bughead, greentail.
ՀԱՐԻՒՐ hundred.
ՀԱՐԻՒՐԱԼԻՏՐ hectolitre.
ՀԱՐԻՒՐԱՄԵԱԿ a hundred years old, centenary.
ՀԱՐԻՒՐԱՄԵԱՅ of hundred years old.
ՀԱՐԻՒՐԱՄԵՏՐ hectometre.
ՀԱՐԻՒՐԱՊԱՏԻԿ centuple, a hundred fold.
ՀԱՐԻՒՐԱՊԱՏԿԵԼ to centuple.
ՀԱՐԻՒՐԱՊԵՏ captain, centurion.
ՀԱՐԻՒՐԱՒՈՐ of hundred, centuple.
ՀԱՐԻՒՐԵՐՈՐԴ hundredth.
ՀԱՐԻՒՐՈՐԴ centime.
ՀԱՐԿ tribume, contribution, imposition, tax, duty, need, want.
ՀԱՐԿԱԴՐԵԼ to oblige, to force, to overtask.
ՀԱՐԿԱԴՐՈՒԹԻՒՆ constraint, necessity, compulsion.
ՀԱՐԿԱԴՐՈՒԻԼ to be obliged, to be forced.
ՀԱՐԿԱԶԵՐԾ exempt.
ՀԱՐԿԱՀԱՆ tax-collector, publican.
ՀԱՐԿԱՀԱՆԵԼ to tax, to rate, to assess.
ՀԱՐԿԱՆԵԼ to strike, to beat, to knock, to throw.
ՀԱՐԿԱՆՈՂ beater, striker, knocker.
ՀԱՐԿԱՊԱՀԱՆՋ collector, tax-gatherer, receiver.
ՀԱՐԿԱՊԱՐՏ tax payer, rate payer
ՀԱՐԿԱՏՈՒ tributary, vassal. tax payer.
ՀԱՐԿԱՏՈՒ ԸԼԼԱԼ to be tributary.
ՀԱՐԿԱՒՈՐ necessary, important, serving, essential.
ՀԱՐԿԵՑՈՒՑԻՉ urgent, obligatory, pressing.
ՀԱՐԿԻՆՔ feast, banquet.
ՀԱՐՃ concubine, mistress.
ՀԱՐՈՒԱԾ blow, knock, beating, striking, hit, kick.
ՓԵՏԱԿԱՆ ՀԱՐՈՒԱԾ coup d'état, revolution.
ՀԱՐՈՒԱԾԵԼ to strike, to beat, to smite, to cane.
ՀԱՐՈՒԹՈՂ scapegoat.
ՀԱՐՈՒՄ beating, blow.
ՀԱՐՈՒՍՏ rich, wealthy, monied, opulent.
ՀԱՐՈՒՍՏ ՄԻՏՔ ingenious.
ՀԱՐՍ bride, daughter in law.
ՀԱՐՍՆԵՒՈՐ guest (to wedding ceremony).

ՀԱՐՍԱՆԵԱՑ, **ՀԱՐՍԱՆԵԿԱՆ** nuptial, bridal, hymeneal.
ՀԱՐՍԱՆԻԹ measles, wild poppy.
ՀԱՐՍԱՆԻՔ, **ՀԱՐՍՆԻՔ** wedding, nuptials, union, marriage ceremony, widding party.
ՀԱՐՍՆԱՑՆԵԼ to marry, to give to wife.
ՀԱՐՍՆՈՒԿ corn nose.
ՀԱՐՍՏԱՀԱՐԱԿԱՆ oppressive, vexatious.
ՀԱՐՍՏԱՀԱՐԵԼ to vex, to oppress, to crush.
ՀԱՐՍՏԱՀԱՐ oppressed, crushed, oppressor.
ՀԱՐՍՏԱՀԱՐՈՒԹԻՒՆ oppression, vexation, outrage, violence.
ՀԱՐՍՏԱՆԱԼ to make fortune, to become rich.
ՀԱՐՍՏԱՑՆԵԼ to enrich, to make rich, to brace.
ՀԱՐՍՏՈՒԹԻՒՆ (*ԹԱԳԱՒՈՐԱԿԱՆ*) dynasty.
ՀԱՐՍՏՈՒԹԻՒՆ richness, fortune, wealthiness, opulence.
ՀԱՐՏՈՒԿ banalia.
ՀԱՐՑ question, request, demand, matter.
ՀԱՐՑԱԿԱՆ interrogative.
ՀԱՐՑԱՊՆԴԵԼ to question, to interpel, to inquire.
ՀԱՐՑԱՊՆԴՈՒՄ interpellation, question, summons.
ՀԱՐՑԱՍԷՐ querist, inquisitive, eager to learn.
ՀԱՐՑԱՐԱՆ examination, book of questions.
ՀԱՐՑԱՓՈՐՁ inquiry, examination.
ՀԱՐՑԱՔՆՆԵԼ to question, to examine, to conduct an inquiry.
ՀԱՐՑԱՔՆՆՈՒԹԻՒՆ examination, inquisition.
ՀԱՐՑՆԵԼ to ask, to demand, to request.
ՀԱՐՑՈՒՓՈՐՁ *ՏԵՍ* **ՀԱՐՑԱՓՈՐՁ**.
ՀԱՐՑՈՒԿ diviner, augur, conjurer, soothsayer.
ՀԱՐՑՈՒՄ question, demand, interrogation.

ՀԱՐՕՐ plough.
ՀԱՐՕՐԱՆԱԼ to stoop, to tumble down, to fall, to alight.
ՀԱՑ bread.
ՀԱՑԻ ՄԻՋՈՒԿ crumb.
ՀԱՑԻ ԾԵՐՏ slice of bread.
ՀԱՃԱՐԻ ՀԱՑ rye bread.
ՕԹԵԿ ՀԱՑ stale bread.
ԱՄԵՆՕՐԵԱՅ ՀԱՑ daily bread.
ՀԱՑԱԳՈՐԾ baker, bread maker.
ՀԱՑԱԹԱՆ bread soup, panada.
ՀԱՑԱՎԱՃԱՌ baker, bread-seller.
ՀԱՑԱՐԱՐ bread-maker.
ՀԱՑԿԱՏԱԿ parasite, sponger, hanger-on, toad-eater.
ՀԱՑԿԱՏԱԿՈՒԹԻՒՆ sycophancy, sponging, hanging on.
ՀԱՑԿԵՐՈՅԹ banquet, feast, entertainment.
ՀԱՑՄԻՋՈՒԿ crumb.
ՀԱՒ bird, hen, cock, fowl.
ՀԱՒ grand father, dad.
ՀԱՒԱԴԷՏ augur. southsayer.
ՀԱՒԱՆ consent, assent pursuasion.
ՀԱՒԱՆԱԲԱՐ probably, likely.
ՀԱՒԱՆԱԿԱՆԱԲԱՐ probably, likely, plausibly.
ՀԱՒԱՆԱԿԱՆՈՒԹԻՒՆ probability, likelihood.
ՀԱՒԱՆԵԼ to accede, to agree, to comply with.
ՀԱՒԱՆԵԼԻ pleasing, approvable, probable.
ՀԱՒԱՆԵՑՆԵԼ to persuade, to convince.
ՀԱՒԱՆՈՂ willing, consenting.
ՀԱՒԱՆՈՒԹԻՒՆ approval, consent, agreement, assent.
ՄԻԱԲԱՆ ՀԱՒԱՆՈՒԹԵԱՄԲ unanimously, in concert.
ՀԱՒԱՆՕՐԷՆ probably, likely.
ՀԱՒԱՍԱՐ equal, alike, like, draw.
ՀԱՒԱՍԱՐԱԶՕՐ equivalent, isodynamic.
ՀԱՒԱՍԱՐԱԿՇԻՌ balanced, of the same weight, poised.
ՀԱՒԱՍԱՐԱԿՇՌԵԼ to equilibrate, tr balance, to poise.

ՀԱՒԱՍԱՐԱԿՇՌՈՒԹԻՒՆ equibalance, equilibrium, balancement.
ՀԱՒԱՍԱՐԱԿՈՂՄ equilateral.
ՀԱՒԱՍԱՐԱՊԷՍ equally, alike.
ՀԱՒԱՍԱՐԵՑՆԵԼ to equal, to level, to equalize, to compare, to balance.
ՀԱՒԱՍԱՐԻԼ to be equal, to share, to partake, to match.
ՀԱՒԱՍԱՐՈՒԹԻՒՆ equality, evenness, parity, equation, conformity.
ՀԱՒԱՍՏԵԼ to assure, to certify, to secure.
ՀԱՒԱՍՏԻ certain, sure, true, positive.
ՀԱՒԱՍՏԻ ԱՂԲԻՒՐ authoritative source.
ՀԱՒԱՍՏԻՔ assurance, certitude, testimony.
ՀԱՒԱՎԱՃԱՌ fowl dealer, poulterer.
ՀԱՒԱՏ faith, belief, creed, confidence.
ՀԱՒԱՏԱԼ to believe, to confide in to trust to, to rely on.
ՀԱՒԱՏԱԼԻ believable, credible.
ՀԱՒԱՏԱՄՔ creed, belief.
ՀԱՒԱՏԱՐԻՄ faithful, loyal, true, trusty.
ՀԱՒԱՏԱՐՄԱԲԱՐ faithfully, loyally, truly.
ՀԱՒԱՏԱՐՄԱԳԻՐ credentials.
ՀԱՒԱՏԱՐՄՈՒԹԻՒՆ faith, fidelity, loyalty, faithfulness, good faith.
ՀԱՒԱՏԱՑԵԱԼ faithful, loyal, trusted.
ՀԱՒԱՏԱՑՆԵԼ to make to believe, to assure, to persuade, to convince.
ՀԱՒԱՏԱՔՆՆԱԿԱՆ inquisitorial.
ՀԱՒԱՏԱՔՆՆԻՉ inquisitor.
ՀԱՒԱՏԱՔՆՆՈՒԹԻՒՆ inquisition.
ՀԱՒԱՏՈՒՐԱՑ apostate, backslider.
ՀԱՒԱՏՈՒՐԱՑՈՒԹԻՒՆ apostacy.
ՀԱՒԱՏՔ belief, faith, creed.
ՀԱՒԱՏՔԸ ՈՒՐԱՆԱԼ to deny the faith, to apostatize.
ՀԱՒԱՔԱԲԱՆԱԿԱՆ syllogistic.
ՀԱՒԱՔԱԿԱՆՈՒԹԻՒՆ syllogism.
ՀԱՒԱՔԱԲԱՐ collectively.
ՀԱՒԱՔԱԾՈՅ collection, compendium.
ՀԱՒԱՔԱԿԱՆ collective.
ՀԱՒԱՔԵԼ to collect, to amass, to compile, to mass.
ՀԱՒԱՔԵԼԻ collectable, perceivable.
ՀԱՒԱՔԻՉ collector, tax-gatherer.
ՀԱՒԱՔՈՒԻԼ to gather, to be collected, to muster, to come together, to meet.
ՀԱՒԱՔՈՒՄ collection, meeting, reunion, argument.
ՀԱՒԲԱԼ ring dove, woodpigeon.
ՀԱՒԵՂԷՆ fowls, poultry.
ՀԱՒԿԻԹ egg.
ՀԱՒԿԻԹ ԱԾԵԼ to lay eggs.
ՀԱՒԿՈՅՐ sightless, owl sighted.
ՀԱՒԿՈՒՐՈՒԹԻՒՆ sightlessness.
ՀԱՒՆԵՑՆԵԼ to approve, to convince, to have pleased.
ՀԱՒՆԻԼ to like, to find good, to approve, to please.
ՀԱՒՆՈՑ hen-house, poultry-house.
ՀԱՒՈՐՍ fowler, bird catcher.
ՀԱՒՏՈՒՆ hen-house, poultry-house.
ՀԱՒՔԱՇ merry-thought, sternum.
ՀԱՒՔԱՉ ibis.
ՀԵԳ syllable, spelling.
ՀԵԳԱԿԱՆ syllabic.
ՀԵԳԱՐԱՆ spelling book.
ՀԵԳԵԼ to spell.
ՀԵԳՆԱԲԱՆՈՒԹԻՒՆ quizzing, banter sarcasm, jeering.
ՀԵԳՆԱԲԱՐ ironically, by way of irony.
ՀԵԳՆԱԿԱՆ ironic, sarcastic, mocking.
ՀԵԳՆԵԼ to quiz, to banter, to deride, to jeer.
ՀԵԳՆՈՒԹԻՒՆ irony, bantering, quizzing, sarcasm, taunt.
ՀԵԳՈՒՄ spelling.
ՀԵԶ mild, meek, easy, affable.
ՀԵԶԱԲԱՐ mildly, tenderly, meekly.
ՀԵԶԱԲԱՐՈՅ affable, meek, mild, mild tempered.
ՀԵԶԱՀԱՄԲՈՅՐ sweet-tempered, meek, mild.
ՀԵԶԱՄԻՏ of easy manners, meek, mild.

Հեզութիւն mildness, meekness, gentleness, good nature.
Հեթանոս heathen, infidel, pagan, gentile.
Հեթանոսական heathenish, gentile.
Հեթանոսութիւն paganism, gentility, heathenism.
Հելլէն hellene, greek.
Հելլենաբանութիւն hellenism.
Հելլենագէտ hellenist.
Հեծ groaning, sob, moan, woes.
Հեծան beam, rafter, timber, joist.
Հեծանախաղ see-saw.
Հեծեալ rider, horseman, mounted.
Հեծել to moan, to groan, to lament.
Հեծելագունդ cavalry.
Հեծելազօր horseman, horse-soldier, cavalry.
Հեծելախումբ a cavalry troop.
Հեծելանիւ bicycle, velocipede.
Հեծելութիւն riding, equitation, horsemanship.
Հեծեծանք groaning, sob, moan, heavy sighs.
Հեծկլտալ to hiccough, to hiccup, to sob.
Հեծկլտանք sob, hiccup, hiccough.
Հեծնալ to ride, to mount.
Հեծում lamentation.
Հեկեկալ to sob, to moan, to deplore.
Հեկեկանք sobs, groaning, crying.
Հեղ time.
Հեղանիւթ liquid, fluid.
Հեղգ lazy, sluggish, tardy.
Հեղգութիւն idleness, sloth, indolence.
Հեղեղ torrent, stream, flood, deluge.
Հեղեղական torrential.
Հեղեղանման torrent-like.
Հեղեղատ torrent, ravine, runlet.
Հեղեղել to inundate, to submerge.
Հեղինակ author, creator, maker.
Հեղինակութիւն authority, legal power, piece of work, deed.
Հեղձական suffocating, choking.
Հեղձամահ ընել to suffocate, to choke.
Հեղձամահ ըլլալ to be suffocated, to be choked.
Հեղձեալ suffocated, drowned.
Հեղձում suffocation, choking.
Հեղձուցիչ suffocating, choking.
Հեղոյս nail, spike.
Հեղուլ to pour, to shed, to spill. Արտասուք հեղուլ to shed tears.
Հեղուկ liquid, liquor.
Հեղում effusion, shedding, pouring out.
Հեշտ easy, commodious, convenience, delight.
Հեշտ ցանկութիւն voluptuousness, luxury.
Հեշտալի voluptuous, delicious, sensual, easy.
Հեշտական delicious, delightful, easy.
Հեշտանալ to rejoice, to delight.
Հեշտանաւակ pleasure boat.
Հեշտանք delight, deliciousness, pleasure, voluptuousness.
Հեշտասէր voluptuary, libidinous, lewd, carnalist.
Հեշտասիրութիւն voluptuousness, luxury, sensuality.
Հեշտութիւն easy, facility, delight, pleasure.
Հեռաբնակ remote, distant, living far off.
Հեռագիր telegraph, telegram.
Հեռագրալուր despatch, telegram.
Հեռագրատուն telegraph-office.
Հեռագրել to wire, to cable, to telegraph.
Հեռագրող telegrapher.
Հեռադիտակ telescope.
Հեռախօս, Հեռաձայն telephone.
Հեռանալ to go away, to go afar, to go off, to depart.
Հեռանկար perspective, outlook.
Հեռաչափ telemeter.
Հեռապատկեր perspective.
Հեռատես far sighted, presbyte.
Հեռատեսութիւն farsightedness, hypermetropia.
Հեռատեսիլ optics, perspective.
Հեռացեալ removed, distant.

ՀԵՌԱՑՆԵԼ to sent away, to remove.
ՀԵՌԱՑՈՅՑ telescope.
ՀԵՌԱՑՈՒՄ removal, dismission.
ՀԵՌԱՒՈՐ remote, far, distant, far off.
ՀԵՌԱՒՈՐՈՒԹԻՒՆ distance, remoteness.
ՀԵՌՈՒ far, distant, remote.
ՀԵՌՈՒ ՄՆԱԼ to hold off, to remain at a distance.
ՀԵՄԿ gaiter.
ՀԵՄՏ refractory, stubborn, restive, disobedient.
ՀԵՄՏԵԼ to disobey, to resist, to be unruly.
ՀԵՄՏՈՒԹԻՒՆ disobedience, revolt, mutiny.
ՀԵՏ with.
ՀԵՏԱԳԱՅ next, following.
ՀԵՏԱԳԱՅՔ rest, retinue, attendants.
ՀԵՏԱԶՕՏԵԼ to seek for, to search, to invertigate, to inquire into.
ՀԵՏԱԶՕՏՈՒԹԻՒՆ investigation, inquiry, examination, research.
ՀԵՏԱԽՈՅԶ researcher, investigator.
ՀԵՏԱՄՈՒՏ aspirant, claimant, pretender, suitor.
ՀԵՏԱՄՏԻԼ to go after, to run, to pursue, to aspire, to aim at.
ՀԵՏԱՄՏՈՒԹԻՒՆ pursuit, chase, proceedings, suit.
ՀԵՏԱՊՆԴԵԼ to pursue, to proceed along.
ՀԵՏԱՊՆԴՈՒՄ pursuit, proceedings.
ՀԵՏԱՔՆԻՆ, ՀԵՏԱՔՐՔԻՐ curious, inquisitive, fond.
ՀԵՏԱՔՐՔՐԱԿԱՆ interesting, curious.
ՀԵՏԱՔՐՔՐՈՒԹԻՒՆ curiosity, inquisitiveness.
ՀԵՏԱՔՐՔՐՈՒԻԼ to be curious, to have an interest.
ՀԵՏԵՒԱԲԱՐ consequently.
ՀԵՏԵՒԱԿ pedestrian, foot passenger.
ՀԵՏԵՒԱԿԱԶՕՐ foot soldier, infantry.
ՀԵՏԵՒԱԿՈՒԹԻՒՆ triviality, vulgarity, banality.
ՀԵՏԵՒԱՆՔ consequence, sequel, result, induction.
ՀԵՏԵՒԱՊԷՍ consequently.
ՀԵՏԵՒԵԱԼ following.
ՀԵՏԵՒԻԼ to follow, to go after, to attend, to result, to come next.
ՀԵՏԵՒՈՂ follower, attendant, imitator.
ՀԵՏԵՒՈՂՈՒԹԻՒՆ consequence, conclusion, issue, result, sequel, event.
ՀԵՏԵՒՈՐԴ follower, attendant, imitator.
ՀԵՏԵՒՈՒԹԻՒՆ consequence, result, conclusion.
ՀԵՏԵՒՈՒՄ attendance, succession, result.
ՀԵՏԵՒՑՆԵԼ to conclude, to deduce, to infer.
ՀԵՏԶՀԵՏԷ successively, by turns, one after another.
ՀԵՏԷ since. **ՅՈՐՄԷ ՀԵՏԷ** since.
ՀԵՏԻՈՏՆ by foot, pedestrian, on foot.
ՀԵՏՔ trace, tract, foot-prints. **ՎԷՐՔԻ ՀԵՏՔ** stigma, scar, spot.
ՀԵՐ hair.
ՀԵՐԱԹԱՓՈՒԹԻՒՆ depilation, alopecia.
ՀԵՐԱՐՁԱԿ dishevelled.
ՀԵՐԵՏԻԿՈՍ heretic.
ՀԵՐԵՏԻԿՈՍՈՒԹԻՒՆ heresy.
ՀԵՐԻՒՆ awl, pricker.
ՀԵՐԻՔ it is enough, sufficient, enough.
ՀԵՐԿ ploughed land, ploughing culture.
ՀԵՐԿԵԼ to plough, to till, to cultivate.
ՀԵՐՁ cleft, split, fissure.
ՀԵՐՁԱԿ bistoury, dart, bolt.
ՀԵՐՁԱՆԵԼ to cleave, to split, to tear, to chop, to cut.
ՀԵՐՁԱՐԿ scalpel.
ՀԵՐՁԱՔԱՐ slate, schiste.
ՀԵՐՁՈՒԱԾ scission, division, discord, schism, rupture.
ՀԵՐՁՈՒԱԾԵԼ to divide, to raise schism

Հերձուածող dissident, sectary, schismatic.
Հերձուածք rending, tearing, laceration, heresy.
Հերձել to cleave, to incise, to crack, to rend.
Հերձում incision, rending; dissection.
Հերոս hero.
Հերու last year, since last year.
Հերքել to refute, to reject, to repulse, to confute.
Հերքմնագիր dementi, refutation.
Հերքում refutation, confutation, disproof.
Հեց hoop.
Հեւալ to pant, to puff.
Հզօր strong, powerful, mighty, valiant.
Հզօրանալ to grow strong, to gather strength, to prevail.
Հզօրապէս powerfully, vigorously.
Հզօրացնել to fortify, to strengthen.
Հէն pirate, sea-robber, free booter.
Հէք poor, miserable, unlucky.
Հէքիաթ short story, tale, fairy tale.
Հիանալ to admire, to wonder at, to marvel, to be amazed.
Հիանալի admirable, astonishing, marvellous, surprising.
Հիասքանչ wonder-struct, enraptured.
Հիացական admiring, ecstatic, of admiration.
Հիացնել to astonish, to amaze, to enrapture.
Հիացում admiration, astonishment, wonder, marvel, ecstasy, rapture.
Հիմ foundation, base.
Հիմա now.
Հիմնաբար fundamentally.
Հիմնադիր founder, founding-member.
Հիմնադրամ fund, basic-fund.
Հիմնադրել to found, to lay the foundation, to institute, to establish.
Հիմնադրութիւն foundation, institution, creation.
Հիմնաթեւ mainbody, mainforce.
Հիմնական fundamental.
Հիմնապէս fundamentally.
Հիմնարկ founder, foundation.
Հիմնարկել to found, to ground.
Հիմնարկէք foundation.
Հիմնարկու founder.
Հիմնարկութիւն foundation, institution, establishment.
Հիմնաւոր essential, fundamental.
Հիմնեալ founded, established.
Հիմնել to found, to erect, to establish.
Հիմներակ basilic vein.
Հիմնովին wholly, thoroughly.
Հիմնուիլ to be founded, erected, built.
Հիմուն angelonia.
Հին old, used, ancient.
Հինածաղիկ balsamine.
Հինայ henna plant.
Հինաւուրց old, aged, antique.
Հինաւուրց ատելութիւն inveterate hatred.
Հինգ five.
Հինգամեայ five years old, of five years.
Հինգանկիւնի pentagon.
Հինգերորդ fifth-part.
Հինգշաբթի Thursday. **Աւագ Հինգշաբթի** Maundy Thursday.
Հինգապատիկ five fold.
Հիննալ to get old, to be worn out.
Հինցած used, worn out.
— **հիւանդութիւն** chronic sickness.
Հինցնել to render old.
Հիւանդ sick, ill, unwell, diseased.
Հիւանդանալ to fall sick, to be sick.
Հիւանդանաւ hospital ship.
Հիւանդանոց hospital, infirmary.
Հիւանդապահ nurse, hospital attendant.
Հիւանդոտ unhealthy, ailing, morbit, sickly.
Հիւանդոտութիւն unhealthiness, cachexy, sickness, illness, malady, disease.

ՏԱՐԱՓՈԽԻԿ ՀԻՒԱՆԴՈՒԹԻՒՆ contagious disease.
ՀԻՒԹ juice, essense, vigour, matter.
ՀԻՒԹԱԼԻՑ, ՀԻՒԹԱՒՈՐ, ՀԻՒԹԵՂ juicy, plethoric, succulent.
ՀԻՒԼԷ atom, molecule.
ՀԻՒԼԷԱԿԱՆ atomic.
ՀԻՒԼԷԱԿԱՆՈՒԹԻՒՆ atomism.
ՀԻՒԾԵԼ to emaciate, to make lean.
ՀԻՒԾԻԼ to grow lean, to decay, to perish, to fall away, to waste away.
ՀԻՒԾՈՒԹԻՒՆ consumption, emaciation, atrophy.
ՀԻՒԾՈՒՄ falling away, consumption.
ՀԻՒՂ cottage, hut, cot.
ՀԻՒՂԱԿ small cottage.
ՀԻՒՊԱՏՈՍ consul.
ՀԻՒՊԱՏՈՍԱԿԱՆ consular.
ՀԻՒՊԱՏՈՍԱՐԱՆ consulate.
ՀԻՒՊԱՏՈՍՈՒԹԻՒՆ consulship, consulate.
ՀԻՒՍԵԼ to weave, to knit, to plait to interlace.
ՀԻՒՍԻՉ plaiter, knitter.
ՀԻՒՍԻՍ North.
ՀԻՒՍԻՍԱԿՈՂՄ the north, northern side.
ՀԻՒՍԻՍԱՅԳ aurora-borealis, northern lights.
ՀԻՒՍԻՍԱՅԻՆ northern.
ՀԻՒՍԿԷՆ tissue, texture, web.
ՀԻՒՍՆ carpenter, joiner.
ՀԻՒՍՆՈՒԹԻՒՆ carpentry, carpenter's work.
ՀԻՒՍՈՂ knitter, plaiter.
ՀԻՒՍՈՒԱԾ woven, texture, plait.
ՀԻՒՍՈՒԱԾՔ tissue, texture, weaving, web, fabric, textile, tress, plait.
ՀԻՒՍՔ tress, plait, tissue.
ՀԻՒՐ guest, visitor.
ՀԻՒՐԱՄԵԾԱՐ hospitable.
ՀԻՒՐԱՆՈՑ hospice, hotel, inn, living room.
ՀԻՒՐԱՍԷՐ hospitable, generous.
ՀԻՒՐԱՍԻՐՈՒԹԻՒՆ hospitality.
ՀԻՒՐԱՏԵԱՑ inhospitable.
ՀԻՒՐԸՆԿԱԼ hospitable, host, usher.
ՀԻՒՐԸՆԿԱԼԵԼ to welcome, to receive guests.
ՀԻՒՐԸՆԿԱԼՈՒՀԻ hostess.
ՀԻՒՐԸՆԿԱԼՈՒԹԻՒՆ hospitality, kind reception, welcome.
ՀԻՔՈՒԹԻՒՆ unhappiness, misfortune, misery.
ՀԼՈՒ docile, obedient, pliant, good-natured, yielding.
ՀՇՇԱՀԱՒ humbird.
ՀՇՇԱՆՔ whispering, murmur, rumour.
ՀՇՇԵԼ to whisper, to murmur.
ՀՇՇԻՒՆ whispering, rustling.
ՀՄԱՅԱԿԱՆ amuletic, divining.
ՀՄԱՅԵԱԿ amulet, talisman.
ՀՄԱՅԵԼ to divine, to charm, to foretell.
ՀՄԱՅՈՒԹԻՒՆ divination, augury.
ՀՄԱՅՔ charm, sorcery, witchcraft.
ՀՄՈՒԹԻՒՆ crudity, rawness.
ՀՄՈՒՏ learned, erudite, versed, skilled.
ՀՄՏԱԼԻՑ skillful, erudite.
ՀՄՏԱԿԱՆ learned; erudite, skilled.
ՀՄՏԱՆԱԼ to be learned, to be erudite, to be well informed, to improve oneself.
ՀՄՏՈՒԹԻՒՆ erudition, learning, instruction, education, knowledge.
ՀՆԱԲԱՆՈՒԹԻՒՆ archaism, archaeology.
ՀՆԱԳԷՏ antiquary, archaeologist.
ՀՆԱԳԻՏՈՒԹԻՒՆ archaeology.
ՀՆԱԳՐՈՒԹԻՒՆ paleography.
ՀՆԱԶԱՆԴ obedient, docile, dutiful, pliant.
ՀՆԱԶԱՆԴԵՑՆԵԼ to subdue, to submit, to cause to obey.
ՀՆԱԶԱՆԴԻԼ to obey, to comply, to yield, to submit.
ՀՆԱԶԱՆԴՈՒԹԻՒՆ obedience, submission, allegiance, compliance.
ՀՆԱԽՈՅԶ antiquarian.
ՀՆԱԽՕՍ archaeologist.

ՀՆԱԽՕՍՈՒԹԻՒՆ archaeology, paleontology.
ՀՆԱԿԱՐԿԱՆ mender, patcher, botcher.
ՀՆԱՎԱՃԱՌ dealer in old clothes and furniture.
ՀՆԱՐ means, way, manner.
ՀՆԱՐԱԳԷՏ ingenious, inventive, industrious, deviceful, witty.
ՀՆԱՐԱՒՈՐ possible, feasible.
ՀՆԱՐԱՒՈՐՈՒԹԻՒՆ possibility, feasibility, means.
ՀՆԱՐԵԼ to invent, to contrive, to discover, to detect.
ՀՆԱՐԻՄԱՑ artful, cunning, crafty, sly.
ՀՆԱՐԻՆ possible.
ՀՆԱՐՈՂ inventor, contriver.
ՀՆԱՐՈՂՈՒԹԻՒՆ invention, perception, notion.
ՀՆԱՐՔ means, ways, manner, device, remedy, intrigue.
ՀՆԱՔԱՐ paleolith.
ՀՆԳԱՄԱՏԵԱՆ pentateuch.
ՀՆԴԻԿ indian, black negro.
ՀՆԴԿԱԹՈՒԶ indian fig.
ՀՆԴԿԱՀԱՒ turkey.
ՀՆԴԿԱՆՈՒՇ cacao.
ՀՆԴԿԱՍՏԱՆ India, Hindoostan.
ՀՆԴԿԵՂԵԳ bamboo cane, bamboo.
ՀՆԷԱԲԱՆ paleontologist.
ՀՆԷԱԲԱՆՈՒԹԻՒՆ paleontology.
ՀՆՁԱՆ wine press, vessen, tub, vat.
ՀՆՁԵԼ to reap, to crop.
ՀՆՈՏԻ rag, scrap, old clothes.
ՀՆՈՏԻՔ frippery, rag-fair, trash.
ՀՆՈՑ furnace.
ՀՆՈՒԹԻՒՆ oldness, antiquity, ancientness.
ՀՆՉԱԿ small bell, hand bell.
ՀՆՉԱԿԱՆ sonorous, resonant, sounding, echoing.
ՀՆՉԱԿԱՆՈՒԹԻՒՆ sonorousness, resonance.
ՀՆՉԵԼ to sound, to echo, to ring, to chink, to accent, to pronounce.
ՀՆՉԵՑՆԵԼ to sound, to reverberate, to toll, to resound, to ring.
ԶԱՆԳԸ ՀՆՉԵՑՆԵԼ to ring the bell.

ՀՆՉԻՒՆ sound, chink, noise, echo.
ՀՆՉՈՒՄ pronunciation.
ՀՆՉՈՒՆ resonant, sonorous, sounding, in cash.
ՀՆՏԱԽՏ cholera, cholera morbus.
ՀՈԳ care, solicitude, concern, interest, charge.
ՀՈԳԱԲԱՐՁՈՒ intendant, trustee, inspector, overseer.
ՀՈԳԱԲԱՐՁՈՒԹԻՒՆ intendance, tutelage, trusteeship.
ՀՈԳԱՁԵՐՄ free-minded.
ՀՈԳԱԼ to care, to provide, to procure, to mind.
ՀՈԳԱԾՈՒ, ՀՈԳԱՏԱՐ careful, regardeful, mindful, solicitous, guardian.
ՀՈԳԱԾՈՒԹԻՒՆ carefulness, solicitude.
ՀՈԳԵԲԱՆ psychologist.
ՀՈԳԵԲԱՆՈՒԹԻՒՆ psychology.
ՀՈԳԵԲՈՒՂԽ spiritual, heavenly-minded, divine.
ՀՈԳԵԳԱԼՈՒՍՏ Pentecost, Whitsuntide.
ՀՈԳԵԳԷՇ ghost, spirit, very sinful.
ՀՈԳԵԶԱՒԱԿ adoptive child.
ՀՈԳԵԼԻՑ spiritual, divine.
ՀՈԳԵԽՕՍՈՒԹԻՒՆ pneumatology.
ՀՈԳԵԼՈՅՍ late, deceased, defunct.
ՀՈԳԵԿԱՆ spiritual, incorporeal.
ՀՈԳԵՀԱՆԳԻՍՏ Requiem.
ՀՈԳԵՇԷՆ spiritual, angelic.
ՀՈԳԵՇԱՀ salutary, spiritual.
ՀՈԳԵՇԱՐԺ pathetic, affecting, soul-stirring, touching.
ՀՈԳԵՇՈՒՆՉ inspired (by the Holy spirit).
ՀՈԳԵՊԱՇՏ spiritualist.
ՀՈԳԵՊԱՇՏՈՒԹԻՒՆ spiritualism, spirit worship.
ՀՈԳԵՎԱՐՔ agony, pangs.
ՀՈԳԵՎԻՃԱԿ psychosis
ՀՈԳԵՒՈՐ spiritual, devout, pious, godly.
ՀՈԳԵՒՈՐԱԿԱՆ spiritual, clergyman.
ՀՈԳԵՒՈՐԵԼ to animate, to revive, to give life, to vivify.

ՀՈԳԵՒՈՐԻԼ to become inspirited, to revive.
ՀՈԳԵՒՈՐՈՒԹԻՒՆ spirituality.
ՀՈԳԵՓՈԽՈՒԹԻՒՆ transmigration of souls, metempsychosis.
ՀՈԳԻ soul, spirit, ghost, life, individual.
ՀՈԼՈՎ case, circulation, rotation.
ՀՈԼՈՎԵԼ to decline, to state, to roll, to move.
ՀՈԼՈՎՈՒՄ rolling, rotation, turn, declension.
ՀՈԾ dense, compact, thick, massive, bulky.
ՀՈԾՈՒԹԻՒՆ density, compactness, thickness.
ՀՈԿՏԵՄԲԵՐ October.
ՀՈՂ earth, ground, soil, land, clay, terra, estate.
ՄՇԱԿԵԼԻ ՀՈՂ arable, tillable earth.
ՀՈՂՄ wind, gale, breeze.
ՀՈՂՄԱՉԱՓ anemometer.
ՀՈՂՄԱՐԳԵԼ penthouse of a steeple, screen.
ՀՈՂՄԱՑՈՅՑ weather-cock, vane.
ՀՈՄԱՆԻ lover, sweetheart.
ՀՈՅԱԿԱՊ grand, imposing, magnificient, superb.
ՀՈՅԶ sap, juice, extract.
ՀՈՅԼ troop, crowd, multitude.
ՀՈՅՆ cornel-berry.
ՀՈՆ there.
ՀՈՍ here.
ՀՈՍԱՆՈՒՏ flowing, liquid, running.
ՀՈՍԱՆՔ current, stream, tide, torrent.
ՀՈՍԵԼ to run, to flow, to leak, to drop.
ՀՈՍԵՑՆԵԼ to make to flow, to pour away, to shed.
ՀՈՍԻԼ to run, to pass, to flow, to drain, to shed.
ՀՈՍԻՉ van, fan, pouring out.
ՀՈՍՈՒՄ flowing, running, shedding, discharge.
ԱՐԵԱՆ ՀՈՍՈՒՄ haemorrhage.
ՀՈՍՈՒՆ glowing, running, shedding, pouring out.
ՀՈՎ wind, gale, coolness.
ՀՈՎԱՀԱՐ fan, ventilator.
ՀՈՎԱՀԱՐԵԼ to fan, to ventilate, to air.
ՀՈՎԱՆԱՒՈՐԵԼ to shade, to patronize, to protect.
ՀՈՎԱՆԱՒՈՐՈՒԹԻՒՆ protection, patronage.
ՀՈՎԱՆԵԱԿ marquee, awning, settee.
ՀՈՎԱՆԻ shade, shadow, umbrage.
ՀՈՎԱՆՈՑ parasol, umbrella, turret.
ՀՈՎԱՍՈՒՆ cool, fresh, airy.
ՀՈՎԵԼ to fan, to air.
ՀՈՎԻԿ breeze.
ՀՈՎԻՏ valley, dale, vale.
ՀՈՎԻՒ shepherd, pastor.
ՀՈՎՈՒԱԿԱՆ pastoral.
ՀՈՎՈՒԵՐԳԱԿ bucolic poet.
ՀՈՎՈՒԵՐԳՈՒԹԻՒՆ eclogue, pastoral poesy.
ՀՈՏ smell, odour, perfume, scent.
ԲԵՐՆԻ ՀՈՏ foul breath, halitosis.
ՀՈՏԱԾ stinked, tainted, spoiled.
ՀՈՏԱՌՈՒԹԻՒՆ smelling, sense of smell.
ՀՈՏԱՐԱՆ perfumery.
ՀՈՏԱՒԷՏ fragrant, odoriferous, sweet-smelling.
ՀՈՏԵՑՆԵԼ to spoil, to taint, to corrupt, to cause to stink.
ՀՈՏԵՒԱՆ fragrant, sweet-smelling.
ՀՈՏԻԼ to smell, to stink.
ՀՈՏՈՏ virgin's bower.
ՀՈՏՈՒՐՏԱԼ to smell, to scent, to feel, to sniff up.
ՀՈՏՈՏԵԼԻՔ sense of smell.
ՀՈՐ well, cistern, pit.
ՀՈՐ son-in-law, frame.
ՀՈՐԹ, ՀՈՐԹՈՒԿ calf.
ՀՈՐԹՈՒ ՄԻՍ veal.
ՀՈՐԻԶՈՆ horizon.
ՀՈՐԻԶՈՆԱԿԱՆ horizontal.
ՀՈՒԺԿՈՒ' vigorous, energetic, strong, robust.
ՀՈՒՂԿԱՀԱՐ robber, brigand, highwayman.
ՀՈՒՄ raw, crude, uncooked.
ՀՈՒՆ ford distance, way, passage.
ՀՈՒՆԱՒՈՐ finite, limited.

ՀՈՒՆՁՔ harvest, crop.
ՀՈՒՆՏ seed, grain berry.
ՀՈՒՊ near, nigh, close.
 ԸՆԴՀՈՒՊ soon, shortly.
ՀՈՒՍԱՐ hussar.
ՀՈՒՍԿ last.
ՀՈՒՐ fire, burning.
ՀՊԱՏԱԿ subject, vassal.
ՀՊԱՏԱԿԵՑՈՒՄ subjection, subjugation.
ՀՊԱՏԱԿԵՑՆԵԼ to subject, to subdue, to overcome.
ՀՊԱՏԱԿԻԼ to submit, to obey, to give away, to yield.
ՀՊԱՏԱԿՈՒԹԻՒՆ subjection, submission, vassalage, conformity, nationality, obedience.
ՀՊԱՐՏ proud, arrogant, haughty, overbearing.
ՀՊԱՐՏԱՆԱԼ to be proud, to grow proud, to puff up.
ՀՊԱՐՏԱՑՆԵԼ to render haughty, to make proud, to inflate.
ՀՊԱՐՏՈՒԹԻՒՆ pride, arrogance, haughtiness, boasting.
ՀՊԱՐՏՕՐԷՆ proudly haughtily.
ՀՊԻԼ to approach, to touch, to draw near.
ՀՊՈՒՄ approachment, placing near, touch, contaction.
ՀՊՏԱՆՔ attire, finery, dress, simpering, dandyism.
ՀՌԵՏՈՐ orator, rhetor.
ՀՌԵՏՈՐԱԿԱՆ rhetorical, oratorial.
ՀՌԵՏՈՐՈՒԹԻՒՆ rhetoric, oratory.
ՀՌՆԴԻՒՆ snore, snoring, roaring.
ՀՌՆՉԵԼ to have snorting in the throat.
ՀՌՆՉԻՒՆ rattling or snoring in the throat.
ՀՌՈԳ salary, wages, money, purse, bourse.
ՀՌՈՎՄԱՅԵՑԻ Roman.
ՀՌՈՎՄԷԱԿԱՆՈՒԹԻՒՆ romanism, catholicism.
ՀՌՉԱԿ fame, reputation, vogue.
ՀՌՉԱԿԱԳԵՂ handsome, fair, fine.
ՀՌՉԱԿԱՒՈՐ famous, renowned, celebrated.
ՀՌՉԱԿԵԼ to celebrate, to carry out, to announce, to trumpet.
ՀՌՉԱԿՈՒԻԼ to be announced, to become celebrated, to be declared.
ՀՍԿԱՅ giant.
ՀՍԿԱՅԱԾԱՒԱԼ immense, huge.
ՀՍԿԱՅԱԿԱՆ gigantic, giant-like.
ՀՍԿԵԼ to watch, to attend, to take care, to oversee.
ՀՍԿՈՂՈՒԹԻՒՆ superinterdence, watchfulness, supervision.
ՀՍԿՈՒՄ vigil, watching, eve of feast.
ՀՍԿՈՒՆ vigilant, brisk, awake.
ՀՏՊԻՏ clown, harlequin, buffoon, jester.
ՀՐԱԲՈՐԲՈՔ burning, glowing, flaming, on fire.
ՀՐԱԲՈՒԽ volcano, burst of flame.
ՀՐԱԳՈՒՆԴ projectile, shell, fire-ball.
ՀՐԱՁԻՆ fire-arm.
ՀՐԱՁԻՆՔ fire-arms, guns, rifles.
ՀՐԱՁԻՆՈՒԹԻՒՆ artillery, ordnance.
ՀՐԱԺԱՐԱԿԱՆ resignation, renunciation, abdicating.
ՀՐԱԺԱՐԵԱԼ that has resigned, deceased.
ՀՐԱԺԱՐԵՑՆԵԼ to make to resign, to retire.
ՀՐԱԺԱՐԵՑՈՒՄ dismissal, removal from office.
ՀՐԱԺԱՐԻԼ to resign, to renonce, to give up, to retire.
ՀՐԱԺԱՐՈՂ resigner.
ՀՐԱԺԱՐՈՒՄ renouncement, abstention, desistance, resignation.
ՀՐԱԺԵՇՏ farewell, adieu, parting, leave, abdication.
ՀՐԱԺԵՇՏ ԱՌՆԵԼ to take leave.
ՀՐԱԽԱՂՈՒԹԻՒՆ fire-works.
ՀՐԱԽՏ pyrosis.
ՀՐԱԿԷԶ glowing, burning.
ՀՐԱՀԱՆ briquet, lock.
ՀՐԱՀԱՆԳ instruction, exercise, practice, tuition, rules, diet.
ՀՐԱՀԱՆԳԱՐԱՆ gymnasium, scholastic institution.

ՀՐԱՀԱՆԳԵԼ to instruct, to teach, to exercise, train up, to inform, to direct.

ՀՐԱՀԱՆԳԻՉ instructive, teacher.

ՀՐԱՀԱՐ fire fan, carabine.

ՀՐԱՀՄԱՅՈՒԹԻՒՆ pyromancy.

ՀՐԱՄԱՅԱԲԱՐ imperatively.

ՀՐԱՄԱՅԱԿԱՆ imperative, commanding, lordly.

ՀՐԱՄԱՅԱԿԱՆ ԵՂԱՆԱԿ imperative mood.

ՀՐԱՄԱՅԵԼ to command, to order, to settle, to impose.

ՀՐԱՄԱՅՈՂ imperative, commanding, imperious.

ՀՐԱՄԱՅՈՂԱԿԱՆ commandatory, imperative.

ՀՐԱՄԱՆ command, order, commandment, licence.

ՎՃԱՐՈՒՄԻ ՀՐԱՄԱՆ payment order.

ՀՐԱՄԱՆԱԳԻՐ permit, licence, decree, warrant, ordinance.

ՀՐԱՄԱՆԱՏԱՐ commandant, commander, ruler, chief.

ՀՐԱՄԱՆԱՏԱՐՈՒԹԻՒՆ command, office of a commander, manner of commanding.

ՀՐԱՄԱՆԱՏՈՒ commandant.

ՀՐԱՄԱՆԱՏՈՒՈՒԹԻՒՆ commandment, office of a commandant.

ՀՐԱՄԱՆԱՏՐԵԼ to command, to order.

ՀՐԱՄԵՆԻՔ light repast, afternoon lunch.

ՀՐԱՄՄԵՑԷՔ please, give pleasure to.

ՀՐԱՄՑՆԵԼ to attend, to serve, to wait.

ՀՐԱՅԻՆ igneous, fiery, ardent.

ՀՐԱՅՐՔ fire, heat, ardour, flames.

ՀՐԱՆԱԼ to become fire, to ignate.

ՀՐԱՆԻՒԹ of fire, fiery, gunpowder.

ՀՐԱՆՇՈՅԼ fire-flashing, sparkling.

ՀՐԱՇԱԳԵՂ charming, sparkling.

ՀՐԱՇԱԳԵՂ charming, delightful, graceful

ՀՐԱՇԱԳՈՐԾ wonder worker, thaumaturge, prodigeous, miraculous.

ՀՐԱՇԱԳՈՐԾԵԼ to work miracles.

ՀՐԱՇԱԳՈՐԾՈՒԹԻՒՆ thaumaturgy, working miracles.

ՀՐԱՇԱՋՈՐ wonderful and miraculous.

ՀՐԱՇԱԼԻ admirable, miraculous, marvellous.

ՀՐԱՇԱԼԻՔ wonders, miracles, prodigy.

ՀՐԱՇԱԿԵՐՏ marvellous construction, chef d'oeuvre.

ՀՐԱՇԱԿԵՐՏԵԼ to make wonderfully well.

ՀՐԱՇԱԿԵՐՏՈՒԹԻՒՆ marvellous work, wonderful construction, surprising fact.

ՀՐԱՇԷԿ incandescent, red hot, fiery.

ՀՐԱՇՔ miracle, marvel, wonder, prodigy.

ՀՐԱՉԱՓ pyrometer.

ՀՐԱՉԵԱՅ fire-eyed.

ՀՐԱՊԱՇՏ fire-worshipper, pyrolator.

ՀՐԱՊԱՐԱԿ place, park, square, market place.

ՀՐԱՊԱՐԱԿԱԽՕՍԵԼ to deliver a speech in public, to address, to harangue.

ՀՐԱՊԱՐԱԿԱԳԻՐ publicist.

ՀՐԱՊԱՐԱԽՕՍ haranguer, orator, declaimer.

ՀՐԱՊԱՐԱԽՕՍՈՒԹԻՒՆ harangue, speech, oration, discourse, rant, address.

ՀՐԱՊԱՐԱԿԱՒ publicly, in public.

ՀՐԱՊԱՐԱԿԵԼ to public, to publsh, to disclose, to promulgate.

ՀՐԱՊՈՅՐՔ charms, enticement, attractions, incitement, bait, lure, flattery.

ՀՐԱՊՈՒՐԵԼ to entice, to charm, to allure, to attract, to incite, to fascinate, to flatter.

ՀՐԱՊՈՒՐԻՉ charming, attractive, enticing, engaging, enticer, seducer.

ՀՐԱՍԱՅԼ tank.

ՀՐԱՎԱՌ ardent, burning, fire-lighter.
ՀՐԱՏԱԳ ardent, burning, urgent.
ՀՐԱՏԱՐԱԿԵԼ to publish, to proclaim, to promulgate.
ՀՐԱՏԱՐԱԿԻՉ publisher, editor.
ՀՐԱՏԱՐԱԿՈՒԻԼ to come out, to be published, to be seen.
ՀՐԱՏԱՐԱԿՈՒԹԻՒՆ publication, publicity, edition, release, promulgation.
ՊԱՏԵՐԱԶՄԻ ՀՐԱՏԱՐԱԿՈՒԹԻՒՆ declaration of war.
ՀՐԱՏԱՐԱԿՈՒՄ publication, promulgation, proclamation, release.
ՀՐԱՏԵՍԻԼ ardent, fiery, scorching.
ՀՐԱՐԳԵԼ fire-screen.
ՀՐԱՑԱՅՏ sparkling, shining. emitting flames, glittering.
ՀՐԱՑԱՆ rifle, gun, musket. casting fire.
ՀՐԱՑԱՆԱԳՈՐԾ gun smith.
ՀՐԱՑԱՆԱԿԱԼ arm-rack.
ՀՐԱՑԱՆԱԿԻՐ musketeer, fusilier.
ՀՐԱՑԱՆԱՁԳՈՒԹԻՒՆ musketry, fusillade.
ՀՐԱՑԱՆԸ ԼԵՑՆԵԼ to load a gun.
ՀՐԱՑԱՆԸ ՊԱՐՊԵԼ to fire, to discharge a gun.
ՀՐԱՑԱՆԻ ԲԱՆԵԼ to shoot.
ՀՐԱՑԱՆՈՎ ԲԱՐԵՒԻ ԿԵՆԱԼ to present arms.
ՀՐԱՒԷՐ invitation.
ՀՐԱՒԻՐԵԼ to invite, to convoke, to summon.
ՀՐԱՒԻՐՈՒՄ invitation, convocation.
ՀՐԱՓԱՅԼ sparkling.
ՀՐԱՔԱՐ fire-stone, pyrite.
ՀՐԴԵՀ fire, conflagration.
ՀՐԴԵՀԵԼ to set fire to, to burn down.
ՀՐԴԵՀՈՒՄ conflagration, burning, combustion.
ՀՐԵԱՅ Jew. **ԹԱՓԱՌԱԿԱՆ ՀՐԵԱՆ** the wandering Jew.
ՀՐԵԼ to push, to drive, to give a push.
ՀՐԵՂԷՆ of fire, fiery, igneous.
ՀՐԵՂԷՆՔ the angels.
ՀՐԵՇՏԱԿ angel. deputy. legate.
ՀՐԵՇՏԱԿԱՅԻՆ angelic
ՀՐԵՇՏԱԿԱՊԵՏ archangel.
ՀՐԵՇՏԱԿՈՒԹԻՒՆ nature of an angel, angelic nature, legation, delegation.
ՀՐԵՏ, ՀՐԵՏԱՆԻ artillery, battery.
ՀՐԵՏԱՆԻ ԿՐԱԿ barrage, artillery fire.
ՀՐԵՏԱՁԻԳ gunner, artillery man.
ՀՐԷԱԿԱՆ judaical, jewish.
ՀՐԷՇ monster, afrit.
ՀՐԷՇԱԲԱՐ monstrously.
ՀՐԷՇԱՅԻՆ monstrous.
ՀՐԷՇՈՒԹԻՒՆ monstrosity.
ՀՐԷՈՒԹԻՒՆ judaism, jewry.
ՀՐԹԻՌ rocket, fusee.
ՀՐԿԻԶԵԼ to burn down, to set fire to.
ՀՐԿԻԶՈՒՄ ignition, fire. incendiarism.
ՀՐԿԻԶԵԱԼ burnt, burned.
ՀՐՁԻԳՈՒԹԻՒՆ firing, act of casting fire.
ՀՐՁԻԳ incendiary, firer, burner.
ՀՐՃՈՒԱԼԻՑ cheerful. joyful. merry, deligthful.
ՀՐՃՈՒԱԿԱՆ joyous, delightsome. mirthful.
ՀՐՃՈՒԱՆՔ rejoicing. joy. delight, gladness, mirth.
ՀՐՃՈՒԵՑՆԵԼ to rejoice. to delight. to amuse. to cheer.
ՀՐՃՈՒԻԼ to be glad. joyful. to enjoy, to delight.
ՀՐՄՇՏԿԵԼ to push. to elbow. to jostle.
ՀՐՇԷՋ steam pump.
ՀՐՈՍԱԽՈՒՄԲ guerilla. horde.
ՀՐՈՍԱԿ bandit, horde, gang. vagabond.
ՀՐՈՎԱՐՏԱԿ edict. decree. order, charter.
ՀՐՈՒԱՆԴԱՆ cape. headland, promontory.
ՀՐՈՒԿ iris.
ՀՐՈՒՇԱԿ sweet paste, nougat.
ՀՕՐԱԼ wood pigeon, ring dove.
ՀՕՏ flock, herd.

ՀՕՏԱՐԱԾ shepherd.
ՀՕՐԱՔԵՌՈՐԴԻ cousin.
ՀՕՐԱՔՈՅՐ aunt.
ՀՕՐԵՂԲԱՅՐ uncle.
ՀՕՐԵՂԲՕՐ ԿԻՆ uncle's wife.
ՀՕՐԵՂԲՕՐՈՐԴԻ cousin.
ՀՕՐԵՆԱԿԱՆ ԱՆՈՒՆ patronymic.
ՀՕՐՈՒ step father.
ՀՕՐՈՒՏ jonquil.
ՀՕՐՔՈՅՐ aunt.
ՀՕՓԱԼ ring dove, wood-pigeon.

Ձ

ՁԱԳ the young of any animal.
ՁԱԳԱՐ funnel, tun-dish.
ՁԱԽ left, left-handed.
ՁԱԽԱԿՈՂՄ left side.
ՁԱԽԱԿՈՂՄԵԱՆ of the left side, left, leftist.
ՁԱԽԼԻԿ left-handed.
ՁԱԽՈՂ unfavourable, unlucky, sinistrous, bad.
ՁԱԽՈՂԱԿ unfavourable, unlucky, bad.
ՁԱԽՈՂԱԿԻ unluckily, clumsily, awkwardly.
ՁԱԽՈՂՈՒԹԻՒՆ, ՁԱԽՈՂԱՆՔ misfortune, reverse, tribulation, mischance, disaster.
ՁԱԽՈՐԴ ՏԵՍ ՁԱԽՈՂ:
ՁԱԽՈՐԴՈՒԹԻՒՆ adversity, misfortune, reverse, fall, ill-luck, mischance.
ՁԱՂԿ rod, switch, stick.
ՁԱՂԿԱՆՔ flagellation, scourging, flogging.
ՁԱՂԿԵԼ to flagellate, to scourge, to whip, to clog.
ՁԱՂՈՒԹԻՒՆ derision, mockery.
ՁԱՅՆ voice, sound, shout, cry, opinion.
ՁԱՅՆ ՏԱԼ to cry out, to shout, to exclaim.
ՁԱՅՆԱԲԱՆՈՒԹԻՒՆ acoustics, phonology.
ՁԱՅՆԱԳԻՏՈՒԹԻՒՆ phonetics, acoustics.
ՁԱՅՆԱԳԻՐ phonograph, phonoautograph.
ՁԱՅՆԱԳՐՈՒԹԻՒՆ phonography.
ՁԱՅՆԱԿԱՆ vocal, phonetic, tonic.
ՁԱՅՆԱԿԻՑ unanimous, consonant, agreeing.
ՁԱՅՆԱԿՑԻԼ to agree, to accompany, to be of one voice.
ՁԱՅՆԱԿՑՈՒԹԻՒՆ agreement, consent, harmony.
ՁԱՅՆԱՄՓՈՓ sounding-board.
ՁԱՅՆԱՆԻՇ keynote, note.
ՁԱՅՆԱՉԱՓ phonometer, sonometer, concert-pitch.
ՁԱՅՆԱՍՓԻՒՌ radio.
ՁԱՅՆԱՐԿԵԼ to cry, to shout, to call out.
ՁԱՅՆԱՐԿՈՒ exclaimer, crier, whimperer.
ՁԱՅՆԱՐԿՈՒԹԻՒՆ cry, interjection, sound, exclamation.

ՁԱՅՆԱՐՁԱԿ aloud, sonorous, crying, emittent.

ՁԱՅՆԱՑՈՅՑ phonoscope. concert-pitch.

ՁԱՅՆԱՒՈՐ vocal, phonetic.

ՁԱՅՆԱՒՈՐ ՊԱՏԱՐԱԳ high-mass.

ՁԱՅՆԱՒՈՐԵԼ to vocalize.

ՁԱՅՆԱՒՈՐՈՒԹԻՒՆ vocalization.

ՁԱՆՁՐԱՆԱԼԻ tiresome, annoying, tedious, disgusting.

ՁԱՆՁՐԱՆԱԼ to grow tired, to become annoyed, to feel-dull, to be bored.

ՁԱՆՁՐԱՆԱԼԻ ՏԵՍ **ՁԱՆՁՐԱԼԻ**.

ՁԱՆՁՐԱՑԿՈՏ easily growing tired.

ՁԱՆՁՐԱՑՆԵԼ to annoy, to trouble, to bother, to tease.

ՁԱՆՁՐԱՑՈՒՑԻՉ annoying tiresome, importunate, troublesome.

ՁԱՆՁՐՈՅԹ ennui, boredome, weariness, annoyance.

ՁԱՆՁՐՈՅԹ ՊԱՏՃԱՌԵԼ to trouble, to annoy

ՁԱՆՁՐՈՒԹԻՒՆ weariness, annoyance, tedium, vexation

ՁԱԹ hideous, frightful, shocking, ill-made,

ՁԱՐ hair, horse-hair.

ՁԱՒԱՐ cleansed and cracked wheat.

ՁԳԱՆԷԺ india rubber.

ՁԳԱԿԱՆ attractive, elastic.

ՁԳԱԿԱՆՈՒԹԻՒՆ attraction, elasticity, springiness.

ՁԳԱՆ trigger of a gun, tensor.

ՁԳԱՓՈԿ strap, braces.

ՁԳԵԼ to cast, to stretch, to expand, to let, to drop, to leave, to give up, to train.

ՁԳՁԳԵԼ to drag, to pull, to draw, to loiter.

ՁԳՁԳՈՒՄ adjournment, pulling, hauling about.

ՁԳՈՂԱԿԱՆ attractive.

ՁԳՈՂՈՒԹԻՒՆ attraction, gravitation.

ՁԳՈՒԻԼ to be left, to be thrown.

ՁԳՈՒՄ attraction, shooting, tendency, draught, traction.

ՁԳԹՏԱԼ to belch, to eruct.

ՁԳՏԱԿԱՆ tensive.

ՁԳՏԵԱԼ tense, strained, tightly.

ՁԳՏԵԼ to spread, to distend; to set to stretch.

ՁԳՏԵԼԻ distensible.

ՁԳՏԻԼ to tend, to strain, to extend, to endeavour.

ՁԳՏՈՒՄ tension, extension, distention.

ՋՂԱՅԻՆ ՁԳՏՈՒՄ convulsion, tension of the nerves.

ՁԵՂՈՒՆ ceiling.

ՁԵՂՆԱՅԱՐԿ loft, cockloft.

ՁԵՌԱԳԷՏ artist, manufacturer, mechanic.

ՁԵՌԱԳԻՏՈՒԹԻՒՆ art, handicraft, work of hands.

ՁԵՌԱԳԻՐ manuscript, handwriting.

ՁԵՌԱԳՈՐԾ handiwork, handmade, handicraft.

ՁԵՌԱԳՈՐԾԱՐԱՆ manufactory.

ՁԵՌԱԳՈՐԾԵԼ to manufacture, to fabricate, to make, to make with the hands.

ՁԵՌԱԳՈՐԾՈՒԹԻՒՆ handiwork, making, manufacture.

ՁԵՌԱԿԵՐՏ handmade.

ՁԵՌԱԿԵՐՏԵԼ to fabricate, to manufacture.

ՁԵՌԱՏԵՏՐ journal, waste-book.

ՁԵՌԱՐՈՒԵՍՏ artisan, manual.

ՁԵՌՆ hand, power, fist.

ՁԵՌՆԱԳԻՐ ՏԵՍ **ՁԵՌԱԳԻՐ**.

ՁԵՌՆԱԳԻՏՈՒԹԻՒՆ chiromancy, palmistry.

ՁԵՌՆԱԳՐԵԼ to sign, to name to.

ՁԵՌՆԱԳՐՈՒԹԻՒՆ signature, chirography.

ՁԵՌՆԱԴԱՇՆԱԿ accordion, harmomonica.

ՁԵՌՆԱԴՐԵԱԼ ordained.

ՁԵՌՆԱԴՐԵԼ to ordain, to confer the orders.

ՁԵՌՆԱԴՐԵԼԻ ordainable.

ՁԵՌՆԱԴՐՈՂ ordainer, consecrator.

ՁԵՌՆԱԴՐՈՒԹԻՒՆ ordination, coronation, anointing.

ՁԵՌՆԱԾՈՒ juggler, mountebank, locus-pocus.

ՁԵՌՆԱԾՈՒԹԻՒՆ jugglery, leger de main, sleight of hand.
ՁԵՌՆԱԿԱՆ manual.
ՁԵՌՆԱԿԱՊ handcuffs, manacles.
ՁԵՌՆԱՀՄԱՅ chiromancer, chirographist.
ՁԵՌՆԱՀՄԱՅՈՒԹԻՒՆ chiromancy.
ՁԵՌՆԱՄՈՒԽ ԸԼԼԱԼ to encroach, to interfere, to take in hand.
ՁԵՌՆԱՄՈՒԾՏԱԿ muff.
ՁԵՌՆԱՊԱՆ gauntlet.
ՁԵՌՆԱՌՈՒՄԲ hand-grenade.
ՁԵՌՆԱՍՈՒՆ nourished, nursling, pupil.
ՁԵՌՆԱՏ one-handed, one-armed.
ՁԵՌՆԱՐԿ undertaking, entreprise.
ՁԵՌՆԱՐԿԵԼ to undertake, to try, to take in hand, to attempt.
ՁԵՌՆԱՐԿՈՒ contractor, undertaker.
ՁԵՌՆԱՐԿՈՒԹԻՒՆ undertaking, attampt, contract.
ՁԵՌՆԵՐԷՑ hardy, enterprising, daring, audacious.
ՁԵՌՆԵՐԻՑՈՒԹԻՒՆ presumption, hardihood, boldness, daring.
ՁԵՌՆԸՆՏԵԼ tamed, domestic, tractable, familiar.
ՁԵՌՆԹԱՓ ԸԼԼԱԼ to withdraw from, to retire, to leave.
ՁԵՌՆԹԱՓՈՒԹԻՒՆ defection, desistance.
ՁԵՌՆՀԱՍ competent, capable, able.
ՁԵՌՆՀԱՍՈՒԹԻՒՆ competence, ability.
ՁԵՌՆՁԳՈՒԹԻՒՆ usurpation, encroachment, infringement.
ՁԵՌՆՈՑ glove, gauntlet.
ՁԵՌՆՈՒՆԱՅՆ empty-handed.
ՁԵՌՆՊԱՀ ԸԼԼԱԼ to abstain, to avoid, to beware:
ՁԵՌՆՏՈՒ helpful, willing to help, favourer, aiding.
ՁԵՌՆՏՈՒ ԸԼԼԱԼ to assist, to succour, to lend a halp.
ՁԵՌՆՏՈՒՈՒԹԻՒՆ relief, succour, help, aid, assistance.
ՁԵՌՔ hand.
ՁԵՌՔ ԱՆՑՆԵԼ to capture.
ՁԵՌՔ ԲԵՐԵԼ to obtain, to get.
ՁԵՌՔ ԹՕԹՈՒԵԼ to shake hands.
ՁԵՌՔԷ ՀԱՆԵԼ to get rid of.
ՁԵՐ your.
ՁԵՐԲԱԶԱՏ set free, emancipated.
ՁԵՐԲԱԶԱՏԵԼ to emancipate, to set free.
ՁԵՐԲԱԶԱՏՈՒԹԻՒՆ emancipation.
ՁԵՐԲԱԿԱԼԵԼ to arrest, to seize, to capture.
ՁԵՐԲԱԿԱԼՈՒԹԻՒՆ arrest, custody, detention.
ՁԵՐԸ yours, your own.
ՁԵՒ form, shape, figure, mode, formula, fashion.
ՁԵՒ ԲԵՐԵԼ to give form, to fashion.
ՁԵՒԱԿԱՆ formal, assumed, proforma.
ՁԵՒԱԿԵՐՊԵԼ to form, to figure, to give a form to.
ՁԵՒԱԿԱՆՈՒԹԻՒՆ, ՁԵՒԱԿԵՐՊՈՒԹԻՒՆ formality, formation, modality, configuration.
ՁԵՒԱՄՈԼ formalist.
ՁԵՒԱՆԱԼ to be made, to be bred, to be formed, to assume a form.
ՁԵՒԱՑՆԵԼ to form, to figure, to affect, to assume, to bring up, to feign, to simulate.
ՁԵՒԱՑՈՒՄ affectation, formation.
ՁԵՒԱՓՈԽԵԼ to transform, to transmute.
ՁԵՒԱՓՈԽԵԼԻ transmutable.
ՁԵՒԱՓՈԽՈՒԹԻՒՆ transmutation, transformation, metamorphism.
ՁԵՒԵԼ to form,, to figure, to cut, to fashion, to model.
ՁԵՒՈՑ square, carpenter's square.
ՁԷԹ oil, olive-oil.
ՁԻ horse.
ԱՐԱԲԱԿԱՆ ՁԻ arab horse.
ՁԻԱԲՈՅԾ horse-breeder.
ՁԻԱԲՈՅԺ veterinary surgeon.
ՁԻԱԲՈՒԺՈՒԹԻՒՆ veterinary art, cattle surgery.
ՁԻԱԴԱՐՄԱՆ horse-groom.
ՁԻԱԽԱՂԱՑ riding master, horse-dancer.
ՁԻԱԽԱՂՈՒԹԻՒՆ tournament, tilling-match.

ՁԻԱԿԱՌՔ horse-box.
ՁԻԱՊԱՆ groom, horse-driver.
ՁԻԱՍՏԱՆ, ՁԻԱՐԱՆ stable, stud.
ՁԻԱՎԱՃԱՌ horse-dealer.
ՁԻԱՎԱՃԱՌՈՒԹԻՒՆ horse-dealing.
ՁԻԱՎԱՐ rider, horseman, jockey.
ՁԻԱՎԱՐԵԼ to ride, to mount a horse.
ՁԻԱՎԱՐԺ horseman, rider, riding, master.
ՁԻԱՎԱՐԺՈՒԹԻՒՆ horsemanship, manege.
ՁԻԱՎԱՐՈՒԹԻՒՆ riding, equitation.
ՁԻԱՐՁԱԿԱՐԱՆ circus, race-ground, hippodrome.
ՁԻԱՐՇԱՒ horse-races, horse racing.
ՁԻԱՑՈՒԼ hippocentaur, centaur, jumart.
ՁԻԱՒՈՐ horseman, rider, cavalier.
ՁԻԱՒՈՐՈՒԹԻՒՆ cavalry, equitation.
ՁԻԳ tight, long, shooting, projectile.
ՁԻԸՆԹԱՑԱՐԱՆ hippodrome, circus, race-ground.
ՁԻԸՆԹԱՑՔ horse-races, races, course.
ՁԻԹԱՒԻՂ olive-oil.
ՁԻԹԱՊՏՈՒՂ olive.
ՁԻԹԵԼ to oil, to anoint with oil, to grease.
ՁԻԹԵՆԻ olive tree.
ՁԻՐՔ gift, grace, donation, favour, talent, aptitude.
ՁԻՒԹ pitch, tar.
ՁԻՒԹ pitchy, gluey, sticky.
ՁԻՒԹԵԼ, ՁԻՒԹՈՏԵԼ to pitch, to calk, to lay over.
ՁԻՒՆ snow.
ՁԻՒՆԸ ԿԸ ՏԵՂԱՅ it snows.
ՁԻՒՆԱԳՆԴԻԿ snow ball.
ՁԻՒՆԱԳՈՅՆ snow white, snow coloured.
ՁԻՒՆԱԾԱՂԻԿ meadow saffron.
ՁԻՒՆԱՀԱՏ snow flake.
ՁԻՒՆԱՊԱՏ snow-capped, snaw-clad.
ՁԻՒՆԱՓԱՅԼ snow-white, shining.
ՁԻՒՆԵԼ to snow.
ՁԿՆԱԲԱՆ ichthyologist.
ՁԿՆԱԲԱՆՈՒԹԻՒՆ ichthy
ՁԿՆԱԲՈՒԾՈՒԹԻՒՆ pisciculture, fish-culture.
ՁԿՆԱԿԱՆՋ mussel, mole, limpet.
ՁԿՆԱԿԵՐ fish eater, piscivorous.
ՁԿՆԱՎԱՃԱՌ fish-monger.
ՁԿՆԱՏԱԾՈՒԹԻՒՆ fish-culture.
ՁԿՆԱՐԱՆ fish pond, fish market.
ՁԿՆԱՒԷՏ abounding in fish.
ՁԿՆԻԿ small fish, young fish.
ՁԿՆԿԻԹ caviare, spawn, botargo.
ՁԿՆԿՈՒԼ heron, albatross.
ՁԿՆՈՐՍ fisher, fisherman, angler.
ՁԿՆՈՐՍԱՐԱՆ fishing ground, fishery.
ՁԿՆՈՐՍՈՒԹԻՒՆ fishing, fishery.
ՁԿՆՈՑ fish pond, pool.
ՁՄԵՌ winter, winter time.
ՁՄԵՌՆԱՅԻՆ wintery, hibernal.
ՁՄԵՌԱՆՈՑ wintering place, barracks.
ՁՄԵՌԵԼ to winter, to hibernate, to lodge in barracks.
ՁՄԵՐՈՒԿ water-melon.
ՁՈՂ rod, bar, perch, vine-prop.
ՁՈՂԱԲԱՐՁ vine-arbour, bower, propped, supported.
ՁՈՂԱՒԱՐՁ turnpike.
ՁՈՂԱԿ small rod, bar.
ՁՈՂԱՁՈՒԿ cod-fish.
ՁՈՂԱՉԱՓ gauge-rod, fathom, fathom measure.
ՁՈՂԵՐԿԱԹ bar iron.
ՁՈՂԻՔ railings, row of stakes.
ՁՈՅԼ smelted, cast, founded, massive, mass, ingot.
ՁՈՅԼ ԵՐԿԱԹ cast iron.
ՁՈՅԼ ՈՍԿԻ gold, solid gold, in bullion.
ՁՈՐ valley, vale, dale.
ՁՈՐԱԿ small valley.
ՁՈՐՁ coat, dress, clothes, garb.
ՁՈՒ egg.
ՁՈՒ ԱԾԵԼ to lay eggs
ՁՈՒԱՁԵՂ omelet.
ՁՈՒԱՎԱՃԱՌ egg-merchant, egg-seller.
ՁՈՒԱՏԱԿ common vetch.
ՁՈՒԱՐԱՆ ovary, ovarium

ՁՈՒԼԱԾ melting, casting, cast iron, font.
ՁՈՒԼԱԾՈՅ smelted, cast, melting.
ՁՈՒԼԱԿԱՆ fusible.
ՁՈՒԼԱՐԱՆ smelting-house, foundry.
ՁՈՒԼՈՒԱԾ melted, smelted, cast.
ՁՈՒԼԵԼ to found, to cast, to smelt, to harden.
Ի ՄԻ ՁՈՒԼԵԼ to amalgamate, to consolidate, to fuse.
ՁՈՒԼՈՒԻԼ to be cast, to be smelted.
ՁՈՒԼԻՉ founder, caster.
ՁՈՒԼԻՉ ՏԱՌԵՐՈՒ letter founder.
ՁՈՒԼՈՒՄ, casting, fusion, blending.
ՁՈՒԿ fish.
ԾՈՎՈՒ ՁՈՒԿ salt water fish.
ԳԵՏԻ ՁՈՒԿ fresh water fish.
ՁՈՒԿ ՈՐՍԱԼ to fish, to go a fishing.
ՁՈՒԿ ԽՈՐՈՎԵԼ to grill, to broil fish.
ՁՐԻ free, gratis.
ՁՐԻԱԲԱՐ free, gratuitously.
ՁՐԻԱՎԱՐԺ ԴՊՐՈՑ free school.
ՁՐԻԱՏՈՒՐ given gradis, gratuitous.
ՁՐՁԵԼ to devour, to eat up greedily.
ՁՕՆ dedication, present, gift.
ՁՕՆԵԼ to dedicate, to offer.
ՁՕՆՈՒՄ dedication, offering, oblation, gift.

Ղ

ՂԱԿԻՃ intrenchement, camp.
ՂԱՄԲԱՐ lamp, torch, flambeau.
ՂԱՄԲԱՐԵԼ to illuminate with lamps
ՂԱՐԻԿՈՆ common mushroon.
ՂԵԿ rudder, helm, oar, scull.
ՂԵԿԱՎԱՐ steersman, helmsman, director, leader.
ՂԵԿԱՎԱՐԵԼ to steer, to govern, to direct, to pilot.
ՂԵԿԱՎԱՐՈՒԹԻՒՆ steering, government, direction.
ՂԵՂԱՒՈՐ bitter, acerb.
ՂԵՆՋԱԿ apron, towel napkin.
ՂՈՒՂԱՆ rolling pin, cylinder.
ՂՐԿԵԼ to send, to forward, to dispatch.
ՂՐԿՈՂ sender, shipper.
ՂՐԿՈՒԻԼ to be sent, to be shipped.
ՂՓՏԻ copt.
ՂՕՂԱՆՋԱՆՔ barking, titkling, noise, clang.
ՂՕՂԱՆՋԵԼ to ring, to toll, to sound, to chink.
ՂՕՂԱՆՋԻՒՆ tinkling, noise, sound, ding-dong.
ՂՕՂԵԼ to hide, to nestle, to squat.
ՂՕՂՈՒՆ hiding oneself.

Ճ

ՃԱԳԱՐ rabbit, coney.
ԱՐՈՒ ՃԱԳԱՐ buck rabbit.
ԷԳ ՃԱԳԱՐ doe rabbit.
ՃԱԳԱՐԱՆՈՑ warren, hutch for rabbits.
ՃԱԳԱՐԱՎԱՃԱՌ rabbit dealer.
ՃԱԹԱՌ cracked.
ՃԱԹԱՌՈՒԹԻՒՆ crack, chink, fissure.
ՃԱԹԵՑՆԵԼ to crack, to break, to rend.
ՃԱԹԻԼ to crack, to chap, to burst.
ՃԱԹՌՏԵՑՆԵԼ to split, to crack, to crepitate.
ՃԱԹՌՏԻԼ to crack, to crackle, to creak, to crunch.
ՃԱԹՌՏՈՑ creak, chink, crepitation, cleft.
ՃԱԹՌՏՈՒՔ crevice, rift, crevasse.
ՃԱԽԱՐԱԿ pulley, block.
ՓՈՔՐ ՃԱԽԱՐԱԿ trundle.
ՃԱԽԱՐԱԿԵԼ to turn, to smooth, to plane, to fashion.
ՃԱԽԻՃ fen, low marshy land.
ՃԱԽՃԱԽՈՏ marshy, fenny, boggy, swampy.
ՃԱԽՃԱԽՈՒՏՔ fen-land, marshy-land.
ՃԱԽՐ, ՃԱԽՐԱՆՔ flight, soaring, caper.
ՁԻՈՒ ՃԱԽՐԱՆՔ caracole.
ՃԱԽՐԵԼ to soar, to take wings, to fly about.
ՃԱԿ damp, humid, female.
ՃԱԿԱՃԱՆ wanton, lewd, lascivious.
ՃԱԿԱՏ forehead.
ՃԱԿԱՏԱԳԻՐ destiny, predestination, fate, doom, star.
ՃԱԿԱՏԱԳՐԱԿԱՆ fatal, fatalist.
ՃԱԿԱՏԱԳՐԵԼ to predestinate, to doom, to destinate.
ՃԱԿԱՏԱԴԷՏ metoposcopist.
ՃԱԿԱՏԱՄԱՐՏ fighting, battle, combat.
ՃԱԿԱՏԱՄԱՐՏԻԼ to combat, to fight, to wage war against.
ՃԱԿԱՏԱՑԱՐԴԱՐ tactician.
ՃԱԿԱՏԱՆՈՑ frontlet.
ՃԱԿԱՏԵԼ, ՃԱԿԱՏԻԼ to face, to front, to oppose.
ՃԱԿԱՏՈՍԿՐ frontal bone.
ՃԱԿՆԴԵՂ beet, beet-root.
ՃԱՀ fit, proper, convenient.
ՃԱՀԻՃ march, fen, bog, swamp.
ՃԱՀՃԱՐՆԱԿ marshy, swampy, boggy.
ՃԱՀՈՒԿ flock, troop, pack.
ՃԱՂ coffin, bier, looper.
ՃԱՂԱՏ bald.
ՃԱՂԱՏՈՒԹԻՒՆ baldness, calvity.
ՃԱՂՈՒԿ iron pin, spindle.
ՃԱՃԱՆՉ ray, beam, light, nimbus.
ՃԱՃԱՆՉԱԲՈՒԺՈՒԹԻՒՆ actinotherapy.
ՃԱՃԱՆՉԱԳԵՂ radiant, brilliant, shining.
ՃԱՃԱՆՉԱՉԱՓ actinometer.
ՃԱՃԱՆՉԱՒՈՐ, ՃԱՃԱՆՉԱՒԷՏ radiant, shining, beamy, sparkling.
ՃԱՃԱՆՉԵԼ to radiate, to beam, to sparkle.
ՃԱՃԱՆՉՈՍԿՐ radius.
ՃԱՄԱՐՏԱԿ charlatan, quack, braggart.
ՃԱՄԱՐՏԱԿՈՒԹԻՒՆ charlatanism, bragging, declamation.
ՃԱՄՐԱԿ champ wood.
ՃԱՄԲԱՅ way, road, path, track, avenue.
ԽԱՌԱՉԱՐԴ ՃԱՄԲԱՅ boulevard.
ՔԱՌՈՒՂԻ ՃԱՄԲԱՅ cross-road.
ՃԱՄԲԱՅ ՑՈՒՑՆԵԼ to show the way.
ՃԱՄԲԱՅ ԵԼԼԵԼ to start.
ՃԱՄԲԱՐ army, camp, encampment.
ՃԱՄԲԵԼ to sent away, to sent back.

ՃԱՄԲՈՂ sender.
ՃԱՄԲՈՐԴ traveller, passenger.
  ՀԵՏԻՈՏՆ ՃԱՄԲՈՐԴԵԼ to travel by foot.
ՃԱՄԲՈՐԴՈՒԹԻՒՆ travel, journey, trip.
  ԾՈՎԱՅԻՆ ՃԱՄԲՈՐԴՈՒԹԻՒՆ voyage.
ՃԱՄԿԱՒՈՐ embroidered, decorated, adorned.
ՃԱՄԿԱՒՈՐԵԼ to decorate, to deck, to ornament.
ՃԱՄՈՒԿ embroidery, decoration, ornament.
ՃԱՄՊՕՐԻ jamboree.
ՃԱՅ jay.
ՃԱՅԹԵՑՆԵԼ to burst, to crack, to split, to detonate.
ՃԱՅԹԻԼ to burst, to crack, to crackle.
ՃԱՅԹԻՒՆ detonation, explosion, crick-crack.
ՃԱՅԹՈՒՄ crackling, blowing up, decrepitation, crack, crash.
ՃԱՅԻԿ mare.
  ՄԱՏԱՂ ՃԱՅԻԿ colt, filly, foal.
ՃԱՆԱԿ bezel (of a ring).
ՃԱՆԱՉԵԼ to know, to recognize, to understand.
ՃԱՆԱՉԵԼԻ easily known, recognizable.
ՃԱՆԱՉՈՂՈՒԹԻՒՆ knowledge, acquaintance, understanding.
ՃԱՆԱՉՈՒՄ recognition, knowledge, acquaintance, cognition.
ՃԱՆԱՊԱՐՀ: ՏԵՍ ՃԱՄԲԱՅ.
ՃԱՆԱՊԱՐՀԱԾԱԽՍ journey, travel expenses.
ՃԱՆԿ claw, paw (of animals), hook, clasp, crampon, fang.
ՃԱՆԿԵԼ to claw, to scratch.
ՃԱՆԿԽՈՏ ground pine, yellow bugle.
ՃԱՆԿՌՏՈՒՔ scratch, sligh wound.
ՃԱՆՃ fly.
  ՑՈՐԵՆԻ ՃԱՆՃ wheat midge.
ՃԱՆՃԱԽՏ myiasis.
ՃԱՆՃԱՎԱՆ fly-flap.

ՃԱՆՃՈՐՍ king bird, scissortail, flycatcher.
ՃԱՆՉՆԱԼ to know, to recognize, to understand.
ՃԱՆՉՑՆԵԼ to acknowledge, to make to know, to introduce.
ՃԱՆՉՑՈՂ connoisseur, esteemer, skilled, acquainted with.
ՃԱՇ dinner, meal, repast.
ՃԱՇԱԿ taste, savour, relish, gust, style, communion.
ՃԱՇԱԿԱԳԻՏՈՒԹԻՒՆ aesthetics.
ՃԱՇԱԿԱՒՈՐ tasty, tasteful.
ՃԱՇԱԿԵԼ taste, to savour, tó relish.
ՃԱՇԱԿԵԼԻՔ taste, palate of the mouth.
ՃԱՇԱՍԵՂԱՆ dinner-table.
ՃԱՇԱՍՐԱՀ dining-room, dining-hall.
ՃԱՇԱՐԱՆ restaurant, eating-house.
ՃԱՇԵԼ to dine, to eat, to have dinner.
ՃԱՇԻԿ light dinner, frugal meal.
ՃԱՇԿԵՐՈՅԹ feast, dinner party.
ՃԱՇՈՑ mass-book, missal.
ՃԱՊԱՂ diffuse, prolix, dispersed, expatiatory.
ՃԱՊԱՂԱԲԱՆՈՒԹԻՒՆ diffusion, prolixity, obscurity.
ՃԱՊԱՂԻՔ effusion, pouring out, shedding.
ՃԱՊԱՂՈՒԱԾ diffused, spread stretched.
ՃԱՊՈՒԿ pliable, flexible, creeping, crawling.
ՃԱՊՈՒԽ common caraway.
ՃԱՌ speech, discourse, address, allocution, oration.
  ԴԱՄԲԱՆԱԿԱՆ ՃԱՌ funeral oration.
ՃԱՌԱԳԱՅԹ beam, ray, radiation, light, brightness gleam.
ՃԱՌԱԳԱՅԹԱԲՈՒԺՈՒՄ radiotherapy.
ՃԱՌԱԳԱՅԹԱՐՁԱԿ casting rays, radiant, shining, lustrous, luminous, glittering.
ՃԱՌԱԳԱՅԹԱՒՈՐ gleaming, shining, blazing, bright.
ՃԱՌԱԳԱՅԹԵԼ to radiate, te beam, to gleam, to emit rays.

ՃԱՌԱԳԱՅԹՈՂ radiant, gleaming, shining.
ՃԱՌԱԳԱՅԹՈՒՄ radiation, lustre, glare, emission of rays.
ՃԱՌԱԳՐՈՒԹԻՒՆ writing, accounts, papers, documents.
ՃԱՌԱԽՕՍԵԼ to discourse, to dissert.
ՃԱՌԱԽՕՍՈՒԹԻՒՆ discourse, speech.
ՃԱՌԱԽՕՍ, **ՃԱՌԱՍԱՑ** declaimer, speaker, dissertator.
ՃԱՌԱՏԱՆՔ idle story, prattle, chat.
ՃԱՌԵԼ to discourse, to deliver an address, to treat.
ՃԱՌՈՂ talker, declaimer, chatterer.
ՃԱՏՐԱԿ chess.
ՃԱՏՐԱԿ ԽԱՂԱԼ to play at chess.
ՃԱՐ means, way, expedient, remedy.
ՃԱՐԱԿ food, pasture, fodder, forage, nourishment.
ՃԱՐԱԿԵԼ to graze, to feed, to pasture, to devoir.
ՃԱՐԱԿԻԼ to consume, to spoil, to ravage.
ՃԱՐԵԼ to get, to obtain, to procure.
ՃԱՐՃԱՏԵԼ to crack, to crepitate, to crackle.
ՃԱՐՃԱՏԻՒՆ crepitation, crack, crash burst, creaking noise.
ՃԱՐՃԱՏՈՒԿ gum succory.
ՃԱՐՃՐՈՒԿ wild rocket, chicory.
ՃԱՐՄԱՆԴ clasp, buckle, button, loop, hook.
ՃԱՐՄԱՆԴԱԲՈՅՍ sea-urchin.
ՃԱՐՄԱՆԴԵԼ to hook, to clasp, to buckle.
ՃԱՐՊ fat, grease, oil, tallow.
ԽՈԶԻ ՃԱՐՊ lard.
ՃԱՐՊԱՅԻՆ greasy, fatty, stearin.
ՃԱՐՊԱՆՔ steatoma, steatocele.
ՃԱՐՊԱՔԱՐ steatite, soapstone.
ՃԱՐՊԻԿ able, clever, ingenious, quick, adroit.
ՃԱՐՊԻԿՈՒԹԻՒՆ cleverness, ability.
ՃԱՐՊՈՏ fatty, greasy, liparous.
ՃԱՐՊՈՏԵԼ to greasy, to make greasy.
ՃԱՐՊՈՏՈՒԹԻՒՆ fatness, plumpness, fattiness.
ՃԱՐՏԱՍԱՆ orator, rhetorician.
ՃԱՐՏԱՍԱՆԱԿԱՆ oratorial, rhetorical.
ՃԱՐՏԱՍԱՆՈՒԹԻՒՆ rhetoric, oratory, eloquence.
ՃԱՐՏԱՎԱՐ ruler, ruling pen.
ՃԱՐՏԱՐ dexterous, ingenious, handy, clever, skilful.
ՃԱՐՏԱՐԱԲԱՆ orator, good speaker.
ՃԱՐՏԱՐԱԲԱՆՈՒԹԻՒՆ eloquence, rhetoric.
ՃԱՐՏԱՐԱԳԷՏ engineer, clever.
ՃԱՐՏԱՐԱՄԻՏ ingenious, skilful, witty.
ՃԱՐՏԱՐԱՄՏՈՒԹԻՒՆ ingeniousness, dexterity.
ՃԱՐՏԱՐԱՆՔ ingenious, invention, artifice.
ՃԱՐՏԱՐԱՊԵՏ architect, builder, master.
ՃԱՐՏԱՐԱՊԵՏԱԿԱՆ architectural, architectonic.
ՃԱՐՏԱՐԱՊԵՏԱԿԱՆ ՆԿԱՐԻՉ architectural painter.
ՃԱՐՏԱՐԱՊԵՏՈՒԹԻՒՆ architecture, architectonics.
ՃԱՐՏԱՐՈՒԹԻՒՆ industry, art, skill, dexterity, cleverness.
ՃԱՐՏՈՒԿ piebald, dapple-grey, parti-coloured.
ՃԳՆԱԺԱՄ crisis, acme.
ՃԳՆԱՐԱՆ hermitage.
ՃԳՆԱՒՈՐ hermit, ascetic..
ՃԳՆԱՒՈՐՈՒԹԻՒՆ ascetism, ascetic life.
ՃԳՆԻԼ to endeavour, to labour, to suffer much, to devote one's self, to an ascefic life.
ՃԳՆՈՂ hard-working, endeavourer, toilsome person.
ՃԳՆՈՂԱԿԱՆ ascetic, critical, laborious.
ՃԵՂ forked, cleft, split, branch, bough, forehead bald.
ՃԵՂԵԼ to divide in many branches.
ՃԵՂՔԵԼ to cleave, to split, to chap, to crack, to tear, to cut, to incise.
ՃԵՂՔՈՒԱԾՔ chink, rift, crack, cut, fissure aperture.
ՃԵՂՔՈՒԻԼ to cleave, to split. to fall out, to rive, to chap.

ՃԵՂՔՈՒՄ cleavage.
ՃԵՄ walk, turning, promenade, bridle, check.
ՃԵՄԱԿԱՆ peripatetic, academician.
ՃԵՄԱՍՐԱՀ gallery, place for walk
ՃԵՄԱՐԱՆ academy, seminary, lyceum, institute.
ԳԵՂԱՐՈՒԵՍՏԻՑ ՃԵՄԱՐԱՆ academy of fine arts.
ՃԵՄԱՐԱՆԱԿԱՆ academical.
ՃԵՄԵԼ to walk, to promenade.
ՃԵՄԵԼԱՎԱՅՐ promenade, walk (place).
ՃԵՄԵԼԻՔ gallery, terrace, corridor.
ՃԵՄԻՇ (w. c.) water-closet.
ՃԵՆՃ, ՃԵՆՃԵՐ froth, smoke of cooking meat.
ՃԵՆՃՈՏ disty, nasty, sordid.
ՃԵՊ hurry, haste, speed, promtness.
ՃԵՊԵԼ to hasten, to urge on, to hurry on.
ՃԵՊԸՆԹԱՑ running, express, stage-coach.
ՃԵՊԻԼ to make haste, to be eager.
ՃԵՏ race, stock, breed, generation.
ՃԵՐՄԱԿ white.
ՃԵՐՄԱԿԵՂԷՆ linen, cloth.
ՃԵՐՄԱԿՈՒԹԻՒՆ whiteness.
ՃԵՐՄԿՑՆԵԼ to whiten.
ՃԵՐՄԿԻԼ to grow white, to whiten.
ՃԶՄԵԼ to press, to crush, to squeeze.
ՃԶՄՈՒԱԾ pressed, crushed, bruised.
ՃԶՄՈՒԱԾՔ sprain, strain, crushings, bruisings.
ՃԶՄՈՒԻԼ to be crushed, to bruise to press.
ՃԶՄՈՒՄ crush, bruishing, squashing.
ՃԹՈՒԿ moss-campion.
ՃԻԳ effort, endeavour, exertion, work.
ՃԻԳ ԹԱՓԵԼ to exert, to strive, to struggle hard.
ՃԻՄ bit of a bridle.
ՃԻՇԴ just, exact, punctual, accurate.
ՃԻՇԿԱՐ trellis.
ՃԻՉ cry, scream, squeak.
ՃԻՊՌ blearedness.
ՃԻՏ neck.
ՃԻՐԱՆ claw, fang, talon, nail.
ՃԻՒ ting foot, paw (of animals)
ՃԻՒԱՂ monster, phantom.
ՃԻՒԱՂԱԲԱՐՈՅ monstrous, clumsy, rude.
ՃԻՒԱՂԱՍՊԱՆ monstricide.
ՃԻՒԱՂՈՒԹԻՒՆ monstruosity, anomaly.
ՃԻՒՂ branch, bough, line, stock.
ՃԻՒՂԱՒՈՐ branchy, ramous, bifurcated.
ՃԻՒՂԱՒՈՐԵԼ to ramify, to branch.
ՃԻՒՂԱՒՈՐՈՒՄ ramification.
ՃԿԻԿ, ՃԿԻԹ door-knocker.
ՃԿՈՅԹ ear-finger.
ՃԿՈՒՆ pliant, supple, flexible.
ՃԿՈՒՆՈՒԹԻՒՆ pliantness, flexibility.
ՃՂԵՄ myrtle sedge.
ՃՂԻԿ branchet.
ՃՂԼԱԿ frigate bird, forked.
ՃՂՃԻՄ niggard, mean, shabby, stingy.
ՃՃԱՍՊԱՆ vermicide.
ՃՃԻ worm, maggot.
ՃՄԼԱԾ bruise, contusion.
ՃՄԼԵԼ to bruize, to squeeze, to press, to crush.
ՍԻՐՏԸ ՃՄԼԵԼ to oppress the heart.
ՃՄԼԻՉ beater, rammer, press.
ՃՄԼՈՒԱԾ, ՃՄԼՈՒԱԾՔ bruise, contusion, pressed, bruised.
ՃՄԼՈՒԻԼ to be pressed, to be compressed.
ՃՄԼՈՒՄ pressing, contusion, bruising.
ՃՄՈՒԹ bread soup, gimour.
ՃՄՌԹԿԵԼ to rumple, to wrinkle.
ՃՆԿՈԹ collomia.
ՃՆՃՂՈՒԿ sparrow.
ՃՆՃՂՈՒԿԸ ԿԸ ՃՌՈՒԻ the sparrow chirps.
ՃՆՇԱԿԱՆ compressible.
ՃՆՇԱԿԱՆՈՒԹԻՒՆ compressibility.
ՃՆՇԵԱԼ depressed, oppressed, compressed.
ՃՆՇԵԼ to press, to compress, to oppress, to weigh upon.

ճնշիչ compressive, depressor, compressor.
ճնշողութիւն straining, compression.
ճնշուիլ to be pressed, to be compressed.
ճնշում compression, oppression, pressure.
ճնողկողջակ campion, catchfly.
ճշգրիտ exact, precise, punctual, just.
ճշգրտել to verify, to state precisely.
ճշգրտութիւն precision, justness, exactness, truth.
ճշգրտում verification, exactitude.
ճշդապահ punctual, exact, prompt, sharp.
ճշդապահանջ rigorous, rigid, severe.
ճշդել to adjust, to verify, to precise to settle.
ճշդիւ exactly, justly, precisely.
ճշդութիւն exactness, punctuality, accuracy.
ճշմարիտ true, right, real, truly, indeed, really.
ճշմարտական equitable, lawful, rightful.
ճշմարտախօս truth-speaking, veracious.
ճշմարտախօսել to tell the truth.
ճշմարտախօսութիւն veracity, credibility.
ճշմարտասէր, **ճշմարտախնդիր** veracious, truth-loving.
ճշմարտապէս truly, really, verily.
ճշմարտութիւն truth, veracity, exactness, accuracy.
ճշմարտութիւնը ըսել to tell the whole truth.
ճոթ end, extremity, point.
ճոխ opulent, rich, wealthy, copious.
ճոխաբան fluent, eloquent.
ճոխաբար opulently, richly, largely.
ճոխանալ to grow opulent, to grow rich, to thrive, to make a fortune.
ճոխացնել to enrich, to gift, to make wealthy.
ճոխութիւն opulence, richness, abundanee, pomp, sway.
ճողոպրիլ to escape, to evade, to run away, to get clear.
ճողոպրող extortioner, sharper, swindler.
ճողոպրում escape, deliverance.
ճոռոմ bombastic, emphatic, declamatory.
ճոռոմաբան declaimer, bombastic.
ճոռոմաբանել to brag, to declaim, to harangue.
ճոռոմաբանութիւն bombast, declamation.
ճուռ thigh, leg.
ճուռակ sparrow-hawk.
ճուտ chick.
ճչել to cry, to scream, to squall.
ճչիւն screaming, squalling.
ճպուռ cicada, gum of the eye, bleeredness.
ճպռոտ blear-eyed.
ճռաքաղ grape-gleaner.
ճռաքաղութիւն grape-gleaning.
ճռճառ stunted, puny.
ճռինչ creaking, noise.
ճռճռալ to creak, to croak, to cry.
ճռճռացող warbling, chirper, croaker.
ճռճռուկ grasswort.
ճռնիկ go-cart, cradle, small wheel.
ճռնչել to creak, to screak, to clatter, to rustle.
ճռնչիւն cry, noise, grating, clattering.
ճռուողել to warble, to chirp, to sing, to twitter.
ճռուողում chirping, twittering, warbling.
ճռչիկ grand mamma.
ճրագ candle, lamp, light.
ճրագը մարել to put out the lamp.
ճրագագործ canole-maker.
ճրագակալ candle stick.
ճրագավաճառ chandler.
ճրագարան chandelier, flambeau, torch, candelabrum.
ճրագիկ lampion.
ճրագու tallow, candle-grease.
ճփնի african daisy.
ճօճական oscillatory, balancing.

ՃՕՃԱՆԱԿ balance, pendulum.
ՃՕՃԱՆՈՑ swing, weighing-machine.
ՃՕՃԵԼ to swing, to oscillate, to vibrate, to balance.
ՃՕՃԻԼ, ՏԵՍ ՃՕՃԵԼ.
ՃՕՃՈՒՄ oscillation, swinging, vibration, balancing, rocking.
ՃՕՃՈՒՆ shaking, tottering, staggering, oscillatory.
ՃՕՃՔ swing, hammock, see-saw.
ՃՕՄԵԼ spring grass.
ՃՕՇ, ՃՕՇԱՆ breast-plate, armour-plate.
ՃՕՇԱԼ to defame, to speak ill of.
ՃՕՇՔ slander, defamation, backbiting.

Մ

ՄԱԳԱՂԱԹ parchment, scroll.
ՄԱԳԱՐԻԿՈՆ burdock, beggar's buttons.
ՄԱԳԻԼ claw, fang, nail, extractor.
ՄԱԳԼՑԵԼ to climb, to clamber up, to scale, to claw, to clutch.
ՄԱԳԼՑՈՂ climber.
ՄԱԳՆԵՍԱՔԱՐ magnesite, silicate of magnesia.
ՄԱԳՆԻՍ magnet, loadstone.
ՄԱԳՆԻՍԱԿԱՆ magnetic.
ՄԱԳՆԻՍԱԿԱՆՈՒԹԻՒՆ magnetism.
ՄԱԳՆԻՍԱՉԱՓ magnetometer.
ՄԱԳՆԻՍԱՑՆԵԼ to magnitize, to polarize.
ՄԱԳՆԻՍԱՑՈՒՄ magnetism, hypnotism, magnetizing.
ՄԱԳՆԻՍԱՔԱՐ loadstone.
ՄԱԳՆԻՍԵԼ to magnetize.
ՄԱԳՆԻՏԻՈՆ magnesium.
ՄԱԳՆԻՏ ՏԵՍ ՄԱԳՆԻՍ.
ՄԱԳՈԳ shuttle.
ՄԱԶ hair, wool, bristle.
ՄԱԶԱՅԻՆ hairy.
ՄԱԶԱՆՄԱՆ capillary.
ՄԱԶԵՂ, ՄԱԶՈՏ hairy, shaggy, downg.
ՄԱԶԽԻԼ nippers, tweezers.
ՄԱԶՄԶՈՒԿ down, soft hair.
ՄԱԶՈՒԹ mazout.
ՄԱԶՏԱՔԷ mastic.
ՄԱԹ grape-jelly.
ՄԱԹԵՄԱՏԻԿՈՍ mathematician.
ՄԱԹՈՒՉ arbute-berry.
ՄԱԼԵԼ to castrate, to geld, to mash.
ՄԱԼՈՒԽ cable, rope, wedge.
ՄԱԼՈՒՄ emasculation, castration.
ՄԱԽԱԹ packing, needle, pricker, awl.
ՄԱԽԱՂ sac, bag, wallet, satchel.
ՄԱԾԱՆ slimy, sticky, viscous.
ՄԱԾԱՆՈՒԹԻՒՆ viscosity, glueness.

ՄԱԾԻՏ gelatine, jelly.
ՄԱԾՈՅՑ gelatine, solder, glue.
ՄԱԾՈՒՄ coagulation, curdling.
ՄԱԾՈՒՆ curds, matzoon, curdled milk.
ՄԱԾՈՒՑԻԿ glutinous, sticky, gluey viscous.
ՄԱԾՈՒՑՈՒՄ agglutination, soldering, coagulation.
ՄԱԿ on, upon, over, above.
ՄԱԿԱԲԵՐԱԿԱՆ conjectural, deductive.
ՄԱԿԱԲԵՐԵԼ to deduce, to induce, to infer, to suppose.
ՄԱԿԱԲԵՐՈՒԹԻՒՆ deduction, supposition, inference, hypothesis.
ՄԱԿԱԲՈՅԾ parasite.
ՄԱԿԱԲՈՅԾՈՒԹԻՒՆ parasitism.
ՄԱԿԱԳԻՐ epigraph, epigram.
ՄԱԿԱԳՐԵԼ to call, to annotate, to entitle.
ՄԱԿԱԾՈՒԹԻՒՆ induction, inference.
ՄԱԿԱԿԷՏ comma.
ՄԱԿԱՆ stick, staff, cudgel.
ՄԱԿԱՆՈՒՆ surname.
ՄԱԿԱՆՈՒԱՆԵԼ to surname, to call, to name.
ՄԱԿԱՐԴ curd, rennet, coagulum.
ՄԱԿԱՐԴԱԿ even, plane, level, surface, standard.
ՄԱԿԱՐԴԱԿԱԳԻՐ planigraph.
ՄԱԿԱՐԴԵԼ to curdle, to coagulate, to clot.
ՄԱԿԱՐԴՈՒԿ vegetable rennet.
ՄԱԿԲԱՅ adverb.
ՄԱԿԲԱՅԱԿԱՆ adverbial.
ՄԱԿԴԻՐ attribute, epithet, adjective.
ՄԱԿԵՐԵՒՈՅԹ surface, area, outside.
ՄԱԿԸՆԹԱՑՈՒԹԻՒՆ tide, flux.
ՄԱԿՈՅԿ bark, skiff, canoe.
ՄԱԿՈՒԿԱՎԱՐ boatman, barge-man, rower.
ՄԱՀ death, decease.
ՄԱՀԱԲԵՄ catafalque.
ՄԱՀԱԲԵՐ mortal, deadly, fatal, mortiferous.
ՄԱՀԱԳՈՅԺ funeral, death-boding, gloomy.
ՄԱՀԱՄԵՐՁ dying, fading, expiring.
ՄԱՀԱՆԱԼ to die, to perish, to expire.
ՄԱՀԱԾՈՒՆՋ mortal, fatal, deathly.
ՄԱՀԱՊԱՐՏ convict, condemned to death.
ՄԱՀԱՊԱՐՏՈՒԹԻՒՆ condemnation, conviction.
ՄԱՀԱՌԻԹ mortal, deadly, causing death.
ՄԱՀԱՐՁԱՆ monument, tomb.
ՄԱՀԱՑՆԵԼ to slay, to mortify, to put to death.
ՄԱՀԱՑՈՒ mortal, deadly, deathly.
ՄԱՀԱՑՈՒՑԻՉ mortifying, killing.
ՄԱՀԱՑՈՒՄ mortification.
ՄԱՀԱՓՈՐՁ attempt upon the life of.
ՄԱՀԵՐԳ dead-march.
ՄԱՀԻԿ crescent, lunette.
ՄԱՀԻՃ bed, mattress, couch.
ՄԱՀԿԱՆԱՑՈՒ mortal, subject death, earthling.
ՄԱՀՃԱԿԱԼ bedstead.
ՄԱՀՈԳԵՆԻ mahogany.
ՄԱՂ sieve, riddle.
ՄԱՂԱԳՈՐԾ sieve maker.
ՄԱՂԱՍ phlegm, mucus, pituite.
ՄԱՂԱՍԱԼԻՑ pituitous, phlegmatic.
ՄԱՂԵԱԼ sifted, redaled.
ՄԱՂԵԼ to sift, to riddle.
ՄԱՂԹԱՆՔ wish, desire, entready, prayer.
ՄԱՂԹԱՆՈՒԱԳ oratorio.
ՄԱՂԹԵԼ to wish, to long for, to felicitate.
ՄԱՂՁ bile, spleen, rancour.
ՄԱՂՁԱԼԻՑ bilious, choleric, angry.
ՄԱՂՁԱՑԻՆ choleric.
ՄԱՂՁՈՏ bilious, choleric
ՄԱՂՁՈՏՈՒԹԻՒՆ melancholy, gloom, dejection.
ՄԱՂՈՂ sifter
ՄԱՂՈՒԱԾ sifted, riddled.
ՄԱՂՈՒՄ sifting.
ՄԱՃ. stilt of a plaugh, handle.
ՄԱՄ, ՄԱՄԻԿ grand mamma.
ՄԱՄՈՆԱՅ mammon, wealth.
ՄԱՄՈՆԱՊԱՇՏ covetous, greedy.
ՄԱՄՈՒԼ printing press, press
ՄԱՄՈՒԽ prunella, wild plum.

մամուկ spider.
մամուռ moss, sea-weed.
մամռապատ mossy, moss-covered.
մամռոտ mossy, covered with moss.
մայել to bleat.
  ոչխարը կը մայէ the sheep bleats.
մայթ foot-way, foot-pavement.
մայիս May.
մայիւն bleating.
մայր mother, mamma, matrix, mould.
մայր հաշիւ ledger.
  մեծ մայր grand mother.
  մայր շնչերակ aorta.
մայրաբար maternally, as a mother.
մայրական motherly.
մայրապետ nun, abbess.
մայրասպան matricide.
մայրաքաղաք capital, metropolis.
մայրենի vernacular, motherly.
մայրենի երկիր motherland.
մայրի forest, wood, cedar of Le banon.
մայրիկ mother, mamma.
մայրութիւն mothe-hood, maternity.
ման walk, tour.
ման գալ to walk, to make a tour
մանած yarn, spinning.
մանակ liquorice plant.
մանանայ manna.
մանանեխ mustard.
մանարան spinning-mill.
մանաւանդ above all, rather, chiefly.
մանգաղ sickle, scythe.
մանգաղակ small sickle.
մանգաղել to reap, to cut down.
մանեակ necklace, ringlet, collar ring.
  Երեւակի մանեակ Saturn's ring.
մանել to spin, to twist, to spin out.
մանելիք distaff, spindle.
մանիշակ, մանուշակ violet.
մանիշակագոյն violet-coloured.
մանիչ spinner.
մանկաբար like a child, childishly.
մանկաբարձ accoucheur, man-midwife.
մանկաբարձական obstetric.
մանկաբարձութիւն obstetrics.
մանկաբոյժ pediatrician.
մանկասնութիւն child birth, infant nourishing.
մանկահասակ youthful, young.
մանկամարդ young woman, young lady.
մանկամարզութիւն gymnastics.
մանկամիտ pedantic, puerile, weak-minded.
մանկանոց infant school, crèche.
մանկասպան infanticide, child murderer.
մանկավարժ pedagogue, teacher.
մանկավարժական pedagogical.
մանկավարժութիւն pedagogy.
մանկիկ a little child, babe.
մանկլաւիկ courtier, court-page.
մանկութիւն infancy, childhood.
մանկուհի young girl, lass.
մանկտի children.
մանոց distaff, spindle.
մանուած spinned, twisted, winding, circuit, intricacy.
մանուածապատ sinnous, circuitous.
մանուածոյ complicated, intricate, knotty.
մանուածք spinning.
մանուկ infant, boy, lad.
մանչ boy, lad.
մանչուկ lad, young fellow.
մանր small, slender, thin, fine.
մանրադիտակ microscope.
մանրադիտական microscopic.
մանրաթել fiber, small thread.
մանրակենդան animalcule, microzoon.
մանրակրկիտ formal, minute, dunctilous, peculiar.
մանրաձայն microphone
մանրաճճի animalcule, vermicule.
մանրամասն detailed, minute.
մանրամասնաբար in detail, particularly.
մանրամասնութիւն detail, particulars, minute.

Մանրամոլութիւն micromania.

Մանրանկար miniature.

Մանրաչափ micrometer.

Մանրավաճառ retailer, peddler, chap-man.

Մանրավէպ anecdote.

Մանրացոյց microscope.

Մանրաքննել to examine minutely, strictly.

Մանրաքնին meticulous, scrupulous, rigorous, precise.

Մանրել to cut, to triturate, to hash, to mince.

Մանրէ microbe, bacterium.

Մանրկեկ smaller, tiny.

Մանրութիւն smallness, littleness.

Մանրում trituration.

Մանրուք change, small money.

Մաշած worn-out, used, old.

Մաշեցնել to use up, to waste, to wear out, to consume.

Մաշեցուցիչ corrosive, eating away.

Մաշիլ to be used, to fall, to pine, to be worn out.

Մաշկ cuticle, scarfskin, pellicle, skin, hide, furcoat.

Մաշկաբանութիւն dermatology.

Մաշկագործ skinner, tanner, currier.

Մաշկավաճառ skin merchant, furrier.

Մաշկեկագործ furrier.

Մաշկեղէն filmy, of skin, made of leather

Մաշկոտն fin-toed, palmiped.

Մաշում decay, corrosion, deterioration.

Ակռայի մաշում abrasion.

Մաշտոց ritual, ceremonial.

Մառախուղ fog, mist, haze.

Մառան pantry, store-room, cellar.

Մառանապետ butler, steward, vintner.

Մաս part, share, portion, piece, region.

Մաս consecrated bread.

Մասամբ partly.

Մեծամասամբ mostly.

Մասնագէտ specialist.

Մասնագիտութիւն speciality, line of business.

Մասնադէպ anecdote.

Մասնաժողով committee.

Մասնակից participant, sharer, sharing in.

Մասնակցիլ, մասնակից ըլլալ to take part in, to participate, to take a share, to partake of.

Մասնակցութիւն share, participation, part.

Մասնաճիւղ branch, section, subdivision.

Մասնավճար partial payment, instalment.

Մասնատուփ pyx, ciborium.

Մասնաւոր special, particular, peculiar.

Ի մասնաւորի specially, particularly.

Մասնաւորապէս specially, particularly.

Մասնաւորել to specify, to particularize.

Մասնաւորութիւն specification, particularity, singularity, peculiarity.

Մասնիկ particle, portion, molecule.

Մասունք parts, relic.

Մատ finger.

Մատակ dam, female.

Մատակարար administrator, manager, caterer, purveyor, butler, steward.

Մատակարարել to administer, to manage, to dispense, to provide.

Մատակարարութիւն management, dispensation, economy, stewardship.

Մատաղ young, tender.

Մատաղաձի foal, colt, pony, nag.

Մատաղահասակ youngish, youthful.

Մատաղութիւն youth, tenderness.

Մատանի ring, signet-ring, seal.

Մատեան book, register.

Մատենագէտ bibliographer, lettered, learned, erudite.

ՄԱՏԵՆԱԳԻՏՈՒԹԻՒՆ bibliography.
ՄԱՏԵՆԱԳԻՐ author, writer, literary man.
ՄԱՏԵՆԱԳՐՈՒԹԻՒՆ bibliography, literature.
ՄԱՏԵՆԱԴԱՐԱՆ library, book-case.
ՄԱՏԵՆԱԽՕՍ commentator, bibliographer.
ՄԱՏԵՆԱԽՕՍՈՒԹԻՒՆ bibliology.
ՄԱՏԵՆԱՄՈԼ bibliomaniac, bookish.
ՄԱՏԵՆԱՄՈԼՈՒԹԻՒՆ bibliomania.
ՄԱՏԵՆԱՍԷՐ bibliophilist, book-fancier.
ՄԱՏԻՏ pencil, lead-pencil.
ՄԱՏՂԱՇ young, tender.
ՄԱՏՂԱՇՈՒԹԻՒՆ youthfulness, tenderness.
ՄԱՏՆԱԽՕՍՈՒԹԻՒՆ dactylology.
ՄԱՏՆԱՆԻՇ ԸՆԵԼ to point out, to indicate, to denote.
ՄԱՏՆԱՆՇՈՒՄ indication.
ՄԱՏՆԱՇՈՒՐԹ panaris, whitlow, felon.
ՄԱՏՆԱՉԱՓ inch.
ՄԱՏՆԱՏԱՊ dactylitis.
ՄԱՏՆԵԼ to denounce. to betray, to deliver up.
ՄԱՏՆԻ ՏԵՍ ՄԱՏԱՆԻ.
ՄԱՏՆԻՉ treacherous, betrayer, traitor.
ՄԱՏՆՈՒԻԼ to be betrayed, to be denounced.
ՄԱՏՆՈՒԹԻՒՆ treachery, betrayal.
ՄԱՏՆՈՒՆԻ five finger grass.
ՄԱՏՆՈՑ thimble.
ՄԱՏՆՏՈՒ betrayer, traitor.
ՄԱՏՈՅՑ access, approach. rise.
ՄԱՏՈՒՌ chapel, oratory.
ՄԱՏՈՒՏԱԿ liquorice plant.
ՄԱՏՈՒՑԱՆԵԼ to offer, to approach, to advance, to present.
ՄԱՏՉԻԼ to approach, to draw near, to accost, to land.
ՄԱՏՉՈՒՄ approach. access, drawing alongside.
ՄԱՏՌՈՒԱԿ cup-bearer, butler.
ՄԱՏՐԱՆԱՊԵՏ chaplain.
ՄԱՐԱԳ hayloft.
ՄԱՐԱԽ locust, grass-hopper.
ՄԱՐԱՋԱԽՏ marshal.
ՄԱՐԳ, ՄԱՐԳԱԳԵՏԻՆ meadow, pasture, turf.
ՄԱՐԳԱՍՏԱՆ grassland, meadow, grassfield.
ՄԱՐԳԱՐԷ prophet, seer.
ՄԱՐԳԱՐԷԱԿԱՆ prophetic.
ՄԱՐԳԱՐԷԱՆԱԼ to predict, to prophecy, to foretell.
ՄԱՐԳԱՐԷՈՒԹԻՒՆ prophecy.
ՄԱՐԳԱՐԷՈՒՀԻ prophetess.
ՄԱՐԳԱՐԻՏ pearl, daisy, marguerite.
ՄԱՐԳԱՐՏԱԶԱՐԴ pearled, set with pearls.
ՄԱՐԳԱՐՏԱԾԱՂԻԿ daisy, Easter daisy.
ՄԱՐԳԱՐՏԵԱՅ pearlaceous, pearly, of pearl.
ՄԱՐԳԻԶ marquis, marquess.
ՄԱՐԳԻԶՈՒԹԻՒՆ marquisate, marquisship.
ՄԱՐԳԻԶՈՒՀԻ marquise.
ՄԱՐԳՐԻՏ pearl, marguerite.
ՄԱՐԴ man, person, soul.
ԳՈՐԾԻ ՄԱՐԴ a man of business.
ՄԱՐԴԱԲԱՆ authropologist.
ՄԱՐԴԱԲԱՆՈՒԹԻՒՆ study of man, authropology.
ՄԱՐԴԱԿ joist, beam, roof.
ՄԱՐԴԱԿԱԶՄՈՒԹԻՒՆ physiology, anatomy, anthropotomy.
ՄԱՐԴԱԿԱՊԻԿ gorille.
ՄԱՐԴԱԿԵՐ man-eater, cannibal, anthropophagus.
ՄԱՐԴԱԿԵՐՈՒԹԻՒՆ anthropophagy, cannibalism.
ՄԱՐԴԱԿԵՐՊ human, anthropoidal.
ՄԱՐԴԱԿԵՐՊՈՒԹԻՒՆ anthropomorphism.
ՄԱՐԴԱՀԱՃՈՅ flatterer, servile, parasitical, fawning, insinuating.
ՄԱՐԴԱՀԱՃՈՒԹԻՒՆ adulation, flattery, fawning.
ՄԱՐԴԱՀԱՐԿ poll-tax, capitation, pollmoney.
ՄԱՐԴԱՁԻ centaur.
ՄԱՐԴԱՇԱՏ populous, peopled.
ՄԱՐԴԱՇԱՏՈՒԹԻՒՆ dense population. great multitude.

ՄԱՐԴԱՍԷՐ kind, gracious, philanthropist, humane, tender, benevolent.
ՄԱՐԴԱՍԻՐԱԲԱՐ humanely, affably, kindly, obligingly.
ՄԱՐԴԱՍԻՐԱԿԱՆ philanthropical, affable.
ՄԱՐԴԱՍԻՐՈՒԹԻՒՆ philanthropy, benevolence, kindness, affability, graciousness.
ՄԱՐԴԱՍՊԱՆ homicide, man-slayer, murderer.
ՄԱՐԴԱՍՊԱՆՈՒԹԻՒՆ murder, homicide.
ՄԱՐԴԱՎԱՅԵԼ becoming, suitable, proper, fit.
ՄԱՐԴԱՎԱՐ polite, courteous, well-bred, obliging.
ՄԱՐԴԱՎԱՐՈՒԹԻՒՆ civility, savoir vivre, politeness, courtesy.
ՄԱՐԴԱՏԵԱՑ manhater, misanthropist.
ՄԱՐԴԱՏԵՑՈՒԹԻՒՆ misanthropy, hatred of mankind.
ՄԱՐԴԱՑՈՒԼ minotaur, bucentaur.
ՄԱՐԴԵՂՈՒԹԻՒՆ incarnation, generation of mankind.
ՄԱՐԴԻԿ men, persons, people, mankind.
ՄԱՐԴԿԱՅԻՆ human.
ՄԱՐԴԿՈՒԹԻՒՆ humanity, mankind, human nature.
ՄԱՐԴԿՕՐԷՆ humanly, humanely.
ՄԱՐԵԼ to put out, to extinguish, to quench, to soften.
ՄԱՐԵԼԻՔ fainting fit, swoon.
ՄԱՐԵՄԱՆՕԹ bain marie.
ՄԱՐԶ confine, frontier, border.
ՄԱՐԶԱՆՔ exercise, drill, physical training.
ՄԱՐԶԱՐԱՆ training ground, gymnasium.
ՄԱՐԶԵԼ to train up, to drill, to form, to discipline.
ՄԱՐԶԻԿ exercised, disciplined, inured, coach.
ՄԱՐԶԻՉ drill master, teacher, coach.
ՄԱՐԶՊԱՆ governor, exarch.
ՄԱՐԹ Է it is possible, it may be so.
ՄԱՐԻԼ to be extinguished, to die off, to faint.
ՄԱՐԶՈՒՄ massage, rubbing.
ՄԱՐՄԱՆԴ lawn, greensward, grass plot.
ՄԱՐՄԱՃ muslin.
ՄԱՐՄԱՋ itching, pruriency, tickling, puncture.
ՄԱՐՄԱՋԱԿԱՆ pruriginous.
ՄԱՐՄԱՋԵԼ to itch, to be excited, to be ticklish.
ՄԱՐՄԱՋԵՑՆԵԼ to tickle, to titillate, to irritate.
ՄԱՐՄԱՋՈՒՄ itching, pruriency, puncture.
ՄԱՐՄԱՋՈՒՆ prurient.
ՄԱՐՄԱՐԱԳՈՐԾ marble cutter.
ՄԱՐՄԱՐԱՀԱՆՔ marble-quarry.
ՄԱՐՄԱՐԱՃԷՆ made of marble.
ՄԱՐՄԱՐԻՈՆ marble.
ՄԱՐՄԻՆ body, substance, consistence, flesh.
ՔԱՂԱՔԱԿԱՆ ՄԱՐՄԻՆ body politic.
ՄԱՐՄՆԱԲԱՆՈՒԹԻՒՆ somatology.
ՄԱՐՄՆԱԳՈՅՆ flesh coloured.
ՄԱՐՄՆԱԿԱՆ bodily, carnal, corporal.
ՄԱՐՄՆԱԿՐԹԱՆՔ physical training, gymnastics, bodily exercise.
ՄԱՐՄՆԱՄԱՐԶԱԿԱՆ gymnastic.
ՄԱՐՄՆԱՄԱՐԶ physical training, gymnastics.
ՄԱՐՄՆԱՊԷՍ corporally, bodily.
ՄԱՐՄՆԱՌՈՒԹԻՒՆ incarnation.
ՄԱՐՄՆԱՍԷՐ carnal, sensual.
ՄԱՐՄՆԱՑԵԱԼ incarnate.
ՄԱՐՄՆԱՑՆԵԼ to embody, to incarnate, to incorporate.
ՄԱՐՄՆԱՑՈՒՄ embodiment.
ՄԱՐՄՆԱՒՈՐ corporal, sensual, fleshly, material.
ՄԱՐՄՆԱՒՈՐՈՒԹԻՒՆ corporality, incarnation.
ՄԱՐՄՆԱՒՈՐՈՒՄ anaplerosis.
ՄԱՐՄՆԱՓՈԽՈՒԹԻՒՆ metempsychosis, transmigration of souls.
ՄԱՐՄՆԵՂ corpulent, fleshy, fat, bonied.
ՄԱՐՄՆԵՂԷՆ corporal, corporeal.

ՄԱՐՈՒԽ liquorice plant.
ՄԱՐՍԵԼ to digest, to stomach.
ՄԱՐՍԵՑՆԵԼ to make to digest.
ՄԱՐՍԵՑՈՒՑԻՉ, ՄԱՐՍՈՂԱԿԱՆ digestive, peptic.
ՄԱՐՍՈՂՈՒԹԻՒՆ digestion, concoction.
ՄԱՐՏ March.
ՄԱՐՏ war, battle, combat, fighting, contest.
ՄԱՐՏԱԳԷՏ strategist.
ՄԱՐՏԱՆԱՒ battleship, man of war.
ՄԱՐՏԱԽՈՒՄԲ war troops.
ՄԱՐՏԱԿԱՌՔ caisson, war-car.
ՄԱՐՏԱԿՈՉ slogan, challenge.
ՄԱՐՏԻԿ combatant, warrior, fighting man.
ՄԱՐՏԻՐՈՍ martyr.
ՄԱՐՏԻՐՈՍԱՆԱԼ to become martyr.
ՄԱՐՏԻՐՈՍՈՒԹԻՒՆ martyrdom.
ՄԱՐՏԿՈՑ bastion, battery.
ՄԱՐՏՆՉԻԼ to fight, to combat, to engage in action.
ՄԱՐՏՈՒՆԱԿ warlike.
ՄԱՑԱՌ bush, thicket.
ՄԱՑԱՌԱԽԻՏ bushy, woody.
ՄԱՔԱՌԻԼ to combat to dispute, to wrangle.
ՄԱՔԱՌՈՒՄ dispute, debate, contest, wrangle
ՄԱՔԻ sheep, lamb.
ՄԱՔՈՒՐ clean, neat, proper, pure, nice, unstained.
ՄԱՔՍ custom duty, customs.
ՄԱՔՍԱՅԻՆ relating to customs.
ՄԱՔՍԱՆԵՆԳ smuggler, contrabandist.
ՄԱՔՍԱՆԵՆԳՈՒԹԻՒՆ smuggling.
ՄԱՔՍԱՃԱՄՓՈՒՐ test-stick.
ՄԱՔՍԱՊԵՏ custom house director.
ՄԱՔՍԱՏՈՒՆ custom-house.
ՄԱՔՍԱՏՈՒՐՔ custom duty.
ՄԱՔՍԱՒՈՐ publican, tide-waiter.
ՄԱՔՐԱԳՈՐԾԵԼ to purify, to purge to clear, to rid.
ՄԱՔՐԱԳՈՐԾՈՒԹԻՒՆ purge, cleansing, disinfection
ՄԱՔՐԱԿԵՆՑԱՂ chaste, honest, pure, modest.
ՄԱՔՐԱԿՐՕՆ puritan.
ՄԱՔՐԱԿՐՕՆՈՒԹԻՒՆ puritanism.
ՄԱՔՐԱՐԱՆ purgatory.
ՄԱՔՐԱՓԱՅԼ pure, neat, limpid.
ՄԱՔՐԱՓԱՌ white (pearl).
ՄԱՔՐԵԼ to clean, to cleanse, to purge, to purify, to expiate.
ՀԱՇԻՒ ՄԸ ՄԱՔՐԵԼ to settle an account.
ՄԱՔՐՈՂ purifying, cleansing, cleanser.
ՄԱՔՐՈՂԱԿԱՆ purgative, depurative.
ՄԱՔՐՈՒԹԻՒՆ cleanliness, purity, expiation, clearness.
ՄԱՔՐՈՒԻԼ to clean, to purify, to purge one's self.
ՄԱՔՐՈՒՆԱԿ clean, neat, nice, pure.
ՄԳԼԱԾ, ՄԳԼՈՏԱԾ musty, mouldy.
ՄԳԼՈՏԻԼ to mould, to grow musty, to strive.
ՄԵՏՐ meter.
ՄԵՏՐԱԿԱՆ metric.
ՄԵԹՈՏ method, custom, way, order.
ՄԵԹՈՏԱԿԱՆ methodist, systematic.
ՄԵԹՈՏԱԿԱՆՈՒԹԻՒՆ methodism.
ՄԵԼԱՄԱՂՁԻԿ melancholy, pensoroso.
ՄԵԼԱՄԱՂՁՈՒԹԻՒՆ melancholiness.
ՄԵԼԱՆ ink.
ՄԵԽԱԿ clove.
ՄԵԽԱԿԵՆԻ clove tree.
ՄԵԾ great, large, big, tall, huge, grand, major, lofty.
ՄԵԾԱԲԱՆ bombastic, boasting, vainglorious, swagger, braggart.
ՄԵԾԱԲԱՆԵԼ to boast, to brag, to swagger, to vaunt.
ՄԵԾԱԲԱՆՈՒԹԻՒՆ bombast, bragging, boasting. gasconade.
ՄԵԾԱԳԵՂ delightful, charming, pleasing.
ՄԵԾԱԳԻՆ very dear, high priced. precious
ՄԵԾԱԳՈՅՆ larger, bigger, elder, greater.
ՄԵԾԱԳՈՐԾ magnificent, generous. noble, grand, superb.
ՄԵԾԱԳՈՐԾՈՒԹԻՒՆ magnificence, splendour. generosity.

ՄԵԾԱԴԻՐ large formed.
ՄԵԾԱՁՈՐ very strong, powerful.
ՄԵԾԱԾԱԽՍ costly. expensive, at a great expense.
ՄԵԾԱՀԱՄԲԱՒ very famous, much celebrated.
ՄԵԾԱՀԱՆԴԷՍ solemn, famous, pompous.
ՄԵԾԱՀԱՏՈՐ voluminous.
ՄԵԾԱՀՈԳԻ magnanimous, high minded, high-souled.
ՄԵԾԱՀՌՉԱԿ very famous, much celebrated.
ՄԵԾԱՀՐԱՇ marvellous, prodigious, very wonderful.
ՄԵԾԱՄԱՍՆՈՒԹԻՒՆ majority, plurality.
ՄԵԾԱՄԵԾ very great, very large.
ՄԵԾԱՄԻՏ self-conceited, haughty.
ՄԵԾԱՄՏՈՒԹԻՒՆ haughtiness, pride, conceit.
ՄԵԾԱՅԱՐԳ honourable. respectable.
ՄԵԾԱՅՈՅՍ sure, very hopeful.
ՄԵԾԱՆՁՆ magnanimous, generous, high-minded, noble.
ՄԵԾԱՆՁՆՈՒԹԻՒՆ greatness, magnanimity, demency, generosity.
ՄԵԾԱՆՈՒՆ great, celebrated, eminent.
ՄԵԾԱՇՈՒՐԹՆ thick-lipped.
ՄԵԾԱՇՈՒՔ splendid, gorgeous, solomn, majestic, pompous.
ՄԵԾԱՉԱՓ macrometer.
ՄԵԾԱՊԱՏԻՒ esquire, respectable.
ՄԵԾԱՊԱՐԳԵՒ very liberal, generous, munificent.
ՄԵԾԱՊԷՍ greatly, considerably.
ՄԵԾԱՍԻՐՏ great hearted, high minded.
ՄԵԾԱՍՔԱՆՉ marvellous, astonishing, wonderful.
ՄԵԾԱՏԱՂԱՆԴ talented person, witty.
ՄԵԾԱՏՈՒՆ rich, opulent, wealthy.
ՄԵԾԱՐԱՆՔ respect, honour, reverence, veneration, compliments.
ՄԵԾԱՐԱՆՕՔ respectfully, with regard.
ՄԵԾԱՐԳՈՅ honourable, reverend, venerable.
ՄԵԾԱՐԵԼ to respect, to honour, to venerate, to consider.
ՄԵԾԱՐԺԷՔ precious, costly, valuable.
ՄԵԾԱՒՈՐ superior, prior.
ՄԵԾԱՓԱՌ majestic, most glorious.
ՄԵԾԱՓԱՌՈՒԹԻՒՆ glory, majesty, celebrity.
ՄԵԾԱՓՈՐ big-bellied, pot-bellied.
ՄԵԾԱՔԱՅԼ with hasty strides.
ՄԵԾԿԱԿ larger, biggish.
ՄԵԾԱՔԱՆԱԿ wholesale, the whole mass.
ՄԵԾՆԱԼ to grow, to get big, to increase.
ՄԵԾՀՈԳԻ high minded, magnanimous, great.
ՄԵԾՈՒԹԻՒՆ greatness, largeness, size, magnitude, grandeur.
ՄԵԾՎԱՅԵԼՈՒՉ majestic.
ՄԵԾՑՆԵԼ to enlarge, to augment, to exaggerate.
ՄԵԾՓՈՐ great-bellied, big-bellied.
ՄԵԿԵՆԱՍ mecaenas, patron.
ՄԵԿԻՆ explicit, clear, disdinct, plain, clearly.
ՄԵԿՆԱԲԱՆ paraphrast.
ՄԵԿՆԱԲԱՆԵԼ to explain, to comment, to interpret.
ՄԵԿՆԱԲԱՆՈՒԹԻՒՆ explanation, interpretation, commentary, separation.
ՄԵԿՆԵԼ to explain, to comment, to interpret, to expound.
ՄԵԿՆԻԼ to go away, to depart, to start, to remove.
ՄԵԿՆՈՂ, ՄԵԿՆԻՉ commentator, interpreter, explainer, expounder, goer.
ՄԵԿՆՈՂԱԿԱՆ explicative, interpretative.
ՄԵԿՆՈՑ mantle, surtout, cloak.
ՄԵԿՆՈՒԹԻՒՆ explication, explanation, commentary, interpretation.
ՄԵԿՆՈՒԻԼ to be explained, interpreted.
ՄԵԿՆՈՒՄ departure, parting.

ՄԵԿՈՒՍԱՆԱԼ to retire, to withdraw, to go away, to retreat.

ՄԵԿՈՒՍԱՐԱՆ retreat, retirement.

ՄԵԿՈՒՍԱՑՆԵԼ to set aside, to isolate, to separate, to discard, to keep away.

ՄԵԿՈՒՍԻ isolated, aside, apart.

ՄԵՀԵԱՆ pagoda.

ՄԵՀԵԿԱՆ February.

ՄԵՂԱԴՐԱՆՔ reproach, blame, charge, accusation.

ՄԵՂԱԴՐԵԼ to reproach, to blame, to find fault with.

ՄԵՂԱԴՐԵԼԻ reproachable, blamable.

ՄԵՂԱԴՐՈՒԹԻՒՆ ՏԵՍ ՄԵՂԱԴՐԱՆՔ.

ՄԵՂԱՅ I have sinned, mea culpa.

ՄԵՂԱՅԱԳԻՐ retractation.

ՄԵՂԱՆՉԱԿԱՆ peccable, sinful, corrupt.

ՄԵՂԱՆՉԵԼ to sin, to trespass, to offend, to transgress.

ՄԵՂԱՆՉՈՒՄ sinning, act of committing a fault.

ՄԵՂԱՊԱՐՏ culpable, guilty, at fault.

ՄԵՂԱՒՈՐ sinner, wicked.

ՄԵՂԵԴԻ melody.

ՄԵՂԵՍԻԿ amethyst.

ՄԵՂԿ soft, slack, effeminate, indolent.

ՄԵՂԿԱՆԱԼ to grow slack, to mollify, to grow tender, to soften.

ՄԵՂԿԱՑՆԵԼ to mollify, to enervate, to unman.

ՄԵՂԿՈՒԹԻՒՆ softness, enervation, slackness.

ՄԵՂԿՈՏ soft, slack, feeble, effeminate.

ՄԵՂՄ soft, smooth, easy, gentle, mild, calm.

ՄԵՂՄԱԽԱՌՆ sober, mild, moderate.

ՄԵՂՄԱՆԱԼ to become soft, to grow cool, to get milder.

ՄԵՂՄԱՑՈՒՄ alleviation, mitigation, extenuation, attenuation.

ՄԵՂՄԱՑՆԵԼ to moderate, to mitigate, to modify, to alleviate, to sweeten.

ՄԵՂՄԱՑՈՒՑԻՉ mitigative, palliating, softening, attenuant, balsamic.

ՄԵՂՄԻԿ sweetly, softly, slightly, agreeably.

ՄԵՂՄՈՒԹԻՒՆ mitigation, lenity, softening.

ՄԵՂՄՕՐԷՆ sweetly, gently, slightly.

ՄԵՂՈՒ bee, honey bee.

ՄԵՂՈՒԱԲՈՅԾ beemaster, apiarist.

ՄԵՂՈՒԱԲՈՅՆ bee-hive.

ՄԵՂՈՒԱԲՈՒԾՈՒԹԻՒՆ apiculture.

ՄԵՂՈՒԱՆՈՑ bee-hive, apiary, bee-garden.

ՄԵՂՍԱԿԻՑ accomplice, a party to.

ՄԵՂՍԱԿՑՈՒԹԻՒՆ accomplicity, art and part.

ՄԵՂՐ honey.

ՄԵՂՐԱԲԵՐ melliferous.

ՄԵՂՐԱԼԻՑ honeyed, full of honey.

ՄԵՂՐԱԼՈՒՍԻՆ honey moon, honey month.

ՄԵՂՐԱԿԱԹ honey, fair spoken.

ՄԵՂՐԱԿԱՆ of honey, honeyed.

ՄԵՂՐԱՀՈՍ sweet, soft, melllfluous.

ՄԵՂՐԱՄՈՄ wax, bee's wax, wax candle.

ՄԵՂՐԱՋՈՒՐ molasses, hydromel, mead.

ՄԵՂՐԵԼ to honey, to sweeten with honey.

ՄԵՂՐԵՆԻ honey flower.

ՄԵՂՐՈՏ honeyed, honey-flavoured.

ՄԵՂՔ sin, offense, guilt, wickedness, evil, wrong doing.
ՄԱՀԱՑՈՒ ՄԵՂՔ mortal sin.

ՄԵՂՔՆԱԼ to pity, to compassionate.

ՄԵՄԲՐԱԾԱՂԻԿ wall-flower.

ՄԵՆԱԳՐՈՒԹԻՒՆ monography.

ՄԵՆԱԽՕՍՈՒԹԻՒՆ monologue.

ՄԵՆԱԿԵԱՑ alone, single, solitary, retired.

ՄԻԱՁԱՅՆՈՒԹԻՒՆ sameness, monotony.

ՄԵՆԱՄԱՐՏ duelist, monomachist, duello.

ՄԵՆԱՄԱՐՏԻԼ to duel, to fight a duel.

ՄԵՆԱՄԱՐՏԻԿ duelist, gladiator.

ՄԵՆԱՄԱՐՏՈՒԹԻՒՆ duelling, monomachia.
ՄԵՆԱՄՈԼ monomaniac.
ՄԵՆԱՄՈԼՈՒԹԻՒՆ monomania.
ՄԵՆԱՆՈՒԱԳ solo.
ՄԵՆԱՍՏԱՆ convent, monastery.
ՄԵՆԱՎԱՃԱՌ monopolist.
ՄԵՆԱՎԱՃԱՌՈՒԹԻՒՆ monopoly, privelege.
ՄԵՆԱՐԱՆ solitude, loneliness, retreat, convent.
ՄԵՆԱՒՈՐ alone, sole, single, solitary.
ՄԵՆԱՒՈՐՈՒԹԻՒՆ isolation, loneliness, solitude.
ՄԵՆԵՐԳ solo.
ՄԵՆՏՈՐ guide, tutor, mentor.
ՄԵՆՔ we.
ՄԵՌԱԾ dead, died.
ՄԵՌԵԱԼ deceased, dead, defunct.
ՄԵՌԵԼ dead person, corpse.
ՄԵՌԵԼԱԹԱՂ grave-digger, sexton.
ՄԵՌԵԼԱԾԻՆ stillborn.
ՄԵՌԵԼԱԿԱՌՔ bier, hearse.
ՄԵՌԵԼԱՏԻՊ ghastly, corps-like, cadaverous.
ՄԵՌԵԼՈՒԹԻՒՆ want of animation, deadness, mortality.
ՄԵՌՆԻԼ to die, to expire, to depart, to wane.
ՄԵՌՈՆԱԾԱՌ sweet marjoram.
ՄԵՌՑՆԵԼ to kill, to mortify. *ԻՆՔԶԻՆՔԸ ՄԵՌՑՆԵԼ* to commit suicide.
ՄԵՍԻԱ The Messiah, The Anointed.
ՄԵՍՄԵՐԱԿԱՆՈՒԹԻՒՆ mesmerism, animal magnetism.
ՄԵՍՄԵՐԱՑՆԵԼ to mesmerize.
ՄԵՍՈՒԹԻՒՆ introduction, insertion.
ՄԵՏԱՂ metal.
ՄԵՏԱՂԱԳԻՏՈՒԹԻՒՆ docimastic art, metallography.
ՄԵՏԱՂԱԳՈՐԾ metallurgist.
ՄԵՏԱՂԱԳՈՐԾՈՒԹԻՒՆ metallurgy.
ՄԵՏԱՂԱԳՐՈՒԹԻՒՆ metallography.
ՄԵՏԱՂԱԿԱՆ metallic.
ՄԵՏԱՂԱՀԱՆ miner, pitman.
ՄԵՏԱՂԱՑՈՒՄ metallization.
ՄԵՏԱՂԵԱՑ metallic, of metal.
ՄԵՏԱՍԱՆ eleven.
ՄԵՏԱՍԱՆԵՐՈՐԴ eleventh.
ՄԵՏԱՔՍ silk.
ՄԵՏԱՔՍԱԳՈՐԾ silk spinner, silk manufacturer.
ՄԵՏԱՔՍԱԳՈՐԾՈՒԹԻՒՆ silk culture, silk trade, silk manufacturing.
ՄԵՏԱՔՍԱՀԻՒՍ woven with silk, made with silk.
ՄԵՏԱՔՍԱՎԱՃԱՌ silk dealer, silk merchant.
ՄԵՏԱՔՍԱՐԱՆ silk manufactory.
ՄԵՏԱՔՍԵՂԷՆ silken, of silk.
ՄԵՏԱՔՍԵՂԷՆՔ silk goods.
ՄԵՏԷՕՐԱԲԱՆ meteorologist.
ՄԵՏԷՕՐԱԲԱՆՈՒԹԻՒՆ meteorology.
ՄԵՐ our. *ՄԵՐԸ* ours.
ՄԵՐԹ sometime, now and then.
ՄԵՐԹ ԸՆԴ ՄԵՐԹ occasionally.
ՄԵՐԺԵԼ to refuse, to expel, to reject, to repulse.
ՄԵՐԺԵԼԻ refusable, rejectable.
ՄԵՐԺՈՒԻԼ to be refused, to be rejected, to abstain from.
ՄԵՐԺՈՂ repulsory, reprover, refuser.
ՄԵՐԺՈՂԱԿԱՆ declinatory, repulsive.
ՄԵՐԺՈՒՄ refusal, reprobation, repulsion, denial, disapproval.
ՄԵՐԼԱՆ green-fish.
ՄԵՐԿ uncovered, naked, bare.
ՄԵՐԿԱՆԱԼ to undress, to unveil, to uncover, to denude.
ՄԵՐԿԱՊԱՏԵԱՆ uncovered, unsheathen.
ՄԵՐԿԱՊԱՐԱՆՈՑ bare, naked, nakedly.
ՄԵՐԿԱՍՐՈՒՆՔ bare-legged.
ՄԵՐԿԱՑՆԵԼ to undress, to disrobe, to divest.
ՄԵՐԿՈՏՆ bare-footed.
ՄԵՐԿՈՒԹԻՒՆ nudity, nakedness, the naked part.
ՄԵՐՁԱԿԱՅ next, approaching.
ՄԵՐՁԱԿԱՅՔ vicinage, nearness.
ՄԵՐՁԱԿԷՏ perigee.
ՄԵՐՁԱՒՈՐ adjacent, contiguous, near, bordering on, akin.

ՄԵՐՁԱՒՈՐԵԼ to bring nearer, to draw near, to accost.
ՄԵՐՁԱՒՈՐՈՒԹԻՒՆ proximity, contiguity, nearness.
ՄԵՐՁԱՒՈՐՔ neighbours, kinsmen, relatives.
ՄԵՐՁԵՆԱԼ to approach, to come near.
ՄԵՐՁԵՆԱԼԻ approachable.
ՄԵՐՁԵՑՈՒՄ approach, placing near.
ՄԵՔԵՆԱԲԱՐ mechanically.
ՄԵՔԵՆԱԳԷՏ mechanician.
ՄԵՔԵՆԱԳԻՏՈՒԹԻՒՆ mechanical engineering.
ՄԵՔԵՆԱԳՈՐԾ mechanist.
ՄԵՔԵՆԱԳՈՐԾՈՒԹԻՒՆ engine making, machinery.
ՄԵՔԵՆԱԿԱՆ mechanical.
ՄԵՔԵՆԱԿԱՆՈՒԹԻՒՆ mechanism.
ՄԵՔԵՆԱՅ machine, engine, intrigue.
ՄԵՔԵՆԱՅԱՐԴԱՐ engine-fitter.
ՄԵՔԵՆԱՅԵԼ to machinate, to plan, to form, to contrive.
ՄԵՔԵՆԱՅՈՒԹԻՒՆ machination.
ՄԵՔԵՆԱՎԱՐ mechanician, mechanist, engine-man, machine driver.
ՄԶԵԼ to extract, to filter, to strain.
ՄԶՈՒԻԼ, ՄԶԻԼ to be filtered, to percolate.
ՄԶԿԻԹ mosque, mosk.
ՄԶՈՒՄ infiltration.
ՄԷԱՆԴՐ meander.
ՄԷԳ fog, mist, maze.
ՄԷԶ urine, piss.
ՄԷԿ one, a, some, any.
ՈՐԵՒԷ ՄԷԿԸ any one.
ՄԷԿԶՄԷԿ each other.
ՄԷԿԻԿ ՄԷԿԻԿ one by one, individually.
ՄԷԿ ՀԱՏԻԿ unique, without a like.
ՄԷՆ each, every, one.
ՄԷՆ ՄԻ every one, each one.
ՄԷՋ in, at, among, amid.
ՄԷՋ ԸՆԴ ՄԷՋ every other.
ՄԷՋՏԵՂ middle, midst.
ՄԷՋՏԵՂԸ between.
ՄԷՋՔ loins, waist.
ՄԷՋՔԸ ԿՈՏՐԵԼ to break one's back.
ՄԷՏ pivot, pin, axis, spindle.
ՄԸ one, a, an, some.
ԲԱՆ ՄԸ something.
ՄԹԱԳԻՆ gloomy, dark, obscure.
ՄԹԱԳՆԵԼ to obscure, to darken.
ՄԹԱԳՆԻԼ to grow dim, to become dark.
ՄԹԱԳՈՅՆ dark, obscure, sombre.
ՄԹԵՐԱՆՈՑ store-house, ware-house.
ՄԹԵՐԱՊԱՀ warehouse man.
ՄԹԵՐԱՊԱՑ supply officer.
ՄԹԵՐԵԼ to store, to lay in, to put by.
ՄԹԵՐՈՂՋԷՔ warehousing.
ՄԹԵՐՔ stores, provision, supply, stock.
ՄԹԻՆ obscure, gloomy, dark.
ՄԹՆԱԳՈՅՆ dark, tarnished, dull.
ՄԹՆՆԱԼ to grow dim, to darken.
ՄԹՆՇԱՂ twilight, crepuscule
ՄԹՆՈԼՈՐՏ atmosphere.
ՄԹՆՑՆԵԼ to darken, to obscure, to dim, to tarnish.
ՄԹՈՒԹԻՒՆ darkness, obscurity, dimness.
ՄԺԵԽ, ՄԺԵՂ mosquito, gnat.
ՄԻ one, ***ՄԻ ՔԱՆԻ*** a few, some.
ՄԻԱԲԱՆ unanimous, concordant, agreeing.
ՄԻԱԲԱՆ monk, friar.
ՄԻԱԲԱՆԱԿԱՆ unanimous, monastic.
ՄԻԱԲԱՆԻԼ to agree, to accord, to make terms, to suit.
ՄԻԱԲԱՆՈՒԹԻՒՆ unanimity, agreement, accord, society, harmony, congregation.
ՄԻԱԲԵՐԱՆ with one voice, unanimously.
ՄԻԱԳՈՅՆ unicolor, self-coloured.
ՄԻԱԴԱՒԱՆ unitarian.
ՄԻԱԴԻՄԻ unilateral, uniform.
ՄԻԱԹԵՐԹ monopetalous.
ՄԻԱԽՈՐՀՈՒՐԴ unanimous.
ՄԻԱԽՈՒՄԲ in a body, by the bulk.
ՄԻԱԽՈՒՌՆ together, conjointly.
ՄԻԱԾԱԼ folio.
ՄԻԱԾԻՆ unique, the only begotten.
ՄԻԱԿ one, alone, single, unique.

ՄԻԱԿԱՆԻ one eyed person, blind of one eye.
ՄԻԱԿԱՆՈՒԹԻՒՆ monism.
ՄԻԱԿԵՐՊ uniform, monotonous, uniformly, evenly.
ՄԻԱԿԵՐՊՈՒԹԻՒՆ uniformity, monotony.
ՄԻԱԿՆՈՒԹԻՒՆ monogamy.
ՄԻԱԿՈՂՄԱՆԻ partial, biassed, one sided.
ՄԻԱԿՏՈՒՐ monolithic, all in one place.
ՄԻԱԿՐՕՆ of the same religion, co-religionist.
ՄԻԱՀԱԿ monoclinal.
ՄԻԱՀԱՂՈՅՆ wholly, all at once, collectively.
ՄԻԱՀԱՄՈՒՌ collectively, altogether.
ՄԻԱՀԱՏՈՐ of a single volume.
ՄԻԱՀԵԾԱՆ absolute, despotic, arbitrary.
ՄԻԱՀՈՅԼ in a lump, altogether.
ՄԻԱՁԱՅՆ with one voice, unisonal.
ՄԻԱՁԱՅՆՈՒԹԻՒՆ unanimity, symphony.
ՄԻԱՁԵՒ having one shape, uniform.
ՄԻԱՁԵՒՈՒԹԻՒՆ uniformity.
ՄԻԱՄԻՏ simple-minded, naive, artless, innocent.
ՄԻԱՄՈԼ monomaniac.
ՄԻԱՄՏԱԲԱՐ simply, naively, candidly, plainly.
ՄԻԱՄՏԱԿԱՆ naive, artless, simple.
ՄԻԱՄՏՈՒԹԻՒՆ simpleness, plain-dealing, simplicity.
ՄԻԱՄՏՕՐԷՆ simply, naively, plainly.
ՄԻԱՅՆ one, only, single, mere, but.
ՄԻԱՅՆԱԿ alone, all alone.
ՄԻԱՅՆԱԿԵԱՑ solitary, hermit, recluse.
ՄԻԱՅՆԻԿ all alone, alone, quite alone.
ՄԻԱՅՆՈՒԹԻՒՆ solitude, retreat loneliness.
ՄԻԱՆԱԼ to be joined, incorporated.
ՄԻԱՆԳԱՄ once, only one time.
ՄԻԱՆԳԱՄ ԸՆԴՄԻՇՏ once for ever.
ՄԻԱՆԳԱՄԱՅՆ in the same time, all at once.
ՄԻԱՆՁԵԱՅ monopersonal.
ՄԻԱՆՁՆԱԴԱՒԱՆ unitarian.
ՄԻԱՆՁՆԱԿԱՆ unitarian, monochal. solitary, single.
ՄԻԱՆՁՆՈՒՀԻ nun.
ՄԻԱՇՈՒՆՉ unanimous.
ՄԻԱՊԵՏ monarch.
ՄԻԱՊԵՏԱԿԱՆ monarchist, royalist.
ՄԻԱՊԵՏՈՒԹԻՒՆ monarchy, monarchism.
ՄԻԱՍԻՆ together, jointly.
ՄԻԱՍԻՐՏ of one mind, unanimous, monocardian.
ՄԻԱՍՆԱԿԱՆ unanimous, consubstantial, common.
ՄԻԱՍՆԱԿԱՆՈՒԹԻՒՆ consubstantiality, simultaneousness.
ՄԻԱՍՏՈՒԱԾԵԱՆ monotheist.
ՄԻԱՎԱՆԿ monosyllable.
ՄԻԱՏԵՂ with, together.
ՄԻԱՑՆԵԼ to unite, to joint, to connect.
ՄԻԱՑՆՑՈՒՄ monospasm.
ՄԻԱՑՈՒՄ junction, incorporation.
ՄԻԱՒՈՐ united, joined, alone, singular, unique.
ՄԻԱՒՈՐ (ԹԻՒ) unit, unity, ace at cards.
ՄԻԱՒՈՐԱԿԱՆ singular, peculiar, unitarian.
ՄԻԱՒՈՐԵԼ to unite, to joint, to link, to connect.
ՄԻԱՒՈՐՈՒԹԻՒՆ union, junction, incorporation, symphysis.
ՄԻԱՔԱՐ monolith.
ՄԻԳԱՄԱԾ nebulous.
ՄԻԳԱՊԱՏ foggy, misty.
ՄԻԶԱՀԱՆ probe.
ՄԻԶԱՆՈՑ, **ՄԻԶԱՐԱՆ** urinal, chamber pot.
ՄԻԶԱՒԱՆ chamber pot, urinal.
ՄԻԶԵԼ to urinate, to piss, to urine.
ՄԻԶԵՑՈՒՑԻՉ diuretic.
ՄԻԶՈՂ pisser.
ՄԻԶՈՒՄ pissing, emiction.
ՄԻԹԷ is it that?, is it possible.
ՄԻԼԻՈՆ million.

ՄԻԼԻՈՆԱՏԷՐ millionaire.

ՄԻԼԻՈՆԵՐՈՐԴ millionth.

ՄԻՄՈՍ mimic, clown, buffoon.

ՄԻՄՈՍԱԿԱՆ mimic, mimetic, droll.

ՄԻՄՈՍՈՒԹԻՒՆ mimicry, buffoonery, drollery.

ՄԻՆԱԿ alone, single.

ՄԻՆԱԿՈՒԹԻՒՆ solitude, loneliness.

ՄԻՆՉ, ՄԻՆՉԴԵՌ while, where as, till, upto, as far as.

ՄԻՆՉԵՒ as far as, until, to.

ՄԻՆՉԵՒ ԱՆԳԱՄ even.

ՄԻՆՉԵՒ ԵՐԲ how long?.

ՄԻՇՏ always, forever, at all times.

ՄԻՈՒԹԻՒՆ unit, unity, union.

ՄԻՋԱԴԷՊ incident, occurrence.

ՄԻՋԱԿ mediocre, medium.

ՄԻՋԱԿԷՏ center, point (;), semi-colon.

ՄԻՋԱԿՈՒԹԻՒՆ mediocrity.

ՄԻՋԱՀԱՍԱԿ medium sized.

ՄԻՋԱՄԱՏՆ middle finger.

ՄԻՋԱՄՏԵԼ to interpose, to interfere, to meddle with, to go in.

ՄԻՋԱՄՏՈՒԹԻՒՆ interference, intervention, interposition.

ՄԻՋԱՅՕԴԱՅԻՆ interarticular.

ՄԻՋԱՆԿԵԱԼ incidental, intermediate, intervening.

ՄԻՋԱՆՑՔ corridor.

ՄԻՋԱՎԱՅՐ middle, centre, environment.

ՄԻՋԱՏ insect.

ՄԻՋԱՏԱԲԱՆ entomologist.

ՄԻՋԱՏԱԲԱՆՈՒԹԻՒՆ entomology.

ՄԻՋԱՏԱԿԵՐ entomophagous, insectivorous.

ՄԻՋԱՐԿՈՒԹԻՒՆ interjection.

ՄԻՋԵՐԿՐԱԿԱՆ Mediterranean.

ՄԻՋԵՒ between, among, in.

ՄԻՋԻՆ middle, average, medium, mean.

ՄԻՋԻՆ ԴԱՐ Middle Age.

ՄԻՋԻՆՔ averages, the middle ones, midlent.

ՄԻՋՆԱԲԵՐԴ citadel, tower.

ՄԻՋՆԱԴԱՐԵԱՆ mediaeval.

ՄԻՋՆՈՐԴ mediator, broker, agent, go-between.

ՄԻՋՆՈՐԴ ԸԼԼԱԼ to mediate, to intercede, to go between.

ՄԻՋՆՈՐԴԱԿԱՆ mediate, intermediate.

ՄԻՋՆՈՐԴԵԼ to mediate, to intercede, to go between.

ՄԻՋՆՈՐԴՈՒԹԻՒՆ mediation, intervention, brokerage, agency.

ՄԻՋՆՈՐԴՈՒՀԻ mediatress.

ՄԻՋՆՈՐԴՉԷՔ brokerage, commission.

ՄԻՋՆՈՐՄ partition, party wall.

ՄԻՋՈՑ space, room, means, way, interval, medium.

ՄԻՋՈՑԱՅԻՆ spacial.

ՄԻՋՈՒԿ marrow, pith, medulla, inside part.

ՄԻՋՑԱՄԱՔԱՅԻՆ intercontinental.

ՄԻՋՕՐԷ noon, midday.

ՄԻՋՕՐԷԱԿԱՆ meridian, of noon.

ՄԻՍ meat, flesh.

ԽՈՐՈՎԱԾ ՄԻՍ roast meat.

ՈՉԽԱՐԻ ՄԻՍ mutton.

ՄԻՏՔ, ՄԻՏ mind, intellect.

ՄԻՏՔ ԲԵՐԵԼ to recollect, to recall, to mind.

ՄԻՏԵԼ to incline, to bend, to cause to lean.

ՄԻՏՈՅԹ momentum, impetus.

ՄԻՏՈՒՄ inclination, tendency, trend.

ՄԻՏՐ mitre.

ՄԻՐԳ fruit.

ՄԻՒՌՈՆ holy oil, chrism.

ՄԻՒՍ other, another.

ՄԻՒՍ ԱՆԳԱՄ again, another time.

ՄԻՕՐԵԱՅ ephemeral, lasting only one day.

ՄԻՕՐԻՆԱԿ monotonous, uniform.

ՄԻՕՐԻՆԱԿՈՒԹԻՒՆ monotony, uniformity.

ՄԼԱԿ bug, bed-bug.

ՄԼԱՒԵԼ to mew, (of cats).

ՄԼՈՒԿ bug, bed-bug.

ՄԽԵԼ to sink, to thrust in, to dip, to drive in.

ՄԽԻԹԱՐ comforter, consoler.

ՄԽԻԹԱՐԱԿԱՆ comforting, consolatory, alleviating, soothing.

ՄԽԻԹԱՐԱԿԻՑ consolation fellow.

Մխիթարանք comfort, consolation, alleviation, ease.
Մխիթարեան Mekhitarist.
Մխիթարել to comfort, to console, to solace, to revive.
Մխիթարելի comfortable, consolable.
Մխիթարուիլ to solace, to be consoled, to be comforted.
Մխիթարիչ consoler, comforter, consolatory.
Մխիթարութիւն consolation, solace, comfort.
Մխիլ to sink down, to plunge, to go deep.
Մխոց piston, plunger.
Մխրճիլ տես **Մխիլ**.
Մկանք muscles.
Մկանունք muscles, waves, billows.
Մկնաբանութիւն myology.
Մկնագրութիւն myography.
Մկնահատութիւն myotomy.
Մկնային. muscular.
Մկնացաւ pain in the muscles.
Մկնաւոր musculous.
Մկնեղ muscular.
Մկնիկ small mouse.
Մկունդ lance, halberd.
Մկրատ scissors.
Մկրտարան baptistery.
Մկրտել to baptise, to christen.
Մկրտուիլ to be baptized.
Մկրտութիւն baptism, christening, purification.
Մկրտութեան խորհուրդ the sacrement of baptism.
Մկրտիչ baptist.
Մղել to thrust, to push.
Ետ Մղել to push back.
Մղլակ dead-latch, dead-lock.
Մղձաւանջ nightmare, incubus.
Մղձկահաչ croup.
Մղձկել to strangle, to suffocate, to choke.
Մղձկում oppression.
Մղձուկ heart-breaking, pain, pang, angina.
Մղոն mile.
Մղոնաքար milestone.
Մղուիլ to be fushed forward.
Մղում push, impulsion, propulsion, stimulus.
Մղտաքար bronzite.
Մնալ to remain, to stay, to lodge, to reside.
Մէջտեղ մնալ to be abandoned.
Մնայուն permanent, constant, fixed, standing, solid.
Մնայական permanent, lasting, durable.
Մնացեալ remaining left, surviving
Մնացորդ remainder, left, remnant, rest, residue.
Մնացորդք relics.
Մնչել to groan, to moan, to wail, to cry.
Մնչիւն groan. moan, moaning.
Մնջեղ maple tree.
Մնջիկ without noise, silently.
Մնջկատակ pantominist.
Մշակ cultivator, grower, tiller, agriculturist.
Մշակական agricultural, rural.
Մշակել to cultivate, to culture, to till, to study.
Միտքը մշակել to cultuvate the mind.
Մշակելի arable, cultivable.
Մշակոյթ culture, improvement.
Մշակութիւն culture agriculture. education, cultivation.
Մշկածաղիկ may lily.
Մշկահամ, **Մշկահոտ** muscated, musk-scented.
Մշուշ fog, haze, mist.
Մշտաբուղխ, **Մշտահոս** never failing, inexhaustible, everflowing.
Մշտադալար evergreen.
Մշտել to poke, to give a blow with a fist.
Մշտիկ common hyssop.
Մշտնջենապէս forever, everlastingly.
Մշտնջենական eternal, perpetual.
Մշտնջենաւորել to perpetuate, to eternize, to last, to continue, to remain.
Մշտնջենականութիւն perpetuity, perpetuation, eternity.

ՄՇՐՈՒՆԻ musk okra.
ՄՈԳ mage, magician, diviner.
ՄՈԳԱԿԱՆ magic, magical.
ՄՈԳՈՒԹԻՒՆ magic, charm, magianism, witchcraft.
ՄՈԼԱԹՈՒԶ sycamore's fruit.
ՄՈԼԱԽԻՆԴ hemlock, conium.
ՄՈԼԱՐ wandering, errant, misguided.
ՄՈԼԱՓՈՐ pimple, blotch, pustule.
ՄՈԼԵԳԻՆ furious, raging, fierce, outrageous.
ՄՈԼԵԳՆԱԲԱՐ furiously, fiercely.
ՄՈԼԵԳՆԻԼ to become furious, to be enraged.
ՄՈԼԵԳՆՈՏ furious, raging, enraged.
ՄՈԼԵԳՆՈՒԹԻՒՆ fury, madness, rage, mania.
ՄՈԼԵԿԱՆ infuriated, raving, fanatical.
ՄՈԼԵՌԱՆԴ, ՄՈԼԵԽԱՆՁ fanatic, intolerant, bigot.
ՄՈԼԵՌԱՆԴՈՒԹԻՒՆ fanaticism, bigotry.
ՄՈԼԻ raving, maniac, vicious, passionate, eccentric.
ՄՈԼԻ yellow garlic, moly.
ՄՈԼՈՇ mallow.
ՄՈԼՈՐ wandering, errant, roving, mislaid, lost.
ՄՈԼՈՐԱԿ planet, wandering star.
ՄՈԼՈՐԱԿԱՅԻՆ planetary.
ՄՈԼՈՐԱԿԱՆ errant, erroneous, seducible.
ՄՈԼՈՐԱԿԱՑՈՅՑ planetarium, orrery.
ՄՈԼՈՐԵԱԼ wandering, roving, errant, misled, misguided.
ՄՈԼՈՐԵՑՆԵԼ to mislead, to seduce, to lead astray, to misguide.
ՄՈԼՈՐԵՑՈՒՑԻՉ seductive, seducer, infectious, deceitful.
ՄՈԼՈՐԻԼ to go astray, to deviate, to fall into error.
ՄՈԼՈՐՈՒԹԻՒՆ wandering, error, seduction, aberration.
ՄՏՔԻ ՄՈԼՈՐՈՒԹԻՒՆ mental aberration.
ՄՈԼՈՒԹԻՒՆ vice, mania, addiction.
ՄՈԼՈՒՑՔ fury, modness, rage, violent passion.
ՄՈԽԻՐ ash, ashes, cinders.
ՄՈԽՐԱԳՈՅՆ ashy, ash coloured.
ՄՈԽՐԱԼԻՑ ashy, full of ashes.
ՄՈԽՐԱԿԱԼ, ՄՈԽՐԱՆՈՑ ash-pan, ashery.
ՄՈԽՐԱՋՈՒՐ lye.
ՄՈԽՐԱՏՈՒՆԿ sea-side ragwort.
ՄՈԽՐՈՑ ash-hole, ash-pan.
ՄՈՂԷԶ lizard.
ՄՈՄ candle, wax.
ՄՈՄԱԳՈՐԾ wax-maker.
ՄՈՄԱԿ, ՄՈՄԻԱՅ mummy.
ՄՈՄԱՎԱՃԱՌ war-seller, dealer in wax.
ՄՈՄԵՂԷՆ cerous, waxy, wax-work.
ՄՈՄԼԱԹ, ՄՈՄՇՈՐ oil-cloth.
ՄՈՅԹ pillars, support, prop.
ՄՈՅԿ jack-boots, galoche.
ՄՈՌԱՆԱԼ to forget, to be unmindful of.
ՄՈՌԱՑԿՈՏ unmindful, forgetful, oblivious.
ՄՈՌԱՑԿՈՏՈՒԹԻՒՆ forgetfulness, oblivion.
ՄՈՌԱՑՈՂ forgetter.
ՄՈՌԱՑՈՒՄ oblivion, oversight, forgetfulness, want of memory.
ՄՈՌՆԱԼ to forget, to be forgetful.
ՄՈՌՑՈՒԻԼ to be forgotten.
ՄՈՌՑՈՒԿ forgotten.
ՄՈՌՑՆԵԼ to cause to forget.
ՄՈՐՄ tarantula.
ՄՈՐԵՆԻ, ՄՈՐ black-berry.
ՄՈՐԹ skin, hide, leather, derma, cutis.
ՄՈՐԹԱԲԱՆՈՒԹԻՒՆ dermatology.
ՄՈՐԹԱԳՈՐԾ skinner, currier, leather dresser.
ՄՈՐԹԱԿ calpac.
ՄՈՐԹԱՅԻՆ cutaneous, dermatic, pertaining to the skin.
ՄՈՐԹԱՆԱՒ coracle.
ՄՈՐԹԱՏԱՊ dermatitis.
ՄՈՐԹԱՑԱՒՈՒԹԻՒՆ dermalgia.
ՄՈՐՏԱՓՈՒ morphea.
ՄՈՐԹԵԼ to slaughter, to slay, to butcher, to kill.

ՄՈՐԹՈՂ slaughterer, murderer.
ՄՈՐԹՈՒՄ slaying cutting the throat, slaughter.
ՄՈՐԻ den, lair.
ՄՈՐՄԱԿԱՆ strychnic.
ՄՈՐՄԵՆԻ black-berry bush.
ՄՈՐՄԻՏ strychnine.
ՄՈՐՄՈՆ mormon, mormonite.
ՄՈՐՄՈՆՈՒԹԻՒՆ mormonism.
ՄՈՐՄՈՔ, **ՄՈՐՄՈՔՈՒՄ** regret, anguish, affliction, distress.
ՄՈՐՄՈՔԵԼ to tear, to rend, to cause great regret.
ՄՈՐՄՈՔԻԼ to feel regret, to grieve, to suffer sharply.
ՄՈՐՈՍ silly, idiotic, foolish.
ՄՈՐՏ lute, chemist's clay.
ՄՈՒՁ extract, juice.
ՄՈՒԹ darkness, gloom, obscurity.
ՄՈՒԹԱԿ mutule.
ՄՈՒԽ smoke, fume.
ՄՈՒԿ mouse, rat.
ՄՈՒՃԱԿ slippers, pantofle.
ՄՈՒՄԻԱՅ mummy.
ՄՈՒՆ flesh-worm, gnat, midge.
ՄՈՒՆԵՏԻԿ crier, auctioneer, town-crier.
ՄՈՒՆՋ dump, mute, speechless.
ՄՈՒՇԿ musk.
ՄՈՒՇԿԵՐԷ musk deer.
ՄՈՒՇՏ fisticuff.
ՄՈՒՇՏԱԿ fur, pelisse.
ՄՈՒՇՏԱԿԱԳՈՐԾ furrier.
ՄՈՒՇՏԱԿԱՎԱՃԱՌ dealer in furs.
ՄՈՒՍԷՈՆ museum.
ՄՈՒՏ, **ՄՈՒՏՔ** entry, entrance, street-door, coming-in.
ԵԼ ԵՒ ՄՈՒՏՔ expenditure, expenses and income.
ՄՈՒՐ soot, pine-soot, lamb-black. **ՄԷԿՈՒՆ ՎՐԱՅ ՄՈՒՐ ՔՍԵԼ** to disparage, to traduce.
ՄՈՒՐԱԼ to beg, to ask alms, to implore.
ՄՈՒՐԱՆՔ beggary, mendicity, vagrancy.
ՄՈՒՐԱՑԻԿ, **ՄՈՒՐԱՑԿԱՆ** beggar, mendicant, asker.
ՄՈՒՐԱՑԿԱՆՈՒԹԻՒՆ beggary, mendicity.
ՄՈՒՐՀԱԿ note, bill, deed.
ՄՈՒՐՀԱԿԱՆԵՆԳ forger of tittles.
ՄՈՒՐՃ hammer.
ՄՌԱՅԼ obscure, dark, gloomy, fog. darknees, mist.
ՄՌԱՅԼՈՒԹԻՒՆ obscurity, darkness nebulosity.
ՄՌՄՌԱԼ to grunt, to growl.
ՄՌՆՉԱԿԱՆ bellowing, roaring.
ՄՌՆՉԵԼ to roar, to groan, to murmur.
ՄՌՆՉԻՒՆ roaring, bellowing, murmur, groam.
ՄՌՆՉՈՂ roaring, bellowing.
ՄՍԱԲԵՐ sarcotic.
ՄՍԱԳՈՐԾ butcher.
ՄՍԱԳՈՐԾՈՒԹԻՒՆ butchery.
ՄՍԱԹԱՓԻԼ to emaciate. to become lean.
ՄՍԱԼԻՑ flechy, plump.
ՄՍԱԿԵՐ flesh-eating, carnivorous.
ՄՍԱՆ fillet.
ՄՍԱՋՈՒՐ broth.
ՄՍԱՎԱՃԱՌ butcher.
ՄՍԵՂ fleshy, corpulent, plump.
ՄՍԵՂԷՆ of meal, fleshy, carnal.
ՄՍԵՑՆԵԼ to freeze, to cause cold
ՄՍԻԼ to feel cold, to catch cold, to take cold.
ՄՍԽԵԼ to spend, to waste, to consume.
ՄՍԽՈՂ spender, consumer, spendthrift.
ՄՍԽՈՒՄ spending, waste.
ՄՍԿՈՏ chilly, sensible to cold.
ՄՍՈՏ plump, fleshy.
ՄՍՈՒՐ manger, crib, cratch, stable
ՄՏԱԲԱՑՈՒԹԻՒՆ sagacity, sharpness of mind.
ՄՏԱԲԵՐԵԼ to recollect, to consider, to remember.
ՄՏԱԲՈՒԺՈՒԹԻՒՆ psychiatry, mind cure.
ՄՏԱԴԻՐ attentive, careful, mindful, vigitant.
ՄՏԱԴՐԵԼ to plan, to design, to intend.

ՄՏԱԴՐՈՒԹԻՒՆ intention, attention.

ՄՏԱԶԲԱՂ absorbed, preoccupied, absent-minded.

ՄՏԱԽՈՀ pensive, musive, thoughtful.

ՄՏԱԽՈՀՈՒԹԻՒՆ musing, revery, reflection, meditation.

ՄՏԱԽՏ psychopathy, psychosis.

ՄՏԱԾԵԼ to thing, to meditate, to consider.

ՄՏԱԾԵԼԱԿԵՐՊ reasoning.

ՄՏԱԾԿՈՏ pensive, thoughtful.

ՄՏԱԾՄՈՒՆՔ meditation, thought.

ՄՏԱԾՈՂ thinker, reflecting.

ՄՏԱԾՈՂՈՒԹԻՒՆ reasoning, meditation.

ՄՏԱԾՈՒՄ thought, reflection, idea, meditation.

ՄՏԱԿԻԾ uneasy, anxious.

ՄՏԱԿՈՅՐ blind-minded, mentally blind.

ՄՏԱԿՈՐՈՅՍ foolish, insane, mad.

ՄՏԱՀԱՃ self-conceited, presumptuous.

ՄՏԱՀԱՃՈՅ agreeable, pleasing to one's liking.

ՄՏԱՀԱՃՈՒԹԻՒՆ self-conceit, presumption.

ՄՏԱՀԱՍ apt, intelligible, comprehensible.

ՄՏԱՄԱՐԶՈՒԹԻՒՆ gymnastics of mind.

ՄՏԱՅԻՆ mental.

ՄՏԱՅՂԱՑՔ concept.

ՄՏԱՅՈՅԶ pensive, thoughtful, unquiet.

ՄՏԱՅՈՒԶՈՒԹԻՒՆ uneasiness, anxiety, inquietude.

ՄՏԱՅՕԺԱՐՈՒԹԻՒՆ promptness, eagerness, good willing.

ՄՏԱՌՈՒ sharp-minded, intelligent.

ՄՏԱՌՈՒԹԻՒՆ aptitude, intelligence.

ՄՏԱՎԱՐԺ intelligent, clever, learned, erudite.

ՄՏԱՎԱՐԺՈՒԹԻՒՆ intelligence, sharpness of mind.

ՄՏԱՎԻՃԱԿ state of mind, psychosis.

ՄՏԱՏԱՆՋ unquiet, uneasy, restless.

ՄՏԱՏԱՆՋՈՒԹԻՒՆ uneasiness, disquietness, anxiety.

ՄՏԱՑԱԾԻՆ imaginary, air-built, fantastic.

ՄՏԱՑԻ sensible, reasonable.

ՄՏԱՑԻՐ absent-minded.

ՄՏԱՒՈՐ mental, intellectual, spiritual.

ՄՏԱՒՈՐԱԲԱՐ mentally, intellectually.

ՄՏԱՒՈՐԱԿԱՆ intellectual.

ՄՏԵՐԻՄ intimate, cordial, confident, favorite.

ՄՏԵՐՄԱԲԱՐ intimately, cordially, confidently.

ՄՏԵՐՄԱԿԱՆ intimate, confidential.

ՄՏԵՐՄԱՆԱԼ to become intimate, to have an affection for.

ՄՏԵՐՄՈՒԹԻՒՆ intimacy, confidence, familiarity, close connection.

ՄՏԻԿ ԸՆԵԼ to listen, to hear, to obey, to pay attention.

ՄՏՄՏԱԼ to reflect, to cogitate.

ՄՏՄՏՈՒՔ cogitation.

ՄՏՆԱԼ, ՄՏՆԵԼ to enter, to penetrate, to get in.

ԽՈՐԸ ՄՏՆԵԼ to see through.

ՄՏՐԱԿ whip, lash, stimulus.

ՄՏՐԱԿԵԼ to whip, to lash.

ՄՏՐՈՒԿ foal, colt.

ԷԳ ՄՏՐՈՒԿ filly.

ՄՏՑՆԵԼ to bring in, to put in, to introduce, to thrust.

ՄՐԱՑՈՒՐ bistre.

ՄՐԱՓ sleep, nap, snooze.

ՄՐԱՓԵԼ to nap, to slumber, to doze, to snooze.

ՄՐԱՓՈՂ dozer, slumberer.

ՄՐԳԱԲԵՐ, ՄՐԳԱՒԷՏ fruit-bearing, fructiferous.

ՄՐԳԱՍՏԱՆ fruit-garden, orchard.

ՄՐԳԱՎԱՃԱՌ fruit-seller, fruiterer.

ՄՐԳՕՂԻ ratafia, ratafee.

ՄՐԿԵԼ to burn, to scorch, to roast.

ՄՐՃԱՀԱՐՈՒԹԻՒՆ hammering.

ՄՐՃՈՏԵԼ to smoke.

ՄՐՄՆՋԵԼ to murmur, to grumble, to hum.

ՄՐՄՈՒՆՋ murmur, grumbling, whisper, groan.
ՄՐՄՈՒՌ anguish, affliction, pain.
ՄՐՄՌԱԼ to grunt, to growl, to grumble.
ՄՐՄՌԱՑՈՂ grumbling, growling, grumbler.
ՄՐՄՌՈՒՄ groaning, moaning.
ՄՐՈՏ filled with smoke.
ՄՐՈՏԵԼ to smut, to smutch, to blacken with soot.
ՄՐՈՏՈՒԹԻՒՆ smuttiness.
ՄՐՈՒՐ lees, dregs, sediment, deposition.
ՄՐՋԻՒՆ ant, pismire.
ՄՐՋԻՒՆՈՑ ant-hill, ant-hole.
ՄՐՋՆԱԿԵՐ ant-eater.
ՄՐՏԵՆԻ myrtle.
ՄՐՐԱԽԱՌՆ full of dregs, mixed with lees.
ՄՐՐԱԿԱՆ sedimental, fecal.
ՄՐՐԻԿ tempest, storm.
ՄՐՐԿԱԼԻՑ, ՄՐՐԿԱՑՈՅՑ stormy, tempestuous.
ՄՐՐԿԱԾՈՒՓ tempest tost.
ՄՐՐԿԱՀԱՒ petrel.
ՄՐՐԿՈՏ stormy, tempestuous.
ՄՐՑԱԿԻՑ co-rival, competitor.
ՄՐՑԱԿՑԻԼ to compete, to rival.
ՄՐՑԱԿՑՈՒԹԻՒՆ competition, rivalry, tournament.
ՄՐՑԱՆԱԿ reward, prize.
ՄՐՑԱՆԱԿԱԲԱՇԽՈՒԹԻՒՆ distribution of prizes.
ՄՐՑԱՆՔ competition.
ՄՐՑԱՐԱՆ arena.
ՄՐՑԻԼ to compete, to rival, to combat.
ՄՐՑՈՂ competitor, rival, antagonist.
ՄՐՑՈՒՄ competition, contest, rivalry, combat.
ՄՔԼԱԾ musty, mouldy.
ՄՕՏ near, adjacent, next, close to, by.
ՄՕՏ ԸԼԼԱԼ to be near, to draw near.
ՄՕՏԱԼՈՒՏ near, imminent.
ՄՕՏԱԿԱՑ approaching, next, proximate.
ՄՕՏԱՀԱՍ pressing, urgent.
ՄՕՏԱՒՈՐ near, next, adjacent, nigh.
ՄՕՏԱՒՈՐԱՊԷՍ approximately.
ՄՕՏԱՒՈՐՈՒԹԻՒՆ nearness, vicinity, neighbourhood.
ՄՕՏԵՆԱԼ to go near, to approach, to come near.
ՄՕՏԵՐՍ nearly, of late, lately.
ՄՕՏԵՑՆԵԼ to approach, to bring, to draw near.
ՄՕՏԵՑՈՒՄ approach.
ՄՕՏԻԿ very near, nearly.
ՄՕՐ, ՄՕՐԱՏ mire, mude, dirt.
ՄՕՐԱԿԱՆ muddy, miry, sloughy.
ՄՕՐԱՀԱՒ fen-fowl, goose-bird.
ՄՕՐԱՔԵՌԱՅՐ the husband of an aunt.
ՄՕՐԱՔԵՌՈՐԴԻ cousin, son of an aunt.
ՄՕՐԱՔՈՅՐ aunt, mother's sister.
ՄՕՐԵՂԲԱՅՐ uncle, mother's brother.
ՄՕՐՈՒ step-mother.
ՄՕՐՈՒՏ marshy.
ՄՕՐՈՒՔ beard.
ՄՕՐՏԱՆԱԼ to stagnate.
ՄՕՐՔՈՅՐ տես **ՄՕՐԱՔՈՅՐ**:

Յ

ՅԱԳ satiety, repletion.
ՅԱԳԵԼ, ՅԱԳԵՆԱԼ to be satiated.
ՅԱԳԵՑԱԾ satiated, sated, full.
ՅԱԳԵՑՈՒՄ, ՅԱԳԵՑՈՒԹԻՒՆ satiety, fullness, saturation
ՅԱԳԵՑՆԵԼ to sate, to satiate, to surfeit.
ՅԱԳԵՑՈՒՑԻՉ satiating filling, satisfying.
ՅԱԳՈՒԱՐ jaguar.
ՅԱԳՈՒՐԴ, ՅԱԳՈՒՄ satiety, surfeit satisfaction
ՅԱԽՃԱՊԱԿԻ china-ware, porcelain.
ՅԱԽՈՒՌՆ audacious, hardy, rash. overhasty.
ՅԱՄԱԿԱՌՔ run-about.
ՅԱԾԱՆԱՒ cruiser.
ՅԱԾԱՆՔ abstraction, wandering, pastime.
ՅԱԾԱՔԱՐ boulder.
ՅԱԾԵԼ to conduct, to take out for a walk, to bring round.
ՅԱԾԻԼ to go over, to roam, to rove, to wander.
ՅԱԾՈՒՄ wandering, circulation, promenade.
ՅԱԿԱՄԱՅՍ recultantly, involuntarily.
ՅԱԿԻՆԹ hyacinth.
ՅԱՂԱԳՍ for, in favour of, on behalf of.
ՅԱՂԵԼ to salt, to season with salt.
ՅԱՂԹ great, grand, enormous, huge, gigantic.
ՅԱՂԹԱԿԱՄԱՐ triumphal arch.
ՅԱՂԹԱԿԱՆ triumphant, victorious, conqueror, victor.
ՅԱՂԹԱՀԱՍԱԿ gigantic, colossal, corpulent.
ՅԱՂԹԱՀԱՐԵԼ to overcome, to subdue, to beat, to conquer.
ՅԱՂԹԱՀԱՐԻՉ oppressive.
ՅԱՂԹԱՀԱՐՈՒԹԻՒՆ defeat, overthrow subjugation.
ՅԱՂԹԱՆԱԿ triumph, victory, palm.
ՅԱՂԹԱՆԱԿԵԼ to triumph, to win the victory, to surpass.
ՅԱՂԹԱՆԱԿՈՂ triumpher, conqueror
ՅԱՂԹԱՆԴԱՄ heavy, strong, stout.
ՅԱՂԹԱՆՇԱՆ trophy.
ՅԱՂԹԵԼ to overcome, to vanquish, to conquer, to subdue, to surpass.
ՅԱՂԹՈՂ victor ocr overcomer, victor, conqueror.
ՅԱՂԹՈՒԹԻՒՆ victory, conquest, triumph, success.
ՅԱՂԹՈՒԻԼ to be conquered, to retreat, to yield.
ՅԱՂԹՈՒԿ trumpcard.
ՅԱՃԱԽ often, frequently, once and again.
ՅԱՃԱԽԱԿԱՆ frequentative.
ՅԱՃԱԽԵԼ to frequent, to haunt, to visit often.
ՅԱՃԱԽՈՐԴ customer, client.
ՅԱՃԱԽՈՒԹԻՒՆ frequency.
ՅԱՃԱԽՈՒՄ frequenting, frequentation.
ՅԱՄԱՅՐ long, a long while.
ՅԱՄԱՌ stubborn, obstinate, self-willed, tenacious.
ՅԱՄԱՌԻԼ to stand to, to be obstinate, to become stubborn.
ՅԱՄԱՌՈՒԹԻՒՆ obstinacy, tenacity, stubborness.
ՅԱՄՐԱՐՈՒԿ sweet sultan, musk mallow.
ՅԱՄԵՆԱԼ to delay, to put off, to wait for, to stay for.
ՅԱՄԵՆՈՒՍՏ all on sides.
ՅԱՄԵՑՆԵԼ to delay, to retard, to defer
ՅԱՄՈՅՐ gazelle, wild goat.
ՅԱՄՈՒՐԴ delay, retardation.

ՅԱՄՊԱՐ musk okra.
ՅԱՄՐ slow, tardy, eazy-going.
ՅԱՄՐԱԳՆԱՑ slow-going, easy-going.
ՅԱՄՐԱՑՈՒՄ retardation, slackening of a movement.
ՅԱՄՐԱՑՆԵԼ to retard, to put back, to slacken, to moderate.
ՅԱՄՐԱՑՈՒՑԻՉ retarding, tending to retard.
ՅԱՄՐԱՔԱՅԼ slow-paced, slowly, with slow steps.
ՅԱՄՐԸՆԹԱՑ slow-going, lingering, rolling.
ՅԱՄՐՈՒԹԻՒՆ slowness, tardiness, idleness.
ՅԱՄՐՈՒԿ sloth.
ՅԱՅՆԺԱՄ then, at that time.
ՅԱՅՆԿՈՅՍ over, beyond, on the other side.
ՅԱՅՏԱԳԻՐ program.
ՅԱՅՏԱՐԱՐ declaratory, distinctive, denominator.
ՅԱՅՏԱՐԱՐԵԼ to declare, to proclaim formally.
ՅԱՅՏԱՐԱՐՈՂ declaratory.
ՅԱՅՏԱՐԱՐՈՒԹԻՒՆ declaration, advertisement, notification, proclamation.
ՅԱՅՏՆԱՊԷՍ clearly, plainly, distinctly, evidently.
ՅԱՅՏՆԱՏԵՍՈՒԹԻՒՆ intuition, instinctive klowledge.
ՅԱՅՏՆԱՒՈՐ evident, manifest, clear.
ՅԱՅՏՆԵԼ to reveal, to declare, to manifest, to express, to explain.
ՅԱՅՏՆԻ evident, manifest, clear, obvious, visible.
ՅԱՅՏՆՈՒԹԻՒՆ evidence, revelation, disclosure, enunciation, apocalypse.
ՅԱՅՏՆՈՒԻԼ to be discovered, to come out, to be revealed.
ՅԱՅՐԱՏ lascivious, obscene, lewd, immodest.
ՅԱՅՐԱՏՈՒԹԻՒՆ lasciviousness, lewdness, lust, immodesty.
ՅԱՆԳ term, termination, end, finish, cadence, rhyme.
ՅԱՆԳԱՒՈՐ rhymed, harmonious.
ՅԱՆԳԵՑՆԵԼ to finish, to terminate, to complete, to end, to rhyme.
ՅԱՆԳԻԼ to come to an end, to terminate, to finish.
ՅԱՆԳՈՒԱԾ verse, rhyme.
ՅԱՆԳՈՒՑԱՆԵԼ to draw on, to charm, to attract, to incite.
ՅԱՆԳՈՒՑԻՉ charming, attractive, alluring.
ՅԱՆԳՉԻԼ to cease, to repose, to rest.
ՅԱՆԳՉԵՑՆԵԼ to repose, to rest.
ՅԱՆԴԳՆԱԲԱՐ rashly, boldly, audaciously, daringly.
ՅԱՆԴԳՆԻԼ to dare, to venture, to adventure.
ՅԱՆԴԳՆՈՒԹԻՒՆ rashness, boldness, audacity, temerity, arrogance.
ՅԱՆԴԻՄԱՆ before, opposite, in the face of.
ՅԱՆԴԻՄԱՆԱԳԻՐ letter of reproach.
ՅԱՆԴԻՄԱՆԵԼ to scold, to reproach, to reprimande.
ՅԱՆԴԻՄԱՆՈՂ scolding, grumbling, fault finder.
ՅԱՆԴԻՄԱՆՈՒԹԻՒՆ reproach, scolding, reprimand, rebuke.
ՅԱՆԴՈՒԳՆ audacious, rach, hardy, resolute.
ՅԱՆԻՐԱՒԻ unjustly, wrongly.
ՅԱՆԿԱՐԾ at once, suddenly.
ՅԱՆԿԱՐԾԱԴԷՊ unexpected, unforeseen, unhoped.
ՅԱՆԿԱՐԾԱԽՕՍ extemporary speaker.
ՅԱՆԿԱՐԾԱԽՕՍԵԼ to improvise, to extemporize.
ՅԱՆԿԱՐԾԱԿԱՆ sudden, unexpected, unthought of.
ՅԱՆԿԱՐԾԱԿԻ suddenly, unexpectedly.
ՅԱՆԿԱՐԾԱՀԱՍ unexpected, instantaneous.
ՅԱՆԿԱՐԾԱՄԱՀ sudden death.
— **ԸԼԼԱԼ** to die suddenly.
ՅԱՆԿՈՒՑԻՉ attractive, engaging, seductive, charming, captivating
ՅԱՆՁԱՆՁԵԼ to look after, to take care, to attand

ՅԱՆՁԱՆՁՈՒՄ management, administration.
ՅԱՆՁՆԱԺՈՂՈՎ commission, committee.
ՅԱՆՁՆԱԿԱՏԱՐ commissioner, factor, agent, mandatory.
  ԲԱՐՁՐ ՅԱՆՁՆԱԿԱՏԱՐ high commissioner.
ՅԱՆՁՆԱԿԱՏԱՐՈՒԹԻՒՆ agency, commission, commissaryship.
ՅԱՆՁՆԱՊԱՍՏԱՆ self-confident, presumptuous.
ՅԱՆՁՆԱՊԱՍՏԱՆՈՒԹԻՒՆ self-confidence, presumption, arrogance.
ՅԱՆՁՆԱՌԱԿԱՆ acceptable, worth taking.
ՅԱՆՁՆ ԱՌՆԵԼ to take charge of, to assume, to undertake.
ՅԱՆՁՆԱՌՈՒ undertaker, commissioner.
ՅԱՆՁՆԱՌՈՒԹԻՒՆ engagement, undertaking.
ՅԱՆՁՆԱՎՃԱՐՔ commission, percentage.
ՅԱՆՁՆԱՏՈՒ constituent, principal.
ՅԱՆՁՆԱՐԱՐԱԳԻՐ letter of recommendation.
ՅԱՆՁՆԱՐԱՐԱԿԱՆ recommendation, letter of indroduction.
ՅԱՆՁՆԱՐԱՐԵԱԼ recommended.
ՅԱՆՁՆԱՐԱՐԵԱԼ ՆԱՄԱԿ registered letter.
ՅԱՆՁՆԱՐԱՐԵԼ to recommend, to commit, to commend.
ՅԱՆՁՆԱՐԱՐՈՒԹԻՒՆ commendation, recommendation, commission, mission.
ՅԱՆՁՆԵԼ to command, to order, to surrender, to deliver, to remit.
ՅԱՆՁՆԵԼԻ deliverable.
ՅԱՆՁՆՈՒԻԼ to surrender, to deliver-one's self up, to confide.
ՅԱՆՁՆՈՒՄ delivery, giving up, remission, consignment.
ՅԱՆՊԱՏՐԱՍՏԻՑ extemporary, offhand.
ՅԱՆՑԱԿԻՑ art and part, accomplice.
ՅԱՆՑԱՆՔ fault, offence, sin.
ՅԱՆՑԱՒՈՐ guilty, culpable, culprit.
ՅԱՆՑԱՒՈՐՈՒԹԻՒՆ culpability, faultiness.
ՅԱՉԱՂԱՆՔ malevolence, envy, evil-eye.
ՅԱՊԱՂԱՆՔ delay, retardment.
ՅԱՊԱՂԵԼ to retard, to delay, to remit.
ՅԱՊԱՂԵՑՆԵԼ to retard, to procrastinate, to defer.
ՅԱՊԱՂԻԼ to delay, to be late, to temporize.
ՅԱՊԱՂԻՉ delayer, procrastinating.
ՅԱՊԱՂԿՈՏ tardy, late, slow.
ՅԱՊԱՂՈՒՄ delay, procrastination, prorogation, adjournement.
ՅԱՊԱՒԵԼ to castrate, to mutilate, to prune, to curtail, to cut off, to abridge.
ՅԱՊԱՒՈՒՄ mutilation, abridging.
ՅԱՋՈՂ prosperous, capable, propitious, successful.
ՅԱՋՈՂԱԲԱԽՏ lucky, fortunate.
ՅԱՋՈՂԱԿ adroit, dexterous, clever, skillful.
ՅԱՋՈՂԱԿԻ cleverly, dexterously, adroitly.
ՅԱՋՈՂԱԿՈՒԹԻՒՆ dexterity, skill, cleverness, capacity.
ՅԱՋՈՂԻԼ to succeed, to prosper, to have success.
ՅԱՋՈՂՈՒԹԻՒՆ success, welfare, prosperity, good luck.
ՅԱՋՈՐԴ next, following, succeeding, successor, heir.
ՅԱՋՈՐԴ ԱՄԻՍ proximo.
ՅԱՋՈՐԴԱԲԱՐ successively, consecutively, on end.
ՅԱՋՈՐԴԱԿԱՆ succeeding, consecutive.
ՅԱՋՈՐԴԱԿԱՆՈՒԹԻՒՆ right of succession.
ՅԱՋՈՐԴԵԼ to succeed, to follow.
ՅԱՋՈՐԴՈՒԹԻՒՆ succession, order, sequency, series, consequence, rest.
ՅԱՌԱՋ onward, forward, on.
  ԲԵՐԵԼ to produce, to bring forward.
  ԵՐԹԱԼ to advance, to improve.

ՅԱՌԱՋԱԲԱՆ preface, preamble, prelude.
ՅԱՌԱՋԱԳԱՀ president.
ՅԱՌԱՋԱԳՈՅՆ before hand, previously, formerly.
ՅԱՌԱՋԱԳՈՒՆԴ vanguards, the forefront.
ՅԱՌԱՋԱԴԷՄ advanced, progressive.
ՅԱՌԱՋԴԻՄԱԿԱՆ progressist.
ՅԱՌԱՋԴԻՄԵԼ to progress, to get on, to improve, to advance.
ՅԱՌԱՋԴԻՄՈՒԹԻՒՆ progress, advancement, improvement.
ՅԱՌԱՋԱԴՐԵԼ to propose, to set before, to offer.
ՅԱՌԱՋԱԴՐՈՒԹԻՒՆ proposition, project; proposal, motion, design.
ՅԱՌԱՋԱՄԱՐՏ skirmish, brush.
ՅԱՌԱՋԱՄԱՐՏԻԿ skirmisher, champion.
ՅԱՌԱՋԱՆԱԼ to advance, to proceed, to go forward.
ՅԱՌԱՋԱՊԱՀ advanced guard, vanguard.
ՅԱՌԱՋԱՏԵՍ provident. careful, prudent.
ՅԱՌԱՋԱՑՆԵԼ to improve, to bring in, to advance.
ՅԱՌԱՋԱՑՈՂ progressive, advancer.
ՅԱՌԱՋԱՑՈՒՄ promotion, advancement, progression.
ՅԱՌԱՋ ԲԵՐԵԼ to allege, to bring in, to advance.
ՅԱՌԱՋԲԵՐՈՒԹԻՒՆ, ***ՅԱՌԱՋԲԵՐՈՒՄ*** citation, quotation, assertion.
ՅԱՌԱՋԳԻՏՈՒԹԻՒՆ prognostication, prescience.
ՅԱՌԱՋԴԻՄԱՍԷՐ progressist.
ՅԱՌԱՋԴԻՄՈՒԹԻՒՆ advance.
ՅԱՌԱՋԵԼ, ***ՅԱՌԱՋԴԻՄԵԼ*** to advance, to proceed, to march on.
ՅԱՌԱՋԸՆԹԱՑ preceding, foregoing, forerunner.
ՅԱՌԱՋԸՆԹԱՑՈՒԹԻՒՆ advancement, promotion.
ՅԱՌԱՋԽԱՂԱՑՈՒԹԻՒՆ progress, advance, advancement.
ՅԱՌԱՋՄՂԻՉ propeller, propulsive.
ՅԱՌԵԱԼ fixed, attached, fastened.
ՅԱՌԵԼ to fasten, to attach, to fix.
ՅԱՌԻԼ to fasten on, to hold to, to be fixed.
ՅԱՌՆԵԼ to ascend, to rise, to arise, to mount.
ՅԱՌՆՉՈՒԹԻՒՆ relation, correlation.
ՅԱՍՄԻԿ jasmine.
ՅԱՍՊԵԼ to marble, to vein, to variegate.
ՅԱՍՊԻՍ jasper
ՅԱՏԱԿ bottom, ground; pavement.
ՅԱՏԱԿԱԳԻԾ plan, scheme, project.
ՅԱՏԱԿԵԼ to pave, to raze to the ground.
ՅԱՏԱԿՈՒՄ paving.
ՅԱՏԿԱԲԱՆՈՒԹԻՒՆ idiom.
ՅԱՏԿԱՊԷՍ particularly, especially.
ՅԱՏԿԱՑԵԱԼ appropriated, substantive.
ՅԱՏԿԱՑՆԵԼ to appropriate, to fit, to adapt.
ՅԱՏԿԱՑՈՒՄ allowance, allocation, appropriation.
ՅԱՏԿՈՒԹԻՒՆ property, quality, qualification, peculiarity.
ՅԱՏՈՒԿ own, proper, peculiar, singular, special.
ՅԱՏՈՒՄՆ pruning. lopping.
ՅԱՐ adjoining, always, evermore.
ՅԱՐԱԲԵՐԱԿԱՆ relative.
ՅԱՐԱԲԵՐԱԿԱՆՈՒԹԻՒՆ relativity.
ՅԱՐԱԲԵՐՈՒԹԻՒՆ communication, relation, connexion.
ՅԱՐԱԲՈՐԲՈՔ ever-burning, inflamed.
ՅԱՐԱԴԱՇՆԱԿ harpsichord, clavecin.
ՅԱՐԱԴՐԵԼ to apply, to stick, to insert.
ՅԱՐԱԴՐՈՒԹԻՒՆ application, inserting, apposition, juxtaposition, prosthesis.
ՅԱՐԱԺԱՄ all the time, always, forever, evermore.
ՅԱՐԱԺՊԻՏ ever-smiling.
ՅԱՐԱԼԷԶ blood-sucker, vampire.
ՅԱՐԱԿԱՅ permanent, stable, lasting
ՅԱՐԱԿԱՅՈՒԹԻՒՆ perpetuity, permanence, perpetuation.
ՅԱՐԱԿԱԳՈՒԹԻՒՆ paraphimosis.

ՅԱՐԱԿԱՏԱՐ aorist, preter perfect.
ՅԱՐԱԿԱՐԾԻՔ paradox.
ՅԱՐԱԿԻՑ adjoining, connected, additional, accessory.
ՅԱՐԱԿՑԻԼ to adhere, to conjoin.
ՅԱՐԱԿՑՈՒԹԻՒՆ cohesion, connexion, contingence, affinity.
ՅԱՐԱՁԱՅՆ diatonic.
ՅԱՐԱՆՈՒՆ paronym, denomination, paronymous.
ՅԱՐԱՆՈՒԱՆԱԿԱՆ denominative.
ՅԱՐԱՆՈՒԱՆՈՒԹԻՒՆ denomination, a sect.
ՅԱՐԱՇԱՐԺ always in motion, inconstant.
ՅԱՐԱՏԵՒ perseverant, perpetual, steady, resolute.
ՅԱՐԱՏԵՒԵԼ to persevere, to stand to, to persist.
ՅԱՐԱՏԵՒՈՂ persevering, steady, persistent.
ՅԱՐԱՏԵՒՈՒԹԻՒՆ perseverence, assiduity.
ՅԱՐԱՓՈՓՈԽ ever-changing, inconstant.
ՅԱՐԳ cost, value, worth, estimation, price, credit.
ՅԱՐԳԸ ԳԻՏՆԱԼ to appreciate, to esteem, to value.
ՅԱՐԳԱՆՔ respect, regard, esteem, veneration.
ՅԱՐԳԵԼ to venerate, to respect, to honour.
ՅԱՐԳԵԼԻ venerable, esteemable.
ՅԱՐԳՈՅ respectable, honourable, precious, reverend.
ՅԱՐԳՈՂ appreciator, appraiser, respector.
ՅԱՐԳՈՒԹԻՒՆ veneration, regard.
ՅԱՐԴ order, arrangement, straw, chaff.
ՅԱՐԴԱՆԿՈՂԻՆ straw-bed, straw-mattress.
ՅԱՐԴԱՆՈՑ straw-yard, farm-yard.
ՅԱՐԴԱՐԱՆՔ toilette, dressing, ornament.
ՅԱՐԴԱՐՈՒԱԾ fitted, dressed, arranged, adapted, adjusted.
ՅԱՐԴԱՐԵԼ to fit up, to set in order, to fashion, to accord, to accomodate.
ՅԱՐԴԱՐՈՂ adjuster, arranger, finisher.
ՅԱՐԴԱՐՈՒՄ dressing, fitting up, adjustment.
ՅԱՐԴԱՐՈՒՆ arranged, polished.
ՅԱՐԴԳՈՂ the milky-way.
ՅԱՐԵԼ to attach, to join, to adjoin, to connect.
ՅԱՐԵՆՄԱՆ like, similar, analogous.
ՅԱՐԻԼ to attach, to adhere, to hold to, to fasten on.
ՅԱՐԿ floor, roof, storey.
ՅԱՐԿԱԲԱԺԻՆ flat, floor.
ՅԱՐՁԱԿԻԼ to assault, to attack, to assail, to rush, to fall upon.
ՅԱՐՁԱԿՈՂ assailant, attacker, stormer.
ՅԱՐՁԱԿՈՂԱԿԱՆ aggressive, attack, offensive.
ՅԱՐՁԱԿՈՒՄ attack, assault, offensive, aggression.
ՅԱՐՄԱՐ proper, convenient, suitable, fit, apt.
ՅԱՐՄԱՐԵԼ to adapt, to adjust, to give form to.
ՅԱՐՄԱՐԻԼ to agree, to suit, to fit, conform, to match.
ՅԱՐՄԱՐՈՒԹԻՒՆ aptitude, accord, convenience, harmony.
ՅԱՐՄԱՐՑՆԵԼ to adapt, to adjust, to accommodate, to arrange.
ՅԱՐՆՉՈՒԹԻՒՆ correlation.
ՅԱՐՈՒԹԻՒՆ resurrection, rising.
— **ԱՌՆԵԼ** to rise from the dead.
ՅԱՐՈՒՄ attachment, adherence, adhesion.
ՅԱՐՈՒՑԱՆԵԼ to resuscitate, to restore to life.
ՅԱՐՈՒՑԻՉ reviving, re-animating.
ՅԱՐՔՈՒՆԻՍ ԳՐԱՒԵԼ to confiscate, to forfeit.
ՅԱՒԱԿԱՆԻ sour gourd.
ՅԱՒԱԿՆԻԼ to dare, to pretend, to claim, to assume.
ՅԱՒԱԿՆՈՏ assuming, arrogant, pretentious, haughty.

ՅԱՒԱԿՆՈՒԹԻՒՆ pretention, claim, self-conceit.
ՅԱՒԵԼԵԱԼ added, augmented, surplus.
ՅԱՒԵԼՈՒԱԾ addition, supplement.
ՅԱՒԵԼՈՒԱԾԱԿԱՆ additional, supplementary.
ՅԱՒԵԼՈՒԿ bonus.
ՅԱՒԵԼՈՒՄ addition, augmentation.
ՅԱՒԵՐԺ perpetually, eternally.
ՅԱՒԵՐԺԱԿԱՆ eternal, perpetual.
ՅԱՒԵՐԺԱՀԱՐՍ nymph, houri.
ՅԱՒԵՐԺԱՅԻՇԱՏԱԿ ever-memorable.
ՅԱՒԵՐԺԱՆԱԼ to last forever.
ՅԱՒԵՐԺԱՑՆԵԼ to eternize, to perpetuate, to immortalize.
ՅԱՒԵՐԺՈՒԹԻՒՆ eternity, infinite duration.
ՅԱՒԵՐԺ perpetual, eternal.
ՅԱՒԷՏ more, rather, longer.
ՅԱՒԻՏԵԱՆ eternally, forever.
ՅԱՒԻՏԵՆԱԿԱՆ eternal, without end.
ՅԱՒԻՏԵՆԱԿԱՆՈՒԹԻՒՆ eternity, infinite duration.
ՅԱՓՇՏԱԿԵԼ to seize, to snatch, to plunder, to usurp.
ՅԱՓՇՏԱԿԻՉ rapacious, ravishing, usurper, bewitching, charming.
ՅԱՓՇՏԱԿՈՒԹԻՒՆ rape, transport, rapture, ravage, usurpation, pillage, kindnapping, plunder.
ՅԱՓՇՏԱԿՈՒԻԼ to be raptured, to be ravished.
ՅԱՓՈՒԿ reseda, mignonette.
ՅԱՓՐԱՆԱԼ to satiate, to glut, to be cloyed.
ՅԱՓՐԱՆՔ satiety, surfeit, fullness.
ՅԱՓՐԱՑՆԵԼ to satiate, to satisfy, to fill, to glut.
ՅԱՓՐԱՑՈՒՄ satiety, repletion, gratification.
ՅԵԼՈՒԶԱԿ free booter, highway man, brigand, pirate, robber.
ՅԵԼՈՒԶԱԿՈՒԹԻՒՆ high way robbery, brigandage, plundering.
ՅԵՂԱԿԱՐԾ unexpected, unforeseen, unlooked for.
ՅԵՂՄԻՏ unsteady, fickle-minded, giddy.
ՅԵՂՄՏՈՒԹԻՒՆ giddiness, inconstancy, fickleness.
ՅԵՂԱՇԱՐԺԵԼ to transfer.
ՅԵՂԱՇՐՋԵԼ to upset, to intervert, to overthrow, to revolution.
ՅԵՂԱՇՐՋՈՒՄ revolution, subversion, transformation.
ՅԵՂԱՓՈԽԱԿԱՆ revolutionary.
ՅԵՂԱՓՈԽՈՒԹԻՒՆ revolution, conversion, change.
ՅԵՂՅԵՂՈՒԿ versatile, fickle, inconstant, variable.
ՅԵՆԱԿ pivot, support, stay.
ՅԵՆԱԿԷՏ point of support.
ՅԵՆԱՐԱՆ prop, support, bridge, stay.
ՅԵՆՈՐՄ counterfort, buttress.
ՅԵՆՈՒԼ to lean upon, to rely upon, to rest.
ՅԵՐԱԴՐՈՒԱԾ intarsia, inlay.
ՅԵՐՈՒՄ setting, mounting, insertion, fitting.
ՅԵՍԱՆ hone, whetstone, strop.
ՅԵՍԱՆԱՔԱՐ novaculite.
ՅԵՍԱՆԵԼ to sharpen, to hone, to whet.
ՅԵՍԱՆԻՉ whetter, sharpener.
ՅԵՍՄԻԿ wild rocket.
ՅԵՏ after, next to, afterwards.
ՅԵՏՄԻՋՕՐԷԻ post meridian, afternoon.
ՅԵՏԱԳԱՅ next, following, succeeding.
ՅԵՏԳՐՈՒԹԻՒՆ post script (P. S.).
ՅԵՏԴԷՄ retrograde, reactionary.
ՅԵՏԴԻՄԵԼ to retrocede, to go back, to retrograde.
ՅԵՏԴԻՄՈՒԹԻՒՆ retrogradation, retrogression.
ՅԵՏԱԶԴԵՑԻԿ retroactive, retrospective.
ՅԵՏԱՀԱՅԵԱՑ retrospective.
ՅԵՏԱՁԳԵԼ to postpone.
ՅԵՏԱՁԳՈՒՄ postponement, delay, retardment.
ՅԵՏԱՄՆԱՑ in arrears, behind hand, surviving.
ՅԵՏԻՆ last, ulterior, extreme.
ՅԵՏԻՆՔ posterity.

ՅԵՏՆԱԳՈՅՆ hindermost.
ՅԵՏՆԵԱԼ in arrears, behindhand.
ՅԵՏՆՈՐԴ arrears, posterity.
ՅԵՏՈՅ after, then, afterwards.
  ՀՈՒՍԿ ՅԵՏՈՅ after all, at last.
ՅԵՏՈՅՔ hind, hinder part, back, buttock, arse.
ՅԵՏՈՒՍՏ from behind, after all.
ՅԵՏՍԱԳՈՅՆ hindermost, further, far off.
ՅԵՐԻՒՐԵԼ to form, to make up, to forge, to fabricate.
ՅԻՄԱՐ foolish, insane, senseless, stupid, idiot.
ՅԻՄԱՐԱԲԱՆՈՒԹԻՒՆ silly discourse, nonsense, folly
ՅԻՄԱՐԱԲԱՐ foolishly, madly.
ՅԻՄԱՐԱԲՈՅԺ alienist.
ՅԻՄԱՐԱԿԱՆ foolish, insensate.
ՅԻՄԱՐԱՆԱԼ to become foolish, to play the fool.
ՅԻՄԱՐԱՆՈՑ madhouse, lunatic asylum.
ՅԻՄԱՐԱՑՆԵԼ to madden, to drive mad.
ՅԻՄԱՐԻԼ to become foolish, to be mad.
ՅԻՄԱՐՈՒԹԻՒՆ folly, alienation of mind, insanity, madness, craziness.
ՅԻՇԱՉԱՐ rancorous, spiteful.
ՅԻՇԱՉԱՐՈՒԹԻՒՆ rancour, spite, grudge, ill-will.
ՅԻՇԱՏԱԿ memory, remembrance, reminiscence.
ՅԻՇԱՏԱԿԸ ՊԱՀԵԼ to keep up the memory of.
  Ի ՅԻՇԱՏԱԿ in memory.
ՅԻՇԱՏԱԿԱԳԻՐ memorandum, memorialist, memoir.
ՅԻՇԱՏԱԿԱՐԱՆ monument, memoir, commentary.
ՅԻՇԱՏԱԿԱՐԱՆՔ archives, family records.
ՅԻՇԱՏԱԿԵԼ to mention, to name, to remember, to put in mind.
ՅԻՇԱՏԱԿԵԼԻ memorable.
ՅԻՇԱՏԱԿՈՒԻԼ to be mentioned, to be noted.
ՅԻՇԱՏԱԿՈՒԹԻՒՆ memory, mentioning, remembrance, recollection.
ՅԻՇԵԼ to remember, to call to mind, to recollect.
ՅԻՇԵԼԻՔ remembrance, recollection, souvenir.
ՅԻՇԵՑՆԵԼ to remind, to recall to mind, to put in mind.
ՅԻՇԵՑՆՈՂ commemorative, monitor, admonisher, commemoratory, prompter.
ՅԻՇՈՂ recollecting, rememberer.
ՅԻՇՈՂՈՒԹԻՒՆ remembrance, memory.
ՅԻՇՈՑ oath, blaspheming; insult, swearing.
ՅԻՇՈՒՄ mentioning, souvenir, memory.
ՅԻՍՆԱՄԵԱՅ fifty years old, of fifty years.
ՅԻՍՆԱՊԵՏ sergeant major.
ՅԻՍՆԵՐՈՐԴ fiftieth, the Advent.
ՅԻՍՈՒՆ fifty.
ՅԻՍՈՒՍ Jesus, the Saviour, the Redeemer.
ՅԻՍՈՒՍ ՔՐԻՍՏՈՍ Jesus Christ.
ՅԻՍՈՒՍԵԱՆ Jesuit.
ՅՈՐԱՒԻ justly, truly, certainly.
ՅՂԱՆԱԼ to conceive, to become pregnant, to be in the family way.
ՅՂԱՆԱԼԻ conceptible.
ՅՂԱՑՈՂ conceptive, conceiver.
ՅՂԵԼ to send, to forward, to address, to expedite.
ՅՂԻ pregnant, in the family way, enceinte.
ՅՂԻ ԸԼԼԱԼ to be with a child.
ՅՂԻՉ sender, shipper.
ՅՂԿԵԱԼ smooth, polished.
ՅՂԿԵԼ to polish, to smooth, to gloss, to file, to plane.
ՅՂԿՈՒԻԼ to be polished, to be planed, to be filed.
ՅՂԿՈՂ polisher, planer, filer.
ՅՂԿՈՑ shining-brush, polisher.
ՅՂԿՈՒՄ polish, retouche, polishing.
ՅՂՈՒԹԻՒՆ conception, pregnancy.

ՅՂՓԱՆԱԼ to run over, to overflow, to be glutted.
ՅՂՓԱՑՆԵԼ to glut, to surfeit, to fill up, to gorge.
ՅՂՓԱՑՈՒՄ satiety, repletion.
ՅՂՓՈՒԹԻՒՆ satiety, glut, plenty, abundance.
ՅՈ՞ where? **ՅՈ ԵՐԹԱՍ** quo vadis, where are you going?
ՅՈԲԵԼԵԱՆ jubilee, festivity, rejoicing.
ՅՈԲԵԼԻՆ obelist.
ՅՈԳՆԱԾ weary, tired, fatigued.
ՅՈԳՆԱԾՈՒԹԻՒՆ weariness, fatigue hard toil.
ՅՈԳՆԱԿԻ plural, numerous, many.
ՅՈԳՆԵՑՆԵԼ to tire, to wear, to harass.
ՅՈԳՆԵՑՈՒՑԻՉ tiresome, wearisome, irksome
ՅՈԳՆԻԼ to grow tired to fatigue, to overwork.
ՅՈԳՆՈՒԹԻՒՆ fatigue, weariness, lassitude.
ՅՈԼՈՎ many, several
ՅՈԼՈՎՈՒԹԻՒՆ a great deal, large quantity, fecundity
ՅՈԽՈՐՏ proud, haughty
ՅՈԽՈՐՏԱԲԱՆ bully, swaggerer, hector.
ՅՈԽՈՐՏԱԲԱՐ proudly, haughtily.
ՅՈԽՈՐՏԱԼ to bully, to brag, to hector.
ՅՈԽՈՐՏԱՆՔ bravado, hectoring, bluster, boast, brag.
ՅՈՂԱԼ to watch, to spy, to lie in wait for, to repose.
ՅՈՂԱԼԻ lazy, slothful.
ՅՈՂԴՈՂԴ inconstant, fickle, versatile, wavering.
ՅՈՂԴՈՂԴԱՄԻՏ fickle-minded.
ՅՈՂԴՈՂԴՈՒԹԻՒՆ inconstancy, versatility, fickleness.
ՅՈՂՆԻԼ to bend, to incline.
ՅՈՅԶ emotion, agitation, trouble, confusion, research.
ՅՈՅԺ many much a great many, too many.
ՅՈՅԺ ՇԱՏ very much, extremely.
ՅՈՅԼ indolent, indifferent, lazy, slothful.
ՅՈՅՆ Greek.
ՅՈՅՍ hope, expectance, longing, trust.
ՅՈՅՍԸ ՊԱՐԱՊ ՀԱՆԵԼ to disappoint.
ՅՈՅՐ big, bulky, fat, plump.
ՅՈՊՆԱԿ handcart, rhaeda.
ՅՈՊՈՊ hoopoe, pewet, lapwing.
ՅՈՌԵԳՈՅՆ very bad, worse.
ՅՈՌԵՏԵՍ pessimist.
ՅՈՌԵՏԵՍՈՒԹԻՒՆ pessimism.
ՅՈՌԵՑՆԵԼ to make worse, to debase, to disgrace.
ՅՈՌԻ evil, bad, worthless, wicked.
ՅՈՎԱԶ panther, puma.
ՅՈՎԱՏԱԿ stalion.
ՅՈՎՏ jot, iota.
ՅՈՐԴ abundant, copious, plentiful.
ՅՈՐԴԱԲՈՒՂԽ flowing abundantly.
ՅՈՐԴԱԽՕՍ fluent in speech, verbose, eloquent.
ՅՈՐԴԱՀՈՍ flowing abundantly.
ՅՈՐԴԱՁԱՅՆ sonorous, deep-toned.
ՅՈՐԴԱՌԱՏ superabundant, in torrents.
ՅՈՐԴԱՌԱՏՈՒԹԻՒՆ superabundance.
ՅՈՐԴԵԼ, ՅՈՐԴԻԼ to overflow, to run over.
ՅՈՐԴՈՐ ardent, eager, desirous, exhortation, advice.
ՅՈՐԴՈՐԱԿԱՆ exhortative, encouraging.
ՅՈՐԴՈՐԱՆՔ exhortation, inducement.
ՅՈՐԴՈՐԵԼ to exhort, to induce, to incite.
ՅՈՐԴՈՒԹԻՒՆ abundance, outflow, overflowing.
ՅՈՐԴՈՒՄ inundation, over-running.
ՅՈՐՁԱՆՔ vortex, whirling, eddy,
ՅՈՐՁԱՆԱՒՈՐ eddying.
ՅՈՐՄԷՀԵՏԷ since, since that.
ՅՈՐՋՈՐՋԱՆՔ title, name, qualification.
ՅՈՐՋՈՐՋԵԼ to call, to name, to entitle.
ՅՈՐՋՈՐՋՈՒՄ name, title, denomination.

ՅՈՒԴԱ Judas, traitor.
ՅՈՒԴԱՅՈՒԹԻՒՆ jadaism.
ՅՈՒԶԵԱԼ, ՅՈՒԶՈՒԱԾ agitated, moved, affected.
ՅՈՒԶԵԼ to agitate, to move, to stir-up, to disturb.
ՅՈՒԶՈՒԻԼ to be moved, to swell, to be touched.
ՅՈՒԶՈՂ agitator.
ՅՈՒԶՈՒՄ agitation, stir, emotion, excitement.
ՅՈՒԼԱԲԱՐ carelessly, idle, lazily.
ՅՈՒԼԱՆԱԼ to become slothful, idle sluggish.
ՅՈՒԼԱՑՆԵԼ to enervate, to weaken.
ՅՈՒԼԻՍ July.
ՅՈՒԼՈՒԹԻՒՆ idleness, indolence.
ՅՈՒՂԱՐԿԱՒՈՐՈՒԹԻՒՆ funeral procession, burial.
ՅՈՒՂԱՐԿԵԼ to lead, to escort, to accompany, to send off.
ՅՈՒՄՊԷՏ useless, needless.
ՅՈՒՆԱԲԱՆՈՒԹԻՒՆ hellenism, grecism.
ՅՈՒՆԱԳԷՏ hellenist, grecist, greek scholar.
ՅՈՒՆԱԿԱՆ greek, grecian.
ՅՈՒՆԱՊ Jujube.
ՅՈՒՆԱՍՏԱՆ Greece.
ՅՈՒՆԱՐԷՆ Greek language, in Greek
ՅՈՒՆԻՍ June.
ՅՈՒՆՈՒԱՐ January.
ՅՈՒՇԱՏԵՏՐ scrap-book.
ՅՈՒՇԱՐԱՐ reminder, monitor.
ՅՈՒՇԻԿ slowly, softly, easily.
ՅՈՒՇԿԱՊԱՐԻԿ mermaid, seamaid.
ՅՈՒԽԹԵԼ to enchant, to charm, to bewitch.
ՅՈՒԽԹԻ fecund, fruitful.
ՅՈՒԽՈՒԹՔ enchantment, charm, talisman, amulet.
ՅՈՒՍԱԲԵԿ hopeless, desperate, disconsolate.
ՅՈՒՍԱԲԵԿՈՒԹԻՒՆ despair, grief, affliction.
ՅՈՒՍԱԴՐԵԼ to give hope, to make hopeful.
ՅՈՒՍԱԴՐՈՒԻԼ to take heart.
ՅՈՒՍԱԶՐԿԵԼ to disappoint, to make hopeless.
ՅՈՒՍԱԼ to hope, to expect, to trust, to confide.
ՅՈՒՍԱԼ Ի ՏԷՐ to trust in Lord.
ՅՈՒՍԱԼԻՑ hopeful, expectable, full of hope.
ՅՈՒՍԱԽԱԲՈՒԹԻՒՆ disappointment, deception.
ՅՈՒՍԱԿՏՐՈՅՍ, ՅՈՒՍԱՀԱՏ hopeless, in despair, desperate.
ՅՈՒՍԱՀԱՏԱԿԱՆ discouraging, distressing.
ՅՈՒՍԱՀԱՏԵՑՆԵԼ to cause desperation.
ՅՈՒՍԱՀԱՏԻԼ to despair, to get discouraged, to despond.
ՅՈՒՍԱՀԱՏՈՒԹԻՒՆ despair, hopelessness, grief, affliction.
ՅՈՒՍԱՏՈՒ promising hope, success.
ՅՈՒՐԱՆ pyramid, decanter, water-bottle.
ՅՈԳՆԱԿԻ plural.
ՅՍՏԱԿ clear, bright, limpid, pure.
ՅՍՏԱԿԱՆԱԼ to clarify, to get clarified.
ՅՍՏԱԿԱՏԵՍ clear-sighted, discerning.
ՅՍՏԱԿԱՏԵՍՈՒԹԻՒՆ clair-voyance, clear sightedness, perspicacity.
ՅՍՏԱԿԱՊԷՍ clearly, plainly.
ՅՍՏԱԿՈՒԹԻՒՆ clearness, purity, limpidness, candour, cleanness.
ՅՍՏԱԿՕՐԷՆ clearly, plainly, distinctly.
ՅՈԳՆԵՑՆԵԼ to tire, to fatigue, to wear.
ՅՕԴ article, joint, articulation.
ՅՕԴԱԿԱՊ bond, joining, ligament.
ՅՕԴԱՃՃԻ jointworm.
ՅՕԴԱՏԱՊ arthritis, gout.
ՅՕԴԱՑԱՒ arthralgia, rheumatism.
ՅՕԴԱՑԱՒԱՅԻՆ rheumatic.
ՅՕԴԱՑԱՒՈՏ gouty.
ՅՕԴԱՒՈՐ articulate, jointed.
ՅՕԴԱՒՈՐՈՒԹԻՒՆ arthrosis, liaison, conjunction, harmony.
ՅՕԴԱՔԱՐ gout-stone, chalk-stone

ՅՕԴԵԼ to articulate, to join, to combine.
ՅՕԴՈՏՈՒՆՔ arthropoda.
ՅՕԴՈՒԱԾ articulation, joint, clause, construction, article.
ՅՕԴՈՒԱԾ ԳՐԵԼ to write an article.
ՅՕԴՈՒԱԾՈՅ composed, compound.
ՅՕԺԱՐ willing, well disposed, inclined, ready.
ՅՕԺԱՐԱԿԱՄ readily, gladly, with good will, heartily.
ՅՕԺԱՐԱՄԻՏ well-disposed, good-natured, eager, ready to.
ՅՕԺԱՐԱՄՏՈՒԹԻՒՆ good will, propension, proclivity.
ՅՕԺԱՐԱՓՈՅԹ willingly, with pleasure, gladly.
ՅՕԺԱՐԵՑՆԵԼ to dispose, to make ready, to incline.
ՅՕԺԱՐԻԼ to be willing, to be disposed, to be inclined.
ՅՕԺԱՐՈՒԹԻՒՆ willingness, disposition, inclination, tendency.
ՅՕՆԱԹԱՓՈՒԹԻՒՆ madarosis.
ՅՕՆՔ eye-brow.
ՅՕՆՔԵՐԸ ՇԱՐԺԵԼ to frown, to knit one's brows.
ՅՕՇԵԼ, ՅՕՇՈՏԵԼ to cut to pieces, to dismember, to chop, to hew, to hash.
ՅՕՇՈՒՄ dismembering.
ՅՕՏԵԼ to prune, to lop, to curtail, to cut down.
ՅՕՏՈՅ garden knife, pruning bill
ՅՕՐԱՆԱԼ to fatten, to grow fat, to thrive.
ՅՕՐԱՆՋԵԼ to yawn, to gape, to oscitate.
ՅՕՐԱՆՋՈՂ oscitant, yawner, gaper
ՅՕՐԱՆՋՈՒՄ yawning, oscitation.
ՅՕՐԻՆԱԿԱՆ dressed, adorned.
ՅՕՐԻՆԵԼ to make, to fashion, to compose, to form, to invent, to prepare.
ՅՕՐԻՆՈՂ inventor, fitter, maker, former, composer.
ՅՕՐԻՆՈՒԱԾ make, making, order, structure, preparation, system, harmony.
ՅՕՐԻՆՈՒԱԾՈՒԹԻՒՆ disposition, arrangement, good order, organism.
ՅՕՐԻՆՈՒԱԾՔ disposition, composition.
ՅՕՐԻՆՈՒՄ make, structure, preparation.

ՆԱ he, she, it.
ՆԱԴԻՐ nadir.
ՆԱԵՒ also, moreover, too.
ՆԱԶ ԸՆԵԼ to make ceremonies.
ՆԱԶԱՆՔ coquetry, flirting.
ՆԱԶԵԼԻ pretty, delightful, charming, gracious, nice.
ՆԱԶՈՒՀԻ coquette, jilt.
ՆԱԺԻՇՏ maid-servant, damsel.
ՆԱԽ first, premier, foremost.
— ՔԱՆ before.
ՆԱԽԱԲԱՆ preface, prelude, preamble.
ՆԱԽԱԳԱՀ president, chairman.
ՆԱԽԱԳԱՀԱԿԱՆ presidential.
ՆԱԽԱԳԱՀԵԼ to preside, to take the chair.
ՆԱԽԱԳԱՀՈՒԹԻՒՆ presidency, primateship.
ՆԱԽԱԳԱՀՈՒՀԻ lady president.
ՆԱԽԱԳԱՒԻԹ front court, antechurch.
ՆԱԽԱԳԻԾ protocol, outline, sketch, rough drawing.
ՆԱԽԱԳԻՆ premium.
ՆԱԽԱԳԾԵԼ to sketch, to outline.
ՆԱԽԱԳՆԵԼ to purchase in advance.
ՆԱԽԱԳՈՅ pre-existing.
ՆԱԽԱԳՈՅՈՒԹԻՒՆ pre-existence.
ՆԱԽԱԳՈՅՆ previously, precedently, former.
ՆԱԽԱԳՈՒՇԱԿ foreteller, predictor.
ՆԱԽԱԳՈՒՇԱԿԵԼ to foretell, to predict.
ՆԱԽԱԳՈՒՇԱԿՈՒԹԻՒՆ prediction, presage.
ՆԱԽԱԳՐԱՒԵԼ to preoccupy, to prepossess.
ՆԱԽԱԴԱՍ antecedent, preferred.
ՆԱԽԱԴԱՍԵԼ to prefer, to set over.
ՆԱԽԱԴԱՍԵԼԻ preferable.
ՆԱԽԱԴԱՍՈՒԹԻՒՆ preference, pre-eminence, sentence.
ՆԱԽԱԴԱՍՈՒՄ anteposition.
ՆԱԽԱԴՈՒՌ vestibule, double door, portal, entrance-door.
ՆԱԽԱԴՐԱԿԱՆ prepositive.
ՆԱԽԱԴՐՈՒԹԻՒՆ preposition, design, preface, introduction.
ՆԱԽԱԶԳԱԼ to have a presentiment of, to foresee.
ՆԱԽԱԶԳԱՑՈՒՄ presentiment.
ՆԱԽԱԶԳՈՒՇՈՒԹԻՒՆ precaution, care.
ՆԱԽԱԽՆԱՄ provident, careful.
ՆԱԽԱԽՆԱՄԱԲԱՐ providentially.
ՆԱԽԱԽՆԱՄՈՒԹԻՒՆ Providence, foresight.
ՆԱԽԱԾԱՆՕԹՈՒԹԻՒՆ prenotion, prescience.
ՆԱԽԱԾԻՆ first born.
ՆԱԽԱԾՆՈՂՔ ancestors, forefathers.
ՆԱԽԱԿԱՐԳ fore-ordained, pre-established.
ՆԱԽԱԿԱՐԾԻՔ prejudice, prepossession.
ՆԱԽԱԿՐԹԱԿԱՆ elementary, primary.
ՆԱԽԱԿՐԹԱՆՔ preparative exercise, elements.
ՆԱԽԱԿՐԹԱՐԱՆ preparatory school.
ՆԱԽԱԿՐԹՈՒԹԻՒՆ primary instruction.
ՆԱԽԱՀԱՅՐ forefather, ancestor, patriarch.
ՆԱԽԱՀԱՇԻՒ specification, estimate.
ՆԱԽԱՀՈԳՈՒԹԻՒՆ foresight, forethought.
ՆԱԽԱՁԵՌՆՈՒԹԻՒՆ initiative, enterprise.
ՆԱԽԱՃԱՇ breakfast.
ՆԱԽԱՃԱՇԵԼ to breakfast.
ՆԱԽԱՄԵԾԱՐ preferable, preferred.
ՆԱԽԱՄԵԾԱՐԵԼ to prefer, to like better.
ՆԱԽԱՄԵԾԱՐՈՒԹԻՒՆ preference.

ՆԱԽԱՅԱՐՁԱԿ aggressor, the first to attack.
ՆԱԽԱՅՕԺԱՐ willing, predisposed.
ՆԱԽԱՅՕԺԱՐՈՒԹԻՒՆ predisposition.
ՆԱԽԱՆԿԱՐ original, prototype, designed before.
ՆԱԽԱՆՁ envy, jealosy, zeal, rancour.
ԲԱՐԻ ՆԱԽԱՆՁ emulation, rivalry.
ՆԱԽԱՆՁԱԽՆԴԻՐ zealous, fervent, ardent.
ԸԼԼԱԼ to be zealous in.
ՆԱԽԱՆՁԱԽՆԴՐՈՒԹԻՒՆ zeal, ardour, envy.
ՆԱԽԱՆՁԵԼԻ enviable, desirable, worthy of envy.
ՆԱԽԱՆՁԵԼ, ՆԱԽԱՆՁԻԼ to envy, to be jealous of, to emulate.
ՆԱԽԱՆՁՈՏ envious, jealous, emulous, rival.
ՆԱԽԱՆՁՈՏՈՒԹԻՒՆ jealousy, jealousness.
ՆԱԽԱՆՁՈՐԴ emulator, rival, competitor.
ՆԱԽԱՆՁՈՐԴՈՒԹԻՒՆ emulation, rivalry.
ՆԱԽԱՆՁՈՎ enviously, with envy.
ՆԱԽԱՃԱՌԻՂ. forerunner, precursor.
ՆԱԽԱՊԱՀԱԿ outpost, advanced patrol.
ՆԱԽԱՊԱՇԱՐԵԼ to prejudice, to prepossess.
ՆԱԽԱՊԱՇԱՐՈՒԻԼ to be prejudiced.
ՆԱԽԱՊԱՇԱՐՈՒՄ prejudice, prevention, prepossession.
ՆԱԽԱՊԱՏԻՒ preferred, foremost, pre-eminent.
— ՀԱՄԱՐԻԼ to prefer.
ՆԱԽԱՊԱՏՃԱՌ first cause, contriver.
ՆԱԽԱՊԱՏՄԱԿԱՆ prehistorical.
ՆԱԽԱՊԱՏՈՒԵԼ to prefer, to honour most.
ՆԱԽԱՊԱՏՈՒՈՒԹԻՒՆ preference, advantage.
ՆԱԽԱՊԱՏՐԱՍՏԱԿԱՆ preparatory.
ՆԱԽԱՊԱՏՐԱՍՏԵԼ to predispose.
ՆԱԽԱՊԱՏՐԱՍՏՈՒԹԻՒՆ predisposition, preparation.
ՆԱԽԱՊԱՐԻՍՊ antemural, advanced fortification.
ՆԱԽԱՊԷՍ first, antecedently.
ՆԱԽԱՍԱՀՄԱՆԵԱԼ predestinated, elect.
ՆԱԽԱՍԱՀՄԱՆԵԼ to predestinate.
ՆԱԽԱՍԱՀՄԱՆՈՒԹԻՒՆ predestination, fatality.
ՆԱԽԱՎԿԱՅ proto-martyr.
ՆԱԽԱՏԱԿԱՆ insulting, ignominious, defamatory.
ՆԱԽԱՏԵԼ to insult, to reproach, to outrage.
ՆԱԽԱՏԵՍ foreseeing, prescient.
ՆԱԽԱՏԵՍՈՒԹԻՒՆ foresight, prevision.
ՆԱԽԱՏԻՆՔ insult, outrage, reproach, injury.
ՆԱԽԱՏԻՊ prototype, antetype, original, pattern.
ՆԱԽԱՏՕՆԱԿ eve of a feast.
ՆԱԽԱՐԱՐ minister, satrap.
ԱՆՊԱՇՏՕՆ ՆԱԽԱՐԱՐ minister without folio.
ԱՐՏԱՔԻՆ ԳՈՐԾՈՑ ՆԱԽԱՐԱՐ minister of the foreign affairs.
ԵԼԵՒՄՏԻՑ ՆԱԽԱՐԱՐ minister of finance.
ՆԱԽԱՐԱՐԱԿԱՆ ministerial.
ՆԱԽԱՐԱՐԱՊԵՏ Premier, prime minister.
ՆԱԽԱՐԱՐՈՒԹԻՒՆ ministry.
ՆԱԽԴԻՐ preposition.
ՆԱԽԵՐԳԱՆՔ prelude, prologue.
ՆԱԽԵՐԳԵԼ to prelude.
ՆԱԽԸՆԹԱՑ precedent, antecedent, previous.
ՆԱԽԸՆԹՐԻՔ collation, light repast.
ՆԱԽԸՆԾԱՅ first fruits, offered beforehand.
ՆԱԽԸՆՏՐԵԼ to prefer, to predestinate.
ՆԱԽԻՄԱՑՈՒԹԻՒՆ presentiment, foresight, precognition.
ՆԱԽԻՐ flock, herd, drove.
ՆԱԽԿԻՆ former, ancient, prior.
ՆԱԽՃԻՐ carnage, massacre, killing.
ՆԱԽՆԱԿԱՆ primitive, primordial.
ՆԱԽՆԻ ancient, old, primitive.
ՆԱԽՆԻՔ the forefathers, ancestors.

ՆԱԽՇՈՒՆ varicoloured, fair, nice, embroidered.
ՆԱԽՈՐԴ predecessor, precedent faregone.
ՆԱԽՈՐՄ screen–wall, outer–wall
ՆԱԽՈՐՈՇԵԼ to predetermine.
ՆԱԽՈՐՈՇՈՒՄ predetermination.
ՆԱԽՕՐԻՆԱԿ prospectus.
ՆԱՀԱՆԳ state, province, region
ՆԱՀԱՆԳԱԿԱՆ provincial.
ՆԱՀԱՆՋ retreat, retiring.
ՆԱՀԱՆՋ ՏԱՐԻ leap-year.
ՆԱՀԱՆՋԵԼ to retreat, to fall back, to drive back, to withdraw.
ՆԱՀԱՊԵՏ patriarch, head of a tribe.
ՆԱՀԱՊԵՏԱԿԱՆ patriarchal.
ՆԱՀԱՏԱԿ martyr.
ՆԱՀԱՏԱԿԵԼ to martyrize.
ՆԱՀԱՏԱԿՈՒԹԻՒՆ martyrdom.
ՆԱՄԱԿ letter, writing, missive.
ՆԱՄԱԿԱԲԱՇ postman.
ՆԱՄԱԿԱԳԻՐ letter writer.
ՆԱՄԱԿԱԴՐՈՇՄ postage stamp.
ՆԱՄԱԿԱՆԻ letters.
ՆԱՄԱԿԱՏՈՒՆ post office.
ՆԱՄԱԿԱՏՈՒՓ letter box.
ՆԱՅԻԼ to look at, to stare at, to take care.
ՆԱՅՈՒԱԾՔ look, looking, glance.
ՆԱՆԷ grand mather.
ՆԱՆԻՐ vain, fruitless, empty.
ՆԱՆՐԱՀԱՒԱՏ superstitious.
ՆԱՆՐԱՄԻՏ vainglorious, vain person.
ՆԱՆՐԱՄԻՏՈՒԹԻՒՆ varity, vainglory.
ՆԱՆՐՈՒԹԻՒՆ vanity, futulity, conceit.
ՆԱՊԱՍՏԱԿ hare, rabbit.
ՆԱՊԱՊ nabab.
ՆԱՐԳԻԶ narcissus.
ՆԱՐԳԻԼԱԿ nutmeg, narghilet.
ՆԱՐԻՆՋ orange.
ՆԱՐՆՋԱԳՈՅՆ orange-coloured.
ՆԱՐՆՋԵՆԻ orange-tree.
ՆԱՐԴ trick-track.
ՆԱՐՕՏ paint, dye, hue.
ՆԱՒ ship, vessel, boat.
ԹՂԹԱՏԱՐ ՆԱՒ mail steamer.
ՆԱՒԱՐԱԺԻՆ squadron.
ՆԱՒԱԲԵԿ ship-wrecked, cast away
ՆԱՒԱԲԵԿԻԼ to be shipwrecked.
ՆԱՒԱԲԵԿՈՒԹԻՒՆ ship-wreck.
ՆԱՒԱԲԵՌ cargo, boat-load
ՆԱՒԱԳՆԱՑՈՒԹԻՒՆ navigation, sea faring.
ՆԱՒԱԳՈՐԾԱՐԱՆ arsenal, dock yard.
ՆԱՒԱԳՈՐԾՈՒԹԻՒՆ ship building.
ՆԱՒԱԶ mariner, sea–man, sailor.
ՆԱՒԱԽՈՒՄԲ convoy, fleet.
ՆԱՒԱԿ boat, bark, barge.
ՆԱՒԱԿԱՅՔ anchoring place, bay, harbour, dock.
ԼՈՂՈՒՆ - floating dock.
ՆԱՒԱԿԱՌՈՅՑ shipbuilder.
ՆԱՒԱԿԱՏԻՔ inauguration, dedication.
ՆԱՒԱԿՈՐՈՒԹԻՒՆ shipwreck.
ՆԱՒԱՀԱՆԳԻՍՏ harbour, sea port.
ՆԱՒԱՀԱՆԴԷՍ naval review.
ՆԱՒԱՄԱՏՈՅՑ landing place, wharf.
ՆԱՒԱՄԱՐՏ sea fight.
ՆԱՒԱՄՈՒՏՔ embarkation, shipping
ՆԱՒԱՅԻՆ naval, nautical.
ՆԱՒԱՊԵՏ captain, navigator.
ՆԱՒԱՊԵՏՈՒԹԻՒՆ captainship, command.
ՆԱՒԱՍՏԻ seaman, mariner, sailor
ՆԱՒԱՎԱՐ boatman, pilot, seaman
ՆԱՒԱՏՈՐՄԻՂ fleet, armada.
ՆԱՒԱՐԱՆ shipyard, dockyard.
ՆԱՒԱՐԿԵԼ to navigate, to sail.
ՆԱՒԱՐԿՈՒԹԻՒՆ navigation, voyage at sea.
ՆԱՒԱՐՇԱՒ boat race, regatta.
ՆԱՒԱՑԹՈՒԿ prow, rostrum, beak head.
ՆԱՒԱՔԱՐՇՈՒԹԻՒՆ towing, towage.
ՆԱՒԵԼ to sail, to navigate.
ՆԱՒԹ naphta.
ՆԱՒՈՂՉԷՔ freight, passage money.
ՆԱՒՈՐԴ sea–man, passenger.
ՆԱՒՈՒՂԻՂ pilot, steersman.
ՆԱՒ ՎԱՐՁԵԼ to charter, to freight.
ՆԵԱՐԴ fibre, filament, tendon, sinew.
ՆԵԽ putrefaction, infection, stink.
ՆԵԽԵԼ to putrefy, to fester.

ՆԵԽՈՒԹԻՒՆ putrefaction, mephitism.
ՆԵԿՏԱՐ nectar.
ՆԵՂ narrow, tight, close, compact.
ՆԵՂԸ ՁԳԵԼ to put to trouble.
ՆԵՂԱՆԱԼ to be angry.
ՆԵՂԱՆՑՔ strait, channel.
ՆԵՂԱՑԱԾ vexed, angry, displeased.
ՆԵՂԱՑՆԵԼ to offend, to worry, to vex.
ՆԵՂԱՑՈՒՑԻՉ vexing, provoking, troublesome.
ՆԵՂԵԱԼ vexed, forced, uneasy.
ՆԵՂԵԼ to trouble, to vex, to plague, to annoy, to narrow.
ՆԵՂՄԻՏ narrow minded.
ՆԵՂՈՒԹԻՒՆ narrowness, straitness, trouble, annoyance, distress.
ՆԵՂՈՒԻԼ to be uneasy, to grieve, to be troubled.
ՆԵՂՈՒՑ channel, isthmus, pass.
ՆԵՂՍԻՐՏ impatient, restless, irascible.
ՆԵՂՍՐՏՈՒԹԻՒՆ impatience, vexation, fit of passion.
ՆԵՂՑՆԵԼ to make narrow, to limit, to straiten.
ՆԵՆԳ fraud, trick, ruse, intrigue.
ՆԵՆԳԱԺԷՏ insidious, cunning sly, artful, wily.
ՆԵՆԳԱՒՈՐՈՒԹԻՒՆ fraud, fraudelency, deceit.
ՆԵՆԳԵԼ to defraud, to deceit, to dupe, to trick.
ՆԵՆԳՈՒԹԻՒՆ fraud, deceit, fraudulency, cheating.
ՆԵՊՈՏՈՒԹԻՒՆ nepotism.
ՆԵՌ antichrist.
ՆԵՏ arrow, dart, shaft.
ՆԵՏԱԿԱԼ ascham, arbalet, crossbow.
ՆԵՏԱՁԳՈՒԹԻՒՆ discharge, shooting of arrows.
ՆԵՏԱՁԻԳ archer, bowman, arbalister.
ՆԵՏԵԼ to throw, to dart, to fling, to shoot.
ԽԱՐԻՍԽ ՆԵՏԵԼ to cast anchor.
ՆԵՏՈՂ archer, shooter, thrower.
ՆԵՏՈՒԻԼ to fall on, to dart, to rush, to fling.
ՆԵՏՈՒԱԾՔ casts.
ՆԵՐ sister-in-law.
ՆԵՐԱԾԱԿԱՆ introductory, prefatory.
ՆԵՐԱԾԵԼ to introduce, to import.
ՆԵՐԱԾՈՒՄ import, introduction.
ՆԵՐԱՐԿԵԼ to inject.
ՆԵՐԱՐԿՈՒՄ injection.
ՆԵՐԲԱՆ sole of the foot.
ՆԵՐԲՈՂԱԿԱՆ panegyrical laudative.
ՆԵՐԲՈՂԵԼ to panegyrize, to give praises.
ՆԵՐԳՈՐԾԱԿԱՆ active.
ՆԵՐԳՈՐԾԵԼ to act, to put into action, to operate.
ՆԵՐԳՈՐԾՈՒԹԻՒՆ effect, influence, energy, act, deed.
ՆԵՐԴԱՇՆԱԿ harmonious, concerted.
ՆԵՐԴԱՇՆԱԿԵԼ to harmonize, to modulate.
ՆԵՐԴԱՇՆԱԿՈՒԹԻՒՆ harmony, modulation, co-ordination.
ՆԵՐԵԼ to pardon, to forgive, to indulge, to spare, to excuse.
ՆԵՐԵԼԻ pardonable, excusable, remissible.
ՆԵՐԿԱՅ present, actual.
ՆԵՐԿ paint, dye, tint.
ՆԵՐԿԱՅԱՆԱԼ to present one's self, to appear, to come forward.
ՆԵՐԿԱՅԱՑՈՒՄ presentation, representation.
ՆԵՐԿԱՅԱՑՆԵԼ to introduce, to offer, to present.
ՆԵՐԿԱՅԱՑՈՒՑԻՉ representative, deputy, delegate.
ՆԵՐԿԱՏՈՒՆ dye-house, painter's shop.
ՆԵՐԿԱՐԱՐ painter, dyer.
ՆԵՐԿԱՐԱՐՈՒԹԻՒՆ painting, dyeing, dye-works.
ՆԵՐԿԱՓԱՅՏ dyewood.
ՆԵՐԿԵԼ to dye, to stain, to tint, to paint, to colour.
ԿՕՇԻԿ ՆԵՐԿԵԼ to black boots.
ՆԵՐԿՈՂ dyer, painter.

ՆԵՐԿՈՒԱԾ painted, stained, tinted, painting.
ՆԵՐԿՈՒԻԼ to be dyed, to be tinged, to be painted.
ՆԵՐՀԱԿ opposite, contrary.
ՆԵՐՀԱԿՈՒԹԻՒՆ opposition, inconsistency.
ՆԵՐՀԱՅԵՑՈՂՈՒԹԻՒՆ intuition, instinctive knowledge.
ՆԵՐՀՈՒՆ erudite, learned, clever.
ՆԵՐՄՈՒԾԵԼ to import, to insert, to introduce.
ՆԵՐՄՈՒԾՈՂ importer, introducer.
ՆԵՐՄՈՒԾՈՒՄ insertion, infusion, importation.
ՆԵՐՇՆՉԵԼ to inspire.
ՆԵՐՇՆՉՈՂ inspiring, inspirer.
ՆԵՐՇՆՉՈՒՄ inspiration, suggestion.
ՆԵՐՈՂ indulgent, forgiver, clement.
ՆԵՐՈՂԱԳԻՐ indult.
ՆԵՐՈՂԱԿԱՆ indulgent, tolerant, lenient.
ՆԵՐՈՂԱՄԻՏ lenient, indulgent, considerate.
ՆԵՐՈՂԱՄՏԱԲԱՐ indulgently.
ՆԵՐՈՂԱՄՏՈՒԹԻՒՆ indulgence, tolerance, forbearance
ՆԵՐՈՂՈՒԹԻՒՆ pardon, grace, indulgence.
ՆԵՐՈՒՄ pardon, forgiveness, amnesty.
ՆԵՐՈՒՄ ԽՆԴՐԵԼ to ask pardon, to beg pardon.
ՆԵՐՍ in, inside, within.
ՆԵՐՓԱԿ enclosed, attached.
ՆԵՐՓԱԿԵԼ to enclose,
ՆԵՐՔԵՒ under, beneath, below.
ՆԵՐՔԻՆ interior, internal, intrinsic.
ՆԵՐՔԻՆԱՑՆԵԼ to render eunuch, to geld, to emasculate.
ՆԵՐՔԻՆԻ eunuch, castrate.
ՆԵՐՔՆԱՏՈՒՆ cellar, ground floor.
ՆԵՐՔՆՈՒՂԻ tunnel.
ՆԵՐՔՈՒՍ inwardly, internally.
ՆԵՑՈՒԿ stay, support, pillar, staff, leaning stock, help, protection.
ՆԶՈՎԵԱԼ cursed, anathematized.
ՆԶՈՎԵԼ to curse, to anathematize.
ՆԶՈՎՔ anathema.
ՆԷ she, her.
ՆԺԱՐ balance, scale.
ՆԺԴԵՀ pilgrim, emigrant.
ՆԺՈՅԳ blood horse, palfrey, riding horse.
ՆԻԳ bolt, lock.
ՆԻԶԱԿ lance, spear, pelta.
ՆԻԶԱԿԱԿԻՑ fellow-soldier, allied, coallied.
ՆԻԶԱԿԱԿՑԻԼ to be coallied, to fight together.
ՆԻԶԱԿԱԿՑՈՒԹԻՒՆ alliance, league, coalition.
ՆԻԶԱԿԱՄԱՐՏ fighting with lances, tilt.
ՆԻԶԱԿԱՒՈՐ lancer, pikeman.
ՆԻՀԱՐ lean, thin, meager, skinny, scraggy.
ՆԻՀԱՐԱԿԱԶՄ meager, thin, scraggy.
ՆԻՀԱՐՆԱԼ to become lean, to emaciate, to grow thin.
ՆԻՀԱՐՈՒԹԻՒՆ leanness, thinness, meagerness.
ՆԻՀԱՐՑՆԵԼ to make thin, to lessen, to emaciate, to reduce.
ՆԻՄՓ nymph.
ՆԻՆՋ sleep, slumber, repose.
ՆԻՇ mark, sign, point, brand, spot.
ՆԻՍՏ seat, sitting, session.
ՆԻՍՏ ՈՒ ԿԱՑ keeping up, attitude, demeanour.
ՆԻՐՀ light sleep, drowsiness.
ՆԻՐՀԵԼ to sleep, to slumber.
ՆԻՐՀՈՒՄ sleeping, drowsiness.
ՆԻՒԹ matter, substance, material, subject, topic.
ՆԻՒԹԱԳՈՐԾԵԼ to materialize.
ՆԻՒԹԱԿԱՆ material.
ՆԻՒԹԱԿԱՆԱՑՆԵԼ to materialize.
ՆԻՒԹԱԿԱՆՈՒԹԻՒՆ materiality, materialness.
ՆԻՒԹԱՊԱՇՏ materialist.
ՆԻՒԹԱՊԷՍ materially.
ՆԻՒԹԵՂԷՆ material, materials, stock, stores.
ՆԻՒԹԵՂԷՆՔ materials.
ՆՄԱՆԱԿ round loaf.
ՆԿԱՏԵԼ to observe, to consider, to regard.

ՆԿԱՏՄԱՄԲ in regard.
ՆԿԱՏՈՂ observing, contemplative.
ՆԿԱՏՈՂՈՒԹԻՒՆ, ՆԿԱՏՈՒՄ regard, consideration, account, respect, observation.
ՆԿԱՐ painting, picture, design, tableau, image, effigy.
ՆԿԱՐԱԳԵՂ picturesque, vivid.
ՆԿԱՐԱԳԻՐ character, description, portrait, figure, plan.
ՆԿԱՐԱԳՐԱԿԱՆ descriptive, characteristic.
ՆԿԱՐԱԳՐԵԼ to describe, to characterize, to represent.
ՆԿԱՐԱԳՐՈՂ describer, painter.
ՆԿԱՐԱԳՐՈՒԹԻՒՆ description, character, image, figure, sketch.
ՆԿԱՐԱԶԱՐԴ figured, decorated with painting.
ՆԿԱՐԱԿԵՐՏԵԼ to paint, to portray, to embroider.
ՆԿԱՐԱԿԵՐՏՈՒԹԻՒՆ painting, embroidery.
ՆԿԱՐԱՀԱՆԴԷՍ picture, painting show.
ՆԿԱՐԵԼ to paint, to figure, to picture, to depict.
ՆԿԱՐԻՉ painter, drawer, designer.
ՆԿԱՐՉԱԿԱՆ picturesque, graphic, beautiful.
ՆԿԱՐՉՈՒԹԻՒՆ painting.
ՆԿՈՒՂ cellar, ditch, cave.
ՆԿՈՒՆ humiliated, abject, mean, worthless.
ՆԿՐԴԻԼ to try, to strive, to endeavour.
ՆՀԱՆԳ hippopotamus, alligator.
ՆՄԱՆ like, alike, similar, uniform.
ՆՄԱՆԱԲԱՆՈՒԹԻՒՆ parable, mimicry.
ՆՄԱՆԱԲՈՅԺ homeopath.
ՆՄԱՆԱԲՈՒԺՈՒԹԻՒՆ homeopathy.
ՆՄԱՆԱԳՈՐԾՈՒԹԻՒՆ imitation, forgery.
ՆՄԱՆԱԿԱՆ imitative.
ՆՄԱՆԱԿԵՐՊՈՒԹԻՒՆ conformity, analogy.
ՆՄԱՆԱՀԱՆՈՒԹԻՒՆ facsimile, copy, close copy.
ՆՄԱՆԱՁԱՅՆ consonant, homophonous.
ՆՄԱՆԱՁԱՅՆՈՒԹԻՒՆ consonance, homophony.
ՆՄԱՆԱՁՈՅԼ stereotyped.
ՆՄԱՆԱՁՈՒԼԵԼ to stereotype.
ՆՄԱՆԱՅԱՆԳ consonant, rhymed
ՆՄԱՆԱՊԷՍ likewise, similarly, too, also.
ՆՄԱՆԱՏԻՊ autotype, cliché.
ՆՄԱՆԵՑՆԵԼ to imitate, to conform, to counterfeit.
ՆՄԱՆՈՂՈՒԹԻՒՆ imitation, mimicry.
ՆՄԱՆԻԼ to be like, to resemble, to conform, to take after.
ՆՄԱՆՈՒԹԻՒՆ similarity, likeness, resemblance, imitation, image.
ՆՄԱՆՑՆԵԼ to imitate, to resemble, to conform, to counterfeit.
ՆՄԱՆՑՆՈՂ imitator, counterfeiter, imitative.
ՆՄԱՆՕՐԻՆԱԿ alike, like, analogous.
ՆՄՈՅՇ sample, pattern, specimen.
ՆՆՋԱՍԵՆԵԱԿ, ՆՆՋԱՐԱՆ bedroom, dormitory.
ՆՆՋԵԼ to sleep, to fall asleep, to slumber, to die, to expire
ՆՆՋԵԼ Ի ՏԷՐ to sleep in Lord
ՆՆՋԵՑԵԱԼ asleep, defunct, deceased. **ՊԱՇՏՕՆ ՆՆՋԵՑԵԼՈՑ** memorial service, requiem.
ՆՆՋԵՑՆԵԼ to lay asleep, to put to bed, to lull asleep.
ՆՇԱԳԵՂՁ tonsil.
ՆՇԱՅ starch, fecula.
ՆՇԱՅԵԼ to starch.
ՆՇԱՆ sign, mark, signal, token, aim, omen, betrothing.
ՆՇԱՆԱԲԱՆ motto, emblem, device, watch-word.
ՆՇԱՆԱԳԻԾ line of sight.
ՆՇԱՆԱԳԻՏՈՒԹԻՒՆ symbolics, blazon.
ՆՇԱՆԱԳԻՐ mark, character, letter, cipher, symbol.
ՆՇԱԳՈՐԾ thaumaturgist, wonder-worker, prodigious.

ՆՇԱԳՈՐԾՈՒԹԻՒՆ thaumaturgy, sign, marvel, prodigy.
ՆՇԱԳՐԱԿԱՆ literal.
ՆՇԱՆԱԳՐԵԼ to mark, to note, to delineate.
ՆՇԱՆԱԴՐՈՇՄ emblem, devise, character.
ՆՇԱՆԱԽԵՑ iota, point.
ՆՇԱՆԱԾ person affianced, betrothed.
ՆՇԱՆԱԿ sign, mark, expression, badge, ensign, symbol.
ՆՇԱՆԱԿԱԼԻՑ significative.
ՆՇԱՆԱԿԱՆ expressive, symbolical, characteristic.
ՆՇԱՆԱԿԵԼ to mean, to signify, to notify, to denote.
ՆՇԱՆԱԿԵԼԻ remarkable, notable.
ՆՇԱՆԱԿԻՑ significant, significative
ՆՇԱՆԱԿԻՐ ensign-bearer, standard-bearer.
ՆՇԱՆԱԿՈՒԹԻՒՆ meaning, sense, signification.
ՆՇԱՆԱԿՈՒՄ designation, nomination.
ՆՇԱՆԱՁՈՂ sign post, guide post.
ՆՇԱՆԱՌՈՒԹԻՒՆ target shooting.
ՆՇԱՆԱՏԱԽՏԱԿ sign-board.
ՆՇԱՆԱՑԻ by sign.
ՆՇԱՆԱՑՈՅՑ indicator, range, hausse.
ՆՇԱՆԱՒՈՐ notable, remarkable, distinguished, eminent.
ՆՇԱՆԵԼ to mark, to note down, to sign, to betroth.
ՆՇԱՆՈՒԱԾ betrothed, person affianced.
ՆՇԱՆՈՒԻԼ to be betrothed, affianced.
ՆՇԱՆՏՈՒՔ betrothal, affiance, betrothing.
ՆՇԱՋՈՒՐ almond-water.
ՆՇԱՒԱԿ exposed, point aimed at, object, target, spectacle.
ՆՇԱՒԱԿԵԼ to expose, to designate, to ridicule.
ՆՇԱՒԱԿԵԼԻ infamous, base, mean, disgraceful.
ՆՇԱՒԱԿՈՒԹԻՒՆ shame, baseness, ignominy, derision.
ՆՇԴԱՐԵՆԻ horn beam.
ՆՇԴՐԱԿ bistoury.
ՆՇԵՆԻ almond-tree.
ՆՇԻԿ tonsil, almond.
ՆՇԽԱՐ piece, morsel, fragment, rest, consecrated bread.
ՆՇԽԱՐԱՏՈՒՆ place for making wafers.
ՆՇԽԱՐԱՏՈՒՓ reliquary, shrine.
ՆՇԽԱՐՔ relics.
— *ՍՐԲՈՑ* relics.
— *ՊԱՏԱՐԱԳԻ* host, wafer.
ՆՇԿԱԲՈՐԲ tonsilitis, amygdalitis.
ՆՇՄԱՐ foot-step, track, vestige, glimpse, indication.
ՆՇՄԱՐԵԼ to perceive, to observe, to remark.
ՆՇՈՅԼ light, glimmer, beam, ray, reflex.
ՆՇՈՒԼԱԳԵՂ, **ՆՇՈՒԼԱՓԱՅԼ** radiant, shining, beamy.
ՆՇՏՐԱԿ bistoury.
ՆՈԽԱԶ he-goat.
ՔԱՒՈՒԹԵԱՆ ՆՈԽԱԶ scapregoat.
ՆՈՂԿԱԼ to dislike, to detest, to abhor, to loathe.
ՆՈՂԿԱԼԻ nauseous, disgusting, loathsome.
ՆՈՂԿԱՆՔ disgust, nausea, repugnance, aversion, distaste.
ՆՈՂԿԱՑՆԵԼ to inspire repugnance, to disgust, to excite aversion.
ՆՈՂԿԱՑՈՒՑԻՉ disgustful, nauseous, loathsome.
ՆՈՂԿՏԱԼ *ՏԵՍ ՆՈՂԿԱԼ*.
ՆՈՃ, **ՆՈՃԻ** cypress tree.
ՆՈՃԱՍՏԱՆ cypress grove.
ՆՈՅԵՄԲԵՐ November.
ՆՈՅՆ even, equal, identical.
ՆՈՅՆ ՀԵՏԱՅՆ soon, quickly, directly.
ՆՈՅՆԱԲԱՆԱԿԱՆ tautological.
ՆՈՅՆԱԲԱՆԵԼ to repeat, to tautologize.
ՆՈՅՆԱԲԱՆՈՒԹԻՒՆ tautology, repetition of words.
ՆՈՅՆԱԿԵՐՊ identical.

ՆՈՅՆԱՀՆՉԻՒՆ homonymous.
ՆՈՅՆԱՁԱՅՆ homophonous, consonant.
ՆՈՅՆԱՁԱՅՆՈՒԹԻՒՆ monotonia, homophony.
ՆՈՅՆԱՅԱՆԳ rhymed, consonant.
ՆՈՅՆԱՆԱԼ to become identified.
ՆՈՐՆԱՆՇԱՆ synonymous.
ՆՈՅՆԱՆՈՒՆ homonymons, of the same name.
ՆՈՅՆԱՑՈՒՄ identification, assimilation.
ՆՈՅՆԱՑՆԵԼ to identify.
ՆՈՅՆՈՒԹԻՒՆ sameness, identity.
ՆՈՅՆԱՉԱՓ that much, so much, as much.
ՆՈՅՆՊԷՍ similarly, likewise, ditto.
ՆՈՅՆՔԱՆ so many, as many, that many.
ՆՈՅՆՕՐԻՆԱԿ like, alike, similar.
ՆՈՐ new, raw, green, fresh, recent, modern.
ՆՈՐԱԲԱՆ neologist.
ՆՈՐԱԲԱՆՈՒԹԻՒՆ neologism.
ՆՈՐԱԲՈՅԺ convalescent.
ՆՈՐԱԲՈՒԺՈՒԹԻՒՆ convalescence.
ՆՈՐԱԲՈՂԲՈՋ, **ՆՈՐԱԲՈՅՍ** newly born, young, budding.
ՆՈՐԱԳԻՒՏ recently invented.
ՆՈՐԱԳՈՅՆ new, recent, latest.
ՆՈՐԱԴԱՐՁ proselyte, neophyte.
ՆՈՐԱԾԻՆ newly born.
ՆՈՐԱԾՆԻԼ to be born again, to spring up again.
ՆՈՐԱԾՆՈՒԹԻՒՆ second birth, regeneration.
ՆՈՐԱԿԵՐՏ, **ՆՈՐԱԿԱՌՈՅՑ** newly built, lately built.
ՆՈՐԱԿԵՐՊ pecular, singular, strange.
ՆՈՐԱՀԱՍ young, youthful, new.
ՆՈՐԱՀԱՒԱՏ proselyte, newly converted.
ՆՈՐԱՀՆԱՐ recently invented.
ՆՈՐԱՁԵՒ innovated, in fashion, lately formed.
ՆՈՐԱՁԵՒԵԼ to innovate, to make the newest fashion.
ՆՈՐԱՁԵՒՈՒԹԻՒՆ mode, fashion, newness, innovation, novelty.
ՆՈՐԱՁՈՅԼ newly cast, smelted.
ՆՈՐԱՄՈՒՏ newly entered, novice, proselyte.
ՆՈՐԱՆՇԱՆ strange, phenomenal, astonishing, curious.
ՆՈՐԱՆՇՈՅԼ bright, sparkling, glittering.
ՆՈՐԱՆՈՐ quite new, newest.
ՆՈՐԱՇԷՆ newly built, lately erected.
ՆՈՐԱՊՍԱԿ newly married, newly crowned.
ՆՈՐԱՍՏԵՂԾ newly created, invented.
ՆՈՐԱՍԷՐ fond of novelty, modish, stylish.
ՆՈՐԱՎԱՐԺ inexpert, inexperienced.
ՆՈՐԱՎԷՊ novel, a new tale.
ՆՈՐԱՏԵՍԻԼ extraordinary, strange.
ՆՈՐԱՏՈՒՆԿ newly planted, sapling.
ՆՈՐԱՒԱՐՏ newly graduated.
ՆՈՐԱՓԹԻԹ blooming, new-budded, fresh blown.
ՆՈՐԳԵՆԻ gamboge tree.
ՆՈՐԵԼՈՒԿ novice, a la mode.
ՆՈՐԵԿ new-comer, novice.
ՆՈՐԷՆ newly, again.
ՆՈՐԸՆԾԱՅ neophyte, newly ordained.
ՆՈՐԸՆԾԱՅՈՒԹԻՒՆ time of probation, outset, first steps.
ՆՈՐԻՔ first fruits, premices.
ՆՈՐՈԳ newly, recently.
ՆՈՐՈԳԵԱԼ renewed, refreshed, mended, repaired.
ՆՈՐՈԳԵԼ to renovate, to mend, to repair, to refit, to reform.
ՆՈՐՈԳԵԼԻ renewable, reformable, restorable.
ՆՈՐՈԳՈՂ reformer, innovator, regenerator, mender.
ՆՈՐՈԳՈՒԹԻՒՆ mending, reperation, repair, restoration.
ՆՈՐՈԳՈՒԻԼ to be renewed, to be revived, to be mended.
ՆՈՐՈԳՈՒՄ renewing, reform, innovation, mending.
ՆՈՐՈՅԹ mode, novelty, innovation.
ՆՈՐՈՒԹԻՒՆ innovation, newness, novelty, change, fancy articles.

ՆՈՐՈՒՍ newly learned, novice.
ՆՈՐՕՐԻՆԱԿ strange, bizarre, singular, unusual.
ՆՈՒ daughter-in-law, sister-in-law.
ՆՈՒԱԳ music, song, air, tune, melody, chant.
ՆՈՒԱԳԱԽՈՒՄԲ orchestra, band.
ՆՈՒԱԳԱԾՈՒ musician.
ՆՈՒԱԳԱԾՈՒԹԻՒՆ musician's art.
ՆՈՒԱԳԱԿԻՑ accompanist.
ՆՈՒԱԳԱԿՑԻԼ to accompany.
ՆՈՒԱԳԱԿՑՈՒԹԻՒՆ accompaniment.
ՆՈՒԱԳԱՀԱՆԴԷՍ concert.
ՆՈՒԱԳԱՄՈԼ music-mad, melomaniac.
ՆՈՒԱԳԱՄՈԼՈՒԹԻՒՆ melomania.
ՆՈՒԱԳԱՑԱՐԴԱՐ musical composer, accorder.
ՆՈՒԱԳԱՐԱՆ musical instrument.
ՆՈՒԱԳԱՒՈՐ harmonious, cadenced, musical.
ՆՈՒԱԳԵԼ to sing, to chant, to execute.
ՆՈՒԱԶ less, little, under, wanting.
  ԱՒԵԼԻ ԿԱՄ ՆՈՒԱԶ plus or minus.
ՆՈՒԱԶԱԳՈՅՆ less, least, minimum.
ՆՈՒԱԶԱԹԻՒ few in number.
ՆՈՒԱԶԱԿԱՆ decreasing, diminutive, descending.
ՆՈՒԱԶԱՉԱՓ decremeter.
ՆՈՒԱԶԵՑՆԵԼ to lessen, to decrease, to diminish, to abate.
ՆՈՒԱԶԻԼ to grow less, to diminish, to be brought down.
ՆՈՒԱԶՈՒԹԻՒՆ, ՆՈՒԱԶՈՒՄ decrease, curtailing, extenuation, scarcity, want of
  ՈՒԺԻ ՆՈՒԱԶՈՒՄ exhaustion, withering.
ՆՈՒԱԶՈՒՐԴ reduction, abatement, discount, rebate.
ՆՈՒԱՂԵԱԼ faint, languid, languished.
ՆՈՒԱՂԵՑՆԵԼ to make to faint, to extenuate, to enfeeble, to weaken.
ՆՈՒԱՂԻԼ to faint, to swoon away to languish, to collapse.
ՆՈՒԱՂԿՈՏ languid, languishing.
ՆՈՒԱՂՈՒՄ fainting, fit, swoon, languidness.
  ՍՐՏԻ heart failure.
ՆՈՒԱՃԵԼ to subdue, to submit, to overcome, to vanquish.
ՆՈՒԱՃԵԼԻ tameable, that may be subdued.
ՆՈՒԱՃՈՂ tamer, subduer, vanquisher, conqueror.
ՆՈՒԱՃՈՒԻԼ to fall under, to be subdued, to be reduced.
ՆՈՒԱՃՈՒՄ subjection, enslaving, submission, obedience, subordination.
ՆՈՒԱՍՏ low, vile, mean, base, servile, abject, mean.
ՆՈՒԱՍՏԱԲԱՐ meanly, pitifully basely, vilely.
ՆՈՒԱՍՏԱԽՈՀ vile, base, mean, abject, paltry.
ՆՈՒԱՍՏԱՆԱԼ to fall, to decrease, to debase, to subside.
ՆՈՒԱՍՏԱՑՆԵԼ to lower, to let down, to humiliate, to debase, to disgrace, to disparage, to vilify.
ՆՈՒԱՍՏԱՑՈՒՑԻՉ debasing, degrading, humiliating, vilifying.
ՆՈՒԱՍՏՈՒԹԻՒՆ abatement, vileness, abjectness, inferiority.
ՆՈՒԱՐ dittander, pepperwort.
ՆՈՒԷՐ present, offering, gift, tip.
ՆՈՒԻՐԱԳՈՐԾԵԱԼ consecrated.
ՆՈՒԻՐԱԳՈՐԾԵԼ to consecrate, to sacrifice, to sanction, to offer up.
ՆՈՒԻՐԱԳՈՐԾՈՒԹԻՒՆ consecration, celebration, oblation, sanction, dedication.
ՆՈՒԻՐԱԿ deputy, delegate, legate, envoy.
ՆՈՒԻՐԱԿԱՆ sacred, consecrated, holy.
ՆՈՒԻՐԱԿԱՆՈՒԹԻՒՆ consecration.
ՆՈՒԻՐԱԿՈՒԹԻՒՆ deputation, nunciature.
ՆՈՒԻՐԱՏՈՒ donator, giver, donor.
ՆՈՒԻՐԵԱԼ consecrated, devoted, sainted.

ՆՈՒԻՐԵԼ to offer, to present, to vow, to devote, to dedicate.
ՆՈՒԻՐՈՒԻԼ to devote, to vow, to sacrifice one's self.
ՆՈՒԻՐՈՒՄ offering, dedication, inauguration.
ՆՈՒԽ rose.
ՆՈՒՇ almond.
ՆՈՒՌ pomegranate.
ՆՈՒՍԽԱՅ recipe, order, formula, prescription.
ՆՈՒՐԲ fine, thin, slender, slim.
ՆՊԱՍՏ help, subsidy, relief, aid, favour.
  Ի ՆՊԱՍՏ in favour of, on behalf.
ՆՊԱՍՏԱՄԱՏՈՅՑ, ՆՊԱՍՏԱՏՈՒ helping, subsidiary, auxiliary, aiding.
ՆՊԱՍՏԱՒՈՐ favourable, propitious.
ՆՊԱՍՏԱՒՈՐՈՒԹԻՒՆ subsidy, favourableness, supply given.
ՆՊԱՍՏԵԼ to help, to favour, to aid, to succour.
ՆՊԱՍՏԸՆԿԱԼ person who takes a subsidy.
ՆՊԱՍՏՈՂ subsidiary, aiding, affording help.
ՆՊԱՏԱԿ purpose, intention, end, aim, object.
ՆՊԱՏԱԿԱԿԷՏ objecvtive point.
ՆՊԱՐ provisions, victuals.
ՆՊԱՐԱՎԱՃԱՌ grocer.
ՆՊԱՐԵՂԷՆ grocery.
ՆՌՆԱԿ grenade.
ՆՌՆԱԿԱՒՈՐ grenadier.
ՆՍԵՀ fortune, chance, fate, destiny.
ՆՍԵՄ dark, sombre, dull, obscure.
ՆՍԵՄԱՆԱԼ to grow dim, to become obscure, dark.
ՆՍԵՄԱՍՏՈՒԵՐ gloomy, obscure, sombre.
ՆՍԵՄԱՑՆԵԼ to bedim, to obscure, to darken.
ՆՍԵՄԱՑՆՈՒՄ derogation, disparagement.
ՆՍԵՄՈՒԹԻՒՆ obscurity, gloom, darkness of prospect.
ՆՍԻՐ tribulation, difficulty.
ՆՍՏԱԾ sitting, sedentary, seated, inactive.
ՆՍՏԱՇՐՋԱՆ session, assizes.
ՆՍՏԱՍԵՆԵԱԿ sitting-room, parlour reception room.
ՆՍՏԱՏԵՂ anus.
ՆՍՏԱՏԵՂԻ seat, fundament.
ՆՍՏԱՐԱՆ seat, bench, chair, form.
ՆՍՏԻԼ to sit, to sit down, to take place.
  ՍԵՂԱՆ ՆՍՏԻԼ to sit down to table.
ՆՍՏԵՑՆԵԼ to seat, to lay, to place, to rest.
ՆՍՏՈՂ sitter.
ՆՍՏՈՂԱԿԱՆ sitting, sedentary, inactive.
ՆՍՏՈՒԿ seated, sitting.
ՆՍՏՈՑ seat, seating place, residence.
ՆՐԲԱԲԱՆ, ՆՐԲԱԽՕՍ subtile, quibbler, quirking.
ՆՐԲԱՀԱՍԱԿ fine shaped, good sized.
ՆՐԲԱՄԻՏ refined, subtle, keen, sharp-witted.
ՆՐԲԱՄՏՈՒԹԻՒՆ refinement, sagacity, sharp wit.
ՆՐԲԱՆԱԼ to refine, to become refined, to become pure.
ՆՐԲԱՆՑՔ narrow passage, lane, corridor.
ՆՐԲԱԾԱՒԻՂ berm, narrow ledge.
ՆՐԲԱՄՈՐԻՆԳ clarionet.
ՆՐԲԱՑՆԵԼ to refine, to subtilize.
ՆՐԲԵՐԱՆԳ shade, reflected image.
ՆՐԲԻՆ fine, delicate, subtle, refined.
ՆՐԲՈՂՈՔ fibula.
ՆՐԲՈՒԹԻՒՆ fineness delicacy, nicety, sensitiveness.
ՆՐԲՈՒՂԻ foot path, a narrow way, narrow ledge.
ՆՕԹԻ hungry, fasty, starved.
ՆՕԹՈՒԹԻՒՆ hunger, famine, fast
ՆՕՍՐ rare, coarse, slender, spare.
ՆՕՏԱՐ public notary
ՆՕՏԱՐԱԿԱՆ notarial.
ՆՕՏԱՐՈՒԹԻՒՆ profession of a notary.
ՆՕՏՐ ԳԻՐ italic.

Շ

ՇԱԲԱԹ week, Saturday, sabbath.
ՇԱԲԱԹԱԹԵՐԹ weekly.
ՇԱԲԱԹԱԿԱՆ sabbatic, weekly, sabbatarian, weekly wages.
ՇԱԲԱԹՉԷՔ week's wages.
ՇԱԲԱԹԱՊԱՀ sabbatarian.
ՇԱԳԱՆԱԿ chestnut.
ՇԱԼԱԿ back, shoulder.
ՇԱԼԱԿԵԼ to carry anything upon the back.
ՇԱԼՈՒՊԱ sloop, small corvette.
ՇԱԿ young buffalo.
ՇԱՀ gain, profit, advantage, benefit, emolution, Shah of Iran.
ՇԱՀԱԲԱԺԻՆ devidend.
ՇԱՀԱԲԵՐ productive, lucrative, profitable.
ՇԱՀԱԳՈՐԾԵԼ to work, to exploit, to speculate.
ՇԱՀԱԳՈՐԾՈՂ worker, speculator, farmer.
ՇԱՀԱԳՈՐԾՈՒԹԻՒՆ working, using, cultivation, exploitation.
ՇԱՀԱԴԷՏ speculator.
ՇԱՀԱԴԻՏԵԼ to speculate.
ՇԱՀԱԴԻՏՈՒԹԻՒՆ speculation, profiteering.
ՇԱՀԱԽՆԴԻՐ selfish, interested, venal, covetous, mercenary.
ՇԱՀԱԽՆԴՐՈՒԹԻՒՆ interest, venality, love of gain.
ՇԱՀԱԿԻՑ associate, partner, jointly interested.
ՇԱՀԱՄԷՐ selfish, venal, mercenary, covetous.
ՇԱՀԱՄԻՐՈՒԹԻՒՆ love of gain, interest, venality, selfishness.
ՇԱՀԱՍՊՐԱՄ sweet basil.
ՇԱՀԱՍՏԱՆ market, market-place.
ՇԱՀԱՏԱԿԵԼ to assault, to defy, to brave.
ՇԱՀԱՏԱԿՈՒԹԻՒՆ exploits, assault, adventure, deeds.
ՇԱՀԱՐԿՈՒԹԻՒՆ investment, exploitation.
ՇԱՀԱՒԷՏ advantageous, useful, fruitful, interesting.
ՇԱՀԱՒՈՐ lucrative, interesting, remunerative.
ՇԱՀԻԼ, ՇԱՀԵԼ to profit, to gain, to win, to benefit.
ՇԱՀԵԿԱՆ interesting, lucrative, useful.
ՇԱՀԵԿԱՆՈՒԹԻՒՆ interest, utility, lucre, gain.
ՇԱՀԵՑՆԵԼ to make to gain.
ՇԱՀԹԱՌԱԿ fumitory, ceratium.
ՇԱՀՈՂ winner, gainer.
ՇԱՀՈՐԱԿ flea bane.
ՇԱՀՈՔՐԱՄ pink, clove.
ՇԱՀՊՍԱԿ crown-imperial.
ՇԱՀՊՐԱԿ gilli-flower.
ՇԱՂ dew, night-damp.
ՇԱՂԱԽ cement, mortar, beton, dirt, spot.
ՇԱՂԱԿՐԱՏ talkative, charlatan, prater.
ՇԱՂԱԿՐԱՏԱՆՔ prattling, babbling, tattle, quackery.
ՇԱՂԱԿՐԱՏԵԼ to prattle, to chatter, to tattle, to gabble.
ՇԱՂԱԿՐԱՏՈՒԹԻՒՆ loquacity, quackery, charlatanism.
ՇԱՂԱՄԱԹ thread, twine, wire, yarn.
ՇԱՂԱՊ, ՇԱՂԱՓ trepan, wimble, auger.
ՇԱՂԱՓԵԼ to trepan.
ՇԱՂԿԱՊ conjunction, junction, bond, union.
ՇԱՂԿԱՊԱԿԱՆ conjunctive.
ՇԱՂԵԼ to lace, to twist, to knead.

ՇԱՂՈՒԻԼ to knead, to dilute, to mould, to moisten.
ՇԱՂՓԱԲԱՆՈՒԹԻՒՆ chattering, gossip.
ՇԱՂՓԱՂՓ babbling, chattering, bragger, boaster.
ՇԱՂՓԱՂՓԱՆՔ twaddle, prating, gossip, tattle.
ՇԱՂՓԱՂՓԵԼ to prate, to tattle, to gossip, to twaddle.
ՇԱՄԱՄ sweet-melon.
ՇԱՄԱՆԴԱՂ corpuscle, fog, mist, haze.
ՇԱՄԲՈՒՏ cane field, full of canes.
ՇԱՄՓՈՒՐ cleaning rod, ramrod, test-stick, spit.
ՇԱՄՓՐԱԿ brooch, crown, diadem.
ՇԱՄՓՐԱԿԱԼ spit-rest, spit-rack.
ՇԱՄՓՐԵԼ to spit, to pierce through.
ՇԱՆԱՁՈՒԿ dogfish, shark.
ՇԱՆԹ thunderbolt, lightning, fire, spark.
ՇԱՆԹԱՀԱՐ thunderstruck.
ՇԱՆԹԱՀԱՐԻԼ to strike with thunder, to fulminate.
ՇԱՆԹԱՀԱՐԻՉ dreadful, crushing, fulminating.
ՇԱՆԹԱՀԱՐՈՒԹԻՒՆ thunderstroke, thunder-clap, thunderstriking.
ՇԱՆԹԱՐԳԵԼ lightning-rod, conductor.
ՇԱՆԹԵԼ to thunder, to fulminate.
ՇԱՆԹԸՆԿԷՑ thundering, fulminating.
ՇԱՆՓԻՆ dog's dung.
ՇԱՉԵԼ to clatter, to click.
ՇԱՉԻՒՆ click, rustling, cracking.
ՇԱՊԱԼՈՒՏ spanish chastnut.
ՇԱՊԻԿ shirt, chemise.
ՇԱՊԼԵՂ alum.
ՇԱՊԿԱԳՈՐԾ shirt-maker.
ՇԱՊԿԱՎԱՃԱՌ shirt-dealer.
ՇԱՌԱԳՈՅՆ redhaired, ruddy.
ՇԱՌԱԳՈՒՆԱՆՔ redness, blush.
ՇԱՌԱԳՈՒՆԻԼ to grow red, to redden.
ՇԱՌԱԳՈՒՆՈՒԹԻՒՆ redness, blush.
ՇԱՌԱՉ bluster, uproar, noise.

ՇԱՌԱՉԵԼ to clack, to bluster, to crack.
ՇԱՌԱՉԻՒՆ, ՇԱՌԱՉՈՒԿ bluster, crepitation, crackling, crash.
ՇԱՌԱՏ bay, a bay horse.
ՇԱՌԱՏԵՆԴ scarlet fever.
ՇԱՌԱՒԻՂ radius, sprout, shoot, ray, spoke.
ՇԱՌԱՓ light, beam.
ՇԱՌՏԱՄ scarification.
ՇԱՌՏԵԼ to scarify.
ՇԱՏ many, much, several.
ՇԱՏԱԽՕՍ prating, talkative, loquacious.
ՇԱՏԱԽՕՍԵԼ to chatter, to prattle.
ՇԱՏԱԽՕՍՈՒԹԻՒՆ talkativeness, loquacity.
ՇԱՏԱԿԵՐ voracious, greedy, great eater.
ՇԱՏԱԿԵՐՈՒԹԻՒՆ voracity, gluttony.
ՇԱՏՆԱԼ to be multiplied, to augment, to grow, to increase.
ՇԱՏՈՆՑՈՒԸՆԷ long ago, long since.
ՇԱՏՈՒԹԻՒՆ great quantity, great deal, abundance, plenty.
ՇԱՏՐԱՐ sieve, riddle.
ՇԱՏՐՈՒԱՆ water-sprout, fountain, jet.
ՇԱՏՑՆԵԼ to increase, to augment, to multiply.
ՇԱՏԻՈՐ numerous
ՇԱՐ row, string, file, chain.
ՇԱՐԱՊ sirup, syrup.
ՇԱՐԱԲԱՆՈՒԹԻՒՆ syllogism, sequence.
ՇԱՐԱԳԻՐ editor, author, writer.
ՇԱՐԱԳՐԵԼ to compose, to write, to word.
ՇԱՐԱԴԱՍՈՒԹԻՒՆ syntax, co-ordination.
ՇԱՐԱԴՐԱԿԱՆ composed, prosaic, syntactic.
ՇԱՐԱԴՐԵԼ to compose, to form, to combine.
ՇԱՐԱԴՐՈՒԹԻՒՆ composition, conjunction, syntax.
ՇԱՐԱԿԱՆ canticle, melody, hymnology.
ՇԱՐԱԿԱՐԳԵԼ to classify, to arrange.

ՇԱՐԱՄԱՆՈՒԹԻՒՆ lacing, entwinement, interweaving.
ՇԱՐԱՄԱՆԵԼ to lace, to join, to unite, to twist, to entwine.
ՇԱՐԱՅԱՐՈՒԹԻՒՆ continuation, order of descent, succession.
ՇԱՐԱՅԱՐԵԼ to conjoin, to unite together.
ՇԱՐԱՒ pus, matter, sanies.
ՇԱՐԵԼ to set in order, to arrange, to range.
ՇԱՐԺ motion, movement, earthquake.
ՇԱՐԺԱԿ motor.
ՇԱՐԺԱԿԱՆՈՒԹԻՒՆ mobility, inconstancy, variableness.
ՇԱՐԺԱԿԱՆ moveable, unsteady, motory, changeable.
ՇԱՐԺԱՆԿԱՐ cinema, pictures.
ՇԱՐԺԱՌԻԹ motive, object, cause, inducement.
ՇԱՐԺԱՎԱՐ motorman.
ՇԱՐԺԵԼ to move, to stir, to rouse, to agitate, to shake.
ՍԻՐՏԸ — to affect, to move to pity.
ՇԱՐԺԻԼ to move, to be moved, to be shaken, to be stirred.
ՇԱՐԺԻՉ mover, motive power, impeller.
ՇԱՐԺՈՂՈՒԹԻՒՆ mobility, variability.
ՇԱՐԺՈՒԱԾՔ movement, action, gesture.
ԱՆԴԱՄՆԵՐՈՒ — gesticulation.
ՇԱՐԺՈՒՄ movement, motion, sway, action.
ՇԱՐԺՄԱՆ ՄԷՋ ՊԱՀԵԼ to keep in motion.
ՇԱՐԺՈՒՆ movable, versatile.
ՇԱՐՄԱՂ silk-sieve.
ՇԱՐՈՒԻԼ to form on, to range, to be put in ranks.
ՇԱՐՈՑ string of comfits, sauce, galley, file, line.
ՇԱՐՈՒԱԾՔ composition file, line, range.
ՇԱՐՈՒՆԱԿ continuous, uninterrupted.
ՇԱՐՈՒՆԱԿԱԲԱՐ continually, always.
ՇԱՐՈՒՆԱԿԱԿԱՆ continual, perpetual.
ՇԱՐՈՒՆԱԿԵԼ to continue, to go on with, to proceed.
ՇԱՐՈՒՆԱԿՈՒԹԻՒՆ continuation, succession.
ՇԱՐՓԱՏԱԴ pleurisy.
ՇԱՐՔ row, rank, file, range, lines, suite.
ՇԱՒԱՌ violin, guitar.
ՇԱՒԻՂ path, track, way, road.
ՇԱՌԱՓՈՒԿ obscurity in day time.
ՇԱՓԻՂԱՅ sapphire.
ՇԱՓՐԱԿ corol, corolla.
ՇԱՔԱՐ sugar.
ՇԱՔԱՐԱԳՈՐԾ sugar maker, confectioner.
ՇԱՐԱՐԱԽՏ diabetes.
ՇԱՔԱՐԱՀԱՏ sugar plum, pastil comfit.
ՇԱՔԱՐԱՄԱՆ sugar-bowl, sugar-basin.
ՇԱՔԱՐԱՎԱՃԱՌ sugar seller, sugar dealer, sugarman.
ՇԱՔԱՐԱՍԵԽ sweet-melon.
ՇԱՔԱՐԵՂԷԳՆ sugar cane.
ՇԱՔԱՐԵՂԷՆ comfit, dainty things, sugar-works.
ՇԱՔԱՐՕՂԻ rum, taffia.
ՇԱՔԻԼ shoot, sprout, bud, germ.
ՇԵՂ oblique, in bias, transversal, shoot, straw.
ՇԵՂԱԳԻՐ italics.
ՇԵՂԱՆԿԻՒՆ lozenge, rhombus.
ՇԵՂԲ blade, knife blade.
ՇԵՂԵԼ to curve, to bend, to make crooked.
ՇԵՂԸՆԹԱՑՈՒԹԻՒՆ loxodromics.
ՇԵՂԻԼ to deviate, to slope, to slant.
ՇԵՂՈՒԹԻՒՆ, ՇԵՂՈՒՄ obliquity, slant, slope, deviation, bias.
ՇԵՂՋ mass, heap, pile, lot, stock.
ՇԵՂՋԱԿՈՅՏ heap, pile, accumulation.
ՇԵՂՋԱԿՈՒՏԱԿ conglomerate.
ՇԵՂՋԱԿՈՒՏԵԼ to accumulate. to pile, to amass, to hoard.

ՇԵՂՋԵԼ to pile up, to accumulate, to heap up.
ՇԵՂՏԱՄԵՏ effeminate, enervated.
ՇԵՄ threshold, sill.
ՇԵՇՏ accent, shrill voice.
ՇԵՇՏԱՎՈՐ accented, accentuated.
ՇԵՇՏԵԼ to accent, to stress, to emphasize.
ՇԵՇՏՈՒՄ accentuation.
ՇԵՊ precipate, steep, abrupt.
ՇԵԹ urine, piss.
ՇԵՐԱՄ silk-worm.
ՇԵՐԱՄԱԲԱՆՈՒԹԻՒՆ sericulture.
ՇԵՐԱՄԱԲՈՅԾ silk-grower, sericulturist.
ՇԵՐԱՄԱԲՈՒԾՈՒԹԻՒՆ sericulture, rearing of silkworms.
ՇԵՐԱՄԱԳՈՐԾ silk-grower.
ՇԵՐԱՄԱՏԱԾՈՒԹԻՒՆ silk culture, nursing of silkworms.
ՇԵՐԱՄԱՊԱՀ silkworm breeder.
ՇԵՐԱՄԱՏՈՒՆ, ՇԵՐԱՄՆՈՑ silkworm house, silkworn nursery.
ՇԵՐԵՓ soup ladle.
ՇԵՐՏ slice, slip, piece, morsel, chip, lath.
ՇԵՐՏԱԳԻԾ crossed out.
ՇԵՐՏԱՎՈՐ streaked, striped.
ՇԵՐՏԵԼ to streak, to stripe, to slice, to splinter.
ՇԵՓՈՐ bugle, trumpet, hautboy.
ՇԵՓՈՐՈՒԿ seringa, syringa.
ՇԷԿ reddish, russet.
ՇԷՆ peopled, merry, joyful.
ՇԷՆ hamlet, village.
ՇԷՆՆԱԼ to become peopled, inhabited.
ՇԷՆՑՆԵԼ to populate, to make merry, to people.
ՇԷՆՔ building, structure.
ՇԹԱԽՈՏ drop-wort.
ՇԹԱՔԱՐ stalactite, dropstone.
ՇԻԳՂ hock, clasp, hasp.
ՇԻԹ drop, small quantity.
ՇԻԼ squint-eyed.
ՇԻԼԻՆ shilling.
ՇԻԿԱԳՈՅՆ tawny, fawn-coloured, reddish, russet.
ՇԻԿԱԾԱՌ brasil-wood.
ՇԻԿԱՀԵՐ red-haired.
ՇԻԿՆԻԼ to grow red, to blush, to redden.
ՇԻԿՆՈՏ bashful, modest.
ՇԻԿՈՐԱԿ reddish.
ՇԻՂ shoot, bit, jot, sprig.
ՇԻՃՈՒԿ serum, butter-milk.
ՇԻՄՇԻՐ sword.
ՇԻՆԱԿԱՆ rustic, boorish, rural, country man.
ՇԻՆԱԿԱՆԱՄԻՏ rustic, uncouth, rude.
ՇԻՆԱԿԱՆՈՒԹԻՒՆ country manners, rusticity.
ՇԻՆԱՐԱՐ builder, constructor.
ՇԻՆԵԼ to make, to build, to edify, to erect.
ՇԻՆԻՉ edifying, exemplary.
ՇԻՆԾՈՒ made up, false, untrue.
ՇԻՆՈՂ maker, constructor, builder.
ՇԻՆՈՒԱԾՔ building, construction, , edifice.
ՇԻՆՈՒԱԾԱՆԻՒԹ materials, raw materials.
ՇԻՆՈՒԱԾԱՔԱՐ building stone.
ՇԻՆՈՒԹԻՒՆ construction, work, building, structure.
ՇԻՇ bottle, carafe, phial.
ՇԻՊ alum.
ՇԻՊԱՐԱՆ alum pit, alum works.
ՇԻՋԱՆԻԼ to go out, to drop off, to expire, to die away.
ՇԻՋԱՆՈՒՏ extinguishable, wavering, unsteady.
ՇԻՋՈՒՑԻՉ extinguisher.
ՇԻՏԱԿ direct, right, upright, correct.
  ՇԻՓ ՇԻՏԱԿ directly.
ՇԻՏԱԿՈՒԹԻՒՆ right, uprightness, integrity, correctness.
ՇԻՏԻՏԻ wanton, lewd, catamite, nancy-boy.
ՇԻՐԻՄ tomb, grave, monument.
ՇԻՒ residuum.
ՇԻՒՂ prickle, splinter, shoot, bit.
ՇԼԱՄԻՏ dolt, block-head, stupid, idiot.
ՇԼԱՆԱԼ to be dazzled, to becom blunt.

ԾԼԱՑՈՒԹԻՒՆ dazzling, dim-sighteuness.
ԾԼԱՑՆԵԼ to dazzle, to fasci.. ite, to blind.
ԾԼԱՑՈՒՑԻՉ dazzling, flaring.
ԾԼՆԻՔ nape, the back of the neck.
ԾԼՈՒԹԻՒՆ squinting, strabism.
ԾԿԱՀԻՒՆ whizzing, hiss, clanking, clash, clatter.
ԾԿԹԵԼ to expose, to show, to parade, to display.
ԾՂԱՐԾ crape, gauze.
ԾՂԹԱՑ chain, fetters, series.
ԾՂԹԱՑԱԳՈՐԾ chain maker.
ԾՂԹԱՑԱՋԵՐԾ unchained, disenchained.
ԾՂԹԱՑԱԿԱՊ enchained, bound in chains.
ԾՂԹԱՑԵԼ to chain up, to bind in chains.
ԾՃՈՒԿ whey, serum of milk.
ԾՄՈՐՏԱԿ soapwort.
ԾՆԱԲԱՐ cynically.
ԾՆԱԲԱՐՈՅ cynical, dog-hearted.
ԾՆԱԳԱՅԼ jackal.
ԾՆԱԼ to commit adultery.
ԾՆԱԽՈՏ scamony plant.
ԾՆԱԿԱՆ cynical, snappish, canine, sarcastic.
ԾՆԱՏԱՄՈՒՆՔ canine teeth.
ԾՆԱՑՈՂ adulterer, fornicator.
ԾՆԹԵԼ to flatter, to coax, to cajole.
ԾՆԹՈՂ flatterer, fawner, cringer.
ԾՆԹՈՒՐ aconite.
ԾՆԹՈԿԻԼ to crouch, to squat, to stoop low.
ԾՆԻԿ house dog, little dog.
ԾՆՈՐՀՔ, ԾՆՈՐՀ grace, favour, charm, mercy.
ԾՆՈՐՀԱԲՈՅՐ graceful, amiable, obliging.
ԾՆՈՐՀԱԳԻՐ warrant, letter of grace.
ԾՆՈՐՀԱՁԱՐԴ gracious, virtuous, courteous.
ԾՆՈՐՀԱԶՈՒՐԿ ungraceful, ill favoured, favourless.
ԾՆՈՐՀԱԼԻ graceful, charming, full of grace, handsome.
ԾՆՈՐՀԱԼԻՈՒԹԻՒՆ graciousness, affability.
ԾՆՈՐՀԱԿԱԼ grateful, thankful, obliged.
— ***ԸԼԼԱԼ*** to thank, to acknowledge.
ԾՆՈՐՀԱԿԱԼՈՒԹԻՒՆ, ԾՆՈՐՀԱԿԱԼԻՔ thanks, grace, gratitude.
ԾՆՈՐՀԱՊԱՐՏ obliged, very grateful.
ԾՆՈՐՀԱՒՈՐԱԿԱՆ congratulatory.
ԾՆՈՐՀԱՒՈՐԵԼ to congratulate, to felicitate, to wish joy.
ԾՆՈՐՀԱՒՈՐՈՒԹԻՒՆ congratulation, felicitation, compliments.
ԾՆՈՐՀԱՓԱՅԼ graceful, gracious.
ԾՆՈՐՀԵԼ to grant, to confer on, to bestow, to concede.
ԾՆՈՐՀԸՆԿԱԼ grantee, favored.
ԾՆՈՐՀՈՒՄ grant, concession.
ԾՆՈՐՀՈՒՆԱԿ graced, gracious, virtuous.
ԾՆՈՒԹԻՒՆ fornication, adultery, unchastity of the married.
ԾՆՋԱՐԵՐԱԿԱՆ respiratory.
ԾՆՋԱԿ air-hole, vent-hole.
ԾՆՋԱԿԱՆ respiratory.
ԾՆՋԱՀԵՂՁՈՒԹԻՒՆ asphyxia, suffocation.
ԾՆՋԱՌՈՒԹԻՒՆ respiration, inspiration, inhalation.
ԾՆՋԱՍՊԱՌ out of breath, breathless, mortal.
ԾՆՋԱՍՊԱՌՈՒԹԻՒՆ panting, breathlessness.
ԾՆՋԱՐԳԵԼ asthmatic.
ԾՆՋԱՐԳԵԼՈՒԹԻՒՆ asthma, short-breath.
ԾՆՋԱՒՈՐ animate, breathing, sensual.
ԾՆՋԱՒՈՐԵԼ to animate, to give life to, to enliven.
ԾՆՋԱՓՈՂ windpipe, trachea, lung.
ԾՆՋԵԼ to breathe, to blow, to puff, to respire, to exhale.
ԾՆՋԵԼԻ respirable, fit for respiration.
ԾՆՋԵՐԱԿ artery.
ԾՆՋԵՐԱԿԱԲՈՐԲ arteritis.
ԾՆՋԵՐԱԿԱՀԱՏՈՒԹԻՒՆ arteriotomy.

ՇՆՉՈՒՄ breathing, inspiration.
ՇՇՆԿՈՑ clap, crash, noise
ՇՇՆՋԵԼ to whisper, to mutter, to mumble.
ՇՇՆՋՈՒՄ whisper, murmur, noise.
ՇՇՈՒԿ whisper, murmur, rumour.
ՇՈԳ heat, calorie.
ՇՈԳԵԼԻՑ vapoury, vaporous.
ՇՈԳԵԿԱՌՔ railway carriage locomotive.
ՇՈԳԵՆԱՒ steam-ship, steamer, liner.
ՇՈԳԻ steam, vapour.
ՇՈԳԻԱՆԱԼ to vaporize, to evaporate.
ՇՈԳԻԱՉԱՓ evaporimeter.
ՇՈԳԻԱՑՆԵԼ to evaporate, to vaporize.
ՇՈԳԻԱՑՈՒՄ vaporization, evaporation.
ՇՈԳԻՈՏ steamy.
ՇՈԳԻՈՏՈՒԹԻՒՆ steaminess, mistiness.
ՇՈԳՄՈԳԵԼ to slander, to backbite, to traduce.
ՇՈԳՄՈԳՈՒԹԻՒՆ slander, backbiting, flattery.
ՇՈԳՈԼԻ vapour, steam, exhalation.
ՇՈՀ starch.
ՇՈՀԵԼ to starch.
ՇՈՂ ray, beam, flash of light.
ՇՈՂԱԴԱՐՄԱՆՈՒՄ actinotherapy, radiotherapy.
ՇՈՂԱԼ to shine, to glitter, to gleam.
ՇՈՂԱՋԱՐԴ sparkling, bright, radiant.
ՇՈՂԱԿԱԹ refulgent, splendour, refulgence.
ՇՈՂԱԿԱՆՈՒԹԻՒՆ actinism.
ՇՈՂԱԿՆ brilliant (diamond).
ՇՈՂԱՑԻԿ dazzling, transplendent.
ՇՈՂԱՑՆԵԼ to cause to glitter, to scintillate.
ՍՈՒՐ — to brandish, to swing (a sword).
ՇՈՂԱՒՈՐ shining, brilliant, radiant, gleaming.
ՇՈՂԱՔԱՐ marmolite
ՇՈՂԳԱՄ turnip.
ՇՈՂԻՔ saliva, foam, slaver.
ՇՈՂՇՈՂԱԼ to shine, to blaze, to flash.
ՇՈՂՇՈՂՈՒԿ wood-sorrel.
ՇՈՂՇՈՂՈՒՆ glittering, beamy, refulgent, radiant.
ՇՈՂՈՄ adulator, flattery.
ՇՈՂՈՄԵԼ to flatter, to fondle, to wheedle.
ՇՈՂՈՄՆ fulguration, lightning flash.
ՇՈՂՈՄՈՒԹԻՒՆ flattery, adulation, sycophancy, coaxing.
ՇՈՂՈՒՌԵՑՔ actinomycosis.
ՇՈՂՈՔՈՐԹ flatterer, adulator, fawner, coaxer.
ՇՈՂՈՔՈՐԹԱԿԱՆ flattering, adulatory.
ՇՈՂՈՔՈՐԹԵԼ to flater, to fawn upon, to cringe to.
ՇՈՂՈՔՈՐԹՈՒԹԻՒՆ flattery, adulation, fawning.
ՇՈՂՊԱՐ silver-vine.
ՇՈՃԻ pine, pine tree.
ՇՈՄԻՆ garden spinach.
ՇՈՅԵԼ to caress, to take care of.
ՇՈՅՈՒԻԼ to be caressed, to be pampered.
ՇՈՅՏ prompt, quick, speedy, rapid.
ՇՈՆԻՉ black cumin.
ՇՈՇԱԿԱՆՔ show, ostentation, stallage, parade.
ՇՈՇԱՓՈՂԱԿԻՑ co-tangent.
ՇՈՇՈՐԹ glimmering, glimpse, crack-brained.
ՇՈՊԱԴ string of comfits.
ՇՈՊԵԼ to rob, to plunder, to steal.
ՇՈՎԻՆՈՒԹԻՒՆ chauvinism, jingoism.
ՇՈՐ wrapper, vest, dress.
ՇՈՐԹԵԼ, ՇՈՐԹԱՆՔ chantage, blackmailing.
ՇՈՐԹԵԼ to usurp, to rob, to plunder, to embezzle.
ՇՈՒԱՅՏ debauched, dissolute, licentious.
ՇՈՒԱՅՏԱԲԱՐՈՅ debauched, crapulous.
ՇՈՒԱՅՏԱԿԱՆ crapulous, crapulent.

ՇՈՒԱՅՏԱՆՔ debauch, crapulence, orgies.
ՇՈՒԱՅՏԻԼ to go astray, to guzzle, to live in crapulence.
ՇՈՒԱՅՏՈՏ rake, debauche
ՇՈՒԱՅՏՈՒԹԻՒՆ debauch, surfeit, crapulence, orgies.
ՇՈՒԱՐԱԾ astonished, embarrassed, bewildered, at fault.
ՇՈՒԱՐԵՑՆԵԼ to bewilder, to amaze, to mislead, to put out.
ՇՈՒԱՐԵՑՆՈՂ bewildering, astonishing.
ՇՈՒԱՐԻԼ to be disturbed, to be embarrassed, to be astonished.
ՇՈՒԱՐՈՒՄ bewilderment, dismay, astonishment.
ՇՈՒԹԱՓ nimble, swift, agile.
ՇՈՒԼԵԼ to sew slightly.
ՇՈՒԿԱՅ market, bazaar.
ՇՈՒՆ dog.
ՇՈՒՆԻ ՏՆԱԿ dog-kennel.
ՇՈՒՆԻ ՔԻԹ muzzle, snout.
ՇՈՒՆՉ breath, spirit, respiration. ՎԵՐՋԻՆ ՇՈՒՆՉԸ ՏԱԼ to expire, to die away.
ՇՈՒՇԱՆ lily.
ՇՈՒՇՄԱՅ sesame.
ՇՈՒՏ prompt, quick, agile, pimple. pustule.
ՇՈՒՏԱՒՈՐ pimpled.
ՇՈՒՏԱՓՈՅԹ prompt, rapid, quick, hurried.
ՇՈՒՏԻԿ little, devil, imp, mischievous child.
ՇՈՒՏՈՎ quickly, at once.
ՇՈՒՏՈՒԹԻՒՆ quickness, speed, promptness, velocity.
ՇՈՒՐԹ, ՇՐԹՈՒՆՔ lip, lips, orifice, tongue.
ՇՈՒՐՋ about, around, round, all around.
ՇՈՒՐՋԱՆԱԿԻ round about, all round.
ՇՈՒՐՋԱՌ chasuble.
ՇՈՒՔ shadow, shade, pomp, lustre, glory, honour.
ՇՉԱԿ catcall, clapper.
ՇՉԵԼ to hiss, to whiz, to whistle.
ՇՉԻՒՆ whistle, catcall, hissing.
ՇՉՈՂ whistler, hisser.
ՇՉՈՒՄ hissing, whistling.
ՇՊԱՐ paint (for the face), rouging.
ՇՊԱՐԵԼ to paint, to rouge oneself.
ՇՊԵԼ to alum.
ՇՊԵՇ pastor, clergyman.
ՇՌԱՅԼ prodigal, profuse, lavish, unsparing.
ՇՌԱՅԼԵԼ to lavish, to waste.
ՇՌԱՅԼՈՒԹԻՒՆ prodigality, lavishness, profusion, luxe, excess.
ՇՌԱՆ pisser.
ՇՌԵԼ to piss, to urine.
ՇՌԻՆԴ noise, tumult, rumour.
ՇՌՆԴԱԼԻՑ resounding, echoing, sonorous.
ՇՌՆԻՏ wash basin, shallow basin.
ՇՌՆՋԱՆ pirouette, spinning top.
ՇՌՆՕԹ gutter.
ՇՏԱՊ haste, precipitation.
ՇՏԱՊԵԼ to hurry, to hasten, to press, to precipitate.
ՇՏԱՊԵԼԻ urgent
ՇՏԱՊԻԼ to make haste, to hurry.
ՇՏԱՊՈՒՄ precipitation, hurry, haste.
ՇՏԵՄԱՐԱՆ store house, granary, cellar, constellation.
ՇՏԿԵԼ to place in order, to arrange. to straigten.
ՇՏԿՈՂ mender, arranger.
ՇՏԿՈՒԻԼ to be arranged, to be straightened, to dress.
ՇՐԹՆԱԾԱՂԻԿ galea.
ՇՐԹՆԱՒՈՐ lipped, labiose.
ՇՐՇՆՋԵԼ to whisper, to mutter.
ՇՐՋԱԲԱՆԵԼ to periphrase.
ՇՐՋԱԲԱՆԱԿԱՆ periphrastic.
ՇՐՋԱԲԱՆՈՒԹԻՒՆ periphrase, circumlocution.
ՇՐՋԱԲԵՐԱԿԱՆ circular, encyclical, periodical.
ՇՐՋԱԲԵՐԵԼ to turn round, to rotate, to turn.
ՇՐՋԱԲԵՐՈՒԹԻՒՆ circulation, turn, revolution, periphrase.
ՇՐՋԱԳԱՅ ambulant, roamer, rover.
ՇՐՋԱԳԱՅԻԼ to oromenade, to make a tour,

ՇՐՋԱԳԱՅԻԿ ambulant, prowler, roamer.
ՇՐՋԱԳԱՅՈՒԹԻՒՆ walking, tour, promenade, circuit.
ՇՐՋԱԳԻԾ perimeter, contour, outline.
ՇՐՋԱԶԳԵՍՏ dress, gown, petticoat.
ՇՐՋԱԿԱՅ surrounding, vicinal.
ՇՐՋԱԿԱՅՔ environs, vicinity, neighbourhood.
ՇՐՋԱԿԱՆ turning, changing.
ՇՐՋԱԿԱՐԿԻՆ gyrocompass.
ՇՐՋԱԿՈՐՈՒԹԻՒՆ circumflexion.
ՇՐՋԱՀԱՅԵԱՑ circumspect, discreet, heedful.
ՇՐՋԱՀԱՅԵՑՈՒԹԻՒՆ circumspection, caution, wariness.
ՇՐՋԱՀՄԱՅՈՒԹԻՒՆ gyromancy.
ՇՐՋԱՄԱՇԿ periderm.
ՇՐՋԱՆ turn, going round, tour, circulation, period, space.
— ԸՆԵԼ to make a tour, to circulate, to go round.
ՇՐՋԱՆԱԿ circle, hoop, ring, frame, district, circuit.
ԲԵՒԵՌԱՅԻՆ — polar circle.
ՇՐՋԱՆԱԿԵԼ to frame, to encircle, to border.
ՇՐՋԱՆԱՅԻՆ regional, cyclic.
ՇՐՋԱՆԱՒԱՐՏ graduate.
ՇՐՋԱՆԱՒԱՐՏՈՒԹԻՒՆ graduation.
ՇՐՋԱՉԱՓ perimeter.
ՇՐՋԱՊԱՀ patrol, lifeguardsman.
ՇՐՋԱՊԱՏ circumference, girdle, perimeter.
ՇՐՋԱՊԱՏԵԼ to encircle, to surround, to environ, to gird.
ՇՐՋԱՓԱԿ enclosure, fence, close, contour, confined.
ՇՐՋԱՓԱԿԵԼ to enclose, to fence in, to take in, to encircle.
ՇՐՋԵԼ to turn upside down, to detort, to convert, to reverse, to upset.
ՇՐՋԵԼԻ convertible.
ՇՐՋԵՐԳ roundlay.
ՇՐՋԻԼ to turn upside down, to upset, to go round.
ՇՐՋԻԿ ambulant.
ՇՐՋՈՂ wandering, vagrant, walker.
ՇՐՋՈՒԿ gum copal tree.
ՇՐՋՈՒՄ reversing, overturning, inversion.
ՇՐՋՈՒՆ inverted, thrown down, upset.
ՇՐՋՈՒՆ ՓԵՐԵԶԱԿ colporteur, hawker, pedlar.
ՇՐՋՊԱՐ waltz (dancing),
ՇՓԱՆԱԼ to spoil, to be depraved.
ՇՓԱՑԱՓ friction-brake, tribometer.
ՇՓԱՑԱԾ spoiled (child), mincing, affected.
ՇՓԱՑՆԵԼ to spoil. to deprave, to corrupt, to fondle.
ՇՓԵԼ to rub, to scrub.
ՇՓԻԼ ՏԵՍ ՇՓՈՒԻԼ.
ՇՓԾՓԵԼ to rub with force, to clash, to bruise.
ՇՓՈԹ confused, mixed, disturbed.
ՇՓՈԹԱԾ confused, disconcerted, disturbed.
ՇՓՈԹԵՑՆԵԼ to embroil, to confound, to disturb, to disconcert, to embarrass.
ՇՓՈԹԵԼ to be confused, to be disturbed, to embroil.
ՇՓՈԹՈՒԹԻՒՆ, ՇՓՈԹՈՒՄ confusion, disturbance, disorder.
ՇՓՈՂԱԿԱՆ frictional.
ՇՓՈՒԻԼ to rub, to be rubbed.
ՇՓՈՒՄ friction, rubbing, contact.
ՇՓՈՒՄ ՀԱՍՏԱՏԵԼ to establish contact.
ՇՔԱՆՇԱՆ decoration, insignia, ribbon.
ՇՔԵՂ magnificent, splendid, ostentatious.
ՇՔԵՂԱԶԱՐԴ superb, magnificent, decorated, ornamented.
ՇՔԵՂԱԶԱՐԴԵԼ to decorate, to embellish.
ՇՔԵՂԱՆԱԼ to grow handsome, to beautify, to adorn one's self.
ՇՔԵՂԱԳԱՆ majestic, eminent, dignified.
ՇՔԵՂԱՑՆԵԼ to decorate, to embellish, to illustrate, to emblaze.

ՇՔԵՂՈՒԹԻՒՆ pomp, magnificence, splendour, display.
ՇՈՓ flap-jack, light cake.
ՇՈԼ garden pea.
ՇՕՇԱՓԱԿԱՆ tangible, tactual.
ՇՕՇԱՓԵԼ to feel, to taste, to palp to touch.
ՇՕՇԱՓԵԼԻ palpable tangible, tactile .
ՇՕՇԱՓԵԼԻՈՒԹԻՒՆ tactility, perceptibility by the touch.
ՇՕՇԱՓԵԼԻՔ feeling, touch, tact, hand.
ՇՕՇԱՓՈՂԱԿԻՑ cotangent.
ՇՕՇԱՓՈՒԿ palp, feeler (of insects).
ՇՕՇԱՓՈՒՄ touch, feeling, contact. palpation.
ՇՕՇԻԼ to be harassed, vexed.
ՇՕՌԽՈՏ Jerusalem oak.

Ո

ՈԳԵԼԻՑ spirituous.
ՈԳԵԽԱՌՆ unanimous, agreeing in opinion.
ՈԳԵԿԱՆ spiritual, mental.
ՈԳԵԿՈՉԵԼ to evoke, to call up (spirit).
ՈԳԵԿՈՉՈՒՄ recall, incantation.
ՈԳԵՀԱՐՑ spiritualist.
ՈԳԵՀԱՐՑՈՒԹԻՒՆ spiritualism, animism.
ՈԳԵՍՊԱՌ exhausted, wearisome, toilsome, tedious.
ՈԳԵՎԱՐ agonizing, expiring, dying.
ՈԳԵՎԱՐՔ agony, death struggle.
ՈԳԵԼՈՐ spiritual, devout, pious.
ՈԳԵՒՈՐԵԼ to enliven, to encourage, to animate.
ՈԳԵՒՈՐԻԼ to be enlivened, encouraged.
ՈԳԻ spirit, ghost, soul, senses.
  ԲԱՆԱԿԱՆ ՈԳԻ reason, intelligence.
ՈԳՈՐԻԼ to wrestle, to strive, to come to blows.
ՈԴԷՈՆ odeon.
ՈԴԻՍԱԿԱՆ odyssey.
ՈԶՆԻ hedge-hog.
ՈԶՈՐ osier.
ՈԼՈՌՆ pea, garden pea.
ՈԼՈՐ twisted, wrench.
ՈԼՈՐԱԿ contortion, tension, accent
ՈԼՈՐԵԱԼ twisted, crooked.
ՈԼՈՐԵԼ to twist, to contort, to twine.
ՈԼՈՐՈՒԱԾՔ twisting, wrench.
ՈԼՈՐՈՒՄ contortion, twisting, tress, torsion.
ՈԼՈՐՈՒՆ twisted, wry, crooked.
ՈԼՈՐՏ turn, circuit, spire, circumvolution.
ՈԼՈՐՏԱՊՏՈՅՏ sinuous, winding, meandering.
ՈԼՈՐՏՔ boundary, landmark, limits, circuit.
ՈԼՈՔ tibia, shin-bone.
ՈԽ ill will, grudge, rancour, spite, hate.
ՈԽ ՊԱՀԵԼ to hate, to bear a grudge, to resent.

ՈԽԱԿԱԼ rancorous, spiteful, hating, malignant.
— **ԸԼԼԱԼ** to bear a grudge, to nourish hate.
ՈԽԱԿԱԼՈՒԹԻՒՆ revenge, spite, bad blood, grudge, malice.
ՈԽԱՊԱՀ rancorous, spiteful, malignant.
ՈԽԵՐԻՄ adversary, enemy, foe, wrathful.
— **ԹՇՆԱՄԻ** sworn enemy.
ՈՂԲ lamentation, wailing, tears, groaning.
ՈՂԲԱԳԻՆ plaintive, lamentable, deplorable.
ՈՂԲԱԼ to lament, to bewail, to deplore.
ՈՂԲԱԼԻ lamentable, deplorable, mournful.
ՈՂԲԱԿԻՑ companion in lamentation.
ՈՂԲԱԿՑԻԼ to weep, to deplore, to lament together.
ՈՂԲԱՁԱՅՆ plaintive, with a lamentable tone.
ՈՂԲԵՐԳԱԿ tragedian, tragical author.
ՈՂԲԵՐԳԱԿԱՆ tragical.
ՈՂԲԵՐԳՈՒԹԻՒՆ tragedy, dirge.
ՈՂԻՄՊԻԱԿԱՆ olympian.
— **ԽԱՂԵՐ** olympic games.
ՈՂԿՈՅԶ bunch of grapes.
ՈՂՆ spine, back-bone, vertebra.
ՈՂՆԱԹԵՔ rickety, rachitic.
ՈՂՆԱԾՈՒԾ spinal marrow.
ՈՂՆԱՅԱՐ spine, back-bone.
ՈՂՆԱՅԱՐԱՒՈՐ vertebrated.
ՈՂՆԱՇԱՐ spine, back-bone.
ՈՂՆԱՓԱՅՏ keel, holy cross.
ՈՂՈՂԵԼ to inundate, to deluge, to submerge.
ՈՂՈՂՈՒՄ inundation, overflow, deluge.
ՈՂՈՂՈՒՆ overflown, inundated.
ՈՂՈՐԿ polished, smooth, plain, glossy, refined.
ՈՂՈՐԿԱՊԱՏԵԱՆՔ mollusca, crustacea.

ՈՂՈՐԿԵԼ to smooth, to polish, to gloss, to plane, to level.
ՈՂՈՐԿՈՒԹԻՒՆ polishing, sleekness, smoothness.
ՈՂՈՐՄ pity, compassion, touching.
ՈՂՈՐՄԱԲԱՇԽ almoner, chaplain.
ՈՂՈՐՄԱԲԱՇԽՈՒԹԻՒՆ almonership, almonry.
ՈՂՈՐՄԱԳԻՆ deplorable, lamentable.
ՈՂՈՐՄԱԾ merciful, charitable, compassionate.
— **ՀՈԳԻ** late, deceased, defunct.
ՈՂՈՐՄԱԾՈՒԹԻՒՆ mercy, charity, clemency, pitifulness, goodness, alms.
ՈՂՈՐՄԱՏՈՒՆ alms house.
ՈՂՈՐՄԵԼԻ pitiable, miserable, poor, unhappy.
ՈՂՈՐՄԵԼԻՕՐԷՆ miserable, poorly.
ՈՂՈՐՄԻԼ to pity, to feel for, to have pity, to compassionate.
ՈՂՈՐՄՈՒԹԻՒՆ pity, mercy, alms, charity.
ՈՂՈՐՄՈՒԿ miserable, pitiable.
ՈՂՈՔ sweet, soft, mild.
ՈՂՈՔԵԼ to soften, to calm, to caress, to supplicate.
ՈՂՈՔԻՉ caressing, suppliant, flattering.
ՈՂՈՔՈՒՄ request, petition, entreaty, flattery, caress, coaxing.
ՈՂՋ alive, living, sound, unhurt, safe.
ՈՂՋԱԲԱՆՈՒԹԻՒՆ sound doctrine.
ՈՂՋԱԳՈՒՐԱՆՔ embrace, accolade.
ՈՂՋԱԳՈՒՐԵԼ to embrace, to clasp, to kiss.
ՈՂՋԱԳՈՒՐՈՒՄ embrace, clasping, accolade.
ՈՂՋԱԽՈՀ chaste, modest, judicious, sensible.
— **ՄԻՏՔ** good sense, plain-dealing.
ՈՂՋԱԽՈՀՈՒԹԻՒՆ sound judgment, good sense, chasteness.
ՈՂՋԱԿԷԶ burnt-offering, sacrifice, holocaust.

ՈՂՋԱԿԻԶԵԼ to sacrifice, to immolate.

ՈՂՋԱՄԲ safe and sound, by good luck.

ՈՂՋԱՄԻՏ right-minded, reasonable, sane, rational.

ՈՂՋԱՄՏՈՒԹԻՒՆ common sense, sanity, mental healthiness.

ՈՂՋԱՆԱԼ to be restored, to be cured, to heal, to get well again.

ՈՂՋԱՑՆԵԼ to restore to life, to heal, to cure, to render sane.

ՈՂՋԵՐԹ good-bye, adieu.

ՈՂՋՄԻՏ ՏԵՍ ՈՂՋԱՄԻՏ.

ՈՂՋՄՏՈՒԹԻՒՆ ՏԵՍ ՈՂՋԱՄՏՈՒԹԻՒՆ.

ՈՂՋՄՏՕՐԷՆ sensibly, soundly, rationally.

ՈՂՋՈՅՆ salute, salutation, greeting. kind regards.

ՈՂՋՈՒԹԻՒՆ healthiness, soundness, health.

ՈՂՋՈՒՆԵԼ to salute, to greet, to cheer, to drink to.

ՈՂՑ eye of a needle.

ՈՃ style, phrase, method.

ՈՃ sweet sedge.

ՈՃԻՐ crime, misdeed, felony, outrage, offence.

ԳԱՏՈՒԻՈՑ ԴԷՄ — outrage on decency.

ՈՃՐԱԲԱՆ criminologist.

ՈՃՐԱԲԱՆՈՒԹԻՒՆ criminology.

ՈՃՐԱԲԱՐ criminally.

ՈՃՐԱԳՈՐԾ criminal, guilty, ribald. offender, wretch.

ՈՃՐԱԳՈՐԾԱԿԱՆ criminal.

ՈՃՐԱԳՈՐԾՈՒԹԻՒՆ crime, misdeed, outrage, villany.

ՈՃՐԱԴԱՏ ԱՏԵԱՆ criminal court.

ՈՄԱՆՔ some, some people.

ՈՄՆ somebody, some one.

ՈՅԺ strenght, force, vigour, power, might, energy.

— *ԱՌՆԵԼ* to gather strenght, to recover one's strength.

ՈՉ no, not, none.

— *ԵՒՍ* no longer.

ՈՉ ԱՅՍ ԵՒ ՈՉ ԱՅՆ neither this nor that.

ՈՉԻՆՉ nothing, not any thing.

— *ԳԻՏԵՄ* I know nothing.

ՈՉԽԱՐ sheep, mutton.

ՈՉԽԱՐԸ ԿԸ ՄԱՅԷ the sheep bleats.

ՈՉԽԱՐԱԲՈՅԾ sheep-breeder.

ՈՉԽԱՐԱՎԱՃԱՌ sheep-dealer.

ՈՉՆՉԱԲԱՆԵԼ to talk nonsense.

ՈՉՆՉԱԲԱՆՈՒԹԻՒՆ fiddle-faddle, idle talk, palaver, nonsense.

ՈՉՆՉԱԿԱՆ nihilist.

ՈՉՆՉԱՆԱԼ to be nullified, to be annihilated.

ՈՉՆՉԱՊԱՇՏՈՒԹԻՒՆ nihilism.

ՈՉՆՉԱՑՆԵԼ to destroy, to annahilate, to exterminate.

ՈՉՆՉԱՑՈՒՄ annihilation.

ՈՉՆՉՈՒԹԻՒՆ nullity, nothingness.

ՈՋԻԼ louse.

ՈՋԼԱԽՈՏ louse wort.

ՈՋԼՈՏ lousy.

ՈՌ backside, posterior.

ՈՌՆԱԼ to howl, to yell.

ՈՌՈԳԵԼ to irrigate, to water.

ՈՌՈԳՈՒՄ irrigation, watering.

ՈՍԼԱՑ fecula, paste, glue of starch.

ՈՍԿԵԱՑ of gold, golden.

ՈՍԿԵԲԵՐԱՆ golden-mouthed.

ՈՍԿԵԳՈՅՆ gold-coloured.

ՈՍԿԵԳՈՐԾ goldsmith.

ՈՍԿԵԴԱՐ golden age.

ՈՍԿԵԴՐԱՄ gold-money.

ՈՍԿԵԶԱՐԴ ornamented with gold.

ՈՍԿԵԶՕԾ gilt, gilt over, golden.

ՈՍԿԵԶՕԾԵԼ to gild over, to overlay with gold.

ՈՍԿԵԶՕԾՈՒՄ gilding, art of covering with gold.

ՈՍԿԵԹԵԼ gold wire, gold theread.

ՈՍԿԵԹԵՐԹ gold leaf.

ՈՍԿԵԾԱՂԻԿ corn-marigold.

ՈՍԿԵԿՈՒՌ gold plated.

ՈՍԿԵՀԱՆ miner, gold miner.

ՈՍԿԵՀԱՆՔ gold mine.

ՈՍԿԵՀԵՐ gold haired, fair-haired.

ՈՍԿԵՀՈՒՌ women with gold.

ՈՍԿԵՁՈՒԿ gold fish.

ՈՍԿԵՂԷՆ gold, golden, gilded.

ՈՍԿԵՃԱՄՈՒԿ gol braided, covered with gold.

ՈՍԿԵՄԱՆ woven with gold.
ՈՍԿԵԳԱՏ gold plated.
ՈՍԿԵԳՂԻՆՁ sham gold.
ՈՍԿԵՍԱՐԵԱԿ oriole, golden robin.
ՈՍԿԵՐԻՉ goldsmith.
ՈՍԿԵՐՉՈՒԹԻՒՆ goldsmit's art.
ՈՍԿԵՐՈՏԻՔ bones (of dead bodies), carcass.
ՈՍԿԵՓԱՅԼ shining, resplendent as gold.
ՈՍԿԵՓԵՏՈՒՐ golden feathered.
ՈՍԿԵՔԱՂ gold digger, collecting gold.
ՈՍԿԵՔԱՆԴԱԿ chased in gold, gold plated.
ՈՍԿԵՔԱՐ chrysolite, peridote.
ՈՍԿԵՔԱՐԱԴՐ golden plover.
ՈՍԿԻ gold, gold coin, of gold.
ՈՍԿՈՒԿ gold-alloy.
ՈՍԿՈՐ, ՈՍԿՐ bone.
— ԴԱՌՆԱԼ to become ossified.
ՈՍԿՐԱԲԱՆ osteologist.
ՈՍԿՐԱԲԱՆՈՒԹԻՒՆ osteology.
ՈՍԿՐԱԳՐՈՒԹԻՒՆ osteography.
ՈՍԿՐԱՀԱՏՈՒԹԻՒՆ osteotomy.
ՈՍԿՐԱՆԱԼ to ossify, to be changed into bones.
ՈՍԿՐԱՑԱՒՈՒԹԻՒՆ bone ache, pain in bones.
ՈՍԿՐԱՑՆԵԼ to ossify.
ՈՍԿՐԱՑՈՒՄ ossification.
ՈՍԿՐԵԱՅ bony, of bone.
ՈՍԿՐՈՏ bony, osseous.
ՈՍՈԽ adversary, opponent, antagonist, rival, concurrent.
ՈՍՈԽՈՒԹԻՒՆ rivalry, enmity, antipathy, aversion.
ՈՍՊ lentil, lens, freckles.
ՈՍՊՆԱՊՈՒՐ lentil-soup.
ՈՍՊՆԵԱԿ lens.
ՈՍՊՆՈՏ, freckled (face).
ՈՍՏ branch, twig.
ՈՍՏԱՅՆ tissue, texture. linen, web.
ՍԱՐԴԻ — cob-web.
ՈՍՏԱՅՆԱՆԿ weaver, knitter.
ՈՍՏԱՆ chief city, capital.
ՈՍՏԱՆԻԿ noble, towns-man.

ՈՍՏԻԿԱՆ policeman, guard, constable.
ԳԱՂՏՆԻ — secret police.
ԶԻՆՈՒՈՐԱԿԱՆ — military police.
ՈՍՏԻԿԱՆԱՊԵՏ chief police officer. commissary.
ՈՍՏԻԿԱՆԱՏՈՒՆ police, police headquarters.
ՈՍՏԻԿԱՆՈՒԹԻՒՆ police.
ՈՍՏՆՈՒԼ, ՈՍՏՈՍՏԵԼ to leap, to hop, to skip, to jump, to frisk about.
ՈՍՏՈՍՏՈՒՄ hopping, skipping, tripping.
ՈՍՏՈՍՏՈՒՆ skipping, hopping.
ՈՍՏՈՒՄ leap, jump, skip, bound.
ՈՍՏՐԷ oyster, shell-fish.
ՈՎ who, whoever
ՈՎԱՆ sea-monster.
ՈՎԱՍԻՍ oasis.
ՈՎԿԻԱՆՈՍ ocean.
ՈՎՐԱՅ ring, buckle.
ՈՏԱՃՄԱՐԱՆ water closet.
ՈՏԱՆԱՒՈՐ poem, verse, poetry.
ՈՏԻԿ tiny foot.
ՈՏՆԱԲՈՅԺ chiropodist, corn-cutter.
ՈՏՆԱԳՆԴԱԿ football.
ՈՏՆԱԼՈՒԱՑ pediluvium.
ՈՏՆԱԼՈՒԱՑՈՒԹԻՒՆ foot-bath.
ՈՏՆԱԿԱՊ fetters.
ՈՏՆԱԿԱՊԵԼ to shackle, to fetter, to hinder.
ՈՏՆԱԿԵՂ ulcer of the foot.
ՈՏՆԱԿՈԽ trampled, trodden under foot.
ԸՆԵԼ to trample upon, to throw the foot.
ՈՏՆԱՀԵՏ foot-print.
ՈՏՆԱՁԱՅՆ foot-fall, tramp.
ՈՏՆԱՄԱՆ shoe, boot.
ՈՏՆԱՉԱՓ foot (measure).
ՈՏՆԱՏԵՂԻ print of the foot, track, foot mark.
ՈՏՆԱՑԱՒՈՒԹԻՒՆ, ՈՏՆԱՑԱՒ podagra, gout in the feet.
ՈՏՆԼՈՒԱՑ ՏԵՍ ՈՏՆԱԼՈՒԱՑ.
ՈՏՔ foot.
ՈՏՔ ԿՈԽԵԼ to insist, to persist.

ՈՐ which, who, what, whom.
 ԻՆՉՈՒ ՈՐ because.

ՈՐԱԿ quality.

ՈՐԱԿԱԿԱՆ qualitative.

ՈՐԱՅ bundle, sheaf.

ՈՐԲ orphan.

ՈՐԲԱԾԻՆ porsthumous child.

ՈՐԲԱՆԱԼ to become orphan.

ՈՐԲԱՆՈՑ orphanage.

ՈՐԲՈՒԹԻՒՆ orphanhood.

ՈՐԴ worm, maggot, mite.

ՈՐԴԱԲԱՆՈՒԹԻՒՆ helminthology.

ՈՐԴԱՆ ԿԱՐՄԻՐ cochineal, kermes.

ՈՐԴԵԱԿ son, offspring, child.

ՈՐԴԵԳԻՐ adopted child.

ՈՐԴԵԳՐԵԼ to adopt, to affiliate.

ՈՐԴԵԳՐՈՒԹԻՒՆ adoption, affiliation.

ՈՐԴԵԾՆՈՒԹԻՒՆ childbirth, procreation.

ՈՐԴԵՍՊԱՆ infanticide, filicide.

ՈՐԴԻ son, child.

ՈՐԴԻԱԿԱՆ filial.

ՈՐԴՆԱԼԻՑ full of worms, maggoty.

ՈՐԴՆԱԿԵՐ, ՈՐԴՆԱՀԱՐ vermivorous, worm-eaten, rotten.

ՈՐԴՆՈՏ maggoty, full of worms.

ՈՐԴՆՈՏԻԼ to get worm-eaten, to be maggoty.

ՈՐԴՆՈՒԿ cochineal, bait for fishing.

ՈՐԵԱՐ men, folk, people.

ՈՐԹ calp, veal, vine, pannier.

ՈՐԹԱԼՈՒԾ phylloxera, puceron.

ՈՐԹԱՏՈՒՆԿ vine-stock.

ՈՐԹԵՆԻ vellum, fine parchment.

ՈՐԻ carrion crow, rook.

ՈՐԻԶ rice plant, oryza.

ՈՐՃ belch, eructation.

ՈՐՃԱԼ to belch, to vomit, to eructate.

ՈՐՃԱՑՈՒՑԻՉ eructive, belching, emetic.

ՈՐՃԵՆԻ nux vomica tree.

ՈՐԿՈՐ throat, gullet.

ՈՐԿՈՐԱՀԱՏՈՒՄ bronchotomy, laparotomy.

ՈՐԿՈՐԱՁԱՅՆՈՒԹԻՒՆ bronchophony.

ՈՐԿՈՐԱՔՆՆՈՒԹԻՒՆ laparoscopy.

ՈՐԿՐԱՄՈԼ greedy, voracious, gluttonous.

ՈՐԿՐԱՄՈԼՈՒԹԻՒՆ greediness, voracity.

ՈՐՁ male, cock.

ՈՐՁԱՏԵԼ to caponize.

ՈՐՁԱՔԱՐ granite, free-stone.

ՈՐՁ ԵՒ ԷԳ hermaphrodite, androgynous.

ՈՐՄ wall, partition.

ՈՐՄԱԴԻՐ mason, brick-layer.

ՈՐՄԱԴՐՈՒԹԻՒՆ masonry, mason's works.

ՈՐՄՆԱՆԿԱՐ fresco.

ՈՐՄԱՓԱԿ enclosure, dwarf-wall.

ՈՐՄԵԼ to wall, to do mason's work.

ՈՐՄԻԿ ear-ring, small chain.

ՈՐՈԳԱՅԹ snare, trap, net.

ՈՐՈԳԱՅԹՈՎ ԲՌՆԵԼ to entrap.

ՈՐՈԳԱՅԹԵԼ to trap, to set snares.

ՈՐՈՃԱԼ to ruminate, to think over, to muse over.

ՈՐՈՃԱՑՈՂ ruminant.

ՈՐՈՃՈՒՄ rumination.

ՈՐՈՄ darnel, hair-grass.

ՈՐՈՄ ՑԱՆԵԼ to sow dissension.

ՈՐՈՆԵԼ to search, to look out, to investigate, to seek.

ՈՐՈՆՈՂ seeking, inquiring.

ՈՐՈՇ distinct, precise, clear, plain, evident, certain.

ՈՐՈՇԱԿԱՆՈՒԹԻՒՆ determinism.

ՈՐՈՇԱԿԻ clearly, plainly, distinctly.

ՈՐՈՇԵԱԼ fixed, decided, definite, determined.

ՈՐՈՇԵԼ to decide, to define, to choose, to select, to discern.

ՈՐՈՇԻՉ distingtive, decisive, definitive.

ՈՐՈՇՈՂ decider, distinguisher.

ՈՐՈՇՈՒԻԼ to be decided, to be distinguished.

ՈՐՈՇՈՒՄ decision, distinction, resolution, choice, award.

ՈՐՈՎԱՅՆ belly, stomach, womb.

ՈՐՈՎԱՅՆԱՄԷՏ greedy, voracious, gastronomist.

ՈՐՈՎԱՅՆԱԽՕՍ ventriloquist.

ՈՐՈՎԱՅՆԱՄՈԼ greedy, voracious, gastromaniac.

ՈՐՈՎԱՅՆԱՄՈԼՈՒԹԻՒՆ gluttony, greediness.

ՈՐՈՎԱՅՆԱՅԻՆ ventral, inguinal.

ՈՐՈՎԱՅՆԱՊԱՇՏ gastrolater, belly god, greedy.

ՈՐՈՎԱՅՆԱՊՆԴՈՒԹԻՒՆ constipation, costiveness.

ՈՐՈՎՀԵՏԵՒ for, because, as, seeing that.

ՈՐՈՏԱԼ to thunder, to rumble.

ՈՐՈՏԱՁԱՅՆ rumbling, thundering noise.

ՈՐՈՏԸՆԴՈՍՏ thundering.

ՈՐՈՏՈՒՄ thunder.

ՈՐՈՐ eagle-gull.

ՈՐՈՐՈՑ, **ՈՐՈՐԱՆ** cradle.

ՈՐՈՐԵԼ to cradle.

ՈՐՈՐՔ cradle song, lullaby.

ՈՐՉԱՓ how much, how many, as much.
— **ՈՐ** as much as.

ՈՐՉԱՓՈՒԹԻՒՆ quantity.

ՈՐՊԷՍ how, as, as well as, so as.
— **ՉԻ** so that. — **ԹԷ** as if, quasi.

ՈՐՊԻՍԻ what, such that.

ՈՐՊԻՍՈՒԹԻՒՆ quality, state, condition.

ՈՐՋ den, hole, lair.

ՈՐՍ game, prey, hunt.
— **Ի ԵՂԱՆԱԿ** shooting season.

ՈՐՍԱԼ to hunt, to chase, to shoot.
ՁՈՒԿ — to fish, to angle.

ՈՐՍԱՃՈՒՆ hound.

ՈՐՍԱՊԱՀ game keeper.

ՈՐՍԱՍԷՐ hunter, sportsman.

ՈՐՍԱՅՈՂ, **ՈՐՍՈՐԴ** hunter, huntsman.

ՈՐՍՈՐԴՈՒԹԻՒՆ hunting, shooting.

ՈՐՔԱՆ how much, how many.
— **ՈՐ** as long as, as many as.

ՈՐՔԻՆ skin disease, ring-worm, herpes.

ՈՒ and.

ՈՒԶԵԼ to will, to wish, to want.

ՈՒԹ eight.

ՈՒԹԱԾԱԼ octavo.

ՈՒԹԱՄԵԱՅ octennial.

ՈՒԹԱՆԿԻՒՆ octagonal, octagon.

ՈՒԹԵԱԿ eights, eight days, octave.

ՈՒԹԵՐՈՐԴ eighth, octant.

ՈՒԹՊԱՏԻԿ eightfold.

ՈՒԹՍՈՒՆ eighty.

ՈՒԹՕՐԵՔ the eight days, octave.

ՈՒԺ force, vigour, energy, might, power.

ՈՒԺԱԲԱՆՈՒԹԻՒՆ dynamics.

ՈՒԺԱԹԱՓ exhausted, faltering.

ՈՒԺԱԹԱՓԵԼ to exhaust.

ՈՒԺԱԹԱՓՈՒԹԻՒՆ exhaustion.

ՈՒԺԱՆԱԿ dynamite.

ՈՒԺԱՉԱՓ dynamometer.

ՈՒԺԳԻՆ strong, violent, strongly, violently.

ՈՒԺԳՆՈՒԹԻՒՆ stress, vehemence, violence, force, strength.

ՈՒԺԵՂ strong, vigorous, powerful, robust.

ՈՒԺՈՎ strongly, vigorously.

ՈՒԺՈՎՆԱԼ to grow strong, to strengthen.

ՈՒԺՈՎՈՒԹԻՒՆ tonicity, vigorousness.

ՈՒԺՈՎՑՆԵԼ to fortify, to strengthen, to invigorate.

ՈՒԼ kid, young goat.

ՈՒԼՈՒՆՔ bead, bauble, ossicles.

ՈՒԽՏ vow, devotion, pact, alliance, pilgrimage, order, congregation.

ՈՒԽՏԱԳՆԱՑ pilgrim.

ՈՒԽՏԱԳՆԱՑՈՒԹԻՒՆ pilgrimage.

ՈՒԽՏԱԴՐՈՒԹԻՒՆ vow, profession, alliance.

ՈՒԽՏԱԴՐՈԺ, **ՈՒԽՏԱԶԱՆՑ** infidel, perfidious, apostate.

ՈՒԽՏԱԶԱՆՑՈՒԹԻՒՆ perfidy, apostasy.

ՈՒԽՏԱԿԱՆ votary, votive.

ՈՒԽՏԱԿԻՑ confederate, allied, ally.

ՈՒԽՏԱՆԵՆԳ perfidious, apostate.

ՈՒԽՏԱՏԵՂԻ, **ՈՒԽՏԱՎԱՅՐ** sanctuary holy place.

ՈՒԽՏԱՒՈՐ pilgrim, votary.

ՈՒԽՏԵԱԼ professed, votary.

ՈՒԽՏԵԼ to vow, to devote, to profess, to make a vow.

ՈՒԽՏՈՂ vower.
ՈՒԾԱՆԱԼ to cool, to relax, to go away, to grow cold.
ՈՒԾԱՆԵԼԻՈՒԹԻՒՆ alienability.
ՈՒԾԱՑՆԵԼ to cool, to chill, to remove further.
ՈՒԾԱՑՈՂ backslider.
ՈՒԾԱՑՈՒՄ backsliding.
ՈՒՂԵԳԻՐՔ guide-book, itinerary.
ՈՒՂԵԿԻՑ fellow-traveller, companion of voyage.
— ***ԸԼԼԱԼ, ՈՒՂԵԿՑԻԼ*** to accompany, to travel together, to accompany anyone.
ՈՒՂԵԿՑՈՒԹԻՒՆ voyage with a companion, convoy, company.
ՈՒՂԵԿՑՈՒՀԻ female traveller.
ՈՒՂԵՂ brain, cerebrum, marrow.
ՈՒՂԵՐՁ speech, address, allocution.
ՈՒՂԵՑՈՅՑ guide, itinerary.
ՈՒՂԵՒՈՐ traveller, passenger.
ՈՒՂԵՒՈՐԻԼ to voyage, to travel, to start.
ՈՒՂԵՒՈՐՈՒԹԻՒՆ voyage, journey, travelling.
ՈՒՂԻ road, way, track, passage.
ՈՒՂԻՂ straight, upright, direct, correct.
ՈՒՂԻՂ ԱՆԿԻՒՆ right angle.
ՈՒՂՂԱԳԻԾ rectilineal.
ՈՒՂՂԱԳՐԱԿԱՆ orthographic.
ՈՒՂՂԱԳՐԵԼ to correct, to rectify.
ՈՒՂՂԱԳՐՈՒԹԻՒՆ orthography,, correction.
ՈՒՂՂԱԴԱՏ just, right, judging equitably.
ՈՒՂՂԱԴԱՏՈՒԹԻՒՆ sound, correct, judgment, good sense.
ՈՒՂՂԱԴԱՒԱՆ orthodox.
ՈՒՂՂԱԽՈՀ sensible, intelligent, wise, discreet.
ՈՒՂՂԱԿԱՆ nominative, right, direct.
ՈՒՂՂԱԿԻ directly, point blank.
ՈՒՂՂԱՀԱՅԵԱՑ vertical, perpendicular.
ՈՒՂՂԱՀԱՒԱՏ orthodox.
ՈՒՂՂԱՁԻԳ vertical, in a direct line, perpendicularly.
ՈՒՂՂԱՄԱՆԿՈՒԹԻՒՆ orthopedy.
ՈՒՂՂԱՄԻՏ sound minded, honest, upright.
ՈՒՂՂԱՄՏՈՒԹԻՒՆ probity, integrity, rectitude, good sense.
ՈՒՂՂԱՅԻՆ cerebral.
ՈՒՂՂԱՆԿԻՒՆ rectangle.
ՈՒՂՂԱՓԱՌ orthodox.
ՈՒՂՂԱՔՆԻՆ searching the truth.
ՈՒՂՂԵԼ to direct, to correct, to lead on, to rectify, to address, to set up again.
ՈՒՂՂԵԼԻ reformable, rectifiable, corrigible.
ՈՒՂՂԸՆԹԱՑՈՒԹԻՒՆ orthodromics.
ՈՒՂՂԻՉ directing, director, leader, rector, steersman.
ՈՒՂՂՈՒԹԻՒՆ straightness, orientation, correction, line, direction, amendment.
ՈՒՂՏ camel.
ՈՒՂՏԱՊԱՆ camel-driver.
ՈՒՂՏԵՆԻ camelskin.
ՈՒՂՏԻՆՁ giraffe.
ՈՒՄՊ gulp, draught, sip, draft.
— ***ՄԸ ՋՈՒՐ*** a drop of water.
ՈՒՄՊԷՏ useless, needless.
ՈՒՄՊԷՏՍ uselessly, needlessly.
ՈՒՆԱԿԱԲԱՐ hapitually, usually.
ՈՒՆԱԿԱԿԱՆ habitual, customary, usual, by routine.
ՈՒՆԱԿՈՒԹԻՒՆ use, custom, habit, routine.
ՈՒՆԱՅՆ vain, empty, void, useless.
ՈՒՆԱՅՆԱԲԱՆ idle talker, chatterer.
ՈՒՆԱՅՆԱԲԱՆԵԼ to chatter, to twaddle.
ՈՒՆԱՅՆԱԲԱՆՈՒԹԻՒՆ nonsense, chattering, speaking of vanities, prate.
ՈՒՆԱՅՆԱՄԻՏ vainglorious, empty headed.
ՈՒՆԱՅՆԱՄՏՈՒԹԻՒՆ vanity, empty mindedness, senselessness.
ՈՒՆԱՅՆԱՆԱԼ to be emptied, to pass away, to disappear, to become useless.
ՈՒՆԱՅՆԱՍԷՐ lover of vanities, fond of vanities.

ՈՒՆԱՑՆԱՍԻՐՈՒԹԻՒՆ love of vanity.
ՈՒՆԱՑՆՈՒԹԻՒՆ vanity, inutility, futility.
ՈՒՆԴ grain, vegetable.
ՈՒՆԵԼԵԱԿ nippers, pliers, pincers, tweezers.
ՈՒՆԵԼԻՔ tongs, nippers.
ՈՒՆԵՆԱԼ to have, to possess, to hold, to keep.
ԿԱԽՈՒՄ — to depend upon.
ՈՒՆԵՒՈՐ rich, monied, wealthy.
ՈՒՆԵՒՈՐՈՒԹԻՒՆ richness, wealth.
ՈՒՆԿԻ ounce.
ՈՒՆԿՆ ear, hearing.
ՈՒՆԿՆԴԻՐ auditor, hearer, listener.
ՈՒՆԿՆԴԻՐՔ audience, auditory.
ՈՒՆԿՆԴՐԵԼ to hear, to listen, to attend, to hearken.
ՈՒՆԿՆԴՐԵԼ to auscultate.
ՈՒՆԿՆԴՐՈՂ hearer, listener.
ՈՒՆԿՆԴՐՈՒԹԻՒՆ audience, listening.
— ***ԲԺՇԿԻ*** auscultation.
ՈՒՆԿՈՒՆՔ handle of a pot etc.
ՈՒՆՋՔ nose, nostril.
ՈՒՆՋԱՏ noseless.
ՈՒՇ ԿԱՄ ՅՈՒՇ memory, recollection, attention.
ՈՒՇ late hour.
ՈՒՇԱԲԵՐԵԼ to recollect, to recall, to remember, to mind.
ՈՒՇԱԲԵՐԻԼ to recover one's self, to recover from a swoon.
ՈՒՇԱԳՐԱՒ notable, remarkable.
ՈՒՇԱԴԻՐ attentive, heedful, mindful.
ՈՒՇԱԴՐՈՒԹԻՒՆ attention, intention.
ՈՒՇԱԹԱՓ witless, giddy, crack-brained.
ՈՒՇԱԹԱՓԻԼ to swoon, to faint away, to become witless.
ՈՒՇԱԹԱՓՈՒԹԻՒՆ amnesia.
ՈՒՇԱՆԱԼ to be late, to be back, to delay.
ՈՒՇԱՏՈՒ careful, attentive, mindful.
ՈՒՇԱՑՈՂ late, tardy.
ՈՒՇԱՑՆԵԼ tc delay, to retard, to put off.
ՈՒՇԱՑՈՒՄ delay, retard, suspension.
ՈՒՇԻՄ, ՈՒՇԵՂ witty, intelligent clever, wide, awake.
ՈՒՇԻՄՈՒԹԻՒՆ sagacity, intelligence skill, cleverness.
ՈՒՌ tumor, willow.
ՈՒՌԱԾ swelled, inflated, swollen.
ՈՒՌԱԾՈՒԹԻՒՆ varicosity.
ՈՒՌԵՆԻ willow.
ՈՒՌԵՑՆԵԼ to swell, to puff up, tc inflate.
ՈՒՌԵՑՔ bloatedness, swelling tumor.
ՈՒՌԻԼ to swell, to be puffed up to tumefy.
ՈՒՌԻՏ salicin.
ՈՒՌԿԱՆ net, snare.
ՈՒՌԿԱՆԱՐԿ fisher, angler.
ՈՒՌՃԱՆԱԼ to be flourishing, to abound.
ՈՒՌՆ hammer.
ՈՒՌՆԱԿ knocker, small hammer.
ՈՒՌՈՅՑ swollen, bloated, puffed up.
ՈՒՌՈՅՑՔ tumor, bloatedness.
ՈՒՌՈՒՑԻԿ bombastic, puffed, turgid.
— ***ՈՃ*** turgid style.
ՈՒՌՈՒՑՈՒՄ swelling, puffing up, bombast, turgidness.
— ***ՈՃԻ*** turgidness of style.
ՈՒՍ shoulder, back.
ՈՒՍԱԴԻՐ, ՈՒՍԱՆՈՑ epaulet, shoulder-strap.
ՈՒՍԱՆԻԼ to learn, to study, to read.
ՈՒՍԱՆՈՂ student, learner.
ՈՒՍԱՆՈՂՈՒՀԻ student, undergraduate (a lady).
ՈՒՍԵԱԼ learned, erudite, informed.
ՈՒՍՄՈՒՆՔ ՏԵՍ ՈՒՍՈՒՄ.
ՈՒՍՆՈՑ shoulder-strap.
ՈՒՍՈՂՈՒԹԻՒՆ mathematics.
ՈՒՍՈՍԿՐ shoulder-blade, scapula.
ՈՒՍՈՒՄ study, instruction, teaching, education.
ՈՒՍՈՒՄՆԱԹԵՐԹ scientific review.

ՈՒՍՈՒՄՆԱԿԱՆ learned, skillful, scholar, learned man.
— ***ԽՈՐՀՈՒՐԴ*** board of education.
ՈՒՍՈՒՄՆԱՍԷՐ fond of study, studious, philomath.
ՈՒՍՈՒՄՆԱՍԻՐԱԿԱՆ philomathical.
ՈՒՍՈՒՄՆԱՍԻՐՈՒԹԻՒՆ study, studiousness, philomathy.
ՈՒՍՈՒՄՆԱՍԻՐԵԼ to study, to learn, to read.
ՈՒՍՈՒՄՆԱՍՐԱՀ study hall, schoolroom.
ՈՒՍՈՒՄՆԱՎԱՅՐ almà mater.
ՈՒՍՈՒՄՆԱՏԵՆՉ philomath, studious.
ՈՒՍՈՒՄՆԱՐԱՆ college, institution.
ՈՒՍՈՒՄՆԱՒԱՐՏ graduate.
ՈՒՍՈՒՑԱՆԵԼ to teach, to instruct, to lecture.
ՈՒՍՈՒՑԱՆՈՂ teacher, instructor.
ՈՒՍՈՒՑԻՉ teacher, professor, lecturer, instructor.
ՄԱՆԿԱՎԱՐԺ — pedagogue.
ՈՒՍՈՒՑՈՒՄ teaching, instruction, tuition, education.
ՈՒՍՈՒՑՉԱԿԱՆ professional, preceptorial.
ՈՒՍՈՒՑՉԱՆՈՑ normal school.
ՈՒՍՈՒՑՉԱՊԵՏ head master, vice principal.
ՈՒՍՈՒՑՉՈՒԹԻՒՆ teaching, professorship.
ՈՒՍՈՒՑՉՈՒՀԻ school mistress, instructress.
ՈՒ՞ՍՏ whence, where, which way.
ՈՒՍՏԵՔ from some place.
ՈՒՍՏԻ consequently, therefore.
ՈՒՍՏԻ forest, wood.
ՈՒՍՏՐ boy, son, lad.
ՈՒՍՏՐԻԿ little boy.
ՈՒՏԵԼ to eat, to consume.
ՈՒՏԵԼՈՒ ՍԿՍԻԼ to sit at table.
ՈՒՏԵԼԻՔ, ***ՈՒՏԵՍՏ*** eatables, provisions, victuals, food.
ՈՒՏԻՃ coakroach, grub.
ՑՈՐԵՆ — weevil.
ՈՒՏՈՂ eating, eater.
ՈՒՏԻՔ meat-day, flesh-day.
ՈՒՏՈՒԻԼ to be eaten.
ՈՒՐ where.
— ***ՈՐ*** where ever.
ՈՒՐԱԳ adze, hatchet.
ՈՒՐԱԽ glad, gay, merry, joyful.
ՈՒՐԱԽԱԲԵՐ joyous, cheering, rejoicing, bringing joy.
ՈՒՐԱԽԱԼԻ gladsome, full of joy, joyful, cheerful.
ՈՒՐԱԽԱԿԻՑ fellow of joy.
— ***ԸԼԼԱԼ*** to rejoice with one, to be delighted.
ՈՒՐԱԽԱԿՑՈՒԹԻՒՆ felicitation, rejoicing, merry making.
ՈՒՐԱԽԱՆԱԼ to rejoice, te be glad, to be merry.
ՈՒՐԱԽԱՌԻԹ joyful, cheerful.
ՈՒՐԱԽԱՐԱՐ joyous, rejoicing, cheery.
ՈՒՐԱԽԱՑՆԵԼ to rejoice, to gladden, to delight, to cheer.
ՈՒՐԱԽԱՒԷՏ cheery, joyous, diverting.
ՈՒՐԱԽՈՒԹԻՒՆ joy, gladness, mirth, rejoicing, gaiety, pleasure, festivity.
ՈՒՐԱՆԱԼ to deny, to disown, to abjure, to renounce.
ՈՒՐԱՆԱԼԻ deniable.
ՈՒՐԱՐ stole, amice.
ՈՒՐԱՑՈՂ apostate, renegade, turncoat.
ՈՒՐԱՑՈՒԹԻՒՆ denying, denial, refusal, apostasy.
ՈՒՐԱՑՈՒՄ denial, abjuration, denegation, disowning.
ՈՒՐԱՑՆԵԼ to cause to deny, to renounce, to make to abjure.
ՈՒՐԲԱԹ Friday.
ԱՒԱԳ — Good Friday.
ՈՒՐԴ canal, conduit, gutter, water-pipe.
ՈՒՐԴԵԼ to drain.
ՈՒՐԵՄՆ therefore, then, accordingly.
ՈՒՐԵՔ some, where, in some place.
ՈՒՐԻՇ other, different, else.
— ***ՏԵՂ*** elsewhere.
ՈՒՐԿԱՆՈՑ lazer house, leper house.

ՈՒՐՈՅՆ separate, distinct, apart.
ՈՒՐՈՒ phantom, spectre, ghost.
ՈՒՐՈՒԱԳԻԾ dilineation, sketch, design, outline.
ՈՒՐՈՒԱԳԻՐ drawing, plan.
ՈՒՐՈՒԱԳՐԵԼ to draw, to sketch, to delineate.
ՈՒՐՈՒԱԿԱՆ phantom, spectre, spirit, image, phantasm.
ՈՒՐՈՒԱՆԿԱՐ rough plan, sketch, outline.
ՈՒՐՈՒԱՊԱՇՏ idolator, idolatrous.
ՈՒՐՈՒԱՏԵՍԻԼ fantastic, chimerical.
ՈՒՐՈՒԱՔԱՐ graphite.
ՈՒՐՈՒԿ leprous, leper.
ՈՒՐՈՒՐ kite, buzzard.
ՈՒՐՑ wild marjoram, organy.
ՈՓԻՏԷՍ ophite.
ՈՓՔԱՆՏ offertory, oblation, offering.
ՈՔ certain, some one, some body.
ՈՔԻԿ small person.
ՈՔՍԻՏԱՑՆԵԼ to oxidize.
ՈՔՍԻՏԱՑՈՒՄ oxidation.

Չ

ՉԱՔԱՐ European beech.
ՉԱԽՈՐԺԻԼ to dislike, to be displeased, to disrelish.
ՉԱԿԵՐՏ inverted commas, mark of quotation.
ՉԱԿԵՐՏԵԼ to put between inverted commas.
ՉԱՄԱՆ cumin.
ՉԱՄԻՉ raisins.
ՉԱՅ tea.
ՉԱՅԱՄԱՆ tea-pot.
ՉԱՍՏՈՒԱԾ false-god, idol.
ՉԱՍՏՈՒԱԾՈՒՀԻ femaly deity, goddess.
ՉԱՐ naughty, bad, ill, wicked, malicious, hector, bully
ՉԱՐԱԲԱԽՏ unlucky, unfortunate, ill-fated.
ՉԱՐԱԲԱՆ slanderous, evil speaker.
ՉԱՐԱԲԱՍՏ unlucky, ill-starred.
ՉԱՐԱԲԱՐՈՅ malign, ill-natured, ill bred, ill trained.
ՉԱՐԱԲԱՐՈՅՈՒԹԻՒՆ malignity, ill nature, wickedness.
ՉԱՐԱԲԵՐԱՆ foul-mouthed.
ՉԱՐԱԳՈՅԺ fatal, ill-boding.
ՉԱՐԱԳՈՅՆ worse, worst, more wicked.
ՉԱՐԱԳՈՐԾ malefactor, evil doer, mischievous.
ՉԱՐԱԳՈՐԾՈՒԹԻՒՆ malfeasence, malefaction, misdeed, malice, malignity, wickedness.
ՉԱՐԱԳՈՒՇԱԿ ill-omened, ill-boding, inauspicious.
ՉԱՐԱԳՐԳԻՌ malicious, malign, ill-natured.
ՉԱՐԱԶԴԵՑԻԿ malevolent, malignant.
ՉԱՐԱԼԵԶՈՒ slanderous, evil tongued.
ՉԱՐԱԽՈՀ evil-minded, ill-disposed, spiteful.
ՉԱՐԱԽՈՐՀՈՒՐԴ evil-minded, ill disposed, malignant.
ՉԱՐԱԽՐԱՏ evil-minded, ill-intentioned.
ՉԱՐԱԽՕՍ evil-speaking, slanderous, back-biting.

ՉԱՐԱԽՕՍԵԼ to slander, to backbite, to detract, to defame, to throw mud at.
ՉԱՐԱԽՕՍՈՒԹԻՒՆ slander, backbiting, gossip, detraction.
ՉԱՐԱԾՆՈՒՆԴ born of bad parents.
ՉԱՐԱԿԱՄ ill-willing, malevolent, malignant, wicked.
ՉԱՐԱԿԱՄՈՒԹԻՒՆ malevolence. ill-will, spite, malice.
ՉԱՐԱԿԵՂ chancre.
ՉԱՐԱԿՆ evil-eyed. malignant, jealous.
ՉԱՐԱԿՆՈՒԹԻՒՆ evil eye. envy. ill will, jealousy
ՉԱՐԱՀԱՄԲԱՒ ill-famed, of ill repute.
ՉԱՐԱՂԷՏ unfortunate, miserable. malignant.
ՉԱՐԱՃՃԻ malignant, shrewd, artful, sly, frolicsome.
ՉԱՐԱՃՃԻՈՒԹԻՒՆ malice, frolic. roguish trick.
ՉԱՐԱՄԷՏ inclined to evil, malignant.
ՉԱՐԱՄԻՏ malicious, ill-minded, malignant, virulent.
ՉԱՐԱՄՏՈՒԹԻՒՆ ill-will, malignity. maliciousness, virulence.
ՉԱՐԱՅՕԺԱՐ inclined to evil, malignant, virulent.
ՉԱՐԱՆԱԼ to become wicked, to grow worse.
ՉԱՐԱՆԱԽԱՆՁ extremely jealous.
ՉԱՐԱՆԵՆԳ perfidious, treacherous, double-tongued.
ՉԱՐԱՆԵՆԳՈՒԹԻՒՆ false heartedness, perfidiousness.
ՉԱՐԱՇԱՀՈՒԹԻՒՆ usury, illicit gain.
ՉԱՐԱՇՇՈՒԿ fatal, disastrous, dismal.
ՉԱՐԱՇՈՒՔ sorrowful, bad, evil, infortunate, vile..
ՉԱՐԱՉԱՐ cruelly, pitilessly. griviously, violently.
— ***ԳՈՐԾԱԾԵԼ*** to abuse, to misuse.
— ***ՎԱՐՈՒԻԼ*** to maltreat.
ՉԱՐԱՍԷՐ bad. wicked. ill-natured, malignant.
ՉԱՐԱՍԻՐՈՒԹԻՒՆ wickedness, ill-will. love of evil.
ՉԱՐԱՍԻՐՏ ill-hearted. malignant.
ՉԱՐԻՔ evil, harm. malice, mischief.
ՉԱՐԿԵՂ ulcer, tumour, chancre.
ՉԱՐՈՒԹԻՒՆ wickedness, spitefulness, malice, ill-doing.
ՉԱՐՉԱՐԱՆՔ suffering, torment, tribulation, pain, vexation.
ՉԱՐՉԱՐԵԼ to torment, to torture, to grieve, to trouble. to maltreat.
ՉԱՐՉԱՐՈՒԻԼ to suffer. to be troubled, to be harassed. to be tormented.
ՉԱՓ measure, dose. quantity, moderation.
ԴԵՂԻ — dose, quantity.
ՉԱՓԱԲԱՆՈՒԹԻՒՆ versification, metrology.
ՉԱՓԱԳԷՏ mathematician.
ՉԱՓԱԳԻՏՈՒԹԻՒՆ mathematics.
ՉԱՓԱԶԱՆՑ excessive, exorbitant, exaggerated.
ՉԱՓԱԶԱՆՑԵԼ to exaggerate, to magnify.
ՉԱՓԱԶԱՆՑՈՒԹԻՒՆ excess, exaggeration, overstatement.
ՉԱՓԱԿԱՆ metrical, rythmic.
ՉԱՓԱԿՑԻԼ to be in symmetry.
ՉԱՓԱԿՑՈՒԹԻՒՆ symmetry, proportion.
ՉԱՓԱՀԱՍ adult. grown up, major, of full age.
ՉԱՓԱՀԱՍՈՒԹԻՒՆ full age, majority.
ՉԱՓԱՆ measure, calibre.
ՉԱՓԱՒՈՐ moderate, modest, passable.
ՉԱՓԱՒՈՐԱԿԱՆ moderate, reasonable.
ՉԱՓԱՒՈՐԵԼ to moderate, to limit, to temper.
ՉԱՓԱՒՈՐՈՒԹԻՒՆ moderation, limitation, modesty, measure.
ՉԱՓԵԼ to measure, to versify.
ՉԱՓԵԼԻ measurable.
ՉԱՓՈՂ measurer, gauger.
ՉԱՓՈՒՄ measuring, measurement.
ՉԳԻՏՆԱԼ to ignore.

ՉԳՈՅ nothing, naught.
ԱՌ Ի ՉԳՈՅԷ in default of.
ՉԳՈՅՈՒԹԻՒՆ want, nothingness, non–existence
ՉԵԽ reproach.
ՉԵԽԵԼ to reproach, to scold, to reprimand.
ՉԵՉԱՔԱՐ pumice–stone.
ՉԷ no, not.
ՉԷԶՈՔ neutre, indifferent.
ՉԷԶՈՔԱԲԱՐ neutrally.
ՉԷԶՈՔԱԿԱՆ neutral, indifferent.
ՉԷԶՈՔԱՆԱԼ to become neutral.
ՉԷԶՈՔԱՑՆԵԼ to neutralize, to counteract, to render inactive.
ՉԷԶՈՔԱՑՈՒՄ neutralization.
ՉԷԶՈՔՈՒԹԻՒՆ neutrality, indifference.
ՉԷՈՒԹԻՒՆ nothingness.
ՉԸԼԼԱՅ ԹԷ lest, for fear of.
ՉԸՆԴՈՒՆԵԼ not to receive, not to accept, to refuse.
ՉԻԿՏԱՄ mountain saffron.
ՉԻՄԱՆԱԼ not to understand, not to hear.
ՉԻՐ dried fruit.
ՉԻՔ there is not, not existed.
ՉԼՍԵԼ not to hear.
ՉԿԱՄՈՒԹԻՒՆ unwillingness, reluctance.
ՉԿԱՅ unstable, inconstant, cranky.
ՉՂՋԻԿ bat.
ՉՄՇԿԵԼ to skate.
ՉՄՈՒՇԿ skate.
ՉՆԱՇԽԱՐՀԻԿ uncommon, rare, scarce, matchless.
ՉՆԱՐԷԿ sandarach.
ՉՆՉԻՆ of little value, frivolous, abject.
ՉՈՐ dry, lean, spare, dried up, desiccated.
ՉՈՐԱՑՆՈՒՄ desiccation.
ՉՈՐԵՔԱՆԿԻՒՆ tetragonal, tetragon.
ՉՈՐԵՔԿԻՆ quadruple, four fold.
ՉՈՐԵՔՇԱԲԹԻ Wednesday.
ՉՈՐԵՔՊԱՏԻԿ quadruble, four fold.
ՉՈՐԵՔՏԱՍԱՆ fourteen, four times ten (forty).
ՉՈՐԻՑՍ four times.
ՉՈՐՆԱԼ to dry, to wither.
ՉՈՐՈՒԹԻՒՆ dryness, aridity.
ՉՈՐՍ four.
ՉՈՐՍՆՈՑ four points, quaternion.
ՉՈՐՐՈՐԴ fourth, quarter.
ՉՈՐՐՈՐԴԱԿ quaternary.
ՉՈՐՐՈՐԴԱՊԵՏ tetrarch.
ՉՈՐՑԱԾ dried.
ՉՈՐՑՆԵԼ to dry, to desiccate, to drain.
ՉՈՐՔ four.
ՉՈՐՔՈՏԱՆԻ quadruped, four-footed.
ՉՈՒ departure, travel, voyage, migration.
ՉՈՒԱՆ string, twine, rope, cord.
ՉՈՒԱՆԱՁԳՈՒԹԻՒՆ towage, warping.
ՉՈՒԱՌ miserable, unfortunate.
ՉՈՒԱՌՈՒԹԻՒՆ misfortune, distress, mischance.
ՉՈՒԵԼ to go, to walk, to depart, to die.
ՉՈՒԵՐԳ march, march tune.
ՉՈՒԽԱՅ woolen cloth, wool–stuffs.
ՉՈՒԽԱՅԱԳՈՐԾ draper, clothier, woollen draper.
ՉՈՒԽԱՅԱՎԱՃԱՌ cloth-merchant, clothier, cloth trader.
ՉՈՒՄԵՆԻ cornel–tree.
ՉՈՔՈԼԱՏ chocolate.
ՉՏԵՍ snob, covetous, rapacious.
ՉՔԱՀԱՆԱՅ untrue priest.
ՉՔԱՆԱԼ to disappear, to come to nothing, to be destroyed.
ՉՔԱՑՆԵԼ to distroy, to dissipate, to reduce to nothing.
ՉՔԱՒՈՐ needy, indigent, poor.
ՉՔԱՒՈՐՈՒԹԻՒՆ indigency, poverty, necessity, misery.
ՉՔԻՏԱՄ mountain saffron.
ՉՔՆԱՂ very beautiful, charming, delightful, superb.
ՉՔՆԱՂԱԴԷՄ fine-looking, charming, graceful.
ՉՔՆԱՂԱԿԵՐՏ magnificently constructed, sumptuous, superb.
ՉՔՆԱՂՈՒԹԻՒՆ beauty, delicacy, grace, elegance.
ՉՔՈՒԹԻՒՆ annihilation, disappearance.
ՉՕԼ pond, basin.

Պ

ՊԱԳՆԵԼ to kiss, to embrace.
ՊԱԳՇՈՏ lewd, lascivious, licentious, lustful.
ՊԱԳՇՈՏԱԲԱՐ lustfully, lewdly.
ՊԱԳՇՈՏԵԱԼ bewitched.
ՊԱԳՇՈՏԵՑՆԵԼ to bewitch.
ՊԱԳՇՈՏԻԼ to become bewitched.
ՊԱԳՇՈՏՈՒԹԻՒՆ lechery, lewdness, lust.
ՊԱԶԱԼՏ basalt.
ՊԱԼԱՍԱՆ balm, balsam.
ՊԱԼԱՏ palace, court.
ՊԱԼԱՏԱԿԱՆ courtier, palatine.
ՊԱԼԱՐ abscess, blister, pustule, pimple.
ՊԱԼԱՐԱԼԻՑ pimpled, full of pimples.
ՊԱԼԱՐԱՆԱԼ to blister, to suppurate, to gather.
ՊԱԼԱՐԱՑՈՒՄ pustulation.
ՊԱԼԱՐԱՒՈՐ pustulous, pimpled.
ՊԱԽԱՐԱԿԵԼ to blame, to rebuke, to reproach.
ՊԱԽԱՐԱԿԵԼԻ contemptible, censurable.
ՊԱԽԱՐԱԿՈՒԹԻՒՆ reprobation, blame.
ՊԱԽԱՐԱԿՈՒԻԼ to be blamed, to be reproached.
ՊԱԽԱՐԱԿՈՒՄ blame, contempt, scorn.
ՊԱԽԿՈՏ timid, afraid.
ՊԱԽՈՒՑ bridle, halter.
ՊԱԿԱՍ defective, less, lesser, minus, under.
ՊԱԿԱՍԱՄԻՏ crack-brained, silly, booby.
ՊԱԿԱՍԱՄՏՈՒԹԻՒՆ silliness, foolishness, cretinism, nonsense.
ՊԱԿԱՍԱՒՈՐ defective, faulty.
ՊԱԿԱՍՈՐԴ missing, wanting, short, wanting-to.
ՊԱԿԱՍՈՒԹԻՒՆ want, defect, fault, mistake, penury.
ՊԱԿԱՍՈՒՄ diminution, lessening.
ՊԱԿՈՒՄ terror, dismay, fright.
ՊԱԿՍԵՑՆԵԼ to lessen, to defalcate, to shorten.
ՊԱԿՍԻԼ to lessen, to decrease.
ՊԱՀ guard, keeping, watching, moment, hour, time.
ՊԱՀԱԿ guardian, keeper, warder, warden, sentinel.
ՊԱՀԱԿԱՆԱՒ guard ship.
ՊԱՀԱԿԱՆՈՑ guard house.
ՊԱՀԱՆԳ tie-bean, brace, cross-bar.
ՊԱՀԱՆՋ claim, debt, demand, credit-side.
ՊԱՀԱՆՋԱՏԷՐ creditor.
ՊԱՀԱՆՋԵԼ to demand, to exact, to require, to claim.
ՊԱՀԱՆՋԵԼԻ exigible, demandable, on call.
ՊԱՀԱՆՋԿՈՏ over-particular, exacting, hard to please.
ՊԱՀԱՆՋՄՈՒՆՔ claim, demand, complaint, exigence.
ՊԱՀԱՆՋՈՂ pretentious, demander, claimer, exactor.
ՊԱՀԱՆՋՈՒՄ claim, demand, exigency, pretention.
ՊԱՀԱՆՋՔ credit.
ՊԱՀԱՊԱՆ guard, attendant, overseer, keeper, watchman, warden.
ՊԱՀԱՐԱՆ cupboard, cover, trunk, envelope, vestry-room.
ՃԵՐՄԱԿԵՂԷՆԻ — wardrobe.
ՊԱՀԵԼ to keep, to preserve, to save, to protect, to nurse.
ԾՈՄ — to fast.
ԼՌՈՒԹԻՒՆ — to keep silence.
ՊԱՀԵՍՏ reservation, deposit, reserve, keeping.

ՊԱՀԵՍՏԻ reserved.
ՊԱՀԵՍՏԸՆԿԱԼ depositary.
ՊԱՀԵՑՈՂ faster, abstaining, fasting.
ՊԱՀԵՑՈՂՈՒԹԻՒՆ fasting, fast, abstinence.
ՊԱՀՆԱԿԵԼ to keep, to watch over, to look after.
ՊԱՀՆՈՐԴ guard, guardian, sentry, keeper.
ՊԱՀՈՂ keeper, preserver, detainer.
ՊԱՀՈՒԱԾ hidden, concealed.
ՊԱՀՈՒԸՍՏԻԼ to hide, to abscond, to lurk.
ՊԱՀՈՒԸՍՏՈՒՔ hide and seek.
ՊԱՀՊԱՆԱԿ armour, cuirass, guard, defender.
ԼԱՆՋԻ — breast-plate.
ՊԱՀՊԱՆԵԼ to guard, to preserve, to keep, to defend, to protect, to maintain.
ՊԱՀՊԱՆԻՉ conservative, protector, protectress, blessing.
ՊԱՀՊԱՆՈՂԱԿԱՆ conservative, preservative, defensive.
ՊԱՀՊԱՆՈՂԱԿԱՆՈՒԹԻՒՆ conservatism.
ՊԱՀՊԱՆՈՒԹԻՒՆ protection, conservation, preservation, defence, wardship.
ՊԱՀՔ fast, fasting, abstinence.
ՄԵԾ — lent.
ՊԱՂ cold, cool, lifeless.
ՊԱՂ ԱՌՆԵԼ to catch cold.
ՊԱՂԱՌՈՒԹԻՒՆ cold catching.
ՊԱՂԱՏԱՆՔ supplication, imploration, instance, request.
ՊԱՂԱՏԻԼ to implore, to beseech, to solicit, to entreat.
ՊԱՂԱՐԱՆ ice-house, freezing-machine, refrigerator.
ՊԱՂԱՐԻՒՆ cold natured (person), cold blooded.
ՊԱՂԱՐԻՒՆՈՒԹԻՒՆ coldness, cold bloodedness.
ՊԱՂԵՑՆԵԼ to cool, to chill, to ice, to freeze.
ՊԱՂԵՑՈՒՑԻՉ cooling, refrigerant.
ՊԱՂԻԼ to grow cold, to freeze, to congeal.
ՊԱՂԼԵՂ alum.
ՊԱՂՈՑ refrigerator
ՊԱՂՈՒԹԻՒՆ coldness, coolness, chill, indifference.
ՊԱՂՈՒՄ freezing, coldness, congealing, curdling.
ՊԱՂՊԱՂԱԿ ice cream, specular stone.
ՊԱՂՊԱՂԱԿԱՍԵՂԱՆ ice cream party.
ՊԱՃԱՐ cattle.
ՊԱՃԱՐԱԲՈՅԾ cattle breeder
ՊԱՃԱՐԱԽՏ cattle plague.
ՊԱՃԱՐԱՄԻՏ block-headed, stupid.
ՊԱՃԱՐԱՆԱՒ cattle ship.
ՊԱՃԱՐԵԼ to procure, to obtain, to remedy.
ՊԱՃԱՐԵՆԻ cordovan, spanish leather.
ՊԱՃՈՅՃ adorned, ornamented, jewel.
ՊԱՃՈՒԿ sea hedgehog medick.
ՊԱՃՈՒՃԱԲԱՆ ranter, prolix, verbose.
ՊԱՃՈՒՃԱԳԵՂ ornamented, decorated, set off.
ՊԱՃՈՒՃԱՆՔ dress, ornament, attire, finery.
ՊԱՃՈՒՃԱՊԱՏԱՆՔ doll, puppet.
ՊԱՃՈՒՃԵԼ to adorn, to dect, to attire, to decorate.
ՊԱՄԻԱ bamia.
ՊԱՅ fairy, fay, elf.
ՊԱՅԱԶԱՏ successor, heir, inheritor, descendant.
ՊԱՅԱԶՆ noble, aristocrat.
ՊԱՅԹԵՑՆԵԼ to burst, to split, to crack, to blast, to blow up.
ՊԱՅԹԻԼ to burst, to explode, to crack, to rend.
ՊԱՅԹԻՒՆ, ՊԱՅԹՈՒՄ displosion, explosion, bursting, blowing up.
ՊԱՅԹՈՒՑԻԿ explosive.
ՊԱՅԾԱՌ clear, bright, radiant, gay, shining, clean.
ՊԱՅԾԱՌԱԲԱՆ declaimer, bomba… rhetorician.

ՊԱՅԾԱՌԱԳԵՂ wonderfully beautiful, splendid, handsome.
ՊԱՅԾԱՌԱՄԻՏ clear-headed.
ՊԱՅԾԱՌԱՆԱԼ to clear, to shine brightly, to brighten.
ՊԱՅԾԱՌԱՏԵՍՈՒԹԻՒՆ clairvoyance, lucidity.
ՊԱՅԾԱՌԱՑՆԵԼ to clear, to illustrate, to brighten, to cause to shine.
ՊԱՅԾԱՌԱՓԱՅԼ shining, glittering, refulgent, resplendent.
ՊԱՅԾԱՌՈՒԹԻՒՆ clearness, brightness, lustre, splendour, vivacity, effulgence.
ՊԱՅՄԱՆ condition, terms, stipulation, contract, clause.
— *ԴՆԵԼ* to stipulate, to contract, to impose conditions.
ՊԱՅՄԱՆԱԳԻՐ contract, agreement, deed, charter.
ՊԱՅՄԱՆԱԳՐԱԿԱՆ conventional, agreed upon.
ՊԱՅՄԱՆԱԳՐՈՒԹԻՒՆ agreement, convention, contract.
ՊԱՅՄԱՆԱԺԱՄ term, falling due, time.
ՊԱՅՄԱՆԱԿԱՆ conditional, provisory.
ՊԱՅՄԱՆԱՒ upon condition, on terms, conditionnally.
— *ՈՐ* on condition, provided that.
ՊԱՅՄԱՆԵԼ to contract, to put into good condition.
ՊԱՅՈՒՍԱԿ valise, bag, sack.
— *ՈՐՍԻ* game bag.
ՊԱՅՏ horse-shoe, iron.
ՊԱՅՏԱՌ farrier, shoeing-smith.
ՊԱՅՏԵԼ to shoe (a horse).
ՊԱՅՔԱՐ debate, dispute, discussion, quarrel, strife.
ՎԷՃԻ — altercation, wrangle.
ՊԱՅՔԱՐԻԼ to dispute, to discuss, to strive, to contend, to struggle.
ՊԱՆ keeper, warder, bread, loaf, ben-oil tree.
ՊԱՆԴԽՏԱՆԱԼ, **ՊԱՆԴԽՏԻԼ** to emigrate, to migrate, to be a pilgrim.
ՊԱՆԴԽՏՈՒԹԻՒՆ emigration, migration. pilgrimage.

ՊԱՆԴՈԿ inn, public house, hotel.
ՊԱՆԴՈԿԱՊԵՏ tavern-keeper, khanjee.
ՊԱՆԴՈԿԱՊԱՆ, **ՊԱՆԴՈԿԱՊԵՏ** inn keeper, tavern-keeper, innholder, host.
ՊԱՆԴՈՅՐ senseless, witless, badaud.
ՊԱՆԴՈՒԽՏ foreigner, stranger, alien, pilgrim, emigrant.
ՊԱՆԹԵՐ panther.
ՊԱՆԹԷՈՆ pantheon.
ՊԱՆԻՐ cheese.
ՊԱՆԾԱԼ to vaunt, to boast, to glory in, to be proud of.
ՊԱՆԾԱԼԻ glorious, laudable, boasting, magnificent.
ՊԱՆԾԱՑՆԵԼ to praise up, to laud, to exalt, to glorify, to honour.
ՊԱՆՐԱՎԱՃԱՌ cheese dealer.
ՊԱՇԱՐ provision, stock, stores, victuals.
ՊԱՇԱՐԵԱԼ besieged.
ՊԱՇԱՐԵԼ to besiege, to blockade, to inclose, to lay siege, to encircle.
ՊԱՇԱՐՈՒՄ besieging, siege, blockading, surrounding.
ՊԱՇՏԱՄՈՒՆՔ service, office, worship.
ՊԱՇՏԵԼ to adore, to serve, to idolize, to worship.
ՊԱՇՏԵԼԻ charming, adorable, exquisite.
ՊԱՇՏՈՂ adorer, admirer, worshipper.
ՊԱՇՏՈՒՄ adoration, worshipping, admiration, respect.
ՊԱՇՏՊԱՆ protector, patron, defender, supporter, advocate.
ՊԱՇՏՊԱՆԵԱԼ protégé, a ward.
ՊԱՇՏՊԱՆԵԼ to protect, to defend, to advocate, to support, to cover, to favour. to shelter, to screen.
ՊԱՇՏՊԱՆԵԼԻ supportable, sustainable, that may be defended.
ՊԱՇՏՊԱՆՈՂԱԿԱՆ defensive, protective, the defense.
ՊԱՇՏՊԱՆՈՂՈՒԹԻՒՆ protectorate.

ՊԱՇՏՊԱՆՈՒԹԻՒՆ protection, patronage, guard, favour, shelter, support.

ՊԱՇՏՊԱՆՈՒԻԼ to cover, to be protected, to be sheltered, to defend one's self.

ՊԱՇՏՕՆ service, office, ceremony, employment, situation, function.

ՊԱՇՏՕՆԱԿԱԼ officer, funotionary, office holder.

ՊԱՇՏՕՆԱԿԱՆ official.

ՊԱՇՏՕՆԱԿԻՑ colleague, confrere, half-mate.

ՊԱՇՏՕՆԱՆԿ dismissed, revoked, discharged, out office.
— *ԸՆԵԼ* to dismiss, to discharge, to depose.

ՊԱՇՏՕՆԱՆԿՈՒԹԻՒՆ dismissal, removal, revocation, recall.

ՊԱՇՏՕՆԱՊԷՍ officialy.

ՊԱՇՏՕՆԱՎԱՅՐ office, agency.

ՊԱՇՏՕՆԱՎԱՐՈՒԹԻՒՆ ministry, function, working, action.

ՊԱՇՏՕՆԱՏԵՂԻ office, agency, post, station.

ՊԱՇՏՕՆԱՏԱՐ, **ՊԱՇՏՕՆԱՏԷՐ** functionary, officer.

ՊԱՇՏՕՆԱՏՈՒՆ department, administration, agency.

ՊԱՇՏՕՆԱՐԱՆ daira, agency, church, temple.

ՊԱՇՏՕՆԵԱՅ officer, clerk, official, functionary.

ՊԱՇՏՕՆԷՈՒԹԻՒՆ ministration, ministry, personnel.

ՊԱՇՏՕՆԸՆԿԵՐՈՒԹԻՒՆ, *ՏԵՍ* **ՊԱՇՏՕՆԱԿՑՈՒԹԻՒՆ**:

ՊԱՉԻԿ kiss.

ՊԱՊ The Pope, grand father, papa, dad.

ՊԱՊԱԴԱՒԱՆ papistic, papist.

ՊԱՊԱԿ excessive thrist.

ՊԱՊԱԿԱՆ papist, papal, pontifical.

ՊԱՊԱԿԱՆՈՒԹԻՒՆ papism, papistry, popery.

ՊԱՊԱԿՈՒՄ excessive thirst.

ՊԱՊԱԿԻԼ to die of thirst, to have an excessive thirst.

ՊԱՊԱՆՁԵՑՆԵԼ to put to silence, to dumfound, to command silence, to confound.

ՊԱՊԱՆՁԻԼ to be silent, to keep silence, to hold one's tongue.

ՊԱՊՈՒԹԻՒՆ papacy, podedom, papal see.

ՊԱՌԱԿՏԵԼ to sow discord, to divide, to disunite, to disjoin, to disperse.

ՊԱՌԱԿՏԻԼ to be disunited, to be divided; to be in dissension.

ՊԱՌԱԿՏՈՒՄ dividing, disunion, discord, dissension.

ՊԱՌԱՒ old woman, crone, beldame.

ՊԱՌԱՒՈՒԹԻՒՆ old age, oldness, anility.

ՊԱՌԿԵՑՆԵԼ to put to bed, to lay down.

ՊԱՌԿԻԼ to lie, to lie down, to rest, to sleep.

ՊԱՍԵՔ Passover.

ՊԱՍԿՈՒՃ griffin, condor.

ՊԱՍՏԱՌ fine linen, fine stuff.

ՊԱՍՏԱՌԱԳՈՐԾ upholsterer, tapestry - worker.

ՊԱՏ wall, enclosure, ramparts.

ՊԱՏԱՀԱՐԱՐ accidentally, eventually.

ՊԱՏԱՀԱԿԱՆ accidental, casual, contigent.

ՊԱՏԱՀԱԿԱՆՈՒԹԻՒՆ contingency, eventuality.

ՊԱՏԱՀԱՐ adventure, mischance, accident, event, issue, end.

ՊԱՏԱՀԻԼ to meet with, to happen, to chance, to befall, to come to pass, to pass upon.

ՊԱՏԱՀՄԱՄԲ accidentally, eventually, by chance.

ՊԱՏԱՀՈՒՄ encounter, meeting, chance.

ՊԱՏԱՂԻՃ biting clematis.

ՊԱՏԱՂՈՒՄ occupation, business, work.

ՊԱՏԱՆ bandage, truss, wrapper.

ՊԱՏԱՆԱԳՈՐԾ truss-maker.

ՊԱՏԱՆԴ hostage, pledge, execution, bail, surety.
— *ՏԱԼ* to pledge.

ՊԱՏԱՆԴԵԼ to sequester, to seize, to tie, to bind.
ՊԱՏԱՆԴՈՒՄ sequestration, pledge, seizing of property.
ՊԱՏԱՆԵԱԿ, ՊԱՏԱՆԻ lad, adolescent.
ՊԱՏԱՆԵԿԱՆ juvenile, adolescent.
ՊԱՏԱՆԵԿՈՒԹԻՒՆ adolescence, youth.
ՊԱՏԱՆՈՒՀԻ lass, young girl.
ՊԱՏԱՆՔ winding, sheet, shroud.
ՊԱՏԱՌ bit, slice, piece, fragment. — ՊԱՏԱՌ ԸՆԵԼ to tear to pieces, to cut in bits.
ՊԱՏԱՌԱԲՈՅԾ parasite, sponger, hanger on.
ՊԱՏԱՌԱՔԱՂ fork, table fork.
ՊԱՏԱՌԻԿ small, piece, bit.
ՊԱՏԱՌՈՏՈՒԿ auricula.
ՊԱՏԱՌՈՒՄ rending, tearing, dilaceration.
ՊԱՏԱՌՈՒՆ tattered, ragged, in rags, old, used, worn-out.
ՊԱՏԱՍԽԱՆ rejoinder, reply, return, answer.
ՊԱՏԱՍԽԱՆԱՏՈՒ responsible, respondent.
ՊԱՏԱՍԽԱՆԱՏՈՒՈՒԹԻՒՆ responsibility, liability.
ՊԱՏԱՍԽԱՆԵԼ to answer, to reply, to defend.
ՊԱՏԱՏ packing, package.
ՊԱՏԱՏԵԼ to wrap up, to twine, to twist.
ՊԱՏԱՏՈՒԿ mallow bindweed.
ՊԱՏԱՏՈՒՄ emballage, package, convolutions.
ՊԱՏԱՐԱԳ mass, offering, oblation. ՁԱՅՆԱՒՈՐ — grand mass.
ՊԱՏԱՐԱԳԱՄԱՏՈՅՑ missal, mass-book, liturgy, officiating priest.
ՊԱՏԱՐԱԳԻՉ officiating priest at mass.
ՊԱՏԱՐԱԳԵԼ to celebrate, to say mass.
ՊԱՏԱՐԵԼ to fill up, to heap up, to complete.
ՊԱՏԳԱՄ message, oracle.
ՊԱՏԳԱՄԱԲԵՐ messenger, carrier, forerunner.
ՊԱՏԳԱՄԱԳԻՐ message, prophet.
ՊԱՏԳԱՄԱՒՈՐ deputy, messenger, envoy, delegate.
ՊԱՏԳԱՄԱՒՈՐՈՒԹԻՒՆ deputation, mission, delegacy, delegation.
ՊԱՏԳԱՐԱԿ stretcher, sedan-chair, litter.
ՊԱՏԵԱՆ case, scabbard, sheath, cover, shell.
ՊԱՏԵԱՆԱՁՈՒԿ scabbard fish.
ՊԱՏԵԼ to enclose, to environ, to envelop, to surround, to gird on, to fence.
ՊԱՏԵՀ proper, convenient, suitable, favourable.
ՊԱՏԵՀԱՊԱՇՏ opportunist.
ՊԱՏԵՀՈՒԹԻՒՆ convenience, chance, opportunity, occasion.
ՊԱՏԵՂ marsh mallow.
ՊԱՏԵՆԱԳՈՐԾ sheath-maker.
ՊԱՏԵՆԱԶԷՆ armour plated.
ՊԱՏԵՆԱՒՈՐ testaceous, husked, crusty.
ՊԱՏԵՆԵՆԻ French nettle.
ՊԱՏԵՐԱԶՄ war, battle, fight, combat. ՋԻՂԵՐՈՒ — war of nerves.
ՊԱՏԵՐԱԶՄԱԳԷՏ strategist.
ՊԱՏԵՐԱԶՄԱԿԱՆ of war, martial.
ՊԱՏԵՐԱԶՄԱՍԷՐ fond of war, warlike, war monger.
ՊԱՏԵՐԱԶՄԱՏԵԱՑ hating war, timid
ՊԱՏԵՐԱԶՄԻԼ to fight, to make war, to wage war, to combat.
ՊԱՏԵՐԱԶՄԻԿ, ՊԱՏԵՐԱԶՄՈՂ warrior, belligerant, combatant.
ՊԱՏԸՆՃԱՆ egg-plant, mad-apple.
ՊԱՏԺԱԿԱՆ penal, correctional, punitive.
ՊԱՏԺԱԿԱՆՈՒԹԻՒՆ penality.
ՊԱՏԺԱՊԱՐՏ culpable, guilty, punishable.
ՊԱՏԺԱՐԱՆ house of correction.
ՊԱՏԺԵԼ to punish; to chastise, to correct. ՄԱՀՈՒԱՄԲ — to put to death.
ՊԱՏԻԺ punishment, correction, penalty, castigation. ՄԱՀՈՒԱՆ — capital punishment.

ՊԱՏԻԼ to muffle, to cover one's self up.
ՊԱՏԻՃ cod, pod, husk.
ՊԱՏԻՊԱՏ ambiguous, equivocal, uncertain.
ՊԱՏԻՐ deceitful, cheating, false.
ՊԱՏԻՒ honour homage, dignity, respect, regard.
ՊԱՏԻՒ ԸՆԾԱՅԵԼ to render honour, to pay honour.
ՊԱՏԿԱՆ suitable, whom it may concern.
ՊԱՏԿԱՆԵԱԼ concerning, relating to.
ՊԱՏԿԱՆԴԱՐԱՆ case for arrows.
ՊԱՏԿԱՆԻԼ to belong, to concern, to relate.
ՊԱՏԿԱՌԱՄԱՂԻԿ sola, pith-hat plant.
ՊԱՏԿԱՌԱՆՔ respect, veneration, regard, modesty.
ՊԱՏԿԱՌԱՆՕՔ with respect, respectfully.
ՊԱՏԿԱՌԵԼԻ respectable, venerable.
ՊԱՏԿԱՌԻԼ to respect, to be ashamed.
ՊԱՏԿԱՌՈՏ bashful, modest, chaste, ashamed.
ՊԱՏԿԱՌՈՒԿ sensitive plant.
ՊԱՏԿԵՐ picture, likeness, resemblance, figure, image.
ՊԱՏԿԵՐԱԲԱՆՈՒԹԻՒՆ iconology.
ՊԱՏԿԵՐԱԳԷՏ iconographer.
ՊԱՏԿԵՐԱԳԻՏՈՒԹԻՒՆ icinography.
ՊԱՏԿԵՐԱԳՐԵԼ to take the portrait of, to paint, to depict.
ՊԱՏԿԵՐԱԴԷՏ spectroscope.
ՊԱՏԿԵՐԱԶԱՐԴ illustrated.
ՊԱՏԿԵՐԱԶԱՐԴԵԼ to illustrate.
ՊԱՏԿԵՐԱԼԻՑ full of pictures, of images.
ՊԱՏԿԵՐԱԿԱԼ easel, tripod.
ՊԱՏԿԵՐԱՀԱՆ painter, photographer, pictųre drawer.
ՊԱՏԿԵՐԱՀԱՆԴԷՍ paint exposition, art exhibition.
ՊԱՏԿԵՐԱՀԱՆՈՒԹԻՒՆ painting, picture drawing.
ՊԱՏԿԵՐԱՄԱՐՏ iconomachy, iconoclast, image-breaker.

ՊԱՏԿԵՐԱՆԱԼ to be reflected in, to to represented.
ՊԱՏԿԵՐԱՆՔ imagery, show.
ՊԱՏԿԵՐԱՊԱՇՏ iconolater, idolater.
ՊԱՏԿԵՐԱՊԱՃՏ image seller.
ՊԱՏԿԵՐԱՑՆԵԼ to paint, to describe, to depict.
ՊԱՏԿԵՐԱՔԱՆԴ iconoclast, image breaker.
ՊԱՏՃԱՌ cause, reason, occasion, motive, author.
— **ԵՒ ԱՐԴԻՒՆՔ** cause and effect.
ԱՌԱՆՑ ԻՐԱՒԱՑԻ ՊԱՏՃԱՌԻ groundlessly.
ՊԱՏՃԱՌԱԲԱՆԵԱԼ supported by proof.
ՊԱՏՃԱՌԱԲԱՆԵԼ to reason, to argue.
ՊԱՏՃԱՌԱԲԱՆՈՒԹԻՒՆ reasoning, argument.
ՊԱՏՃԱՌԱԳՐԵԼ to allege, to affirm.
ՊԱՏՃԱՌԱԿԱՆ causal, accidental.
ՊԱՏՃԱՌԱՆՔ cause, motive, pretext, excuse.
ՊԱՏՃԱՌԱՊԱՇՏ causationist.
ՊԱՏՃԱՌԵԼ to cause, to occasion, to affect, to do.
ՊԱՏՃԱՒՈՐ capsular.
ՊԱՏՃԷՆ copy, duplicate.
ՊԱՏՄԱԲԱՆ historian.
ՊԱՏՄԱԲԱՆԱԿԱՆ narrative, historical.
ՊԱՏՄԱԲԱՆԵԼ to narrate.
ՊԱՏՄԱԲԱՆՈՒԹԻՒՆ historiology.
ՊԱՏՄԱԳԻՐ historian.
ՊԱՏՄԱԳՐԱԿԱՆ historical.
ՊԱՏՄԱԳՐՈՒԹԻՒՆ history, narration, historiography.
ՊԱՏՄԱԿԱՆ historical, narrative.
ՊԱՏՄԵԼ to relate, to tell, to recite, to expose.
ՊԱՏՄԻՉ historian, narrator.
ՊԱՏՄՈՂ tale-teller, story teller.
ՊԱՏՄՈՒԹԻՒՆ history, story, narration, recital.
ԱՆՀԱՒԱՏԱԼԻ — fish story.
ՊԱՏՄՈՒՃԱՆ gown, garment, robe, tunic, vest.

ՊԱՏՆԷՇ rampart, barricade, bulwark.
— **ՇԻՆԵԼ** to barricade, to bulwark.
ՊԱՏՇԱՃ suitable, fit, agreeable, decent, good for, properly.
ՊԱՏՇԱՃԱԲԱՐ properly, suitably, decently.
ՊԱՏՇԱՃԱԿԱՆ becoming, suitable, proportional, decent.
ՊԱՏՇԱՃԱՑՆԵԼ to fit, to suit, to adapt, to adjust, to apply, to match.
ՊԱՏՇԱՃԻԼ to suit, to agree, to fit, to be suitable.
ՊԱՏՇԱՃՈՒԹԻՒՆ fitness, decency, convenience. suitableness.
ՊԱՏՇԳԱՄ balcony, terrace, belvedere, verandah.
ՊԱՏՈՅՏ bandage.
ՊԱՏՈՒԱԲԵՐ honorary, worthy of honour.
ՊԱՏՈՒԱԳԻՆ honorarium.
ՊԱՏՈՒԱԿԱԼ honorary, titulary.
ՊԱՏՈՒԱԿԱՆ precious, honourable, estimable, venerable.
ՊԱՏՈՒԱԿԱՆԱԳՈՅՆ most precious, most honourable.
ՊԱՏՈՒԱԿԱՆԱՆԱԼ to become precious, valuable, overnice.
ՊԱՏՈՒԱԿԱՆՈՒԹԻՒՆ excellence, high value, nobleness.
ՊԱՏՈՒԱՄՈԼ greedy of glory, eager for honours.
ՊԱՏՈՒԱՆԴԱՆ stepping stone; pedestal, socle.
ՊԱՏՈՒԱՆՇԱՆ decoration, order, insignia.
— **ՏԱԼ** to decorate.
ՊԱՏՈՒԱՆՈՒՆ title.
ՊԱՏՈՒԱՍԷՐ eager for honours, ambitious.
ՊԱՏՈՒԱՍԻՐԱԲԱՐ ambitiously, vainly.
ՊԱՏՈՒԱՍԻՐԵԼ to honour. to compliment, to glorify, to treat honourably.
ՊԱՏՈՒԱՍԻՐՈՂ honourer.
ՊԱՏՈՒԱՍԻՐՈՒԹԻՒՆ vainglory, kind attention, compliment.
ՊԱՏՈՒԱՍՏ graft, inoculation, vaccination.
ՊԱՏՈՒԱՍՏԱՆԻՒԹ vaccine.
ՊԱՏՈՒԱՍՏԵԼ to vaccinate, to graft, to inoculate, to insert, to join.
ՊԱՏՈՒԱՍՏՈՒԱԾ inoculated, vaccinated.
ՊԱՏՈՒԱՍՏՈՒԻԼ to be inoculated, to become vaccinated.
ՊԱՏՈՒԱՍՏՈՒՄ grafting, inoculation, vaccination.
ՊԱՏՈՒԱՎՃԱՐ honorarium.
ՊԱՏՈՒԱՐ bulwark, rampart, rail, barrier.
ՊԱՏՈՒԱՐԺԱՆ worthy of honour, honourable.
ՊԱՏՈՒԱՒՈՐ respectable, honest, noble, honourable.
ՊԱՏՈՒԱՒՈՐՈՒԹԻՒՆ honourableness, respectability, dignity.
ՊԱՏՈՒԵԼ to honour, to respect, to esteem, to venerate.
ՊԱՏՈՒԵԼԻ reverend, honourable, village school master.
ՊԱՏՈՒԷՐ order, commandment, precept, bidding, instruction.
ՊԱՏՈՒԻՐԱԳԻՐ mandate, cheque, draft, order.
ՊԱՏՈՒԻՐԱԿ envoy, deputy, delegate, commissary.
ՊԱՏՈՒԻՐԱԿՈՒԹԻՒՆ deputation, delegation, mission.
ՊԱՏՈՒԻՐԱՆ commandment, order, precept.
ՊԱՏՈՒԻՐԵԼ to order, to command, to decree.
ՊԱՏՈՒԿԱՐ chain-stitch.
ՊԱՏՈՒՀԱՆ window, casement.
ՊԱՏՈՒՀԱՍ scourge, plague, correction, chastisement.
ՊԱՏՈՒՀԱՍԵԼ to punish, to chastise, to correct.
ՊԱՏՈՒՈՅ of honour.
ՊԱՏՈՒՈՅ ԱՏԵԱՆ court of honour.
ՊԱՏՌԵԼ to tear, to rend, to shatter.

ՊԱՏՌԻԼ to tear, to slit, to burst, to split.
ՊԱՏՌՈՂ tearer, devouring, rapacious.
ՊԱՏՌՈՒԱԾՔ scratch, fissure, slit, slight wound.
ՊԱՏՌՏԵԼ to tatter, to tear to pieces.
ՊԱՏՍՊԱՐԱՆ shelter, refuge, cover, asylum, support.
ՊԱՏՍՊԱՐԵԼ to shelter, to protect, to cover.
ՊԱՏՍՊԱՐՈՒԻԼ to shelter one's self, to take shelter.
ՊԱՏՍՊԱՐՈՒՄ defence, refuge.
ՊԱՏՎԱՐԴ virgin's bower.
ՊԱՏՐԱՆՔ deceit, illusion, trick, dupery, delusion.
ՊԱՏՐԱՍՏ ready, prepared, ready made, at hand.
ՊԱՏՐԱՍՏԱԲԱՆ ready-witted, apt at a reply.
ՊԱՏՐԱՍՏԱԲԱՆՈՒԹԻՒՆ presence of mind.
ՊԱՏՐԱՍՏԱԿԱՄ ready, prompt.
ՊԱՏՐԱՍՏԱԿԱՆ active, eager, assiduous, prompt.
ՊԱՏՐԱՍՏԱԿԱՄՈՒԹԻՒՆ promptness, alacrity, eagerness.
ՊԱՏՐԱՍՏԵԼ to prepare, to dispose, to get ready, to fit up
ՊԱՏՐԱՍՏՈՒԱԾ prepared, dressed.
ՊԱՏՐԱՍՏՈՒԹԻՒՆ preparation, dressing, disposition, preparative.
ՊԱՏՐԱՍՏՈՒԻԼ to be prepared, to be ready, to get ready, to prepare oneself.
ՊԱՏՐԵԼ to deceive, to cheat, to dupe, to seduce.
ՊԱՏՐԻԱՐՔ patriarch.
ՊԱՏՐԻԱՐՔԱԿԱՆ patriarchal.
ՊԱՏՐԻԱՐՔԱՐԱՆ patriarchate.
ՊԱՏՐԻԱՐՔՈՒԹԻՒՆ patriarchship, patriarchy.
ՊԱՏՐԻԿ patrician, noble, Patrick.
ՊԱՏՐՈՅԳ wick.
ՊԱՏՐՈՒԱԿ pretext, mask, disguise, veil, excuse.
ՊԱՏՐՈՒԱԿԵԼ to pretend, to palliate, to mask, to dissemble.
ՊԱՏՐՈՒԱԿԻԼ to disguise oneself, to mask.
ՊԱՏՐՈՒԱԿՈՒԹԻՒՆ dissimulation, palliation.
ՊԱՏՐՈՒԳԱԿԱԼ wick holder, lanyard.
ՊԱՏՐՈՒՃ sweet basil.
ՊԱՏՐՈՒՃԱԿ ewe, a female sheep, appanage.
ՊԱՐ dance, dancing, ball.
 ԹԱՏԵՐԱԿԱՆ — ballet.
ՊԱՐԱԳԱՅ circumstance, event, turn, detail.
ՊԱՐԱԳԼՈՒԽ leader, ring leader.
ՊԱՐԱԳԾԵԼ to circumscrible, to limit.
ՊԱՐԱԳԾՈՒԹԻՒՆ circumscription, limitation.
ՊԱՐԱԿ mermaid, sea-maid.
ՊԱՐԱԿԻՑ dancing mate.
ՊԱՐԱՀԱՆԴԷՍ ball, dance.
 — *Ի ԵՐԵԿՈՅԹ* dancing party.
ՊԱՐԱՆ cord, rope, cable.
ՊԱՐԱՆՈՑ neck, isthmus.
ՊԱՐԱՊ empty, vacant, void, unoccuppied.
 — *ՏԵՂԸ* vainly, in vain.
ՊԱՐԱՊԵՑՆԵԼ to employ, to work to, to make busy, to give work to.
ՊԱՐԱՊԻԼ to occupy one's self, to be busy, to be occupied.
ՊԱՐԱՊՆԴԵԼ to tie down, to handcuff.
ՊԱՐԱՊՈՅ ԺԱՄ leisure hour.
ՊԱՐԱՊՈՐԴ doing nothing, lazy, unoccupied.
ՊԱՐԱՊՈՒԹԻՒՆ frivolity, emptiness, ease, leisure, voidness.
ՊԱՐԱՊՈՒՄ occupation, vacation.
ՊԱՐԱՊՈՒՐԴ vacation, holidays, recess.
ՊԱՐԱՍԷՐ fond of dancing.
ՊԱՐԱՍՐԱՀ dancing room.
ՊԱՐԱՐՈՒՆ fat, plump, fattened.
ՊԱՐԱՐՏ fat, corpulent, greasy, oily, plump, fertile.
ՊԱՐԱՐՏԱՄԱՐՄԻՆ plump, fleshy, corpulent.

ՊԱՐԱՐՏԱՆԱԼ to grow fat, to fatten, to become corpulent.

ՊԱՐԱՐՏԱՑՆԵԼ to fatten, to cram, to fertilize, to manure.

ՊԱՐԱՐՏԱՑՈՒՑԻՉ fertilizing, fertilizer.

ՊԱՐԱՐՏՈՒԹԻՒՆ fatness, corpulence, fattiness.

ՊԱՐԱՒԱՆԴ tie, band, rope, cord.

ՊԱՐԱՒԱՆԴԵԼ to tie up, to enchain, to put in fetters.

ՊԱՐԲԵՐԱԲԱՐ periodically.

ՊԱՐԲԵՐԱԹԵՐԹ periodical.

ՊԱՐԲԵՐԱԿԱՆ periodical, circular.

ՊԱՐԲԵՐՈՒԹԻՒՆ clause, phrase, turn.

ՊԱՐԳԵՒ gift, donation, present, gratuity, grant.
ԺԱՄՈՒՑ — oblation, offering.

ՊԱՐԳԵՒԱԲԱՇԽ donor, distributer of presents, liberal.

ՊԱՐԳԵՒԱԲԱՇԽՈՒԹԻՒՆ distribution of prizes, liberality.

ՊԱՐԳԵՒԱՏՈՒ donor, giver, remunerator.

ՊԱՐԳԵՒԱՏՈՒՈՒԹԻՒՆ gift, donation, free gift.

ՊԱՐԳԵՒԵԼ to grant, to give, to present with.

ՊԱՐԳԵՒԸՆԿԱԼ donee, receiver.

ՊԱՐԵԳՕՏ gown, robe, cassock, morning gown.

ՊԱՐԵԼ to dance with, to dance in company.

ՊԱՐԵԽ rock, cliff, steep.

ՊԱՐԵՐԳ cantata, a dance song, choir.

ՊԱՐԵՐԳՈՒԹԻՒՆ ballad, singing.

ՊԱՐԶ simple, plain, clear, pure, evident, clean.

ՊԱՐԶԱԲԱՆԵԼ to explain, to elucidate, to clear up.

ՊԱՐԶԱԲԱՆՈՒԹԻՒՆ elucidation, explication, explanation.

ՊԱՐԶԱԲԱՐ simply, clearly, plainly.

ՊԱՐԶԱԽՕՍ speaking clearly, explicit, clear.

ՊԱՐԶԱԽՕՍՈՒԹԻՒՆ small talk, simple talk.

ՊԱՐԶԱՄԻՏ simple-minded, simpleton, artless.

ՊԱՐԶԱՄՏՈՒԹԻՒՆ simplicity, artlessness, candour, silliness.

ՊԱՐԶԱՄՏՕՐԷՆ ingenuously, candidly, simply.

ՊԱՐԶԱՉԱՓ eudiometer.

ՊԱՐԶԱՊԷՍ simply, clealy, plainly, candidly.

ՊԱՐԶԵԼ to explain, to clarify, to purify, to display.
ԴՐՕՇԱԿ — to hoist a flag.

ՊԱՐԶԵՐԵՍ barefaced, unblishing, openly, frank.

ՊԱՐԶԿԱՑ night dew, evening-damp.

ՊԱՐԶՈՒԻԼ to become clear, to be solved, to be explained.

ՊԱՐԶՈՒՂԻՂ straight on, directly.

ՊԱՐԶՈՒԹԻՒՆ simplicity, plainness, sincerity, artlessness.

ՊԱՐԶՈՒՄ clarification, clearing up, elucidation.

ՊԱՐԶՈՒՆԱԿ bolt, bar of a door.

ՊԱՐԶՈՒՏ colander, strainer, filter.

ՊԱՐԷՆ living, food, ration, victuals.

ՊԱՐԷՆԱԳԻՆ alimentary pension.

ՊԱՐԷՏ ephor, overseer, adjutant.

ՊԱՐԻԿ fairy, fay, mermaid, an elf.

ՊԱՐԻՍՊ highwall, rampart, bastion, fortress.

ՊԱՐԽՈՒ beef.

ՊԱՐԾԱՆՔ boast, brag, glory, vaunt.
— *ՀԱՄԱՐԵԼ* to be proud of, to be vaunted of.

ՊԱՐԾԵՆԱԼ to boast, to brag, to vaunt, to swagger.

ՊԱՐԾԵՆԿՈՏ boasting, vaunting, boaster, hector.

ՊԱՐԾԵՆԿՈՏՈՒԹԻՒՆ vaunting, brag, bluster, vaunt.

ՊԱՐԿ sack, bag, wallet, satchel.

ՊԱՐԿԱՐՋ wombat.

ՊԱՐԿԵԾՏ modest, decent, honest, discreet, pure.

ՊԱՐԿԵԾՏԱԲԱՆՈՒԹԻՒՆ modest speech.

ՊԱՐԿԵԾՏԱԲԱՐ modestly, honestly.

ՊԱՐԿԵԾՏԱԲԱՐՈՅ decent, modest.

ՊԱՐԿԵԾՏԱԳԵՂ modest and fair.

ՊԱՐԿԵՇՏԱՆԱԼ to be modest, to moderate one's self, to refrain.
ՊԱՐԿԵՇՏՈՒԹԻՒՆ modesty, honesty, decency, chastity, pudicity.
ՊԱՐԿԵՐԷ opossum.
ՊԱՐԿՈՒՃ husk, capsule.
ՊԱՐՈՂ dancer.
ՊԱՐՈՅԿ circumflex.
ՊԱՐՈՅՐ spire, circle, helix, turn.
ՊԱՐՈՆ baron.
ՊԱՐՈՆԻԿ baronet.
ՊԱՐՈՆՈՒԹԻՒՆ baronage.
ՊԱՐՈՆՈՒՀԻ baroness.
ՊԱՐՈՒՀԻ dancing girl.
ԳԼԽԱՒՈՐ prima ballerina.
ՊԱՐՈՒՆԱԿ socket, orb, sphere, circle.
ՊԱՐՈՒՆԱԿԵԱԼ contents, enclosure.
ՊԱՐՈՒՆԱԿԵԼ to contain, to hold, to include.
ՊԱՐՈՒՆԱԿՈՒԹԻՒՆ contents, capacity.
ՊԱՐՈՒՏԱԿ membrane, capsule.
ՊԱՐՈՒՐԱԿ pellicle, capsule.
ՊԱՐՈՒՐԱՁԵՒ spiral, helical.
ՊԱՐՈՒՐԵԼ to surround, to fold up, to enclose, to envelop.
ՊԱՐՈՔ baroque.
ՊԱՐՊԵԼ to discharge, to empty, to unload, to unlade.
ՀՐԱՑԱՆ — to fire a gun.
ՊԱՐՊՈՒԻԼ to be discharged, to be unloaded, to be emptied.
ՊԱՐՊՈՒՄ evacuation, extraction.
ՊԱՐՍ, ՊԱՐՍԱՏԻԿ sling.
ՊԱՐՍԱՒ blame, dispraise, censure.
ՊԱՐՍԱՒԱԲԱՆ inveigher, declaimer.
ՊԱՐՍԱՒԱԳԻՐ libeller, diatribe, libel, lampoon.
ՊԱՐՍԱՒԱՆՔ blame, detraction, reproach, reprobation.
ՊԱՐՍԱՒԵԼ to blame, to censure, to reproach, to detract, to vituperate.
ՊԱՐՍԱՒԵԼԻ blamable, faulty, censurable.
ՊԱՐՍԱՒԻՉ blamer, censurer, detracter.
ՊԱՐՍԱՔԱՐ sling-stone.

ՊԱՐՍԿԵՐԷՆ persian.
ՊԱՐՍՊԱՇԻՆՈՒԹԻՒՆ tectonics, fort, rampart building.
ՊԱՐՍՊԱՒՈՐ fortified, high walled.
ՊԱՐՍՊԵԼ to fortify, to construct a rampart.
ՊԱՐՏ, ՊԱՐՏՔ debt, duty, obligation, due, engagement.
ՊԱՐՏԱԴԻՐ obligatory, compulsory.
ՊԱՐՏԱԶԱՆՑ delinquent, undutiful, prevaricating.
ՊԱՐՏԱԶԱՆՑՈՒԹԻՒՆ neglect of duty, delinquency, prevarication.
ՊԱՐՏԱԹՈՒՂԹ bond, obligation, security.
ՊԱՐՏԱԿԱՆ debtor, obliged.
ՊԱՐՏԱԿԱՆՈՒԹԻՒՆ obligation, duty.
ՊԱՐՏԱԿԻՑ fellow-debtor.
ՊԱՐՏԱՄՈՒՐՀԱԿ bill payable to order.
ՊԱՐՏԱՊԱՆ debtor.
ՊԱՐՏԱՏԷՐ creditor.
ՊԱՐՏԱՒՈՐ obliged, debtor.
ՊԱՐՏԱՒՈՐԵԼ to oblige, to bind, to compel.
ՊԱՐՏԱՒՈՐԻՉ obligatory, binding in law.
ՊԱՐՏԱՒՈՐՈՒԹԻՒՆ obligation, duty, engagement, charge.
ՊԱՐՏԱՓՈԽ delegant.
ՊԱՐՏԵԼ to conquer, to vanquish, to subdue, to overcome.
ՊԱՐՏԷԶ garden.
— **ՄՇԱԿԵԼ** to garden.
ՊԱՐՏԸԿԵԼ to excuse, to palliate.
ՊԱՐՏԻԶԱԳԷՏ gardener, horticulturist.
ՊԱՐՏԻԶԱԿԱՆ horticultural.
ՊԱՐՏԻԶԱԿ small garden.
ՊԱՐՏԻԶՊԱՆ gardener.
ՊԱՐՏԻԶՊԱՆՈՒԹԻՒՆ gardening, horticulture.
ՊԱՐՏԻԼ to owe, to be obliged to, to have a debt, to be subdued.
ՊԱՐՏԻՔ debt, duty, obligation.
ՊԱՐՏՈՒԹԻՒՆ defeat, subjection.
ՊԱՐՏՈՂԱԿԱՆ defeatist.
ՊԱՐՏՈՒՊԱՏՇԱՃ suitable, fit, convenient, due, decent.

ՊԱՐՏՔ debt, obligation, duty, task.
ՊԱՏՈՒՈՅ — debt of honour.
ՊԱՐՏՔԻ ՏԱԿ ԻՅՆԱԼ to contract debts, to run into debt.
ՊԱՐՓԱԿԵԼ to enclose, to shut in, to close, to surround.
ՊԱՍ fasting, abstinence.
ՊԱՔՍԻՄԱՏ sea-biscuit.
ՊԵԽ mustache.
ՊԵՂԵԼ to dig, to excavate, to sink, to undermine.
ՀՈՐ — to sink a well.
ՊԵՂՈՒՄ digging, excavating, hollowing out.
ՊԵՏ chief, head, master.
ՊԵՏԱԳԻՐ patent right.
ՊԵՏԱԿԱՆ governmental.
ՊԵՏՈՒԹԻՒՆ government, state, dominion.
ՊԵՐՃ superb, ostentations, elegant, magnificent.
ՊԵՐՃԱԲԱՆ, **ՊԵՐՃԱԽՕՍ** eloquent, expressive.
ՊԵՐՃԱԲԱՆԵԼ to speak eloquently.
ՊԵՐՃԱԲԱՆՈՒԹԻՒՆ eloquence, rhetoric.
ՊԵՐՃԱՆՔ, **ՊԵՐՃՈՒԹԻՒՆ** pomp, ostentation, luxury, pride.
ՊԵՐՃԱՇՈՒՔ magnificent, splendid, grand.
ՊԵՐՃԱՍԷՐ ostentatious, gorgeous, loving pomp and show.
ՊԵՐՃԻՄԱՍՏ sententious, abounding in signification.
ՊԵՐՃՈՒՀԻ prude, finical woman.
ՊԵՐՈԶԱԿՆ turquoise.
ՊԶՏԻԿ small, little, young.
ՊԶՏԻԿՆԱԼ to become small, to diminish.
ՊԶՏԻԿՈՒԹԻՒՆ smallness, meanness.
ՊԶՏԻԿՑՆԵԼ to diminish, to make smaller.
ՊԷՍ as, like, as soon as.
ՊԷՍՊԷՍ diverse, varied, various.
ՊԷՍՊԻՍՈՒԹԻՒՆ variety, diversity, difference.
ՊԷՏՔ need, want, necessity, indigence.
— **ԵՂԱԾ ԱՏԵՆ** in case of need.

ՊԺԳԱԼ to detest, to abhor.
ՊԺԳԱԼԻ abominable, detestable, disgusting.
ՊԺԳԱՆՔ dislike, disgust.
ՊԻԾԱԿ wasp, drone, hornet.
ՊԻՂԾ unclean, impure, dirty, filthy.
ՊԻՂԾԱԲԵՐԱՆ foul-mouthed.
ՊԻՆԴ firm, fast, steady, fixed.
ՊԻՆԴԳԼՈՒԽ hardhead.
ՊԻՍԱԿ spotted, motley, speckled.
ՊԻՍՏԱԿ pistachio.
ՊԻՏԱԿ note, label, ticket, bill, unfit, false.
ՊԻՏԱԿՈՒԹԻՒՆ abuse, degeneration.
ՊԻՏԱՆԱՑՈՒ useful, needful, necessary.
ՊԻՏԱՆԻ useful, good, of use.
ՊԻՏԱՆՈՒԹԻՒՆ utility, use, need, want.
ՊԻՏԱՌՈՒԹԻՒՆ oracle, prediction.
ՊԻՏԻ will, one must.
— **ԵՐԹԱՄ** I will go, I shall go.
ՊԻՏՈՅՔ need, want, necessity.
ՊԻՐԿ bent, tight, stiff.
ՊԼԼԵԼ to wrap, to wind, to twist.
ՊՂԱԿՈՒՆԴ cake, pastry.
ՊՂԱՏՈՆԱԿԱՆ platonic.
ՊՂԻՆՁ copper.
ՊՂԾԱԳՈՐԾ dirty, nasty, impure.
ՊՂԾԱԼԻՑ impure, immodest, unclean.
ՊՂԾԱԽՕՍ ribald, filthy, smutty.
ՊՂԾԱՆՔ profanation, pollution, defilement.
ՊՂԾԵԼ to soil, to dirty, to defile, to profane, to stain, to dishonour, to violate.
ՊՂԾՈՂ violater, profaner, defiler.
ՊՂԾՈՒԹԻՒՆ profanation, pollution, defilement, impurity, stain, dirt.
ՊՂԾՈՒԻԼ to be violated, defiled, to become unclean.
ՊՂԾՈՒՄ profanation, violation, rape.
ՊՂԾՈՒՏ unclean, impure, duty, filthy.
ՊՂՆՁԱԳՈՐԾ copper smith, brazier.
ՊՂՆՁԱԳՐՈՒԹԻՒՆ chalcography, engraving on brass.

ՊՂՆՁԱԿՈՒՌ cast in copper.
ՊՂՆՁԱՀԱՆՔ copper mine.
ՊՂՆՁԱՊԱՏ covered with copper.
ՊՂՆՁԱՔԱՐ chalcocite.
ՊՂՊԵՂ pepper.
ՊՂՊԵՂԱՄԱՆ pepper box.
ՊՂՊՋԱԼ to gush out, to boil over, to bubble.
ՊՂՊՋԱԿ bubble, foam, froth.
ՊՂՊՋԱԿԱՐԵՐ bubble producing.
ՊՂՏՈՐ not clean, muddy, turbid, troubled.
— ՋՈՒՐ troubled water.
ՊՂՏՈՐԵԼ to trouble, to muddy, to mix, to agitate, to disturb.
ՊՂՏՈՐԻԼ to become muddy, to grow turbid, to become confused.
ՊՂՏՈՐՈՒԹԻՒՆ muddiness, confusion, trouble, disturbance.
ՊՃԵՂ ankle bone, clove, instep.
ՊՃԸՌԹԵԼ to trouble, to vex, to annoy, to purplex.
ՊՃՆԱԶԱՐԴ decked out, dressy, embellished, tawdry.
ՊՃՆԱՄՈԼ foppish, coxcomb.
ՊՃՆԱՍԷՐ dandy, fine, elegant, coquettish, smart.
ՊՃՆԱՍԻՐՈՒԹԻՒՆ coquettishness, affectation.
ՊՃՆԵԼ to deck, to adorn, to bedizen, to decorate.
ՊՃՆԻԼ to screen, to bedizen one's self, to make a show.
ՊՃՆՈՂ coquettist, fine, spruce, decorative, smart.
ՊՃՆՈՒՄ finery, ornament, coquetry.
ՊՃՆՈՒՀԻ coquettist lady.
ՊՆԱԿ plate, dish.
ՊՆԴԱԳԼՈՒԽ stubborn, obstinate, tenacious.
ՊՆԴԱԽԱՐԻՍԽ stereobate.
ՊՆԴԱԿԱԶՄ strong, robust, hardy, stout, vigorous, solid.
ՊՆԴԱԿԱԼ tourniquet.
ՊՆԴԱՆԱԼ to become hard, to stiffen.
ՊՆԴԱՑՆԵԼ to harden, to make firm, to fortify.
ՊՆԴԱՑՈՒՑԻՉ astringent.
ՊՆԴԵԼ to persist, to consolidate, to fix, to insist, to press.
ՊՆԴՈՒԹԻՒՆ firmness, hardness, consolidation, constipation, costiveness.
ՊՆԴՈՒՄ insistence, persistence.
ՊՆՁԱԽՈՏ snuff.
ՊՈՂՈՊԱՏ, ՊՈՂՊԱՏ steel.
ՊՈՂՈՏԱՅ main street, high way.
ՊՈՂՊԱՏԵԱՅ of steel.
ՊՈՆԴ fillip.
ՊՈՉ tail, end, extremity.
ՊՈՊՈՋԻԿ squatting.
ՊՈՌԱԼ to cry out, to exclaim.
ՊՈՌԹԿԱԼ to burst, to break out, to split.
ՊՈՌԹԿԱՑՆԵԼ to protrude, to make to burst.
ՊՈՌԹԿՈՒՄ eruption, protrusion.
ՊՈՌՆԻԿ prostitute, street walker, strumpet, whore.
ՊՈՌՆԿԱԳՐՈՒԹԻՒՆ pornography.
ՊՈՌՆԿԱՆՈՑ, ՊՈՌՆԿԱՏՈՒՆ brothel, house of ill fame.
ՊՈՌՆԿԵՑՆԵԼ to prostitute, to abandon to prostitution.
ՊՈՌՆԿՈՐԴԻ whore-son, bastard.
ՊՈՌՆԿՈՒԹԻՒՆ prostitution, whoredom.
ՊՈՌՈՏ crying, noisy, boastful.
ՊՈՌՈՏԱՔԱՆ, ՊՈՌՈՏԱԽՕՍ bragger, boaster, braggart.
ՊՈՌՉԸՏԱԼ to cry, to clamour, to brawl.
ՊՈՌՉԸՏՈՒՔ brawling, clamouring, wrangling.
ՊՈՐ swan.
ՊՈՐԱՆԻ ragout, stew.
ՊՈՐՏ navel, umbilicus.
ՊՈՐՏԱՔՈՅԾ gastronomer, sponger, gluttonous.
ՊՈՐՏԱԼԱՐ umbilical cord.
ՊՈՐՏԱՒՈՐ umbilicated.
ՊՈԷՏ poet.
ՊՈՒԿ throat, gullet, tige.
ՊՈՒՊՐԻԿ doll, toy, plaything.
ՊՈՒՏ drop, small quantity.
ՊՈՒՏՆԱՐԴ wide pan, frying pan.

ՊՈՒՏՈՒԿ earthen pan.
ՊՈՒՐԱԿ wood, forest, grove.
ՊՉՐԱՆՔ affectation, finery, smirking, coquetry.
ՊՉՐԱՍԷՐ dandy, fine, elegant.
ՊՉՐԻԼ to flirt, to coquet, to mince.
ՊՉՐՈՂ coquette, flirt, affected, prudish.
ՊՉՐՈՂՈՒԹԻՒՆ coquetry, flirtation.
ՊՉՐՈՒՀԻ coquette, flirt, jilt.
ՊՌՍՏԵԼ to wrinkle, to contract the brows, to knit.
ՊՌՍՏՈՂ cruel, merciles, ruthless.
ՊՌՍՏՈՒՄ contraction, knitting of the brows.
ՊՍԱԿ crown, coronet, diadem, corona.
ՊՍԱԿԱԴԻՐ crowner, marrying.
ՊՍԱԿԱԶԱՐԴ crowned, rewarded.
ՊՍԱԿԱԾԱՂԻԿ stephanotis.
ՊՍԱԿԱՀԱՆԴԷՍ wedding, espousals, nuptials.
ՊՍԱԿԱՁԵՒ coronary, crown-shaped.
ՊՍԱԿԱՒՈՐ crowned, laureate.
ՊՍԱԿԵԼ to crown, to wreath, to decree a crown, to give the nuptial blessing.
ՊՍԱԿԱԴՐԱՄ marriage money.
ՊՍԱԿԻՉ crowner.
ՊՍԱԿՈՒԻԼ to be crowned, to wed, to marry.
ՊՍԱԿՈՒԿ seven headed crown-vetch.
ՊՍԱԿՈՒՄ crowning, coronation.
ՊՏԵՂ pinch.
ՊՏԵՐ male fern.
ՊՏԸՏԻԼ to walk, to promenade.
ՊՏԸՏՈՒՐ sheep's dung.
ՊՏԻԿ drop, small quantity, anise.
ՊՏԿՈՒՆՔ nipple, teat.
ՊՏՂԱԲԱՆՈՒԹԻՒՆ carpology.
ՊՏՂԱԲԵՐ fruit bearing, fruitful, prolific.
ՊՏՂԱԲԵՐՈՒԹԻՒՆ fruitfulness, fruclification.
ՊՏՂԱԾԱՌ fruit tree.
ՊՏՂԱԼԻ fruitful, fertile.
ՊՏՂԱԿԵՐ fructivorous, carpophagous.
ՊՏՂԱՍՏԱՆ fruit garden, orchard.
ՊՏՂԱՎԱՃԱՌ fruiterer.
ՊՏՂԱՏՈՒ, **ՊՏՂԱՒԷՏ** fruit-bearing, frustiferous.
ՊՏՂԱՔԱՂ gatherer (of fruits).
ՊՏՂՈՒՆՑ pinch.
ՊՏՄԻ rose elder.
ՊՏՈՅՏ turn, walk, going round, promenade, whirlpool.
ՊՏՈՒԿ bud, shoot, sprout.
ՊՏՈՒՂ fruit, product, result, effect. ԿՈՒՏՈՎ — stone fruit.
ՊՏՈՒՏԱԿ screw, bolt, windlass.
ՊՏՈՒՏԱԿԱԼ screwplate.
ՊՏՈՒՏԱԿԱՒՈՐ ՍԱՆԴՈՒԽ winding stair case.
ՊՏՈՒՏԿԵԼ to turn round, to wheel.
ՊՐԱԽ leek, wart.
ՊՐԱԿ act, deed, action, format, grove.
ՊՐԱՆԳ hay plant, prangos.
ՊՐԱՍ leek.
ՊՐԷՏՈՐ pretor.
ՊՐԾԻԼ to escape, to get away, to slip out.
ՊՐԿԱԽՏ lockjaw, tetanus.
ՊՐԿԵԼ to bend, to stretch, to bind, to tie.
ՊՐԿԻԼ to tend, to lead, to grow longer.
ՊՐԿՈՒՄ tension, strain.
ՊՐՊԸՏԵԼ to look through, to examine, to research for.
ՊՐՊՏՈՒՄ search, quest, enquiry, scrutiny.
ՊՐՊԸՏՈՂ curious, scrutinizer.
ՊՐՏՈՒ Nile papyrus.
ՊՕԱ boa.
ՊՕՌԱՆ young dove.
ՊՕՏ big pipe, tube.
ՊՕՏԻՉ big louse.
ՊՕՏՌՈՒՄ cellar.

Ջ

ՋԱԽՋԱԽԵԼ to crush, to bruise, to overhelm, to pound, to break, to pieces.
ՋԱԽՋԱԽՈՒԻԼ to bruise, to be dashed in pieces, to shiver.
ՋԱԽՋԱԽԻՉ crushing, overhelming.
ՋԱԽՋԱԽՈՒՄ crushing, bruising, breaking to pieces.
ՋԱՀ torch, light, flambeau.
ՋԱՀԱԲԱՐՁ torch-bearer.
ՋԱՀԱԿԱԼ torch stand, lamp post.
ՋԱՀԱԿԻՐ torch-bearer, lamp-bearer.
ՋԱՀԱՒՈՐԵԼ to enlighten with torches.
ՋԱՂԱՑՔ, **ՋԱՂԱՑ** mill, water mill.
ՋԱՂԱՑՊԱՆ miller.
ՋԱՄԲ nourishment, food, aliment.
ՋԱՄԲԱՐ army, gathering, concentration.
ՋԱՄԲԵԼ to nourish, to feed, to foster, to nurse.
ՋԱՅԼ multitude, crowd.
ՋԱՅԼԱՄ ostrich.
ՋԱՆԱԴԻՐ assiduous, diligent, regular, attentive.
ՋԱՆԱԼ to endeavour, to struggle, to try.
ՋԱՆԱՍԷՐ active, diligent, attentive, laborious, careful, assidious.
ՋԱՆԱՍԻՐՈՒԹԻՒՆ diligence, care, steadiness, application.
ՋԱՆԱՑՈՂ assidious, punctual, attentive.
ՋԱՆԳ sickly, unhealthy, idiot.
ՋԱՆՔ effort, exertion, endeavour.
ՋԱՋՈՒՐ plump, fat.
ՋԱՏԱԳՈՎ apologist, pleading, patron, defender.
ՋԱՏԱԳՈՎԵԼ to defend, to protect, to argue, to plead.
ՋԱՏԱԳՈՎՈՒԹԻՒՆ defence, protection, pleading, vindication.
ՋԱՏՈՒԿ sorceress, enchantress, vixen, wizard.
ՋԱՐԴ massacre, carnage, pogrom, slaughter.
ՋԱՐԴԱՐԱՐ massacrer, slayer.
ՋԱՐԴԵԼ to massacre, to kill, to cut to pieces, to butcher.
  ՄԵԾ ՄԵԾ — to brag, to boast.
ՋԱՐԴՈՂ massacrer, slaughterer, slayer.
ՋԱՐԴՈՑ rout, defeat.
ՋԱՐԴՈՒԻԼ to be massacred, to perish, to be cut to pieces.
ՋԱՐՃԱԿ spinning wheel.
ՋԵՌՈՑ steam-boiler.
ՋԵՌՈՒՄ heating, burning, inflammation.
ՋԵՌՈՒՑԱՆԵԼ to heat, to warm, to inflame, to excite.
ՋԵՌՈՒՑԻԿ foot-warmer.
ՋԵՌՈՒՑԻՉ heater, warmer, radiator.
ՋԵՌՈՒՑՈՒՄ heating, warming.
ՋԵՐ warm, hot, heat, coloric.
ՋԵՐԱՉԱՓ colorimeter.
ՋԵՐՄ fever, warm.
ՋԵՐՄԱԲԱՇԽ hot-air-stove.
ՋԵՐՄԱԳՈՅՆ ardent, very hot.
ՋԵՐՄԱԴԷՏ thermoscope.
ՋԵՐՄԱՆԱԼ to grow warm, to be heating.
ՋԵՐՄԱՆԱՒ steamship.
ՋԵՐՄԱՆՈՑ stove, green house.
ՋԵՐՄԱՉԱՓ thermometer.
ՋԵՐՄԱՉԱՓԱԿԱՆ thermometrical.
ՋԵՐՄԱՉԱՓՈՒԹԻՒՆ thermometry.
ՋԵՐՄԱՊԱՀ heat keeper, thermos.
ՋԵՐՄԱՊԱՀԱԿ fire screen.
ՋԵՐՄԱՍԵՆԵԱԿ hot-bath, vapour bath.
ՋԵՐՄԱՐԱՐ colorifiant.
ՋԵՐՄԱՑՈՅՑ thermoscope.

ՋԵՐՄԱՑՆԵԼ to heat, to warm, to irritate.
ՋԵՐՄԱՑՈՒՑԻՉ. heating, calorific, heater.
ՋԵՐՄԱՔԱՆԱԿ calory.
ՋԵՐՄԵՌԱՆԴ fervent, spirited, ardent.
ՋԵՐՄԵՌԱՆԴՈՒԹԻՒՆ devotion, fervency, godliness.
ՋԵՐՄԿԱՅԻՆ thermal.
ՋԵՐՄԿԱՋՈՒՐ hot springs.
ՋԵՐՄՆԱԲԵՐ fever-giving.
ՋԵՐՄՈՅԺ unit of heat, calorie.
ՋԵՐՄՈՒԹԻՒՆ heat, hotness, ardour, warmth.
— ***ԶԳԱԼ*** to feel warm.
ՋԵՐՄՈՒԿՔ warm mineral waters.
ՋԵՐՄՕՐԷՆ warmly, ardently, eagerly.
ՋԵՐՄՈՑ green house, hot-house.
ՋԻԼ, ՋԻՂ tendon, nerve, sinew, fibre.
ՋԻՆ switch, wand, stick.
ՋԻՆՋ clear, bright, pure, neat.
ՋԼԱԽՏ nervous disorder, neurosis.
ՋԼԱԽՏԱՒՈՐ neurasthenic.
ՋԼԱԽՏՈՒԹԻՒՆ nervous affection.
ՋԼԱՁԻԳ convulsive.
ՋԼԱՁԳՈՒԹԻՒՆ convulsion, fit.
ՋԼԱՊԻՆԴ nervous, sinewy, strong.
ՋԼԱՏԵԼ to enervate, to unnerve, to weaken, to deprive of force.
ՋԼԱՏԻՉ enervating, weakening, enfeebling.
ՋԼԱՏՈՒԹԻՒՆ, ***ՋԼԱՏՈՒՄ*** enfeeblement, enervation, atonia.
ՋԼԱՑԱՒ neuralgia.
ՋՂԱԲԱՆՈՒԹԻՒՆ neurology.
ՋՂԱԳՐԳԻՌ nervine, over-excited, nerve-tonic.
ՋՂԱԳՐԳՌՈՒԹԻՒՆ excitation of nerves.
ՋՂԱՁԳՈՒԹԻՒՆ cramp, convulsion, spasm, fit.
ՋՂԱՁԳՏԱԿԱՆ spasmodic, convulsive.
ՋՂԱՁԻԳ convulsive.
ՋՂԱՅԻՆ nervous, sinewy, sensitive.
ՋՂԱՑԱՒՈՒԹԻՒՆ neuralgia.
ՋՂՈՏ nervous, vigorous.
ՋՂՈՒՏՈՒԹԻՒՆ nervousness, weakness of nerve.
ՋՆՋԱՆ dish cloth, sponge, duster.
ՋՆՋԵԼ to efface, to annul, to cancel.
ՋՆՋԵԼԻ effaccable, abolishable.
ՋՆՋՈՒԻԼ to be effaced, to be annuled, to get obliterated.
ՋՆՋՈՑ dish cloth, duster.
ՋՆՋՈՒԱԾՔ blot, erasure, obliteration
ՋՆՋՈՒՄ effacing, obliteration, abolition, abrogation, radiation, suppression, effacement.
ՋՈԿ troop, band.
ՋՈԿԱՏ detachment.
ՋՈՋ grandee, person of importance, big wig.
ՋՈՐԴԱՆ gutter, scupper.
ՋՈՐԵԱԿ cowpea weevil, grub.
ՋՈՐԵՊԱՆ mule-driver, muleteer.
ՋՈՐԻ mule, he-mule.
ՋՈՒԹԱԿ violin, fiddle.
—***Ի ԾՊՈՏ*** fiddle stick.
ՋՈՒԹԱԿԱՀԱՐ violin player, violinist.
ՋՈՒԼՀԱԿ weaver.
ՋՈՒԽՏԱԿ a pair, couple.
ՋՈՒՐ water, aqua.
ԳԱՒԱԹ ՄԸ — a glass of water.
ՋՐԱԲԱՆ hydrologist.
ՋՐԱԲԱՆՈՒԹԻՒՆ hydrology.
ՋՐԱԲԱՇԽ hydrant.
ՋՐԱԲԱՇԽՈՒԹԻՒՆ hydraulics.
ՋՐԱԲՈՅԺ hydropathist.
ՋՐԱԲՈՒԺՈՒԹԻՒՆ water cure, hydrotherapy.
ՋՐԱԳԻՐ hydrographer.
ՋՐԱԳՐԱԿԱՆ hydrographic.
ՋՐԱԳՐՈՒԹԻՒՆ hydrography.
ՋՐԱԶՕՐՈՒԹԻՒՆ hydrodynamics.
ՋՐԱԹԱԹԱԽ soaked, wet to the skin.
ՋՐԱԼԻՑ watery, full of water.
ՋՐԱԽԱՌՆ diluted, mixed with water.
ՋՐԱԾԻՆ hydrogen.
ՋՐԱԾՈՒՓ floating, flowing.
ՋՐԱԿԵՆՑԱՂ aquatic.
ՋՐԱԿՇՌՈՒԹԻՒՆ hydrostatics.

ՋՐԱԿՈՅՏ plash, puddle.
ՋՐԱՀԵՂՁ drowned.
ՋՐԱՀՄԱՅՈՒԹԻՒՆ hydromancy.
ՋՐԱՂԱՑ water-mill.
ՋՐԱՂՈՒԽՄ otter.
ՋՐԱՄԱՄՈՒՌ sea-tweed.
ՋՐԱՄԱՆ water jar, jug, pitcher.
ՋՐԱՄԱՐԳ marshy land, swamp.
ՋՐԱՄԲԱՐ cistern, tank, reservoir.
ՋՐԱՅԻՆ watery, aquatic.
ՋՐԱՆԵՐԿ water colcur.
ՋՐԱՆԿԱՐ aquarelle.
ՋՐԱՆՑՔ canal, channel.
ՋՐԱՉԱՓ water-gauge, hydrometer.
ՋՐԱՉԱՓՈՒԹԻՒՆ hydrometry.
ՋՐԱՌԱՏ abundant in water.
ՋՐԱՍԷՐ aquatic, hydrophilous.
ՋՐԱՍՈՅԶ immersed into the water.
ՋՐԱՎԱԽ hydrophobic.
ՋՐԱՎԱԽՈՒԹԻՒՆ hydrophobia, canine madness.
ՋՐԱՏ hydrate.
ՋՐԱՐԲԻ watered, humid, spongy.
ՋՐԱՔԻՍ musk rat, desman.
ՋՐԲՈՒՂԽ jet d'eau, water spout.
ՋՐԳՈՂ hydropical, dropsical.
ՋՐԳՈՂՈՒԹԻՒՆ dropsy, hydropsy.
ՋՐԴՈՂՈՒՄ varnishing, temper of steel.
ՋՐԵԼ to water, to drench, to soak, to efface.
ՋՐԵԼԱԿ fog-fruit.
ՋՐԵՂԷՆ of water, aqueous.
ՋՐԷՋՔ conduit.
ՋՐԻՄՈՒՌ sea weed.
ՋՐԿԱՅՔ pool, pond, puddle.
ՋՐԿԻՐ water bearer.
ՋՐԿՈՏԵՄ water cress.
ՋՐՀԱՆ water pump.
ՋՐՀԱՆԿԻՐ pump carrier.
ՋՐՀԱՒ moor-hen.
ՋՐՀԵՂԵՂ flood, deluge.
ՋՐՀՈՐ well.
ՋՐՄՈՒՂ water pipe, conduit.
ՋՐՇՈՒՆ castor, beaver.
ՋՐՈՏ watery, aqueous.
ՋՐՎԱԺ urine, water.
ՋՐՎԷԺ water fall, cataract.
ՋՐՑԱՆ shower bath, douche.
ՋՐՓՈՂ gutter, urethra.
ՋՐՕՁ water snake.

Ռ

ՌԱԲԲԻ rabbi, master.
ՌԱԲՈՒՆԱՊԵՏ chief rabbi.
ՌԱԲՈՒՆՈՒԹԻՒՆ rabbinism, office of a rabbin.
ՌԱԶՄ order of battle, war.
ՌԱԶՄԱԳԷՏ strategist.
ՌԱԶՄԱԳԻՏՈՒԹԻՒՆ strategy.
ՌԱԶՄԱՄԹԵՐՔ ammunition, military stores.
ՌԱԶՄԻԿ fighting man, combatant.
ՌԱԶՄՈՒՆԱԿ combative, pugnacious.
ՌԱՀ road, way.
ՌԱՀԱՆ sweet basil.
ՌԱՀՎԻՐԱՅ guide, pioneer.
ՌԱՄԻԿ vulgar, common, popular.
ՌԱՄԿԱԲԱՐՈՅ coarse, low-mannered, clownish.
ՌԱՄԿԱԿԱՆ vulgar, popular, democratic.
ՌԱՄԿԱՊԵՏՈՒԹԻՒՆ democracy.
ՌԱՄԿԱՎԱՐ democrat, demagogue.
ՌԱՄԿԱՎԱՐՈՒԹԻՒՆ democracy, demagogy.
ՌԱՄԿԱՎԱՐԱՑՈՒՄ democratization.
ՌԱՄԿՈՒԹԻՒՆ vulgarity, commonness.

ՌԱՏԱՐ radar.
ՌԱՏԻՈԲՈՒԺՈՒԹԻՒՆ radiotheraphy.
ՌԵՏԻՆ resin.
ՌՄԲԱԿ shell, bomb-shell.
ՌՄԲԱԿԸՆԿԷՑ howitzer, mortar.
ՌՄԲԱԿՈԾ bombarder.
ՌՄԲԱԿՈԾԵԼ to shell, to bomb, to bombard.
ՌՄԲԱԿՈԾՈՒԹԻՒՆ bombardment, bombing.
ՌՄԲԱՁԻԳ grenadier, bomber.
ՌՄԲԱՁԳՈՒԹԻՒՆ bombardment, shelling.
ՌՄԲԸՆԿԷՑ mortar, howitzer.
ՌՆԳԱԽՕՍ snuffler.
ՌՆԳԱԽՕՍԵԼ to snuffle.
ՌՆԳԱԽՕՍՈՒԹԻՒՆ snuffling, cant.
ՌՆԳԱԿԱԶՄՈՒԹԻՒՆ rhinoplasty.
ՌՆԳԱԿԱՆ nasal, rhinal.
ՌՆԳԱՁԱՅՆ snuffling.
ՌՆԳԵՂՋԻՒՐ rhinoceros.
ՌՆԳՈՒՆՔ nostrils.
ՌՈՃԻԿ appointment, ration, pay, wages.
ՌՈՇՆԱԲԱՆՈՒԹԻՒՆ frank, candid speech.
ՌՈՇՆԱԿԱՆ fair, open, frank, candid.
ՌՈՇՆԱՊԷՍ openly, frankly.
ՌՈՇՆՈՒԹԻՒՆ candour, frankness.
ՌՈՒԲԼԻ russian coin, rouble.
ՌՈՒՄԲ canon shot, shell, bomb - shell,
ՌՈՒՊԻ rupee.
ՌՈՒՍ russian.
ՌՈՒՍԱՀԱՅ russian - armenian.
ՌՈՒՍԱՍԷՐ russophile.

Ս

ՍԱ this, that.
ՍԱԳ goose.
ՍԱԴԱՅԷԼ satan, devil, prince of darkness.
ՍԱԴՐԱՆՔ instigation, hint, intrigue, insinuation.
ՍԱԴՐԵԼ to instigate, to suggest, to insinuate.
ՍԱԴՐԻՉ exciting, insinuating.
ՍԱԹ amber.
ՍԱԼ anvil.
ՍԱԼԱՄԱՆԴՐ salamander.
ՍԱԼԱՑԱՏԱԿ pavement.
ՍԱԼԱՐԿ paved road, foot-pavement.
ՍԱԼԱՐԿԵԼ to pave, to pave with stones.
ՍԱԼԱՔԱՐ flagstone.
ՍԱԼԱՔԱՐԵԼ to pave with flagstones.
ՍԱԼՈՐ plum.
ՍԱԼՈՐԵՆԻ plum tree, prune tree.
ՍԱԿ rate, price, agreement.
ՍԱԿԱԳԻՆ tariff, rate of prices.
ՍԱԿԱԳՐԵԼ to tariff.
ՍԱԿԱԴՐԵԼ to rate, to tax, to fix the price of.
ՍԱԿԱԴՐՈՒԹԻՒՆ fixing of prices, taxation.
ՍԱԿԱՄՈՆԻ scammony plant.

ՍԱԿԱՅՆ but, yet, still.
— **ԵՒ ԱՅՆՊԷՍ** however, still, for all that.
ՍԱԿԱՌ basket, pannier.
ՍԱԿԱՐԱՆ the stock exchange, money market.
ՍԱԿԱՐԿԵԼ to bargain for.
ՍԱԿԱՐԿՈՂ purchaser, bargainer.
ՍԱԿԱՐԿՈՒԹԻՒՆ bargain, purchase, agreement.
ՍԱԿԱՑՈՅՑ tariff, rate of prices.
ՍԱԿԱՒ little, few, scanty, slight.
ՍԱԿԱՒԱԲԱՆ brief, short in speaking.
ՍԱԿԱՒԱԲԱՆՈՒԹԻՒՆ conciseness, brevity of speech.
ՍԱԿԱՒԱԲԵՐՈՒԹԻՒՆ meagreness, leanness, spareness.
ՍԱԿԱՒԱԲՆԱԿ thinly inhabited.
ՍԱԿԱՒԱԹԻՒ few, not numerous, not many.
ՍԱԿԱՒԱԽՕՍ taciturn, short in speaking.
ՍԱԿԱՒԱԿԵՐ frugal, sober, sparing, thrifty.
ՍԱԿԱՒԱԿԵՐՈՒԹԻՒՆ frugality, sobriety, thrift.
ՍԱԿԱՒԱՆԱԼ to decrease, to lessen.
ՍԱԿԱՒԱՊԵՏ frugal, sober, sparing, oligarch.
ՍԱԿԱՒԱՊԵՏՈՒԹԻՒՆ oligarchy.
ՍԱԿԱՒԱՐԻՒՆՈՒԹԻՒՆ anoemia.
ՍԱԿԱՒՈՒԹԻՒՆ smallness, littleness, rareness, rarity, fewness.
ՍԱԿՈՒՐ, **ՍԱԿՐ** axe, hatchet.
ՍԱԿՐԱՒՈՐ sapper, axeman.
ՍԱՀԱՆԱՒ schooner.
ՍԱՀԱՆՔ waterfall, cascade, lock.
ՍԱՀԵՑՆԵԼ to cause to slip, to slide in, to insinuate.
ՍԱՀԵՑՈՒՄ slide, slipping, stumbling, vacillation.
ՍԱՀԻԼ to slide, to glide alone, to run, to stream.
ՍԱՀԼԷՊ salep.
ՍԱՀՄԱՆ bound, term, limits, confines, boundary, definition, landmark.
ՍԱՀՄԱՆԱԳԻԾ demarcation.
ՍԱՀՄԱՆԱԳԼՈՒԽ frontier, borders, confines.
ՍԱՀՄԱՆԱԳԾԵԼ to demarcate, to settle the limits.
ՍԱՀՄԱՆԱԴԻՐ constituent, legislator.
ՍԱՀՄԱՆԱԴՐԱԿԱՆ constitutional.
ՍԱՀՄԱՆԱԴՐԵԼ to constitute, to settle the boundaries, to establish.
ՍԱՀՄԱՆԱԴՐՈՒԹԻՒՆ statute, constitution, boundaries.
ՍԱՀՄԱՆԱԾԱՅՐ confine, border, limit.
ՍԱՀՄԱՆԱԿԱՆ indicative, limiting, determinist.
ՍԱՀՄԱՆԱԿԻՑ bordering, neighbouring, circumjacent, conterminal, limotrophe.
ՍԱՀՄԱՆԱՒՈՐ limited, bounded, confined.
ՍԱՀՄԱՆԱՒՈՐԵԼ to limit, to encircle, to circumscribe.
ՍԱՀՄԱՆԱՓԱԿ limited, bounded.
ՍԱՀՄԱՆԱՔԱՐ landmark, mile-stone.
ՍԱՀՄԱՆԵԼ to define, to bound, to destinate, to limit.
ՍԱՀՄԱՆԵԼԻ definable, confinable, determinable.
ՍԱՀՄԱՆՈՒԻԼ to be defined, to be limited, to be measured.
ՍԱՀՄԱՆՈՂ definer, limiter, definitive, limiting.
ՍԱՀՄԱՆՈՒՄ limitation, determination, destination.
ՍԱՀՄՌԿԵԼ to bewilder, to stupefy.
ՍԱՀՆԱԿ sledge.
ՍԱՀՈՒՆ fluent, slippery, sliding.
ՍԱՂԱՐԹ leaf.
ՍԱՂԱՐԹԱԽԻՏ leafy, folious.
ՍԱՂԱՒԱՐՏ helmet, casque.
ՍԱՂՄ embryon, foetus.
ՍԱՂՄՆԱԲԱՆՈՒԹԻՒՆ embryology.
ՍԱՂՄՈՍ psalm.
— **ԸՍԵԼ** to recite psalms.
ՍԱՂՄՈՍԱՍԱՑ psalmist, psalmodist.
ՍԱՂՄՈՍԱՐԱՆ psalter, psalm-book.
ՍԱՂՄՈՍԵԼ to recite psalms.
ՍԱՂՄՈՍԵՐԳՈՒ psalmist, psalmodist.
ՍԱՄՈՅՐ sable.

ՍԱՅԹԱՔԵԼ to stumble, to slip, to fall, to waver, to falter.
ՍԱՅԹԱՔՈՒՄ stumbling, sliding, slip, fall, false step, error, aberration.
ՍԱՅԼ waggon, cart, chariot.
ՍԱՅԼԱԳՈՐԾ cart-wright.
ՍԱՅԼՈՐԴ cartman, carter.
ՍԱՅՐԱԲԱՆՈՒԹԻՒՆ dilemma.
ՍԱՅՐԱՍՈՒՐ sharp, pointed, keen, cutting.
ՍԱՅՐՈՒՑ balanced rudder.
ՍԱՆ saucepan, boiler, kettle.
ՍԱՆ nursling, foster-child, alumnus.
ՍԱՆԱՀԱՅՐ god-father.
ՍԱՆԱՄԱՅՐ god-mother.
ՍԱՆԴ mortar, pounding mortar.
ՍԱՆԴԱԼ sandal.
ՍԱՆԴԱԿԱԼ mortar-bed.
ՍԱՆԴԱՀԱՐԵԼ to pound in a mortar.
ՍԱՆԴԱՆԱՒ mortar boat.
ՍԱՆԴԱՐԱՄԵՏ hell. Tartarus.
ՍԱՆԴԻՏՈՌ pestle, rammer.
ՍԱՆԴՂՈՒՄ escalade.
ՍԱՆԴՈՒԽ staircase, ladder, gradation.
ՍԱՆԿ ՆԱՆԿ so and so.
ՍԱՆՁ bridle, reins, curb.
ՍԱՆՁԱԿԱԼ heading-rein.
ՍԱՆՁԱՀԱՐԵԼ to bridle, to subdue, to repress, to restrain.
ՍԱՆՁԱՐՁԱԿ unbridled, unruly.
ՍԱՆՁԱՐՁԱԿՈՒԹԻՒՆ leave, permission, lack of constraint.
ՍԱՆՁԵԼ to bridle, to subdue, to overcome, to repress.
ՍԱՆՋԱԽ flag.
ՍԱՆՏՐ comb.
ՍԱՆՏՐԱԳՈՐԾ comb-maker.
ՍԱՆՏՐԱՎԱՃԱՌ comb dealer, seller.
ՍԱՆՏՐԵԼ to comb, to card.
ՍԱՆՏՐՈՒԿՔ combings.
ՍԱՊԱՏ basket, trunk, coffer.
ՍԱՊԱՏԱՒՈՐ hawker, peddler.
ՍԱՊԱՏՈՂ hunch-back, hump-backed.
ՍԱՊՂԱՐ crippled, impotent.
ՍԱՊԷՍ so, such, like this.
ՍԱՊՈՆ soap.
ՍԱՊՈՆԵԼ to wash, to lather.
ՍԱՌ ice.
ՍԱՌԱԾ frozen, iced.
ՍԱՌԵՑՆԵԼ to freeze, to ice, to congeal.
ՍԱՌԵՑՈՒՑԻՉ icy, freezing, chilling.
ՍԱՌԻԼ to freeze, to congeal, to chill.
ՍԱՌՆԱԼԵՌ ice-berg.
ՍԱՌՆԱԿՈՅՏ ice pack, glacier.
ՍԱՌՆԱՄԱԾ covered with ice.
ՍԱՌՆԱՄԱՆԻՔ ice storm, icy cold.
ՍԱՌՆԱՅԻՆ glacial.
ՍԱՌՆԱՊԱՏ ice bound.
ՍԱՌՆԱՏՈՒՆ, *ՍԱՌՆԱՐԱՆ* ice house, glacier.
ՍԱՌՆՈՐԱԿ crystalline, pellucid, icy, thin, coating of ice.
ՍԱՌՆՈՑ ice-house, glacier.
ՍԱՌՈՒՄ congealment, congelation.
ՍԱՌՈՒՑԵԱԼ frozen, iced, frigid.
— *ՈՎԿԻԱՆՈՍ* North Sea.
— *ԳՕՏԻ* frigid zone.
ՍԱՍԱՆԵԼ to shake, to move, to stir, disturb.
ՍԱՍԱՆԻԼ to shake, to be shaken, to be disturbed.
ՍԱՍԱՆՈՒՄ shock, concussion, shaking, perturbation.
ՍԱՍԱՆՈՒՏ moveable.
ՍԱՍՏ scolding, rebuke, reproach.
ՍԱՍՏԵԼ to scold, to rebuke, to reprimand.
ՍԱՍՏԻԿ intense, violent, severe, strong, bitter.
ՍԱՍՏԿԱՀՈՎ gale.
ՍԱՍՏԿԱՆԱԼ to grow severe, to become violent.
ՍԱՍՏԿԱՇՈՒՆՉ violent, blowing violently.
ՍԱՍՏԿԱՑՆԵԼ to render intense, violent, to fortify.
ՍԱՍՏԿՈՒԹԻՒՆ intensity, violence, aggravation, severity.
ՍԱՏԱԿ corpse, dead body.
ՍԱՏԱԿԵԼ to exterminate, to destroy.
ՍԱՏԱԿԻԼ to die, to perish, to be lost.

ՍԱՏԱԿՈՒՄ death, extermination, decease.
ՍԱՏԱՆԱՅ satan, demon, devil.
ՍԱՏԱՆԱՅՈՒԹԻՒՆ devilry, witchcraft, trick, devilship.
ՍԱՏԱՆԻԿ devilet.
ՍԱՏԱՆՈՐԴԻ droll, sly fellow.
ՍԱՏԱՊ mother of pearl, herb of grace.
ՍԱՏԱՐ helper, aid, assistant, workman.
ՍԱՏԱՐԵԼ to aid, to help, to assist, to contribute.
ՍԱՏԻՐ wood nymph. satyre.
ՍԱՏԿԵՑՆԵԼ to kill, to butcher, to exterminate.
ՍԱՏԿԻԼ ՏԵՍ ՍԱՏԱԿԻԼ.
ՍԱՏՈՒՌՆԱՏՕՆՔ saturnalia.
ՍԱՏՐԱՊ satrap.
ՍԱՐ top, summit, peak.
ՍԱՐԱԿ monticule, hill.
ՍԱՐԱՀԱՐԹ upland, tableland.
ՍԱՐԱՏԱՆ cancer.
ՍԱՐԱՒԱՆԴ cape, headland, promontory.
ՍԱՐԱՒՈՅԹ high palace.
ՍԱՐԲԻՆԱՅ ՏԵՍ ՍԱՐՓԻՆԱՅ.
ՍԱՐԴ spider.
ՍԱՐԴԵՆԻ laurel, sweet-bay, cedar of Lebanon.
ՍԱՐԴԵՂՈՆԻԿ sardonyx.
ՍԱՐԴԻՈՆ cornelian stone.
ՍԱՐԵԱԿ, ՍԱՐԻԿ blackbird.
ՍԱՐԿԱՒԱԳ deacon, servant.
ԱՒԱԳ — arch deacon.
ՍԱՐԿԱՒԱԳԱՊԵՏ arch deacon.
ՍԱՐԿԱՒԱԳՈՒԹԻՒՆ deaconate.
ՍԱՐԿԱՒԱԳՈՒՀԻ deaconess.
ՍԱՐՈՒԱԾ apparatus, implements.
ՍԱՐՍԱՓ horror, dread, consternation, terror, panic.
ՍԱՐՍԱՓԵԼԻ horrible, dreadful, terrible, frightful.
ՍԱՐՍԱՓԵՑՆԵԼ to frighten, to terrify, to dismay.
ՍԱՐՍԱՓԵՑՈՒՑԻՉ frightful, appalling, terrific.
ՍԱՐՍԱՓԻԼ to fear, to tremble, to shudder.
ՍԱՐՍԱՓՈՒՄ horror, dread, fright, panic, terror.
ՍԱՐՍԵԼ to shake, to totter, to stagger.
ՍԱՐՍԻԼ to tremble, to shake, to totter, to quake.
ՍԱՐՍՈՒՌ shudder, start, terror, trembling, tremor.
ՍԱՐՍՌԱԶԴԵՑԻԿ shuddering, shivering, trembling.
ՍԱՐՍՌԱԼ to shudder, to shiver, to shake, to tremble.
ՍԱՐՍՌԱԼԻՑ dreadful, fearful, horrible.
ՍԱՐՏԱԿ height, eminence.
ՍԱՐՓԻՆԱՅ vine-arbour.
ՍԱՐՔԵԼ to furnish, to equip, to fit up.
ՍԱՒԱՆ sheet (of a bed).
ՍԱՒԱՌՆԱԿ aeroplane, plane.
ՋՐԱ — hydroplane, water plane.
ՍԱՒԱՌՆԻԼ to soar, to fly about, to hover.
ՍԱՒԱՌՆՈՒՄ flight, soaring, flapping.
ՍԱՓԻՐԱՅ sapphire.
ՍԱՓՈՐ urn, pitcher, jar, jug.
ՍԱՓՐԻՉ hair dresser, barber.
ՍԳԱԶԳԵՍՏ dressed in mourning clothes, dress worn by mourner.
ՍԳԱԼ to deplore, to mourn.
ՍԳԱԼԻ mournful, sorrowful, doleful.
ՍԳԱԿԻՐ in mourning,, mourner.
ՍԳԱԿՑԻԼ to deplore, to mourn together.
ՍԳԱԿՑՈՒԹԻՒՆ condolence.
ՍԳԱՀԱՆԴԷՍ mourning ceremony, commemoration.
ՍԳԱՆՈՃԻ weeping, cypress.
ՍԳԱՒՈՐ in mourning, mourner.
ՍԳԱՒՈՐՈՒԹԻՒՆ mourning, grief, black clothes, affliction, weeping.
ՍԵԳՈՒԹԻՒՆ pride, arrogance, ostentation.
ՍԵԹԵՒԵԹ formal ways, attire, finery, affectedness.
ՍԵԹԵՒԵԹԱՐԱՆՈՒԹԻՒՆ gongorism.
ՍԵԹԵՒԵԹԵԱԼ affected, finical, canting.

ՍԵԼԱՑՈՒԿ sillago.
ՍԵԽ melon, musk melon.
ՍԵԽԱՍՏԱՆ melon ground.
ՍԵԿ cordovan, morocco, sleep-leather.
ՍԵՂԱՆ table, altar, counter.
 ԳՐԵԼՈՒ — writing table.
ՍԵՂԱՆԱԿԻՑ messmate, fellow-boarder.
ՍԵՂԱՆԱԿՑԻԼ to mess together.
ՍԵՂԱՆԱՅԱՐԴԱՐ steward, butler, head waiter.
ՍԵՂԱՆԱՍՊԱՍՔ plates and dishes.
ՍԵՂԱՆԱՏՈՒՆ dining room.
ՍԵՂԱՆԱՒՈՐ money agent, banker, money changer.
ՍԵՂԱՆԱՒՈՐՈՒԹԻՒՆ banking, banking business.
ՍԵՂԱՆՈՐԴ ՏԵՍ ՍԵՂԱՆԱԿԻՑ.
ՍԵՂՄ closé, dense, compact, tight.
ՍԵՂՄԱԿ chuck.
ՍԵՂՄԵԼ to constrict, to tighten, to squeeze, to compress.
ՍԵՂՄՈՒԻԼ to restrain, to contract, to be closer.
ՍԵՂՄԻՐԱՆ corset, bodice.
ՍԵՂՄՈՒԹԻՒՆ constriction, brevity, conciseness, hardness.
ՍԵՂՄՈՒԿ sphincter.
ՍԵՂՄՈՒՄ constriction, restriction, pressing, squeezing.
ՍԵՄ threshold.
ՍԵՄԱԿԱՆ Semitic.
ՍԵՆԵԱԿ room, chamber, cabinet.
 ԱՌԵՒՏՐԱԿԱՆ — chamber of commerce.
ՍԵՆԵԿԱԿՑԻԼ to lodge together, to chum.
ՍԵՆԵԿԱԿԻՑ room-mate, chum.
ՍԵՆԵԿԱՊԱՀ, ՍԵՆԵԿԱՊԵՏ chamberlain.
ՍԵՊ wedge, steep rock, peg.
ՍԵՊԱԳԻՐՔ cuneiform characters.
ՍԵՊԱՑՆԵԼ to escarp, to cut steep.
ՍԵՊԵԼ to reckon, to count, to consider, to attribute.
ՍԵՊՀԱԿԱՆ own, appropriate, special, proper.
ՍԵՊՀԱԿԱՆԱՑՆԵԼ to appropriate, to adapt oneself.
ՍԵՊՀԱԿԱՆՈՒԹԻՒՆ property, ownership, appropriation, landed property.
ՍԵՊՈՒԻԼ to be reckoned, to be charged, to be counted.
ՍԵՊՈՒՀ peer, nobleman, gentleman.
ՍԵՊՏԵՄԲԵՐ September.
ՍԵՌ gender, kind, sex, race.
 ՄԱՐԴԿԱՅԻՆ ՍԵՌԸ the mankind.
ՍԵՌԱԿԱՆ sexual, generic.
ՍԵՐ genus, gender, race, kind, sort.
ՍԵՐ cream.
 ՊԱՂ — (ԿՈՂԱԴԵՂ) cold cream.
ՍԵՐԱԾ born, descended, sprung.
ՍԵՐԱՓԻՄ seraphim.
ՍԵՐԵԼ to procreate, to beget, to generate, to breed.
ՍԵՐԵԿ cordwain (leather).
ՍԵՐԻԼ to be born, to be descended.
ՍԵՐԿԵՒԻԼ quince.
ՍԵՐԿԵՒԻԼԻ ԾԱՌ quince tree.
ՍԵՐՄ seed, sperm, germ.
ՍԵՐՄԱՆԱՐԱՆ sower, drill-machine.
ՍԵՐՄԱՆԵԼ to sow, to scatter, to disseminate.
ՍԵՐՄԱՆԻՔ seeds.
ՍԵՐՄԱՆՈՂ sower, seedsman.
ՍԵՐՄՆԱԲԱՆՈՒԹԻՒՆ spermatology.
ՍԵՐՄՆԱԿԱՆ seminal, spermatic.
ՍԵՐՄՆԱՀՈՍՈՒԹԻՒՆ gonorrhoea, gleet.
ՍԵՐՄՆԱՐԱՆ seed-plot, ovary.
ՍԵՐՄՆԱՆՈԹ pistil, angiosperm.
ՍԵՐՄՆԻԿ spore, sporule.
ՍԵՐՈՎԲԷ Seraph.
ՍԵՐՈՏ creamy.
ՍԵՐՈՒՄ procreation, descent, race, generation.
ՍԵՐՈՒՆԴ posterity, descent, generation, descendants, race.
ՍԵՐՈՒՑ cream.
ՍԵՐՏ firm, steady, solid, intimate, cordial, close.
ՍԵՐՏԱՐԱՆ study room.
ՍԵՐՏԵԼ to learn, to study, to read, to examine, to observe.

ՍԵՐՏՈՂՈՒԹԻՒՆ study, acquirement.
ՍԵՒ black, dark, gloomy, sad.
ՍԵՒԱՄԱՂՁՈՏ splenetic, gloomy.
ՍԵՒԱՄԱՂՁ black bile, spleen.
ՍԵՒԱՄԱՂՁՈՏՈՒԹԻՒՆ melancholy, black bile, hypochondria.
ՍԵՒԱՄԻԶՈՒԹԻՒՆ melanuria.
ՍԵՒԱՄՈՐԹ negro.
ՍԵՒԵՌԵԼ to fix, to fasten, to stare at, to stick.
ՍԵՒԵՌՈՒՄ fixed idea, fixation, determination.
ՍԵՒԵՐԵՍ blackfaced, ashamed, culpable, in fault.
ՍԵՒ ԵՒ ՄՈՒՐ black all over.
ՍԵՒՆԱԼ to blacken, to grow black.
ՍԵՒՈՐԱԿ blackish, brown.
ՍԵՒՈՒԹԻՒՆ black, blackness, black spot.
ՍԵՒՑՆԵԼ to black, to blacken, to stain.
ՍԵՓԱԶՐԿԵԼ to expropriate.
ՍԵՓԱԿԱՆ own, proper, special.
ՍԵՓԱԿԱՆՈՒԹԻՒՆ appropriation, ownership, possession.
ՍԷԳ pround, arrogant, haughty.
ՍԷԶ bent grass.
ՍԷՆՏԻՔ syndic, trustee.
ՍԷՐ love, affection, tenderness, attachement.
ՍԹԱՓ awake, brisk, watchful, vigilant.
ՍԹԱՓԱՆՔ watchfulness, vigilance, liveliness.
ՍԹԱՓԵՑՆԵԼ to awake, to revive, to rouse, to animate.
ՍԹԱՓԻԼ to wake up, to get animated.
ՍԹԱՓՈՒԹԻՒՆ waking, sobriety, awaking.
ՍԹԱՓՈՒՄ sobering, waking.
ՍԻԳԱԼ to strut, to stalk, to flaunt.
ՍԻԳԱՃԵՄ strutting, proud walk.
ՍԻԳԱՆՔ pride, pomp, ostentation, vain show.
ՍԻԳԱՊԱՆԾ pround, haughty, high spirited.
ՍԻԳՈՒԹԻՒՆ pride, arrogance, loftiness.
ՍԻԿ slime, clay, mire, mud, dirt.
ՍԻԿԼԻԿ sleet.
ՍԻՆ vain, frivolous, trifling.
ՍԻՆ common service tree.
ՍԻՆԼՔՈՐ runabout, mean, base, rascal.
ՍԻՆՁ gluten, quince jelly.
ՍԻՊԷ cuttle-fish.
ՍԻՍԵՌ chick-pea.
ՍԻՐԱԶԵՂ affectionate, lovely.
ՍԻՐԱԼԻՐ full of love, obliging, kind, affectionate.
ՍԻՐԱԿԱՆ favourite, lover, amiable.
ՍԻՐԱԿԱՐԿԱՌ sweet voiced.
ՍԻՐԱԿԷԶ love-sick, burning with love.
ՍԻՐԱՀԱՐ in love, love stricken, amorous.
ՍԻՐԱՀԱՐԻԼ to fall in love, to make love.
ՍԻՐԱՀԱՐՈՒԱԾ ՏԵՍ ՍԻՐԱՀԱՐ.
ՍԻՐԱՀԱՐՈՒԹԻՒՆ love, love-struck.
ՍԻՐԱՀԱՒ love-bird.
ՍԻՐԱՄԱՐԳ peacock.
ՍԻՐԱՑԻՆ erotic, burning with love.
ՍԻՐԱՏԱՐՓ deeply in love, amorous.
ՍԻՐԱՏԵՆՉ loving, in love, affectionate.
ՍԻՐԱՏՈՉՈՐ love-sick, burning with love.
ՍԻՐԵԼ to love, to like, to be in love with.
ՍԻՐԵԼԻ amiable, lovely, dear, favourite, darling.
ՍԻՐԵՐԳ cantata.
ՍԻՐԵՑԵԱԼ lovee.
ՍԻՐՈՂ lover, admirer, sweetheart, mistress.
ԳԵՂԱՐՈՒԵՍՏԻ — amateur, lover of the fine arts.
ՍԻՐՈՒԻԼ to be loved.
ՍԻՐՈՒՀԻ sweetheart, love lass.
ՍԻՐՈՒՆ amiable, lovely, pretty, fine, charming.
ՍԻՐՈՒՆԻԿ rather pretty.
ՍԻՐՈՒՆՈՒԹԻՒՆ charm, prettiness, loveliness.
ՍԻՐՏ heart, courage.
ՍԻՐՏ ՏԱԼ to give courage.

ՍՐՏԻ ԲԱԲԱԽՈՒՄ palpitation.
ՍԻՒՆ column, pillar.
ՍԻՒՆԱԳԼՈՒԽ capital.
ՍԻՒՆԱԶԱՐԴ pillared, columnated.
ՍԻՒՆԱԿ little column.
ՍԻՒՆՀՈԴՍ synod.
ՍԻՒՔ gentle wind, breeze.
ՍԻՓՈՆ siphon, water-spout.
ՍԼԱՆԱԼ to fly about, to soar, to dart, to rush on.
ՍԼԱՑՈՒՄ flight, soaring, swing.
ՍԼԱՑՔ start, sudden gush, dart.
ՍԼԱՔ dart, arrow, bolt, shaft, stiletto.
ՍԽԱԼ error, fault, mistake, blunder
ՍԽԱԼ ԱՌԱՋՆՈՐԴԵԼ to mislead, to lead into error
ՍԽԱԼԱԿԱՆ at fault, erroneous, fallible.
ՍԽԱԼԱԿԱՆՈՒԹԻՒՆ fallibility.
ՍԽԱԼԱՆՔ error, fault, mistake, blunder.
ՍԽԱԼԵՑՆԵԼ to mistake, to cause an error.
ՍԽԱԼԻԼ to miss, to err, to fail, to transgress.
ՍԽԱԼՄՈՒՆՔ blunder, mistake, misapprehension.
ՍԽՄԵԼ to press, to tighten, to squeeze.
ՍԽՏՈՐ garlic.
ՍԽՐԱԼԻ wonderful, admirable, charming, delightful.
ՍԽՐԱՆԱԼ to become charmed, to be touched.
ՍԽՐԱՆՔ admiration, rape, rapture, delight.
ՍԿԱՀ goblet, mug, cup.
ՍԿԱՀԱԿ drinking cup, mug, cupping glass.
ՍԿԱՀԱԿԱԼ saucer.
ՍԿԱՐՈՍ scarus, parrot fish.
ՍԿԱՒԱՌԱԿ plate, disc.
ՍԿԵՍՈՒՐ mother-in-law.
ՍԿԵՍՐԱՅՐ father-in-law.
ՍԿԶԲՆԱԿԱՆ original, initial, elementary.
ՍԿԶԲՆԱՊԱՏՃԱՌ first cause, source, spring.
ՍԿԶԲՆԱՏԱՌ initial, first letter.
ՍԿԶԲՆԱՏԱՐԵՐՔ the elements.
ՍԿԶԲՆԱՒՈՐՈՒԹԻՒՆ origination, initiation, outset.
ՍԿԶԲՆԱՔԱՅԼ first step.
ՍԿԶԲՈՒՆՔ principle.
ՍԿԻ chalice, communion cup.
ՍԿԻԶԲ beginning, source, origin, outset.
— ***ԱՌՆԵԼ*** to begin, to commence.
ՍԿԻԶԲԷՆ D. C. da capo.
ՍԿԻՀ chalice, communion cup.
ՍԿԻՒՌ squirrel.
ՍԿՈՒՆԴ poodle-dog, lap dog.
ՍԿՈՒՏԵՂ plate, tray, basin.
ՍԿՍԻԼ to begin, to commence, to start, to set out, to play first.
ՍԿՍԵԱԼ begun, commencing, from today.
ՍԿՍՆԱԿ beginner, novice, debutant.
ՍԿՍՈՒՄ beginning, commencement, outset, start.
ՍԿՐԹԵԼ to scratch, to graze, to excoriate.
ՍԿՐԹՈՒԱԾՔ scratch, excoriation, slight wound, graze.
ՍԿՐԹՈՒԻԼ to be scratched, to be grazed.
ՍԿՐԹՈՒՔ slight scratch, excoriation.
ՍՂԱԳԻՐ stenographer, short hand writer.
ՍՂԱԳՐԵԼ to write in short hand, to report.
ՍՂԱԳՐՈՒԹԻՒՆ short-hand, stenography.
ՍՂԵԼ to rise, to increase.
ՍՂՄԻԼ to be contained, to get in, to be entered.
ՍՂՈՆ broken ice.
ՍՂՈՑ saw.
ՍՂՈՑԱՁՈՒԿ saw-fish, cero.
ՍՂՈՑԱՐԱՆ saw-mill.
ՍՂՈՑԵԼ to saw, to cut with a saw.
ՍՂՈՑՈՒԿ common saw-wort.
ՍՂՈՑՈՒՔ saw-dust, saw-powder.
ՍՂՈՒԹԻՒՆ dearness, costliness, high price, increase, expensiveness.

ՍՂՈՒՄ brevity, shortness, scantiness, slenderness.
ՍՄԲԱԿ horse's hoof, sabot.
ՍՄԲՈՒԼ hyacinth.
ՍՄԲՈՒԿ egg-plant, mad apple.
ՍՄՍԵՂՈՒԿ puny, paltry, mean, sly, scanty.
ՍՄՔԱԾ depressed, dejected, cast down.
ՍՄՔԻԼ to be dejected, to stoop, to be cast down.
ՍՆԱԲԱՆՈՒԹԻՒՆ nonsense, trifling talk.
ՍՆԱՄԷՋ void, empty, airy, fantastical.
ՍՆԱՄԻՏ frivolous, dreamer, visionary.
ՍՆԱՆԻԼ to feed, to live, to be fed, to be kept up.
ՍՆԱՆԿ insolvent, bankrupt, broken up.
ՍՆԱՆԿԱՆԱԼ to fail, to become bankrupt.
ՍՆԱՆԿԱՑՆԵԼ to declare the bankruptcy of.
ՍՆԱՆԿՈՒԹԻՒՆ bankruptcy, insolvency, failure.
ՍՆԱՊԱՇՏ superstitious, bigoted.
ՍՆԱՊԱՇՏԱԿԱՆ superstitious.
ՍՆԱՊԱՇՏՈՒԹԻՒՆ superstition, bigotry, false belief,
ՍՆԱՊԱՐԾ bully, vainglorious, boasting, boaster, bragging.
ՍՆԱՊԱՐԾԱՆՔ bragging, boasting.
ՍՆԱՊԱՐԾԻԼ to brag, to boast.
ՍՆԱՊԱՐԾՈՒԹԻՒՆ boasting, vanting, vanity, ostentation, conceit.
ՍՆԱՐ pillow, bedside.
ՍՆԱՓԱՌ vain, self-conceited, ambitious, vainglorious.
ՍՆԱՓԱՌՈՒԹԻՒՆ vainglory, self-conceit, foppishness.
ՍՆԱՔԱՐ socle, stand, base.
ՍՆԴՈՅՐ paint, red paint.
ՍՆԴԻԿ mercury, quick silver.
ՍՆԿԵՆԻ cork tree.
ՍՆՆԴԱԿԱՆ nutritive, nourishing, alimental.
ՍՆՆԴԱԿԻՑ bred together, comrate, fellow.
ՍՆՆԴԱԲԱՆՈՒԹԻՒՆ nutrition, alimentation, dietatics.
ՍՆՆԴԱՐԱՐ nutritive, nourishing, alimentary, nutritious.
ՍՆՈՊԱՐ carminative plant such as corlander.
ՍՆՈՏԻ frivolous, futile, trifling, vain.
ՍՆՈՏԻԱՊԱՇՏՈՒԹԻՒՆ fetichism.
ՍՆՈՏԻՔ futility, triflingness, trash, nonsense, humbug.
ՍՆՈՒՆԴ food, diet, nourishment, alimentation, nutrition, aliment.
ՍՆՈՒՑԱՆԵԼ to feed, to nourish, to foster.
ՍՆՈՒՑԱՆԵԼԻ nourishable.
ՍՆՈՒՑԱՆՈՂ nutritive, fosterer, nourisher.
ՍՆՈՒՑԻՉ, ՍՆՈՒՑԻՉ nutritious, nourishing, nutritive.
ՍՆՏՈՒԿ box, case, trunk, chest.
ՍՈԹՏԵԼ to turn up, to tuck up, to lift up.
ՍՈԼՈՊՈՒՐ nape.
ՍՈԽ onion.
ԽԱՂԻԿ — bulb.
ՍՈԽԱԿ nightingale, bulbul.
ՍՈԽԱԿԱԾԱՂԻԿ larkspur.
ՍՈՂԱԼ to creep, to crawl, to wriggle.
ՍՈՂԱՑՈՂ creeping, crawling, reptile.
ՍՈՂՆԱԲԱՆՈՒԹԻՒՆ herpetology.
ՍՈՂՆԱԿ slide-valve.
ՍՈՂՈՍԿԻԼ to slip, to slide in, to creep.
ՍՈՂՈՍԿՈՒՄ creeping, crawling, insinuation.
ՍՈՂՈՒՆ reptile.
ՍՈՂՈՒՍԿ slippery, ticklish.
ՍՈՃԻ pine tree, fir-tree.
ՍՈՅԼ whistling, hissing.
ՍՈՅՆ this, that.
ՍՈՅՆՊԷՍ thus, so, in this, like this.
ՍՈՆՔԱԼ to swell, to grow turgid.
ՍՈՍԻՆՁ glue, paste, mucilage.
ՍՈՍԸՆՁԵԼ to paste, to glue.

ՍՈՍԿ one, alone, single, mere, sole, only.
ՍՈՍԿԱԼ to be afraid, to dread, to be terrified, to tremble.
ՍՈՍԿԱԼԻ horrible, frightful, dreadful, shocking.
ՍՈՍԿԱԿԱՆ ordinary common, vulgar, private.
ՍՈՍԿԱՆԱԼ to be isolated, to live only.
ՍՈՍԿԱՑՆԵԼ to frigten, to terrify, to dismay.
ՍՈՍԿՈՒՄ horror, terror, dismay. fright.
ՍՈՍՆՁԵԼ to paste, to glue.
ՍՈՍՈՐԴ gargle, gargarism.
ՍՈՍՈՐԴԵԼ to gargle one's throat.
ՍՈՎ famine, hunger, scarcity.
ՍՈՎԱԼԼՈՒԿ starved, famishing, hunger-bitten.
ՍՈՎԱԲԵԿ starved, hungry.
ՍՈՎԱՀԱՐ starved, famishing.
ՍՈՎԱՄԱՀ dying with hunger.
— ԸՆԵԼ to starve to death.
ՍՈՎՈՐ accustomed, used to. ordinary, habitual.
ՍՈՎՈՐԱԲԱՐ habitually, usually, commonly.
ՍՈՎՈՐԱԿԱՆ habitual, usual, ordinary, customary.
ՍՈՎՈՐԱՊԱՇՏՈՒԹԻՒՆ conventionalism.
ՍՈՎՈՐՈՒԹԻՒՆ habit, custom, usage, routine, manner.
ՍՈՎՐԻԼ ՏԵՍ ՍՈՐՎԻԼ.
ՍՈՐ hollow, cavity, pit, hole, den, lair.
ՍՈՐՎԵՑՆԵԼ to teach, to instruct, to inform.
ՍՈՐՎԻԼ to learn, to study, to be informed of.
ՍՈՒԱՂՈՒԹԻՒՆ hunger, appetite, famine.
ՍՈՒԳ mourning, grief, sorrow.
ՍՈՒԵՂ field falcaria.
ՍՈՒԶԱԿէՏ nadir, antarctic pole.
ՍՈՒԶԱՆԱՒ submersible, U. Boat.
ՍՈՒԶԱՆԵԼ to plunge, to dip, to immerse, to sink.
ՍՈՒԶԱՐԳԵԼ life preserver.
ՍՈՒԶԻԼ to dive, to sink, to plunge.
ՍՈՒԻՆ bayonet.
ՍՈՒԼԱԿ whistle, cat call.
ՍՈՒԼԵԼ to whistle, to hiss at.
ՍՈՒԼԻՉ whistler, hisser, whistle.
ՍՈՒԼՈՒՄ whistling, hissing.
ՍՈՒՂ dear, costly, expensive.
ՍՈՒՂԱԿԱՆ thin, slender, slim.
ՍՈՒՂՆԱԼ to get dearer, to grow dear, to rise in price.
ՍՈՒՂՑՆԵԼ to raise the price of, to make dearer.
ՍՈՒՆԱԿ short spear.
ՍՈՒՆԿ mushroom, fungus.
ՍՈՒՍԵՐ sword, sabre.
ՍՈՒՍԵՐԱՄԱՐՏ swordsman, gladiator.
ՍՈՒՍԵՐԱՄԱՐՏՈՒԹԻՒՆ swordsmanship, gladiature.
ՍՈՒՍԵՐԱՒՈՐ fighter, soldier, sword - dangler.
ՍՈՒՏ false, untrue, wrong, deceitful, lie, untruth.
— ԵՐԴՈՒՄ perjury, false oath.
ՍՈՒՏԱԿ lying, false, deceitful, liar, Ruby.
ՍՈՒՏԱՆՈՒՆ pseudonym.
ՍՈՒՐ sharp, keen, acute, piercing, pointed, shrill.
ՍՈՒՐ sword, blade, sabre.
ՍՈՒՐԱԼ to run, to hasten, to gallop, to dash, to rush.
ՍՈՒՐԱԿՆ piercing eye.
ՍՈՒՐԲ holy, sacred, godly, consecrated.
— ՊԱՏԵՐԱԶՄ holy war.
ՍՈՒՐՀԱՆԴԱԿ courier, messenger.
ՍՈՒՐՃ coffee.
ԳԱՒԱԹ ՄԸ — a cup of coffee.
ՍՈՓԵՍՏ sophist, sage.
ՍՈՓԵՍՏԱԿԱՆ sophistic.
ՍՈՓԵՍՏՈՒԹԻՒՆ sophism.
ՍՊԱՅ officer.
ՍՊԱՅԱԿՈՅՏ staff.
ՍՊԱՆԱԽ spinage.
ՍՊԱՆԴ carnage, butchery, Syrian rue.
ՍՊԱՆԴԱՆՈՑ slaughter house.

ՍՊԱՆՆԵԼ to kill, to slay, to murder, to slaughter.
ՍՊԱՆՆԻՉ murderer, killer, assassin, killing, murderous.
ՍՊԱՆՆՈՂ murderer, assassin, killer, murderess, killing.
ՍՊԱՆՆՈՒԻԼ to be killed, to be assassinated.
ՍՊԱՆՈՒՄ killing, murder, assassination, execution.
ՍՊԱՌ, Ի ՍՊԱՌ till to the end, entirely, totally.
ՍՊԱՌԱԶԷՆ armed, equipped, armed at all points.
ՍՊԱՌԱԶԻՆԵԼ to arm, to equip, to furnish with arms.
ՍՊԱՌԱԶԻՆՈՒԻԼ to be equipped, to arm one's self, to be armed cap-a-pie.
ՍՊԱՌԱԶԻՆՈՒԹԻՒՆ arming, arms, armament.
ՍՊԱՌԱԾ out of print, exhausted, used.
ՍՊԱՌԵԼ to consume, to waste, to spend, to use, to exhaust.
ՍՊԱՌԻԼ to be consumed, to waste away, to decay, to expire, to dry up.
ՍՊԱՌԻՉ, ՍՊԱՌՈՂ consumer, consuming.
ՍՊԱՌՆԱԼԻՑ menacing, threatening, full of menaces.
ՍՊԱՌՆԱԼԻՔ menace, threat.
ՍՊԱՌՆԱԿԱՆ menacing, threatening, comminatory.
ՍՊԱՌՆԱՑՈՂ consuming, menacing, devouring.
ՍՊԱՌՈՒՄ consummation, exhaustion, draining off, consumption.
ՍՊԱՍ service, requisite, furniture, dinner-service.
ՍՊԱՍԱՐԱՆ waiting room.
ՍՊԱՍԱՐԿՈՒԹԻՒՆ service.
ՍՊԱՍԱՒՈՐ domestic, valet, waiter, shop-boy, groom.
ՍՊԱՍԱՒՈՐԵԼ to serve, to attend, to help, to wait on.
ՍՊԱՍԱՒՈՐՈՒՀԻ maid-servant.
ՍՊԱՍԱՒՈՐՈՒԹԻՒՆ service, domestic service.
ՍՊԱՍԵԱԿ valet, waiter, servant.
ՍՊԱՍԵԼ to wait for, to stay for, to wait, to look for.
ՍՊԱՍՈՂԱԿԱՆ expectative.
ՍՊԱՍՈՒՀԻ servant, maid-servant.
ՍՊԱՍՈՒՄ waiting, expectation, hope.
ՍՊԱՐԱԿ wig tree.
ՍՊԱՐԱՊԵՏ general in chief, generallissimo, general officer commanding in chief.
ՍՊԱՐԱՊԵՏՈՒԹԻՒՆ rank of general in chief.
ՍՊԵՂԱՆԻ plaster, ointment, pomatum, cataplasm.
ՍՊԻ scar, cicatrice, mark.
ՍՊԻԱՆԱԼ to be cicatrized, to skin over.
ՍՊԻԱՑՆԵԼ to cicatrize, to scar.
ՍՊԻԱՑՈՒՄ cicatrization.
ՍՊԻՏԱԿ white.
ՍՊԻՏԱԿԱԳՈՅՆ whitish, white coloured.
ՍՊԻՏԱԿԱԽԱՌՆ gray.
ՍՊԻՏԱԿԱՀԵՐ gray-haired, white haired.
ՍՊԻՏԱԿԱՆԱԼ to grow white.
ՍՊԻՏԱԿԱՑՆԵԼ to whiten, to white wash, to bleach.
ՍՊԻՏԱԿԱՑՈՒՄ whitening, bleaching, washing.
ՍՊԻՏԱԿՈՒԹԻՒՆ whiteness, purity.
ՍՊԻՏԱԿՈՒՑ white (of an egg), albumen, sapwood.
ՍՊՆԳԱՔԱՐ spongite.
ՍՊՈՒՆԳ sponge.
ՍՊՐԴԵՑՆԵԼ to skip in, to slide, to introduce slowly.
ՍՊՐԴԻԼ to creep, to slip, to slide.
ՍՌՆԱԿ axle, pivot, axis.
ՍՌՆԱՊԱՆ gaiter, legging, leg-armour.
ՍՏԱԲԱՆ, ՍՏԱԽՕՍ liar, story-teller.
ՍՏԱԽՕՍՈՒԹԻՒՆ story, lie, falsehood, untruth.
ՍՏԱԿԱՐԾՈՒԹԻՒՆ false opinion, fallacy.

Ստակ money, coin, silver.
Մանրուկ -- small change.
Ստահակ scoundrel, blackguard, insubordinate, scamp.
Ստահակութիւն indocility, insolence, insubordination, blackguardism.
Ստամբակ stubborn, refractory, perverse, indocile, scoundrel, rude.
Ստամոքս stomach, belly.
Ստայօդ feigned, deceiful, artificial, invented.
Ստայօդութիւն fiction, falseness, deceitfulness, feint.
Ստանալ to get, to take, to attain, to receive, to obtain.
Ստանձնել to take charge.
Ստաշխ officinal storax.
Ստացագիր receipt, discharge, acknowledgement.
Ստացական possessive, acquired, possessed.
Ստացուածք property, possession, estate.
Շարժուն incorporal property.
Ստացում acquisition, attaining, possession, getting.
Ստգիւտ blame, reprehension.
Ստգտանել to blame, to reproach, to disapprove.
Ստգտանք blame, reproach.
Ստել to lie, to tell a story, to fib.
Ստեղծաբանութիւն fiction, poetry.
Ստեղծագործ creator, maker, creating, inventive.
Ստեղծագործութիւն creation.
Ստեղծել to create, to invent, to find out.
Ստեղծիչ creator, maker, creative.
Ստեղծուած, Ստեղծում creature, invention, production.
Ստեղնարան, Ստեղնաշար key-board, claviature, clavier.
Ստեպղին carrot.
Ստեռլին sterling.
Ստերջ sterile, unfruitful.
Ստէպ frequent, instant, speed, haste.
Ստինք bread, teat, udder, bosom.
Ստինքի քաղցկեղ hard cancer.
Ստիպեալ obliged, forced.
Ստիպով, Ստիպար in a hurry, hastily.
Ստիպել to force, to hurry, to press.
Ստիպողաբար pressingly, urgently.
Ստիպողական urgent, pressing, imperious.
Ստիպողականութիւն constraint, urgency.
Ստիպողութիւն coercion.
Ստիպուիլ to be pressed, to be obliged, to be forced.
Ստիպում urgency, compulsion, constraint.
Ստիւրակ officinal storax.
Ստկել to pick, to clean, to sift, to purl, to adulate.
Ստնաւոր, mammiferous, mammal.
Ստնգաբանութիւն spasmology.
Ստնգանոտ spasmodic.
Ստնգանք spasm, cramp.
Ստնտու wet-nurse. foster mother, nurse.
Ստնտուութիւն nurture, nourishment.
Ստոլ table.
Ստոյգ true, just, certain, sure, certainly.
Ստոյիկութիւն stoicism.
Ստոր window-blind.
Ստոր lower-part, bottom, underneath.
Ստորաբաժանում subdivision.
Ստորագիր signature, inscription.
Ստորագծել to underline.
Ստորագրել to sign, to underwrite, to subscribe.
Ստորագրուած undersigned.
Ստորագրող underwriter, subscriber.
Ստորագրութիւն signature, subscription, description.
Ստորադաս inferior, subordinate, subaltern.
Ստորադասական subjunctive.
Ստորադասել to subordinate, to submit.
Ստորադասութիւն dependency, inferiority.

ՍՏՈՐԱԿԱՐԳԵԼ to subordinate.
ՍՏՈՐԱԿԱՐԳՈՒԹԻՒՆ subordination.
ՍՏՈՐԱԿԷՏ comma.
ՍՏՈՐԵՐԿՐԵԱՑ subterranean, underground.
ՍՏՈՐԵՒ lower part, bottom, below, down.
ՍՏՈՐԻ weaver's beam.
ՍՏՈՐԻՆ inferior, low, subordinate, mean.
ՍՏՈՐՆԱՄԻՏ low-minded.
ՍՏՈՐՈԳԵԼ to specify, to attribute, to predicate.
ՍՏՈՐՈԳԵԼԻ attribute, predicable.
ՍՏՈՐՈԳՈՒԹԻՒՆ predicament, category.
ՍՏՈՐՈՏ foot (of a mountain), skirt of a gown.
ՍՏՈՒԱՐ trick, heavy, gross, dull, bulky, large.
ՍՏՈՒԱՐԱԴԻՏԱԿ stereoscope.
ՍՏՈՒԱՐԱՆԱԼ to grow thick, to become gross.
ՍՏՈՒԱՐԱՉԱՓ auxometer.
ՍՏՈՒԱՐԱՑՆԵԼ to enlarge, to thicken, to make bigger.
ՍՏՈՒԱՐԱՑՈՒՄ enlargement, increase.
ՍՏՈՒԱՐՈՒԹԻՒՆ thickness, density, bulk, bigness.
ՍՏՈՒԳԱԲԱՆ etymologist, veracious.
ՍՏՈՒԳԱԲԱՆՈՒԹԻՒՆ etymology, veracity.
ՍՏՈՒԳԱՊԷՍ certainly, assuredly, surely.
ՍՏՈՒԳԵԼ to certify, to verity, to control, to ascertain, to audit.
ՍՏՈՒԳԻՉ verifier, controller, justifying.
ՍՏՈՒԳԻՒ truly, certainly.
ՍՏՈՒԳՈՒԹԻՒՆ certitude, assurance, truth, veracity, certainty.
ՍՏՈՒԳՈՒԻԼ to be verified, examined, inspected.
ՍՏՈՒԳՈՒՄ verification, examining, auditing, audit.
ՍՏՈՒԵՐ shade, shadow, spirit.
ՍՏՈՒԵՐԱԳԻԾ delineation, outline, figured.
ՍՏՈՒԵՐԱԳԻՐ shadowgram, sketch, outline, draughtsman.
ՍՏՈՒԵՐԱԳՐԵԼ to sketch, to outline, to delineate, to trace.
ՍՏՈՒԵՐԱԳՐՈՒԹԻՒՆ sciagraphy, delineation, outline.
ՍՏՈՒԵՐԱԴԻՏՈՒԹԻՒՆ skiascopy.
ՍՏՈՒԵՐԱՊԱՏ shaded, covered with shadow.
ՍՏՈՒԵՐՈՏ shady, dim, unreal.
ՍՏՈՒԵՐՔ shades, manes, ghost.
ՍՏՈՒԹԻՒՆ lie, falsehood, untruth, story, fib.
ՍՏՐԿԱՄԻՏ servile, slavish, cringing.
ՍՏՐԿԱՑԻ servile, menial, fawning.
ՍՏՐԿԱՆԱԼ to become a slave, to fall into slavery.
ՍՏՐԿԱՑՆԵԼ to enslave, to reduce to slavery.
ՍՏՐԿՈՒԹԻՒՆ slavery, bondage, yoke, servitude, serfage.
ՍՏՐՈՆՏԻՈՆ strontium.
ՍՏՐՈՒԿ slave, vassal, serf, servant, bondsman.
ՍՏՐՋԱՆՔ penitence, repentence, remorse, regret.
ՍՐԱԲԱՆՈՒԹԻՒՆ witticism, wittiness.
ՍՐԱԽԱՂԱՑ fencer.
ՍՐԱԽԱՂ fencing.
ՍՐԱԾԱՅՐ pointed, sharp, acute, peaked.
ՍՐԱԾԵԼ to put to the sword.
ՍՐԱԿՏՈՒՑ sharp-beaked.
ՍՐԱՀ saloon, hall, parlour, court.
ՍՐԱՀԱԿ small room, curtain, tapestry.
ՍՐԱՄԻՏ witted, facetious, acute-minded, clear-sighted.
ՍՐԱՄՏՈՒԹԻՒՆ perspicacity, sagacity, acuteness, attic wit.
ՍՐԱՆԱԼ to dash down, to precipitate.
ՍՐԱՆԱՒ fly boat, sharpie.
ՍՐԱՉԵԱՑ lynx-eyed.
ՍՐԱՏԵՍ piercing eyed, sharp, clear-sighted.
ՍՐԱՏԵՍՈՒԹԻՒՆ sharpness, acuteness, perspicacity.
ՍՐԱՐՇԱՒ rapid, swift.

ՍՐԱՓՈՂ clarion, oboe.
ՍՐԱՓՈՒՇ white thorn.
ՍՐԲԱԳԻՐ hagiographer.
ՍՐԲԱԳՈՐԾ consecrating, sanctifying.
ՍՐԲԱԳՈՐԾԵԼ to consecrate, to devote, to sanctify.
ՍՐԲԱԳՈՐԾՈՒԹՅՈՒՆ consecration, dedication, sanction.
ՍՐԲԱԳՐԵԼ to correct, to rectify, to repair.
ՍՐԲԱԳՐՈՂ corrector, rectifier.
ՍՐԲԱԳՐՈՒԹՅՈՒՆ correction, rectification, reproof.
ՍՐԲԱԴԵՂ purgative.
ՍՐԲԱԶԱՆ holy, sacred, consecrated. — ***ՊԱՊ*** Holy Father.
ՍՐԲԱԶՆՈՒԹՅՈՒՆ holiness, sanctity, saintliness.
ՍՐԲԱԼՈՒՅՍ pure, holy, of spiritual light.
ՍՐԲԱԽՈՍՈՒԹՅՈՒՆ hagiology, history of sacred writings.
ՍՐԲԱԿԵՆԱՑ saint, pure, chaste, virtuous.
ՍՐԲԱԿԵՑՈՒԹՅՈՒՆ holy life.
ՍՐԲԱԿՐՈՆ saint, pure, chaste.
ՍՐԲԱՆ anus, rectum.
ՍՐԲԱՆԱԼ to become consecrated, to be holy, sacred.
ՍՐԲԱՆՈՒԷՐ offered piously, sacred, consecrated.
ՍՐԲԱՊԻՂԾ profane, sacrilegious.
ՍՐԲԱՊՂԾՈՒԹՅՈՒՆ profanation, sacrilege.
ՍՐԲԱՍԻՐՏ holy-hearted.
ՍՐԲԱՎԱՅՐ sanctuary, holy place.
ՍՐԲԱՏՈՒՆ holy house, haikal, sacristy.
ՍՐԲԱՏՈՒՓ sacred vase, ciborium, pyx.
ՍՐԲԱՐԱՆ sanctuary, holy of holies.
ՍՐԲԱՐԱՐՈՒԹՅՈՒՆ sanctification.
ՍՐԲԱՑՆԵԼ to sanctify, to canonize.
ՍՐԲԱՑՈՒՄ canonization.
ՍՐԲԱՑՈՒՑԻՉ sanctifier.
ՍՐԲԱՓԱՅԼ pure, saint, clean, holy, shining.
ՍՐԲԵԼ to clean, to purify, to wipe off, to expiate, to absterge, to purge..
ՍՐԲԻՉ abstergent, sanctifying, purifying, detergent.
ՍՐԲՈՒԹՅՈՒՆ holiness, sanctity, sacredness, purity.
ՆՈՐԻՆ — His Holiness.
ՍՐԲՈՒԻԼ to be purified, to purge, to be cleaned.
ՍՐԲՈՒՀԻ holy, a female saint, Holy Virgin.
ՍՐԴՈՂԻԼ to be angry, to get into a passion.
ՍՐԵՂՋՅՈՒՐ sharp-horned.
ՍՐԵԼ to whet, to sharpen, to set, to point.
ԱԽՈՐԺԱԿԸ — to sharpen the appetite.
ՍՐԸՆԹԱՑ light-heeled, rapid, quick, speedy.
ՍՐԸՆԹԱՑՈՒԹՅՈՒՆ rapidity, velocity, swiftness.
ՍՐԻԿԱՅ ruffian, rascal, vagabond, rogue, hooligan, knave, dishonest, waggish.
ՍՐԻԿԱՅՈՒԹՅՈՒՆ roguery, trickery, waggery, knavish tricks.
ՍՐԻՆԳ flute, fife.
ՍՐՃԱՂԱՑ coffee-mill.
ՍՐՃԱՄԱՆ coffee-pot.
ՍՐՃԱՐԱՆ coffee-house, cafeteria.
ՍՐՆԳԱՀԱՐ fluter, flute-player.
ՍՐՈՑ hone, strop, whetstone.
ՍՐՈՒԱԿ cruet, phial, flagon.
ՍՐՈՒԱԿԱԿԱԼ cruet-stand.
ՍՐՈՒԹԻՒՆ acuteness, sharpness, keenness.
ՍՐՈՒՆԿՆ keen-eared.
ՍՐՈՒՆՔ leg, shank.
ՍՐՍԿԵԼ to sprinkle, to water, to asperse.
ՍՐՍԿՈՒՄ aspersion, sprinkling.
ՍՐՏԱԲԵԿ broken-hearted, downhearted, heart-broken.
— ***ԸՆԵԼ*** to dishearten, to discourage.
ՍՐՏԱԲԵԿՈՒԹՅՈՒՆ heart-break, discouragement.
ՍՐՏԱԲՈՒԽ generous, bountiful.

ՍՐՏԱԳԻՆ heart deep, heartfelt, cordial.
ՍՐՏԱԳՐԱՎ heart-robbing.
ՍՐՏԱԳՐՈՒԹԻՒՆ cardiography.
ՍՐՏԱԴԷՏ cardioscope.
ՍՐՏԱԴՈՂ heart quake, consternation.
ՍՐՏԱԹԱՓ disheartened, depressed, dismayed.
ՍՐՏԱԹՈՒՆԴ panting, palpitating.
ՍՐՏԱԿԷԶ heart-burning, broken-hearted, crushed in spirit.
ՍՐՏԱԿԻՑ confident, cordial-hearted.
ՍՐՏԱՃՄԼԻԿ heart-breaking, touching.
ՍՐՏԱՅԻՆ cardiac.
ՍՐՏԱՇԱՐԺ, ***ՍՐՏԱՌՈՒՉ*** touching, moving, affecting, pitiable, pathetic.
ՍՐՏԱՊԻՆԴ courageous, animated, intrepid, undaunted.
ՍՐՏԱՊՆԴԵԼ to encourage, to stimulate, to incite.
ՍՐՏԱՏԱՆՋ uneasy, restless, anxious, disturbed.
ՍՐՏԱՏԱՊ, ***ՍՐՏԱՑԱՎ*** carditis, heart-ache.
ՍՐՏԱՏՐՈՓ palpitating, panting, longing for.
ՍՐՏՄՏԻԼ to be angry, to be indignant.
ՍՐՏՄՏՈՒԹԻՒՆ indignation, transport, passion.
ՍՐՏՆԵՂԵԼ to weary, to annoy, to vex.
ՍՐՏՆԵՂԻԼ to be bored, to be out of temper.
ՍՐՏՈՏ hearted, brave, daring, hard-hearted.
ՍՓԻՆՔՍ sphinx.
ՍՓԻՒՌ scattered, dispersed.
ՍՓՈՓԱՆՔ comfort, relief, ease, alleviation, solace, consolation. —
ՍՓՈՓԵԼ to comfort, to relieve, to alleviate, to assuage, to console, to soothe.
ՍՓՈՓԻՉ comforter, consoler.
ՍՓՈՓՈՒՄ consolation, comfort, solace, alleviation of misery.
ՍՓՌԵԼ to spill, to diffuse, to scatter, to spread, to disperse.
ՍՓՌԻՉ tenon, belt, iron-bar.
ՍՓՌՈՑ table-cloth.
ՍՓՌՈՒՄ dispersion, dissemination.
ՍՓՐԻԴ hamper, basket.
ՍՔԱՆՉԱՆԱԼ to admire, to wonder, to be astonished.
ՍՔԱՆՉԱՆՔ wonder, amazement, admiration, ecstasy.
ՍՔԱՆՉԱՑԱԾ admired, astonished, enchanted.
ՍՔԱՆՉԱՑՆԵԼ to amaze, to astonish, to surprise, to astound.
ՍՔԱՆՉԱՑՈՂ admirer, praiser.
ՍՔԱՆՉԱՑՈՒՄ astonishment, amazement, wonder, admiration.
ՍՔԱՆՉԱՑՈՒՑԻՉ striking, astonishing, marvellous, impressive.
ՍՔԱՆՉԵԼԻ admirable, ravishing, lovely, wonderful.
ՍՔԱՆՉԵԼԻՔ prodigy, wonder, miracle, phenomen.
ՍՔԱՆՉԱՑՈՒՄ admiration, delight, rapture.
ՍՔԵՄ monk's dress, monachal garment.
ՍՔԵՄԱՒՈՐ monk, nun.
ՍՔԻՆՈՍ mactic tree.
ՍՔՈՂԵԱԼ veiled, covered.
ՍՔՈՂԵԼ to cover with a veil, to veil, to hide, to conceal.
ՍՔՈՂԻԼ to be veiled, to be covered, to wear a veil.
ՍՔՈՂՈՒՄ veiling, action of veiling.
ՍՔՈՂ veil, dress, cover.
ՍՔՈՂՈՒՄ camouflage.
ՍՕՍ plane tree, platane, haughty, bold.
ՍՕՍԻՒՆ noise, murmur, sough, rustling of leaves.
ՍՕՍԻ plane tree, platane.
ՍՕՍՈՒԻՆ common primrose.
ՍՕՏԱ soda.
ՍՕՏԱՋՈՒՐ soda water.
ՍՕՏԱՔԱՐ sodalite.

Վ

ՎԱԳԵՐԱՁԻ Zebra.
ՎԱԳՐ tiger.
ՎԱԳՐԱԽԱՅՏ spotted, speckled (like a tiger).
ՎԱԳՐԵՆԻ tiger skin.
ՎԱԶԵԼ to run, to dash, to bound, to spring.
ՏԱԿԱՌԸ ԿԸ ՎԱԶԷ the barrel leaks.
ՎԱԶՔ race, run, course, leaf, skip, jump.
ՎԱՋՆԱՏ cream-cheese, curds.
ՎԱԶՎԶԵԼ to run here and there, to hop, to skip.
ՎԱԶՎԹՏՈՒՔ skip, bound, hopping.
ՎԱԶՑՆԵԼ to cause, to run, to hasten.
ՎԱԹՍՆԱՄԵԱՅ sixty years old, sexagenary.
ՎԱԹՍՈՒՆ sixty.
ՎԱԽ fear, fright, dread, awe, terror, apprehension.
ՎԱԽ precipice, an abyss.
ՎԱԽԿՈՏ timid, shy, bashful.
ՎԱԽԿՈՏՈՒԹԻՒՆ timidity, fearfulness, shyness.
ՎԱԽՃԱՆ end, term, issue, termination, conclusion.
ՎԱԽՃԱՆԱԲԱՆՈՒԹԻՒՆ teleology, the doctrine of design.
ՎԱԽՃԱՆԵԱԼ dead, deceased, departed.
ՎԱԽՃԱՆԻԼ to die, to expire, to pass away.
ՎԱԽՆԱԼ to fear, to be afraid, to apprehand.
ՎԱԽՈՒՏ scarped, steep.
ՎԱԽՑՆԵԼ to frighten, to terrify.
ՎԱՀԱՆ shield, buckler, cover.
ՎԱՀԱՆԱԿ fawn at chass.
ՎԱՀԱՆԱԿԻՐ targeteer, esquire, squire.
ՎԱՀԱՆԱՁՈՒԿ turbot dab.
ՎԱՂ early, soon, [illegible]
ՎԱՂ ԿԱՄ ԱՆԱԳԱՆ sooner or later.
ՎԱՂԱԳՈՅՆ sooner, before, prior.
ՎԱՂԱՀԱՍ untimely, early, premature.
ՎԱՂԱՄԱՀ, ՎԱՂԱՄԵՌ dead before time, premature dead.
ՎԱՂԱՅԱՋՈՐԴ ՕՐ next day, the day after.
ՎԱՂԱՆՑՈՒԿ passing, transitory, fugitive.
ՎԱՂԱՎԱԽՃԱՆ dead before time.
ՎԱՂԵՄԻ ancient, of old times, old.
ՎԱՂԵՆԱԿ pot marigold.
ՎԱՂԸ, ՎԱՂԻԻ to morrow, next day.
ՎԱՂԻՆԱԿ ՏԵՍ ՎԱՂԵՆԱԿ.
ՎԱՂՆՋԱԿԱՆ archaical, ancient.
ՎԱՂՆՋՈՒՑ ancient, old, antique.
ՎԱՂՈՐԴԱՅՆ morrow, next day, day after.
ՎԱՂՈՒԸՆԷ from to morrow.
ՎԱՂՈՒՑ formerly, of old times, old.
ՎԱՂՐ cutlass, sabre.
ՎԱՂՐԱՒՈՐ armed with a sabre.
ՎԱՃԱՌ sale, market.
ՎԱՃԱՌԱԳԻՏՈՒԹԻՒՆ commercial science.
ՎԱՃԱՌԱԳԻՐ invoice, bill of sale.
ՎԱՃԱՌԱԴԻՐ exhibitor.
ՎԱՃԱՌԱԿԱՆ merchand, trader, salesman.
ՎԱՃԱՌԱԿԱՆԱԿԱՆ commercial.
ՎԱՃԱՌԱԿԱՆՈՒԹԻՒՆ commerce, trade, business.
ՎԱՃԱՌԱՆԱՒ merchant ship.
ՎԱՃԱՌԱՆՈՑ market, market-place.
ՎԱՃԱՌԱԾԱՀ commercial, trading, mercantile.
ՎԱՃԱՌԱՊԱՀ depositary, consignee.
ՎԱՃԱՌԱՍՐԱՀ sale room.
ՎԱՃԱՌԱՏԵՂԻ market, bazaar.
ՎԱՃԱՌԱՏՈՒՆ commercial house, warehouse.

ՎԱՃԱՌԱՑԱՆԿ manifesto.
ՎԱՃԱՌԵԼ to sell, to debit, to sell off.
ՎԱՃԱՌՈՂ seller, salesman, vendor.
ՎԱՃԱՌՈՒՄ selling, sale.
ՎԱՃԱՌՔ goods, wares, merchandise, commodities.
ՎԱՄՓԻՐ vampire, vamp, bloodsucker.
ՎԱՅԲԵՐԱՆ backbiter, slanderer.
ՎԱՅԵԼ to deplore, to bewail, to mourn, suitable, proper.
ՎԱՅԵԼԵԼ to enjoy, to possess.
ՎԱՅԵԼՈՒՄ enjoyment, pleasure, delight, possession.
ՎԱՅԵԼՈՒՉ gallant, decent, well favoured, suitable, fit, proper, convenient.
ՎԱՅԵԼՉԱԲԱՆ eloquent, elocutionist.
ՎԱՅԵԼՉԱԲԱՆՈՒԹԻՒՆ elocution, purism, euphuism. oratory.
ՎԱՅԵԼՉԱԳԵՂ charming, elegant.
ՎԱՅԵԼՉԱԽՕՍ elocutionist, euphuist, eloquent.
ՎԱՅԵԼՉԱԿԱԶՄ elegant, charming, highly ornamented.
ՎԱՅԵԼՉՈՒԹԻՒՆ decency, convenience, gracefulness, attractiveness, modesty.
ՎԱՅԵԼՔ enjoyment, possession, pleasure, delight.
ՎԱՅԹԵԼ to empty, to discharge, to pout.
ՎԱՅԻՒՆ cry, lamentation, moan, groan.
ՎԱՅԼԵԼ to suit, to become.
ՎԱՅՆԱՍՈՒՆ lamentation, uproar, cry.
ՎԱՅՐ place, room, seat, ground.
ՎԱՅՐԱԲՆԱԿ rural, rustic, uncultivated.
ՎԱՅՐԱԳ ferocious, fierce, wild, savage.
ՎԱՅՐԱԳԱՄԻՏ coarse, rude, uncivil.
ՎԱՅՐԱԳԱՆԱԼ to become savage, to grow fierce.
ՎԱՅՐԱԳՆԱՑ vagabond, erratic, wandering.
ՎԱՅՐԱԳՈՒԹԻՒՆ ferocity, fierceness, wildness.
ՎԱՅՐԱՀԱԿ inclined, disposed, sloping.
ՎԱՅՐԱՇԱՉ babbler, bawler, ranter.
ՎԱՅՐԱՇԱՉՈՒԹԻՒՆ clamour, bawling, bawl.
ՎԱՅՐԱՊԱՐ vainly, fruitlessly.
ՎԱՅՐԱՉՈՒ parachutist.
ՎԱՅՐԱՍՈՒԶԵԼ to throw, to hurl, to precipitate.
ՎԱՅՐԱՍՈՒԶԻԼ to precipitate one's self.
ՎԱՅՐԱՍՈՒԶՈՒՄ precipitation, great haste.
ՎԱՅՐԵՆԱԲԱՐ wildly, savagely.
ՎԱՅՐԵՆԱԲԱՐՈՅ coarse, clumsy, unpolite, savage, brutal.
ՎԱՅՐԵՆԱԿԱՆ savage, brutal, brutish.
ՎԱՅՐԵՆԱՄԻՏ untamed, savage, rude.
ՎԱՅՐԵՆԻ savage, wild, fierce, uncivil, ferocious.
ՎԱՅՐԵՆՈՒԹԻՒՆ savageness, wildness, brutality, ferosity.
ՎԱՅՐԷՋՔ steep descent, going down.
ՎԱՅՐԻ savage, wild.
ՎԱՅՐԿԵԱՆ minute, moment, instant.
ՎԱՅՐԿԵՆԱԿԱՆ momentary, instantaneous.
ՎԱՅՐՈՒՂԻ negative pole.
ՎԱՆԱԿԱՆ monk, religious, abbot, superior, cenobite.
ՎԱՆԱԿԱՆՈՒԹԻՒՆ monachism, priorate, cenobitism.
ՎԱՆԱԿՆ rock-crystal, crown-glass.
ՎԱՆԱՀԱՅՐ prior, dean of a monastery, superior.
ՎԱՆԱՄԱՅՐ prioress.
ՎԱՆԱՇԱՔԱՐ sugar candy, rock candy.
ՎԱՆԱՏՈՒ inn-keeper, hospitable, host.
ՎԱՆԱՏՈՒՆ priory, monastery.
ՎԱՆԴԱԿ cage, grate, trellis, lattice.
ՎԱՆԴԱԿԱՊԱՏ latticed, trellised.
ՎԱՆԴԱԿԵԼ to grate, to rail in, to trellis.

ՎԱՆԴԵԼ to undo, to rout, to upset, to defeat.
ՎԱՆԵԱՐ the convents, monasteries.
ՎԱՆԵԼ to push, to expel, to drive out, to chase, to repel.
ՎԱՆԿ syllable, voice.
ՎԱՆՈՂԱԿԱՆ repellent, repulsive.
ՎԱՆՈՂՈՒԹԻՒՆ repulsion.
ՎԱՆՈՒՄ repulsion, expulsion.
ՎԱՆՔ convent, monastery.
ՎԱՇԽ usury, illegal interest.
ՎԱՇԽԱՌՈՒ userer.
ՎԱՇԽԱՌՈՒԹԻՒՆ usury, usurious loan.
ՎԱՇՏ battalion.
ՎԱՇՏԱՊԵՏ battalion commander.
ՎԱՉ cart, wagon.
ՎԱՉԿԱՏՈՒՆ nomad, wandering.
ՎԱՌ lighted, burning, ardent, violent, gonfalon.
ՎԱՌԱՐԱՆ stove, fire grate, focus, furnace.
ՎԱՌԵԱԿ chicken, pullet.
ՎԱՌԵԼ to kindle, to light up, to fire, to inflame.
ՎԱՌԵԼԱՆԻՒԹ combustible.
ՎԱՌԻԼ to kindle, to be lighted, to take fire, to catch fire.
ՎԱՌԿԻՐ quicklime.
ՎԱՌՈՒՄ inflammation, burning.
ՎԱՌՎՌՈՒՆ hot-spirited, sharp, brisk, animated, spirited.
ՎԱՌՕԴ gun-powder, powder.
ՎԱՌՕԴԱՄԱՆ powder-flask, powder-horn.
ՎԱՌՕԴԱՐԱՆ powder mill, powder magazine.
ՎԱՍԱԿ traitor.
ՎԱՍՆ for, for the sake of, on account of.
ՎԱՍՏԱԿ labour, work, toil, trouble, gain, profit.
ՎԱՍՏԱԿԱԲԵԿ dejected, depressed, tired, overlaboured.
ՎԱՍՏԱԿԱՍԷՐ found of labour, hard-working, industrious.
ՎԱՍՏԱԿԱՒՈՐ laborious, hardworking, meritorious.
ՎԱՍՏԱԿԵԼ to work, to labour, to do, to labour at.
ՎԱՍՏԸԿԻԼ to gain, to win, to get, to deserve well.
ՎԱՍՏԿԵՑՆԵԼ to earn, to make to gain.
ՎԱՏ loose, slack, mean spirited, wicked, knave, rascal.
ՎԱՏԱԲԱԽՏ unfortunate, unhappy, ill-starred, miserable.
ՎԱՏԱԲԱՆՈՒԹԻՒՆ cacology, incorrect pronunciation.
ՎԱՏԱԲԱՐ basely, cowardly, dastarbly.
ՎԱՏԱՀԱՄԲԱՒ infamous, base, of bad character.
ՎԱՏԱՀԱՄԲԱՒԵԼ to defame, to discredit, to disparage, to traduce.
ՎԱՏԱՁԱՅՆՈՒԹԻՒՆ cacophony, discordant sound.
ՎԱՏԱՆԱԼ to become loose, faint-hearted.
ՎԱՏԱՆՈՒՆ infamous, base, of bad character.
ՎԱՏԱՌՈՂՋ sicky, unhealthy, insalubrious, weak.
ՎԱՏԱՍԻՐՏ faint-hearted, coward, poor-spirited.
ՎԱՏԱՍՆՈՒՆԴ dystrophy, ill-breeding.
ՎԱՏԱՍՐՏՈՒԹԻՒՆ want of courage, pusillanimity, weakness of spirit.
ՎԱՏԹԱՐ bad, ill, evil, mischievous, wicked, naughty.
ՎԱՏԹԱՐԱՆԱԼ to degenerate, to grow worse, to deteriorate.
ՎԱՏԹԱՐԱՑՆԵԼ to disennoble, to debase, to make worse.
ՎԱՏԹԱՐԱՑՈՒՄ degeneracy, deterioration, getting worse.
ՎԱՏԹԱՐՈՒԹԻՒՆ degeneration, decadence, deterioration.
ՎԱՏՆԵԼ to spend, to disburse, to waste, to lavish, to consume.
ՎԱՏՆՈՂ lavish, extravagant, waster, squanderer, prodigal.
ՎԱՏՆՈՒՄ dissipation, wasting, dilapidation.
ՎԱՏՈԳԻ loose, slake.

ՎԱՏՈՅԺ impotent, meager, weak, lean, thin.

ՎԱՏՈՏՆ ill-fated, unlucky, unfortunate.

ՎԱՏՈՒԹԻՒՆ cowardice, baseness, meanness.

ՎԱՏՈՒԺ impotent, meager, weak.

ՎԱՏՈՒԺՆԱԼ 'to grow lean, to fall away, to grow leak.

ՎԱՏՈՒԺՈՒԹԻՒՆ atrophy, leanness, meagerness, weakness.

ՎԱՐ under, beneath, low, less, for less than, downstairs, ploughing. below.

ՎԱՐԱԳՈՅՐ curtain, veil, blind.

ՎԱՐԱԶ wild-boar.

ՎԱՐԱԶԱՀԱՒ condor.

ՎԱՐԱԶ ՕՁ boa.

ՎԱՐԱԿ knot (of wood), knurl, knob.

ՎԱՐԱԿԵԼ to affect, to infect, to contaminate.

ՎԱՐԱԿԻԼ to be contaminated, to be infected with.

ՎԱՐԱԿՈՒՄ infection, contamination.

ՎԱՐԱՆԱԾ undecided, irresolute, doubtful, wavering.

ՎԱՐԱՆԱՄԻՏ perplexed, uncertain, irresolute.

ՎԱՐԱՆԵՑՆԵԼ to confound, to puzzle, to embarrass.

ՎԱՐԱՆԵՑՈՒՑԻՉ perplexing, embarrassing, puzzling.

ՎԱՐԱՆԻԼ to hesitate, to waver, to be irresolute, to haggler.

ՎԱՐԱՆՄՈՒՆՔ hesitating, wavering, haggling hesitation.

ՎԱՐԱՆՈՂ hesitating, wavering, doubter, haggler.

ՎԱՐԱՆՔ, ՎԱՐԱՆՈՒՄ hesitation, indecision, irresolution, waveringness.

ՎԱՐԱՐ street walker, whore; prostitute.

ՎԱՐԴ rose.

ՎԱՐԴԱԲՈՅՐ rose-smelling, rose-scented.

ՎԱՐԴԱԳՈՅՆ rosy, rose-coloured, pink.

ՎԱՐԴԱԽԱՌՆ mixed with rose.

ՎԱՐԴԱԽՏ measles, roseola.

ՎԱՐԴԱՊԵՏ doctor, lecturer, master, abuna, vartabed.

ՎԱՐԴԱՊԵՏԱԿԱՆ doctoral, dogmatic, doctrinal, dogmatician.

ՎԱՐԴԱՊԵՏԵԼ to teach, to indoctrinate, to instruct in, to dogmatize.

ՎԱՐԴԱՊԵՏՈՒԹԻՒՆ doctorship, dogma, tenet, precept, teaching, instruction.

ՎԱՐԴԱՊԵՏՈՒՀԻ doctoress, governess, instructress.

ՎԱՐԴԱՊՍԱԿ crown of roses, rose-crowned.

ՎԱՐԴԱՋՈՒՐ rose-water, attar.

ՎԱՐԴԱՍՏԱՆ rosary, rose garden, roseland.

ՎԱՐԴԱՎԱՌ transfiguration of our Lord.

ՎԱՐԴԱՐԱՆ rosary, chaplet, beads.

ՎԱՐԴԱՓԱՅՏ rose wood.

ՎԱՐԴԵՆԻ rose-tree, rose bush.

ՎԱՐԵԼ to till, to labour, to lead, to drive, to conduct.
  ԳԵՏԻՆ — to till the land.
  ԳԵՐԻ — to capture, to enslave.

ՎԱՐԺ exercised, versed, skilled, trained.

ՎԱՐԺԱՊԵՏ professor, teacher, tutor, instructor.

ՎԱՐԺԱՊԵՏԱՆՈՑ normal school.

ՎԱՐԺԱՊԵՏՈՒԹԻՒՆ professorship, lectureship.

ՎԱՐԺԱՊԵՏՈՒՀԻ schoolmistress, mistress.

ՎԱՐԺԱՐԱՆ school, college.

ՎԱՐԺԵՑՆԵԼ to train up, to educate, to exercise, to teach.

ՎԱՐԺՈՒԻԼ to be accustomed, to exercise.

ՎԱՐԺՈՒԽ cultivation oat.

ՎԱՐԺՈՒԹԻՒՆ exercise, practice, use, habit, custom, training.

ՎԱՐԺՈՒՀԻ governess, school mistress.

ՎԱՐԻՉ leading, director, administrator, directress.

ՎԱՐԿ credit, trust, reputation, advice.
ՎԱՐԿԱԲԵԿԵԼ to discredit, to deprive of credit.
ՎԱՐԿԱԳԻՐ letter of credit.
ՎԱՐԿԱԾ hypothesis, supposition.
ՎԱՐՁ reward, recompense, wages, hiring, renting.
ՎԱՐՁԱԳԻՐ contract of rent, tenancy.
ՎԱՐՁԱԿԱԼ tenant, leasee.
ՎԱՐՁԱԿԱԼՈՒԹԻՒՆ tenancy, hiring, letting out.
ՎԱՐՁԱԿԻՑ joint-tenant.
ՎԱՐՁԱՀԱՏՈՅՑ rewarder, remunerative.
ՎԱՐՁԱՉԱՓ taximeter.
ՎԱՐՁԱՏՈՒ one who leases, lessor.
ՎԱՐՁԱՏՐԵԼ to reward, to recompense.
ՎԱՐՁԱՏՐՈՒԹԻՒՆ reward, remuneration, recompense.
ՎԱՐՁԱՏՐՈՂ rewarder, remunerator.
ՎԱՐՁԱՐԿՈՒԹԻՒՆ location.
ՎԱՐՁԵԼ to let, to rent, to hire, to lease.
ՆԱՒԸ — to charter.
ՎԱՐՁԿԱՆ mercenary, hireling, salaried.
ՎԱՐՁՈՂ hirer, letter out on hire.
ՎԱՐՁՈՒ to let, to be let, rentable.
ՎԱՐՁՈՒՄ letting, letting out, hiring, leasing.
ՎԱՐՁՈՒՈՐ mercenary, tenant, lodger.
ՎԱՐՁՔ wages, salary, hire, pay, fee, reward, royalty.
ՎԱՐՄ draw net, net, snare.
ՎԱՐՄՈՒՆՔ treatment, conduct, leading.
ՎԱՐՆՈՑ inferior, vulgar, mean.
ՎԱՐՇԱՄԱԿ linen, cloth, shroud, towel.
ՎԱՐՈՑ rod, switch, penis, phallus.
ՎԱՐՈՒԻԼ to conduct, to lead, to treat.
ՎԱՐՈՒՆԳ cucumber.
ՎԱՐՈՒՑԱՆ sowing, sowing time.
ՎԱՐՉԱԳԻՏՈՒԹԻՒՆ state-craft, statesmanship.
ՎԱՐՉԱԿԱՆ governmental, directoral, administrative.
ՎԱՐՉԱՊԵՏ premier, prime minister.
ՎԱՐՉՈՒԹԻՒՆ government, administration, direction, management.
ՎԱՐՊԵՏ chief, head, master workman, foreman, wirepuller.
ՎԱՐՊԵՏՈՐԴԻ sly, cunning, crafty, skilful.
ՎԱՐՊԵՏՈՒԹԻՒՆ dexterity, skill, cleverness, ability.
ՎԱՐՊԵՏՈՒՀԻ mistress, superior woman.
ՎԱՐՍ hair.
ՎԱՐՍԱԿ oats.
ՎԱՐՍԱՑԱՐԴԱՐ, **ՎԱՐՍԱՎԻՐԱՑ** hairdresser, barber.
ՎԱՐՍՔ hear of the head.
ՎԱՐՏԻՔ drawers, breeches.
ՎԱՐՔ morals, habits, conduct, customs, way of living.
ՎԱՐՔԱԳԻԾ orientation, alignment.
ՎԱՒԱՇ debauched, lewd, lascivious, lustful.
ՎԱՒԱՇԱՆԱԼ to become debauched.
ՎԱՒԱՇՈՏՈՒԹԻՒՆ lust, lewdness, dissolute life.
ՎԱՒԵՐԱԳԻՐ ratification, documents.
ՎԱՒԵՐԱԿԱՆ valid, authentic, in force.
ՎԱՒԵՐԱԿԱՆՈՒԹԻՒՆ authenticity, validity.
ՎԱՒԵՐԱՑՈՒՄ ratification, validation, authentication, sanction.
ՎԱՒԵՐԱՑՆԵԼ to ratify, to certify the authenticity.
ՎԵԹԵՐԱՆ veteran.
ՎԵՀ majestic, grand, sublime, imposing.
ՎԵՀԱԳՈՅՆ superior, supreme, excellent, eminent.
ՎԵՀԱԺՈՂՈՎ council, congress, conference.
ՎԵՀԱՆՁՆ high-minded, generous, noble, grand, magnanimous.
ՎԵՀԱՆՁՆՈՒԹԻՒՆ generosity, magnanimity.

Վեհաշուք majestic, imposing, grand, impressive.
Վեհապետական sovereign, supreme, royal.
Վեհապետություն sovereignty, royalty, supremacy.
Վեհափառ august, majestic, royal.
Վեհափառություն majesty.
Վեհերոտ fearful, timed, faint-hearted, recreant.
Վեհություն grandeur, majesty, nobleness.
Վեղար hood.
Վեղարավոր hooded, capuchin, friar.
Վեր above, upwards, over, upon, on.
Վերաբանալ to reopen.
Վերաբերական relative, relating, respecting.
Վերաբերյալ relative, concerning, relating to.
Վերաբերել to refer, to belong, to concern, to regard.
Վերաբերություն, **վերաբերում** relation, reference, belonging; analogy.
Վերագրել to refer to, to attribute, to impute.
Վերագրություն address, direction, imputation.
Վերադառնալ to return, to go back.
Վերադասել to prefer, to place above.
Վերադարձ return, coming back.
Վերադարձնել to return, to transport.
Վերադիր epact, epithet, index, added, imposed.
Վերադրական epactal, surname.
Վերադրել to put upon, to impose, to subjoin.
Վերազինել to rearm, to reequip, to fit out again.
Վերածական reductive, anagogical.
Վերածել to reduce, to convert, to transform.
Վերածիչ reductive, reducer.
Վերածնեալ regenerated, reviving.
Վերածնիլ to be born again, to be regenerated.
Վերածնություն regeneration, revival, renaissance, second birth.
Վերածող reducer.
Վերածում reduction, anagogics.
Վերականգնել to restore, to raise again, to set up again, to revive.
Վերականգնիլ to recover, to rise up, to be revived.
Վերականգնում restoration, renaissance, re-establishment.
Վերակացու intendant, overseer, steward, surveyor.
Վերակացություն survey, inspection, superintendence.
Վերակենդանացնել to reanimate, to enliven.
Վերակենդանացում revivification, anabiosis, renewal.
Վերակոչել to call again, to invoke, to recall, to demand.
Վերակոչում recall, appellation.
Վերահաս pressing, imminent, impending.
Վերահասու ըլլալ to comprehend, to understand.
Վերահասություն imminence, impendency.
Վերահաստատել to restore, to re-establish, to set again.
Վերահաստատություն restitution, restoration, re-establishment.
Վերահաստատուիլ to be re-established, to be restored.
Վերահարկ additional tax, surcharge.
Վերահսկել to watch, to superintend, to look after.
Վերահսկող inspector, overseer, controller.
Վերաճշտել to readjust.
Վերամբարձ elevator, lift.
Վերամկրտություն rebaptism.
Վերամկրտել to rebaptize.
Վերանալ to mount, to arise, to ascent, to soar.
Վերանկում second fall, relapse.

ՎԵՐԱՆՈՐՈԳԵԼ to renew, to renovate, to restore, to revive.
ՎԵՐԱՆՈՐՈԳԻՉ restorer, regenerator, renewer.
ՎԵՐԱՆՈՐՈԳՈՒԹԻՒՆ restoration, regeneration, reform, renovation.
ՎԵՐԱՇԻՆԵԼ to rebuild, to build again.
ՎԵՐԱՇԻՆՈՒԹԻՒՆ reconstruction, rebuilding.
ՎԵՐԱՊԱՀ reserved, cautious, wary.
ՎԵՐԱՊԱՀԵԼ to reserve, to set apart. to lay by.
ՎԵՐԱՊԱՀՈՒՄ reserve, reservation, reticence.
ՎԵՐԱՊԱՏՄԵԼ to recount.
ՎԵՐԱՊԱՏՈՒԵԼ to revere, to honour, to venerate.
ՎԵՐԱՊԱՏՈՒԵԼԻ reverend.
ՎԵՐԱՊԱՏՈՒՈՒԹԻՒՆ reverence, veneration.
ՎԵՐԱՍԼԱՑՈՒՄ start, spring, dash, flight.
ՎԵՐԱՏԵՍՈՒՉ leader, director.
ՎԵՐԱՏԵՍՉՈՒԹԻՒՆ intendance, direction, management.
ՎԵՐԱՏԵՍՉՈՒՀԻ directress.
ՎԵՐԱՐԿՈՒ overcoat, mantle, top. coat.
ՎԵՐԱՐՏԱԴՐԵԼ to reproduce, to produce again.
ՎԵՐԱՑԱԿԱՆ abstract.
ՎԵՐԱՑԱԿԱՆՈՒԹԻՒՆ abstraction.
ՎԵՐԱՑԵԱԼ abstract, heightened.
ՎԵՐԱՑՆԵԼ to raise up, to exalt, to abstract.
ՎԵՐԱՑՈՒՄՆ elevation, exaltation. abstraction.
ՎԵՐԱՓՈԽԵԼ to transport on high, to transform.
ՎԵՐԱՓՈԽՈՒԹԻՒՆ anabolism, constructive metabolism.
ՎԵՐԱՓՈԽՈՒՄ assumption.
ՎԵՐԵԼԱԿ lift, mounting, rider.
ՎԵՐԵԼՈՒԹԻՒՆ. ՎԵՐԵԼՔ ascension, ascent, acclivity.
ՎԵՐԸՆԾԱՅԵԼ to present, to offer.
ՎԵՐԸՆՏՐԵԼ to re-elect.
ՎԵՐԸՆՏՐԵԼԻ re-eligible.
ՎԵՐԸՆՏՐՈՒԹԻՒՆ re-election.
ՎԵՐԻՆ upper, superior, high, celestial.
ՎԵՐԻՎԵՐՈՅ superficial, not profound.
ՎԵՐԼՈՒԾԱԿԱՆ analytic.
ՎԵՐԼՈՒԾԵԼ to analyze.
ՎԵՐԼՈՒԾՈՒՄ analysis.
ՎԵՐԾԱՆԵԼ to read, to recite.
ՎԵՐԾԱՆՈՒԹԻՒՆ perusal, careful reading.
ՎԵՐՀՍԿՈՂՈՒԹԻՒՆ inspection, supervision, watch.
ՎԵՐՄԱԿ coverlet, quilt, blanket.
ՎԵՐՆԱԲԵՐԴ citadel, castle, acropolis.
ՎԵՐՆԱԳԱՒԱՌ high region.
ՎԵՐՆԱԳԻՐ title, distinction.
ՎԵՐՆԱԳՐԵԼ to entitle, to ascribe.
ՎԵՐՆԱԴՈՒՌ water-gate, trap-door, flood-gate.
ՎԵՐՆԱՋԳԵՍՏ great coat, overcoat.
ՎԵՐՆԱԼ to rise, to get up, to stand up.
ՎԵՐՆԱԽԱՐԻՍԽ architrave.
ՎԵՐՆԱՅԱՐԿ upper door, over-story, loft.
ՎԵՐՆԱՏՈՒՆ belvedere, gallery at churches, guest chamber.
—**Ը ՄԱՐԴ ՉԿԱՅ** he is cracked, touched.
ՎԵՐՆՈՏ epileptic, cataleptic.
ՎԵՐՆՈՏՈՒԹԻՒՆ epilepsy, falling sicknees.
ՎԵՐՆՈՒՂԻ anode, positive pole.
ՎԵՐՈԳՐԵԱԼ written above, above mentioned.
ՎԵՐՈՅ above, upon, on, up, over.
ՎԵՐՈՅԻՇԵԱԼ aforesaid, above named, above-mentioned.
ՎԵՐՈՒՆՉ flat-nosed.
ՎԵՐՈՒՍՏ from above, from up, nigh.
ՎԵՐՋ end, conclusion, termination, extremity.
—. **ԴՆԵԼ** to terminate, to put an end, to end, to limit.
ՎԵՐՋԱԲԱՆ epilogue, conclusion.
ՎԵՐՋԱԼՈՅՍ crepuscule, twilight.

ՎԵՐՋԱԿԷՏ stop, period.
ՎԵՐՋԱՆԱԼ to finish, to terminate, to be over.
ՎԵՐՋԱՊԱՀ rearguard.
ՎԵՐՋԱՊԷՍ at last, finally, after all, in short.
ՎԵՐՋԱՏԻՊ printed after all, posthumous works.
ՎԵՐՋԱՑՆԵԼ to finish, to close, to conclude, to terminate, to put an end to.
ՎԵՐՋԱՒՈՐՈՒԹԻՒՆ termination, ending, conclusion, close.
ՎԵՐՋԸՆԹԵՐ last but one, penultimate, penult.
ՎԵՐՋԻՆ last, ulterior, utmost, final.
ՎԵՐՋՆԱԳԻՐ ultimatum.
ՎԵՐՍԿՍԻԼ to begin again, to recommence.
ՎԵՐՍԿՍՈՒՄ beginning anew, recommencement.
ՎԵՐՍՏ verst, russian measure of length.
ՎԵՐՍՏԱՆԱԼ to recuperate, to recover.
ՎԵՐՍՏԵՂԾԵԼ to recreate.
ՎԵՐՍՏԻՆ again, anew, another time.
ՎԵՐՏԱՌՈՒԹԻՒՆ epigram, reform, inscription.
ՎԵՐՑՆԵԼ to raise up, to exalt, to take up, to support.
ՎԵՑ six.
ՎԵՑԱՄԵԱՅ of six years.
ՎԵՑԱՄՍԵԱՅ of six months, six months old.
ՎԵՑԱՆԿԻՒՆ hexagon.
ՎԵՑԵԱԿ six, sixth.
ՎԵՑԵՐՈՐԴ sixth, sextant.
ՎԵՑՊԱՏԻԿ sixfold.
ՎԵՑՕՐԵԱՅ of six days.
ՎԶԿԱՊ cravat, neckcloth, necktie.
ՎԶՆՈՑ collar.
ՎԷԳ knuckle-bone, osselet.
ՎԷՃ quarrel, discussion, dispute, debate, difference.
—**Ի ՆԻՒԹ** bone of contention.
ՎԷՄ stone, rock.

ՎԷՊ story, tale, falsehood, novel, romance.
ՎԷՏ wave, ondulation, billow.
ՎԷՐՔ wound, sore, ulcer, trauma.
ՎԻԳ vigour, might, force, help, aid.
ՎԻԳՆ vetch.
ՎԻԶ neck, cervix.
ՎԻԹ gazelle, antelope.
ՎԻԹԽԱՐԻ colossal, gigantic, huge.
— **ՄԱՐԴ** colossus, giant.
ՎԻԺԱՄ abortive, abortion child.
ՎԻԺԱԿ hangings, tapestry, decoration.
ՎԻԺԵԼ to miscarry, to have an abortion.
ՎԻԺԵՑՆԵԼ to cause abortion.
ՎԻԺՈՒՄ miscarriage, abortion flow.
ՎԻՀ abyss, hell, whirlpool.
ՎԻՃԱԲԱՆ wrangler, disputant, polemist.
ՎԻՃԱԲԱՆԱԿԱՆ polemical, litigious.
ՎԻՃԱԲԱՆԻԼ to discuss, to debate, to dispute.
ՎԻՃԱԲԱՆԵԼԻ disputable, debatable.
ՎԻՃԱԲԱՆՈՂ disputant, controvertist, controverter.
ՎԻՃԱԲԱՆՈՒԹԻՒՆ dispute, debate, controversy, discussion.
ՎԻՃԱԿ state, destiny, fate, lot, condition, situation, district.
ՊԱՏԵՐԱԶՄԱԿԱՆ — martial law.
ՎԻՃԱԿ ՆԵՏԵԼ to cast lots.
ՎԻՃԱԿԱԳԻՐ statistician.
ՎԻՃԱԿԱԳՐԱԿԱՆ statistical.
ՎԻՃԱԿԱԳՐՈՒԹԻՒՆ statistics, returns.
ՎԻՃԱԿԱԽԱՂ lotto, game of chance, raffle.
ՎԻՃԱԿԱԿԻՑ associate, joint partner, copartner.
ՎԻՃԱԿԱՀԱՆՈՒԹԻՒՆ lottery, lot, tombola.
ՎԻՃԱԿԱՀՄԱՅՈՒԹԻՒՆ cleromancy, divination by lots.
ՎԻՃԱԿԱՑԻՆ diocesan, communal.
ՎԻՃԱԿԱՐԿՈՒ voter.
ՎԻՃԱԿԱՑՈՅՑ statistics, tableau, evaluation.

ՎԻՃԱԿԻԼ to chance, to happen, to arrive.
ՎԻՃԱՍԷՐ contentious, wrangler, disputant, fond of disputing.
ՎԻՃԵԼ, ՎԻՃԻԼ to dispute, to contest, to debate, to argue.
ՎԻՃԵԼԻ debatable, disputable, contestable.
ՎԻՃՈՂ disputant, debater, wrangler.
ՎԻՃՈՒՄ disputation, contention, contest, debate.
ՎԻՄԱԲԱՆ lithologist.
ՎԻՄԱԳԻՐ lithographer.
ՎԻՄԱԳՐԱԿԱՆ lithographic.
ՎԻՄԱԳՐԱՏՈՒՆ lithographic printing shop.
ՎԻՄԱԳՐԵԼ to lithograph, to trace on stone.
ՎԻՄԱԳՐՈՒԹԻՒՆ lithography.
ՎԻՄՈՒՏ stony.
ՎԻՆ lute.
ՎԻՇԱՊ dragon, leviathan, vixen.
ՎԻՇՏ pain, affliction, grief, woe, sorrow, tribulation.
ՎԻՇՏԻՆ ՄԱՍՆԱԿՑԻԼ to share trouble.
ՎԻՊԱԿ novel, novelette.
ՎԻՊԱՅԻՆ romantic.
ՎԻՊԱՍԱՆ romance-writer, novelist, narrator.
ՎԻՊԱՍԱՆԱԿԱՆ romantic, historical.
ՎԻՊԱՍԱՆՈՒԹԻՒՆ novel, romance.
ՎԻՊԱՍԱՆՈՒՀԻ novelist, romance-writer.
ՎԻՐԱԲՈՅԺ surgeon.
ՎԻՐԱԲՈՒԺԱԿԱՆ surgical, chirurgical.
ՎԻՐԱԲՈՒԺՈՒԹԻՒՆ surgery, chirurgy.
ՎԻՐԱԼԻՑ full of wounds, ulcerous.
ՎԻՐԱՀԱՏ surgeon, operator.
ՎԻՐԱՀԱՏՈՒԹԻՒՆ operation, surgery.
ՎԻՐԱՉԱՓ probe, probe scissors.
ՎԻՐԱՊ dungeon, oubliette.
ՎԻՐԱՒՈՐ wounded, hurt, ulcerated.
ՎԻՐԱՒՈՐԱՆՔ offence, injury, insult, assault.

ՎԻՐԱՒՈՐԵԼ to wound, to hurt, to ulcerate, to rend the heart, to displease.
ՎԻՐԱՒՈՐԻՉ offensive, shocking, disagreeable.
ՎԻՐԱՒՈՐՈՒԻԼ to be wounded, to take offence, to be displeased.
ՎԼՎԼՈՒԿ uproar, noise, row.
ՎԽՏԱԼ to stir, to move, to abound with.
ՎԿԱՅ witness, testifier, voucher. martyr.
— **ԿՈՉԵԼ** to summon as witness.
ՎԿԱՅԱԲԱՆ martyrologist.
ՎԿԱՅԱԳԻՐ, ՎԿԱՅԱԹՈՒՂԹ certificate, diploma, attestation, affidavit.
ՎԿԱՅԱԿԱՆ testimonial.
ՎԿԱՅԱԿԻՑ fellow in witness, fellow-martyr.
ՎԿԱՅԵԼ to testify, to witness, to attest, to give evidence.
ՎԿԱՅՈՒԹԻՒՆ testimony, evidence, citation, deposition.
ՎԿԱՅՈՒՀԻ female martyr.
ՎԿԱՆԴԵԼ to repel, to drive back. to defeat, to throw back, to repulse.
ՎՀԱՏԱԾ discouraged, depressed, fainthearted.
ՎՀԱՏԵՑՆԵԼ to dishearten, to discourage, to cast down, to dispirit, to unnerve.
ՎՀԱՏԵՑՈՒՑԻՉ discouraging, disheartening, distressing.
ՎՀԱՏԻԼ to lose heart, to be discouraged, to lose courage.
ՎՀԱՏՈՒԹԻՒՆ discouragement, despondency, dejection, athymia.
ՎՀՈՒԹԻՒՆ sorcery, witchcraft, magic, divination.
ՎՀՈՒԿ diviner, soothsayer, sorcerer, magician.
ՎՀՈՒԿՈՒՀԻ divineress, witch, sorceress.
ՎՃԱՐ, ՎՃԱՐՔ payment. pay, reward. discharge.
ՎՃԱՐԱԺԱՄ falling due, expiration. maturity.

ՎՃԱՐԵԼ to pay, to settle, to acquit, to refund.
ՎՃԱՐԵԼԻ ՄՈՒՐՀԱԿ bill payable
ՎՃԱՐԵԼԻ payable.
ՎՃԱՐՈՂ payer, drawee, pay master.
ՎՃԱՐՈՒԻԼ to be paid, to be done.
ՎՃԱՐՈՒՄ payment, pay, acquitment.
ՎՃԻՌ sentence, award, verdict, decision, judgement.
— **ՄԸ ԱՐՁԱԿԵԼ** to pronounce judgement, to pass sentence.
ՎՃԻՏ clear, bright, pure, limpid.
ՎՃՌԱԲԱՆՈՒԹԻՒՆ apothegm, sententious maxim.
ՎՃՌԱԲԱՐ decisively, difinitively.
ՎՃՌԱԲԵԿ ԱՏԵԱՆ court of cassation.
ՎՃՌԱԳԻՐ writ, decision, official report.
ՎՃՌԱԿԱՆ decisive, convictive, definitive, categorical.
ՎՃՌԵԼ to decide, to decree, to pronounce, to resolve.
ՎՆԱՍ damage, injury, detriment, loss, harm, prejudice, averages.
ՎՆԱՍԱԲԵՐ detrimental, prejudicial, injurious.
ՎՆԱՍԱԿԱՐ pernicious, detrimental, injurious, prejudicial.
ՎՆԱՍԱԿԱՐՈՒԹԻՒՆ prejudice, danger, hurtfulness, malice.
ՎՆԱՍԱՏՈՒ saboteur, partisan (mil.).
ՎՆԱՍԱՐԱՐ malevolent, evil disposed, mischievous, saboteur.
ՎՆԱՍԵԼ to hurt, to harm, to injure, to offend, to damage.
ՎՆԱՍՈՒԻԼ to hurt, to suffer, to be injured.
ՎՇԱԳՈՐԾ flax-dresser, flax-weaver.
ՎՇՏԱԲԵԿ afflicted, grieved, suffering, worn-out.
ՎՇՏԱԲԵՐ doloriferous, dolorific, distressing.
ՎՇՏԱԳԻՆ painful, grievous, doleful, sad.
ՎՇՏԱԳՆԻԼ to be pained, to be offended, to be afflicted.
ՎՇՏԱԼԻ grievous, painful, sad, sorrowful, doleful.
ՎՇՏԱԿԻՐ suffering, grieved, distressed, afflicted.
ՎՇՏԱԿԻՑ pitying with, condoling with.
— **ԸԼԼԱԼ** to condole with, to partake one's grief.
ՎՇՏԱԿՑԻԼ to compassionate, to sympatize with.
ՎՇՏԱԿՑՈՒԹԻՒՆ compassion, mercy, pity, commiseration.
ՎՇՏԱՀԱՐ afflicted, suffering, grieved, pained.
ՎՇՏԱՆԱԼ to be pained, to be offended, to be afflicted.
ՎՇՏԱՑՆԵԼ to offend, to grieve, to pain, to vex, to make sad.
ՎՈՀՄԱԿ pack, troop, band, gang.
ՎՈՒՇ flax.
ՎՌՆՏԵԼ to turn out, to expel, to send away, to dismiss.
ՎՌՆՏՈՒԱԾ dismissed, discharged.
ՎՌՆՏՈՒԻԼ to be expelled, to be discharged, to be turned out.
ՎՍԵՄ eminent, sublime, grand, high, noble.
ՎՍԵՄԱՆԱԼ to excel, to rise above, to become sublime.
ՎՍԵՄԱԾՈՒՓ, ՎՍԵՄԱՊԱՏԻՒ, ՎՍԵՄԱՓԱՅԼ most excellent, most eminent, most honourable.
ՎՍԵՄԱՓԱՅԼՈՒԹԻՒՆ excellence, sublimity, excellency.
ՎՍԵՄՈՒԹԻՒՆ excellence, grandeur, sublimity.
ՎՍԵՐ dispute, contest, debate, arrogant, overbearing.
ՎՍՏԱՀ sure, confident, trusty.
— **ԸԼԼԱԼ** to be sure, to be convinced, to rely upon.
ՎՍՏԱՀԱԲԱՐ surely, confidently.
ՎՍՏԱՀԱՑՈՂ confident, truster.
ՎՍՏԱՀԵՑՆԵԼ to assure, to guarantee, to make sure of.
ՎՍՏԱՀԵԼԻ confidant, deserving of confidence.

ՎՍՏԱՀԻԼ to trust in, to trust to, to rely on, to intrust, to depend upon, to accredit.

ՎՍՏԱՀՈՒԹԻՒՆ confidence, reliance, trust, assurance, surety, faith, belief, self-reliance.

ՎՏԱԿ brook, stream, rivulet, brooklet.

ՎՏԱՆԳ danger, peril, misfortune, risk.

—Ը ԴԻՄԱԳՐԱՒԵԼ to face the danger.

ՎՏԱՆԳԱԼԻՑ dangerous, venturous, full of danger.

ՎՏԱՆԳԱՒՈՐ dangerous, hazardous, perilous, critical.

ՎՏԱՆԳԵԼ to endanger, to risk, to put in danger, to venture.

ՎՏԱՆԳՈՒԻԼ to venture, to run danger, to be in peril, to risk.

ՎՏԱՌ, **ՎՏԱՌԱՆՔ** troop, band, crew, flock.

ՎՏԱՌ chap, crack, chink, cleft, canal.

ՎՏԱՐԱԿԱՆ expulsive, serving expel.

ՎՏԱՐԱՆԴԻ banished, fugitive, wandering, deported.

ՎՏԱՐԵԱԼ exiled, banished, deported.

ՎՏԱՐԵԼ to dislodge, to expel, to exile, to send off.

ՎՏԱՐՈՒԻԼ to be expelled, to be driven away.

ՎՏԱՐՈՒՄ expulsion, exile, deportation, banishment.

ՎՏԻՏ lean, meagre, thin, scraggy, skinny.

ՎՐԱՅ, **ՎՐԱՆ** upon, on, over.

ՎՐԱՆ tent, tabernacle.

ՄԵԾ — marquee.

ՎՐԱՆԱԲՆԱԿ living in tents, nomad, bedwin.

ՎՐԱՆԱԾԱՂԻԿ mallow bindweed.

ՎՐԱՑԻ georgian.

ՎՐԴՈՎԵԼ to disquiet, to disturb, to vex, to trouble, to irritate.

ՎՐԴՈՎԻԼ to be disturbed, to be uneasy, to be troubled.

ՎՐԴՈՎԻՉ alarming, causing fear.

ՎՐԴՈՎՈՒՄ anxiety, uneasiness, alarm, trouble, disorder, vexation.

ՎՐԷԺ vengeance, revenge, retaliation.

— ԼՈՒԾԵԼ to revenge, to avenge.

ՎՐԷԺԽՆԴԻՐ vindictive, revengeful, revenger, avenger.

ՎՐԷԺԽՆԴՐԱԿԱՆ vindictive, revengeful.

ՎՐԷԺԽՆԴՐՈՒԹԻՒՆ vengeance, vindictiveness, vendetta.

ՎՐԷՊՔ fault, blunder, mistakes, defect.

ՎՐԻԺԱԿ revenger, avenger.

ՎՐԻԺԱԿ tusk, razors.

ՎՐԻԺԱՌՈՒ vengeful, vindictive, revenger.

ՎՐԻԺԱՌՈՒԹԻՒՆ vengeance, vendetta.

ՎՐԻՊԱԿ fault, error, mistake.

ՎՐԻՊԱԿԱՆ erroneous, false, unsound.

ՎՐԻՊԱՆՔ error, fault, mistake, oversight, illusion.

ՎՐԻՊԵԼ, **ՎՐԻՊԵՑՆԵԼ** to mislead, to misguide, to mislay, to avert.

ՎՐԻՊԻԼ to miss, to fail, to err, to mistake.

ՎՐԻՊՈՒՄ failing, bungle, error, blunder, oversight.

ՎՐՁԵՆԻ gero corn.

ՎՐՁԻՆ brush, pencil.

ՎՐՆՋԵԼ to neigh.

ՎՐՆՋԻՒՆ neigh, furious lust.

ՎՐՆՋՈՂ neighing.

ՎՐՎՐԱԼ to tremble, to shiver, to stagger, to quiver.

Տ

ՏԱԲԱՏ trousers, pantaloons.
ՏԱԲԱՏԱՁԻԳ braces.
ՏԱԳՆԱՊ torment, torture, anxiety, trouble, crisis, fit, agitation.
ՏԱԳՆԱՊԱԼԻՑ critical, unquiet, anxious, restless.
ՏԱԳՆԱՊԵՑՆԵԼ to perplex, to make uneasy, to disquiet, to disturb.
ՏԱԳՆԱՊԻԼ to be uneasy, to be in despair, to strain, to be alarmed, to take alarm.
ՏԱԳՆԱՊԵՑՈՒՑԻՉ pressing, urgent, alarming, dreadful, causing anxiety.
ՏԱԳՐ brother-in-law.
ՏԱԺԱՆԵԼԻ painful, laborious, toilsome, hard, vexatious.
ՏԱԺԱՆԱԿԻՐ forced, hard, fatiguing, wearisome.
ՏԱԺԱՆԻԼ to tire. to be wearied, to take pains, to weary, to be fatigued.
ՏԱԺԱՆՔ pain, toil, trouble, hardship, weariness, uneasiness.
ՏԱԼ to give, to bestow, to deliver, to remit, to render.
ՏԵՂԻ ՏԱԼ to give up, to yield, to give place.
ՏԱԼ sister-in-law.
ՏԱԼԻՔ debts, liabilities.
ՏԱԽՏ throne, seat, bench.
ՏԱԽՏԱԿ wood, board, plank, shelf, table.
ԳՐԱՇԱՐԻ — galley.
ՏԱԽՏԱԿԱՄԱԾ floor, parquet.
ՏԱԾԵԼ to nourish, to feed, to keep, to entertain.
ՏԱԿ bottom, ground, buttock, lower part, under side.
ՏԱԿԱՌ cask, barrel, butt.
— ՇԻՆԵԼ to cooper.
ՏԱԿԱՌԱԳՈՐԾ cooper.
ՏԱԿԱՌԱՉԱՓ tonnage, ton, gauger.
ՏԱԿԱՌԻԿ small cask.
ՏԱԿԱՒ, — ԱՌ — gradually, little by little.
ՏԱԿԱՒԻՆ yet, still, more, again.
ՏԱԿՆՈՒՎՐԱՅ inverse, upset.
— ԸՆԵԼ to reverse, to upset, to overthrow.
ՏԱԿՆՈՒՎՐԱՅՈՒԹԻՒՆ inversion, disorder, overthrow, confusion.
ՏԱՂ verse, ode, conticle.
ՏԱՂԱՆԴ talent, ability.
ՏԱՂԱՆԴԱՒՈՐ talented, able, of talent.
ՏԱՂԱՉԱՓ versifier.
ՏԱՂԱՉԱՓԵԼ to versify.
ՏԱՂԱՉԱՓՈՒԹԻՒՆ versification.
ՏԱՂԱՒԱՐ tent, tabernacle, outhouse.
ՏԱՂԵԼ to cauterize, to burn.
ՏԱՂԵՐԳ cantus.
ՏԱՂԵՐԳՈՒԹԻՒՆ hymnody, lyric poem.
ՏԱՂՏԿԱԼԻ tiresome, wearisome, annoying, tedious, displeasing.
ՏԱՂՏԿԱՆԱԼ to be tired of, to be wearied of, to nauseate, to tire one's self.
ՏԱՂՏԿԱՑՆԵԼ to tire, to tease, to annoy, to bother, to disgust,
ՏԱՂՏՈՒԿ disgust, dislike, weariness, nuisance, vexation.
ՏԱՃ amaranth.
ՏԱՃԱՐ temple, house of God, church.
ՏԱՃԱՐԱԿԱՆ templar.
ՏԱՃԱՐԱՊԵՏ high priest.
ՏԱՃԻԿ turk.
ՏԱՃԻԿ ՈՒՂՏ dromedary.
ՏԱՄԿԱՆԿԱՐ fresco.
ՏԱՄԿՈՒԹԻՒՆ humidity, moisture, dampness.
ՏԱՄՈՒԿ humid, damp, moist

ՏԱՆԵԼ, ՏԱՆԻԼ to carry, to bear, to carry off, to lead, to take away, to guide.
ՏԱՆԵԼԻ portable, tolerable, supportable.
ՏԱՆԵՐԷՑ chaplain, almoner.
ՏԱՆԻՔ roof.
ՏԱՆՁ pear.
ՏԱՆՁԵՆԻ pear-tree.
ՏԱՆՁՕՂԻ perry.
ՏԱՆՈՒՏԷՐ house holder, landlord, owner, proprietor.
ՏԱՆՋԱՆՔ torment, pain, torture, suffering, grief.
ՏԱՆՋԵԼ to torment, to torture, to rack, to harass.
ՏԱՆՋՈՒԻԼ to be tortured, to suffer, to be in pain.
ՏԱՆՋՈՂ torturer, tormenting, tormentor.
ՏԱՆՏԷՐ house-keeper, proprietor, owner.
ՏԱՆՏԻԿԻՆ dame, housewife, matron.
ՏԱՆՏԻՐՈՒՀԻ mistress, landlady, housewife.
ՏԱՇԵԼ to chip, to hew down, to plane, to unravel.
ՏԱՇԵՂ chips, shaving of wood.
ՏԱՇՏ tub, vat, mug.
ՏԱՇՏԻԿ bucket, tub.
ՏԱՔ heat, hotness, warmth, ardour. ՀԻՒԼԷԱԿԱՆ — atomic heat.
ՏԱՔԱԳԻՆ ardent, burning scorching.
ՏԱՊԱԼԵԼ to throw down, to knock down, to overthrow.
ՏԱՊԱԼԻ trick-track, backgammon.
ՏԱՊԱԼԻԼ to be overthrown, to fall down, to be upset.
ՏԱՊԱԼՈՒՄ overthrowing, overturning.
ՏԱՊԱԿ frying pan.
ՏԱՊԱԿՈՒՄ frying, roasting, torment, pain, grief.
ՏԱՊԱՆ tomb, grave, ark.
ՏԱՊԱՆԱԳԻՐ epitaph.
ՏԱՊԱՆԱԿ the ark of the Lord, coffer, chest.
ՏԱՊԱՆԱՔԱՐ tombstone, gravestone.
ՏԱՊԱՍՏ carpet, rug, mat, scab in cattle.
ՏԱՊԱՐ axe, hatchet.
ՏԱՊԵՂ trick-track, play-ground.
ՏԱՊԼՏԿԻԼ to tumble, to wallow, to roll.
ՏԱՊԼՏԿՈՂ wallower.
ՏԱՊԿԵԼ to fry, to roast.
ՏԱՊԿՈՒԻԼ to be fried, to be roasted.
ՏԱՊԿՈՒՄ frying, roasting.
ՏԱՊՃԱԿ housing, horse-cloth. —
ՏԱՌ letter, character, type.
ՏԱՌԱՊԱՆՔ pain, tribulation, misery, affliction, distress, trouble, vexation, torture, torment.
ՏԱՌԱՊԵԱԼ afflicted, unfortunate, miserable.
ՏԱՌԱՊԵՑՆԵԼ to make to suffer, to grieve, to afflict.
ՏԱՌԱՊԷՍ literally.
ՏԱՌԱՊԻԼ to suffer, to grieve at, to be pained, to be vexed, to afflicted.
ՏԱՌԱՍԽԱԼ orthographic mistake.
ՏԱՌԵԽ herring, shad.
ՏԱՍԱՆՈՐԴ tithe, the tenth part..
ՏԱՍԱՆՈՐԴԱԿԱՆ decimal.
ՏԱՍՆ ten, denary.
ՏԱՍՆԱԲԱՆԵԱՑ decalogue.
ՏԱՍՆԱԿԱՆ denary.
ՏԱՍՆԱՄԵԱՑ of ten years old, decennial.
ՏԱՍՆԱՄՍԵԱՑ of ten months.
ՏԱՍՆԱՊԱՏԿԵԼ to increase ten times as much.
ՏԱՍՆԱՊԵՏ corporal.
ՏԱՍՆԵԱԿ decade.
ՏԱՍՆԵՐՈՐԴ tenth.
ՏԱՍՆԵՕԹԸ seventeen.
ՏԱՍՆՈՐԴԱԿԱՆ decimal.
ՏԱՍՆՈՒԹԸ eighteen.
ՏԱՍՆՄԷԿ eleven.
ՏԱՍՆՉՈՐՍ fourteen.
ՏԱՍՆՀԻՆԳ fifteen.
ՏԱՍՆՎԵՑ sixteen.
ՏԱՍՆԵՐԿՈՒ twelve.
ՏԱՏԱՄՍԻԼ to hesitate, to falter, to balance, to fluctuate.

ՏԱՏԱՄՍՈՒԹԻՒՆ hesitation, faltering, stammering.
ՏԱՏԱՆԵԱԼ agitated, staggering, undecided, shaky.
ՏԱՏԱՆԵԼ to wag, to swing, to shake, to balance.
ՏԱՏԱՆԻԼ to shake, to swing, to waver, to fluctuate, to waddle.
ՏԱՏԱՆՈՒՄ swinging, waving, shaking, oscillation.
ՏԱՏԱՍԿ mouse-thorn.
ՏԱՏՐԱԿ turtle dove, turtle pigeon.
ՏԱՐ remote, far, distant.
ՏԱՐԱԲԱԽՏ unfortunate, unlucky, unhappy, ill-starred.
ՏԱՐԱԲԱՆՈՒԹԻՒՆ paralogism.
ՏԱՐԱԳԻՐ exiled, expatriated, driven away, exile.
ՏԱՐԱԳՆԱՑ banished, estranged.
ՏԱՐԱԳՐԵԼ to exile, to banish, to deport, to drive away.
ՏԱՐԱԳՐՈՒԹԻՒՆ expatriation, proscription, banishment.
ՏԱՐԱԴԻՏԱՑԱՓ theodolite.
ՏԱՐԱԶ form, shape, make, fashion, manner, formula.
ՏԱՐԱԶ common mushroom.
ՏԱՐԱԺԱՄ untimely, premature, mistimed, ill-timed.
ՏԱՐԱԽՈՀԻԿ paradoxal.
ՏԱՐԱԾԱԿԱՆ expanding, dilatable, extensive.
ՏԱՐԱԾԵԱԼ stretched, spread, extended, diffuse.
ՏԱՐԱԾԱՑՈՅՑ stereoscope.
ՏԱՐԱԾԵԼ to spread, to stretch, to expand, to extend, to dilate, to widen.
ՏԱՐԱԾՈՒԻԼ to be spread, to be scattered, to extend, to be propagated.
ՏԱՐԱԾՈՒԹԻՒՆ extent, expansion, space, volume, dimension.
ՏԱՐԱԾՈՒՄ propagation, dilatation, diffusion, expansion.
ՏԱՐԱԾՈՒՆ extensible, ductile, tensible.
ՏԱՐԱԾՔ ՏԵՍ ՏԱՐԱԾՈՒԹԻՒՆ.
ՏԱՐԱԿԱՐԾԻՔ dissident, dissentient, not agreeing.
ՏԱՐԱԿԱՐԾՈՒԹԻՒՆ dissension, divergence, discord.
ՏԱՐԱԿԵԴՐՈՆ eccentric.
ՏԱՐԱԿՈՅՍ doubt, hesitation, suspicion, distrust.
ՏԱՐԱԿՈՒՍԱՆՔ doubt, uncertainty, distrust, irresolution.
ՏԱՐԱԿՈՒՍԵԼԻ dubious, doubtful, undecided.
ՏԱՐԱԿՈՒՍԻԼ to doubt, to hesitate, to scruple.
ՏԱՐԱՁԱՅՆ dissident, divergent.
ՏԱՐԱՁԱՅՆԵԼ to report, to rumour.
ՏԱՐԱՁԱՅՆՈՒԹԻՒՆ rumour, dissidence, report, divulgation.
ՏԱՐԱՁԵՒ deformed, ill-favoured, ugly.
ՏԱՐԱՁԵՒՈՒԹԻՒՆ deformity, ugliness, malformation.
ՏԱՐԱՄԵՐԺ intolerant, outcast.
ՏԱՐԱՑ tare.
ՏԱՐԱՆԿԻՒՆ rhomb, lozenge.
ՏԱՐԱՇԽԱՐՀ remote country, foreign lands.
ՏԱՐԱՊԱՅՄԱՆ excessive, extravagant, exorbitant.
ՏԱՐԱՊԱՐՀԱԿ angaria, forced labour.
ՏԱՐԱՍԵՌԻԼ to decline, to degenerate, to deteriorate.
ՏԱՐԱՍԵՌ heterogenous.
ՏԱՐԱՍԵՌՈՒԹԻՒՆ heterogeneity.
ՏԱՐԱՎԱՐԺ acclimatized.
ՏԱՐԱՓ shower, abundant rain.
ՏԱՐԱՓՈԽԻԿ contagious, infectious, epidemical.
ՏԱՐԱՓՈԽՈՒԹԻՒՆ infection, contagion.
ՏԱՐԲԱՂԱԴՐԵԼ to decompose, to decompound.
ՏԱՐԲԱՂԱԴՐՈՒԹԻՒՆ putrefaction, decomposition.
ՏԱՐԲԵՂՈՒՆ spurious.
ՏԱՐԲԵՐ different, unlike, dissimilar.
ՏԱՐԲԵՐԱԿԱՆ differential.
ՏԱՐԲԵՐԻԼ to differ, to be unlike, to disagree.
ՏԱՐԲԵՐՈՒԹԻՒՆ difference, diversity, disproportion, differentiation, disparity.

ՏԱՐԵԳԻՐ annalist.
ՏԱՐԵԳԻՐՔ annals, year book.
ՏԱՐԵԳՐՈՒԹԻՒՆ annals.
ՏԱՐԵԴԱՐՁ anniversary.
ՏԱՐԵԼԻՑ anniversary, end of the year.
ՏԱՐԵԿԱՆ annual, yearly, in years, annum.
ՏԱՐԵՎՃԱՐ annuity.
ՏԱՐԵՐՔ the elements.
ՏԱՐԵՑ aged, dean, senior.
ՏԱՐԵՑՈՅՑ annuary, almanac.
ՏԱՐԻ year.
ՆԱՀԱՆՋ — leap year.
ՏԱՐԻՔ age, old.
ՏԱՐԻՔՈՏ aged, old.
ՏԱՐՄ flock, collection of birds.
ՏԱՐՀԱՄՈԶՈՒՄ dissuasion, advice against a thing.
ՏԱՐՈՂՈՒԹԻՒՆ tonnage, capacity, scope.
ՏԱՐՈՐՈՇԵԼ to distinguish, to discern.
ՏԱՐՈՒԲԵՐ agitated, tossed about. transport ship.
ՏԱՐՈՒԲԵՐԻԼ to be floated, to be tossed, to shake.
ՏԱՐՈՒԻԼ to be carried, to be taken.
ՏԱՐՏԱՄ perplexed, irresolute, wavering, unsteady.
ՏԱՐՏԱՄՈՒԹԻՒՆ hesitation, uncertitude, perplexity.
ՏԱՐՏԱՐՈՍ Tartarus, hell.
ՏԱՐՐ element.
ՏԱՐՐԱԲԱՆ chemist.
ՏԱՐՐԱԲԱՆՈՒԹԻՒՆ chemistry.
ՏԱՐՐԱԲԱԺԱՆՈՒԹԻՒՆ decomposition, disintegration.
ՏԱՐՐԱԳԷՏ chemist.
ՏԱՐՐԱԼՈՒԾԵԼ to analyse.
ՏԱՐՐԱԿԱՆ elementary.
ՏԱՐՐԱՊԱՇՏ fetishist.
ՏԱՐՐԱՊԱՇՏՈՒԹԻՒՆ fetishism, object-worship.
ՏԱՐՐԱՑՆԵԼ to give a body, to produce, to form.
ՏԱՐՓ love, desire, wish, longing.
ՏԱՐՓԱԼ to desire ardently, to long for. to be in love.
ՏԱՐՓԱԼԻ amiable, beloved, desirable.
ՏԱՐՓԱԾՈՒ lover, woover, fop.
ՏԱՐՓԱՆՔ ardent desire, love, passion.
ՏԱՐՓԱՒՈՐ enamoured, in love, lover, wooer.
ՏԱՐՓՈՒՀԻ lover, suitor, mistress.
ՏԱՐՕՐԻՆԱԿ strange, fantastical, whimsical.
— ԿԵՐՊՈՎ oddly, strangely.
ՏԱՐՕՐԻՆԱԿՈՒԹԻՒՆ strangeness, eccentricity, idiosyncrasy.
ՏԱՒԱՐ cattle.
ՏԱՒԻՂ harp.
ՏԱՓԱԿ flat, level, uniform.
ՏԱՓԱԿՈՒԹԻՒՆ flatness.
ՏԱՓԱԿՆԱԼ to become flat.
ՏԱՓԱԿՏՈՒՑ sheldrake.
ՏԱՓԱԿՑՆԵԼ to flatten, to flat.
ՏԱՓԱՐԱԿ flat, smooth, even.
ՏԱՓԱՐԱԿՈՒԹԻՒՆ flatness, platitude.
ՏԱՔ hot, warm, burning, ardent, animated.
ՏԱՔԱՐԻՒՆ hot-blooded, warm-blooaed, sympathetic.
ՏԱՔԳԼՈՒԽ hot-headed, hot-brained, passionate.
ՏԱՔՆԱԼ to grow warm, to get warm, to become heated.
ՏԱՔՈՒԹԻՒՆ heat, warmth, hotness, coloric, heating, warmness.
ՏԱՔՏՈՒՆ heater, bath, warming room.
ՏԱՔՑՆԵԼ to heat, to warm, to inflame, to excite.
ՏԱՔՑՆՈՂ heating, hot, causing warmth, heater, warmer.
ՏԳԵՂ ugly, ill-looking, deformed, unbecoming, unhandsome, ill-natured.
ՏԳԵՂՆԱԼ to grow ugly, to become deformed.
ՏԳԵՂՄ ugly, ill-looking.
ՏԳԵՂՈՒԹԻՒՆ deformity ugliness, want of beauty.
ՏԳԵՂՑՆԵԼ to disfigure, to deform, to make ugly.

ՏԳԷՏ ignorant, illeterate, unlearned, unskilled, nescient.
ՏԳԻՏԱԲԱՐ ignorantly, unknowingly, unwittingly.
ՏԳԻՏԱԿԱՆ ignorant, agnostic.
ՏԳԻՏԱՆԱԼ to be ignorant, to be unaware of, not to know.
ՏԳԻՏԱՆՔ ignorance, blunder.
ՏԳԻՏՈՒԹԻՒՆ ignorance; stupidity, nescience.
ՏԳՈՅՆ colourless, faded, discoloured.
ՏԵԱՌՆԸՆԴԱՌԱՋ Candlemass-day, Purification.
ՏԵՂ place, spot, room, seat.
ՏԵՂԻ ՈՒՆԵՆԱԼ to take place.
ՏԵՂԱԳՐՈՂ topographer.
ՏԵՂԱԳՐՈՒԹԻՒՆ topography.
ՏԵՂԱՋԱՆՈՒԹԻՒՆ parallax.
ՏԵՂԱԼ to rain, to fall, to drop down.
ՏԵՂԱԿԱԼ lieutenant, vicar.
ՏԵՂԱԿԱԼ ԳՆԴԱՊԵՏ lieutenant colonel.
ՏԵՂԱԿԱԼՈՒԹԻՒՆ lieutenancy.
ՏԵՂԱԿԱՆ local, topic, home made.
ՏԵՂԱՊԱՀ locum tenens, substitute, vicar.
ՏԵՂԱՊԱՀՈՒԹԻՒՆ vicarage, locum tenency.
ՏԵՂԱՊԵՏ toparch.
ՏԵՂԱՏԱՐԱՓ shower of rain, drenching rain.
ՏԵՂԱՏՈՒՈՒԹԻՒՆ reflux, ebbing, ebb-tide.
ՏԵՂԱՐԿՈՒԹԻՒՆ localization.
ՏԵՂԱՑԻ native, aboriginal.
ՏԵՂԱՒՈՐԵԼ to install, to set, to fix, to place.
ՏԵՂԱՒՈՐՈՒԻԼ to be placed, to find a business, to fix one's residence.
ՏԵՂԱՓՈԽԵԼ to displace, to transfer, to convey, to move, to remove, to change the seat.
ՏԵՂԱՓՈԽՈՒԹԻՒՆ displacement, change of place, transposition, locomotion.
ՏԵՂԵԱԿ well informed, instructed, skilled, versed in, skillful.
ՏԵՂԵԿԱԳԻՐ report, statement, bulletin.
ՏԵՂԵԿԱԳՐԵԼ to report, to give an account of.
ՏԵՂԵԿԱՆԱԼ to be informed of, to be aware, to inquire.
ՏԵՂԵԿԱՏՈՒ reporter, intelligencer.
ՏԵՂԵԿԱՑՆԵԼ to inform, to instruct, to acquaint with.
ՏԵՂԵԿՈՒԹԻՒՆ information, intelligence, notice, instruction.
ՏԵՂԻ place, spot, ground, site.
ՏԵՂԻ ՏԱԼ to give way, to submit, to fall of.
ՏԵՆԴ fever.
ՏԵՆԴՈՏ feverish, febrific.
ՏԵՆՉ, ՏԵՆՉԱՆՔ desire, wish, envy, longing for.
ՏԵՆՉԱԼ to wish, to desire, to envy, to burn for, to long for.
ՏԵԹ corn on the foot, veil, cover, mask.
ՏԵԹԱՏԵՍՈՒԹԻՒՆ piles, menses, bloody flux.
ՏԵԹԵԼ to crack, to chap, to peel off.
ՏԵՍ sight, eyesight, view, vision.
ՏԵՍԱԲԱՆ theorist, optician.
ՏԵՍԱԲԱՆՈՒԹԻՒՆ the science of light, optics, theoretics.
ՏԵՍԱԿ species, kind. nature, sort, race, class, order.
ՏԵՍԱԿԱՆ theoretical, visible, formal, special.
ՏԵՍԱԿԱՆԱԳԷՏ theorist, one who is not practical.
ՏԵՍԱԿԱՆՈՒԹԻՒՆ theory, visibility.
ՏԵՍԱԿԱՆՕՐԷՆ theoretically, speculatively.
ՏԵՍԱԿԱՐԱՐ specific.
ՏԵՍԱԿԷՏ view point, point of sight, prospect.
ՏԵՍԱԿՑԻԼ to interview, to see, to have a meeting.
ՏԵՍԱԿՑՈՒԹԻՒՆ interview, meeting.
ՏԵՍԱՆԵԼԻ visible, perceptible, obvious, evident, apparent.
ՏԵՍԱՆԵԼԻՔ organ of sight, the eyes.

ՏԵՍԱՐԱՆ spectacle, view, scene, play, sight, landscape.
ԳԻՒՂԱԿԱՆ — landscape, scenery.
ՏԵՍԱՐԱՆԱԳՐՈՒԹԻՒՆ scenography.
ՏԵՍԱՐԱՆԱՑՈՅՑ diorama.
ՏԵՍԻԱԹԻՆ dessiatine.
ՏԵՍԻԼՔ apparition, vision, aspect, phantom.
ՏԵՍԼԱԳՐՈՒԹԻՒՆ scenagraphy.
ՏԵՍԼԱԿԱՆ ideal, formal.
ՏԵՍԼԱՐԱՆ scene, sircus, spectacle, sight.
ՏԵՍՆԱԼ, ՏԵՍՆԵԼ to see, to look at, to view, to behold.
ՏԵՍՆՈՂ seer, spectator, observer, looker on.
ՏԵՍՆՈՒԻԼ to appear, to be seen, to interview.
ՏԵՍՈՂԱԿԱՆ visual, optic, ascetic.
ՏԵՍՈՂՈՒԹԻՒՆ sight, vision, eye sight.
ՏԵՍՈՒԹԻՒՆ theory, view, conversation, talk, interview, look.
ՏԵՍՈՒՉ inspector, surveyor, intendent; superintendent.
ՏԵՍՉՈՒԹԻՒՆ inspection, survey, superintendence, direction.
ՏԵՍՉՈՒՀԻ inspectress, directress.
ՏԵՍՔ sight, view, beauty, brightness.
ՏԵՍՔՈՏ showy, fine, nice, beautiful.
ՏԵՍՕՐԻՆ at sight.
ՏԵՏՐԱԿ, ՏԵՏՐ paperbook, copy-book, pamphlet, tract.
ՏԵՐԵՒ leaf.
ՏԵՐԵՒԱԶԱՐԴ leafy, green, adorned with leaves.
ՏԵՐԵՒԱԶԵՐԾ leafless, cast off of leaves.
ՏԵՐԵՒԱԹԱՓ leafless, deprived of leeves, defoliation.
ՏԵՐԵՒԱԼԻՑ leafy, full of leaves, folious.
ՏԵՐԵՒԱՒՈՐ leafy, foliated, having leaves.
ՏԵՐԵՒՈՒՄՆ foliation.
ՏԵՒ duration, continuance.
ՏԵՒԱԿԱՆ durable, lasting, stable, abiding.
ՏԵՒԱԿԱՆՈՒԹԻՒՆ durability, permanence, persistency, stability.
ՏԵՒԵԼ to continue, to last, to endure.
ՏԵՒՈՂ lasting, continual.
ՏԵՒՈՂՈՒԹԻՒՆ duration, permanence, durance, continuance in time.
ՏԵՒՈՒՄ duration, continuance, length of time.
ՏԶԶԱԼ to hum, to buzz.
ՏԶԶԱՆՔ buzz, hum, humming.
ՏԶՐՈՒԿ blood-sucker, leech, usurer, oppressor.
ՏԷԳ pick dart, spade (at cards).
ՏԷՐ master, owner, proprietor, mister, gentleman.
ՏԷՐ Lord, God, Sir
ՏԷՐՈՒԹԻՒՆ state, government, power, dominion.
ՏԷՐՈՒՆԱԿԱՆ dominical, lord's.
ՏԷՐՈՒՆԱԿԱՆ ԱՂՕԹՔ the Lord's prayer.
ՏԷՐՏԷՐ priest.
ՏԺԳՈՀ discontent, dissatisfied.
ՏԺԳՈՀԻԼ to be displeased.
ՏԺԳՈՀՈՒԹԻՒՆ discontent, displeasure, dissatisfaction.
ՏԺԳՈՅՆ discoloured, pale, wan, pallid.
ՏԺԳՈՒՆԵԼ to discolour, to fade, to lose colour.
ՏԺԳՈՒՆԻԼ to grow pale, to turn pale, to make pale.
ՏԺԳՈՒՆԻԿ palish, rather pale.
ՏԺԳՈՒՆՈՒԹԻՒՆ paleness, wanness, pallidness.
ՏԻԱՍՓՈՐԱ diaspora.
ՏԻԱՐ Mister, Master, Sir.
ՏԵԱՐՔ gentlemen, sirs.
ՏԻԵԶԵՐԱԲԱՆԱԿԱՆ cosmologic.
ՏԻԵԶԵՐԱԲԱՆՈՒԹԻՒՆ cosmology.
ՏԻԵԶԵՐԱԳՐՈՒԹԻՒՆ cosmography.
ՏԻԵԶԵՐԱԿԱՆ universal, cosmical, ecumenical.
ՏԻԵԶԵՐԱԿԱՆՈՒԹԻՒՆ universality, ecumenicity

ՏԻԵԶԵՐԱՀՌՉԱԿ known all the world over.
ՏԻԵԶԵՐՔ the universe, macrocosm, the earth.
ՏԻԶ tick, acarus.
ՏԻԿ bagpipe, leather bottle, goat skin.
ՏԻԿԻՆ madam, mistress.
ՄԱՆԿԱՄԱՐԴ — young lady, miss, damsel.
ՏԻՂՄ mud, mire, slime, filth, slough
ՏԻՊ type, model, pattern.
ՏԻՊԱՐ type, example, paragon.
ՏԻՏԱՆ titan.
ՏԻՏՂՈՍ title.
ՏԻՐԱԲԱՐ masterly, supremely, arbitrarily.
ՏԻՐԱԾԻՆ Madonna, Mary, Mother of Christ.
ՏԻՐԱԿԱՆ lordly, dominical, divine
ՏԻՐԱՄԱՅՐ Madonna, Mother of Christ, the Holy Virgin.
ՏԻՐԱՆԱԼ to dominate, to have the mastery.
ՏԻՐԱՆԵՆԳ disloyal, traitorous.
ՏԻՐԱՊԵՏԵԼ to dominate, to rule, to govern.
ՏԻՐԱՊԵՏՈՂ dominating, ruling.
ՏԻՐԱՊԵՏՈՒԹԻՒՆ domination, rule, sway, despotism.
ՏԻՐԱՑՈՒ clerk, chorister singing boy in churches.
ՏԻՐԵԼ to master, to subdue, to overcome, to reign over.
ՏԻՐՈՂ dominant, reigning, ruler, master.
ՏԻՐՈՒՀԻ mistress, lady, patroness, landlady, the blessed Virgin.
ՏԻՒ daytime, daylight.
ՏԻՔ age, years, time of life.
ՏԳԵՂԾ disfigured, deformed, ugly, sorry, bad, young
ՏԳԵՂԾՈՒԹԻՒՆ malformation, malconformation, youth.
ՏԽՄԱՐ silly, simple, ignorant, stupid, idiot.
ՏԽՄԱՐԱԲԱՐ stupidly, sillily, foolishly.
ՏԽՄԱՐՈՒԹԻՒՆ ignorance, silliness, idiocy, simplicity.
ՏԽՈՒՐ sad, sorrowful, dull, dark gloomy, cheerless.
ՏԽՐԱԳԻՆ sorrowful, sad, dark grievous, afflicting.
ՏԽՐԱԴԵՄ dull-browed, dull, gloomy sorrowful.
ՏԽՐԱՀՌՉԱԿ notorious, infamous.
ՏԽՐԵՑՆԵԼ to grieve, to sadden, to cast down, to afflict.
ՏԽՐԵՑՈՒՑԻՉ afflicting, grievous troublesome, vexatious, causing pain.
ՏԽՐԻԼ to grieve, to be sad, to be sorry, to feel grief.
ՏԽՐՈՒԹԻՒՆ sorrow, sadness, grief, melancholy, regret.
ՏԿԱՐ weak, feeble, faint, helpless, impotent, invalid.
ՏԿԱՐԱԿԱԶՄ weak, faint, powerless, out of condition.
ՏԿԱՐԱՁԱՅՆՈՒԹԻՒՆ ischnophonia.
ՏԿԱՐԱՄԻՏ weak-minded, milk-sop, imbecile.
ՏԿԱՐԱՄՏՈՒԹԻՒՆ stupidity, slowness, weakness of mind.
ՏԿԱՐԱՆԱԼ to become weak, to weaken, to languish, to grow weak.
ՏԿԱՐԱՑՈՒՄ weakening, debilitation, enfeebling, debility.
ՏԿԱՐԱՑՆԵԼ to weaken, to enfeeble, to debilitate, to attenuate.
ՏԿԱՐՈՒԹԻՒՆ weaknees, feebleness, faintness, debility.
ՏԿՈՃ stout person, barrel bellied person.
ՏՀԱՃ discontent, displeased, dissatisfied, malcontent.
ՏՀԱՃԻԼ to dislike, to be displeased
ՏՀԱՃՈՒԹԻՒՆ displeasure, discontent, dissatisfaction.
ՏՀԱՍ raw, uncooked, unripe, inexpert.
ՏՀԱՍՈՒԹԻՒՆ rawness, crudity, immaturity.
ՏՁԵՒ deformed, ugly, ill-favoured, unshaped

ՏԶԵԽԱՑՈՒՄ deformation, disfigurement.

ՏԶԵԽՈՒԹԻՒՆ ugliness, deformity, malformation.

ՏՂԱԲԵՐ woman in child-bed, parturient, pregnant.

ՏՂԱԲԵՐՈՒԹԻՒՆ, ՏՂԱԲԵՐՔ confinement, child birth, delivery, birth, parturition.

ՏՂԱՅ child, infant, lad.
 ԱՆԱՌԱԿ — prodigal son.

ՏՂԱՅԱԲԱՐ like a child, childishly.

ՏՂԱՅԱԿԱՆ boyish, childish, infantine.

ՏՂԱՅԱՄԻՏ puerile, simple-minded, childish.

ՏՂԱՅԱՄՏՈՒԹԻՒՆ puerility, childishness, simplicity.

ՏՂԱՅԱՍՊԱՆ infanticide, child-murdering.

ՏՂԱՅՈՒԹԻՒՆ infancy, childhood, puerility.

ՏՂԱՅԿԱՆ woman in child-bed, parturient.

ՏՂԵԿ baby, brat, little boy.

ՏՂՄՈՏ dirty, muddy, sloughy, marshy land.

ՏՄԱՐԴԻ inhuman, rude, ill-bred, unpolite, gross.

ՏՄԱՐԴՈՒԹԻՒՆ inhumanity, brutality, brutishness, unpoliteness, grossness.

ՏՆԱԿ small house, cottage, hut.

ՏՆԱԿԱԼ house-holder.

ՏՆԱԿԱՆ domestic, private.

ՏՆԱԿԵԱՑ home-dwelling.

ՏՆԱԿԻՑ cohabitant, neighbour. house mate.

ՏՆԱԿՑՈՒԹԻՒՆ cohabitation, dwelling together.

ՏՆԱՀԱՐԿ hearth-money, impost, tax.

ՏՆԱՇԷՆ thrifty, saving, frugal, thriving.

ՏՆԱՊԱՀ house keeper, porter, door-keeper.

ՏՆԱՍԷՐ domestic, fond of home, retired.

ՏՆԱՐԱՐ thrifty, saving, economical.

ՏՆԿԱԲԱՆ botanist.

ՏՆԿԱԲԱՆՈՒԹԻՒՆ botany, phytology.

ՏՆԿԱԳՈՐԾՈՒԹԻՒՆ planting, cultivation, plantation.

ՏՆԿԱՐԱՆ plantation, herbarium.

ՏՆԿԱՔԱՐ petrified stone, phytolite.

ՏՆԿԵԼ to plant, to fix, to set.

ՏՆԿԻՑ cohabitant, neighbour.

ՏՆՈՒՈՐ house family, house hold.

ՏՆՏԵՍ house keeper, steward, manager.

ՏՆՏԵՍԱԲԱՆ economist.

ՏՆՏԵՍԱԳԷՏ economist, financier.

ՏՆՏԵՍԱԿԱՆ economical.

ՏՆՏԵՍԵԼ to economize, to save, to manage, to regulate.

ՏՆՏԵՍՈՒԹԻՒՆ economy, stewardship, menagement.
 ՔԱՂԱՔԱԿԱՆ — political economy, economics.

ՏՆՕՐԷՆ manager. administrator, director.

ՏՆՕՐԻՆԵԼ to dispose, to prepare, to dispense, to manage, to administer.

ՏՆՕՐԻՆՈՒԹԻՒՆ direction, administration, management.

ՏՆՕՐԷՆՈՒՀԻ manageress, directress.

ՏՆՕՐԻՆՈՒՄ dispensation, administration.

ՏՈԳՈՐԵԼ to imbibe, to imbue, to soak, to steep.

ՏՈԳՈՐՈՒԻԼ to be impregnated, to soak, to imbibe.

ՏՈԳՈՐՈՒՄ impregnation, saturation, absorption.

ՏՈԼԱՐ dollar.

ՏՈԿԱԼ to persist, to resist, to endure, to bear, to suffer.

ՏՈԿՈՍ interest.
 ԲԱՂԱԴՐԵԱԼ — compound interest.

ՏՈԿՈՒՆ durable, lasting, solid, hard, tough.

ՏՈԿՈՒՆՈՒԹԻՒՆ resistance, solidity, firmness.

ՏՈՀՄ family, race, tribe, clan, line.

ՏՈՀՄԱԳՐՈՒԹԻՒՆ genealogy.
ՏՈՀՄԱԿԱՆՈՒԹԻՒՆ good birth, descent, nobility.
ՏՈՀՄԱԿԻՑ kinsman.
ՏՈՀՄԱՀԱՅՐ head of a family.
ՏՈՀՄԱՅԻՆ national, of family, endemic, indigenous.
ՏՈՂ line, range, file, row, rank.
ՏՈՂԱԴՐԵԼ to range, to put in a straight line.
ՏՈՂԱԴՐՈՒԹԻՒՆ ranging in line, laying out by a line.
ՏՈՂԱԿԱՊ brace, double curved bracket.
ՏՈՂԱՄԷՋ interline, space-line.
ՏՈՂԱՆ row, range, file.
ՏՈՂԱՆՑԵԼ to defile, to file off, to march off in a line.
ՏՈՂԱՆՑՈՒՄ marching past, defiling, defile.
ՏՈՂԱՃԱՐ linotype machine.
ՏՈՂԵԼ to range, to thread, to pen, to string.
ՏՈՄԱՐ book, register, calendar.
  ՄԱՅՐ — ledger.
ՏՈՄԱՐԱԿԱԼ book keeper.
ՏՈՄԱՐԱԿԱԼՈՒԹԻՒՆ book-keeping.
ՏՈՄՍ, ՏՈՄՍԱԿ ticket, billet, note, small card.
ՏՈՅԺ damage, detriment, loss.
ՏՈՉՈՐԵԼ, ՏՈՉՈՐԻԼ to burn.
ՏՈՉՈՐՈՒՄ burning, conflagration.
ՏՈՊՐԱԿ sack, bag, wallet, kit-bag.
ՏՈՐՄԻՂ fleet.
ՏՈՒԱՅՏԱՆՔ tribulation, pain, affliction, misery.
ՏՈՒԱՅՏԵԼ to afflict, to grieve, to make to suffer.
ՏՈՒԱՅՏԻԼ to suffer, to grieve at, to be vexed.
ՏՈՒԱՅՐ dower, jointure, marriage, wedding presents.
ՏՈՒԳԱՆՔ fine, penalty, reparation.
ՏՈՒԺԵԼ to fine, to forfeit, to indemnify, to suffer.
ՏՈՒՂՐԱ tougra, royal monogram.
ՏՈՒՆ house, home, family, commercial firm.
  — **ՊԱՀԵԼ** to keep house.
ՏՈՒՆ (ՈՏԱՆԱՒՈՐԻ) couplet, verse, strophe, stanza.
ՏՈՒՆԿ plant, shrub, tree.
ՏՈՒՉՈՒԹԻՒՆ giving in, free gift, delivery.
ՏՈՒՏ tail, stalk, stem.
ՏՈՒՐԵՒԱՌ trading, business, commerce.
ՏՈՒՐՄ chocolate.
ՏՈՒՐՔ giving, donation, gift, taxation, impost, dues, duty.
  ԵԿԱՄՈՒՏԻ — income tax.
  ԱՐՏԱԾՄԱՆ — export duty.
ՏՈՒՓ small box, case, chest.
  ՆԱՄԱԿԻ ՏՈՒՓ letter box.
ՏՈՓԵԼ to ram, to beat with a batlet.
ՏՊԱԳԻՐ printed, published, publisher.
ՏՊԱԳՐԱԿԱՆ typographical, printing.
ՏՊԱԳՐԱՊԵՏ owner, keeper of a printing house.
ՏՊԱԳՐԱՏՈՒՆ printing house, press.
ՏՊԱԳՐԵԼ to print, to publish, to stamp.
ՏՊԱԳՐԻՉ printer, publisher, pressman.
ՏՊԱԳՐՈՒԹԻՒՆ printing, impression, edition, typography.
ՏՊԱՁԱՐԴՈՒԹԻՒՆ goffering.
ՏՊԱՐԱՆ printing house.
ՏՊԱՐԱՆԱՊԵՏ owner, keeper of a printing house.
ՏՊԱՒՈՐԵԼ to imprint, to impress, to print, to mark.
ՏՊԱՒՈՐԻՉ impressive.
ՏՊԱՒՈՐՈՒԹԻՒՆ mark, impression, print.
ՏՊԱՔԱՆԱԿ drawing, tirage.
ՏՊԵԼ to print.
ՏՐՏՌԱԼ to grund, to grown, to mutter.
ՏՐՓԱԼ to covet, to desire ardently, to long for.
ՏՐՓԱԽՏ syphilis, lues venerex.
ՏՐՓԱԿԱՆ erotic, sensual, amorous, loving.
ՏՐՓԱՄՈԼՈՒԹԻՒՆ erotomania, nymphomania.

ՏՈՒՓԱՆՔ amours, concupiscence, unlawful desire.
ՏՈՒՓՈՏ amourous, passionate, ithyphalic, smitten with love.
ՏՏՈՒԱՆ farter.
ՏՏՈՒԵԼ to fart, to break wind.
ՏՐԱԿԱՆ ՀՈԼՈՎ dative case.
ՏՐԱՄ dram, tight, strong, steadfast.
ՏՐԱՄԱԲԱՆ logician, dialectician.
ՏՐԱՄԱԲԱՆԱԿԱՆ logical, dialectic.
ՏՐԱՄԱԲԱՆԵԼ to reason, to argue.
ՏՐԱՄԱԲԱՆՈՒԹԻՒՆ logic, dialectics.
ՏՐԱՄԱԲԱՆՕՐԷՆ logically.
ՏՐԱՄԱԳԻԾ diameter.
ՏՐԱՄԱԴԻՐ disposed, inclined, ready.
ՏՐԱՄԱԴՐԵԼ to dispose, to order, to prepare.
ՏՐԱՄԱԴՐԵԼԻ free, disposable, disengaged.
ՏՐԱՄԱԴՐԵԼԻՈՒԹԻՒՆ state of being disposable.
ՏՐԱՄԱԴՐՈՒԹԻՒՆ disposition, disponibility, disposal.
ՏՐԱՄԱԼԱՐ plump-line.
ՏՐԱՄԱԼՈՒԾՈՒՄ dialysis.
ՏՐԱՄԱԽՈՀ wise, judicious, discreet, rational.
ՏՐԱՄԱԽՈՀԵԼ to reason, to argue.
ՏՐԱՄԱԽՈՀՈՒԹԻՒՆ reasoning, rationality, argument.
ՏՐԱՄԱԽՕՍԵԼ to converse, to chat.
ՏՐԱՄԱԽՕՍ dialogist, dialectician.
ՏՐԱՄԱԽՕՍՈՒԹԻՒՆ logic, dialectics, dialogue.
ՏՐԱՄԱՉԱՓ diameter, diagometer.
ՏՐԱՄԱՍԱՆ dialectician.
ՏՐԱՄԱՍՈՒԹԻՒՆ dialectics, the art of reasoning.
ՏՐԱՄՈՒԳԻ tramway.
ՏՐԵԽ sandal, wooden-shoe.
ՏՐԻԲՈՒՆ tribune, leader of a cause.
ՏՐԻԲՈՒՆՈՒԹԻՒՆ tribuneship.
ՏՐԻՏՈՒՐ reward, recompense, retribution.
ՏՐՄՈՒԽ rake, hay.
ՏՐՈՀԱԿԱՆ disjunctive, adversative.
ՏՐՈՀԵԼ to divide, to sort.
ՏՐՈՀՈՒԹԻՒՆ division, partition, dialysis, punctuation.
ՏՐՈՅԼՈՍ troilus.
ՏՐՈՐԵԼ to grind, to beat small, to dilute.
ՏՐՈՒԲԱԴՈՒՐ troubadour.
ՏՐՈՒԻԼ to be given, to give one's self up.
ՏՐՈՒՊ tiercel, tercel.
ՏՐՈՒՊ humble, meek, unworthy, mild.
ՏՐՈՓԵԼ to palpitate, to trample under foot.
ՏՐՈՓ palpitation.
ՏՐՈՓԻՒՆ noise (of the foot), stamping of the feet.
ՏՐՈՓՈՒՄ palpitation, beating of the heart.
ՏՐՈՓՈՒՆ parpitant, throbbing.
ՏՐՈՔԻԼՈՍ trochilus.
ՏՐՏՄԱԲԱՐ sadly, sorrowly.
ՏՐՏՄԱԳԻՆ sad, sorry, oppressed.
ՏՐՏՄԱԼԻՑ sorrowful, grievous, troublesome.
ՏՐՏՄԱԿԱՆ sad, grievous, sorrowful.
ՏՐՏՄԵՑՆԵԼ to grieve, to make sad, to pain, to afflict.
ՏՐՏՄԵՑՈՒՑԻՉ sad, afflicting, sorrowful, distressing.
ՏՐՏՄԻԼ to be sad, to be afflicted, to grieve.
ՏՐՏՄՈՒԹԻՒՆ grief, sadness, affliction, regret.
ՏՐՏՆՋԱԼ, ՏՐՏՆՋԵԼ to complain, to grudge, to grumble, to murmur.
ՏՐՏՆՋՈՂ plaintive, grumbler, complainer.
ՏՐՏՆՋՈՒՄ complaint, reprouch, blame.
ՏՐՏՈՒՄ sad, sorrowful, melancholic, gloomy, dull, dismal, grieved.
ՏՐՏՈՒՆՋ complaint, murmur, cry, lament.
ՏՐՏՄԱԼ to grunt, to grumble, to growl, to mutter.
ՏՐՏՄԱՑՈՂ grumbling, growling, grumbler.
ՏՐՏՄՈՑ grunting, growling
ՏՐՑԱԿ bunch, bundle, fagot.

ՏՐՑԱԿԵԼ to fagot, to put up in bundles.
ՏՓԻԿ small box.
ՏՔԱԼ to moan, to whine, to fret.
ՏՔՆԵՑՆԵԼ to keep any one up, to keep awake.
ՏՔՆԻԼ to sit up, to attend, to take care, to look after.
ՏՔՆՈՒԹԻՒՆ watch, restlessness, vigilance, wakefuleness.
ՏՕԹ burning heat, scorching heat.
ՏՕԹԱԳԻՆ hot, warm, burning.
ՏՕԹԱԿԷԶ burnt by the heat, sunburnt.
ՏՕԹԱՀԱՐՈՒԹԻՒՆ insolation, sunstroke.
ՏՕԹՈՒԹԻՒՆ heat, warmth, high temperature.
ՏՕՆ holiday, festival, celebration.
ՏՕՆԱԽՄԲԵԼ to celebrate, to feast, to keep holiday.
ՏՕՆԱԽՄԲՈՒԹԻՒՆ holiday, festival, solemnity.
ՏՕՆԱԿԱՆ festive, festival, solemn, public.
ՏՕՆԱՎԱՃԱՌ fair (market), public market.
ՏՕՆԱՑՈՅՑ directory, calendar, calendar of feasts.
ՏՕՆԵԼ to keep holiday, to celebrate, to feast.
ՏՕՐԱԽ anct, dill, dill-seed.

Ր

ՐԱԲՈՒՆ doctor, rabbi, lord.
ՐԱԲՈՒՆԱԿԱՆ doctoral, rabbinic.
ՐԱԲՈՒՆԱՊԵՏ the great rabbin, archirabbin.
ՐԱԲՈՒՆԻ rabbi, master, doctor.
ՐԵՆԱԿԱՆ divine.
ՐԵՏԵԼ to drive, to steer.
ՐԵՏՈՐ orator, speaker.
ՐՈՊԷ instant, second (of time).
ՐՈՏԻՆ meek, humble, vile.
ՐՈՒԲԼԻ russian coin, rouble.
ՐՈՒՊ sirup, a kind of molasses.
ՐՈՒՊ vile, mean.
ՐՈՔ distaff.
ՐՈՔԱԵՆԻ Roka tree (of Arabia).

Ց

ՑԱՐԻ macassar-oil tree.
ՑԱՏՔԵԼ to leap, to jump.
ՑԱԽ maple tree, furze, brushwood.
ՑԱԽԱՒԵԼ small heath, birch broom.
ՑԱԽԱՔԼՈՐ heath cock, grouse.
ՑԱԾ low, vile, mean, abject.
ՑԱԾԱԶԳԻ low born.
ՑԱԾԱՀՈԳԻ mean-spirited, low-spirited.
ՑԱԾՆԱԼ to become low, to abate, to go down.
ՑԱԾՈՒԹԻՒՆ abasement, baseness, meanness, vileness.

ՑԱԾՈՒՆ low, lower, modest, moderate, chaste.
ՑԱԾՑՆԵԼ to lower, to let down, to debase.
ՑԱԿՆ misery, trouble, want, need.
ՑԱՄԱՔ land, earth, ground, continent.
ՑԱՄԱՔ dry, barren, arid, sterile.
ՑԱՄԱՔԱԿՂԶԻ peninsula.
ՑԱՄԱՔԱՅԻՆ continental, terrestrial.
ՑԱՄԱՔԻԼ to dry, to fade, to drain.
ՑԱՄԱՔՈՒԹԻՒՆ dryness, barrenness, aridity.
ՑԱՄՔԱՐԱՐ desiccator.
ՑԱՄՔԵՑՆԵԼ to desiccate, to drain, to dry up.
ՑԱՄՔԵՑՈՒՑԻՉ, **ՑԱՄՔԵՑՆՈՂ** drying, desiccative.
ՑԱՄՔԻԼ to dry up, to waste away, to wither, to become dry.
ՑԱՅԳ night, night time.
ՑԱՅԳԱԳՆԱՑ noctambulist, somnambulist.
ՑԱՅԳԱՀԱՆԴԷՍ evening party.
ՑԱՅԳԱՆՈՒԱԳ, **ՑԱՅԳԵՐԳ** serenate, nocturne, even-song.
ՑԱՅԳԱՏԵՍ nyctalops.
ՑԱՅԺՄ till now, by this time, until now.
ՑԱՅԼՈՍԿՐ pubic-bone, share-bone.
ՑԱՅԼՔ groin.
ՑԱՅՍՕՐ until now, to this day.
ՑԱՅՏԵԼ, **ՑԱՅՏԻԼ** to gush, to spout, to spurt.
ՑԱՅՏԵՑՆԵԼ to make to gush, to spurt out.
ՑԱՅՏՈՂ spouting, gushing.
ՑԱՅՏՈՒՄ gushing, springing.
ՑԱՅՏՈՒՆ salient, top-ranking, gushing out.
ՑԱՆ sowing, dispersion, ephelis, lenticula.
ՑԱՆԵԼ to sow, to spread, to scatter, to strew.
ՑԱՆԾԱՒՈՐ saffron, crocus.
ՑԱՆԿ hedge, enclosure, fence.
ՑԱՆԿ list, roll, index, table, desire.
ՑԱՆԿԱԼ to desire, to wish, to envy, to long for.
ՑԱՆԿԱԼԻ desirable, to be wished for.
ՑԱՆԿԱԾԱՂԻԿ flower-fence.
ՑԱՆԿԱՄՈԼ lustful, lewd.
ՑԱՆԿԱՊԱՏ hedge, enclosed.
ՑԱՆԿԱՊԱՏԵԼ to encircle, to enclose with hedges.
ՑԱՆԿԱՋԱՆ assiduous, unwearied.
ՑԱՆԿԱՍԷՐ lewd, sensual, voluptuous.
ՑԱՆԿԱՍԻՐԵԼ to desire passionately.
ՑԱՆԿԱՍԻՐՈՒԹԻՒՆ lechery, lewdness, lust, love, concupiscence.
ՑԱՆԿԱՏԵՍՈՒԹԻՒՆ day dreaming.
ՑԱՆԿԱՑՈՂ desirous, covetous, lusting after.
ՑԱՆԿԱՓԵԿՈՆ horn-beam, yoke-elm.
ՑԱՆԿԵԼ to hedge, to fence, to wall in.
ՑԱՆՈՂ sower, spreader, sprinkler.
ՑԱՆՈՒՄ sowing.
ՑԱՆՑ net, net-work, snare.
ՑԱՆՑԱԴԻՐ net-layer.
ՑԱՆՑԱՌ scarce, light, thin, slack.
ՑԱՆՑԱՌԱՄԻՏ shallow-brained, silly.
ՑԱՆՔ sowing, sowing time.
ՑԱՍԿՈՏ passionate, choleric, irascible.
ՑԱՍԿՈՏՈՒԹԻՒՆ outburst, fit of passion, irascibility.
ՑԱՍՈՒՄ anger, passion, indignation, vexation.
ՑԱՏԿԵԼ to gush, to spout, to cut a caper.
ՑԱՏՔԵԼ to leap, to jump, to bound.
ՑԱՏՔԵՑՆԵԼ to make to jump, to jump, to cause to bound.
ՑԱՏՔՈՂ hopping, skipping, leaper, jumper.
ՑԱՐԱՍԻ birch tree.
ՑԱՒ pain, ache, pang, anguish, grief, sorrow.
 ԳԼԽՈՒ ՑԱՒ head-ache.
ՑԱՒԱԳԱՐ infirm, weak, feeble, unwell, sickly.
ՑԱՒԱԳԻՆ painful, doleful, afflicted, painfully.
ՑԱՒԱԳՆՈՏ sad, pitiful, weak, unwell.

ցաւագնիլ to suffer pain, to be in pain, to have sorrow.
ցաւագնութիւն pain, grief, sufferance, sickness.
ցաւալի painful, doleful, grievous, sad, woeful.
ցաւակից condoler, feeling for, condoling with.
ցաւակցական of condolence, condoling.
ցաւակցիլ to condole, to pity, to compassionate.
ցաւակցութիւն condolence, compassion, sympathy.
ցաւել to grieve at, to regret, to lament.
ցաւեցնել, **ցաւցնել** to cause pain, to make suffer.
ցաւիլ to suffer pain, to feel pain, to regret, to pity.
ցաքան scarificator, harrow.
ցաքանել to harrow, to scarify.
ցելել to rend, to cleave, to break, to split.
ցեխ mud, mire, dirt.
ցեխոտ muddy, miry, dirty.
ցեխոտել to dirt, to bemire, to draggle.
ցեխոտիլ to get dirty, to draggle.
ցեղ tribe, race, caste.
ցեղաբան ethnologist.
ցեղաբանութիւն ethnology.
ցեղական lineal.
ցե՛ղակից clansman, person of the same race.
ցեղապետ chieftain, chief of a tribe.
ցետ tail.
ցերեկ daytime, midday, noon.
ցերեկօթիկ (դպրոց) day school.
ցեց warm, maggot, mile, ringworm, clothes-moth.
ցեցակեր worm-eaten, moth-eaten.
ցին kite, glede, buzzard.
ցիռ wild ass, onager.
ցիրուցան dispersed, scattered.
— **ընել** to disperse, to scatter, to strew about.
ցից stake, pale, pile, peg, upright.
ցլամարտ bull-fight, bull-fighter, malador.
ցլամարտութիւն bull-fighting.
ցլաշուն bull dog.
ցկնիլ to pup, to cut. to litter.
ցնդաբանութիւն disconnected talk, rigmarole.
ցնդած decripit, dotard. driveller, worn-out.
ցնդածութիւն dotage. decrepitude.
ցնդական volatile, evaporable.
ցնդականութիւն volatility.
ցնդել to volatilize, to evaporate, to dissipate.
ցնդելի evaporable, volatile.
ցնդեցուցիչ causing, evaporation.
ցնդիլ to vanish, to be volatilized, to dote.
ցնդում evaporation, dispersion.
ցնծագին merry, joyous.
ցնծալ to be merry, to rejoice, to leap for joy.
ցնծալի joyful cheering, merry, joyful.
ցնծերգ allegro.
ցնծութիւն joy, mirth, social merriment.
ցնկնիլ to pup, to cub, to litter.
ցնորած decrepit, demented, dotard.
ցնորական illusory, chimerical, imaginary, vertiginous.
ցնորոկոծ delirious, frantic.
ցնորամիտ visionary, delirious, utopian.
ցնորամտութիւն infatuation. whim.
ցնորեցնել to make to rave, to craze. to infatuate. to render foolish.
ցնորիլ to rave, to be crazy, to become delirious.
ցնորում frenzy, delirium, rage, ecstasy.
ցնորք delirium, musing, revery, illusion, hallucination.
ցնցարգել air-cushion.
ցնցել to shake, to jog, to shock.
ցնցղատապ bronchitis.
ցնցոտի rag, tatter, rubbish.

ՑՆՑՈՒՂ watering-pot, bronchus-duct.
ՑՆՑՈՒՄ shake, shock, jerk, blow, succussion, concussion.
ՑՈԼԱՐԱՆՈՒԹԻՒՆ radiology.
ՑՈԼԱԿԱՆ shining, reflexible.
ՑՈԼԱԿԱՆՈՒԹԻՒՆ reflexibility.
ՑՈԼԱՆԱԼ to reflect, to flash, to be reflected.
ՑՈԼԱՉԱՓ radiometer.
ՑՈԼԱՑԻԿ reflecting, reflector.
ՑՈԼԱՑՈՒՄ reflection.
ՑՈԼԱՑՆԵԼ to reflect, to throw back, to reverberate.
ՑՈԼԱՑՈՒՑԻՉ reflecting, reflector.
ՑՈԼԱՔԱՐ stilbite, desmine.
ՑՈԼՔ reflections, reflex (of light).
ՑՈՂ, ***ՑՈՂՈՒՆ*** stem, trunk, stalk, dewy.
ՑՈՂԿ myriapod.
ՑՈՅՑ show, parade, demonstration, indication, mark.
— ***ՏԱԼ*** to show, to let see, to point out.
ՑՈՐԵՆ wheat, corn, grain.
ՑՈՐԵՆԱՀԱՏ grain of wheat, grain.
ՑՈՐԵՆԱՎԱՃԱՌ corn merchant, seedsman.
ՑՈՒԼ bull.
ՑՈՒԼԸ ԿԸ ԲԱՌԱՉԷ the bull bellows.
ՑՈՒՆՑ shake, shock, concussion, blow, toss.
— ***ՏԱԼ*** to give a blow, to shake, to jolt, to toss.
ՑՈՒՊ crook, staff, rod, stick, wand.
ՑՈՒՐՏ cold, cool, indifferent.
— ***ԱՌՆԵԼ*** to catch cold.
ՑՈՒՑԱԿ list, catalogue, dial plate, table, index.
ՈՒՑԱԿԱԳՐՈՒԹԻՒՆ inventory, stock-taking.
ՑՈՒՑԱԿԱՆ demonstrative, indicative.
ԴԵՐԱՆՈՒՆ demonstrative pronoun.
ՑՈՒՑԱԿԱՆՈՒԹԻՒՆ demonstration, display.
ՑՈՒՑԱՄԱՏ forefinger.
ՑՈՒՑԱՄՈԼ ostentatious, fop, dandy.
ՑՈՒՑԱՄՈԼՈՒԹԻՒՆՔ ostentation, vainglory.
ՑՈՒՑԱՆԱԿ index, token, sign.
ՑՈՒՑԱՆՔ monster, unnatural production.
ՑՈՒՑԱՐԱՆ pillory.
ՑՈՒՑԻՉ indicative, index, indicator.
ՑՈՒՑՈՒՄ indication, proof, argument, exposition.
ՑՈՒՑՆԵԼ to show, to indicate, to point out, to prove.
ՑՈՓ blackguard, lewd, dissolute, licentious.
ՑՈՓԱԲԱՆՈՒԹԻՒՆ indecent language.
ՑՈՓԱԲԵՐԱՆ blackguard, filthy-tongued.
ՑՈՓԱԳՆԱՑ blackguard, leading a dissolute life.
ՑՈՓԱԿԵԱՑ wanton, licentious, dissolute.
ՑՈՓՈՒԹԻՒՆ dissoluteness, lewdness, erotomania, lechery.
ՑՊԱՀՄԱՅՈՒԹԻՒՆ rabdomancy.
ՑՌԿԱՆԱՒ galley, barge, rowboat, galleon.
ՑՌՈՒԿ muzzle, snout, cut-water.
ՑՐԴԵՆԻ sabin, savin.
ՑՐԵԼ to break away, to disperse, to scatter.
ՑՐՈՒԱԾ scattered, dispersed.
ՑՐՈՒԱԾՈՒԹԻՒՆ dispersion, scattering.
ՑՐՈՒԵԼ to disperse, to scatter, to dispel, to dispread.
ՑՐՈՒԻԼ to be dispersed, to be scattered, to divert, to dispel.
ՑՐՈՒԻՉ foot post, postman, disperser, distributor.
ՑՐՈՒՈՒՄ dispersion, scattering, dissemination.
ՑՐՏԱԲԵԿ frost-bitten.
ՑՐՏԱԲԵՐ frigorific, chilly.
ՑՐՏԱԳԻՆ very cold, coolly.
ՑՐՏԱՀԱՐ frost-bitten, struck with cold.
ՑՐՏԱՆԱԼ to cool, to grow cold, to catch cold.

ՑՐՏԱԾՈՒՆՉ cold, gracial, chilly, frosty.
ՑՐՏԱՉԱՓ cryometer, psychrometer.
ՑՐՏԱԳՈՒԹԻՒՆ cooling, chill, refrigeration, coldness.
ՑՐՏԱՐԱՆ cooling apparatus, frigidarium.
ՑՐՏԱՑՈՒՑԻՉ frigorific, refrigerant.
ՑՐՏԻՆ cold, chilly, coldish.
ՑՐՏՆԽԱԾ chilblain.
ՑՐՏՈՒԹԻՒՆ cold, coldness, chilliness, coolness, indifference.
ՑՐՏՈՒՌԵՑ chilblain.
ՑՑԱՊԱՏՆԷՇ palisade, stockade.
ՑՑԱՊԱՏՆԻՇՈՒՄ empalement.
ՑՑԵԼ to thrust down, to drive in, to breek in.
ՑՑՈՒԱԾՔ erection, protuberance.
ՑՑՈՒԻԼ to stand erect, to bristle up, to sprout, to pullulate, to germinate.
ՑՑՈՒՄ breaking in, standing up, gemmation.
ՑՑՈՒՆ salient, prominent.
ՑՑՈՒՆԱՁԱՐԴ crested, tufled, plumed.
ՑՑՈՒՆՔ aigret, tuft, plume, crest of the peacock.
ՑՑՈՒՈՒՄ budding, gemmation.
ՑՓԱՅ mohair, serge, camlet.
ՑՈՂ dew, cool.
ՑՈՂԱԲՈՒԽ dew producing.
ՑՈՂԱԹՈՒՐՄ dewy, full of dew.
ՑՈՂԱՐԱՆ, ՑՈՂԱՊԱՏ covered with dew.
ՑՈՂԱՐԱՆ retting pond, retting-pit.
ՑՈՂԵԼ to bedew, to wet, to water.
ՑՈՂԷՋՔ fall of dew.
ՑՈՂՈՒԵԼ to rinse, to wash, to cleanse.
ՑՈՂՈՒՆ stem, trunk, stalk, dewy.
ՑՈՂ sulphur, brimstone.

Ւ

Ւ seven thousand.
Ւ and.
ՒԻՒԹ essence, mucus.
ՒԻՒՍ mat, tissue, textile.
ՒԻՒՐ his, her, its.
ՒՈՎԻՒ pastor, shepherd.

Փ

ՓԱԳԱՀ stable, cattle shed.
ՓԱԹԱԹԵԼ, ՓԱԹԹԵԼ to wrap up, to envelop, to pack up, to do up.
ՓԱԹԱԹՈՒՄ, ՓԱԹԹՈՒՄ wrapping up, enveloping, wrappage.
ՓԱԹԹՈՑ turban, cover, headband.
ՓԱԽՈՒՍՏ flight, escape, evasion, running away, leakage.
ՓԱԽՉԻԼ to escape, to desert, to get away, to fly off.

ՓԱԽՉՈՂ fleeing, flying, fugitive.
ՓԱԽՉՏԻԼ to escape, to flee, to shift. to tergiversate.
ՓԱԽՉՏՈՒՔ shift, tergiversation.
ՓԱԽՍՏԱԿԱՆ fugitive, deserter, run away, turn-coat.
ՓԱԽՑՆԵԼ to turn away, to make to flee, to put to flight, to miss.
ՓԱԿ shut, closed, locked.
ՓԱԿԱԳԻԾ parenthesis ( ).
ՓԱԿԱԳԻՐ monogram, paraph.
ՓԱԿԱՆՔ lock, key.
ՓԱԿԵԼ to shut, to close, to lock. to conclude.
ՓԱԿԵՂ shoulder-knot, chaperon, headdress.
ՓԱԿԻԼ to stick to, to fit tight, to adhere.
ՓԱԿՈՒԻԼ to be closed. to be locked.
ՓԱԿՈՒՄ shutting, closing, cloture.
ՓԱԿՉԻԼ to stick, to adhere, to join, to fasten.
ՓԱԿՉՈՒՆ adhesive, sticky, viscous. slimy.
ՓԱԿՑՆԵԼ to glue, to paste, to fasten, to attach, to apply.
ՓԱՀԼ stallion, male horse.
ՓԱՂԱՔՇԱԿԱՆ flattering, wheedling, tender, pleasing, endearing.
ՓԱՂԱՔՇԱՆՔ wheedling, caresses, flattery, coaxing.
ՓԱՂԱՔՇԵԼ . to caress, to cajole, to coax, to wheedle.
ՓԱՂԱՔՇՈՂ wheedler, coaxer, cajoler, fawning.
ՓԱՂԱՔՇՈՏ wheedling, cajoling, seductive, wheedler.
ՓԱՂԻԺ tarantula.
ՓԱՂՓԱՂԻԼ to shine. to glitter, to gleam.
ՓԱՂՓԻԼ to shine brightly, to be resplendent.
ՓԱՂՓՈՒՄ splendour, resplendence, brilliancy.
ՓԱՂՓՈՒՆ shining, bright, glittering. brilliant.
ՓԱՄՓՇՏԱՊՏՈՒՂ cystocarp.
ՓԱՄՓՇՏԱՏԱՊ cystitis.
ՓԱՄՓՈՒՇՏ cartridge.

ՓԱՅԻԿ footman.
ՓԱՅԼ shine, brightness, radiancy, lustre.
ՓԱՅԼԱԾՈՒ mercury.
ՓԱՅԼԱԿ lightning.
ՓԱՅԼԱԿԱՆ pyramid, pyre.
ՓԱՅԼԱԿԵԼ to lighten, to flash, to sparkle.
ՓԱՅԼԱԿՆԱԿԱԼ lightning arrester.
ՓԱՅԼԱԿՆԱՀԱՐ struck with lightning.
ՓԱՅԼԱԿՆԱՑԱՅՏ sparkling, flashing glittering.
ՓԱՅԼԱՏԱԿԵԼ to sparkle, to flash, to lighten.
ՓԱՅԼԱՏԱԿ lightning, brightness, spark, flash.
ՓԱՅԼԱՏԱԿՈՒՄ flashing, lightning. scintillation, sparkling.
ՓԱՅԼԱՏԵԼ to take the lustre from.
ՓԱՅԼԱՐ mica.
ՓԱՅԼԵՑՆԵԼ to polish, to make to shine, to glitter, to brighten.
ՓԱՅԼԻԼ to shine, to sparkle, to glitter, to glisten.
ՓԱՅԼԵՆԻ May bush.
ՓԱՅԼԻՆ shine, brightness, splendour, radiancy.
ՓԱՅԼՈՂ shinning, brilliant, sparkling.
ՓԱՅԼՈՒԿ moth.
ՓԱՅԼՈՒՄ shining, flame, blaze.
ՓԱՅԼՓԼԻԼ to be chatoyant, to flash iridescent hues.
ՓԱՅԼՈՒՆ bright, radiant, shining, dazzling, glossy.
ՓԱՅԼՓԼՈՒՆ chatoyant, iridescent.
ՓԱՅԾԱՂ spleen, milt.
ՓԱՅԾԱՂԵԱՅ splenoid.
ՓԱՅԾԱՂՆԱԲԱՆՈՒԹԻՒՆ splenology.
ՓԱՅԾԱՂՆԱՏԱՊ splenitis.
ՓԱՅՏ wood, timber, tree.
ՓԱՅՏԱԿԵՐՏ scaffold, plank, made of wood, built of wood.
ՓԱՅՏԱԿՈՅՏ wood-pile.
ՓԱՅՏԱՀԱՐ wood-cutter, logman, feller.
ՓԱՅՏԱՆԻՇ tally.
ՓԱՅՏԱՆՈՑ woodhouse.

ՓԱՑՏԱՇԷՆ wooden, made of wood.

ՓԱՑՏԱՎԱՃԱՌ wood seller, wood-monger.

ՓԱՑՏԱՐ axe, hatchet, pick-axe.

ՓԱՑՏԵՂԷՆ, ՓԱՑՏԵԱՑ wooden, of wood, ligneous.

ՓԱՑՏՈՋԻԼ bug, bed-bug.

ՓԱՑՏՓՈՐ wood-pecker, creeper.

ՓԱՑՓԱՑԱՆՔ caress, endearment, coaxing, flattering.

ՓԱՑՓԱՑԵԼ to caress, to coax, to wheedle, to flatter.
ՄԱՆՈՒԿԸ — to dandle, to fondle.

ՓԱՑՓԱՑՈՂ caressing, fawning.

ՓԱՆԱՔԻ small, mediocre, worthless.

ՓԱՆԴԻՌՆ pandore, mandore.

ՓԱՊԱՐ cavern, den.

ՓԱՊԱՐԻԼ to crack, to split, to gape.

ՓԱՊԱՐՈՒՄՆ callosity, tyloma.

ՓԱՊՈՒՂԻ tunnel, underground way.

ՓԱՌԱԲԱՆԵԼ to glorify, to praise, to laud.

ՓԱՌԱԲԱՆՈՒԹԻՒՆ laud, praising, glory, honour, gloria.

ՓԱՌԱԶԱՐԴ glorious, blessed, glorified.

ՓԱՌԱԽՆԴԻՐ eager, after glory, ambitious, pretentious.

ՓԱՌԱԿԱԶՄ beautifully bound.

ՓԱՌԱՄՈԼ ambitious, greedy of glory, aspiring.

ՓԱՌԱՄՈԼՈՒԹԻՒՆ ambition, aspiration.

ՓԱՌԱՊԱՆԾ glorious, blessed.

ՓԱՌԱՍԷՐ ambitious, fond of glory, aspiring.

ՓԱՌԱՍԻՐՈՒԹԻՒՆ ambition, love of glory, vanity.

ՓԱՌԱՏԵՆՉ eager after glory, honours.

ՓԱՌԱՒՈՐ glorious, eminent, illustrious, stately, pompous, splendid.

ՓԱՌԱՒՈՐԱՊԷՍ gloriously, sumptuously.

ՓԱՌԱՒՈՐԵԱԼ glorified, blessed.

ՓԱՌԱՒՈՐԵԼ to glorify, to render honour.

ՓԱՌԱՒՈՐՈՒԹԻՒՆ glory, pomp, grandeur, dignity, splendour.

ՓԱՌՈՒՆԱԿ glorious.

ՓԱՌՔ glory, fame, pomp, praise. splendour.

ՓԱՌՔԵՆԻ superb lily.

ՓԱՍԻԱՆ pheasant.

ՓԱՍՏ plea, reason, argument, motive.

ՓԱՍՏԱԲԱՆ advocate, lawyer, pleader, barrister, solicitor.
ՎՃՌԱԲԵԿ ԱՏԵԱՆԻ — barrister-at-law.

ՓԱՍՏԱԲԱՆԵԼ to argue, to plead, to reason.

ՓԱՍՏԱԲԱՆՈՒԹԻՒՆ advocacy, pleading, argumentation.

ՓԱՍՏԱԹՈՒՂԹ document, an official paper.

ՓԱՐԱԽ sheep fold, pen, cattle camp. coop, convent.

ՓԱՐԱՏԵԱԼ dissipated, dispersed, dispelled.

ՓԱՐԱՏԵԼ to dissipate, to dispel, to disperse, to avert.

ՓԱՐԱՏԻԼ to divert, to disappear, to be dispersed, to be dispelled.

ՓԱՐԱՏԻՉ resolutive, resolvent, removing.

ՓԱՐԱՏՈՒՄ dissipation, dispersion, resolution.

ՓԱՐԱՏՈՔՍ paradox.

ՓԱՐԱՒՈՆ Pharaoh.

ՓԱՐԹԱՄ rich, wealthy, opulent.

ՓԱՐԹԱՄՈՒԹԻՒՆ wealth, richness, opulence.

ՓԱՐԻԼ to cling to, to embrace, to adhere, to attach to.

ՓԱՐԻՆՁ spelt wheat.

ՓԱՐԻՍԵՑԻ pharisee, hypocrite.

ՓԱՐՈՍ lighthouse, phare, pharos.

ՓԱՐՈՒՄ embrace, clinging to, clasp, adherence.

ՓԱՐՉ water-jar, water-pot.

ՓԱՐՍԱԽ league (two and half English miles).

ՓԱՓԱՔ wish, desire, eagerness, longing.

ՓԱՓԱՔԻԼ to desire, to envy, to long for.

ՓԱՓԱՔԵԼԻ desirable, covetable, to be wished for.

ՓԱՓԱՔԵՑՆԵԼ to render desirous.

ՓԱՓԱՔՈՂ desirous, anxious, envious

ՓԱՓԿԱԳՈՅՆ most delicate.

ՓԱՓԿԱՄՈՐԹ mollusk, soft skinned.

ՓԱՓԿԱՆԿԱՏ delicate, tactful.

ՓԱՓԿԱՍԷՐ delicate, sensitive, voluptuous.

ՓԱՓԿԱՍՈՒՆ delicate, dainty, petted, nice.

ՓԱՓԿՈՒԹԻՒՆ tenderness, delicacy, daintiness, effeminacy.

ՓԱՓՈՒԿ delicate, soft, tender, fine, dainty, nice.

ՓԵԳԵՆԱՅ common rue.

ՓԵԹԱԿ bee-hive.

ՓԵԿՈՆ common beech.

ՓԵՂԿ shutter, curtain.

ՓԵՂՈՅՐ hat (man's), bonnet.

ՓԵՃԵԿ shell, cod, husk.

ՓԵՍԱՅ bridegroom, son-in-law.

ՓԵՍԱՅԱՆԱԼ to marry, to espouse.

ՓԵՍԱՑԱՑՈՒ future husband, intended husband.

ՓԵՏԱՏ hatchet.

ՓԵՏԵԼ to pull out, to pluck out, to depilate.

ՓԵՏՈՒՐ feather

ՓԵՏՐԱԶԱՐԴ feathered, plumy.

ՓԵՏՐԱԹԱՓ featherless, stripped of feathers.

ՓԵՏՐԱԾԱՂԻԿ fether-flower, fox-tail.

ՓԵՏՐԱՎԱՃԱՌ feather-merchant.

ՓԵՏՐԱՏԵԼ to deplume.

ՓԵՏՐԱՒԵԼ duster, feather-plume.

ՓԵՏՐԱՓՈԽՈՒԹԻՒՆ casting off the feathers, moulting.

ՓԵՏՐՈՒԱՐ February

ՓԵՐԵԶԱԿ peddler, haberdasher, packman.

ՓԵՐԵԶԱԿՈՒԹԻՒՆ mercery, haberdashery.

ՓԵՐԹԱՔԱՂ rag-picker.

ՓԹԹԵԼ to open, to blossom, to shoot forth

ՓԹԹՈՒՄ, ՓԹԻԹ blowing, blossoming, shoot.

ՓԻԹՐԱԽ lich-wort.

ՓԻԼԻՍՈՓԱՅ philosopher.

ՓԻԼԻՍՈՓԱՅԱԿԱՆ philosophical.

ՓԻԼԻՍՈՓԱՅՈՒԹԻՒՆ philosophy.

ՓԻԼՈՆ cloak, mantle.

ՓԻՂ elephant.

ՓԻՒՆԻԿ phenix, fabulous bird.

ՓԼԱԾ ruined, fallen down, ruin, rubbish.

ՓԼԱԾՔ rubbish, coarse plaster.

ՓԼԱՏ decayed, fallen down.

ՓԼԱՏԱԿ ruins.

ՓԼԱՒ pilou, stewed rice.

ՓԼԻԹ idle, lazy, easy going.

ՓԼՈՄԻՍ Jerusalem sage.

ՓԼՈՐՈՍ, ՓԼՈՐԱ, Flora.

ՓԼՈՒԶՈՒՄ collapse, falling down, fall, sinking.

ՓԼՉԻԼ to collapse, to fall down, to sink, to perish.

ՓԼՑՆԵԼ to demolish, to pull down, to destroy, to ruin.

ՓԽԱՐ gout stone, tophus.

ՓԽՐԱԿԱՆ friable..

ՓԽՐԱԿԱՆՈՒԹԻՒՆ friableness.

ՓԽՐԵԼ to burn, to parch, to scar.

ՓԽՐԻԼ to be parched, to become exhausted.

ՓԽՐՈՒՆ friable, crisp.

ՓՂԱՊԱՆ mahout.

ՓՂՈՍԿՐ ivory, elephant's tusk.

ՓՃԱԽՕՍ silly talker.

ՓՃԱԽՕՍՈՒԹԻՒՆ idle-story, fiddle-faddle.

ՓՃԱԽՕՍԵԼ to tattle, to invent stories.

ՓՃԱՆԱԼ to be destroyed, to be annihilate.

ՓՃԱՏ mountain fringe.

ՓՃԱՑՆԵԼ to destroy, to annihilate

ՓՆԹԻ sordid, sloven, dirty, sluttish.

ՓՆԹԻՈՒԹԻՒՆ sordidness, sluttishness.

ՓՆՋԻՒՆ sneeze, bellowing.

ՓՆՋԵԼ to bellow, to puff.

ՓՆՋԱԿԱԼ flower-vase

ՓՆՋԻԿ bow, ear-knot, little bouquet.
ՓՆՏՌԵԼ to seek, to look for, to look after, to search.
ՓՆՏՌՈՂ seeker, searcher, inquirer.
ՓՆՏՌՈՒԻԼ to be looked, to be on demand, to be searched.
ՓՆՏՌՏՈՒՔ search, quest, inquiry, investigation.
ՓՇԱԹԵԼ barbed wire, glochis.
ՓՇԱԼԻ thorny, prickly, spiny.
ՓՇԱԽՆՁՈՐ thorn-apple.
ՓՇԻԿ little thorn, spinule.
ՓՇՈՏ thorny, spinous, prickly.
ՓՇՈՏՈՒԹԻՒՆ spinosity, prickliness.
ՓՇՈՒՐ little bit, crumb.
ՓՇՐԱՆՔ crumbs, scraps, small lits.
ՓՇՐԵԼ to grind, to pound, to pulverize.
ՓՇՐԵԼԻ triturable.
ՓՇՐԻԼ to break, to be broken to pieces, to split.
ՓՇՐՈՂ grinder, pounder.
ՓՇՐՈՒՄ trituration, grinding.
ՓՈԹ plait, fold, wrinkle, crease.
ՓՈԹԱՆ mallet, beetle.
ՓՈԹԵԼ to plait, to wrinkle.
ՓՈԹԻԼ to wrinkle, to be plaited.
ՓՈԹԻՉ plaiter.
ՓՈԹՈՐԻԿ tempest, storm, agitation.
ՓՈԹՈՐԿԱԼԻՑ, **ՓՈԹՈՐԿԱԾՈՒՆՋ** tempestuous, stormy, turbulent.
ՓՈԹՈՐԿԻԼ to storm, to bluster, to whirl.
ՓՈԹՈՐՈՒԹԻՒՆ turbination.
ՓՈԹՈՒՄ plaiting, folding.
ՓՈԽ loan, barrowing, antiphon.
ՓՈԽ ՏԱԼ to lend, to give.
ՓՈԽ ԱՌՆԵԼ to barrow.
ՓՈԽԱԲԵՐԱԲԱՐ figuratively, metaphorically.
ՓՈԽԱԲԵՐԱԿԱՆ metaphoric, allegorical, figurative.
ՓՈԽԱԲԵՐՈՒԹԻՒՆ metaphor, tropology.
ՓՈԽԱԴԱՐՁ mutual, reciprocal, respective.
ՓՈԽԱԴԱՐՁԱԲԱՐ mutually, respectively, vice versa.
ՓՈԽԱԴԱՐՁԵԼ to compensate, to return, to reciprocate.
ՓՈԽԱԴԱՐՁՈՒԹԻՒՆ mutuality, reciprocity, compensation.
ՓՈԽԱԴՐԱԳԻՆ carriage, cost of conveyance.
ՓՈԽԱԴՐԱԿԱՆ contagious, transmissive, of transport.
ՓՈԽԱԴՐԵԱԼ brought forward, carried forward.
ՓՈԽԱԴՐԵԼ to transport, to convey, to transfer.
ՓՈԽԱԴՐԵԼԻ transportable, transferable, carried forward.
ՓՈԽԱԴՐԻՉ transporter, glider.
ՓՈԽԱԴՐՈՒԹԻՒՆ transport, removal, conveyance, transportation, carriage, transmission.
ՓՈԽԱԴՐՈՒԻԼ to remove, to transmigrate, to be displaced.
ՓՈԽԱԿԵՐՊԱԿԱՆ transformist.
ՓՈԽԱԿԵՐՊԵԼ to transform, to transmute.
ՓՈԽԱԿԵՐՊԻԼ to be transformed, to be transfigured.
ՓՈԽԱԿԵՐՊՈՒԹԻՒՆ transformation transmutation, transfiguration, trope, mutation, metamorphosis.
ՓՈԽԱՆ in place of, in stead of, for in lieu of.
ՓՈԽԱՆԱԿ substitute, vicar, successor. in lieu of, for.
ՓՈԽԱՆԱԿԱԳԻՆ exchange. money-change, change.
ՓՈԽԱՆԱԳԻՐ, **ՓՈԽԱՆԱԿԱԳԻՐ** bill of exchange, letter of exchange. draft, note.
ՓՈԽԱՆԱԿԵԼ to exchange, to change to barter, to replace, to substitute, to traffic by exchange.
ՓՈԽԱՆԱԿԵԼԻ exchangeable, commutable.
ՓՈԽԱՆԱԿԻՉ substitute, permuter, stock-broker.
ՓՈԽԱՆԱԿՈՒԹԻՒՆ change, exchange, troc, permutation, barter, substitution.

ՓՈԽԱՆՈՐԴ substitute, suppliant, vicar, delegate, successor, attorney.
ՓՈԽԱՆՈՐԴԱԳԻՐ power of attorney, procuration, proxy.
ՓՈԽԱՆՈՐԴԱԿԱՆ vicarial, representative.
ՓՈԽԱՆՈՐԴԱՐԱՆ curacy, curateship.
ՓՈԽԱՆՈՐԴԵԼ to take the place of, to replace, to succeed.
ՓՈԽԱՆՈՐԴՈՒԹԻՒՆ substitution, replacing, proxy, curacy, mandate, succession, procuration.
ՓՈԽԱՆՑԵԼ to transmit, to transfer, to transport, to convey.
ՓՈԽԱՆՑԵԼԻ transferable, transmissible, endorsable.
ՓՈԽԱՆՑԻԿ contagious, infectious.
ՓՈԽԱՆՑԻՉ transmitter, grantor, indorsor, transferor.
ՓՈԽԱՆՑՈՒԹԻՒՆ transmission, transition, transfer, transport, endorsement.
ՓՈԽԱՆՑՈՒՄ endorsement, cession, transfer.
ՓՈԽԱՌՈՒ borrower.
ՓՈԽԱՌՈՒԹԻՒՆ loan, borrowing.
ՓՈԽԱՏՈՄՍ countermark.
ՓՈԽԱՏՈՒ lender, moneylender.
ՓՈԽԱՏՈՒՈՒԹԻՒՆ lending, loan, advance.
ՓՈԽԱՏՐՈՒԹԻՒՆ lending, reciprocation, restitution.
ՓՈԽԱՐԷՆ recompense, reward, return, charge.
ՓՈԽԱՐԷՆ for, in return of, in the place of.
ՓՈԽԱՐԺԷՔ value.
ՓՈԽԱՐԻՆԵԼ to compensate, to recompense, to repay, to reward.
ՓՈԽԱՐԻՆՈՒԹԻՒՆ compensation, indemnity, reward, amends, retribution, reparation.
ՓՈԽԱՐՔԱՅ viceroy.
ՓՈԽԵԼ to change, to exchange, to alter, to modify, to turn, to convert, to transform.
ՓՈԽԵԼԻ changeable, transmutable.
ՓՈԽԵՐԷՑ vicar.
ՓՈԽՆՈՐԴ change of clothes.
ՓՈԽՆՈՐԴՈՒԹԻՒՆ change, exchange.
ՓՈԽՆՈՐԴԻ interest, fruit of loans.
ՓՈԽՈՒԻԼ to change, to alter, to be changed, to be transformed.
ՓՈԽՎՐԷԺ reprisal.
ՓՈԿ strap, leather, seal, phoca.
ՓՈՂ throat, gullet, neck, horn, sou, trumpet, money.
ՓՈՂԱԿԱՊ necktie, cravat.
ՓՈՂԱՀԱՐ corneter, trumpeter.
ՓՈՂԱՑԱՒ quinsy, angina, inflammation of the throat.
ՓՈՂԵՐԱՆՈՑ the mint, place where money is coined.
ՓՈՂԿԱՊ necktie, cravat.
ՓՈՂՈՃ guffer, codfish.
ՓՈՂՈՏԵԼ to butcher, to slaughter, to behead, to kill.
ՓՈՂՈՏԻՉ cut-throat, murderer.
ՓՈՂՈՏՈՒՄ cutting of the throat.
ՓՈՂՈՑ street.
ԱՆԵԼ — brind alley.
ՆԵՂ — lane, alley.
ՓՈՂՐԱԿ pipe, tube, hose, conduit.
ՓՈՂՓՈՂՈՒՆ scintillant, brilliant.
ՓՈՃՈԿ cod, husk, pod, shell.
ՓՈՃՈԿԵԼ to pick, to purl, to peel off.
ՓՈՅԹ care, heed, alacrity, effort, eagerness, attention.
ՓՈՅԹԵՌԱՆԴ diligent, active, assiduous, effort, watchful.
ՓՈՇԻ dust, powder.
ՓՈՇԻԱՑՈՒՄ pulverization.
ՓՈՇԻԱՑՆԵԼ to pulverize.
ՓՈՇՈՏ dusty, powdery.
ՓՈՇՈՏԻԼ to be dusty, to be covered with dust.
ՓՈՇՏ scrotum.
ՓՈՇՏԱՆՔ rupture, scrotocele.
ՓՈՍ pit, ditch, excavation.
ՓՈՍԱՀԱՏ ditcher, grave-digger, sapper.
ՓՈՍԱՑՆԵԼ to excavate, to hollow.
ՓՈՍՈՐԹԱՅ glow-worm, fire-fly.
ՓՈՍՓԱՏ phosphate.
ՓՈՍՓՈՐ phosphorus.
ՓՈՍՓՈՐԱՓԱՅԼ phosphorescent.

ՓՈՐ belly, womb, abdomen, entrails.
ՓՈՐ swan.
ՓՈՐԱԳՐԵԼ to engrave.
ՓՈՐԱԳՐԻՉ engraver.
ՓՈՐԱԳՐՈՒԹԻՒՆ engraving, etching.
ՓՈՐԱԳՐՈՒԻԼ to be engraved, to be etched.
ՓՈՐԱԿ mortise, dale, dingle.
ՓՈՐՀԱՐՈՒԹԻՒՆ diarrhoea.
ՓՈՐԵԼ to dig, to hollow, to deepen, to excavate, to sap.
ՓՈՐԿԱՊ belly-band.
ՓՈՐՁ trial, essay, proof, attempt, sample, testing, expert, versed, skilled, tried.
ՓՈՐՁԱԿԱՆ experimental, essayist.
ՓՈՐՁԱՆՔ evil, misfortune, disaster, temptation, peril.
ՓՈՐՁԱՊԱՇՏՈՒԹԻՒՆ experimentalism, empiricism.
ՓՈՐՁԱԲԱԿԱՆ experimental, empiric.
ՓՈՐՁԱՌՈՒ experienced, tried, expert, skilled.
ՓՈՐՁԱՌՈՒԹԻՒՆ experience, experiment.
ՓՈՐՁԱՐԿՈՒԹԻՒՆ trial, essay, attempt, experimentation.
ՓՈՐՁԱՔԱՐ touchstone, Lydian stone.
ՓՈՐՁԵԼ to try, to attempt, to test.
ՓՈՐՁՈՒԹԻՒՆ temptation, misfortune, calamity.
ՓՈՐՁՈՒԻԼ to be tried, to be proved, to fall into temptation.
ՓՈՐՆ bore.
ՓՈՐՈՆ forum.
ՓՈՐՈՏ ventricose, bellied.
ՓՈՐՈՏԻՔ entrails, bowels, guts.
ՓՈՐՈՒԱԾ dug, hollow.
ՓՈՐՈՒԱԾՔ digging, excavation, mortise, furrow.
ՓՈՐՈՒՄ excavating, digging.
ՓՈՐՈՒՌԵՑՔ ascites.
ՓՈՐՈՒՐԱՐ scapular, stole.
ՓՈՐՔՇՈՒՔ diarrhoea, flux, laxity, looseness, dysentery.
ՓՈՒԹԱԼ to make haste, to hurry, to hasten.
ՓՈՒԹԱՆԱՒ aviso, despatch boat.
ՓՈՒԹԱՋԱՆ diligent, attentive, active, prompt.
ՓՈՒԹԱՋԱՆՈՒԹԻՒՆ diligence, sedulity, care.
ՓՈՒԹԱՑՆԵԼ to press, to hasten, to accelerate, to precipitate.
ՓՈՒԹԱՑՈՒՄ acceleration, alacrity, promptness.
ՓՈՒԹԿՈՏ awake, brisk, lovely, sprightly.
ՓՈՒԹՈՎ in haste, promptly, diligently, speedily.
ՓՈՒԼ phase, aspect, stage, turn.
ՓՈՒՃ vain, fruitless, empty.
ՓՈՒՆՏ receptacle, vase.
ՓՈՒՆՋ bunch, bouquet, tuft.
ՓՈՒՇ thorn, thistle.
ՓՈՒՇՏԻՊԱՆ guard, bodyguard, lifeguard.
ՓՈՒՇՊՍԱԿ crown of thorns.
ՓՈՒՌ oven, furnace, bake-house.
ՓՈՒՏ rotten, putrid, spoiled, corruption.
ՓՈՒՐՃ charpie, piece, fragment.
ՓՈՒՔ breath, wind, windiness fart.
ՓՈՓՈԽ alternate, mutual, by turns.
ՓՈՓՈԽԱԿԱՆ changeable, inconstant, variable, unsteady.
ՓՈՓՈԽԱԿԱՆՈՒԹԻՒՆ variableness, mutability, inconstancy.
ՓՈՓՈԽԱԿԻ by turns, alternately, mutually.
ՓՈՓՈԽԱՄԻՏ double-minded, fickle-minded, volatile, inconstant.
ՓՈՓՈԽԱՄՏՈՒԹԻՒՆ inconstancy, fickle-mindedness, tergiversation, volatileness.
ՓՈՓՈԽԵԼ to alter, to change, to modify, to vary.
ՓՈՓՈԽԵԼԻ alterable, changeable, mutable, convertible.
ՓՈՓՈԽՈՒԹԻՒՆ, **ՓՈՓՈԽՈՒՄ** change, alteration, mutation, variation, modification, transformation.

ՓՈՔՐ little, small, scanty, slender, few, minor.
— **ԱՍԻԱ** Asia Minor.
ՓՈՔՐԱԳՈՅՆ smaller, younger, minor.
ՓՈՔՐԱԴԻՐ small sized.
ՓՈՔՐԻԿ little, small, scanty, slender.
ՓՈՔՐՈՒԹԻՒՆ smallness, shortness, meanness.
ՓՉԱՆ blow-pipe.
ՓՉԵԼ to blow out, to inflate, to swell, to puff up.
ԿՐԱԿԸ ՓՉԵԼ to blow the fire.
ՓՉԵՑՆԵԼ to make to blow, to breathe out, to swell.
ՓՉՈՂ blowing, blower.
ՓՉՈՒԻԼ to be puffed up, to swell.
ՓՉՈՒՄ blowing, breathing, inspiration, afflation.
ՓՇՐԱԿ pimple, button.
ՓՌԱՊԱՆ oven keeper, bake-house keeper.
ՓՌԱՏՈՒՆ bake-house.
ՓՌԵԼ to spread, to expand, to extend, to lay out.
ՓՌՆՉԻՒՆ sneeze, sneezing.
ՓՌՆՉՏԱԼ to sneeze.
ՓՌՆՉՏՈՒՄ, **ՓՌՆՁԻՒՆ** sneeze, sneezing, sternutation.
ՓՌՆՉՈՒԿ arnica.
ՓՌՈՅԳ frieze, entablature.
ՓՌՈՑ cloth, table-cloth, table-cover.
ՓՌՈՑԱԿ napkin, small table-cloth
ՓՌՈՒԻԼ to extend, to lengthen, to sprawl.
ՓՍԱԼՄՈՍ psalm.
ՓՍԻԱԹ mat, straw-mat, matting.
ՈՏՔ ՍՐԲԵԼՈՒ — door-mat.
ՓՍԻԱԹԱՎԱՃԱՌ mat-seller.
ՓՍԻԱԹԻՆ small mat.
ՓՍԽԵԼ to vomit, to puke, to bring up, to discharge from the stomach.
ՓՍԽԵՑՆԵԼ to puke, to make to vomit.
ՓՍԽԵՑՈՒՑԻՉ vomitive, emetic.
ՓՍԽՈՏՈՒԹԻՒՆ vomiturition, vomiting.
ՓՍԽՈՒՄ puke, vomiting..
ՓՍԽՈՒՆՔ enesma, vomitus, vomiting.
ՓՍՈՐ clot.
ՓՍՈՐԱԽՏ embolism.
ՓՍՈՐԵԼ to triturate, to crumble, to make to clot.
ՓՍՈՐԻԼ to clot, to pulverize, to crush.
ՓՍՏՈՒՂ pistachio.
ՓՍՓՍԱԼ to whisper.
ՓՍՓՍՈՒՔ whispering, telling secretly.
ՓՏԱԾ rotten, putrefied, putrid, decaying.
ՓՏԱԿԱՆ putrefactive, gangrenous.
ՓՏԱՆԱԼ to putrefy, to get rotten.
ՓՏԱՐԱՆ macerating-vat.
ՓՏԱՐԻՒՆՈՒԹԻՒՆ septicaemia, blood-poisoning.
ՓՏԵՑՆԵԼ to rot, to corrupt, to putrefy.
ՓՏԵՑՈՒՑԻՉ septic, causing putrefaction.
ՓՏԻԼ to putrefy, to get rotten.
ՓՏՈՒԹԻՒՆ putrescence, rot, decay, putrefaction, corruption.
ՓՏՈՒՄ rottenness.
ՓՐԵԼ to shell, to hull.
ՓՐԹԻԼ to break off, to be detached, to come off.
ՓՐԿԱԳԻՆ ransom.
ՓՐԿԱԳՈՐԾ savior, deliverer, redeemer.
ՓՐԿԱԳՈՐԾՈՒԹԻՒՆ delivery, act of salvation, redemption.
ՓՐԿԱԽՈՏ floating, salvinia.
ՓՐԿԱԿԱՆ causing salvation, redeeming, salutary.
ՓՐԿԱՆԱՒ life boat.
ՓՐԿԱՆՔ ransom repurchase, deliverance.
ՓՐԿԱՐԱՐ, **ՓՐԿԱՒԷՏ** salutary, wholesome, redeeming.
ՓՐԿԵԼ to save, to redeem, to rescue, to deliver, to liberate.
ՓՐԿԵԼԻ redeemable, salvable.

ՓՐԿԻԼ, ՓՐԿՈՒԻԼ to be saved, to run away, to escape.
ՓՐԿԻՉ Savior, Saviour, Redeemer, liberator.
ՓՐԿՈՂ deliverer, saver.
ՓՐԿՈՒԹԻՒՆ salvation, redemption, recovery, deliverance.
ՓՐԿՈՒԹԵՆԱԿԱՆ salvationist.
ՓՐԿՉԱԿԱՆ Redeemer's, Saviour's, pertaining to the Saviour.
ՓՐՈՓԱԿԱՆԴ propagande.
ՓՐՑՆԵԼ to tear, to break, to snap, to cut off.
ՓՐՑՈՒԱԾ detached, cut off.
ՓՐՓՈՒՐ froth, foam, scum, lather.
ՕՃԱՌԻ ՓՐՓՈՒՐԸ soap-lather.
ՓՐՓՐԱԴԷՋ foaming, frothy, scum producing.
ՓՐՓՐԱԼ to foam, to froth, to scum, to lather.
ՓՐՓՐԱԼԻՑ foamy, frothy, full of foam.
ՓՐՓՐԵՄ garden purslain.
ՓՐՓՐԵՐԱՆ foaming, slobbering, frothing-mouthed.
ՓՐՓՐԵՑՆԵԼ to froth, to cover with foam.
ՓՐՓՐԻԿ soapwort.
ՓՐՓՐԻԼ, ՓՐՓՐԱԼ to foam, to froth, to lather, to scum.
ՓՐՓՐՈՒՆ foaming, frothy.
ՓՑԿԵԼ to corrupt, to infect, to pervert..
ՓՑՆՈՒԹԻՒՆ incapacity, uselessness, inability.
ՓՑՈՒՆ awkward, clumsy, useless.
ՓՔԱԲԱՆՈՒԹԻՒՆ pneumatology.
ՓՔԱԼ to swell, to grow turgid, to be arrogant.
ՓՔԱԼԻ windy, flatulent.
ՓՔԱԼՈՑԾ carminative.
ՓՔԱՆԱԼ *ՏԵՍ* **ՓՔԱԼ**.
ՓՔԱՆՔ bloatedness, turgidness, bombast.
ՓՔԱՍՈՒՆԿ puffbaall, lycoperdon.
ՓՔԱՐՉԱԿ farter.
ՓՔԱՑԵԱԼ swelled, inflated, bloated, puffed up, turgid.
ՓՔԱՑՈՂ . turgescent, swelling, turgent.
ՓՔԱՑՈՒՄ swelling, bloatedness, bombast, turgescence.
ՓՔԱՑՆԵԼ to swell, to bloat, to inflate.
ՓՔԱԻՈՐ flatulent, windy.
ՓՔԱՓՈՂ bag pipe, blast pipe.
ՓՔԻՆ arrow, dart, shaft.
ՓՔԱՓՈՂ bag pipe, blast pipe.
ՓՔԻՆ arrow, dart, shaft.
ՓՔՈՏՈՒԹԻՒՆ flatulency.
ՓՔՈՑ bellows.
ՓՔՈՒՄ swelling, puffing, inflation, vanity.
ՓՔՈՒՏ windy, flatulent.

Ք

ՔԱԼԵԼ to walk, to go, to step, to march.
ՔԱԼՄԻ mountain laurel.
ՔԱԼՈՂ walker, ambulant, marcher.
ՔԱԼՈՒԱԾՔ walk, walking, marching, pace, move, march.
ԱՐԱԳ — quick march.
ՋԻՆՈՒՈՐԱԿԱՆ — military march.
ՔԱԾ bitch, slut, untidy woman.
ՔԱԿԵԱԼ unsewed, untitched, unsewn.
ՔԱԿԵԼ to untie, to undo, to loosen, to detach, to disjoin.
ՔԱԿՈՐ cow-dung, manure.
ՔԱԿՈՒԻԼ to become untied, to get loose, to be taken to pieces.

Քակում unravelling, solution, denouement, the issue.
Քակտել to break up, to dismount, to decompose, to dissolve.
Քակտում dissolution, rupture, breaking, annulment.
Քահանայ priest, clergyman.
Քահանայական priestly, sacerdotal.
Քահանայանալ to take orders.
Քահանայապետ pontiff, high priest.
Քահանայապետութիւն pontificate, dignity of a high priest.
Քահանայութիւն priesthood.
Քաղ extract, recapitulation, gathering, weedings.
Քաղալակ fruit basket.
Քաղածոյ collection, selection.
Քաղհանել to weed, to extirpate, to hoe.
Քաղաք city, town.
Քաղաքարաճխութիւն municipality, municipal administration, civics.
Քաղաքաբարոյ polite, civil, courteous, well-bred.
Քաղաքագէտ politician, statesman.
Քաղաքագիտական politics, statesmanship, device.
Քաղաքազօրք militia.
Քաղաքական political, civic.
Քաղաքականութիւն policy, politics, diplomacy, civilization.
Քաղաքակիրթ civilized.
Քաղաքակից fellow citizen.
Քաղաքակրթեալ civilized, to make cultured.
Քաղաքակրթել to civilize, to humanize.
Քաղաքակրթութիւն civilization.
Քաղաքամայր capital, chief city.
Քաղաքային civil, civic, political, municipal.
Քաղաքապետ mayor.
Քաղաքապետական municipal.
Քաղաքապետարան town hall, mayoralty.
Քաղաքապետութիւն mayoralty, municipality.
Քաղաքավար polite, civil, courteous, well-bred.
Քաղաքավարութիւն politeness, honesty, civility, good manners.
Քաղաքատնտեսութիւն political economy.
Քաղաքացի citizen, townsman.
Քաղաքացիական պսակ civil mariage, civic crown.
Քաղաքացիութիւն citizenship.
Քաղաքենի, **Քաղքենի** townsman, citizen, bourgeois.
Քաղել to gather, to pick, to cull, to collect, to reap.
Քաղելակ fruit basket.
Քաղիրթ tripe, entrails.
Քաղոց vintage.
Քաղուած extract, recapitulation, summing up.
Քաղուածագիր epitomist.
Քաղուածք collection, epitome, selection, extracts.
Քաղրան cuvette.
Քաղց hunger.
Քաղցկեղ cancer, malignant disease.
Քաղցու must, new wine.
Քաղցր sweet, agreeable, fragrant, gentle, gracious.
Քաղցրաբարոյ good tempered, affable.
Քաղցրաբոյր fragrant, odoriferous, sweet-smelling.
Քաղցրանամին sweetened, mild, soft, temperate.
Քաղցրակն sweet-eyed, pretty-faced.
Քաղցրահամ delicious, sweet-tasted, savoury.
Քաղցրահայեաց pretty-sighted, graceful, tender looking.
Քաղցրահնչիւն melodious, tuneful, melodic, harmonious.
Քաղցրաձայն sweet voiced, melodious, pleasant-voiced.
Քաղցրանալ to become sweet, to grow soft, mild.
Քաղցրանիւթ glucose, grape sugar.
Քաղցրանուագ melodious, tuneful.
Քաղցրացնել to render sweet, to sweeten, to mitigate.

ՔԱՂՑՐԱՒԵՆԻ comfit, preserve, sweet meat, jam.
ՔԱՂՑՐԻԿ mild, gentle, benign.
ՔԱՂՑՐՈՒԹԻՒՆ sweetness, suavity, charm, agreeableness.
ՔԱՄ juice, jelly.
ՔԱՄԱԿ back, backbone.
ՔԱՄԱՀՐԱԿԱՆ disdainful, scornful.
ՔԱՄԱՀՐԱՆՔ disdain, contempt, scorn.
ՔԱՄԱՀՐԵԼ to disdain, to contempt, to scorn, to despise.
ՔԱՄԱՀՐԵԼԻ contemptable, despicable.
ՔԱՄԱՀՐԻՉ contemptuous, scornful, sneerer.
ՔԱՄԲԱԽՏ ՏԵՍ ԴԺԲԱԽՏ.
ՔԱՄԵԼ to press, to squeeze, to filter, to strain.
ՔԱՄԻ wind, gale, breeze.
ՔԱՄԻՈՏ windy, flatulent.
ՔԱՄՈՑ filter bag, strainer, percolator.
ՔԱՄՈՒՔ gravy, juice, residuum.
ՔԱՄՈՒԱԾ juice, residue.
ՔԱՄՓՈՒՐԷ opodeldoc.
ՔԱՅԼ step, pace, footstep.
ՔԱՅԼԱՉԱՓ pedometer, step.
ՔԱՅԼԱՓՈԽ foot-pace, foot-step, step.
ՔԱՅԼԱՓՈԽԵԼ to step, to keep pace with.
ՔԱՅԼԵՐԳ march.
ՔԱՅԹ necklace, collar.
ՔԱՅՔԱՅԵԼ to dissolve, to break, to put out of order, to destroy.
ՔԱՅՔԱՅԻԼ to be dissolved, to be destroyed.
ՔԱՅՔԱՅԻՉ dissolvent, solutive, destructive, ruinous.
ՔԱՅՔԱՅՈՒՄ dissolution, destruction, disintegration.
ՔԱՅՔԱՅՈՒՆ destroyed, ruined, demolished
ՔԱՆ, ՔԱՆ ԹԷ than.
ՔԱՆԱԿ quantity, measure, size, gauge, quantum.
ՔԱՆԱԿԱԿԱՆ quantitative.
ՔԱՆԱԿՈՒԹԻՒՆ quantity.

ՔԱՆԴԱԿ sculpture, carving, intaglio.
ՔԱՆԴԱԿԱԳՈՐԾ carver, sculptor, chaser work.
ՔԱՆԴԱԿԱԳՈՐԾՈՒԹԻՒՆ sculpturing, chasing, carving.
ՔԱՆԴԱԿԱԳՈՐԾՈՒՀԻ sculptress.
ՔԱՆԴԱԿԵԼ to chase, to carve, to sculpture.
ՔԱՆԴԱԿԻՉ sculptor, carver, chaser.
ՔԱՆԴԱԿՈՒԱԾ carved work, sculpture.
ՔԱՆԴԱՆԱԿԱՐ cameo.
ՔԱՆԴԵԼ to pull down, to demolish, to ruin, to destroy.
ՔԱՆԴԻՉ destroyer, ravager, destructive, devastating.
ՔԱՆԴՈՒԻԼ to fall in decay, to be ruined.
ՔԱՆԴՈՒՄ demolition, devastation, destruction.
ՔԱՆԵՐՈՐԴ which, what, how.
ՔԱՆԶԻ for, because.
ՔԱՆԻ ՈՐ as long as, while.
ՔԱՆԻՑՍ often, several times.
ՔԱՆՔԱՐՈՒ kangaroo.
ՔԱՆՈՆ ruler, rule, guide.
ՔԱՆՈՐԴ quotient.
ՔԱՆՔԱՐ talent, skill, gift.
ՔԱՇ oke.
ՔԱՇԵԼ to draw, to pull, to drag. **ԱԿՌԱՅ** — to extract a tooth.
ՔԱՇԿՌՏԵԼ to tease, to pull, to bother, to haul about.
ՔԱՇԿՌՏՈՒՔ pulling, hauling, torture, forced.
ՔԱՇՄ mountain hemlock.
ՔԱՇՈՂ attractive, alluring, enticing.
ՔԱՇՈՒԱԾ retired.
ՔԱՇՈՒԻԼ to retire, to recede, to withdraw, to leave.
ՔԱՇՏԻ feluca, ship.
ՔԱՇՔՇԵԼ to haul about, to bother.
ՔԱՇՔՇՈՒՄ pulling, hauling about.
ՔԱՈՍ chaos, confusion, disorder.
ՔԱՋ brave, gallant, strong, valiant, daring, fearles, bold.
ՔԱՋԱԲԱՆ eloquent, fluent, well-spoken.

ՔԱՋԱԲԱՆՈՒԹԻՒՆ eloquence, fluency of speech.
ՔԱՋԱԲԱՐ bravely, courageously, boldly, valiantly.
ՔԱՋԱԳՈՐԾ valiant, valorous, gallant, brave.
ՔԱՋԱԳՈՐԾՈՒԹԻՒՆ valorous feat, great deed, exploit.
ՔԱՋԱԶԱՐՄ noble, great, well-bred, high-born.
ՔԱՋԱԶՆ nobilissimus, most noble, valiant.
ՔԱՋԱԼԱՒ best, excellent, very good.
ՔԱՋԱԼԵՐԱԿԱՆ encouraging, exhortative.
ՔԱՋԱԼԵՐՈՒԹԻՒՆ courage, encouragement, exhortation.
ՔԱՋԱԼԵՐԵԼ to encourage, to animate, to stimulate.
ՔԱՋԱԿԱԶՄ in good form, robust, well affected.
ՔԱՋԱՀՄՈՒՏ well learned, erudite, well versed.
ՔԱՋԱՀՄՏՈՒԹԻՒՆ erudition, great knowledge.
ՔԱՋԱՆԱԼ to take courage, to excel, to be courageous.
ՔԱՋԱՌՈՂՋ healthy, of sound body, in good health.
ՔԱՋԱՌՈՂՋՈՒԹԻՒՆ healthiness, good health, plumpness.
ՔԱՋԱՍԻՐՏ courageous, valiant, brave, daring, stout-hearted.
ՔԱՋԱՍԻՐՏՈՒԹԻՒՆ courage, spiritedness, valor, bravery, intrepidity.
ՔԱՋԱՏԵՂԵԱԿ well informed, well learned.
ՔԱՋԱՏՈՀՄ brave, well-bred, high-born, noble, of good birth.
ՔԱՋԱՏՈՀՄՈՒԹԻՒՆ high birth, nobility.
ՔԱՋԱՐԻ valorous, gallant, spirited, daring.
ՔԱՋՈՒԹԻՒՆ bravery, valour, act of courage, prowess.
ՔԱՌ four.
ՔԱՌԱԹԱԹ having four paws.
ՔԱՌԱԾԱԼ four folded, quarto.
ՔԱՌԱԿԵՐՊ having four forms.
ՔԱՌԱԿՈՂՄ quadrilateral, square.
ՔԱՌԱԿՈՒՍԵԼ to square.
ՔԱՌԱԿՈՒՍԻ square.
ՔԱՌԱՁԱՅՆ quatuor.
ՔԱՌԱՁԻՔ quadriga.
ՔԱՌԱՄԵԱՅ of foor years.
ՔԱՌԱՆԿԻՒՆ four-cornered.
ՔԱՌԱՊԱՏԻԿ fourfold, four folded.
ՔԱՌԱՊԱՏԿԵԼ to quadruplicate.
ՔԱՌԱՊԱՐ quadrille.
ՔԱՌԱՍՄԲԱԿ gallop.
ՔԱՌԱՍՆԱՄԵԱՅ of forty years, forty years or age.
ՔԱՌԱՍՆԵՐՈՐԴ fortieth.
ՔԱՌԱՍՈՒՆ forty.
ՔԱՌԱՎԱՆԿ quadrisyllable.
ՔԱՌՈՐԴ quarter, forth part.
ՔԱՌՈՒՂԻ cross ways, cross street.
ՔԱՌՕՐԵԱՅ of four days.
ՔԱՐ stone, rock.
ՔԱՐԱԲԱՆ petrologist, lithologist.
ՔԱՐԱԲԱՆՈՒԹԻՒՆ lithology, petrology.
ՔԱՐԱԳՈՐԾ stone cutter.
ՔԱՐԱԿԵՐՏ stone-built.
ՔԱՐԱԿՈՅՏ stony mass, a mass of stone.
ՔԱՐԱԿՈՓ stone-cutter, quarrier.
ՔԱՐԱՀԱՆ quarry-man.
ՔԱՐԱՀԱՆՈՒԹԻՒՆ lithotomy.
ՔԱՐԱՀԱՆՔ quarry, stone-pit.
ՔԱՐԱՂ rock-salp, salp-petre.
ՔԱՐԱՑԻՆ stony, flinty.
ՔԱՐԱՅԾ chamois, wild-goat.
ՔԱՐԱՅՐ den, cavern, grotto.
ՔԱՐԱՆԱԼ to change into stone, be petrified.
ՔԱՐԱՆԿԱՐ cameo.
ՔԱՐԱՆՁԱՒ cavern, cave, natural grotto.
ՔԱՐԱՇԷՆ built of stone, stony.
ՔԱՐԱՑԵԱԼ petrified, petrescent.
ՔԱՐԱՑՆԵԼ to petrify, to convert into stone.
ՔԱՐԱՑՈՒՄ petrifaction, petrescence, lapidification.
ՔԱՐԱՑՈՒՑԻՉ petrifactive.
ՔԱՐԵԱՓ quay, wharf, bank.
ՔԱՐԵԱՓԻ ՏՈՒՐՔ quayage, wharfage.

ՔԱՐԱՔՈՍ lichen.
ՔԱՐԳՐԻՉ state pencil.
ՔԱՐԵՂԷՆ stony, of stone, mode of stone.
ՔԱՐԸՆԿԵՑ arbalist, a stone's throw, catapult.
ՔԱՐԽԱՆԿ crawfish, crayfish.
ՔԱՐԻՒՂ kerosene, petroleum, rock-oil.
ՔԱՐԿՈԾԵԼ to stone, to lapidate.
ՔԱՐԿՈԾՈՒՄ lapidation, stoning.
ՔԱՐՁ clean-bearded.
ՔԱՐՁԷԹ rock-oil, kerosene.
ՔԱՐԽԻԿ gizzard, maw, craw.
ՔԱՐՇԵԼ to drag, to draw, to trail.
ՔԱՐՇՈՂ tie-irbn.
ՔԱՐՇՈՂԱԿԱՆ attractive.
ՔԱՐՇՈՂՈՒԹԻՒՆ attraction.
ՔԱՐՇՈՒՄ traction, action of drawing, dragging, pulling.
ՔԱՐՈԶ sermon, preaching.
ՔԱՐՈԶԱԳԻՐՔ collection of sermons, book of sermons.
ՔԱՐՈԶԱՐԱՆ meeting house, protestant church.
ՔԱՐՈԶԵԼ to preach, to evangelize, to lecture.
ՔԱՐՈԶԻՉ preacher, lecturer, missionary.
ՔԱՐՈԶՈՒԹԻՒՆ preaching, predication, propaganda.
ՔԱՐՈԶՉԱԿԱՆ preaching, pastoral.
ՔԱՐՈՍ celery.
ՔԱՐՈՒԿԻՐ of stone, built of stone.
ՔԱՀՐՈՒՊԱՅ yellow amber.
ՔԱՐՈՏ stony, full of stones
ՔԱՐՏԷՍ map, chart, card.
ՔԱՐՏՈՒՂԱՐ secretary, actuary.
ՔԱՐՏՈՒՂԱՐՈՒԹԻՒՆ secretaryship.
ՔԱՐՔՐՈՒԿ kidneys wort.
ՔԱՑԱԽ vinegar, acetum, acid.
ՔԱՑԱԽԱԳՈՐԾ vinegar maker or merchant.
ՔԱՑԱԽԱՄԱՆ cruet, vinegar cruet.
ՔԱՑԱԽԱՅԻՆ acetic.
ՔԱՑԱԽԱՆԱԼ to acetify, to turn into vinegar.
ՔԱՑԱԽԵԼ to sour.
ՔԱՑԱԽՈՒԹԻՒՆ sourness, acidity, tartness.
ՔԱՑԱԽՈՒՏ acetose, sour, tart.
ՔԱՒԱՐ common caper bush.
ՔԱՒԱՐԱՆ purgatory.
ՔԱՒԴԷՈՒԹԻՒՆ astrology, magic.
ՔԱՒԵԼ to expiate, to atone for.
ՔԱՒԵԼԻ expiable.
ՔԱՒԹԱՐ lynx.
ՔԱՒԻՉ expiatory, atoner, piacular.
ՔԱՒ ԼԻՑԻ far from it, God forbid that.
ՔԱՒՈՒԹԻՒՆ expiation, atonement.
ՔԱՒՉԱԿԱՆ propitiatory.
ՔԱՓՈՒՐ camphor.
ՔԱՔԱՐ tart, wafer, cake.
ՔԵՂԻ rudder, pole of a coach.
ՔԵՂԻԿՈՆ helix, screw.
ՔԱՂՐԹԵԼ to scratch, to wound slightly.
ՔԵՆԵԿԱԼ the husband of a sister-in-law.
ՔԵՆԻ sister-in-law.
ՔԵՌԱՅՐ brother-in-law.
ՔԵՌԻ uncle.
ՔԵՌՈՐԴԻ nephew.
ՔԵՐԱԿԱՆ grammarian, primer, spelling book.
ՔԵՐԱԿԱՆԱԿԱՆ grammatical.
ՔԵՐԱԿԱՆՈՒԹԻՒՆ grammar.
ՔԵՐԵԼ to scratch, to scrape, to rub, to grate.
ՔԵՐԹԵԼ to flay, to skin, to excoriate, to poetize, to versify.
ՔԵՐԹՈՂ flayer, skinner, poet
ՔԵՐԹՈՂԱԿԱՆ poetical.
ՔԵՐԹՈՂՈՒԹԻՒՆ poesy, poetry.
ՔԵՐԹՈՒԱԾ poem, verse.
ՔԵՐԹՈՒՄ excoriation, flaying.
ՔԵՐԻՉ grater, rasp, plane, scraper
ՔԵՐԾԱՍԵՂ etch-needle.
ՔԵՐՈՂ scratcher, planer.
ՔԵՐՈՎԲԷ cherub.
ՔԵՐՈՑ rasp, grater, curry-comb
ՔԵՐՈՒԱԾ scraping, scratch.
ՔԵՐՈՒՄ scratch, abraion.
ՔԵՐՈՒՔ raspings, scrapings.
ՔԵՐՈՒԻԼ to scratch one's self.
ՔԵՐՉԱԽՈՏ madder wort.

ՔԵՐՔԷՃ ring worm.
ՔԵՐՔՇՏԱԼ to sob, to hiccup.
ՔԷՆ spite, grudge, ill-will.
ՔԹԱԽՈՏ snuff.
ՔԹԹԵԼ to winkle, to twinkle.
ՔԻԹ nose.
  ԽՈԶԻ — snout of a hog.
  ԿԵՆԴԱՆԻՆԵՐՈՒ — muzzle.
ՔԻՄԻԱ alchemy,
ՔԻՄԻԱԳՈՐԾ alchemist.
ՔԻՄԻԱԿԱՆ chemical.
ՔԻՄՔ palate, taste, caprice.
ՔԻՆԱԹԱԳՈՅՑ spiteful, rancorous.
ՔԻՆԱՆԱԽՆԴԻՐ vindictive, revenger, avenger, malevolent.
ՔԻՆԱԽՆԴՐՈՒԹԻՒՆ vengeance, revenge, retaliation.
ՔԻՆԱԾԱՌ cinchona.
ՔԻՆՔԻՆԱՅ cinchona, quinquina.
ՔԻՉ some, little, few.
ՔԻՉՆԱԼ to decrease, to grow less.
ՔԻՍՏ bristle, beart of corn.
ՔԻՒ eaves, penthouse, cornice.
ՔԼՈՐ chlorine.
ՔԼՈՐԱԿԱՆ chloric.
ՔԼՈՐԱՏ chlorate.
ՔԼՈՐԱԿ chlorite, chloroform.
ՔԾՆԱՐԱՆ cajoler, coaxer, wheedler.
ՔԾՆԱՐԱՆԵԼ to cajol, to coax, to wheedle.
ՔԾՆԱՐԱՆՈՒԹԻՒՆ cajolery, wheedling.
ՔԾՆԻԼ to flatter, to cajole, to coax, to wheedle, to fawn.
ՔԾՆՈՂ fawning, flattering, cringer, knee-crooking.
ՔԾՆՈՒՄ cringe, flattery, endearment, adulation.
ՔՌՈՒԱՐ ingot, bar (of metal), wedge.
ՔՂԱՆՑՔ brink, edge, skirt, border.
ՔՄԱՀԱՃ arbitrary, optional, capricious.
ՔՄԱՀԱՃՈՅՔ caprice, whim, freak.
ՔՄԱՀԱՃՈՒԹԻՒՆ whim, caprice, odd fancy, a freak.
ՔՄԱՅԻՆ palatal.
ՔՄԱՅՈՏ capricious, freakish.
ՔՄԱՅՔ caprice, freak, whim.

ՔՆԱԲԵՐ narcotic, somniferous, soporific.
ՔՆԱԽՏ hypnosis, lethargy, carus.
ՔՆԱԽՕՍ somniloquist.
ՔՆԱԽՕՍՈՒԹԻՒՆ somniloquism.
ՔՆԱՀԱՏՈՒԹԻՒՆ insomnia, sleeplessness.
ՔՆԱՑԱԾ somnambulist.
ՔՆԱՆԱԼ to sleep, to lie still.
ՔՆԱՇՐՋԻԿ noctambulist, sleepwalker.
ՔՆԱՇՐՋՈՒԹԻՒՆ noctambulism, night-walking.
ՔՆԱՍԷՐ sleeper, sleepy-head.
ՔՆԱՎԱԽՈՒԹԻՒՆ hypnophobia.
ՔՆԱՏ sleepless, wakeful.
ՔՆԱՏՈՒԹԻՒՆ wakefulness, sleeplessness.
ՔՆԱՐ lyre, harp.
ՔՆԱՐԱԿԱՆ lyric.
ՔՆԱՐԱՀԱՐ lyrist, harpist.
ՔՆԱՐԱՆ bed, dormitory.
ՔՆԱՐԵՐԳԱԿ lyric poet, lyrist.
ՔՆԱՐԵՐԳԱԿԱՆ lyric.
ՔՆԱՐԵՐԳՈՒ lyric poet.
ՔՆԱՐԵՐԳՈՒԹԻՒՆ lyrics, lyric poetry.
ՔՆԱՑՈՂ sleeping, dormant, sleeper.
ՔՆԱՑՆԵԼ to make to sleep, to rock to sleep, to lull asleep.
ՔՆԱՑՈՅՑ hypnoscope.
ՔՆԱՓ somnolent, lethargic.
ՔՆԱՓՈՒԹԻՒՆ lethargy, somnolence.
ՔՆԷՈՒԹԻՒՆ sleepiness, somnolence, drowsiness.
ՔՆՆԱԲԱՆ, **ՔՆՆԱԴԱՏ** critic, censurer, carper.
ՔՆՆԴԱՏԱԿԱՆ cretical, censuring, cretique.
ՔՆՆԱԴԱՏԵԼԻ that may be criticized, open to criticism.
ՔՆՆԱԴԱՏՈՒԹԻՒՆ criticism, critique, censure.
ՔՆՆԱԽՆԴԻՐ scrutinizer, examiner, critic.
ՔՆՆԱԽՕՍԵԼ to dissert, to descant.
ՔՆՆԱԽՕՍՈՒԹԻՒՆ dissertation, criticism.
ՔՆՆԱԿԱՆ critical, of examination.

ՔՆՆԱՍԷՐ curious, inquisitive, prying, careful.
ՔՆՆԵԼ to examine, to go into, to investigate, to control, to inspect, to look at, to audit.
ՀԱՇԻՒՆԵՐԸ — to audit accounts.
ՔՆՆԻՉ, ՔՆՆՈՂ examiner, controller, critic, inspector, scrutator, searching, investigating.
ՔՆՆՈՒԹԻՒՆ examination, investigation, inspection, verification.
ՔՆՆՈՒԻԼ to be examined.
ՔՆՔՈՅՇ delicate, dainty, tender, nice, soft.
ՔՇԱՑ love pea.
ՔՇԵԼ to drive away, to expel.
ՔՇՈՑ driver, fly-flap, ringing-instrument.
ՔՇՈՒԻԼ to run away, to be driven, to be expelled.
ՔՇՏԵԼ to drive onward, to lop, to cut, to trim.
ՔՈԹԱՆԱԿ surplice, cover, cloth.
ՔՈԹՈԹ (ԼԱԿՈՏ) pup.
ՔՈՂ veil, cover, mask, disguise.
ՔՈՂԱՐԿԵԼ to veil, to cover.
ՔՈՅՐ sister, nun.
ՔՈՌ bushel, corus, strike.
ՔՈՍ itch, scab, scurf, mange.
ՔՈՍՈՏ itchy, scabby, scurfy.
ՔՈՍՈՏԻԼ to become itchy, scabby, scurfy.
ՔՈՎ side.
ՔՈՎԷ ՔՈՎ side by side, close.
ՄԵՐ —Ը near us, by us, close us.
ՔՈՎԸՆՏԻ side ways, obliquely.
ՔՈՎԼԹԱՐ architrave, epistyle.
ՔՈՐԵՊԻՍԿՈՊՈՍ chorepiscopus, rural bishop.
ՔՈՒԷ vote, voice, ballot, cube, die.
ՔՈՒԷԱՏՈՒՓ urn, ballot-box.
ՔՈՒԷՀԱՄԱՐ summing up of votes, counting of votes by ballot.
ՔՈՒԷՏՈՄՍ voting paper.
ՔՈՒՂ tow, check-string.
ՔՈՒՆ sleep, nap, rest, slumber.
ՔՈՒՆԵԼ to sleep with, to know her, to lie dormant with a woman.
ՔՈՒՆՔ temple, side of the head.

ՔՈՒՑՆԱՐ bitter-vetch.
ՔՈՒՌԱԿ colt, foal.
ՔՈՒՐԱՅ cupel, crucible.
ՔՈՒՐՄ heathen priest, pagan priest.
ՔՈՒՐՁ rag, tatter, scrap.
ՔՈՒՔԱԼ to groan, to lament, to moan.
ՔՋՓՈՐԻԿ tooth-pick.
ՔԹԹԵԼ to sew slightly, to baste.
ՔԹԹՈՑ basting.
ՔՍԱԿ purse, money.
ՔՍԱԿԱՀԱՏ pick-pocket, swindler, cut-purse.
ՔՍԱՆ twenty.
ՔՍԱՆԱՄԵԱՅ of twenty years, vicennial.
ՔՍԱՆԵՐՈՐԴ twentieth.
ՔՍԱՆ ԵՒ ՀԻՆԳԱՄԵԱԿ silver wedding, of twenty five years.
ՔՍԱՆՄԷԿ twentyone.
ՔՍԱՆՆՈՑ twenty, any coin marked on 20.
ՔՍԱՆՈՐՁԱՅ icosandrian.
ՔՍԵԼ to rub slightly, to defame.
ՔՍԻՍՏԻՆ ewer, coffee-pot, laver.
ՔՍՈՒ backbiter, tale-bearer, slanderer.
ՔՍՈՒԸՈՏՈՒՔ wheedling, caressing.
ՔՍՈՒԹԻՒՆ tale-bearing, intrigue, information.
ՔՍՈՒԻԼ to be rubbed, to be touched.
ՔՍՈՒԿ hawthorn.
ՔՍՏԱՒՈՐ barbated.
ՔՍՏՄՆԻԼ to quiver, to shiver, to shudder, to quake, to be horror-struck.
ՔՍՏՄՆԵԼԻ horrible, shocking.
ՔՍՏՄՆԵՑՆԵԼ to bristle, to cause to shiver, to cause shudder.
ՔՍՏՄՆՈՒՄ shivering, shuddering, thrill, great dread.
ՔՐԱՑ melting-pot, cupel.
ՔՐԹՄՆՋԱՆՔ rumour, murmuring, grumbling, hum.
ՔՐՄՆՋԵԼ to murmur, to grunt, to growl, to complain.
ՔՐԹՄՆՋԻՒՆ murmuring, complaint hum.

ՔՐԹՄՆՋՈՂ grumbler, growler, murmuring.

ՔՐԻՍՏՈՆԵԱՅ christian.

ՔՐԻՍՏՈՆԷԱԲԱՐ like a christian, christianly.

ՔՐԻՍՏՈՆԷԱԿԱՆ christian.

ՔՐԻՍՏՈՆԷՈՒԹԻՒՆ christianity.

ՔՐԻՍՏՈՍ Christ, the Anointed, Messiah.

ՔՐՄԱԿԱՆ sacerdotal.

ՔՐՄԱՊԵՏ high priest, heathen pontiff.

ՔՐՄԱՊԵՏՈՒԹԻՒՆ pagan pontificate.

ՔՐՄՈՒԹԻՒՆ priesthood.

ՔՐՄՈՒՀԻ priestess.

ՔՐՈՄ chromium.

ՔՐՈՆԻԿԱԳԻՐ chronicler.

ՔՐՈՆԻԿՈՆ chronicle, history.

ՔՐՏԻՆՔ sweat, perspiration, toil, pains.

ՔՐՏԻՆՔԱԾ red-gum, prurigo.

ՔՐՏՆԱԲԵՐ sudorific, hydrotic.

ՔՐՏՆԱՏԵՆԴ sweating sickness.

ՔՐՏՆԱՐԱՆ sweating-room, hot-room.

ՔՐՏՆԵՑՆԵԼ to make to sweat, to make to perspire.

ՔՐՏՆԵՑՈՒՑԻՉ hidrotic, sudorific, perspirative.

ՔՐՏՆԻԼ to sweat, to perspire, to toil.

ՔՐՏՆՈՒԹԻՒՆ sweating, diaphoresis.

ՔՐՏՈՒՆՔ labour, toil, efforts, pains.

ՔՐՔԻՋ giggle, laughing, burst of laughter.

ՔՐՔԻՐ friable, crumbling, soft.

ՔՐՔՄԱՍՏԱՆ saffron-field.

ՔՐՔՄԱՔԱՐ crocoite.

ՔՐՔՄԵԼ to saffron.

ՔՐՔՈՒՄ saffron, crocus.

ՔՐՔՐԵԼ to dispel, to crumble, to seek for, to examine.

ՔՐՔՐՈՒԹԻՒՆ friableness, indolence, softness.

ՔՑԱՓ mantilla.

ՔՑԻՄ flow, hangnail.

ՔՕՂ veil, cover, mask.

ՔՕՂԷՔ armlet, bracelet.

ՔՕՇ buck, he-goat.

ՔՕՇԱՎԱՅՐԻ wild-goat.

ՔՕՇՄՕՐՈՒՔ oyster plant.

ՔՕՇՓԵՏԵՂԵԱՑ galega, goat's-rue.

Օ

ՕԳՆԱԿԱՆ assistant, helper, aid, adjutant, assisting.
— ***ԶՕՐՔ*** reinforcements.

ՕԳՆԱԿԱՆՈՒԹԻՒՆ aid, help, assistance, relief, support.

ՕԳՆԵԼ to aid, to help, to assist, to back, to second.

ՕԳՆՈՂ helpful, willing to help, subsidiary.

ՕԳՆՈՒԹԻՒՆ aid, help, relief, assistance, support.

ՕԳՈՍՏԱԼԻՈՍ governor, prefect.

ՕԳՈՍՏԱՓԱՌ august, majestic.

ՕԳՈՍՏԻՆԵԱՆ augustin friar.

ՕԳՈՍՏՈՍ August.

ՕԳՈՒՏ utility, profit, benefit, use, avail, advantage, gain, lucre.

ՕԳՏԱԲԵՐ useful, available, lucrative, fruitful.

ՕԳՏԱՄՆԴԻՐ interested, utilitarian self-interested.

ՕԳՏԱԿԱՐ useful, advantageous, available, profitable.

ՕԳՏԱԿԱՐՈՒԹԻՒՆ utility, usefulness, profit, service.

ՕԳՏԱՇԱՏ, ***ՕԳՏԱԼԻՑ*** very useful, advantageous, available.

ՕԳՏԵԼ to be enough, to be sufficient.
ՕԳՏԵՑՆԵԼ to make use of, to favour, to make suffice, to advantage.
ՕԳՏՈՒԻԼ to profit, to make advantage of, to derive advantage from.
ՕԳՆՈՒԹԻՒՆ use, service, utility.
ՕԴ air, weather, wind, atmosphere, breeze.
ՕԴԱԲԱՆ aerologist, chatterer.
ՕԴԱԲԱՆՈՒԹԻՒՆ aerology.
ՕԴԱԳԻՏՈՒԹԻՒՆ aerognosy, pneumatics.
ՕԴԱԳՆԱՑ aeronaut, aviator.
ՕԴԱԳՆԱՑԱԿԱՆ aerostatic.
ՕԴԱԳՆԱՑՈՒԹԻՒՆ aerostation.
ՕԴԱԳՆԴԱԿ, ՕԴԱԳՈՒՆԴ aerostat, balloon, aerosphere.
ՕԴԱԳՐՈՒԹԻՒՆ aerography.
ՕԴԱՁՕՐՈՒԹԻՒՆ aero-dynamics.
ՕԴԱԿԱՅԱՆ airport, aerodrome, air base.
ՕԴԱՀԱՆ pneumatic, air-pump.
ՕԴԱՀՄԱՅՈՒԹԻՒՆ aeromancy.
ՕԴԱՄՈՒՂ expelling air.
ՕԴԱՅԻՆ aerial.
ՕԴԱՆԱՒ aeroplane, airship.
ՕԴԱՆԱՒՈՐԴ aviator, air-man.
ՕԴԱՉԱՓ aerometer, air-pose.
ՕԴԱՉԱՓՈՒԹԻՒՆ aerometry.
ՕԴԱՊԱՐԻԿ air-balloon, aerostat.
ՕԴԱՊԱՅՔԱՐ air-fight.
ՕԴԱՉՈՒ aviator.
ՕԴԱՒԷՏ airy, aired, ventilated.
ՕԴԱՓՈԽԻՉ ventilator, fan, air-trap.
ՕԴԱՓՈԽԵԼ to ventilate, to change the air.
ՕԴԱՓՈԽՈՒԹԻՒՆ change of air, going abroad.
ՕԴԱՓՈՂ ventiduct.
ՕԴԱՔԱՐ aerolite, falling stone.
ՕԴԱՔՆՆՈՒԹԻՒՆ aeroscopy.
ՕԴԵՐԵՒՈՅԹ meteor, aerial-meteor.
ՕԴԵՐԵՒՈՅԹԱԲԱՆ meteorologist.
ՕԴԵՐԵՒՈՅԹԱԲԱՆՈՒԹԻՒՆ meteorology.
ՕԴԸՆՏԵԼՈՒԹԻՒՆ acclimation.
ՕԹԵԱԿ box, lodge.
ՕԹԵԼ to lodge, to sleep.
ՕԹԵԿ stale.
ՕԹԵՒԱՆ lodge, inn, hotel, abode, rest house.
ՕԹԵՒԱՆԵԼ to give lodgings, to lodge, to harbour.
ՕԹԵՒԱՆԻԼ to lodge, to live, to reside.
ՕԹՈՑ carpet, rug, tapis, cover, bedroom.
ՕԹՈՑԱԲՈՒՐԴ arrasene.
ՕԹՈՑԱԳՈՐԾ upholsterer, tapestry-worker.
ՕԹՈՑԵԼ to paper, to carpet, to arras.
ՕԺԱՆԴԱԿ auxiliary, subsidiary, aiding, assisting, allied.
— **ԲԱՅ** auxiliary verb.
ՕԺԱՆԴԱԿԵԼ to aid, to help, to assist, to succour.
ՕԺԱՆԴԱԿՈՒԹԻՒՆ aid, help, relief, assistance, support.
ՕԺԻՏ marriage portion, dowry, dotation, gift.
ՕԺՏԱԿԱՆ dotal, concerning dowry.
ՕԺՏԵԼ to endow, to bless with, to give a dowry.
ՕԾԱՆԵԼ to anoint, to consecrate, to pomade.
ՕԾԱՆԵԼԻՔ ointment, pomade, balm.
ՕԾԵԱԼ anointed, consecrated.
ՕԾԵԼ to anoint, to consecrate.
ՕԾԵԼՈՒԹԻՒՆ unction.
ՕԾՈՂ anointer, consecrator.
ՕԾՈՒԹԻՒՆ anointing.
Ն. Ս. — His Holiness.
ՕԾՈՒՄ unction, consecration.
ՕԾՄԱՆ ԱՐԱՐՈՂՈՒԹԻՒՆ consecration service.
ՕՁ snake, serpent, adder.
ՕՁԱԲԱՆՈՒԹԻՒՆ ophiology.
ՕՁԱՁԵՒ snake shaped, serpentine, winding, anguiform.
ՕՁԱՁՈՒԿ snake fish, grig.
ՕՁԱՊԱՇՏ ophiolater.
ՕՁԱՊԱՇՏՈՒԹԻՒՆ ophiolatry.
ՕՁԱՊՏՈՅՏ winding, tortuous.
ՕՁԱՄԱՆԴՐ myriapod, ophioctene.
ՕՁԱՑԱՒ ery sipelas, rosa.

ՕՁԱՓՈՂԱՐ serpent.
ՕՁԱՔԱՐ snake stone, serpentine.
ՕՁԻՔ collar.
ՕՂ ear-ring, ringet.
ՕՂԱԿ ring, buckle.
ՕՂԱԿԱՒՈՐ ring-streaked, annulated.
ՕՂԻ brandy, eau de vie, gin.
ՕՃԱՌ soap, sapo.
ՕՃԱՌԱԳՈՐԾ soap manufacturer, soap boiler.
ՕՃԱՌԱՆՈՑ soap-works.
ՕՃԱՌԱՑՆԵԼ to saponify.
ՕՃԱՌԵԼ to soap, to lather.
ՕՃԱՌՈՒՄ soaping, washing with soap.
Օ՜Ն go on, come on.
ՕՇԱՐԱԿ sweet drink, sherbet, syrup.
ՕՇԻՆԴՐ worm-wood.
ՕՇՆԱՆ soapwort, hedge pink.
ՕՏԱՐ strange, foreign, unknown, alien.
ՕՏԱՐԱԲԱՆՈՒԹԻՒՆ foreignism.
ՕՏԱՐԱԶԳԻ stranger, foreigner, outlandish.
ՕՏԱՐԱԽԱՌՆ cross-bred.
ՕՏԱՐԱԿԱՆ foreigner, outlander, stranger.
ՕՏԱՐԱՀՊԱՏԱԿ foreign subject.
ՕՏԱՐԱՄՈԼՈՒԹԻՒՆ xenomania.
ՕՏԱՐԱՄՈՏ foreign, adventitious.
ՕՏԱՐԱՆԱԼ to become strange, to degenerate, to go away, to be alienated.
ՕՏԱՐԱՆՈՑ inn, hotel, hospice.
ՕՏԱՐԱՍԵՐՈՒԹԻՒՆ degeneration, deterioration.
ՕՏԱՐԱՍԷՐ fond of strangers, hospitable.
ՕՏԱՐԱՍԻՐՈՒԹԻՒՆ kindness to strangers, hospitality.
ՕՏԱՐԱՏԵԱՑ hating stranger, xenophobe.
ՕՏԱՐԱՑԵՂ of another tribe, foreign, heterogeneous.
ՕՏԱՐԱՑՆԵԼ to alienate, to turn aside, to render strange.
ՕՏԱՐԱՑՈՒՄ alienation, estrangement.
ՕՏԱՐԻՏ Mercury
ՕՏԱՐՈՏԻ strange, foreign, alien, exotic, different.
ՕՏԱՐՈՒԹԻՒՆ strangeness, alienation, unlikeness, abroad.
ՕՏԱՐՈՒՀԻ stranger, foreigner.
ՕՐ day, daytime, daylight.
  ՏՕՆԱԿԱՆ ՕՐ holiday, feast day.
ՕՐԱԳԻՐ diary, journal, a daily news paper, diarist.
ՕՐԱԿԱՆ of day, day's work, day's wages.
ՕՐԱԿԱՐԳ order of the day, daily order.
ՕՐԱՑՈՅՑ almanac, calendar.
ՕՐԷՆՍԳԷՏ lawyer, legist, jurisconsult.
ՕՐԷՆՍԳԻՏՈՒԹԻՒՆ legislation, jurisprudence.
ՕՐԷՆՍԴԻՐ legislating, law-giving, law-maker.
ՕՐԷՆՍԴՐԱԿԱՆ legislative.
ՕՐԷՆՍԴՐՈՒԹԻՒՆ legislation, statute.
ՕՐԷՆՔ law, rule, order, laws, regulation, statute, code, act, bill.
  ԱՆՀԱՏԱԿԱՆ ԻՐԱՒԱՆՑ — bill of rights.
ՕՐԻՆԱԳԻՐՔ law-book, code, laws.
ՕՐԻՆԱԴԻՐ law-maker, law-giver, legislator.
ՕՐԻՆԱԶԱՆՑ transgressor, infringer, infractor, law-breaker.
ՕՐԻՆԱԶԱՆՑՈՒԹԻՒՆ infraction, offence, contravention, transgression.
ՕՐԻՆԱԿ copy, example, pattern, instance, model, sample.
  —**Ի ՀԱՄԱՐ** for example.
ՕՐԻՆԱԿԱՆ legal, lawful, legitimate.
  — **ԴՐԱՄ** legal tender.
ՕՐԻՆԱԿԵԼ to copy, to imitate, to trace.
ՕՐԻՆԱՊԱՀ keeping the law, abiding by the law, precisian.
ՕՐԻՆԱՊԱՀՈՒԹԻՒՆ precision, keeping, obeying the law.
ՕՐԻՆԱՒՈՐ lawful, legal; in due form.

ՕՐԻՆԱՒՈՐԱԿԱՆ legitimate, legitimist.
ՕՐԻՆԱՒՈՐԱՊԷՍ legally, lawfully.
ՕՐԻՆԱՒՈՐՈՒԹԻՒՆ lawfulness, legality,. rightfulness, authentication.
ՕՐԻՈՐԴ miss, young lady, young girl, maiden.
ՕՐԿԱՆՈՑ leper-house.
ՕՐՀԱՏԻՐ daybook, diary, journal.
ՕՐՀԱՍ last moment of life, agony, deathbed.
ՕՐՀԱՍԱԿԱՆ dying, expiring, fading, agony, at the last gasp.
ՕՐՀՆԱԲԱՆԱԿԱՆ of blessing.
ՕՐՀՆԱԲԱՆԵԼ to bless, to praise, to exalt.
ՕՐՀՆԱԲԱՆՈՒԹԻՒՆ doxology, glorfication, benediction, praise.
ՕՐՀՆԱԾ consecrated, hallowed.
— ***ՋՈՒՐ*** holy water.
ՕՐՀՆԵԱԼ hallowed, blessed, holy
— ***ՀԱՑ*** eulogia.
ՕՐՀՆԵԼ to bless, to hallow, to praise, glorify, to honour.
ՕՐՀՆԵՐԳ gloria, canticle.
ՕՐՀՆՈՒԹԻՒՆ blessing, benediction, consecration, doxology.
ՕՐՈԿ mound, dike.
ՕՐՈՑ, ***ՕՐՕՐՈՑ*** cradle.
ՕՐՈԻԿ leprous, leper.
ՕՐՕՐ by-by, lullaby.
ՕՐՕՐԵԼ to rock.
ՕՔԱՊԻ okapi.

Ֆ

ՖՇԱԼ to babble, to grumble.
ՖՈՆԴ fund, basic fund.
ՖՈՒԹՊՈԼ football.
ՖՐԱՆԿԱԽՏ syphilis, lues venera.
ՖՐԱՆԿԱԽՏԱԲԱՆՈՒԹԻՒՆ syphilology.
ՖՐԱՆՍԱ France.
ՖՐԱՆՍԱԳԷՏ one skilled in French language.
ՖՐԱՆՍԱԿԱՆ French.
ՖՐԱՆՍԱՀԱՅ French-armenian,
ՖՐԱՆՍԱՑԻ Frenchman.
ՖՐԱՆՍԵՐԷՆ French, in French.
ՖՐԱՆՍՈՒՀԻ French woman, girl.
ՖՐԱՆՔ franc, frank.
ՖՐԱՆՔ ԵՒ ԳԵՐՄԱՆԱԿԱՆ Franco-German.

www.ingramcontent.com/pod-product-compliance
Lightning Source LLC
Chambersburg PA
CBHW021712300426
44114CB00009B/114

9781843560142